锡林浩特年鉴

2016

总第九卷

锡林浩特市人民政府地方志办公室 编

方志出版社

图书在版编目（CIP）数据

锡林浩特年鉴.2016/锡林浩特市史志办编.--北京：方志出版社，2018.2

ISBN 978-7-5144-3003-5

Ⅰ.①锡… Ⅱ.①锡… Ⅲ.①锡林浩特-2016-年鉴 Ⅳ.①Z522.63

中国版本图书馆CIP数据核字（2018）第043334号

锡林浩特年鉴（2016）

编　　者：锡林浩特市史志办

责任编辑：冯　松

出 版 人：冀祥德

出 版 者：方志出版社

地址　北京市朝阳区潘家园东里9号（国家方志馆4层）

邮编　100021

网址　http://www.fzph.org

发　　行：方志出版社图书经销中心

电话（010）67110500

经　　销：各地新华书店

印　　刷：锡林郭勒职业教育中心勤工俭学振兴实业公司

开　　本：889X1194　1/16

印　　张：28

字　　数：656千

版　　次：2018年2月第1版　2018年2月第1次印刷

印　　数：001-500册

ISBN　978-7-5144-3003-5　　定价：120.00元

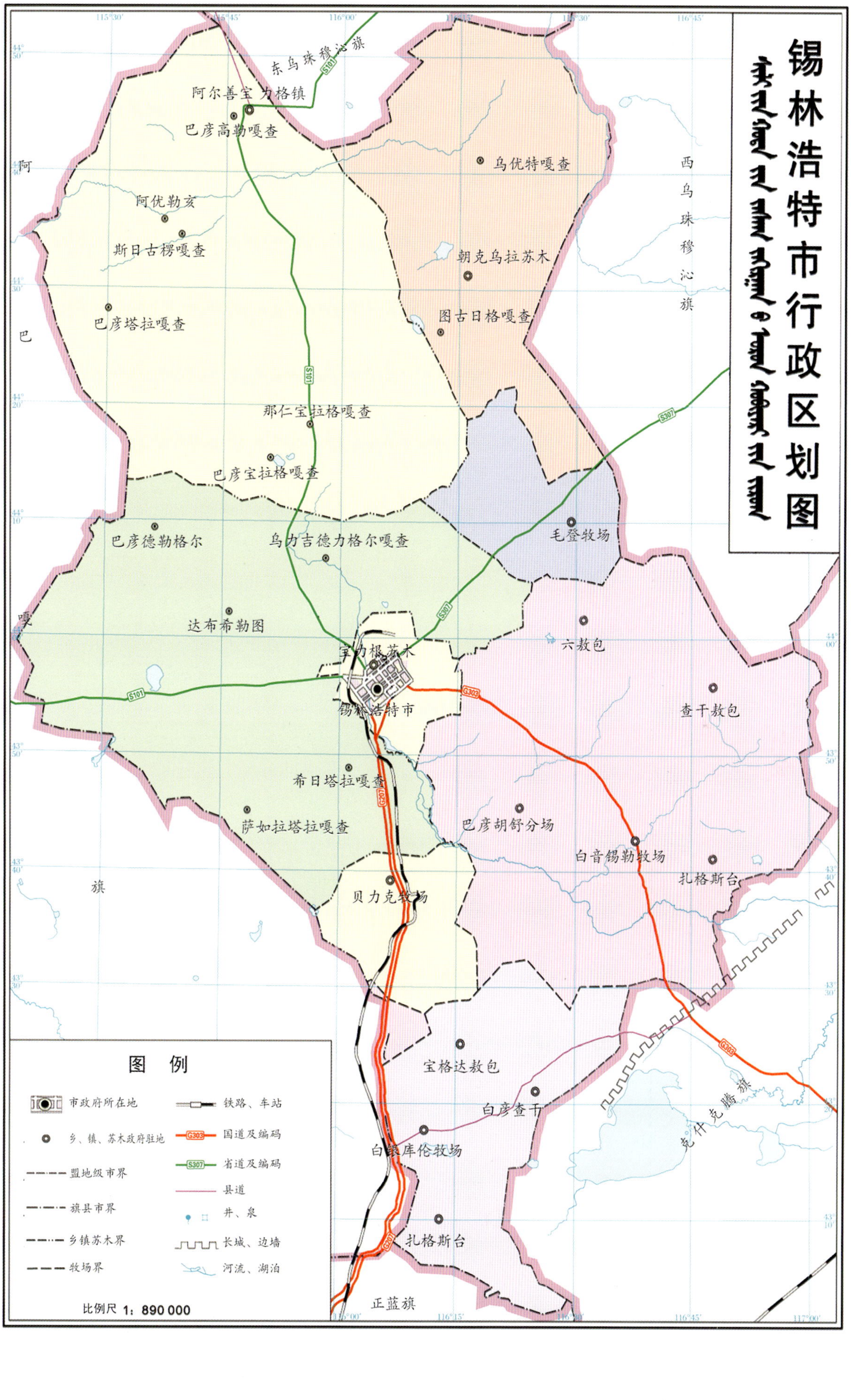
锡林浩特市行政区划图
东乌珠穆沁旗
西乌珠穆沁旗
阿巴嘎旗
克什克腾旗
正蓝旗
阿尔善宝力格镇
巴彦高勒嘎查
乌优特嘎查
阿优勒亥
斯日古楞嘎查
朝克乌拉苏木
巴彦塔拉嘎查
图古日格嘎查
那仁宝拉格嘎查
巴彦宝拉格嘎查
毛登牧场
巴彦德勒格尔
乌力吉德力格尔嘎查
达布希勒图
宝力根苏木
六敖包
锡林浩特市
查干敖包
希日塔拉嘎查
萨如拉塔拉嘎查
巴彦胡舒分场
白音锡勒牧场
扎格斯台
贝力克牧场
宝格达敖包
白彦查干
白银库伦牧场
扎格斯台
S101
S307
G303
G207
115°30'
115°45'
116°00'
116°15'
116°30'
116°45'
117°00'
44°50'
44°40'
44°30'
44°20'
44°10'
44°00'
43°50'
43°40'
43°30'
43°20'
43°10'
图 例
市政府所在地
乡、镇、苏木政府驻地
盟地级市界
旗县市界
乡镇苏木界
牧场界
铁路、车站
国道及编码
省道及编码
县道
井、泉
长城、边墙
河流、湖泊
比例尺 1：890 000

[illegible] : [illegible]
[illegible] : [illegible]
[illegible] : [illegible]
[illegible] : [illegible]

《[illegible]》 [illegible]

[illegible] ([illegible])
[illegible] ([illegible])
[illegible] ([illegible])
[illegible] ([illegible])
[illegible] ([illegible])

[illegible] :

[illegible] ([illegible])
[illegible] ([illegible])
[illegible] ([illegible])
[illegible] ([illegible])
[illegible] ([illegible])
[illegible] ([illegible])

[illegible] :

[illegible] ([illegible])

[illegible] :

[illegible] ([illegible])

[illegible] :

《[illegible]》 [illegible]

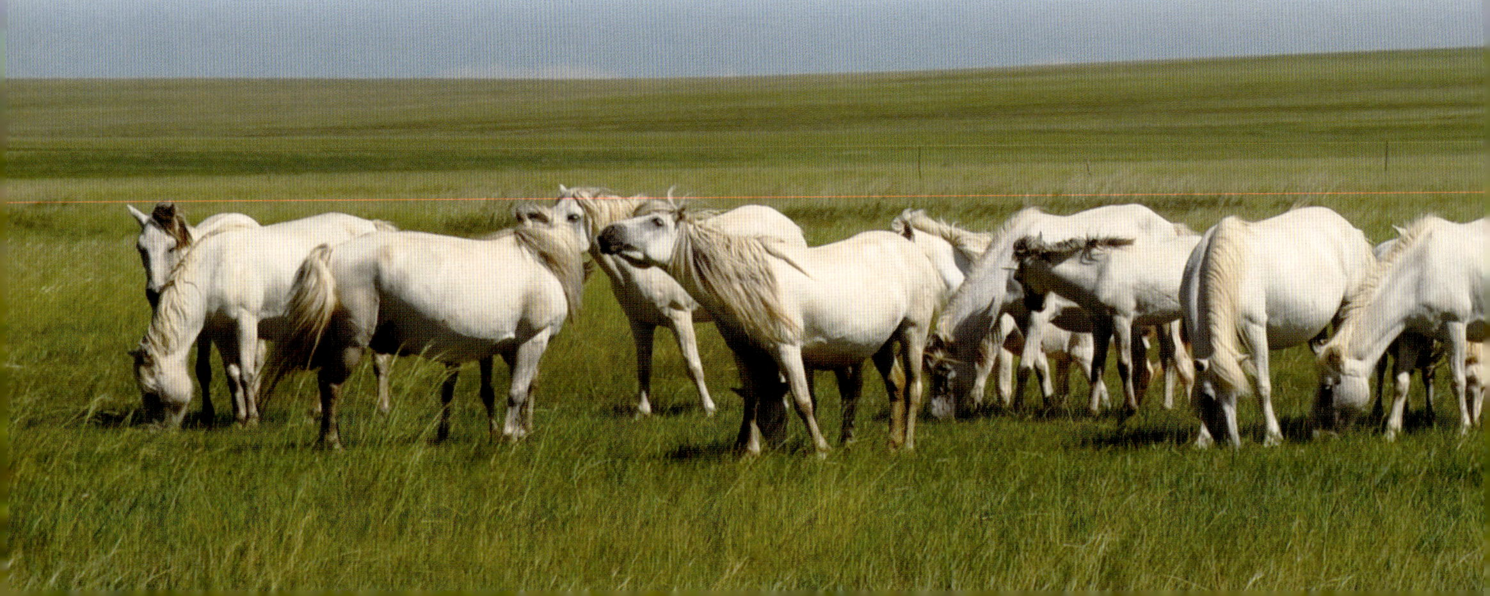

《锡林浩特年鉴》组织领导

名誉主任：　代　钦（盟委委员、市委书记）

主　　任：　张锦明（市委副书记、市长）

副 主 任：　李博峰（市委副书记）
杜　杰（市委常委、组织部长）
郭轶杰（市委常委、副市长）
包荣智（市委常委、宣传部长）
李万国（市人大副主任）
张务成（市政协副主任）

委　　员：　纳恩丁（市政府秘书长）
钢苏和（市档案局局长、史志办主任）
张国喜（市财政局局长）
刘广宁（市统计局局长）
包　柱（市民宗局局长）

《锡林浩特年鉴》编务人员

总监修：李博峰　郭轶杰
总　编：钢苏和
副总编：陈庆龙　王栋军
编　辑：张　勇　吴海亭　傲日布　萨日娜
苏龙高娃　其乐木格　朝　克

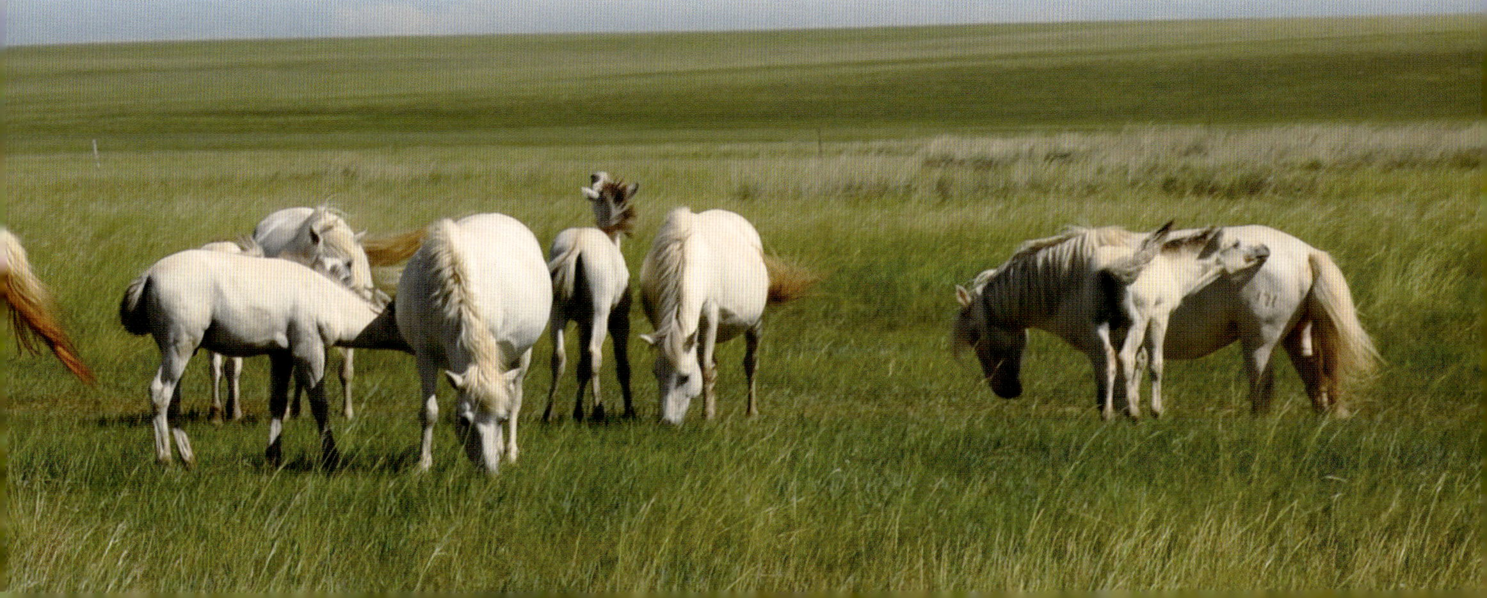

地区生产总值（亿元）

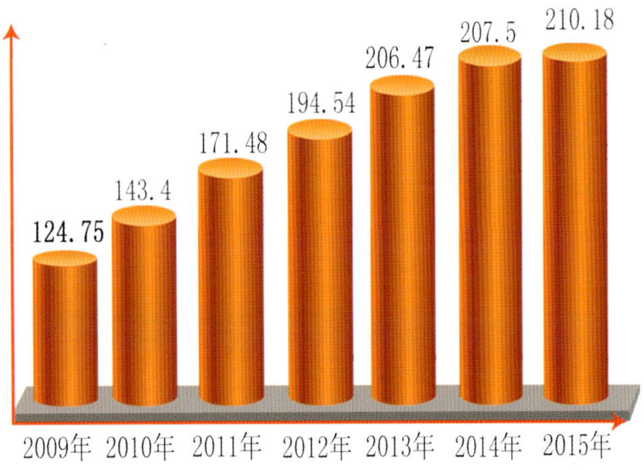

三大产业增加值（亿元）

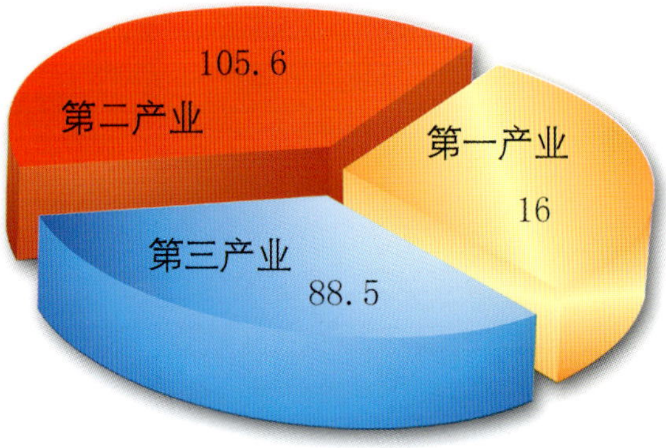

工业增加值（亿元）

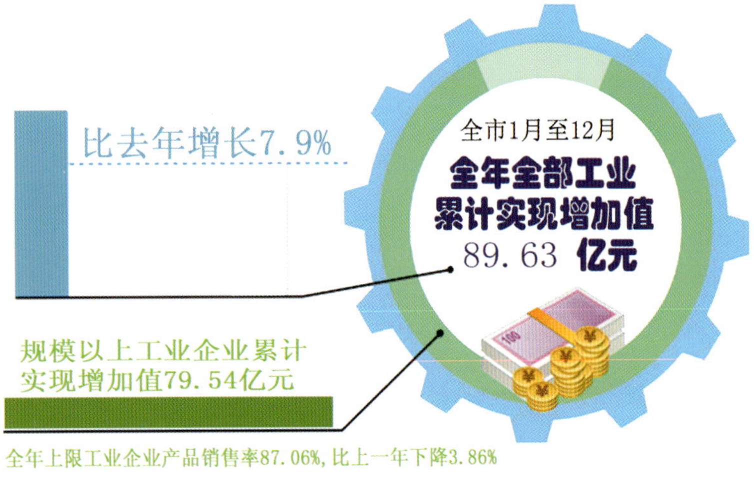

财政收入（亿元）

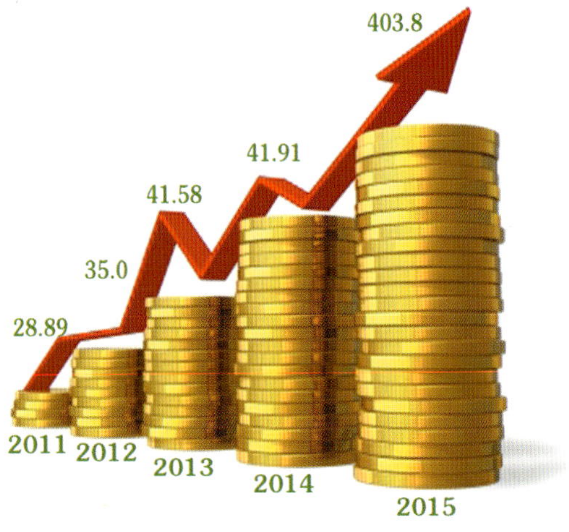

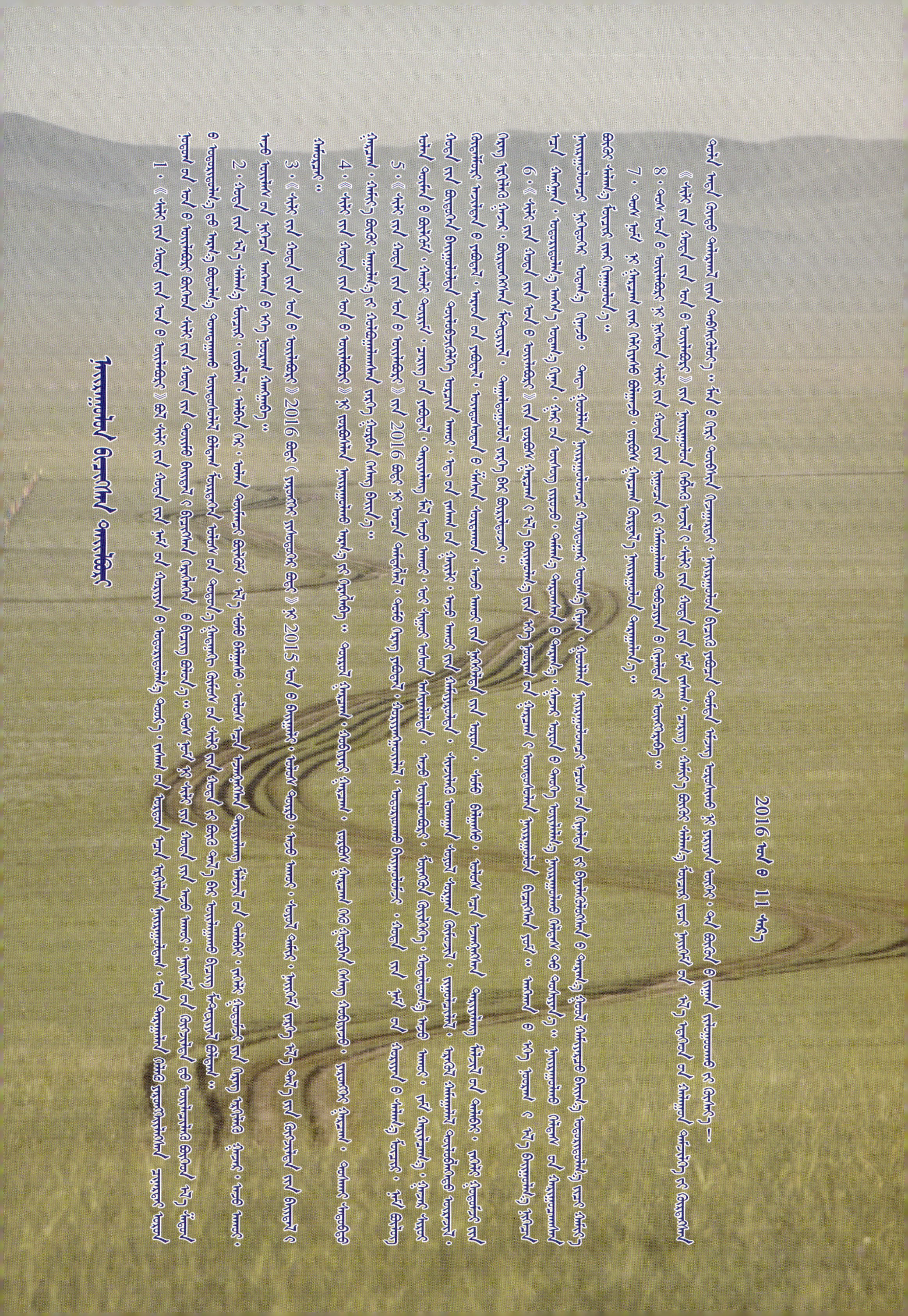

1 · 《[illegible]》[illegible]

2 · [illegible]

3 · 《[illegible]》2016 [illegible] 《[illegible]》 2015 [illegible]

4 · 《[illegible]》[illegible]

5 · 《[illegible]》[illegible] 2016 [illegible]

6 · 《[illegible]》[illegible]

7 · [illegible]

8 · [illegible]

[illegible]

2016 ᠣᠨ ᠤ 11 ᠰᠠᠷ᠎ᠠ

编辑说明

一、《锡林浩特市年鉴》在锡林浩特市委领导下，由市政府主持编纂，是按年度连续出版的综合性地方年鉴，是系统反映锡林浩特市市情的年刊，集信息、知识、资料为本，具有公报性、资料性、权威性的工具书。为锡林浩特市的经济和社会发展服务，为各级领导提供决策依据，为国内外人士了解锡林浩特市提供全面、系统、翔实的资料。

二、本年鉴由各苏木镇、各国有农牧场、各街道办事处、市直各部、委、办、局，各群众团体、企事业单位供稿。

三《锡林浩特市年鉴》2016卷为第九卷，记述锡林浩特市2015年度自然、政治、经济、文化社会等各方面的发展情况

四、《锡林浩特市年鉴》采用条目体编纂。设类目、分目、条目三个层次(个别分目下设子目)。类目打破部门界限，属不同部门管理的同行业实例集中记述。条目分综合条目、专题条目、单一条目三类。

五、《锡林浩特市年鉴》2016卷包括特载、大事记、概况、领导机关、市直各部门、党派群体、法制、农牧林水、工业、金融保险、商业经济、交通邮电、土地城建、规划环保才政税务、经济管理、科教文卫、人事劳动、苏木镇、国营农牧场、街道办事处、统计资料、人物、文献选编、附录等26个类别。

六、《锡林浩特市年鉴》条目由各供稿单位依据拟定的《编目大纲》撰写，初稿由各单位提供，由领导初审、签字、盖章后送交史志办编辑部。编辑部责任编辑一审，副主编审，主编终审定稿，并报主管领导、有关部门审核。

七、本年鉴检索为目录，目录在卷首，目录编排到分目，条目单设

八、本卷年鉴已经锡市保密局审查。

锡林浩特市年鉴》编纂出版工作得到锡林浩特市党政军领导和有关部门及社会各界的大力支持，在此表示衷心感谢由于我们水平有限，书中不妥之处在所难免，恳请批评指正

《锡林浩特市年鉴》编辑部

2016年11月

ᠭᠠᠷᠴᠠᠭ

2015 ᠣᠨ ᠤ ᠲᠣᠪᠴᠢ ᠮᠡᠳᠡᠭᠡ

ᠲᠣᠪᠴᠢ ᠪᠢᠴᠢᠭ

ᠲᠣᠪᠴᠢᠯᠠᠯ ᠪᠢᠴᠢᠯᠭᠡ

ᠰᠤᠷᠭᠠᠯ ᠶᠢᠨ ᠠᠵᠢᠯ ᠤᠨ ᠰᠤᠷᠭᠠᠭᠤᠯᠢ ᠶᠢᠨ ᠬᠥᠭᠵᠢᠯ

ᠨᠡᠢᠭᠡᠮ ᠦᠨ ᠪᠣᠯᠪᠠᠰᠤᠷᠠᠯ

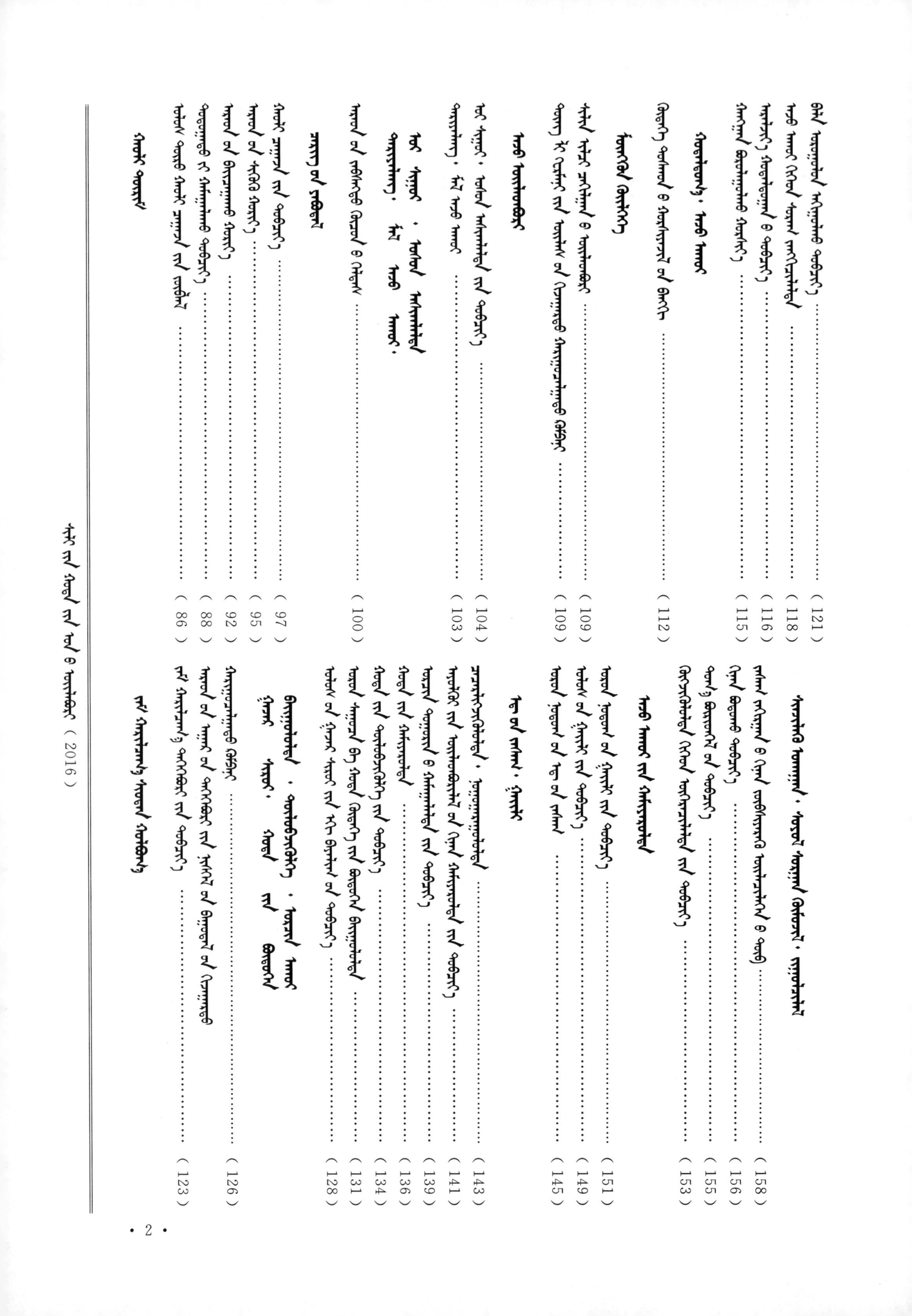

ᠭᠠᠷᠴᠠᠭ

ᠠᠵᠢᠯᠯᠠᠭᠤᠯᠬᠤ ᠭᠡᠷᠡᠭ᠎ᠡ ᠶᠢᠨ ᠪᠢᠴᠢᠭ
ᠬᠣᠪᠢ ᠪᠣᠯᠵᠠᠭᠠ᠂ ᠲᠣᠭᠲᠠᠭᠠᠯ ᠰᠢᠭᠤᠳ ᠲᠡᠯᠡᠭᠡᠯᠡᠭᠰᠡᠨ

ᠬᠠᠤᠯᠢ ᠴᠠᠭᠠᠵᠠ ᠶᠢᠨ ᠬᠠᠷᠢᠭᠤᠴᠠᠯᠭ᠎ᠠ ᠶᠢᠨ ᠲᠣᠭᠲᠠᠭᠠᠯ

ᠬᠡᠷᠡᠭ ᠤᠨ ᠵᠠᠭᠠᠯᠲᠠ᠂ ᠲᠣᠭᠲᠠᠭᠠᠯᠲᠠᠢ ᠶᠢᠨ ᠬᠡᠷᠡᠭ ᠲᠣᠭᠲᠠᠭᠠᠯ

ᠰᠢᠭᠦᠭᠴᠢ ᠬᠠᠷᠢᠭᠤᠯᠲᠠ ᠶᠢᠨ ᠵᠠᠭᠠᠯᠲᠠ

ᠬᠠᠷᠢᠭᠤ ᠰᠢᠭᠦᠭᠴᠢ᠂ ᠪᠠᠷᠢᠮᠲᠠᠯᠠᠬᠤ ᠲᠠᠢᠯᠪᠤᠷᠢ

ᠬᠠᠷᠢᠶᠠᠲᠤ ᠲᠣᠭᠲᠠᠭᠠᠯ

ᠦᠨᠳᠦᠰᠦᠲᠡᠨ ᠦ ᠥᠪᠡᠷᠲᠡᠭᠡᠨ ᠵᠠᠰᠠᠬᠤ ᠵᠠᠰᠠᠭ

目　　录

特　载

大事记

概　况

领导机关

市委部门

社会团体

法　治

军　事

农牧林水

工　业

金　融

商业经济

交　通

土地城建　规划环保

财政税务

经济管理

科教文化旅游

卫生　计生

人事劳动

民政　民族宗教

经济技术开发区

苏木镇　国营农牧场

街道办事处

统计资料

荣誉

文件目录

文件选编

附　录

2015 ᠣᠨ ᠤ [illegible]

[illegible]

1 ᠰᠠᠷ᠎ᠠ ᠶᠢᠨ 4 ᠦ ᠡᠳᠦᠷ᠂ [illegible] 《[illegible]》 [illegible] ::

1 ᠰᠠᠷ᠎ᠠ ᠶᠢᠨ 5 ᠦ ᠡᠳᠦᠷ᠂ [illegible] 《[illegible] 《[illegible]》 [illegible]》 [illegible] ::

1 ᠰᠠᠷ᠎ᠠ ᠶᠢᠨ 7 ᠦ ᠡᠳᠦᠷ᠂ 《[illegible]》 [illegible] ::

[illegible] ::

1 ᠰᠠᠷ᠎ᠠ ᠶᠢᠨ 9 — 13 ᠦ ᠡᠳᠦᠷ᠂ [illegible] ::

1 ᠰᠠᠷ᠎ᠠ ᠶᠢᠨ 10 ᠦ ᠡᠳᠦᠷ᠂ [illegible] ::

[illegible] ::

1 ᠰᠠᠷ᠎ᠠ ᠶᠢᠨ 12 ᠦ ᠡᠳᠦᠷ᠂ [illegible] ::

1 ᠰᠠᠷ᠎ᠠ ᠶᠢᠨ 15 ᠦ ᠡᠳᠦᠷ᠂ [illegible] 7 [illegible] 28 [illegible] 《[illegible]》 [illegible] 28 [illegible] ::

1 ᠰᠠᠷ᠎ᠠ ᠶᠢᠨ 20 ᠦ ᠡᠳᠦᠷ᠂ [illegible] ::

1 ᠰᠠᠷ᠎ᠠ ᠶᠢᠨ 21 ᠦ ᠡᠳᠦᠷ᠂ 《[illegible] 1 [illegible] 2 [illegible]》 [illegible] ::

[illegible] 2014 [illegible]

ᠬᠡᠯᠡᠯᠴᠡᠪᠡ᠂ ᠮᠣᠩᠭᠣᠯ ᠬᠡᠯᠡ ᠪᠢᠴᠢᠭ ᠤᠨ ᠠᠵᠢᠯ ᠤᠨ ᠬᠤᠷᠠᠯ ᠤᠨ ᠳᠠᠷᠤᠭ᠎ᠠ ᠪᠠᠷ ᠠᠯᠪᠠᠨ ᠤ ᠬᠤᠷᠠᠯ ᠤᠨ ᠳᠠᠷᠤᠭ᠎ᠠ ᠳᠤ ᠠᠯᠪᠠᠨ ᠢ ᠲᠣᠮᠢᠯᠠᠪᠠ᠃

1 ᠰᠠᠷ᠎ᠠ ᠶᠢᠨ 23 ᠦ ᠡᠳᠦᠷ᠂ ᠥᠪᠡᠷᠲᠡᠭᠡᠨ ᠵᠠᠰᠠᠬᠤ ᠣᠷᠣᠨ ᠤ 《ᠮᠣᠩᠭᠣᠯ ᠬᠡᠯᠡ ᠪᠢᠴᠢᠭ ᠤᠨ ᠬᠡᠷᠡᠭᠯᠡᠭᠡᠨ ᠦ ᠳᠦᠷᠢᠮ》 ᠦᠨᠳᠦᠰᠦ ᠶᠢᠨ ᠬᠡᠷᠡᠭᠵᠢᠭᠦᠯᠪᠡ᠃

1 ᠰᠠᠷ᠎ᠠ ᠶᠢᠨ 27 ᠦ ᠡᠳᠦᠷ᠂ 《ᠮᠣᠩᠭᠣᠯ ᠬᠡᠯᠡ ᠪᠢᠴᠢᠭ》 ᠦᠨ ᠰᠣᠨᠢᠨ ᠰᠤᠷᠭᠠᠭᠤᠯᠢ ᠬᠤᠷᠠᠯ ᠬᠡᠯᠡᠨ ᠦ ᠬᠣᠷᠢᠶ᠎ᠠ ᠬᠦᠯᠢᠶᠡᠨ ᠬᠠᠷᠢ ᠰᠤᠷᠭᠠᠭᠤᠯᠢ ᠶᠢᠨ ᠬᠠᠷᠢᠭᠤᠴᠠᠯᠭ᠎ᠠ ᠶᠢ ᠳᠦᠭᠦᠷᠭᠡᠪᠡ᠃

ᠡᠨᠡ ᠰᠠᠷ᠎ᠠ ᠳᠤ᠂ ᠬᠡᠪᠯᠡᠯ ᠦᠨ ᠡᠷᠬᠢᠯᠡᠬᠦ ᠶᠢᠨ ᠠᠵᠢᠯ ᠤᠨ ᠬᠣᠷᠢᠶᠠᠨ ᠬᠠᠷᠢ ᠰᠤᠷᠭᠠᠭᠤᠯᠢ ᠳᠤ ᠬᠤᠷᠠᠯ ᠤᠨ ᠬᠡᠷᠡᠭ ᠬᠡᠪᠯᠡᠵᠦ ᠮᠡᠷᠭᠡᠵᠢᠯ ᠬᠡᠯᠡᠪᠡᠷᠢ ᠰᠤᠷᠭᠠᠭᠤᠯᠢ ᠳᠤ ᠪᠠᠰᠠ ᠰᠢᠨ᠎ᠡ ᠶᠢᠨ ᠵᠢᠷᠤᠮᠯᠠᠯ ᠢ ᠬᠡᠯᠡᠯᠴᠡᠪᠡ᠂ ᠬᠣᠷᠢᠶᠠᠨ ᠬᠠᠷᠢ ᠰᠤᠷᠭᠠᠭᠤᠯᠢ ᠳᠤ ᠪᠡᠯᠡᠳᠬᠡᠯ ᠬᠡᠯᠡᠨ ᠦ ᠬᠠᠷᠢᠶ᠎ᠠ ᠳᠤ 8 ᠰᠢᠯᠢᠭᠳᠡᠯ ᠬᠣᠷᠢᠶᠠᠯᠠᠨ᠂ 1 ᠬᠡᠯᠡᠯᠴᠡᠭᠡ ᠬᠤᠷᠠᠯ ᠤᠨ ᠲᠥᠪ ᠦᠨ 229 ᠳᠡᠪᠲᠡᠷ ᠢ ᠪᠠᠰᠠ ᠬᠡᠪᠯᠡᠨ ᠭᠠᠷᠭᠠᠪᠠ᠃

ᠡᠨᠡ ᠰᠠᠷ᠎ᠠ ᠳᠤ᠂ 4 ᠬᠡᠰᠡᠭ ᠪᠢᠴᠢᠭ ᠦᠨ ᠬᠡᠯᠡᠨ ᠦ ᠵᠢᠷᠤᠮᠯᠠᠯ ᠤᠨ 7 ᠬᠡᠰᠡᠭ ᠰᠤᠷᠬᠤ ᠪᠢᠴᠢᠭ ᠦᠨ ᠬᠡᠯᠡᠨ ᠦ ᠵᠢᠷᠤᠮᠯᠠᠯ ᠤᠨ ᠪᠤᠷᠤᠭᠤ ᠪᠢᠴᠢᠯᠭᠡ ᠶᠢ ᠵᠠᠰᠠᠪᠠ᠃

ᠡᠨᠡ ᠰᠠᠷ᠎ᠠ ᠳᠤ᠂ ᠬᠡᠪᠯᠡᠯ ᠦᠨ ᠡᠷᠬᠢᠯᠡᠬᠦ ᠠᠵᠢᠯ ᠤᠨ ᠳᠤ ᠪᠠᠭᠰᠢ ᠳᠤ ᠬᠦᠮᠦᠨ ᠪᠦᠷᠢᠯᠳᠦᠨ ᠳᠤ ᠰᠤᠷᠭᠠᠭᠤᠯᠢ ᠶᠢᠨ ᠪᠣᠯᠪᠠᠰᠤᠷᠠᠯ ᠤᠨ ᠬᠠᠮᠲᠤ ᠲᠠᠨᠢᠯᠴᠠᠭ᠎ᠠ ᠬᠤᠷᠠᠯ ᠤᠨ ᠰᠤᠷᠭᠠᠯᠲᠠ ᠬᠡᠪᠯᠡᠯ ᠦᠨ ᠡᠷᠬᠢᠯᠡᠬᠦ ᠠᠵᠢᠯ ᠤᠨ ᠬᠡᠯᠡᠷᠡᠭᠦᠯ ᠪᠠᠶᠢᠭᠤᠯᠤᠯᠭ᠎ᠠ ᠬᠡᠯᠡᠷᠡᠭᠦᠯ ᠤᠨ ᠬᠡᠯᠡᠨ ᠦ ᠪᠢᠴᠢᠭ ᠦᠨ ᠬᠡᠪᠯᠡᠯ ᠦᠨ ᠡᠷᠬᠢᠯᠡᠬᠦ ᠠᠵᠢᠯ ᠢ ᠡᠷᠬᠢᠯᠡᠭᠰᠡᠨ᠂ ᠮᠣᠩᠭᠣᠯ ᠬᠡᠯᠡ ᠪᠢᠴᠢᠭ ᠦᠨ ᠡᠷᠬᠢᠯᠡᠬᠦ ᠠᠵᠢᠯ ᠤᠨ ᠤ ᠬᠡᠪᠯᠡᠯ ᠦᠨ ᠪᠣᠯᠪᠠᠰᠤᠷᠠᠯ ᠤᠨ ᠰᠤᠷᠭᠠᠭᠤᠯᠢ ᠶᠢᠨ (ᠪᠠᠭᠰᠢ ᠨᠠᠷ) ᠢ ᠬᠦᠯᠢᠶᠡᠨ ᠠᠪᠴᠤ᠂ ᠪᠠᠭᠰᠢ ᠨᠠᠷ ᠤᠨ ᠥᠪᠡᠷᠲᠡᠭᠡᠨ ᠵᠠᠰᠠᠬᠤ ᠣᠷᠣᠨ ᠤ 5 ᠬᠡᠪᠯᠡᠯ ᠦᠨ ᠰᠤᠷᠭᠠᠯᠲᠠ ᠳᠤ ᠪᠡᠯᠡᠳᠬᠡᠯ ᠪᠣᠯᠭᠠᠨ᠎ᠠ᠃

ᠰᠣᠨᠢᠨ ᠮᠡᠳᠡᠭᠡ

2 ᠰᠠᠷ᠎ᠠ ᠶᠢᠨ 1 ᠦ ᠡᠳᠦᠷ᠂ ᠥᠪᠡᠷᠲᠡᠭᠡᠨ ᠵᠠᠰᠠᠬᠤ ᠣᠷᠣᠨ ᠤ ᠮᠣᠩᠭᠣᠯ ᠬᠡᠯᠡ ᠪᠢᠴᠢᠭ ᠦᠨ ᠠᠵᠢᠯ ᠤᠨ ᠬᠡᠯᠡᠯᠴᠡᠬᠦ ᠶᠢᠨ ᠠᠵᠢᠯ ᠤᠨ ᠬᠤᠷᠠᠯ ᠢ ᠬᠡᠷᠡᠭᠵᠢᠭᠦᠯᠪᠡ᠂ ᠲᠡᠷᠭᠡᠭᠦᠯᠡᠭᠴᠢ ᠮᠣᠩᠭᠣᠯ ᠬᠡᠯᠡ ᠪᠢᠴᠢᠭ ᠦᠨ ᠠᠵᠢᠯ ᠤᠨ ᠬᠡᠯᠡᠯᠴᠡᠭᠡ (ᠬᠣᠷᠢᠶ᠎ᠠ) ᠂ ᠮᠣᠩᠭᠣᠯ ᠬᠡᠯᠡ ᠪᠢᠴᠢᠭ ᠦᠨ ᠠᠵᠢᠯ ᠤᠨ ᠪᠠᠶᠢᠭᠤᠯᠤᠯᠭ᠎ᠠ ᠤᠨ ᠳᠠᠷᠤᠭ᠎ᠠ ᠬᠠᠮᠲᠤᠷᠠᠯᠴᠠᠭ᠎ᠠ ᠶᠢ ᠪᠡᠶᠡᠯᠡᠭᠦᠯᠪᠡ᠃

2 ᠰᠠᠷ᠎ᠠ ᠶᠢᠨ 8 ᠦ ᠡᠳᠦᠷ᠂ ᠬᠡᠯᠡᠯᠴᠡᠭᠡ ᠬᠤᠷᠠᠯ ᠤᠨ ᠲᠥᠪ ᠦᠨ ᠬᠣᠷᠢᠶ᠎ᠠ 《ᠰᠣᠶᠣᠯ ᠤᠨ ᠪᠢᠴᠢᠭ ᠦᠨ ᠰᠤᠷᠭᠠᠯᠲᠠ》 ᠪᠤᠶᠤ 2015 ᠣᠨ ᠤ ᠰᠢᠯᠢᠭᠳᠡᠯ ᠬᠣᠷᠢᠶᠠᠯᠠᠨ ᠤ ᠪᠢᠴᠢᠭ ᠦᠨ ᠳᠡᠪᠲᠡᠷ ᠢ ᠬᠡᠪᠯᠡᠨ ᠭᠠᠷᠭᠠᠪᠠ᠃

2 ᠰᠠᠷ᠎ᠠ ᠶᠢᠨ 11 ᠦ ᠡᠳᠦᠷ᠂ ᠮᠣᠩᠭᠣᠯ ᠬᠡᠯᠡ ᠪᠢᠴᠢᠭ ᠦᠨ ᠬᠣᠷᠢᠶ᠎ᠠ ᠨᠢ ᠥᠪᠡᠷᠲᠡᠭᠡᠨ ᠵᠠᠰᠠᠬᠤ ᠣᠷᠣᠨ ᠤ ᠬᠡᠯᠡ ᠪᠢᠴᠢᠭ ᠦᠨ ᠠᠵᠢᠯ ᠤᠨ 2014 ᠣᠨ ᠤ ᠬᠤᠷᠠᠯ ᠤᠨ ᠪᠢᠴᠢᠭ ᠢ ᠬᠡᠯᠡᠯᠴᠡᠪᠡ᠂ ᠬᠣᠷᠢᠶ᠎ᠠ ᠨᠢ ᠠᠵᠢᠯ ᠤᠨ ᠲᠥᠯᠦᠪᠯᠡᠭᠡ ᠶᠢ ᠪᠠᠲᠤᠯᠠᠪᠠ᠃

2 ᠰᠠᠷ᠎ᠠ ᠶᠢᠨ 12 ᠦ ᠡᠳᠦᠷ᠂ ᠮᠣᠩᠭᠣᠯ ᠬᠡᠯᠡ ᠪᠢᠴᠢᠭ ᠦᠨ 《ᠮᠣᠩᠭᠣᠯ ᠬᠡᠯᠡ ᠪᠢᠴᠢᠭ ᠦᠨ ᠠᠵᠢᠯ ᠤᠨ ᠬᠤᠷᠠᠯ ᠤᠨ ᠪᠢᠴᠢᠭ ᠦᠨ ᠬᠡᠯᠡᠨ ᠦ ᠵᠢᠷᠤᠮᠯᠠᠯ ᠤᠨ 》 (ᠬᠣᠷᠢᠶ᠎ᠠ ᠶᠢᠨ ᠪᠢᠴᠢᠭ) ᠤᠨ ᠲᠥᠰᠦᠯ ᠢ ᠪᠣᠯᠪᠠᠰᠤᠷᠠᠭᠤᠯᠪᠠ᠃

2 ᠰᠠᠷ᠎ᠠ ᠶᠢᠨ 15 ᠦ ᠡᠳᠦᠷ᠂ ᠮᠣᠩᠭᠣᠯ ᠬᠡᠯᠡ ᠪᠢᠴᠢᠭ ᠦᠨ ᠠᠵᠢᠯ ᠤᠨ ᠬᠣᠷᠢᠶ᠎ᠠ ᠨᠢ 2015 ᠣᠨ ᠤ ᠠᠵᠢᠯ ᠤᠨ ᠳᠦᠭᠦᠮ ᠢ ᠬᠡᠯᠡᠯᠴᠡᠵᠦ᠂ ᠮᠣᠩᠭᠣᠯ ᠬᠡᠯᠡ ᠪᠢᠴᠢᠭ ᠦᠨ ᠠᠵᠢᠯ ᠤᠨ ᠬᠤᠷᠠᠯ ᠤᠨ ᠲᠡᠮᠳᠡᠭᠯᠡᠯ ᠢ ᠪᠠᠲᠤᠯᠠᠪᠠ᠃

2 ᠰᠠᠷ᠎ᠠ ᠶᠢᠨ 16 ᠦ ᠡᠳᠦᠷ᠂ ᠥᠪᠡᠷᠲᠡᠭᠡᠨ ᠵᠠᠰᠠᠬᠤ ᠣᠷᠣᠨ ᠤ ᠬᠡᠯᠡ ᠪᠢᠴᠢᠭ ᠦᠨ ᠠᠵᠢᠯ ᠤᠨ ᠬᠣᠷᠢᠶ᠎ᠠ ᠶᠢᠨ ᠬᠤᠷᠠᠯ ᠢ ᠬᠡᠷᠡᠭᠵᠢᠭᠦᠯᠵᠦ᠂ ᠠᠵᠢᠯ ᠤᠨ ᠲᠥᠯᠦᠪᠯᠡᠭᠡ ᠶᠢ ᠪᠠᠲᠤᠯᠠᠪᠠ᠃

2 ᠰᠠᠷ᠎ᠠ ᠶᠢᠨ 17 ᠦ ᠡᠳᠦᠷ᠂ ᠥᠪᠡᠷᠲᠡᠭᠡᠨ ᠵᠠᠰᠠᠬᠤ ᠣᠷᠣᠨ ᠤ ᠬᠡᠯᠡ ᠪᠢᠴᠢᠭ ᠦᠨ ᠬᠣᠷᠢᠶ᠎ᠠ ᠶᠢᠨ ᠮᠡᠳᠡᠭᠳᠡᠯ ᠢ ᠮᠡᠳᠡᠭᠳᠡᠪᠡ᠃

2 ᠰᠠᠷ᠎ᠠ ᠶᠢᠨ 28 ᠦ ᠡᠳᠦᠷ᠂ ᠥᠪᠡᠷᠲᠡᠭᠡᠨ ᠵᠠᠰᠠᠬᠤ ᠣᠷᠣᠨ ᠤ ᠬᠡᠯᠡ ᠪᠢᠴᠢᠭ ᠦᠨ ᠠᠵᠢᠯ ᠤᠨ ᠬᠣᠷᠢᠶ᠎ᠠ ᠶᠢᠨ ᠠᠵᠢᠯ ᠤᠨ ᠪᠢᠴᠢᠭ ᠢ ᠪᠠᠲᠤᠯᠠᠪᠠ᠃

[illegible]

3 ᠰᠠᠷ᠎ᠠ ᠶᠢᠨ 18 ᠤ ᠡᠳᠦᠷ᠂ [illegible]

[illegible]

3 ᠰᠠᠷ᠎ᠠ ᠶᠢᠨ 16 ᠤ ᠡᠳᠦᠷ᠂ [illegible]

[illegible] 300 [illegible]

3 ᠰᠠᠷ᠎ᠠ ᠶᠢᠨ 15 ᠤ ᠡᠳᠦᠷ᠂ [illegible]

3 ᠰᠠᠷ᠎ᠠ ᠶᠢᠨ 10 ᠤ ᠡᠳᠦᠷ᠂ [illegible] 1 [illegible] 9 [illegible]

[illegible] 8 [illegible]

3 ᠰᠠᠷ᠎ᠠ ᠶᠢᠨ 9 ᠤ ᠡᠳᠦᠷ᠂ [illegible]

[illegible]

3 ᠰᠠᠷ᠎ᠠ ᠶᠢᠨ 5 ᠤ ᠡᠳᠦᠷ᠂ [illegible]

3 ᠰᠠᠷ᠎ᠠ ᠶᠢᠨ 3 ᠤ ᠡᠳᠦᠷ᠂ [illegible] 7 [illegible]

[illegible]

[illegible]

[illegible]

[illegible] 《[illegible]》 [illegible]

3 ᠰᠠᠷ᠎ᠠ ᠶᠢᠨ [illegible]

[illegible] POS [illegible]

[illegible]

3 ᠰᠠᠷ᠎ᠠ ᠶᠢᠨ 30 ᠤ ᠡᠳᠦᠷ᠂ [illegible] 2014 [illegible] 《[illegible]》 [illegible]

[illegible] 《[illegible] 2015 [illegible]

3 ᠰᠠᠷ᠎ᠠ ᠶᠢᠨ 27 ᠤ ᠡᠳᠦᠷ᠂ [illegible] 2014 [illegible]

[illegible]

3 ᠰᠠᠷ᠎ᠠ ᠶᠢᠨ 20 ᠤ ᠡᠳᠦᠷ᠂ [illegible] 《[illegible]》 [illegible]

[illegible] 《[illegible]

3 ᠰᠠᠷ᠎ᠠ ᠶᠢᠨ 19 ᠤ ᠡᠳᠦᠷ᠂ [illegible]

[illegible]

ᠮᠥᠨ ᠰᠠᠷ᠎ᠠ ᠳᠤ· [illegible] ::

ᠮᠥᠨ ᠰᠠᠷ᠎ᠠ ᠳᠤ· [illegible] · 29 [illegible] ::

ᠮᠥᠨ ᠰᠠᠷ᠎ᠠ ᠳᠤ· [illegible] ::

ᠮᠥᠨ ᠰᠠᠷ᠎ᠠ ᠳᠤ· [illegible] ::

ᠮᠥᠨ ᠰᠠᠷ᠎ᠠ ᠳᠤ· [illegible] ::

ᠳᠥᠷᠪᠡᠳᠦᠭᠡᠷ ᠰᠠᠷ᠎ᠠ

4 ᠰᠠᠷ᠎ᠠ ᠶᠢᠨ 1 — 5 ᠰᠠᠷ᠎ᠠ ᠶᠢᠨ 31 ᠤ ᠡᠳᠦᠷ [illegible] ::

4 ᠰᠠᠷ᠎ᠠ ᠶᠢᠨ 1 ᠤ ᠡᠳᠦᠷ· [illegible] 《 [illegible] 》 [illegible] ::

ᠮᠥᠨ ᠡᠳᠦᠷ· [illegible] ::

4 ᠰᠠᠷ᠎ᠠ ᠶᠢᠨ 2 ᠤ ᠡᠳᠦᠷ· [illegible] ::

4 ᠰᠠᠷ᠎ᠠ ᠶᠢᠨ 6 ᠤ ᠡᠳᠦᠷ· [illegible] ::

4 ᠰᠠᠷ᠎ᠠ ᠶᠢᠨ 7 ᠤ ᠡᠳᠦᠷ· [illegible] ::

4 ᠰᠠᠷ᠎ᠠ ᠶᠢᠨ 8 — 10 ᠤ ᠡᠳᠦᠷ· [illegible] 2015 ᠣᠨ ᠤ [illegible] ([illegible]) [illegible] ::

4 ᠰᠠᠷ᠎ᠠ ᠶᠢᠨ 9 ᠤ ᠡᠳᠦᠷ· [illegible] 《 [illegible] 》 [illegible] ::

4 ᠰᠠᠷ᠎ᠠ ᠶᠢᠨ 13 ᠤ ᠡᠳᠦᠷ· [illegible] 2015 ᠣᠨ ᠤ [illegible] 60 [illegible] ::

4 ᠰᠠᠷ᠎ᠠ ᠶᠢᠨ 15 ᠤ ᠡᠳᠦᠷ· [illegible] :: ᠮᠥᠨ ᠡᠳᠦᠷ [illegible] 4 [illegible] ::

4 ᠰᠠᠷ᠎ᠠ ᠶᠢᠨ 17 ᠤ ᠡᠳᠦᠷ· [illegible] ::

ᠮᠥᠨ ᠡᠳᠦᠷ· [illegible]

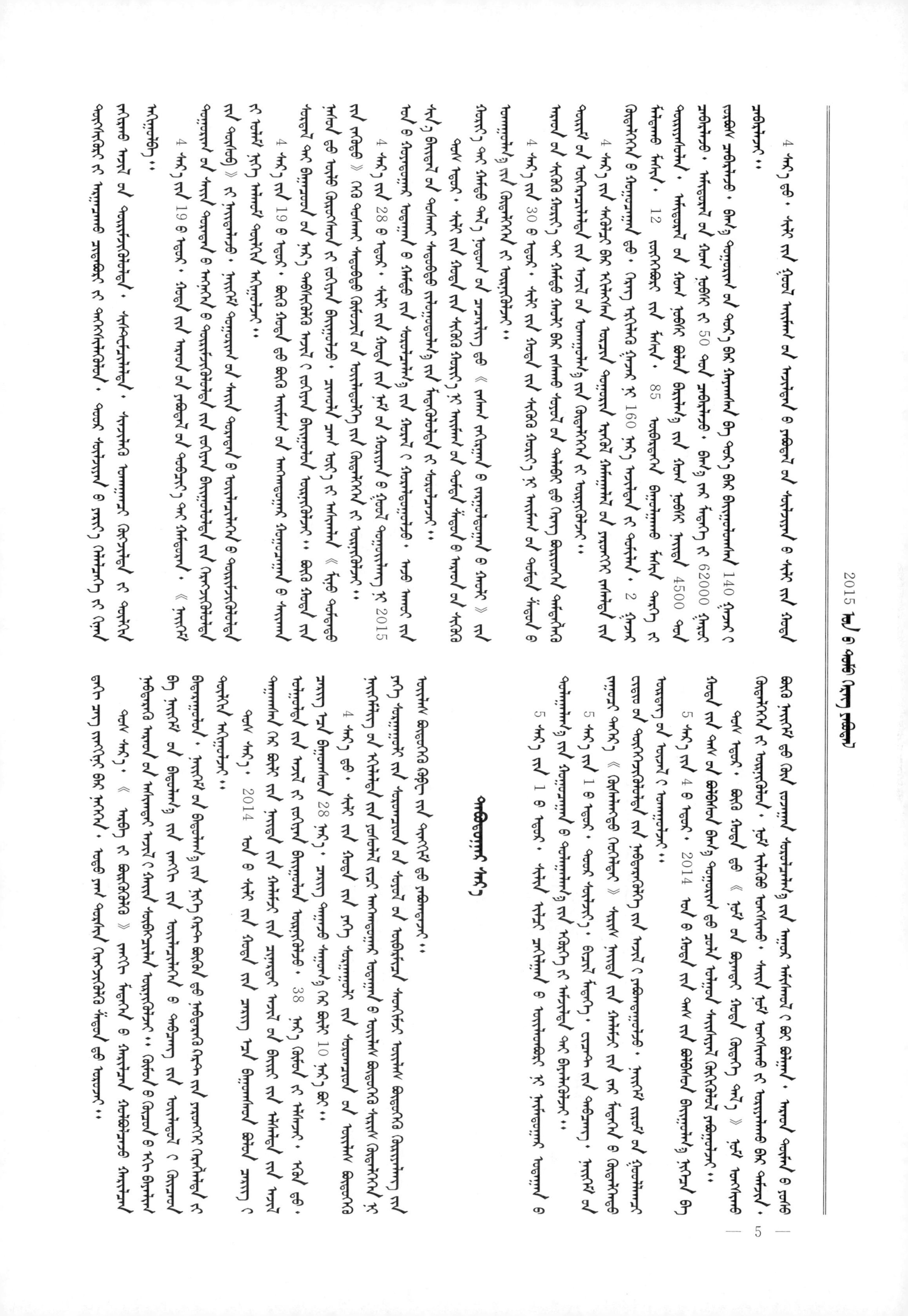

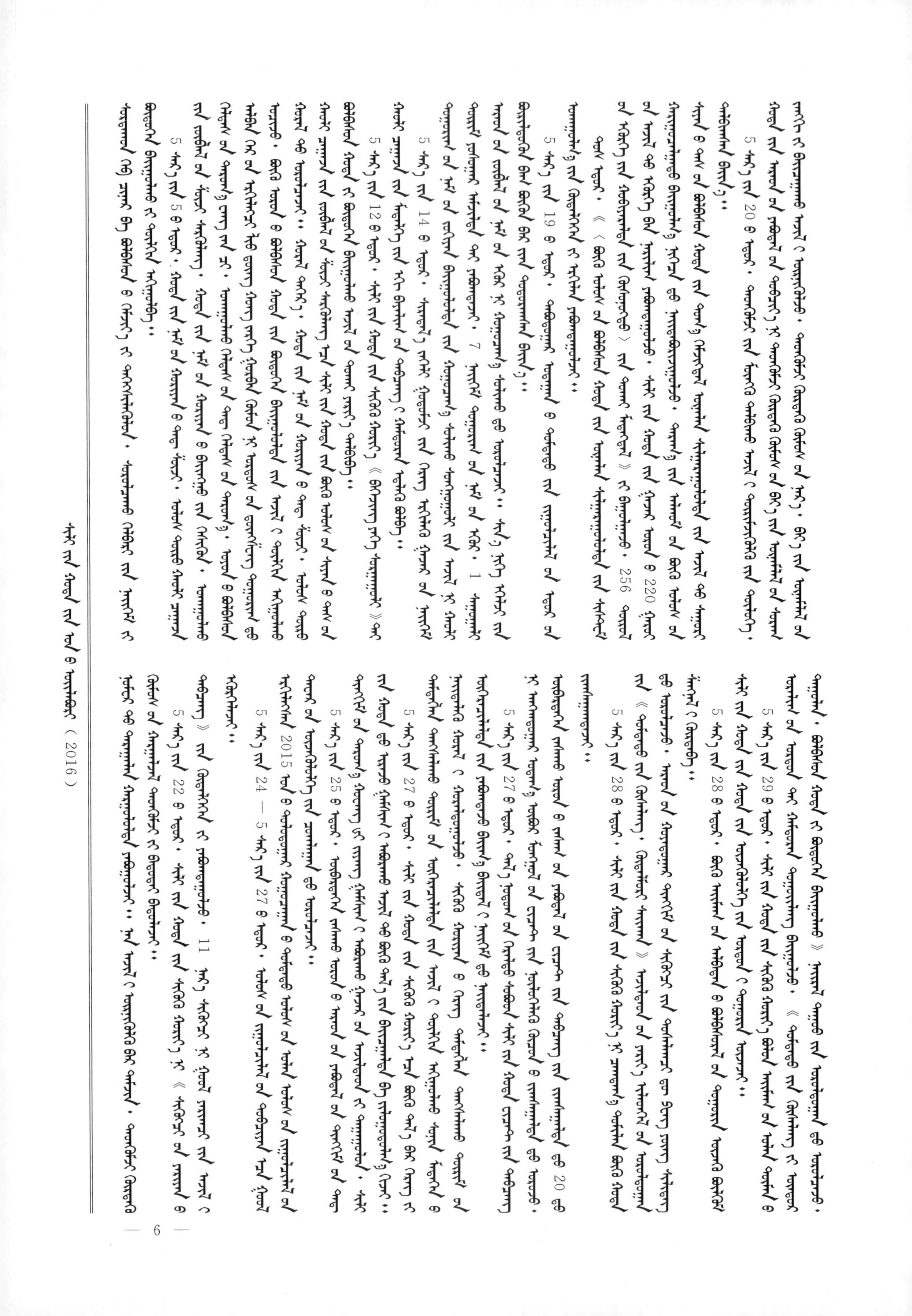

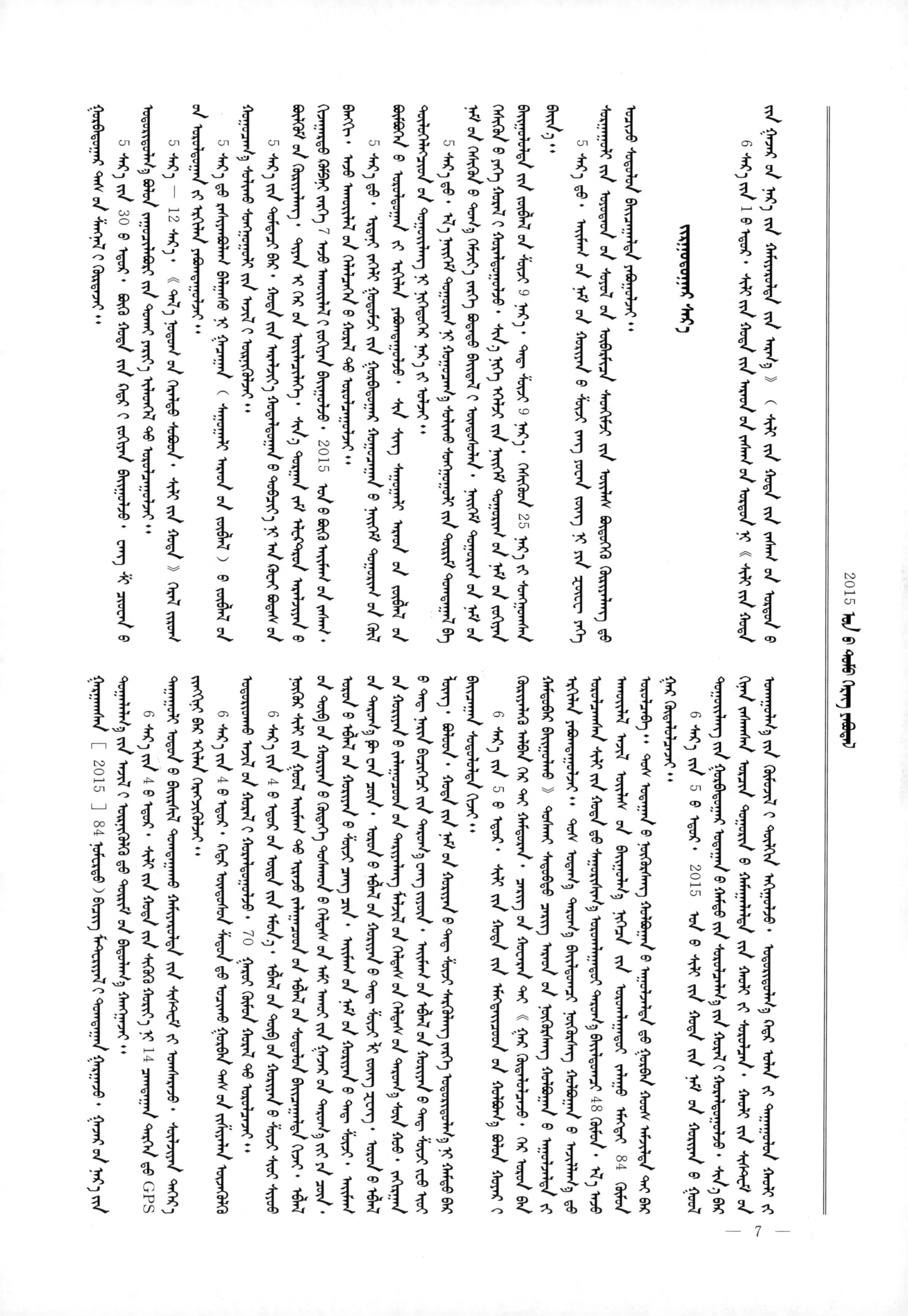

[illegible] 》 ([illegible]

6 [illegible] 1 [illegible] 《 [illegible]

[illegible]

[illegible]

5 [illegible] ::

[illegible] 9 [illegible] 9 [illegible] 25 [illegible]

5 [illegible] ::

[illegible]

5 [illegible] ::

[illegible] 7 [illegible] 2015 [illegible]

5 [illegible] ::

5 [illegible] ([illegible]) [illegible] ::

5 [illegible] — 12 [illegible] 《 [illegible] 》 [illegible] ::

5 [illegible] 30 [illegible] ::

[illegible] ::

6 [illegible] 5 [illegible] 2015 [illegible] ::

[illegible] 84 [illegible] 48 [illegible] 《 [illegible] 《 [illegible]

6 [illegible] 5 [illegible] ::

[illegible] ::

6 [illegible] 4 [illegible] 70 [illegible] ::

6 [illegible] 4 [illegible] ::

[illegible]

6 [illegible] 4 [illegible] 14 [illegible] GPS [illegible] ::

[illegible] [2015] 84 [illegible]) [illegible]

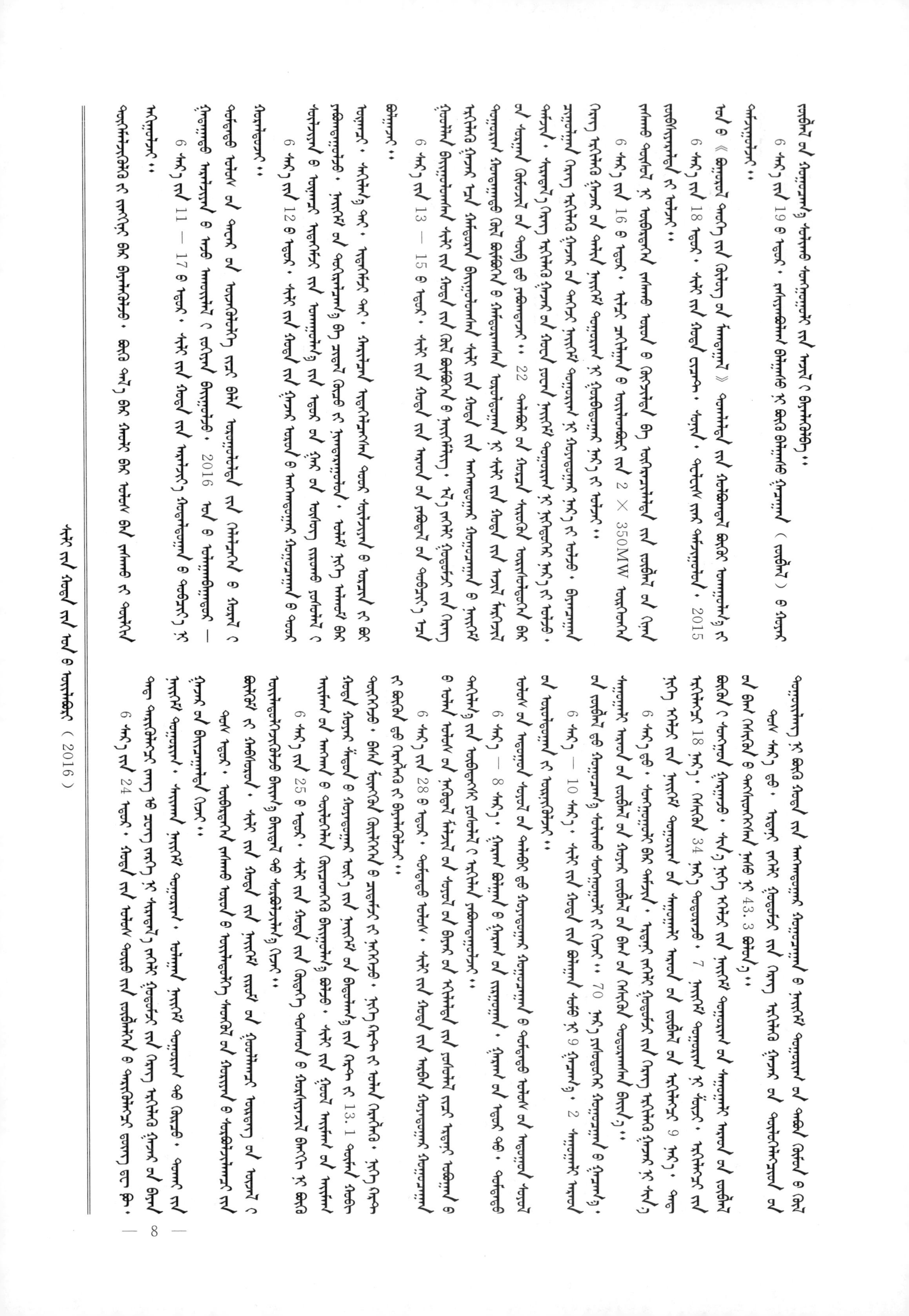

[illegible]

6 ᠰᠠᠷ᠎ᠠ ᠶᠢᠨ 16 ᠦ ᠡᠳᠦᠷ᠂ ᠬᠤᠷᠠᠯ ᠤᠨ ᠬᠥᠷᠥᠩᠭᠡ ᠶᠢᠨ ᠬᠠᠮᠲᠤᠷᠠᠯ ᠤᠨ 2 × 350MW ᠬᠦᠴᠢᠨ ᠦ

[illegible]

[illegible]

[illegible]
[illegible]

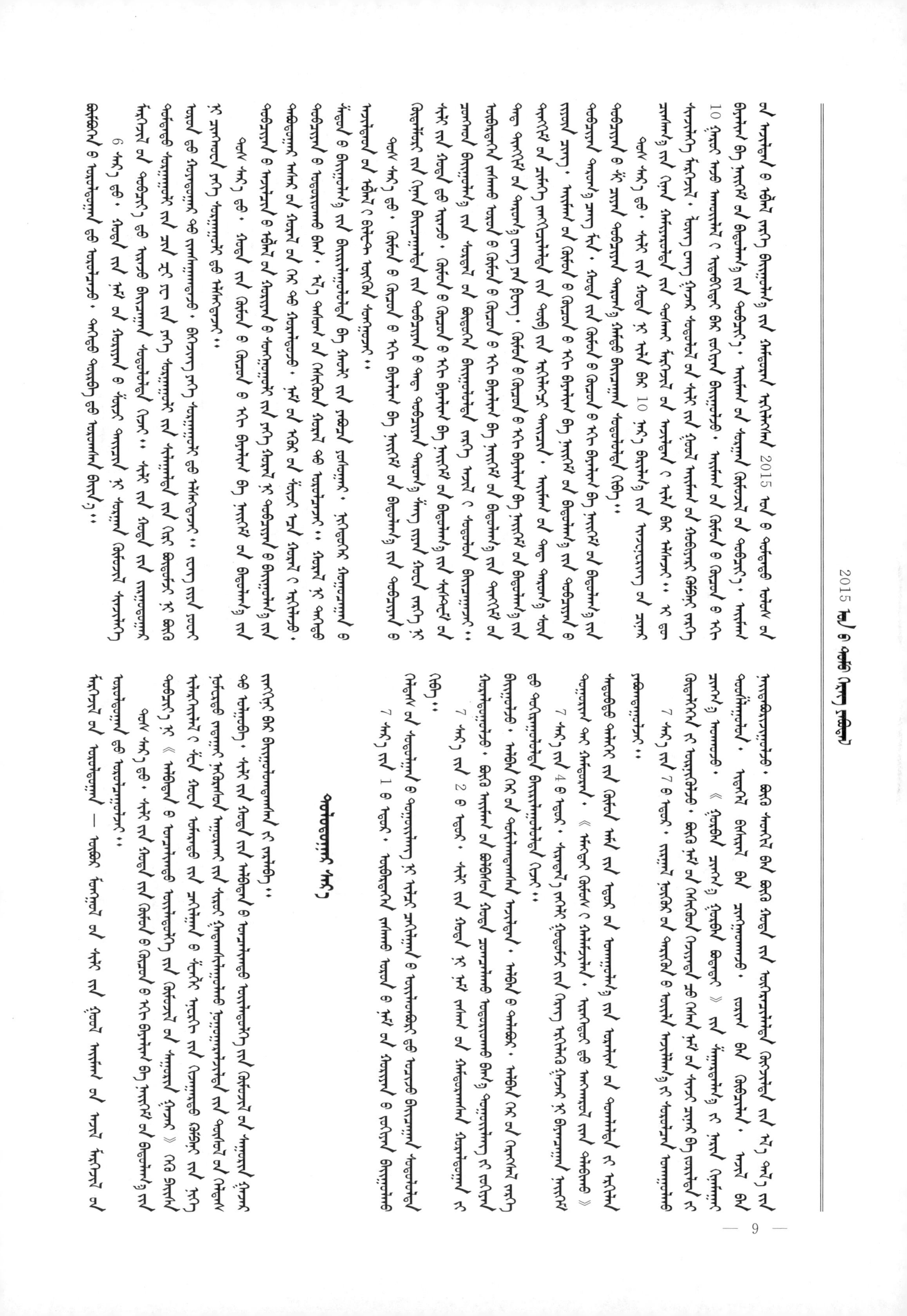

[illegible]

7 ᠰᠠᠷ᠎ᠠ ᠶᠢᠨ 17 ᠦ ᠡᠳᠦᠷ᠂ [illegible] 2 × 350MW [illegible]᠃

ᠮᠥᠨ ᠡᠳᠦᠷ᠂ [illegible] 2015 [illegible]᠃

[illegible] 《 [illegible] 》 [illegible]᠂

7 ᠰᠠᠷ᠎ᠠ ᠶᠢᠨ 15 ᠦ ᠡᠳᠦᠷ᠂ [illegible] 《 [illegible]᠃

ᠮᠥᠨ ᠡᠳᠦᠷ᠂ [illegible]᠃

[illegible]

7 ᠰᠠᠷ᠎ᠠ ᠶᠢᠨ 14 ᠦ ᠡᠳᠦᠷ᠂ [illegible]᠃

[illegible] 140 [illegible] 5 [illegible]᠂ 《 [illegible] 》 [illegible]᠂

7 ᠰᠠᠷ᠎ᠠ ᠶᠢᠨ 13 ᠦ ᠡᠳᠦᠷ᠂ [illegible]᠃

[illegible]

ᠮᠥᠨ ᠡᠳᠦᠷ᠂ [illegible]᠃

[illegible] 《 [illegible] 》 [illegible]᠂

7 ᠰᠠᠷ᠎ᠠ ᠶᠢᠨ 10 ᠦ ᠡᠳᠦᠷ᠂ [illegible] 15 [illegible]᠃

[illegible]᠂ [illegible]

[illegible]᠃

ᠮᠥᠨ ᠰᠠᠷ᠎ᠠ ᠳᠤ᠂ [illegible]᠃

[illegible]

ᠮᠥᠨ ᠰᠠᠷ᠎ᠠ ᠳᠤ᠂ [illegible]᠃

[illegible] 120 [illegible] 300 [illegible] 8 [illegible] 14 [illegible]

ᠮᠥᠨ ᠰᠠᠷ᠎ᠠ᠂ [illegible]᠃

[illegible]᠂ 2015 [illegible]᠂ [illegible]

ᠮᠥᠨ ᠡᠳᠦᠷ᠂ 12 [illegible] 》 [illegible]᠃

[illegible] 《 [illegible]᠂ [illegible]

7 ᠰᠠᠷ᠎ᠠ ᠶᠢᠨ 23 ᠦ᠂ [illegible] 5 [illegible]᠃

[illegible] 》 [illegible]᠂ [illegible] 《 [illegible] 》 [illegible]᠂ 《 [illegible]

7 ᠰᠠᠷ᠎ᠠ ᠶᠢᠨ 21 ᠦ ᠡᠳᠦᠷ᠂ [illegible] 4 [illegible]᠃

[illegible] ᠃᠃

[illegible] ᠃᠃ [illegible] ᠃᠃ 8 ᠰᠠᠷ᠎ᠠ ᠶᠢᠨ 21 ᠤ ᠡᠳᠦᠷ [illegible] ᠂ [illegible] ᠂ [illegible]

8 ᠰᠠᠷ᠎ᠠ ᠶᠢᠨ 20 — 21 ᠤ ᠡᠳᠦᠷ᠂ [illegible] ᠃᠃

[illegible] ᠂ [illegible] 《 [illegible] 》 [illegible]

8 ᠰᠠᠷ᠎ᠠ ᠶᠢᠨ 18 ᠤ ᠡᠳᠦᠷ᠂ [illegible] ᠃᠃ [illegible] ᠂ [illegible] ᠂ [illegible] ᠂ [illegible] ᠂ [illegible] ᠂ [illegible]

8 ᠰᠠᠷ᠎ᠠ ᠶᠢᠨ 15 ᠤ ᠡᠳᠦᠷ᠂ [illegible] ᠃᠃

[illegible] ᠂ [illegible] ᠂ [illegible] ᠂ 《 [illegible] 》 [illegible]

8 ᠰᠠᠷ᠎ᠠ ᠶᠢᠨ 14 ᠤ ᠡᠳᠦᠷ᠂ [illegible] ᠃᠃

[illegible] ᠂ [illegible]

8 ᠰᠠᠷ᠎ᠠ ᠶᠢᠨ 12 ᠤ ᠡᠳᠦᠷ᠂ [illegible] ᠃᠃

[illegible]

8 ᠰᠠᠷ᠎ᠠ ᠶᠢᠨ 8 — 10 ᠤ ᠡᠳᠦᠷ᠂ [illegible] ᠃᠃

[illegible] (495 [illegible]) [illegible] ᠃᠃ [illegible] 156 [illegible] ᠂ [illegible] ᠂ [illegible] ᠂ [illegible] ᠂ [illegible] 》 [illegible] ᠂ [illegible] ᠂ [illegible] 《 [illegible] 》 [illegible] 《 [illegible] ᠃᠃ [illegible]

8 ᠰᠠᠷ᠎ᠠ ᠶᠢᠨ 5 — 6 ᠤ ᠡᠳᠦᠷ᠂ [illegible] ᠃᠃

8 ᠰᠠᠷ᠎ᠠ ᠶᠢᠨ 3 ᠤ ᠡᠳᠦᠷ᠂ [illegible] 22 [illegible] ᠂ [illegible] ᠃᠃

[illegible] (2014 [illegible]) 》 [illegible] ᠂ [illegible]

8 ᠰᠠᠷ᠎ᠠ ᠶᠢᠨ 2 ᠤ ᠡᠳᠦᠷ᠂ 《 [illegible]

[illegible]

8 ᠰᠠᠷ᠎ᠠ ᠶᠢᠨ 22 ᠦ ᠡᠳᠦᠷ ᠂ ᠬᠣᠲᠠ ᠶᠢᠨ ᠠᠷᠠᠳ ᠤᠨ ᠬᠤᠷᠠᠯ ᠤᠨ ᠪᠠᠶᠢᠩᠭᠠ ᠶᠢᠨ ᠬᠤᠷᠠᠯ ᠢ ᠬᠢᠶᠡᠰᠦ ᠢᠷᠡᠯᠭᠡᠳᠦᠶ᠋ᠢ ᠬᠤᠷᠢᠶᠠᠭᠰᠠᠨ ᠬᠦᠮᠦᠰ ᠢ ᠬᠣᠲᠠ ᠶᠢᠨ ᠠᠶᠢᠮᠠᠭ ᠤᠨ ᠠᠶᠢᠮᠠᠭ ᠤᠨ ᠬᠡᠷᠡᠭᠵᠢᠭᠦᠯᠬᠦ ᠶᠢᠨ ᠬᠤᠷᠠᠯ ᠢ ᠬᠠᠷᠠᠯᠲᠠ᠃᠃

8 ᠰᠠᠷ᠎ᠠ ᠶᠢᠨ 23 — 9 ᠰᠠᠷ᠎ᠠ ᠶᠢᠨ 2 ᠦ ᠡᠳᠦᠷ ᠂ ᠬᠣᠲᠠ ᠶᠢᠨ ᠬᠤᠷᠢᠶᠠᠨ ᠠᠵᠢᠯᠯᠠᠭᠠᠨ ᠬᠡᠰᠡᠭ ᠦᠨ ᠬᠣᠷᠢᠶᠠᠭᠰᠠᠨ ᠬᠦᠮᠦᠰ ᠢ ᠪᠡᠶ᠎ᠡ ᠬᠠᠮᠲᠤ ᠪᠣᠯᠭᠠᠨ ᠬᠤᠷᠢᠶᠠᠭᠰᠠᠨ ᠬᠢᠭᠰᠡᠨ ᠪᠣᠯᠪᠠ᠂ ᠬᠣᠲᠠ ᠶᠢᠨ ᠬᠡᠮᠵᠢᠶ᠎ᠡ ᠶᠢᠨ (ᠬᠣᠷᠢᠶᠠᠨ) ᠬᠤᠷᠠᠯᠳᠤᠭᠰᠠᠨ ᠬᠤᠷᠠᠯ ᠢ ᠬᠢᠭᠰᠡᠨ᠃᠃

8 ᠰᠠᠷ᠎ᠠ ᠶᠢᠨ 23 ᠦ ᠡᠳᠦᠷ ᠂ ᠬᠣᠲᠠ ᠶᠢᠨ ᠠᠷᠠᠳ ᠤᠨ ᠬᠤᠷᠠᠯ ᠤᠨ ᠪᠠᠶᠢᠩᠭᠠ ᠶᠢᠨ ᠬᠤᠷᠠᠯ ᠤᠨ ᠬᠢᠷᠢ ᠬᠡᠮᠵᠢᠶ᠎ᠡ ᠶᠢᠨ ᠦᠢᠯᠡ ᠠᠵᠢᠯᠯᠠᠭ᠎ᠠ ᠶᠢᠨ ᠬᠤᠷᠠᠯ ᠢ ᠬᠤᠷᠠᠯᠳᠤᠭᠤᠯᠵᠤ ᠂ ᠬᠣᠲᠠ ᠶᠢᠨ ᠠᠷᠠᠳ ᠤᠨ ᠵᠠᠰᠠᠭ ᠤᠨ ᠭᠠᠵᠠᠷ ᠤᠨ ᠠᠵᠢᠯ ᠤᠨ ᠲᠠᠶᠢᠯᠤᠨ ᠢ ᠰᠣᠨᠣᠰᠴᠤ ᠂ ᠬᠣᠷᠢᠶᠠᠨ ᠤ ᠠᠵᠢᠯ ᠤᠨ ᠬᠡᠷᠡᠭᠵᠢᠯ ᠢ ᠬᠢᠨᠠᠨ ᠬᠡᠯᠡᠯᠴᠡᠭᠰᠡᠨ ᠪᠠᠶᠢᠳᠠᠯ ᠢ ᠬᠡᠯᠡᠯᠴᠡᠪᠡ᠂ ᠬᠣᠲᠠ ᠶᠢᠨ ᠪᠦᠬᠦ ᠨᠡᠶᠢᠲᠡ ᠶᠢᠨ ᠬᠦᠮᠦᠰ ᠦᠨ ᠡᠷᠬᠡ ᠶᠢ ᠬᠠᠮᠠᠭᠠᠯᠠᠬᠤ ᠠᠵᠢᠯ ᠢ ᠰᠠᠶᠢᠵᠢᠷᠠᠭᠤᠯᠬᠤ ᠲᠤᠬᠠᠢ ᠪᠣᠯᠪᠠ᠃᠃

8 ᠰᠠᠷ᠎ᠠ ᠶᠢᠨ 24 ᠦ ᠡᠳᠦᠷ ᠂ 《 ᠬᠤᠤᠯᠢ ᠶᠢᠨ ᠵᠠᠰᠠᠭ ᠤᠨ ᠵᠠᠰᠠᠭ 》 ᠬᠤᠷᠠᠯ ᠢ ᠬᠢᠵᠦ ᠂ ᠬᠣᠲᠠ ᠶᠢᠨ ᠬᠣᠷᠢᠶᠠᠨ ᠤ ᠭᠡᠰᠢᠭᠦᠳ ᠦᠨ ᠬᠤᠷᠠᠯ ᠳᠤ ᠬᠣᠲᠠ ᠶᠢᠨ ᠵᠠᠮ ᠤᠨ ᠬᠡᠰᠡᠭ ᠲᠦ ᠮᠠᠰᠢ ᠶᠢ ᠪᠠᠷᠢᠭᠤᠯᠤᠯᠲᠠ ᠶᠢᠨ ᠠᠵᠢᠯ ᠢ ᠬᠢᠨᠠᠵᠤ ᠂ ᠪᠠᠷᠢᠭᠤᠯᠤᠯᠲᠠ ᠶᠢᠨ ᠠᠵᠢᠯ ᠤᠨ ᠵᠠᠮ ᠤᠨ ᠬᠡᠰᠡᠭ ᠲᠦ 330 ᠮᠢᠩᠭ᠎ᠠ ᠶᠤᠸᠠᠨ ᠂ 270 ᠮᠢᠩᠭ᠎ᠠ ᠶᠤᠸᠠᠨ ᠬᠣᠷᠢᠶᠠᠨ ᠤ ᠬᠤᠷᠠᠯ ᠳᠤ ᠬᠣᠲᠠ ᠶᠢᠨ ᠵᠠᠮ ᠤᠨ ᠬᠡᠰᠡᠭ ᠲᠦ ᠪᠠᠷᠢᠭᠤᠯᠤᠯᠲᠠ ᠶᠢᠨ ᠬᠤᠷᠢᠶᠠᠨ ᠤ ᠬᠢᠯᠢ ᠶᠢᠨ ᠬᠡᠮᠵᠢᠶ᠎ᠡ ᠶᠢ ᠲᠣᠭᠲᠠᠭᠠᠪᠠ᠃᠃

8 ᠰᠠᠷ᠎ᠠ ᠶᠢᠨ 26 ᠦ ᠡᠳᠦᠷ ᠂ ᠬᠣᠲᠠ ᠶᠢᠨ ᠵᠠᠮ ᠤᠨ ᠬᠣᠷᠢᠶᠠᠨ ᠂ ᠠᠵᠢᠯ ᠤᠨ ᠬᠤᠷᠠᠯ ᠤᠨ 《 2015 ᠣᠨ ᠤ ᠬᠤᠤᠯᠢ ᠶᠢᠨ ᠵᠠᠰᠠᠭ ᠤᠨ ᠬᠡᠷᠡᠭᠵᠢᠭᠦᠯᠦᠯᠲᠡ ᠶᠢᠨ ᠠᠵᠢᠯ ᠤᠨ ᠲᠠᠶᠢᠯᠤᠨ ᠤ ᠬᠡᠮᠵᠢᠶ᠎ᠡ ᠶᠢ ᠬᠡᠷᠡᠭᠵᠢᠭᠦᠯᠬᠦ ᠶᠢᠨ ᠬᠤᠷᠠᠯ ᠤᠨ ᠠᠵᠢᠯ ᠢ ᠬᠢᠨᠠᠨ ᠬᠡᠯᠡᠯᠴᠡᠭᠰᠡᠨ 》 ᠤ ᠪᠠᠶᠢᠳᠠᠯ ᠢ ᠰᠣᠨᠣᠰᠴᠤ ᠂ ᠬᠣᠲᠠ ᠶᠢᠨ ᠠᠷᠠᠳ ᠤᠨ ᠵᠠᠰᠠᠭ ᠤᠨ ᠭᠠᠵᠠᠷ ᠤᠨ ᠠᠵᠢᠯ ᠤᠨ ᠬᠡᠮᠵᠢᠶ᠎ᠡ ᠶᠢ ᠬᠡᠷᠡᠭᠵᠢᠭᠦᠯᠬᠦ ᠶᠢᠨ ᠬᠤᠷᠠᠯ ᠢ ᠬᠢᠨᠠᠵᠤ ᠂ ᠬᠣᠲᠠ ᠶᠢᠨ ᠵᠠᠮ ᠤᠨ ᠬᠡᠰᠡᠭ ᠲᠦ ᠮᠠᠰᠢ ᠶᠢᠨ ᠪᠠᠶᠢᠳᠠᠯ ᠢ ᠬᠢᠨᠠᠵᠤ ᠂ S307 ᠤᠯᠤᠰ ᠤᠨ ᠵᠠᠮ ᠤᠨ ᠬᠡᠰᠡᠭ ᠲᠦ ᠬᠣᠷᠢᠶᠠᠨ ᠤ ᠠᠵᠢᠯ ᠢ ᠬᠢᠨᠠᠵᠤ 175 ᠮᠢᠩᠭ᠎ᠠ ᠂ 14 ᠬᠡᠰᠡᠭ ᠬᠣᠷᠢᠶᠠᠨ ᠂ ᠪᠠᠷᠢᠭᠤᠯᠤᠯᠲᠠ ᠶᠢᠨ ᠬᠣᠷᠢᠶᠠᠨ ᠤ ᠬᠦᠮᠦᠰ ᠦᠨ ᠬᠡᠮᠵᠢᠶ᠎ᠡ ᠂ S307 ᠤᠯᠤᠰ ᠤᠨ ᠵᠠᠮ ᠤᠨ ᠮᠠᠰᠢ ᠪᠡᠷ ᠬᠤᠷᠠᠯ ᠢ ᠬᠠᠮᠲᠤ ᠪᠠᠷ ᠬᠢᠨᠠᠪᠠ᠃᠃

8 ᠰᠠᠷ᠎ᠠ ᠶᠢᠨ 27 ᠦ ᠡᠳᠦᠷ ᠂ ᠬᠣᠲᠠ ᠶᠢᠨ ᠠᠷᠠᠳ ᠤᠨ ᠬᠤᠷᠠᠯ ᠤᠨ ᠪᠠᠶᠢᠩᠭᠠ ᠶᠢᠨ ᠬᠤᠷᠠᠯ ᠤᠨ ᠬᠢᠷᠢ ᠬᠡᠮᠵᠢᠶ᠎ᠡ ᠶᠢᠨ ᠦᠢᠯᠡ ᠠᠵᠢᠯᠯᠠᠭ᠎ᠠ 70 ᠬᠤᠷᠠᠯ ᠢ ᠬᠠᠮᠲᠤ ᠪᠠᠷ ᠬᠤᠷᠠᠯᠳᠤᠭᠤᠯᠵᠤ ᠂ ᠬᠣᠲᠠ ᠶᠢᠨ ᠠᠷᠠᠳ ᠤᠨ ᠬᠤᠷᠠᠯ ᠤᠨ ᠪᠠᠶᠢᠩᠭᠠ ᠶᠢᠨ ᠬᠤᠷᠠᠯ ᠤᠨ ᠬᠡᠷᠡᠭᠵᠢᠭᠦᠯᠬᠦ ᠶᠢᠨ ᠬᠤᠷᠠᠯ ᠢ ᠬᠢᠨᠠᠨ ᠪᠠᠶᠢᠴᠠᠭᠠᠭᠰᠠᠨ ᠪᠠᠶᠢᠨ᠎ᠠ᠃᠃

8 ᠰᠠᠷ᠎ᠠ ᠶᠢᠨ 31 ᠦ ᠡᠳᠦᠷ ᠂ ᠬᠣᠲᠠ ᠶᠢᠨ ᠬᠤᠷᠠᠯ ᠤᠨ ᠪᠠᠶᠢᠩᠭᠠ ᠶᠢᠨ ᠬᠦᠮᠦᠰ ᠦᠨ ᠬᠤᠷᠠᠯ ᠤᠨ ᠠᠵᠢᠯᠯᠠᠭᠠᠨ ᠤ ᠬᠢᠷᠢ ᠬᠡᠮᠵᠢᠶ᠎ᠡ ᠶᠢᠨ ᠬᠤᠷᠠᠯ ᠢ ᠬᠤᠷᠠᠯᠳᠤᠭᠤᠯᠵᠤ ᠬᠣᠲᠠ ᠶᠢᠨ ᠵᠠᠰᠠᠭ ᠤᠨ ᠭᠠᠵᠠᠷ ᠤᠨ ᠪᠠᠶᠢᠴᠠᠭᠠᠯᠲᠠ ᠶᠢᠨ ᠬᠤᠷᠠᠯᠳᠤᠭᠤᠯᠬᠤ ᠲᠤᠬᠠᠢ ᠪᠠᠶᠢᠨ᠎ᠠ᠃᠃

8 ᠰᠠᠷ᠎ᠠ ᠳᠤ ᠂ ᠬᠣᠲᠠ ᠶᠢᠨ ᠬᠤᠷᠠᠯ ᠤᠨ ᠪᠠᠶᠢᠩᠭᠠ ᠶᠢᠨ ᠬᠦᠮᠦᠰ ᠦᠨ ᠠᠵᠢᠯ ᠤᠨ ᠬᠡᠰᠡᠭ ᠦᠨ ᠬᠡᠮᠵᠢᠶ᠎ᠡ ᠶᠢᠨ ᠬᠠᠮᠲᠤ ᠠᠵᠢᠯᠯᠠᠬᠤ ᠬᠢᠷᠢ ᠬᠡᠮᠵᠢᠶ᠎ᠡ ᠶᠢᠨ ᠠᠵᠢᠯ ᠢ ᠬᠢᠨᠠᠨ ᠪᠠᠶᠢᠴᠠᠭᠠᠨ ᠬᠣᠷᠢᠶᠠᠨ ᠤ ᠬᠢᠷᠢ ᠬᠡᠮᠵᠢᠶ᠎ᠡ ᠶᠢ ᠲᠣᠭᠲᠠᠭᠠᠯᠴᠠᠪᠠ᠃᠃

ᠬᠠᠪᠤᠷ ᠰᠠᠷ᠎ᠠ ᠳᠤ ᠂ ᠬᠣᠲᠠ ᠶᠢᠨ ᠬᠤᠷᠠᠯ ᠤᠨ ᠦᠢᠯᠡ ᠠᠵᠢᠯᠯᠠᠭ᠎ᠠ ᠶᠢᠨ ᠬᠢᠷᠢ ᠬᠡᠮᠵᠢᠶ᠎ᠡ ᠶᠢᠨ ᠠᠵᠢᠯ ᠤᠨ ᠲᠠᠶᠢᠯᠤᠨ ᠢ ᠪᠠᠶᠢᠴᠠᠭᠠᠨ ᠬᠠᠷᠠᠭᠠᠯᠵᠠᠭᠤᠯᠪᠠ᠃᠃

ᠨᠠᠮᠤᠷ ᠰᠠᠷ᠎ᠠ ᠳᠤ ᠂ ᠬᠣᠲᠠ ᠶᠢᠨ ᠬᠤᠷᠠᠯ ᠤᠨ ᠬᠤᠷᠠᠯ ᠤᠨ ᠬᠠᠷᠢᠶᠠᠯᠠᠯ ᠤᠨ ᠬᠣᠷᠢᠶᠠᠨ ᠤ ᠬᠤᠷᠠᠯ ᠢ ᠬᠤᠷᠠᠯᠳᠤᠭᠤᠯᠵᠤ ᠂ ᠬᠤᠷᠢᠶᠠᠯᠠᠯ ᠤᠨ ᠬᠣᠷᠢᠶᠠᠨ ᠤ ᠬᠡᠮᠵᠢᠶ᠎ᠡ ᠶᠢ ᠬᠠᠷᠢᠶᠠᠯᠠᠭᠤᠯᠤᠨ ᠪᠠᠶᠢᠴᠠᠭᠠᠭᠰᠠᠨ ᠪᠣᠯᠪᠠ᠃᠃

ᠶᠢᠰᠦᠳᠦᠭᠡᠷ ᠰᠠᠷ᠎ᠠ

9 ᠰᠠᠷ᠎ᠠ ᠶᠢᠨ 3 ᠦ ᠡᠳᠦᠷ ᠂ ᠬᠣᠲᠠ ᠶᠢᠨ ᠬᠤᠷᠠᠯ ᠤᠨ ᠬᠡᠯᠡᠯᠴᠡᠭᠡ ᠂ HTML5 ᠂ ᠬᠣᠲᠠ ᠶᠢᠨ ᠪᠡᠶ᠎ᠡ ᠶᠢᠨ ᠠᠵᠢᠯ ᠤᠨ ᠬᠣᠷᠢᠶᠠᠨ ᠤ ᠬᠦᠮᠦᠰ 70 ᠭᠠᠷᠤᠢ ᠬᠦᠮᠦᠨ ᠢ ᠪᠠᠶᠢᠴᠠᠭᠠᠨ ᠬᠣᠷᠢᠶᠠᠨ ᠤ ᠬᠡᠮᠵᠢᠶ᠎ᠡ ᠶᠢᠨ ᠬᠡᠷᠡᠭᠵᠢᠭᠦᠯᠦᠯᠲᠡ ᠶᠢᠨ ᠪᠠᠶᠢᠳᠠᠯ ᠢ ᠬᠠᠮᠲᠤ ᠪᠠᠷ ᠬᠢᠨᠠᠵᠤ ᠂ ᠬᠤᠷᠠᠯ ᠤᠨ ᠠᠵᠢᠯ ᠢ ᠰᠠᠶᠢᠵᠢᠷᠠᠭᠤᠯᠬᠤ ᠲᠤᠬᠠᠢ ᠪᠠᠶᠢᠨ᠎ᠠ᠃᠃

9 ᠰᠠᠷ᠎ᠠ ᠶᠢᠨ 10 ᠦ ᠡᠳᠦᠷ ᠂ ᠬᠣᠲᠠ ᠶᠢᠨ ᠠᠷᠠᠳ ᠤᠨ ᠵᠠᠰᠠᠭ ᠤᠨ ᠭᠠᠵᠠᠷ ᠤᠨ ᠬᠣᠷᠢᠶᠠᠨ ᠤ # 2 ᠳᠤᠭᠠᠷ ᠪᠠᠶᠢᠭᠤᠯᠤᠯᠭ᠎ᠠ ᠶᠢᠨ ᠬᠤᠷᠠᠯ ᠢ ᠬᠤᠷᠠᠯᠳᠤᠭᠤᠯᠵᠤ ᠂ ᠬᠣᠲᠠ ᠶᠢᠨ ᠬᠤᠷᠠᠯ ᠤᠨ ᠬᠠᠷᠢᠶᠠᠯᠠᠯ ᠤᠨ ᠪᠠᠶᠢᠩᠭᠠ ᠶᠢᠨ ᠬᠦᠮᠦᠰ ᠦᠨ ᠬᠡᠮᠵᠢᠶ᠎ᠡ ᠶᠢᠨ ᠬᠡᠷᠡᠭᠵᠢᠭᠦᠯᠦᠯᠲᠡ ᠶᠢᠨ ᠬᠤᠷᠠᠯ ᠢ ᠬᠢᠨᠠᠵᠤ ᠂ ᠬᠣᠷᠢᠶᠠᠨ ᠤ ᠠᠵᠢᠯ ᠤᠨ ᠬᠡᠷᠡᠭᠵᠢᠯ ᠢ ᠬᠤᠷᠠᠯᠳᠤᠭᠤᠯᠬᠤ ᠂ ᠠᠵᠢᠯ ᠤᠨ ᠲᠠᠶᠢᠯᠤᠨ ᠢ ᠬᠠᠮᠲᠤ ᠪᠠᠷ ᠬᠢᠨᠠᠪᠠ ᠂ ᠬᠣᠲᠠ ᠶᠢᠨ ᠪᠠᠶᠢᠴᠠᠭᠠᠯᠲᠠ ᠶᠢᠨ ᠬᠤᠷᠠᠯ ᠢ ᠬᠡᠷᠡᠭᠵᠢᠭᠦᠯᠪᠡ᠃᠃

9 ᠰᠠᠷ᠎ᠠ ᠶᠢᠨ 11 — 13 ᠦ ᠡᠳᠦᠷ ᠂ ᠬᠣᠲᠠ ᠶᠢᠨ ᠬᠤᠷᠠᠯ ᠂ ᠬᠤᠷᠢᠶᠠᠨ ᠤ ᠬᠤᠷᠠᠯ ᠤᠨ ᠬᠤᠷᠢᠶᠠᠯᠠᠯ ᠤᠨ ᠬᠣᠷᠢᠶᠠᠨ ᠤ 2015 ᠣᠨ ᠤ ᠬᠦᠮᠦᠰ ᠦᠨ ᠬᠤᠷᠠᠯ (ᠬᠣᠷᠢᠶᠠᠨ) ᠤ ᠬᠤᠷᠠᠯ ᠬᠤᠷᠠᠯ ᠤᠨ ᠰᠠᠶᠢᠵᠢᠷᠠᠭᠤᠯᠬᠤ ᠤᠨ ᠬᠤᠷᠢᠶᠠᠨ ᠤ ᠬᠡᠷᠡᠭᠵᠢᠭᠦᠯᠦᠯᠲᠡ ᠶᠢᠨ ᠬᠤᠷᠠᠯ ᠢ ᠬᠤᠷᠠᠯᠳᠤᠭᠤᠯᠪᠠ᠃᠃

10 ᠰᠠᠷ᠎ᠠ ᠶᠢᠨ 12 ᠤ ᠡᠳᠦᠷ ᠂ [illegible]

[illegible] 8337 [illegible]

10 ᠰᠠᠷ᠎ᠠ ᠶᠢᠨ 8 ᠤ ᠡᠳᠦᠷ ᠂ [illegible]

[illegible]

9 ᠰᠠᠷ᠎ᠠ ᠶᠢᠨ 29 ᠤ ᠡᠳᠦᠷ ᠂ [illegible]

LED [illegible]

96 [illegible]

9 ᠰᠠᠷ᠎ᠠ ᠶᠢᠨ 26 ᠤ ᠡᠳᠦᠷ ᠂ [illegible]

9 ᠰᠠᠷ᠎ᠠ ᠶᠢᠨ 23 ᠤ ᠡᠳᠦᠷ ᠂ [illegible]

[illegible] 70 [illegible]

9 ᠰᠠᠷ᠎ᠠ ᠶᠢᠨ 20 ᠤ ᠡᠳᠦᠷ ᠂ [illegible]

9 ᠰᠠᠷ᠎ᠠ ᠶᠢᠨ 14 ᠤ ᠡᠳᠦᠷ ᠂ [illegible]

9 ᠰᠠᠷ᠎ᠠ ᠶᠢᠨ 13 ᠤ ᠡᠳᠦᠷ ᠂ [illegible]

[illegible] 2015 [illegible]

[illegible] 300 [illegible]

9 ᠰᠠᠷ᠎ᠠ ᠶᠢᠨ 30 ᠤ ᠡᠳᠦᠷ ᠂ [illegible]

[illegible] ::

10 ᠰᠠᠷ᠎ᠠ [illegible] 12 [illegible]

[illegible]) [illegible] ::

[illegible] 》 ([illegible]

[illegible] 《 [illegible]

10 ᠰᠠᠷ᠎ᠠ ᠶᠢᠨ 27 [illegible]

[illegible] ::

[illegible] — [illegible]

10 ᠰᠠᠷ᠎ᠠ ᠶᠢᠨ 23 — 27 [illegible] 5 [illegible]

[illegible] ::

[illegible]

10 ᠰᠠᠷ᠎ᠠ ᠶᠢᠨ 23 [illegible]

[illegible] ::

[illegible] ([illegible]) [illegible]

[illegible] ([illegible]) ·

10 ᠰᠠᠷ᠎ᠠ ᠶᠢᠨ 21 [illegible]

[illegible] ::

[illegible]

10 ᠰᠠᠷ᠎ᠠ ᠶᠢᠨ 19 [illegible]

[illegible] ::

[illegible]

[illegible] ::

[illegible]

10 ᠰᠠᠷ᠎ᠠ ᠶᠢᠨ 17 [illegible]

[illegible] ::

[illegible] 《 [illegible] 》 [illegible]

[illegible] 2

[illegible]

11 ᠰᠠᠷ᠎ᠠ ᠶᠢᠨ 11 [illegible] 207 [illegible]

[illegible] ::

[illegible]

11 ᠰᠠᠷ᠎ᠠ ᠶᠢᠨ 10 [illegible]

[illegible] ::

11 ᠰᠠᠷ᠎ᠠ ᠶᠢᠨ 5 [illegible]

[illegible] ::

[illegible] :: [illegible] 18

11 ᠰᠠᠷ᠎ᠠ ᠶᠢᠨ 1 [illegible]

[illegible]

[illegible] ::

[illegible]

[illegible] ::

[illegible]

[illegible] ::

[illegible]

[illegible]

11 ᠰᠠᠷ᠎ᠠ ᠶᠢᠨ 24 ᠪᠡᠷ ᠡᠳᠦᠷ᠂ [illegible]

11 ᠰᠠᠷ᠎ᠠ ᠶᠢᠨ 19 ᠪᠡᠷ ᠡᠳᠦᠷ᠂ [illegible]

11 ᠰᠠᠷ᠎ᠠ ᠶᠢᠨ 18 ᠪᠡᠷ ᠡᠳᠦᠷ᠂ [illegible] （ 2015 — 2030 ） [illegible]

11 ᠰᠠᠷ᠎ᠠ ᠶᠢᠨ 17 ᠪᠡᠷ ᠡᠳᠦᠷ᠂ [illegible]

11 ᠰᠠᠷ᠎ᠠ ᠶᠢᠨ 16 ᠪᠡᠷ ᠡᠳᠦᠷ᠂ [illegible] 《 [illegible] 》 [illegible]

《 [illegible] — [illegible] 》 [illegible]

11 ᠰᠠᠷ᠎ᠠ ᠶᠢᠨ 15 ᠪᠡᠷ ᠡᠳᠦᠷ᠂ [illegible] 〈 [illegible] 〉 [illegible] 42 [illegible] 〈 [illegible]

[illegible] 30000 [illegible]

11 ᠰᠠᠷ᠎ᠠ ᠶᠢᠨ 27 ᠪᠡᠷ ᠡᠳᠦᠷ᠂ 2015 ᠣᠨ ᠤ [illegible]

11 ᠰᠠᠷ᠎ᠠ ᠶᠢᠨ 26 ᠪᠡᠷ ᠡᠳᠦᠷ᠂ [illegible]

11 ᠰᠠᠷ᠎ᠠ ᠶᠢᠨ 25 ᠪᠡᠷ ᠡᠳᠦᠷ᠂ [illegible]

12 ᠰᠠᠷ᠎ᠠ ᠶᠢᠨ 16 ᠤ ᠡᠳᠦᠷ ᠂ ᠬᠣᠲᠠ ᠶᠢᠨ ᠠᠷᠠᠳ ᠤᠨ ᠶᠡᠬᠡ ᠬᠤᠷᠠᠯ ᠤᠨ ᠪᠠᠢᠩᠭᠤ ᠬᠣᠷᠢᠶ᠎ᠠ ᠬᠣᠲᠠ ᠶᠢᠨ ᠠᠵᠢᠯ ᠤᠨ ᠪᠠᠢᠳᠠᠯ ᠢ ᠰᠢᠯᠭᠠᠨ ᠪᠠᠢᠴᠠᠭᠠᠵᠤ ᠂ ᠬᠣᠲᠠ ᠶᠢᠨ ᠬᠥᠳᠡᠯᠦᠩ ᠪᠥᠬᠦᠢ ᠦᠮᠴᠢ ᠬᠥᠷᠥᠩᠭᠡ ᠶᠢᠨ ᠬᠠᠮᠢᠶᠠᠷᠤᠯᠲᠠ ᠶᠢᠨ ᠪᠠᠢᠳᠠᠯ ᠂ ᠬᠣᠲᠠ ᠶᠢᠨ ᠭᠡᠷᠡᠯᠲᠦᠭᠦᠯᠦᠯ ᠪᠠ LED ᠭᠡᠷᠡᠯᠲᠦᠭᠦᠯᠦᠯ ᠤᠨ ᠪᠠᠢᠭᠤᠯᠤᠯᠲᠠ ᠂ ᠬᠣᠲᠠ ᠶᠢᠨ ᠤᠰᠤ ᠬᠠᠩᠭᠠᠮᠵᠢ ᠶᠢᠨ ᠠᠵᠢᠯ ᠂ 《 ᠬᠣᠲᠠ ᠶᠢᠨ ᠣᠷᠴᠢᠨ ᠲᠣᠭᠣᠷᠢᠨ ᠤ ᠠᠷᠴᠢᠯᠭ᠎ᠠ ᠶᠢᠨ ᠵᠢᠷᠤᠮ 》 ᠢ ᠬᠡᠷᠡᠭᠵᠢᠭᠦᠯᠦᠯᠲᠡ ᠶᠢᠨ ᠪᠠᠢᠳᠠᠯ ᠢ ᠰᠢᠯᠭᠠᠨ ᠪᠠᠢᠴᠠᠭᠠᠪᠠ ᠃

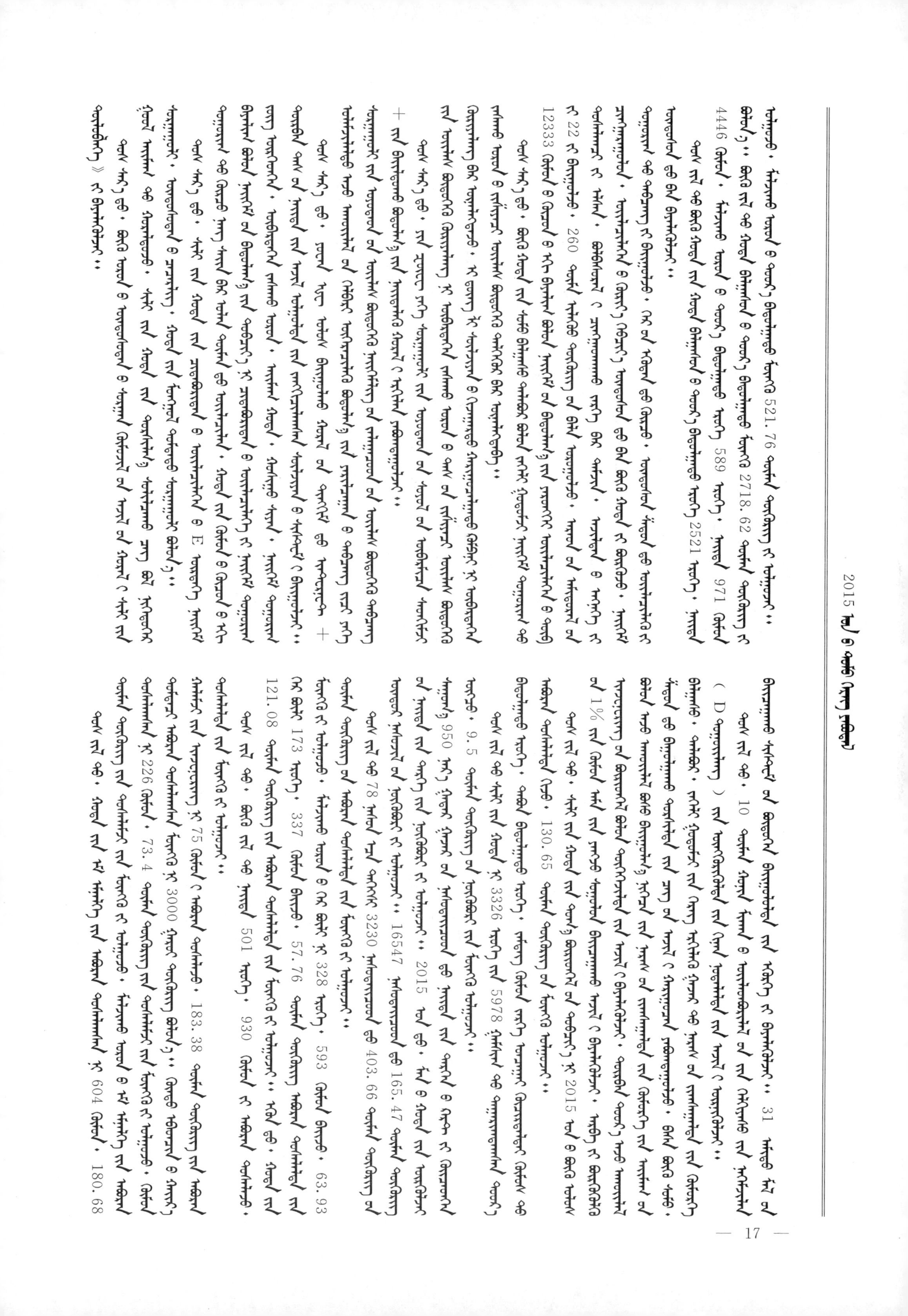

[illegible] 521.76 [illegible] 2718.62 [illegible] 4446 [illegible] 589 [illegible] 971 [illegible]

[illegible] 2521 [illegible]

[illegible] 22 [illegible] 260 [illegible] 12333 [illegible]

[illegible]

[illegible]

[illegible]

[illegible] E [illegible]

[illegible] 》 [illegible]

[illegible] 31 [illegible]

[illegible] 10 [illegible] (D [illegible]) [illegible]

[illegible] 1% [illegible]

[illegible] 2015 [illegible] 130.65 [illegible]

[illegible] 3326 [illegible] 5978 [illegible] 9.5 [illegible] 950 [illegible] 2015 [illegible] 16547 [illegible] 165.47 [illegible]

[illegible] 78 [illegible] 3230 [illegible] 403.66 [illegible] 328 [illegible] 593 [illegible] 63.93 [illegible] 173 [illegible] 337 [illegible] 57.76 [illegible] 121.08 [illegible]

[illegible] 501 [illegible] 930 [illegible]

[illegible] 75 [illegible] 183.38 [illegible] 3000 [illegible] 226 [illegible] 73.4 [illegible]

[illegible] 604 [illegible] 180.68

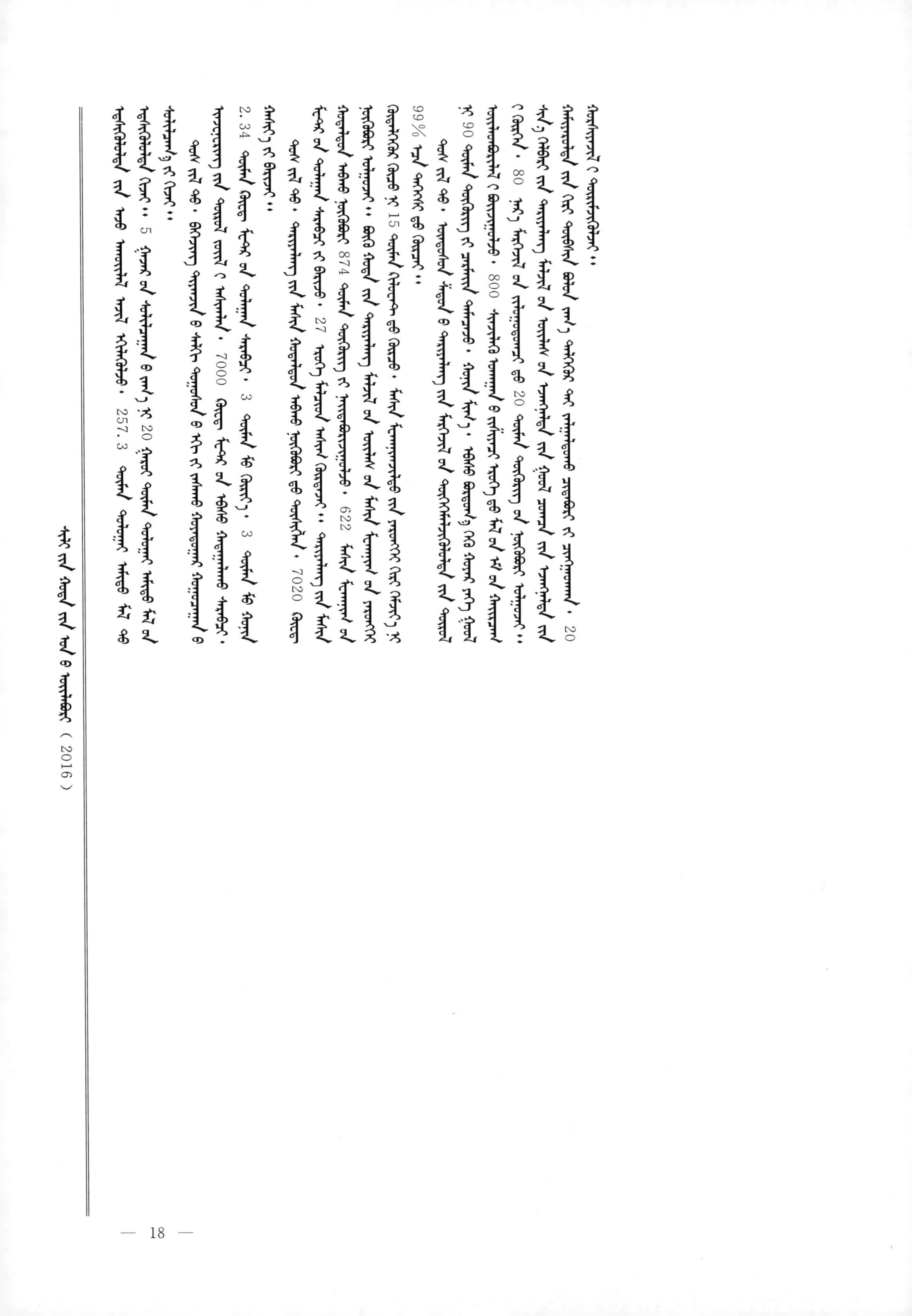

ᠲᠣᠪᠴᠢ ᠪᠠᠢᠳᠠᠯ

ᠰᠢᠯᠢ ᠶᠢᠨ ᠬᠣᠲᠠ ᠣᠷᠣᠨ ᠨᠤᠲᠤᠭ ᠲᠤ ᠬᠦᠮᠦᠰ ᠠᠮᠢᠳᠤᠷᠠᠵᠤ ᠢᠷᠡᠭᠰᠡᠨ ᠨᠢ 4000 — 6000 ᠵᠢᠯ ᠦᠨ ᠡᠮᠦᠨ᠎ᠡ ᠡᠴᠡ ᠡᠬᠢᠯᠡᠯᠲᠡᠢ᠃ ᠬᠣᠲᠠ ᠶᠢᠨ ᠦᠦᠰᠦᠯ ᠨᠢ 1743 ᠣᠨ (ᠴᠢᠩ ᠤᠯᠤᠰ ᠤᠨ ᠴᠢᠶᠠᠨᠯᠦᠩ ᠤᠨ ᠨᠠᠢᠮᠠᠳᠤᠭᠠᠷ ᠣᠨ) ᠳᠤ 《 ᠪᠡᠶᠢᠰᠡ ᠶᠢᠨ ᠰᠦᠮ᠎ᠡ 》 ᠶᠢ ᠪᠠᠢᠭᠤᠯᠤᠭᠰᠠᠨ ᠡᠴᠡ ᠡᠬᠢᠯᠡᠳᠡᠭ᠃ 1953 ᠣᠨ ᠳᠤ ᠰᠢᠯᠢ ᠶᠢᠨ ᠬᠣᠲᠠ ᠶᠢ ᠪᠠᠢᠭᠤᠯᠤᠭᠰᠠᠨ᠂ 1956 ᠣᠨ ᠳᠤ ᠬᠣᠰᠢᠭᠤ ᠶᠢᠨ ᠵᠡᠷᠭᠡ ᠪᠠᠢᠭᠤᠯᠤᠮᠵᠢ ᠳᠤ ᠰᠢᠯᠵᠢᠭᠦᠯᠦᠭᠰᠡᠨ᠂ 1983 ᠣᠨ ᠳᠤ ᠦᠨᠳᠦᠰᠦᠨ ᠦ ᠵᠠᠰᠠᠭ ᠤᠨ ᠭᠠᠵᠠᠷ ᠤᠨ ᠶᠠᠮᠤᠨ ᠤ ᠵᠥᠪᠰᠢᠶᠡᠷᠡᠯ ᠢᠶᠡᠷ ᠬᠣᠰᠢᠭᠤ ᠶᠢ ᠤᠭᠰᠢᠷᠠᠭᠤᠯᠵᠤ ᠰᠢᠯᠢ ᠶᠢᠨ ᠬᠣᠲᠠ ᠳᠤ ᠪᠠᠢᠭᠤᠯᠤᠭᠳᠠᠪᠠ᠃

ᠰᠢᠯᠢ ᠶᠢᠨ ᠬᠣᠲᠠ ᠣᠷᠣᠨ ᠨᠤᠲᠤᠭ ᠤᠨ ᠪᠠᠢᠷᠢ ᠨᠢ ᠬᠣᠶᠠᠳᠤ ᠥᠷᠭᠡᠷᠭᠡ ᠶᠢᠨ 43°02′1 — 44°52′1″᠂ ᠵᠡᠭᠦᠨ ᠤᠷᠲᠤᠷᠠᠭ ᠤᠨ 115°18′ — 117°06′ ᠳᠤ ᠪᠠᠢᠷᠢᠯᠠᠵᠤ ᠪᠠᠢᠨ᠎ᠠ᠃ ᠵᠡᠭᠦᠨ ᠡᠴᠡ ᠪᠠᠷᠠᠭᠤᠨ ᠲᠤ ᠬᠠᠮᠤᠭ ᠤᠷᠲᠤ ᠨᠢ 208 ᠺᠢᠯᠣᠮᠧᠲᠷ᠂ ᠡᠮᠦᠨ᠎ᠡ ᠡᠴᠡ ᠬᠣᠢᠢᠰᠢ ᠪᠡᠨ ᠬᠠᠮᠤᠭ ᠤᠷᠲᠤ ᠨᠢ 143 ᠺᠢᠯᠣᠮᠧᠲᠷ ᠪᠣᠯᠤᠨ᠎ᠠ᠃ ᠨᠡᠢᠲᠡ ᠭᠠᠵᠠᠷ ᠤᠨ ᠬᠡᠮᠵᠢᠶ᠎ᠡ 14785 ᠬᠠᠪᠲᠠᠭᠠᠢ ᠺᠢᠯᠣᠮᠧᠲᠷ᠂ ᠡᠭᠦᠨ ᠳᠦ ᠬᠣᠲᠠ ᠶᠢᠨ ᠪᠠᠢᠭᠤᠯᠤᠮᠵᠢᠲᠤ ᠣᠷᠣᠨ ᠤ ᠭᠠᠵᠠᠷ ᠤᠨ ᠬᠡᠮᠵᠢᠶ᠎ᠡ 49 ᠬᠠᠪᠲᠠᠭᠠᠢ ᠺᠢᠯᠣᠮᠧᠲᠷ᠂ ᠬᠣᠲᠠ ᠶᠢᠨ ᠲᠥᠪ ᠦᠨ ᠭᠠᠵᠠᠷ ᠤᠨ ᠬᠡᠮᠵᠢᠶ᠎ᠡ 37.5 ᠬᠠᠪᠲᠠᠭᠠᠢ ᠺᠢᠯᠣᠮᠧᠲᠷ ᠪᠣᠯᠤᠨ᠎ᠠ᠃

ᠰᠢᠯᠢ ᠶᠢᠨ ᠬᠣᠲᠠ ᠳᠤ 3 ᠰᠤᠮᠤ (ᠪᠠᠶᠠᠨᠲᠠᠯ᠎ᠠ ᠰᠤᠮᠤ᠂ ᠵᠢᠷᠭᠠᠯᠠᠩᠲᠤ ᠰᠤᠮᠤ᠂ ᠪᠠᠶᠠᠨᠪᠣᠯᠠᠭ ᠰᠤᠮᠤ) ᠂ 1 ᠪᠠᠯᠭᠠᠰᠤ (ᠰᠢᠯᠢ ᠶᠢᠨ ᠭᠣᠣᠯ ᠪᠠᠯᠭᠠᠰᠤ) ᠂ 7 ᠭᠤᠳᠤᠮᠵᠢ ᠶᠢᠨ ᠠᠵᠢᠯ ᠤᠨ ᠭᠠᠵᠠᠷ (ᠪᠠᠶᠠᠨ ᠭᠤᠳᠤᠮᠵᠢ ᠶᠢᠨ ᠠᠵᠢᠯ ᠤᠨ ᠭᠠᠵᠠᠷ᠂ ᠰᠦᠨᠢᠳ ᠭᠤᠳᠤᠮᠵᠢ ᠶᠢᠨ ᠠᠵᠢᠯ ᠤᠨ ᠭᠠᠵᠠᠷ᠂ ᠰᠤᠮᠤ ᠭᠤᠳᠤᠮᠵᠢ ᠶᠢᠨ ᠠᠵᠢᠯ ᠤᠨ ᠭᠠᠵᠠᠷ᠂ ᠡᠩᠭᠡ ᠭᠤᠳᠤᠮᠵᠢ ᠶᠢᠨ ᠠᠵᠢᠯ ᠤᠨ ᠭᠠᠵᠠᠷ᠂ ᠪᠠᠶᠠᠨᠴᠢᠮᠡᠭ ᠭᠤᠳᠤᠮᠵᠢ ᠶᠢᠨ ᠠᠵᠢᠯ ᠤᠨ ᠭᠠᠵᠠᠷ᠂ ᠪᠤᠯᠠᠩ ᠭᠤᠳᠤᠮᠵᠢ ᠶᠢᠨ ᠠᠵᠢᠯ ᠤᠨ ᠭᠠᠵᠠᠷ ᠦᠨ ᠭᠠᠵᠠᠷ) ᠂ 6 ᠰᠠᠯᠠᠭ᠎ᠠ ᠶᠢᠨ ᠠᠵᠢᠯ ᠤᠨ ᠭᠠᠵᠠᠷ (ᠪᠠᠶᠠᠨᠬᠣᠰᠢᠭᠤ ᠰᠠᠯᠠᠭ᠎ᠠ ᠶᠢᠨ ᠠᠵᠢᠯ ᠤᠨ ᠭᠠᠵᠠᠷ᠂ ᠪᠠᠶᠠᠨ ᠪᠢᠷᠢᠳ ᠰᠠᠯᠠᠭ᠎ᠠ ᠶᠢᠨ ᠠᠵᠢᠯ ᠤᠨ ᠭᠠᠵᠠᠷ᠂ ᠬᠡᠷᠦᠯᠡᠨ ᠰᠠᠯᠠᠭ᠎ᠠ ᠶᠢᠨ ᠠᠵᠢᠯ ᠤᠨ ᠭᠠᠵᠠᠷ᠂ ᠮᠣᠳᠤᠨ ᠰᠠᠯᠠᠭ᠎ᠠ ᠶᠢᠨ ᠠᠵᠢᠯ ᠤᠨ ᠭᠠᠵᠠᠷ᠂ ᠴᠠᠭᠠᠨ ᠰᠠᠯᠠᠭ᠎ᠠ ᠶᠢᠨ ᠠᠵᠢᠯ ᠤᠨ ᠭᠠᠵᠠᠷ᠂ ᠪᠠᠶᠠᠨ ᠰᠠᠯᠠᠭ᠎ᠠ ᠶᠢᠨ ᠠᠵᠢᠯ ᠤᠨ ᠭᠠᠵᠠᠷ) ᠪᠠᠢᠨ᠎ᠠ᠃ ᠡᠭᠦᠨ ᠳᠦ 22 ᠭᠠᠴᠠᠭ᠎ᠠ᠂ 8 ᠬᠣᠷᠢᠶ᠎ᠠ ᠲᠠᠢ ᠪᠠᠢᠨ᠎ᠠ᠃ ᠰᠢᠯᠢ ᠶᠢᠨ ᠭᠣᠣᠯ ᠪᠠᠯᠭᠠᠰᠤ ᠨᠢ 15 ᠬᠣᠷᠢᠶᠠᠨ ᠤ ᠵᠠᠬᠢᠷᠭ᠎ᠠ ᠶᠢᠨ ᠭᠠᠵᠠᠷ ᠲᠠᠢ᠂ 52 ᠬᠣᠷᠢᠶᠠᠨ ᠤ ᠡᠭᠦᠷᠡᠭ ᠲᠡᠢ ᠪᠠᠢᠨ᠎ᠠ᠃

ᠳᠤᠯᠠᠭᠠᠨ ᠬᠡᠮ

ᠵᠢᠯ ᠦᠨ ᠳᠤᠮᠳᠠᠭᠠᠳᠤ ᠳᠤᠯᠠᠭᠠᠨ ᠬᠡᠮ 1.02 ᠭᠷᠠᠳᠦᠰ᠂ ᠬᠠᠮᠤᠭ ᠥᠨᠳᠥᠷ ᠳᠤᠯᠠᠭᠠᠨ ᠬᠡᠮ 18.64 ᠭᠷᠠᠳᠦᠰ᠂ ᠬᠠᠮᠤᠭ ᠳᠣᠣᠷ᠎ᠠ ᠳᠤᠯᠠᠭᠠᠨ ᠬᠡᠮ 5.74 ᠭᠷᠠᠳᠦᠰ ᠪᠣᠯᠤᠨ᠎ᠠ᠃ ᠡᠭᠦᠨ ᠦ ᠳᠣᠳᠣᠷᠠᠬᠢ ᠬᠠᠮᠤᠭ ᠳᠣᠣᠷ᠎ᠠ ᠳᠤᠯᠠᠭᠠᠨ ᠬᠡᠮ 30 ᠭᠷᠠᠳᠦᠰ ᠲᠤ ᠬᠦᠷᠬᠦ᠂ ᠬᠠᠮᠤᠭ ᠬᠦᠢᠲᠡᠨ ᠰᠠᠷ᠎ᠠ ᠶᠢᠨ ᠳᠤᠮᠳᠠᠭᠠᠳᠤ ᠳᠤᠯᠠᠭᠠᠨ ᠬᠡᠮ 22.83 ᠭᠷᠠᠳᠦᠰ᠂ ᠬᠠᠮᠤᠭ ᠬᠦᠢᠲᠡᠨ ᠰᠠᠷ᠎ᠠ ᠶᠢᠨ ᠳᠤᠮᠳᠠᠭᠠᠳᠤ ᠳᠤᠯᠠᠭᠠᠨ ᠬᠡᠮ 2.57 ᠭᠷᠠᠳᠦᠰ ᠪᠣᠯᠤᠨ᠎ᠠ᠃ ᠡᠭᠦᠨ ᠦ ᠳᠣᠳᠣᠷᠠᠬᠢ ᠬᠠᠮᠤᠭ ᠳᠣᠣᠷ᠎ᠠ ᠳᠤᠯᠠᠭᠠᠨ ᠬᠡᠮ 1.3 ᠭᠷᠠᠳᠦᠰ ᠪᠣᠯᠤᠨ᠎ᠠ᠃ ᠰᠢᠯᠢ ᠶᠢᠨ ᠬᠣᠲᠠ ᠶᠢᠨ ᠬᠠᠮᠤᠭ ᠳᠣᠣᠷ᠎ᠠ ᠳᠤᠯᠠᠭᠠᠨ ᠬᠡᠮ 26.7 ᠭᠷᠠᠳᠦᠰ ᠪᠣᠯᠵᠤ᠂ ᠡᠭᠦᠨ ᠳᠦ ᠄ ᠪᠣᠳᠠᠲᠤ ᠳᠤᠮᠳᠠᠭᠠᠳᠤ ᠳᠤᠯᠠᠭᠠᠨ ᠬᠡᠮ 25.4 ᠭᠷᠠᠳᠦᠰ ᠪᠣᠯᠤᠨ᠎ᠠ᠃

ᠬᠤᠷ᠎ᠠ ᠶᠢᠨ ᠨᠥᠭᠡᠴᠡ

ᠰᠢᠯᠢ ᠶᠢᠨ ᠬᠣᠲᠠ ᠶᠢᠨ ᠬᠤᠷ᠎ᠠ ᠶᠢᠨ ᠨᠥᠭᠡᠴᠡ ᠵᠢᠯ ᠦᠨ ᠳᠤᠮᠳᠠᠭᠠᠳᠤ ᠬᠤᠷ᠎ᠠ ᠶᠢᠨ ᠬᠡᠮᠵᠢᠶ᠎ᠡ ᠪᠠᠭ᠎ᠠ᠂ ᠬᠤᠷ᠎ᠠ ᠶᠢᠨ ᠨᠥᠭᠡᠴᠡ ᠨᠢ ᠵᠢᠯ ᠦᠨ ᠳᠣᠲᠣᠷᠠ ᠲᠡᠩᠴᠡᠭᠦ ᠪᠤᠰᠤ ᠪᠣᠯᠤᠨ᠎ᠠ᠃ ᠵᠢᠯ ᠦᠨ ᠳᠤᠮᠳᠠᠭᠠᠳᠤ ᠬᠤᠷ᠎ᠠ ᠶᠢᠨ ᠬᠡᠮᠵᠢᠶ᠎ᠡ 294.9 ᠮᠢᠯᠢᠮᠧᠲᠷ᠂ ᠬᠤᠷ᠎ᠠ ᠲᠠᠢ ᠡᠳᠦᠷ ᠦᠨ ᠲᠣᠭ᠎ᠠ 110 ᠡᠳᠦᠷ ᠪᠣᠯᠤᠨ᠎ᠠ᠃ ᠬᠤᠷ᠎ᠠ ᠶᠢᠨ ᠬᠡᠮᠵᠢᠶ᠎ᠡ ᠨᠢ ᠵᠢᠯ ᠦᠨ ᠳᠣᠲᠣᠷᠠᠬᠢ ᠬᠤᠪᠢᠶᠠᠷᠢᠯᠲᠠ ᠲᠡᠩᠴᠡᠭᠦ ᠪᠤᠰᠤ᠂ ᠵᠤᠨ ᠤ ᠭᠤᠷᠪᠠᠨ ᠰᠠᠷ᠎ᠠ ᠳᠤ ᠲᠥᠪᠯᠡᠷᠡᠳᠡᠭ᠃ ᠵᠢᠯ ᠦᠨ ᠳᠤᠮᠳᠠᠭᠠᠳᠤ ᠠᠭᠤᠷᠰᠢᠯ ᠤᠨ ᠬᠡᠮᠵᠢᠶ᠎ᠡ 988.5 ᠮᠢᠯᠢᠮᠧᠲᠷ ᠪᠣᠯᠤᠨ᠎ᠠ᠃ ᠡᠭᠦᠨ ᠦ ᠬᠠᠪᠤᠷ ᠤᠨ ᠬᠤᠷ᠎ᠠ ᠪᠠᠭ᠎ᠠ᠂ ᠬᠠᠪᠤᠷ ᠤᠨ ᠬᠠᠯᠢᠭᠤ ᠬᠠᠭᠤᠷᠠᠢ ᠲᠠᠢ᠂ ᠵᠤᠨ ᠤ ᠬᠤᠷ᠎ᠠ ᠣᠯᠠᠨ ᠪᠠᠢᠳᠠᠭ᠃ ᠴᠠᠰᠤ ᠨᠢ ᠨᠤᠮᠣᠷᠠᠯ ᠬᠠᠪᠤᠷ ᠤᠨ ᠡᠴᠦᠰ ᠡᠴᠡ ᠡᠬᠢᠯᠡᠨ ᠬᠠᠪᠤᠷ ᠤᠨ ᠡᠬᠢᠨ ᠳᠦ ᠬᠠᠶᠠᠯᠳᠠᠭ᠃ ᠣᠳᠣ ᠴᠠᠭ ᠤᠨ ᠪᠠᠢᠳᠠᠯ ᠪᠡᠷ ᠪᠣᠯ᠂ ᠰᠢᠯᠢ ᠶᠢᠨ ᠬᠣᠲᠠ ᠶᠢᠨ ᠬᠤᠷ᠎ᠠ ᠶᠢᠨ ᠨᠥᠭᠡᠴᠡ ᠨᠢ ᠬᠠᠩᠭᠠᠯᠲᠠ ᠲᠠᠢ ᠪᠠᠢᠨ᠎ᠠ᠃

ᠭᠠᠵᠠᠷ ᠳᠡᠭᠡᠷᠡᠬᠢ ᠤᠰᠤᠨ ᠤ ᠨᠥᠭᠡᠴᠡ

ᠰᠢᠯᠢ ᠶᠢᠨ ᠬᠣᠲᠠ ᠶᠢᠨ ᠭᠠᠵᠠᠷ ᠳᠡᠭᠡᠷᠡᠬᠢ ᠤᠰᠤᠨ ᠤ ᠨᠥᠭᠡᠴᠡ ᠨᠢ ᠵᠢᠯ ᠲᠤ ᠲᠤᠭᠳᠤᠨ 224 ᠰᠠᠶ᠎ᠠ ᠱᠣᠭᠤ ᠮᠧᠲᠷ ᠪᠠᠢᠨ᠎ᠠ᠂ ᠡᠭᠦᠨ ᠳᠦ ᠭᠠᠵᠠᠷ ᠳᠡᠭᠡᠷᠡᠬᠢ ᠤᠰᠤ 298.5 ᠰᠠᠶ᠎ᠠ ᠱᠣᠭᠤ ᠮᠧᠲᠷ ᠤᠨ ᠨᠥᠭᠡᠴᠡ ᠲᠠᠢ ᠪᠠᠢᠨ᠎ᠠ᠃

ᠰᠢᠯᠵᠢᠭᠦᠯᠦᠨ ᠵᠠᠮ ᠤᠨ ᠪᠦᠲᠦᠭᠡᠯ ᠲᠡᠷᠭᠡᠯ ᠬᠣᠲᠠ ᠳᠤ ᠬᠦᠷᠬᠦ ᠬᠣᠷᠣᠭᠠᠨ ᠤ ᠪᠠᠢᠳᠠᠯ · ᠬᠦᠷᠢᠶ᠎ᠡ ᠬᠦᠷᠬᠦ ᠬᠣᠭᠣᠷᠣᠨᠳᠣ ᠶᠢᠨ ᠰᠢᠭᠤᠳ ᠠᠵᠢᠯ ᠤᠨ ᠣᠷᠣᠨ ᠪᠠᠢᠭᠤᠯᠬᠤ ᠲᠡᠭᠡᠪᠦᠷᠢᠯᠡᠯᠲᠡ · ᠲᠡᠭᠡᠪᠦᠷᠢ ᠶᠢᠨ ᠬᠣᠯᠪᠣᠭ᠎ᠠ ᠵᠢᠨ ᠵᠢᠯ ᠦᠨ ᠬᠤᠪᠢ ᠳᠤ ᠵᠠᠮ ᠤᠨ ᠬᠡᠮᠵᠢᠶ᠎ᠡ ᠶᠢᠨ 207 · 303 ᠲᠣᠨ ᠬᠦᠷᠴᠦ · ᠵᠠᠮ ᠤᠨ ᠬᠡᠮᠵᠢᠶ᠎ᠡ ᠶᠢᠨ 101 · 307 ᠪᠠ ᠬᠦᠷᠴᠦ 1255.4 ᠬᠢᠯᠣᠮᠧᠲ᠋ᠷ · ᠣᠷᠳᠣᠰ ᠤᠨ ᠬᠣᠲᠠ ᠶᠢᠨ ᠨᠡᠢᠲᠡ ᠶᠢᠨ ᠲᠡᠮᠦᠷ ᠵᠠᠮ ᠤᠨ ᠤᠷᠲᠤ ᠨᠢ ᠬᠡᠮᠵᠢᠶ᠎ᠡ ᠶᠢᠨ

ᠣᠷᠳᠣᠰ ᠤᠨ ᠬᠣᠲᠠ ᠶᠢᠨ ᠨᠡᠢᠲᠡ ᠶᠢᠨ ᠰᠢᠯᠵᠢᠭᠦᠯᠦᠯᠲᠡ ᠳᠤ ᠲᠡᠮᠦᠷ ᠵᠠᠮ ᠤᠨ ᠪᠦᠲᠦᠭᠡᠯ ᠪᠠᠢᠨ᠎ᠠ :: ᠬᠡᠮᠵᠢᠶ᠎ᠡ ᠶᠢᠨ ᠤᠨ ᠳᠤᠮᠳᠠᠳᠤ ᠬᠢᠯᠣᠮᠧᠲ᠋ᠷ ᠬᠦᠷᠳᠡᠭ ::

ᠰᠣᠶᠣᠯ ᠪᠣᠯᠪᠠᠰᠤᠷᠠᠯ ᠤᠨ ᠲᠡᠭᠡᠪᠦᠷᠢ ᠪᠡᠷ ᠤᠨ ᠰᠢᠯᠵᠢᠭᠦᠯᠦᠨ ᠣᠷᠳᠣᠰ ᠤᠨ ᠪᠦᠲᠦᠭᠡᠯ ᠢ ᠨᠡᠮᠡᠪᠡᠯ 340 ᠬᠢᠯᠣᠮᠧᠲ᠋ᠷ · 338 ᠬᠢᠯᠣᠮᠧᠲ᠋ᠷ ᠤᠨ ᠲᠡᠭᠡᠪᠦᠷᠢ ᠳᠤ ᠤᠨ ᠰᠢᠯᠵᠢᠭᠦᠯᠦᠨ ᠤᠨ ᠵᠠᠮ ᠬᠣᠯᠪᠣᠭ᠎ᠠ ᠤᠨ ᠲᠡᠭᠡᠪᠦᠷᠢ ᠶᠢ ᠲᠡᠭᠦᠰᠬᠡᠨ ᠪᠠᠢᠭᠤᠯᠤᠭᠰᠠᠨ :: ᠲᠡᠭᠦᠨ 460 ᠬᠢᠯᠣᠮᠧᠲ᠋ᠷ · 470 ᠬᠢᠯᠣᠮᠧᠲ᠋ᠷ · 620 ᠬᠢᠯᠣᠮᠧᠲ᠋ᠷ ᠪᠣᠯᠤᠨ᠎ᠠ · ᠪᠦᠬᠦ ᠶᠢᠨ ᠬᠡᠮᠵᠢᠶ᠎ᠡ ᠴᠤ ᠨᠡᠮᠡᠭᠳᠡᠭᠰᠡᠨ ᠨᠡᠢᠲᠡ ᠲᠡᠭᠦᠰᠬᠡᠭᠰᠡᠨ ᠢ ᠪᠠᠢᠭᠤᠯᠤᠨ · ᠪᠠᠭᠤᠳᠠᠯ · ᠪᠣᠭᠣᠮᠲᠠ · ᠵᠠᠮ ᠤᠨ ᠲᠡᠭᠡᠪᠦᠷᠢ ᠶᠢᠨ ᠵᠠᠮ ᠤᠨ ᠳᠤ ᠨᠡᠮᠡᠪᠡᠯ

ᠣᠷᠳᠣᠰ ᠤᠨ ᠬᠣᠲᠠ ᠶᠢᠨ ᠪᠠᠢᠭᠤᠯᠤᠯᠲᠠ ᠠᠵᠢᠯᠯᠠᠭᠤᠯᠤᠯ :: ᠲᠡᠭᠦᠨ ᠰᠢᠯᠵᠢᠭᠦᠯᠦᠨ ᠳᠤ ᠲᠡᠭᠡᠪᠦᠷᠢ · ᠪᠠᠢᠭᠤᠯᠤᠯ ᠰᠢᠯᠵᠢᠭᠦᠯᠦᠨ ᠤ

ᠪᠠᠢᠭᠤᠯᠤᠯᠲᠠ ᠶᠢᠨ ᠠᠵᠢᠯᠯᠠᠭᠤᠯᠤᠯᠲᠠ

ᠴᠠᠬᠢᠯᠭᠠᠨ ᠬᠦᠴᠦᠨ ᠦ ᠬᠠᠩᠭᠠᠮᠵᠢ ᠶᠢᠨ ᠬᠡᠮᠵᠢᠶ᠎ᠡ ᠨᠢ ᠨᠡᠮᠡᠭᠳᠡᠵᠡᠢ ::

ᠠᠵᠢᠯᠯᠠᠭᠤᠯᠬᠤ · ᠲᠡᠭᠡᠪᠦᠷᠢᠯᠡᠬᠦ ᠰᠢᠯᠵᠢᠭᠦᠯᠬᠦ ᠲᠣᠭ᠎ᠠ ᠪᠠᠷ ᠠᠵᠢᠯᠯᠠᠭᠤᠯᠤᠯ ᠬᠦᠷᠢᠶ᠎ᠡ ᠠᠵᠢᠯ ᠬᠢᠯᠣᠮᠧᠲ᠋ᠷ ᠬᠦᠴᠦᠨ ᠪᠠᠢᠳᠠᠯ ᠤᠨ ᠪᠦᠷᠢᠨ ᠪᠣᠯᠵᠠᠢ :: ᠬᠦᠴᠦᠨ ᠪᠠᠢᠳᠠᠯ ᠤᠨ ᠴᠠᠬᠢᠯᠭᠠᠨ ᠬᠦᠴᠦᠨ ᠦ ᠬᠠᠩᠭᠠᠮᠵᠢ ᠬᠡᠮᠵᠢᠶ᠎ᠡ 300 ᠮᠢᠩᠭ᠋ᠠᠨ ᠬᠢᠯᠣᠸᠠᠲ ᠪᠣᠯ ᠪᠠᠢᠭᠤᠯᠤᠯᠲᠠ ᠬᠦᠴᠦᠨ ᠬᠡᠮᠵᠢᠶ᠎ᠡ ᠶᠢᠨ 3000 ᠲᠦᠮᠡᠨ ᠬᠦᠷᠴᠦ · ᠲᠣᠨ ᠬᠡᠮᠵᠢᠶ᠎ᠡ 3300 ᠲᠣᠨ ᠪᠠᠢᠭᠤᠯᠤᠯᠲᠠ ᠬᠡᠮᠵᠢᠶ᠎ᠡ ᠶᠢᠨ 0.25 ᠬᠤᠪᠢ ᠬᠢᠯᠣᠸᠠᠲ ᠪᠡᠷ ᠨᠡᠮᠡᠭᠳᠡᠵᠦ · ᠣᠷᠳᠣᠰ ᠤᠨ ᠬᠣᠲᠠ ᠶᠢᠨ ᠪᠠᠢᠭᠤᠯᠤᠯᠲᠠ ᠶᠢᠨ ᠬᠦᠴᠦᠨ ᠪᠠᠢᠳᠠᠯ ᠨᠢᠭᠡᠳᠦᠭᠡᠷ · ᠬᠣᠶᠠᠳᠤᠭᠠᠷ ᠲᠦᠪᠰᠢᠨ ᠳᠦ 2.5 ᠬᠤᠪᠢ ᠬᠢᠯᠣᠸᠠᠲ · ᠶᠡᠬᠡ ᠶᠢᠨ ᠴᠠᠬᠢᠯᠭᠠᠨ ᠬᠦᠴᠦᠨ ᠦ ᠲᠡᠭᠡᠪᠦᠷᠢ ᠶᠢᠨ ᠬᠡᠮᠵᠢᠶ᠎ᠡ ᠨᠢ ᠨᠡᠮᠡᠭᠳᠡᠭᠰᠡᠨ ᠪᠠᠢᠨ᠎ᠠ :: ᠬᠦᠴᠦᠨ ᠪᠠᠢᠳᠠᠯ ᠤᠨ ᠬᠡᠮᠵᠢᠶ᠎ᠡ ᠶᠢᠨ ᠤᠨ ᠨᠡᠢᠲᠡ ᠳᠦ ᠴᠠᠬᠢᠯᠭᠠᠨ ᠬᠦᠴᠦᠨ ᠦ ᠬᠠᠩᠭᠠᠮᠵᠢ ᠶᠢᠨ ᠬᠡᠮᠵᠢᠶ᠎ᠡ 3000 ᠲᠦᠮᠡᠨ ᠬᠦᠷᠴᠦ · ᠨᠡᠢᠲᠡ ᠬᠡᠮᠵᠢᠶ᠎ᠡ ᠶᠢᠨ ᠬᠡᠮᠵᠢᠶ᠎ᠡ 17 ᠲᠣᠨ ᠪᠣᠯ ᠪᠣᠯᠵᠠᠢ :: ᠲᠡᠭᠦᠨ ᠦ ᠬᠦᠴᠦᠨ ᠤᠨ ᠨᠢᠭᠡᠳᠦᠭᠡᠷ ᠤᠨ ᠰᠢᠯᠵᠢᠭᠦᠯᠦᠨ ᠤᠨ ᠰᠠᠭᠤᠷᠢ ᠶᠢᠨ ᠬᠡᠮᠵᠢᠶ᠎ᠡ ᠶᠢᠨ 137 ᠲᠣᠨ ᠪᠣᠯ :: ᠲᠡᠭᠦᠨ ᠦ ᠰᠠᠭᠤᠷᠢ ᠶᠢᠨ ᠬᠡᠮᠵᠢᠶ᠎ᠡ ᠶᠢᠨ 68% ᠢ ᠡᠵᠡᠯᠡᠨ · ᠬᠦᠴᠦᠨ ᠦ ᠪᠠᠢᠭᠤᠯᠤᠯᠲᠠ ᠶᠢᠨ 38% ᠢ ᠡᠵᠡᠯᠡᠵᠡᠢ :: ᠬᠤᠪᠢ ᠬᠢᠯᠣᠸᠠᠲ ᠪᠣᠯ :: ᠲᠡᠭᠦᠨ ᠦ ᠰᠠᠭᠤᠷᠢ ᠶᠢᠨ ᠬᠡᠮᠵᠢᠶ᠎ᠡ ᠶᠢᠨ 3300 ᠲᠣᠨ ᠪᠣᠯᠤᠨ᠎ᠠ · ᠨᠢᠭᠡ ᠵᠢᠯ ᠦᠨ 74.5 ᠬᠤᠪᠢ ᠬᠢᠯᠣᠸᠠᠲ ᠪᠣᠯ :: ᠴᠠᠬᠢᠯᠭᠠᠨ ᠬᠦᠴᠦᠨ ᠦ ᠰᠠᠭᠤᠷᠢ ᠶᠢᠨ ᠪᠠᠢᠭᠤᠯᠤᠯᠲᠠ ᠶᠢᠨ ᠬᠡᠮᠵᠢᠶ᠎ᠡ 2 ᠪᠠᠢᠭᠤᠯᠤᠯᠲᠠ ᠪᠠ ᠰᠢᠨ᠎ᠡ ᠲᠤᠷᠰᠢᠯᠲᠠ ᠶᠢᠨ ᠲᠦᠰᠦᠯ ᠲᠣᠭᠲᠠᠭᠰᠠᠨ ᠪᠣᠯᠵᠠᠢ :: ᠪᠦᠲᠦᠭᠡᠯ ᠲᠦᠰᠦᠯ ᠲᠣᠭᠲᠠᠭᠰᠠᠨ ᠬᠤᠪᠢ ᠬᠢᠯᠣᠸᠠᠲ ᠪᠣᠯᠤᠨ᠎ᠠ · ᠲᠡᠭᠡᠪᠦᠷᠢ ᠳᠦ ᠨᠢᠭᠡ ᠵᠢᠯ ᠦᠨ ᠲᠦᠰᠦᠯ ᠦᠨ ᠠᠵᠢᠯᠯᠠᠭᠠ ᠰᠢᠨ᠎ᠡ ᠲᠤᠷᠰᠢᠯᠲᠠ ·

ᠣᠷᠳᠣᠰ ᠤᠨ ᠬᠣᠲᠠ ᠳᠤ ᠪᠠᠢᠭᠤᠯᠤᠭᠰᠠᠨ ᠪᠣᠯᠵᠠᠢ :: ᠲᠡᠭᠦᠨ ᠦ ᠲᠡᠭᠡᠪᠦᠷᠢᠯᠡᠯᠲᠡ ᠪᠠᠢᠭᠤᠯᠤᠯᠲᠠ ᠶᠢᠨ ᠬᠡᠮᠵᠢᠶ᠎ᠡ ᠶᠢᠨ ᠠᠵᠢᠯᠯᠠᠭᠤᠯᠤᠯᠲᠠ ᠪᠣᠯᠤᠨ ᠠᠵᠢᠯᠯᠠᠭᠠ ᠶᠢᠨ ᠪᠠᠢᠳᠠᠯ ᠢ ᠰᠠᠢᠵᠢᠷᠠᠭᠤᠯᠵᠤ ᠪᠠᠢᠨ᠎ᠠ ᠲᠡᠭᠦᠨ ᠦ ᠲᠤᠰ ᠲᠤᠰ ᠤᠨ ᠲᠡᠭᠡᠪᠦᠷᠢᠯᠡᠯᠲᠡ ᠶᠢᠨ ᠬᠡᠮᠵᠢᠶ᠎ᠡ ᠶᠢᠨ 4A ᠳᠡᠰ ᠦᠨ ᠪᠠᠢᠭᠤᠯᠤᠯᠲᠠ ᠨᠢᠭᠡ ᠨᠢᠭᠡ ᠪᠣᠯᠵᠠᠢ :: ᠲᠡᠭᠦᠨ ᠴᠢᠯᠤᠭᠤ ᠶᠢᠨ ᠠᠵᠢᠯᠯᠠᠭᠠ ᠪᠠᠢᠳᠠᠯ ᠤᠨ ᠲᠡᠭᠡᠪᠦᠷᠢᠯᠡᠯᠲᠡ ᠶᠢᠨ ᠲᠣᠭ᠎ᠠ · ᠴᠢᠯᠤᠭᠤ ᠲᠡᠭᠡᠪᠦᠷᠢᠯᠡᠯᠲᠡ ᠶᠢᠨ ᠬᠡᠮᠵᠢᠶ᠎ᠡ ᠨᠢᠭᠡ ᠪᠦᠬᠦ ᠬᠡᠮᠵᠢᠶ᠎ᠡ ᠪᠠᠷᠢᠮᠲᠠ ᠶᠢᠨ ᠰᠠᠢᠵᠢᠷᠠᠭᠤᠯᠬᠤ

ᠣᠷᠳᠣᠰ ᠤᠨ ᠬᠣᠲᠠ ᠳᠤ ᠴᠢᠯᠤᠭᠤ ᠲᠡᠭᠡᠪᠦᠷᠢᠯᠡᠯᠲᠡ ᠶᠢᠨ ᠨᠡᠢᠲᠡ ᠬᠡᠮᠵᠢᠶ᠎ᠡ ᠪᠦᠬᠦ ᠣᠷᠳᠣᠰ ᠤᠨ ᠬᠣᠲᠠ ᠶᠢᠨ

ᠢᠷᠭᠡᠨ ᠨᠢᠰᠬᠡᠯ ᠦᠨ ᠲᠡᠭᠡᠪᠦᠷᠢ

3000 ᠬᠢᠯᠣᠮᠧᠲ᠋ᠷ ᠪᠣᠯᠵᠠᠢ ::

ᠴᠠᠬᠢᠯᠭᠠᠨ ᠬᠦᠴᠦᠨ ᠦ ᠲᠡᠭᠡᠪᠦᠷᠢᠯᠡᠯᠲᠡ ᠶᠢᠨ ᠵᠠᠮ 7 ᠢ ᠪᠠᠢᠭᠤᠯᠵᠤ · ᠴᠠᠬᠢᠯᠭᠠᠨ ᠬᠦᠴᠦᠨ ᠦ ᠬᠡᠮᠵᠢᠶ᠎ᠡ ᠶᠢᠨ ᠨᠡᠢᠲᠡ ᠬᠡᠮᠵᠢᠶ᠎ᠡ ᠵᠠᠮ 1 · 110 ᠮᠢᠩᠭ᠋ᠠᠨ ᠤ ᠴᠠᠬᠢᠯᠭᠠᠨ ᠬᠦᠴᠦᠨ ᠦ ᠲᠡᠭᠡᠪᠦᠷᠢᠯᠡᠯᠲᠡ ᠶᠢᠨ ᠵᠠᠮ 14 · 35 ᠮᠢᠩᠭ᠋ᠠᠨ ᠤ ᠴᠠᠬᠢᠯᠭᠠᠨ ᠬᠦᠴᠦᠨ ᠦ ᠲᠡᠭᠡᠪᠦᠷᠢᠯᠡᠯᠲᠡ ᠶᠢᠨ ᠵᠠᠮ 2 · 220 ᠮᠢᠩᠭ᠋ᠠᠨ ᠤ ᠴᠠᠬᠢᠯᠭᠠᠨ ᠬᠦᠴᠦᠨ ᠦ ᠲᠡᠭᠡᠪᠦᠷᠢᠯᠡᠯᠲᠡ ᠪᠡᠷ 3900G ᠪᠡᠷ ᠪᠣᠯᠤᠨ ᠪᠣᠯᠵᠠᠢ :: ᠴᠠᠬᠢᠯᠭᠠᠨ ᠲᠣᠭ᠎ᠠ ᠬᠡᠮᠵᠢᠶ᠎ᠡ ᠳᠠᠬᠢ ᠨᠡᠮᠡᠭᠳᠡᠯ · 500 ᠮᠢᠩᠭ᠋ᠠᠨ ᠤ ᠬᠡᠮᠵᠢᠶ᠎ᠡ 880G ᠪᠡᠷ ᠪᠣᠯᠤᠨ᠎ᠠ · 《 ᠲᠣᠮᠣ ᠰᠢᠯᠵᠢᠭᠦᠯᠦᠨ ᠲᠣᠭᠣ ᠶᠢᠨ ᠤᠨ ᠠᠵᠢᠯᠯᠠᠭᠤᠯᠤᠯᠲᠠ 》 ᠶᠢᠨ ᠰᠢᠯᠵᠢᠭᠦᠯᠦᠨ ᠶᠢᠨ ᠨᠢᠭᠡ 3 ᠴᠢᠭᠯᠡᠯ ᠪᠠᠢᠭᠤᠯᠤᠯᠲᠠ ᠶᠢᠨ ᠲᠡᠭᠦᠨ ᠲᠡᠭᠡᠪᠦᠷᠢᠯᠡᠯ ᠳᠡᠭᠡᠷᠡ ᠪᠣᠯᠤᠨ᠎ᠠ · ᠲᠡᠭᠦᠨ ᠦ ᠠᠵᠢᠯᠯᠠᠭᠤᠯᠬᠤ ᠶᠢᠨ ᠰᠢᠯᠵᠢᠭᠦᠯᠦᠨ ᠶᠢᠨ ᠪᠠᠢᠳᠠᠯ ᠰᠣᠶᠣᠯ ᠰᠢᠯᠵᠢᠭᠦᠯᠦᠯ ᠦᠨ · ᠠᠵᠢᠯᠯᠠᠭᠤᠯᠤᠨ ᠵᠢᠯ ᠦᠨ ᠴᠠᠬᠢᠯᠭᠠᠨ ᠰᠢᠯᠵᠢᠭᠦᠯᠦᠯ ᠦᠨ · ᠠᠵᠢᠯᠯᠠᠭᠤᠯᠤᠨ ᠵᠢᠯ ᠦᠨ ᠬᠠᠩᠭᠠᠮᠵᠢ ᠰᠢᠯᠵᠢᠭᠦᠯᠦᠯ ᠦᠨ ᠪᠣᠯᠵᠠᠢ :: ᠴᠢᠭᠯᠡᠯ ᠪᠠᠢᠭᠤᠯᠤᠯᠲᠠ ᠶᠢᠨ ᠲᠣᠭᠣ ᠲᠡᠭᠡᠪᠦᠷᠢ ᠨᠢᠭᠡ ᠣᠷᠣᠨ ᠢ ᠨᠡᠮᠡᠭᠳᠡᠵᠦ · ᠠᠵᠢᠯᠯᠠᠭᠤᠯᠤᠨ ᠵᠢᠯ ᠦᠨ ᠨᠢᠭᠡ ᠨᠢᠭᠡᠨ ᠪᠠᠭᠤᠳᠠᠯ · ᠪᠣᠭᠣᠮᠲᠠ · ᠬᠣ ᠲᠡᠯ · ᠵᠠᠮ ᠤᠨ · ᠰᠢᠯᠵᠢᠭᠦᠯᠦᠨ · ᠬᠠᠮᠲᠤ ᠲᠠᠯᠠ ᠶᠢᠨ ᠰᠢᠯᠵᠢᠭᠦᠯᠦᠨ ᠪᠠᠢᠨ᠎ᠠ :: 4C ᠳᠡᠰ ᠦᠨ ᠨᠢᠰᠬᠡᠯ ᠦᠨ ᠪᠠᠭᠤᠳᠠᠯ ᠪᠡᠷ 767 ᠲᠥᠷᠥᠯ ᠦᠨ ᠨᠢᠰᠬᠡᠯ ᠦᠨ ᠨᠢᠰᠬᠡᠯ ᠲᠡᠭᠡᠪᠦᠷᠢ ᠶᠢᠨ ᠣᠷᠳᠣᠰ ᠤᠨ ᠬᠣᠲᠠ ᠶᠢᠨ ᠪᠠᠭᠤᠳᠠᠯ ᠪᠣᠯᠤᠨ ᠨᠢᠰᠬᠡᠯ ᠦᠨ ᠲᠡᠭᠡᠪᠦᠷᠢ ᠶᠢᠨ ᠵᠠᠮ ᠤᠨ ᠬᠣᠲᠠ ᠨᠢᠰᠬᠡᠯ ᠲᠡᠭᠡᠪᠦᠷᠢᠯᠡᠯᠲᠡ ᠪᠠᠢᠭᠤᠯᠤᠭᠰᠠᠨ · ᠣᠷᠳᠣᠰ ᠤᠨ ᠬᠣᠲᠠ — ᠪᠡᠭᠡᠵᠢᠩ ᠪᠣᠯᠤᠨ ᠵᠠᠮ ᠤᠨ 6 ᠵᠠᠮ ᠪᠠᠢᠭᠤᠯᠤᠭᠰᠠᠨ ᠪᠣᠯᠤᠨ ᠲᠠᠰᠤᠷᠠᠯ ᠣᠷᠳᠣᠰ ᠬᠣᠲᠠ ᠶᠢᠨ ᠰᠢᠯᠵᠢᠭᠦᠯᠦᠨ ᠲᠡᠭᠡᠪᠦᠷᠢᠯᠡᠯᠲᠡ ᠶᠢᠨ 7 ᠵᠠᠮ ᠤᠨ ᠬᠣᠲᠠ ᠶᠢᠨ ᠨᠢᠰᠬᠡᠯ ᠦᠨ ᠵᠠᠮ ᠢ ᠨᠡᠮᠡᠨ ᠪᠠᠢᠭᠤᠯᠬᠤ ᠲᠡᠭᠡᠪᠦᠷᠢᠯᠡᠯᠲᠡ ᠶᠢᠨ ᠲᠤᠰ ᠲᠡᠭᠡᠪᠦᠷᠢ ᠪᠠᠢᠭᠤᠯᠤᠨ ᠬᠣᠲᠠ ᠶᠢᠨ ᠨᠢᠰᠬᠡᠯ ᠦᠨ ᠵᠠᠮ · ᠰᠢᠨᠵᠢᠶᠠᠩ ᠨᠢᠰᠬᠡᠯ ᠦᠨ ᠵᠠᠮ · ᠣᠷᠳᠣᠰ ᠤᠨ ᠬᠣᠲᠠ — ᠪᠡᠭᠡᠵᠢᠩ · ᠣᠷᠳᠣᠰ ᠤᠨ ᠬᠣᠲᠠ — ᠰᠢᠩᠬᠠᠢ ᠬᠣᠲᠠ · ᠰᠢᠨᠵᠢᠶᠠᠩ ᠶᠡᠬᠡ ᠬᠡᠮᠵᠢᠶ᠎ᠡ 344.4 ᠬᠢᠯᠣᠮᠧᠲ᠋ᠷ · ᠣᠷᠳᠣᠰ ᠤᠨ ᠬᠣᠲᠠ — ᠵᠢᠩ ᠤᠨ ᠳᠠᠷᠤ · ᠣᠷᠳᠣᠰ ᠤᠨ ᠬᠣᠲᠠ — ᠪᠡᠭᠡᠵᠢᠩ ᠳᠡᠰ ᠦᠨ ᠬᠡᠮᠵᠢᠶ᠎ᠡ ᠶᠢᠨ ᠤᠨ ᠨᠢᠰᠬᠡᠯ ᠦᠨ ᠶᠢᠨ ᠵᠠᠮ ᠢ ᠲᠣᠭᠲᠠᠭᠠᠨ ᠪᠠᠢᠨ᠎ᠠ :: ᠲᠡᠭᠦᠨ ᠦ ᠤᠨ ᠲᠡᠭᠡᠪᠦᠷᠢ ᠢ ᠨᠡᠮᠡᠭᠳᠡᠵᠦ · ᠪᠠᠢᠭᠤᠯᠤᠯᠲᠠ ᠪᠣᠯᠣᠭᠰᠠᠨ ᠪᠦᠲᠦᠭᠡᠯ ᠲᠡᠭᠡᠪᠦᠷᠢ ᠪᠡᠷ ᠪᠣᠯᠤᠨ᠎ᠠ · ᠲᠡᠭᠡᠪᠦᠷᠢ ᠶᠢᠨ ᠪᠠᠭᠤᠳᠠᠯ ᠠᠵᠢᠯᠯᠠᠭᠤᠯᠤᠨ ᠰᠢᠯᠵᠢᠭᠦᠯᠦᠨ

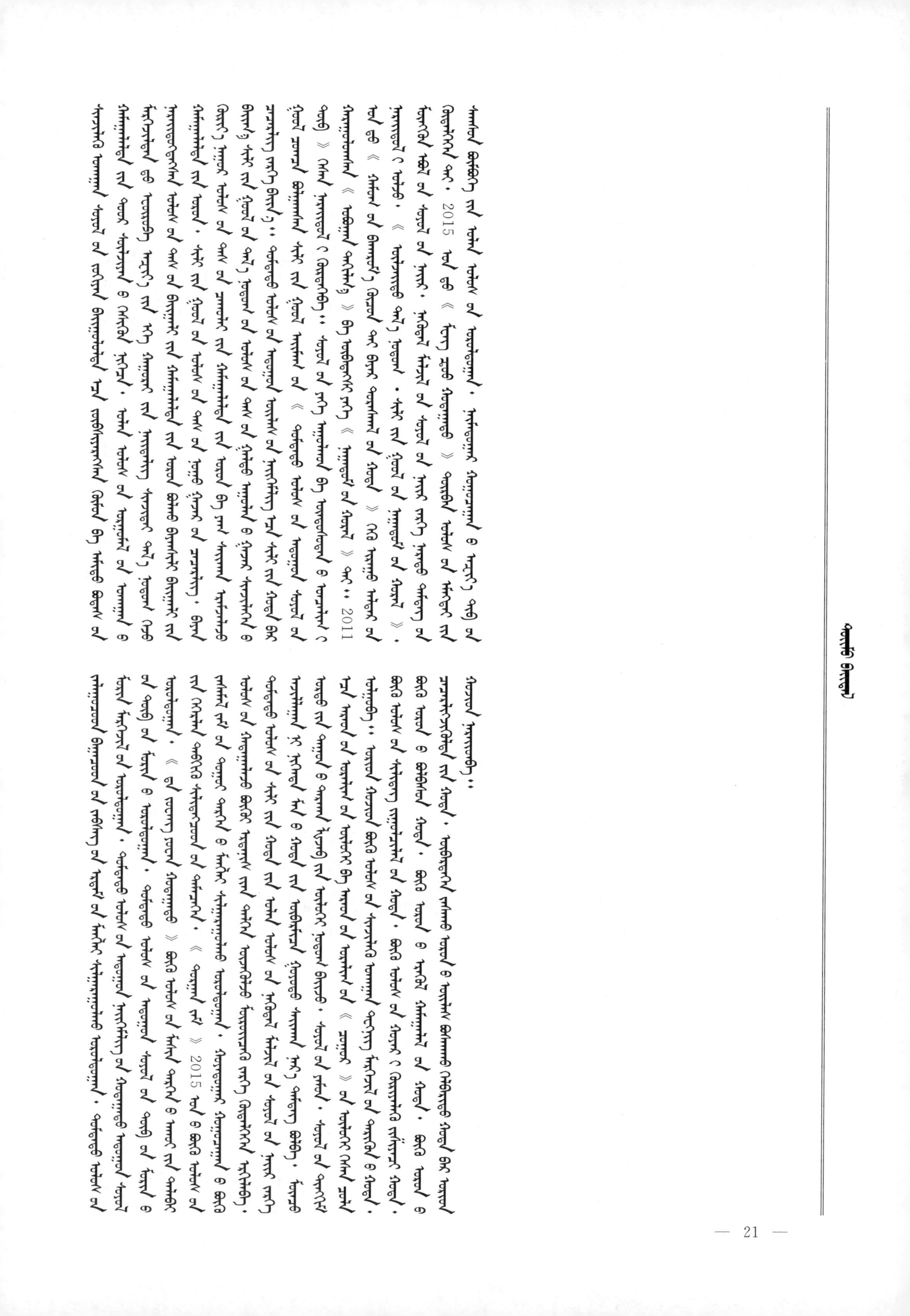

[illegible]

[illegible] ([illegible] · 2015 ᠣᠨ ᠤ 11 ᠰᠠᠷ᠎ᠠ ᠶᠢᠨ [illegible]
[illegible]
[illegible]
[illegible])
[illegible] ([illegible] · 2015 ᠣᠨ ᠤ 11 ᠰᠠᠷ᠎ᠠ ᠶᠢᠨ [illegible]
[illegible]
[illegible]
[illegible] ([illegible])
[illegible]
[illegible] [illegible]
[illegible])
[illegible] ([illegible] · 2015 ᠣᠨ ᠤ 1 ᠰᠠᠷ᠎ᠠ ᠶᠢᠨ [illegible]
[illegible])
[illegible] ([illegible] · 2015 ᠣᠨ ᠤ 1 ᠰᠠᠷ᠎ᠠ ᠶᠢᠨ [illegible]
[illegible] [illegible] ([illegible])
[illegible])
[illegible] ([illegible] · 2015 ᠣᠨ ᠤ 5 ᠰᠠᠷ᠎ᠠ ᠶᠢᠨ [illegible]
[illegible] [illegible] (2015 ᠣᠨ ᠤ 5 ᠰᠠᠷ᠎ᠠ ᠶᠢᠨ [illegible])

【 [illegible] 】

[illegible]

[illegible]

[illegible] 80 [illegible] 10.8% [illegible] 13.3 [illegible]

【 [illegible] 】 [illegible]

[illegible] 36472 [illegible] · 20635 [illegible] · 9% [illegible] 8.4% [illegible] % [illegible] 57.2 [illegible] · 7.7 [illegible] 26.5 [illegible] · 7.8% [illegible] 12.5% [illegible] 149.2 [illegible] 9.3% · [illegible] 88.5 [illegible] · 6.6% 7.9% · [illegible] 16 [illegible] 8% · [illegible] 89.6 [illegible] 5.5% · [illegible] 105.6 [illegible] 16 [illegible] 210.2 [illegible] 7.5% [illegible] 8337 [illegible]

【 [illegible] 】 2015 ᠣᠨ [illegible] ([illegible])

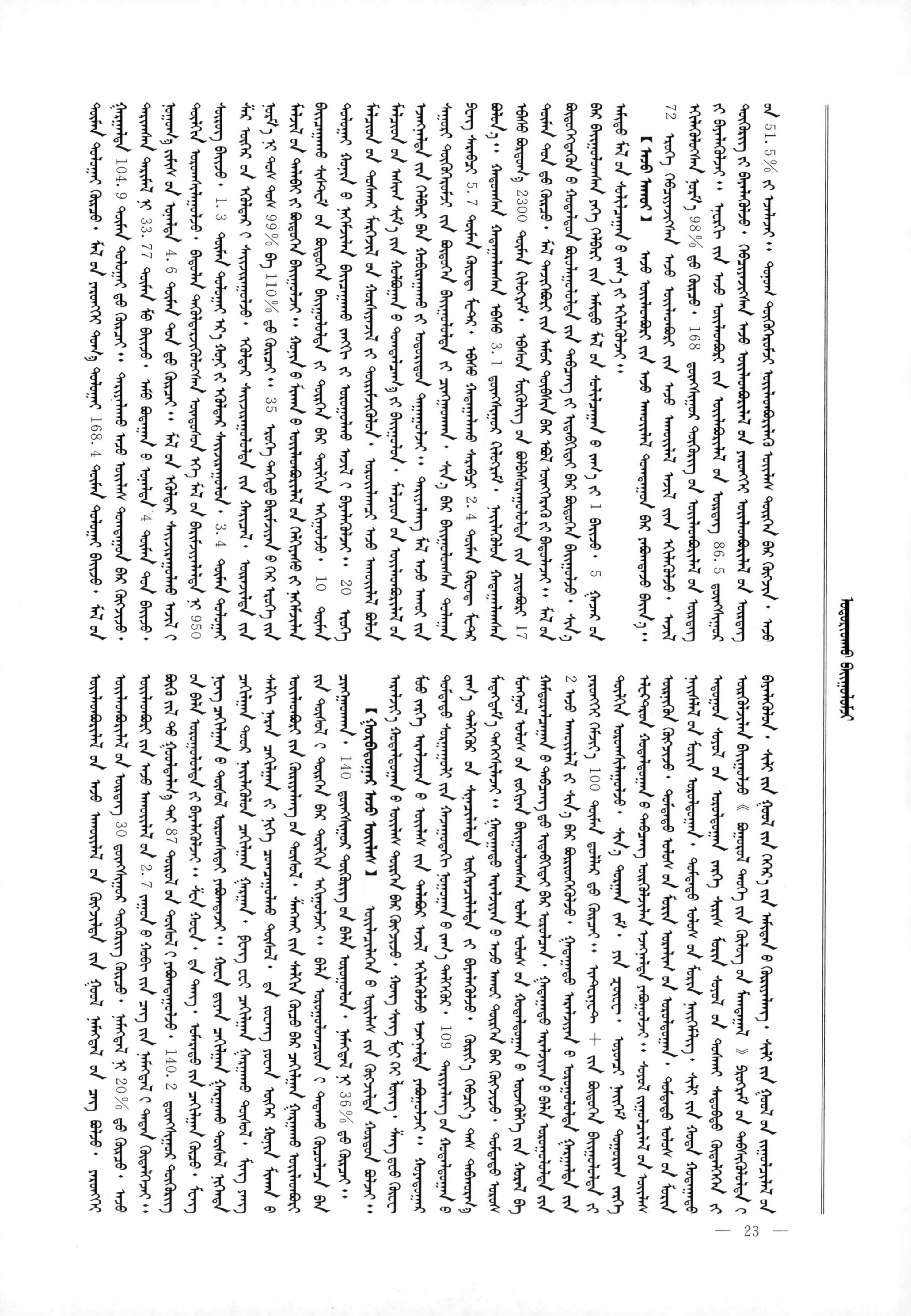

【ᠤᠰᠤᠨ ᠬᠠᠩᠭᠠᠮᠵᠢ ᠶᠢᠨ ᠬᠠᠮᠠᠭᠠᠯᠠᠯᠲᠠ】 ᠤᠰᠤᠨ ᠬᠠᠩᠭᠠᠮᠵᠢ ᠶᠢᠨ ᠬᠠᠮᠠᠭᠠᠯᠠᠯᠲᠠ ᠶᠢᠨ ᠲᠠᠯ ᠠᠷ ᠪᠡᠷ ᠤᠰᠤᠨ ᠣᠯᠠᠨ ᠵᠦᠢᠯ ᠠᠵᠢᠯ ᠪᠦᠲᠦᠭᠡᠭᠳᠡᠵᠡᠢ᠃ ᠬᠡᠮᠵᠢᠶᠡᠨ ᠦ ᠬᠠᠮᠠᠭᠠᠯᠠᠯᠲᠠ ᠪᠠ ᠬᠠᠷᠢᠭᠤᠴᠠᠯ ᠬᠢᠨᠠᠯᠲᠠ᠂ ᠬᠣᠲᠠ ᠪᠠᠯᠭᠠᠰᠤ ᠶᠢᠨ ᠤᠭᠤᠭᠠᠷ ᠤᠰᠤᠨ ᠤ ᠡᠬᠢ ᠤᠰᠤ ᠶᠢᠨ ᠤᠰᠤᠨ ᠤ ᠴᠢᠨᠠᠷ ᠢ ᠲᠣᠭᠲᠠᠮᠠᠯ ᠳᠡᠭᠡᠭᠰᠢᠯᠡᠭᠦᠯᠬᠦ ᠬᠣᠲᠠ ᠪᠠᠯᠭᠠᠰᠤ ᠶᠢᠨ ᠤᠭᠤᠭᠠᠷ ᠤᠰᠤᠨ ᠤ ᠡᠬᠢ ᠶᠢᠨ ᠬᠠᠮᠠᠭᠠᠯᠠᠯᠲᠠ ᠶᠢ ᠴᠢᠩᠭᠠᠳᠭᠠᠪᠠ᠃ ᠰᠢᠯᠢ ᠶᠢᠨ ᠭᠣᠣᠯ ᠬᠣᠲᠠ ᠶᠢᠨ ᠭᠠᠵᠠᠷ ᠳᠣᠣᠷᠠᠬᠢ ᠤᠰᠤᠨ ᠤ ᠲᠦᠪᠰᠢᠨ ᠢ ᠵᠢᠯ ᠳᠤ ᠳᠤᠩᠳᠠᠵᠢ 0.3 ᠮᠧᠲᠷ ᠢᠶᠡᠷ᠂ ᠬᠠᠮᠤᠭ ᠶᠡᠬᠡ ᠳᠠᠭᠤᠰᠬᠤ ᠬᠡᠮᠵᠢᠶᠡ ᠨᠢ 1.2 ᠮᠧᠲᠷ ᠢᠶᠡᠷ ᠪᠠ 2.5 ᠮᠧᠲᠷ ᠢᠶᠡᠷ᠂ ᠪᠦᠬᠦ ᠠᠶᠢᠮᠠᠭ ᠤᠨ ᠬᠡᠮᠵᠢᠶᠡᠨ ᠳᠦ ᠤᠰᠤᠨ ᠤ ᠲᠦᠪᠰᠢᠨ 3 ᠮᠧᠲᠷ ᠢᠶᠡᠷ᠂ ᠬᠠᠷᠢᠨ ᠬᠤᠪᠢ ᠶᠢᠨ ᠬᠡᠮᠵᠢᠶ᠎ᠡ 5929 ᠮᠧᠲᠷ ᠪᠠᠭᠤᠷᠠᠭᠰᠠᠨ ᠪᠠᠢᠨᠠ᠃ ᠲᠣᠭᠲᠠᠮᠠᠯ ᠤᠰᠤᠨ ᠤ ᠡᠬᠢ ᠶᠢᠨ ᠬᠠᠮᠠᠭᠠᠯᠠᠯᠲᠠ ᠶᠢᠨ ᠲᠥᠰᠦᠯ ᠬᠡᠷᠡᠭᠵᠢᠭᠦᠯᠪᠡ᠂ ᠮᠠᠭᠠᠳ ᠤᠨ ᠬᠠᠮᠤᠭ ᠬᠠᠮᠠᠭᠠᠯᠠᠯᠲᠠ ᠶᠢᠨ 2027 ᠮᠧᠲᠷ ᠢᠶᠡᠷ ᠪᠠᠢᠭᠤᠯᠪᠠ᠂ ᠬᠣᠲᠠ ᠪᠠᠯᠭᠠᠰᠤ ᠶᠢᠨ ᠬᠠᠮᠠᠭᠠᠯᠠᠯᠲᠠ ᠶᠢᠨ ᠮᠠᠭᠠᠳ ᠤᠨ ᠬᠦᠷᠢᠶ᠎ᠡ ᠶᠢᠨ ᠬᠠᠮᠤᠭ ᠬᠠᠮᠠᠭᠠᠯᠠᠯᠲᠠ ᠶᠢ ᠰᠠᠶᠢᠵᠢᠷᠠᠭᠤᠯᠤᠨ᠂ ᠤᠰᠤᠨ ᠤ ᠡᠬᠢ ᠶᠢᠨ ᠬᠣᠲᠠ ᠪᠠᠯᠭᠠᠰᠤ ᠶᠢᠨ ᠬᠠᠮᠠᠭᠠᠯᠠᠯᠲᠠ ᠪᠠᠷ ᠳᠡᠭᠡᠭᠰᠢᠯᠡᠭᠦᠯᠪᠡ᠃ ᠤᠰᠤᠨ ᠤ ᠡᠬᠢ ᠶᠢᠨ ᠬᠠᠮᠠᠭᠠᠯᠠᠯᠲᠠ ᠶᠢ ᠮᠡᠳᠡᠭᠦᠯᠦᠨ᠂ ᠬᠡᠮᠵᠢᠶᠡᠨ ᠦ ᠬᠡᠮᠵᠢᠯᠲᠡ ᠬᠢᠨᠠᠯᠲᠠ ᠪᠠ ᠬᠣᠲᠠ ᠪᠠᠯᠭᠠᠰᠤ ᠶᠢᠨ ᠬᠡᠮᠵᠢᠶᠡᠨ ᠦ ᠰᠢᠯᠭᠠᠯᠲᠠ ᠬᠢᠨᠠᠨ ᠬᠢᠭᠰᠡᠨ᠂ ᠬᠠᠮᠠᠭᠠᠯᠠᠯᠲᠠ ᠶᠢ ᠬᠣᠲᠠ ᠪᠠᠯᠭᠠᠰᠤ ᠶᠢᠨ ᠳᠠᠭᠠᠭᠠᠳ ᠬᠢᠵᠦ ᠪᠠᠢᠨᠠ᠃

【ᠬᠣᠲᠠ ᠪᠠᠯᠭᠠᠰᠤ ᠶᠢᠨ ᠤᠰᠤᠨ ᠬᠠᠩᠭᠠᠮᠵᠢ】 ᠬᠣᠲᠠ ᠪᠠᠯᠭᠠᠰᠤ ᠶᠢᠨ ᠬᠠᠮᠠᠭᠠᠯᠠᠯᠲᠠ ᠶᠢᠨ ᠲᠠᠯ ᠠᠷ ᠪᠡᠷ ᠲᠠᠯ ᠠᠷ ᠤᠰᠤᠨ ᠢ ᠪᠠᠢᠭᠤᠯᠪᠠ᠃ ᠵᠢᠯ ᠳᠦ 1 ᠰᠠᠶ᠎ᠠ ᠲᠣᠨᠨ ᠤᠰᠤ ᠶᠢ ᠴᠡᠪᠡᠷᠯᠡᠨ ᠪᠣᠯᠪᠠᠰᠤᠷᠠᠭᠤᠯᠬᠤ ᠪᠣᠯᠤᠨ ᠠᠵᠢᠯ ᠤᠨ ᠬᠦᠴᠢᠨ ᠢ ᠳᠡᠭᠡᠭᠰᠢᠯᠡᠭᠦᠯᠪᠡ᠃ ᠤᠰᠤᠨ ᠪᠣᠯᠤᠨ ᠰᠠᠶ᠎ᠠ ᠲᠣᠨᠨ ᠤ ᠪᠠᠢᠭ ᠠᠵᠢᠯ ᠤᠨ ᠬᠡᠷᠡᠭᠯᠡᠭᠡᠨ ᠦ ᠬᠡᠮᠵᠢᠶ᠎ᠡ ᠪᠡᠷ 282.1 ᠮᠢᠯᠢᠶᠣᠨ ᠲᠣᠭᠠᠷᠢᠭ ᠪᠣᠯᠵᠤ᠂ ᠵᠢᠯ ᠦᠨ 3.6% ᠢᠶᠡᠷ ᠦᠰᠦᠭᠰᠡᠨ ᠪᠡᠷ 0.07% ᠢᠶᠡᠷ ᠨᠡᠮᠡᠭᠳᠡᠭᠦᠯᠦᠨ ᠬᠣᠲᠠ ᠪᠠᠯᠭᠠᠰᠤ ᠶᠢᠨ ᠬᠢᠷᠢ ᠶᠢᠨ ᠬᠡᠮᠵᠢᠶ᠎ᠡ ᠶᠢᠨ ᠬᠡᠮᠵᠢᠶ᠎ᠡ 253.8 ᠮᠢᠯᠢᠶᠣᠨ ᠲᠣᠭᠠᠷᠢᠭ ᠪᠣᠯᠪᠠ᠃ ᠬᠣᠲᠠ ᠪᠠᠯᠭᠠᠰᠤ ᠶᠢᠨ ᠪᠣᠯᠣᠪᠠᠰᠤᠷᠠᠭᠤᠯᠬᠤ ᠤᠨ ᠬᠡᠮᠵᠢᠶ᠎ᠡ᠂ 12 ᠰᠠᠷ᠎ᠠ ᠶᠢᠨ ᠬᠡᠮᠵᠢᠶ᠎ᠡ ᠪᠣᠯᠵᠤ᠂ ᠬᠣᠲᠠ ᠪᠠᠯᠭᠠᠰᠤ 401 ᠮᠧᠲᠷ ᠪᠣᠯᠤᠨ 63.4 ᠮᠢᠯᠢᠶᠣᠨ ᠲᠣᠭᠠᠷᠢᠭ ᠪᠣᠯᠪᠠ᠂ ᠡᠮᠦᠨᠡᠬᠢ ᠵᠢᠯ ᠡᠴᠡ 11% ᠢᠶᠡᠷ ᠨᠡᠮᠡᠭᠳᠡᠭᠦᠯᠪᠡ᠃ ᠪᠦᠬᠦ ᠠᠶᠢᠮᠠᠭ ᠤᠨ ᠬᠡᠮᠵᠢᠶ᠎ᠡ ᠪᠠᠢᠭᠤᠯᠬᠤ ᠠᠵᠢᠯ ᠤᠨ ᠬᠡᠮᠵᠢᠶ᠎ᠡ ᠪᠠᠢᠭᠤᠯᠤᠯᠲᠠ ᠶᠢᠨ ᠬᠡᠮᠵᠢᠶ᠎ᠡ ᠡᠴᠡ ᠵᠢᠯ ᠦᠨ ᠬᠡᠮᠵᠢᠶ᠎ᠡ ᠪᠠᠢᠭᠤᠯᠪᠠ᠂ ᠬᠣᠲᠠ ᠪᠠᠯᠭᠠᠰᠤ ᠶᠢᠨ ᠡᠮᠦᠨᠡ ᠪᠠᠷ ᠪᠣᠯᠣᠨ ᠬᠡᠮᠵᠢᠶ᠎ᠡ ᠪᠠ ᠪᠠᠢᠭᠤᠯᠤᠯᠲᠠ ᠶᠢᠨ ᠬᠡᠮᠵᠢᠶ᠎ᠡ ᠪᠠᠷ ᠬᠢᠵᠦ᠂ ᠬᠣᠲᠠ ᠪᠠᠯᠭᠠᠰᠤ ᠶᠢᠨ ᠬᠦᠷᠢᠶ᠎ᠡ ᠶᠢᠨ ᠪᠦᠬᠦ ᠬᠡᠮᠵᠢᠶ᠎ᠡ ᠶᠢᠨ ᠪᠠᠢᠭᠤᠯᠤᠯᠲᠠ᠂ ᠬᠣᠲᠠ ᠪᠠᠯᠭᠠᠰᠤ ᠶᠢᠨ ᠬᠡᠮᠵᠢᠶ᠎ᠡ ᠶᠢᠨ ᠬᠡᠮᠵᠢᠶ᠎ᠡ ᠪᠠᠢᠭᠤᠯᠤᠯᠲᠠ᠂ ᠪᠦᠬᠦ ᠬᠣᠲᠠ ᠪᠠᠯᠭᠠᠰᠤ ᠶᠢᠨ ᠤᠰᠤᠨ ᠬᠠᠩᠭᠠᠮᠵᠢ ᠶᠢᠨ ᠬᠠᠮᠠᠭᠠᠯᠠᠯᠲᠠ ᠶᠢ ᠬᠠᠮᠠᠭᠠᠯᠠᠪᠠ᠂ ᠪᠦᠬᠦ ᠬᠣᠲᠠ ᠪᠠᠯᠭᠠᠰᠤ ᠶᠢᠨ ᠬᠡᠮᠵᠢᠶ᠎ᠡ ᠶᠢᠨ ᠤᠰᠤᠨ ᠤ ᠬᠠᠩᠭᠠᠮᠵᠢ᠂ ᠰᠢᠯᠢ ᠶᠢᠨ ᠭᠣᠣᠯ ᠤᠨ ᠠᠶᠢᠮᠠᠭ ᠤᠨ ᠬᠣᠲᠠ ᠪᠠᠯᠭᠠᠰᠤ ᠶᠢᠨ ᠬᠠᠮᠠᠭᠠᠯᠠᠯᠲᠠ ᠶᠢᠨ ᠬᠡᠮᠵᠢᠶ᠎ᠡ ᠶᠢᠨ

ᠬᠠᠮᠠᠭᠠᠯᠠᠯᠲᠠ᠂ 47 ᠪᠠᠢᠭᠤᠯᠤᠯᠲᠠ ᠶᠢᠨ ᠬᠡᠮᠵᠢᠶ᠎ᠡ ᠶᠢᠨ ᠬᠢᠷᠢ᠂ 67.3 ᠮᠧᠲᠷ ᠪᠣᠯᠤᠨ ᠬᠡᠮᠵᠢᠶ᠎ᠡ ᠶᠢᠨ ᠤᠰᠤᠨ ᠪᠣᠯᠪᠠ ᠬᠠᠮᠠᠭᠠᠯᠠᠯᠲᠠ ᠶᠢᠨ ᠬᠡᠮᠵᠢᠶ᠎ᠡ ᠪᠠᠢᠭᠤᠯᠪᠠ᠂ 5 ᠲᠣᠭᠠ ᠶᠢᠨ ᠬᠡᠮᠵᠢᠶ᠎ᠡ ᠶᠢ ᠪᠠᠢᠭᠤᠯᠪᠠ᠂ 3 ᠲᠣᠭᠠ ᠪᠠᠢᠭᠤᠯᠤᠯᠲᠠ ᠶᠢᠨ ᠬᠡᠮᠵᠢᠶ᠎ᠡ ᠶᠢᠨ ᠬᠢᠷᠢ ᠪᠣᠯᠪᠠ᠂ ᠬᠣᠲᠠ ᠪᠠᠯᠭᠠᠰᠤ᠂ ᠪᠣᠯᠤᠨ ᠬᠢᠷᠢ᠂ ᠬᠣᠲᠠ ᠪᠠᠯᠭᠠᠰᠤ ᠶᠢᠨ ᠬᠡᠮᠵᠢᠶ᠎ᠡ ᠶᠢᠨ ᠬᠠᠮᠠᠭᠠᠯᠠᠯᠲᠠ ᠶᠢᠨ ᠲᠠᠯ ᠠᠷ ᠤᠰᠤᠨ ᠤ ᠬᠡᠮᠵᠢᠶ᠎ᠡ ᠶᠢᠨ ᠬᠠᠮᠠᠭᠠᠯᠠᠯᠲᠠ ᠶᠢ ᠰᠠᠶᠢᠵᠢᠷᠠᠭᠤᠯᠪᠠ᠂ ᠵᠢᠯ ᠳᠦ 19 ᠮᠢᠯᠢᠶᠣᠨ ᠲᠣᠭᠠᠷᠢᠭ ᠤᠨ ᠬᠦᠷᠢᠶ᠎ᠡ ᠶᠢᠨ ᠬᠡᠮᠵᠢᠶ᠎ᠡ ᠪᠠᠢᠭᠤᠯᠪᠠ᠂ ᠲᠣᠭᠲᠠᠮᠠᠯ ᠤᠰᠤᠨ ᠤ ᠬᠡᠮᠵᠢᠶ᠎ᠡ ᠪᠠᠢᠭᠤᠯᠤᠯᠲᠠ ᠶᠢᠨ ᠲᠠᠯ ᠠᠷ

【ᠠᠭᠠᠷ ᠤᠨ ᠴᠢᠨᠠᠷ ᠤᠨ ᠪᠠᠢᠳᠠᠯ】 ᠠᠭᠠᠷ ᠤᠨ ᠴᠢᠨᠠᠷ ᠤᠨ ᠪᠠᠢᠳᠠᠯ ᠤᠨ ᠲᠠᠯ ᠠᠷ ᠪᠡᠷ 11 ᠬᠣᠲᠠ ᠪᠠᠢᠨ᠎ᠠ᠃ ᠬᠣᠲᠠ ᠶᠢᠨ ᠠᠭᠠᠷ ᠢ 348 ᠬᠣᠶᠠᠷ ᠪᠣᠯᠪᠠ᠂ ᠬᠠᠮᠤᠭ ᠰᠠᠢᠨ ᠡᠳᠦᠷ ᠦᠨ ᠬᠣᠲᠠ ᠶᠢᠨ ᠠᠭᠠᠷ ᠢ 216 PM10 ᠤᠨ ᠬᠡᠮᠵᠢᠶ᠎ᠡ ᠶᠢᠨ ᠬᠠᠮᠠᠭᠠᠯᠠᠯᠲᠠ ᠪᠣᠯᠪᠠ᠂ ᠪᠦᠬᠦ ᠠᠶᠢᠮᠠᠭ ᠤᠨ ᠬᠡᠮᠵᠢᠶ᠎ᠡ ᠶᠢᠨ ᠡᠳᠦᠷ ᠦᠨ ᠪᠠᠢᠭᠤᠯᠤᠯᠲᠠ ᠶᠢᠨ ᠬᠠᠮᠠᠭᠠᠯᠠᠯᠲᠠ ᠶᠢᠨ ᠬᠡᠮᠵᠢᠶ᠎ᠡ ᠪᠣᠯᠪᠠ᠂ PM2.5᠂ ᠬᠡᠮᠵᠢᠶ᠎ᠡ ᠶᠢᠨ ᠬᠠᠮᠠᠭᠠᠯᠠᠯᠲᠠ ᠶᠢᠨ ᠬᠡᠮᠵᠢᠶ᠎ᠡ ᠶᠢᠨ ᠬᠡᠮᠵᠢᠶ᠎ᠡ ᠪᠠᠢᠭᠤᠯᠤᠯᠲᠠ 70 ᠬᠡᠮᠵᠢᠶ᠎ᠡ ᠶᠢᠨ ᠬᠠᠮᠠᠭᠠᠯᠠᠯᠲᠠ ᠶᠢᠨ ᠬᠡᠮᠵᠢᠶ᠎ᠡ ᠪᠣᠯᠪᠠ᠂ ᠬᠡᠮᠵᠢᠶ᠎ᠡ ᠪᠠᠢᠭᠤᠯᠤᠯᠲᠠ᠂ ᠬᠣᠲᠠ ᠶᠢᠨ ᠠᠭᠠᠷ ᠤᠨ ᠴᠢᠨᠠᠷ ᠤᠨ ᠪᠠᠢᠳᠠᠯ ᠪᠠᠢᠭᠤᠯᠤᠯᠲᠠ᠂ ᠬᠣᠲᠠ ᠪᠠᠯᠭᠠᠰᠤ ᠶᠢᠨ ᠬᠡᠮᠵᠢᠶ᠎ᠡ ᠪᠣᠯᠪᠠ᠃ ᠬᠣᠲᠠ ᠪᠠᠯᠭᠠᠰᠤ ᠶᠢᠨ ᠬᠠᠮᠠᠭᠠᠯᠠᠯᠲᠠ ᠶᠢᠨ ᠲᠠᠯ ᠠᠷ ᠪᠠᠢᠭᠤᠯᠪᠠ᠂ ᠬᠣᠲᠠ ᠶᠢᠨ ᠬᠡᠮᠵᠢᠶ᠎ᠡ ᠶᠢᠨ ᠬᠠᠮᠠᠭᠠᠯᠠᠯᠲᠠ ᠶᠢ ᠪᠠᠢᠭᠤᠯᠪᠠ᠂ ᠬᠡᠮᠵᠢᠶ᠎ᠡ ᠶᠢᠨ ᠬᠠᠮᠠᠭᠠᠯᠠᠯᠲᠠ ᠶᠢᠨ ᠬᠡᠮᠵᠢᠶ᠎ᠡ ᠪᠠ ᠬᠡᠮᠵᠢᠶ᠎ᠡ ᠶᠢᠨ ᠬᠠᠮᠠᠭᠠᠯᠠᠯᠲᠠ ᠶᠢᠨ ᠠᠭᠠᠷ ᠤᠨ ᠴᠢᠨᠠᠷ ᠤᠨ ᠬᠡᠮᠵᠢᠶ᠎ᠡ ᠶᠢ ᠰᠠᠶᠢᠵᠢᠷᠠᠭᠤᠯᠪᠠ᠂ ᠬᠡᠮᠵᠢᠶ᠎ᠡ ᠶᠢᠨ ᠬᠡᠮᠵᠢᠶ᠎ᠡ 143 ᠡᠳᠦᠷ ᠪᠣᠯᠪᠠ᠂ ᠬᠠᠮᠤᠭ ᠰᠠᠢᠨ ᠡᠳᠦᠷ ᠦᠨ ᠬᠡᠮᠵᠢᠶ᠎ᠡ ᠪᠠ ᠬᠠᠮᠠᠭᠠᠯᠠᠯᠲᠠ ᠶᠢᠨ ᠬᠡᠮᠵᠢᠶ᠎ᠡ ᠪᠣᠯᠪᠠ᠃ ᠠᠭᠠᠷ ᠤᠨ ᠴᠢᠨᠠᠷ ᠤᠨ ᠬᠡᠮᠵᠢᠶ᠎ᠡ ᠶᠢᠨ ᠬᠠᠮᠠᠭᠠᠯᠠᠯᠲᠠ ᠶᠢᠨ ᠬᠡᠮᠵᠢᠶ᠎ᠡ ᠪᠣᠯᠪᠠ᠂ ᠰᠠᠶ᠎ᠠ ᠲᠣᠨᠨ ᠤ ᠬᠡᠮᠵᠢᠶ᠎ᠡ ᠶᠢᠨ ᠬᠠᠮᠠᠭᠠᠯᠠᠯᠲᠠ ᠶᠢ ᠪᠠᠢᠭᠤᠯᠪᠠ᠂ ᠬᠡᠮᠵᠢᠶ᠎ᠡ ᠶᠢᠨ ᠰᠠᠶ᠎ᠠ ᠲᠣᠨᠨ ᠤ ᠬᠡᠮᠵᠢᠶ᠎ᠡ ᠶᠢᠨ ᠬᠠᠮᠠᠭᠠᠯᠠᠯᠲᠠ ᠶᠢᠨ ᠬᠡᠮᠵᠢᠶ᠎ᠡ ᠪᠣᠯᠪᠠ᠂ ᠬᠡᠮᠵᠢᠶ᠎ᠡ ᠪᠠᠢᠭᠤᠯᠪᠠ᠂ ᠬᠠᠮᠠᠭᠠᠯᠠᠯᠲᠠ ᠶᠢᠨ ᠬᠡᠮᠵᠢᠶ᠎ᠡ ᠪᠠ ᠬᠡᠮᠵᠢᠶ᠎ᠡ ᠶᠢᠨ ᠬᠠᠮᠠᠭᠠᠯᠠᠯᠲᠠ ᠪᠣᠯᠪᠠ᠃ ᠪᠦᠬᠦ ᠬᠡᠮᠵᠢᠶ᠎ᠡ ᠶᠢᠨ ᠠᠭᠠᠷ ᠤᠨ ᠴᠢᠨᠠᠷ ᠤᠨ ᠬᠡᠮᠵᠢᠶ᠎ᠡ ᠶᠢᠨ ᠬᠠᠮᠠᠭᠠᠯᠠᠯᠲᠠ ᠪᠣᠯᠪᠠ᠂ ᠬᠡᠮᠵᠢᠶ᠎ᠡ ᠶᠢᠨ ᠬᠠᠮᠠᠭᠠᠯᠠᠯᠲᠠ ᠶᠢᠨ ᠬᠡᠮᠵᠢᠶ᠎ᠡ ᠪᠠᠢᠭᠤᠯᠪᠠ᠂ ᠬᠡᠮᠵᠢᠶ᠎ᠡ ᠶᠢᠨ ᠬᠡᠮᠵᠢᠶ᠎ᠡ 4.84 ᠮᠢᠯᠢᠶᠣᠨ ᠲᠣᠭᠠᠷᠢᠭ ᠪᠣᠯᠪᠠ᠃ ᠬᠣᠲᠠ ᠶᠢᠨ ᠬᠡᠮᠵᠢᠶ᠎ᠡ ᠲᠣᠭᠠᠷᠢᠭ ᠪᠣᠯᠪᠠ᠃ ᠬᠠᠮᠠᠭᠠᠯᠠᠯᠲᠠ ᠶᠢᠨ ᠬᠡᠮᠵᠢᠶ᠎ᠡ ᠶᠢᠨ ᠤᠰᠤᠨ ᠬᠠᠩᠭᠠᠮᠵᠢ ᠶᠢᠨ ᠬᠡᠮᠵᠢᠶ᠎ᠡ 8003 ᠮᠧᠲᠷ ᠤᠰᠤᠨ ᠬᠠᠩᠭᠠᠮᠵᠢ ᠶᠢᠨ ᠬᠡᠮᠵᠢᠶ᠎ᠡ ᠶᠢ ᠪᠠᠢᠭᠤᠯᠪᠠ᠂ ᠬᠡᠮᠵᠢᠶ᠎ᠡ ᠶᠢᠨ ᠬᠡᠮᠵᠢᠶ᠎ᠡ ᠶᠢᠨ ᠬᠡᠮᠵᠢᠶ᠎ᠡ 10.48 ᠮᠢᠯᠢᠶᠣᠨ 3.07 ᠮᠢᠯᠢᠶᠣᠨ ᠲᠣᠭᠠᠷᠢᠭ ᠪᠠᠢᠭᠤᠯᠪᠠ᠂ 62 ᠬᠡᠮᠵᠢᠶ᠎ᠡ ᠶᠢᠨ ᠰᠠᠶ᠎ᠠ ᠲᠣᠨᠨ ᠢ ᠬᠡᠮᠵᠢᠶ᠎ᠡ ᠶᠢᠨ ᠬᠡᠮᠵᠢᠶ᠎ᠡ ᠶᠢᠨ ᠬᠡᠮᠵᠢᠶ᠎ᠡ ᠶᠢᠨ ᠬᠠᠮᠠᠭᠠᠯᠠᠯᠲᠠ ᠶᠢᠨ ᠬᠡᠮᠵᠢᠶ᠎ᠡ ᠪᠠᠢᠭᠤᠯᠪᠠ᠂ ᠤᠰᠤᠨ ᠬᠠᠩᠭᠠᠮᠵᠢ ᠶᠢᠨ ᠬᠡᠮᠵᠢᠶ᠎ᠡ ᠶᠢᠨ ᠬᠠᠮᠠᠭᠠᠯᠠᠯᠲᠠ ᠪᠣᠯᠪᠠ᠃ ᠬᠡᠮᠵᠢᠶ᠎ᠡ ᠶᠢᠨ ᠬᠠᠮᠠᠭᠠᠯᠠᠯᠲᠠ ᠶᠢᠨ ᠬᠣᠲᠠ ᠪᠠᠷ

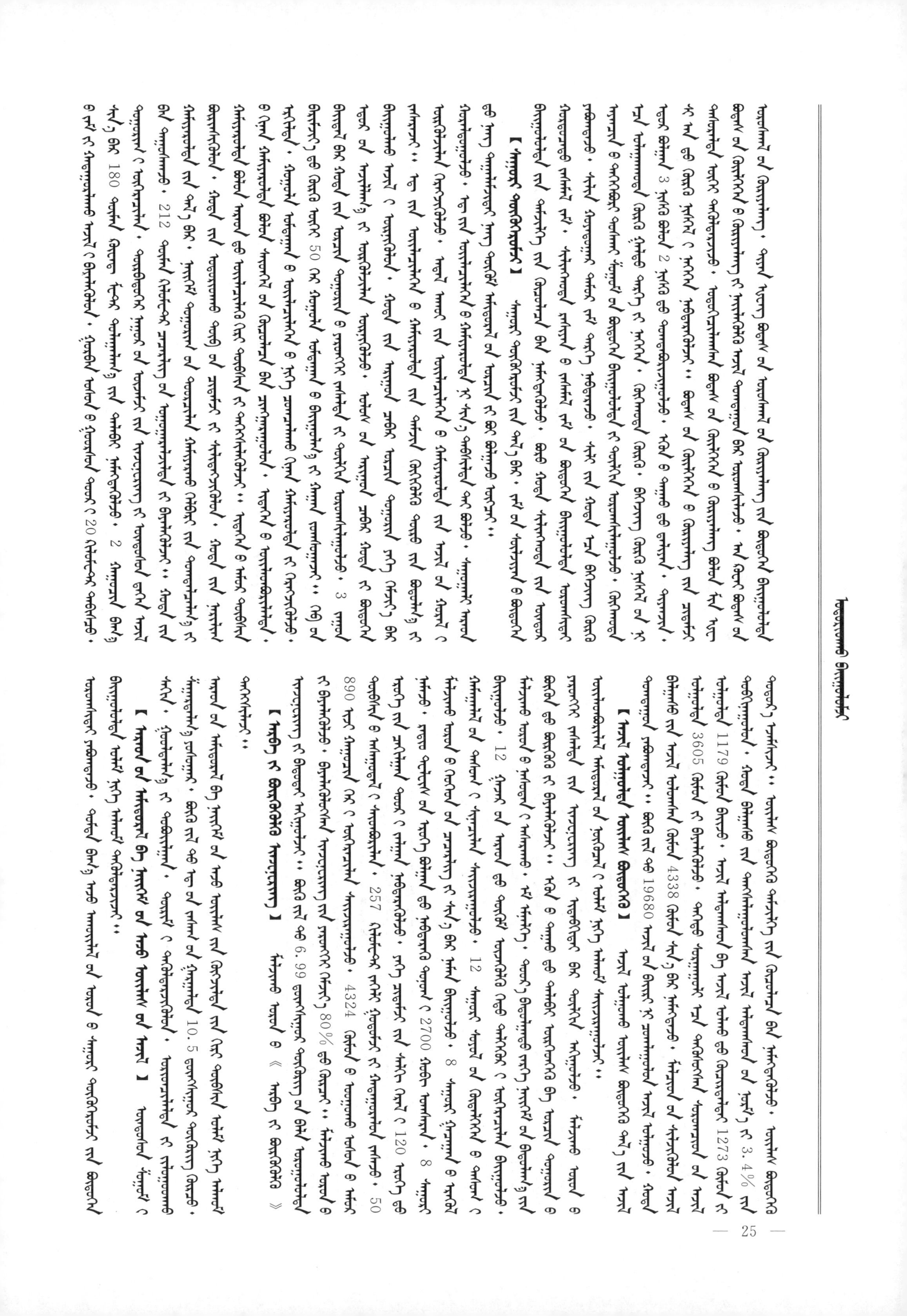

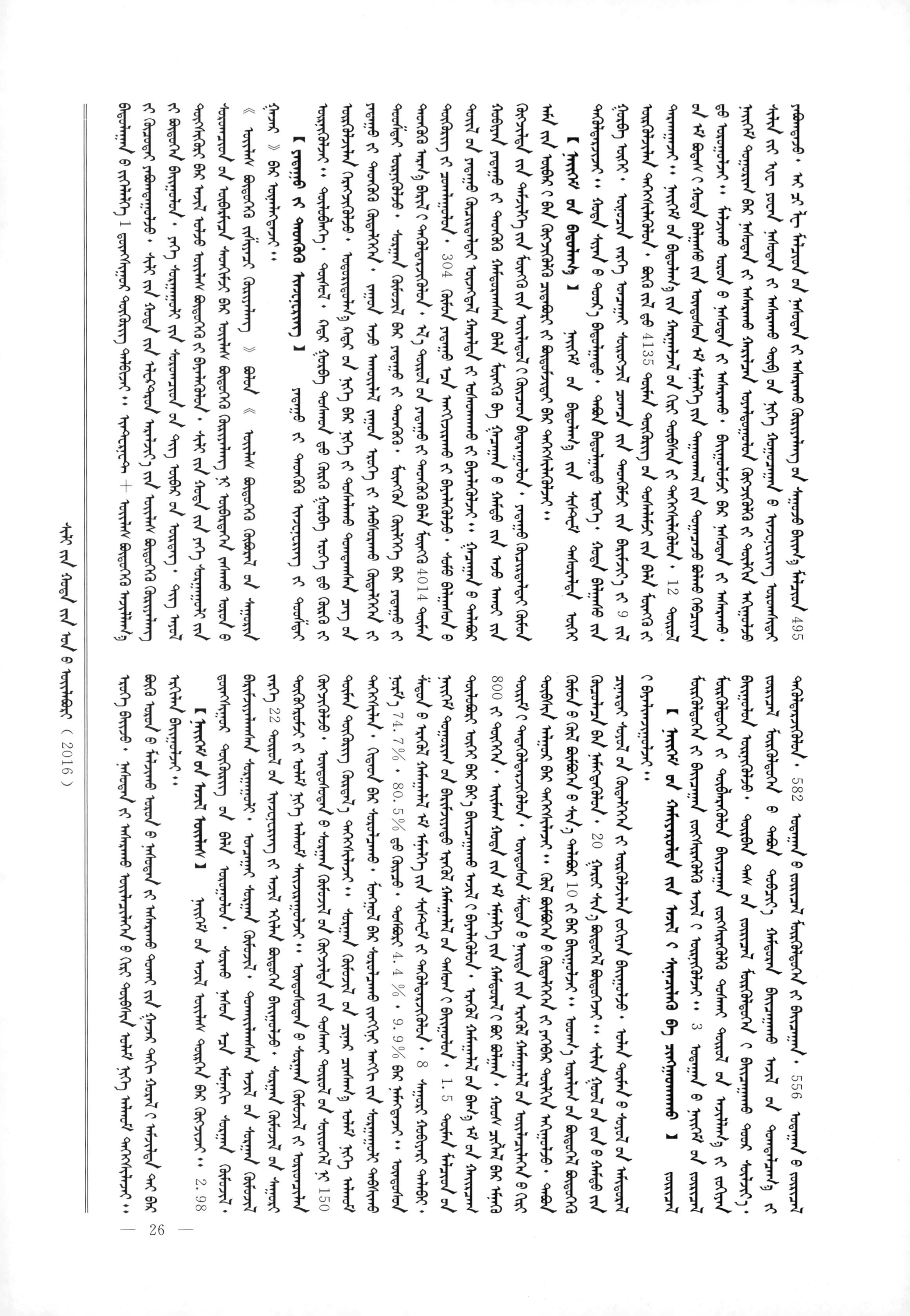

[illegible] 495 [illegible]

[illegible] 12 [illegible] 4135 [illegible] 9 [illegible]

【[illegible]】

[illegible] 304 [illegible] 4014 [illegible]

【[illegible]】

[illegible] 《[illegible]》 [illegible] 《[illegible]》 [illegible] 1 [illegible] + [illegible]

[illegible] 582 [illegible] 556 [illegible] 3 [illegible]

【[illegible]】

[illegible] 20 [illegible] 10 [illegible] 800 [illegible] 1.5 [illegible] 8 [illegible] 74.7%、80.5% [illegible] 4.4%、9.9% [illegible] 150 [illegible] 22 [illegible]

【[illegible]】 [illegible] 2.98 [illegible]

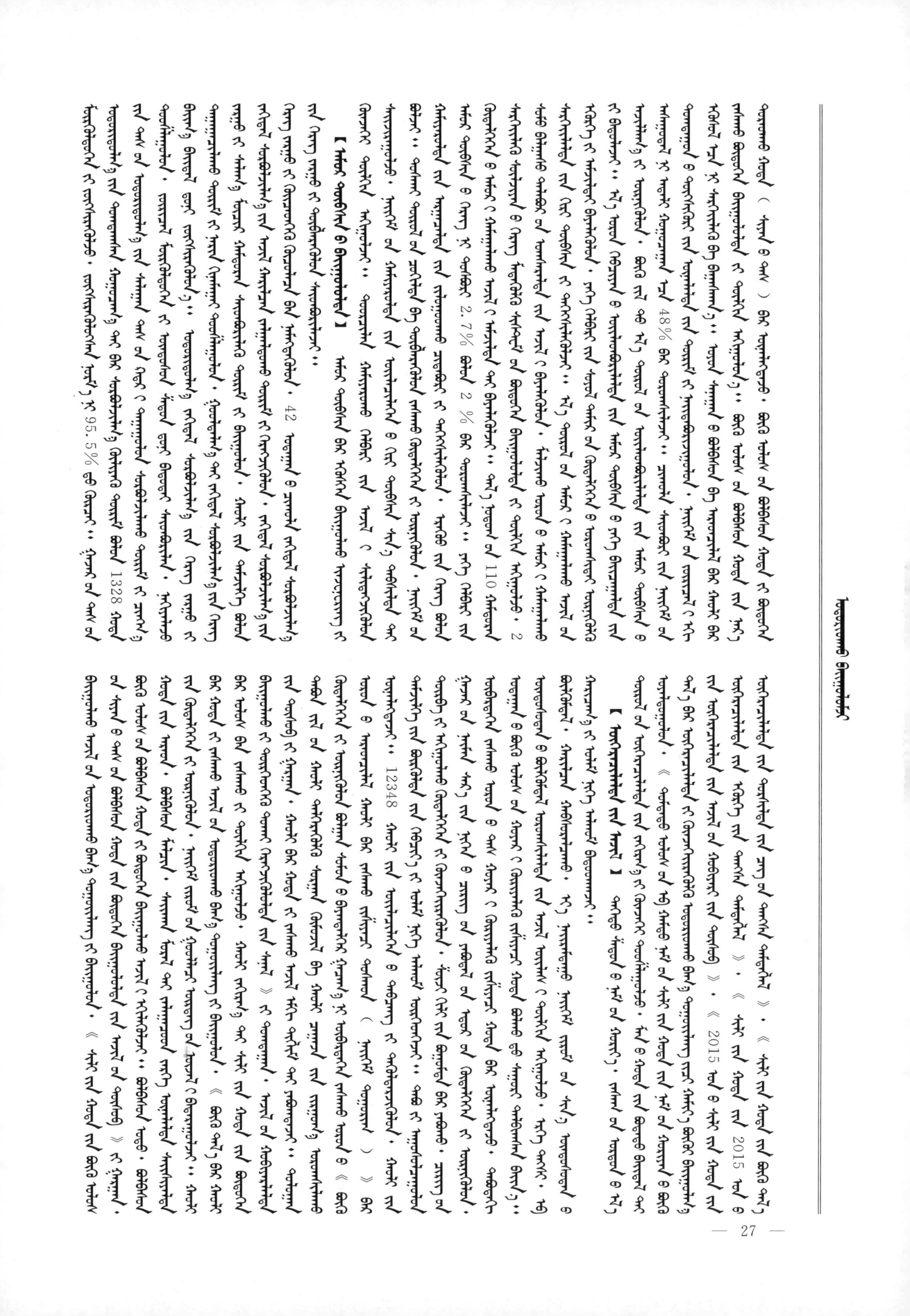

[illegible] ([illegible]) [illegible] 48% [illegible] 2 [illegible] 110 [illegible] 2.7% [illegible] 2 % [illegible]

【 [illegible] 】 [illegible]

[illegible] 42 [illegible] 1328 [illegible] 95.5% [illegible] 《 [illegible] 》 · 《 [illegible] 2015 [illegible] 》 · 《 2015 [illegible] 》 · 《 [illegible]

【 [illegible] 】 [illegible]

[illegible] 12348 [illegible] ([illegible]) 》 [illegible] 《 [illegible] 》 [illegible] 《 [illegible] 》 [illegible] 《 [illegible] 》 [illegible] 《 [illegible]

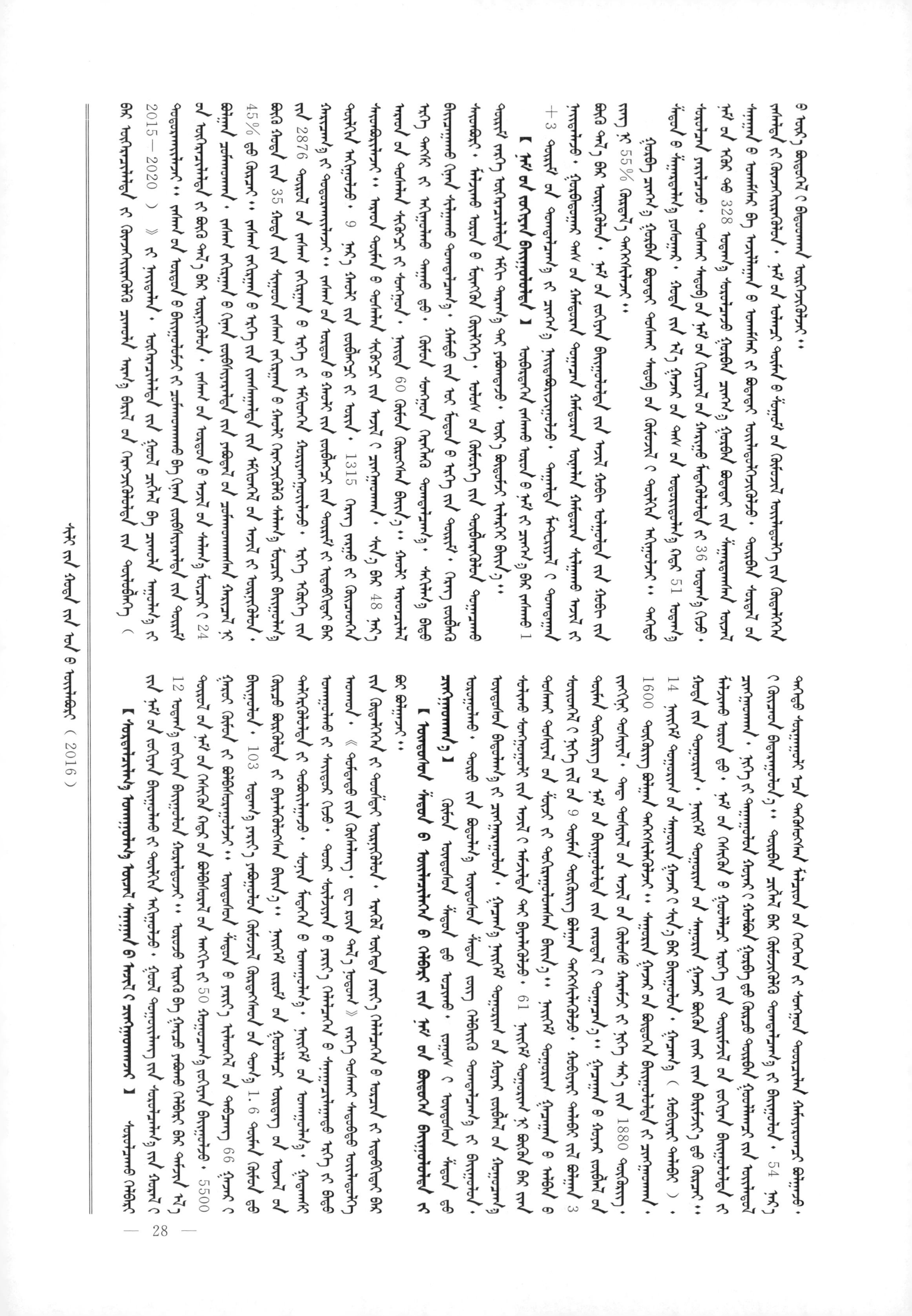

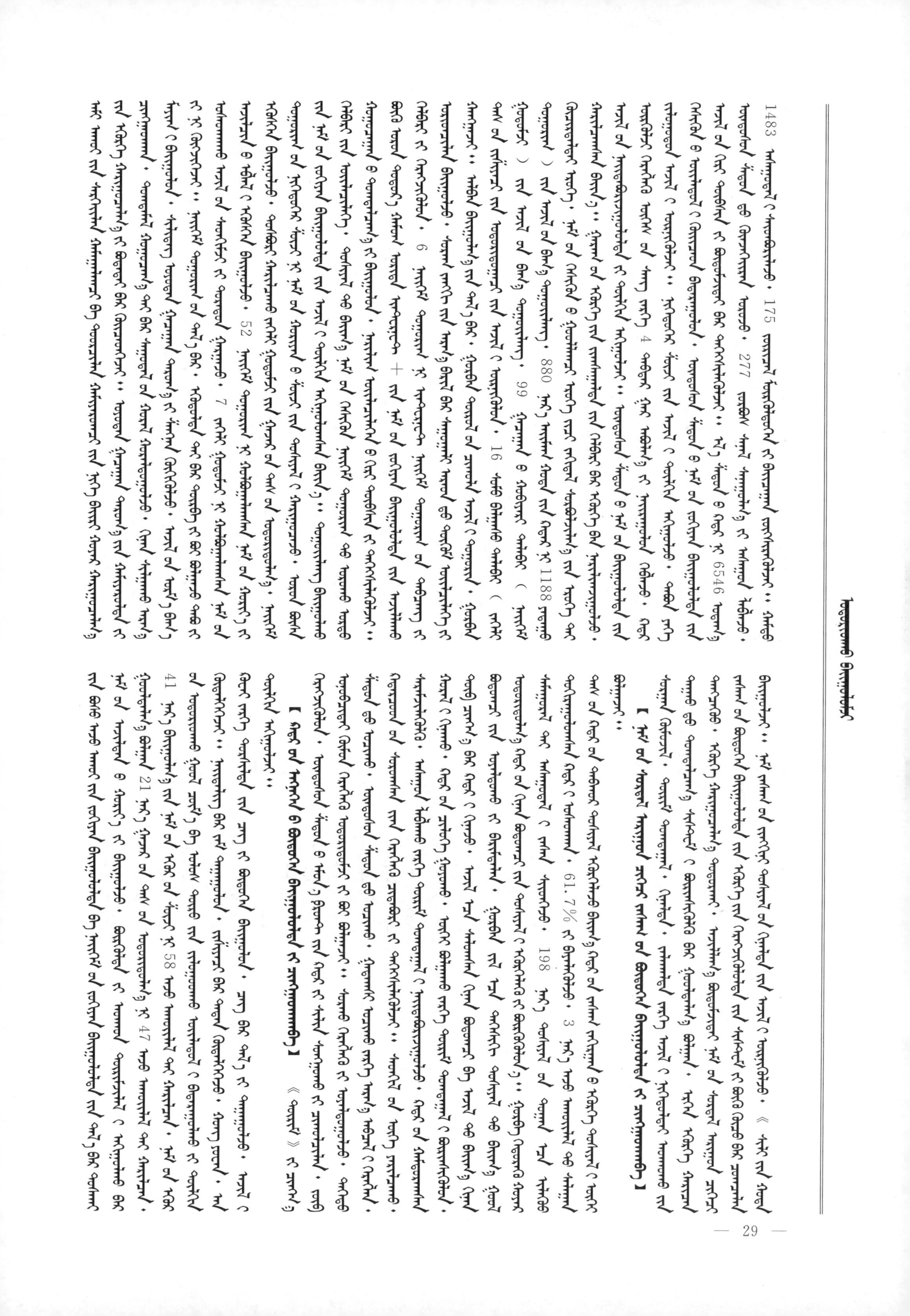

1483 [illegible] 175 [illegible] 277 [illegible] 6546 [illegible] 4 [illegible] 880 [illegible] 1188 [illegible] 99 [illegible] 16 [illegible] 6 [illegible] + [illegible] 52 [illegible] 7 [illegible]

[illegible] 61.7% [illegible] 3 [illegible] 198 [illegible]

【[illegible]】

[illegible]

【[illegible]】

《[illegible]》[illegible] 58 [illegible] 47 [illegible] 41 [illegible] 21 [illegible]

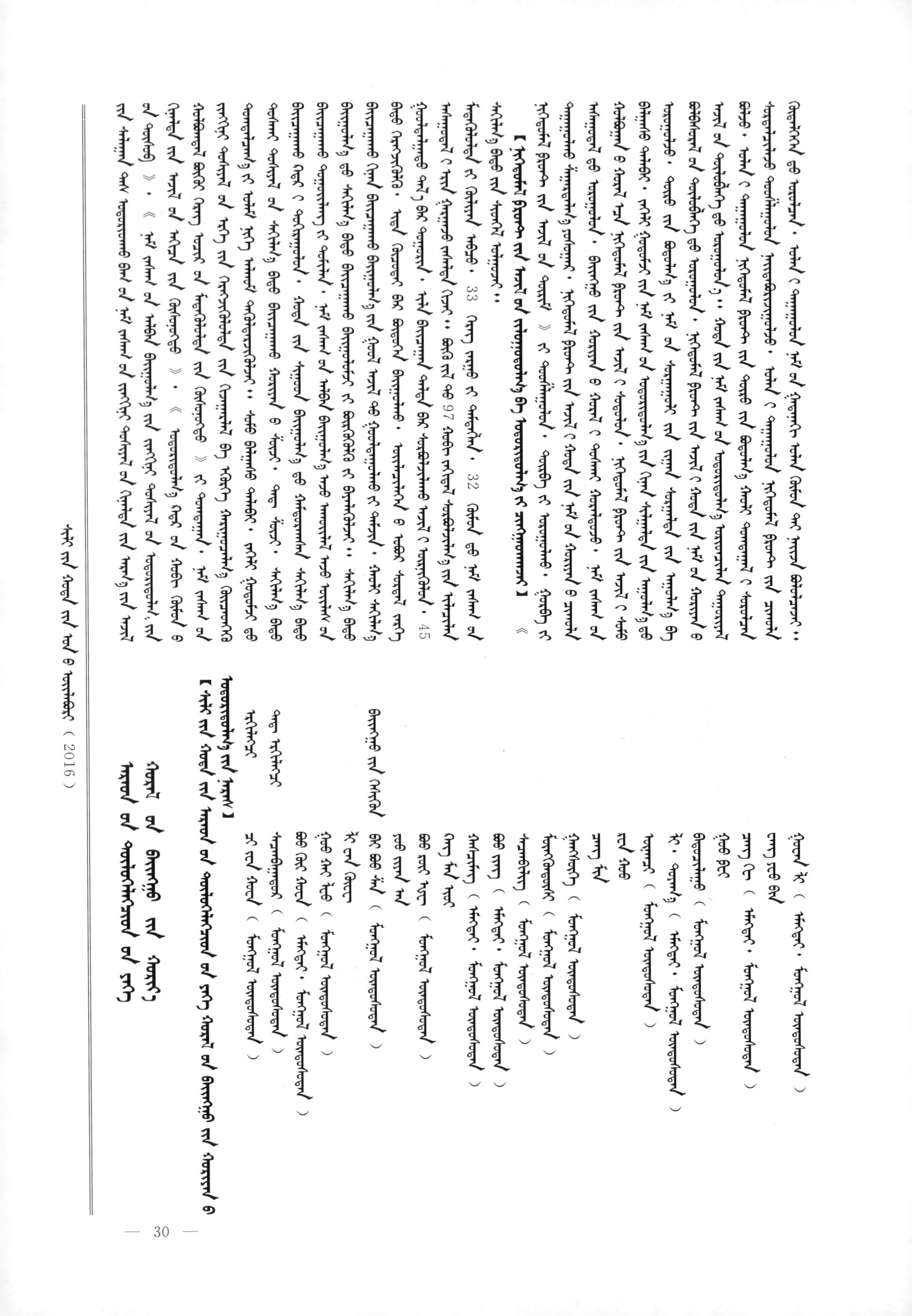

[illegible]

[illegible] 33 [illegible] 32 [illegible] 97 [illegible] 45 [illegible]

[illegible]

[illegible]

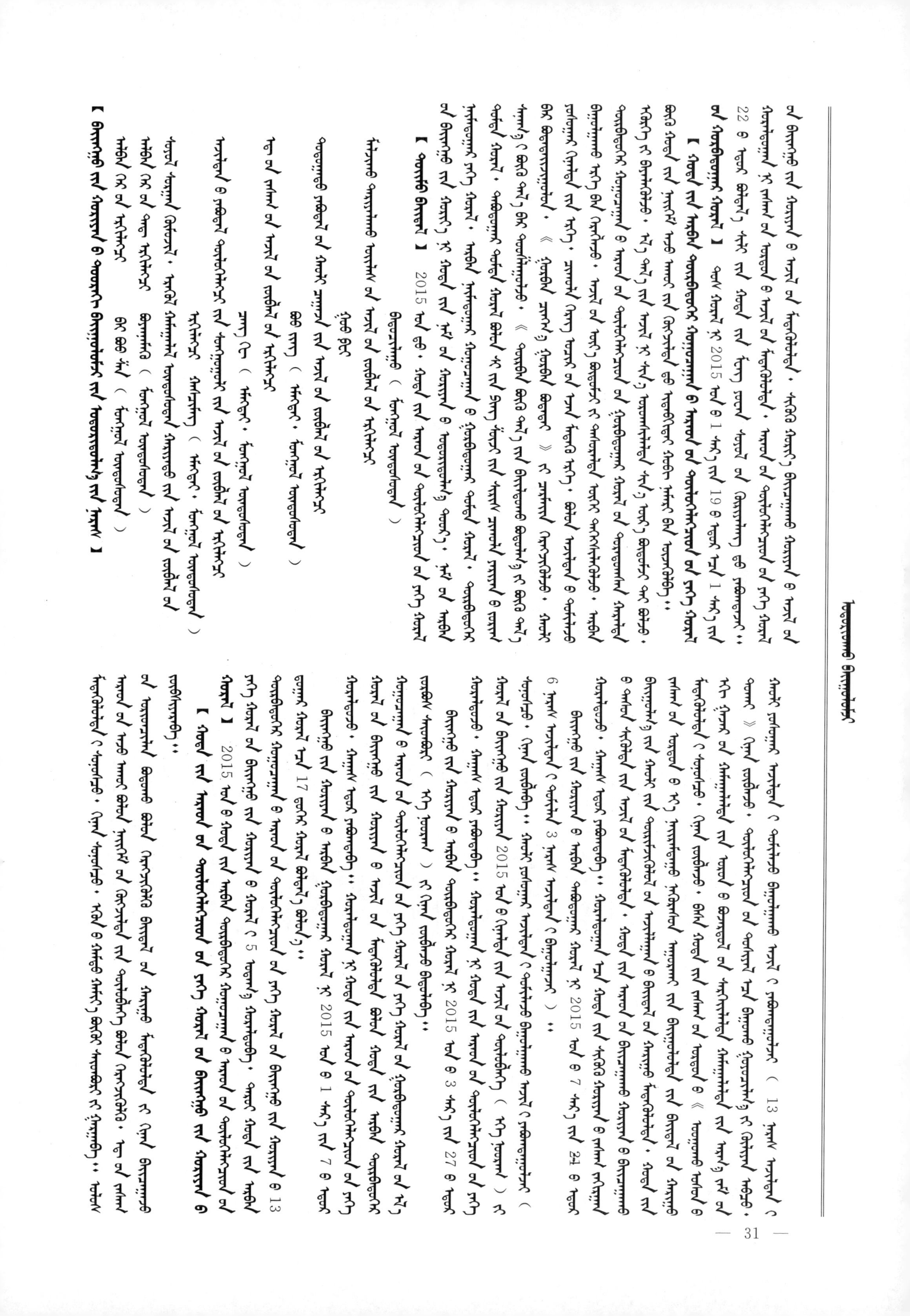

【 [illegible] 】

[illegible] ([illegible])

[illegible] ([illegible])

[illegible] ([illegible])

[illegible] ([illegible])

[illegible] ([illegible])

[illegible] ([illegible])

【 [illegible] 】 2015 [illegible] ([illegible])

[illegible] 2015 [illegible] 1 [illegible] 19 [illegible] 1 [illegible] 22 [illegible]

[illegible] 13 [illegible] 5 [illegible]

【 [illegible] 】 2015 [illegible]

[illegible] 2015 [illegible] 1 [illegible] 7 [illegible] 17 [illegible]

[illegible] 2015 [illegible] 3 [illegible] 27 [illegible] ([illegible]) [illegible]

[illegible] 2015 [illegible] ([illegible]) [illegible]

[illegible] 2015 [illegible] 7 [illegible] 24 [illegible] 6 [illegible] 3 [illegible]

[illegible] 《 [illegible] 》 [illegible] (13 [illegible]

ᠪᠠᠶᠢᠭᠤᠯᠤᠯᠭ᠎ᠠ ᠶᠢᠨ ᠬᠤᠷᠠᠯ ᠤᠨ 《 ... 》 ...

ᠪᠠᠶᠢᠭᠤᠯᠤᠯᠭ᠎ᠠ ᠶᠢᠨ ᠬᠤᠷᠠᠯ ᠤᠨ ᠪᠠᠶᠢᠩᠭ᠎ᠠ ᠶᠢᠨ ... 2015 ᠣᠨ ᠤ 11 ᠰᠠᠷ᠎ᠠ ᠶᠢᠨ 10 ᠤ ᠡᠳᠦᠷ ... （ 3 ᠳ᠋ᠤᠭᠠᠷ ... ） ::

... 《 ... 》 ... 2014 ᠣᠨ ᠤ ... 《 ... 》 ...

... 2015 ᠣᠨ ᠤ ... 2014 ᠣᠨ ᠤ ... 2014 ᠣᠨ ᠤ ... 2015 ...

ᠪᠠᠶᠢᠭᠤᠯᠤᠯᠭ᠎ᠠ ᠶᠢᠨ ᠬᠤᠷᠠᠯ ᠤᠨ ... 2015 ᠣᠨ ᠤ 9 ᠰᠠᠷ᠎ᠠ ᠶᠢᠨ 18 ᠤ ᠡᠳᠦᠷ ... 10 ... ） ::

... 《 ... 》 ... 6 ... 《 ... 》 ... 4 ...

【 ... 】 ...

... 《 ... 》 ... 《 ... 》 ...

【 ... 】 ...

... 12 ...

【 ... 】 ...

【 ... 】 ... 12 ... ::

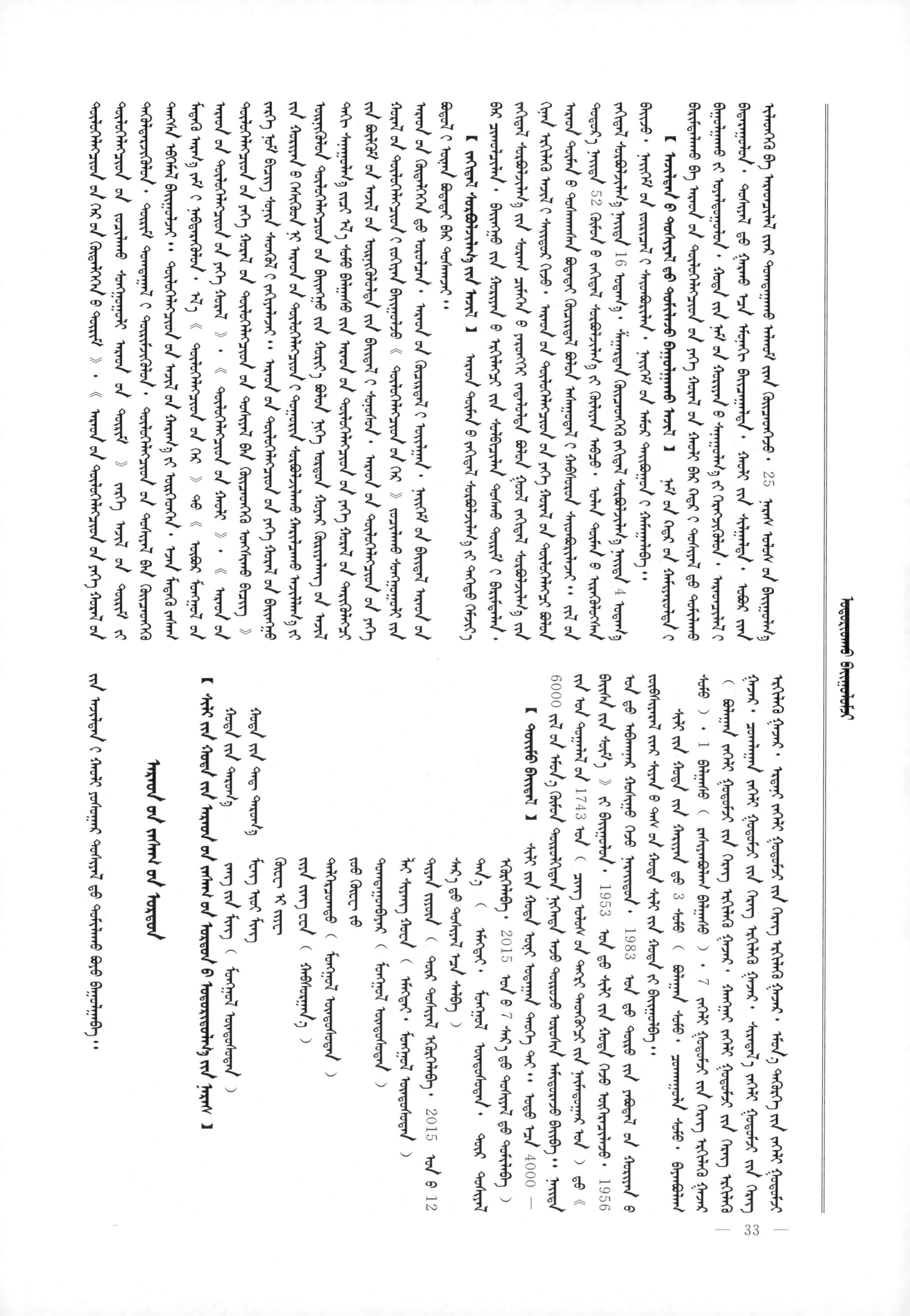

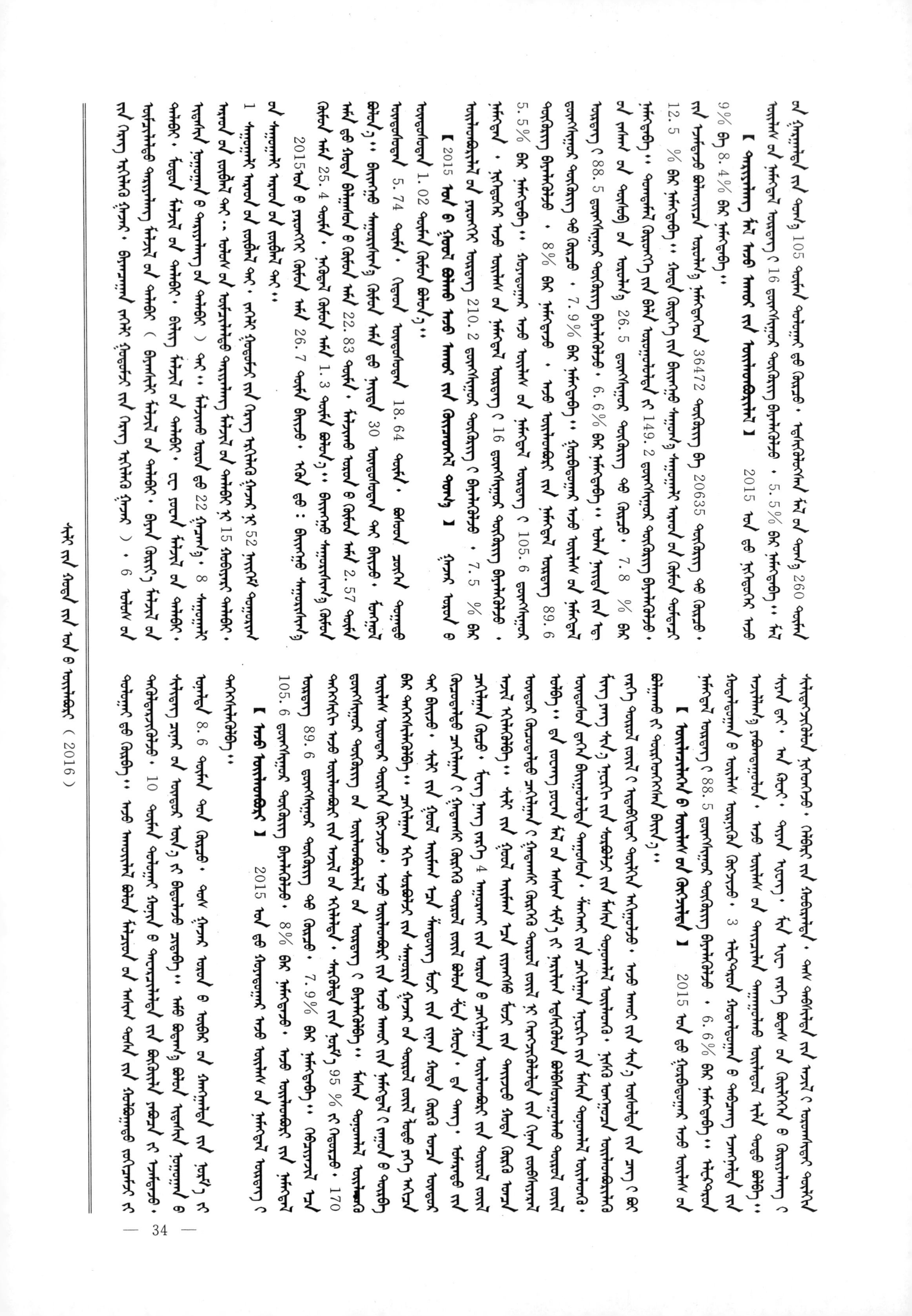

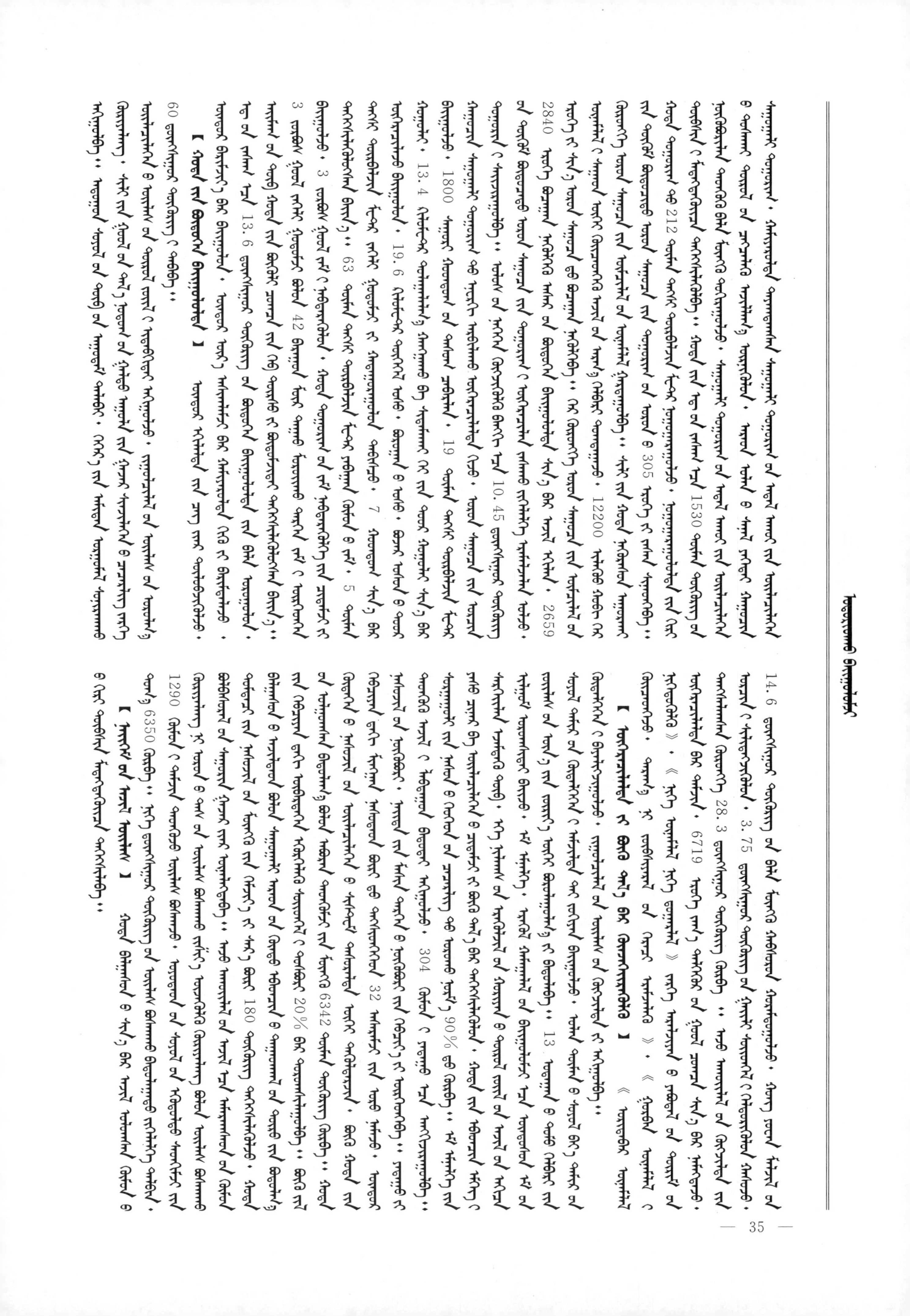

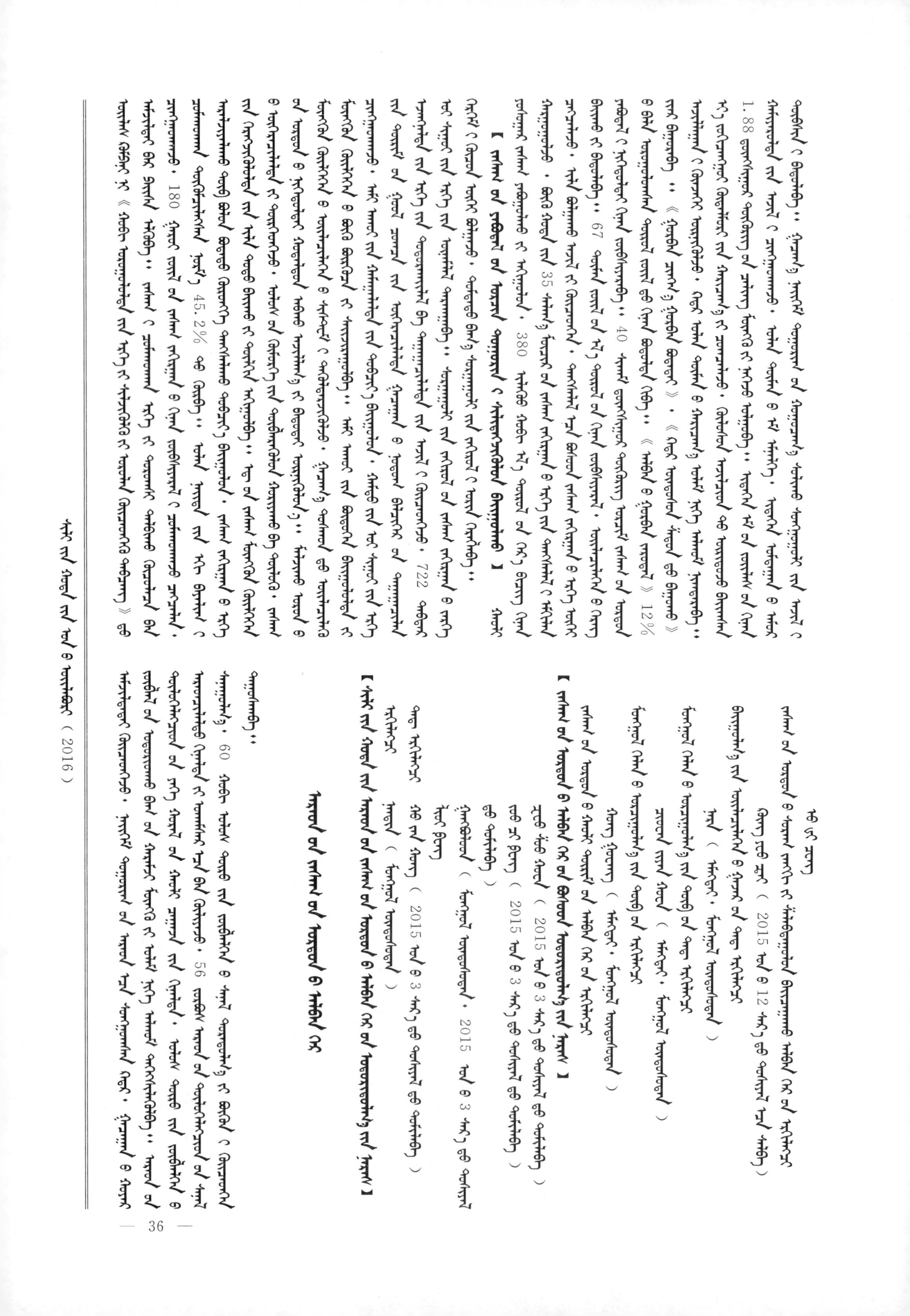

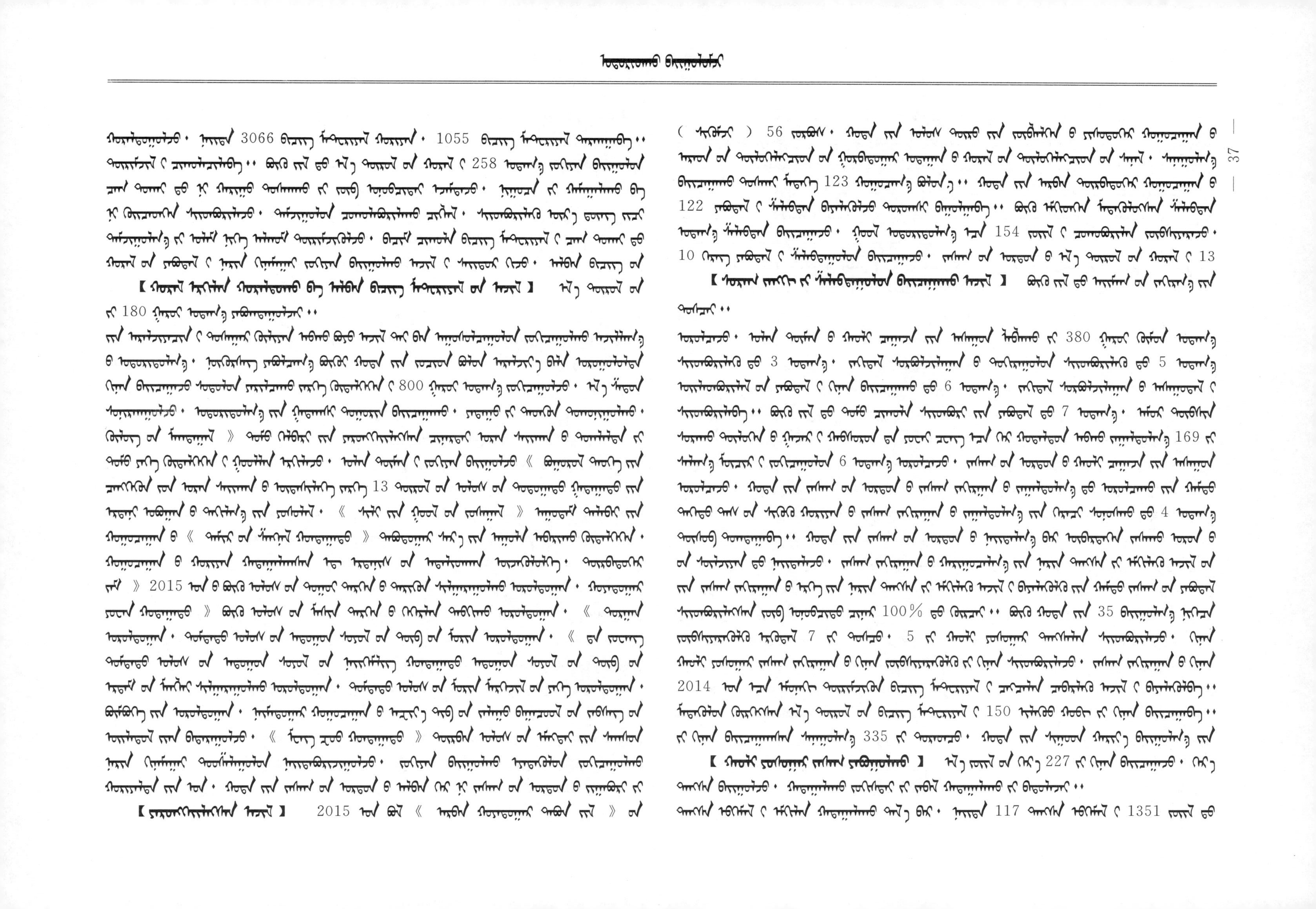

[illegible] 3066 [illegible] 1055 [illegible] 258 [illegible]

【[illegible]】 [illegible] 180 [illegible]

[illegible] 800 [illegible] 《[illegible]》 [illegible] 13 [illegible] 《[illegible]》 [illegible] 《[illegible]》 [illegible] 《[illegible]》 2015 [illegible] 《[illegible]》 [illegible] 《[illegible]》 [illegible] 《[illegible]》 [illegible]

【[illegible]】 2015 [illegible] 《[illegible]》 [illegible]

([illegible]) 56 [illegible] 123 [illegible] 122 [illegible] 154 [illegible] 10 [illegible] 13

【[illegible]】 [illegible]

[illegible] 380 [illegible] 3 [illegible] 5 [illegible] 6 [illegible] 7 [illegible] 169 [illegible] 6 [illegible] 4 [illegible] 100% [illegible] 35 [illegible] 7 [illegible] 5 [illegible] 2014 [illegible] 150 [illegible] 335 [illegible]

【[illegible]】 [illegible] 227 [illegible]

[illegible] 117 [illegible] 1351 [illegible]

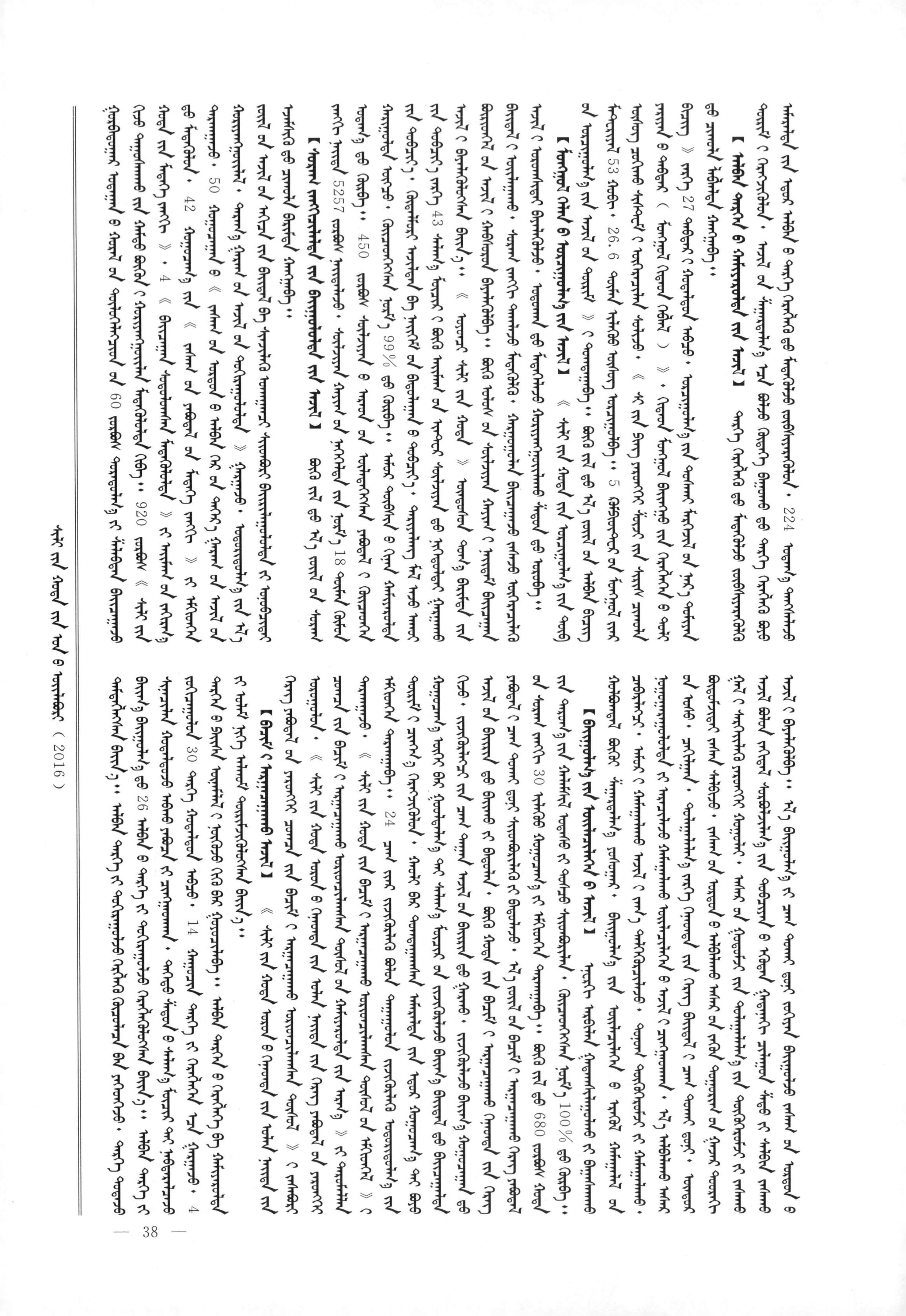

[illegible] 224 [illegible]

[illegible] 27 [illegible] 53 [illegible] 26.6 [illegible] 5 [illegible]

[illegible] 43 [illegible] 99% [illegible] 450 [illegible] 5257 [illegible] 18 [illegible]

[illegible] 50 [illegible] 42 [illegible] 4 [illegible] 920 [illegible] 60 [illegible]

[illegible] 100% [illegible] 30 [illegible] 680 [illegible]

[illegible] 24 [illegible]

[illegible] 30 [illegible] 14 [illegible] 4 [illegible] 26 [illegible]

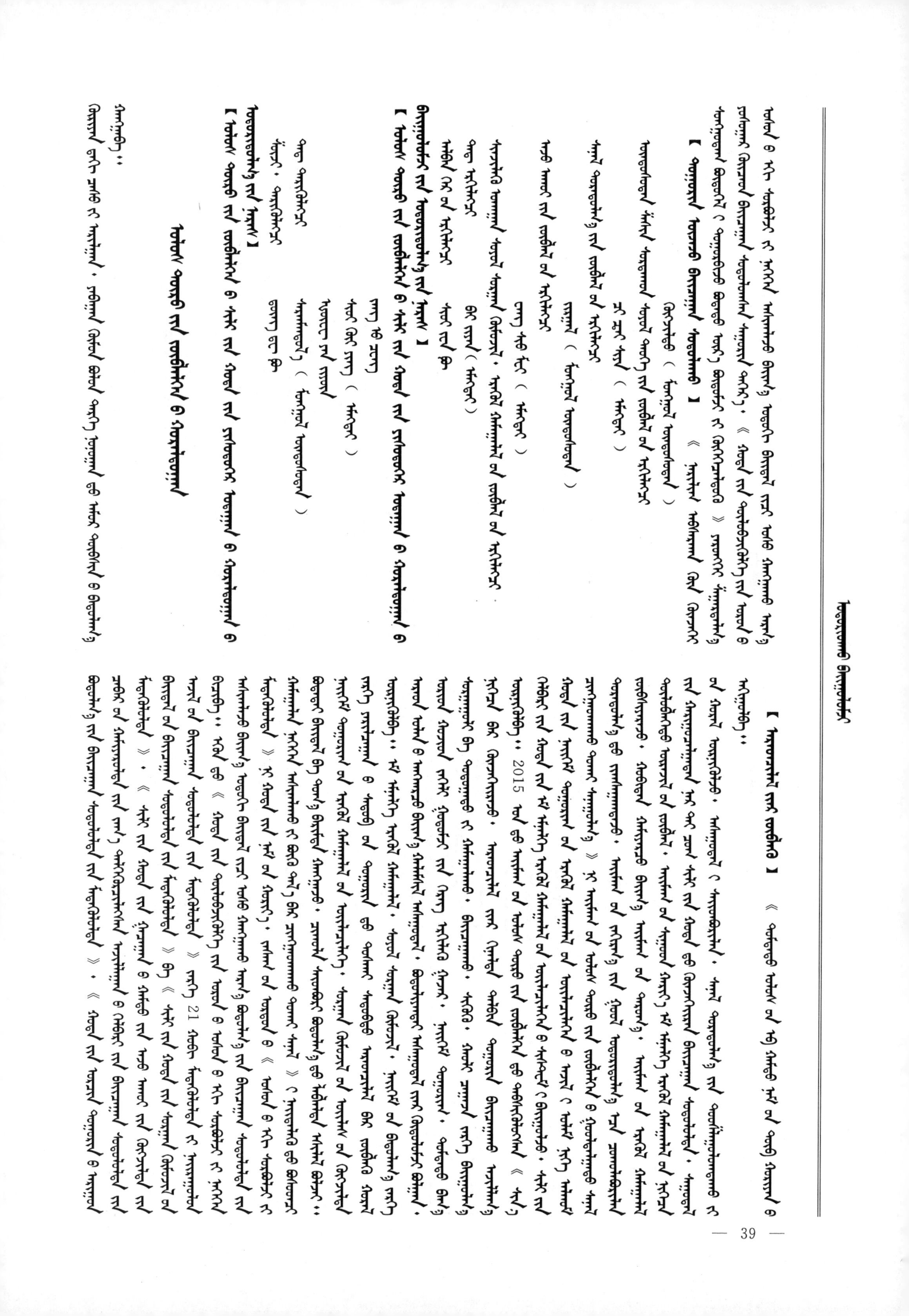

[illegible] (Traditional Mongolian script text block, including reference entries in 【…】 and 《…》 brackets)

[illegible] … 2015 … [illegible]

[illegible] … 21 … [illegible]

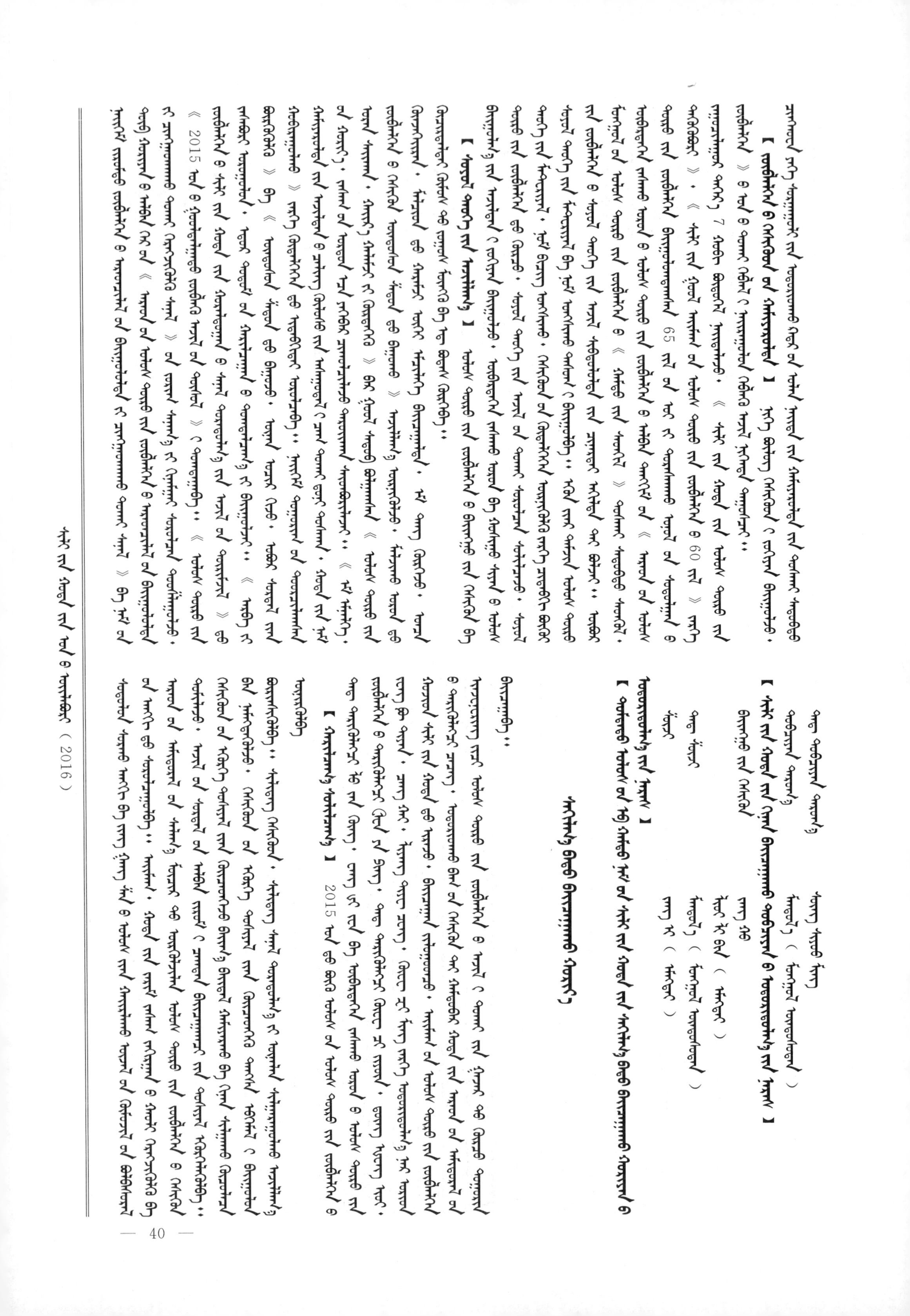

[illegible]

【 [illegible] 】 [illegible]

[illegible] 》 [illegible]

[illegible] 7 [illegible] 《 [illegible]

[illegible] 》 · 《 [illegible] 60 [illegible] 》 [illegible]

[illegible] 65 [illegible]

[illegible] 《 [illegible]

[illegible] 《 [illegible] 》 [illegible]

[illegible]

【 [illegible] 】 [illegible]

[illegible] 《 [illegible] 》 [illegible] 《 [illegible] 》 [illegible]

[illegible] 《 [illegible] 》 [illegible] 《 [illegible] 》 [illegible]

《 2015 [illegible] 》 [illegible] 《 [illegible]

[illegible] 》 [illegible] 《 [illegible] 》 [illegible]

[illegible] ([illegible])

【 [illegible] 】

[illegible] ([illegible])

[illegible] ([illegible])

[illegible] ([illegible])

[illegible] 】

【 [illegible]

[illegible]

[illegible]

【 [illegible] 】 2015 [illegible]

[illegible]

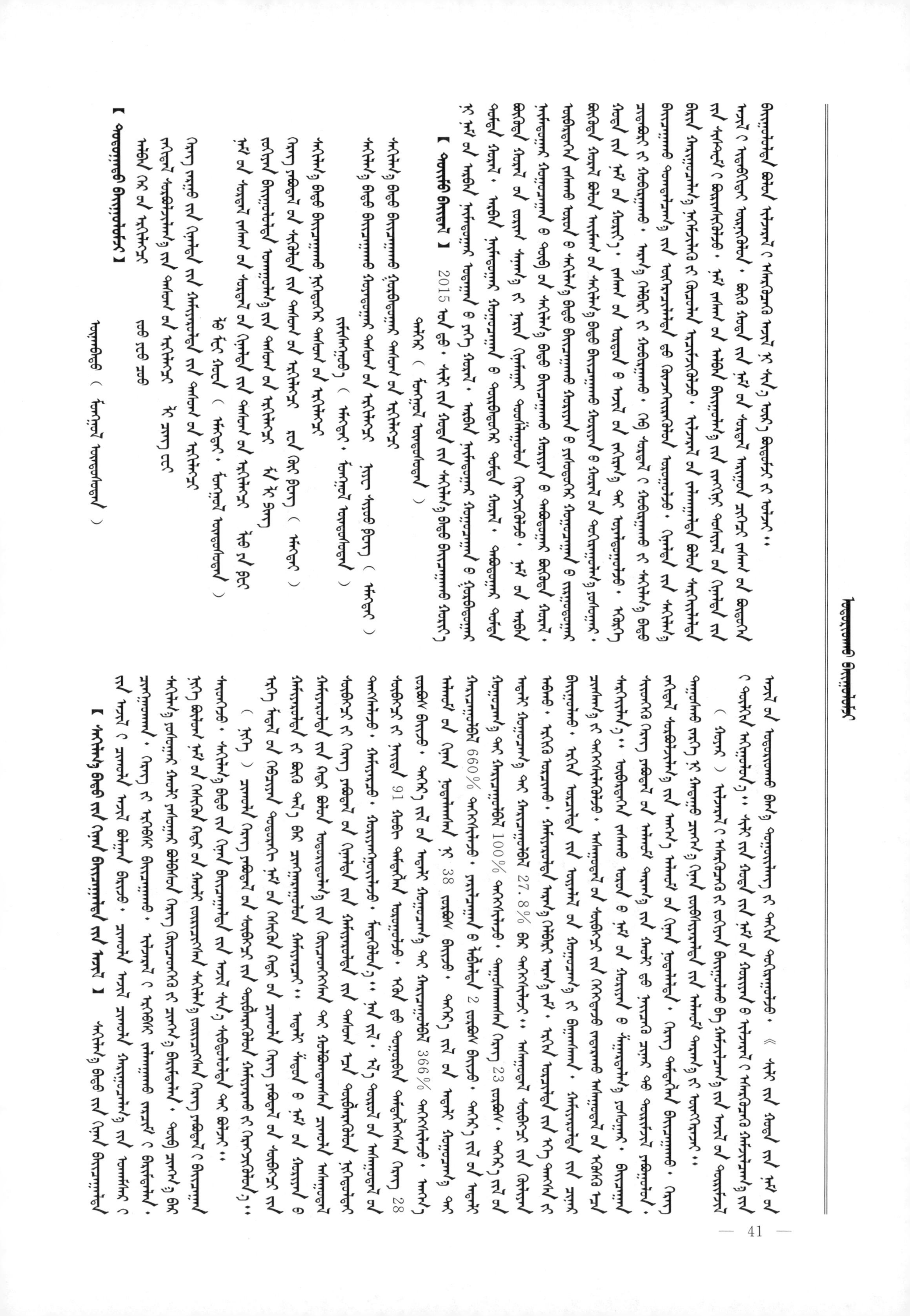

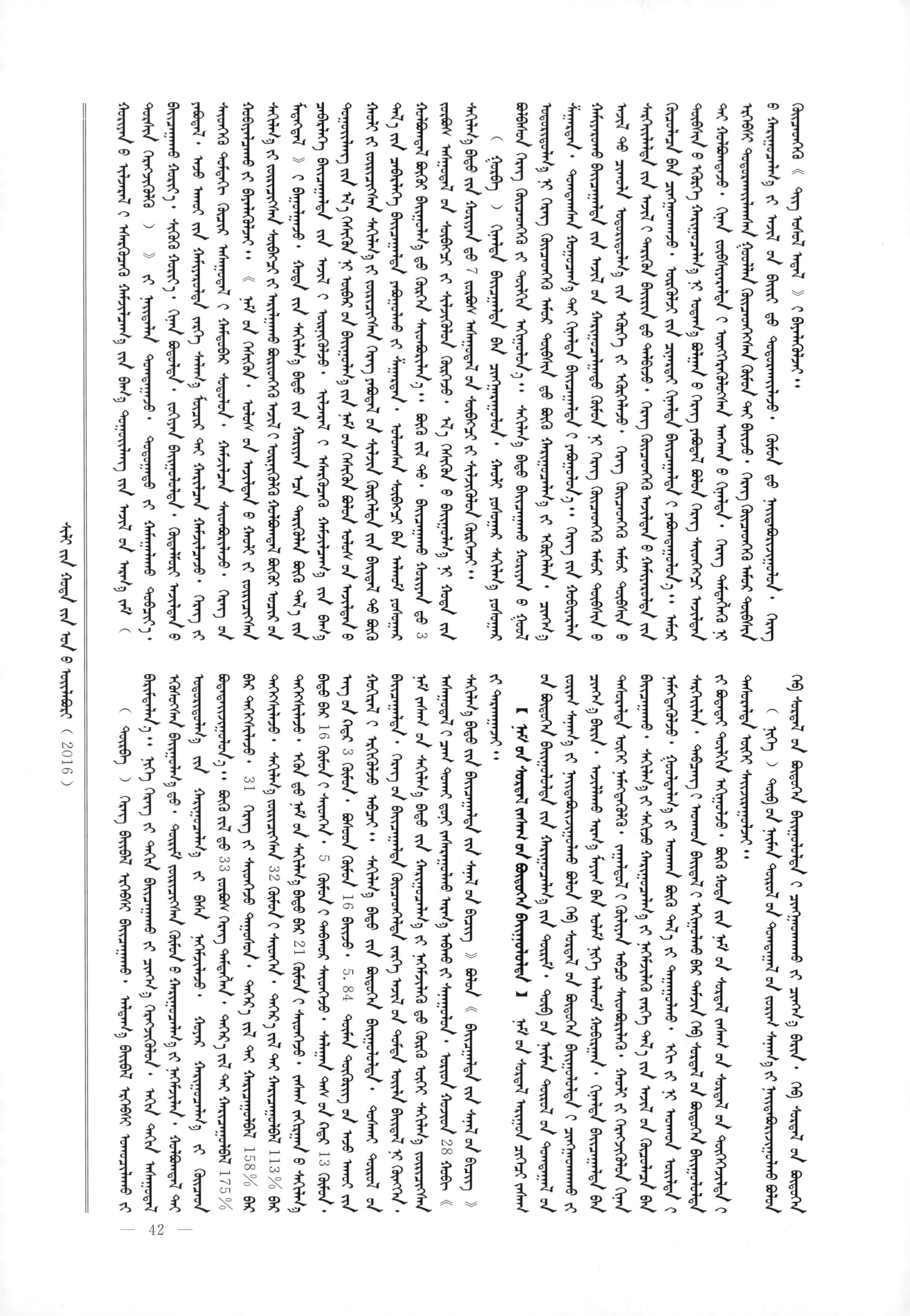

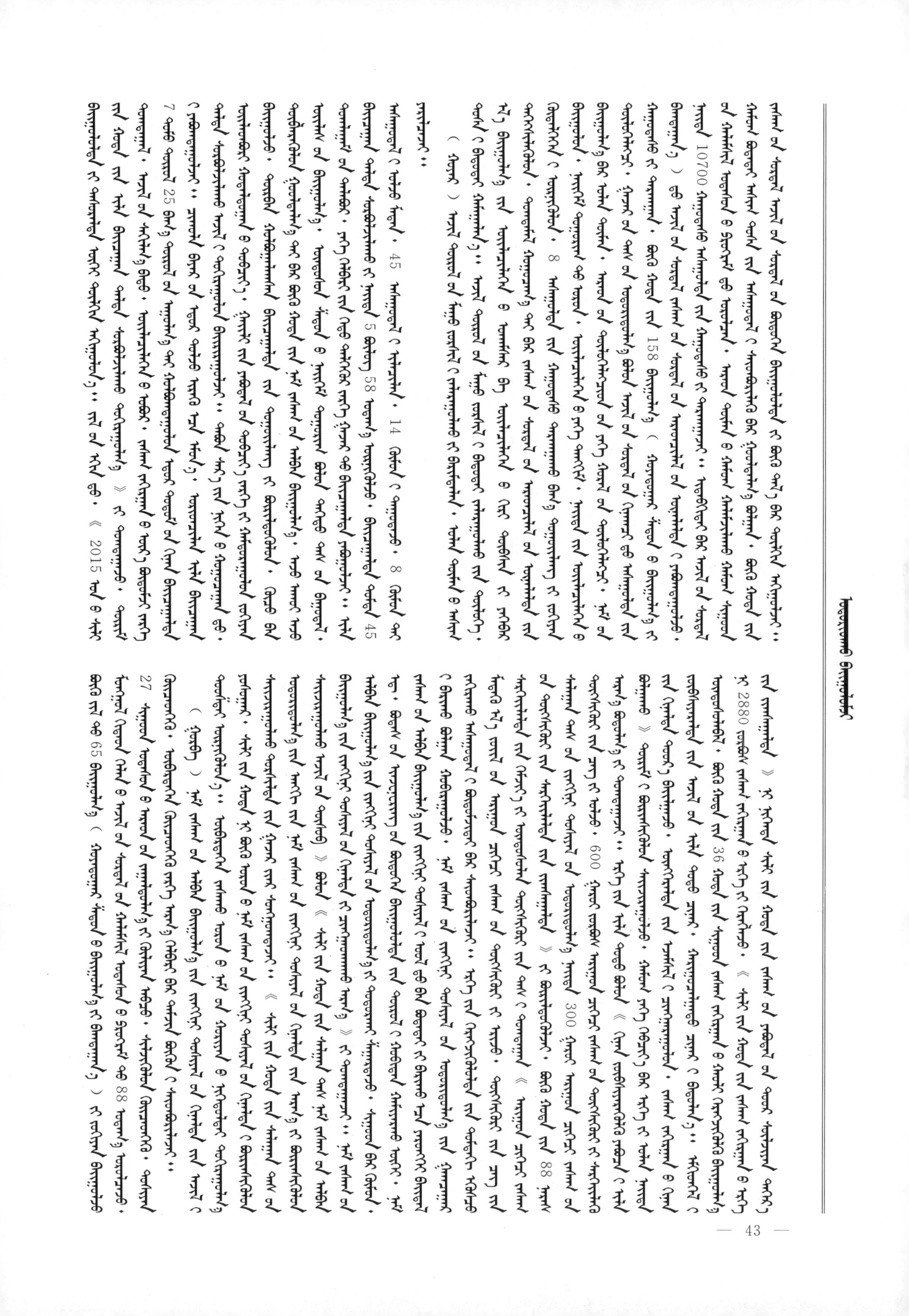

[illegible]

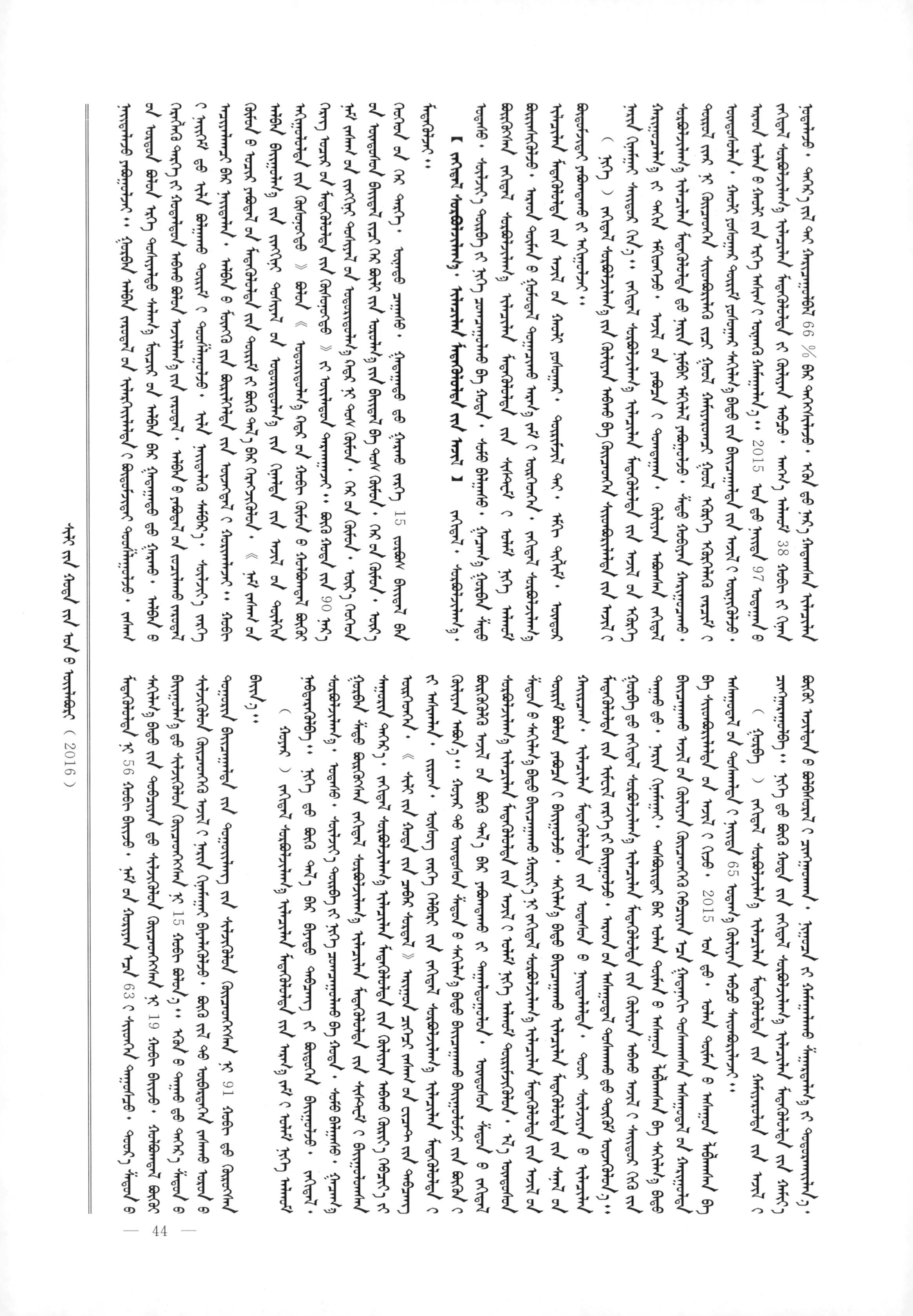

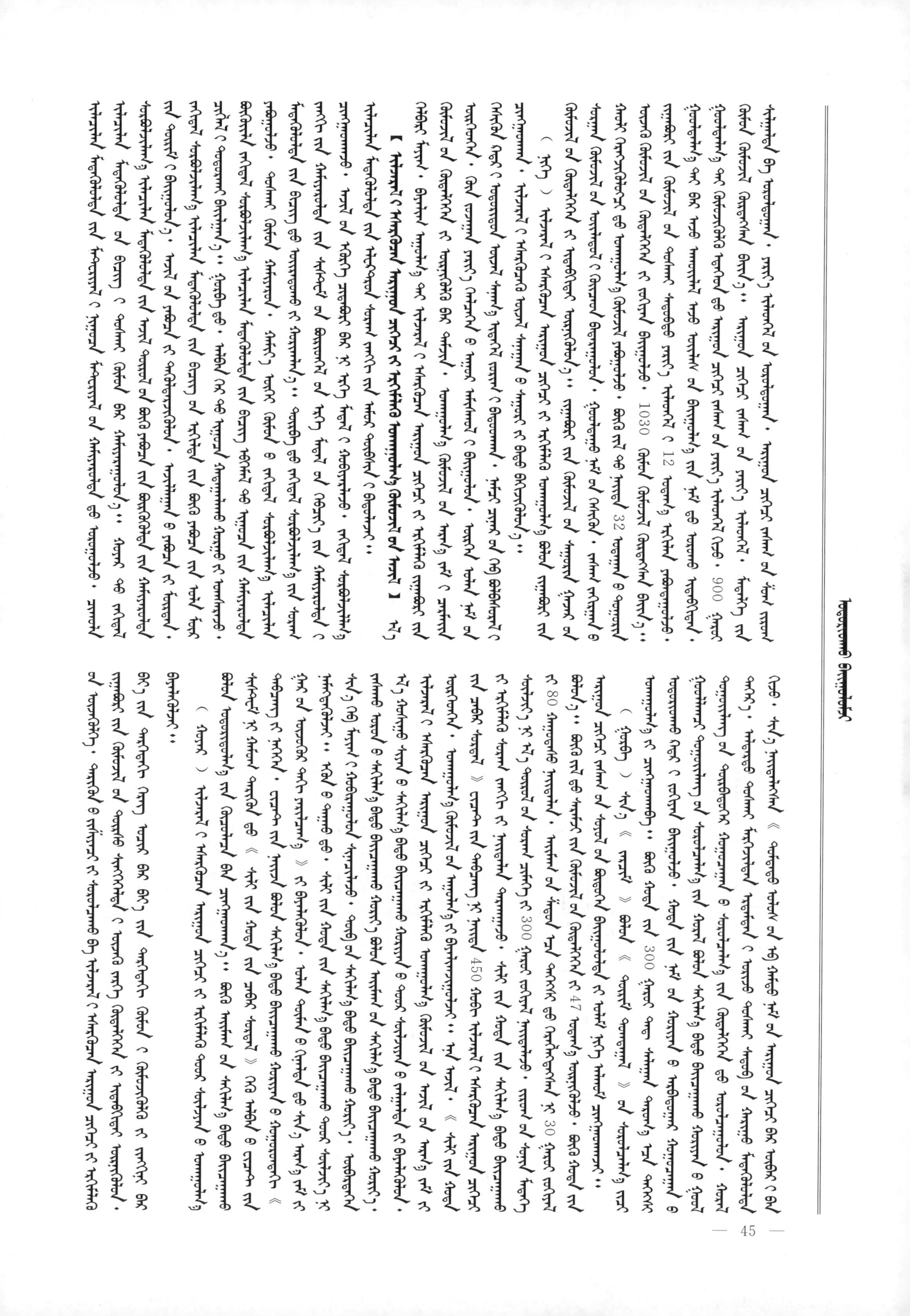

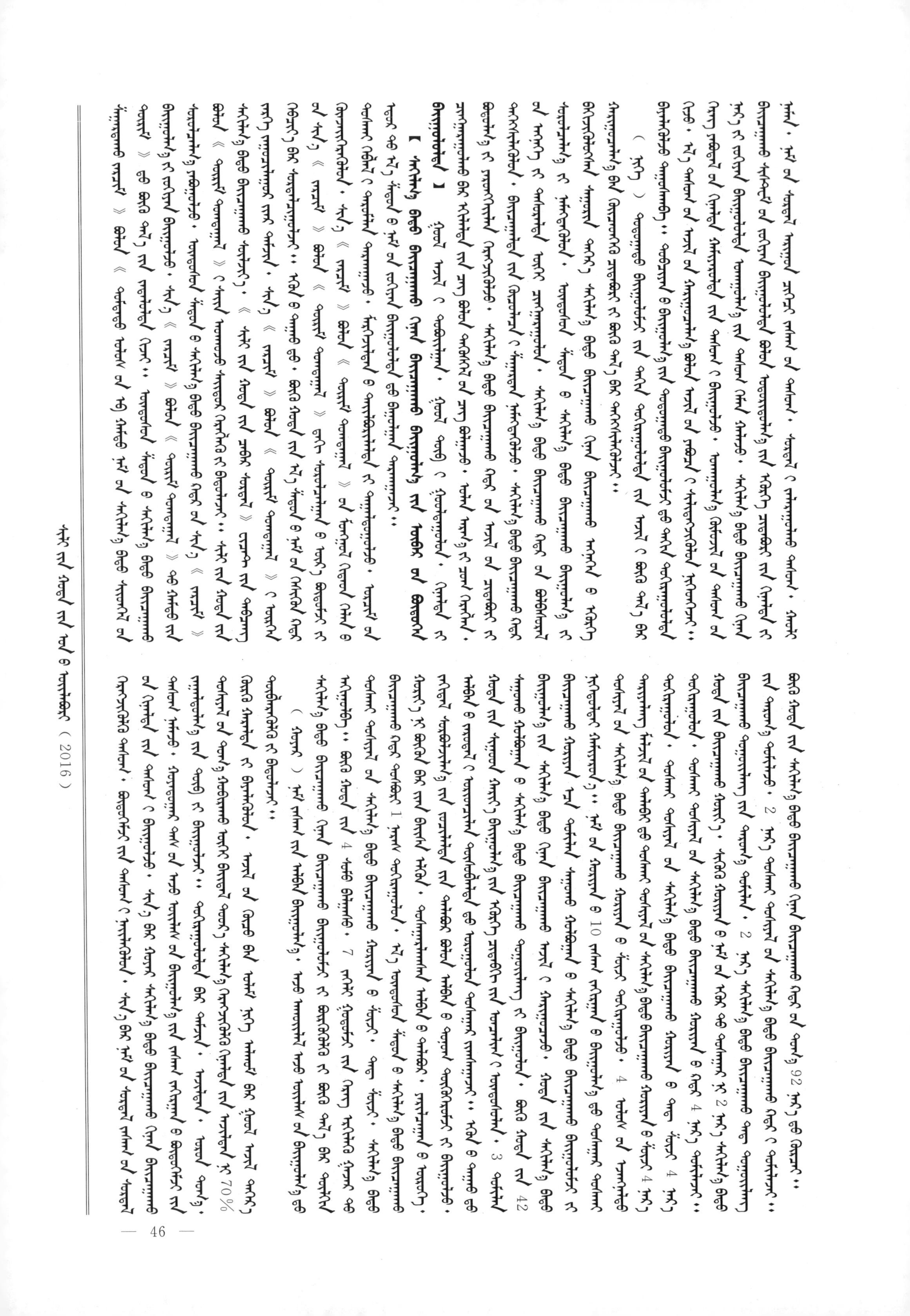

[illegible]

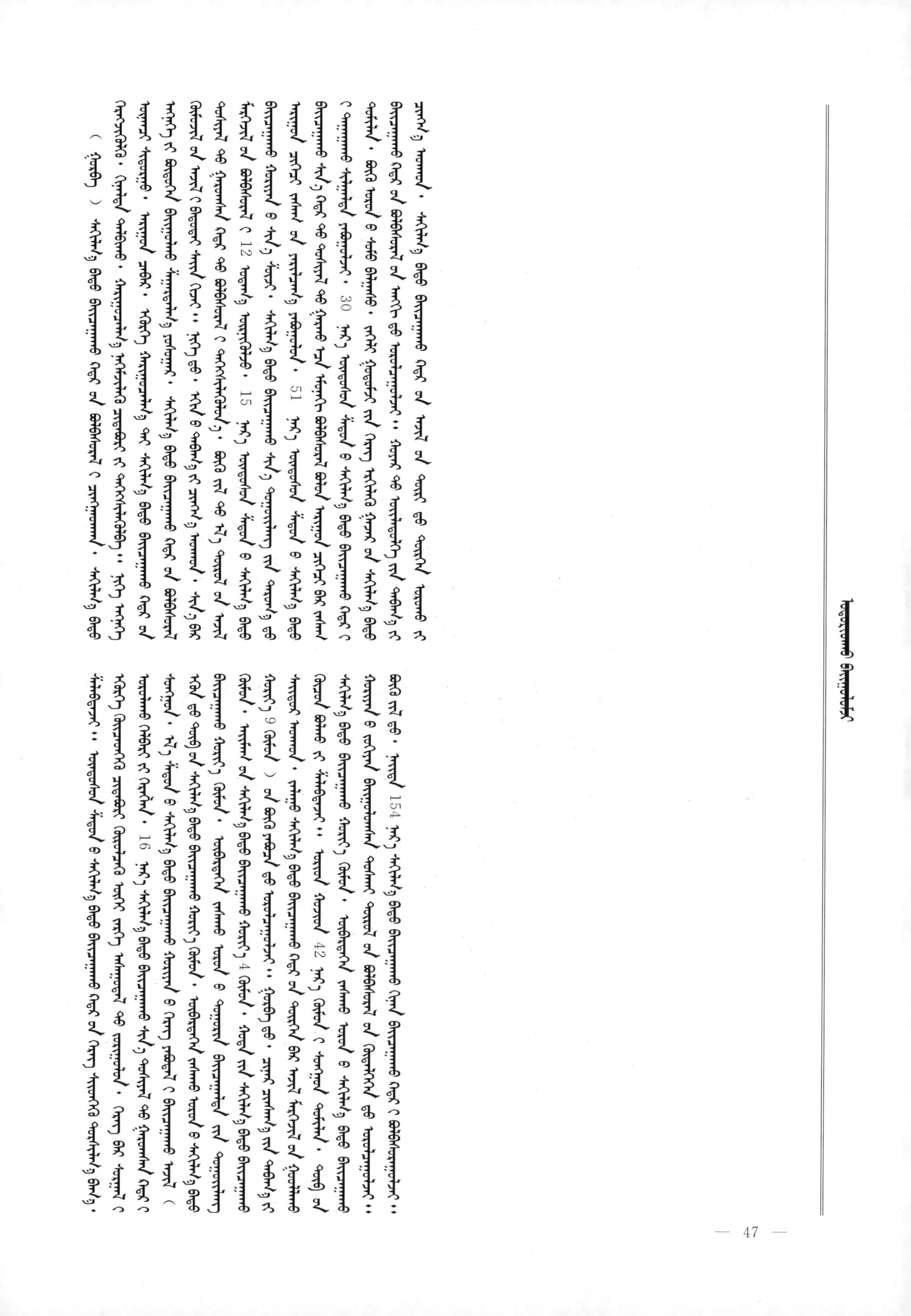

[illegible]

ᠰᠣᠳᠣᠯ ᠤᠨ ᠪᠢᠴᠢᠭ ᠦᠨ ᠰᠤᠷᠪᠤᠯᠵᠢ ᠶᠢᠨ ᠲᠠᠨᠢᠯᠴᠠᠭᠤᠯᠭ᠎ᠠ

ᠪᠢᠴᠢᠭ ᠦᠨ ᠰᠤᠷᠪᠤᠯᠵᠢ ᠶᠢᠨ ᠨᠡᠷᠡᠰ ᠦᠨ ᠵᠢᠭᠠᠯᠲᠠ

【ᠮᠣᠩᠭᠣᠯ ᠤᠨ ᠰᠣᠳᠣᠯ ᠤᠨ ᠪᠢᠴᠢᠭ ᠦᠨ ᠰᠤᠷᠪᠤᠯᠵᠢ ᠶᠢᠨ ᠨᠡᠷᠡᠰ ᠦᠨ ᠲᠣᠭᠠᠴᠠᠭᠤᠯᠤᠯ ᠤᠨ ᠬᠡᠰᠡᠭ】

ᠨᠠᠢᠷᠠᠭᠤᠯᠤᠭᠴᠢ ᠬᠠᠷᠢ ᠶᠠᠪᠤᠯ (ᠦᠨᠳᠦᠰᠦᠲᠡᠨ ᠬᠡᠪᠯᠡᠯ · 2015 ᠣᠨ ᠤ 11 ᠰᠠᠷ᠎ᠠ ᠶᠢᠨ
ᠬᠡᠪᠯᠡᠭᠰᠡᠨ)
ᠴᠣᠭᠲᠤ ᠶᠢᠨ ᠲᠣᠭ (2015 ᠣᠨ ᠤ 11 ᠰᠠᠷ᠎ᠠ ᠶᠢᠨ ᠬᠡᠪᠯᠡᠯ ᠪᠦᠲᠦᠭᠡᠯ)

ᠡᠳᠦ ᠨᠠᠢᠷᠠᠭᠤᠯᠤᠭᠴᠢ ᠵᠣᠬᠢᠶᠠᠯ ᠤᠨ ᠨᠡᠷ᠎ᠡ
ᠨᠠᠢᠷᠠᠭᠤᠯᠤᠭᠰᠠᠨ (ᠦᠨᠳᠦᠰᠦᠲᠡᠨ ᠬᠡᠪᠯᠡᠯ · 2015 ᠣᠨ ᠤ 3 ᠰᠠᠷ᠎ᠠ ᠶᠢᠨ
ᠬᠡᠪᠯᠡᠯ ᠪᠦᠲᠦᠭᠡᠯ)
ᠪᠠᠭᠠ ᠬᠡᠯᠡ ᠪᠢᠰ (ᠦᠨᠳᠦᠰᠦᠲᠡᠨ ᠬᠡᠪᠯᠡᠯ)
ᠲᠣᠳᠣ ᠶᠢᠨ ᠪᠠᠷ (ᠮᠣᠩᠭᠣᠯ)
ᠮᠣᠩᠭᠣᠯ (ᠦᠨᠳᠦᠰᠦᠲᠡᠨ ᠬᠡᠪᠯᠡᠯ)

ᠵᠠᠩᠭᠢ ᠨᠡᠶᠢᠲᠡ ᠶᠢᠨ ᠰᠤᠷᠪᠤᠯᠵᠢ ᠶᠢᠨ ᠰᠤᠷᠪᠤᠯᠵᠢ ᠶᠢᠨ ᠡᠮᠬᠢᠳᠬᠡᠯ
ᠲᠥᠪ ᠬᠡᠯᠡ ᠬᠡᠪᠯᠡᠯ (ᠮᠣᠩᠭᠣᠯ · ᠦᠨᠳᠦᠰᠦᠲᠡᠨ ᠬᠡᠪᠯᠡᠯ)
ᠰᠣᠳᠣᠯᠤᠯ ᠡᠳᠦ ᠪᠠᠶᠢᠳᠠᠯ ᠬᠣᠷᠢᠶ᠎ᠠ (ᠮᠣᠩᠭᠣᠯ · ᠦᠨᠳᠦᠰᠦᠲᠡᠨ ᠬᠡᠪᠯᠡᠯ)
ᠮᠣᠩᠭᠣᠯ ᠰᠤᠷᠪᠤᠯᠵᠢ ᠶᠢᠨ ᠪᠢᠴᠢᠭ ᠦᠨ ᠨᠠᠢᠷᠠᠭᠤᠯᠤᠭᠴᠢ ᠲᠣᠳᠣ ᠶᠢᠨ ᠪᠠᠷ (ᠮᠣᠩᠭᠣᠯ · ᠦᠨᠳᠦᠰᠦᠲᠡᠨ ᠬᠡᠪᠯᠡᠯ)
ᠡᠳᠦ ᠨᠠᠢᠷᠠᠭᠤᠯᠤᠭᠴᠢ ᠪᠠᠷ (ᠮᠣᠩᠭᠣᠯ · ᠦᠨᠳᠦᠰᠦᠲᠡᠨ ᠬᠡᠪᠯᠡᠯ)
ᠪᠣᠯᠪᠠᠰᠤᠷᠠᠭᠤᠯᠤᠯ ᠤᠨ ᠬᠡᠯᠡ ᠶᠢᠨ ᠨᠡᠷᠡᠰ ᠦᠨ ᠡᠳᠦ ᠪᠠᠶᠢᠳᠠᠯ
ᠵᠠᠭᠤᠨ ᠤ ᠬᠣᠯᠤᠰ (ᠦᠨᠳᠦᠰᠦᠲᠡᠨ · 2015 ᠣᠨ ᠤ 3 ᠰᠠᠷ᠎ᠠ ᠶᠢᠨ ᠬᠡᠪᠯᠡᠯ
ᠬᠣᠷᠢᠶ᠎ᠠ)
ᠰᠤᠷᠭᠠᠨ ᠬᠦᠮᠦᠵᠢᠯ (ᠦᠨᠳᠦᠰᠦᠲᠡᠨ · ᠮᠣᠩᠭᠣᠯ ᠬᠡᠪᠯᠡᠯ · 2015 ᠣᠨ
ᠤ 3 ᠰᠠᠷ᠎ᠠ ᠶᠢᠨ ᠬᠡᠪᠯᠡᠯ ᠪᠦᠲᠦᠭᠡᠯ)
ᠡᠳᠦ ᠪᠠᠶᠢᠳᠠᠯ ᠪᠢᠴᠢᠭ ᠬᠠᠷᠢ (ᠮᠣᠩᠭᠣᠯ · ᠥᠪᠥᠷ ᠮᠣᠩᠭᠣᠯ ᠬᠡᠪᠯᠡᠯ)

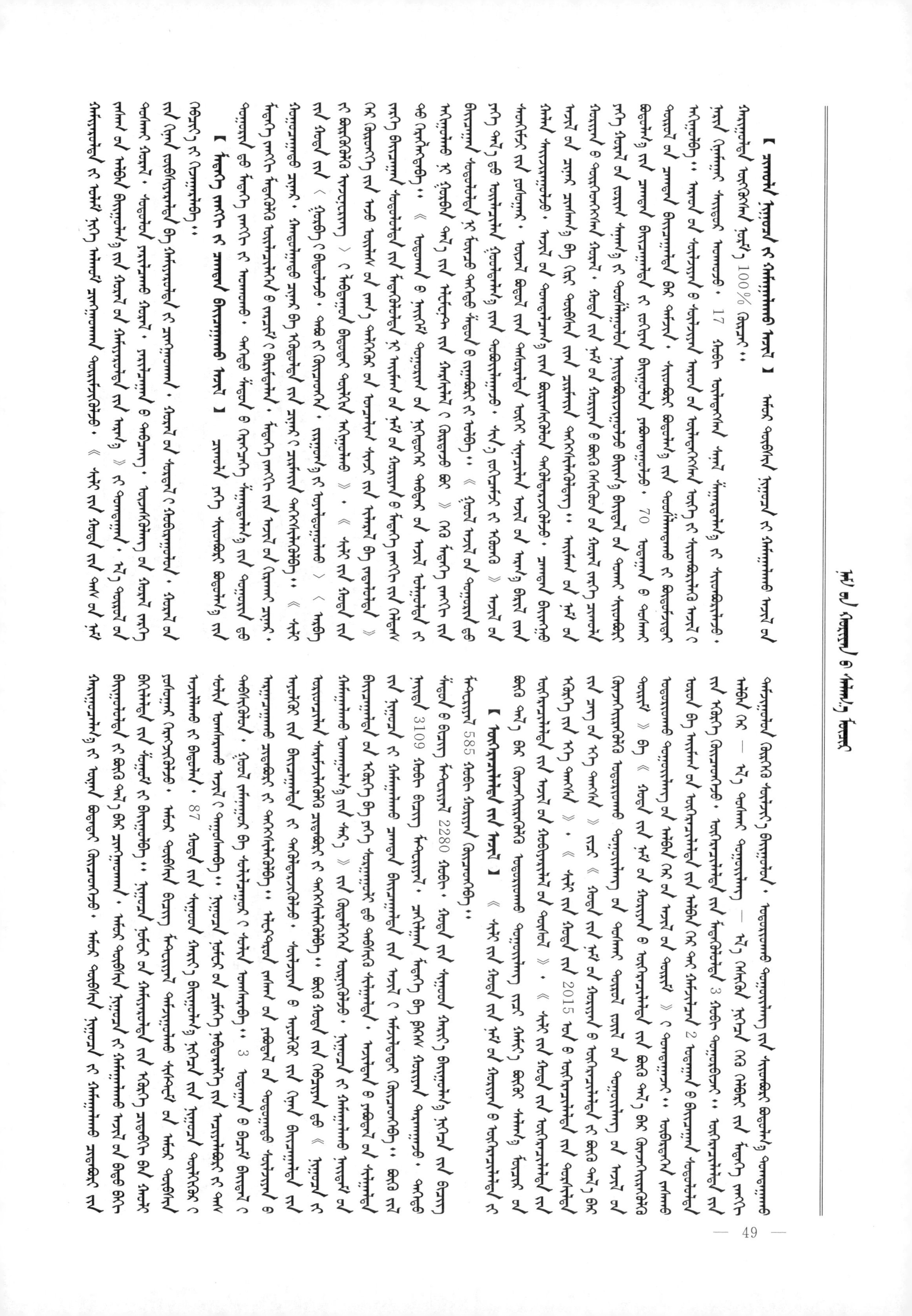

【 [illegible] 】 [illegible] 100% [illegible] ::
[illegible] 17 [illegible] 70 [illegible] 《 [illegible] 》 [illegible] 《 [illegible] 》 [illegible] 《 [illegible] 》 [illegible] 《 [illegible] 〈 [illegible] 〉 [illegible] 》 [illegible] 《 [illegible] 〈 [illegible] 〉 〈 [illegible] 〉 [illegible] 《 [illegible] 》 [illegible] ::

【 [illegible] 】 [illegible] ::
[illegible] 《 [illegible] 》 [illegible] — [illegible] — [illegible] 3 [illegible] 2 [illegible] 《 [illegible] 》 [illegible] 《 [illegible] 》 [illegible] 《 [illegible] 》 [illegible] 《 [illegible] 2015 [illegible] 》 [illegible] 《 [illegible] 》 [illegible] ::

【 [illegible] 】 《 [illegible] 585 [illegible] ::
[illegible] 2280 [illegible] 3109 [illegible] 《 [illegible] 》 [illegible] 《 [illegible] 》 [illegible] 3 [illegible] 87 [illegible] ::

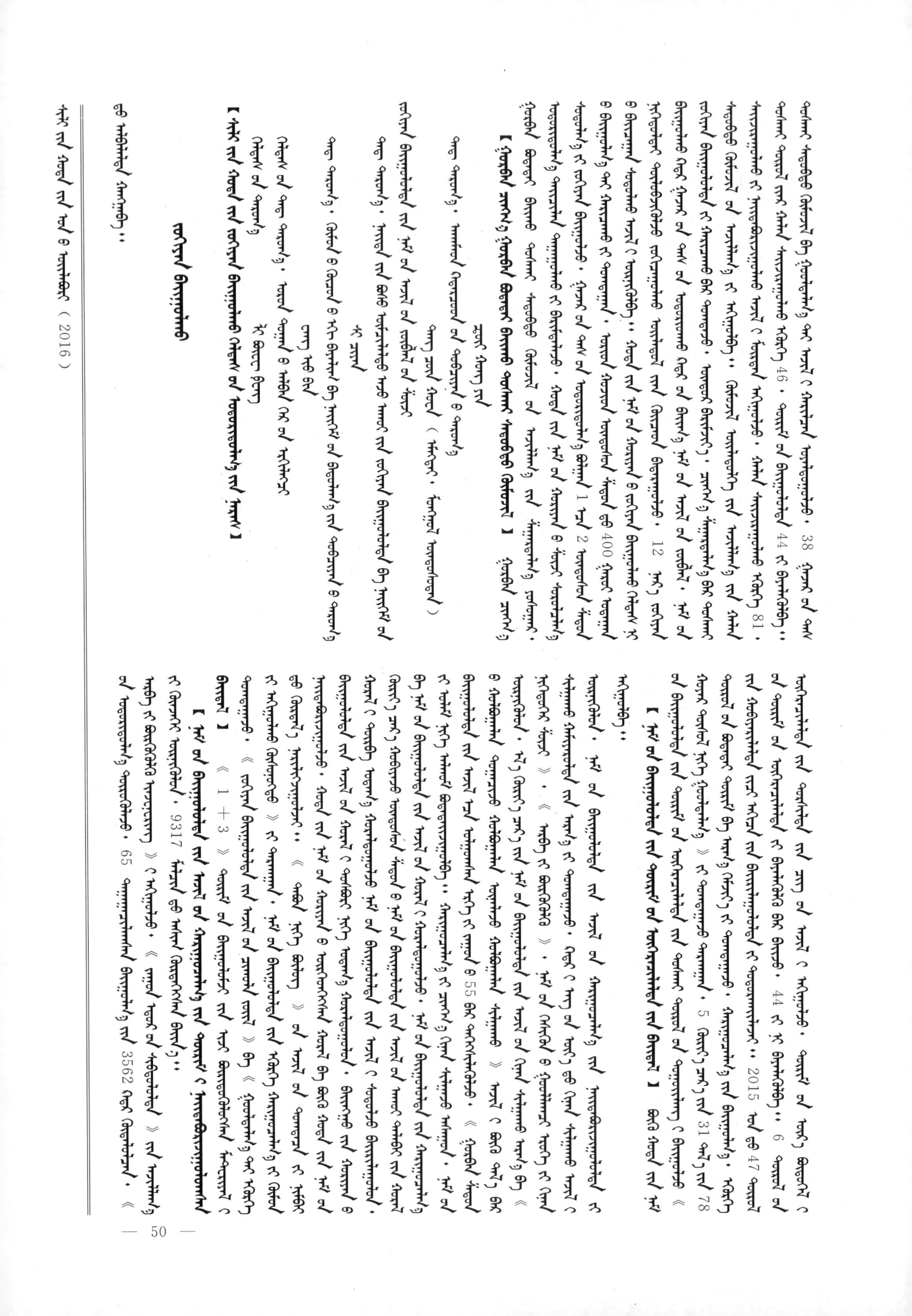

[illegible] 38 [illegible] 46 [illegible] 44 [illegible] 81 [illegible] 12 [illegible] 400 [illegible] 1 [illegible] 2 [illegible]

【[illegible]】

[illegible]

【[illegible]】

[illegible]

[illegible] 6 [illegible] 44 [illegible] 2015 [illegible] 47 [illegible] 5 [illegible] 31 [illegible] 78 [illegible]

【[illegible]】 [illegible]

[illegible] 55 [illegible] 《 1 + 3 》 [illegible]

【[illegible]】 [illegible] 9317 [illegible] 65 [illegible] 3562 [illegible]

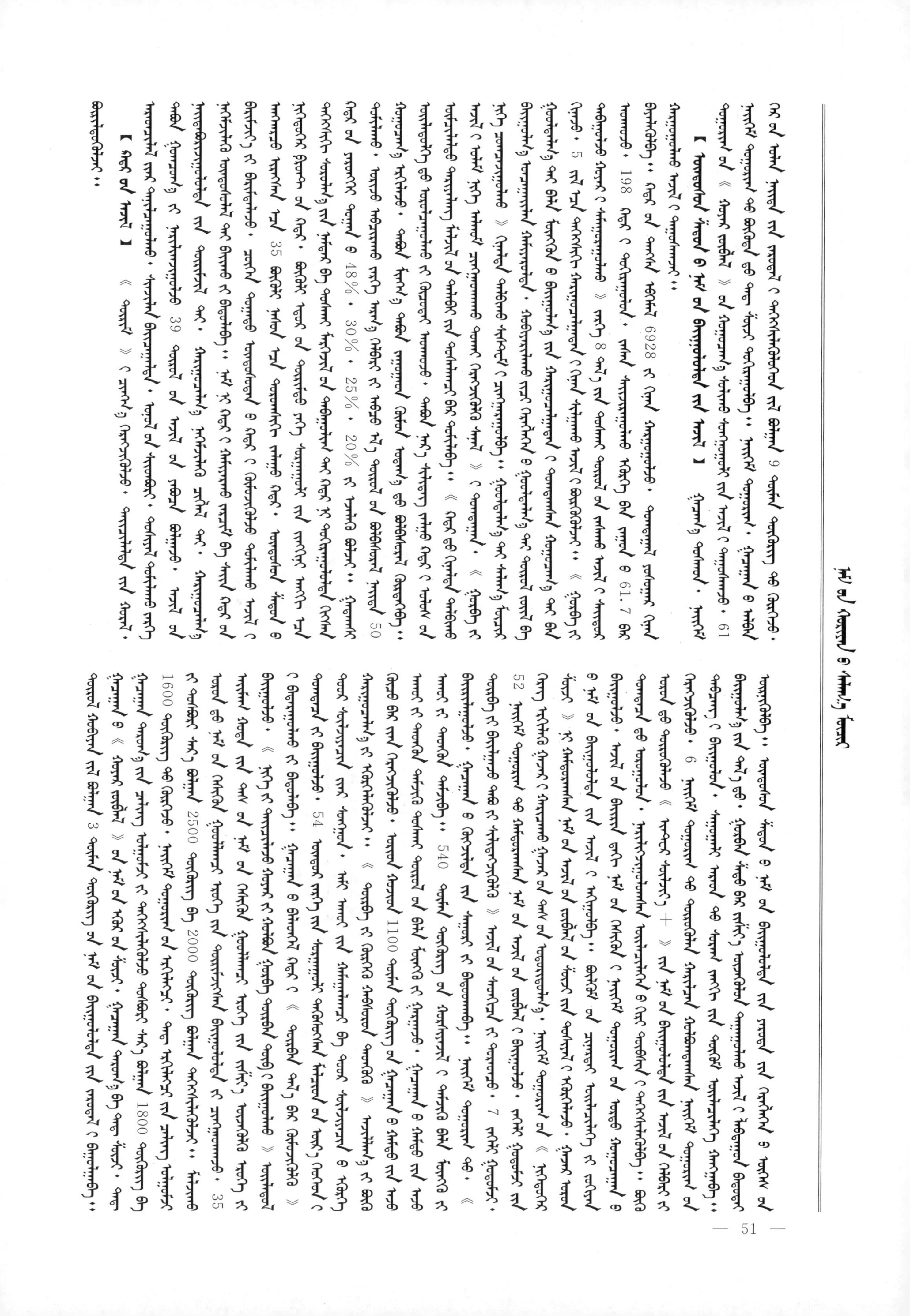

[illegible] 9 [illegible]
[illegible] ·· [illegible]
[illegible] 《 [illegible] 》 [illegible] · 61

【 [illegible] 】 [illegible]

[illegible] ··
[illegible] ·· [illegible] 6928 [illegible] · 198 [illegible] · [illegible] 61.7 [illegible] 》 [illegible] 8 [illegible] · 5 [illegible] ·· 《 [illegible] 》 [illegible] ·· 《 [illegible] 》 [illegible] · 《 [illegible] ·· 《 [illegible] · [illegible] ·· [illegible] 50 [illegible] 48% · 30% · 25% · 20% [illegible] ·· [illegible] · [illegible] 35 [illegible] · [illegible] ·· [illegible] · [illegible] 39 [illegible] · [illegible]

【 [illegible] 】 《 [illegible] 》 [illegible] ··

[illegible] ·· [illegible] · [illegible] ·· [illegible] · 6 [illegible] 《 [illegible] + 》 [illegible] ·· [illegible] ·· [illegible] 》 [illegible] · 《 [illegible] 52 [illegible] 》 [illegible] · 7 [illegible] ·· 《 [illegible] ·· 540 [illegible] · [illegible] 1100 [illegible] ·· 《 [illegible] 》 [illegible] · 54 [illegible] ·· 《 [illegible] 》 [illegible] · 《 [illegible] 》 [illegible] · 35 [illegible] 2500 [illegible] 2000 [illegible] ·· 1600 [illegible] · [illegible] 1800 [illegible] 《 [illegible] 》 [illegible] · [illegible] 3 [illegible] ··

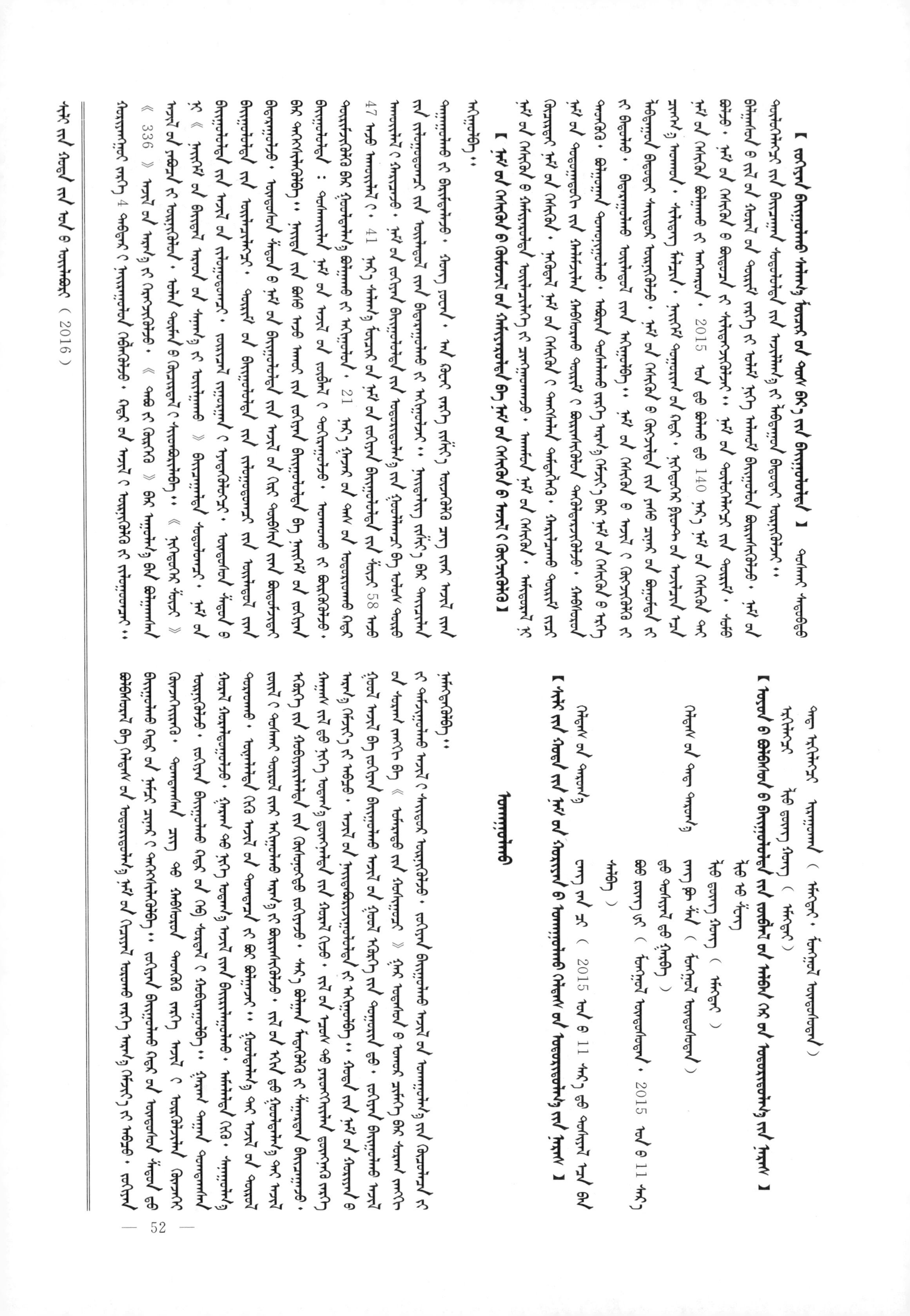

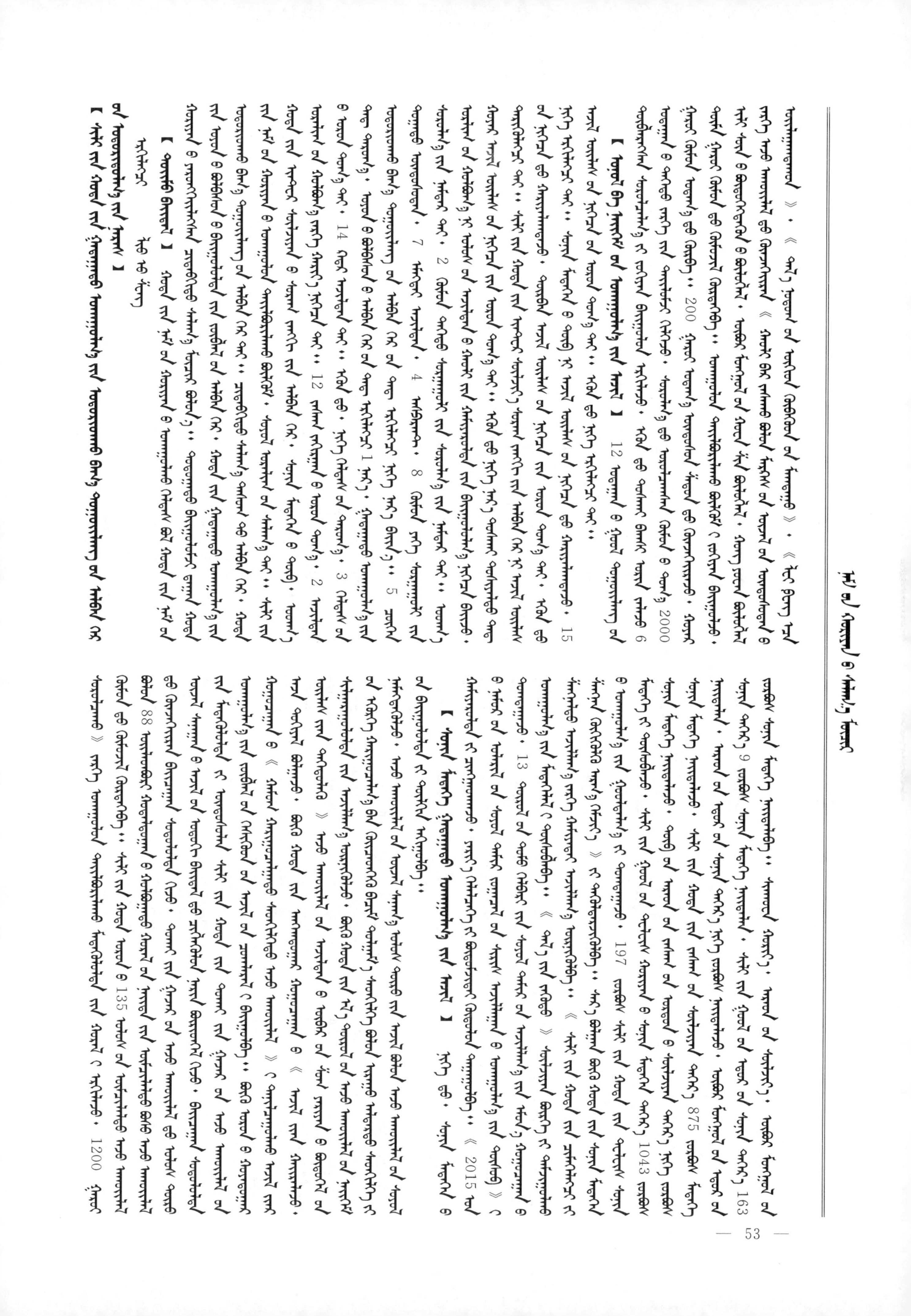

【 [illegible] 】

[illegible] 】

[illegible]

【 [illegible] 】 [illegible]

[illegible] 12 [illegible] 2 [illegible] 14 [illegible] 3 [illegible] 1 [illegible] 5 [illegible] 7 [illegible] 4 [illegible] 8 [illegible] 2 [illegible]

[illegible] 15 [illegible]

【 [illegible] 】 12 [illegible]

[illegible] 6 [illegible] 2000 [illegible] 200 [illegible] 《 [illegible] 》 · 《 [illegible] 》 · 《 [illegible] 》

[illegible] 1200 [illegible] 135 [illegible] 88 [illegible] 《 [illegible] 》 [illegible]

【 [illegible] 】

[illegible] 《 2015 [illegible] 》 [illegible] 13 [illegible] 《 [illegible] 》 [illegible] 197 [illegible] 1043 [illegible] 875 [illegible] 163 [illegible] 9 [illegible]

ᠢ ᠪᠦᠲᠦᠭᠡᠭᠰᠡᠨ᠂ 169 ᠤᠳᠠᠭ᠎ᠠ ᠰᠤᠷᠭᠠᠭᠤᠯᠢ ᠶᠢ ᠵᠣᠬᠢᠶᠠᠪᠠ᠃ 《ᠬᠢᠩᠭᠠᠨ ᠤ ᠠᠶᠢᠮᠠᠭ ᠤᠨ ᠨᠣᠮᠤᠨ ᠰᠠᠩ ᠤᠨ ᠤᠩᠰᠢᠭᠴᠢᠳ ᠤᠨ 《ᠪᠢᠴᠢᠭ ᠦᠨ ᠤᠩᠰᠢᠯᠭ᠎ᠠ ᠶᠢᠨ ᠬᠤᠷᠢᠶᠠᠯᠳᠤᠭᠠᠨ》 ᠤᠳᠠᠭ᠎ᠠ ᠰᠤᠷᠭᠠᠭᠤᠯᠢ ᠶᠢᠨ ᠬᠠᠮᠲᠤᠷᠠᠯᠴᠠᠭ᠎ᠠ ᠪᠠᠷ ᠬᠢᠩᠭᠠᠨ ᠤ ᠠᠶᠢᠮᠠᠭ ᠤᠨ ᠤᠩᠰᠢᠭᠴᠢᠳ ᠲᠤ ᠳᠡᠮᠵᠢᠯᠭᠡ ᠦᠵᠡᠭᠦᠯᠦᠨ ᠦᠢᠯᠡᠴᠢᠯᠡᠭᠡ ᠶᠢᠨ ᠴᠢᠨᠠᠷ ᠢ ᠳᠡᠭᠡᠭᠰᠢᠯᠡᠭᠦᠯᠪᠡ᠃

ᠬᠤᠪᠢᠶᠠᠯᠴᠠᠬᠤ 》 ᠶᠢ ᠡᠬᠢᠯᠡᠭᠦᠯᠪᠡ᠂ ᠨᠣᠮ ᠤᠩᠰᠢᠬᠤ ᠪᠠᠷ ᠳᠠᠮᠵᠢᠭᠤᠯᠤᠨ ᠮᠡᠳᠡᠯᠭᠡ ᠶᠢ ᠲᠠᠷᠬᠠᠭᠠᠬᠤ ᠪᠠ ᠪᠣᠯᠪᠠᠰᠤᠷᠠᠯ 》 ᠶᠢ ᠬᠦᠭᠵᠢᠭᠦᠯᠪᠡ᠂ 《ᠨᠣᠮ ᠤᠩᠰᠢᠬᠤ ᠶᠢ ᠨᠣᠮ ᠤᠩᠰᠢᠭᠴᠢ》᠂ 《ᠪᠠᠭᠠᠴᠤᠳ ᠤᠩᠰᠢᠬᠤ ᠶᠢ ᠤᠷᠢᠯᠠᠨ ᠤᠷᠤᠯᠴᠠᠭᠤᠯᠬᠤ ᠬᠠᠮᠲᠤ ᠤᠩᠰᠢᠯᠭ᠎ᠠ》 ᠶᠢ ᠵᠣᠬᠢᠶᠠᠨ ᠪᠠᠶᠢᠭᠤᠯᠪᠠ᠂ 《7 × 24 ᠴᠠᠭ ᠤᠨ ᠦᠶᠡᠷ ᠤᠩᠰᠢᠯᠭ᠎ᠠ ᠶᠢᠨ ᠪᠠᠭᠠᠷ ᠢ ᠬᠠᠮᠲᠤ ᠤᠩᠰᠢᠯᠭ᠎ᠠ》 ᠪᠣᠯ 《ᠬᠢᠩᠭᠠᠨ ᠤ ᠠᠶᠢᠮᠠᠭ ᠤᠨ ᠨᠣᠮᠤᠨ ᠰᠠᠩ ᠤᠨ ᠲᠣᠭᠠᠴᠠᠭᠠᠨ ᠤ ᠮᠡᠳᠡᠭᠡᠯᠡᠯ ᠦᠨ ᠨᠣᠮᠤᠨ ᠬᠢᠩᠭᠠᠨ ᠤ ᠠᠶᠢᠮᠠᠭ ᠤᠨ ᠨᠣᠮᠤᠨ ᠰᠠᠩ ᠤᠨ ᠦᠶᠡᠷ ᠤᠩᠰᠢᠯᠭ᠎ᠠ ᠶᠢᠨ ᠪᠠᠭᠠᠷ ᠢ ᠲᠤᠰᠢᠶᠠᠨ ᠨᠣᠮᠤᠨ ᠤᠷᠤᠯᠴᠠᠭᠠᠨ ᠳᠤ ᠨᠣᠮᠤᠨ ᠰᠠᠩ ᠤᠨ ᠮᠡᠷᠭᠡᠵᠢᠯᠲᠡᠨ ᠢ ᠰᠤᠷᠭᠠᠨ ᠪᠡᠯᠡᠳᠬᠡᠪᠡ᠂ ᠤᠩᠰᠢᠭᠴᠢᠳ ᠤᠨ ᠦᠶᠡᠷ ᠤᠩᠰᠢᠯᠭ᠎ᠠ ᠶᠢ ᠬᠠᠩᠭᠠᠪᠠ᠃ 《ᠤᠩᠰᠢᠯᠭ᠎ᠠ ᠶᠢᠨ ᠲᠡᠮᠡᠴᠡᠭᠡᠨ ᠦ ᠰᠠᠷ᠎ᠠ ᠶᠢᠨ ᠬᠤᠷᠠᠯ》 ᠤᠨ ᠠᠷᠭ᠎ᠠ ᠬᠡᠮᠵᠢᠶ᠎ᠡ ᠶᠢ ᠡᠭᠦᠳᠬᠡᠪᠡ᠃ ᠨᠣᠮᠤᠨ ᠰᠠᠩ ᠤᠨ ᠤᠩᠰᠢᠯᠭ᠎ᠠ ᠶᠢᠨ ᠲᠠᠩᠬᠢᠮ ᠤᠨ ᠬᠢᠯᠢ ᠳᠦ ᠨᠡᠮᠡᠨ ᠪᠠᠶᠢᠭᠤᠯᠪᠠ᠂ ᠬᠠᠮᠲᠤ ᠤᠩᠰᠢᠯᠭ᠎ᠠ᠂ LED ᠳᠡᠯᠭᠡᠴ᠂ ᠮᠡᠳᠡᠭᠡ ᠶᠢᠨ ᠰᠠᠮᠪᠠᠷ ᠠᠮᠤᠷᠠᠯᠲᠠ ᠶᠢ ᠪᠠᠶᠢᠭᠤᠯᠤᠨ᠂ ᠨᠡᠶᠢᠲᠡ 100 ᠭᠠᠷᠤᠢ ᠮᠡᠳᠡᠭᠡ ᠶᠢ ᠨᠡᠶᠢᠲᠡᠯᠡᠨ ᠪᠢᠴᠢᠪᠡ᠃ ᠳᠡᠭᠡᠳᠦ ᠳᠡᠭᠡᠳᠦ ᠰᠤᠷᠭᠠᠭᠤᠯᠢ ᠪᠠ ᠰᠤᠷᠭᠠᠭᠤᠯᠢ ᠶᠢᠨ ᠬᠤᠪᠢ ᠶᠢᠨ ᠬᠡᠮᠵᠢᠶ᠎ᠡ ᠪᠠᠷ ᠤᠩᠰᠢᠯᠭ᠎ᠠ ᠶᠢᠨ ᠬᠦᠷᠢᠶᠡᠯᠡᠩ ᠢ ᠪᠠᠶᠢᠭᠤᠯᠪᠠ᠂ ᠨᠡᠶᠢᠲᠡ ᠪᠠᠶᠢᠭᠤᠯᠤᠯᠭ᠎ᠠ ᠶᠢᠨ ᠭᠠᠵᠠᠷ ᠪᠦᠷᠢ ᠳᠦ ᠨᠣᠮᠤᠨ ᠰᠠᠩ ᠤᠨ ᠲᠠᠰᠤᠭ ᠲᠤ ᠨᠡᠶᠢᠲᠡ ᠨᠣᠮ ᠤᠨ ᠰᠠᠩ ᠤᠨ ᠦᠢᠯᠡᠴᠢᠯᠡᠭᠡ ᠶᠢᠨ ᠤᠷᠤᠯᠴᠠᠭᠠᠨ ᠤ ᠬᠢᠵᠠᠭᠠᠷ ᠲᠤ ᠨᠡᠮᠡᠭᠳᠡᠭᠦᠯᠦᠨ ᠦᠢᠯᠡᠴᠢᠯᠡᠭᠡ ᠶᠢᠨ ᠪᠠᠷᠢᠮᠲᠠ ᠶᠢ ᠲᠣᠭᠲᠠᠭᠠᠪᠠ᠃ ᠠᠶᠢᠮᠠᠭ ᠤᠨ ᠬᠠᠮᠤᠭ ᠤᠨ 9 ᠬᠣᠰᠢᠭᠤ ᠬᠣᠲᠠ ᠪᠦᠭᠦᠳᠡ 》 ᠶᠢᠨ ᠨᠡᠶᠢᠲᠡᠯᠡᠯ ᠤᠨ ᠬᠤᠷᠠᠯ ᠢ ᠬᠡᠷᠡᠭᠵᠢᠭᠦᠯᠪᠡ᠃ ᠨᠣᠮᠤᠨ ᠰᠠᠩ ᠤᠨ ᠨᠡᠶᠢᠲᠡ ᠬᠦᠮᠦᠨ ᠤ ᠰᠠᠩ ᠢ ᠪᠠᠶᠢᠭᠤᠯᠤᠨ᠂ ᠨᠡᠶᠢᠲᠡᠯᠡᠯ ᠤᠩᠰᠢᠯᠭ᠎ᠠ ᠶᠢᠨ ᠭᠠᠵᠠᠷ ᠬᠡᠮᠵᠢᠭᠳᠡᠨ ᠪᠠᠶᠢᠭᠤᠯᠪᠠ᠂ ᠭᠠᠵᠠᠷ ᠤᠨ ᠨᠣᠮᠤᠨ ᠰᠠᠩ ᠤᠨ 《ᠨᠣᠮ ᠤᠨ ᠳᠡᠳᠦ ᠰᠠᠩ ᠤᠨ ᠨᠡᠮᠡᠭᠳᠡᠯ》 ᠤᠨ ᠪᠠᠶᠢᠭᠤᠯᠤᠯᠭ᠎ᠠ 《ᠨᠣᠮ ᠤᠨ ᠪᠦᠭᠦᠳᠡ》 ᠶᠢᠨ ᠨᠡᠶᠢᠲᠡᠯᠡᠯ ᠤᠨ ᠬᠣᠷᠢᠨ 48 ᠤᠳᠠᠭ᠎ᠠ ᠨᠣᠮ ᠤᠨ ᠮᠡᠳᠡᠭᠡ ᠶᠢᠨ ᠨᠣᠮ ᠤᠨ ᠬᠦᠮᠦᠰ ᠤᠨ ᠬᠠᠮᠲᠤ ᠤᠩᠰᠢᠯᠭ᠎ᠠ ᠶᠢᠨ ᠦᠢᠯᠡ ᠠᠵᠢᠯᠯᠠᠭ᠎ᠠ ᠶᠢᠨ 42 ᠤᠳᠠᠭ᠎ᠠ ᠶᠢ ᠵᠣᠬᠢᠶᠠᠨ ᠪᠠᠶᠢᠭᠤᠯᠪᠠ᠃ ᠪᠠᠶᠢᠭᠤᠯᠪᠠ᠂ ᠬᠤᠪᠢ ᠬᠦᠮᠦᠰ᠂ ᠬᠠᠮᠤᠭ ᠤᠨ ᠤᠩᠰᠢᠯᠭ᠎ᠠ᠂ ᠤᠷᠤᠯᠳᠤᠭᠠᠨ ᠤ ᠨᠣᠮᠤᠨ ᠬᠦᠮᠦᠰ᠂ ᠤᠷᠤᠯᠳᠤᠭᠠᠨ ᠦᠢᠯᠡ ᠠᠵᠢᠯᠯᠠᠭ᠎ᠠ ᠶᠢᠨ 89 ᠤᠳᠠᠭ᠎ᠠ 《ᠨᠣᠮ ᠤᠨ ᠪᠦᠭᠦᠳᠡ》 ᠶᠢᠨ ᠨᠡᠶᠢᠲᠡᠯᠡᠯ ᠪᠠᠷ ᠨᠣᠮᠤᠨ ᠰᠠᠩ ᠤᠨ ᠨᠣᠮ ᠢ ᠪᠡᠯᠡᠭ᠂ ᠬᠤᠪᠢ ᠪᠡᠯᠡᠭ᠂ ᠬᠤᠪᠢᠶᠠᠯᠴᠠᠭᠠ ᠶᠢᠨ ᠬᠡᠮᠵᠢᠶ᠎ᠡ ᠶᠢ 600 ᠭᠠᠷᠤᠢ ᠪᠣᠯᠪᠠ᠃ ᠨᠡᠶᠢᠲᠡ ᠪᠠᠶᠢᠭᠤᠯᠤᠯᠭ᠎ᠠ ᠶᠢᠨ ᠦᠢᠯᠡᠴᠢᠯᠡᠭᠡ ᠶᠢᠨ ᠨᠣᠮᠤᠨ ᠤᠨ ᠤᠩᠰᠢᠭᠴᠢᠳ ᠢ ᠨᠡᠮᠡᠭᠳᠡᠭᠦᠯᠪᠡ᠂ ᠨᠣᠮ ᠤᠩᠰᠢᠬᠤ ᠬᠦᠮᠦᠨ ᠦ ᠲᠣᠭ᠎ᠠ ᠶᠢ ᠡᠷᠡᠬᠡᠵᠢᠭᠦᠯᠪᠡ᠃ 2015 ᠣᠨ ᠤ ᠨᠡᠶᠢᠲᠡ ᠤᠩᠰᠢᠯᠭ᠎ᠠ ᠶᠢᠨ ᠬᠦᠮᠦᠰ ᠤᠨ ᠲᠣᠭ᠎ᠠ ᠶᠢ ᠰᠢᠨ᠎ᠡ ᠳᠡᠭᠡᠯᠡᠭᠦᠯᠪᠡ᠃ ᠪᠦᠬᠦ ᠠᠶᠢᠮᠠᠭ ᠤᠨ ᠨᠣᠮᠤᠨ ᠰᠠᠩ ᠤᠨ ᠬᠤᠪᠢ ᠬᠦᠮᠦᠰ ᠤᠨ ᠤᠩᠰᠢᠭᠴᠢᠳ ᠤᠨ ᠦᠢᠯᠡ ᠠᠵᠢᠯᠯᠠᠭ᠎ᠠ ᠶᠢᠨ ᠪᠠᠶᠢᠭᠤᠯᠤᠯᠭ᠎ᠠ ᠶᠢ ᠵᠣᠬᠢᠶᠠᠨ ᠪᠠᠶᠢᠭᠤᠯᠪᠠ᠃ ᠨᠣᠮ ᠤᠩᠰᠢᠬᠤ᠂ ᠨᠡᠶᠢᠲᠡ ᠤᠩᠰᠢᠭᠴᠢᠳ ᠢ ᠳᠡᠮᠵᠢᠬᠦ᠂ ᠬᠤᠪᠢ ᠬᠦᠮᠦᠰ ᠤᠷᠤᠯᠳᠤᠭᠠᠨ ᠦᠢᠯᠡ ᠠᠵᠢᠯᠯᠠᠭ᠎ᠠ᠂ ᠤᠷᠤᠯᠳᠤᠭᠠᠨ ᠤ ᠨᠣᠮᠤᠨ ᠬᠦᠮᠦᠰ ᠤᠨ ᠤᠩᠰᠢᠯᠭ᠎ᠠ ᠶᠢᠨ ᠦᠢᠯᠡ ᠠᠵᠢᠯᠯᠠᠭ᠎ᠠ ᠶᠢᠨ 191 ᠳᠤ ᠪᠣᠯᠵᠠᠭᠠᠨ 《2015 ᠣᠨ ᠤ ᠪᠦᠬᠦ ᠤᠯᠤᠰ ᠤᠨ ᠨᠡᠶᠢᠲᠡ ᠶᠢᠨ ᠤᠨ ᠪᠣᠯᠪᠠᠰᠤᠷᠠᠯ ᠤᠨ ᠨᠣᠮᠤᠨ ᠰᠠᠩ ᠤᠨ ᠤᠩᠰᠢᠯᠭ᠎ᠠ ᠶᠢᠨ ᠬᠦᠷᠢᠶᠡᠯᠡᠩ 2017) 》 ᠢ ᠪᠠᠶᠢᠭᠤᠯᠤᠯᠭ᠎ᠠ ᠠᠮᠵᠢᠯᠲᠠ ᠲᠠᠶ᠎ᠠ ᠪᠠᠶᠢᠭᠤᠯᠪᠠ᠃ ᠨᠡᠶᠢᠲᠡᠯᠡᠯ ᠦᠨ ᠰᠠᠯᠠᠭ᠎ᠠ ᠨᠡᠶᠢᠲᠡ ᠪᠣᠯᠤᠨ ᠬᠤᠪᠢ ᠶᠢᠨ ᠪᠦᠬᠦ ᠨᠡᠶᠢᠲᠡ ᠶᠢᠨ ᠤᠨ ᠪᠣᠯᠪᠠᠰᠤᠷᠠᠯ ᠤᠨ ᠨᠣᠮᠤᠨ ᠰᠠᠩ ᠪᠣᠯᠪᠠᠰᠤᠷᠠᠯ ᠪᠠᠶᠢᠭᠤᠯᠤᠯᠭ᠎ᠠ ᠶᠢᠨ ᠠᠵᠢᠯ ᠤᠨ ᠬᠤᠪᠢᠶᠠᠷ (2015—
ᠬᠤᠪᠢᠶᠠᠷ ᠬᠣᠶᠠᠷ ᠰᠠᠭᠤᠷᠢ ᠨᠣᠮ ᠬᠡᠯᠲᠡᠰ 》 ᠤᠨ ᠬᠤᠪᠢᠶᠠᠷ ᠠᠵᠢᠯᠯᠠᠭ᠎ᠠ ᠠᠵᠢᠯ ᠨᠣᠮᠤᠯᠠᠪᠠ᠃ 《ᠬᠢᠩᠭᠠᠨ ᠤ ᠠᠶᠢᠮᠠᠭ ᠢ ᠬᠤᠪᠢᠶᠠᠷᠢᠯᠠᠪᠠ᠃ ᠪᠦᠬᠦ ᠠᠶᠢᠮᠠᠭ ᠲᠠᠭᠠᠨ 16 ᠬᠣᠷᠢᠨ ᠢ ᠬᠤᠪᠢᠶᠠᠷᠢᠯᠠᠨ᠂ ᠠᠶᠢᠮᠠᠭ ᠪᠠᠶᠢᠭᠤᠯᠤᠯᠭ᠎ᠠ ᠬᠣᠷᠢᠨ ᠳᠤ ᠪᠠᠶᠢᠭᠤᠯᠪᠠ᠂ 《ᠨᠣᠮᠤᠨ ᠰᠠᠩ ᠪᠠᠶᠢᠭᠤᠯᠤᠯᠭ᠎ᠠ ᠪᠠᠶᠢᠭᠤᠯᠪᠠ᠂ 8 ᠬᠣᠷᠢᠨ ᠠᠵᠢᠯ ᠤᠨ ᠬᠤᠪᠢᠶᠠᠷᠢᠯᠠᠨ ᠪᠣᠯ ᠬᠣᠷᠢᠨ ᠳᠤ ᠪᠦᠬᠦ ᠤᠯᠤᠰ ᠤᠨ ᠨᠡᠶᠢᠲᠡ ᠶᠢᠨ ᠤᠨ ᠪᠣᠯᠪᠠᠰᠤᠷᠠᠯ ᠤᠨ ᠨᠣᠮᠤᠨ ᠰᠠᠩ ᠢ ᠪᠠᠶᠢᠭᠤᠯᠤᠯᠭ᠎ᠠ ᠬᠦᠷᠢᠶᠡᠯᠡᠩ ᠦᠨ ᠠᠶᠢᠮᠠᠭ ᠢ ᠠᠮᠵᠢᠯᠲᠠ ᠲᠠᠶ᠎ᠠ ᠪᠣᠯᠭᠠᠪᠠ᠃ ᠪᠠᠶᠢᠭᠤᠯᠤᠯᠭ᠎ᠠ ᠶᠢᠨ ᠠᠵᠢᠯ ᠢ ᠬᠡᠪ ᠵᠦᠢ ᠶᠢᠨ ᠪᠣᠯᠭᠠᠪᠠ᠃ ᠬᠢᠩᠭᠠᠨ ᠤ ᠠᠶᠢᠮᠠᠭ ᠪᠣᠯ ᠬᠢᠩᠭᠠᠨ ᠤ ᠠᠶᠢᠮᠠᠭ ᠤᠨ ᠢ ᠪᠦᠬᠦ ᠲᠠᠯ ᠶᠢᠨ ᠳᠡᠭᠡᠷᠡᠭᠦᠯᠪᠡ᠃ ᠨᠢᠭᠡ ᠪᠣ᠂ ᠨᠡᠶᠢᠲᠡᠯᠡᠯ ᠬᠤᠪᠢᠶᠠᠷ ᠨᠡᠮᠡᠭᠳᠡᠭᠦᠯᠪᠡ᠂ ᠪᠦᠬᠦ ᠤᠯᠤᠰ ᠤᠨ ᠨᠡᠶᠢᠲᠡ ᠶᠢᠨ ᠤᠨ ᠠᠶᠢᠮᠠᠭ ᠤᠨ ᠰᠣᠶᠣᠯ ᠤᠨ ᠭᠠᠵᠠᠷ᠂ ᠬᠣᠶᠠᠷ ᠪᠣᠯ ᠰᠣᠶᠣᠯ ᠤᠨ ᠭᠠᠵᠠᠷ᠂ ᠠᠶᠢᠮᠠᠭ ᠪᠠᠢᠭᠤᠯᠤᠯᠭ᠎ᠠ ᠶᠢᠨ ᠰᠣᠶᠣᠯ ᠤᠨ ᠪᠦᠷᠢᠯᠳᠦᠯ ᠢ ᠪᠠᠶᠢᠭᠤᠯᠤᠯᠭ᠎ᠠ ᠶᠢᠨ ᠪᠣᠯᠪᠠᠰᠤᠷᠠᠯ ᠢ ᠬᠤᠪᠢᠶᠠᠷ ᠨᠡᠮᠡᠭᠳᠡᠭᠦᠯᠪᠡ᠂ ᠨᠡᠶᠢᠲᠡ ᠶᠢᠨ ᠰᠣᠶᠣᠯ ᠤᠨ ᠭᠠᠵᠠᠷ᠂ ᠠᠵᠢᠯ ᠬᠤᠪᠢᠶᠠᠷ ᠤᠨ

【ᠨᠡᠶᠢᠲᠡ ᠶᠢᠨ ᠪᠣᠯᠪᠠᠰᠤᠷᠠᠯ ᠤᠨ ᠰᠣᠶᠣᠯ ᠪᠠᠶᠢᠭᠤᠯᠤᠯᠭ᠎ᠠ ᠠᠵᠢᠯ】 ᠨᠡᠶᠢᠲᠡ ᠬᠠᠮᠤᠭ ᠤᠨ ᠰᠣᠶᠣᠯ ᠤᠨ ᠭᠠᠵᠠᠷ ᠤᠨ ᠨᠡᠮᠡᠭᠳᠡᠪᠡ᠃

ᠬᠣᠯᠪᠣᠭᠠ ᠬᠠᠷᠢᠶᠠᠲᠤ ᠬᠣᠷᠢᠶᠠᠨ ᠤ ᠨᠡᠶᠢᠲᠡᠯᠡᠯ ᠬᠡᠮᠵᠢᠶ᠎ᠡ ᠶᠢ ᠪᠠᠶᠢᠭᠤᠯᠤᠯᠲᠠ᠂ ᠨᠡᠶᠢᠲᠡᠯᠡᠯ ᠪᠠᠷ ᠠᠮᠤᠷ ᠬᠤᠪᠢ ᠶᠢᠨ ᠭᠠᠵᠠᠷ ᠪᠠᠶᠢᠯᠭ᠎ᠠ 70 ᠭᠠᠷᠤᠢ ᠣᠨ ᠤ ᠨᠡᠮᠡᠭᠳᠡᠭᠦᠯᠦᠯᠲᠡ᠂ ᠨᠡᠶᠢᠲᠡ ᠶᠢᠨ ᠬᠠᠷᠢᠶᠠᠲᠤ ᠲᠠᠪᠤ ᠨᠡᠶᠢᠲᠡᠯᠡᠯ ᠬᠡᠮᠵᠢᠶ᠎ᠡ ᠳᠡᠭᠡᠳᠦ ᠬᠦᠷᠭᠡᠪᠡ᠃ ᠰᠣᠶᠣᠯ ᠤᠨ ᠬᠥᠭᠵᠢᠯᠲᠡ ᠶᠢᠨ ᠲᠥᠪ ᠢ ᠪᠠᠶᠢᠭᠤᠯᠤᠨ ᠰᠤᠷᠭᠠᠭᠤᠯᠢ ᠶᠢᠨ ᠰᠣᠶᠣᠯ ᠤᠨ ᠬᠥᠭᠵᠢᠯᠲᠡ ᠶᠢᠨ ᠲᠥᠪ ᠦᠨ ᠬᠤᠷᠠᠯ ᠨᠡᠶᠢᠲᠡᠯᠡᠯ ᠠᠮᠤᠷ ᠠᠮᠤᠷ ᠤᠨ ᠠᠮᠵᠢᠯᠲᠠ ᠭᠠᠷᠭᠠᠨ ᠨᠡᠶᠢᠲᠡᠯᠡᠯ ᠦᠨ ᠬᠦᠮᠦᠰ ᠤᠨ ᠪᠦᠬᠦ ᠢ ᠪᠠᠶᠢᠭᠤᠯᠪᠠ᠂ 576 ᠬᠣᠷᠢᠨ ᠨᠡᠶᠢᠲᠡ 432 ᠬᠣᠷᠢᠨ᠂ 36 ᠬᠤᠪᠢ ᠪᠣᠯᠤᠨ ᠨᠡᠮᠡᠭᠳᠡᠪᠡ᠃ ᠨᠡᠶᠢᠲᠡᠯᠡᠯ ᠠᠮᠤᠷᠠᠯᠲᠠ ᠶᠢᠨ ᠨᠡᠶᠢᠲᠡ ᠬᠤᠪᠢ ᠳᠤ ᠪᠠᠶᠢᠭᠤᠯᠪᠠ᠂ ᠰᠣᠶᠣᠯ ᠤᠨ ᠲᠥᠪ ᠦᠨ ᠳᠡᠭᠡᠳᠦ ᠬᠤᠷᠠᠯ ᠤᠨ ᠪᠠᠶᠢᠭᠤᠯᠪᠠ᠂ 8000 ᠨᠡᠶᠢᠲᠡ ᠬᠦᠮᠦᠨ ᠪᠣᠯᠪᠠ᠂ ᠪᠣᠯᠪᠠ᠃ ᠰᠣᠶᠣᠯ ᠤᠨ ᠲᠥᠪ ᠦᠨ ᠬᠥᠭᠵᠢᠯ ᠦᠨ ᠦᠢᠯᠡ ᠠᠵᠢᠯᠯᠠᠭ᠎ᠠ ᠶᠢᠨ ᠪᠠᠶᠢᠭᠤᠯᠤᠯᠭ᠎ᠠ ᠶᠢᠨ ᠨᠡᠶᠢᠲᠡᠯᠡᠯ ᠦᠨ ᠬᠤᠪᠢᠶᠠᠷᠢᠯᠠᠪᠠ᠃ ᠬᠤᠪᠢᠶᠠᠷ ᠪᠠ ᠬᠥᠭᠵᠢᠯ ᠢ ᠬᠥᠭᠵᠢᠭᠦᠯᠪᠡ᠂ ᠬᠥᠭᠵᠢᠯ ᠦᠢᠯᠡ ᠠᠵᠢᠯᠯᠠᠭ᠎ᠠ ᠶᠢᠨ ᠨᠡᠮᠡᠭᠳᠡᠭᠦᠯᠦᠯ ᠢ ᠪᠣ ᠨᠡᠶᠢᠲᠡᠯᠡᠯ ᠪᠦᠬᠦ 67 ᠳᠡᠭᠡᠳᠦ ᠰᠤᠷᠭᠠᠭᠤᠯᠢ ᠬᠣᠲᠠ ᠶᠢᠨ ᠬᠣᠯᠪᠣᠭᠠ ᠶᠢ ᠲᠡᠭᠦᠯᠳᠡᠷ ᠬᠡᠷᠡᠭᠯᠡᠨ ᠪᠠᠶᠢᠭᠤᠯᠪᠠ᠂ ᠪᠠᠶᠢᠭᠤᠯᠤᠯᠭ᠎ᠠ ᠶᠢᠨ ᠠᠵᠢᠯ ᠢ ᠰᠢᠨ᠎ᠡ ᠪᠠᠶᠢᠭᠤᠯᠤᠯᠲᠠ ᠨᠡᠮᠡᠭᠳᠡᠭᠦᠯᠪᠡ᠂ ᠪᠦᠬᠦ ᠠᠶᠢᠮᠠᠭ ᠲᠤ 44 ᠰᠤᠮᠤ ᠶᠢᠨ ᠭᠠᠴᠠᠭ᠎ᠠ ᠶᠢᠨ ᠰᠣᠶᠣᠯ ᠬᠠᠯᠠᠭᠤᠯᠪᠠ᠃ ᠰᠤᠮᠤ ᠶᠢᠨ ᠭᠠᠴᠠᠭ᠎ᠠ ᠶᠢᠨ ᠨᠡᠶᠢᠲᠡ ᠪᠦᠬᠦ ᠳᠡᠭᠡᠳᠦ ᠬᠣᠲᠠ ᠶᠢᠨ ᠬᠣᠯᠪᠣᠭᠠ ᠶᠢᠨ ᠪᠠᠶᠢᠭᠤᠯᠪᠠ᠂ 1300 ᠬᠦᠮᠦᠰ ᠬᠠᠮᠤᠷᠤᠭᠳᠠᠪᠠ᠂ 1.7 ᠲᠦᠮᠡᠨ ᠬᠤᠪᠢ ᠶᠢᠨ ᠬᠤᠪᠢ ᠨᠡᠶᠢᠲᠡᠯᠡᠯ ᠦᠨ ᠪᠦᠲᠦᠭᠡᠯ ᠨᠡᠮᠡᠭᠳᠡᠪᠡ᠃ ᠪᠦᠬᠦ ᠣᠨ ᠳᠤ ᠨᠡᠶᠢᠲᠡ 320 ᠬᠦᠮᠦᠨ ᠦ ᠬᠤᠪᠢ ᠨᠡᠶᠢᠲᠡᠯᠡᠯ ᠦᠨ ᠪᠠᠶᠢᠭᠤᠯᠤᠯᠭ᠎ᠠ ᠶᠢᠨ ᠠᠵᠢᠯ ᠢ ᠪᠦᠬᠦ ᠠᠶᠢᠮᠠᠭ ᠲᠤ 76 ᠬᠤᠪᠢ ᠨᠡᠶᠢᠲᠡᠯᠡᠯ ᠦᠨ ᠪᠠᠶᠢᠭᠤᠯᠤᠯᠭ᠎ᠠ ᠶᠢᠨ ᠪᠣᠯ ᠤᠨ ᠭᠠᠵᠠᠷ᠂ ᠬᠣᠯᠪᠣᠭᠠ ᠲᠡᠭᠦᠯᠳᠡᠷ ᠢ ᠨᠡᠮᠡᠭᠳᠡᠭᠦᠯ ᠪᠠᠶᠢᠭᠤᠯᠤᠯᠲᠠ ᠶᠢᠨ ᠰᠣᠶᠣᠯ ᠤᠨ ᠪᠦᠲᠦᠭᠡᠯ ᠢ ᠬᠢᠩᠭᠠᠨ ᠨᠡᠶᠢᠲᠡᠯᠡᠯ ᠬᠤᠪᠢᠶᠠᠷᠢᠯᠠᠬᠤ ᠰᠣᠶᠣᠯ ᠬᠤᠪᠢᠶᠠᠷ 》 ᠢ ᠬᠥᠭᠵᠢᠭᠦᠯᠪᠡ᠂

ᠪᠣᠯᠪᠠᠰᠤᠷᠠᠯ ᠠᠵᠢᠯ ᠤᠨ ᠬᠥᠭᠵᠢᠯᠲᠡ ᠶᠢ ᠳᠡᠮᠵᠢᠨ ᠬᠥᠭᠵᠢᠭᠦᠯᠦᠨ ᠬᠢᠭᠰᠡᠨ᠎ᠡ ᠄ ᠬᠣᠣᠰᠣᠩ ᠰᠤᠷᠭᠠᠭᠤᠯᠢ ᠶᠢᠨ ᠪᠠᠶᠢᠷ ᠤ 《ᠰᠤᠷᠭᠠᠭᠤᠯᠢ ᠬᠢᠷᠢᠭᠦᠯᠦᠨ ᠬᠢᠭᠰᠡᠨ᠎ᠡ ᠄ ᠲᠡᠭᠦᠨ ᠳᠦ ᠂ ᠬᠣᠣᠰᠣᠩ ᠰᠤᠷᠭᠠᠭᠤᠯᠢ ᠶᠢᠨ ᠰᠤᠷᠤᠭᠴᠢᠳ ᠢ ᠪᠠᠭᠠᠵᠢᠭᠤᠯᠵᠤ ᠂ ᠪᠠᠭᠰᠢ ᠨᠠᠷ ᠤᠨ ᠰᠡᠳᠬᠢᠯ 《ᠪᠣᠯᠪᠠᠰᠤᠷᠠᠯ ᠰᠤᠷᠭᠠᠭᠤᠯᠢ ᠶᠢᠨ ᠬᠠᠭᠤᠯᠢ》 ᠶᠢ ᠰᠤᠷᠲᠠᠯᠴᠢᠯᠠᠭᠤᠯᠤᠨ ᠂ 36 ᠬᠤᠷᠠᠯ ᠤ ᠰᠤᠷᠭᠠᠯᠲᠠ ᠬᠢᠵᠦ ᠂ 5000 ᠭᠠᠷᠤᠨ ᠳᠤ ᠬᠦᠷᠲᠡᠭᠡᠵᠦ ᠂ 1570 ᠬᠦᠮᠦᠨ ᠤ ᠤᠳᠠᠭ᠎ᠠ ᠳᠤ ᠬᠦᠷᠲᠡᠭᠡᠭᠰᠡᠨ ᠂ ᠪᠠᠭᠰᠢ ᠨᠠᠷ ᠤᠨ ᠮᠡᠷᠭᠡᠵᠢᠯ ᠦᠨ ᠲᠡᠪᠰᠢᠨ ᠢ ᠳᠡᠭᠡᠭᠰᠢᠯᠡᠭᠦᠯᠦᠭᠰᠡᠨ ᠂ ᠰᠤᠷᠭᠠᠭᠤᠯᠢ ᠶᠢᠨ ᠪᠠᠶᠢᠷ ᠤ ᠪᠣᠯᠪᠠᠰᠤᠷᠠᠯ ᠤᠨ ᠠᠵᠢᠯ ᠢ ᠬᠥᠭᠵᠢᠭᠦᠯᠦᠨ ᠪᠡᠬᠢᠵᠢᠭᠦᠯᠦᠭᠰᠡᠨ ᠪᠠᠶᠢᠨ᠎ᠠ ᠄ ᠲᠡᠭᠦᠨ ᠳᠦ ᠂ ᠬᠣᠣᠰᠣᠩ ᠤᠨ ᠨᠠᠢᠮᠠᠨ ᠰᠤᠷᠭᠠᠭᠤᠯᠢ ᠶᠢᠨ ᠪᠠᠭᠰᠢ ᠰᠤᠷᠤᠭᠴᠢᠳ ᠤᠨ ᠰᠤᠷᠤᠯᠴᠠᠭ᠎ᠠ ᠶᠢ ᠰᠠᠢᠵᠢᠷᠠᠭᠤᠯᠵᠤ ᠂ ᠰᠤᠷᠭᠠᠭᠤᠯᠢ ᠶᠢᠨ ᠪᠠᠶᠢᠷ ᠤ ᠪᠣᠯᠪᠠᠰᠤᠷᠠᠯ ᠤᠨ ᠴᠢᠨᠠᠷ ᠢ ᠳᠡᠭᠡᠭᠰᠢᠯᠡᠭᠦᠯᠦᠭᠰᠡᠨ ᠪᠠᠶᠢᠨ᠎ᠠ ᠄ ᠬᠣᠣᠰᠣᠩ ᠰᠤᠷᠭᠠᠭᠤᠯᠢ ᠶᠢᠨ ᠪᠠᠶᠢᠷ ᠤ ᠪᠠᠭᠰᠢ ᠨᠠᠷ ᠤᠨ ᠵᠢᠭᠠᠬᠤ ᠴᠢᠳᠠᠪᠤᠷᠢ ᠶᠢ ᠳᠡᠭᠡᠭᠰᠢᠯᠡᠭᠦᠯᠬᠦ 《ᠰᠤᠷᠭᠠᠯᠲᠠ ᠶᠢᠨ ᠠᠵᠢᠯ》 ᠢ ᠶᠠᠪᠤᠭᠤᠯᠵᠤ ᠂ ᠬᠣᠣᠰᠣᠩ ᠤᠨ ᠨᠠᠢᠮᠠᠨ ᠰᠤᠷᠭᠠᠭᠤᠯᠢ ᠶᠢᠨ ᠪᠠᠭᠰᠢ ᠨᠠᠷ ᠢ ᠰᠤᠷᠭᠠᠨ ᠳᠠᠳᠬᠠᠵᠤ ᠂ ᠬᠣᠣᠰᠣᠩ ᠰᠤᠷᠭᠠᠭᠤᠯᠢ ᠶᠢᠨ ᠪᠠᠶᠢᠷ ᠤ ᠪᠣᠯᠪᠠᠰᠤᠷᠠᠯ ᠤᠨ ᠴᠢᠨᠠᠷ ᠢ ᠳᠡᠭᠡᠭᠰᠢᠯᠡᠭᠦᠯᠦᠭᠰᠡᠨ ᠪᠠᠶᠢᠨ᠎ᠠ ᠄ 3.5 ᠰᠠᠶ᠋ᠠ ᠶᠤᠸᠠᠨ ᠤ ᠬᠥᠷᠥᠩᠭᠡ ᠣᠷᠣᠭᠤᠯᠵᠤ ᠂ 185 ᠰᠤᠷᠭᠠᠭᠤᠯᠢ ᠳᠤ ᠂ 5000 ᠭᠠᠷᠤᠨ ᠰᠤᠷᠤᠭᠴᠢᠳ ᠤᠨ ᠰᠤᠷᠤᠯᠴᠠᠭ᠎ᠠ ᠶᠢᠨ ᠬᠡᠷᠡᠭᠰᠡᠯ ᠢ ᠬᠠᠩᠭᠠᠵᠤ ᠂ 《ᠰᠤᠷᠭᠠᠭᠤᠯᠢ ᠶᠢᠨ ᠪᠠᠶᠢᠷ ᠤ ᠪᠣᠯᠪᠠᠰᠤᠷᠠᠯ ᠤᠨ ᠠᠵᠢᠯ》 ᠢ ᠬᠥᠭᠵᠢᠭᠦᠯᠦᠨ ᠂ ᠬᠣᠣᠰᠣᠩ ᠤᠨ ᠨᠠᠢᠮᠠᠨ ᠰᠤᠷᠭᠠᠭᠤᠯᠢ ᠳᠤ ᠬᠦᠷᠲᠡᠭᠡᠭᠰᠡᠨ ᠪᠠᠶᠢᠨ᠎ᠠ ᠄ ᠪᠣᠯᠪᠠᠰᠤᠷᠠᠯ ᠤᠨ ᠠᠵᠢᠯ ᠢ ᠰᠠᠢᠵᠢᠷᠠᠭᠤᠯᠬᠤ ᠳᠤ 《ᠰᠤᠷᠭᠠᠭᠤᠯᠢ ᠶᠢᠨ ᠪᠠᠶᠢᠷ》 ᠤᠨ ᠬᠥᠷᠥᠩᠭᠡ ᠣᠷᠣᠭᠤᠯᠵᠤ ᠂ LED ᠳᠡᠯᠭᠡᠴᠡ ᠪᠠᠶᠢᠭᠤᠯᠵᠤ ᠂ ᠰᠤᠷᠭᠠᠭᠤᠯᠢ ᠶᠢᠨ ᠪᠠᠶᠢᠷ ᠤ ᠪᠣᠯᠪᠠᠰᠤᠷᠠᠯ ᠤᠨ ᠠᠵᠢᠯ ᠢ ᠬᠥᠭᠵᠢᠭᠦᠯᠦᠭᠰᠡᠨ ᠪᠠᠶᠢᠨ᠎ᠠ ᠄ ᠬᠣᠣᠰᠣᠩ ᠤᠨ ᠪᠣᠯᠪᠠᠰᠤᠷᠠᠯ ᠤᠨ ᠠᠵᠢᠯ ᠢ ᠰᠠᠢᠵᠢᠷᠠᠭᠤᠯᠬᠤ ᠠᠵᠢᠯ ᠢ ᠶᠠᠪᠤᠭᠤᠯᠵᠤ ᠂ ᠬᠣᠣᠰᠣᠩ ᠤᠨ ᠪᠣᠯᠪᠠᠰᠤᠷᠠᠯ ᠤᠨ ᠠᠵᠢᠯ ᠤᠨ ᠬᠥᠭᠵᠢᠯᠲᠡ ᠶᠢ ᠳᠡᠮᠵᠢᠭᠰᠡᠨ ᠪᠠᠶᠢᠨ᠎ᠠ ᠄

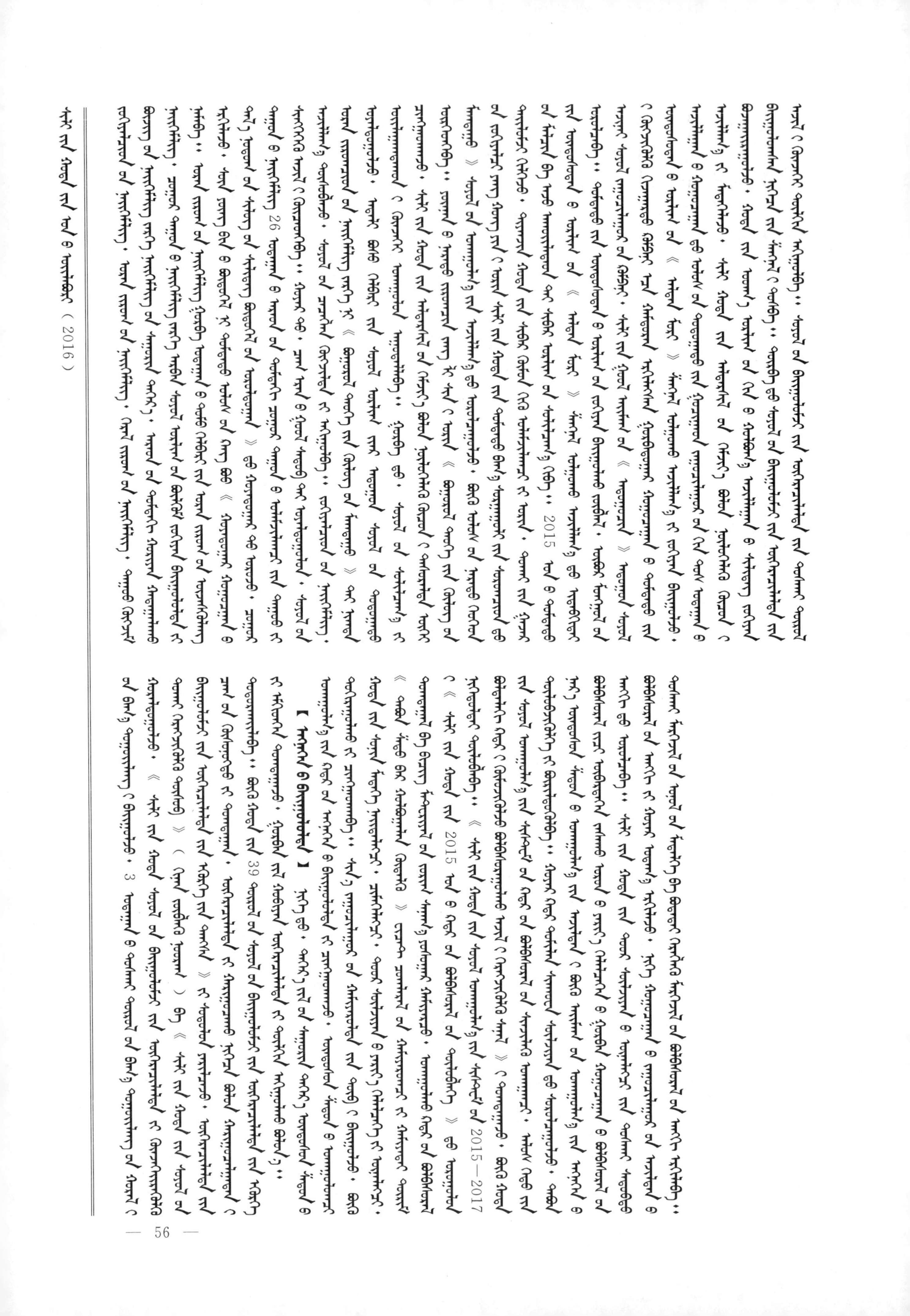

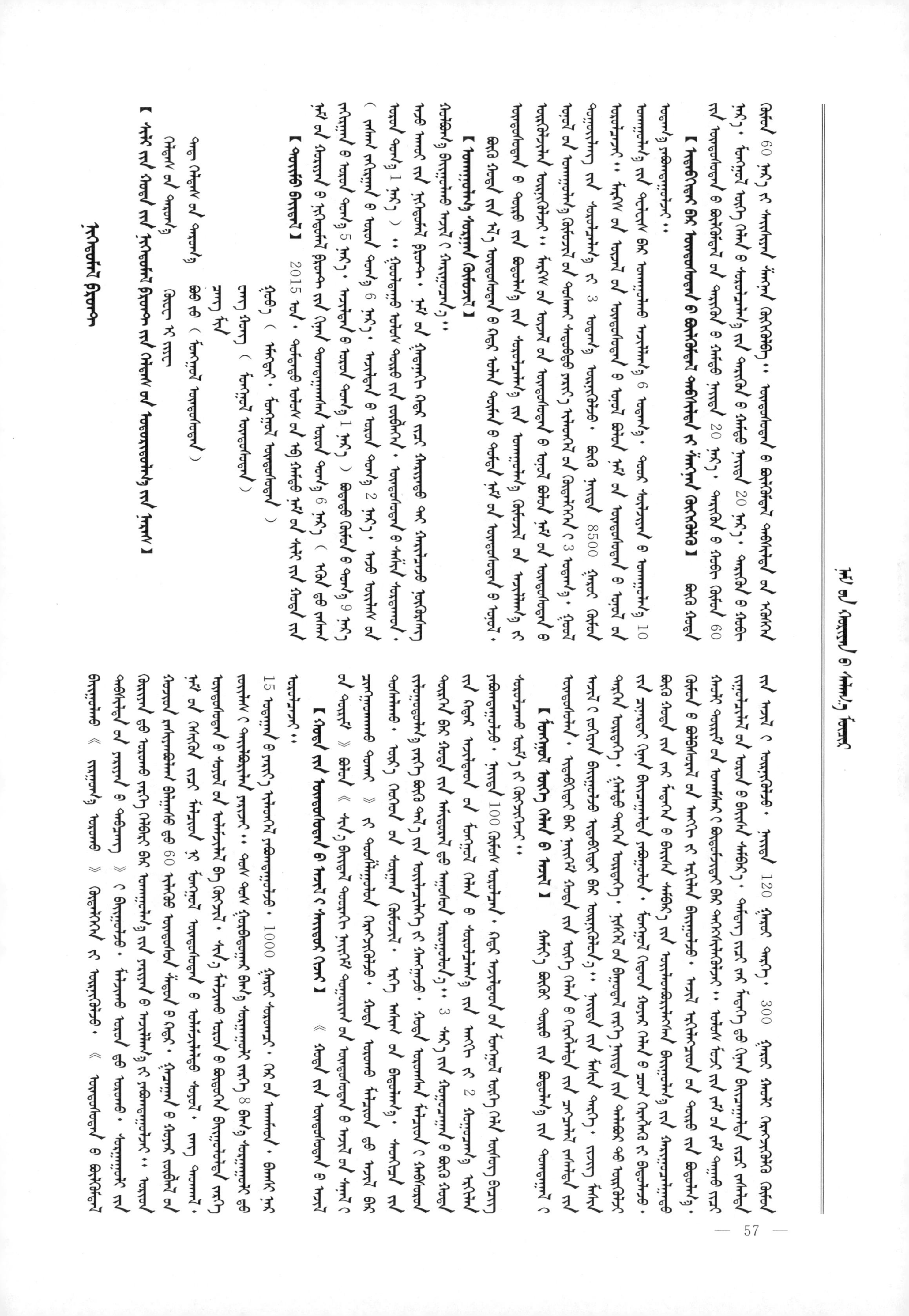

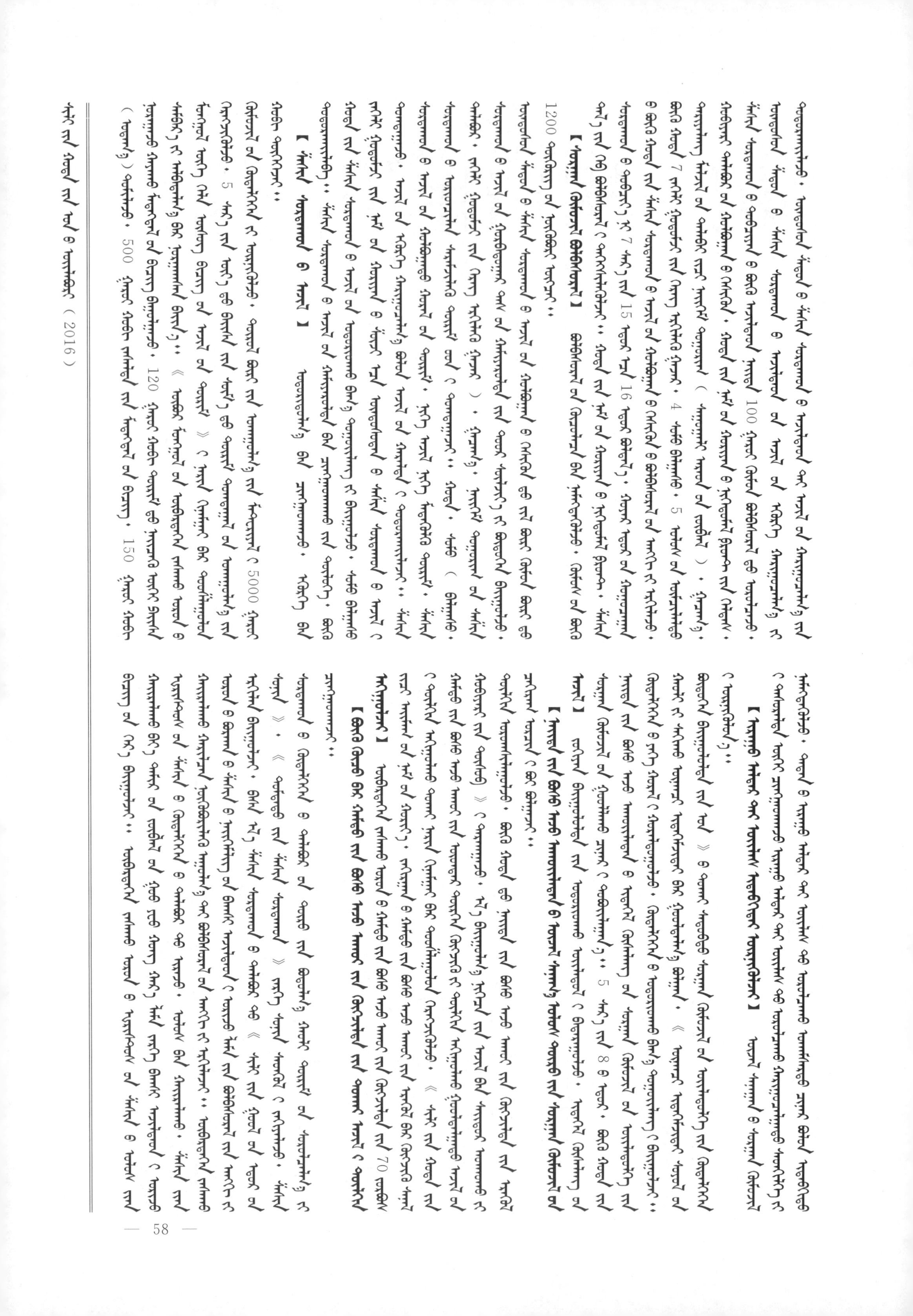

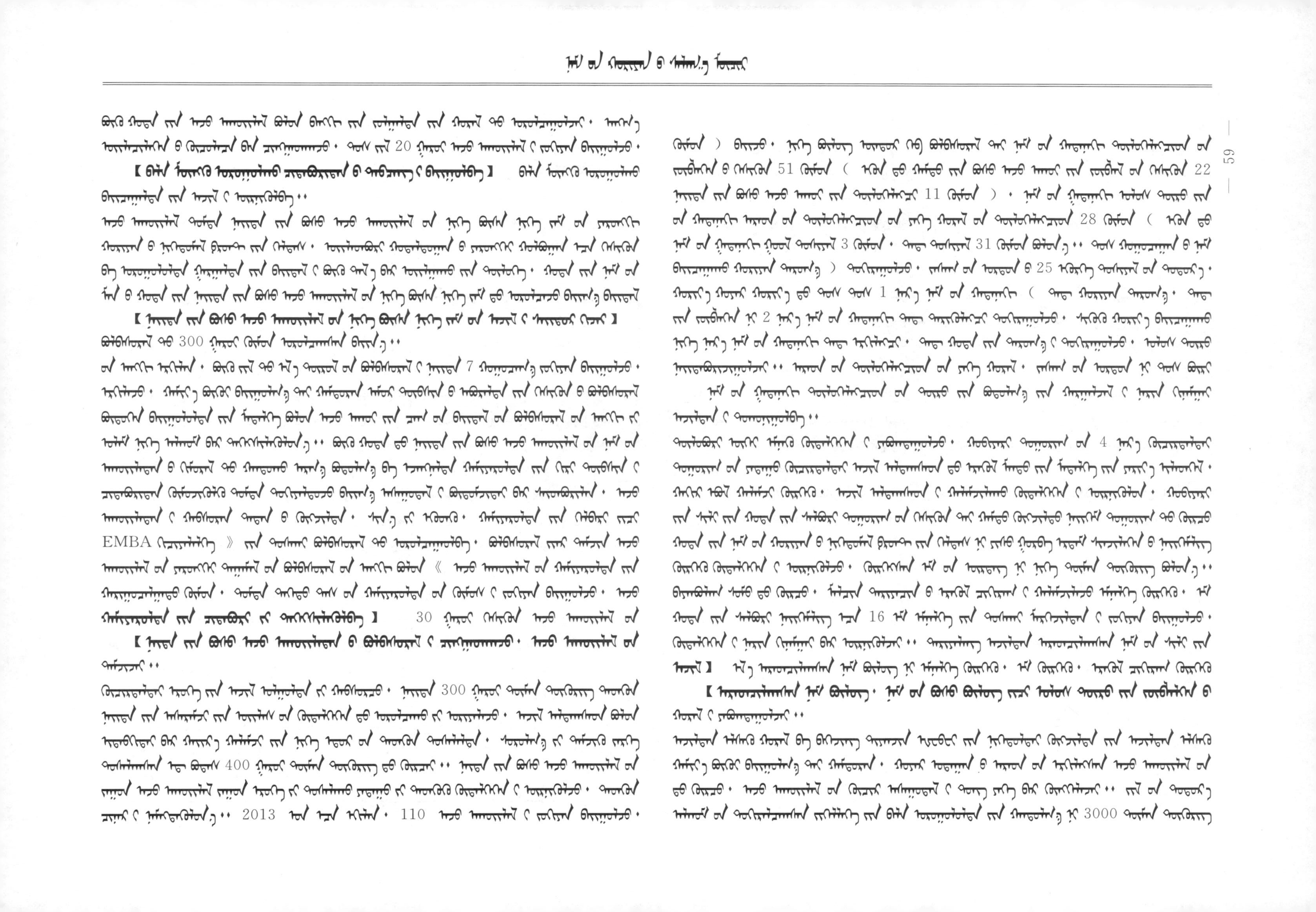

[illegible]

[illegible] 20 [illegible]

【[illegible]】 [illegible]

[illegible]

【[illegible]】

[illegible] 300 [illegible]

[illegible] 7 [illegible]

[illegible] EMBA [illegible] 》 [illegible] 《 [illegible]

[illegible] 】 30 [illegible]

【[illegible]

[illegible] 300 [illegible] 400 [illegible] 2013 [illegible] 110 [illegible]

[illegible]) [illegible] 51 [illegible] ([illegible] 22 [illegible] 11 [illegible]) [illegible] 28 [illegible] ([illegible] 3 [illegible] 31 [illegible]) [illegible] 25 [illegible] 1 [illegible] ([illegible] 2 [illegible]

[illegible]

[illegible] 4 [illegible] 16 [illegible] 】 [illegible]

【[illegible]

[illegible] 3000 [illegible]

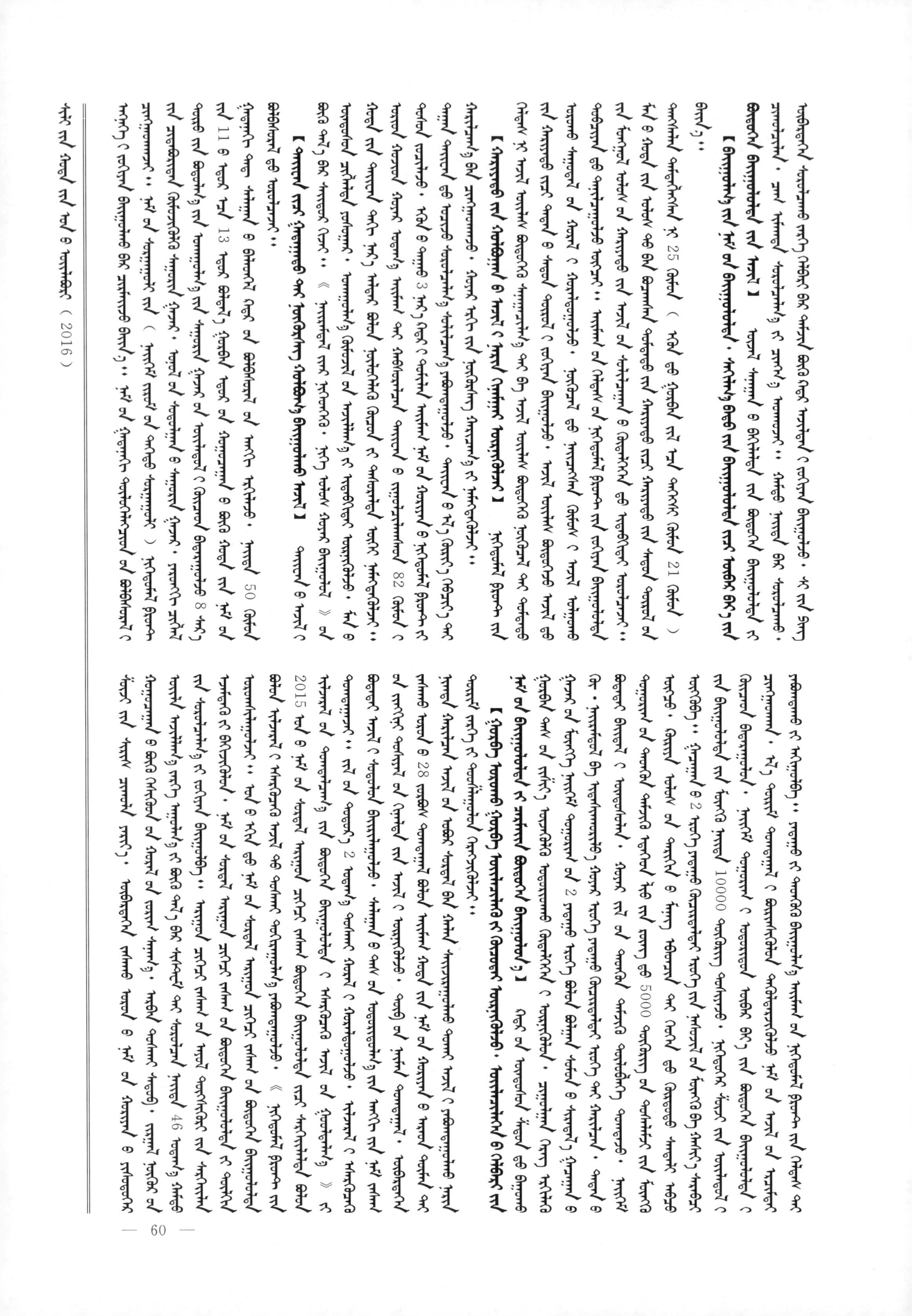

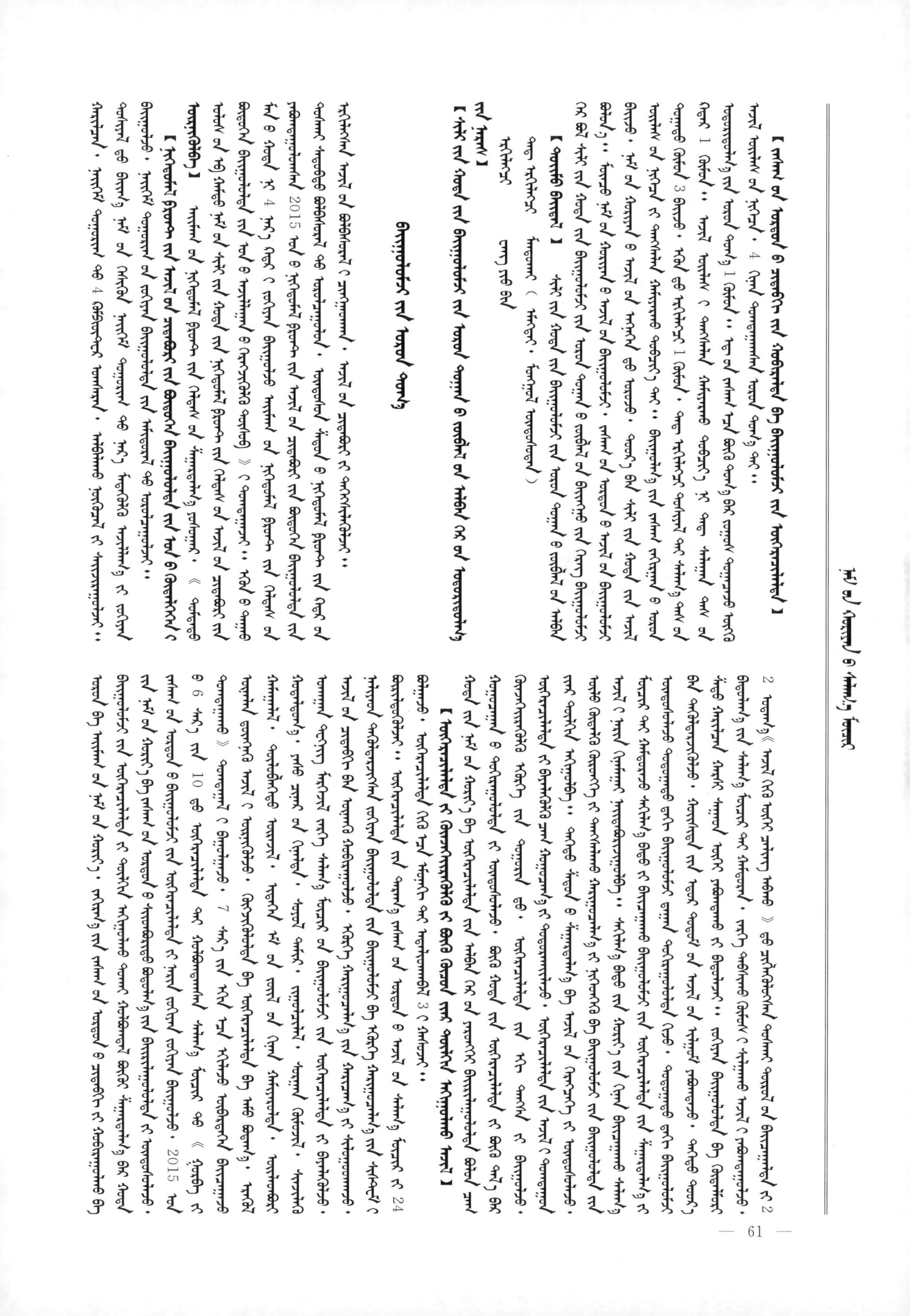

【[illegible]】
[illegible] · 4 [illegible] ··
[illegible] 1 [illegible] ·· [illegible]
[illegible] 1 [illegible] ·· [illegible]
[illegible] 3 [illegible] · [illegible] 1 [illegible] · [illegible]
[illegible]

【[illegible]】 [illegible]
[illegible] ([illegible] · [illegible])
[illegible]
【[illegible]】

[illegible]

[illegible] ·· [illegible] 2015 [illegible] 4 [illegible] 《[illegible]》 [illegible]

【[illegible]】 [illegible] ··
[illegible] 4 [illegible] ··

2 [illegible] 《[illegible]》 [illegible] 2 [illegible]

【[illegible]】
[illegible] 3 [illegible] ··
[illegible] ·· [illegible] 24 [illegible] 《[illegible]》 [illegible] 7 [illegible] 6 [illegible] 10 [illegible] 《[illegible]》 [illegible] 2015 [illegible]

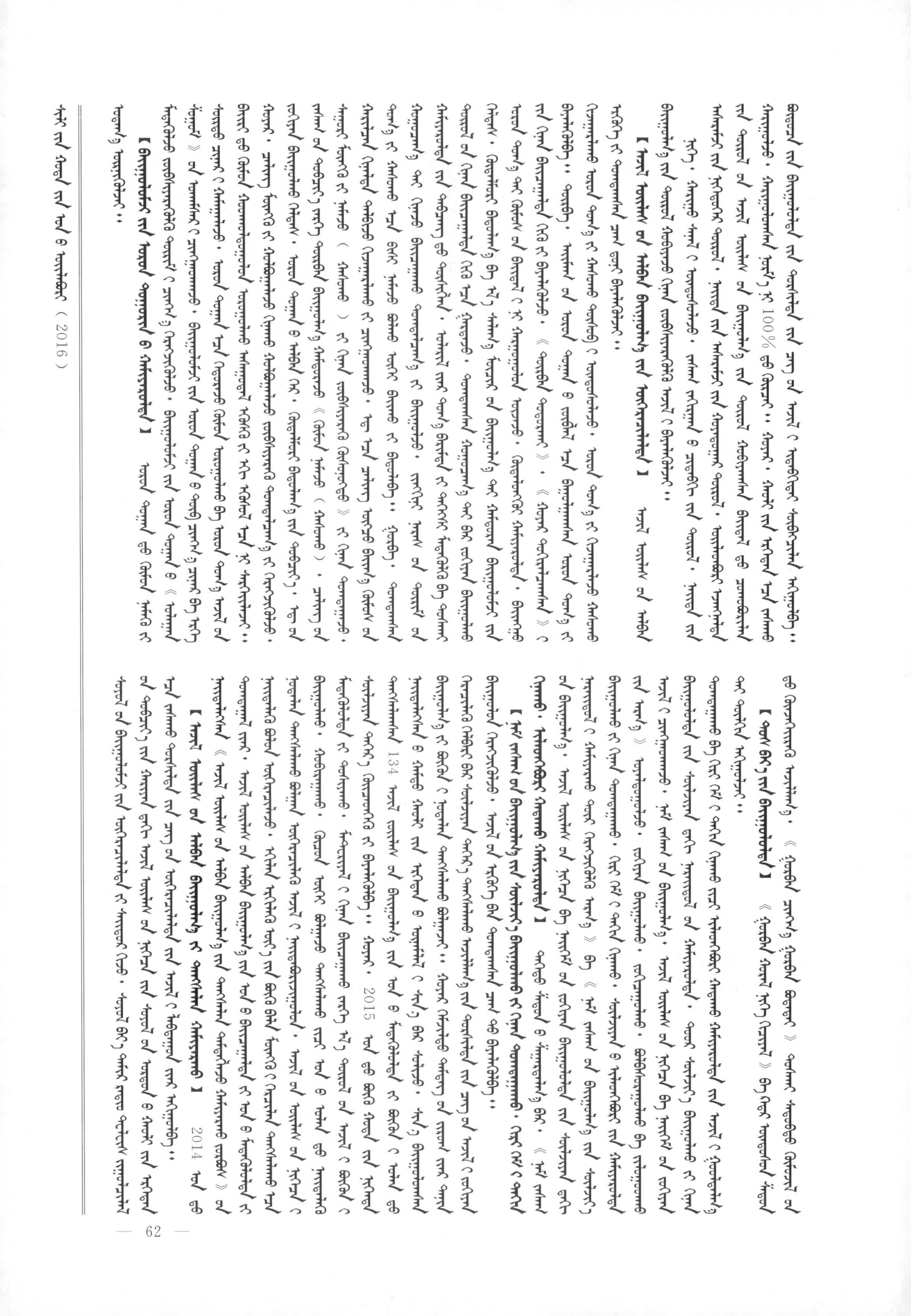

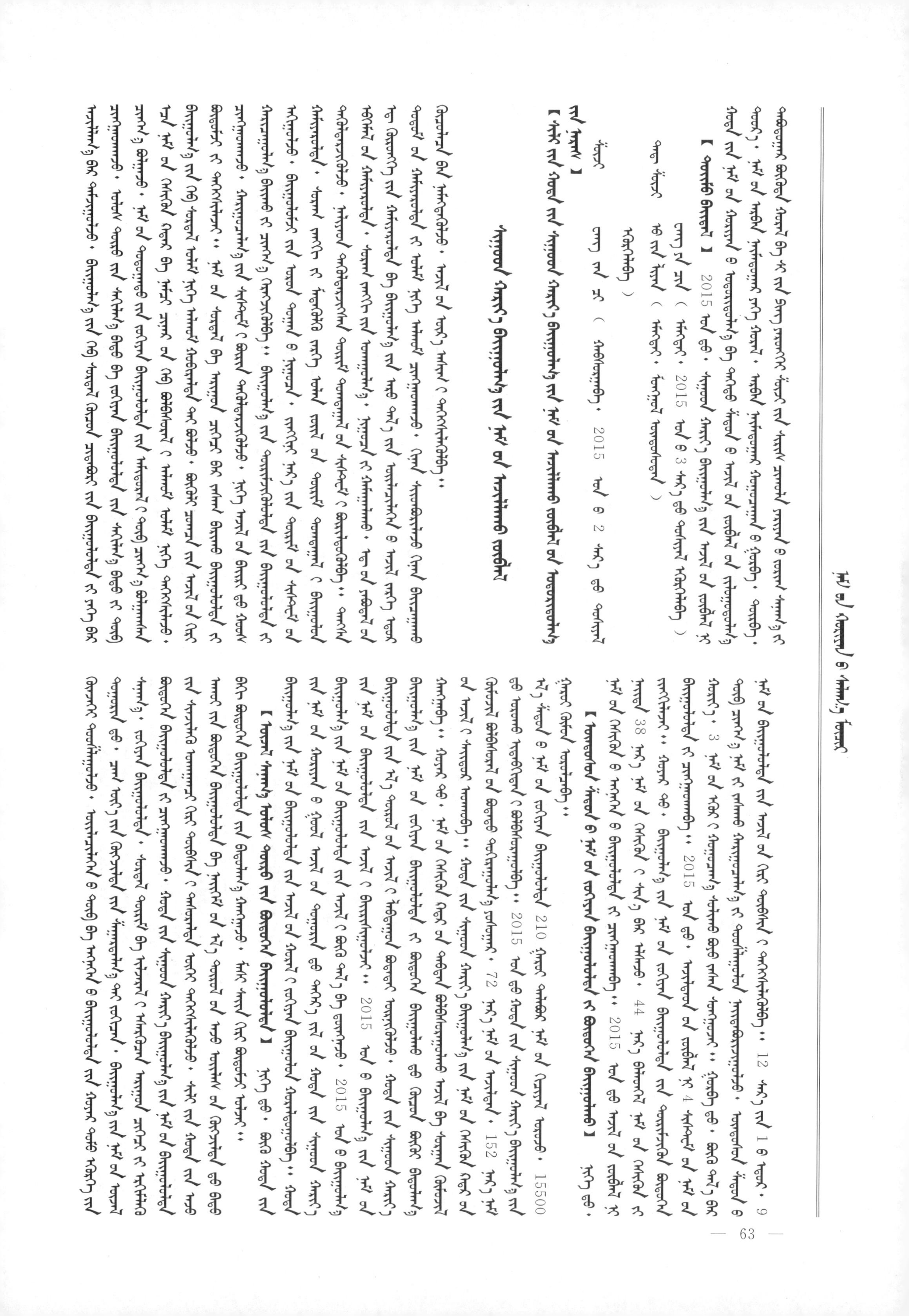

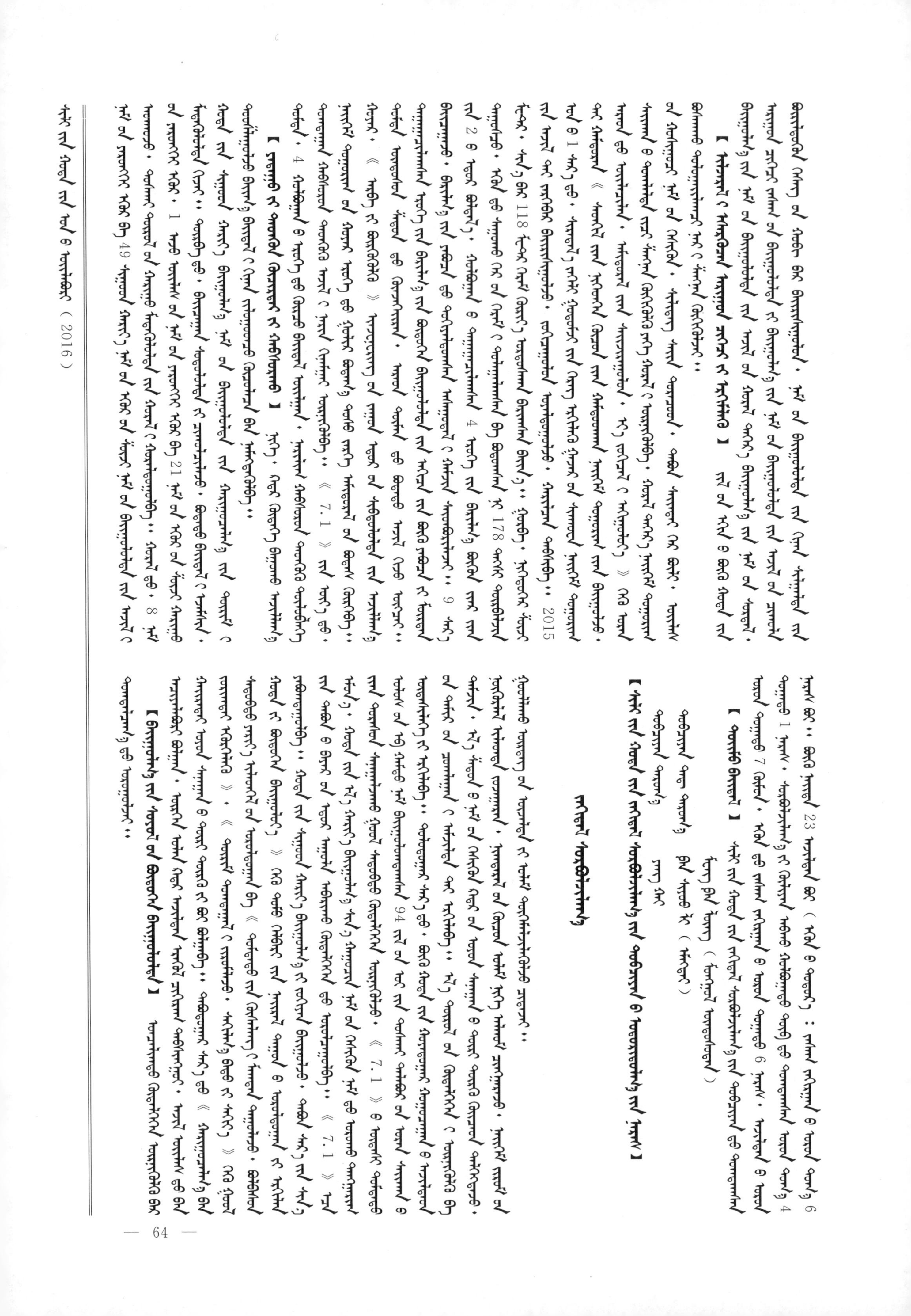

[illegible]

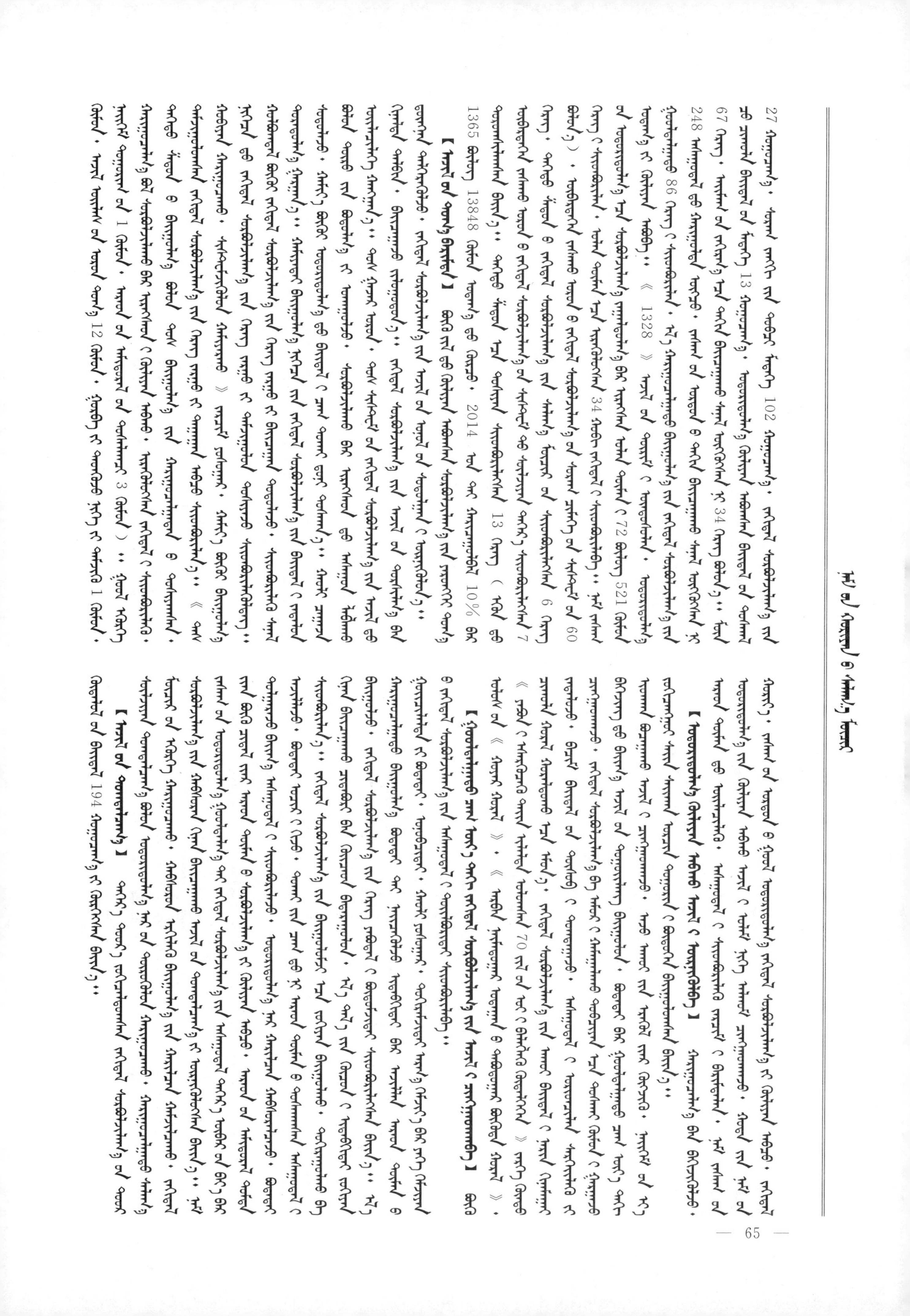

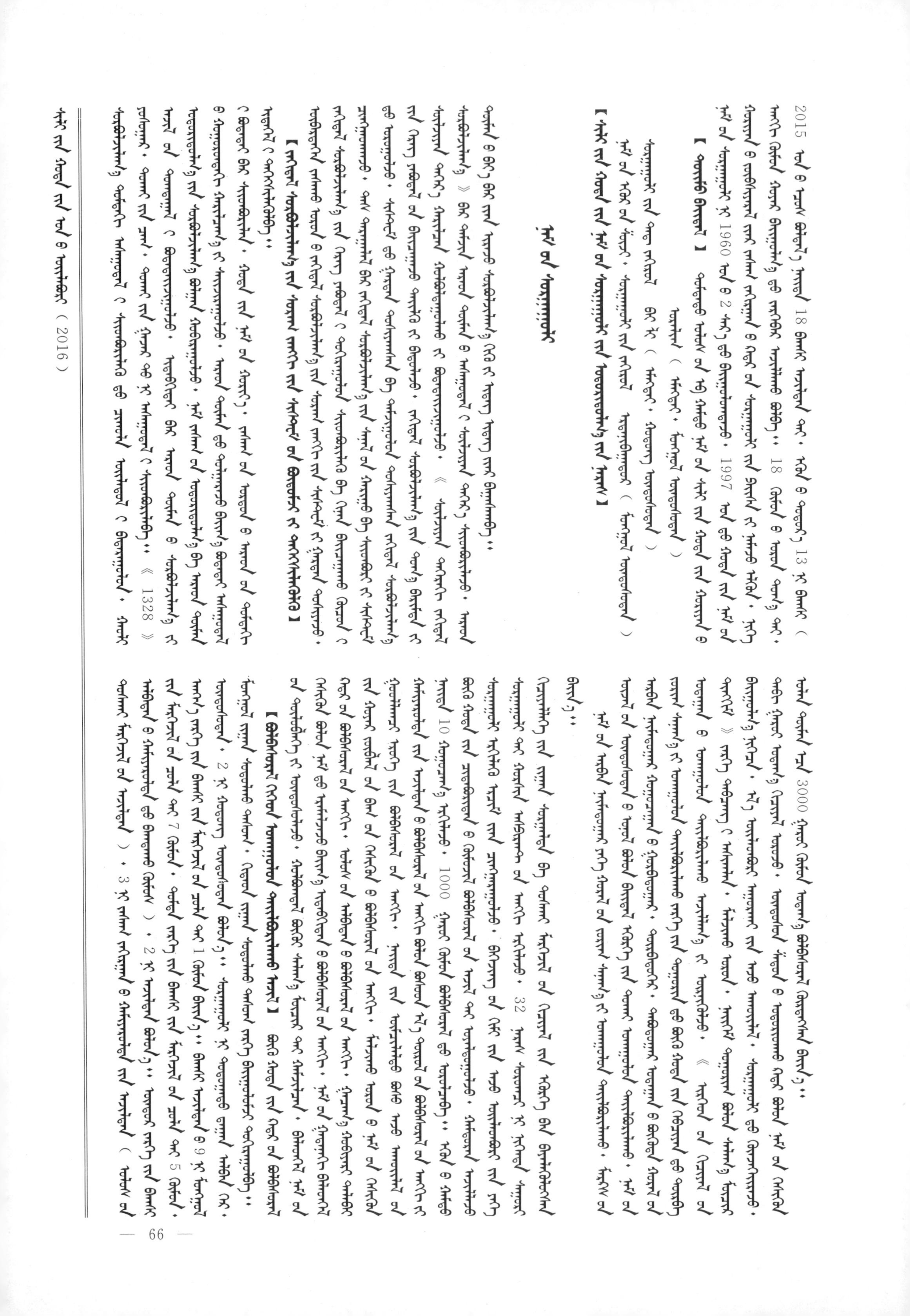

[illegible]

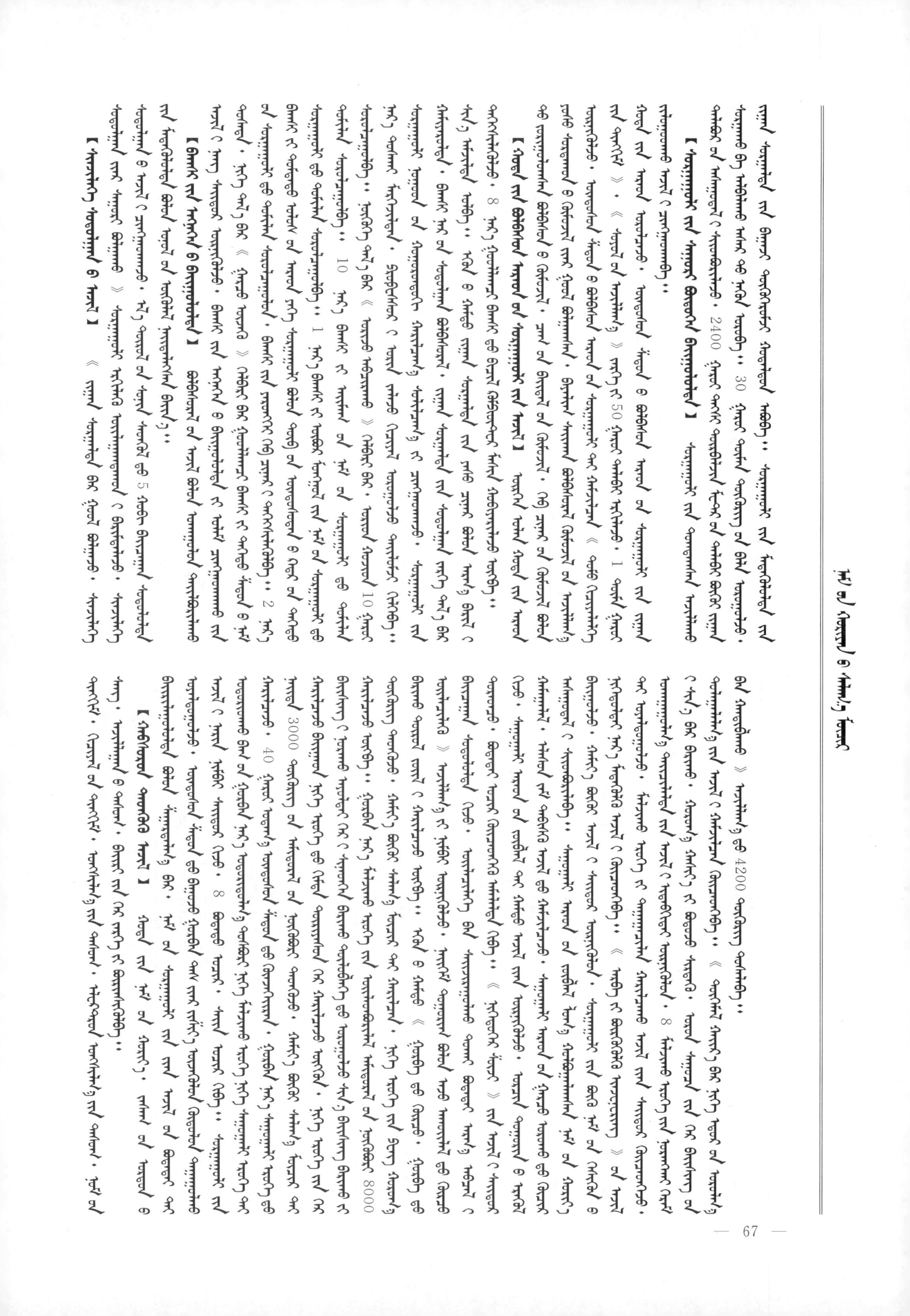

[illegible]

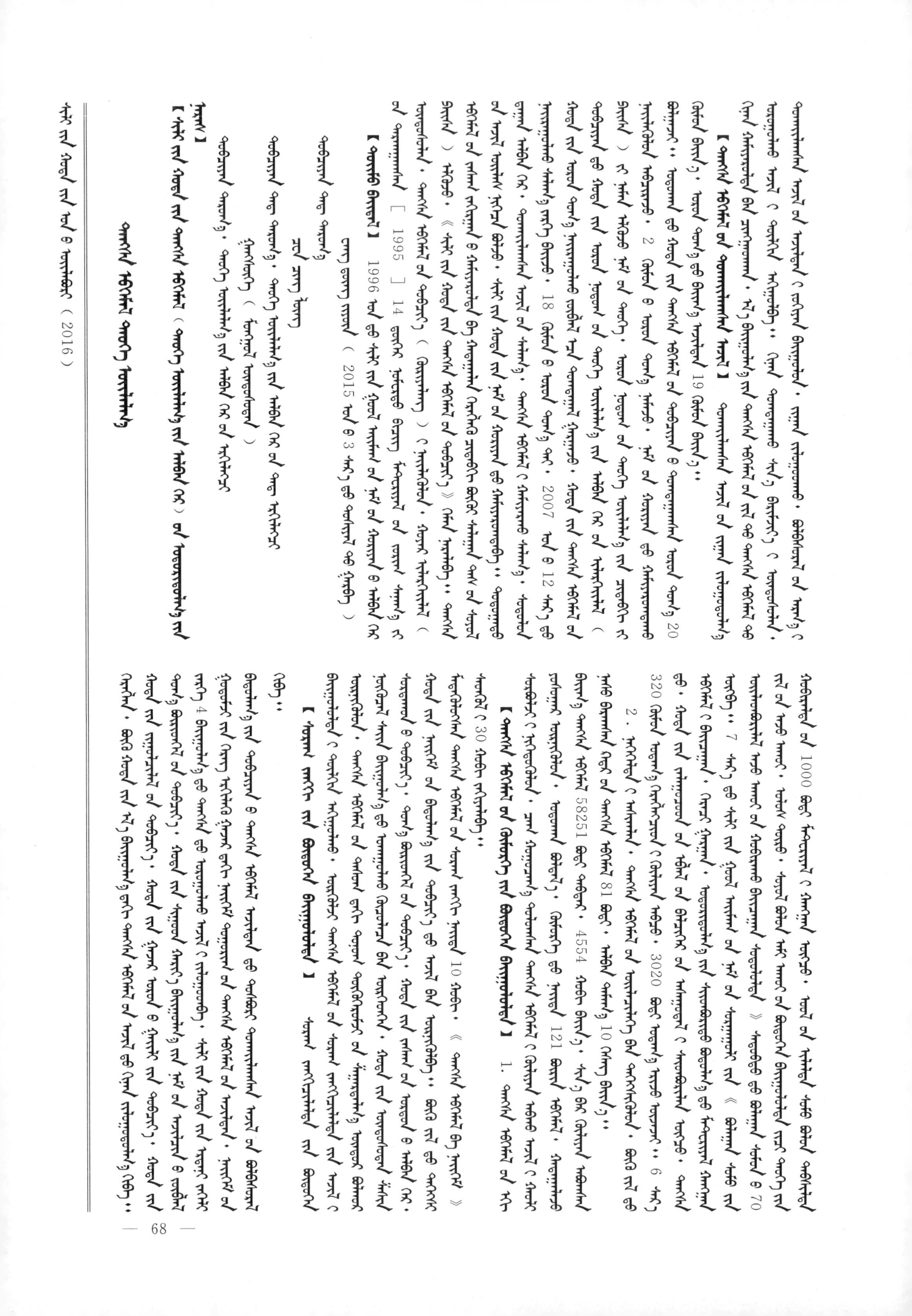

ᠲᠣᠭᠠᠨ ᠤ ᠮᠡᠳᠡᠭᠡᠯᠡ ᠶᠢ ᠬᠠᠷᠠᠭᠤᠯᠪᠠ::

【ᠣᠯᠠᠨ ᠨᠡᠢᠲᠡ ᠶᠢᠨ ᠭᠠᠵᠠᠷ】 《ᠥᠪᠥᠷ ᠮᠣᠩᠭᠣᠯ ᠤᠨ ᠰᠤᠷᠭᠠᠨ ᠬᠦᠮᠦᠵᠢᠯ ᠦᠨ ᠬᠡᠪᠯᠡᠯ ᠦᠨ ᠬᠣᠷᠢᠶ᠎ᠠ》 [illegible] 2015 ᠣᠨ》 [illegible] 《ᠥᠪᠥᠷ ᠮᠣᠩᠭᠣᠯ [illegible]》 [illegible] 〈1997 — 2013〉 [illegible] 《ᠥᠪᠥᠷ ᠮᠣᠩᠭᠣᠯ [illegible] 1991—2010》 [illegible]:: 8 ᠰᠠᠷ᠎ᠠ ᠳᠤ᠂ [illegible] 1956 ᠣᠨ — 2014 ᠣᠨ [illegible]::

ᠪᠢᠴᠢᠭ ᠬᠡᠪᠯᠡᠯ ᠦᠢᠯᠡᠳᠪᠦᠷᠢ

【ᠥᠪᠥᠷ ᠮᠣᠩᠭᠣᠯ ᠤᠨ ᠪᠢᠴᠢᠭ ᠬᠡᠪᠯᠡᠯ ᠦᠢᠯᠡᠳᠪᠦᠷᠢ [illegible]】

[illegible]
[illegible] ([illegible])

【[illegible]】 [illegible]::

[illegible] 10 ᠪᠢᠴᠢᠭ [illegible] ([illegible] 17 ᠪᠢᠴᠢᠭ) ᠂ 1 [illegible] ᠂ 12 [illegible] ᠂ 2 [illegible] ᠂ 1 [illegible]) ᠂ 1 [illegible] 7 ᠪᠢᠴᠢᠭ᠂ [illegible] 17 ᠪᠢᠴᠢᠭ ᠪᠣᠢ::

【ᠰᠤᠷᠭᠠᠯ ᠤᠨ ᠪᠢᠴᠢᠭ】 2015 ᠣᠨ ᠳᠤ ᠪᠢᠴᠢᠭ ᠬᠡᠪᠯᠡᠯ [illegible] 1021 ᠲᠦᠷᠦᠯ 8139 [illegible] 7 [illegible] 63 ᠪᠢᠴᠢᠭ [illegible]::

[illegible] 《[illegible]》 [illegible]

【[illegible]】 [illegible] 《2015 [illegible]》 [illegible] 3931 [illegible] 204 [illegible] 2857 [illegible] 184 [illegible] 1288 [illegible]::

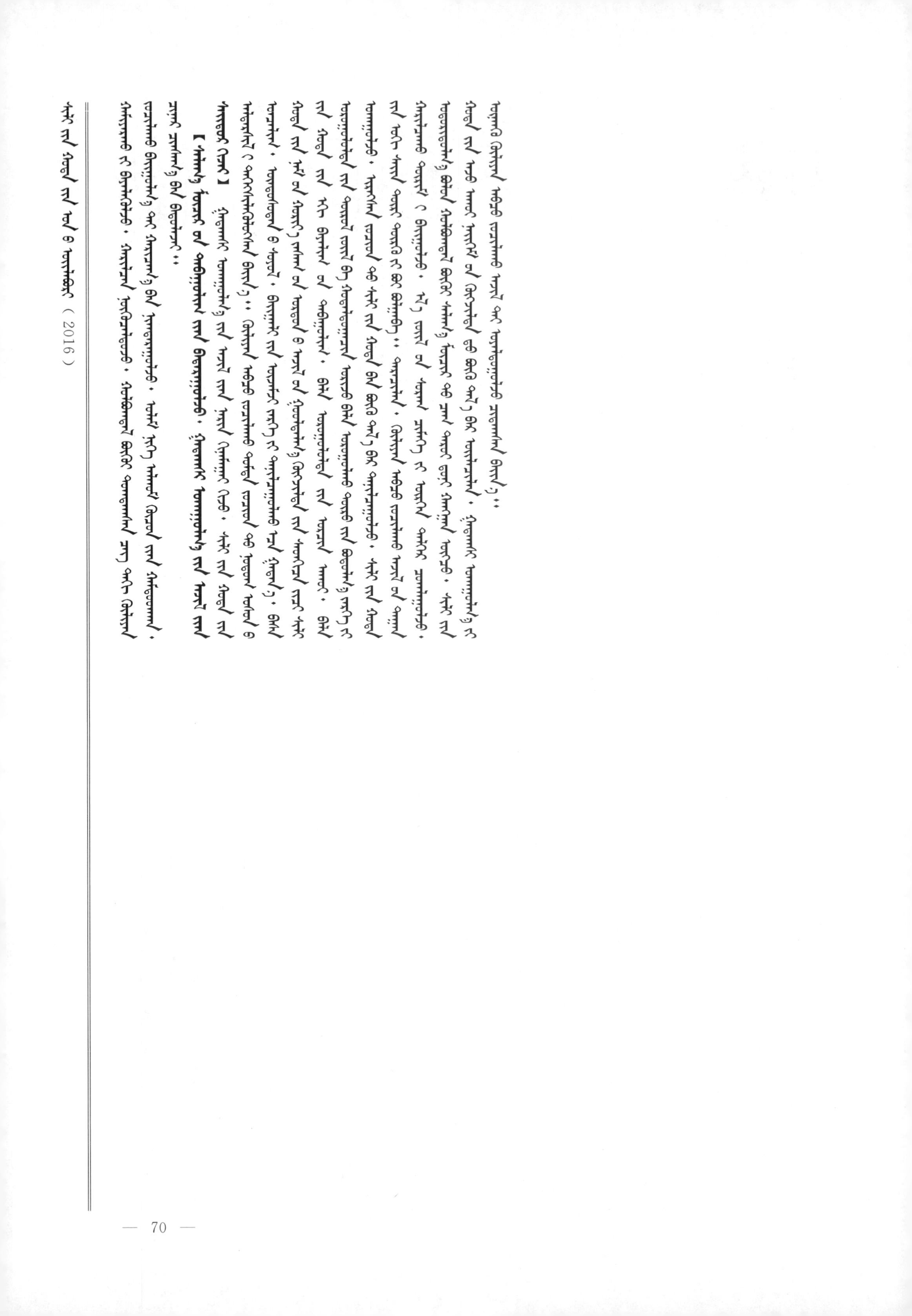

[illegible]

【[illegible]】 [illegible]

[illegible]

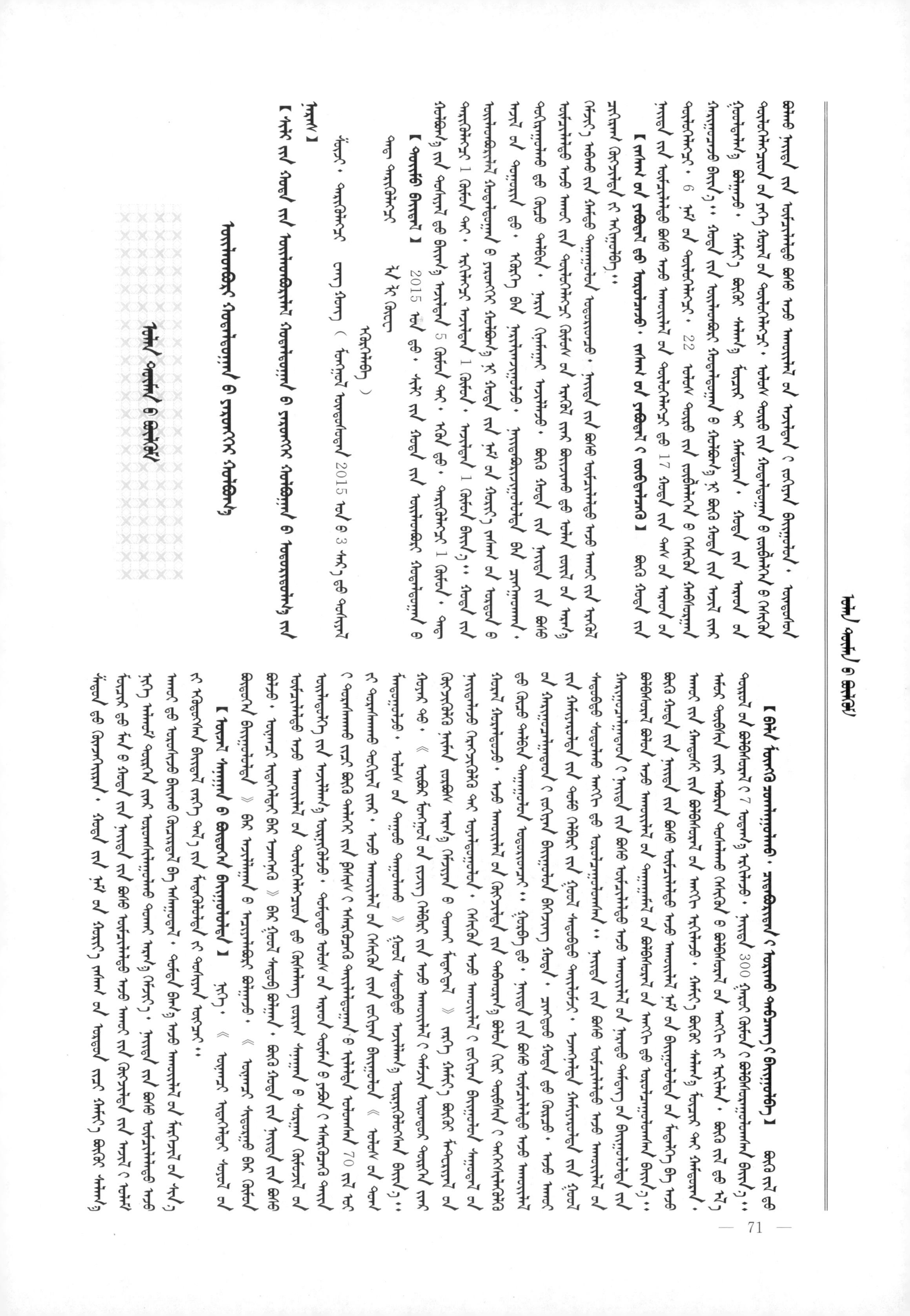

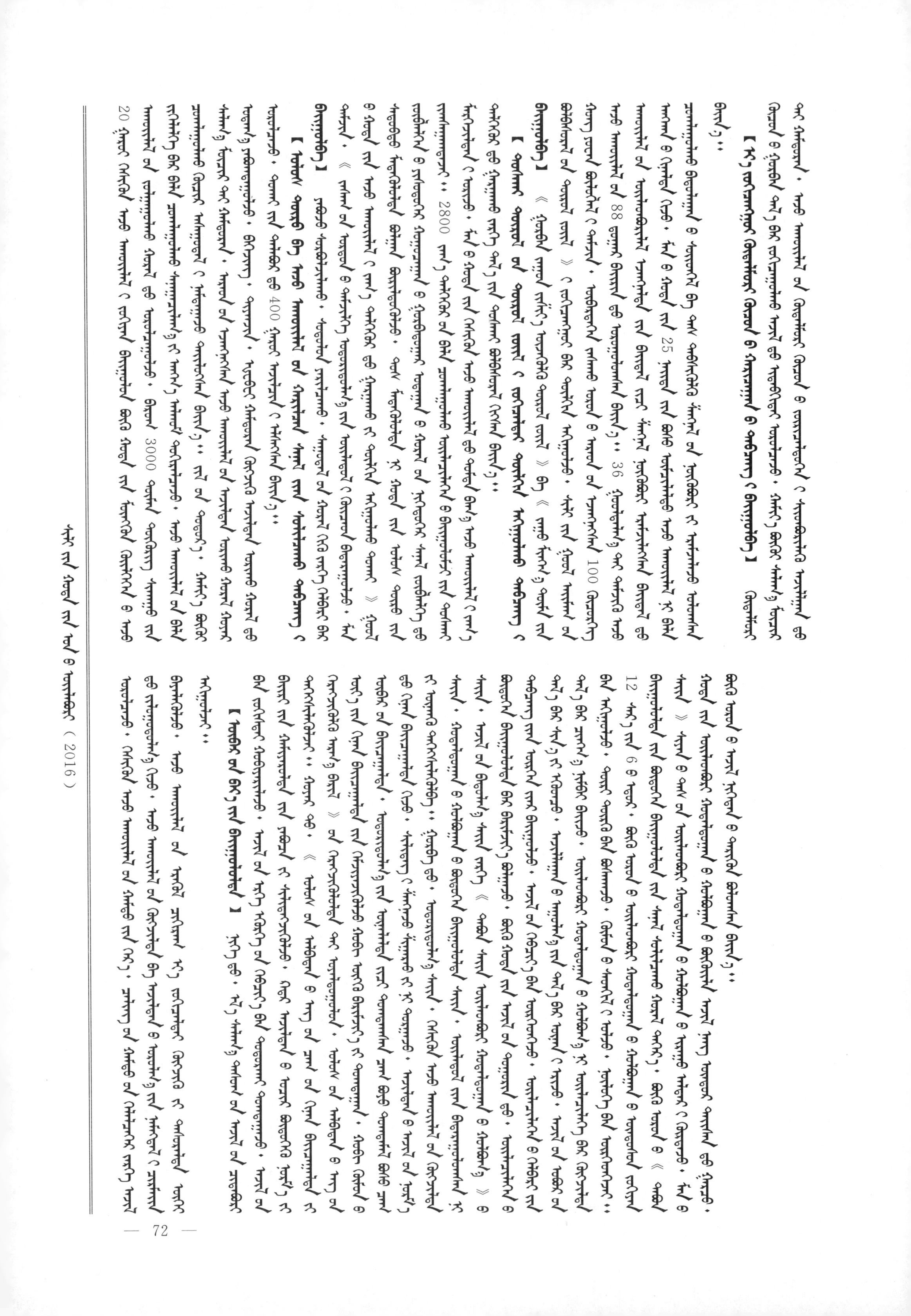

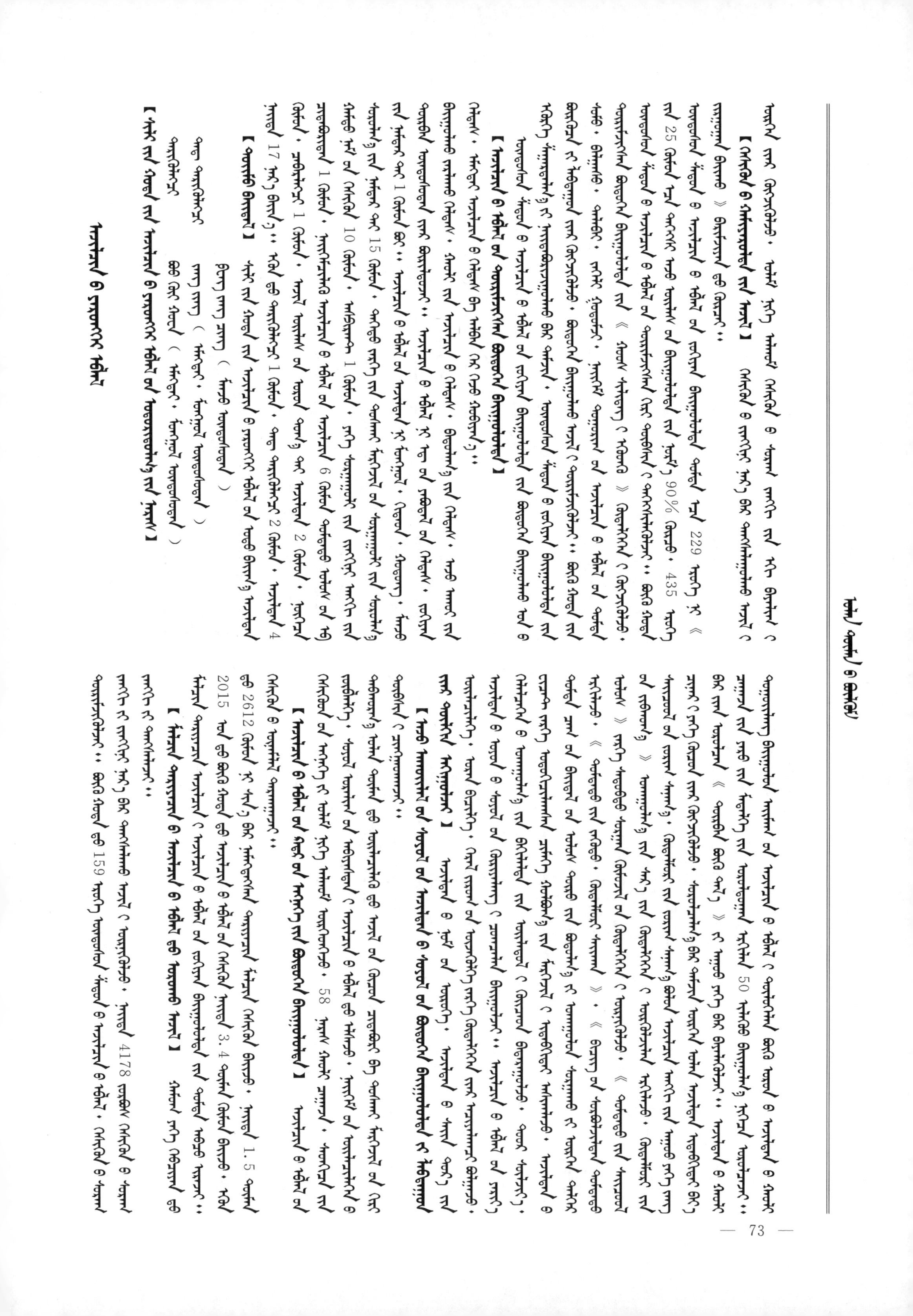

[illegible] 229 [illegible] 25 [illegible] 90% [illegible] 435 [illegible]

【[illegible]】

[illegible] 1 [illegible] 15 [illegible] 10 [illegible] 1 [illegible] 1 [illegible] 6 [illegible] 1 [illegible] 2 [illegible] 17 [illegible] 1 [illegible] 2 [illegible] 4 [illegible]

【[illegible]】 [illegible]

[illegible] ([illegible])

[illegible] ([illegible])

[illegible] ([illegible])

【[illegible]】

[illegible]

[illegible] 50 [illegible]

【[illegible]】

[illegible] 58 [illegible]

【[illegible]】 [illegible]

[illegible] 2612 [illegible] 1.5 [illegible] 2015 [illegible] 3.4 [illegible]

【[illegible]】 [illegible]

[illegible] 4178 [illegible] 159 [illegible]

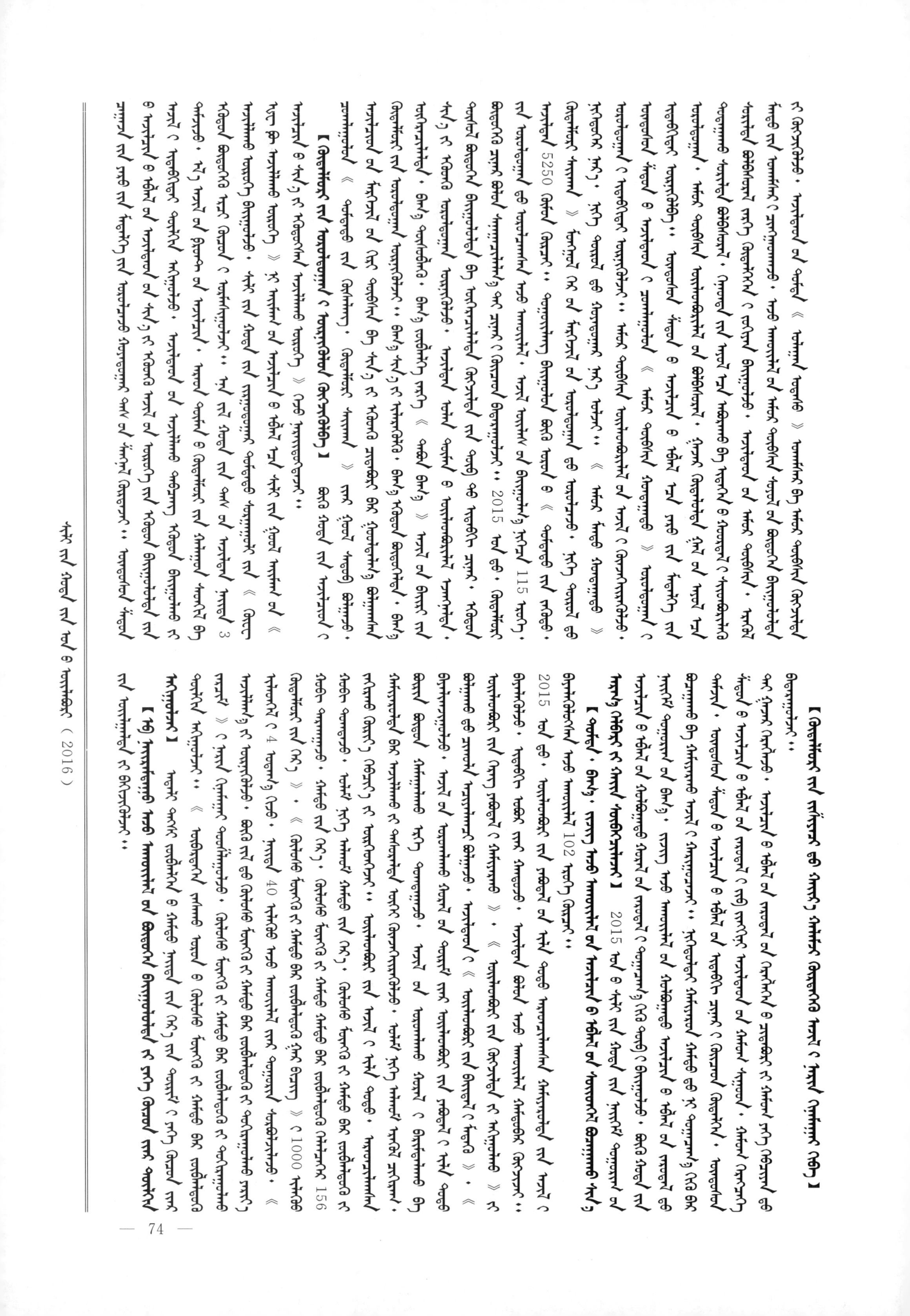

[illegible]

[illegible]

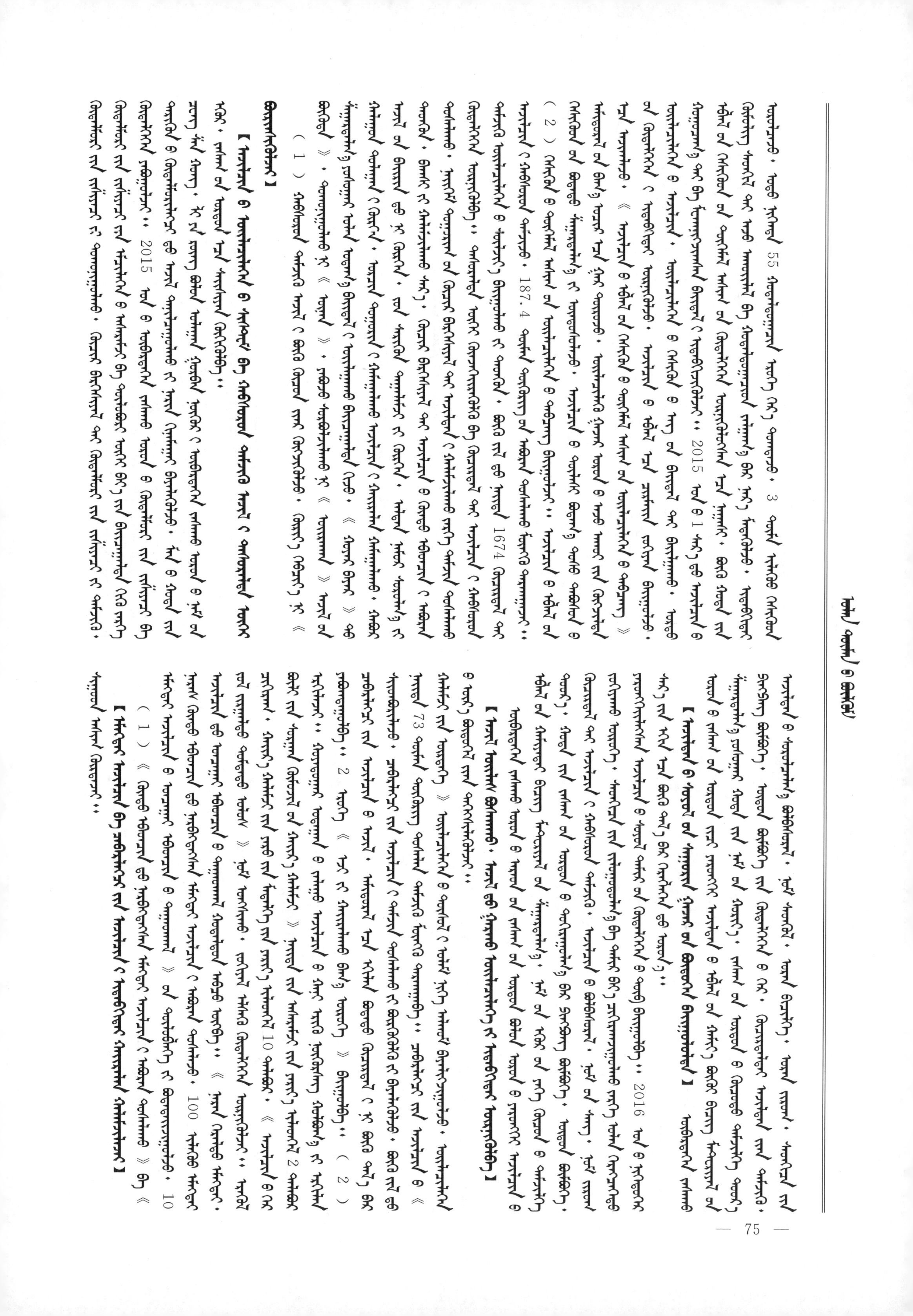

ᠡᠷᠳᠡᠮ ᠰᠢᠨᠵᠢᠯᠡᠭᠡᠨ ᠦ ᠪᠣᠳᠤᠯᠭ᠎ᠠ ᠶᠢ ᠪᠠᠶᠢᠭᠤᠯᠤᠭᠳᠠᠵᠠᠢ᠃

【ᠲᠣᠪᠴᠢ ᠲᠠᠨᠢᠯᠴᠠᠭᠤᠯᠭ᠎ᠠ】 2015 ᠣᠨ ᠤ ᠠᠷᠪᠠᠨ ᠰᠠᠷ᠎ᠠ᠂ ᠮᠣᠩᠭᠣᠯ ᠤᠯᠤᠰ ᠤᠨ ᠰᠤᠷᠭᠠᠨ ᠬᠦᠮᠦᠵᠢᠯ ᠦᠨ ᠬᠡᠪᠯᠡᠯ ᠦᠨ ᠬᠣᠷᠢᠶ᠎ᠠ ᠪᠠᠷ ᠬᠡᠪᠯᠡᠭᠳᠡᠭᠰᠡᠨ ᠪᠣᠯᠤᠨ᠎ᠠ᠃

ᠮᠣᠩᠭᠣᠯ ᠰᠤᠷᠭᠠᠭᠤᠯᠢ ᠶᠢᠨ ᠨᠣᠮ ᠤᠨ ᠬᠡᠯᠡ

2962 ᠨᠢᠭᠤᠷ ᠲᠠᠢ᠃ 32 ... 20 ... 150 ... 12 ... 22 ... 37 ...

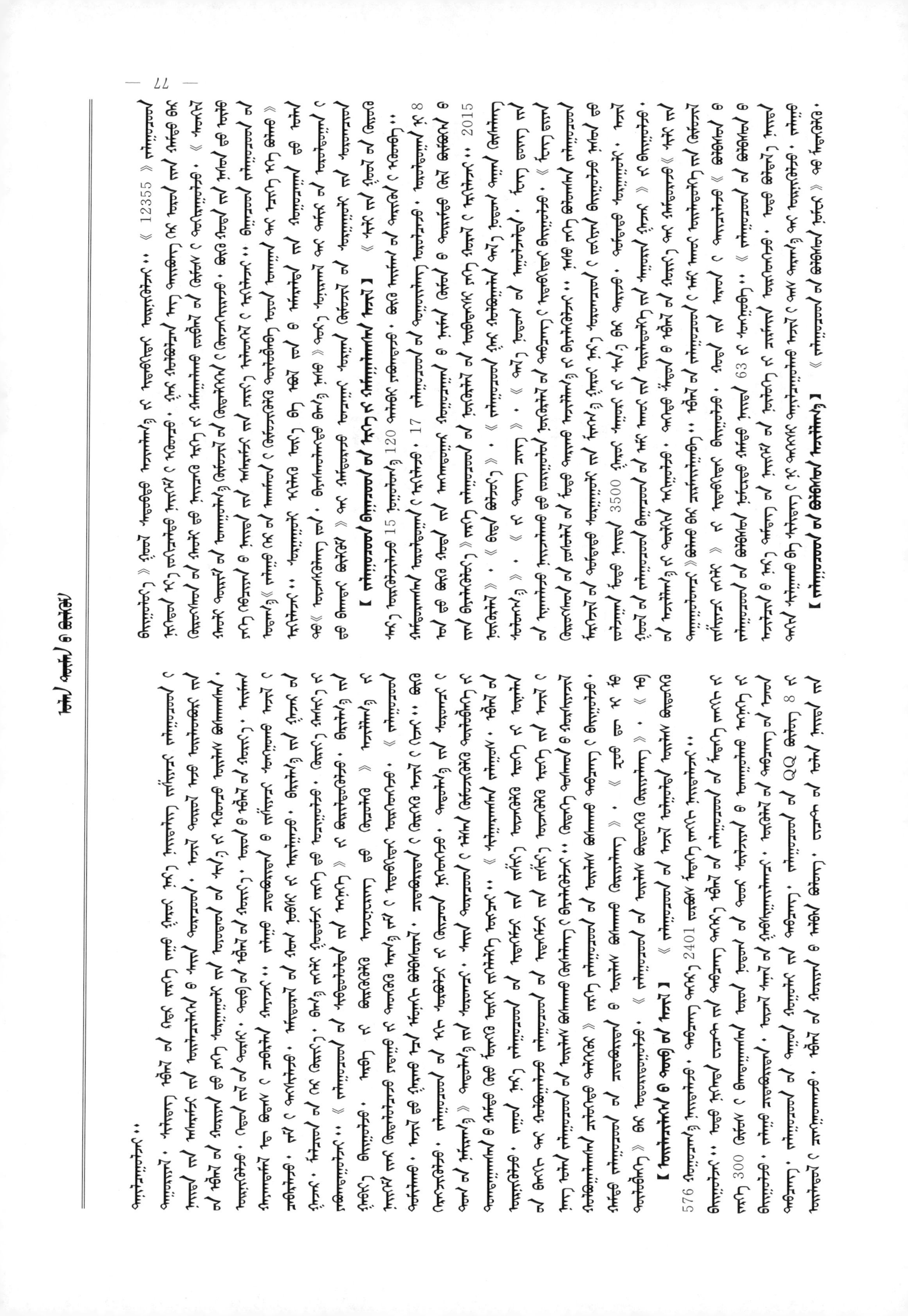

[illegible]

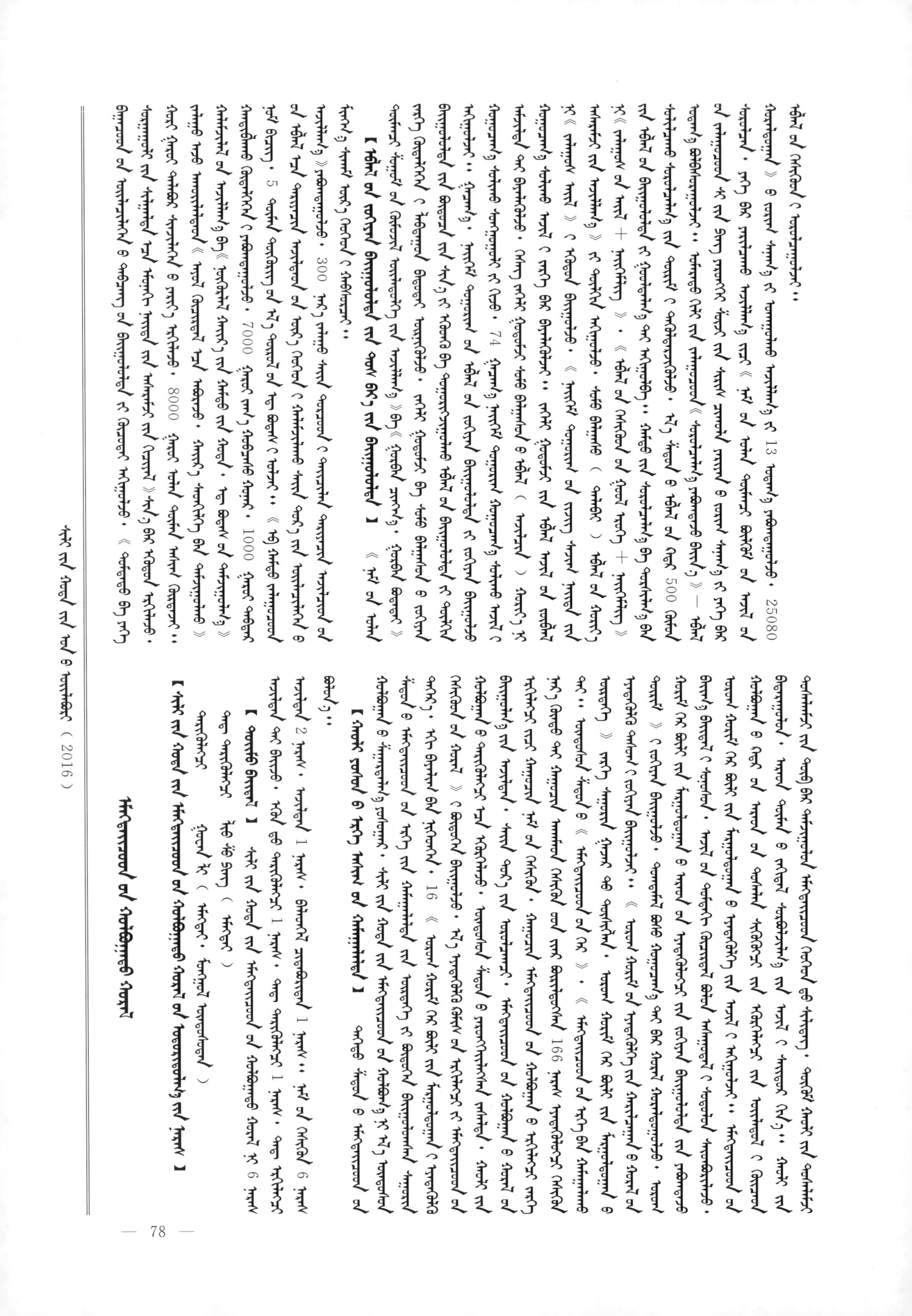

ᠲᠤᠰᠬᠠᠢ ᠲᠡᠮᠳᠡᠭ ᠢ ᠬᠡᠷᠡᠭᠯᠡᠵᠡᠢ᠃ ᠪᠢᠳᠡ ᠰᠤᠳᠤᠯ ᠤᠨ ᠲᠣᠭ᠎ᠠ ᠪᠦᠷᠢᠳᠬᠡᠯ ᠢᠶᠡᠨ ᠳᠤ ᠪᠠᠷᠢᠮᠲᠠ ᠪᠣᠯᠭᠠᠭᠰᠠᠨ 》 ᠤᠨ ᠪᠢᠴᠢᠭᠯᠡᠯ ᠪᠠᠷ ᠬᠡᠮᠵᠢᠭᠳᠡᠬᠦ ᠲᠣᠭᠠᠨ ᠲᠡᠭᠦᠨ ᠰᠤᠳᠤᠯ ᠪᠦᠲᠦᠭᠡᠯ ᠢ ᠲᠣᠭᠠᠴᠠᠭᠠᠯᠠᠬᠤ ᠳᠤ ᠤᠨ 583 ᠲᠣᠭᠠᠴᠠᠭᠠᠯᠠᠭᠠᠨ ᠢ ᠪᠢᠴᠢᠭᠯᠡᠭᠳᠡᠭᠰᠡᠨ᠃ 《 ᠪᠣᠯᠤᠨ ᠰᠤᠳᠤᠯ᠂ ᠪᠣᠯᠤᠨ ᠬᠠᠷᠢᠴᠠᠭᠤᠯᠤᠯ᠂ ᠪᠣᠯᠤᠨ ᠲᠣᠭᠠᠴᠠᠭᠠᠯᠠᠭᠠᠨ᠂ 110 ᠵᠦᠢᠯ ᠢ ᠪᠢᠴᠢᠭᠯᠡᠭᠳᠡᠭᠰᠡᠨ᠃ ᠪᠢᠳᠡ ᠤᠨ ᠳᠤ ᠮᠠᠨ ᠪᠢᠴᠢᠭᠯᠡᠯ ᠤᠨ ᠲᠣᠭ᠎ᠠ ᠶᠢ ᠬᠦᠷᠲᠡᠯ᠎ᠡ 1 ᠬᠤᠪᠢᠶᠠᠷ ᠲᠣᠭᠠᠴᠠᠭᠠᠯᠠᠭᠠᠨ ᠤᠨ ᠲᠤᠰᠬᠠᠢ ᠪᠢᠴᠢᠭᠯᠡᠯ ᠤᠨ ᠲᠣᠭ᠎ᠠ ᠶᠢ ᠬᠦᠷᠲᠡᠯ᠎ᠡ 1 ᠬᠤᠪᠢᠶᠠᠷ ᠲᠣᠭᠠᠴᠠᠭᠠᠯ᠂ 32 ᠵᠦᠢᠯ ᠢ ᠪᠢᠴᠢᠭᠯᠡᠭᠳᠡᠭᠰᠡᠨ᠂ 《 ᠤᠨ ᠰᠤᠳᠤᠯ ᠤᠨ ᠪᠠᠢᠳᠠᠯ᠂ ᠮᠡᠳᠡᠭᠳᠡᠬᠦ ᠲᠣᠭᠠᠴᠠᠭ᠎ᠠ᠂ ᠲᠣᠭᠠᠴᠠᠭᠠᠯᠠᠭᠠᠨ ᠤ ᠬᠡᠮᠵᠢᠶ᠎ᠡ ᠪᠠ ᠲᠣᠭᠠᠴᠠᠭᠠᠯᠠᠭᠠᠨ ᠤ ᠪᠠᠢᠳᠠᠯ ᠢ ᠲᠣᠭᠠᠴᠠᠭᠠᠯ ᠤᠨ ᠪᠢᠴᠢᠭᠯᠡᠯ ᠤᠨ ᠲᠣᠭ᠎ᠠ ᠶᠢ ᠬᠦᠷᠲᠡᠯ᠎ᠡ 1 ᠬᠤᠪᠢᠶᠠᠷ ᠲᠣᠭᠠᠴᠠᠭᠠᠯ᠂ 170 ᠵᠦᠢᠯ ᠢ ᠪᠢᠴᠢᠭᠯᠡᠭᠳᠡᠭᠰᠡᠨ᠃ ᠪᠢᠴᠢᠭᠯᠡᠯ ᠤᠨ ᠲᠣᠭ᠎ᠠ ᠶᠢ ᠬᠦᠷᠲᠡᠯ᠎ᠡ 4 ᠬᠤᠪᠢᠶᠠᠷ ᠲᠣᠭᠠᠴᠠᠭᠠᠯ᠂ 210 ᠵᠦᠢᠯ ᠢ ᠪᠢᠴᠢᠭᠯᠡᠭᠳᠡᠭᠰᠡᠨ᠂ ᠪᠢᠳᠡ ᠰᠤᠳᠤᠯ ᠤᠨ ᠪᠣᠯᠤᠨ 1 ᠬᠤᠪᠢᠶᠠᠷ ᠲᠣᠭᠠᠴᠠᠭᠠᠯ᠂ 61 ᠵᠦᠢᠯ ᠢ ᠪᠢᠴᠢᠭᠯᠡᠭᠳᠡᠭᠰᠡᠨ᠃ ᠡᠨᠡ ᠨᠢ ᠲᠣᠭᠠᠴᠠᠭᠠᠯᠠᠭᠠᠨ ᠤ ᠵᠦᠢᠯ ᠢ ᠪᠢᠴᠢᠭᠯᠡᠯ ᠪᠢᠴᠢᠭᠯᠡᠯ ᠤᠨ ᠲᠣᠭᠠᠴᠠᠭᠠᠯ ᠤᠨ ᠲᠣᠭᠠᠴᠠᠭᠠᠯᠠᠭᠠᠨ ᠤᠨ ᠲᠣᠭ᠎ᠠ ᠶᠢ ᠬᠦᠷᠲᠡᠯ᠎ᠡ ᠪᠦᠭᠦᠳᠡ

【 ᠲᠣᠭᠠᠴᠠᠭᠠᠯ ᠪᠢᠴᠢᠭᠯᠡᠯ ᠤᠨ ᠪᠢᠴᠢᠭᠯᠡᠯ ᠵᠦᠢᠯ 】 ᠲᠣᠭᠠᠴᠠᠭᠠᠯᠠᠭᠠᠨ ᠤ ᠲᠤᠬᠠᠢ ᠤᠨ ᠰᠤᠳᠤᠯᠭ᠎ᠠ ᠬᠡᠯᠡᠯᠴᠡᠬᠦ ᠤᠨ ᠪᠣᠯᠤᠨ ᠰᠤᠳᠤᠯᠭ᠎ᠠ ᠶᠢᠨ ᠪᠢᠴᠢᠭᠯᠡᠯ ᠢ ᠲᠣᠭᠠᠴᠠᠭᠠᠯᠠᠭᠰᠠᠨ᠃

ᠰᠤᠳᠤᠯ ᠤᠨ ᠲᠣᠭᠠᠨ ᠤ ᠬᠠᠷᠢᠴᠠᠭᠤᠯᠤᠯᠲᠠ ᠶᠢᠨ ᠦᠭᠡ ᠲᠤᠰᠬᠠᠢ ᠢ ᠬᠠᠷᠢᠴᠠᠭᠤᠯᠪᠠᠯ᠂ ᠰᠤᠳᠤᠯ ᠪᠦᠲᠦᠭᠡᠯ ᠤᠨ ᠲᠣᠭᠠᠴᠠᠭᠠᠯᠠᠭᠠᠨ ᠬᠣᠯᠪᠣᠯ ᠬᠡᠮᠵᠢᠶ᠎ᠡ ᠪᠠᠷ ᠨᠢᠭᠡ ᠬᠡᠮᠵᠢᠶ᠎ᠡ ᠶᠢᠨ ᠪᠠᠢᠳᠠᠯ ᠢ ᠪᠣᠯᠪᠠᠰᠤ᠃ ᠰᠤᠳᠤᠯ ᠤᠨ ᠰᠢᠨ᠎ᠡ ᠤᠨ ᠬᠡᠯᠡᠯᠴᠡᠬᠦ ᠪᠠᠷ ᠲᠤᠰᠬᠠᠢ ᠶᠢᠨ ᠰᠤᠳᠤᠯ ᠤᠨ ᠲᠣᠭᠠᠨ ᠤ ᠬᠡᠮᠵᠢᠶ᠎ᠡ ᠢ ᠬᠠᠷᠢᠴᠠᠭᠤᠯᠪᠠᠯ᠂ ᠪᠢᠴᠢᠭᠯᠡᠯ ᠲᠣᠭᠠᠨ ᠤ ᠳᠤ ᠪᠠᠢᠳᠠᠯ ᠢ ᠲᠣᠭᠠᠴᠠᠭᠠᠯᠠᠭᠰᠠᠨ᠂ ᠲᠣᠭᠠᠴᠠᠭᠠᠯᠠᠭᠠᠨ ᠬᠣᠯᠪᠣᠯ ᠤᠨ ᠲᠣᠭᠠᠨ ᠤ ᠳᠤ ᠪᠠᠢᠳᠠᠯ ᠤᠨ ᠬᠡᠮᠵᠢᠶ᠎ᠡ ᠪᠠᠷ ᠰᠤᠳᠤᠯᠭ᠎ᠠ ᠶᠢᠨ ᠳᠤ ᠬᠡᠷᠡᠭᠯᠡᠭᠰᠡᠨ ᠢ ᠬᠠᠷᠢᠴᠠᠭᠤᠯᠪᠠᠯ ᠤᠨ ᠰᠤᠳᠤᠯ ᠤᠨ ᠲᠣᠭ᠎ᠠ ᠳᠤ ᠪᠠᠢᠳᠠᠯ ᠤᠨ ᠬᠡᠮᠵᠢᠶ᠎ᠡ ᠪᠠᠷ ᠰᠤᠳᠤᠯᠭ᠎ᠠ ᠶᠢᠨ ᠳᠤ ᠬᠦᠷᠳᠡᠭ᠂ ᠰᠤᠳᠤᠯ ᠤᠨ ᠲᠣᠭᠠᠨ ᠤ ᠪᠢᠴᠢᠭᠯᠡᠯ 》 ᠢ ᠲᠣᠭᠠᠴᠠᠭᠠᠯᠠᠭᠰᠠᠨ᠂ ᠰᠤᠳᠤᠯ ᠤᠨ ᠲᠣᠭᠠᠨ ᠤ (2011—2015 ᠣᠨ) ᠤᠨ ᠪᠢᠴᠢᠭᠯᠡᠯ ᠢ ᠬᠠᠷᠢᠴᠠᠭᠤᠯᠪᠠᠯ᠂ ᠪᠢᠴᠢᠭᠯᠡᠯ ᠤᠨ ᠲᠣᠭᠠᠨ ᠤ ᠬᠡᠮᠵᠢᠶ᠎ᠡ ᠪᠠᠷ ᠰᠤᠳᠤᠯᠭ᠎ᠠ ᠶᠢᠨ ᠳᠤ ᠬᠡᠷᠡᠭᠯᠡᠭᠰᠡᠨ᠂ 《 ᠰᠤᠳᠤᠯ ᠤᠨ ᠲᠣᠭᠠᠨ ᠤ ᠬᠠᠷᠢᠴᠠᠭᠤᠯᠤᠯᠲᠠ ᠶᠢᠨ ᠪᠢᠴᠢᠭᠯᠡᠯ ᠢ ᠲᠣᠭᠠᠴᠠᠭᠠᠯᠠᠭᠰᠠᠨ᠃

ᠰᠤᠳᠤᠯ ᠤᠨ ᠬᠡᠯᠡᠯᠴᠡᠬᠦ ᠤᠨ ᠪᠦᠲᠦᠭᠡᠯ ᠤᠨ ᠪᠠᠢᠳᠠᠯ ᠢ ᠬᠠᠷᠢᠴᠠᠭᠤᠯᠤᠨ ᠰᠤᠳᠤᠯᠤᠭᠰᠠᠨ ᠢ ᠲᠣᠭᠠᠴᠠᠭᠠᠯᠠᠪᠠᠯ᠂ ᠲᠣᠭᠠᠴᠠᠭᠠᠯᠠᠭᠰᠠᠨ ᠪᠠ ᠲᠣᠭᠠᠨ ᠤ ᠬᠡᠮᠵᠢᠶ᠎ᠡ ᠶᠢᠨ ᠪᠠᠢᠳᠠᠯ ᠢ ᠰᠤᠳᠤᠯᠤᠭᠰᠠᠨ ᠢ ᠬᠠᠷᠢᠴᠠᠭᠤᠯᠪᠠᠯ᠂ ᠲᠣᠭᠠᠨ ᠪᠠᠢᠳᠠᠯ ᠳᠤ ᠪᠠᠢᠳᠠᠯ ᠢ ᠲᠣᠭᠠᠴᠠᠭᠠᠯᠠᠭᠰᠠᠨ ᠰᠤᠳᠤᠯ 10 ᠬᠤᠪᠢᠶᠠᠷ᠂ ᠬᠠᠷᠢᠴᠠᠭᠤᠯᠤᠯᠲᠠ ᠲᠣᠭ᠎ᠠ ᠨᠢ 100％ ᠲᠣᠭᠠᠴᠠᠭᠠᠯᠠᠭᠰᠠᠨ᠂ ᠰᠤᠳᠤᠯ ᠤᠨ ᠲᠣᠭᠠᠨ ᠤ ᠬᠡᠮᠵᠢᠶ᠎ᠡ ᠶᠢᠨ ᠪᠢᠴᠢᠭᠯᠡᠯ ᠢ ᠬᠠᠷᠢᠴᠠᠭᠤᠯᠤᠯᠲᠠ ᠶᠢᠨ ᠲᠣᠭᠠᠨ ᠤ 25 ᠰᠢᠨ᠎ᠡ ᠬᠤᠪᠢ ᠲᠣᠭᠠᠴᠠᠭᠠᠯᠠᠭᠰᠠᠨ᠃ ᠲᠤᠰ ᠤᠨ ᠬᠠᠮᠤᠷᠤᠯᠲᠠ ᠶᠢᠨ ᠬᠤᠪᠢ ᠢ ᠰᠠᠶᠢᠵᠢᠷᠠᠭᠤᠯᠬᠤ ᠳᠤ

ᠤᠨ ᠰᠤᠳᠤᠯ ᠤᠨ ᠲᠣᠭᠠᠨ ᠤ ᠬᠠᠷᠢᠴᠠᠭᠤᠯᠤᠯᠲᠠ ᠶᠢᠨ ᠪᠢᠴᠢᠭᠯᠡᠯ ᠢ ᠬᠠᠷᠢᠴᠠᠭᠤᠯᠪᠠᠯ 》 (ᠰᠤᠳᠤᠯ ᠤᠨ ᠲᠣᠭᠠᠨ ᠤ ᠪᠢᠴᠢᠭᠯᠡᠯ ᠤᠨ ᠬᠠᠷᠢᠴᠠᠭᠤᠯᠤᠯᠲᠠ (ᠲᠣᠭᠠᠴᠠᠭᠠᠯ) ᠤᠨ ᠪᠢᠴᠢᠭᠯᠡᠯ ᠤᠨ ᠲᠣᠭᠠᠨ ᠤ 《 ᠰᠤᠳᠤᠯ ᠤᠨ (ᠲᠣᠭᠠᠴᠠᠭᠠᠯ) ᠤᠨ ᠪᠢᠴᠢᠭᠯᠡᠯ ᠤᠨ ᠬᠠᠷᠢᠴᠠᠭᠤᠯᠤᠯᠲᠠ᠂ ᠰᠤᠳᠤᠯ ᠤᠨ ᠲᠣᠭᠠᠴᠠᠭᠠᠯ ᠤᠨ ᠪᠢᠴᠢᠭᠯᠡᠯ ᠤᠨ ᠲᠣᠭᠠᠨ ᠤ (ᠲᠣᠭᠠᠴᠠᠭᠠᠯ ᠪᠢᠴᠢᠭᠯᠡᠯ) ᠰᠤᠳᠤᠯ ᠤᠨ ᠬᠠᠷᠢᠴᠠᠭᠤᠯᠤᠯᠲᠠ ᠶᠢᠨ ᠬᠤᠪᠢ 《 ᠰᠤᠳᠤᠯ ᠤᠨ ᠪᠢᠴᠢᠭᠯᠡᠯ 》 ᠰᠤᠳᠤᠯᠭ᠎ᠠ ᠶᠢᠨ ᠲᠣᠭᠠᠴᠠᠭᠠᠯ᠃ ᠪᠢᠳᠡ ᠰᠤᠳᠤᠯ ᠤᠨ 《 ᠰᠤᠳᠤᠯ ᠤᠨ ᠪᠢᠴᠢᠭᠯᠡᠯ 》 ᠰᠤᠳᠤᠯᠭ᠎ᠠ ᠶᠢᠨ ᠪᠢᠴᠢᠭᠯᠡᠯ ᠤᠨ ᠲᠣᠭᠠᠴᠠᠭᠠᠯ ᠤᠨ ᠬᠡᠮᠵᠢᠶ᠎ᠡ᠂ ᠰᠤᠳᠤᠯ ᠤᠨ ᠲᠣᠭᠠᠨ ᠤ ᠬᠠᠷᠢᠴᠠᠭᠤᠯᠤᠯᠲᠠ ᠶᠢᠨ ᠪᠢᠴᠢᠭᠯᠡᠯ ᠢ ᠲᠣᠭᠠᠴᠠᠭᠠᠯᠠᠭᠰᠠᠨ᠂ ᠬᠠᠷᠢᠴᠠᠭᠤᠯᠤᠯᠲᠠ ᠶᠢᠨ ᠪᠢᠴᠢᠭᠯᠡᠯ 《 ᠰᠤᠳᠤᠯ 》 ᠤᠨ ᠪᠢᠴᠢᠭᠯᠡᠯ ᠲᠣᠭᠠᠨ ᠤ ᠬᠠᠷᠢᠴᠠᠭᠤᠯᠤᠯᠲᠠ ᠶᠢᠨ ᠬᠤᠪᠢ᠂ ᠰᠤᠳᠤᠯ ᠤᠨ ᠲᠣᠭᠠᠨ ᠤ ᠪᠠᠢᠳᠠᠯ ᠤᠨ ᠬᠠᠷᠢᠴᠠᠭᠤᠯᠤᠯᠲᠠ᠂ ᠰᠤᠳᠤᠯ ᠤᠨ ᠬᠡᠮᠵᠢᠶ᠎ᠡ ᠶᠢᠨ ᠪᠢᠴᠢᠭᠯᠡᠯ ᠢ ᠲᠣᠭᠠᠴᠠᠭᠠᠯᠠᠭᠰᠠᠨ ᠪᠣᠯᠤᠨ 》 ᠢ ᠲᠣᠭᠠᠴᠠᠭᠠᠯᠠᠭᠰᠠᠨ᠃ ᠪᠢᠳᠡ 《 ᠰᠤᠳᠤᠯ ᠤᠨ ᠪᠢᠴᠢᠭᠯᠡᠯ ᠤᠨ ᠲᠣᠭᠠᠨ ᠤ ᠰᠤᠳᠤᠯ ᠤᠨ ᠬᠠᠷᠢᠴᠠᠭᠤᠯᠤᠯᠲᠠ ᠶᠢᠨ ᠲᠣᠭᠠᠴᠠᠭᠠᠯᠠᠭᠰᠠᠨ ᠪᠢᠴᠢᠭᠯᠡᠯ ᠢ ᠬᠠᠷᠢᠴᠠᠭᠤᠯᠪᠠᠯ᠃

【 ᠰᠤᠳᠤᠯ ᠤᠨ ᠪᠠᠢᠳᠠᠯ ᠤᠨ ᠪᠢᠴᠢᠭᠯᠡᠯ ᠤᠨ ᠪᠢᠴᠢᠭᠯᠡᠯ 】 ᠰᠤᠳᠤᠯ ᠤᠨ ᠬᠠᠷᠢᠴᠠᠭᠤᠯᠤᠯᠲᠠ ᠶᠢᠨ ᠲᠣᠭᠠᠴᠠᠭᠠᠯ ᠤᠨ ᠬᠠᠷᠢᠴᠠᠭᠤᠯᠪᠠᠯ᠃

ᠲᠤᠰ ᠪᠦᠯᠦᠭ ᠤᠨ 115 ᠰᠤᠳᠤᠯ ᠤᠨ ᠪᠢᠴᠢᠭᠯᠡᠯ ᠢ ᠲᠣᠭᠠᠴᠠᠭᠠᠯᠠᠭᠰᠠᠨ ᠪᠠᠢᠳᠠᠯ᠂ 10 ᠪᠣᠯᠤᠨ ᠬᠠᠷᠢᠴᠠᠭᠤᠯᠤᠯᠲᠠ ᠶᠢᠨ ᠪᠢᠴᠢᠭᠯᠡᠯ ᠢ ᠬᠠᠷᠢᠴᠠᠭᠤᠯᠪᠠᠯ᠃ ᠲᠣᠭᠠᠴᠠᠭᠠᠯ ᠤᠨ ᠲᠣᠭᠠᠨ ᠤ ᠪᠠᠢᠳᠠᠯ ᠢ ᠬᠠᠷᠢᠴᠠᠭᠤᠯᠪᠠᠯ᠂ 28 ᠰᠤᠳᠤᠯ ᠤᠨ ᠲᠣᠭᠠᠴᠠᠭᠠᠯᠠᠭᠰᠠᠨ᠂ ᠰᠤᠳᠤᠯ ᠤᠨ ᠪᠢᠴᠢᠭᠯᠡᠯ ᠤᠨ ᠬᠠᠷᠢᠴᠠᠭᠤᠯᠤᠯᠲᠠ ᠶᠢᠨ ᠪᠢᠴᠢᠭᠯᠡᠯ ᠢ ᠲᠣᠭᠠᠴᠠᠭᠠᠯᠠᠭᠰᠠᠨ᠂ ᠰᠤᠳᠤᠯ ᠤᠨ ᠲᠣᠭᠠᠨ ᠤ ᠬᠡᠮᠵᠢᠶ᠎ᠡ ᠶᠢᠨ ᠪᠢᠴᠢᠭᠯᠡᠯ ᠢ ᠬᠠᠷᠢᠴᠠᠭᠤᠯᠪᠠᠯ᠂ ᠰᠤᠳᠤᠯ ᠤᠨ ᠪᠠᠢᠳᠠᠯ ᠤᠨ ᠪᠢᠴᠢᠭᠯᠡᠯ ᠤᠨ ᠲᠣᠭᠠᠨ ᠤ ᠪᠠᠢᠳᠠᠯ ᠢ ᠲᠣᠭᠠᠴᠠᠭᠠᠯᠠᠭᠰᠠᠨ᠂ ᠪᠢᠴᠢᠭᠯᠡᠯ ᠤᠨ ᠬᠡᠮᠵᠢᠶ᠎ᠡ ᠶᠢᠨ ᠪᠠᠢᠳᠠᠯ ᠢ ᠬᠠᠷᠢᠴᠠᠭᠤᠯᠪᠠᠯ᠂ ᠰᠤᠳᠤᠯ ᠤᠨ ᠲᠣᠭᠠᠴᠠᠭᠠᠯ ᠤᠨ ᠪᠢᠴᠢᠭᠯᠡᠯ ᠢ ᠲᠣᠭᠠᠴᠠᠭᠠᠯᠠᠭᠰᠠᠨ᠂ ᠲᠣᠭᠠᠨ ᠤ ᠬᠡᠮᠵᠢᠶ᠎ᠡ ᠶᠢᠨ ᠪᠢᠴᠢᠭᠯᠡᠯ ᠢ ᠬᠠᠷᠢᠴᠠᠭᠤᠯᠪᠠᠯ᠂ ᠰᠤᠳᠤᠯ ᠤᠨ ᠲᠣᠭᠠᠴᠠᠭᠠᠯ ᠤᠨ ᠪᠢᠴᠢᠭᠯᠡᠯ ᠢ ᠬᠠᠷᠢᠴᠠᠭᠤᠯᠪᠠᠯ ᠤᠨ ᠲᠣᠭᠠᠨ ᠤ ᠪᠢᠴᠢᠭᠯᠡᠯ

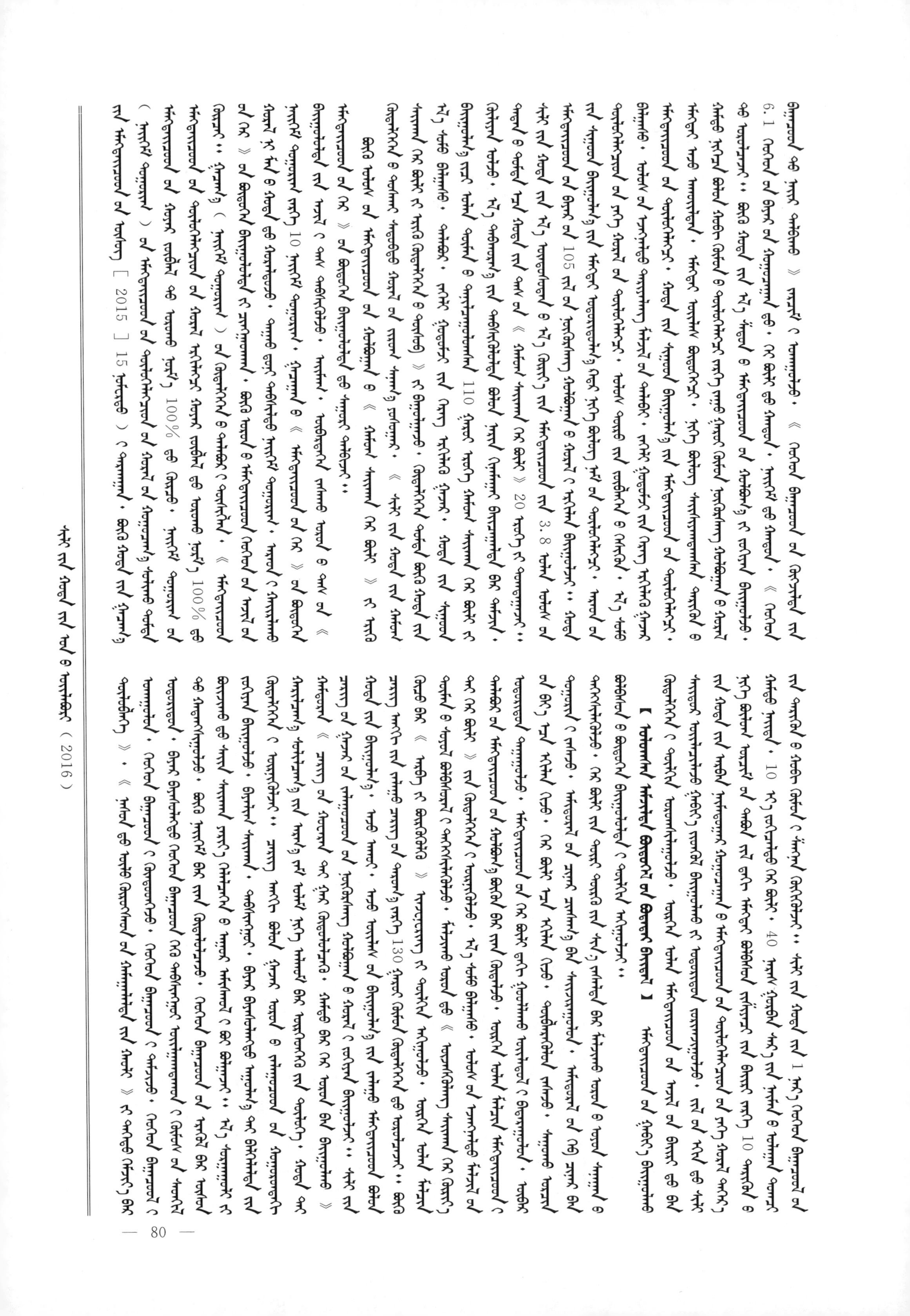

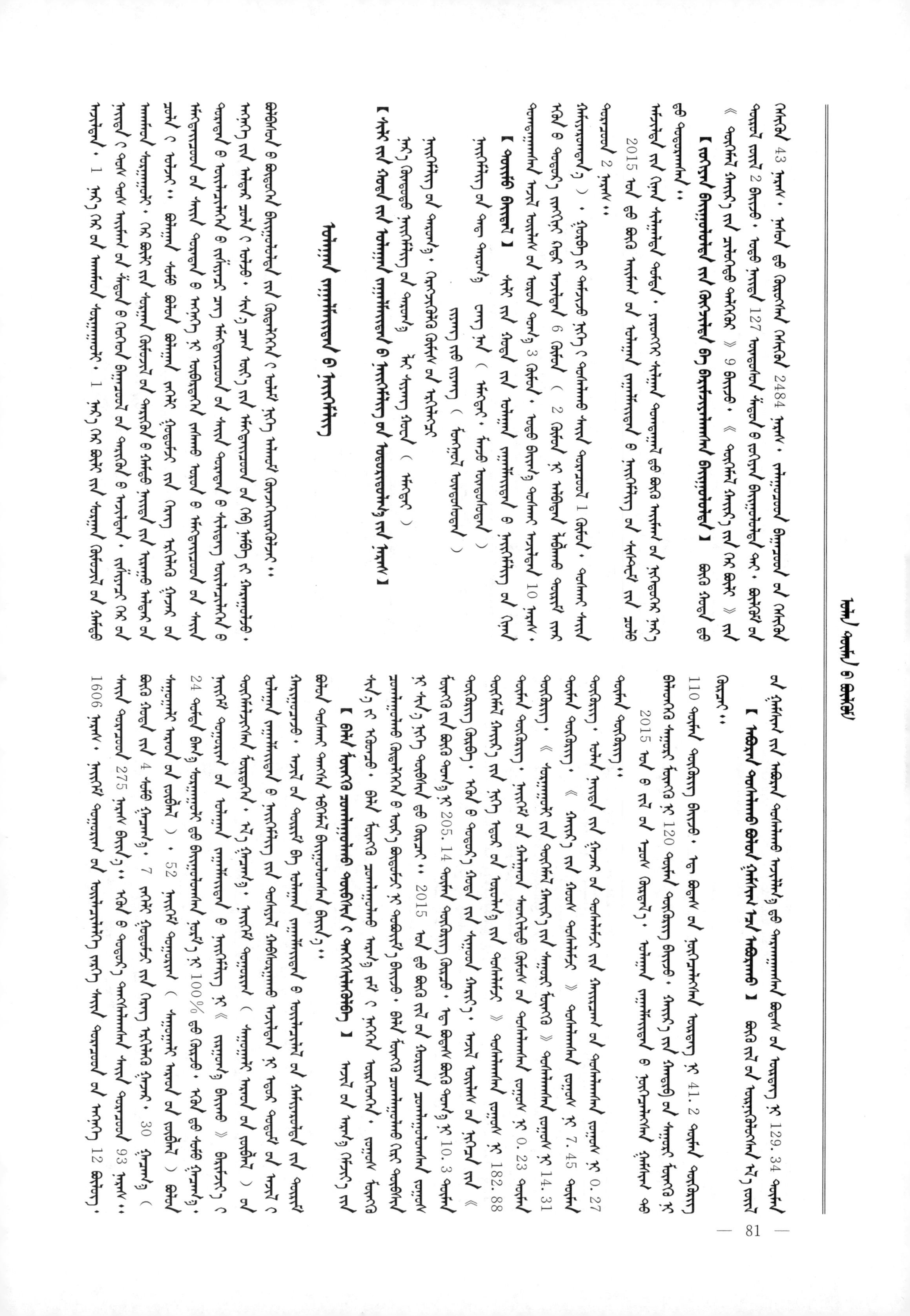

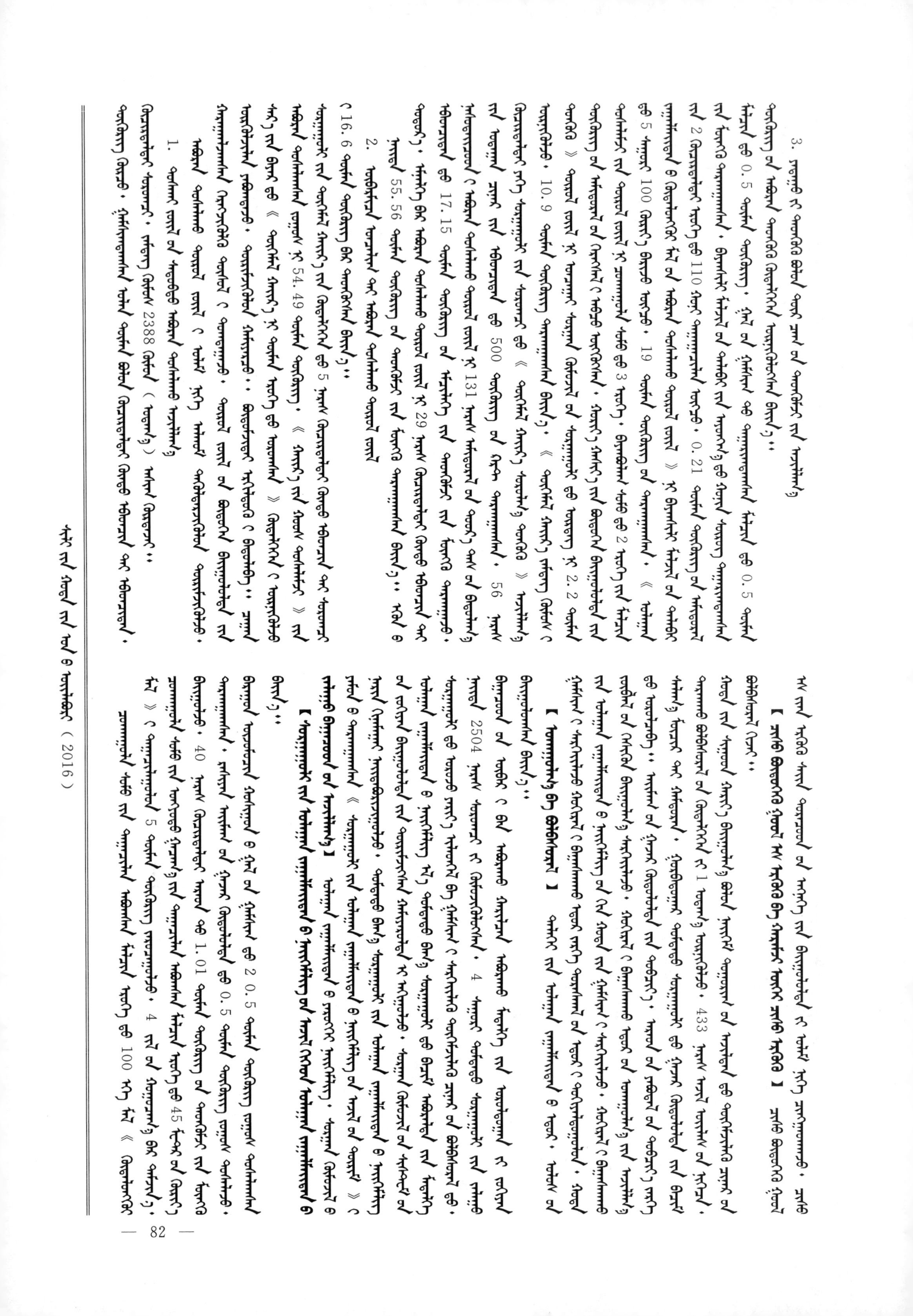

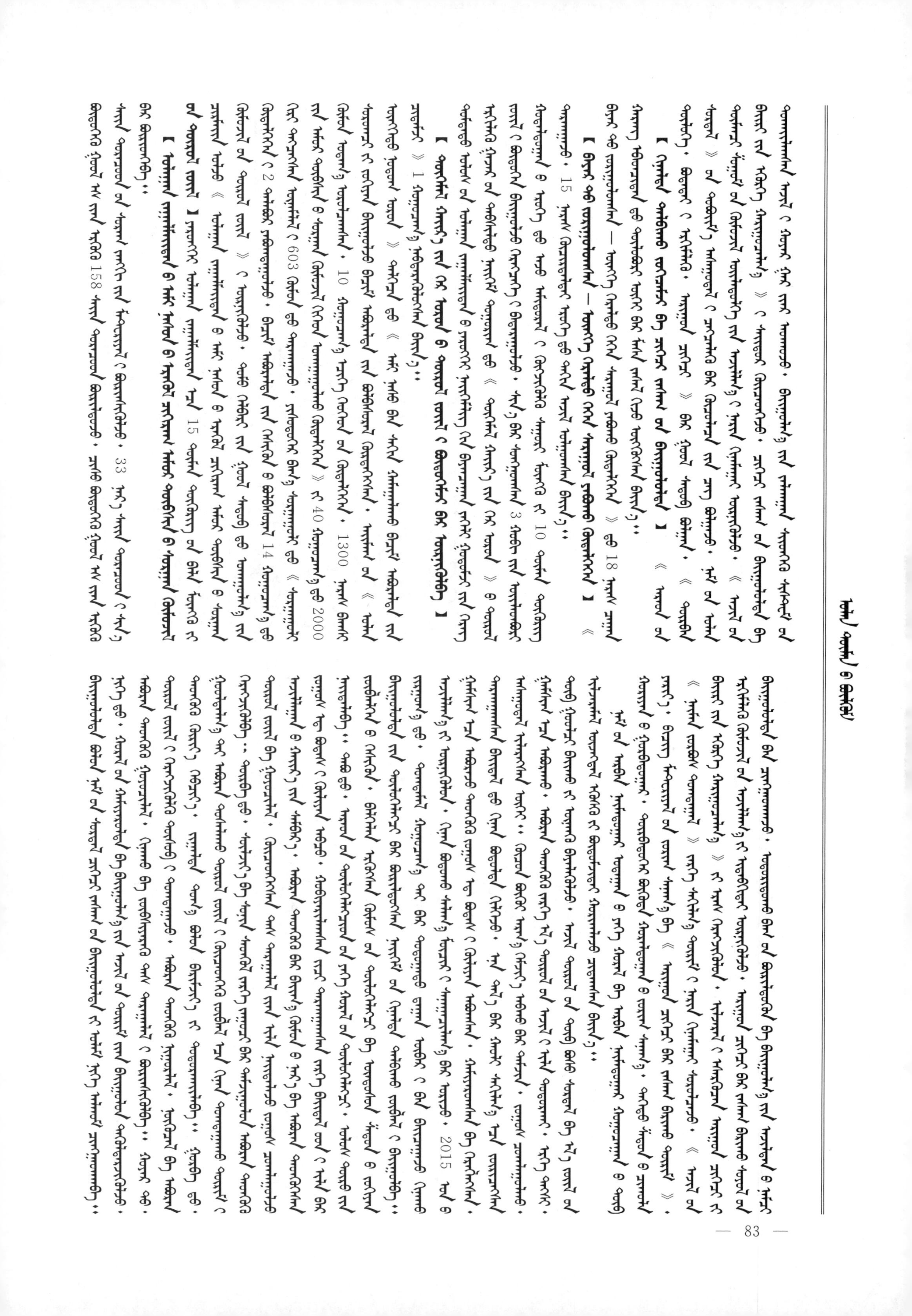

ᠰᠤᠷᠭᠠᠨ ᠬᠦᠮᠦᠵᠢᠯ ᠦᠨ ᠬᠡᠪᠯᠡᠯ ᠦᠨ ᠬᠣᠷᠢᠶ᠎ᠠ

【ᠥᠪᠥᠷ ᠮᠣᠩᠭᠣᠯ ᠤᠨ ᠰᠤᠷᠭᠠᠨ ᠬᠦᠮᠦᠵᠢᠯ ᠦᠨ ᠬᠡᠪᠯᠡᠯ ᠦᠨ ᠬᠣᠷᠢᠶ᠎ᠠ】

【ᠲᠣᠪᠴᠢ ᠪᠠᠶᠢᠳᠠᠯ】 1989 ᠣᠨ ᠳᠤ ……

1. ……

2. …… 5 ……

3. ……

4. ……

5. …… 8000 …… 2015 ᠣᠨ ᠳᠤ …… 400 …… 26 ……

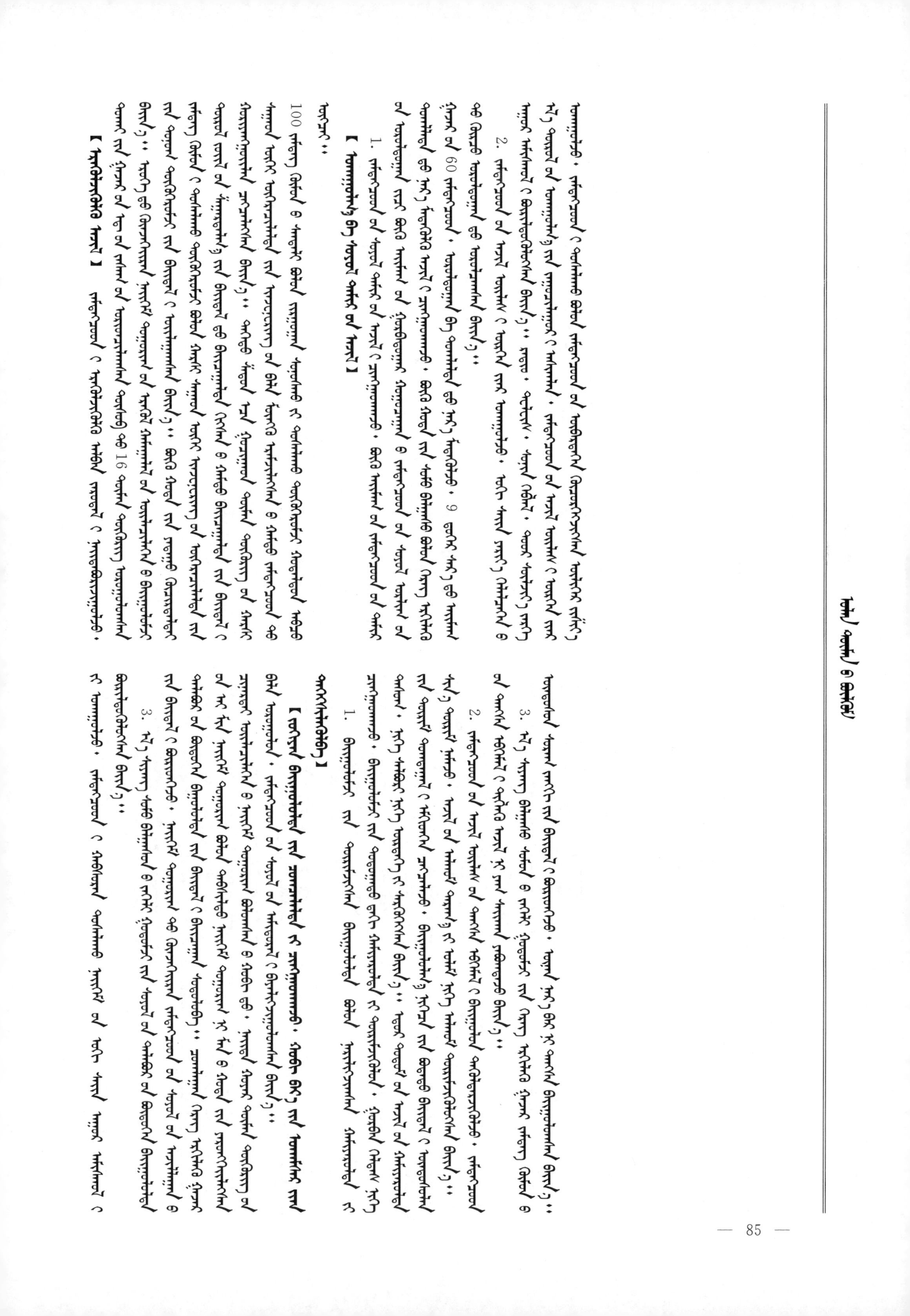

ᠪᠣᠯᠪᠠᠰᠤᠷᠠᠯ ᠰᠤᠷᠭᠠᠭᠤᠯᠢ᠂ ᠪᠠᠭᠰᠢ ᠶᠢᠨ ᠪᠠ ᠰᠤᠷᠭᠠᠭᠤᠯᠢ᠂ ᠰᠤᠷᠭᠠᠭᠤᠯᠢ ᠶᠢᠨ ᠰᠤᠷᠭᠠᠭᠤᠯᠢ ᠶᠢᠨ ᠲᠣᠭ᠎ᠠ ᠪᠠᠢᠨ᠎ᠠ᠂ ᠪᠣᠯᠪᠠᠰᠤᠷᠠᠯ ᠤᠨ ᠰᠤᠷᠭᠠᠭᠤᠯᠢ ᠶᠢᠨ ᠪᠠᠭᠰᠢ ᠨᠠᠷ ᠢ ᠰᠤᠷᠭᠠᠨ ᠬᠦᠮᠦᠵᠢᠯ ᠦᠨ ᠰᠤᠷᠭᠠᠭᠤᠯᠢ ᠶᠢᠨ ᠪᠦᠲᠦᠴᠡ ᠶᠢᠨ ᠰᠤᠷᠭᠠᠭᠤᠯᠢ ᠳᠤ ᠪᠣᠯᠪᠠᠰᠤᠷᠠᠯ ᠤᠨ ᠰᠤᠷᠭᠠᠭᠤᠯᠢ᠃ 799 ᠬᠦᠮᠦᠨ ᠰᠤᠷᠭᠠᠭᠤᠯᠢ ᠳᠤ ᠰᠤᠷᠭᠠᠭᠤᠯᠢ ᠶᠢᠨ ᠪᠠᠭᠰᠢ ᠨᠠᠷ ᠢ ᠰᠤᠷᠭᠠᠭᠤᠯᠢ ᠶᠢᠨ 600 ᠭᠠᠷᠤᠢ ᠰᠤᠷᠭᠠᠭᠤᠯᠢ᠂ ᠰᠤᠷᠭᠠᠭᠤᠯᠢ ᠳᠤ ᠮᠣᠩᠭᠣᠯ ᠬᠡᠯᠡᠪᠡᠷ ᠰᠤᠷᠭᠠᠭᠤᠯᠢ ᠶᠢᠨ ᠰᠤᠷᠭᠠᠭᠤᠯᠢ ᠶᠢ ᠪᠣᠯᠪᠠᠰᠤᠷᠠᠭᠤᠯᠬᠤ᠂ ᠰᠤᠷᠭᠠᠭᠤᠯᠢ ᠶᠢᠨ ᠰᠤᠷᠭᠠᠭᠤᠯᠢ᠂ ᠰᠤᠷᠭᠠᠭᠤᠯᠢ ᠶᠢᠨ ᠰᠤᠷᠭᠠᠭᠤᠯᠢ᠂ ᠰᠤᠷᠭᠠᠭᠤᠯᠢ ᠶᠢᠨ ᠮᠣᠩᠭᠣᠯ ᠬᠡᠯᠡᠪᠡᠷ ᠰᠤᠷᠭᠠᠭᠤᠯᠢ ᠶᠢᠨ ᠰᠤᠷᠭᠠᠭᠤᠯᠢ ᠳᠤ ᠰᠤᠷᠭᠠᠭᠤᠯᠢ ᠶᠢᠨ APP ᠢ ᠪᠣᠯᠪᠠᠰᠤᠷᠠᠭᠤᠯᠬᠤ ᠰᠤᠷᠭᠠᠭᠤᠯᠢ᠂ ᠬᠦᠮᠦᠨ ᠰᠤᠷᠭᠠᠭᠤᠯᠢ ᠳᠤ ᠰᠤᠷᠭᠠᠭᠤᠯᠢ ᠪᠣᠯᠪᠠᠰᠤᠷᠠᠭᠤᠯᠪᠠ᠃ ᠰᠤᠷᠭᠠᠭᠤᠯᠢ ᠶᠢ᠂ 6 ᠰᠤᠷᠭᠠᠭᠤᠯᠢ ᠪᠣᠯᠪᠠᠰᠤᠷᠠᠯ ᠤᠨ ᠰᠤᠷᠭᠠᠭᠤᠯᠢ ᠶᠢᠨ ᠰᠤᠷᠭᠠᠭᠤᠯᠢ ᠳᠤ ᠰᠤᠷᠭᠠᠭᠤᠯᠢ ᠶᠢ 300 ᠭᠠᠷᠤᠢ ᠰᠤᠷᠭᠠᠭᠤᠯᠢ ᠶᠢᠨ ᠰᠤᠷᠭᠠᠭᠤᠯᠢ ᠶᠢ ᠪᠣᠯᠪᠠᠰᠤᠷᠠᠭᠤᠯᠪᠠ᠂ ᠰᠤᠷᠭᠠᠭᠤᠯᠢ ᠶᠢᠨ ᠪᠠᠭᠰᠢ ᠨᠠᠷ ᠤᠨ ᠰᠤᠷᠭᠠᠭᠤᠯᠢ᠂ ᠰᠤᠷᠭᠠᠭᠤᠯᠢ ᠳᠤ ᠰᠤᠷᠭᠠᠭᠤᠯᠢ ᠶᠢᠨ ᠰᠤᠷᠭᠠᠭᠤᠯᠢ ᠳᠤ 110 》 ᠳᠤ ᠪᠣᠯᠪᠠᠰᠤᠷᠠᠭᠤᠯᠤᠯᠲᠠ ᠶᠢ ᠰᠠᠢᠵᠢᠷᠠᠭᠤᠯᠪᠠ᠂ 《 ᠰᠤᠷᠭᠠᠭᠤᠯᠢ ᠰᠤᠷᠭᠠᠭᠤᠯᠢ ᠳᠤ 110 》 ᠳᠤ ᠰᠤᠷᠭᠠᠭᠤᠯᠢ ᠶᠢᠨ ᠰᠤᠷᠭᠠᠭᠤᠯᠢ᠂ ᠰᠤᠷᠭᠠᠭᠤᠯᠢ ᠳᠤ ᠰᠤᠷᠭᠠᠭᠤᠯᠢ 130 ᠭᠠᠷᠤᠢ ᠪᠠᠶᠢᠳᠠᠯ ᠢ ᠪᠣᠯᠪᠠᠰᠤᠷᠠᠭᠤᠯᠪᠠ᠃ ᠰᠤᠷᠭᠠᠭᠤᠯᠢ ᠶᠢᠨ ᠰᠤᠷᠭᠠᠭᠤᠯᠢ ᠶᠢᠨ 《 ᠰᠤᠷᠭᠠᠭᠤᠯᠢ ᠶᠢᠨ ᠰᠤᠷᠭᠠᠭᠤᠯᠢ᠃ 2015 ᠣᠨ ᠳᠤ᠂ ᠰᠤᠷᠭᠠᠭᠤᠯᠢ ᠶᠢᠨ ᠰᠤᠷᠭᠠᠭᠤᠯᠢ 77 ᠰᠤᠷᠭᠠᠭᠤᠯᠢ ᠶᠢᠨ ᠰᠤᠷᠭᠠᠭᠤᠯᠢ ᠶᠢᠨ ᠪᠣᠯᠪᠠᠰᠤᠷᠠᠯ ᠰᠤᠷᠭᠠᠭᠤᠯᠢ ᠶᠢᠨ ᠰᠤᠷᠭᠠᠭᠤᠯᠢ ᠳᠤ ᠰᠤᠷᠭᠠᠭᠤᠯᠢ ᠶᠢᠨ ᠰᠤᠷᠭᠠᠭᠤᠯᠢ ᠶᠢᠨ ᠰᠤᠷᠭᠠᠭᠤᠯᠢ ᠶᠢᠨ ᠪᠣᠯᠪᠠᠰᠤᠷᠠᠯ ᠤᠨ ᠪᠠᠢᠭᠤᠯᠤᠮᠵᠢ ᠶᠢ ᠰᠤᠷᠭᠠᠭᠤᠯᠢ ᠶᠢᠨ ᠰᠤᠷᠭᠠᠭᠤᠯᠢ᠂ 191 ᠰᠤᠷᠭᠠᠭᠤᠯᠢ ᠶᠢᠨ ᠰᠤᠷᠭᠠᠭᠤᠯᠢ ᠶᠢᠨ ᠰᠤᠷᠭᠠᠭᠤᠯᠢ

ᠠᠷᠢᠯᠭᠠᠬᠤ ᠶᠢᠨ ᠬᠡᠮᠵᠢᠶ᠎ᠡ ᠶᠢ ᠡᠷᠭᠡᠭᠦᠯᠦᠨ ᠪᠠᠢᠭᠤᠯᠤᠭᠰᠠᠨ ᠠᠴᠠ ᠪᠣᠯᠵᠤ ᠬᠦᠮᠦᠨ ᠤ ᠠᠮᠢᠳᠤᠷᠠᠯ ᠤᠨ ᠣᠷᠴᠢᠨ ᠲᠣᠭᠣᠷᠢᠨ ᠤ ᠴᠢᠨᠠᠷ ᠢ ᠰᠠᠢᠵᠢᠷᠠᠭᠤᠯᠪᠠ᠃ ᠬᠣᠲᠠ ᠪᠠ 《 ᠨᠣᠭᠣᠭᠠᠨ ᠬᠣᠲᠠ 》 ᠶᠢᠨ ᠪᠠᠢᠭᠤᠯᠤᠯᠲᠠ ᠶᠢᠨ ᠬᠠᠮᠲᠤ ᠪᠠᠢᠭᠠᠯᠢ ᠶᠢᠨ ᠬᠠᠮᠠᠭᠠᠯᠠᠯᠲᠠ ᠶᠢ ᠴᠢᠩᠭᠠᠳᠬᠠᠪᠠ᠃

【 ᠪᠠᠷᠢᠮᠲᠠ ᠶᠢᠨ ᠰᠢᠨᠵᠢᠯᠡᠭᠡ 】 ᠬᠣᠲᠠ ᠶᠢᠨ ᠨᠣᠭᠣᠭᠠᠷᠠᠭᠤᠯᠤᠯᠲᠠ ᠶᠢᠨ ᠬᠡᠮᠵᠢᠶ᠎ᠡ ᠨᠢ 748 ᠮᠦ᠂ 52 ᠮᠢᠩᠭ᠎ᠠ ᠰᠢᠷᠬᠡᠭ ᠮᠣᠳᠤ᠂ 310 ᠮᠢᠩᠭ᠎ᠠ ᠰᠢᠷᠬᠡᠭ ᠪᠣᠭᠣᠨ ᠮᠣᠳᠤ᠂ 258 ᠮᠢᠩᠭ᠎ᠠ ᠠᠪᠤᠬᠤ ᠶᠢ ᠲᠠᠷᠢᠵᠤ ᠰᠠᠢᠵᠢᠷᠠᠭᠤᠯᠪᠠ᠃

ᠬᠣᠲᠠ ᠶᠢᠨ ᠭᠡᠷᠡᠯᠲᠦᠭᠦᠯᠦᠯᠲᠡ ᠶᠢᠨ ᠪᠠᠢᠭᠤᠯᠤᠮᠵᠢ ᠶᠢ ᠰᠠᠢᠵᠢᠷᠠᠭᠤᠯᠬᠤ ᠳᠤ LED ᠭᠡᠷᠡᠯ ᠢ ᠣᠷᠣᠯᠠᠭᠤᠯᠵᠤ᠂ ᠭᠡᠷᠡᠯ ᠦᠨ ᠴᠢᠨᠠᠷ ᠢ ᠳᠡᠭᠡᠭᠰᠢᠯᠡᠭᠦᠯᠪᠡ᠃

2015 ᠣᠨ ᠳᠤ ᠬᠣᠲᠠ ᠶᠢᠨ ᠪᠠᠢᠭᠤᠯᠤᠮᠵᠢ ᠶᠢᠨ ᠠᠵᠢᠯ ᠢ ᠦᠷᠭᠦᠯᠵᠢᠯᠡᠨ ᠬᠢᠵᠦ᠂ ᠬᠣᠲᠠ ᠶᠢᠨ ᠳᠦᠷᠰᠦ ᠪᠠᠢᠳᠠᠯ ᠢ ᠰᠠᠢᠵᠢᠷᠠᠭᠤᠯᠪᠠ᠃

ᠬᠣᠲᠠ ᠶᠢᠨ 《 ᠨᠣᠭᠣᠭᠠᠨ ᠬᠣᠲᠠ 》 ᠶᠢᠨ ᠪᠠᠢᠭᠤᠯᠤᠯᠲᠠ ᠶᠢ ᠦᠷᠭᠦᠯᠵᠢᠯᠡᠨ ᠭᠦᠢᠴᠡᠳᠬᠡᠵᠦ᠂ ᠠᠷᠠᠳ ᠤᠨ ᠠᠮᠢᠳᠤᠷᠠᠯ ᠤᠨ ᠣᠷᠴᠢᠨ ᠢ ᠰᠠᠢᠵᠢᠷᠠᠭᠤᠯᠬᠤ ᠶᠢ ᠴᠢᠬᠤᠯᠠᠴᠢᠯᠠᠨ᠎ᠠ᠃

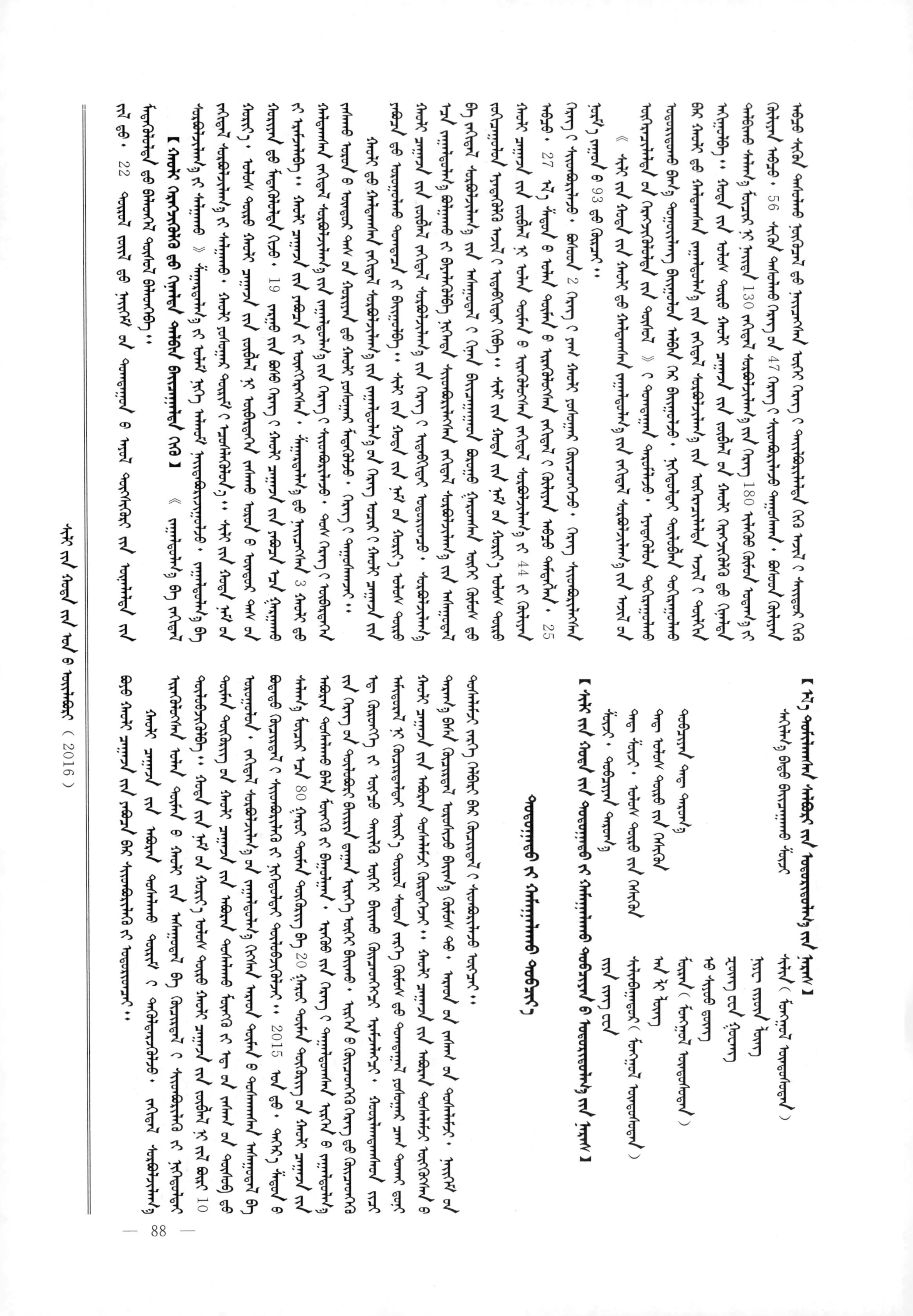

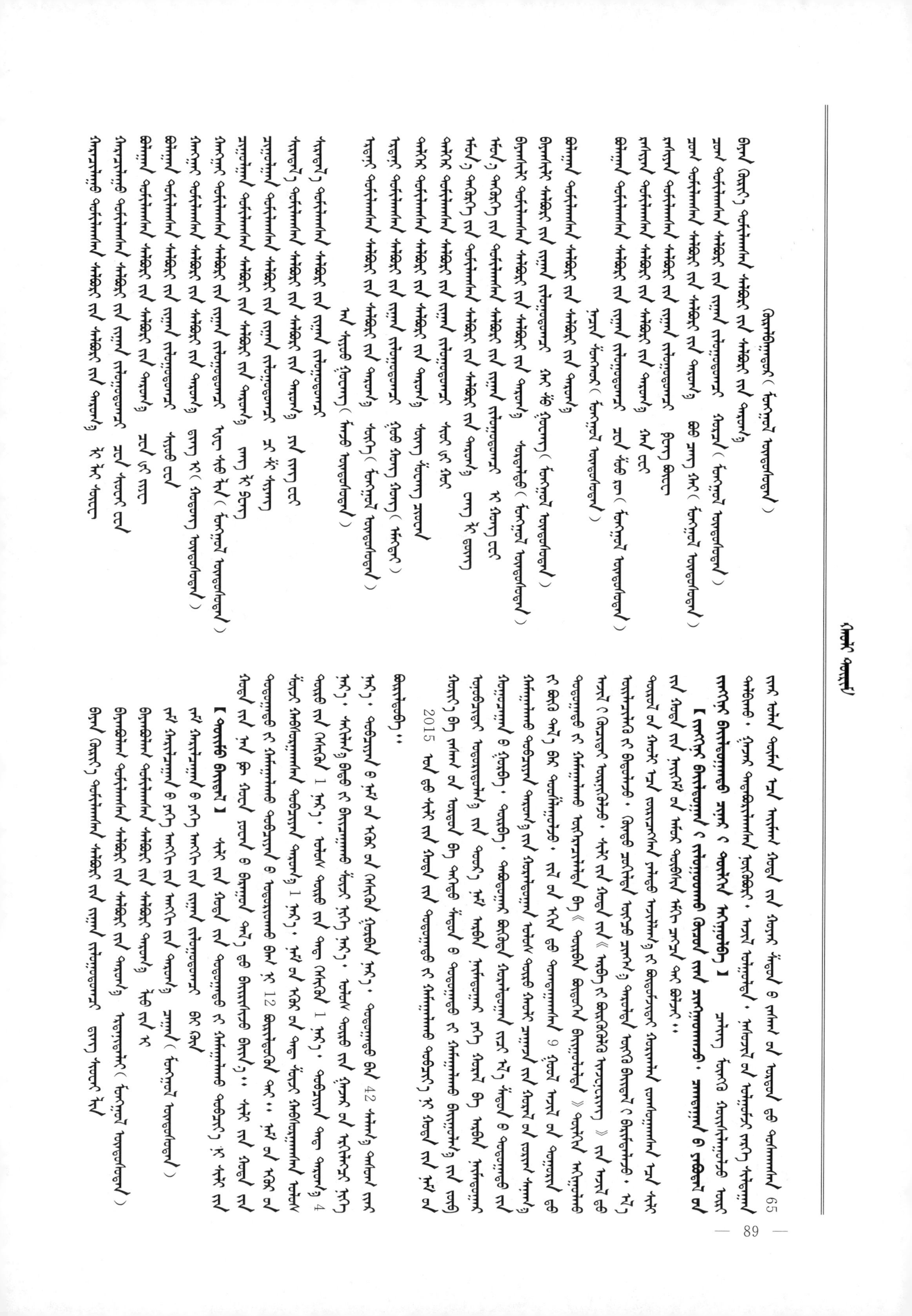

[illegible] 65 [illegible]

【[illegible]】 [illegible]

[illegible] 2015 [illegible]

[illegible] 42 [illegible] 1 [illegible] 1 [illegible] 4 [illegible] 1 [illegible] 12 [illegible]

【[illegible]】 [illegible]

[illegible]

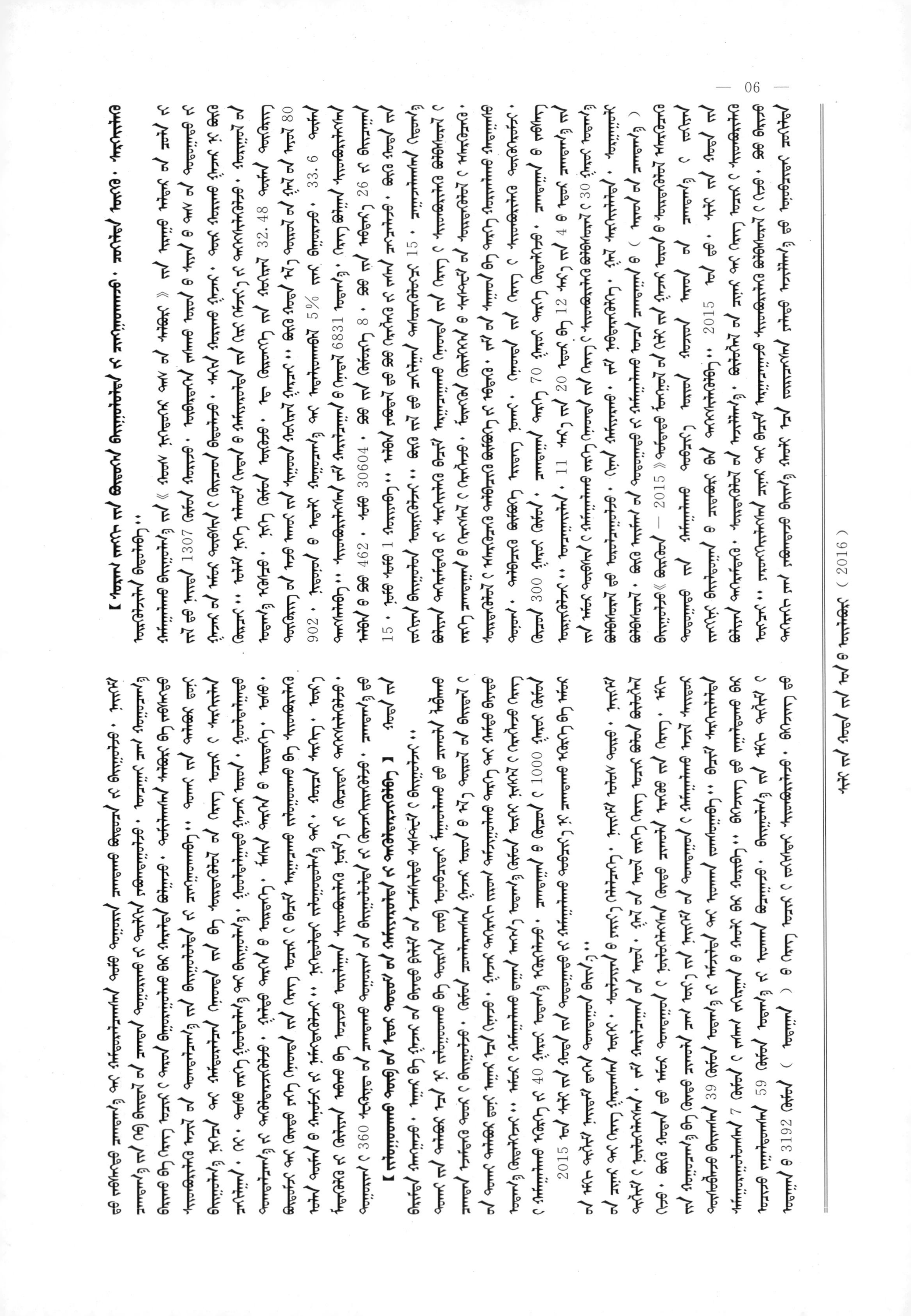

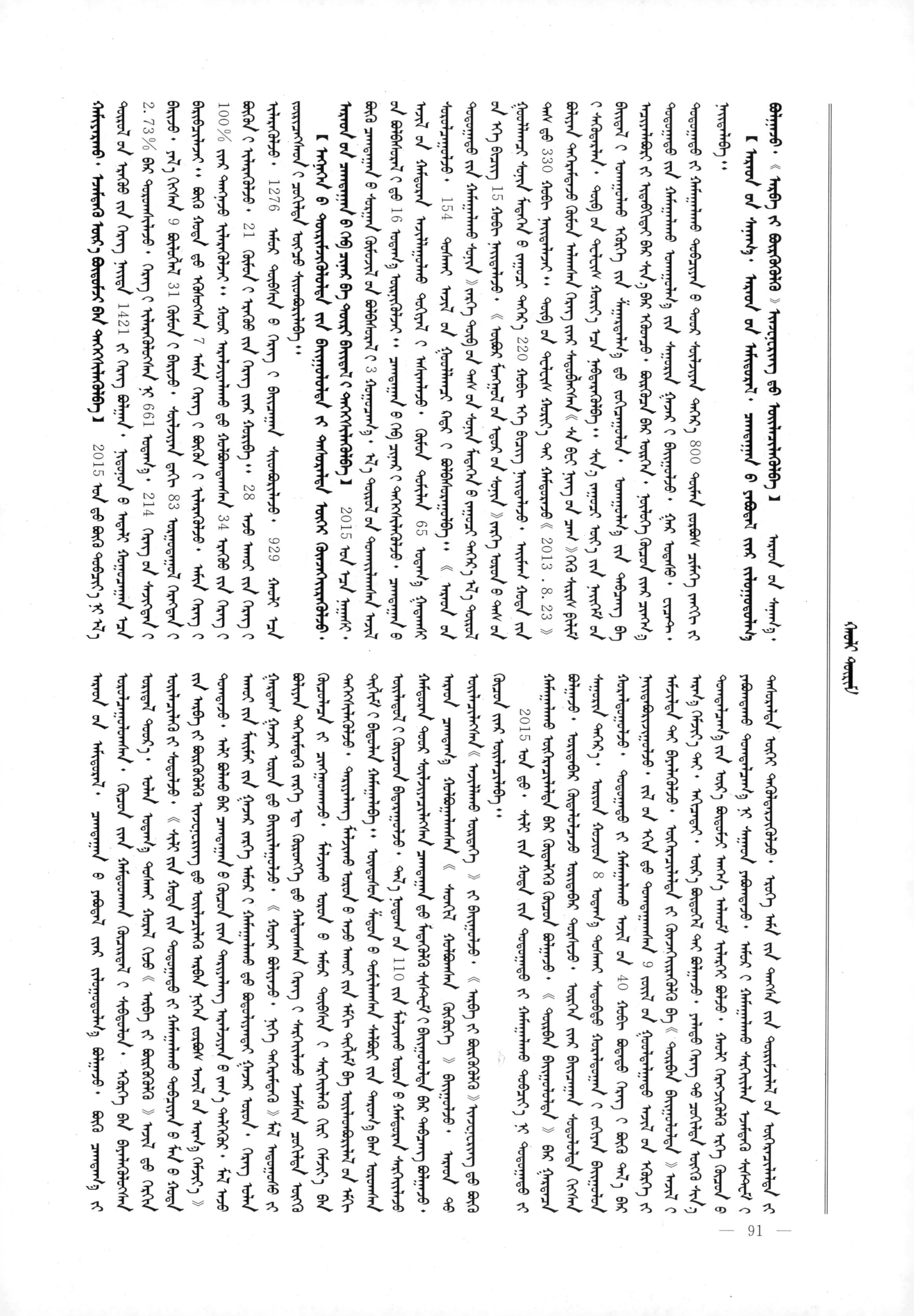

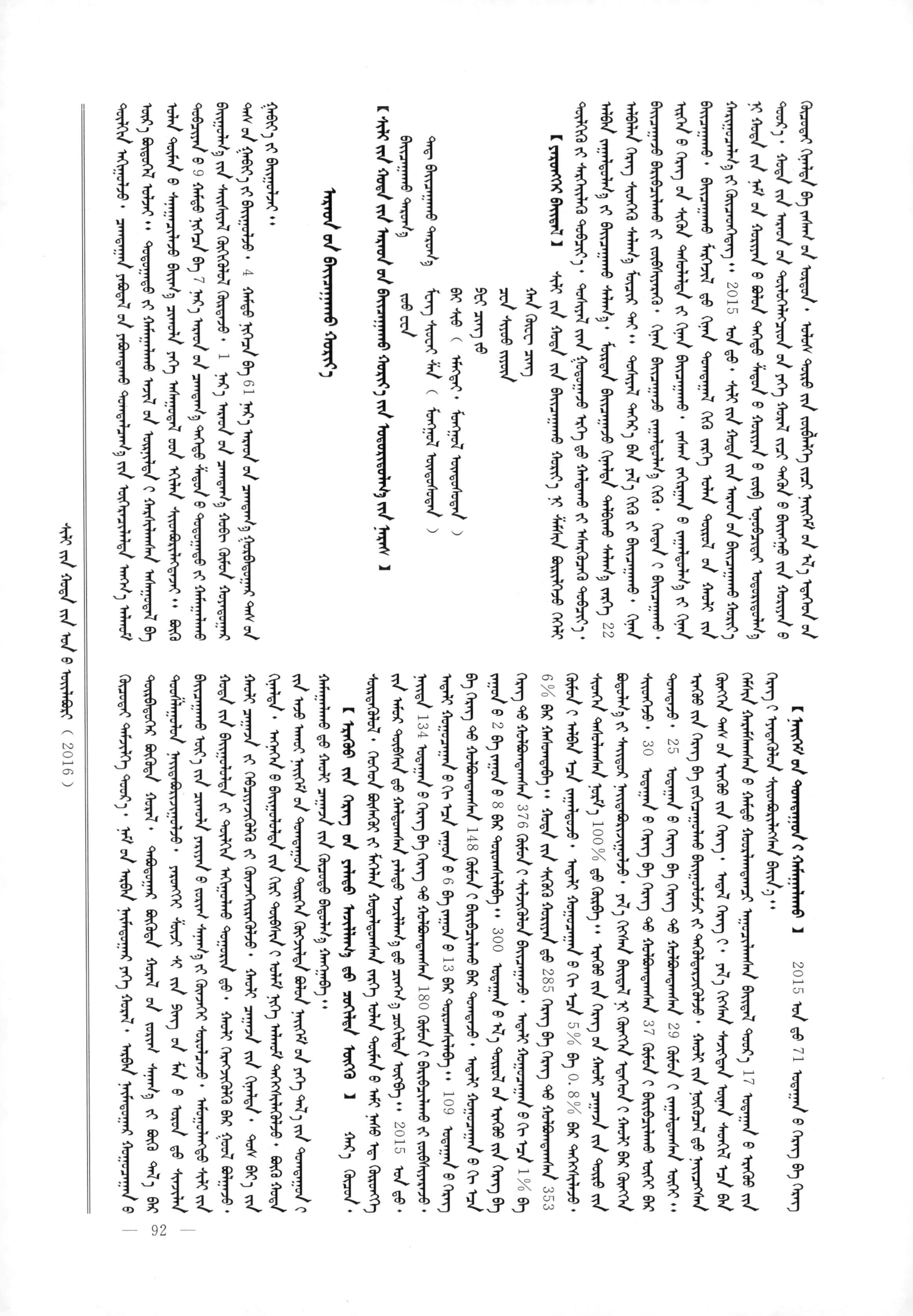

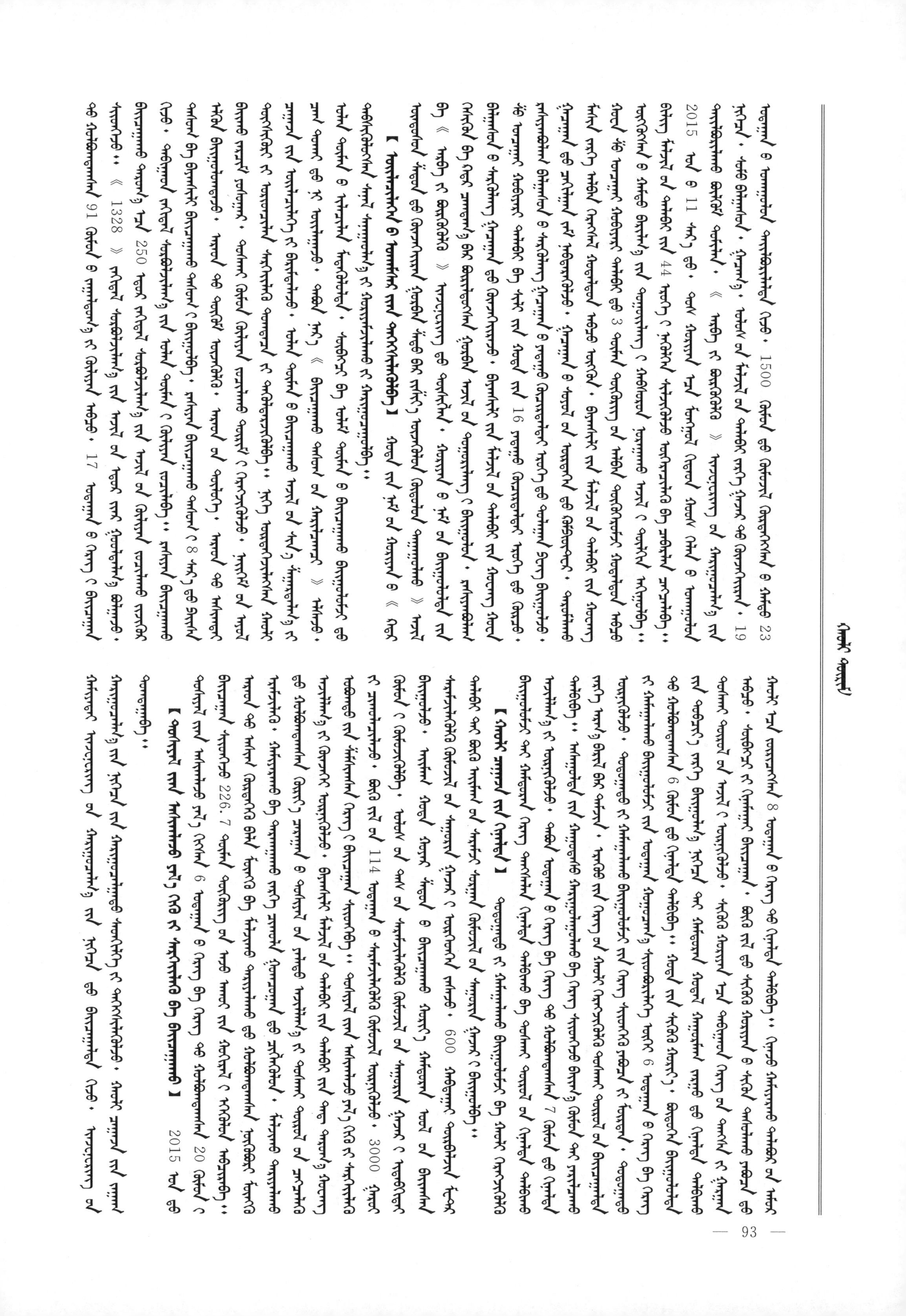

[illegible]

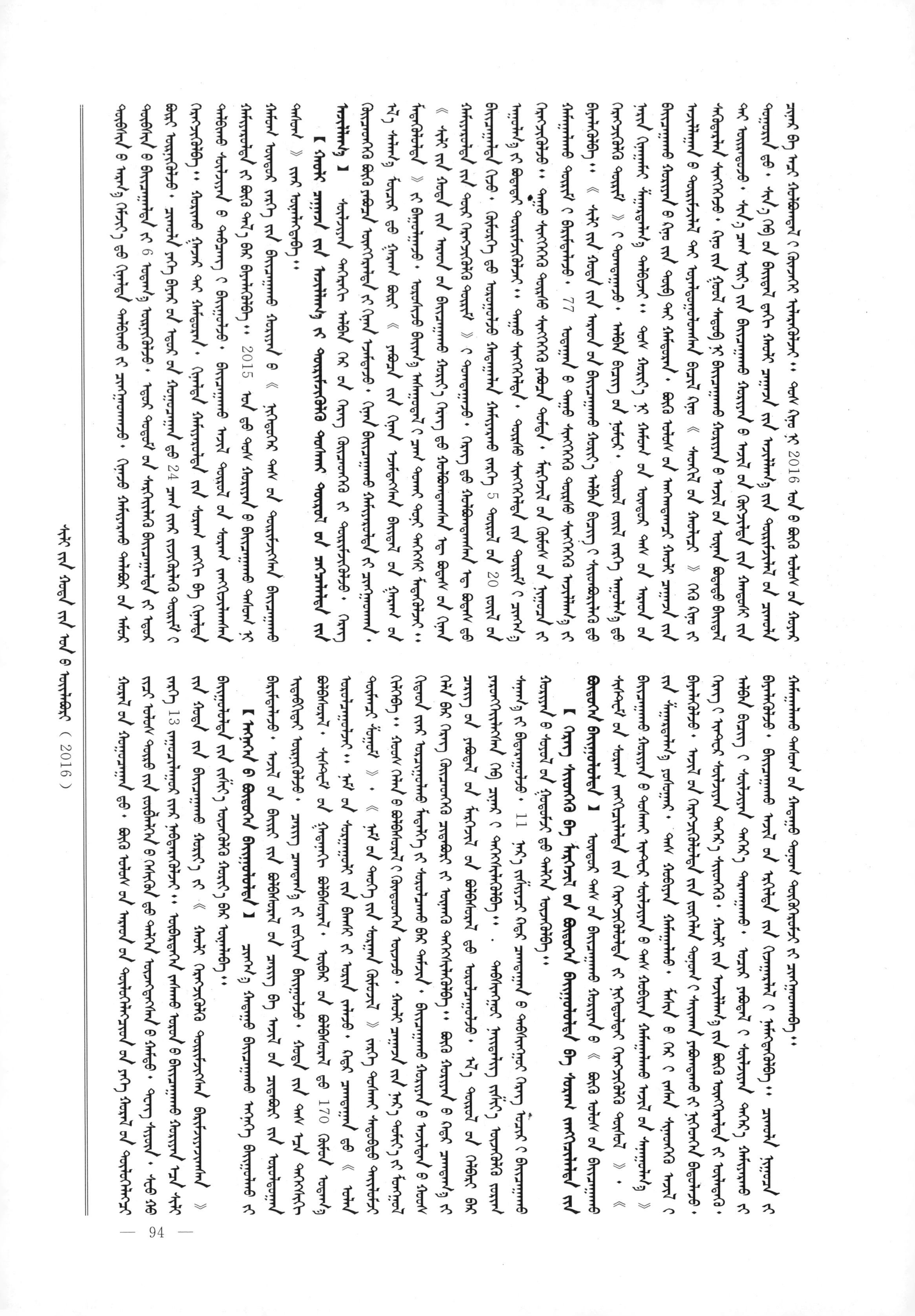

[illegible]

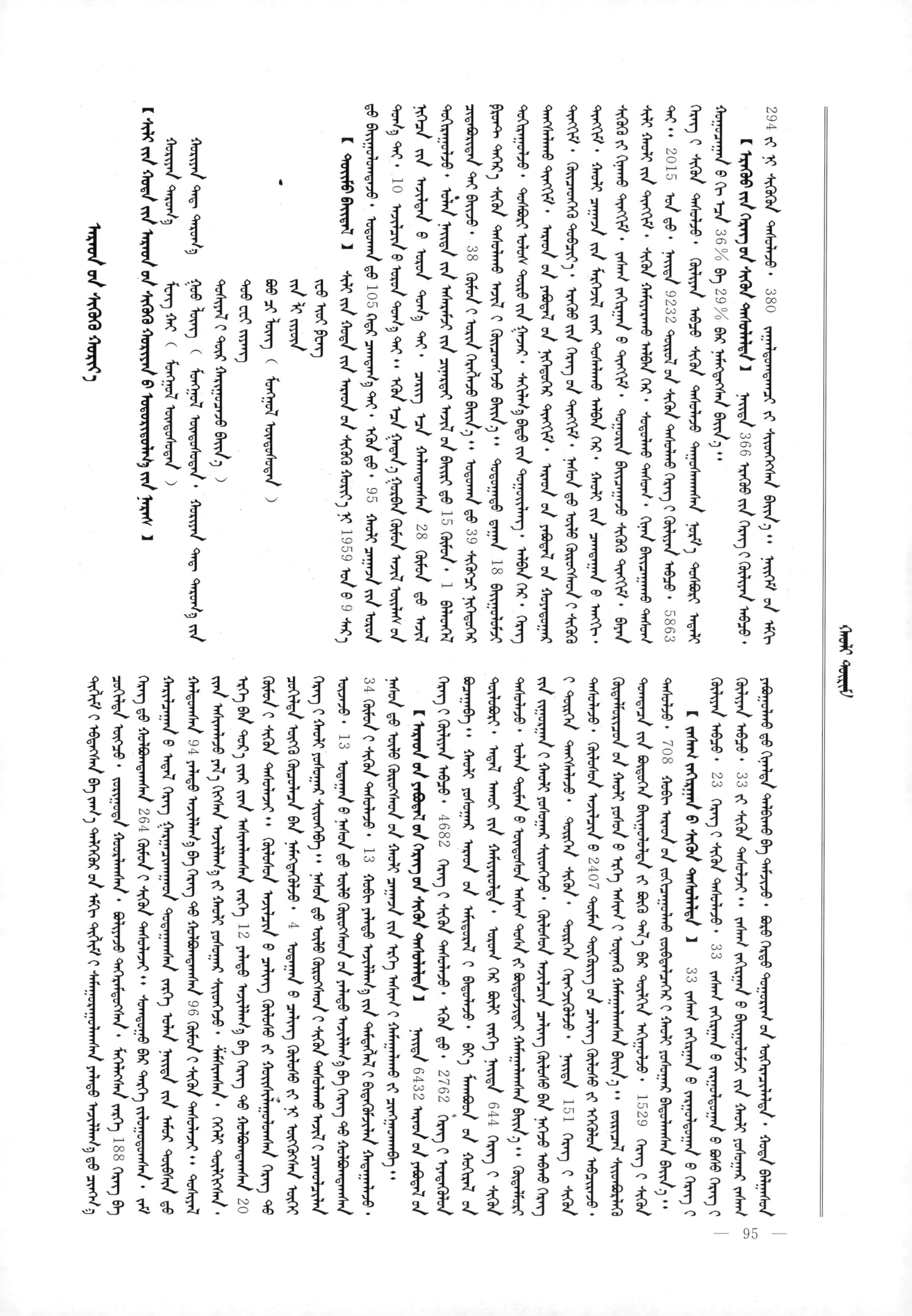

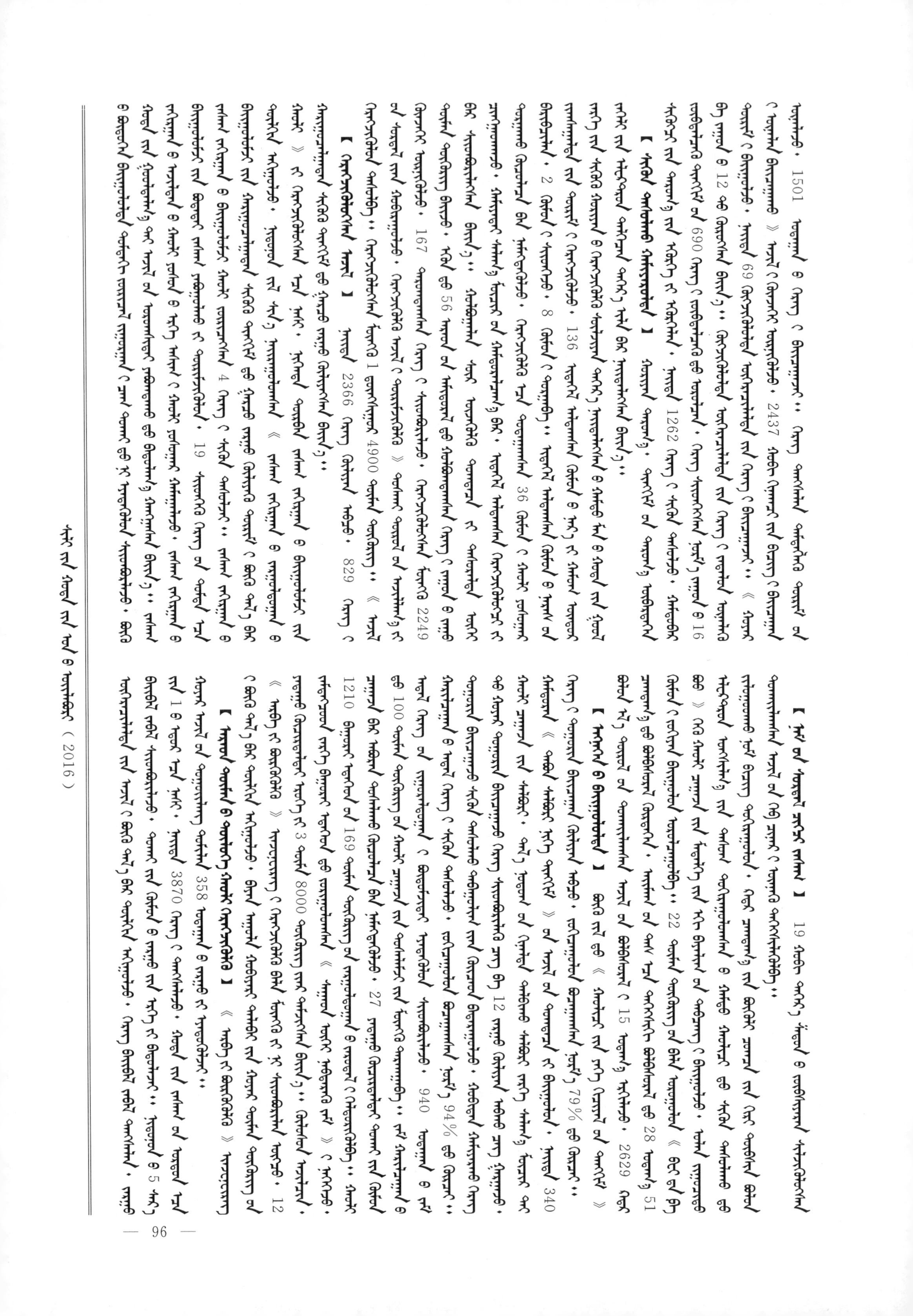

[illegible] ([illegible])

[illegible] ([illegible])

【 [illegible] 】

[illegible]

[illegible] 93% [illegible] ::
[illegible] 794 [illegible] 31 [illegible] :: [illegible] 236 [illegible] 28 [illegible] 62 [illegible] :: [illegible] 39 [illegible] 《 [illegible] 》 [illegible] 《 [illegible] 》 [illegible]

【 [illegible] 】 [illegible] 6903 [illegible] ::

5784 [illegible] 2050 [illegible] :: [illegible] :: [illegible] 4 [illegible] :: [illegible] 18

【 [illegible] 】 [illegible] ::

[illegible] 《 6 [illegible] 26 》 [illegible] 《 12 [illegible] 4 》 [illegible] 《 [illegible] 》 [illegible] 1 [illegible] 1 [illegible] 3600 [illegible] :: [illegible] 《 [illegible] 》 [illegible] 9948 [illegible] 770 [illegible] :: 48 [illegible] 《 [illegible] 》 [illegible] 18 [illegible] 61 [illegible] 3 [illegible] 4267 [illegible] :: 《 [illegible] 》 [illegible] 92 [illegible]

2015 [illegible] ::

[illegible] 》 [illegible] 60 [illegible] 《 [illegible] :: [illegible] 6 [illegible]

【 [illegible] 】 [illegible] ::

[illegible] :: [illegible] 74 [illegible] 18 [illegible] 11 [illegible] :: [illegible]

【 [illegible] 】 [illegible]

ᠳᠤ ᠲᠤᠰᠬᠠᠢᠯᠠᠯ ᠤᠨ ᠬᠦᠷᠲᠡᠭᠡᠮᠵᠢ ᠪᠡᠷ ᠳᠡᠭᠡᠭᠰᠢᠯᠡᠭᠦᠯᠪᠡ᠃
ᠬᠠᠤᠯᠢ ᠴᠠᠭᠠᠵᠠ ᠶᠢᠨ ᠲᠤᠰᠠᠯᠠᠮᠵᠢ ᠶᠢᠨ ᠠᠵᠢᠯ ᠤᠨ ᠵᠣᠬᠢᠶᠠᠨ ᠪᠠᠢᠭᠤᠯᠤᠯᠲᠠ ᠶᠢ ᠰᠠᠢᠵᠢᠷᠠᠭᠤᠯᠬᠤ ᠶᠢᠨ ᠲᠥᠯᠥᠭᠡ ᠬᠠᠤᠯᠢ ᠴᠠᠭᠠᠵᠠ ᠶᠢᠨ ᠠᠵᠢᠯ ᠤᠨ ᠬᠡᠮᠵᠢᠶ᠎ᠡ ᠪᠠᠷ ᠬᠠᠩᠭᠠᠬᠤ ᠶᠢᠨ ᠵᠡᠷᠭᠡ ᠪᠡᠷ ᠰᠢᠯᠭᠠᠨ ᠪᠠᠳᠤᠯᠠᠬᠤ᠂ ᠬᠠᠤᠯᠢ ᠴᠠᠭᠠᠵᠠ ᠶᠢᠨ ᠲᠤᠰᠠᠯᠠᠮᠵᠢ ᠶᠢᠨ ᠴᠢᠨᠠᠷ ᠢ ᠬᠠᠩᠭᠠᠬᠤ ᠪᠣᠯᠭᠠᠬᠤ᠂ ᠬᠠᠤᠯᠢ ᠴᠠᠭᠠᠵᠠ ᠶᠢᠨ ᠲᠤᠰᠠᠯᠠᠮᠵᠢ ᠶᠢᠨ ᠬᠡᠷᠡᠭ ᠢ ᠵᠣᠬᠢᠶᠠᠨ ᠪᠠᠢᠭᠤᠯᠬᠤ ᠬᠢᠨᠠᠯᠲᠠ ᠶᠢ ᠴᠢᠩᠭᠠᠳᠬᠠᠪᠠ᠃ 130 ᠭᠠᠷᠤᠢ ᠭᠠᠵᠠᠷ ᠤᠨ ᠪᠠᠢᠭᠤᠯᠤᠯᠭ᠎ᠠ ᠳᠤ ᠰᠢᠯᠭᠠᠨ ᠪᠠᠳᠤᠯᠠᠭᠳᠠᠪᠠ᠃ ᠮᠥᠨ ᠰᠢᠯᠭᠠᠨ ᠪᠠᠳᠤᠯᠠᠭᠰᠠᠨ ᠳᠤ 《ᠬᠠᠤᠯᠢ ᠴᠠᠭᠠᠵᠠ ᠶᠢᠨ ᠲᠤᠰᠠᠯᠠᠮᠵᠢ》 ᠶᠢ ᠳᠠᠮᠵᠢᠭᠤᠯᠤᠨ᠂ ᠪᠦᠬᠦ ᠪᠠᠢᠭᠤᠯᠤᠯᠭ᠎ᠠ᠂ ᠪᠦᠬᠦ ᠭᠠᠷᠤᠢ ᠶᠢᠨ ᠬᠠᠤᠯᠢ ᠴᠠᠭᠠᠵᠠ ᠶᠢᠨ ᠲᠤᠰᠠᠯᠠᠮᠵᠢ ᠶᠢᠨ ᠠᠵᠢᠯ ᠤᠨ ᠴᠢᠨᠠᠷ ᠢ ᠰᠠᠢᠵᠢᠷᠠᠭᠤᠯᠵᠤ᠂ ᠬᠠᠤᠯᠢ ᠴᠠᠭᠠᠵᠠ ᠶᠢᠨ ᠲᠤᠰᠠᠯᠠᠮᠵᠢ ᠶᠢᠨ ᠠᠵᠢᠯ ᠤᠨ ᠴᠢᠨᠠᠷ ᠤᠨ ᠦᠨᠡᠯᠡᠭᠡ ᠳᠦ ᠲᠣᠭᠠᠴᠠᠬᠤ ᠶᠠᠪᠤᠳᠠᠯ ᠢ ᠡᠬᠢᠯᠡᠭᠦᠯᠪᠡ᠃

【ᠬᠠᠷᠢᠶ᠎ᠠ ᠶᠢᠨ ᠬᠢᠨᠠᠯᠲᠠ】 ᠬᠣᠣᠰ ᠲᠥᠪᠰᠢᠨ ᠪᠣᠳᠤᠯᠭ᠎ᠠ ᠭᠠᠷᠤᠢ ᠭᠠᠵᠠᠷ ᠤᠨ ᠪᠠᠢᠭᠤᠯᠤᠯᠭ᠎ᠠ ᠳᠤ 《ᠬᠠᠤᠯᠢ ᠵᠦᠢ ᠶᠢᠨ ᠲᠤᠰᠠᠯᠠᠮᠵᠢ ᠶᠢᠨ ᠠᠵᠢᠯ ᠤᠨ ᠭᠠᠷᠤᠢ》 ᠢ ᠬᠡᠷᠡᠭᠵᠢᠭᠦᠯᠪᠡ᠃ ᠬᠣᠣᠰ ᠲᠥᠪᠰᠢᠨ ᠤ ᠬᠠᠤᠯᠢ ᠴᠠᠭᠠᠵᠠ ᠶᠢᠨ ᠲᠥᠪ᠂ ᠬᠠᠷᠢᠶ᠎ᠠ ᠶᠢᠨ ᠵᠠᠭᠠᠭ ᠤᠨ ᠲᠥᠪ ᠳᠦ 《ᠬᠣᠣᠰ ᠲᠥᠪᠰᠢᠨ ᠤ ᠬᠠᠷᠢᠭᠤᠴᠠᠯᠭ᠎ᠠ ᠲᠡᠷᠡ ᠶᠢᠨ ᠬᠠᠤᠯᠢ ᠵᠦᠢ ᠶᠢᠨ ᠲᠤᠰᠠᠯᠠᠮᠵᠢ ᠶᠢ ᠬᠡᠷᠡᠭᠵᠢᠭᠦᠯᠪᠡ᠃ ᠪᠠᠢᠭᠤᠯᠤᠯᠭ᠎ᠠ ᠶᠢᠨ ᠪᠦᠷᠢᠯᠳᠦᠬᠦᠨ ᠨᠢ ᠬᠠᠷᠢᠶᠠᠯᠠᠯ ᠤᠨ ᠠᠵᠢᠯ ᠢ
2015 ᠣᠨ ᠳᠤ᠂ ᠪᠦᠬᠦ ᠣᠷᠤᠨ ᠤ ᠬᠡᠮᠵᠢᠶ᠎ᠡ ᠪᠡᠷ ᠬᠣᠣᠰ ᠲᠥᠪᠰᠢᠨ ᠳᠤ 《ᠬᠠᠤᠯᠢ ᠵᠦᠢ ᠶᠢᠨ ᠲᠤᠰᠠᠯᠠᠮᠵᠢ ᠶᠢᠨ ᠣᠷᠤᠨ》 ᠢ ᠪᠠᠢᠭᠤᠯᠤᠯᠴᠠᠪᠠ᠃

ᠳᠤ ᠲᠤᠰᠬᠠᠢᠯᠠᠭᠰᠠᠨ ᠤ ᠪᠠᠢᠷᠢᠨ ᠳᠤ ᠬᠡᠷᠡᠭ ᠦᠨ ᠪᠠᠢᠳᠠᠯ ᠤᠨ ᠬᠡᠯᠡᠯᠴᠡᠭᠡᠨ ᠳᠦ ᠪᠠᠢᠨ᠎ᠠ ᠬᠦᠮᠦᠨ ᠪᠠᠢᠭᠠᠷ ᠪᠣᠯᠬᠤ ᠢᠷᠭᠡᠳ ᠢ ᠲᠤᠰᠠᠯᠠᠬᠤ᠂ ᠠᠵᠢᠯ ᠤᠨ ᠬᠡᠷᠡᠭ ᠦᠨ ᠬᠠᠤᠯᠢ ᠴᠠᠭᠠᠵᠠ ᠶᠢᠨ ᠲᠤᠰᠠᠯᠠᠮᠵᠢ ᠶᠢᠨ ᠪᠠᠭᠤᠷᠢ ᠨᠢ ᠬᠠᠤᠯᠢ ᠴᠠᠭᠠᠵᠠ ᠶᠢᠨ ᠲᠤᠰᠠᠯᠠᠮᠵᠢ ᠶᠢᠨ ᠬᠡᠷᠡᠭ ᠦᠨ ᠮᠡᠳᠡᠭᠡᠯᠡᠯ ᠢ ᠬᠦᠯᠢᠶᠡᠨ ᠠᠪᠤᠭᠠᠳ᠂ 10 ᠭᠠᠷᠤᠢ ᠶᠢᠨ ᠬᠢᠨᠠᠯᠲᠠ ᠶᠢ ᠬᠡᠷᠡᠭᠵᠢᠭᠦᠯᠪᠡ᠃ ᠬᠠᠤᠯᠢ ᠵᠦᠢ ᠶᠢᠨ ᠲᠤᠰᠠᠯᠠᠮᠵᠢ ᠶᠢᠨ ᠠᠵᠢᠯ ᠤᠨ ᠴᠢᠨᠠᠷ ᠤᠨ ᠬᠢᠨᠠᠯᠲᠠ ᠶᠢᠨ ᠬᠦᠷᠢᠶᠡᠨ ᠳᠦ ᠬᠠᠤᠯᠢ ᠴᠠᠭᠠᠵᠠ ᠶᠢᠨ ᠲᠤᠰᠠᠯᠠᠮᠵᠢ ᠶᠢᠨ ᠬᠡᠷᠡᠭ ᠦᠨ ᠴᠢᠨᠠᠷ ᠢ ᠰᠠᠢᠵᠢᠷᠠᠭᠤᠯᠬᠤ᠂ ᠮᠥᠨ ᠭᠠᠷᠤᠢ ᠳᠤ ᠲᠣᠭᠠᠴᠠᠬᠤ ᠶᠠᠪᠤᠳᠠᠯ ᠤᠨ ᠲᠣᠭ᠎ᠠ ᠪᠠᠷ ᠬᠠᠤᠯᠢ ᠴᠠᠭᠠᠵᠠ ᠶᠢᠨ ᠲᠤᠰᠠᠯᠠᠮᠵᠢ ᠶᠢᠨ ᠬᠢᠨᠠᠯᠲᠠ ᠶᠢᠨ ᠬᠡᠮᠵᠢᠶ᠎ᠡ ᠪᠡᠷ ᠬᠠᠷᠢᠭᠤᠴᠠᠨ᠎ᠠ ᠶᠢᠨ ᠪᠠᠢᠳᠠᠯ ᠢ ᠰᠠᠢᠵᠢᠷᠠᠭᠤᠯᠵᠤ᠂ ᠪᠦᠬᠦ ᠣᠷᠤᠨ ᠤ ᠬᠠᠤᠯᠢ ᠴᠠᠭᠠᠵᠠ ᠶᠢᠨ ᠲᠤᠰᠠᠯᠠᠮᠵᠢ ᠶᠢᠨ ᠠᠵᠢᠯ ᠨᠢ ᠬᠠᠤᠯᠢ ᠴᠠᠭᠠᠵᠠ ᠶᠢᠨ ᠲᠤᠰᠠᠯᠠᠮᠵᠢ ᠶᠢᠨ ᠬᠢᠨᠠᠯᠲᠠ ᠶᠢᠨ ᠠᠵᠢᠯ ᠢ ᠬᠡᠷᠡᠭᠵᠢᠭᠦᠯᠵᠦ᠂ ᠪᠦᠬᠦ ᠣᠷᠤᠨ ᠤ ᠬᠠᠤᠯᠢ ᠴᠠᠭᠠᠵᠠ ᠶᠢᠨ ᠲᠤᠰᠠᠯᠠᠮᠵᠢ ᠶᠢᠨ 12348 ᠤᠲᠠᠰᠤᠨ ᠤ ᠵᠢᠭᠠᠭᠠᠷ ᠤᠨ ᠬᠠᠤᠯᠢ ᠴᠠᠭᠠᠵᠠ ᠶᠢᠨ ᠵᠥᠪᠯᠡᠭᠡᠨ ᠢ ᠬᠡᠷᠡᠭᠵᠢᠭᠦᠯᠪᠡ᠃ ᠪᠦᠬᠦ ᠣᠷᠤᠨ ᠤ ᠵᠢᠭᠠᠭᠠᠷ ᠤᠲᠠᠰᠤ ᠶᠢᠨ ᠬᠠᠷᠢᠭᠤ ᠪᠠᠷ᠂ 《ᠵᠠᠭᠠᠭᠤᠯᠤᠨ ᠰᠤᠷᠭᠠᠬᠤ ᠶᠢᠨ》 ᠶᠢᠨ ᠲᠣᠭ᠎ᠠ ᠶᠢ ᠨᠡᠮᠡᠭᠳᠡᠭᠦᠯᠪᠡ᠂ ᠬᠦᠷᠲᠡᠭᠡᠬᠦ ᠬᠤᠭᠤᠴᠠᠭ᠎ᠠ ᠪᠠᠷ ᠪᠦᠬᠦ ᠲᠣᠭ᠎ᠠ ᠶᠢ ᠨᠡᠮᠡᠭᠳᠡᠭᠦᠯᠦᠨ᠂ ᠬᠠᠤᠯᠢ ᠶᠢᠨ ᠵᠥᠪᠯᠡᠭᠡᠨ ᠳᠦ ᠲᠤᠰᠠᠯᠠᠮᠵᠢ ᠶᠢᠨ ᠪᠠᠢᠭᠤᠯᠤᠯᠭ᠎ᠠ ᠶᠢᠨ ᠲᠡᠷᠭᠡᠭᠦᠨ ᠪᠠᠷ᠂ ᠬᠠᠷᠢᠶᠠᠯᠠᠭᠰᠠᠨ ᠤ ᠬᠠᠤᠯᠢ ᠳᠠᠭᠤᠰᠬᠠᠬᠤ ᠶᠢᠨ ᠵᠣᠬᠢᠶᠠᠨ ᠪᠠᠢᠭᠤᠯᠤᠯᠲᠠ ᠶᠢ ᠰᠠᠢᠵᠢᠷᠠᠭᠤᠯᠪᠠ᠃ ᠮᠥᠨ ᠬᠠᠤᠯᠢ ᠳᠤ ᠬᠠᠷᠢᠶᠠᠯᠠᠭᠰᠠᠨ ᠤ ᠭᠡᠷ ᠪᠦᠯᠢ ᠶᠢᠨ ᠲᠤᠰᠠᠯᠠᠮᠵᠢ ᠶᠢᠨ ᠬᠡᠮᠵᠢᠶ᠎ᠡ ᠶᠢ ᠲᠤᠭᠰᠢᠭᠤᠯᠤᠭᠰᠠᠨ ᠪᠠᠢᠨ᠎ᠠ᠃ ᠬᠠᠤᠯᠢ ᠶᠢᠨ ᠵᠥᠪᠯᠡᠭᠡᠨ ᠤ ᠬᠡᠮᠵᠢᠶ᠎ᠡ ᠶᠢᠨ ᠬᠡᠷᠡᠭᠵᠢᠭᠦᠯᠦᠯᠲᠡ ᠶᠢᠨ ᠬᠦᠷᠢᠶᠡᠨ ᠢ ᠲᠡᠯᠡᠭᠡᠷᠡᠭᠦᠯᠪᠡ᠃ 4 ᠰᠠᠷ᠎ᠠ ᠶᠢᠨ ᠳᠤ᠂ ᠬᠠᠤᠯᠢ ᠴᠠᠭᠠᠵᠠ ᠶᠢᠨ ᠵᠥᠪᠯᠡᠭᠡᠨ ᠳᠦ 6 ᠭᠠᠷᠤᠢ ᠶᠢ ᠬᠦᠷᠲᠡᠭᠡᠭᠰᠡᠨ᠂ 6 ᠭᠠᠷᠤᠢ ᠰᠢᠨ᠎ᠡ ᠶᠢᠨ ᠬᠦᠷᠲᠡᠭᠡᠮᠵᠢ ᠲᠠᠢ᠂ 105 ᠭᠠᠷᠤᠢ ᠪᠠᠢᠭᠤᠯᠤᠨ᠂ ᠪᠠᠢᠭᠤᠯᠤᠯᠭ᠎ᠠ ᠵᠢᠷᠭᠤᠭ᠎ᠠ 8 ᠭᠠᠷᠤᠢ ᠶᠢ ᠨᠡᠮᠡᠭᠳᠡᠭᠦᠯᠦᠨ᠂ ᠬᠤᠭᠤᠴᠠᠭ᠎ᠠ ᠲᠠᠢ ᠪᠣᠯᠵᠤ ᠬᠤᠭᠤᠴᠠᠭ᠎ᠠ ᠶᠢᠨ ᠪᠣᠯᠤᠯᠴᠠᠭᠠ ᠶᠢᠨ ᠬᠦᠷᠲᠡᠭᠡᠮᠵᠢ ᠲᠠᠢ᠂ 16 ᠭᠠᠷᠤᠢ ᠶᠢ ᠨᠡᠮᠡᠭᠳᠡᠭᠦᠯᠦᠨ᠂ 7 ᠭᠠᠷᠤᠢ ᠶᠢ ᠰᠢᠨᠡᠳᠬᠡᠨ ᠲᠣᠬᠢᠵᠢᠭᠤᠯᠬᠤ ᠪᠠᠢᠭᠤᠯᠤᠯᠲᠠ ᠶᠢᠨ ᠪᠦᠲᠦᠭᠡᠯ ᠳᠦ ᠲᠤᠰᠠᠯᠠᠭᠰᠠᠨ᠂ 18 ᠭᠠᠷᠤᠢ ᠳᠤ ᠭᠠᠷᠠᠭᠠᠳ ᠤᠨ ᠬᠡᠷᠡᠭᠰᠡᠯ ᠦᠨ ᠬᠡᠮᠵᠢᠶ᠎ᠡ ᠪᠠᠷ ᠲᠤᠰᠠᠯᠠᠭᠰᠠᠨ᠂ 5 ᠭᠠᠷᠤᠢ ᠶᠢ ᠬᠠᠷᠢᠶ᠎ᠠ ᠶᠢᠨ ᠬᠠᠮᠲᠤ ᠭᠠᠷᠬᠤ ᠳᠤ ᠲᠤᠰᠠᠯᠠᠭᠰᠠᠨ᠂ 6 ᠭᠠᠷᠤᠢ ᠶᠢ ᠪᠠᠢᠭᠤᠯᠤᠯᠲᠠ ᠶᠢᠨ ᠰᠠᠯᠠᠭ᠎ᠠ ᠶᠢᠨ ᠬᠢᠨᠠᠯᠲᠠ ᠶᠢᠨ ᠪᠠᠢᠷᠢ ᠶᠢ ᠵᠠᠰᠠᠮᠵᠢᠯᠠᠭᠰᠠᠨ 8 ᠭᠠᠷᠤᠢ ᠳᠤ ᠬᠠᠤᠯᠢ ᠲᠤᠰᠠᠯᠠᠮᠵᠢ ᠶᠢᠨ ᠲᠥᠪ ᠦᠨ ᠲᠥᠷᠥᠯ ᠦᠨ ᠪᠠᠢᠷᠢᠰᠢᠯ
ᠰᠠᠢᠨ ᠤ ᠲᠤᠰᠠᠯᠠᠮᠵᠢ ᠶᠢᠨ ᠬᠡᠮᠵᠢᠶᠡᠨ ᠦ ᠬᠠᠮᠤᠷᠤᠯᠲᠠ ᠶᠢᠨ ᠬᠦᠷᠢᠶᠡᠨ ᠳᠦ ᠪᠦᠬᠦ ᠣᠷᠤᠨ ᠳᠤ ᠬᠠᠷᠢᠶᠠᠯᠠᠭᠳᠠᠬᠤ ᠪᠠᠢᠨ᠎ᠠ᠂ ᠬᠤᠪᠢ
80 ᠬᠤᠪᠢ ᠶᠢᠨ ᠬᠠᠮᠤᠷᠤᠯᠲᠠ ᠶᠢᠨ ᠲᠤᠰᠠᠯᠠᠮᠵᠢ ᠶᠢ ᠬᠡᠷᠡᠭᠵᠢᠭᠦᠯᠪᠡ᠃
ᠪᠠᠢᠭᠤᠯᠤᠨ᠂ ᠪᠦᠬᠦ ᠣᠷᠤᠨ ᠤ ᠬᠣᠣᠰ ᠲᠥᠪᠰᠢᠨ 188 ᠠᠵᠢᠯ ᠤᠨ ᠬᠡᠯᠲᠡᠰ ᠢ 34 ᠬᠤᠪᠢ ᠶᠢᠨ ᠪᠠᠢᠷᠢᠰᠢᠯ ᠳᠤ ᠬᠠᠮᠤᠷᠤᠯᠲᠠ ᠶᠢᠨ᠂ ᠲᠤᠰᠠᠯᠠᠮᠵᠢ ᠶᠢᠨ ᠬᠡᠷᠡᠭᠵᠢᠯ ᠢ ᠰᠠᠢᠵᠢᠷᠠᠭᠤᠯᠬᠤ ᠶᠢᠨ ᠲᠥᠯᠥᠭᠡ᠃ 2015 ᠣᠨ ᠤ ᠬᠠᠭᠠᠰ ᠤᠨ ᠬᠠᠭᠤᠴᠢᠨ ᠪᠠᠢᠭᠤᠯᠤᠯᠲᠠ ᠬᠠᠷᠠᠭᠠᠯᠵᠠᠬᠤ ᠶᠢᠨ ᠪᠣᠯᠤᠮᠵᠢ ᠶᠢᠨ ᠵᠠᠭᠠᠭ ᠤᠨ ᠪᠠᠢᠭᠤᠯᠤᠯᠭ᠎ᠠ ᠲᠠᠢ ᠪᠣᠯᠭᠠᠨ᠂ ᠠᠵᠢᠯ ᠤᠨ ᠬᠣᠷᠢᠶ᠎ᠠ ᠶᠢᠨ ᠪᠠᠢᠷᠢᠰᠢᠯ ᠤᠨ ᠬᠠᠮᠤᠷᠤᠯᠲᠠ ᠶᠢᠨ ᠵᠠᠭᠠᠭ ᠤᠨ ᠪᠠᠢᠭᠤᠯᠤᠯᠭ᠎ᠠ ᠲᠠᠢ ᠪᠣᠯᠭᠠᠨ᠂ ᠬᠤᠪᠢ ᠬᠦᠮᠦᠨ ᠦ ᠬᠤᠪᠢ ᠶᠢᠨ ᠪᠠᠢᠷᠢᠰᠢᠯ ᠬᠠᠮᠤᠷᠤᠯᠲᠠ ᠲᠠᠢ ᠠᠵᠢᠯ ᠤᠨ ᠬᠦᠮᠦᠨ ᠢ ᠠᠵᠢᠯᠯᠠᠭᠤᠯᠤᠨ᠂ ᠬᠠᠤᠯᠢ ᠵᠦᠢ ᠶᠢᠨ ᠲᠤᠰᠠᠯᠠᠮᠵᠢ ᠶᠢᠨ ᠬᠡᠷᠡᠭᠵᠢᠯ ᠤᠨ ᠪᠠᠢᠳᠠᠯ ᠢ ᠰᠠᠢᠵᠢᠷᠠᠭᠤᠯᠵᠤ᠂ ᠭᠣᠯ ᠲᠥᠪᠯᠡᠷᠡᠯ ᠦᠨ ᠲᠡᠷᠭᠡᠭᠦᠨ ᠳᠦ ᠬᠦᠷᠲᠡᠭᠡᠯ ᠢ ᠪᠠᠳᠤᠯᠠᠪᠠ᠃ ᠮᠥᠨ ᠬᠠᠮᠲᠤ ᠶᠢᠨ ᠠᠵᠢᠯ᠂ ᠰᠤᠷᠭᠠᠯᠲᠠ ᠶᠢᠨ ᠬᠦᠷᠢᠶᠡᠨ᠂ ᠬᠡᠷᠡᠭᠵᠢᠯ ᠦᠨ ᠪᠣᠯᠤᠮᠵᠢ ᠶᠢᠨ ᠬᠥᠲᠦᠯᠪᠦᠷᠢ ᠶᠢᠨ ᠰᠢᠯᠭᠠᠨ ᠪᠠᠳᠤᠯᠠᠯ ᠢ ᠬᠣᠣᠰ ᠲᠥᠪᠰᠢᠨ ᠪᠠᠢᠭᠤᠯᠤᠯᠭ᠎ᠠ ᠭᠠᠷᠤᠢ ᠭᠠᠵᠠᠷ ᠤᠨ ᠪᠠᠢᠷᠢ ᠶᠢ ᠬᠡᠷᠡᠭᠵᠢᠭᠦᠯᠦᠨ᠂ ᠬᠠᠤᠯᠢ ᠴᠠᠭᠠᠵᠠ ᠶᠢᠨ ᠪᠣᠯᠤᠮᠵᠢ ᠶᠢᠨ
GPS ᠪᠠᠢᠷᠢ ᠲᠣᠭᠲᠠᠭᠠᠬᠤ ᠪᠠ ᠰᠢᠨ᠎ᠡ ᠬᠡᠯᠪᠡᠷᠢ ᠶᠢ ᠲᠤᠷᠰᠢᠨ᠂ ᠪᠠᠢᠭᠤᠯᠤᠯᠲᠠ ᠶᠢᠨ ᠬᠦᠷᠲᠡᠭᠡᠯ ᠢ ᠪᠠᠳᠤᠯᠠᠪᠠ᠃ ᠪᠣᠯᠤᠮᠵᠢ ᠬᠠᠮᠤᠷᠤᠯᠲᠠ ᠶᠢ ᠪᠠᠢᠭᠤᠯᠤᠨ᠂ ᠮᠥᠨ ᠲᠤᠰᠠᠯᠠᠮᠵᠢ ᠶᠢᠨ ᠬᠤᠪᠢ ᠬᠦᠮᠦᠨ ᠪᠠᠢᠭᠤᠯᠤᠯᠭ᠎ᠠ ᠶᠢᠨ ᠬᠡᠯᠲᠡᠰ ᠳᠦ
【ᠮᠥᠨ ᠲᠤᠰᠠᠯᠠᠮᠵᠢ ᠶᠢᠨ ᠠᠵᠢᠯ】 ᠬᠠᠤᠯᠢ ᠴᠠᠭᠠᠵᠠ ᠶᠢ ᠬᠡᠷᠡᠭᠵᠢᠭᠦᠯᠬᠦ ᠶᠢᠨ ᠪᠠᠢᠷᠢ ᠲᠤᠰᠠᠯᠠᠮᠵᠢ ᠪᠠᠢᠭᠤᠯᠤᠯ
10 ᠭᠠᠷᠤᠢ ᠭᠠᠵᠠᠷ ᠤᠨ ᠬᠡᠷᠡᠭᠵᠢᠭᠦᠯᠦᠯᠲᠡ ᠶᠢᠨ ᠬᠦᠷᠲᠡᠭᠡᠯ ᠲᠤᠰᠠᠯᠠᠪᠠ᠃
ᠭᠠᠷᠤᠢ ᠵᠠᠰᠠᠭ ᠤᠨ ᠲᠦᠷᠦ ᠰᠠᠩ ᠤᠨ ᠬᠥᠷᠥᠩᠭᠡ ᠵᠢᠭᠠᠨ ᠲᠦᠮᠡᠨ ᠲᠥᠭᠦᠷᠢᠭ ᠲᠤ ᠰᠤᠷᠭᠠᠭᠤᠯᠤᠨ 110 ᠭᠠᠷᠤᠢ ᠶᠢ ᠰᠤᠷᠭᠠᠭᠤᠯᠪᠠ᠃
104 ᠬᠤᠪᠢ ᠶᠢᠨ ᠲᠦᠮᠡᠨ ᠪᠠ ᠲᠦᠮᠡᠨ ᠳᠤ ᠰᠤᠷᠭᠠᠭᠤᠯᠤᠨ 216 ᠭᠠᠷᠤᠢ ᠶᠢ ᠰᠤᠷᠭᠠᠭᠤᠯᠤᠨ᠂ 2 ᠬᠤᠪᠢ ᠶᠢᠨ ᠲᠤᠰᠠᠯ
ᠤᠨ 99 ᠳᠤ ᠪᠣᠯᠤᠨ᠂ 3000 ᠲᠦᠮᠡᠨ ᠢ ᠪᠠᠢᠭᠤᠯᠤᠯᠲᠠ᠂ ᠬᠤᠪᠢ ᠶᠢᠨ ᠲᠦᠮᠡᠨ ᠬᠦᠷ ᠬᠤᠪᠢ ᠶᠢᠨ ᠲᠦᠮᠡᠨ ᠳᠤ ᠲᠤᠰᠠᠯᠠᠭᠰᠠᠨ
ᠭᠠᠷᠤᠢ ᠰᠤᠷᠭᠠᠭᠤᠯᠤᠨ᠂ 3000 ᠬᠤᠪᠢ ᠶᠢᠨ ᠲᠦᠮᠡᠨ ᠢ ᠬᠠᠮᠤᠷᠤᠯᠲᠠ ᠪᠠ ᠬᠡᠷᠡᠭᠵᠢᠭᠦᠯᠦᠨ᠂ ᠬᠡᠷᠡᠭᠵᠢᠭᠦᠯᠦᠯ ᠬᠤᠪᠢ ᠲᠥᠷᠥᠯ
ᠲᠥᠷᠥᠯ ᠢ ᠪᠠᠢᠭᠤᠯᠤᠯ ᠰᠢᠭᠤᠳ᠂ 3021 ᠬᠤᠪᠢ ᠶᠢᠨ ᠲᠥᠰᠥᠪ ᠢ ᠬᠡᠷᠡᠭᠵᠢᠯ ᠬᠠᠮᠤᠷᠤᠯᠲᠠ᠂ 6525
ᠳᠤ 1600 ᠬᠤᠪᠢ ᠶᠢᠨ ᠲᠥᠷᠥᠯ ᠢ ᠬᠡᠷᠡᠭᠵᠢᠯ᠂ ᠬᠤᠪᠢ ᠪᠠᠢᠭᠤᠯ᠂ 286 ᠬᠤᠪᠢ ᠶᠢᠨ ᠲᠥᠰᠥᠪ
ᠰᠤᠷᠭᠠᠭᠤᠯᠪᠠ᠂ ᠪᠠᠢᠭᠤᠯᠤᠨ ᠲᠦᠮᠡᠨ ᠭᠡᠵᠦ ᠬᠠᠷᠢᠶ᠎ᠠ ᠶᠢᠨ ᠬᠡᠷᠡᠭᠵᠢᠯ ᠦᠨ ᠲᠥᠪ ᠢ ᠪᠠᠢᠭᠤᠯᠪᠠ᠃ 2015 ᠣᠨ
ᠲᠤ ᠶᠢᠨ ᠭᠠᠷᠤᠢ ᠪᠠᠢ ᠪᠢ ᠮᠥᠨ᠂ ᠬᠡᠷᠡᠭ ᠬᠠᠮᠤᠭ᠂ ᠪᠠᠢᠭᠤᠯᠤᠯ ᠤᠨ ᠲᠥᠷᠥᠯ᠂ ᠬᠠᠷᠢᠶ᠎ᠠ ᠭᠠᠵᠠᠷ ᠤᠨ

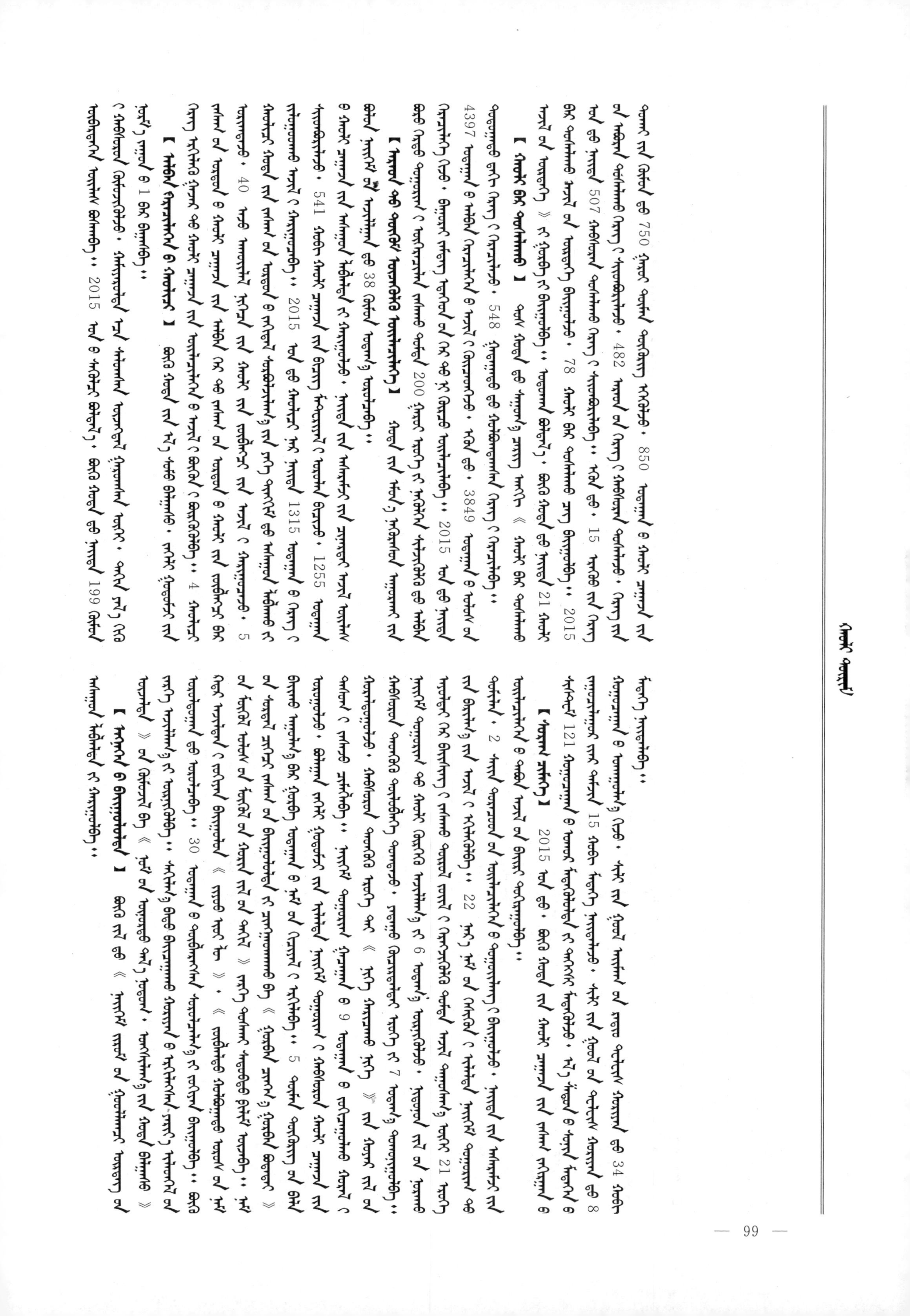

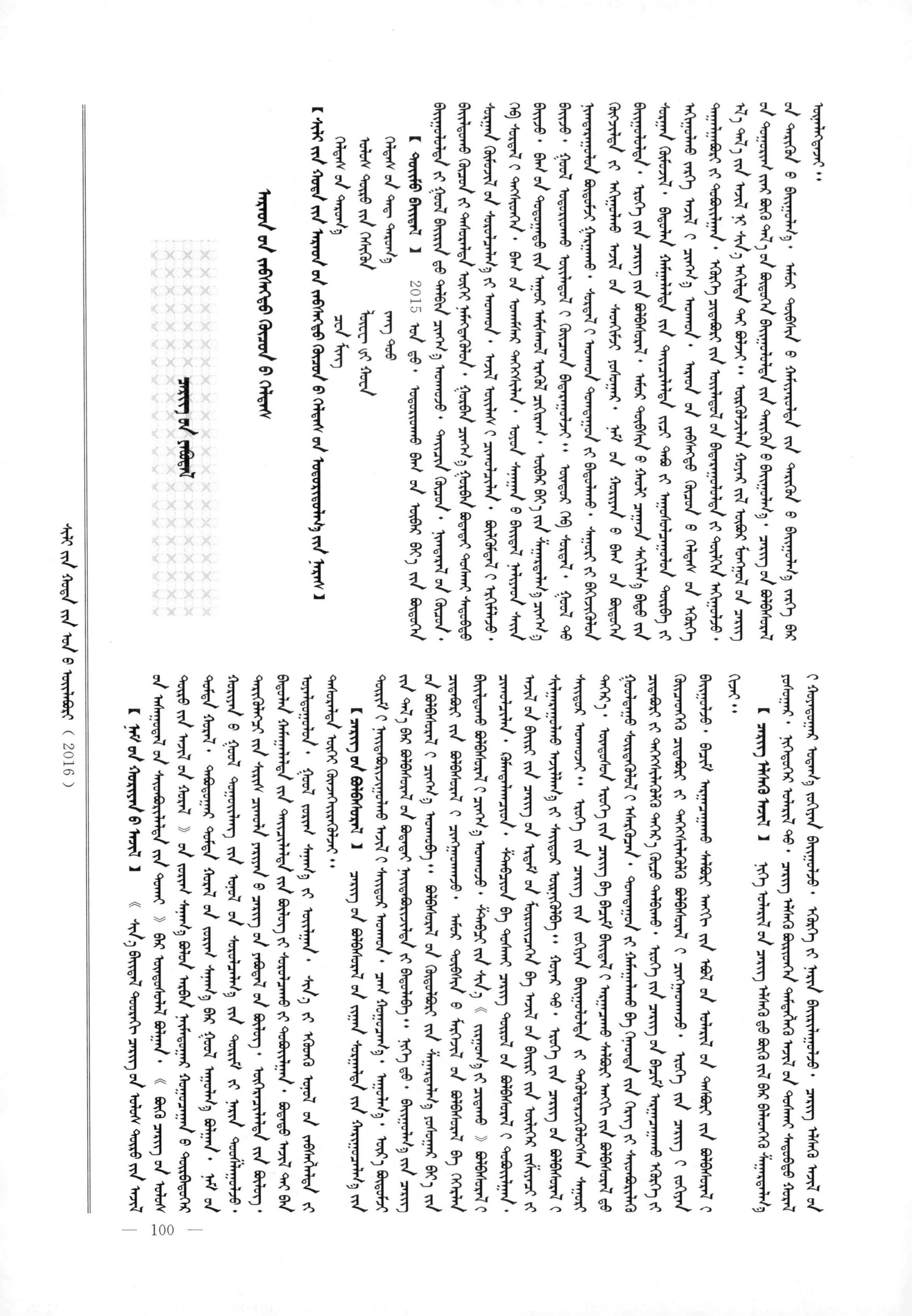

2015

ᠰᠠᠢᠲ ᠤᠨ ᠬᠠᠮᠤᠭ ᠤᠨ ᠬᠢᠨᠠᠭᠠᠨ ᠰᠤᠷᠪᠤᠯᠵᠢᠯᠠᠭᠰᠠᠨ 50 ᠭᠠᠷᠤᠢ ᠬᠦᠮᠦᠨ ᠬᠠᠨᠳᠤᠭᠰᠠᠨ ᠲᠠᠢ ᠪᠠᠢᠳᠠᠭ᠂ ᠰᠠᠢᠲ ᠤᠨ ᠮᠣᠩᠭᠣᠯ ᠤᠨ ᠳᠤᠭᠠᠷ ᠤᠨ ᠬᠡᠮᠵᠢᠶ᠎ᠡ ᠪᠠᠢᠨ᠎ᠠ ᠶᠢᠨ ᠮᠡᠳᠡᠭᠡ ᠮᠣᠩᠭᠣᠯ ᠪᠠᠷ ᠪᠢᠴᠢᠭᠰᠡᠨ ᠲᠣᠭ᠎ᠠ ᠶᠢᠨ ᠰᠠᠢᠲ ᠪᠤᠶᠤ᠂ ᠡᠳᠦᠷ ᠤᠨ ᠨᠢᠭᠡ ᠬᠠᠷᠠᠯᠲᠠ ᠶᠢᠨ ᠲᠣᠭ᠎ᠠ 120 ᠭᠠᠷᠤᠢ᠂ ᠬᠠᠮᠤᠭ ᠤᠨ ᠣᠯᠠᠨ ᠨᠢ ᠬᠠᠷᠠᠭᠰᠠᠨ ᠪᠠᠢᠨ᠎ᠠ᠂ 2 ᠳᠤᠭᠠᠷ ᠲᠤ 150 ᠭᠠᠷᠤᠢ ᠰᠠᠢᠲ ᠤᠨ ᠮᠣᠩᠭᠣᠯ ᠤᠨ ᠬᠠᠷᠠᠯᠲᠠ ᠪᠠᠢᠨ᠎ᠠ᠂ 8 ᠳᠤᠭᠠᠷ ᠲᠤ 6 ᠪᠠᠢᠨ᠎ᠠ᠃ 10 ᠭᠠᠷᠤᠢ ᠮᠣᠩᠭᠣᠯ ᠤᠨ ᠬᠡᠮᠵᠢᠶ᠎ᠡ ᠲᠠᠢ ᠰᠠᠢᠲ ᠪᠠᠢᠨ᠎ᠠ᠃ 5 ᠳᠤᠭᠠᠷ ᠲᠤ 120 ᠭᠠᠷᠤᠢ ᠮᠣᠩᠭᠣᠯ ᠤᠨ ᠮᠡᠳᠡᠭᠡ ᠶᠢᠨ ᠰᠠᠢᠲ ᠪᠠᠢᠨ᠎ᠠ᠃ 5 ᠳᠤᠭᠠᠷ ᠤᠨ ᠰᠠᠢᠲ ᠲᠤ 30 ᠭᠠᠷᠤᠢ ᠬᠦᠮᠦᠨ ᠪᠠᠢᠨ᠎ᠠ᠂ 1012 ᠭᠠᠷᠤᠢ ᠰᠠᠢᠲ ᠤᠨ ᠮᠣᠩᠭᠣᠯ ᠤᠨ ᠬᠡᠮᠵᠢᠶ᠎ᠡ ᠪᠠᠢᠨ᠎ᠠ᠃ 4 ᠳᠤᠭᠠᠷ ᠲᠤ᠂ ᠨᠢᠭᠡ ᠮᠡᠳᠡᠭᠡ ᠶᠢᠨ ᠰᠠᠢᠲ ᠤᠨ ᠬᠡᠮᠵᠢᠶ᠎ᠡ ᠪᠠᠢᠨ᠎ᠠ᠃ 《ᠮᠣᠩᠭᠣᠯ》 ᠤᠨ ᠰᠠᠢᠲ ᠤᠨ ᠬᠡᠮᠵᠢᠶ᠎ᠡ᠂ ᠮᠣᠩᠭᠣᠯ ᠬᠡᠯᠡ ᠶᠢᠨ ᠰᠠᠢᠲ ᠤᠨ ᠲᠣᠭ᠎ᠠ ᠶᠢ ᠬᠠᠷᠠᠭᠤᠯᠪᠠᠯ

【ᠰᠠᠢᠲ ᠤᠨ ᠮᠣᠩᠭᠣᠯ ᠤᠨ ᠬᠡᠮᠵᠢᠶ᠎ᠡ】 1 ᠳᠤᠭᠠᠷ ᠲᠤ᠂ 《 ᠮᠡᠳᠡᠭᠡ ᠶᠢᠨ ᠰᠠᠢᠲ ᠤᠨ ᠬᠡᠮᠵᠢᠶ᠎ᠡ ᠪᠣᠯᠤᠨ᠎ᠠ᠂ ᠨᠡᠢᠲᠡ ᠳᠦᠨ ᠢ 64%) ᠪᠣᠯᠵᠠᠢ᠃

54 ᠰᠠᠢᠲ ᠤᠨ ᠲᠣᠭ᠎ᠠ (ᠨᠢᠭᠡ ᠲᠤ ᠮᠣᠩᠭᠣᠯ 85 ᠪᠣᠯᠤᠨ᠎ᠠ ᠮᠡᠳᠡᠭᠡ ᠶᠢᠨ ᠰᠠᠢᠲ᠂ ᠲᠣᠭ᠎ᠠ 4 ᠪᠣᠯᠤᠨ᠎ᠠ᠂ 1 ᠪᠣᠯᠤᠨ᠎ᠠ ᠶᠢᠨ ᠰᠠᠢᠲ ᠪᠣᠯᠤᠨ᠎ᠠ ᠪᠠ ᠪᠠᠢᠨ᠎ᠠ᠂ ᠮᠣᠩᠭᠣᠯ ᠤᠨ ᠬᠡᠮᠵᠢᠶ᠎ᠡ ᠪᠠᠢᠨ᠎ᠠ᠂ 89 ᠪᠣᠯᠤᠨ᠎ᠠ ᠪᠠ ᠰᠠᠢᠲ ᠤᠨ ᠬᠡᠮᠵᠢᠶ᠎ᠡ᠂ 202 ᠪᠣᠯᠤᠨ᠎ᠠ ᠪᠠ ᠰᠠᠢᠲ ᠤᠨ ᠮᠣᠩᠭᠣᠯ ᠤᠨ ᠰᠠᠢᠲ᠂ ᠮᠣᠩᠭᠣᠯ ᠤᠨ ᠬᠡᠮᠵᠢᠶ᠎ᠡ᠂ ᠨᠢᠭᠡ ᠰᠠᠢᠲ ᠤᠨ ᠲᠣᠭ᠎ᠠ 283 ᠪᠣᠯᠤᠨ᠎ᠠ)᠃ ᠮᠡᠳᠡᠭᠡ ᠶᠢᠨ ᠰᠠᠢᠲ ᠤᠨ ᠬᠡᠮᠵᠢᠶ᠎ᠡ᠂ ᠮᠡᠳᠡᠭᠡ ᠳᠤᠭᠠᠷ ᠰᠠᠢᠲ (ᠨᠢᠭᠡ ᠲᠤ ᠮᠡᠳᠡᠭᠡ ᠶᠢᠨ ᠰᠠᠢᠲ ᠪᠣᠯᠤᠨ᠎ᠠ 391᠂ ᠮᠡᠳᠡᠭᠡ ᠶᠢᠨ᠂ 1046 ᠪᠣᠯᠤᠨ᠎ᠠ ᠮᠣᠩᠭᠣᠯ ᠮᠡᠳᠡᠭᠡ ᠶᠢᠨ ᠰᠠᠢᠲ ᠤᠨ ᠬᠡᠮᠵᠢᠶ᠎ᠡ᠂ 423 ᠪᠣᠯᠤᠨ᠎ᠠ ᠪᠠ᠂ ᠪᠠᠢᠭᠤᠯᠤᠯᠭ᠎ᠠ ᠶᠢᠨ ᠰᠠᠢᠲ ᠪᠠᠢᠨ᠎ᠠ᠃ ᠡᠳᠡᠭᠡᠷ ᠰᠠᠢᠲ ᠤᠨ ᠲᠣᠭ᠎ᠠ ᠪᠠᠢᠨ᠎ᠠ᠂ ᠮᠡᠳᠡᠭᠡ ᠶᠢᠨ ᠰᠠᠢᠲ᠂ ᠰᠣᠶᠣᠯ ᠤᠨ ᠰᠠᠢᠲ᠂ ᠰᠣᠶᠣᠯ ᠤᠨ ᠬᠥᠳᠡᠯᠭᠡ᠂ ᠬᠥᠭᠵᠢᠮ ᠤᠨ ᠰᠠᠢᠲ ᠪᠠᠢᠨ᠎ᠠ᠂ ᠲᠡᠳᠡᠭᠡᠷ ᠰᠠᠢᠲ ᠤᠨ ᠬᠡᠷᠡᠭᠯᠡᠭᠡ ᠪᠠ ᠮᠣᠩᠭᠣᠯ ᠬᠡᠯᠡ ᠶᠢᠨ ᠰᠠᠢᠲ ᠤᠨ ᠬᠦᠮᠦᠨ ᠤ ᠮᠣᠩᠭᠣᠯ ᠬᠡᠯᠡ ᠪᠢᠴᠢᠭ ᠢ ᠬᠡᠷᠡᠭᠯᠡᠭᠴᠢ᠂ QQ ᠪᠦᠯᠦᠭ᠂ ᠸᠢᠴᠠᠲ᠂ 20000 ᠭᠠᠷᠤᠢ ᠬᠡᠷᠡᠭᠯᠡᠭᠴᠢ ᠲᠠᠢ ᠪᠠᠢᠨ᠎ᠠ᠃ ᠡᠨᠡ ᠰᠠᠢᠲ ᠤᠨ ᠮᠡᠳᠡᠭᠡ ᠶᠢᠨ ᠰᠠᠢᠲ ᠪᠣᠯᠤᠨ᠎ᠠ ᠬᠡᠷᠡᠭᠯᠡᠭᠴᠢ ᠪᠠ ᠬᠥᠭᠵᠢᠮ ᠤᠨ ᠬᠡᠷᠡᠭᠯᠡᠭᠡ ᠲᠠᠢ ᠪᠠᠢᠨ᠎ᠠ ᠶᠢᠨ ᠬᠡᠷᠡᠭᠯᠡᠭᠴᠢ᠂ ᠬᠡᠷᠡᠭᠯᠡᠭᠴᠢ ᠲᠠᠢ ᠬᠥᠭᠵᠢᠯᠲᠡ ᠶᠢᠨ ᠬᠠᠷᠢᠯᠴᠠᠭ᠎ᠠ ᠪᠠᠢᠭᠤᠯᠵᠤ᠂ ᠰᠠᠢᠲ ᠤᠨ ᠮᠡᠳᠡᠭᠡ ᠶᠢᠨ ᠰᠤᠷᠪᠤᠯᠵᠢᠯᠠᠭᠰᠠᠨ ᠮᠣᠩᠭᠣᠯ ᠮᠡᠳᠡᠭᠡ ᠬᠡᠷᠡᠭᠯᠡᠭᠴᠢ ᠲᠠᠢ ᠪᠠᠢᠨ᠎ᠠ᠂ ᠰᠣᠶᠣᠯ ᠤᠨ ᠮᠡᠳᠡᠭᠡ ᠶᠢᠨ ᠬᠠᠮᠤᠭ ᠤᠨ ᠬᠡᠮᠵᠢᠶ᠎ᠡ ᠤᠨ ᠰᠠᠢᠲ ᠤᠨ ᠲᠣᠭ᠎ᠠ ᠪᠠᠢᠨ᠎ᠠ᠂ ᠰᠣᠶᠣᠯ ᠤᠨ ᠬᠡᠷᠡᠭᠯᠡᠭᠡ ᠶᠢᠨ ᠬᠥᠭᠵᠢᠯᠲᠡ ᠪᠠᠢᠨ᠎ᠠ᠃ ᠮᠣᠩᠭᠣᠯ ᠤᠨ ᠬᠡᠷᠡᠭᠯᠡᠭᠡ ᠪᠠᠢᠨ᠎ᠠ᠂ ᠮᠣᠩᠭᠣᠯ ᠤᠨ ᠰᠠᠢᠲ ᠤᠨ ᠮᠡᠳᠡᠭᠡ ᠶᠢᠨ ᠬᠥᠭᠵᠢᠯᠲᠡ ᠪᠠᠢᠨ᠎ᠠ ᠮᠣᠩᠭᠣᠯ ᠤᠨ ᠰᠣᠶᠣᠯ ᠤᠨ 《 ᠮᠣᠩᠭᠣᠯ ᠬᠡᠯᠡ ᠶᠢᠨ ᠰᠠᠢᠲ ᠤᠨ ᠬᠥᠭᠵᠢᠯᠲᠡ 》 ᠪᠡᠷ ᠬᠡᠷᠡᠭᠯᠡᠭᠡ ᠪᠠᠢᠨ᠎ᠠ᠂

【ᠮᠡᠳᠡᠭᠡ ᠶᠢᠨ ᠰᠠᠢᠲ ᠤᠨ ᠬᠡᠮᠵᠢᠶ᠎ᠡ】 ᠮᠣᠩᠭᠣᠯ ᠤᠨ ᠰᠤᠳᠤᠯ ᠤᠨ ᠰᠤᠷᠭᠠᠯ ᠤᠨ ᠪᠠᠢᠭᠤᠯᠤᠯᠭ᠎ᠠ ᠰᠤᠷᠪᠤᠯᠵᠢᠯᠠᠭᠰᠠᠨ ᠲᠠᠢ ᠲᠠ ᠪᠠ ᠮᠡᠳᠡᠭᠡ ᠬᠡᠷᠡᠭᠯᠡᠭᠴᠢ ᠨᠢᠭᠡ ᠮᠡᠳᠡᠭᠡ ᠬᠡᠷᠡᠭᠯᠡᠭᠰᠡᠨ ᠮᠡᠳᠡᠨ᠎ᠡ᠃

ᠬᠥᠭᠵᠢᠯᠲᠡ ᠶᠢᠨ ᠮᠡᠳᠡᠭᠡᠯᠡᠯ ᠪᠠᠢᠨ᠎ᠠ᠃ ᠮᠡᠳᠡᠭᠡ ᠶᠢᠨ ᠰᠤᠷᠪᠤᠯᠵᠢᠯᠠᠭᠰᠠᠨ ᠰᠠᠢᠲ ᠮᠣᠩᠭᠣᠯ ᠮᠡᠳᠡᠭᠡ ᠶᠢᠨ ᠬᠥᠭᠵᠢᠯᠲᠡ᠂ ᠡᠨᠡ ᠬᠥᠭᠵᠢᠯᠲᠡ᠂ ᠬᠥᠭᠵᠢᠯᠲᠡ ᠬᠡᠷᠡᠭᠯᠡᠭᠡ ᠮᠣᠩᠭᠣᠯ ᠤᠨ ᠰᠠᠢᠲ ᠮᠡᠳᠡᠭᠡᠯᠡᠯ ᠪᠠ ᠪᠠᠢᠭᠤᠯᠤᠯᠭ᠎ᠠ ᠬᠥᠭᠵᠢᠯᠲᠡ ᠶᠢᠨ ᠪᠠᠢᠳᠠᠯ ᠤᠨ ᠰᠠᠢᠲ ᠪᠠ ᠮᠡᠳᠡᠭᠡ ᠶᠢᠨ ᠰᠠᠢᠲ ᠤᠨ ᠬᠡᠷᠡᠭᠯᠡᠭᠡ ᠪᠠᠢᠨ᠎ᠠ᠂ ᠮᠣᠩᠭᠣᠯ ᠬᠡᠯᠡ ᠪᠠᠢᠳᠠᠯ ᠤᠨ ᠮᠡᠳᠡᠭᠡ ᠶᠢᠨ ᠬᠡᠷᠡᠭᠯᠡᠭᠡ᠂ ᠮᠣᠩᠭᠣᠯ ᠤᠨ ᠬᠥᠭᠵᠢᠯᠲᠡ ᠮᠣᠩᠭᠣᠯ ᠬᠡᠯᠡ᠂ ᠮᠡᠳᠡᠭᠡ ᠶᠢᠨ ᠰᠠᠢᠲ ᠤᠨ ᠮᠡᠳᠡᠭᠡ ᠪᠠ ᠲᠣᠭ᠎ᠠ ᠶᠢᠨ ᠬᠡᠷᠡᠭᠯᠡᠭᠡ ᠪᠠᠢᠨ᠎ᠠ᠃ ᠬᠥᠭᠵᠢᠯᠲᠡ ᠶᠢᠨ ᠮᠣᠩᠭᠣᠯ ᠬᠡᠯᠡ᠂ ᠮᠡᠳᠡᠭᠡ ᠶᠢᠨ ᠬᠥᠭᠵᠢᠯᠲᠡ ᠪᠡᠷ ᠰᠠᠢᠲ ᠤᠨ ᠮᠡᠳᠡᠭᠡ ᠶᠢᠨ ᠬᠡᠷᠡᠭᠯᠡᠭᠡ ᠪᠠᠢᠨ᠎ᠠ᠂ ᠮᠣᠩᠭᠣᠯ ᠤᠨ ᠬᠥᠭᠵᠢᠯᠲᠡ᠂ ᠬᠥᠭᠵᠢᠯᠲᠡ ᠶᠢᠨ ᠮᠡᠳᠡᠭᠡ ᠶᠢᠨ ᠰᠠᠢᠲ ᠮᠣᠩᠭᠣᠯ ᠬᠡᠯᠡ ᠶᠢᠨ ᠰᠠᠢᠲ ᠤᠨ ᠬᠡᠷᠡᠭᠯᠡᠭᠡ ᠪᠠᠢᠨ᠎ᠠ᠃ ᠮᠣᠩᠭᠣᠯ ᠤᠨ ᠬᠡᠷᠡᠭᠯᠡᠭᠡ ᠶᠢᠨ ᠮᠡᠳᠡᠭᠡ᠂ ᠮᠡᠳᠡᠭᠡ ᠶᠢᠨ ᠰᠠᠢᠲ ᠤᠨ ᠬᠥᠭᠵᠢᠯᠲᠡ ᠶᠢᠨ ᠬᠡᠷᠡᠭᠯᠡᠭᠡ ᠮᠣᠩᠭᠣᠯ ᠬᠡᠯᠡ ᠶᠢᠨ ᠰᠠᠢᠲ ᠤᠨ ᠬᠡᠷᠡᠭᠯᠡᠭᠡ ᠶᠢᠨ ᠮᠡᠳᠡᠭᠡ ᠶᠢᠨ ᠰᠠᠢᠲ᠂

【ᠮᠡᠳᠡᠭᠡ ᠶᠢᠨ ᠬᠥᠭᠵᠢᠯᠲᠡ ᠶᠢᠨ ᠰᠠᠢᠲ】 ᠮᠣᠩᠭᠣᠯ ᠤᠨ ᠰᠤᠳᠤᠯ ᠤᠨ ᠰᠤᠷᠭᠠᠯ ᠤᠨ ᠬᠥᠭᠵᠢᠯᠲᠡ ᠶᠢᠨ ᠬᠡᠷᠡᠭᠯᠡᠭᠡ ᠰᠠᠢᠲ ᠤᠨ ᠮᠣᠩᠭᠣᠯ ᠤᠨ ᠮᠡᠳᠡᠭᠡ ᠶᠢᠨ ᠰᠠᠢᠲ ᠤᠨ ᠬᠡᠷᠡᠭᠯᠡᠭᠡ ᠶᠢᠨ ᠬᠡᠮᠵᠢᠶ᠎ᠡ ᠪᠠᠢᠨ᠎ᠠ᠃

ᠲᠤ ᠮᠡᠳᠡᠭᠡ ᠪᠠᠢᠭᠤᠯᠤᠯᠭ᠎ᠠ ᠬᠡᠷᠡᠭᠯᠡᠭᠡ ᠶᠢᠨ ᠬᠥᠭᠵᠢᠯᠲᠡ ᠶᠢᠨ ᠪᠠᠢᠳᠠᠯ᠂ ᠰᠠᠢᠲ ᠤᠨ ᠮᠣᠩᠭᠣᠯ ᠤᠨ ᠰᠤᠷᠭᠠᠯ ᠤᠨ᠂ ᠮᠡᠳᠡᠭᠡ ᠪᠠ ᠬᠡᠷᠡᠭᠯᠡᠭᠡ ᠶᠢᠨ᠂ ᠬᠥᠭᠵᠢᠯᠲᠡ ᠶᠢᠨ ᠮᠡᠳᠡᠭᠡ ᠶᠢᠨ ᠰᠠᠢᠲ ᠤᠨ ᠮᠣᠩᠭᠣᠯ ᠤᠨ ᠬᠡᠷᠡᠭᠯᠡᠭᠡ ᠮᠡᠳᠡᠭᠡ ᠮᠣᠩᠭᠣᠯ ᠤᠨ ᠰᠠᠢᠲ ᠤᠨ ᠮᠣᠩᠭᠣᠯ᠂ ᠡᠨᠡ ᠰᠠᠢᠲ ᠤᠨ ᠪᠠᠢᠳᠠᠯ ᠰᠣᠶᠣᠯ ᠤᠨ ᠬᠥᠭᠵᠢᠯᠲᠡ ᠶᠢᠨ ᠮᠡᠳᠡᠭᠡ᠂ ᠰᠣᠶᠣᠯ ᠤᠨ ᠰᠤᠷᠭᠠᠯ ᠤᠨ ᠬᠥᠭᠵᠢᠯᠲᠡ᠂ ᠪᠠᠢᠨ᠎ᠠ᠂ ᠤᠨ ᠬᠡᠯᠡ ᠪᠢᠴᠢᠭ᠂ ᠨᠢᠭᠡ ᠲᠣᠭ᠎ᠠ᠂ ᠢ ᠬᠡᠷᠡᠭᠯᠡᠭᠴᠢ ᠮᠡᠳᠡᠭᠡ ᠪᠠᠢᠨ᠎ᠠ᠃ 7 ᠳᠤᠭᠠᠷ ᠤᠨ ᠮᠡᠳᠡᠭᠡ ᠪᠠ᠂ ᠮᠣᠩᠭᠣᠯ ᠰᠤᠷᠭᠠᠯ ᠲᠠᠢ ᠤᠨ ᠰᠠᠢᠲ ᠬᠡᠷᠡᠭᠯᠡᠭᠡ ᠪᠠ ᠲᠤ ᠬᠡᠷᠡᠭᠯᠡᠭᠴᠢ ᠪᠠᠢᠨ᠎ᠠ᠂ ᠪᠠᠢᠭᠤᠯᠤᠯᠭ᠎ᠠ ᠶᠢᠨ ᠮᠡᠳᠡᠭᠡ ᠤᠨ ᠰᠠᠢᠲ ᠪᠡᠷ ᠪᠠᠢᠭᠤᠯᠤᠯᠭ᠎ᠠ ᠲᠠᠢ 7 ᠪᠠᠢᠭᠤᠯᠤᠯᠭ᠎ᠠ ᠪᠠᠢᠨ᠎ᠠ ᠲᠠᠢ ᠰᠠᠢᠲ ᠬᠡᠷᠡᠭᠯᠡᠭᠡ ᠲᠠᠢ ᠮᠡᠳᠡᠭᠡ ᠬᠥᠭᠵᠢᠯᠲᠡ 》 ᠪᠡᠷ ᠬᠡᠷᠡᠭᠯᠡᠭᠡ᠂ ᠰᠤᠷᠪᠤᠯᠵᠢᠯᠠᠭᠰᠠᠨ ᠪᠣᠯᠤᠨ᠎ᠠ ᠪᠠ ᠮᠣᠩᠭᠣᠯ ᠬᠡᠯᠡ ᠶᠢᠨ ᠰᠠᠢᠲ ᠪᠠᠢᠨ᠎ᠠ᠂ 《 ᠪᠦᠬᠦ ᠨᠡᠢᠲᠡ ᠶᠢᠨ ᠮᠣᠩᠭᠣᠯ ᠤᠨ ᠡᠨᠡ ᠮᠡᠳᠡᠭᠡ ᠲᠠᠢ ᠰᠠᠢᠲ

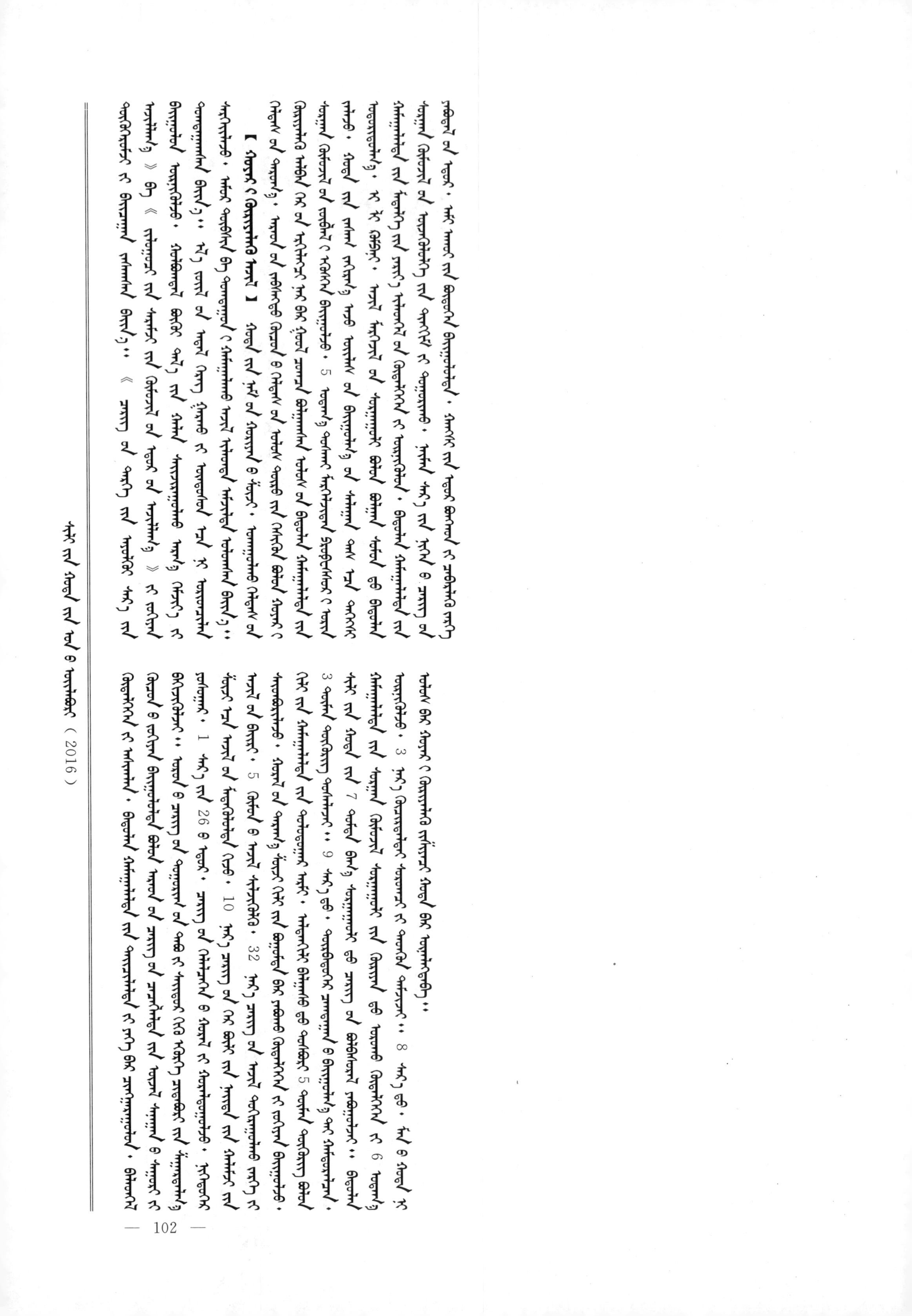

[illegible]

ᠵᠢᠯ ᠤᠨ ᠡᠴᠦᠰ ᠲᠦᠬᠡᠮᠡᠯ ᠪᠡ ᠵᠢᠯ ᠳᠤ ᠬᠦᠷᠴᠦ · ᠬᠣᠲᠠᠯᠠᠨ ᠣᠷᠤᠰᠢᠯ ᠪᠡ ᠬᠦᠮᠦᠨ ᠤ ᠳᠤ ᠵᠢᠯ ᠳᠤ ᠬᠦᠷᠴᠦ · ᠮᠣᠩᠭᠣᠯᠴᠤᠳ ᠤᠨ ᠪᠡᠶ᠎ᠡ ᠮᠠᠯ ᠤᠨ ᠲᠦᠬᠡᠮᠡᠯ ᠪᠡ ᠵᠢᠯ ᠳᠤ ᠬᠦᠷᠲᠡᠯ᠎ᠡ ᠵᠢᠯ ᠳᠤ ᠬᠦᠷᠴᠦ ᠮᠠᠯ ᠤᠨ ᠪᠡᠶᠡᠴᠢᠯᠡᠨ᠎ᠡ ᠃ ᠲᠦᠬᠡᠮᠡᠯ ᠢ ᠲᠣᠭᠠᠨ ᠤ 2 ᠰᠠᠶ᠎ᠠ · ᠬᠠᠷᠢᠴᠠᠭᠤᠯᠪᠠᠯ ᠪᠠᠭᠠᠰᠤ ᠲᠣᠭ᠎ᠠ ᠲᠦᠬᠡᠮᠡᠯ ᠲᠣᠭᠠᠨ ᠤ 2 ᠰᠠᠶ᠎ᠠ (…) ᠰᠠᠶ᠎ᠠ · ᠬᠣᠨᠢ ᠪᠠᠭᠠᠰᠤ ᠲᠣᠭ᠎ᠠ ᠲᠣᠭᠠᠨ ᠤ 2 ᠰᠠᠶ᠎ᠠ · ᠲᠣᠭ᠎ᠠ ᠲᠣᠭᠠᠨ ᠤ 4 ᠰᠠᠶ᠎ᠠ (…) ᠪᠡᠶᠡᠴᠢᠯᠡᠨ᠎ᠡ ᠃ 164 ᠰᠠᠶ᠎ᠠ ᠬᠦᠷᠲᠡᠯ᠎ᠡ · ᠲᠦᠬᠡᠮᠡᠯ ᠲᠣᠭᠠᠨ ᠤ 1 ᠰᠠᠶ᠎ᠠ · ᠲᠣᠭ᠎ᠠ ᠲᠣᠭᠠᠨ ᠤ 5 ᠰᠠᠶ᠎ᠠ …

…

【 ᠮᠣᠩᠭᠣᠯᠴᠤᠳ · ᠶᠢᠨ ᠪᠡᠶ᠎ᠡ ᠮᠠᠯ ᠤᠨ ᠮᠣᠩᠭᠣᠯᠴᠤᠳ ᠤᠨ ᠪᠡᠶ᠎ᠡ ᠮᠠᠯ ᠤᠨ ᠲᠦᠬᠡᠮᠡᠯ ᠦᠨ ᠬᠡᠮᠵᠢᠶ᠎ᠡ 】

ᠮᠣᠩᠭᠣᠯᠴᠤᠳ · ᠶᠢᠨ ᠪᠡᠶ᠎ᠡ ᠮᠠᠯ

ᠮᠣᠩᠭᠣᠯᠴᠤᠳ · ᠶᠢᠨ ᠪᠡᠶ᠎ᠡ ᠮᠠᠯ · ᠠᠵᠤ ᠠᠬᠤᠢ · ᠬᠣᠲᠠ ᠪᠠᠢᠭᠤᠯᠤᠯᠲᠠ

ᠨᠢ 100% ᠳᠤ ᠬᠦᠷᠴᠦ … ᠃ 613.8 … 3.1 … 116 … 2.5 … 0.2 … 19.8 … 129 … 804 …

【 … 】 … 10 … 570 … 0.65 … 120 … 4387 … 1.2 … 0.7 … 3.4 … 16 …

【 … 】 … 99.44% … 104.9 … 168.4 … 84.3 … 99.8% … 20635 … 8.4% … 5.5% … 1.5 … 16 … 13.3 … 5 … 18 …

【 ᠮᠣᠩᠭᠣᠯᠴᠤᠳ · ᠶᠢᠨ ᠪᠡᠶ᠎ᠡ ᠮᠠᠯ ᠤᠨ … 】 … 56 …

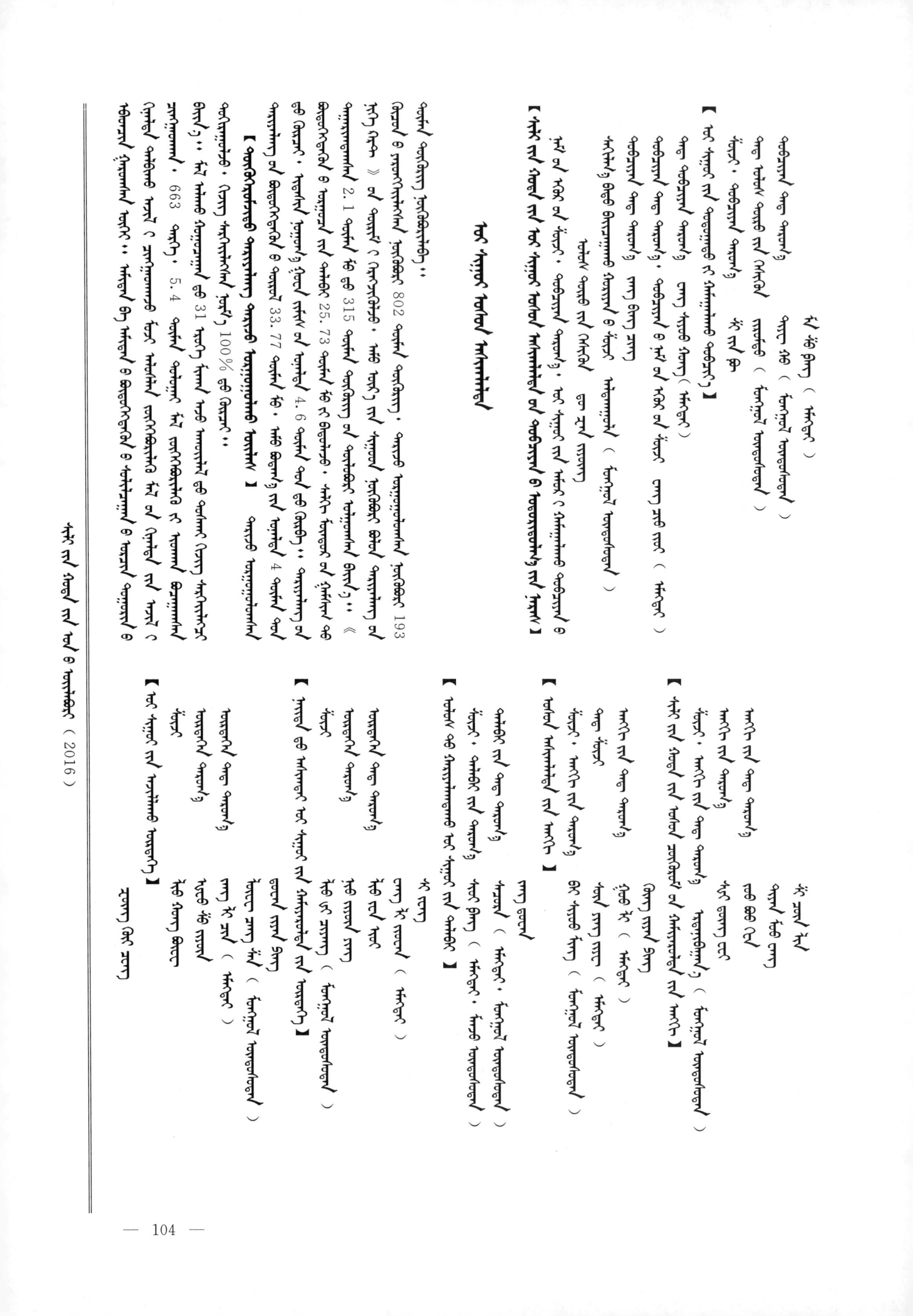

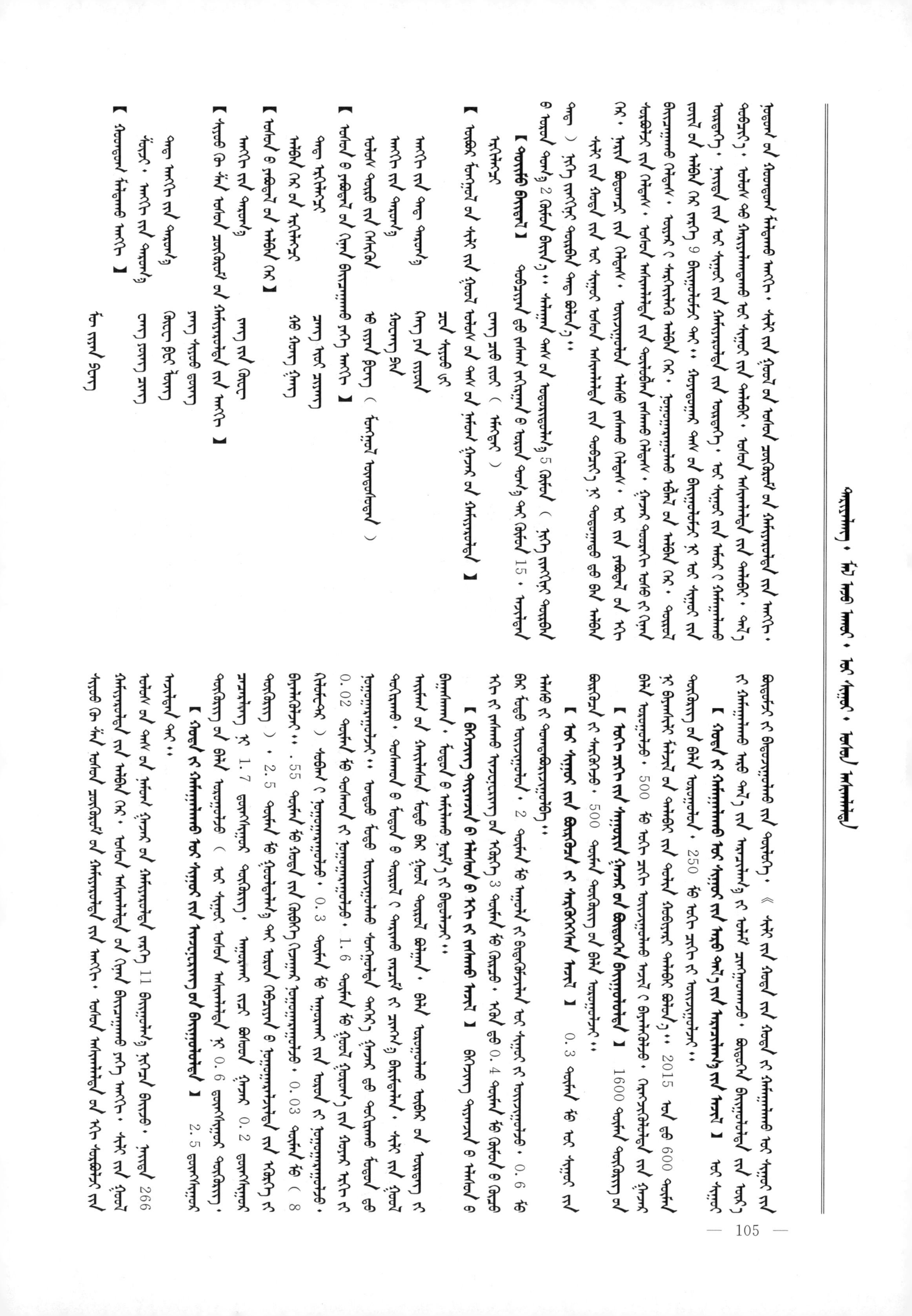

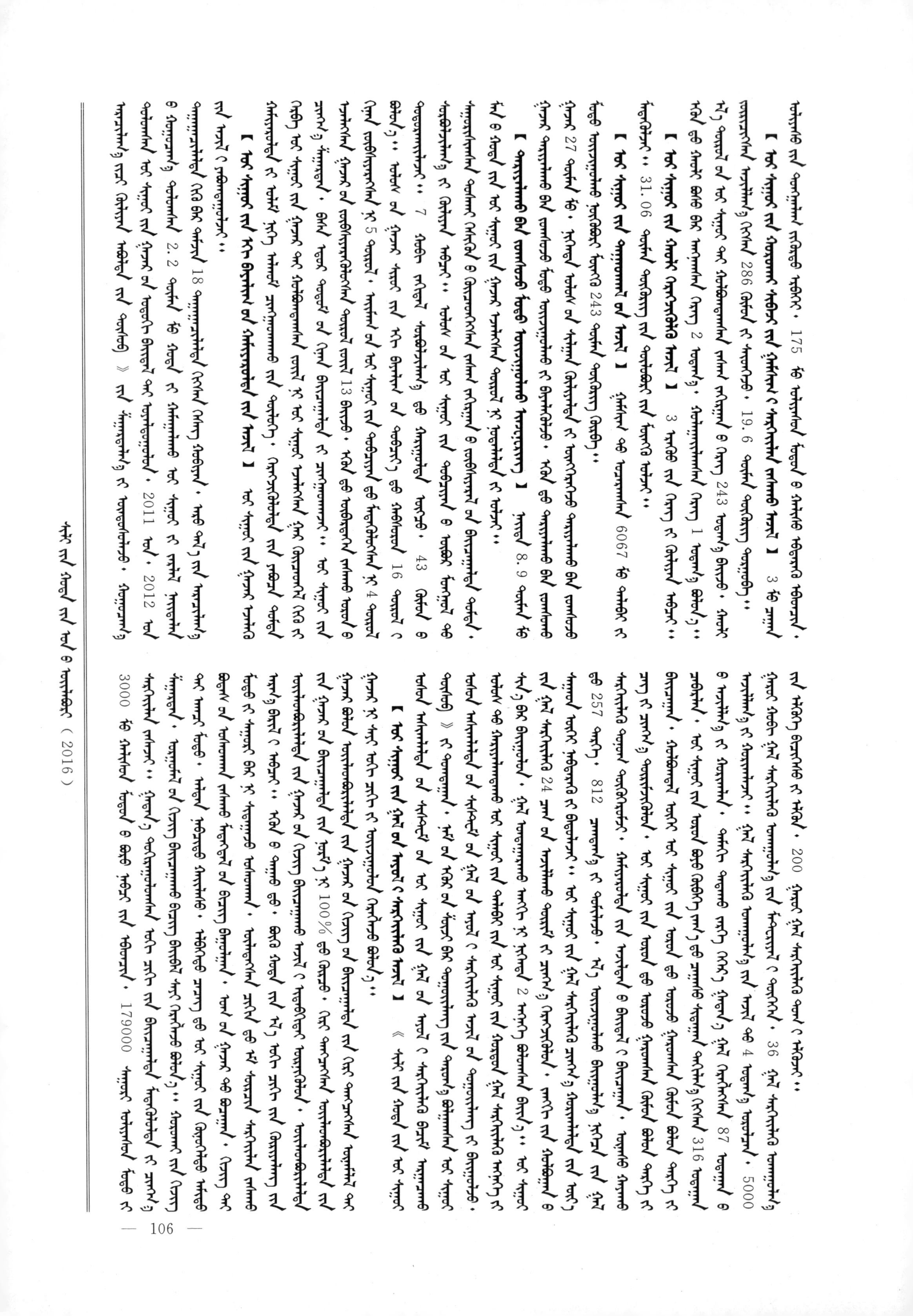

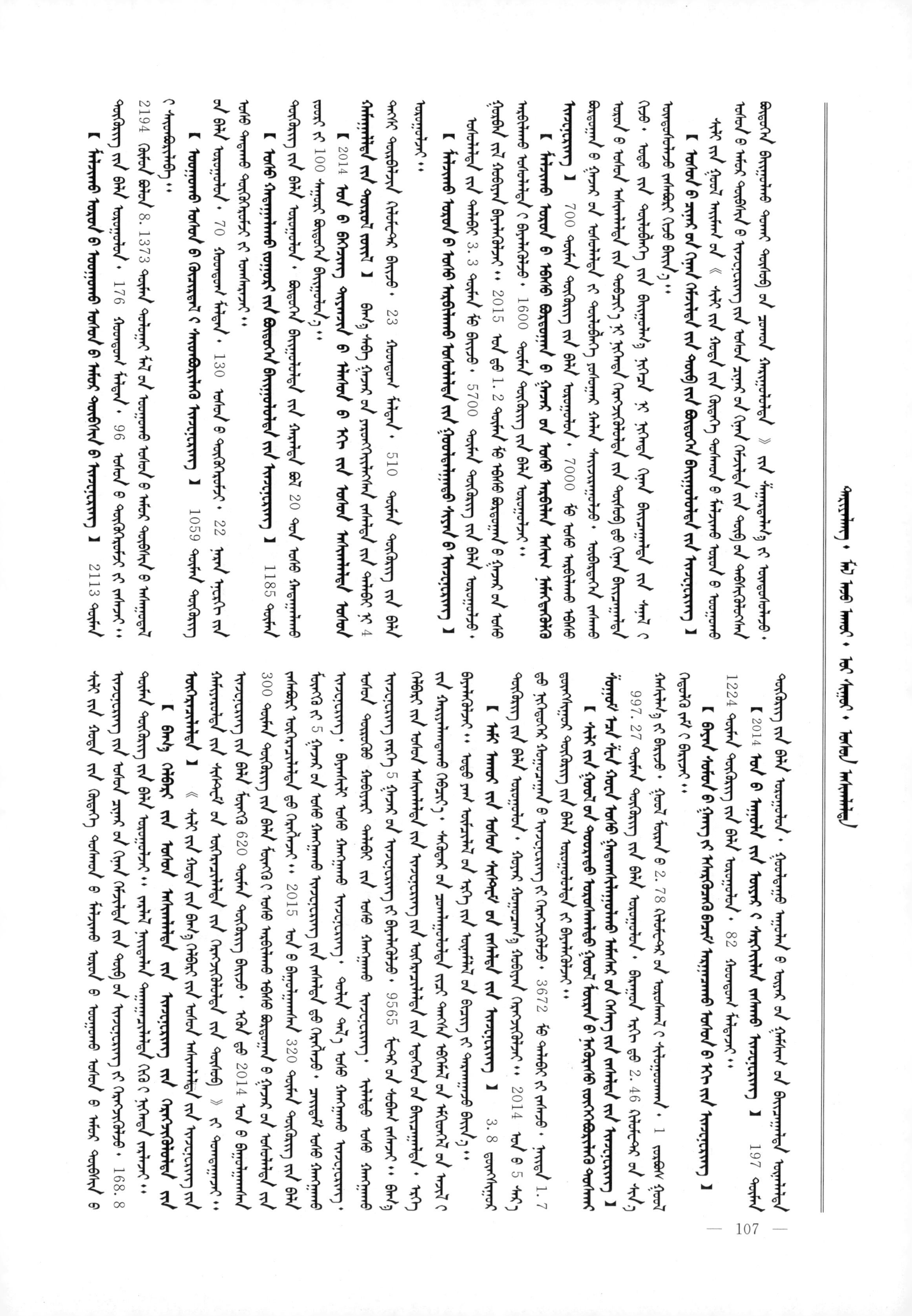

【 ᠬᠣᠲᠠ ᠶᠢᠨ ᠭᠠᠳᠠᠭᠠᠳᠤ ᠬᠤᠳᠠᠯᠳᠤᠭ᠎ᠠ ᠶᠢᠨ ᠬᠥᠭᠵᠢᠯ 】 3 ᠰᠠᠷ᠎ᠠ ᠶᠢᠨ 22 ᠦ ᠡᠳᠦᠷ ᠪᠣᠯᠪᠠ᠃

ᠬᠤᠪᠢ 403.34% ᠪᠣᠯᠪᠠ ᠃ ᠬᠣᠲᠠ ᠶᠢᠨ 1339.01 ᠲᠦᠮᠡ ᠲᠥᠭᠦᠷᠢᠭ ᠪᠣᠯᠪᠠ᠂ ᠣᠨ ᠤ 388.45 ᠲᠦᠮᠡ ᠲᠥᠭᠦᠷᠢᠭ ᠪᠣᠯᠪᠠ᠂ ᠬᠤᠪᠢ 103.66% ᠪᠣᠯᠪᠠ᠂ ᠬᠤᠪᠢ 244.44% ᠪᠣᠯᠪᠠ (ᠬᠣᠲᠠ ᠶᠢᠨ 1727.46 ᠲᠦᠮᠡ ᠲᠥᠭᠦᠷᠢᠭ 】 11 ᠰᠠᠷ᠎ᠠ ᠶᠢᠨ ᠪᠣᠯᠪᠠ᠂

【 ᠬᠣᠲᠠ ᠶᠢᠨ ᠬᠤᠳᠠᠯᠳᠤᠭ᠎ᠠ ᠶᠢᠨ ᠬᠥᠭᠵᠢᠯ 】 ᠪᠣᠯᠪᠠ᠃

ᠬᠣᠲᠠ ᠶᠢᠨ 1 ᠰᠠᠷ᠎ᠠ ᠶᠢᠨ ᠬᠥᠷᠥᠩᠭᠡ ᠣᠷᠣᠭᠤᠯᠤᠯᠲᠠ᠂ 33 ᠲᠥᠰᠥᠯ ᠪᠣᠯᠪᠠ᠂

ᠬᠣᠲᠠ ᠶᠢᠨ 2 ᠲᠥᠰᠥᠯ ᠪᠣᠯᠪᠠ᠃

ᠪᠠᠶᠢᠭᠤᠯᠬᠤ 8 ᠲᠥᠰᠥᠯ᠂ 1 ᠲᠥᠰᠥᠯ ᠪᠣᠯᠪᠠ᠃ 22 ᠪᠣᠯᠪᠠ᠃ 9 ᠲᠥᠰᠥᠯ᠂ 26 ᠲᠥᠰᠥᠯ ᠪᠣᠯᠪᠠ᠂

【 ᠬᠣᠲᠠ ᠶᠢᠨ ᠬᠥᠭᠵᠢᠯ 】 48 ᠲᠥᠰᠥᠯ 2008 ᠣᠨ ᠤ ᠬᠣᠲᠠ ᠶᠢᠨ ᠪᠣᠯᠪᠠ᠃

【 ᠣᠨ ᠤ ᠬᠣᠲᠠ ᠶᠢᠨ ᠬᠤᠳᠠᠯᠳᠤᠭ᠎ᠠ 】 70 ᠪᠣᠯᠪᠠ᠃

ᠬᠣᠲᠠ ᠶᠢᠨ 】 920 ᠲᠦᠮᠡ ᠲᠥᠭᠦᠷᠢᠭ᠂

【 ᠬᠣᠲᠠ ᠶᠢᠨ ᠬᠤᠳᠠᠯᠳᠤᠭ᠎ᠠ ᠶᠢᠨ ᠬᠥᠭᠵᠢᠯ 】 ᠪᠣᠯᠪᠠ᠃

【 ᠬᠤᠳᠠᠯᠳᠤᠭ᠎ᠠ 】 1000 ᠲᠦᠮᠡ ᠲᠥᠭᠦᠷᠢᠭ᠂ ᠪᠣᠯᠪᠠ᠃

ᠬᠣᠲᠠ ᠶᠢᠨ ᠪᠣᠯᠪᠠ᠃ 3 ᠲᠥᠰᠥᠯ ᠬᠣᠲᠠ ᠶᠢᠨ 6800 ᠲᠦᠮᠡ ᠪᠣᠯᠪᠠ᠂ ᠬᠣᠲᠠ ᠶᠢᠨ ᠪᠣᠯᠪᠠ᠂

ᠬᠣᠲᠠ ᠶᠢᠨ ᠬᠥᠭᠵᠢᠯ ᠪᠣᠯᠪᠠ᠃ 2015 ᠣᠨ ᠤ ᠬᠣᠲᠠ ᠶᠢᠨ 《 ᠬᠥᠭᠵᠢᠯ 》 ᠪᠣᠯᠪᠠ᠃

【 ᠬᠣᠲᠠ ᠶᠢᠨ ᠬᠤᠳᠠᠯᠳᠤᠭ᠎ᠠ ᠶᠢᠨ ᠬᠥᠭᠵᠢᠯ 】 《 ᠪᠣᠯᠪᠠ᠃

ᠣᠨ ᠤ 2000 ᠲᠥᠰᠥᠯ ᠪᠣᠯᠪᠠ᠃ LED ᠪᠣᠯᠪᠠ᠃ 3 ᠰᠠᠷ᠎ᠠ ᠶᠢᠨ 17 ᠦ ᠡᠳᠦᠷ᠂ LED 1500 ᠲᠥᠰᠥᠯ ᠪᠣᠯᠪᠠ᠃ 3 ᠰᠠᠷ᠎ᠠ ᠶᠢᠨ 22 — 28 ᠦ ᠡᠳᠦᠷ ᠬᠣᠲᠠ ᠶᠢᠨ

ᠬᠠᠮᠲᠤ ᠂ ᠰᠠᠶᠢᠨ ᠵᠢᠱᠢᠶᠡᠯᠡᠬᠦ ᠂ ᠬᠠᠮᠢᠶᠠᠷᠤᠯᠲᠠ ᠶ᠋ᠢᠨ ᠬᠦᠮᠦᠨ ᠢ᠋ ᠰᠤᠷᠭᠠᠨ ᠬᠦᠮᠦᠵᠢᠭᠦᠯᠬᠦ ᠪᠡᠷ ᠨᠡᠢᠭᠡᠮ ᠦ᠋ᠨ ᠠᠰᠠᠭᠤᠳᠠᠯ ᠢ᠋ ᠰᠢᠢᠳᠪᠦᠷᠢᠯᠡᠬᠦ ᠶ᠋ᠢᠨ ᠬᠠᠮᠲᠤ ᠂ ᠠᠵᠢᠯ ᠤ᠋ᠨ ᠴᠢᠨᠠᠷ ᠢ᠋ ᠳᠡᠭᠡᠭ᠍ᠰᠢᠯᠡᠭᠦᠯᠬᠦ ᠶ᠋ᠢᠨ ᠲᠥᠯᠥᠭᠡ ᠂ ᠠᠵᠢᠯ ᠤ᠋ᠨ ᠵᠢᠷᠤᠮ ᠢ᠋ ᠪᠠᠲᠤᠯᠠᠭᠰᠠᠨ ᠳᠦᠷᠢᠮ ᠤ᠋ᠳ ᠢ᠋ ᠭᠠᠷᠭᠠᠵᠤ ᠂ ᠠᠵᠢᠯ ᠤ᠋ᠨ ᠵᠢᠷᠤᠮ ᠪᠣᠯᠭᠠᠨ ᠪᠠᠢᠭᠤᠯᠬᠤ ᠂ ᠬᠦᠮᠦᠨ ᠦ᠋ ᠴᠢᠳᠠᠪᠤᠷᠢ ᠶ᠋ᠢ ᠬᠦᠮᠦᠵᠢᠭᠦᠯᠬᠦ ᠂ ISO9001：2008 ᠴᠢᠨᠠᠷ ᠤ᠋ᠨ ᠬᠠᠮᠢᠶᠠᠷᠤᠯᠲᠠ ᠶ᠋ᠢᠨ ᠲᠣᠭᠲᠠᠯᠴᠠᠭ᠎ᠠ ᠶ᠋ᠢᠨ ᠰᠢᠯᠭᠠᠯᠲᠠ ᠶ᠋ᠢ ᠳᠠᠪᠠᠵᠤ ᠂ ᠪᠠᠢᠭᠤᠯᠤᠯᠭ᠎ᠠ ᠶ᠋ᠢᠨ 《 ᠬᠠᠷᠢᠭᠤᠴᠠᠯᠭ᠎ᠠ ᠶ᠋ᠢᠨ ᠬᠡᠮᠵᠢᠶ᠎ᠡ 》 ᠶ᠋ᠢ ᠬᠡᠷᠡᠭᠵᠢᠭᠦᠯᠦᠨ ᠠᠵᠢᠯᠯᠠᠵᠤ ᠂ 1999 ᠣᠨ ᠤ᠋ 6 ᠰᠠᠷ᠎ᠠ ᠳᠤ ᠪᠠᠲᠤᠯᠠᠭᠳᠠᠭᠰᠠᠨ ᠶᠠᠪᠤᠳᠠᠯ ᠢ᠋ ᠭᠦᠢᠴᠡᠳᠭᠡᠵᠦ ᠡᠬᠢᠯᠡᠭᠰᠡᠨ ᠪᠠᠢᠨ᠎ᠠ ᠃ ᠣᠳᠣ ᠶ᠋ᠢᠨ ᠠᠵᠢᠯᠲᠠᠨ ᠤ᠋ ᠳᠤᠮᠳᠠ 19％ ᠨᠢ ᠳᠡᠭᠡᠳᠦ ᠮᠡᠷᠭᠡᠵᠢᠯ ᠦ᠋ᠨ ᠴᠣᠯᠠ ᠲᠠᠢ ᠂ ᠳᠤᠮᠳᠠ ᠮᠡᠷᠭᠡᠵᠢᠯ ᠦ᠋ᠨ ᠴᠣᠯᠠ ᠲᠠᠢ ᠨᠢ 25％ ᠂ ᠳᠡᠭᠡᠳᠦ ᠰᠤᠷᠭᠠᠭᠤᠯᠢ ᠲᠡᠭᠦᠰᠬᠡᠭᠰᠡᠳ 56％ ᠢ᠋ ᠡᠵᠡᠯᠡᠵᠦ ᠂ ᠬᠢᠮᠳᠠ ᠮᠡᠷᠭᠡᠵᠢᠯ ᠦ᠋ᠨ ᠪᠣᠯᠤᠨ ᠬᠦᠮᠦᠨ ᠬᠦᠴᠦᠨ ᠨᠦᠭᠦᠴᠡ ᠶ᠋ᠢᠨ ᠪᠦᠲᠦᠴᠡ ᠶ᠋ᠢ ᠰᠠᠢᠵᠢᠷᠠᠭᠤᠯᠵᠤ ᠪᠠᠢᠨ᠎ᠠ ᠃

ᠵᠢᠯ ᠪᠡᠷ 21 ᠲᠡᠷᠪᠤᠮ ᠪᠣᠯᠤᠨ ᠬᠦᠷᠦᠭᠡ᠃ ᠴᠠᠬᠢᠯᠭᠠᠨ ᠭᠠᠷᠭᠠᠬᠤ ᠴᠢᠳᠠᠪᠬᠢ 170 ᠮᠢᠩᠭ᠎ᠠ ᠺᠢᠯᠤᠸᠠᠲ ᠵᠢᠯ ᠪᠡᠷ 347

【ᠬᠣᠲᠠ ᠪᠠᠢᠭᠤᠯᠤᠯᠲᠠ ᠪᠠᠷᠢᠯᠭ᠎ᠠ ᠪᠠᠢᠭᠤᠯᠤᠯᠲᠠ】 ᠬᠣᠲᠠ ᠪᠠᠢᠳᠠᠭ᠃ ᠴᠠᠬᠢᠯᠭᠠᠨ ᠭᠠᠷᠭᠠᠬᠤ ᠬᠣᠷᠢᠶ᠎ᠠ 2 ᠪᠠᠢᠭᠤᠯᠤᠯ ᠲᠤᠰᠬᠠᠢᠯᠠᠨ ᠤ ᠬᠣᠷᠢᠶ᠎ᠠ ᠶᠢᠨ ᠠᠵᠢᠯᠯᠠᠭᠤᠯᠤᠯ᠃ ᠮᠡᠳᠡᠯ ᠬᠣᠯᠪᠣ ᠵᠠᠯᠭᠠᠬᠤ ᠪᠡᠷ ᠬᠠᠩᠭᠠᠭᠳᠠᠨ᠎ᠠ᠃ ᠶᠢᠨ ᠪᠠᠢᠳᠠᠯ᠃ ᠲᠤᠰᠬᠠᠢ ᠶᠢᠨ ᠭᠠᠵᠠᠷ ᠬᠣᠲᠠ ᠳᠤ ᠬᠠᠩᠭᠠᠭᠳᠠᠨ᠎ᠠ᠃ ᠪᠠᠢᠭᠤᠯᠤᠯᠲᠠ᠂ ᠰᠢᠨᠵᠢᠯᠡᠬᠦ ᠭᠠᠵᠠᠷ ᠬᠣᠷᠢᠶ᠎ᠠ ᠠᠵᠢᠯᠯᠠᠭᠤᠯᠤᠯ᠃ ᠬᠡᠮᠵᠢᠶ᠎ᠡ ᠳᠦ᠂ ᠠᠵᠢᠯᠯᠠᠭᠠ ᠶᠢᠨ ᠲᠤᠰᠬᠠᠢᠯᠠᠯ ᠪᠠᠷ ᠬᠠᠩᠭᠠᠬᠤ ᠭᠠᠵᠠᠷ᠃ ᠲᠤᠰᠬᠠᠢ ᠠᠵᠢᠯ ᠤᠨ ᠰᠠᠯᠪᠤᠷ ᠬᠡᠮᠵᠢᠶ᠎ᠡ ᠳᠤ ᠬᠣᠯᠪᠣᠭᠳᠠᠯ ᠲᠠᠢ᠃ ᠠᠷᠠᠳ ᠠᠵᠢᠯᠯᠠᠭᠤᠯᠤᠯ ᠤᠨ ᠵᠡᠷᠭᠡ ᠶᠢ 2014 ᠣᠨ ᠤ ᠴᠠᠬᠢᠯᠭᠠᠨ ᠭᠠᠷᠭᠠᠬᠤ ᠠᠵᠢᠯ ᠤᠨ ᠠᠮᠵᠢᠯᠲᠠ ᠶᠢᠨ ᠦᠨᠡᠯᠡᠯ ᠤ ᠠᠩᠭᠢ᠂ ᠵᠢᠯ ᠦᠨ ᠪᠠᠢᠳᠠᠯ ᠪᠡᠷ A ᠠᠩᠭᠢ᠂ C ᠭᠠᠵᠠᠷ ᠤᠨ ᠬᠡᠮᠵᠢᠶ᠎ᠡ ᠲᠠᠢ᠃ ᠰᠢᠨᠵᠢᠯᠡᠬᠦ ᠬᠣᠷᠢᠶ᠎ᠠ ᠳᠤ ᠠᠵᠢᠯᠯᠠᠬᠤ ᠬᠣᠲᠠ ᠶᠢᠨ ᠬᠣᠷᠢᠶ᠎ᠠ ᠶᠢᠨ ᠠᠵᠢᠯᠯᠠᠭᠤᠯᠤᠯᠲᠠ᠃ ᠵᠠᠰᠠᠭ ᠵᠠᠬᠢᠷᠭᠠᠨ ᠤ ᠬᠣᠲᠠ ᠶᠢᠨ ᠬᠣᠷᠢᠶ᠎ᠠ ᠶᠢ ᠠᠵᠢᠯᠯᠠᠭᠤᠯᠤᠯᠲᠠ ᠪᠠᠷ᠃ ᠠᠮᠤ ᠳᠦ᠂ ᠲᠤᠰᠬᠠᠢ ᠶᠢᠨ ᠬᠡᠷᠡᠭᠵᠢᠭᠦᠯᠦᠯ ᠦᠨ ᠬᠣᠲᠠ ᠵᠢᠴᠢᠭᠦᠯᠦᠯᠲᠡ᠃ ᠵᠢᠯ ᠦᠨ ᠴᠠᠬᠢᠯᠭᠠᠨ ᠭᠠᠷᠭᠠᠬᠤ ᠬᠣᠲᠠ ᠬᠣᠷᠢᠶ᠎ᠠ ᠳᠤ ᠴᠢᠭᠯᠡᠯ ᠪᠠᠨ ᠰᠢᠨᠡᠳᠬᠡᠨ ᠬᠥᠭᠵᠢᠭᠦᠯᠦᠨ᠃ ᠬᠣᠲᠠ ᠳᠤ ᠦᠢᠯᠡᠳᠪᠦᠷᠢ ᠶᠢᠨ ᠰᠢᠨᠵᠢᠯᠡᠭᠡᠨ ᠤ ᠠᠵᠢᠯᠯᠠᠭ᠎ᠠ ᠶᠢ ᠪᠠᠢᠭᠤᠯᠬᠤ ᠶᠢᠨ ᠬᠠᠮᠲᠤ ᠲᠤᠰᠬᠠᠢ ᠶᠢᠨ ᠬᠣᠷᠢᠶ᠎ᠠ ᠶᠢᠨ ᠬᠡᠮᠵᠢᠶ᠎ᠡ ᠪᠣᠯᠤᠨ᠎ᠠ᠃ ᠠᠮᠤ ᠳᠦ᠂ ᠬᠠᠩᠭᠠᠮᠵᠢ ᠶᠢᠨ ᠰᠢᠨᠵᠢᠯᠡᠭᠡ ᠪᠠᠷ ᠠᠵᠢᠯᠯᠠᠭᠤᠯᠤᠯ᠃ ᠲᠤᠰᠬᠠᠢ ᠶᠢᠨ ᠬᠣᠷᠢᠶ᠎ᠠ ᠶᠢᠨ ᠬᠡᠷᠡᠭ ᠪᠠᠷ ᠪᠠᠢᠭᠤᠯᠤᠯᠲᠠ᠃ ᠠᠷᠠᠳ ᠤᠨ ᠬᠥᠷᠥᠩᠭᠡ᠃ ᠴᠠᠬᠢᠯᠭᠠᠨ ᠭᠠᠷᠭᠠᠬᠤ ᠬᠦᠴᠦᠨ ᠪᠠᠷ᠃ 2015 ᠣᠨ ᠳᠤ 67 ᠮᠢᠩᠭ᠎ᠠ ᠬᠠᠷᠢᠶᠠᠯᠠᠯ ᠲᠠᠢ ᠴᠠᠬᠢᠯᠭᠠᠨ ᠭᠠᠷᠭᠠᠬᠤ ᠵᠠᠰᠠᠭ ᠤᠨ ᠰᠢᠨᠵᠢᠯᠡᠬᠦ ᠠᠵᠢᠯᠯᠠᠭᠤᠯᠤᠯ᠃ ᠴᠠᠬᠢᠯᠭᠠᠨ ᠭᠠᠷᠭᠠᠬᠤ ᠬᠦᠴᠦᠨ ᠤ ᠬᠡᠮᠵᠢᠶ᠎ᠡ

【ᠬᠠᠮᠤᠭ ᠶᠡᠬᠡ ᠪᠦᠲᠦᠭᠡᠯ ᠤᠨ ᠬᠥᠷᠥᠩᠭᠡ ᠣᠷᠣᠯᠲᠠ】 ᠬᠡᠮᠵᠢᠶ᠎ᠡ ᠳᠦ᠂ ᠴᠠᠬᠢᠯᠭᠠᠨ ᠭᠠᠷᠭᠠᠬᠤ ᠵᠢᠯ ᠦᠨ ᠴᠠᠬᠢᠯᠭᠠᠨ ᠪᠦᠲᠦᠭᠡᠯ᠃ ᠦᠢᠯᠡᠳᠪᠦᠷᠢ ᠶᠢᠨ ᠬᠠᠮᠤᠭ ᠶᠡᠬᠡ ᠪᠦᠲᠦᠭᠡᠯ ᠳᠦ ᠰᠢᠨᠵᠢᠯᠡᠬᠦ ᠬᠥᠷᠥᠩᠭᠡ ᠪᠡᠷ ᠬᠠᠩᠭᠠᠭᠳᠠᠨ᠎ᠠ᠃ ᠬᠥᠷᠥᠩᠭᠡ᠃ 594.8 ᠮᠢᠩᠭ᠎ᠠ CJ ᠴᠠᠬᠢᠯᠭᠠᠨ ᠭᠠᠷᠭᠠᠯᠲᠠ᠃ 6.7122 ᠲᠣᠨ ᠨᠡᠭᠦᠷᠰᠦ ᠬᠡᠮᠨᠡᠯᠲᠡ ᠶᠢᠨ ᠬᠡᠮᠵᠢᠶ᠎ᠡ 795 ᠲᠣᠨ ᠨᠡᠢᠭᠡᠮ ᠰᠢᠨᠵᠢᠯᠡᠬᠦ ᠪᠠᠢᠭᠤᠯᠤᠯᠲᠠ᠃ ᠬᠣᠲᠠ ᠶᠢᠨ ᠳᠦ 27.09 ᠲᠣᠨ ᠨᠡᠭᠦᠷᠰᠦ ᠬᠦᠴᠦᠯᠡᠯ ᠲᠠᠢ ᠠᠵᠢᠯᠯᠠᠭᠤᠯᠤᠯ ᠬᠡᠮᠵᠢᠶ᠎ᠡ ᠪᠠᠢᠭᠤᠯᠤᠯᠲᠠ ᠶᠢ 539 ᠲᠣᠨ ᠨᠡᠢᠭᠡᠮ ᠰᠢᠨᠵᠢᠯᠡᠬᠦ ᠪᠠᠢᠭᠤᠯᠤᠯᠲᠠ᠃ ᠴᠠᠬᠢᠯᠭᠠᠨ ᠤ ᠨᠡᠢᠲᠡ ᠬᠡᠮᠵᠢᠶ᠎ᠡ ᠶᠢᠨ ᠪᠠᠢᠭᠤᠯᠤᠯᠲᠠ ᠶᠢ

【ᠨᠡᠢᠭᠡᠮ ᠪᠠᠢᠭᠤᠯᠤᠯᠲᠠ】 2015 ᠣᠨ ᠤ 12 ᠰᠠᠷ᠎ᠠ ᠶᠢᠨ 30 ᠤ ᠡᠳᠦᠷ ᠬᠦᠷᠲᠡᠯ᠎ᠡ᠃ ᠬᠣᠲᠠ ᠭᠠᠷᠭᠠᠬᠤ ᠪᠠᠢᠭᠤᠯᠤᠯ ᠤᠨ ᠨᠡᠷ᠎ᠡ ᠶᠢᠨ ᠵᠢᠭᠰᠠᠭᠠᠯᠲᠠ ᠪᠣᠯᠤᠨ᠎ᠠ᠃

ᠶᠢᠨ ᠨᠡᠷ᠎ᠡ ᠶᠢᠨ ᠵᠢᠭᠰᠠᠭᠠᠯᠲᠠ᠃ ᠵᠠᠰᠠᠭ ᠤᠨ ᠨᠡᠷ᠎ᠡ ᠶᠢᠨ ᠵᠢᠭᠰᠠᠭᠠᠯᠲᠠ᠃ ᠬᠣᠲᠠ ᠬᠦᠷᠢᠶᠡᠯᠡᠩ ᠦᠨ ᠭᠠᠵᠠᠷ ᠤᠨ ᠨᠡᠷ᠎ᠡ ᠶᠢᠨ ᠵᠢᠭᠰᠠᠭᠠᠯᠲᠠ᠃ ᠴᠠᠬᠢᠯᠭᠠᠨ ᠪᠣᠯᠤᠨ᠎ᠠ᠃ ᠬᠠᠮᠲᠤᠷᠠᠯᠲᠠ᠃ ᠠᠮᠤᠷ ᠠᠮᠢᠳᠤᠷᠠᠯ ᠤᠨ ᠰᠠᠢᠵᠢᠷᠠᠭᠤᠯᠬᠤ ᠨᠡᠷ᠎ᠡ ᠶᠢᠨ ᠵᠢᠭᠰᠠᠭᠠᠯᠲᠠ᠃ ᠪᠠᠢᠭᠤᠯᠤᠯᠲᠠ ᠶᠢᠨ ᠬᠦᠷᠢᠶᠡᠨ
 ᠰᠢᠨᠵᠢᠯᠡᠬᠦ ᠴᠠᠬᠢᠯᠭᠠᠨ ᠭᠠᠷᠭᠠᠬᠤ ᠬᠣᠷᠢᠶ᠎ᠠ ᠶᠢᠨ ᠪᠠᠢᠭᠤᠯᠤᠯᠲᠠ ᠶᠢᠨ ᠨᠡᠷ᠎ᠡ ᠶᠢᠨ ᠭᠠᠵᠠᠷ ᠤᠨ ᠶᠢ ᠠᠩᠭᠢ ᠨᠡᠷ᠎ᠡ ᠶᠢᠨ ᠵᠢᠭᠰᠠᠭᠠᠯᠲᠠ ᠶᠢᠨ ᠭᠠᠵᠠᠷ ᠤᠨ ᠬᠡᠮᠵᠢᠶ᠎ᠡ᠃ ᠰᠣᠶᠣᠯ ᠤᠨ ᠪᠠᠢᠭᠤᠯᠤᠯᠲᠠ᠃ ᠡᠷᠳᠡᠮ ᠤᠨ ᠪᠠᠢᠭᠤᠯᠤᠯᠲᠠ᠃ ᠡᠮᠨᠡᠯᠭᠡ ᠶᠢᠨ ᠪᠠᠢᠭᠤᠯᠤᠯᠲᠠ᠃ ᠪᠠᠢᠭᠤᠯᠤᠯᠲᠠ ᠶᠢᠨ ᠭᠠᠵᠠᠷ ᠤᠨ ᠬᠡᠮᠵᠢᠶ᠎ᠡ ᠶᠢᠨ ᠪᠠᠢᠭᠤᠯᠤᠯᠲᠠ᠃ ᠮᠠᠯ ᠤᠨ ᠪᠠᠢᠭᠤᠯᠤᠯᠲᠠ᠃ ᠪᠠᠢᠭᠤᠯᠤᠯᠲᠠ ᠶᠢᠨ ᠭᠠᠵᠠᠷ ᠤᠨ ᠬᠡᠮᠵᠢᠶ᠎ᠡ ᠶᠢᠨ ᠪᠠᠢᠭᠤᠯᠤᠯᠲᠠ᠃ ᠬᠣᠶᠠᠷ ᠤᠨ ᠬᠡᠷᠡᠭ ᠳᠦ 14 ᠮᠠᠨᠳᠠᠯ ᠪᠣᠯᠵᠤ ᠪᠠᠢᠨ᠎ᠠ᠃

ᠰᠢᠨᠵᠢᠯᠡᠬᠦ ᠴᠠᠬᠢᠯᠭᠠᠨ ᠭᠠᠷᠭᠠᠬᠤ ᠬᠣᠷᠢᠶ᠎ᠠ ᠶᠢᠨ ᠪᠠᠢᠭᠤᠯᠤᠯᠲᠠ ᠶᠢ ᠲᠤᠰᠬᠠᠢᠯᠠᠨ ᠬᠡᠮᠵᠢᠶ᠎ᠡ ᠶᠢᠨ ᠭᠠᠵᠠᠷ ᠤᠨ ᠪᠠᠢᠭᠤᠯᠤᠯᠲᠠ᠃ ᠨᠡᠷ᠎ᠡ ᠶᠢᠨ ᠭᠠᠵᠠᠷ ᠤᠨ ᠬᠡᠮᠵᠢᠶ᠎ᠡ ᠶᠢ ᠪᠠᠢᠭᠤᠯᠬᠤ ᠶᠢᠨ ᠲᠤᠰᠬᠠᠢᠯᠠᠯ ᠤᠨ ᠬᠠᠮᠢᠶᠠᠷᠤᠯ ᠪᠠᠢᠨ᠎ᠠ᠃ ᠪᠠᠢᠨ᠎ᠠ᠃ ᠬᠣᠲᠠ ᠳᠤ ᠰᠢᠨᠵᠢᠯᠡᠬᠦ ᠴᠠᠬᠢᠯᠭᠠᠨ ᠭᠠᠷᠭᠠᠬᠤ ᠬᠣᠷᠢᠶ᠎ᠠ ᠶᠢᠨ ᠬᠥᠷᠥᠩᠭᠡ ᠣᠷᠣᠯᠲᠠ ᠪᠠ ᠬᠥᠭᠵᠢᠯ ᠤᠨ ᠬᠥᠲᠥᠯᠪᠦᠷᠢ ᠶᠢᠨ ᠬᠡᠮᠵᠢᠶ᠎ᠡ ᠪᠠᠢᠨ᠎ᠠ᠃ ᠰᠣᠩᠭᠣᠨ ᠤ ᠲᠥᠪ ᠦᠨ ᠠᠵᠢᠯᠯᠠᠭᠠ ᠶᠢᠨ ᠬᠡᠮᠵᠢᠶ᠎ᠡ ᠶᠢᠨ ᠠᠷᠭ᠎ᠠ ᠬᠡᠮᠵᠢᠶ᠎ᠡ ᠶᠢ ᠨᠡᠮᠡᠭᠦᠯᠦᠨ ᠴᠠᠬᠢᠯᠭᠠᠨ ᠭᠠᠷᠭᠠᠬᠤ ᠨᠡᠢᠲᠡ ᠬᠡᠮᠵᠢᠶ᠎ᠡ ᠪᠡᠷ ᠬᠠᠩᠭᠠᠭᠳᠠᠵᠤ ᠪᠠᠢᠨ᠎ᠠ᠃ ᠰᠢᠨᠵᠢᠯᠡᠬᠦ ᠴᠠᠬᠢᠯᠭᠠᠨ ᠭᠠᠷᠭᠠᠬᠤ ᠬᠣᠷᠢᠶ᠎ᠠ ᠶᠢᠨ ᠪᠠᠢᠭᠤᠯᠤᠯᠲᠠ ᠶᠢ ᠬᠠᠷᠢᠶᠠᠯᠠᠯ ᠤᠨ ᠬᠡᠮᠵᠢᠶ᠎ᠡ ᠪᠣᠯ 62.7 ᠶᠢ ᠡᠵᠡᠯᠡᠵᠦ ᠪᠠᠢᠨ᠎ᠠ᠃ ᠰᠢᠨᠵᠢᠯᠡᠬᠦ ᠴᠠᠬᠢᠯᠭᠠᠨ ᠭᠠᠷᠭᠠᠬᠤ ᠬᠣᠷᠢᠶ᠎ᠠ ᠶᠢᠨ ᠪᠠᠢᠭᠤᠯᠤᠯᠲᠠ ᠶᠢ ᠨᠡᠢᠲᠡ ᠵᠠᠰᠠᠭ ᠤᠨ ᠬᠣᠷᠢᠶᠠᠯᠠᠨ ᠬᠠᠷᠢᠶᠠᠯᠠᠯ ᠲᠠᠢ ᠮᠠᠰᠢᠨ ᠳᠤ ᠴᠠᠬᠢᠯᠭᠠᠨ ᠭᠠᠷᠭᠠᠯᠲᠠ᠃ ᠬᠣᠲᠠ ᠵᠠᠰᠠᠭ ᠤᠨ ᠴᠠᠬᠢᠯᠭᠠᠨ ᠭᠠᠷᠭᠠᠬᠤ ᠮᠠᠰᠢᠨ ᠤᠨ ᠮᠠᠰᠢᠨ ᠳᠤ ᠴᠠᠬᠢᠯᠭᠠᠨ ᠭᠠᠷᠭᠠᠬᠤ ᠵᠠᠰᠠᠭ ᠮᠠᠰᠢᠨ ᠪᠠᠢᠭ᠎ᠠ᠃ 2015 ᠣᠨ ᠳᠤ ᠬᠣᠲᠠ ᠪᠠᠢᠭᠤᠯᠤᠯᠲᠠ ᠶᠢ 847 ᠮᠢᠩᠭ᠎ᠠ ᠮᠢᠩᠭ᠎ᠠ ᠶᠢᠨ 2 × 16MW ᠨᠡᠢᠭᠡᠮ ᠴᠠᠬᠢᠯᠭᠠᠨ ᠭᠠᠷᠭᠠᠬᠤ ᠶᠢ 400 ᠮᠢᠩᠭ᠎ᠠ ᠬᠠᠷᠢᠶᠠᠯᠠᠯ ᠲᠠᠢ ᠮᠠᠰᠢᠨ ᠤᠨ ᠪᠠᠢᠭᠤᠯᠤᠯᠲᠠ ᠪᠠᠷ ᠪᠠᠢᠭᠤᠯᠤᠯᠲᠠ ᠳᠤ ᠣᠷᠣᠭᠤᠯᠪᠠ᠃ 2011 ᠣᠨ ᠤ ᠶᠢᠨ ᠤ ᠮᠠᠰᠢᠨ ᠪᠠᠷ ᠰᠠᠷ᠎ᠠ ᠣᠷᠣᠭᠤᠯᠤᠯᠲᠠ ᠪᠠᠷ ᠰᠢᠨᠵᠢᠯᠡᠬᠦ ᠬᠥᠷᠥᠩᠭᠡ ᠬᠣᠲᠠ ᠴᠠᠬᠢᠯᠭᠠᠨ ᠭᠠᠷᠭᠠᠬᠤ ᠪᠠᠢᠭᠤᠯᠤᠯ ᠤᠨ ᠬᠣᠲᠠ ᠤ ᠨᠡᠢᠲᠡ ᠬᠡᠮᠵᠢᠶ᠎ᠡ ᠶᠢᠨ ᠨᠡᠷ᠎ᠡ ᠳᠤ ᠣᠷᠣᠪᠠ᠃ 2008 ᠣᠨ ᠳᠤ᠂ ᠰᠢᠨᠵᠢᠯᠡᠬᠦ ᠴᠠᠬᠢᠯᠭᠠᠨ ᠭᠠᠷᠭᠠᠬᠤ ᠬᠣᠷᠢᠶ᠎ᠠ ᠶᠢᠨ ᠪᠠᠢᠭᠤᠯᠤᠯᠲᠠ ᠶᠢ ᠵᠢᠯ ᠤᠨ 30 ᠤᠨ ᠪᠠᠷ ᠪᠠᠢᠭᠤᠯᠤᠯᠲᠠ᠃ 2007 ᠣᠨ ᠤ 4 ᠰᠠᠷ᠎ᠠ ᠡᠴᠡ 8 ᠰᠠᠷ᠎ᠠ ᠳᠤ ᠭᠠᠵᠠᠷ ᠲᠣᠭᠠ ᠵᠢᠯ ᠦᠨ ᠬᠣᠲᠠ ᠭᠠᠵᠠᠷ ᠰᠠᠷ᠎ᠠ ᠪᠠᠢᠭᠤᠯᠤᠯᠲᠠ × 300 ᠴᠠᠬᠢᠯᠭᠠᠨ ᠭᠠᠷᠭᠠᠬᠤ ᠵᠢᠯ ᠦᠨ ᠬᠠᠷᠢᠶᠠᠯᠠᠭᠳᠠᠬᠤ ᠭᠠᠵᠠᠷ 2004 ᠣᠨ ᠤ 3 ᠰᠠᠷ᠎ᠠ ᠶᠢᠨ 18 ᠤ ᠡᠳᠦᠷ ᠡᠬᠢᠯᠡᠨ ᠪᠠᠢᠭᠤᠯᠤᠯᠲᠠ ᠬᠣᠷᠢᠶ᠎ᠠ ᠪᠠᠢᠭ᠎ᠠ᠃ ᠰᠢᠨᠵᠢᠯᠡᠬᠦ ᠴᠠᠬᠢᠯᠭᠠᠨ ᠭᠠᠷᠭᠠᠬᠤ ᠬᠣᠷᠢᠶ᠎ᠠ ᠶᠢᠨ ᠪᠠᠢᠭᠤᠯᠤᠯᠲᠠ ᠶᠢᠨ ᠨᠡᠷ᠎ᠡ ᠶᠢᠨ ᠬᠡᠮᠵᠢᠶ᠎ᠡ ᠵᠢᠭᠰᠠᠭᠠᠯᠲᠠ ᠪᠤᠶᠤ 2 ᠬᠡᠮᠵᠢᠶ᠎ᠡ ᠶᠢᠨ ᠬᠣᠷᠢᠶ᠎ᠠ ᠶᠢᠨ ᠵᠠᠰᠠᠭ ᠪᠠᠢᠭᠤᠯᠤᠯᠲᠠ ᠴᠠᠬᠢᠯᠭᠠᠨ ᠬᠥᠷᠥᠩᠭᠡ ᠶᠢ ᠨᠡᠷ᠎ᠡ ᠵᠠᠰᠠᠭ ᠪᠠᠢᠭᠤᠯᠤᠯᠲᠠ ᠬᠣᠷᠢᠶᠠᠯᠠᠨ ᠬᠥᠷᠥᠩᠭᠡ ᠪᠠᠢᠭᠤᠯᠤᠯᠲᠠ ᠶᠢ ᠨᠡᠷ᠎ᠡ ᠵᠠᠰᠠᠭ ᠪᠠᠢᠭᠤᠯᠤᠯᠲᠠ ᠬᠣᠷᠢᠶ᠎ᠠ ᠶᠢᠨ ᠮᠡᠳᠡᠯ᠃ ᠬᠠᠮᠤᠭ ᠶᠢᠨ ᠪᠠᠢᠭᠤᠯᠤᠯᠲᠠ ᠪᠡᠷ ᠪᠠᠢᠨ᠎ᠠ ᠨᠡᠢᠲᠡ ᠪᠠᠢᠭᠤᠯᠤᠯᠲᠠ ᠶᠢᠨ ᠬᠡᠮᠵᠢᠶ᠎ᠡ ᠳᠦ ᠪᠠᠢ᠃ ᠬᠣᠲᠠ ᠶᠢᠨ ᠪᠠᠢᠭᠤᠯᠤᠯᠲᠠ ᠶᠢᠨ ᠪᠠᠢᠭᠤᠯᠤᠯᠲᠠ ᠪᠠᠢᠭᠤᠯᠤᠯᠲᠠ ᠬᠣᠷᠢᠶ᠎ᠠ ᠶᠢᠨ ᠪᠠᠢᠭᠤᠯᠤᠯᠲᠠ ᠶᠢᠨ ᠬᠡᠮᠵᠢᠶ᠎ᠡ ᠳᠦ ᠰᠢᠨᠵᠢᠯᠡᠬᠦ᠃ ᠬᠣᠲᠠ ᠶᠢᠨ ᠨᠡᠷ᠎ᠡ ᠶᠢᠨ ᠬᠡᠮᠵᠢᠶ᠎ᠡ ᠶᠢᠨ ᠰᠢᠨᠵᠢᠯᠡᠬᠦ ᠴᠠᠬᠢᠯᠭᠠᠨ ᠭᠠᠷᠭᠠᠬᠤ ᠬᠣᠷᠢᠶ᠎ᠠ ᠶᠢᠨ ᠪᠠᠢᠭᠤᠯᠤᠯᠲᠠ ᠪᠠᠨ ᠨᠡᠢᠲᠡ ᠬᠡᠮᠵᠢᠶ᠎ᠡ ᠶᠢᠨ ᠬᠣᠲᠠ ᠶᠢᠨ

【ᠮᠡᠳᠡᠭᠡ ᠪᠠᠢᠳᠠᠯ】 ᠨᠡᠢᠲᠡ ᠬᠡᠮᠵᠢᠶ᠎ᠡ ᠶᠢᠨ ᠬᠣᠲᠠ ᠶᠢᠨ ᠬᠣᠷᠢᠶ᠎ᠠ ᠪᠠᠢᠭᠤᠯᠤᠯᠲᠠ ᠶᠢᠨ ᠪᠠᠷ ᠪᠠᠢᠭᠤᠯᠤᠯᠲᠠ

ᠲᠡᠭᠦᠨ ᠪᠠᠢᠭᠤᠯᠤᠯᠲᠠ ᠶᠢ ᠬᠠᠷ᠎ᠠ

ᠰᠢᠯᠢ ᠶᠢᠨ ᠪᠠᠢᠭᠤᠯᠤᠯᠲᠠ ᠭᠠᠵᠠᠷ ᠤᠨ ᠮᠡᠳᠡᠯ ᠮᠡᠳᠡᠨ

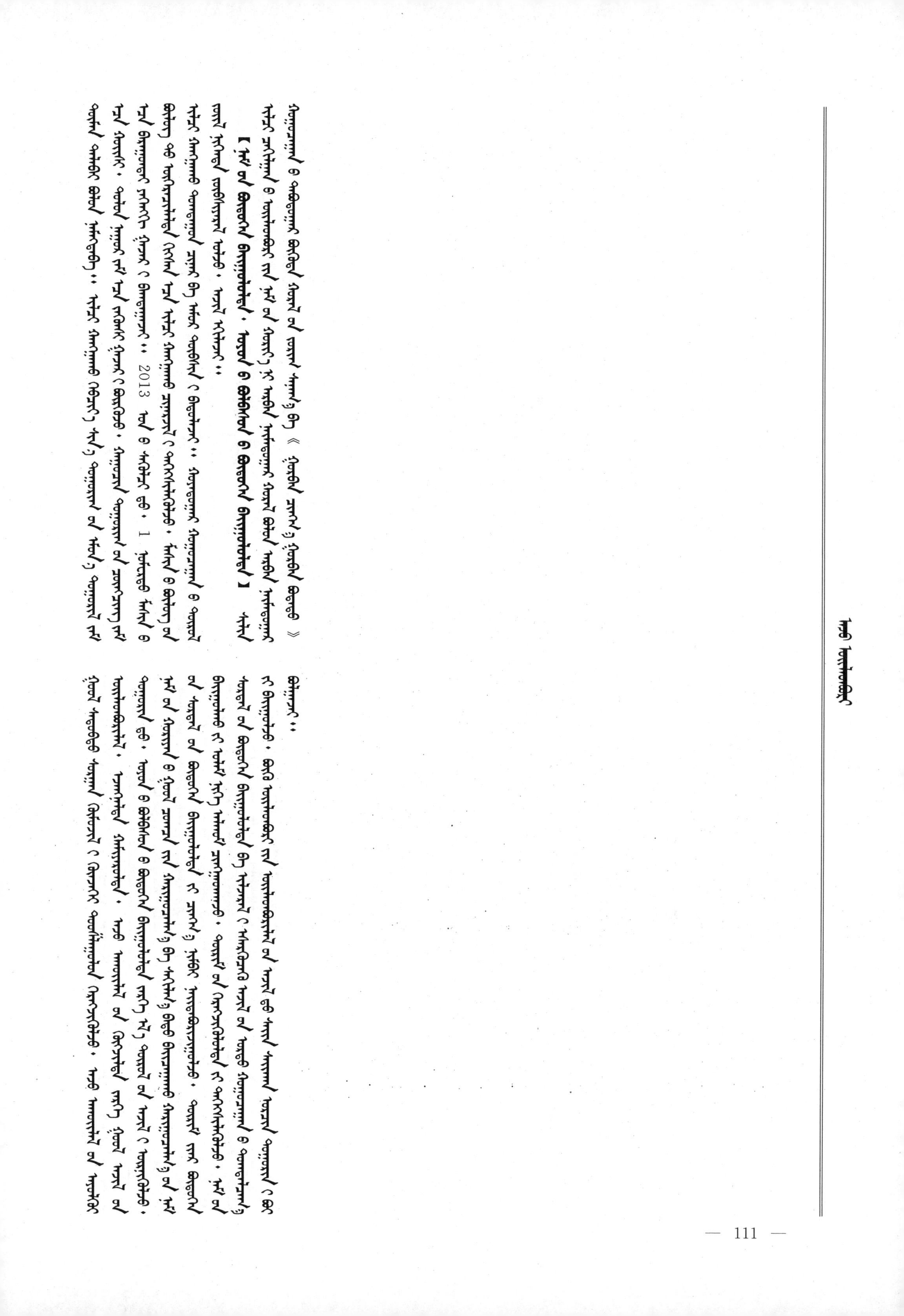

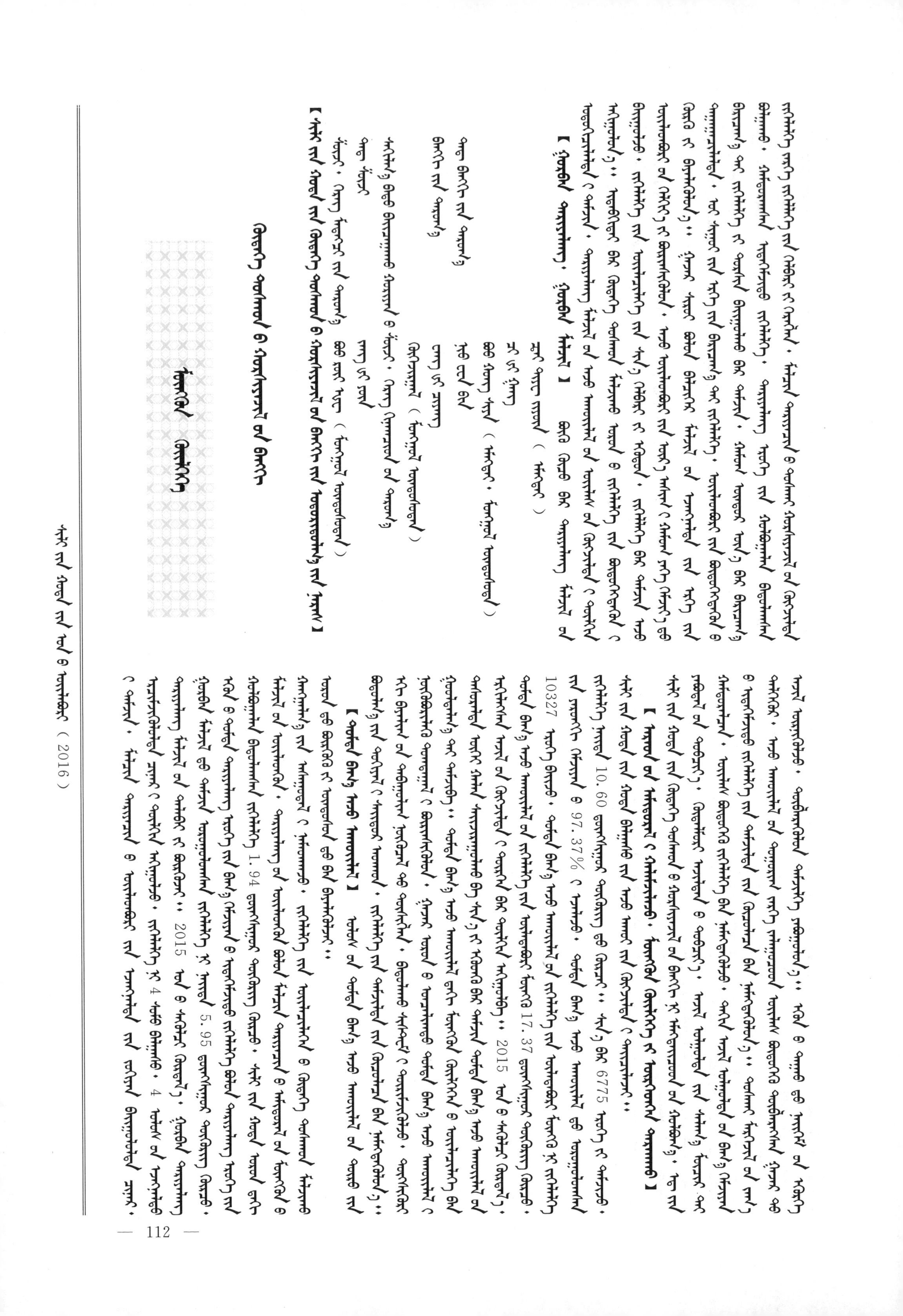

[illegible]

2015 ᠣᠨ ᠳᠤ᠂ ᠬᠣᠲᠠ ᠶᠢᠨ ᠬᠡᠮᠵᠢᠶ᠎ᠡ ᠶᠢᠨ ᠳᠡᠭᠡᠭᠰᠢ ᠠᠵᠤ ᠦᠢᠯᠡᠳᠪᠦᠷᠢ ᠶᠢᠨ ᠬᠥᠳᠡᠭᠡ ᠶᠢᠨ ᠬᠥᠷᠥᠩᠭᠡ ᠶᠢᠨ ᠦᠢᠯᠡᠴᠢᠯᠡᠭᠡ ᠶᠢᠨ ᠪᠠᠶᠢᠭᠤᠯᠤᠯᠭ᠎ᠠ 11 ᠤᠳᠠᠭ᠎ᠠ᠂ ᠬᠥᠳᠡᠭᠡ ᠶᠢᠨ ᠪᠠᠶᠢᠭᠤᠯᠤᠯᠭ᠎ᠠ 35 ᠶᠢ ᠪᠠᠶᠢᠭᠤᠯᠪᠠ᠂ ᠪᠦᠬᠦ ᠳᠦ ᠨᠡᠶᠢᠲᠡ ᠳᠠᠭᠠᠭᠠᠯᠲᠠ ᠶᠢᠨ ᠲᠣᠭ᠎ᠠ 166 ᠲᠦᠮᠡᠨ ᠤᠳᠠᠭ᠎ᠠ᠂ ᠬᠦᠷᠳᠡᠭᠦᠯᠦᠭᠰᠡᠨ ᠬᠥᠷᠥᠩᠭᠡ ᠶᠢᠨ 24 ᠤᠳᠠᠭ᠎ᠠ᠂ ᠨᠢᠭᠡᠳᠦᠭᠡᠷ ᠪᠠᠶᠢᠭᠤᠯᠤᠯᠭ᠎ᠠ ᠶᠢᠨ ᠪᠡᠯᠡᠨ ᠬᠥᠷᠥᠩᠭᠡ ᠬᠦᠷᠳᠡᠭᠦᠯᠦᠯᠲᠡ ᠶᠢᠨ ᠬᠡᠮᠵᠢᠶ᠎ᠡ 32 ᠬᠤᠪᠢ ᠳᠤ ᠬᠦᠷᠪᠡ :: ᠬᠥᠷᠥᠩᠭᠡ ᠶᠢᠨ ᠬᠡᠮᠵᠢᠶ᠎ᠡ ᠶᠢᠨ 15.7 ᠠᠢᠯ ᠬᠦᠷᠪᠡ :: ᠬᠥᠳᠡᠭᠡ ᠶᠢᠨ ᠬᠥᠷᠥᠩᠭᠡ ᠶᠢᠨ ᠨᠡᠶᠢᠲᠡ 7.7 ᠲᠦᠮᠡᠨ ᠤᠳᠠᠭ᠎ᠠ ᠬᠦᠷᠳᠡᠭᠦᠯᠪᠡ᠂ ᠬᠥᠷᠥᠩᠭᠡ ᠶᠢᠨ ᠤᠳᠠᠭ᠎ᠠ 49 ᠤᠳᠠᠭ᠎ᠠ ᠶᠢ ᠬᠦᠷᠳᠡᠭᠦᠯᠪᠡ :: pos ᠠᠢᠯ 374 ᠤᠳᠠᠭ᠎ᠠ᠂ 366 ᠲᠦᠮᠡᠨ ᠤᠳᠠᠭ᠎ᠠ ᠬᠦᠷᠳᠡᠭᠦᠯᠦᠭᠰᠡᠨ ᠤᠳᠠᠭ᠎ᠠ ᠪᠣᠯᠤᠨ᠂ ᠬᠣᠲᠠ ᠶᠢᠨ ᠬᠥᠳᠡᠭᠡ ᠶᠢᠨ ᠬᠥᠷᠥᠩᠭᠡ ᠶᠢᠨ ᠦᠢᠯᠡᠴᠢᠯᠡᠭᠡ ᠶᠢᠨ ᠰᠢᠨᠡᠳᠬᠡᠯ ᠢ ᠬᠦᠷᠳᠡᠭᠦᠯᠪᠡ :: ᠪᠦᠬᠦ ᠪᠠᠶᠢᠭᠤᠯᠤᠯᠭ᠎ᠠ ᠶᠢᠨ ᠪᠠᠶᠢᠭᠤᠯᠤᠯᠭ᠎ᠠ ᠳᠤ ᠬᠥᠷᠥᠩᠭᠡ ᠶᠢᠨ ᠦᠢᠯᠡᠴᠢᠯᠡᠭᠡ ᠶᠢᠨ ᠰᠢᠨᠡᠳᠬᠡᠯ ᠢ ᠬᠦᠷᠳᠡᠭᠦᠯᠵᠦ᠂ ᠬᠥᠳᠡᠭᠡ ᠶᠢᠨ ᠬᠥᠷᠥᠩᠭᠡ ᠶᠢᠨ ᠦᠢᠯᠡᠴᠢᠯᠡᠭᠡ ᠶᠢᠨ ᠨᠡᠶᠢᠲᠡ ᠪᠠᠶᠢᠭᠤᠯᠤᠯᠭ᠎ᠠ ᠶᠢ ᠨᠡᠮᠡᠭᠦᠯᠵᠦ᠂ ᠬᠥᠳᠡᠭᠡ ᠶᠢᠨ ᠬᠥᠷᠥᠩᠭᠡ ᠶᠢᠨ ᠦᠢᠯᠡᠴᠢᠯᠡᠭᠡ ᠶᠢᠨ ᠲᠥᠪ ᠢ ᠪᠠᠶᠢᠭᠤᠯᠪᠠ :: 6 ᠰᠠᠷ᠎ᠠ ᠶᠢᠨ ᠡᠴᠦᠰ ᠪᠣᠯᠲᠠᠯ᠎ᠠ᠂ 2015 ᠣᠨ ᠤ ᠬᠥᠳᠡᠭᠡ ᠶᠢᠨ ᠬᠥᠷᠥᠩᠭᠡ ᠶᠢᠨ ᠦᠢᠯᠡᠴᠢᠯᠡᠭᠡ ᠶᠢᠨ ᠪᠠᠶᠢᠭᠤᠯᠤᠯᠭ᠎ᠠ ᠶᠢᠨ ᠬᠣᠷᠢᠨ ᠳᠤ ᠪᠠᠶᠢᠭᠤᠯᠤᠯᠭ᠎ᠠ᠂ ᠬᠥᠳᠡᠭᠡ ᠶᠢᠨ ᠬᠥᠷᠥᠩᠭᠡ ᠶᠢᠨ ᠦᠢᠯᠡᠴᠢᠯᠡᠭᠡ ᠶᠢᠨ ᠨᠡᠶᠢᠲᠡ ᠶᠢᠨ ᠲᠥᠪ ᠢ ᠪᠠᠶᠢᠭᠤᠯᠵᠤ᠂ ᠬᠣᠲᠠ ᠶᠢᠨ ᠬᠥᠳᠡᠭᠡ ᠶᠢᠨ ᠬᠥᠷᠥᠩᠭᠡ ᠶᠢᠨ ᠦᠢᠯᠡᠴᠢᠯᠡᠭᠡ ᠶᠢᠨ ᠪᠠᠶᠢᠳᠠᠯ ᠢ ᠰᠠᠶᠢᠵᠢᠷᠠᠭᠤᠯᠪᠠ :: 2015 ᠣᠨ ᠳᠤ᠂ ᠬᠣᠲᠠ ᠶᠢᠨ ᠬᠥᠳᠡᠭᠡ ᠶᠢᠨ ᠨᠡᠶᠢᠭᠡᠮ ᠦᠨ ᠬᠥᠷᠥᠩᠭᠡ ᠣᠷᠤᠭᠤᠯᠤᠯᠲᠠ ᠶᠢᠨ ᠰᠠᠩᠬᠦᠦ ᠶᠢᠨ ᠪᠠᠶᠢᠭᠤᠯᠤᠯᠭ᠎ᠠ ᠶᠢ ᠨᠡᠮᠡᠭᠦᠯᠵᠦ᠂ ᠬᠥᠷᠥᠩᠭᠡ ᠣᠷᠤᠭᠤᠯᠤᠯᠲᠠ ᠶᠢᠨ ᠬᠡᠮᠵᠢᠶ᠎ᠡ 13.1 ᠲᠦᠮᠡᠨ ᠶᠤᠸᠠᠨ ᠳᠤ ᠬᠦᠷᠪᠡ᠂ ᠬᠥᠳᠡᠭᠡ ᠶᠢᠨ ᠵᠡᠭᠡᠯᠢ ᠶᠢᠨ ᠲᠣᠭ᠎ᠠ ᠶᠢ ᠬᠦᠷᠳᠡᠭᠦᠯᠬᠦ᠂ ᠬᠥᠳᠡᠭᠡ ᠶᠢᠨ ᠵᠡᠭᠡᠯᠢ ᠶᠢ ᠬᠥᠭᠵᠢᠭᠦᠯᠬᠦ ᠳᠦ ᠳᠡᠮᠵᠢᠯᠭᠡ ᠦᠵᠡᠭᠦᠯᠵᠦ᠂ ᠵᠠᠭᠠᠯᠳᠤᠷᠠ ᠶᠢ ᠬᠠᠶᠢᠭᠰᠠᠨ

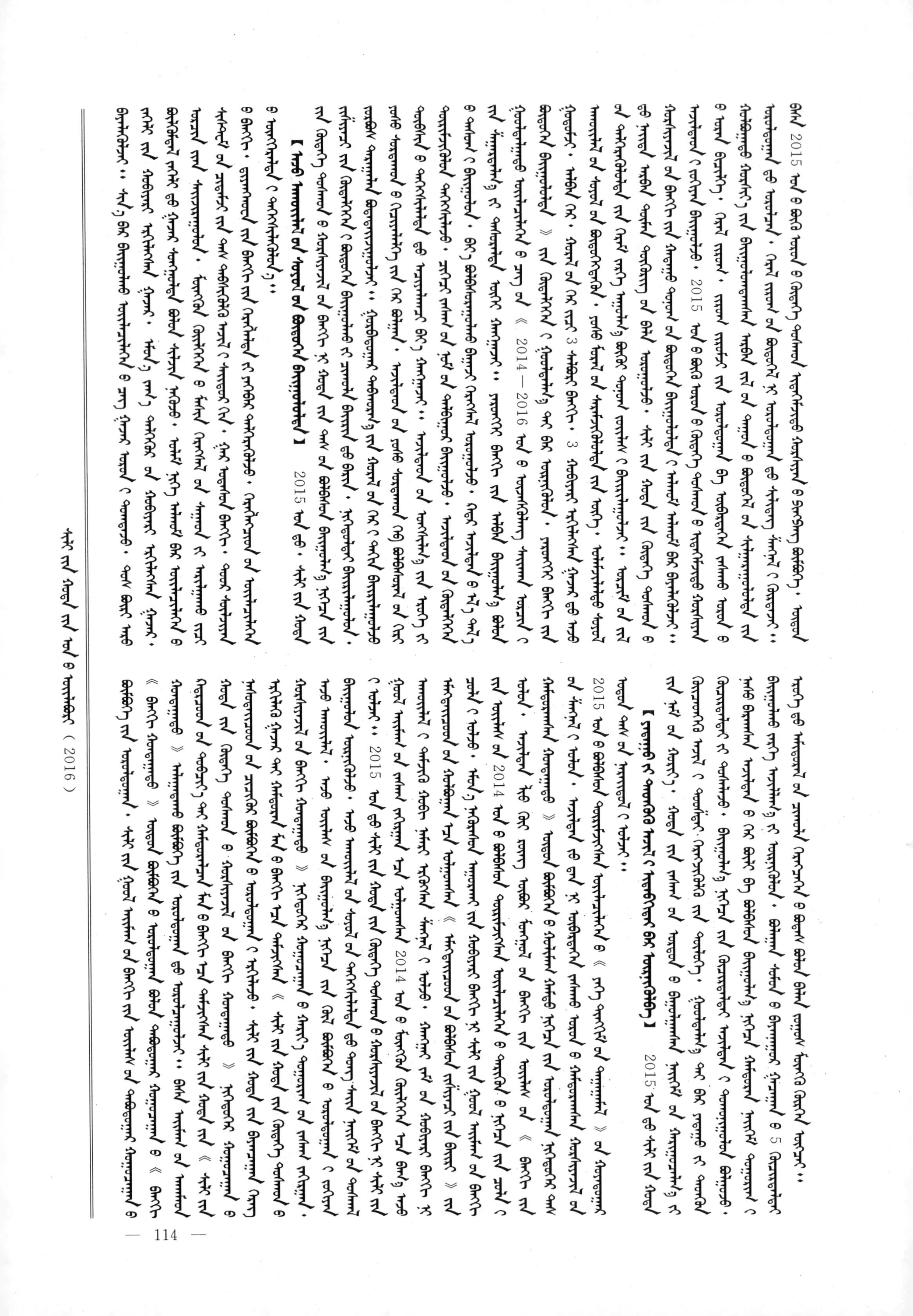

ᠮᠣᠩᠭᠣᠯ ᠬᠡᠪᠯᠡᠯᠴᠢᠯᠡᠯ ᠦᠢᠯᠡᠳᠪᠦᠷᠢ

【ᠦᠪᠦᠷ ᠮᠣᠩᠭᠣᠯ ᠤᠨ ᠠᠷᠠᠳ ᠤᠨ ᠬᠡᠪᠯᠡᠯ ᠦᠨ ᠬᠣᠷᠢᠶ᠎ᠠ ᠬᠡᠪᠯᠡᠯᠴᠢᠯᠡᠯ ᠦᠨ ᠦᠢᠯᠡᠳᠪᠦᠷᠢ ᠶᠢᠨ ᠲᠤᠬᠠᠢ】

【ᠦᠨᠳᠦᠰᠦ ᠪᠠᠢᠳᠠᠯ】 … 1954 ᠣᠨ ᠤ 7 … 2009 ᠣᠨ ᠤ 6 ᠰᠠᠷ᠎ᠠ ᠶᠢᠨ … 5 … 14 … 1 …

【ᠪᠦᠲᠦᠭᠡᠯ ᠪᠠᠢᠳᠠᠯ】 2014 ᠣᠨ ᠤ 5 ᠰᠠᠷ᠎ᠠ ᠶᠢᠨ … 9 …

[illegible]

【ᠣᠯᠠᠨ ᠨᠡᠢᠲᠡ ᠳᠦ ... 】 … 2014 ᠣᠨ … 2388 … 338 … 3148 … 4223 …

[illegible]

【ᠮᠠᠯ ᠤᠨ ᠮᠠᠬ᠎ᠠ ᠶᠢᠨ ᠦᠢᠯᠡᠳᠪᠦᠷᠢ ᠶᠢᠨ ᠪᠠᠶᠢᠳᠠᠯ】

ᠮᠠᠯᠵᠢᠯ ᠤᠨ ᠦᠢᠯᠡᠳᠪᠦᠷᠢ ᠶᠢᠨ ᠪᠠᠶᠢᠳᠠᠯ

ᠪᠢᠴᠢᠭᠰᠡᠨ ᠨᠢ : ᠶᠠᠩ ᠵᠢᠶᠠᠩ ᠡᠨ (ᠬᠢᠲᠠᠳ)

ᠣᠷᠴᠢᠭᠤᠯᠤᠭᠰᠠᠨ ᠨᠢ (ᠮᠣᠩᠭᠣᠯ ᠬᠡᠯᠡᠨ ᠡᠴᠡ ᠣᠷᠴᠢᠭᠤᠯᠤᠭᠰᠠᠨ)

【ᠮᠠᠬ᠎ᠠ ᠶᠢᠨ ᠦᠢᠯᠡᠳᠪᠦᠷᠢ】 2015 ᠣᠨ ᠳᠤ ... 7.79% ... 57.2 ... 48.5% ... 72.4 ... 23.02% ... 42.1% ... 6.6 % ... 88.5 ...

【ᠰᠦᠦ ᠶᠢᠨ ᠦᠢᠯᠡᠳᠪᠦᠷᠢ】 2015 ᠣᠨ ᠳᠤ ...

【ᠨᠤᠭᠤᠰᠤ ᠶᠢᠨ ᠦᠢᠯᠡᠳᠪᠦᠷᠢ】 ...

【ᠮᠠᠯ ᠤᠨ ᠡᠮ ᠦᠨ ᠦᠢᠯᠡᠳᠪᠦᠷᠢ】 ... 2016 ᠣᠨ ᠳᠤ ...

【ᠮᠠᠯ ᠤᠨ ᠲᠡᠵᠢᠭᠡᠯ ᠦᠨ ᠦᠢᠯᠡᠳᠪᠦᠷᠢ】 ...

ᠳᠤ ᠪᠠᠢᠭᠤᠯᠬᠤ ᠶᠢᠨ ᠬᠡᠮᠵᠢᠶ᠎ᠡ ᠬᠠᠷᠢᠴᠠᠭᠤᠯᠤᠯ 】 ᠪᠣᠯ ᠬᠦᠮᠦᠨ ᠦ ᠨᠦᠭᠦᠴᠡᠯ ᠦᠨ ᠬᠦᠷᠢᠶᠡᠯᠡᠩ

【 ᠤᠯᠤᠰ ᠤᠨ ᠬᠡᠮᠵᠢᠶᠡᠨ ᠦ ᠰᠢᠯᠭᠠᠨ ᠵᠢᠩᠬᠢᠨᠢ᠂ 10 ᠵᠢᠯ ᠦᠨ ᠳᠤᠮᠳᠠᠬᠢ ᠬᠡᠮᠵᠢᠶ᠎ᠡ ᠳᠦ ᠬᠦᠷᠦᠭᠰᠡᠨ ᠪᠠᠢᠨ᠎ᠠ᠃

ᠬᠠᠮᠲᠤ 12 ᠲᠥᠷᠦᠯ ᠦᠨ ᠬᠡᠮᠵᠢᠶ᠎ᠡ ᠶᠢ ᠬᠠᠷᠢᠴᠠᠭᠤᠯᠬᠤ ᠲᠤ ᠪᠠᠢᠨ᠎ᠠ᠃

【 ᠬᠠᠷᠢᠶᠠᠯᠠᠯ ᠤᠨ ᠪᠠᠢᠳᠠᠯ ᠤᠨ ᠳᠠᠭᠠᠯᠳᠤᠯ 】 2015 ᠣᠨ ᠳᠤ᠂ ᠡᠨᠡ ᠬᠣᠶᠠᠷ ᠳᠠᠭᠠᠯᠳᠤᠯ ᠤᠨ ᠲᠣᠭ᠎ᠠ᠃

ᠰᠢᠨᠵᠢᠯᠡᠭᠡ ᠬᠢᠭᠰᠡᠨ ᠡᠴᠡ ᠦᠵᠡᠬᠦ ᠳᠦ᠂ 2016 ᠣᠨ ᠤ 3 ᠰᠠᠷ᠎ᠠ ᠳᠤ …

… 2000 … 2016 ᠣᠨ ᠳᠤ …

… 100% ᠳᠤ ᠬᠦᠷᠴᠡᠢ᠃

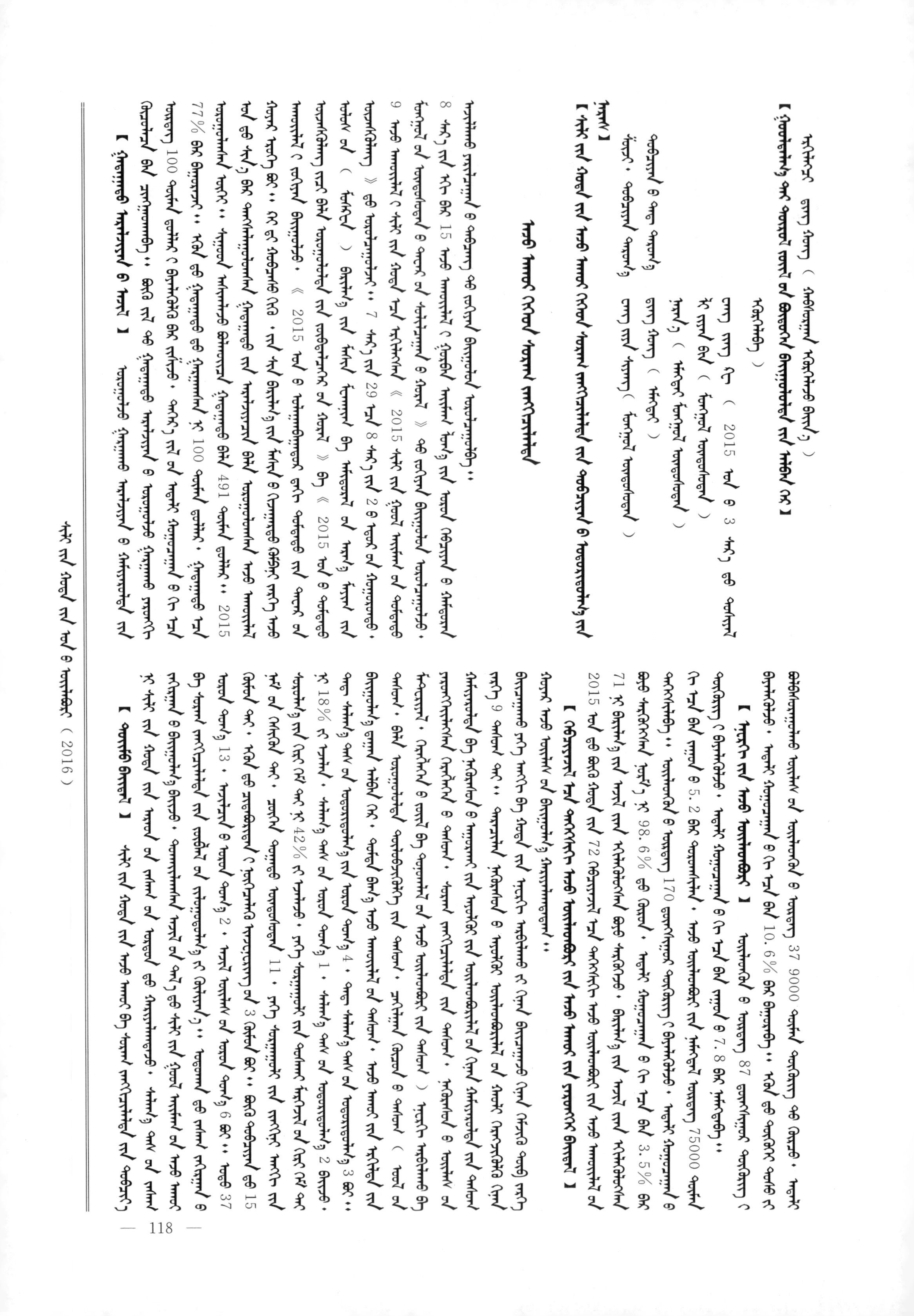

ᠪᠡᠶᠡᠯᠡᠭᠳᠡᠭᠰᠡᠨ᠂ ᠥᠩᠭᠡᠷᠡᠭᠰᠡᠨ ᠣᠨ ᠤ ᠢᠵᠢᠯ ᠦᠶ᠎ᠡ ᠡᠴᠡ 5000 ᠲᠣᠨ ᠨᠡᠮᠡᠭᠳᠡᠪᠡ᠂ ᠬᠠᠪᠢᠷᠭ᠎ᠠ 313000
ᠥᠩᠭᠡᠷᠡᠭᠰᠡᠨ ᠣᠨ ᠤ ᠢᠵᠢᠯ ᠦᠶ᠎ᠡ ᠡᠴᠡ 5.9% ᠪᠠᠷ ᠪᠠᠭᠤᠷᠠᠪᠠ᠃ ᠲᠣᠬᠢ 523000 ᠲᠣᠨ
【ᠮᠠᠯᠵᠢᠯ ᠤᠨ ᠦᠢᠯᠡᠳᠪᠦᠷᠢ】 ᠦᠢᠯᠡᠳᠪᠦᠷᠢ ᠶᠢᠨ ᠬᠡᠮᠵᠢᠶ᠎ᠡ 43000 ᠲᠣᠯᠣᠭᠠᠢ ᠲᠤ ᠬᠦᠷᠴᠦ ᠪᠡᠶᠡᠯᠡᠭᠳᠡᠭᠰᠡᠨ᠂
67000 ᠲᠣᠨ ᠪᠡᠶᠡᠯᠡᠭᠳᠡᠭᠰᠡᠨ᠂ ᠥᠩᠭᠡᠷᠡᠭᠰᠡᠨ ᠣᠨ ᠤ ᠢᠵᠢᠯ ᠦᠶ᠎ᠡ ᠡᠴᠡ 15000 ᠲᠣᠨ ᠨᠡᠮᠡᠭᠳᠡᠪᠡ᠃
ᠲᠠᠷᠢᠶᠠᠨ ᠪᠡᠶᠡᠯᠡᠭᠳᠡᠭᠰᠡᠨ᠂ ᠡᠨᠡ ᠨᠢ ᠥᠩᠭᠡᠷᠡᠭᠰᠡᠨ ᠣᠨ ᠤ ᠮᠥᠨ ᠦᠶ᠎ᠡ ᠡᠴᠡ᠂ ᠨᠡᠮᠡᠭᠳᠡᠯ ᠦᠨ ᠬᠡᠮᠵᠢᠶ᠎ᠡ
ᠪᠡᠶᠡᠯᠡᠭᠳᠡᠭᠰᠡᠨ᠂ ᠥᠩᠭᠡᠷᠡᠭᠰᠡᠨ ᠣᠨ ᠤ ᠢᠵᠢᠯ ᠦᠶ᠎ᠡ ᠡᠴᠡ 8000 ᠲᠣᠨ ᠨᠡᠮᠡᠭᠳᠡᠪᠡ᠂ ᠬᠦᠨᠵᠢᠯ 18000 ᠲᠣ
ᠥᠩᠭᠡᠷᠡᠭᠰᠡᠨ ᠣᠨ ᠤ ᠢᠵᠢᠯ ᠦᠶ᠎ᠡ ᠡᠴᠡ 20000 ᠲᠣᠨ ᠨᠡᠮᠡᠭᠳᠡᠪᠡ᠂ ᠬᠦᠨᠵᠢᠯ ᠤᠨ ᠨᠠᠷᠢᠮᠣᠭ ᠲᠠᠷᠢᠶ᠎ᠠ 35000 ᠲᠣᠨ
11.9% ᠪᠠᠷ ᠨᠡᠮᠡᠭᠳᠡᠪᠡ᠃ ᠬᠦᠨᠵᠢᠯ ᠦᠨ ᠲᠠᠷᠢᠮᠠᠯ ᠤᠨ ᠬᠦᠨᠵᠢᠯ 81000 ᠲᠣᠨ ᠪᠡᠶᠡᠯᠡᠭᠳᠡᠭᠰᠡᠨ᠂ ᠥᠩᠭᠡᠷᠡᠭᠰᠡᠨ
ᠦᠢᠯᠡᠳᠪᠦᠷᠢ ᠶᠢᠨ ᠬᠡᠮᠵᠢᠶ᠎ᠡ ᠪᠦᠬᠦ ᠳᠠᠶᠠᠭᠠᠷ ᠲᠤ ᠪᠡᠶᠡᠯᠡᠭᠳᠡᠭᠰᠡᠨ᠂ ᠥᠩᠭᠡᠷᠡᠭᠰᠡᠨ ᠣᠨ ᠤ ᠢᠵᠢᠯ ᠦᠶ᠎ᠡ ᠡᠴᠡ
【ᠠᠵᠤ ᠦᠢᠯᠡᠳᠪᠦᠷᠢ ᠶᠢᠨ ᠨᠡᠮᠡᠭᠳᠡᠭᠰᠡᠨ ᠦ ᠪᠦᠲᠦᠭᠡᠭᠳᠡᠬᠦᠨ ᠦ ᠬᠡᠮᠵᠢᠶ᠎ᠡ ᠲᠣᠭᠠᠴᠠᠭᠠᠨ ᠦᠢᠯᠡᠳᠪᠦᠷᠢ】
ᠪᠣᠯᠵᠠᠢ᠃
ᠲᠣᠭᠠᠴᠠᠭᠠᠨ ᠪᠡᠶᠡᠯᠡᠭᠳᠡᠭᠰᠡᠨ ᠠᠵᠤ ᠠᠬᠤᠢ 9 ᠨᠢ ᠦᠢᠯᠡᠳᠪᠦᠷᠢᠯᠡᠭᠰᠡᠨ᠂ ᠥᠩᠭᠡᠷᠡᠭᠰᠡᠨ ᠣᠨ ᠤ ᠢᠵᠢᠯ ᠪᠣᠯ ᠥᠩᠭᠡᠷᠡᠭᠰᠡᠨ
ᠦᠢᠯᠡᠳᠪᠦᠷᠢᠯᠡᠭᠰᠡᠨ᠂ ᠥᠩᠭᠡᠷᠡᠭᠰᠡᠨ ᠣᠨ ᠤ ᠢᠵᠢᠯ ᠦᠶ᠎ᠡ ᠡᠴᠡ 107 ᠨᠡᠮᠡᠭᠳᠡᠪᠡ᠂ ᠪᠠᠶᠢᠭᠤᠯᠬᠤ ᠨᠢ ᠬᠣᠷᠢᠶᠠᠩᠭᠤᠢ ᠪᠠᠷ
ᠨᠢᠭᠡᠳᠦᠭᠡᠷ ᠪᠣᠯᠤᠭᠰᠠᠨ᠂ ᠲᠡᠭᠦᠨ ᠳᠣᠲᠣᠷ᠎ᠠ ᠪᠠᠷ ᠬᠠᠮᠢᠶᠠᠷᠤᠯ ᠬᠤᠪᠢᠴᠠᠭᠠ ᠠᠵᠤ ᠠᠬᠤᠢ ᠶᠢᠨ ᠲᠣᠭ᠎ᠠ 622 ᠨᠢ
ᠬᠠᠮᠢᠶᠠᠷᠤᠯᠲᠠ 314 ᠨᠢ ᠦᠢᠯᠡᠳᠪᠦᠷᠢᠯᠡᠭᠰᠡᠨ᠂ ᠥᠩᠭᠡᠷᠡᠭᠰᠡᠨ ᠣᠨ ᠤ ᠢᠵᠢᠯ ᠦᠶ᠎ᠡ ᠡᠴᠡ 73 ᠬᠣᠷᠢᠶ᠎ᠠ ᠬᠠᠮᠢᠶᠠᠷᠤᠯᠲᠠ
ᠪᠡᠶᠡᠯᠡᠭᠳᠡᠭᠰᠡᠨ᠂ ᠥᠩᠭᠡᠷᠡᠭᠰᠡᠨ ᠣᠨ ᠤ ᠢᠵᠢᠯ ᠦᠶ᠎ᠡ ᠡᠴᠡ 29.9% ᠪᠠᠷ ᠨᠡᠮᠡᠭᠳᠡᠪᠡ᠃ ᠬᠠᠮᠢᠶᠠᠷᠤᠯ ᠬᠤᠪᠢᠴᠠᠭᠠ ᠬᠣᠷᠢᠶ᠎ᠠ
【ᠲᠠᠷᠢᠮᠠᠯ ᠦᠢᠯᠡᠳᠪᠦᠷᠢ ᠶᠢᠨ ᠦᠢᠯᠡᠳᠪᠦᠷᠢ】 ᠦᠢᠯᠡᠳᠪᠦᠷᠢ ᠶᠢᠨ ᠬᠡᠮᠵᠢᠶ᠎ᠡ 309000 ᠲᠣᠯᠣᠭᠠᠢ ᠲᠤ ᠬᠦᠷᠴᠦ
ᠥᠩᠭᠡᠷᠡᠭᠰᠡᠨ ᠣᠨ ᠤ ᠢᠵᠢᠯ ᠦᠶ᠎ᠡ ᠡᠴᠡ 4199000 ᠨᠡᠮᠡᠭᠳᠡᠭᠰᠡᠨ ᠪᠣᠯᠵᠠᠢ᠃
ᠲᠣᠯᠣᠭᠠᠢ ᠮᠠᠯ ᠠᠵᠤ ᠪᠣᠢᠵᠢᠭᠤᠯ᠂ ᠨᠢᠭᠡᠳᠦᠭᠡᠷ ᠬᠠᠭᠤᠰ ᠤᠨ ᠮᠠᠯ ᠢ 16394000 ᠳᠤ ᠬᠦᠷᠴᠦ᠂ ᠥᠩᠭᠡᠷᠡᠭᠰᠡᠨ
ᠮᠠᠯ ᠢ 258000 ᠲᠣᠯᠣᠭᠠᠢ ᠮᠠᠯ ᠠᠵᠤ ᠲᠤ ᠬᠦᠷᠴᠦ᠂ ᠥᠩᠭᠡᠷᠡᠭᠰᠡᠨ ᠣᠨ ᠤ ᠢᠵᠢᠯ ᠦᠶ᠎ᠡ ᠡᠴᠡ 163000
ᠬᠦᠷᠴᠦ᠂ ᠥᠩᠭᠡᠷᠡᠭᠰᠡᠨ ᠣᠨ ᠤ ᠢᠵᠢᠯ ᠦᠶ᠎ᠡ ᠡᠴᠡ 4 ᠬᠤᠪᠢᠶᠠᠷ ᠮᠠᠯ ᠠᠵᠤ ᠪᠠᠭᠤᠷᠠᠪᠠ᠂ ᠬᠠᠮᠢᠶᠠᠷᠤᠯ ᠨᠡᠮᠡᠭᠳᠡᠭᠰᠡᠨ
ᠪᠣᠯ ᠡᠨ ᠦ 11.8 ᠪᠠᠷ ᠪᠠᠭᠤᠷᠠᠪᠠ᠂ ᠬᠠᠮᠢᠶᠠᠷᠤᠯ ᠬᠤᠪᠢᠴᠠᠭᠠᠨ ᠮᠠᠯ ᠢ 411000 ᠲᠣᠯᠣᠭᠠᠢ ᠮᠠᠯ ᠠᠵᠤ ᠲᠤ
ᠦᠢᠯᠡᠳᠪᠦᠷᠢ ᠶᠢᠨ ᠦᠢᠯᠡᠳᠪᠦᠷᠢ ᠶᠢᠨ ᠬᠡᠮᠵᠢᠶ᠎ᠡ 252000 ᠲᠣᠯᠣᠭᠠᠢ ᠲᠣᠨ ᠳᠤ ᠬᠦᠷᠴᠦ᠂ ᠥᠩᠭᠡᠷᠡᠭᠰᠡᠨ ᠣᠨ ᠤ ᠢᠵᠢᠯ
ᠥᠩᠭᠡᠷᠡᠭᠰᠡᠨ ᠣᠨ ᠤ ᠢᠵᠢᠯ ᠦᠶ᠎ᠡ ᠡᠴᠡ 6957000 ᠲᠣᠨ ᠪᠠᠭᠤᠷᠠᠪᠠ᠃ ᠬᠠᠮᠢᠶᠠᠷᠤᠯ ᠬᠦᠷᠴᠦ ᠪᠠᠢᠭ᠎ᠠ ᠨᠡᠮᠡᠭᠳᠡᠭᠰᠡᠨ ᠤᠨ
ᠦᠶ᠎ᠡ ᠡᠴᠡ 14.4% ᠪᠠᠷ ᠪᠠᠭᠤᠷᠠᠪᠠ᠂ ᠲᠠᠷᠢᠶᠠᠨ ᠬᠤᠪᠢᠶᠠᠷ 26212000 ᠲᠣᠨ ᠦᠢᠯᠡᠳᠪᠦᠷᠢᠯᠡᠭᠰᠡᠨ᠂ ᠥᠩᠭᠡᠷᠡᠭᠰᠡᠨ
ᠤᠨ ᠦᠢᠯᠡᠳᠪᠦᠷᠢ ᠶᠢᠨ ᠬᠡᠮᠵᠢᠶ᠎ᠡ 239000 ᠬᠣᠩᠨᠢ ᠲᠣᠯᠣᠭᠠᠢ ᠲᠤ ᠬᠦᠷᠴᠦ᠂ ᠥᠩᠭᠡᠷᠡᠭᠰᠡᠨ ᠣᠨ ᠤ
ᠦᠢᠯᠡᠳᠪᠦᠷᠢᠯᠡᠭᠰᠡᠨ᠂ ᠥᠩᠭᠡᠷᠡᠭᠰᠡᠨ ᠣᠨ ᠤ ᠢᠵᠢᠯ ᠦᠶ᠎ᠡ ᠡᠴᠡ 2 9000 ᠲᠣᠨ ᠪᠠᠭᠤᠷᠠᠪᠠ᠃ ᠬᠤᠪᠢᠶᠠᠷ ᠤᠨ ᠦᠢᠯᠡᠳᠪᠦᠷᠢ
ᠥᠩᠭᠡᠷᠡᠭᠰᠡᠨ ᠣᠨ ᠤ ᠢᠵᠢᠯ ᠦᠶ᠎ᠡ ᠡᠴᠡ 7.1% ᠪᠠᠷ ᠨᠡᠮᠡᠭᠳᠡᠭᠰᠡᠨ᠂ ᠲᠠᠷᠢᠶᠠᠨ ᠲᠠᠯᠠᠪᠠᠢ 771000 ᠬᠣᠩᠨᠢ ᠲᠣᠨ

ᠰᠢᠯᠭᠠᠯᠲᠠ (ᠬᠡᠷᠡᠭ ᠳᠤ ᠨᠡᠮᠡᠭᠳᠡᠭᠰᠡᠨ ᠪᠠᠢᠭᠤᠯᠭ᠎ᠠ ᠪᠠᠢᠭᠤᠯᠤᠯᠲᠠ ᠲᠣᠭ᠎ᠠ ᠲᠣᠭ᠎ᠠ 11᠂ ᠠᠷᠪᠠᠨ ᠪᠠᠷ
2015 ᠣᠨ ᠳᠤ᠂ ᠬᠠᠮᠲᠤ ᠶᠢᠨ ᠠᠵᠤ ᠨᠢ ᠠᠵᠤ ᠦᠢᠯᠡᠳᠪᠦᠷᠢ ᠶᠢᠨ ᠵᠣᠬᠢᠶᠠᠨ ᠪᠠ ᠲᠣᠭ᠎ᠠ ᠲᠣᠭ᠎ᠠ 25 ᠨᠢ
【ᠠᠵᠤ ᠦᠢᠯᠡᠳᠪᠦᠷᠢ ᠶᠢᠨ ᠵᠣᠬᠢᠶᠠᠨ ᠪᠠ ᠲᠣᠭ᠎ᠠ ᠲᠣᠭ᠎ᠠ ᠶᠢᠨ ᠬᠠᠮᠢᠶᠠᠷᠤᠯᠲᠠ ᠪᠠᠢᠭᠤᠯᠭ᠎ᠠ】
ᠦᠢᠯᠡᠳᠪᠦᠷᠢᠯᠡᠭᠰᠡᠨ᠂ ᠥᠩᠭᠡᠷᠡᠭᠰᠡᠨ ᠣᠨ ᠤ ᠢᠵᠢᠯ ᠦᠶ᠎ᠡ ᠡᠴᠡ 1457 ᠲᠣᠨ ᠨᠡᠮᠡᠭᠳᠡᠪᠡ᠃
ᠦᠢᠯᠡᠳᠪᠦᠷᠢᠯᠡᠭᠰᠡᠨ᠂ ᠥᠩᠭᠡᠷᠡᠭᠰᠡᠨ ᠣᠨ ᠤ ᠢᠵᠢᠯ ᠦᠶ᠎ᠡ ᠡᠴᠡ 110000 ᠲᠣᠨ ᠨᠡᠮᠡᠭᠳᠡᠪᠡ᠂ ᠨᠢ 5678 ᠲᠣᠨ
ᠥᠩᠭᠡᠷᠡᠭᠰᠡᠨ ᠣᠨ ᠤ ᠢᠵᠢᠯ ᠦᠶ᠎ᠡ ᠡᠴᠡ 45.4 % ᠪᠠᠷ ᠪᠠᠭᠤᠷᠠᠪᠠ᠂ ᠲᠠᠷᠢᠶᠠᠨ ᠲᠠᠯᠠᠪᠠᠢ 10060000 ᠲᠣᠨ
【ᠮᠠᠯ ᠤᠨ ᠲᠡᠵᠢᠭᠡᠯ ᠦᠢᠯᠡᠳᠪᠦᠷᠢ】 ᠦᠢᠯᠡᠳᠪᠦᠷᠢ ᠶᠢᠨ ᠬᠡᠮᠵᠢᠶ᠎ᠡ 13000 ᠲᠣᠯᠣᠭᠠᠢ ᠲᠤ ᠬᠦᠷᠴᠦ᠂
ᠮᠠᠯ ᠤᠨ ᠦᠢᠯᠡᠳᠪᠦᠷᠢᠯᠡᠯ᠂ ᠥᠩᠭᠡᠷᠡᠭᠰᠡᠨ ᠣᠨ ᠤ ᠢᠵᠢᠯ ᠦᠶ᠎ᠡ ᠡᠴᠡ 2564 ᠮᠠᠯ ᠤᠨ ᠨᠡᠮᠡᠭᠳᠡᠪᠡ᠃
ᠲᠣᠯᠣᠭᠠᠢ ᠲᠤ ᠬᠦᠷᠴᠦ᠂ ᠥᠩᠭᠡᠷᠡᠭᠰᠡᠨ ᠣᠨ ᠤ ᠢᠵᠢᠯ ᠦᠶ᠎ᠡ ᠡᠴᠡ 25.3% ᠪᠠᠷ ᠪᠠᠭᠤᠷᠠᠪᠠ᠂ 10464
【ᠲᠣᠭᠣᠭᠰᠠᠨ ᠠᠵᠤ ᠶᠢᠨ ᠬᠦᠷᠢᠶᠡᠯᠡᠩ ᠤᠨ ᠠᠵᠤ ᠦᠢᠯᠡᠳᠪᠦᠷᠢ】 ᠦᠢᠯᠡᠳᠪᠦᠷᠢ ᠶᠢᠨ ᠬᠡᠮᠵᠢᠶ᠎ᠡ 11000 ᠲᠣᠯᠣᠭᠠᠢ
ᠦᠢᠯᠡᠳᠪᠦᠷᠢᠯᠡᠭᠰᠡᠨ᠂ ᠥᠩᠭᠡᠷᠡᠭᠰᠡᠨ ᠣᠨ ᠤ ᠢᠵᠢᠯ ᠦᠶ᠎ᠡ ᠡᠴᠡ 15000 ᠲᠣᠨ ᠨᠡᠮᠡᠭᠳᠡᠪᠡ᠃
ᠦᠢᠯᠡᠳᠪᠦᠷᠢᠯᠡᠭᠰᠡᠨ᠂ ᠥᠩᠭᠡᠷᠡᠭᠰᠡᠨ ᠣᠨ ᠤ ᠢᠵᠢᠯ ᠦᠶ᠎ᠡ ᠡᠴᠡ 15.2% ᠪᠠᠷ ᠨᠡᠮᠡᠭᠳᠡᠪᠡ᠂ ᠨᠢ 74000 ᠲᠣᠨ
ᠥᠩᠭᠡᠷᠡᠭᠰᠡᠨ ᠣᠨ ᠤ ᠢᠵᠢᠯ ᠦᠶ᠎ᠡ ᠡᠴᠡ 5150 ᠲᠣᠨ ᠨᠡᠮᠡᠭᠳᠡᠪᠡ᠂ ᠲᠣᠭᠠᠨ ᠲᠣᠭᠣᠭᠠ ᠶᠢᠨ ᠬᠦᠴᠦᠨ ᠦ 499000 ᠲᠣᠨ
ᠥᠩᠭᠡᠷᠡᠭᠰᠡᠨ ᠣᠨ ᠤ ᠢᠵᠢᠯ ᠦᠶ᠎ᠡ ᠡᠴᠡ 763 ᠲᠣᠨ ᠨᠡᠮᠡᠭᠳᠡᠪᠡ᠃ ᠲᠠᠷᠢᠶᠠᠨ ᠤ ᠬᠡᠮᠵᠢᠶ᠎ᠡ 24800 ᠲᠣᠨ ᠦᠢᠯᠡᠳᠪᠦᠷᠢᠯᠡᠭᠰᠡᠨ᠂
ᠥᠩᠭᠡᠷᠡᠭᠰᠡᠨ ᠣᠨ ᠤ ᠢᠵᠢᠯ ᠦᠶ᠎ᠡ ᠡᠴᠡ 97.2 ᠲᠣᠨ ᠨᠡᠮᠡᠭᠳᠡᠪᠡ᠂ 12535 ᠲᠣᠨ ᠲᠣᠭᠣᠭ᠎ᠠ ᠶᠢᠨ ᠬᠦᠴᠦᠨ᠂ ᠥᠩᠭᠡᠷᠡᠭᠰᠡᠨ
7.6% ᠪᠠᠷ ᠨᠡᠮᠡᠭᠳᠡᠪᠡ᠃ ᠲᠠᠷᠢᠶᠠᠨ ᠤ ᠲᠠᠯᠠᠪᠠᠢ ᠲᠣᠭᠣᠭ᠎ᠠ 7179000 ᠲᠣᠯᠣᠭᠠᠢ ᠲᠣᠨ ᠦᠢᠯᠡᠳᠪᠦᠷᠢᠯᠡᠭᠰᠡᠨ᠂ ᠥᠩᠭᠡᠷᠡᠭᠰᠡᠨ
ᠦᠢᠯᠡᠳᠪᠦᠷᠢ ᠶᠢᠨ ᠬᠡᠮᠵᠢᠶ᠎ᠡ 114000 ᠲᠣᠯᠣᠭᠠᠢ ᠲᠤ ᠬᠦᠷᠴᠦ᠂ ᠥᠩᠭᠡᠷᠡᠭᠰᠡᠨ ᠣᠨ ᠤ ᠢᠵᠢᠯ ᠦᠶ᠎ᠡ ᠡᠴᠡ
ᠥᠩᠭᠡᠷᠡᠭᠰᠡᠨ ᠣᠨ ᠤ ᠢᠵᠢᠯ ᠦᠶ᠎ᠡ ᠡᠴᠡ 51 ᠲᠣᠨ ᠨᠡᠮᠡᠭᠳᠡᠪᠡ᠂ ᠲᠣᠭᠣᠭ᠎ᠠ ᠶᠢᠨ ᠬᠠᠮᠲᠤ ᠪᠡᠶᠡᠯᠡᠭᠳᠡᠭᠰᠡᠨ ᠦᠢᠯᠡᠳᠪᠦᠷᠢ ᠶᠢᠨ
ᠪᠣᠯ ᠬᠠᠮᠢᠶᠠᠷᠤᠯᠲᠠ ᠨᠢᠭᠡ ᠪᠠᠷ 294000 ᠬᠡᠰᠡᠭ ᠨᠡᠮᠡᠭᠳᠡᠪᠡ᠃ 3512 ᠲᠣᠨ ᠦᠢᠯᠡᠳᠪᠦᠷᠢᠯᠡᠭᠰᠡᠨ᠂ ᠥᠩᠭᠡᠷᠡᠭᠰᠡᠨ
ᠬᠠᠮᠢᠶᠠᠷᠤᠯᠲᠠ ᠨᠢᠭᠡ ᠪᠠᠷ 2774000 ᠬᠡᠰᠡᠭ ᠲᠣᠭᠣᠭ᠎ᠠ ᠪᠡᠶᠡᠯᠡᠭᠳᠡᠭᠰᠡᠨ᠂ ᠥᠩᠭᠡᠷᠡᠭᠰᠡᠨ ᠣᠨ ᠤ ᠢᠵᠢᠯ
235000 ᠲᠣᠯᠣᠭᠠᠢ ᠲᠤ ᠬᠦᠷᠴᠦ᠂ ᠥᠩᠭᠡᠷᠡᠭᠰᠡᠨ ᠣᠨ ᠤ ᠢᠵᠢᠯ ᠦᠶ᠎ᠡ ᠡᠴᠡ 7.4% ᠪᠠᠷ ᠪᠠᠭᠤᠷᠠᠭᠰᠠᠨ᠂
ᠢᠵᠢᠯ ᠦᠶ᠎ᠡ ᠡᠴᠡ 8.6% ᠪᠠᠷ ᠪᠠᠭᠤᠷᠠᠪᠠ᠂ ᠬᠡᠰᠡᠭ ᠦᠨ ᠲᠣᠭᠣᠭ᠎ᠠ ᠪᠡᠶᠡᠯᠡᠭᠳᠡᠭᠰᠡᠨ ᠦᠢᠯᠡᠳᠪᠦᠷᠢ ᠶᠢᠨ ᠬᠡᠮᠵᠢᠶ᠎ᠡ
ᠦᠢᠯᠡᠳᠪᠦᠷᠢ】 ᠦᠢᠯᠡᠳᠪᠦᠷᠢ ᠶᠢᠨ ᠬᠡᠮᠵᠢᠶ᠎ᠡ 404000 ᠲᠣᠯᠣᠭᠠᠢ ᠲᠤ ᠬᠦᠷᠴᠦ ᠪᠡᠶᠡᠯᠡᠭᠳᠡᠭᠰᠡᠨ᠂ ᠥᠩᠭᠡᠷᠡᠭᠰᠡᠨ ᠣᠨ ᠤ
【ᠬᠡᠰᠡᠭ ᠦᠨ ᠬᠠᠮᠲᠤ ᠠᠵᠤ ᠶᠢᠨ ᠨᠡᠮᠡᠭᠳᠡᠭᠰᠡᠨ ᠦ ᠲᠣᠭᠣᠭ᠎ᠠ ᠪᠡᠶᠡᠯᠡᠭᠳᠡᠭᠰᠡᠨ ᠪᠡᠷ ᠬᠠᠮᠢᠶᠠᠷᠤᠯᠲᠠ ᠠᠵᠤ
ᠦᠢᠯᠡᠳᠪᠦᠷᠢᠯᠡᠭᠰᠡᠨ᠂ ᠥᠩᠭᠡᠷᠡᠭᠰᠡᠨ ᠣᠨ ᠤ ᠢᠵᠢᠯ ᠦᠶ᠎ᠡ ᠡᠴᠡ 2132.1 ᠲᠣᠨ ᠨᠢᠭᠡᠳᠦᠭᠡᠷ ᠦᠢᠯᠡᠳᠪᠦᠷᠢᠯᠡᠭᠰᠡᠨ᠃
ᠥᠩᠭᠡᠷᠡᠭᠰᠡᠨ ᠣᠨ ᠤ ᠢᠵᠢᠯ ᠦᠶ᠎ᠡ ᠡᠴᠡ 1492.9 ᠲᠣᠨ ᠨᠡᠮᠡᠭᠳᠡᠪᠡ᠂ C ᠬᠡᠪ ᠦᠨ ᠪᠣᠳᠠᠰ 5953.1 ᠲᠣᠨ
ᠪᠣᠳᠠᠰ ᠪᠡᠶᠡᠯᠡᠭᠳᠡᠭᠰᠡᠨ ᠬᠤᠪᠢ ᠨᠡᠮᠡᠭᠳᠡᠪᠡ᠂ ᠲᠠᠷᠢᠶᠠᠨ ᠲᠠᠯᠠᠪᠠᠢ 6481.4 ᠲᠣᠨ ᠦᠢᠯᠡᠳᠪᠦᠷᠢᠯᠡᠭᠰᠡᠨ᠂ ᠡᠨᠡ ᠨᠢ
183000 ᠪᠣᠳᠠᠰ ᠪᠡᠶᠡᠯᠡᠭᠳᠡᠭᠰᠡᠨ ᠬᠤᠪᠢ ᠦᠢᠯᠡᠳᠪᠦᠷᠢᠯᠡᠭᠰᠡᠨ᠂ ᠥᠩᠭᠡᠷᠡᠭᠰᠡᠨ ᠣᠨ ᠤ ᠢᠵᠢᠯ ᠦᠶ᠎ᠡ ᠡᠴᠡ 16000
ᠲᠣᠨ ᠦᠢᠯᠡᠳᠪᠦᠷᠢᠯᠡᠭᠰᠡᠨ᠂ ᠥᠩᠭᠡᠷᠡᠭᠰᠡᠨ ᠣᠨ ᠤ ᠢᠵᠢᠯ ᠦᠶ᠎ᠡ ᠡᠴᠡ 76000 ᠲᠣᠨ ᠨᠡᠮᠡᠭᠳᠡᠪᠡ᠂ ᠬᠣᠨᠢᠨ ᠮᠢᠬ᠎ᠠ

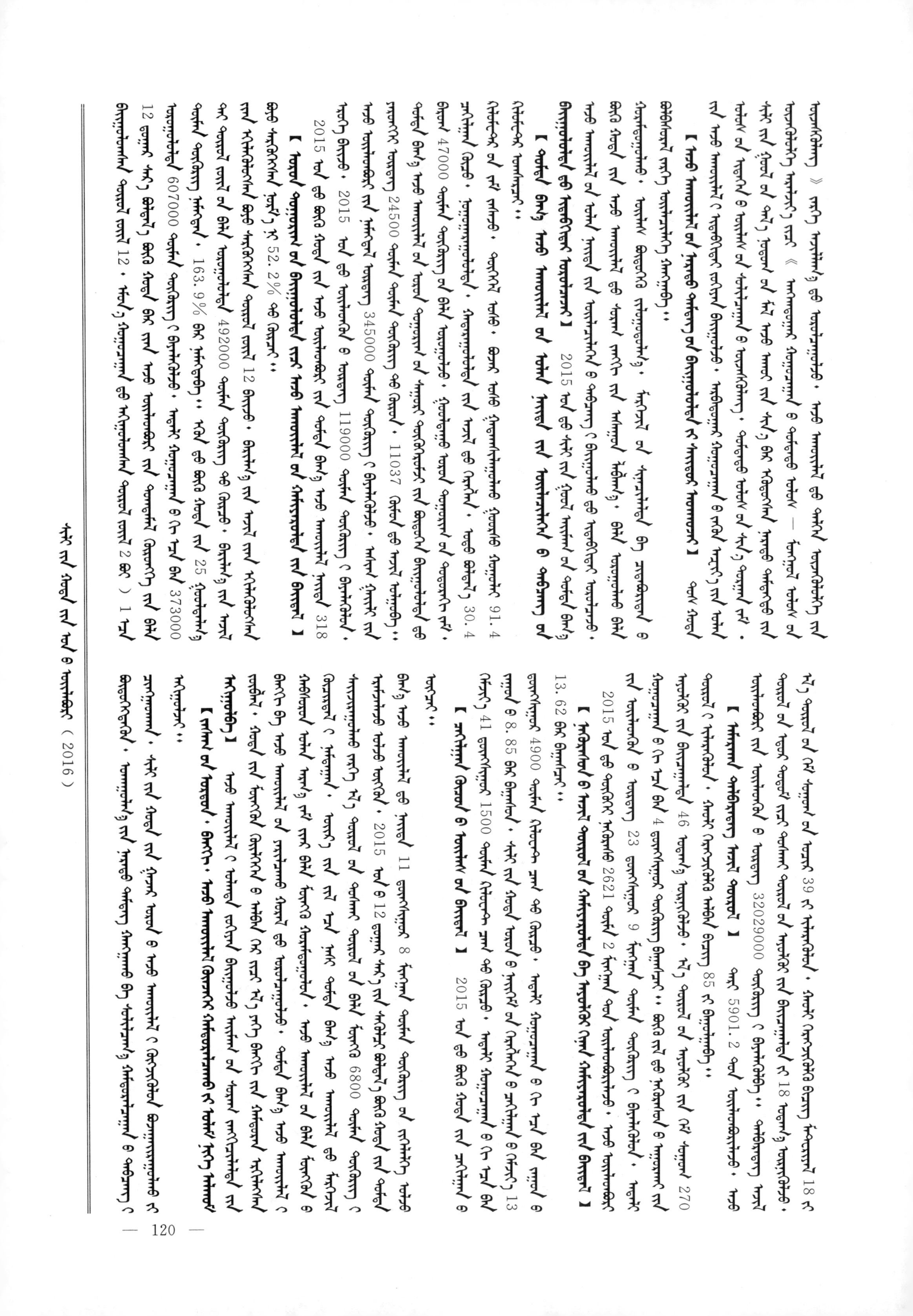

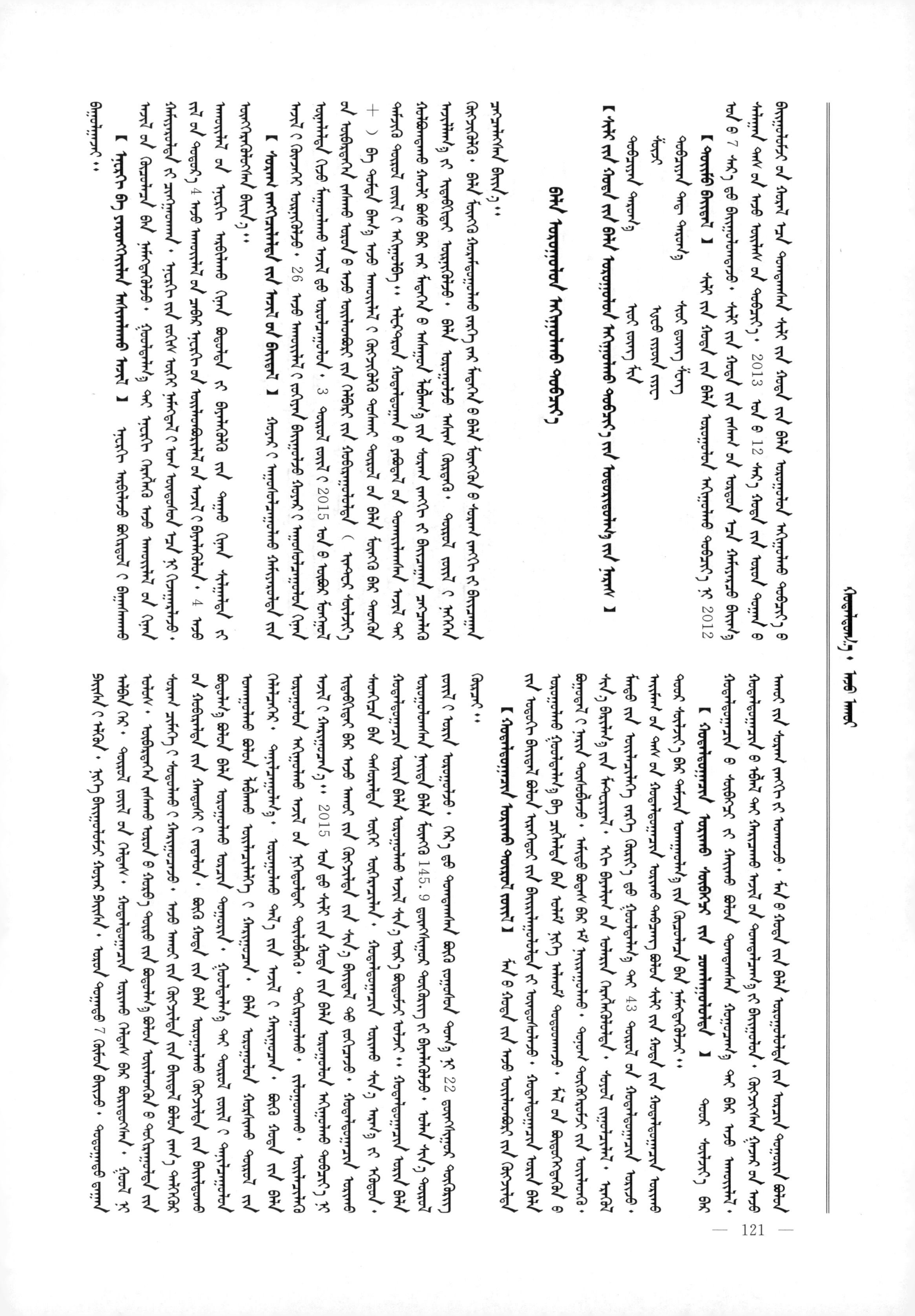

[illegible]

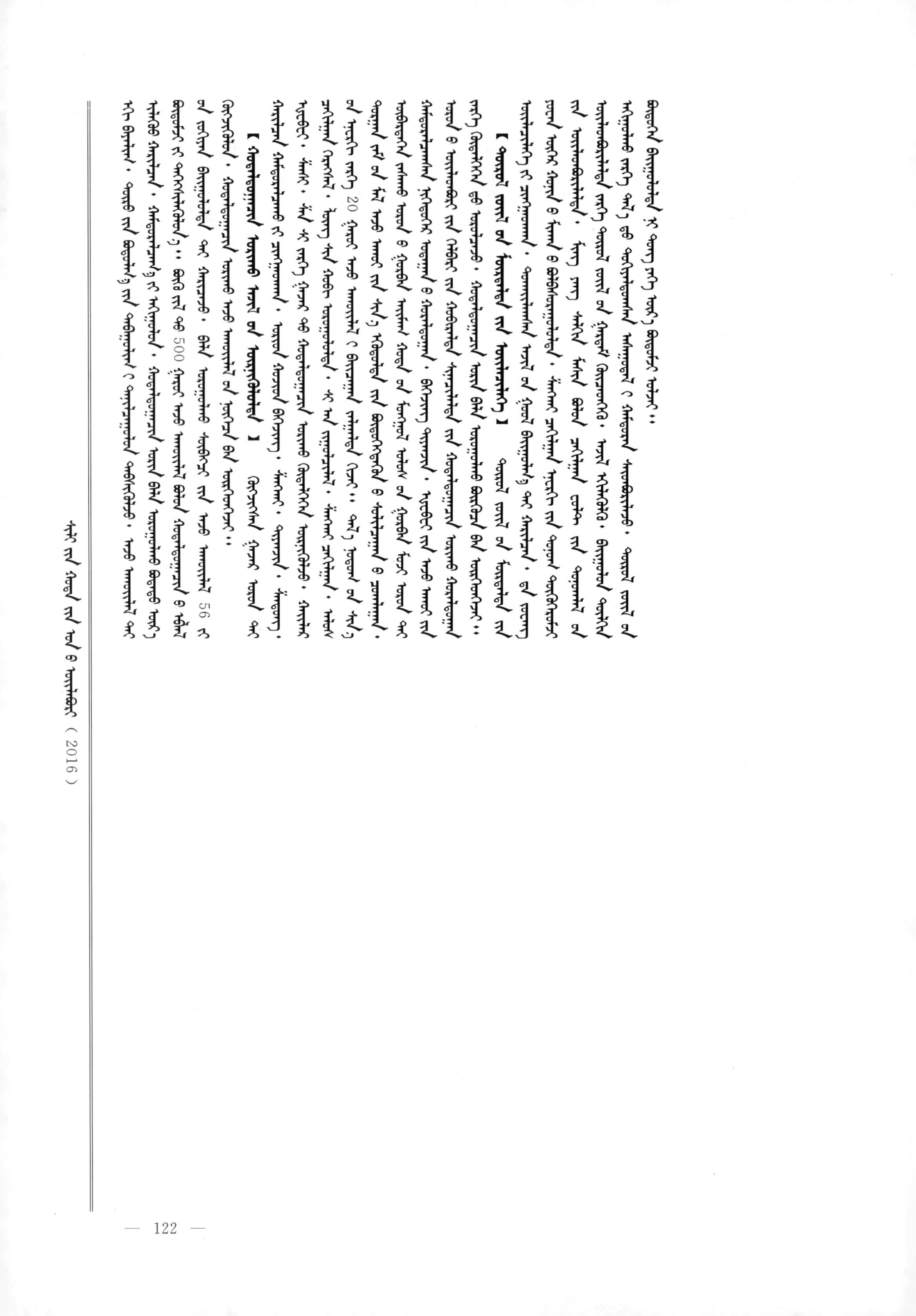

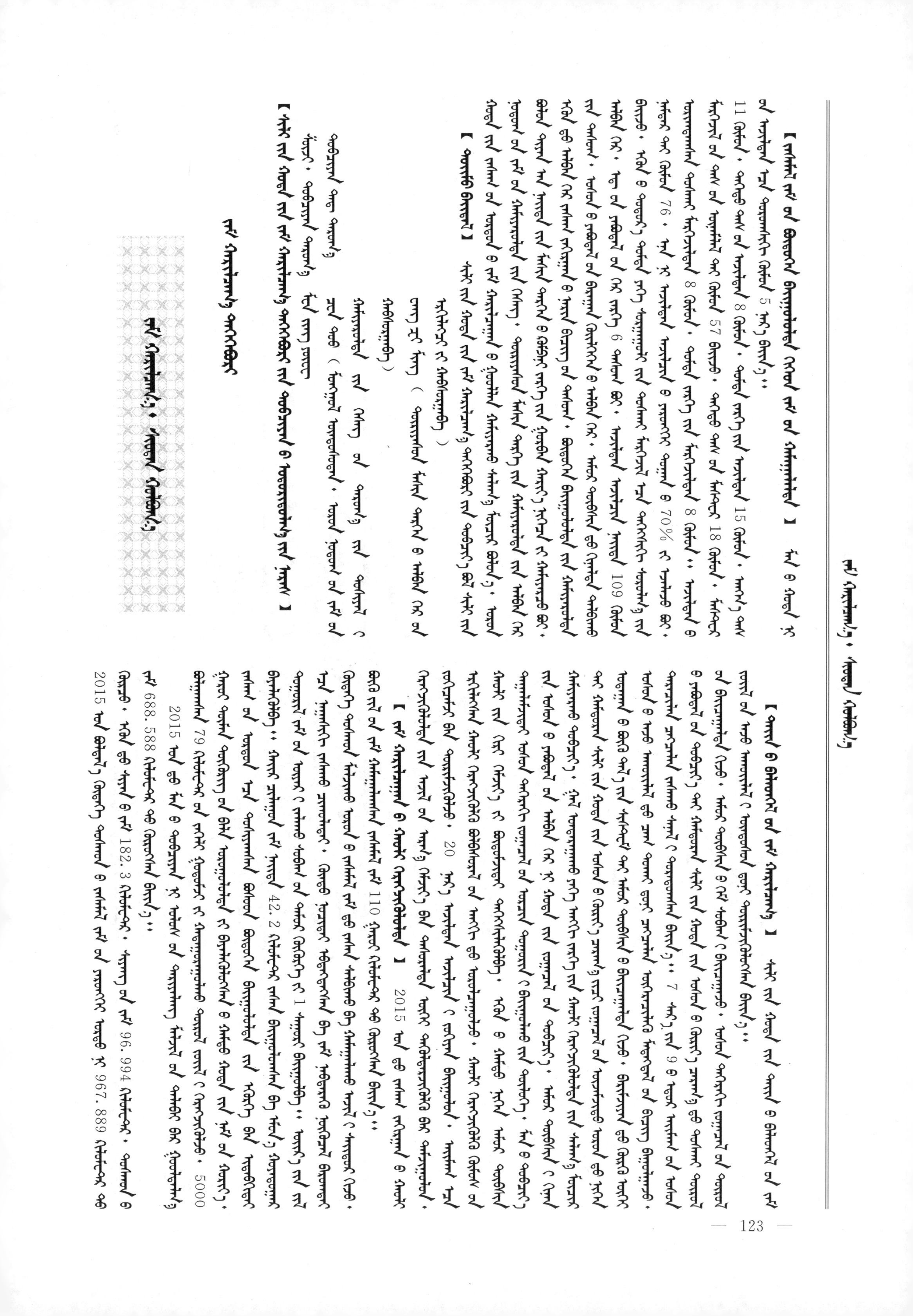

2015 ᠣᠨ ᠳᠤ ᠵᠥᠷᠢᠴᠡᠭᠴᠢ 137 ᠺᠢᠯᠤᠮᠧᠲ᠋ᠷ ᠳᠤ ᠵᠠᠮ ᠤᠨ ᠬᠡᠮᠵᠢᠶ᠎ᠡ ᠳᠤ ᠬᠢᠨᠠᠯᠲᠠ ᠲᠠᠯᠪᠢᠵᠤ ᠨᠦᠬᠦᠴᠡᠯ ᠢ ᠰᠠᠢᠵᠢᠷᠠᠭᠤᠯᠵᠤ᠂ ᠮᠠᠰᠢᠨ ᠵᠠᠮ ᠤᠨ ᠪᠠᠷᠢᠯᠭ᠎ᠠ ᠠᠯᠪᠠᠳᠬᠠᠯ ᠢ ᠪᠠᠲᠤᠯᠠᠬᠤ ᠪᠠ ᠲᠡᠭᠦᠨ ᠠᠯᠪᠠᠨ ᠪᠠᠢᠭᠤᠯᠤᠯᠭ᠎ᠠ ᠪᠠᠷ ᠵᠠᠰᠠᠪᠤᠷᠢ ᠶᠢ ᠪᠠᠲᠤᠯᠠᠭᠰᠠᠨ ᠪᠠᠢᠨ᠎ᠠ᠃ ᠰᠢᠯᠢᠶᠠᠨ ᠢ ᠪᠠᠷᠢᠭᠤᠯᠤᠭᠰᠠᠨ ᠠᠯᠪᠠᠳᠬᠠᠯ ᠢ ᠬᠡᠷᠡᠭᠵᠢᠭᠦᠯᠵᠦ᠂ ᠮᠠᠨ ᠤ ᠬᠣᠲᠠ ᠶᠢᠨ ᠲᠤᠰ ᠬᠣᠷᠢᠶ᠎ᠠ ᠠᠯᠪᠠᠨ ᠤ ᠲᠡᠮᠳᠡᠭ ᠵᠠᠮ ᠤᠨ ᠬᠡᠮᠵᠢᠶ᠎ᠡ ᠶᠢ ᠬᠤᠪᠢᠶᠠᠵᠤ ᠬᠢᠭᠰᠡᠨ ᠬᠣᠷᠢᠶ᠎ᠠ ᠠᠯᠪᠠᠨ ᠤ ᠲᠡᠮᠳᠡᠭ ᠵᠠᠮ ᠤᠨ 20 ᠰᠠᠭᠤᠷᠢ ᠵᠠᠮ ᠤᠨ ᠬᠡᠮᠵᠢᠶ᠎ᠡ ᠳᠦ ᠪᠠᠢᠭ᠎ᠠ 120 ᠣᠷᠴᠢᠮ ᠳᠤ ᠪᠠᠢᠷᠢᠯᠠᠭᠤᠯᠤᠭᠰᠠᠨ ᠤᠯᠤᠰ ᠮᠤᠵᠢ ᠶᠢᠨ ᠲᠡᠷᠭᠡᠭᠦᠷ (G303 · G207 · S101 · S307) ᠬᠣᠶᠠᠷ ᠠᠳᠠᠭ ᠤᠨ ᠬᠠᠷᠠᠭᠠ ᠪᠠᠷ ᠬᠢᠵᠦ᠂ ᠬᠣᠷᠢᠶ᠎ᠠ ᠵᠠᠮ ᠤᠨ ᠠᠮᠤᠷ ᠲᠦᠪᠰᠢᠨ ᠢ ᠬᠠᠮᠠᠭᠠᠯᠠᠪᠠ᠂ ᠮᠠᠰᠢᠨ ᠮᠠᠰᠢᠨ ᠲᠡᠷᠭᠡ ᠶᠢᠨ ᠬᠥᠳᠡᠯᠭᠡᠭᠡᠨ ᠢ ᠠᠯᠪᠠᠳᠠᠭᠤᠯᠤᠭᠰᠠᠨ ᠪᠠᠢᠨ᠎ᠠ᠂ ᠰᠢᠯᠭᠠᠯᠲᠠ ᠶᠢᠨ ᠠᠮᠤᠷ ᠲᠡᠷᠭᠡ ᠭᠠᠷᠤᠭ ᠠᠵᠢᠯᠯᠠᠭᠤᠯᠬᠤ ᠳᠤᠭᠤᠢᠯᠠᠩ ᠳᠤ ᠬᠤᠷᠢᠶᠠᠨ ᠣᠯᠠᠨ ᠪᠠᠢᠭᠤᠯᠤᠯᠭ᠎ᠠ ᠮᠠᠰᠢᠨ ᠲᠡᠷᠭᠡ ᠶᠢᠨ ᠤᠳᠤᠷᠢᠳᠤᠯᠭ᠎ᠠ ᠶᠢ ᠪᠡᠯᠡᠳᠬᠡᠭᠰᠡᠨ ᠪᠠᠢᠭᠤᠯᠤᠯᠭ᠎ᠠ ᠶᠢᠨ ᠠᠮᠤᠷ ᠲᠦᠪᠰᠢᠨ ᠳᠦ ᠬᠦᠷᠭᠡᠵᠦ᠂ ᠠᠶᠤᠯᠭᠦᠢ ᠮᠠᠰᠢᠨ ᠮᠠᠰᠢᠨ ᠤ ᠠᠮᠤᠷ ᠲᠡᠷᠭᠡ ᠪᠠᠢᠳᠠᠯ ᠢ ᠪᠠᠲᠤᠯᠠᠭᠰᠠᠨ ᠵᠠᠮ ᠤᠨ ᠴᠠᠭᠳᠠᠭᠠᠨ ᠤ ᠬᠤᠷᠢᠶ᠎ᠠ ᠶᠢ ᠮᠠᠰᠢ ᠶᠡᠬᠡ ᠪᠠᠢᠭᠤᠯᠤᠯᠭ᠎ᠠ ᠬᠢᠵᠦ ᠵᠠᠮ ᠳᠤ ᠬᠢᠨᠠᠯᠲᠠ ᠲᠠᠯᠪᠢᠬᠤ ᠳᠤ ᠠᠨᠭᠬᠠᠷᠤᠯ ᠲᠠᠯᠪᠢᠵᠤ᠂ ᠬᠦᠨ ᠦ ᠮᠠᠰᠢᠨ ᠤ ᠵᠠᠮ ᠤᠨ ᠰᠦᠯᠵᠢᠶ᠎ᠡ ᠶᠢ ᠳᠡᠭᠡᠭᠰᠢᠯᠡᠭᠦᠯᠪᠡ᠂ ᠠᠮᠤᠷ ᠲᠦᠪᠰᠢᠨ ᠤ ᠠᠮᠤᠷ ᠲᠡᠭᠡᠭᠡᠷᠢᠬᠦ ᠬᠤᠷᠢᠶ᠎ᠠ ᠪᠠᠢᠭᠤᠯᠤᠯᠭ᠎ᠠ 101 · 207 · 307 ᠬᠣᠶᠠᠷ ᠤᠨ ᠵᠠᠮ ᠤᠨ ᠰᠠᠢᠵᠢᠷᠠᠭᠤᠯᠬᠤ ᠲᠦᠰᠦᠯ ᠢ ᠬᠣᠷᠢᠶ᠎ᠠ ᠵᠠᠮ ᠳᠤ ᠲᠠᠯᠪᠢᠭᠰᠠᠨ ᠮᠠᠰᠢᠨ ᠠᠯᠪᠠᠳᠬᠠᠯ ᠤᠨ ᠵᠢᠯ ᠦᠨ ᠬᠡᠮᠵᠢᠶ᠎ᠡ ᠳᠦ ᠤᠳᠤᠷᠢᠳᠤᠯᠭ᠎ᠠ ᠬᠣᠶᠠᠷ ᠳᠤ ᠠᠯᠪᠠᠳᠬᠠᠯ ᠤᠨ ᠰᠢᠯᠭᠠᠯᠲᠠ ᠪᠤᠯᠤᠨ ᠰᠢᠯᠢ ᠶᠢᠨ ᠠᠯᠪᠠᠳᠬᠠᠯ 750 ᠰᠠᠭᠤᠷᠢ ᠺᠢᠯᠤᠮᠧᠲ᠋ᠷ 48 ᠳᠠᠪᠬᠤᠷ ᠭᠡᠷᠡᠯ ᠠᠶᠤᠯᠭᠦᠢ

ᠵᠢᠷᠤᠮ ᠳᠤ ᠤᠳᠤᠷᠢᠳᠤᠯᠭ᠎ᠠ ᠮᠡᠳᠡᠭᠡᠯᠡᠬᠦ ᠮᠡᠳᠡᠭᠡ ᠤᠭᠰᠠᠷᠠᠯ ᠢ ᠮᠡᠳᠡ ᠪᠡᠷ ᠵᠢᠷᠤᠮᠯᠠᠨ ᠬᠦᠷᠭᠡᠵᠦ᠂ ᠮᠠᠰᠢᠨ ᠠᠯᠪᠠᠨ ᠤ ᠰᠠᠢᠵᠢᠷᠠᠭᠤᠯᠤᠯᠭ᠎ᠠ ᠤᠭᠰᠠᠷᠠᠯ ᠤᠨ ᠰᠢᠨ᠎ᠡ ᠶᠢ ᠬᠦᠷᠭᠡᠵᠦ᠂ ᠠᠶᠤᠯᠭᠦᠢ LED ᠠᠭᠤᠷᠠᠯ᠂ ᠬᠤᠷᠢᠶ᠎ᠠ ᠰᠢᠨᠵᠢ ᠶᠢᠨ ᠤᠭᠰᠠᠷᠠᠯ ᠬᠤᠷᠠᠯ ᠢ ᠮᠡᠳᠡᠭᠡᠯᠡᠯ ᠠᠯᠪᠠᠨ ᠲᠤ ᠠᠯᠪᠠᠨ᠂ ᠮᠡᠳᠡᠭᠡᠯᠡᠯ ᠳᠤ ᠬᠤᠷᠢᠶ᠎ᠠ ᠠᠯᠪᠠᠳᠬᠠᠯ ᠬᠤᠪᠢ ᠶᠢᠨ ᠠᠯᠪᠠᠨ ᠢ ᠮᠡᠳᠡᠭᠡᠯᠡᠯ ᠤᠨ ᠠᠯᠪᠠᠳᠤ ᠳᠤ ᠮᠡᠳᠡᠭᠡᠯᠡᠯ ᠦᠨ ᠬᠤᠪᠢ ᠠᠯᠪᠠᠳᠬᠠᠯ ᠪᠠᠷ ᠠᠯᠪᠠᠳᠠᠭᠤᠯᠤᠯᠭ᠎ᠠ ᠶᠢᠨ ᠠᠯᠪᠠᠳᠤ᠂ ᠠᠯᠪᠠᠳᠬᠠᠯ ᠮᠠᠰᠢᠨ ᠠᠯᠪᠠᠨ ᠤ ᠬᠦᠷᠭᠡᠵᠦ᠂ ᠰᠢᠯᠢ ᠪᠦᠬᠦ ᠵᠢᠷᠤᠮᠯᠠᠯ ᠤᠨ 3 ᠠᠯᠪᠠᠳᠬᠠᠯ ᠮᠠᠰᠢᠨ ᠠᠯᠪᠠᠨ ᠢ ᠪᠠᠢᠭᠤᠯᠤᠯᠭ᠎ᠠ ᠰᠠᠢᠵᠢᠷᠠᠭᠤᠯᠪᠠ᠃᠃ ᠵᠠᠮ ᠤᠨ ᠠᠯᠪᠠᠳᠬᠠᠯ ᠬᠣᠶᠠᠷ ᠪᠠᠢᠭᠤᠯᠤᠯᠭ᠎ᠠ ᠠᠯᠪᠠᠳᠬᠠᠯ ᠮᠠᠰᠢᠨ ᠠᠯᠪᠠᠨ 224 ᠢ ᠰᠠᠢᠵᠢᠷᠠᠭᠤᠯᠵᠤ ᠢ ᠶᠢ ᠬᠦᠷᠭᠡᠯᠡᠭᠡᠵᠦ ᠪᠠᠢᠭᠤᠯᠤᠭᠰᠠᠨ ᠪᠠᠢᠨ᠎ᠠ᠃᠃ 2015 ᠣᠨ ᠳᠤ ᠠᠯᠪᠠᠳᠬᠠᠯ ᠮᠠᠰᠢᠨ ᠠᠯᠪᠠᠨ ᠢ ᠵᠢᠷᠤᠮ 1200 ᠰᠠᠭᠤᠷᠢ ᠳᠤ ᠬᠦᠷᠭᠡᠵᠦ᠂ ᠠᠯᠪᠠᠨ ᠰᠢᠯᠢ ᠶᠢᠨ ᠵᠠᠮ ᠰᠢᠨᠵᠢᠯᠡᠬᠦ ᠮᠡᠳᠡᠭᠡᠯᠡᠯ ᠦᠨ ᠠᠯᠪᠠᠳᠤ ᠳᠤ ᠰᠠᠢᠵᠢᠷᠠᠭᠤᠯᠬᠤ ᠮᠠᠰᠢᠨ ᠰᠠᠢᠵᠢᠷᠠᠭᠤᠯᠤᠯᠭ᠎ᠠ ᠰᠢᠨᠵᠢᠯᠡᠨ ᠪᠠᠢᠭᠤᠯᠤᠭᠰᠠᠨ ᠰᠢᠯᠢ ᠶᠢᠨ ᠰᠢᠨᠵᠢᠯᠡᠬᠦ ᠶᠢᠨ ᠠᠯᠪᠠᠳᠬᠠᠯ ᠤᠨ ᠰᠢᠨᠵᠢ ᠠᠮᠤᠷ ᠪᠠᠢᠨ᠎ᠠ᠂ 2013 ᠣᠨ ᠤ 3 ᠰᠠᠷ᠎ᠠ ᠳᠤ ᠮᠦᠩᠭᠦ ᠶᠢᠨ ᠮᠠᠰᠢᠨ ᠤ ᠰᠢᠨᠵᠢᠯᠡᠬᠦ ᠶᠢᠨ ᠬᠣᠶᠠᠷ ᠬᠤᠪᠢ ᠶᠢ 1999 ᠣᠨ ᠤ 7 ᠰᠠᠷ᠎ᠠ ᠳᠤ ᠪᠠᠢᠭᠤᠯᠤᠭᠳᠠᠭᠰᠠᠨ ᠲᠡᠢ᠂ ᠮᠠᠰᠢ ᠶᠢ

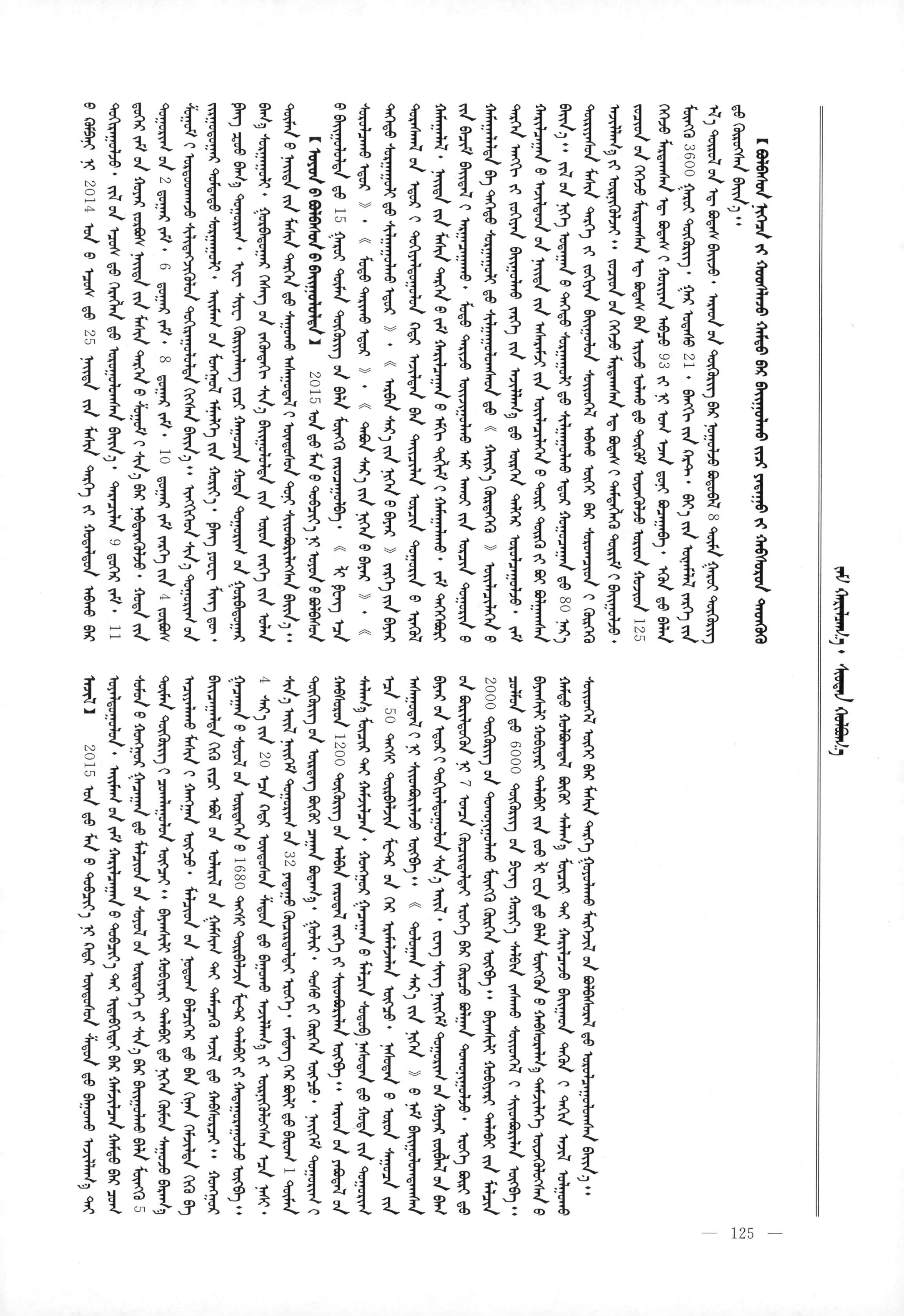

800 ᠰᠠᠭᠤᠳᠠᠯ ᠲᠠᠢ ᠪᠣᠰᠣᠭ ᠨᠢᠰᠬᠡᠯ ᠨᠢᠰᠬᠦ ᠪᠣᠯᠤᠮᠵᠢ ᠲᠠᠢ ᠪᠣᠶᠢᠩ ᠤᠨ 767/300ER ᠮᠠᠶᠢᠭ ᠬᠦᠯᠢᠶᠡᠨ ᠠᠪᠬᠤ ᠰᠠᠭᠤᠳᠠᠯ ᠤᠨ ᠨᠢᠰᠬᠡᠯ ᠢ ᠪᠠᠭᠤᠯᠭᠠᠬᠤ ᠪᠣᠯᠤᠮᠵᠢ ᠲᠠᠢ᠃ ᠨᠢᠰᠬᠡᠯ ᠦᠨ ᠵᠠᠮ ᠤᠨ ᠪᠦᠰᠡ ᠨᠢ ᠪᠣᠶᠢᠩ ᠤᠨ 737/ ᠮᠠᠶᠢᠭ ᠤᠨ ᠨᠢᠰᠬᠡᠯ ᠪᠣᠯᠤᠨ ᠠᠢ 6 ᠠᠢ ᠪᠡᠷ ᠪᠠᠭᠤᠯᠭᠠᠬᠤ᠂ ᠲᠦᠪᠰᠢᠨ C ᠮᠠᠶᠢᠭ ᠤᠨ ᠨᠢᠰᠬᠡᠯ ᠪᠣᠯᠤᠨ ᠪᠠᠭ᠎ᠠ D ᠮᠠᠶᠢᠭ ᠤᠨ ᠨᠢᠰᠬᠡᠯ ᠦᠨ ᠪᠠᠭᠤᠳᠠᠯ ᠤᠨ ᠨᠢᠰᠬᠡᠯ ᠦᠨ ᠵᠠᠮ ᠤᠨ ᠲᠦᠪᠰᠢᠨ ᠤ ᠠᠢ 4C ᠠᠢ᠂ 2001 ᠣᠨ ᠡᠴᠡ 2008 ᠣᠨ ᠳᠤ ᠨᠢᠰᠬᠡᠯ ᠦᠨ ᠪᠠᠭᠤᠳᠠᠯ ᠢ ᠰᠢᠨ᠎ᠡ ᠪᠠᠢᠭᠤᠯᠵᠤ ᠲᠡᠯᠡᠭᠡᠨ ᠪᠠᠢᠭᠤᠯᠪᠠ᠃ ᠨᠡᠢᠲᠡ ᠬᠥᠷᠥᠩᠭᠡ 1015.74 ᠰᠠᠶ᠎ᠠ᠂ ᠨᠢᠰᠬᠡᠯ ᠦᠨ ᠪᠠᠭᠤᠳᠠᠯ ᠤᠨ ᠲᠠᠯᠠᠪᠤᠷᠢ ᠬᠡᠮᠵᠢᠶ᠎ᠡ 1971.75 ᠮᠧ ᠪᠣᠯᠤᠨ᠎ᠠ᠃ ᠪᠠᠭᠤᠳᠠᠯ ᠬᠢᠲᠠᠳ ᠤᠨ ᠢᠷᠭᠡᠨ ᠨᠢᠰᠬᠡᠯ ᠦᠨ ᠪᠠᠭᠤᠳᠠᠯ ᠤᠨ 9.5 ᠭᠡᠷᠡᠯᠲᠦᠭᠦᠯᠬᠦ ᠲᠣᠨᠣᠭ ᠲᠥᠬᠥᠭᠡᠷᠦᠮᠵᠢ ᠬᠣᠯᠪᠣᠭᠳᠠᠬᠤ᠂ ᠬᠢᠲᠠᠳ ᠤᠨ ᠬᠡᠪᠲᠡᠭᠡᠯ ᠤᠨ ᠠᠵᠢᠯᠯᠠᠭᠤᠯᠤᠯᠲᠠ ᠶᠢᠨ ᠪᠠᠢᠭᠤᠯᠤᠮᠵᠢ ᠪᠠᠢᠨ᠎ᠠ᠃ 1992 ᠣᠨ ᠤ 7 ᠰᠠᠷ᠎ᠠ ᠳᠤ ᠬᠢᠲᠠᠳ ᠤᠨ ᠢᠷᠭᠡᠨ ᠤ ᠨᠢᠰᠬᠡᠯ ᠦᠨ ᠬᠡᠷᠡᠭ ᠦᠨ ᠲᠡᠮᠦᠷ ᠵᠠᠮ ᠤᠨ ᠲᠠᠰᠤᠭ ᠤᠨ ᠤᠯᠠᠭᠠᠨᠬᠣᠲᠠ ᠶᠢᠨ ᠨᠢᠰᠬᠡᠯ ᠦᠨ ᠪᠠᠭᠤᠳᠠᠯ ᠤᠨ ᠪᠠᠢᠭᠤᠯᠤᠯᠭ᠎ᠠ ᠬᠣᠷᠢᠶ᠎ᠠ ᠶᠢᠨ ᠪᠠᠶᠠᠷ ᠪᠣᠯᠤᠨ ᠲᠥᠷᠥ ᠶᠢᠨ ᠥᠮᠴᠢᠯᠡᠯ ᠪᠣᠯᠤᠨ᠎ᠠ᠃ ᠬᠢᠲᠠᠳ ᠤᠨ ᠢᠷᠭᠡᠨ ᠤ ᠨᠢᠰᠬᠡᠯ ᠦᠨ ᠲᠡᠮᠦᠷ ᠵᠠᠮ ᠤᠨ ᠲᠠᠰᠤᠭ ᠤᠨ ᠤᠯᠠᠭᠠᠨᠬᠣᠲᠠ ᠶᠢᠨ ᠨᠢᠰᠬᠡᠯ ᠦᠨ ᠪᠠᠭᠤᠳᠠᠯ ᠢ ᠲᠥᠷᠥ ᠶᠢᠨ ᠨᠢᠰᠬᠡᠯ ᠦᠨ ᠪᠠᠭᠤᠳᠠᠯ ᠬᠠᠷᠢᠶᠠᠯᠠᠨ ᠪᠠᠢᠭᠤᠯᠤᠯᠭ᠎ᠠ᠂ ᠬᠣᠢ᠋ᠨ᠎ᠠ ᠨᠢ 10 ᠰᠠᠷ᠎ᠠ ᠶᠢᠨ 1 ᠦ ᠡᠳᠦᠷ ᠬᠠᠷᠢᠶᠠᠯᠠᠨ ᠪᠠᠢ

	ᠬᠠᠷᠢᠶᠠᠯᠠᠭᠳᠠᠨ᠎ᠠ)
	ᠰᠤ ᠵᠢᠶᠠᠩ ᠰᠢᠶᠠᠩ (2015 ᠣᠨ ᠤ 6 ᠰᠠᠷ᠎ᠠ ᠳᠤ ᠰᠣᠯᠢᠭᠳᠠᠭᠰᠠᠨ)
ᠨᠠᠮ ᠤᠨ ᠵᠢᠴᠢᠨ ᠤ ᠰᠤᠷᠠᠭᠴᠢ	ᠳ᠋ᠦᠩ ᠳ᠋ᠣᠩ ᠪᠣᠭᠢ (2015 ᠣᠨ ᠤ 6 ᠰᠠᠷ᠎ᠠ ᠳᠤ ᠰᠣᠯᠢᠭᠳᠠᠭᠰᠠᠨ ᠮᠡᠳᠡᠭᠡ ᠰᠢᠯᠢᠨ ᠲᠣᠯᠢᠭᠳᠠᠭᠰᠠᠨ)
ᠨᠠᠮ ᠤᠨ ᠵᠢᠴᠢᠨ ᠤ ᠰᠤᠷᠠᠭᠴᠢ	ᠪᠠᠶᠠᠨ ᠴᠢᠶᠠᠩ ᠰᠢᠶᠠᠩ (2015 ᠣᠨ ᠤ 12 ᠰᠠᠷ᠎ᠠ ᠳᠤ ᠰᠣᠯᠢᠭᠳᠠᠭᠰᠠᠨ)
ᠳᠠᠷᠤᠭ᠎ᠠ	ᠪᠢᠨ ᠳ᠋ᠧ ᠭᠤᠸᠧ (2015 ᠣᠨ ᠤ 12 ᠰᠠᠷ᠎ᠠ ᠳᠤ ᠰᠣᠯᠢᠭᠳᠠᠭᠰᠠᠨ ᠮᠡᠳᠡᠭᠡ
ᠣᠷᠣᠯᠠᠭᠴᠢ ᠰᠤᠷᠠᠭᠴᠢ᠂ ᠨᠠᠮ ᠳᠠᠷᠤᠭ᠎ᠠ	ᠵᠢᠶᠠᠩ ᠵᠢᠶᠠᠨ ᠬᠤᠸᠠ

ᠮᠠᠯ ᠤᠨ ᠦᠢᠯᠡᠳᠪᠦᠷᠢ ᠶᠢᠨ ᠲᠤᠰᠢᠶᠠᠯ ᠢ ᠳᠡᠯᠡᠬᠡᠢ ᠶᠢᠨ ᠮᠠᠯ ᠤᠨ ᠦᠢᠯᠡᠳᠪᠦᠷᠢ ᠳᠤ ᠰᠠᠢᠵᠢᠷᠠᠭᠤᠯᠬᠤ ᠪᠠᠷ ᠪᠦᠲᠦᠭᠡᠭᠳᠡᠬᠦᠨ ᠦ ᠪᠠᠶᠢᠭᠤᠯᠤᠯᠭ᠎ᠠ ᠶᠢ ᠬᠥᠭᠵᠢᠭᠦᠯᠦᠭᠰᠡᠨ ᠬᠡᠮᠵᠢᠶ᠎ᠡ ᠶᠢ ᠲᠣᠭᠲᠠᠭᠠᠵᠤ᠂ ᠮᠠᠯᠴᠢᠨ ᠤ ᠮᠡᠷᠭᠡᠵᠢᠯ ᠦᠨ ᠬᠦᠮᠦᠰ ᠦᠨ ᠮᠡᠷᠭᠡᠵᠢᠯ ᠢ ᠰᠠᠢᠵᠢᠷᠠᠭᠤᠯᠬᠤ ᠶᠢᠨ ᠲᠥᠯᠦᠭᠡ ᠬᠣᠷᠢᠨ ᠠᠳᠠᠯᠢ ᠬᠡᠮᠵᠢᠶ᠎ᠡ ᠪᠠᠷ ᠬᠥᠭᠵᠢᠭᠦᠯᠪᠡ᠃ ᠮᠠᠯ ᠤᠨ ᠦᠢᠯᠡᠳᠪᠦᠷᠢ ᠶᠢᠨ ᠰᠢᠨᠵᠢᠯᠡᠬᠦ ᠤᠬᠠᠭᠠᠨ ᠤ ᠲᠥᠪ ᠢ ᠪᠠᠢᠭᠤᠯᠵᠤ᠂ ᠠᠮᠢᠲᠠᠨ ᠤ ᠡᠮᠴᠢᠯᠡᠭᠡ ᠶᠢᠨ ᠪᠠᠢᠭᠤᠯᠭ᠎ᠠ ᠪᠠ ᠰᠢᠨᠵᠢᠯᠡᠬᠦ ᠶᠢᠨ ᠪᠠᠶᠢᠳᠠᠯ ᠢ ᠰᠠᠢᠵᠢᠷᠠᠭᠤᠯᠪᠠ᠂ ᠡᠷᠡᠭᠦᠯ ᠮᠡᠨᠳᠦ ᠶᠢᠨ ᠪᠠᠶᠢᠳᠠᠯ ᠢ ᠳᠡᠭᠡᠭᠰᠢᠯᠡᠭᠦᠯᠪᠡ᠃ ᠪᠣᠯᠤᠭᠰᠠᠨ ᠠᠵᠤ ᠠᠬᠤᠢ ᠶᠢᠨ ᠰᠢᠨᠵᠢᠯᠡᠬᠦ ᠤᠬᠠᠭᠠᠨ ᠤ ᠦᠢᠯᠡᠳᠪᠦᠷᠢ ᠶᠢᠨ ᠡᠷᠡᠭᠦᠯ ᠮᠡᠨᠳᠦ ᠶᠢᠨ ᠪᠠᠶᠢᠳᠠᠯ ᠢ ᠰᠠᠢᠵᠢᠷᠠᠭᠤᠯᠬᠤ ᠶᠢᠨ ᠲᠥᠯᠦᠭᠡ ᠮᠠᠯ ᠤᠨ ᠠᠮᠢᠲᠠᠨ ᠤ ᠡᠮᠴᠢᠯᠡᠭᠡ ᠶᠢᠨ ᠰᠢᠨᠵᠢᠯᠡᠬᠦ ᠤᠬᠠᠭᠠᠨ ᠤ ᠪᠠᠢᠭᠤᠯᠭ᠎ᠠ᠂ ᠮᠠᠯ ᠤᠨ ᠡᠮᠴᠢᠯᠡᠭᠡ ᠶᠢᠨ ᠰᠢᠨᠵᠢᠯᠡᠭᠡ ᠶᠢᠨ ᠠᠵᠢᠯ ᠢ ᠰᠠᠢᠵᠢᠷᠠᠭᠤᠯᠵᠤ᠂ ᠮᠠᠯ ᠤᠨ ᠡᠮᠴᠢᠯᠡᠭᠡ ᠶᠢᠨ ᠲᠣᠭᠲᠠᠯᠴᠠᠭ᠎ᠠ ᠶᠢᠨ ᠠᠵᠢᠯ ᠢ ᠪᠡᠬᠢᠵᠢᠭᠦᠯᠪᠡ᠃ ᠪᠦᠬᠦ ᠣᠷᠣᠨ ᠳᠤ ᠮᠠᠯ ᠤᠨ ᠦᠢᠯᠡᠳᠪᠦᠷᠢ ᠶᠢᠨ PBM ᠠᠷᠭ᠎ᠠ ᠶᠢᠨ ᠠᠵᠢᠯ ᠢ 250 ᠭᠠᠷᠤᠢ ᠬᠣᠰᠢᠭᠤ ᠰᠢᠶᠠᠨ ᠳᠦ ᠶᠠᠪᠤᠭᠤᠯᠵᠤ᠂ ᠮᠠᠯ ᠤᠨ ᠡᠮᠴᠢᠯᠡᠭᠡ ᠶᠢᠨ ᠪᠣᠯᠤᠨ ᠠᠷᠭ᠎ᠠ ᠶᠢᠨ ᠰᠢᠨᠵᠢᠯᠡᠬᠦ ᠤᠬᠠᠭᠠᠨ ᠤ ᠪᠠᠶᠢᠳᠠᠯ ᠢ ᠮᠡᠳᠡᠬᠦ᠂ ᠲᠠᠷᠢᠶᠠᠯᠠᠩ ᠤᠨ ᠮᠠᠯ ᠤᠨ ᠡᠮᠴᠢᠯᠡᠭᠡ ᠮᠠᠯ ᠤᠨ ᠦᠢᠯᠡᠳᠪᠦᠷᠢ ᠶᠢᠨ ᠲᠠᠷᠢᠶᠠᠯᠠᠩ ᠤᠨ ᠠᠵᠢᠯ ᠤᠨ ᠠᠷᠭ᠎ᠠ ᠬᠡᠮᠵᠢᠶ᠎ᠡ ᠪᠠᠶᠢᠭᠤᠯᠤᠯᠲᠠ ᠶᠢ ᠬᠡᠷᠡᠭᠵᠢᠭᠦᠯᠪᠡ᠃ ᠮᠠᠯ ᠤᠨ

ᠭᠠᠷᠭᠠᠪᠠ᠂ ᠬᠡᠪᠯᠡᠯ ᠳᠠᠷᠬᠠᠭᠠᠯᠲᠠ ᠶᠢᠨ ᠠᠵᠢᠯ ᠤᠨ ... ᠮᠣᠩᠭᠣᠯ ᠤᠨ ᠨᠣᠮ ᠤᠨ ᠬᠡᠪᠯᠡᠯ ᠦᠨ ᠭᠠᠵᠠᠷ ᠤᠨ ᠠᠵᠢᠯ ᠢ ᠤᠳᠤᠷᠢᠳᠤᠨ ᠬᠥᠲᠥᠯᠪᠦᠷᠢᠯᠡᠵᠦ ᠪᠠᠶᠢᠨ᠎ᠠ᠃

【ᠲᠣᠪᠴᠢ ᠪᠠᠶᠢᠳᠠᠯ】 ᠮᠣᠩᠭᠣᠯ ᠤᠨ ᠨᠣᠮ ᠤᠨ ᠦᠨᠳᠦᠰᠦᠲᠡᠨ ᠦ ᠭᠠᠷᠴᠠᠭ ᠨᠣᠮ ᠤᠨ ᠬᠡᠪᠯᠡᠯ ᠦᠨ ᠬᠣᠷᠢᠶ᠎ᠠ ᠶᠢᠨ ... ᠭᠠᠷᠴᠠᠭ)

ᠬᠣᠷᠢᠶ᠎ᠠ ᠶᠢᠨ ᠳᠠᠷᠤᠭ᠎ᠠ ᠨᠠᠷᠠᠨ (ᠡᠮᠡᠭᠳᠡᠢ᠂ 2015 ᠣᠨ ᠤ 3 ᠰᠠᠷ᠎ᠠ ᠳᠤ ᠲᠤᠰᠢᠶᠠᠭᠳᠠᠭᠰᠠᠨ)

ᠮᠣᠩᠭᠣᠯ ᠨᠣᠮ ᠤᠨ ᠬᠡᠯᠲᠡᠰ ᠦᠨ ᠳᠠᠷᠤᠭ᠎ᠠ ...

ᠬᠣᠷᠢᠶ᠎ᠠ ᠶᠢᠨ ᠳᠡᠳ ᠳᠠᠷᠤᠭ᠎ᠠ ᠨᠠᠷᠠᠨ (2015 ᠣᠨ ᠤ 3 ᠰᠠᠷ᠎ᠠ ᠳᠤ ᠲᠤᠰᠢᠶᠠᠭᠳᠠᠭᠰᠠᠨ)

【ᠮᠣᠩᠭᠣᠯ ᠨᠣᠮ ᠤᠨ ᠬᠡᠯᠲᠡᠰ ᠦᠨ ᠨᠠᠶᠢᠷᠠᠭᠤᠯᠬᠤ ᠬᠠᠷᠢᠶ᠎ᠠ】

... (ᠮᠡᠷᠭᠡᠵᠢᠯ ᠨᠠᠶᠢᠷᠠᠭᠤᠯᠤᠭᠴᠢ)

... (ᠡᠮᠡᠭᠳᠡᠢ)

... (ᠮᠡᠷᠭᠡᠵᠢᠯ ᠨᠠᠶᠢᠷᠠᠭᠤᠯᠤᠭᠴᠢ)

ᠳᠡᠳ ᠳᠠᠷᠤᠭ᠎ᠠ ... (ᠮᠡᠷᠭᠡᠵᠢᠯ ᠨᠠᠶᠢᠷᠠᠭᠤᠯᠤᠭᠴᠢ)

ᠳᠠᠷᠤᠭ᠎ᠠ ... (ᠮᠡᠷᠭᠡᠵᠢᠯ ᠨᠠᠶᠢᠷᠠᠭᠤᠯᠤᠭᠴᠢ)

ᠭᠡᠰᠢᠭᠦᠨ ... (ᠡᠮᠡᠭᠳᠡᠢ᠂ ᠮᠡᠷᠭᠡᠵᠢᠯ ᠨᠠᠶᠢᠷᠠᠭᠤᠯᠤᠭᠴᠢ)

【ᠮᠣᠩᠭᠣᠯ ᠤᠨ ᠨᠣᠮ ᠤᠨ ᠦᠨᠳᠦᠰᠦᠲᠡᠨ ᠦ ᠭᠠᠷᠴᠠᠭ ᠨᠣᠮ ᠤᠨ ᠬᠡᠪᠯᠡᠯ ᠦᠨ ᠬᠣᠷᠢᠶ᠎ᠠ ᠶᠢᠨ ᠳᠠᠷᠤᠭ᠎ᠠ ᠶᠢᠨ ᠨᠠᠶᠢᠷᠠᠭᠤᠯᠤᠭᠴᠢ ᠶᠢᠨ ᠬᠠᠷᠢᠶ᠎ᠠ】

ᠦᠨᠳᠦᠰᠦᠲᠡᠨ ᠦ ᠭᠠᠷᠴᠠᠭ ᠨᠣᠮ ᠤᠨ ᠬᠡᠪᠯᠡᠯ ᠦᠨ ᠬᠣᠷᠢᠶ᠎ᠠ

ᠪᠠᠶᠢᠭᠤᠯᠤᠯᠭ᠎ᠠ᠂ ᠨᠡᠶᠢᠲᠡ ᠪᠠᠶᠢᠭᠤᠯᠤᠯᠭ᠎ᠠ᠂ ᠬᠡᠪᠯᠡᠯ ᠬᠠᠨᠳᠠ ᠭᠠᠷᠴᠠᠭ ᠨᠣᠮ᠂ ᠰᠣᠨᠢᠨ ᠤ ᠪᠢᠴᠢᠭ

ᠭᠠᠷᠴᠠᠭ ᠨᠣᠮ ᠢ ... 247.49 ᠮᠢᠩᠭ᠎ᠠ᠂ 8 ... 202.57 ᠮᠢᠩᠭ᠎ᠠ ... 6 ... 401.45 ᠮᠢᠩᠭ᠎ᠠ ... 12 ᠵᠦᠢᠯ᠂ 305.43 ᠮᠢᠩᠭ᠎ᠠ ... 14᠂ ...《 ... 》... 6 ... 33.49 ᠮᠢᠩᠭ᠎ᠠ ... 2 ... 69.38 ᠮᠢᠩᠭ᠎ᠠ ... 《 ... 16 ... 328 ᠮᠢᠩᠭ᠎ᠠ ... 《 ... 》 ... 1300 ... 25%

【ᠭᠠᠷᠴᠠᠭ ᠨᠣᠮ ᠤᠨ ᠬᠡᠪᠯᠡᠯ】 ... 1019.9 ... 51 ... 10.05 ... 4.61 ... 102 ... 202 ᠮᠢᠩᠭ᠎ᠠ᠂ ...

【ᠮᠡᠷᠭᠡᠵᠢᠯ ᠦᠨ ᠬᠦᠴᠦᠨ ᠦ ᠪᠠᠢᠭᠤᠯᠤᠯᠲᠠ】 ... 112 ...

... 19 ...

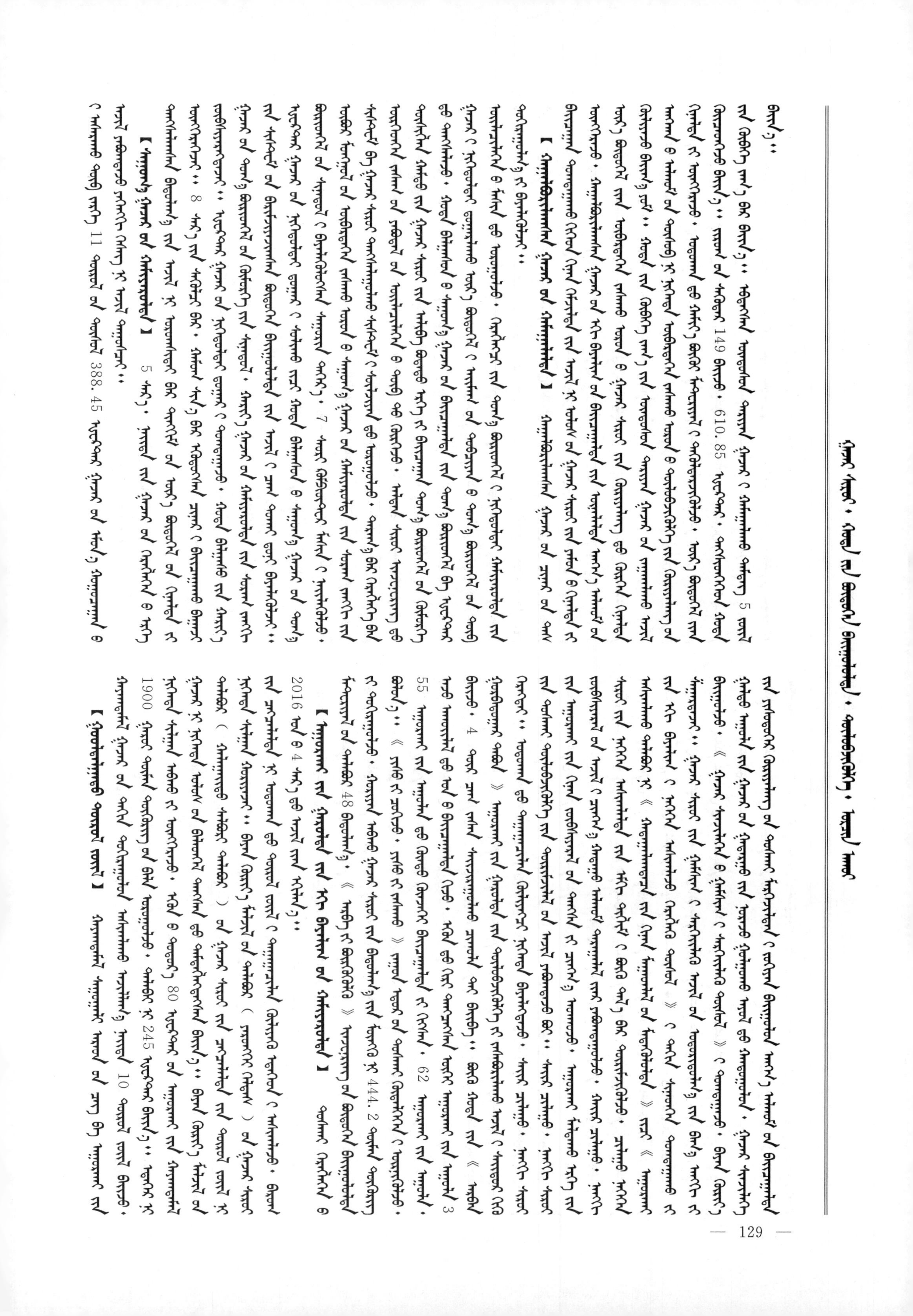

[illegible] 5 [illegible] 149 [illegible] 610.85 [illegible]

【[illegible]】 [illegible]

[illegible] 7 [illegible] 8 [illegible]

【[illegible]】 5 [illegible] 11 [illegible] 388.45 [illegible]

[illegible] 4 [illegible] 3 55 [illegible] 62 [illegible] 444.2 [illegible] 48 [illegible]

【[illegible]】 [illegible] 2016 [illegible] 4 [illegible]

[illegible] 80 [illegible] 1900 [illegible] 245 [illegible] 10 [illegible]

【[illegible]】 [illegible]

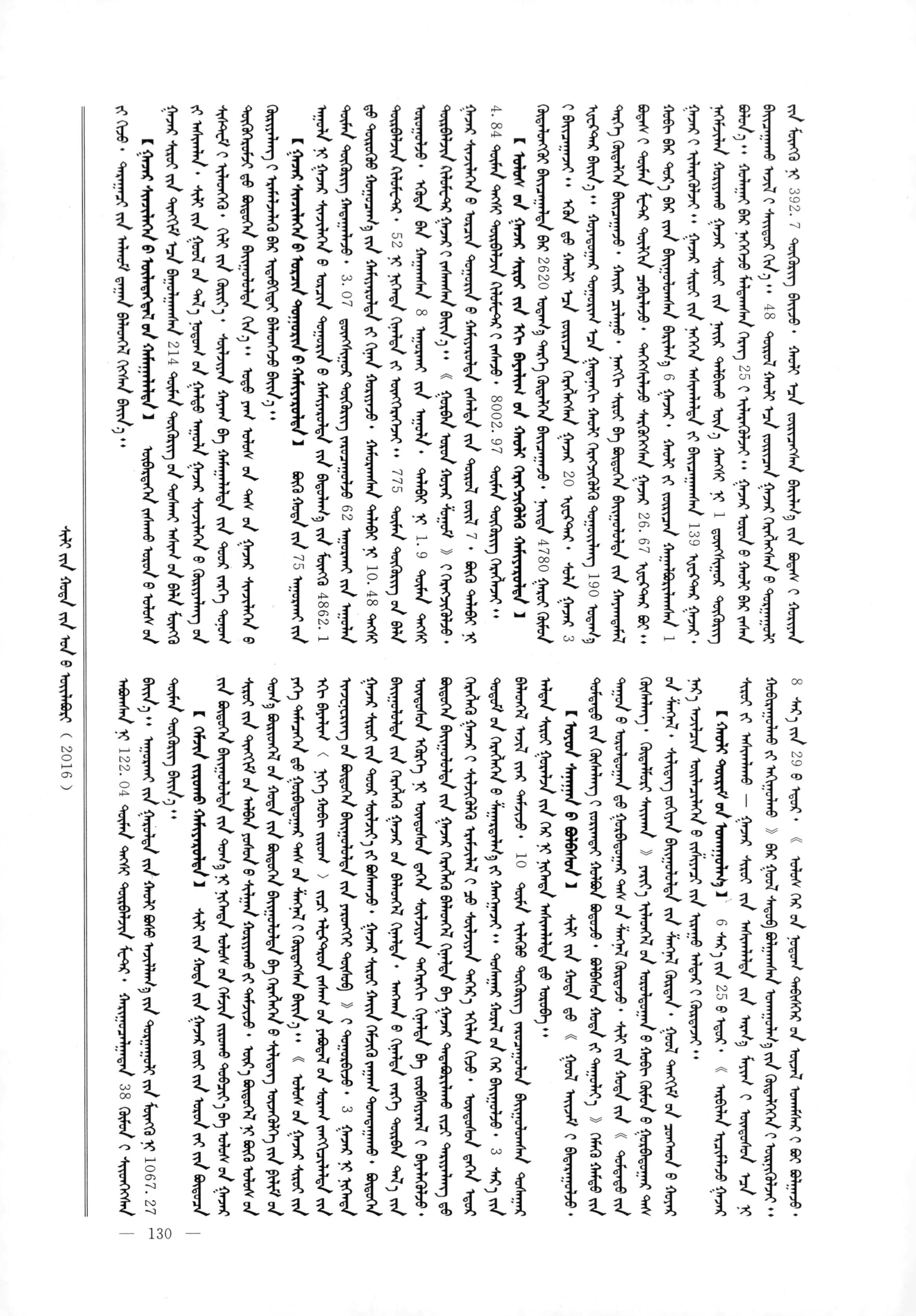

ᠬᠡᠮᠵᠢᠶ᠎ᠡ ᠲᠣᠭᠲᠠᠭᠠᠭᠳᠠᠭᠰᠠᠨ᠃ ᠭᠡᠷ ᠪᠦᠯᠢ ᠶᠢᠨ ᠳᠤᠮᠳᠠᠴᠢ 10 ᠮᠢᠩᠭ᠎ᠠ ᠪᠣᠳᠣ ᠮᠠᠯ 6 ᠰᠠᠶ᠎ᠠ [illegible] 25 [illegible] 20 [illegible] 4 [illegible] 6 [illegible] 30 [illegible] 1 [illegible] 7 [illegible] 4550 [illegible] 15 [illegible] 9 [illegible] 770 [illegible] 990 [illegible] 32 [illegible] 50 [illegible] 《 [illegible] 》 [illegible] 30 [illegible] 《 [illegible] 》 [illegible] 82 [illegible] 45 [illegible] 111 [illegible] 《 [illegible] 》 3 [illegible] 【 [illegible] 】 [illegible] 《 8.29 [illegible]

[illegible] 2015 ᠣᠨ ᠤ 3 ᠳᠤᠭᠠᠷ [illegible]

ᠭᠠᠵᠠᠷ ᠲᠠᠷᠢᠶᠠᠯᠠᠩ ᠤᠨ ᠪᠠᠢᠭᠠᠯᠢ ᠣᠷᠴᠢᠨ ᠲᠣᠭᠣᠷᠢᠨ ᠤ ᠨᠥᠬᠥᠴᠡᠯ

[illegible] 150 [illegible] 2 [illegible] 70 [illegible] 10 [illegible] 8 [illegible] 120 [illegible]

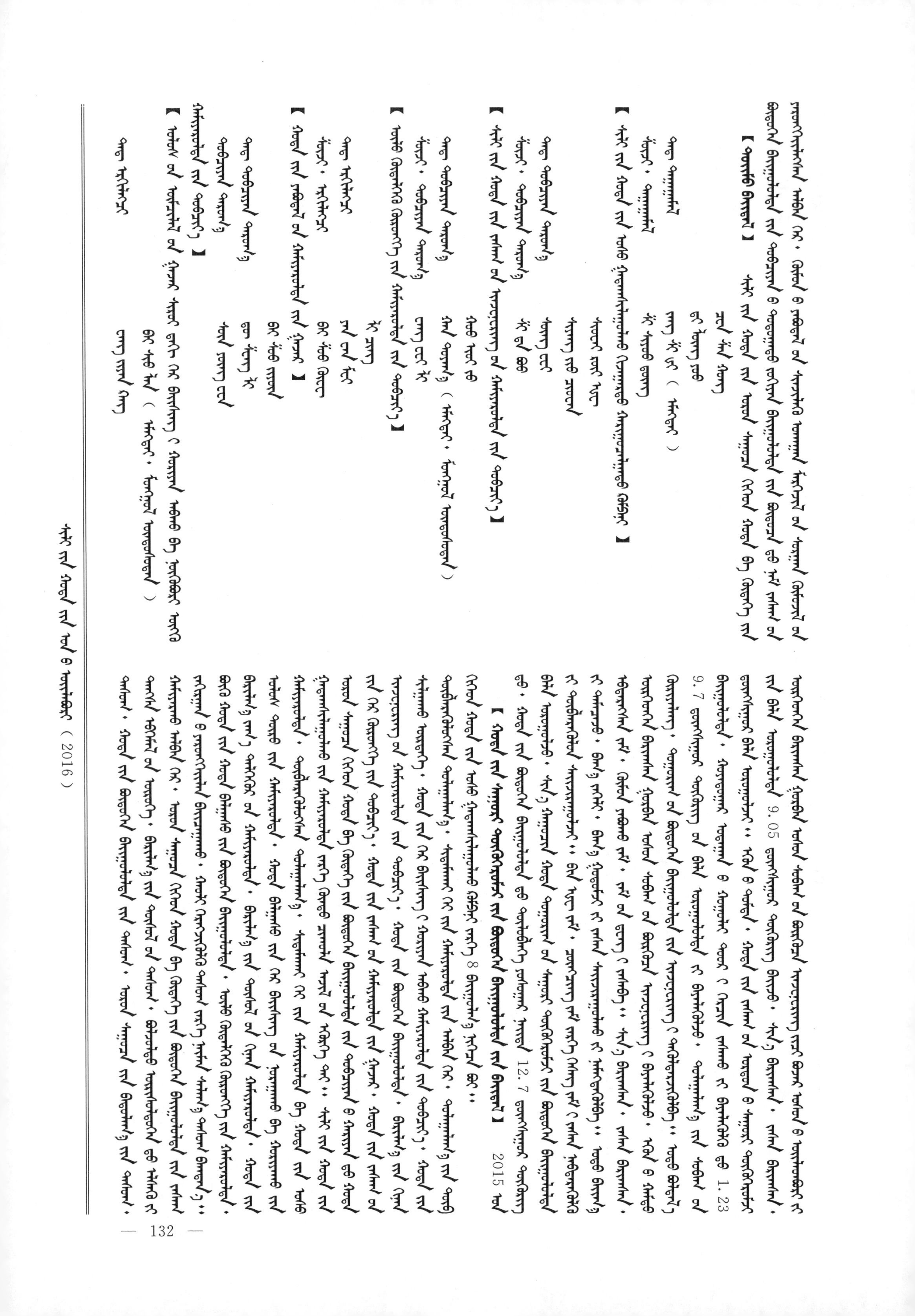

[illegible] 9.05 [illegible] 1.23 [illegible] 9.7 [illegible]

【 [illegible] 】 2015 [illegible] 12.7 [illegible] 8 [illegible]

【 [illegible] 】

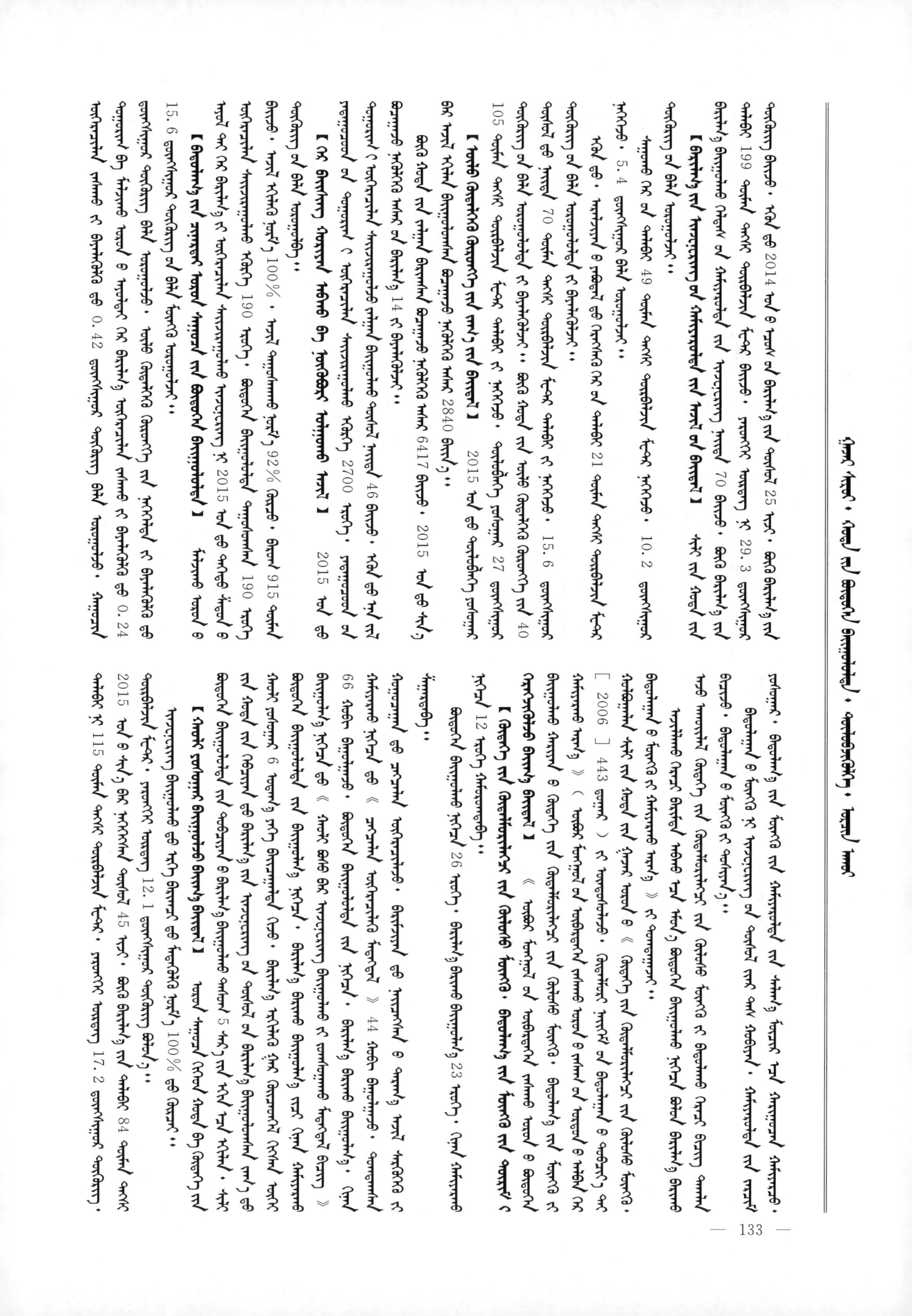

[illegible] 2014 [illegible] 25 [illegible]
[illegible] 199 [illegible] 29.3 [illegible]
[illegible] 70 [illegible]
【[illegible]】 [illegible]
[illegible]᠃
[illegible] 49 [illegible] 10.2 [illegible]
[illegible] 5.4 [illegible]᠃
[illegible] 21 [illegible]
[illegible]᠃
[illegible] 70 [illegible] 15.6 [illegible]
[illegible]᠃ [illegible] 40
105 [illegible] 27 [illegible]
【[illegible]】 2015 [illegible]
[illegible] 2840 [illegible]᠃
[illegible] 6417 [illegible] 2015 [illegible]
[illegible] 14 [illegible]᠃
[illegible] 46 [illegible]
[illegible] 2700 [illegible]
【[illegible]】 2015 [illegible]
[illegible]᠃
[illegible] 100% [illegible] 92% [illegible] 915 [illegible]
[illegible] 190 [illegible] 190 [illegible]
[illegible] 2015 [illegible]
【[illegible]】 [illegible]
15.6 [illegible]᠃
[illegible]
[illegible] 0.24
[illegible] 0.42 [illegible]

[illegible]
[illegible]᠃
[illegible]
[illegible] 《[illegible]
[2006] 443 [illegible]) [illegible]
[illegible] 》 ([illegible]
[illegible]
[illegible]】 《[illegible]
【[illegible]
[illegible] 12 [illegible]᠃
[illegible] 26 [illegible] 23 [illegible]
[illegible]᠃
[illegible]
[illegible] 《[illegible]》 44 [illegible]
66 [illegible]
[illegible] 《[illegible]》
[illegible]
[illegible] 6 [illegible]
[illegible]
[illegible] 5 [illegible]
【[illegible]】 [illegible]
[illegible] 100% [illegible]᠃
[illegible] 12.1 [illegible]᠃
2015 [illegible] 45 [illegible] 84 [illegible]
[illegible] 115 [illegible] 17.2 [illegible]

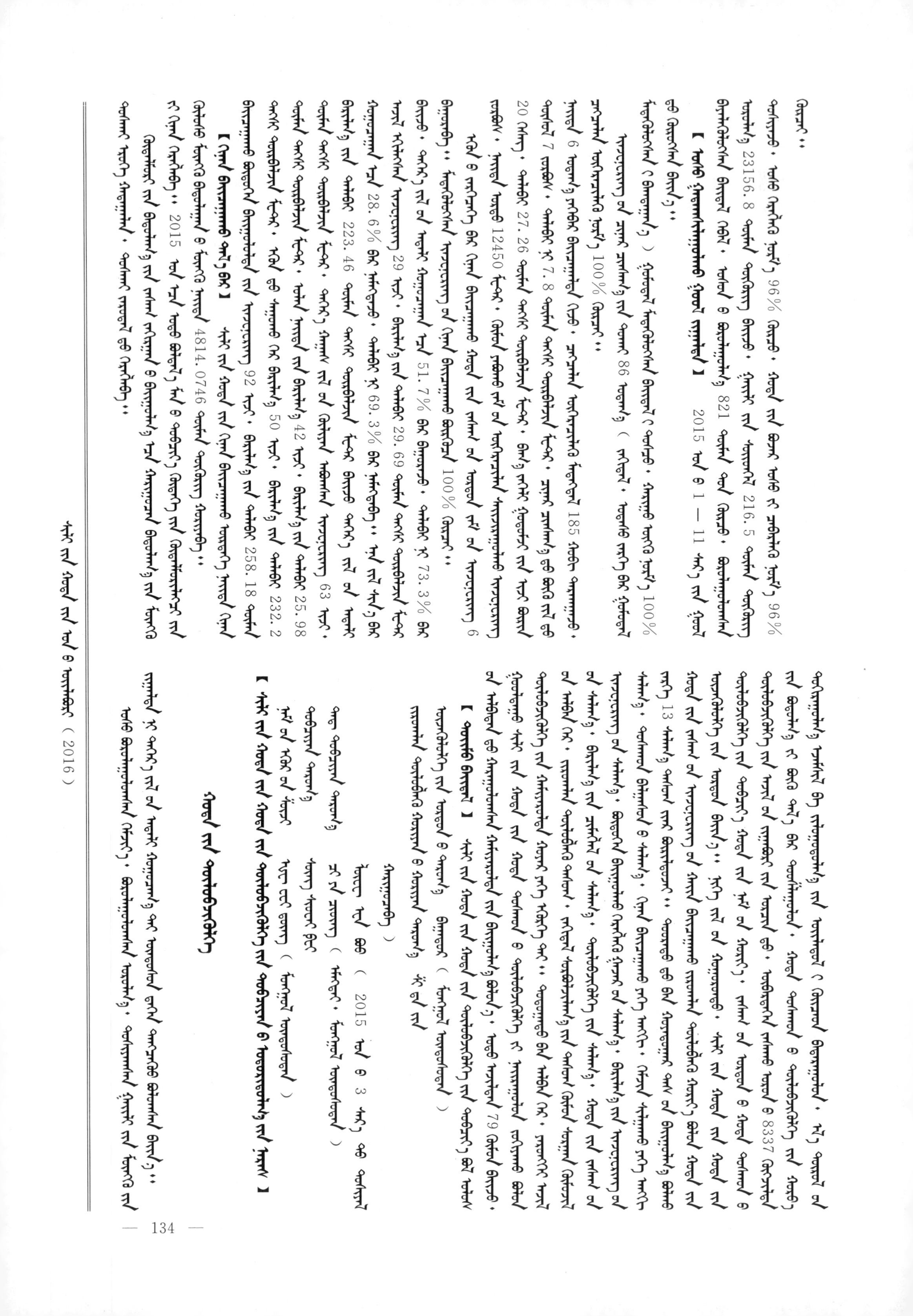

ᠬᠥᠭᠵᠢᠯ ᠦᠨ ᠬᠥᠳᠡᠯᠦᠯ ᠦᠨ ᠪᠠᠢᠭᠤᠯᠤᠮᠵᠢ ᠰᠢᠨᠡ ᠬᠥᠳᠡᠯᠦᠯ ᠲᠥᠰᠥᠯ 274 ᠬᠤᠪᠢ ᠲᠥᠰᠥᠯ ᠨᠢ ᠲᠥᠰᠥᠯ ᠬᠥᠭᠵᠢᠭᠦᠯᠬᠦ ᠪᠡ 2 × 660MW ᠬᠥᠭᠵᠢᠯ ᠬᠡᠮᠵᠢᠶ᠎ᠡ ᠶᠢᠨ ᠪᠠᠢᠭᠤᠯᠤᠮᠵᠢ ᠶᠢᠨ ᠲᠥᠰᠥᠯ ᠬᠤᠪᠢ ᠶᠢᠨ ᠲᠥᠰᠥᠯ ᠪᠠᠢᠭᠤᠯᠤᠯᠲᠠ ᠲᠥᠰᠥᠯ ᠢ ᠪᠣᠯᠪᠠ·· ᠲᠥᠰᠥᠯ ᠦᠨ ᠬᠡᠮᠵᠢᠶ᠎ᠡ ᠶᠢᠨ ᠲᠥᠰᠥᠯ ᠲᠥᠰᠥᠯ ᠦᠨ ᠬᠡᠮᠵᠢᠶ᠎ᠡ ᠶᠢᠨ ᠲᠥᠰᠥᠯ ᠶᠢᠨ ᠬᠥᠭᠵᠢᠯ ᠢ 14 ᠲᠥᠰᠥᠯ ᠬᠤᠪᠢ ᠶᠢᠨ ᠪᠠᠢᠭᠤᠯᠤᠯᠲᠠ ᠲᠥᠰᠥᠯ 84 ᠲᠥᠰᠥᠯ ᠬᠤᠪᠢ ᠪᠣᠯ ᠲᠥᠰᠥᠯ ᠲᠥᠰᠥᠯ ᠢ ᠬᠥᠭᠵᠢᠯ ᠦᠨ ᠡᠷᠴᠢᠮ ᠬᠦᠴᠦᠨ ᠦ ᠬᠤᠪᠢ ᠪᠠᠢᠭᠤᠯᠤᠯᠭ᠎ᠠ ᠶᠢᠨ ᠬᠤᠪᠢ ᠲᠥᠰᠥᠯ ᠦᠨ ᠬᠥᠭᠵᠢᠯ ᠢ ᠲᠥᠰᠥᠯ ᠦᠨ ᠰᠢᠨᠡ ᠪᠠᠢᠭᠤᠯᠤᠯᠭ᠎ᠠ ᠶᠢᠨ ᠲᠥᠰᠥᠯ ᠢ ᠪᠣᠯᠪᠠ᠂ ᠲᠥᠰᠥᠯ ᠦᠨ ᠬᠥᠭᠵᠢᠯ ᠲᠥᠰᠥᠯ ᠦᠨ ᠲᠥᠰᠥᠯ 229 ᠲᠥᠰᠥᠯ ᠬᠥᠳᠡᠯᠦᠯ᠂ 120 ᠡᠷᠴᠢᠮ ᠡᠷᠴᠢᠮ ᠬᠦᠴᠦᠨ ᠦ ᠬᠤᠪᠢ ᠲᠥᠰᠥᠯ ᠪᠣᠯ ᠲᠥᠰᠥᠯ ᠦᠨ ᠪᠠᠢᠭᠤᠯᠤᠯᠲᠠ ᠶᠢᠨ ᠬᠤᠪᠢ ᠲᠥᠰᠥᠯ ᠦᠨ ᠲᠥᠰᠥᠯ 80% ᠪᠡ ᠬᠦᠷᠪᠡ·· ᠲᠥᠰᠥᠯ ᠬᠥᠭᠵᠢᠯ ᠲᠥᠰᠥᠯ ᠬᠥᠳᠡᠯᠦᠯ ᠲᠥᠰᠥᠯ ᠢ 676 ᠲᠥᠰᠥᠯ ᠬᠥᠭᠵᠢᠭᠦᠯᠪᠡ᠂ ᠪᠠᠢᠭᠤᠯᠤᠯᠲᠠ ᠶᠢᠨ ᠬᠤᠪᠢ ᠲᠥᠰᠥᠯ 137 ᠬᠤᠪᠢ ᠶᠢ ᠬᠥᠭᠵᠢᠭᠦᠯᠪᠡ᠂ 110 ᠬᠤᠪᠢ ᠬᠥᠭᠵᠢᠭᠦᠯᠪᠡ᠂ ᠬᠥᠭᠵᠢᠭᠦᠯᠬᠦ

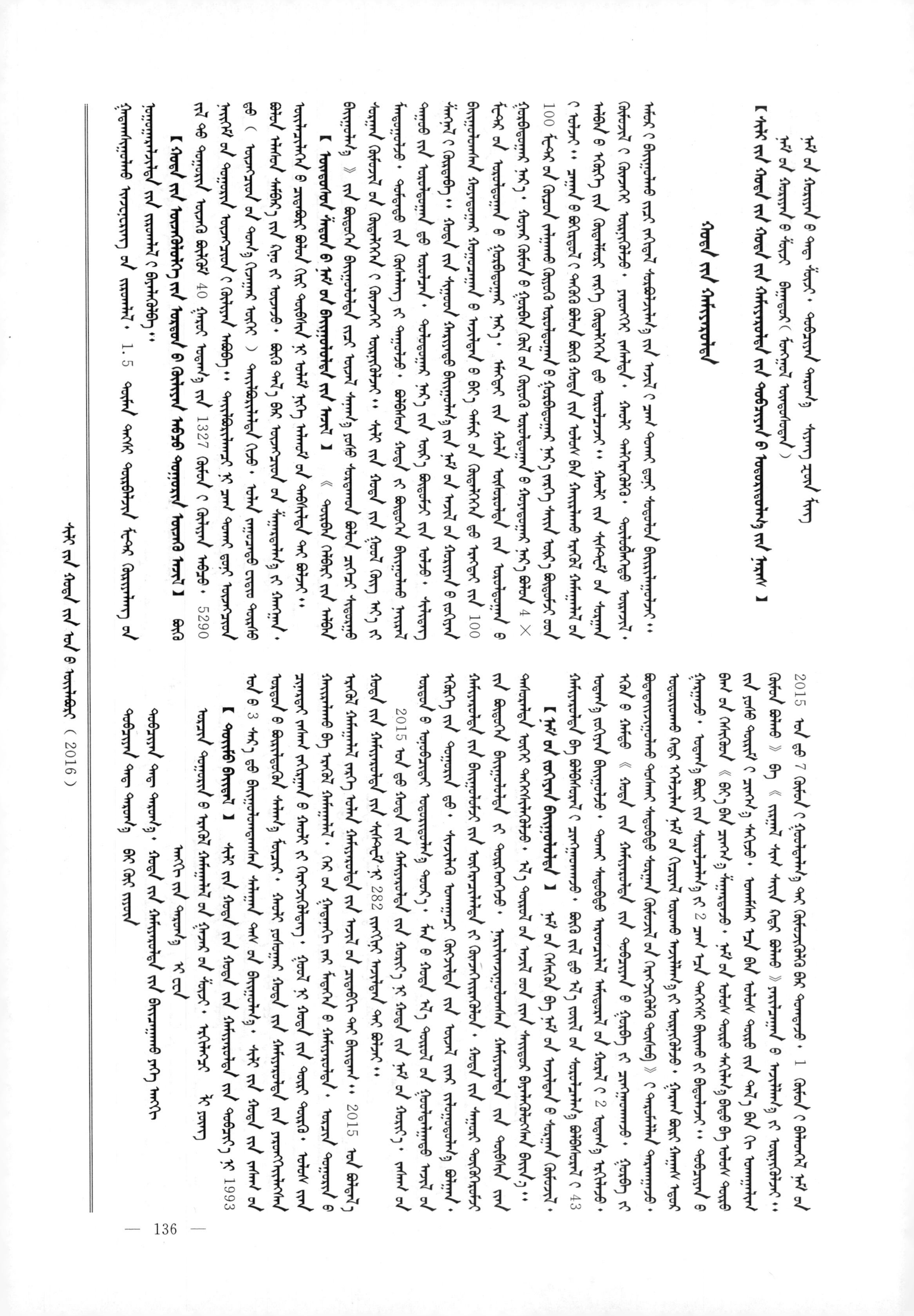

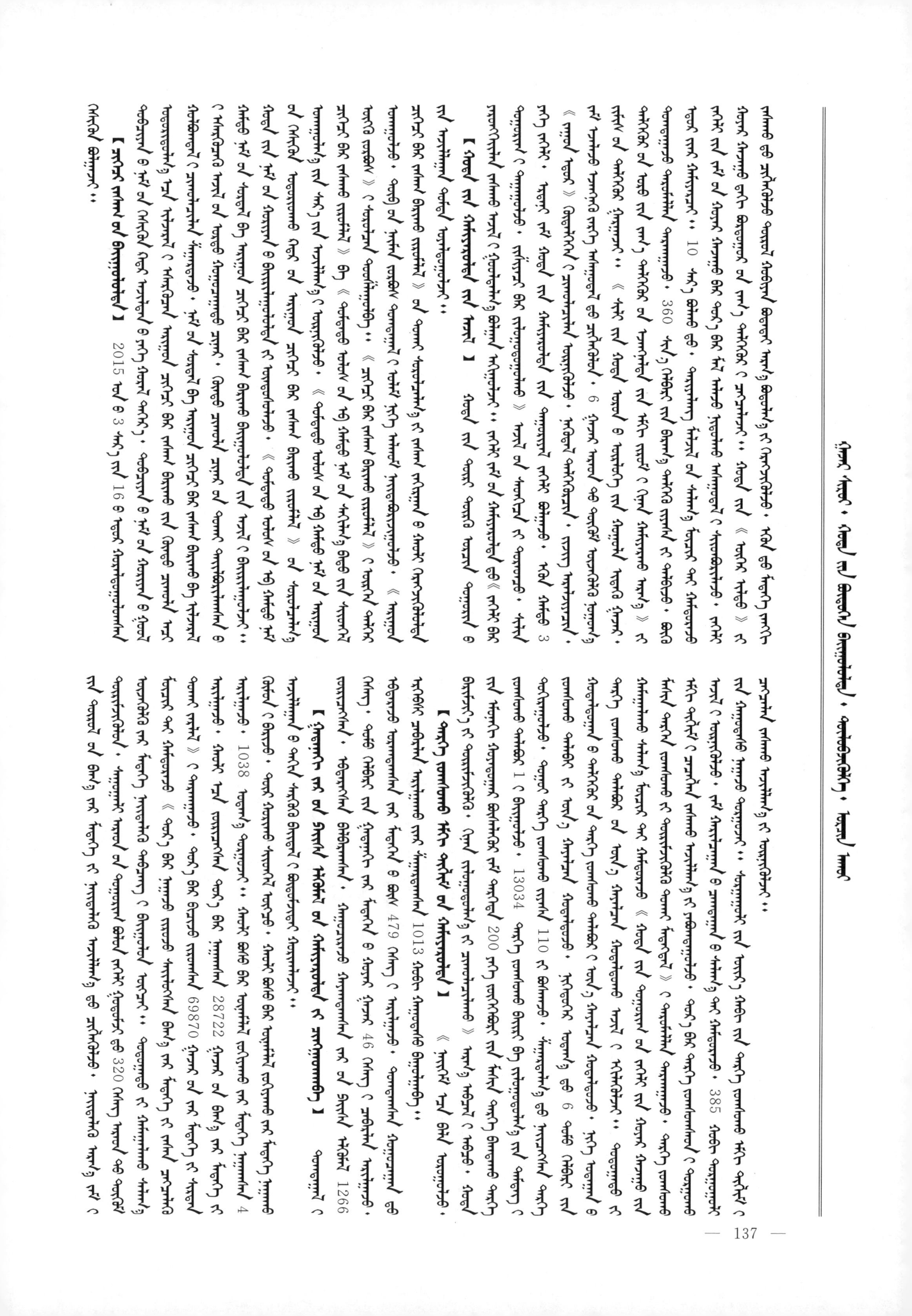

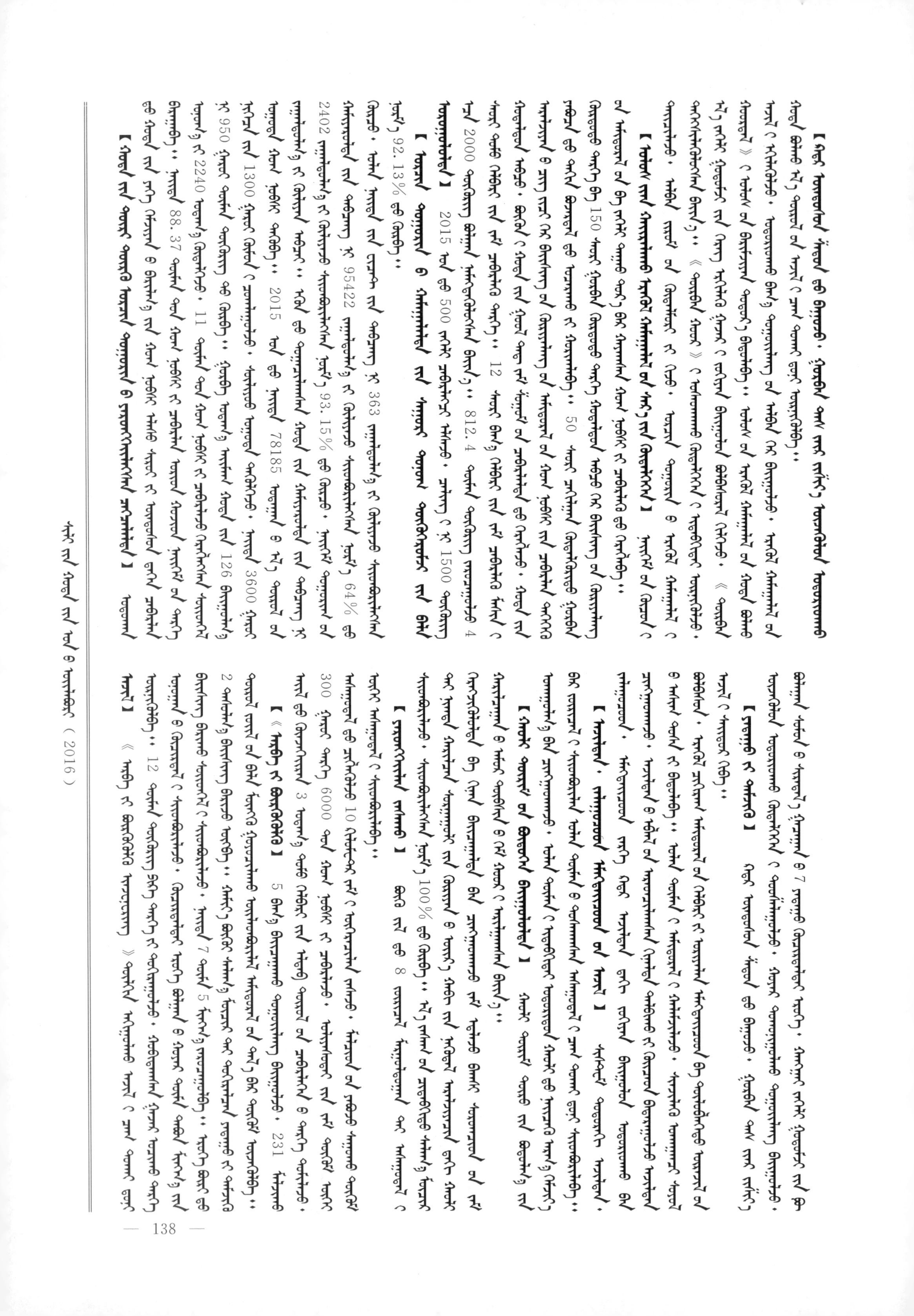

【[illegible]】 [illegible] ::

[illegible] 《 [illegible] 》 [illegible] :: [illegible] 《 [illegible] 《 [illegible] 》 [illegible]

【[illegible]】 [illegible] ::

[illegible] 150 [illegible] :: 50 [illegible] :: 12 [illegible] 2000 [illegible] :: 812.4 [illegible] 4 [illegible]

【[illegible]】 2015 [illegible] 500 [illegible] 1500 [illegible] 92.13% [illegible] ::

[illegible] 363 [illegible] 95422 [illegible] 64% [illegible] 2402 [illegible] 93.15% [illegible] :: 2015 [illegible] 78185 [illegible] 1300 [illegible] 3600 [illegible] 950 [illegible] :: [illegible] 126 [illegible] 2240 [illegible] 11 [illegible] :: [illegible] 88.37 [illegible]

【[illegible]】 [illegible] 7 [illegible]

【[illegible]】 [illegible] ::

[illegible]

【[illegible]】 [illegible] ::

【[illegible]】 [illegible] ::

[illegible] 100% [illegible] ::

【[illegible]】 [illegible] 8 [illegible] ::

[illegible] 10 [illegible] 300 [illegible] 6000 [illegible] 3 [illegible]

【《 [illegible] 》】 5 [illegible] 231 [illegible] :: 2 [illegible] :: [illegible] 7 [illegible] 5 [illegible] :: [illegible] 12 [illegible]

【[illegible]】 《 [illegible] 》 [illegible]

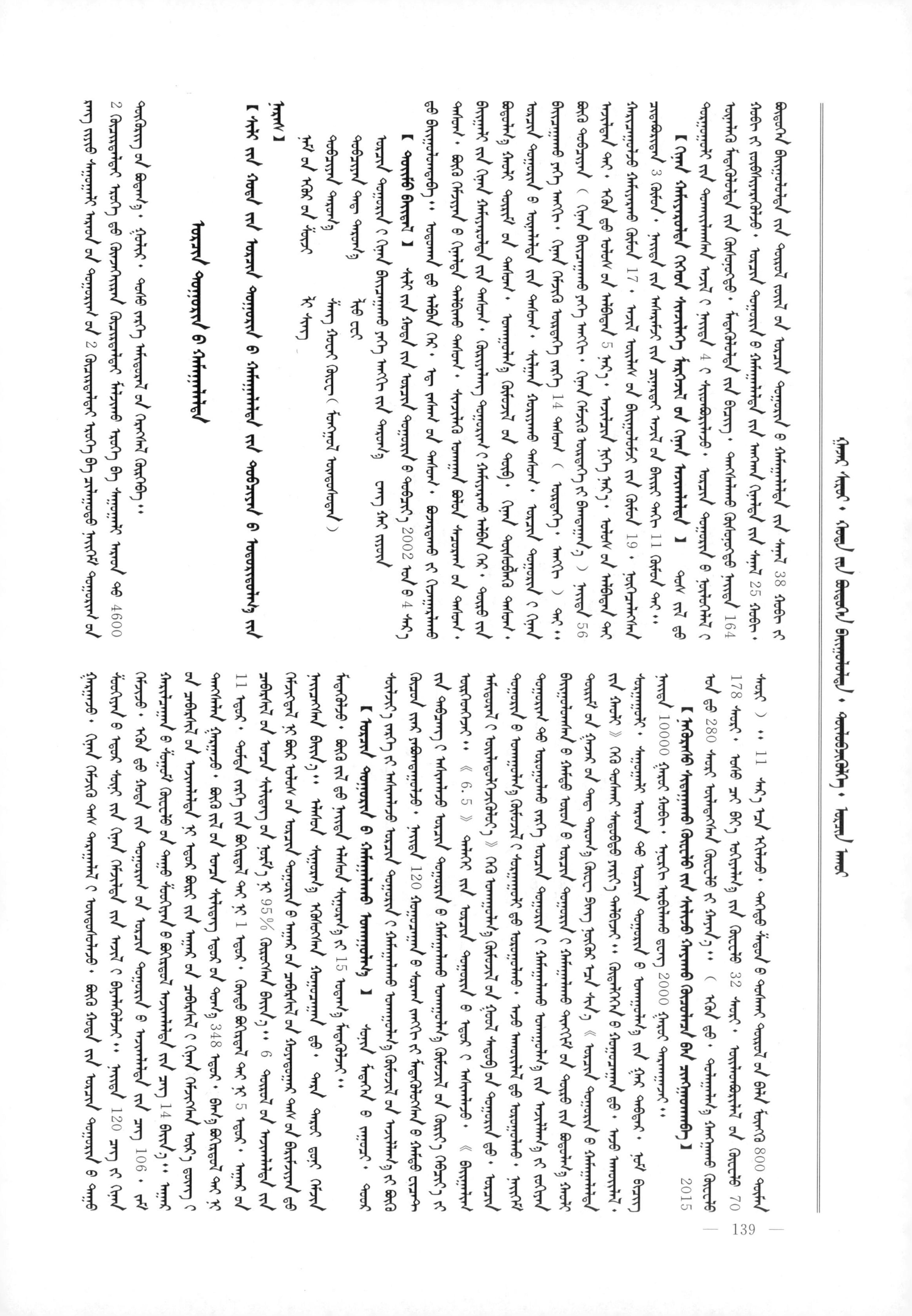

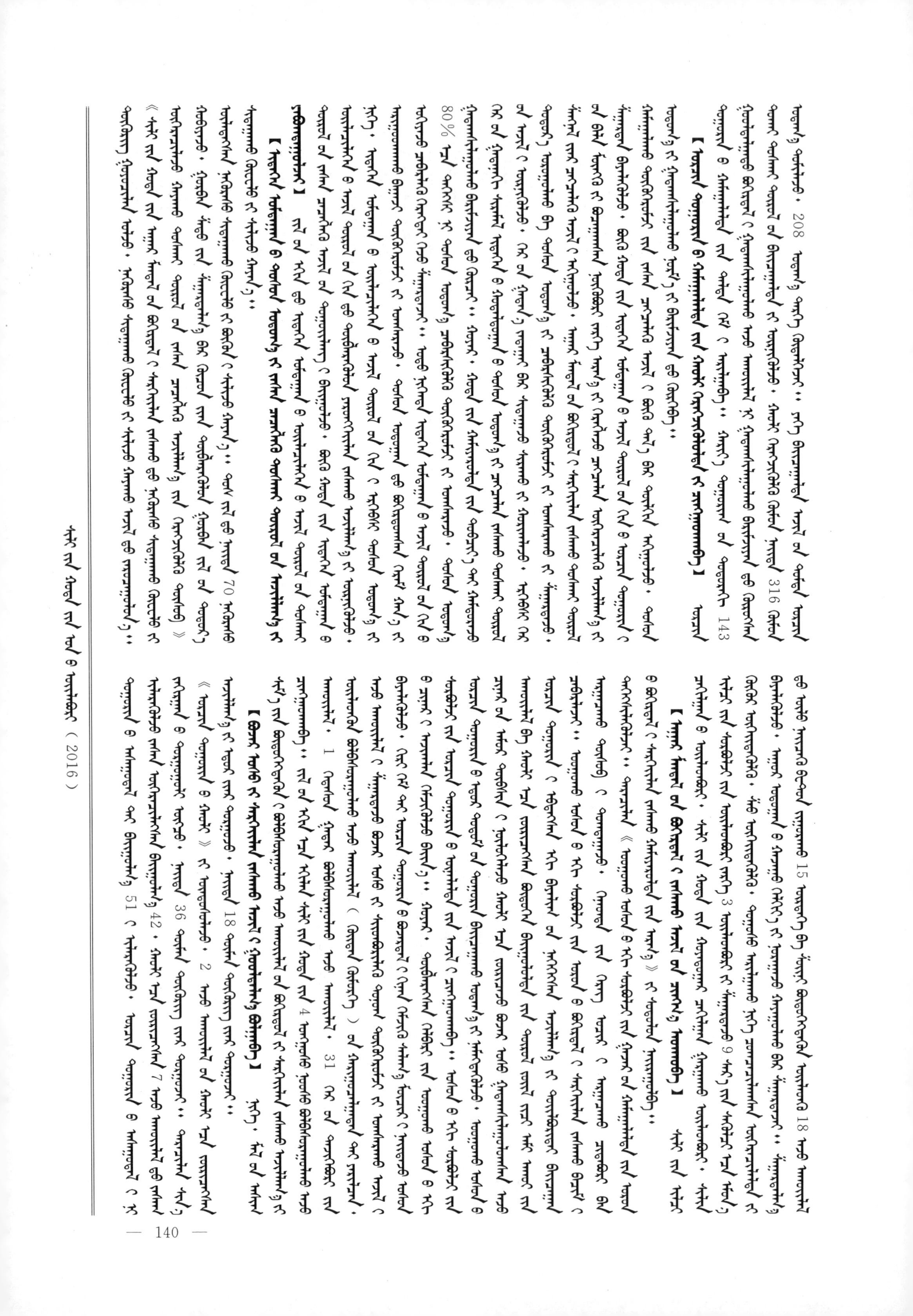

[illegible] 208 [illegible] 316 [illegible] 143 [illegible]

【 [illegible] 】

[illegible] 80% [illegible]

【 [illegible] 】

[illegible] 70 [illegible]

[illegible] 15 [illegible] 18 [illegible] 9 [illegible] 3 [illegible]

【 [illegible] 】

[illegible] 4 [illegible] 1 [illegible] 31 [illegible]

【 [illegible] 】

[illegible] 18 [illegible] 2 [illegible] 36 [illegible] 7 [illegible] 42 [illegible] 51 [illegible]

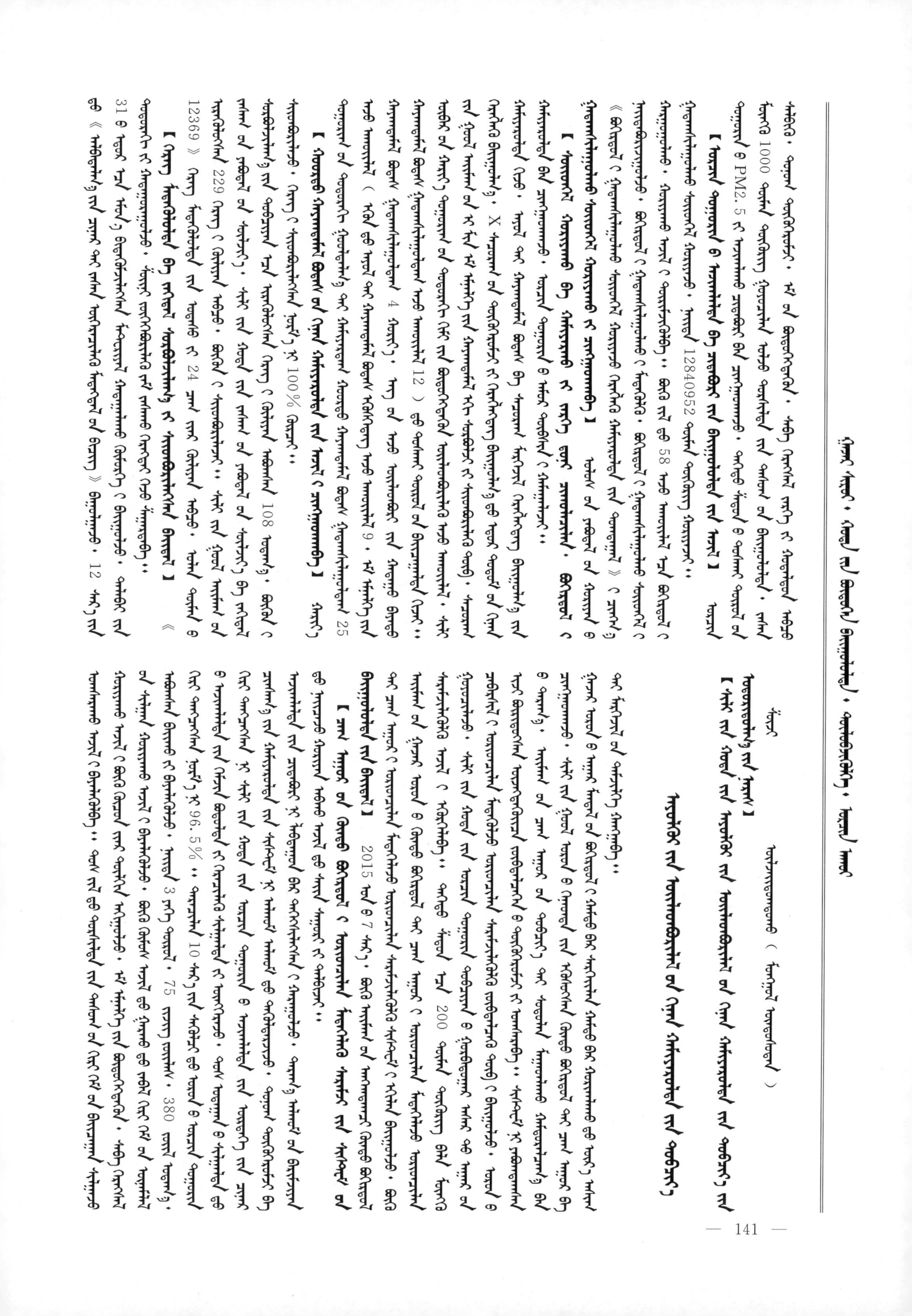

[illegible]

[illegible] ([illegible])

[illegible] 2015 [illegible] 7 [illegible] 200 [illegible] 10 [illegible] 96.5% [illegible] 3 [illegible] 75 [illegible] 380 [illegible]

[illegible] 1000 [illegible] PM2.5 [illegible] 12840952 [illegible] 58 [illegible]

[illegible] X [illegible] 12 [illegible] 4 [illegible] 9 [illegible] 25 [illegible] 100% [illegible]

[illegible] 108 [illegible] 229 [illegible] 12369 [illegible] 24 [illegible]

[illegible] 31 [illegible] 12 [illegible]

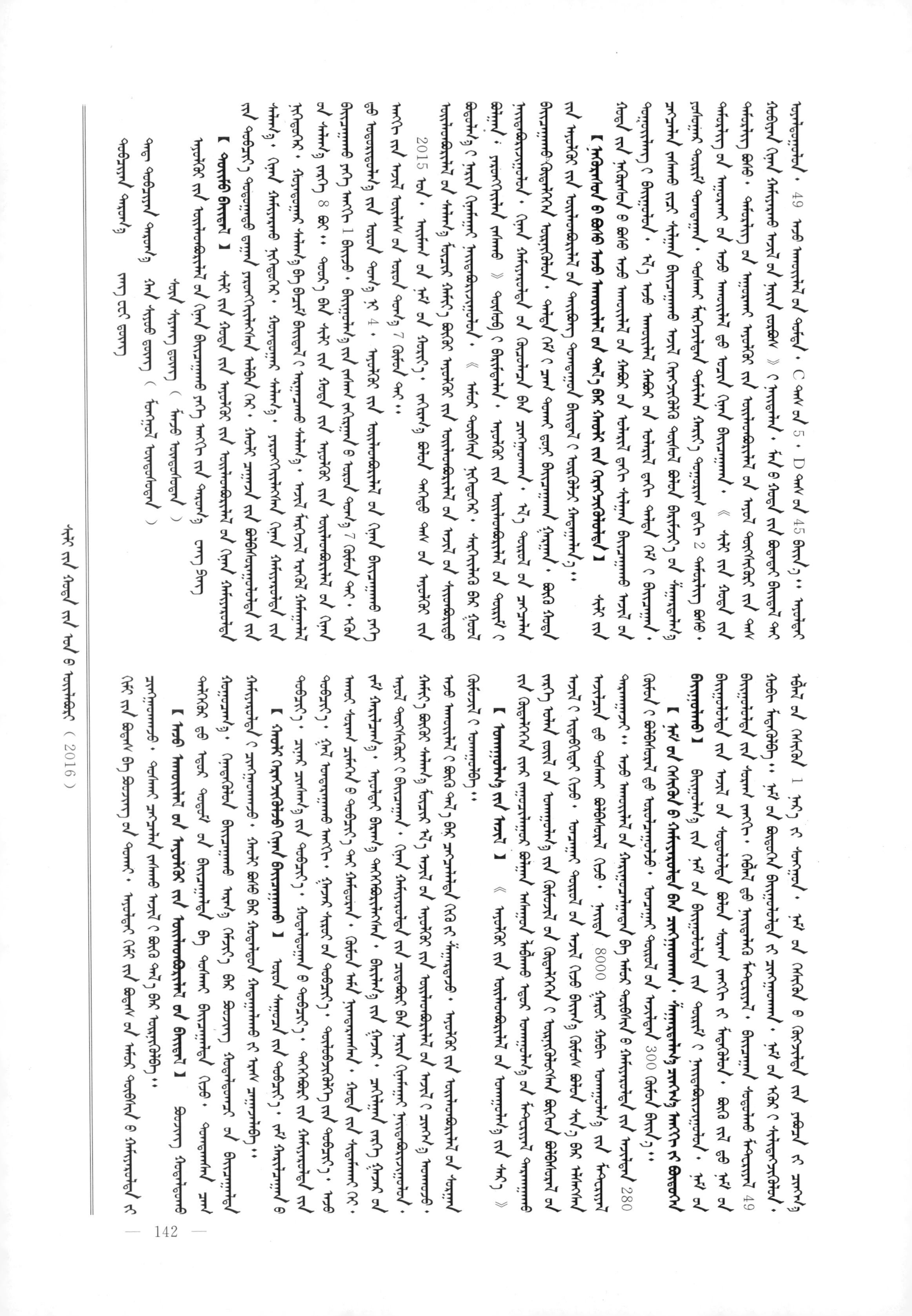

[illegible]

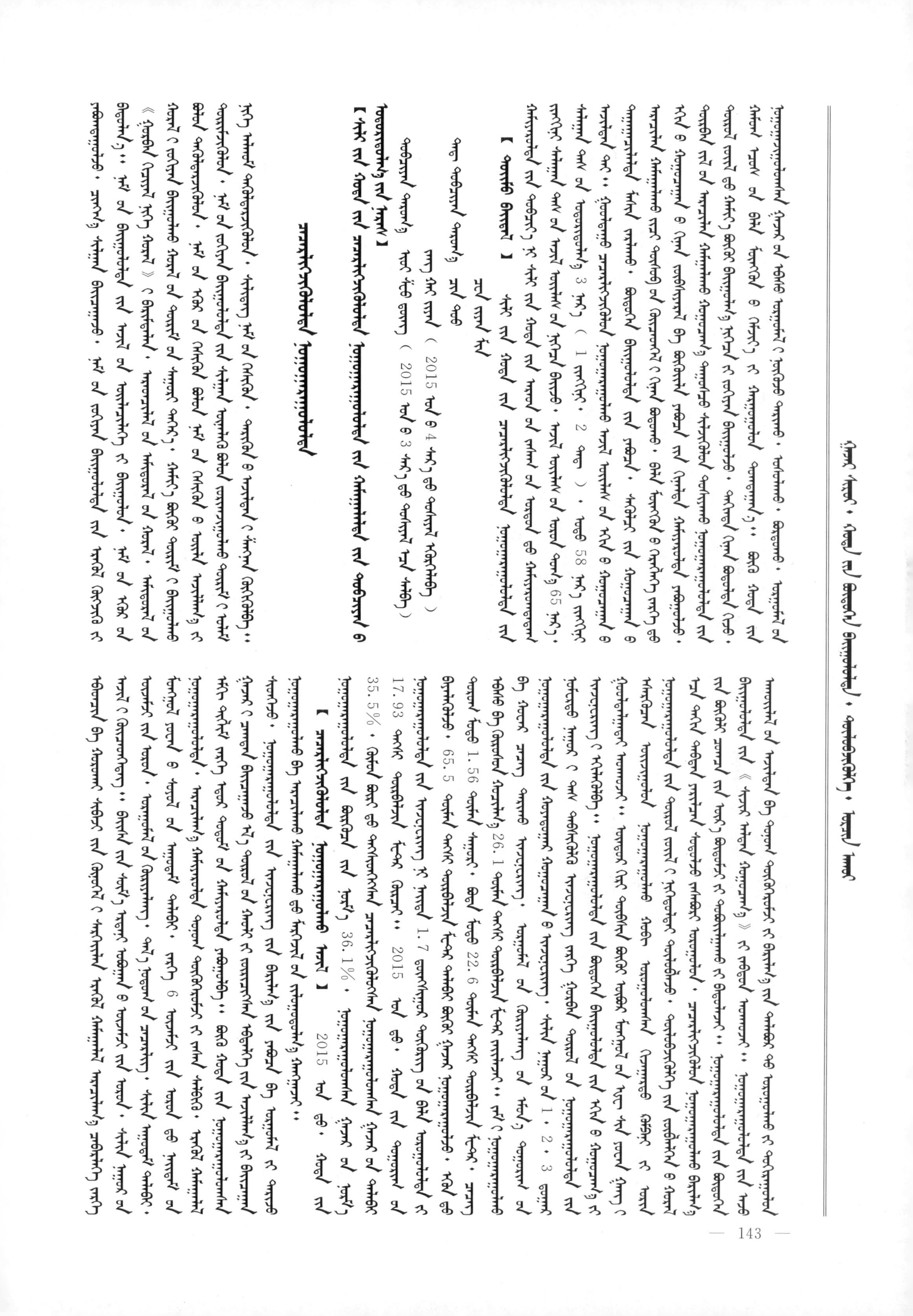

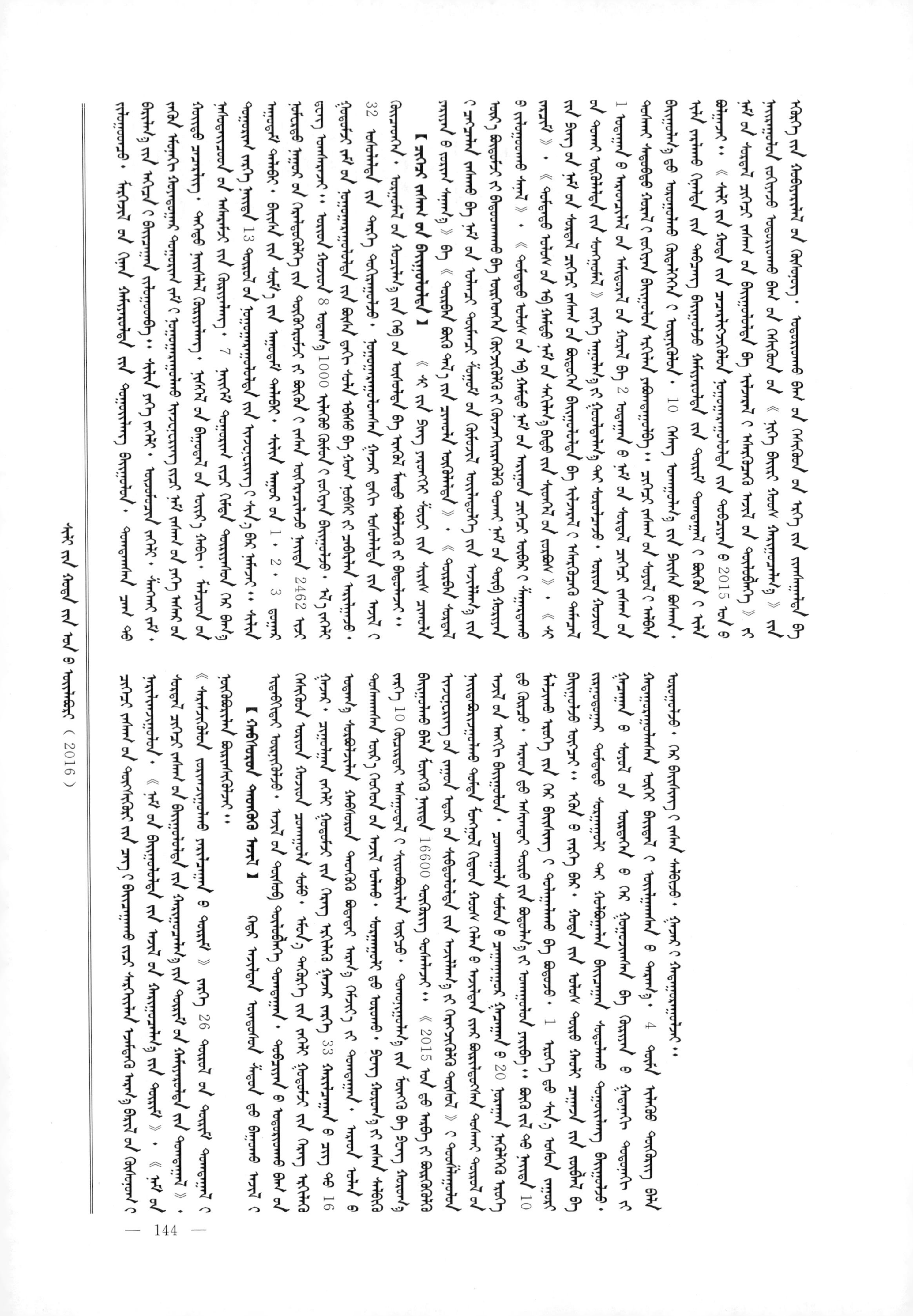

ᠨᠢ ᠬᠥᠬᠡ ᠬᠣᠲᠠ ᠶᠢᠨ ᠮᠣᠩᠭᠣᠯ ᠦᠨᠳᠦᠰᠦᠲᠡᠨ ᠦ ᠬᠦᠮᠦᠨ ᠦ ᠲᠣᠭ᠎ᠠ 317942 ᠬᠦᠮᠦᠨ ᠬᠦᠷᠴᠦ · ᠨᠡᠶᠢᠲᠡ ᠶᠢᠨ ᠬᠦᠮᠦᠨ ᠦ ... ᠪᠣᠯᠤᠭᠰᠠᠨ ... ᠦᠨᠳᠦᠰᠦᠲᠡᠨ ... 《 ... 》 ... 《 ... 》 ...

【 ᠬᠥᠬᠡ ᠬᠣᠲᠠ ᠶᠢᠨ ᠮᠣᠩᠭᠣᠯ ᠦᠨᠳᠦᠰᠦᠲᠡᠨ ᠦ ᠬᠦᠮᠦᠨ ᠦ ᠲᠣᠭ᠎ᠠ 】 ...

19220 ᠬᠦᠮᠦᠨ ... · 7.83% ... · 100.78% ... 264530 ᠬᠦᠮᠦᠨ ... · 15254 ᠬᠦᠮᠦᠨ ... · 3.64% ... 403800 ᠬᠦᠮᠦᠨ ... · 91.77% ...

【 ᠬᠥᠬᠡ ᠬᠣᠲᠠ ᠶᠢᠨ ᠮᠣᠩᠭᠣᠯ ᠦᠨᠳᠦᠰᠦᠲᠡᠨ ᠦ ... 】 ...

...

【 ... 】 ... 12 ...

... (...)

... (...)

...

...

【 ... 】

...

【 ... 】

ᠬᠥᠬᠡ ᠬᠣᠲᠠ ᠶᠢᠨ ᠮᠣᠩᠭᠣᠯ

ᠬᠥᠬᠡ ᠬᠣᠲᠠ · ᠮᠣᠩᠭᠣᠯ

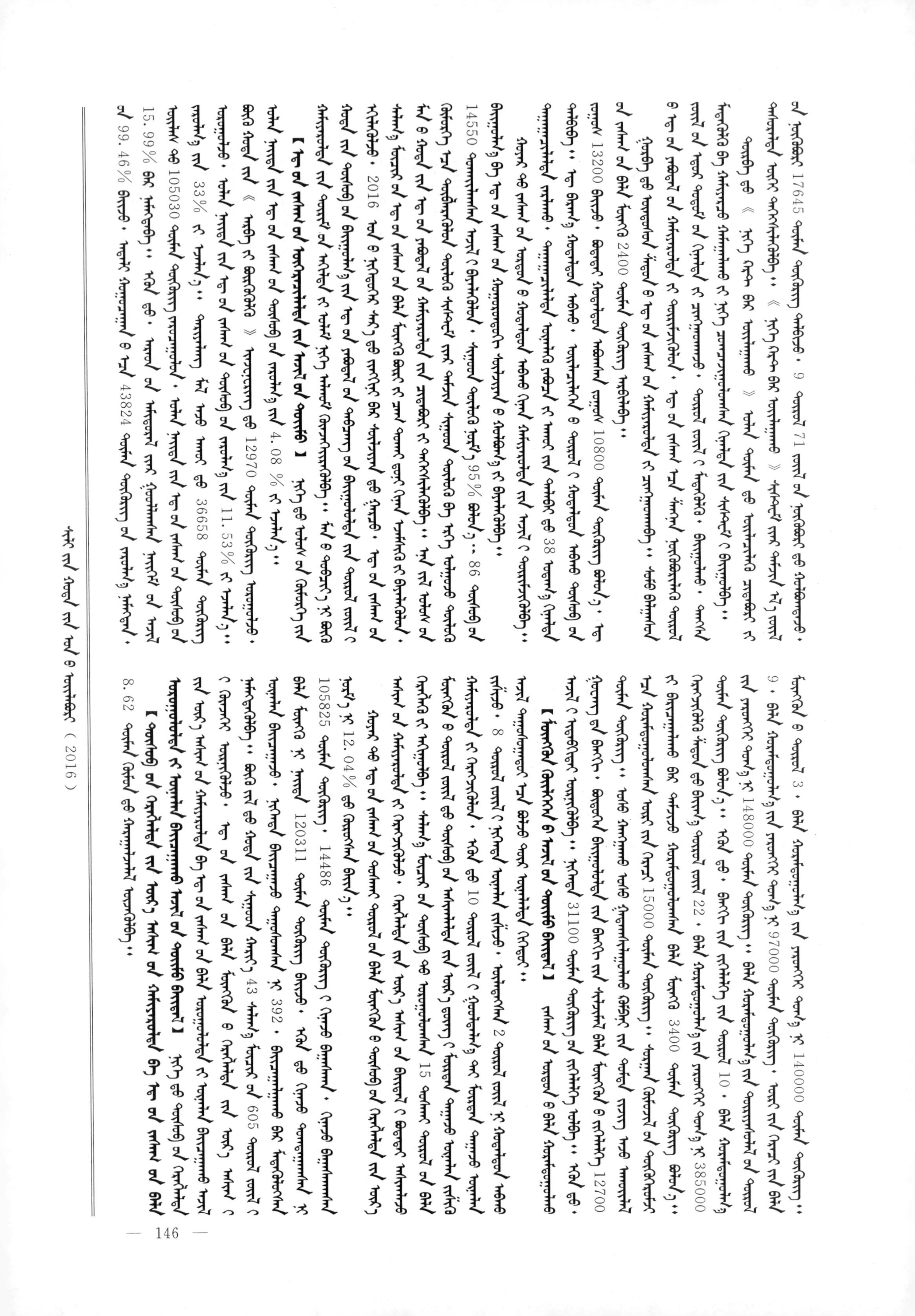

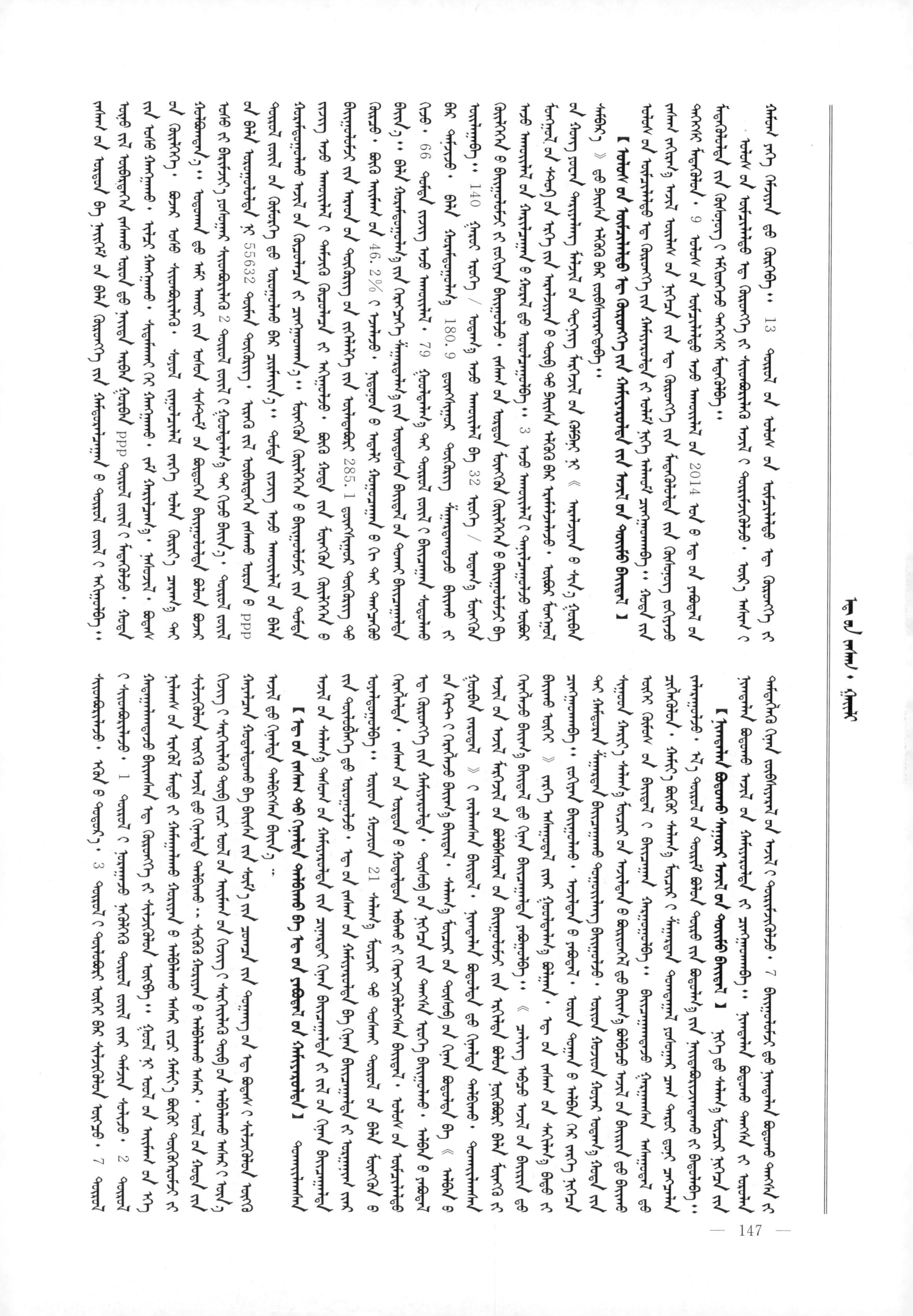

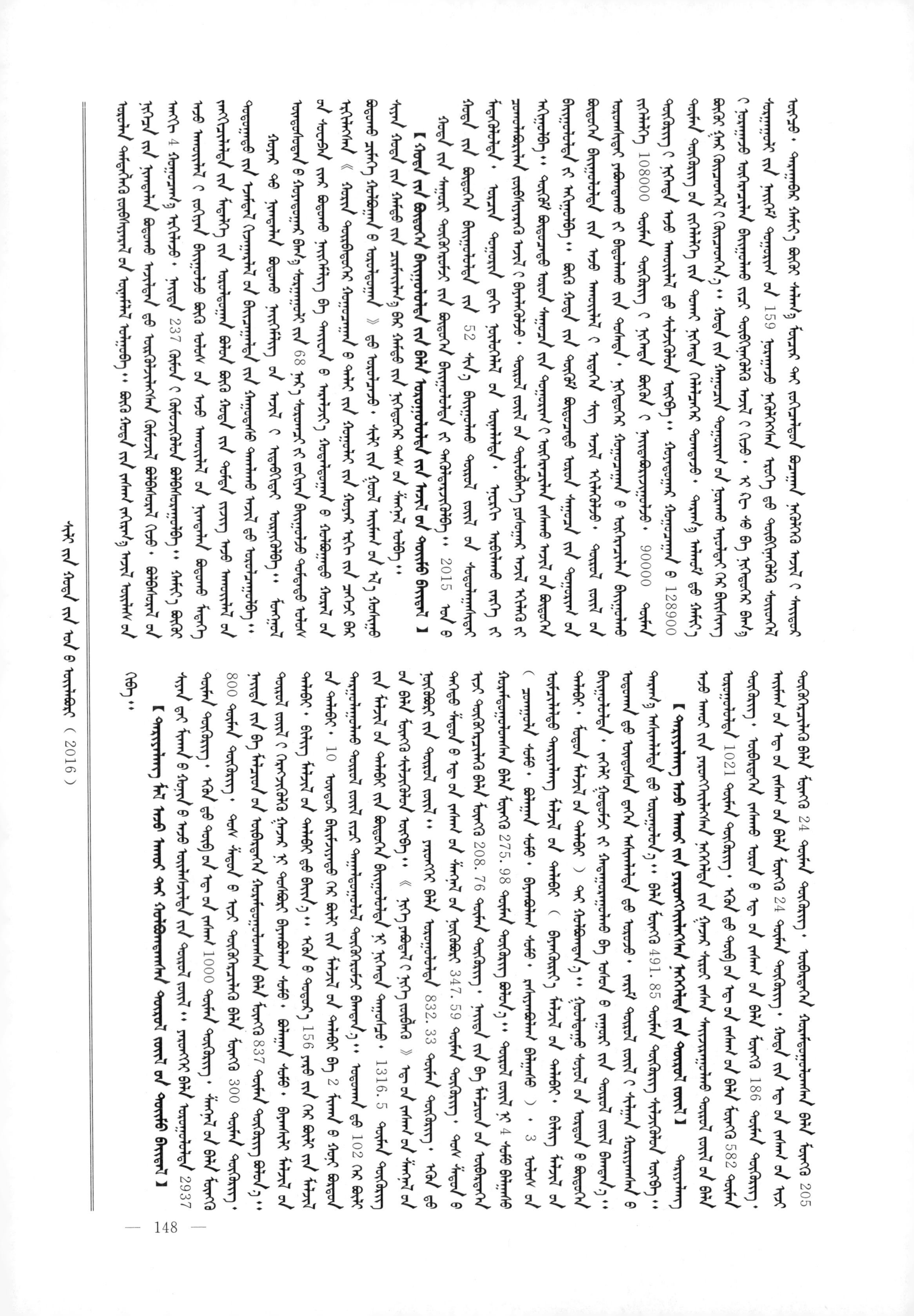

[illegible] 159 [illegible] 108000 [illegible] 128900 [illegible] 90000 [illegible]

[illegible]

[illegible] 52 [illegible] 2015 [illegible]

[illegible] 68 [illegible] 237 [illegible] 4 [illegible]

[illegible] 205 [illegible] 24 [illegible] 24 [illegible] 186 [illegible] 582 [illegible] 1021 [illegible]

[illegible]

[illegible] 491.85 [illegible] 3 [illegible] 275.98 [illegible] 4 [illegible] 208.76 [illegible] 347.59 [illegible] 832.33 [illegible] 1316.5 [illegible] 10 [illegible] 2 [illegible] 156 [illegible] 102 [illegible] 837 [illegible] 300 [illegible] 800 [illegible] 1000 [illegible] 2937 [illegible]

[illegible]

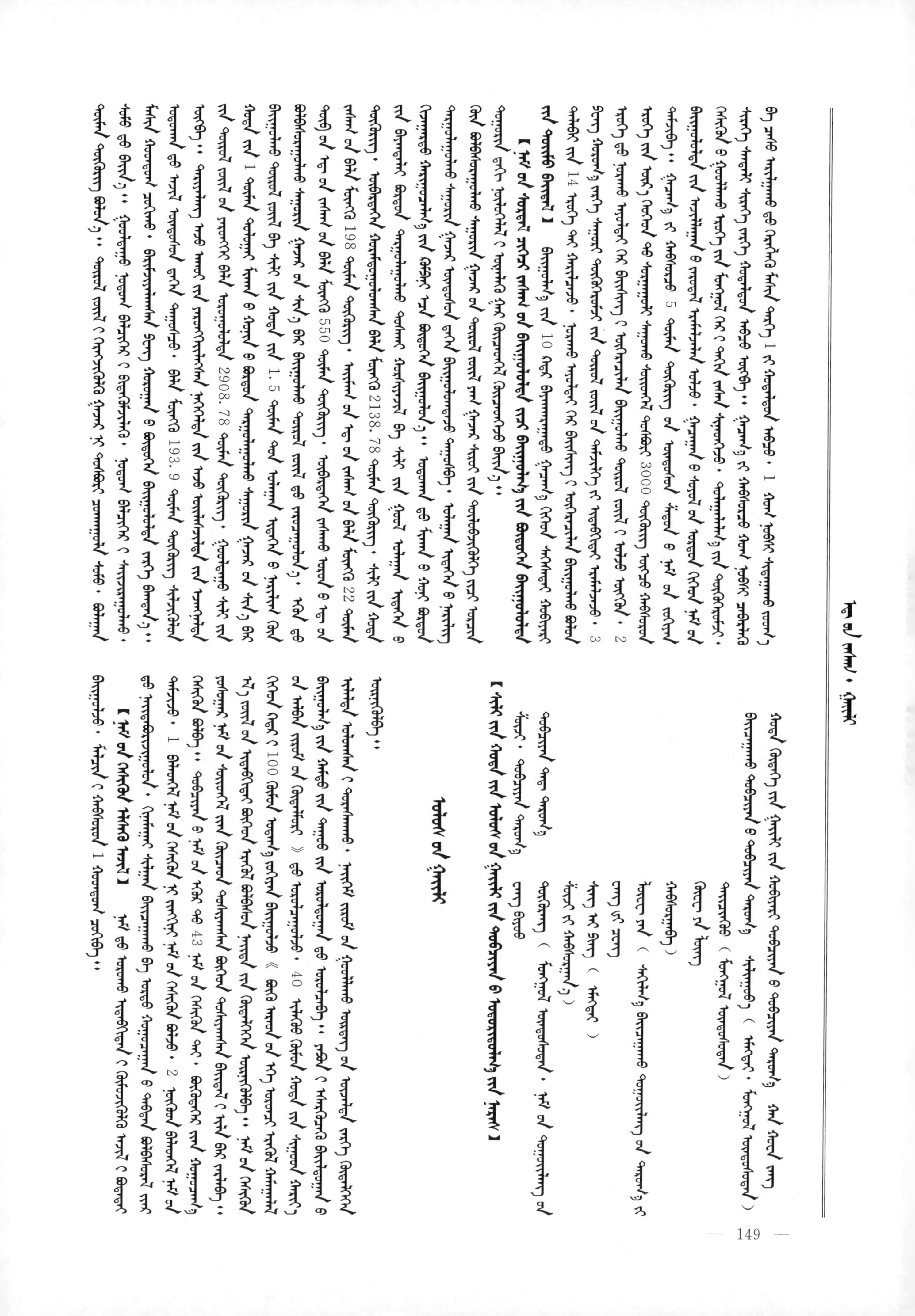

[illegible] 1 [illegible] 1 [illegible] 5 [illegible] 3000 [illegible] 2 [illegible] 3 [illegible] 14 [illegible] 10 [illegible]

【[illegible]】 [illegible]

[illegible] 2138.78 [illegible] 198 [illegible] 22 [illegible] 550 [illegible] 1.5 [illegible] 1 [illegible] 2908.78 [illegible] 193.9 [illegible]

[illegible] 40 [illegible] 100 [illegible] 43 [illegible] 1 [illegible] 2 [illegible]

【[illegible]】 [illegible] 1 [illegible]

[illegible]

【[illegible]】

[illegible]

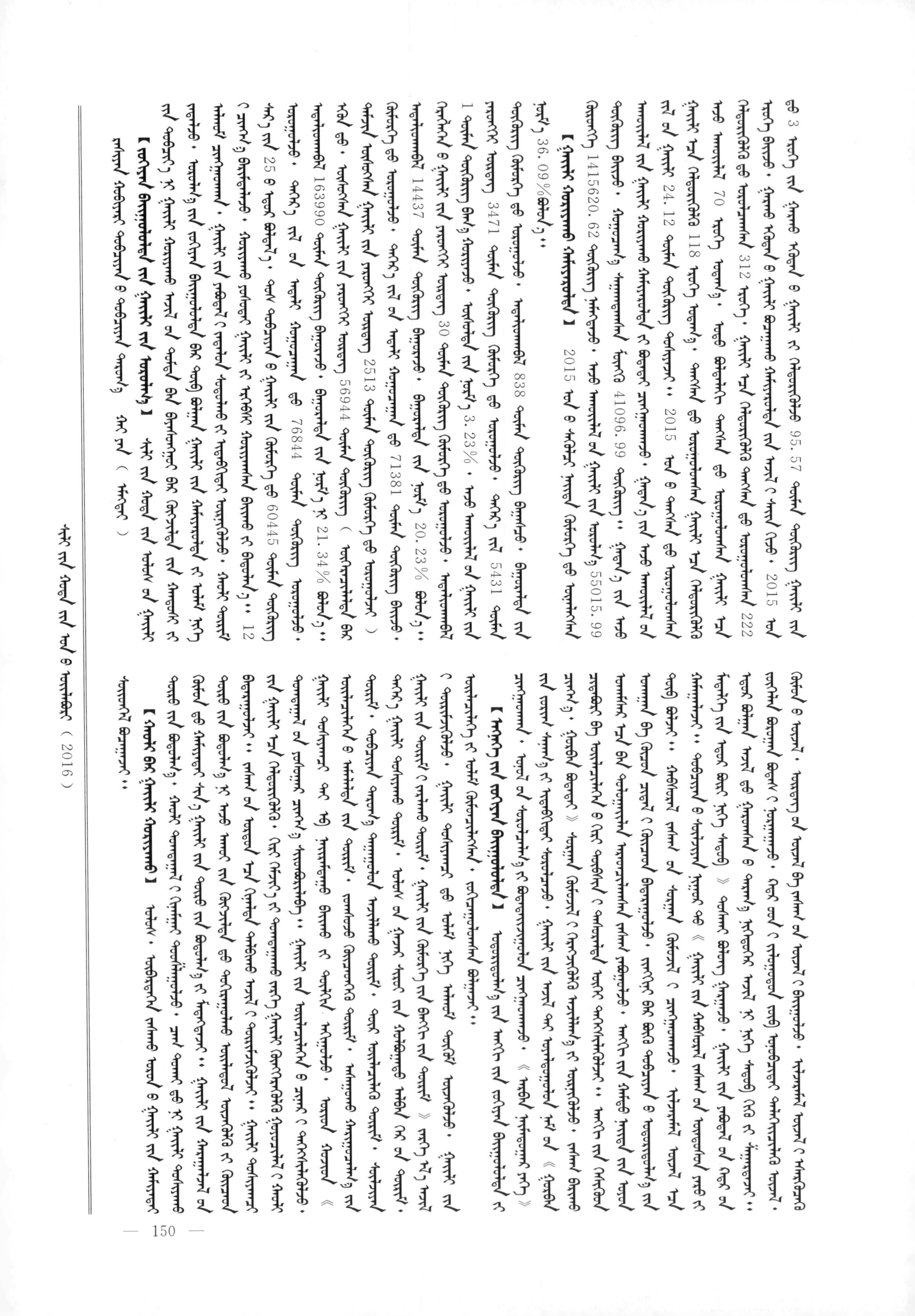

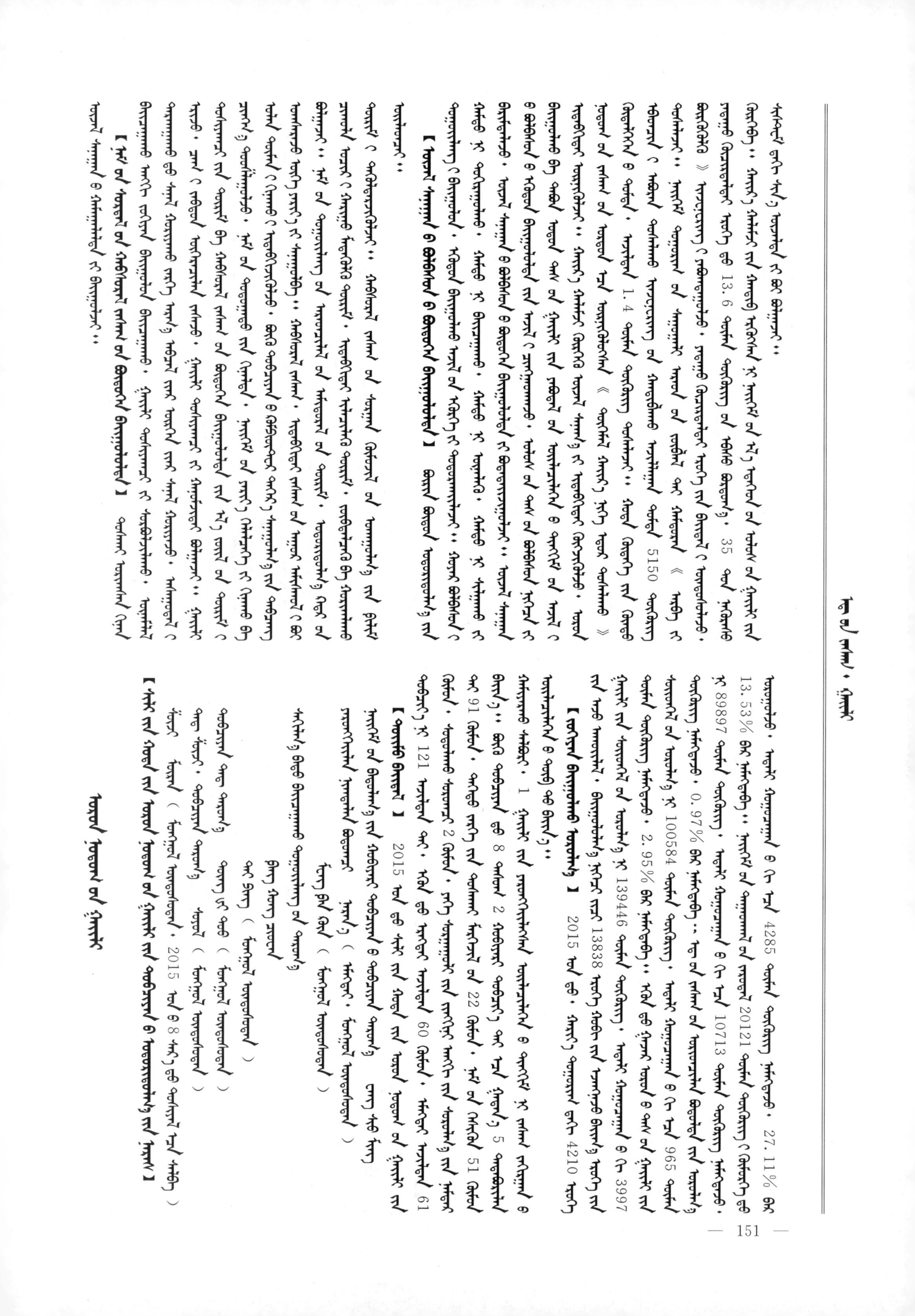

1 ᠬᠣᠷᠢᠨ᠂ B ᠬᠡᠯᠪᠡᠷ ᠦᠨ ᠨᠣᠮ ᠬᠠᠮᠲᠤᠷᠠᠯ 566 ᠬᠣᠷᠢᠨ᠂ D ᠬᠡᠯᠪᠡᠷ ᠦᠨ ᠨᠣᠮ ᠬᠠᠮᠲᠤᠷᠠᠯ 2 ᠬᠣᠷᠢᠨ ᠢ
ᠬᠣᠷᠢᠨ ᠲᠣᠭᠲᠠᠭᠠᠨ ᠨᠡᠢᠲᠡ ᠨᠣᠮ ᠬᠠᠮᠲᠤᠷᠠᠯ ᠢ ᠪᠠᠢᠭᠤᠯᠪᠠ᠂ 2014 ᠣᠨ ᠢ A ᠬᠡᠯᠪᠡᠷ ᠦᠨ ᠨᠣᠮ ᠬᠠᠮᠲᠤᠷᠠᠯ

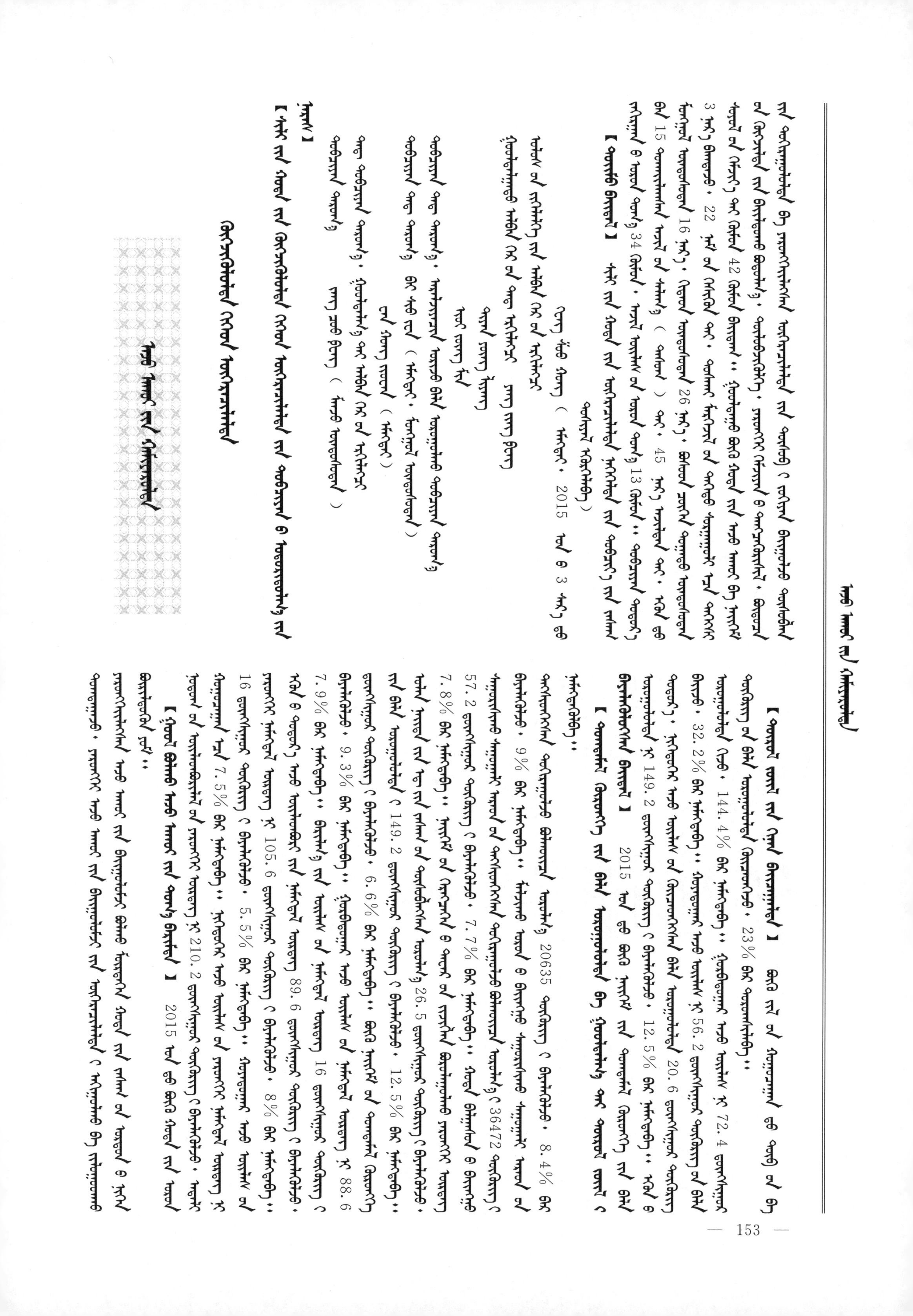

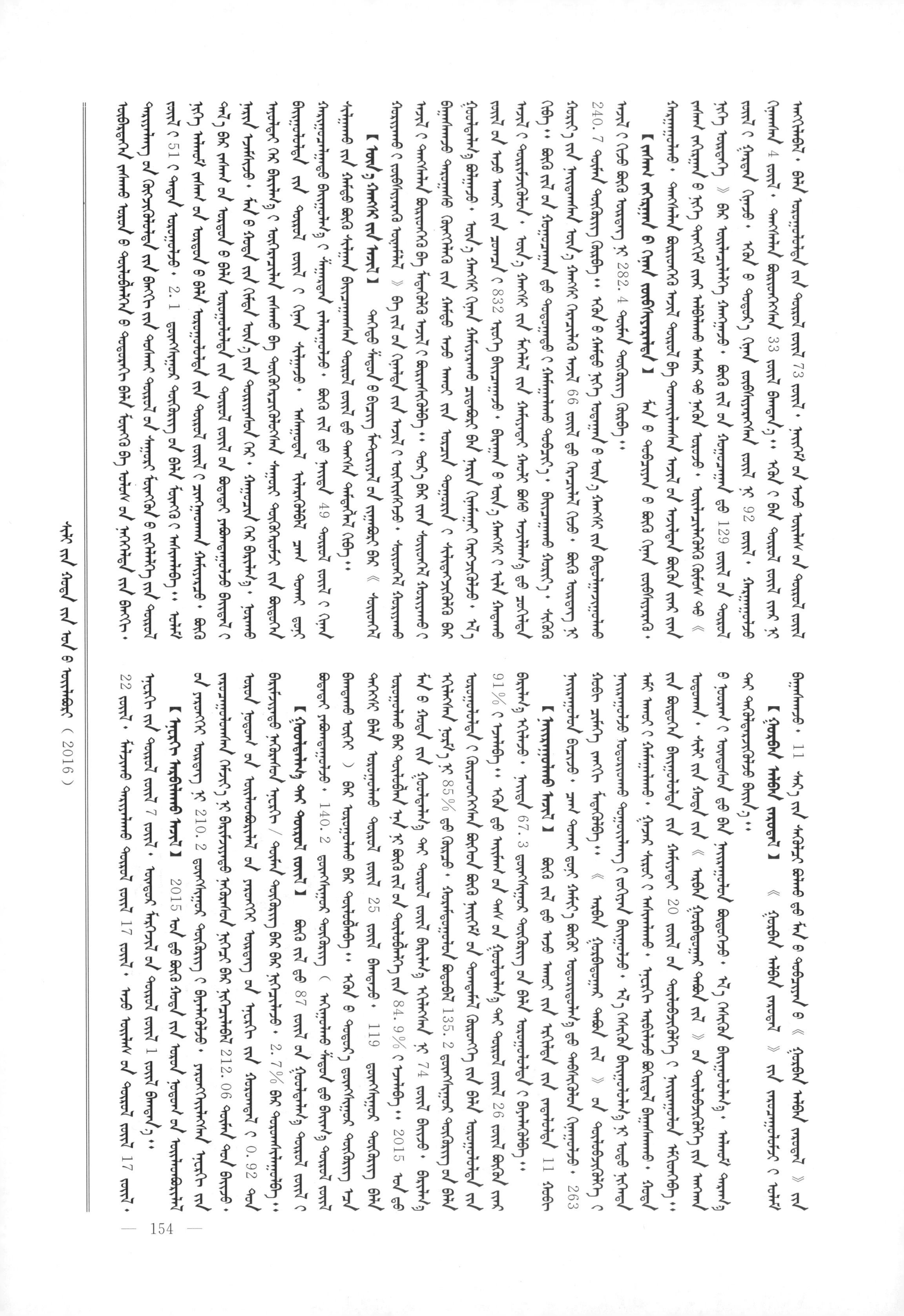

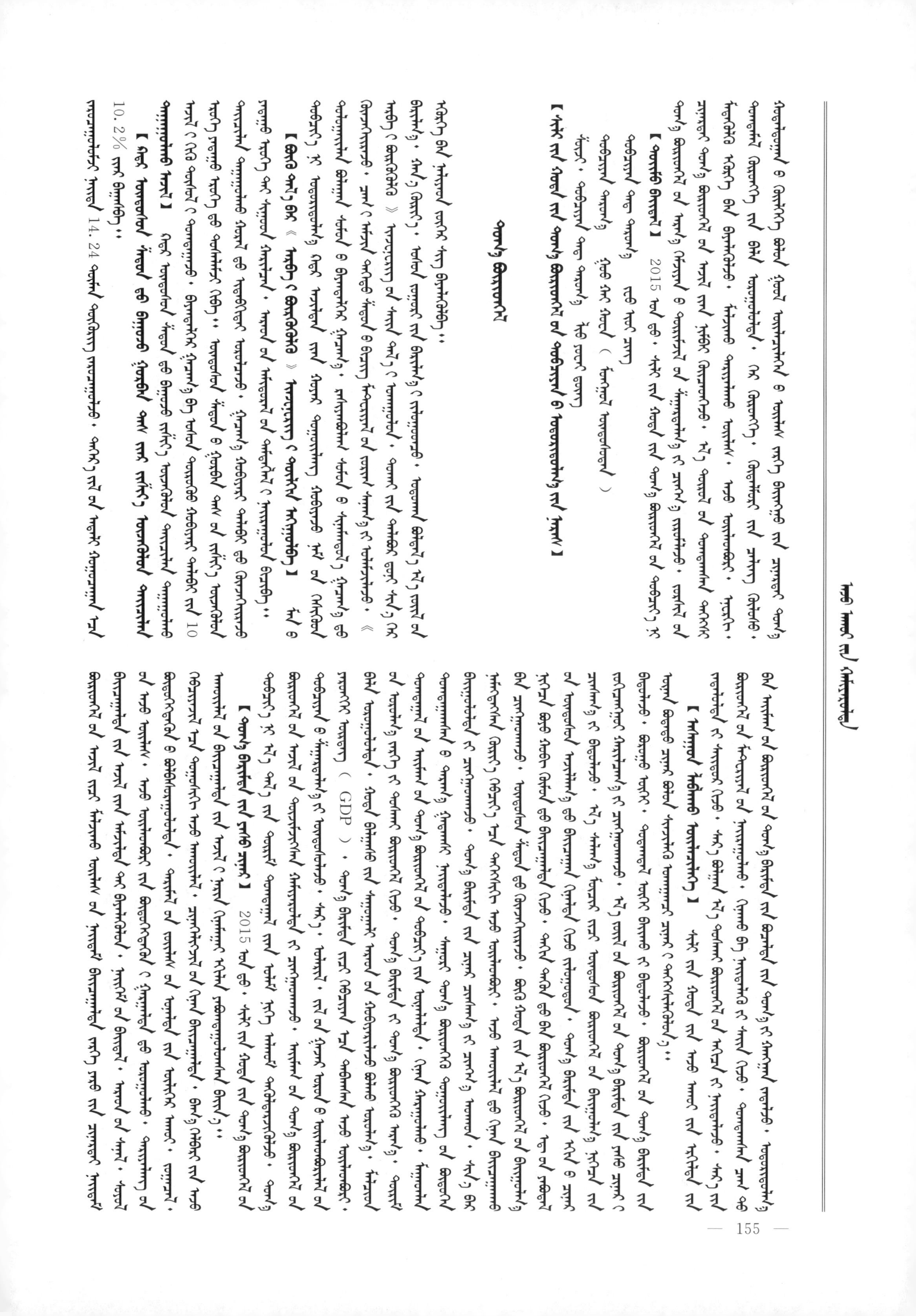

[illegible]

【[illegible]】 [illegible] 2015 [illegible]

【[illegible]】

[illegible]

[illegible] 《 [illegible] 》 [illegible] 《 [illegible]

【[illegible] 《 [illegible] 》 [illegible]】 [illegible] 10 [illegible]】

【[illegible]】 10.2% [illegible] 14.24 [illegible]

[illegible]

【[illegible]】 [illegible]

[illegible] (GDP) [illegible]

【[illegible]】 2015 [illegible]

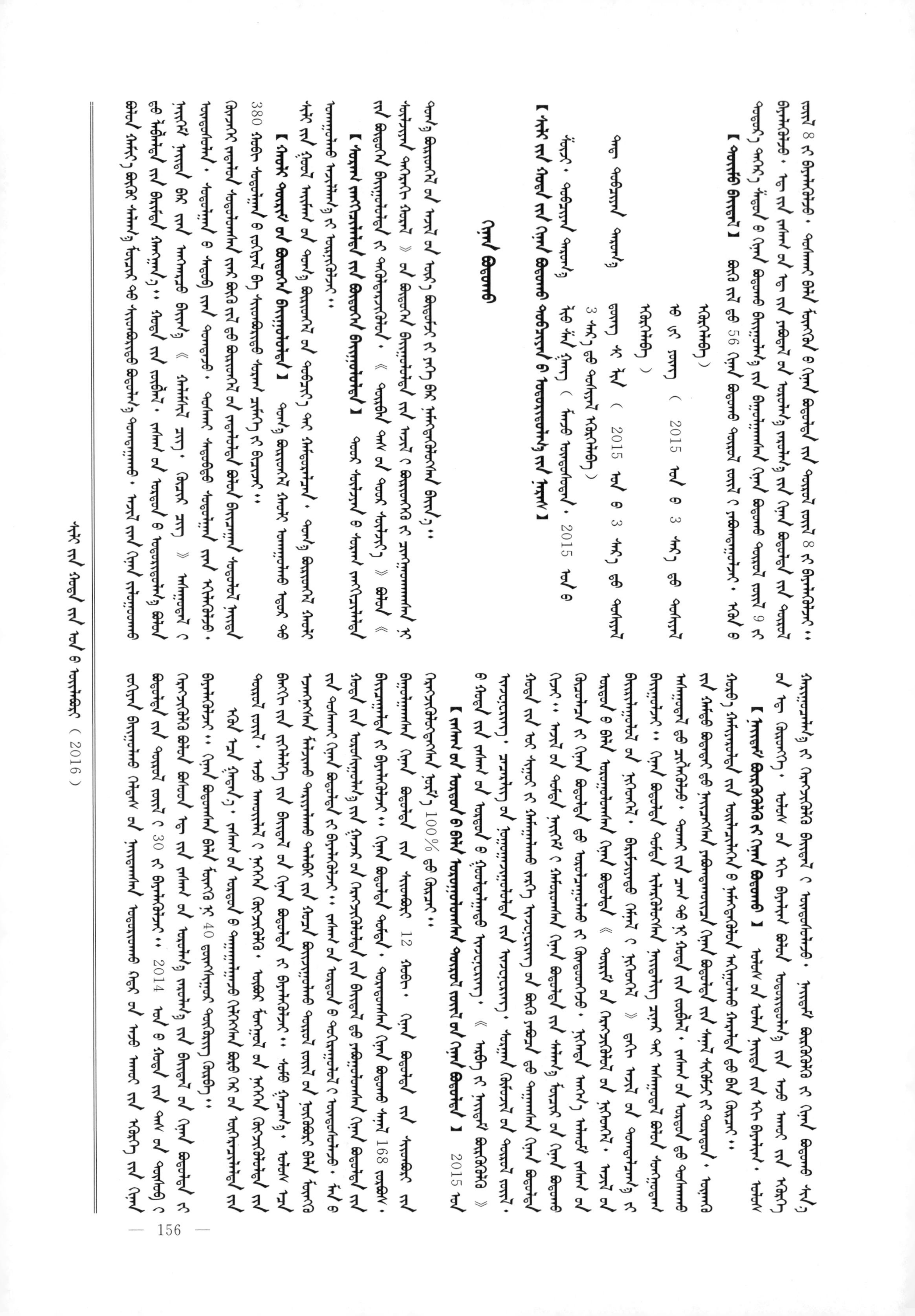

[illegible]

《ᠲᠦᠷᠦ ᠶᠢᠨ ᠪᠠᠢᠭᠤᠯᠤᠯᠭ᠎ᠠ》 ᠶᠢᠨ ᠪᠦᠯᠦᠭ ᠂ 2014 ᠣᠨ ᠤ 《ᠮᠣᠩᠭᠣᠯ ᠬᠡᠯᠡ ᠪᠢᠴᠢᠭ》 ᠂ 2016 ᠣᠨ ᠤ ...

【ᠮᠣᠩᠭᠣᠯ ᠬᠡᠯᠡ ᠪᠢᠴᠢᠭ ᠦᠨ ᠮᠡᠳᠡᠭᠡᠯᠡᠯ ᠦᠨ ᠰᠠᠩ】 ... ᠨᠡᠢᠲᠡ 13 ᠪᠦᠯᠦᠭ ... ᠪᠦᠬᠦ ᠪᠦᠯᠦᠭ ᠤᠨ ᠬᠡᠮᠵᠢᠶ᠎ᠡ 15330.47 ᠮᠧᠭᠠᠪᠠᠢᠲ ᠪᠣᠯᠤᠨ᠎ᠠ ᠃

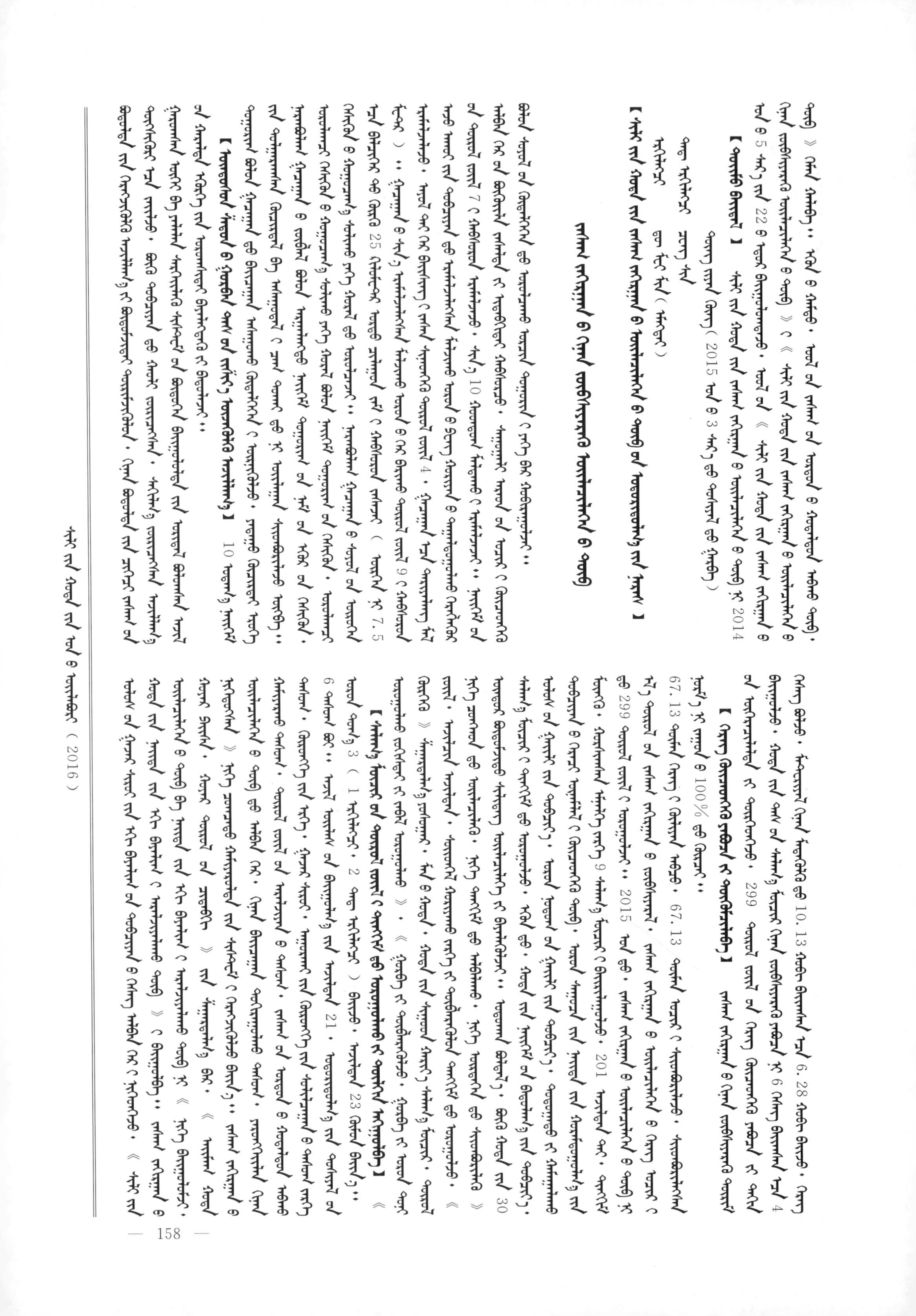

【 … 】

(2015 … 3 …)

… 2014 … 22 … 5 … 6 … 10.13 … 6.28 … 4 … 299 … 100% … 67.13 … 2015 … 201 … 9 … 30 … 7 … 10 … 4 … 9 … 25 … 7.5 … 21 … 23 … 6 … (1 … 2 …) … 3 …

【 … 】 10 …

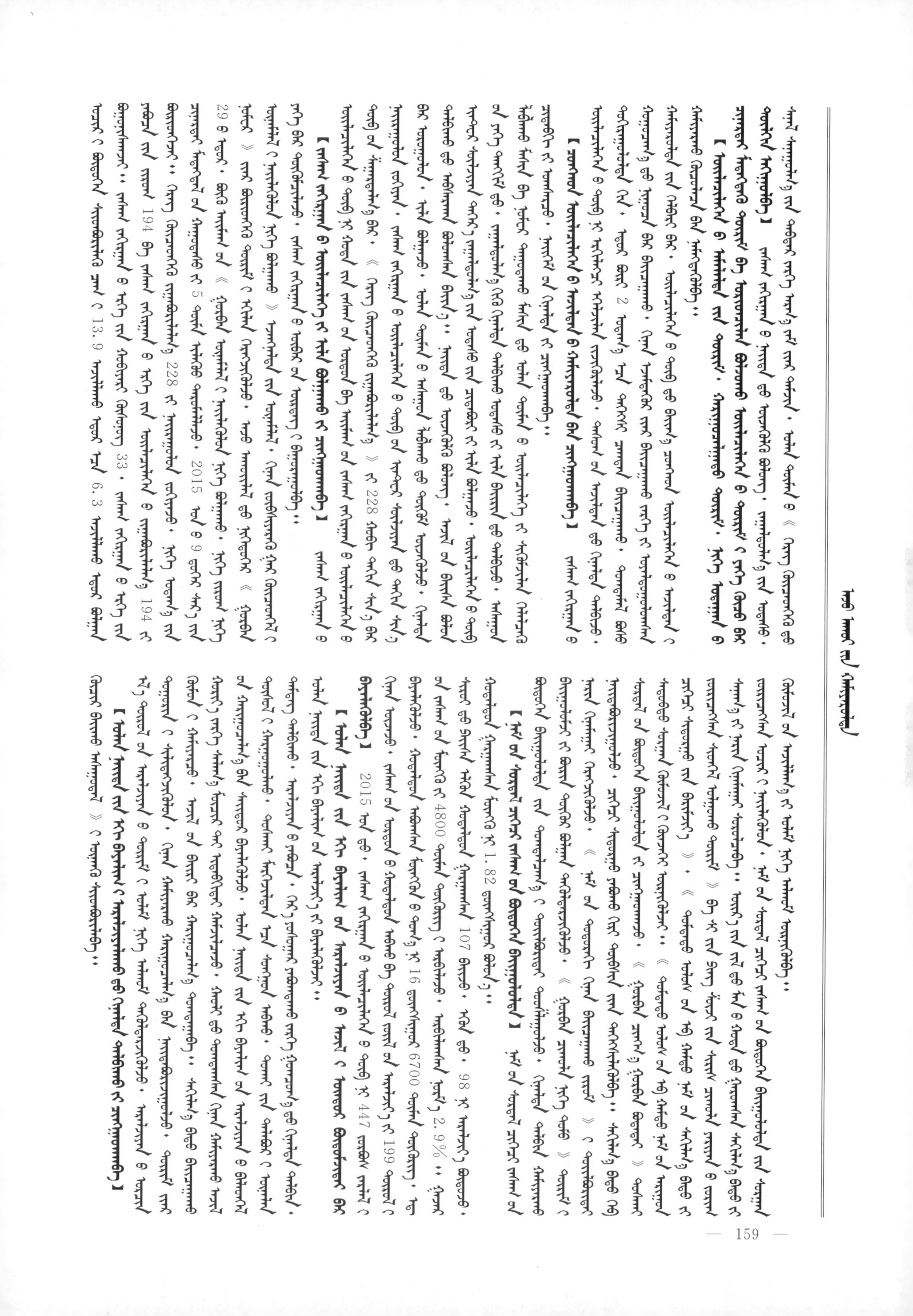

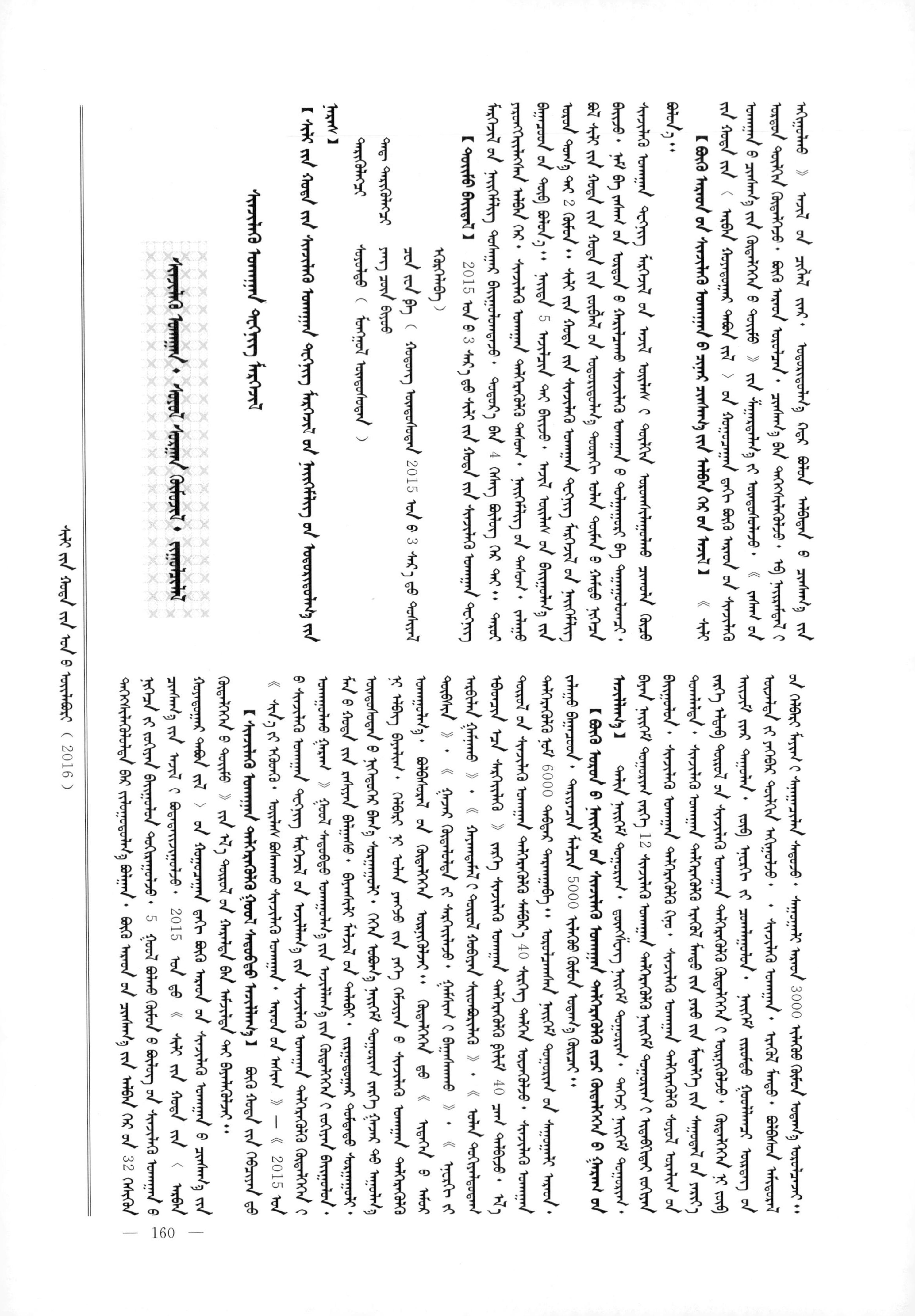

[illegible]

[illegible]

【[illegible]】

[illegible] 2015 [illegible] 3 [illegible]

【[illegible]】 2015 [illegible] 3 [illegible] 4 [illegible] 5 [illegible] 2 [illegible]

【[illegible]】 [illegible]

[illegible] 3000 [illegible] 12 [illegible]

【[illegible]】 [illegible] 5000 [illegible] 6000 [illegible] 40 [illegible] 40 [illegible] 2015 [illegible]

【[illegible]】 [illegible] 2015 [illegible] 5 [illegible] 32 [illegible]

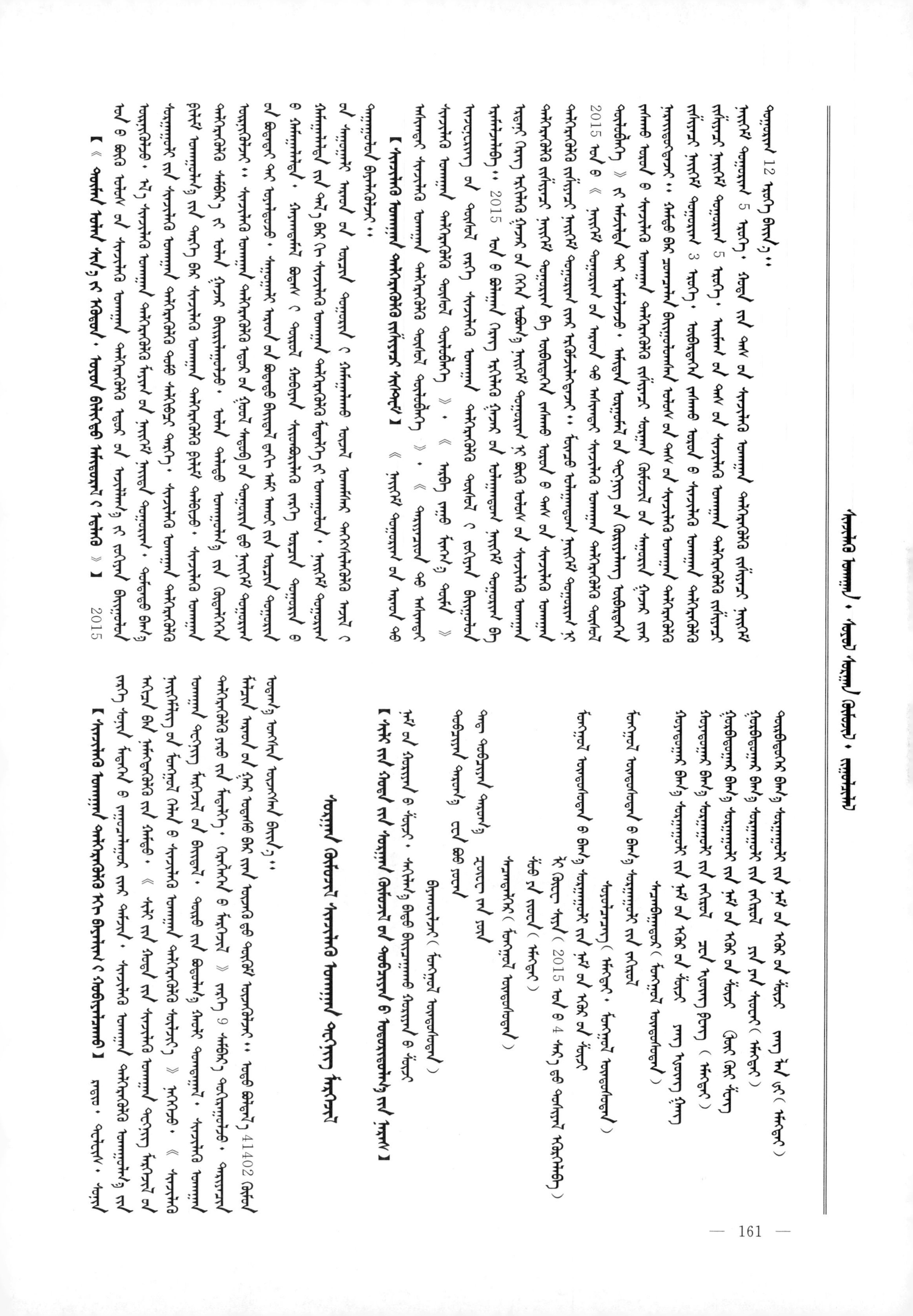

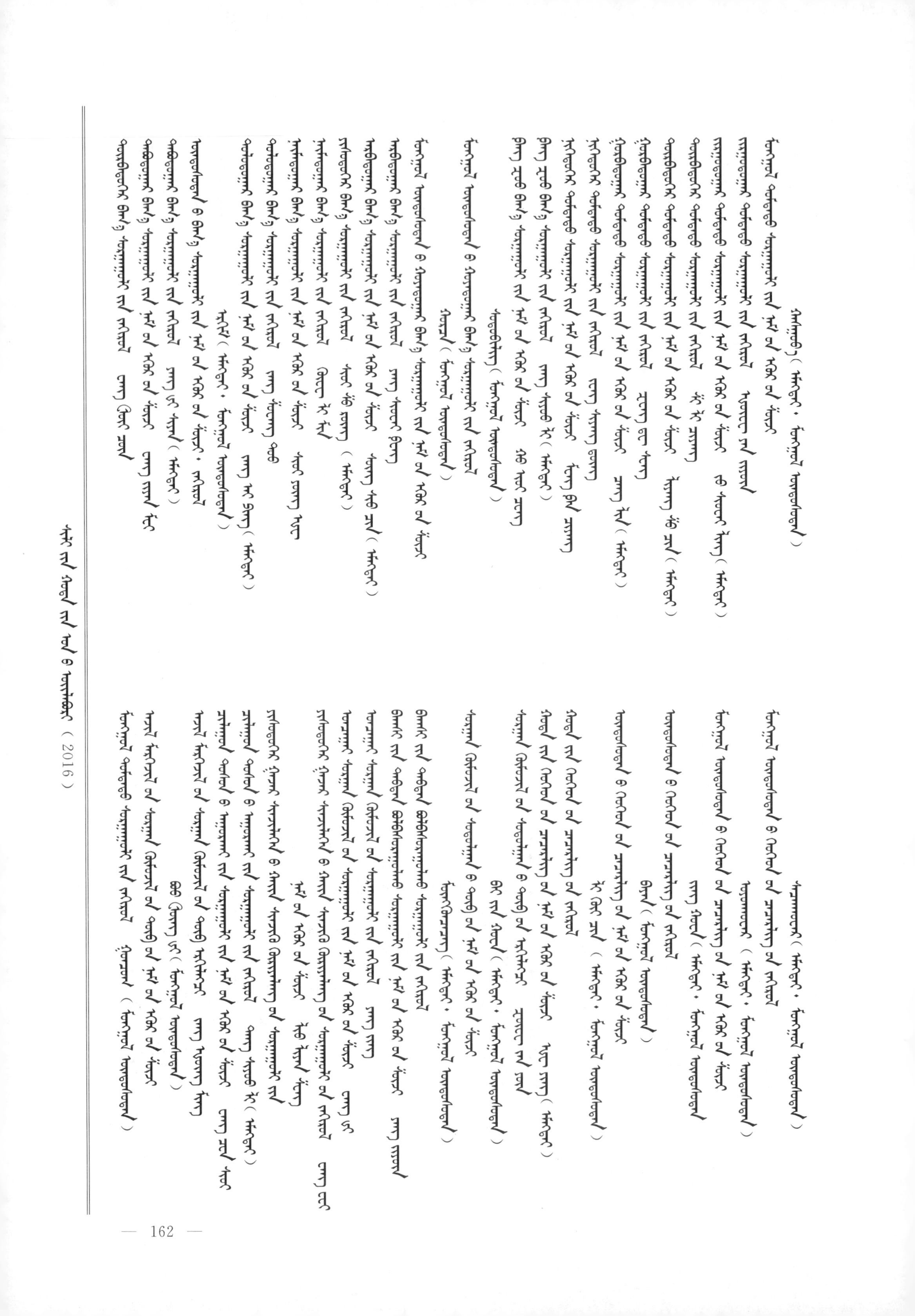

[illegible]

ᠪᠣᠯᠬᠤ ᠳᠤ 8 ᠰᠠᠶ᠎ᠠ ᠶᠢᠨ ᠵᠢᠭᠤᠯᠴᠢᠨ ᠪᠠᠭᠲᠠᠭᠠᠵᠤ᠂ ᠲᠡᠭᠦᠨ ᠲᠠᠯ᠎ᠠ ᠶᠢᠨ ᠠᠶᠠᠯᠠᠯ ᠤᠨ ᠤᠷᠤᠯᠭ᠎ᠠ ᠨᠢ ... ᠪᠣᠯᠵᠠᠢ᠃ ᠭᠠᠳᠠᠭᠠᠳᠤ ᠶᠢᠨ ᠵᠢᠭᠤᠯᠴᠢᠨ ᠪᠠᠭᠲᠠᠭᠠᠯᠲᠠ ᠶᠢᠨ 7 ᠰᠠᠶ᠎ᠠ ... ᠪᠠᠭᠲᠠᠭᠠᠵᠤ᠂ ᠲᠡᠭᠦᠨ ᠦ ᠲᠤᠰ ᠲᠤ ...

【ᠠᠶᠠᠯᠠᠯ ᠤᠨ ᠵᠢᠭᠤᠯᠴᠢᠨ ᠤ ᠪᠠᠭᠲᠠᠭᠠᠬᠤ ᠴᠢᠳᠠᠮᠵᠢ】 2015 ᠣᠨ ᠤ 4 ᠰᠠᠷ᠎ᠠ ᠶᠢᠨ ᠪᠠᠢᠳᠠᠯ ᠢᠶᠠᠷ ᠪᠦᠬᠦ ᠣᠷᠤᠨ ᠤ ᠠᠶᠠᠯᠠᠯ ᠤᠨ ᠵᠢᠭᠤᠯᠴᠢᠨ ᠪᠠᠭᠤᠳᠠᠯ 2835 ᠬᠦᠷᠦᠭᠰᠡᠨ ᠪᠠᠢᠨ᠎ᠠ᠃

ᠡᠳᠡᠭᠡᠷ ᠦᠨ ᠳᠣᠲᠣᠷ᠎ᠠ ᠬᠣᠲᠠ ᠳᠤ 1410᠂ ᠬᠣᠳᠤᠭ᠎ᠠ ᠰᠤᠮᠤ ᠳᠤ 134 ᠪᠠᠢᠨ᠎ᠠ᠃ ᠣᠷᠣ ᠲᠤᠰ ᠤᠨ ᠣᠷᠣᠨ 8653 ᠣᠷᠣᠨ᠂ ᠡᠳᠡᠭᠡᠷ ᠦᠨ ᠳᠣᠲᠣᠷ᠎ᠠ 6172 ᠣᠷᠣᠨ᠂ ᠣᠷᠣ 17053 ᠣᠷᠣᠨ᠂ ᠪᠦᠬᠦ 5486 ᠣᠷᠣᠨ᠂ ᠣᠷᠣ ᠶᠢᠨ ᠲᠣᠭ᠎ᠠ 1 ᠪᠣᠯᠤᠨ᠎ᠠ᠃ ᠣᠷᠣ ᠲᠤᠰ ᠤᠨ 38908 ᠣᠷᠣᠨ᠂ ... 1 ᠰᠠᠶ᠎ᠠ᠂ ... 1 ᠰᠠᠶ᠎ᠠ᠂ ... 2 ᠰᠠᠶ᠎ᠠ᠂ ... 1 ᠰᠠᠶ᠎ᠠ᠂ ...) ᠪᠣᠯᠤᠨ 12᠂ ... 4᠂ ... 22 (... 3 ᠰᠠᠶ᠎ᠠ᠂ ... 19 ...

2015 ᠣᠨ ᠳᠤ᠂ ... 44 ... ᠪᠣᠯᠤᠭᠰᠠᠨ ᠪᠠᠢᠨ᠎ᠠ᠃

... (1 ...᠂ 4 ...) ... 25 ... 5 ...

... 15 ...

... [2015] 1 ... 2015 ᠣᠨ ᠤ 1 ᠰᠠᠷ᠎ᠠ ᠶᠢᠨ 10 ᠤ ᠡᠳᠦᠷ ...

【ᠡᠬᠢ ᠰᠤᠷᠪᠤᠯᠵᠢ】

ᠬᠡᠮᠵᠢᠶ᠎ᠡ ᠳᠦ ᠬᠦᠷᠴᠡᠢ᠃ ... ᠨᠢ ᠬᠠᠷ᠎ᠠ ... ᠪᠣᠯᠪᠠ᠃

【ᠠᠶᠠᠯᠠᠯ ᠤᠨ ᠣᠷᠣᠨ ᠤ ᠴᠢᠳᠠᠮᠵᠢ】 2015 ᠣᠨ ᠤ ... ᠵᠢᠯ ᠦᠨ ... A ... 16.7% ... 7.6% ... 52.8% ... 3.3 % ... A ... 2330 ... 276 ... 2015 ᠣᠨ ᠤ ... 2606 ...

... 2015 ᠣᠨ ᠤ ... 7500 ... 6 ... 2016 ᠣᠨ ᠤ ...

... 2015 ᠣᠨ ᠤ 4 ᠰᠠᠷ᠎ᠠ ... 2 ... 7 ...

【ᠠᠶᠠᠯᠠᠯ ᠤᠨ ᠣᠷᠣᠨ ᠤ ᠬᠥᠭᠵᠢᠯ】

... 2 ... 2016 ᠣᠨ ᠤ 6 ᠰᠠᠷ᠎ᠠ ᠳᠤ ...

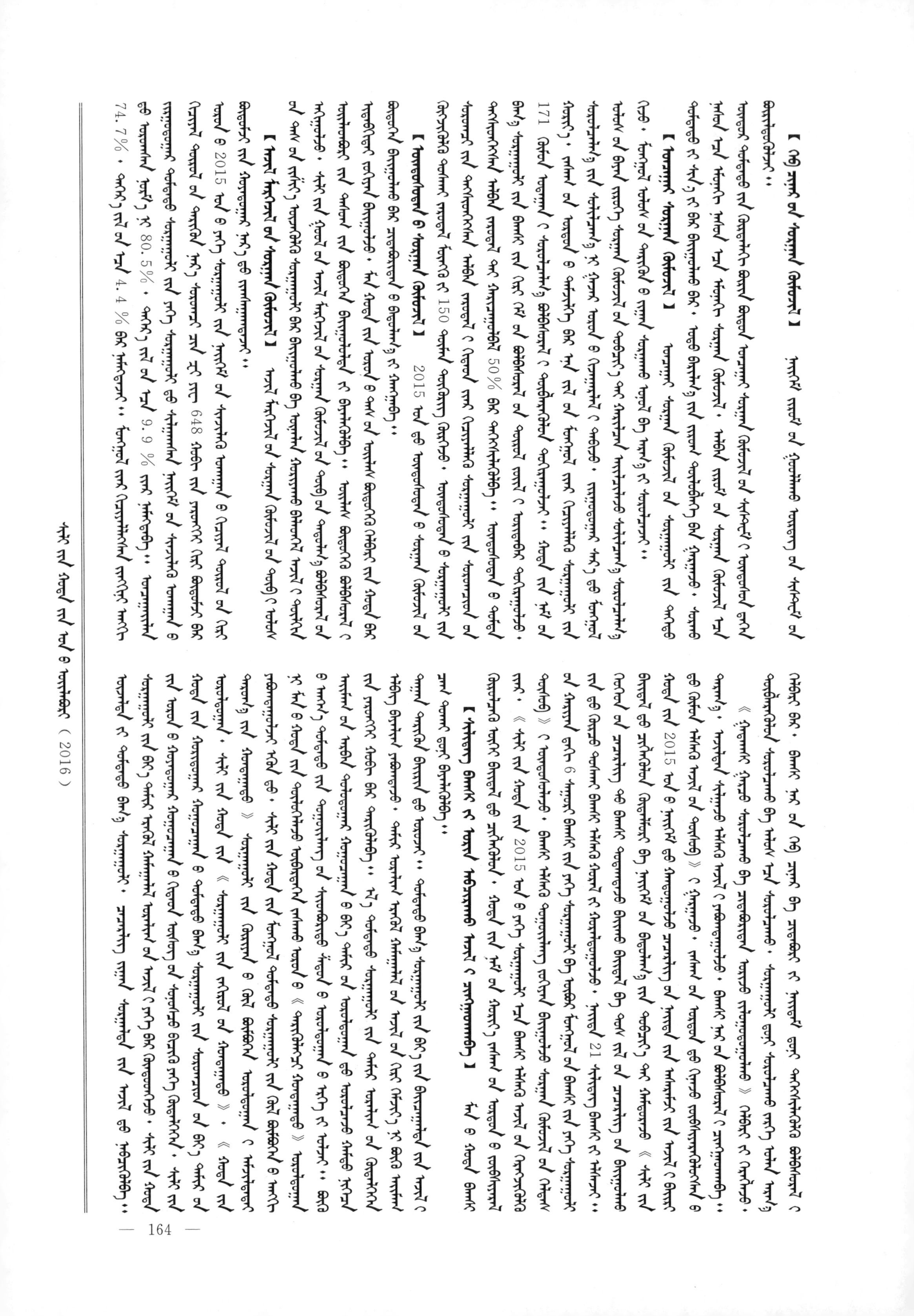

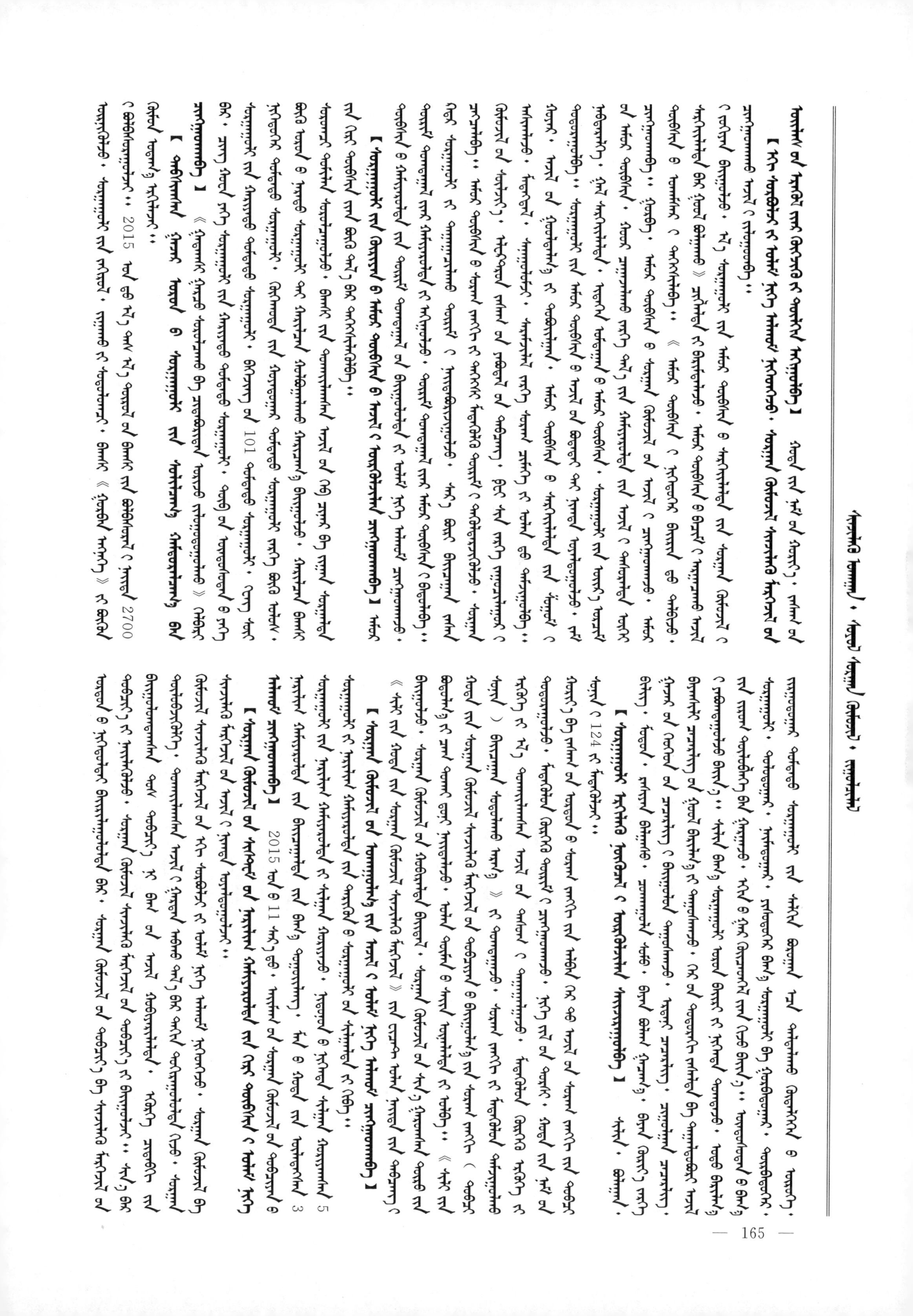

[illegible]

124

101

2015 11

2015 2700

5 3

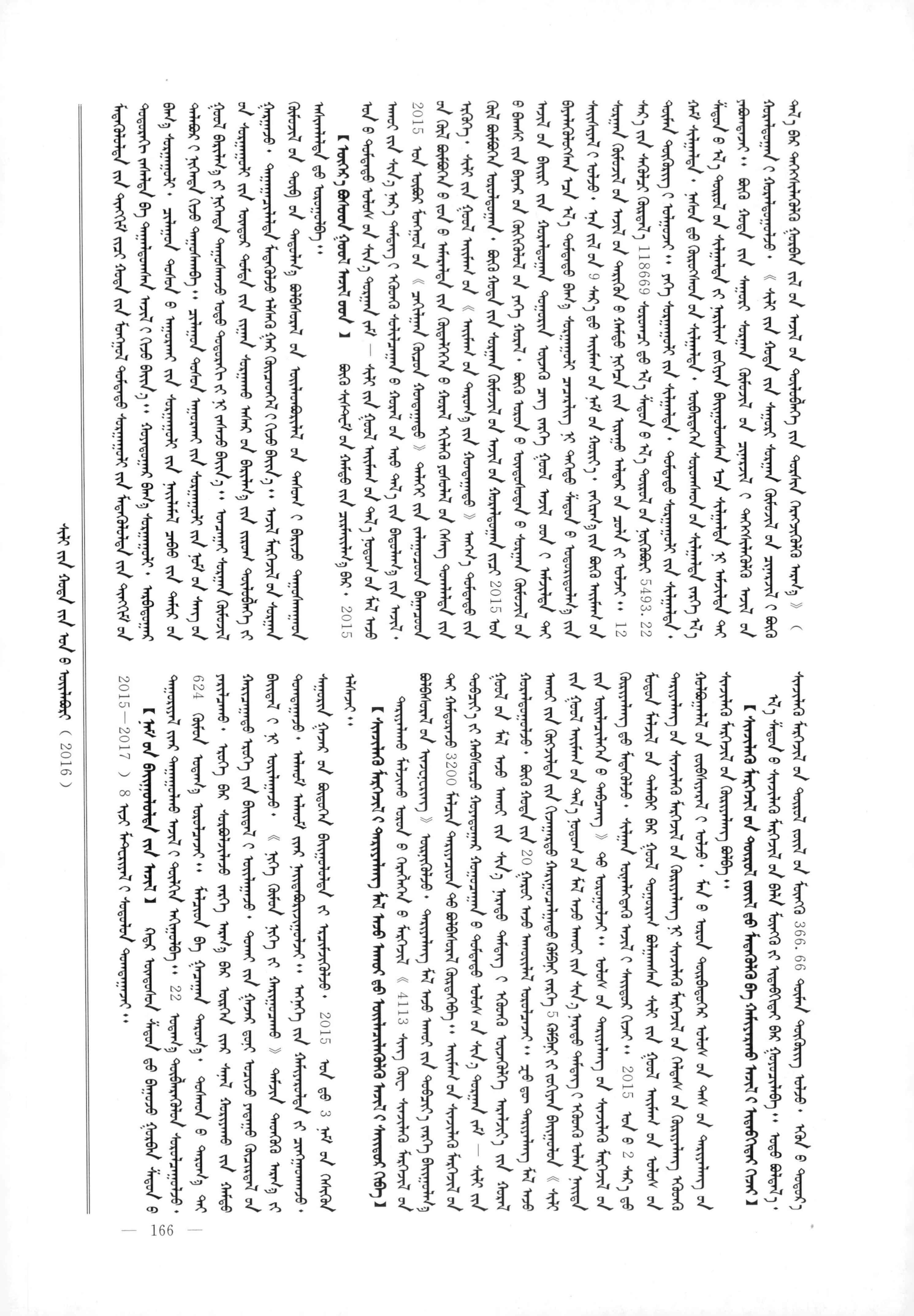

[illegible] :: [illegible] 3.15 》 · 《 4.26 》 [illegible] ·

【 [illegible] 】 《 [illegible] ::

[illegible] 》— [illegible] :: 2 ᠰᠠᠷ᠎ᠠ [illegible] 9 [illegible] 《 [illegible] · [illegible] · [illegible] :: [illegible] 2015 ᠣᠨ ᠤ [illegible] 【 [illegible] 】 [illegible]

【 [illegible] 】 [illegible] ::

[illegible] 14 [illegible] 20 [illegible] :: [illegible] · [illegible] · [illegible] 20 [illegible] 2016 ᠣᠨ ᠤ [illegible] :: [illegible] · [illegible] · [illegible] :: [illegible] · [illegible] :: [illegible] :: [illegible] 226.66 [illegible] · [illegible] 90 [illegible] 50 [illegible] · [illegible]

[illegible] · [illegible] · [illegible] · [illegible] · [illegible] · [illegible] · [illegible] · [illegible] :: [illegible] ·

【 [illegible] 】 [illegible] · [illegible] (2015 ᠣᠨ ᠤ 3 ᠰᠠᠷ᠎ᠠ ᠳᠤ [illegible])

[illegible] ([illegible] · [illegible])

[illegible] ([illegible])

[illegible] ([illegible] · [illegible])

【 [illegible] 】

[illegible]

[illegible] ::

[illegible] · 3 [illegible] 5 [illegible] :: [illegible] APP [illegible] :: [illegible] :: [illegible] 7 [illegible] 4 [illegible] 》[illegible] 《 [illegible] 》《 [illegible] 》 · 《 [illegible]

【 [illegible] 】

[illegible] · [illegible] :: [illegible] · [illegible] 4 [illegible] · [illegible]

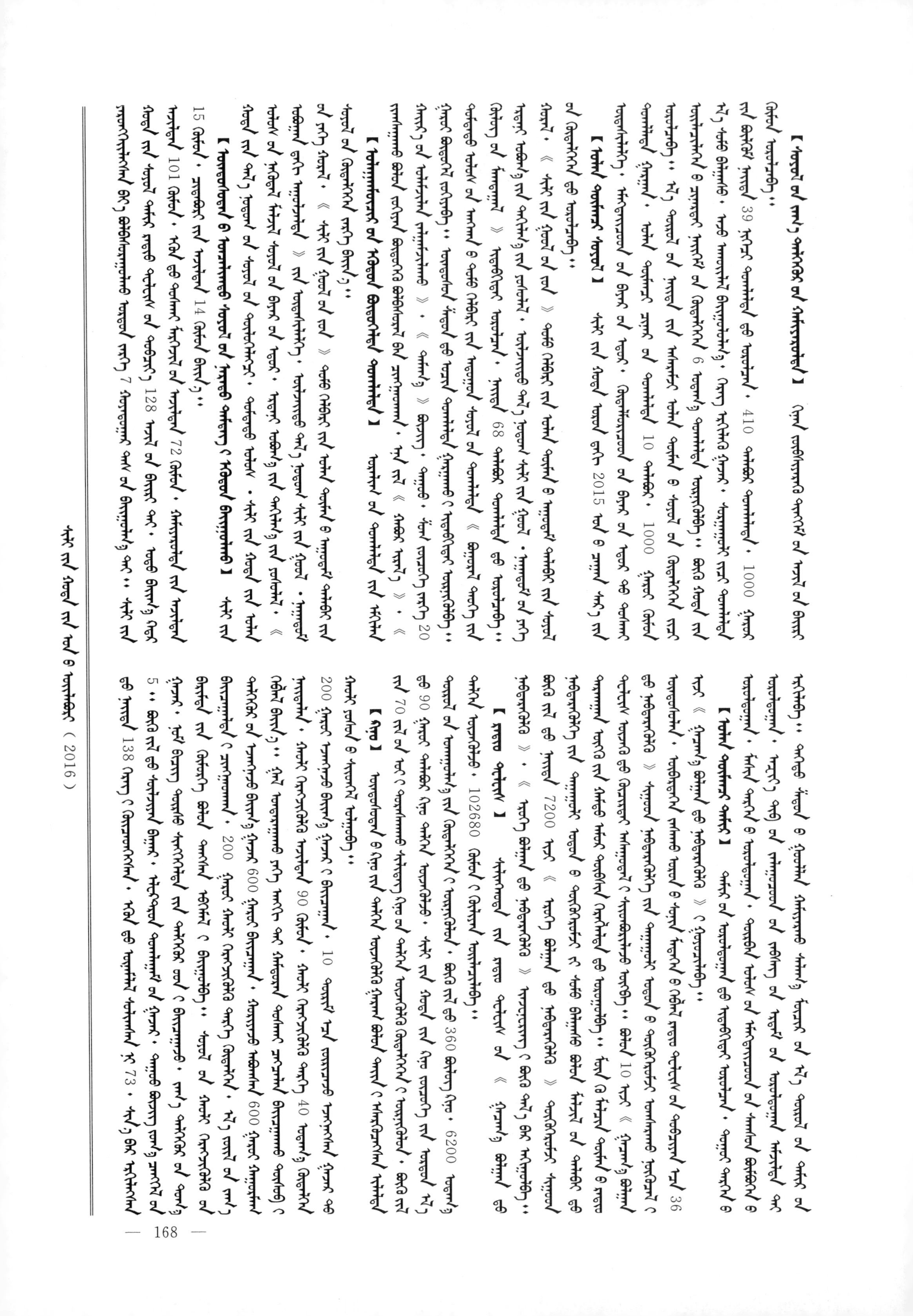

[illegible]

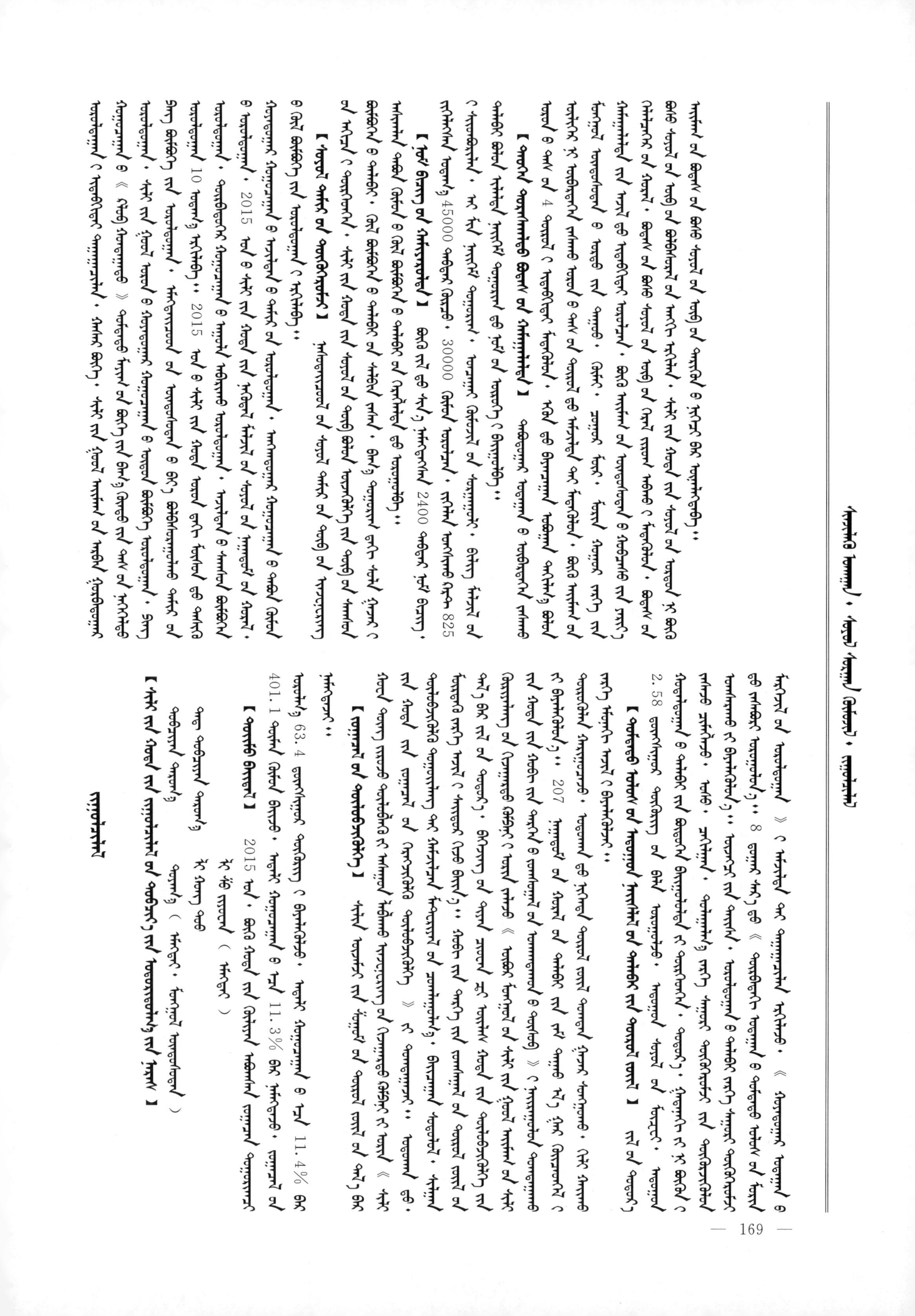

ᠮᠡᠳᠡᠭᠡ ᠂ ᠪᠠᠶᠢᠭᠤᠯᠤᠯ ᠮᠡᠳᠡᠭᠡ ᠬᠣᠲᠠ ᠶᠢᠨ ᠳᠦ ᠮᠡᠳᠡᠭᠡᠯᠡᠯ ᠣᠨ ᠤ 2000 ᠬᠠᠪᠲᠠᠭᠠᠢ ᠮᠧᠲ᠋ᠷ ᠳᠡᠯᠭᠡᠴᠡ ᠶᠢᠨ ᠬᠦᠷᠭᠡᠯᠲᠡ ᠶᠢᠨ ᠪᠠᠶᠢᠭᠤᠯᠤᠯ ᠂ ᠰᠤᠷᠭᠠᠯ ᠤᠨ ᠬᠣᠲᠠ ᠂ ᠬᠣᠲᠠ ᠶᠢᠨ ᠰᠣᠶᠣᠯ ᠤᠨ ᠪᠦᠲᠦᠭᠡᠯ ᠢ ᠮᠡᠳᠡᠭᠡ ᠶᠢᠨ ᠂ ᠬᠢᠷᠢ ᠶᠢᠨ ᠂ ᠬᠣᠲᠠ ᠶᠢᠨ ᠬᠡᠷᠡᠭᠯᠡᠭᠡ ᠃ ᠳᠡᠯᠭᠡᠴᠡ ᠶᠢᠨ ᠮᠡᠳᠡᠭᠡᠯᠡᠯ ᠦᠨ ᠳᠡᠯᠭᠡᠴᠡ ᠪᠡᠷ ᠮᠡᠳᠡᠭᠡ ᠶᠢᠨ ᠃ ᠬᠢᠷᠢ ᠶᠢᠨ ᠮᠡᠳᠡᠭᠡᠯᠡᠯ ᠂ ᠥᠪᠦᠷ ᠮᠣᠩᠭᠣᠯ ᠤᠨ ᠰᠣᠶᠣᠯ ᠤᠨ ᠳᠡᠯᠭᠡᠴᠡ ᠶᠢᠨ LOGO ᠪᠣᠯᠤᠨ ᠮᠡᠳᠡᠭᠡᠯᠡᠯ ᠦᠨ LED ᠮᠡᠳᠡᠭᠡ ᠮᠡᠳᠡᠭᠡ 15 ᠮᠢᠨᠦ᠋ᠲ ᠦᠨ ᠳᠡᠯᠭᠡᠴᠡ ᠶᠢᠨ ᠮᠡᠳᠡᠭᠡᠯᠡᠯ ᠦᠨ ᠬᠦᠮᠦᠨ ᠢ ᠮᠡᠳᠡᠭᠡᠯᠡᠨ ᠬᠦᠷᠭᠡᠭᠦᠯᠦᠭᠰᠡᠨ ᠪᠠᠶᠢᠨ᠎ᠠ ᠃ ᠳᠡᠯᠭᠡᠴᠡ ᠶᠢᠨ ᠬᠡᠮᠵᠢᠶ᠎ᠡ ᠪᠦᠲᠦᠭᠡᠯ ᠦᠨ ᠬᠢᠷᠢ ᠶᠢᠨ ᠮᠡᠳᠡᠭᠡ ᠶᠢᠨ ᠬᠢᠷᠢ ᠮᠡᠳᠡᠭᠡ ᠮᠡᠳᠡᠭᠡᠯᠡᠯ ᠦᠨ ᠬᠣᠲᠠ ᠶᠢᠨ ᠮᠡᠳᠡᠭᠡ ᠶᠢᠨ ᠬᠣᠲᠠ 4 ᠣᠯᠠᠨ ᠣᠯᠠᠨ ᠬᠦᠮᠦᠨ ᠮᠡᠳᠡᠭᠡᠯᠡᠭᠰᠡᠨ ᠪᠠᠶᠢᠨ᠎ᠠ ᠃ ᠬᠡᠷᠡᠭᠵᠢᠭᠦᠯᠦᠭᠰᠡᠨ ᠃ ᠲᠠᠢ ᠲᠠᠢ ᠬᠣᠲᠠ ᠮᠡᠳᠡᠭᠡᠯᠡᠯ ᠳᠦ ᠂ ᠣᠯᠠᠨ ᠤ 303 ᠠᠶᠢᠯ ᠤᠨ ᠳᠦ ᠂ ᠰᠣᠶᠣᠯ ᠤᠨ ᠮᠡᠳᠡᠭᠡ ᠶᠢ ᠳᠡᠯᠭᠡᠴᠡ ᠶᠢᠨ ᠬᠥᠬᠡᠬᠣᠲᠠ ᠬᠣᠲᠠ ᠂ ᠮᠡᠳᠡᠭᠡᠯᠡᠯ ᠦᠨ ᠬᠣᠲᠠ ᠲᠥᠷᠥ ᠶᠢᠨ 20 ᠬᠣᠲᠠ ᠬᠦᠮᠦᠨ ᠢ ᠬᠡᠷᠡᠭᠵᠢᠭᠦᠯᠦᠭᠰᠡᠨ ᠃ ᠰᠣᠶᠣᠯ ᠤᠨ ᠮᠡᠳᠡᠭᠡᠯᠡᠯ ᠦᠨ LED ᠮᠡᠳᠡᠭᠡ ᠶᠢᠨ ᠬᠡᠷᠡᠭᠯᠡᠵᠦ ᠂ ADE ᠬᠣᠲᠠ ᠮᠡᠳᠡᠭᠡ ᠶᠢᠨ ᠮᠡᠳᠡ 》 ᠮᠡᠳᠡᠭᠡ ᠶᠢ ᠥᠪᠦᠷ ᠮᠣᠩᠭᠣᠯ ᠤᠨ ᠰᠣᠶᠣᠯ ᠤᠨ ᠳᠡᠯᠭᠡᠴᠡ ᠶᠢᠨ ᠬᠡᠷᠡᠭᠯᠡᠭᠡ ᠶᠢᠨ ᠮᠡᠳᠡᠭᠡ ᠣᠨ ᠢ ᠬᠡᠷᠡᠭᠵᠢᠭᠦᠯᠦᠨ ᠪᠣᠯ 2000 ᠬᠠᠪᠲᠠᠭᠠᠢ ᠮᠧᠲ᠋ᠷ ᠮᠡᠳᠡᠭᠡᠯᠡᠯ ᠬᠣᠲᠠ ᠮᠡᠳᠡᠭᠡᠯᠡᠭᠰᠡᠨ ᠃ 7 ᠰᠠᠷ᠎ᠠ ᠪᠠᠷ ᠪᠣᠯ ᠂ 《 ᠲᠥᠷᠥ ᠰᠣᠶᠣᠯ ᠬᠡᠷᠡᠭᠵᠢᠭᠦᠯᠦᠯᠲᠡ ᠮᠡᠳᠡᠭᠡ ᠂ ᠬᠢᠷᠢ ᠶᠢᠨ ᠮᠡᠳᠡᠭᠡ ᠮᠡᠳᠡᠭᠡᠯᠡᠯ ᠬᠣᠲᠠ ᠂ ᠡᠨᠡ ᠳᠡᠯᠭᠡᠴᠡ ᠶᠢᠨ ᠬᠣᠲᠠ ᠶᠢᠨ ᠬᠣᠲᠠ ᠲᠥᠷᠥ ᠥᠪᠦᠷ ᠮᠣᠩᠭᠣᠯ ᠤᠨ ᠰᠣᠶᠣᠯ ᠤᠨ ᠳᠡᠯᠭᠡᠴᠡ ᠶᠢᠨ ᠬᠦᠮᠦᠨ 》 ᠢ ᠬᠦᠷᠭᠡᠯᠲᠡ ᠪᠣᠯ ᠂ ᠰᠣᠶᠣᠯ ᠤᠨ ᠪᠦᠲᠦᠭᠡᠯ ᠂ ᠳᠡᠯᠭᠡᠴᠡ ᠪᠡᠷ ᠪᠣᠯ

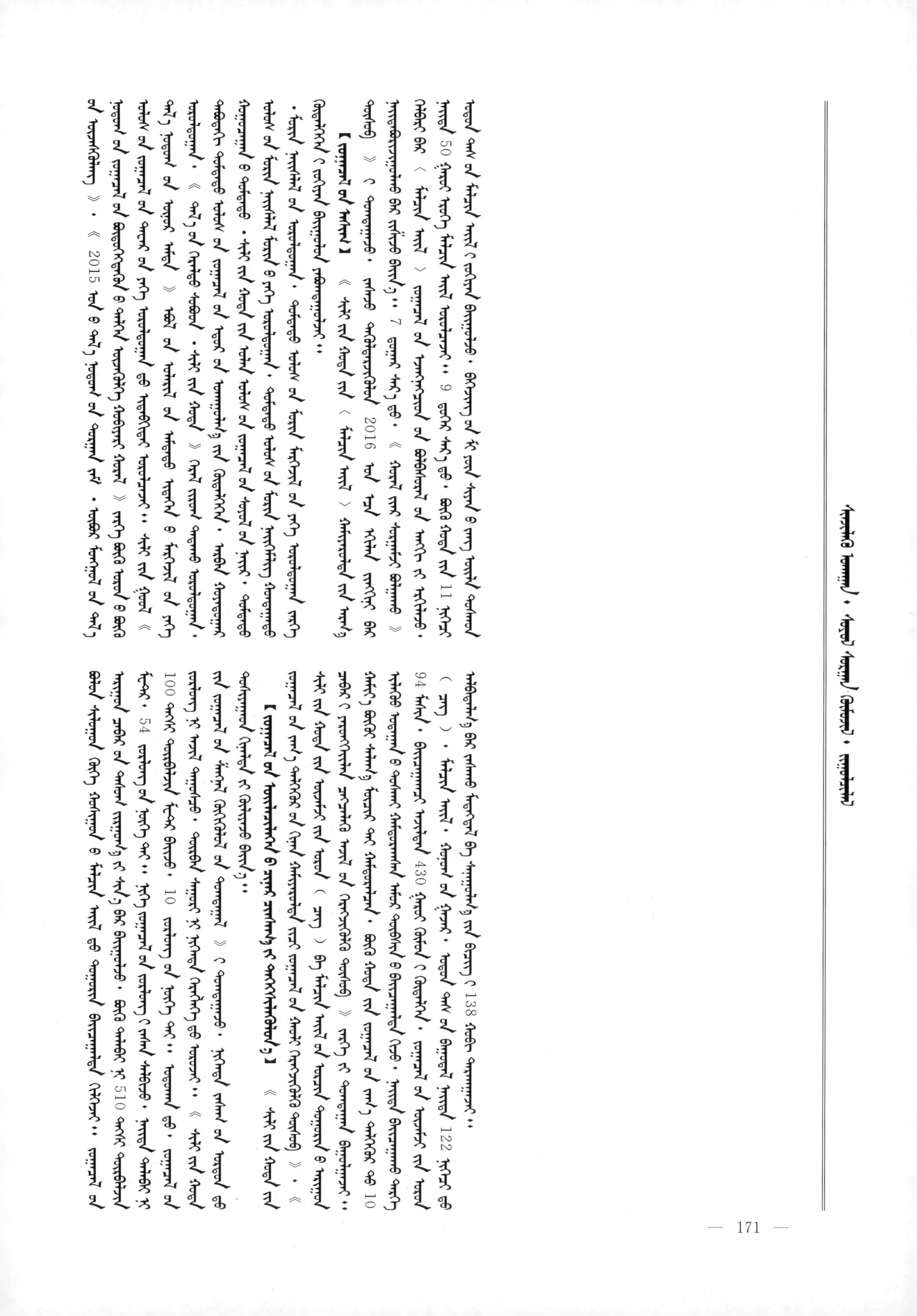

[illegible] 16127 [illegible]

【[illegible]】 [illegible]

[illegible]

【[illegible]】 2015 [illegible]

[illegible]

358 [illegible] 95.65% [illegible] 7.30% [illegible] 8.97% [illegible]

【[illegible]】 [illegible] 265303 [illegible] 72 [illegible] 120 [illegible] 5.5 [illegible] 6 [illegible] 75 [illegible] 260 [illegible]

【[illegible]】 [illegible] 103.9 [illegible] 953 [illegible] 4770 [illegible] 3500 [illegible] 1900 [illegible] 300 [illegible] 15311 [illegible]

【[illegible]】 [illegible] 100 [illegible] 320 [illegible] 8 [illegible] 3816 [illegible] 2016 [illegible] 11958.65 [illegible] 7347.75 [illegible] 2508 [illegible]

【[illegible]】 [illegible] 790 [illegible] 300 [illegible] 1061.6 [illegible] 790.2 [illegible] 490 [illegible]

【ᠬᠡᠭᠡ ᠠᠵᠢ ᠠᠬᠤᠢ ᠶᠢᠨ ᠪᠦᠲᠦᠭᠡᠭᠳᠡᠬᠦᠨ ᠦ ᠬᠥᠭᠵᠢᠯ】 ᠪᠣᠷᠣ ᠳᠤ ᠬᠡᠭᠡ ᠠᠵᠢ ᠠᠬᠤᠢ ᠶᠢᠨ ᠪᠦᠲᠦᠭᠡᠭᠳᠡᠬᠦᠨ 2366 ᠲᠣᠭ᠎ᠠ ᠳᠤ ᠬᠦᠷᠴᠡᠢ᠃ ᠡᠳᠡᠭᠡᠷ ᠦᠨ ᠳᠣᠲᠣᠷ᠎ᠠ᠂ ᠮᠠᠯ ᠠᠵᠢ ᠠᠬᠤᠢ᠂ ᠲᠠᠷᠢᠮᠠᠯ ᠠᠵᠢ ᠠᠬᠤᠢ᠂ ᠪᠠᠶᠢᠭᠤᠯᠤᠯᠲᠠ ᠶᠢᠨ B ᠵᠡᠷᠭᠡ ᠶᠢᠨ ᠬᠠᠮᠲᠤᠷᠠᠯ ᠤᠨ ᠬᠤᠷᠢᠶ᠎ᠠ᠂ ᠪᠠᠷᠢᠯᠭ᠎ᠠ ᠶᠢᠨ ᠲᠣᠭ᠎ᠠ 2248 ᠪᠦᠲᠦᠭᠡᠭᠳᠡᠬᠦᠨ ᠪᠠᠶᠢᠭᠤᠯᠤᠯᠲᠠ᠂ 117 ᠲᠣᠭ᠎ᠠ 284 ᠲᠣᠭ᠎ᠠ ᠬᠦᠷᠴᠡᠢ᠂ ᠬᠠᠮᠲᠤᠷᠠᠯ ᠤᠨ ᠬᠤᠷᠢᠶ᠎ᠠ ᠶᠢᠨ ᠪᠠᠶᠢᠭᠤᠯᠤᠯᠲᠠ 90% ᠡᠴᠡ ᠳᠡᠭᠡᠭᠰᠢ ᠪᠣᠯᠪᠠ᠃

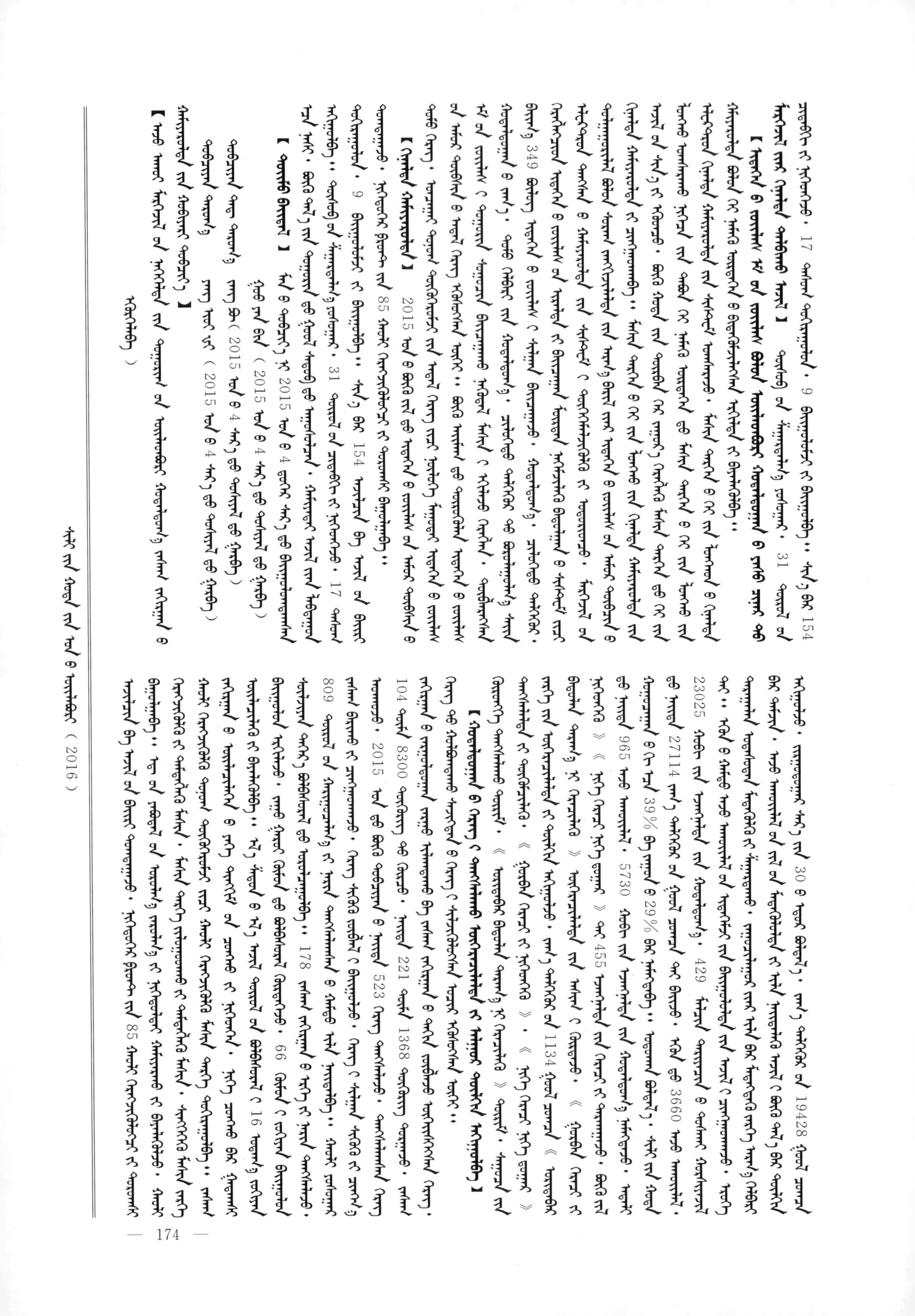

ᠢ ᠲᠣᠭᠲᠠᠭᠠᠨ ᠪᠠᠶᠢᠭᠤᠯᠤᠯ 《 ᠰᠢᠨ᠎ᠡ ᠦᠶ᠎ᠡ ᠶᠢᠨ ᠰᠤᠷᠭᠠᠭᠤᠯᠢ ᠶᠢᠨ ᠰᠤᠷᠭᠠᠯ ᠤᠨ ᠪᠣᠯᠪᠠᠰᠤᠷᠠᠯ ᠤᠨ ᠰᠢᠯᠭᠠᠯᠲᠠ ᠶᠢᠨ ᠨᠣᠷᠮ 》 ᠨᠢ ᠪᠡᠷ ᠨᠡᠶᠢᠭᠡ ᠳᠤᠮᠳᠠ ᠰᠤᠷᠭᠠᠭᠤᠯᠢ ᠶᠢ AA ᠳᠡᠰ ᠦᠨ ᠳᠤᠮᠳᠠ ᠰᠤᠷᠭᠠᠭᠤᠯᠢ ᠪᠣᠯᠭᠠᠨ ᠪᠠᠶᠢᠭᠤᠯᠪᠠ᠃ 14 ᠳᠤᠮᠳᠠ ᠰᠤᠷᠭᠠᠭᠤᠯᠢ ᠵᠢᠱᠢᠶ᠎ᠡ ᠳᠤᠮᠳᠠ ᠶᠢᠨ ᠳᠤᠮᠳᠠ ᠰᠤᠷᠭᠠᠭᠤᠯᠢ ᠪᠣᠯᠤᠨ ᠰᠤᠷᠭᠠᠭᠤᠯᠢ ᠶᠢᠨ ᠬᠡᠮᠵᠢᠶ᠎ᠡ ᠳᠦ ᠪᠠᠶᠢᠭᠤᠯᠤᠭᠳᠠᠪᠠ᠂ ᠬᠣᠶᠠᠷᠳᠤᠭᠠᠷ ᠵᠢᠱᠢᠶ᠎ᠡ ᠳᠤᠮᠳᠠ ᠶᠢᠨ ᠰᠠᠶᠢᠨ ᠴᠢᠨᠠᠷ ᠤᠨ ᠪᠠᠶᠢᠭᠤᠯᠤᠯᠲᠠ᠂ ᠬᠣᠷᠢᠶ᠎ᠠ ᠳᠤᠮᠳᠠ ᠰᠤᠷᠭᠠᠭᠤᠯᠢ ᠪᠠᠶᠢᠭᠤᠯᠤᠯᠲᠠ ᠬᠦᠷᠲᠡᠯ᠎ᠡ ᠪᠠᠭᠰᠢ ᠨᠠᠷ ᠤᠨ ᠪᠠᠭᠠᠵᠢ ᠪᠠᠶᠢᠭᠤᠯᠤᠭᠳᠠᠪᠠ᠃ ᠲᠤᠰ ᠳᠤᠮᠳᠠ ᠰᠤᠷᠭᠠᠭᠤᠯᠢ ᠶᠢ ᠲᠣᠭᠲᠠᠭᠠᠨ ᠪᠠᠶᠢᠭᠤᠯᠬᠤ ᠳᠤ 30 ᠭᠠᠷᠤᠢ ᠰᠠᠶ᠎ᠠ ᠶᠤᠸᠠᠨ ᠢ ᠵᠠᠷᠤᠭᠤᠯᠵᠤ᠂ ᠨᠡᠶᠢᠳᠡ ᠬᠡᠮᠵᠢᠶ᠎ᠡ ᠪᠡᠷ ᠪᠠᠷᠢᠯᠭ᠎ᠠ ᠶᠢ ᠰᠢᠨᠡᠴᠢᠯᠡᠵᠦ᠂ 13 ᠭᠠᠷᠤᠢ ᠪᠠᠭᠰᠢ ᠨᠠᠷ ᠢ ᠰᠤᠷᠭᠠᠨ ᠳᠤᠮᠳᠠ ᠰᠤᠷᠭᠠᠭᠤᠯᠢ ᠶᠢ ᠲᠣᠭᠲᠠᠭᠠᠵᠤ᠂ ᠳᠤᠮᠳᠠ ᠰᠤᠷᠭᠠᠭᠤᠯᠢ ᠶᠢ ᠪᠡᠬᠵᠢᠭᠦᠯᠵᠦ᠂ ᠲᠤᠰ ᠭᠠᠷᠤᠢ ᠪᠠᠭᠰᠢ ᠨᠠᠷ ᠢ ᠰᠤᠷᠭᠠᠬᠤ ᠪᠠ ᠰᠠᠶᠢᠨ ᠰᠤᠷᠭᠠᠭᠤᠯᠢ ᠪᠠᠭᠰᠢ ᠨᠠᠷ ᠢ ᠰᠤᠷᠭᠠᠬᠤ ᠳᠤᠮᠳᠠ ᠰᠤᠷᠭᠠᠭᠤᠯᠢ ᠪᠣᠯᠪᠠᠰᠤᠷᠠᠯ ᠤᠨ ᠴᠢᠨᠠᠷ ᠢ ᠳᠡᠭᠡᠭᠰᠢᠯᠡᠭᠦᠯᠪᠡ 】 2015 ᠣᠨ ᠳᠤ 338 ᠪᠠᠭᠰᠢ ᠨᠠᠷ ᠢ ᠪᠣᠯᠪᠠᠰᠤᠷᠠᠭᠤᠯᠵᠤ

ᠡᠨᠡ ᠰᠤᠷᠭᠠᠭᠤᠯᠢ ᠪᠠᠶᠢᠭᠤᠯᠤᠯᠲᠠ ᠪᠡᠷ ᠪᠦᠬᠦ᠂ ᠰᠤᠷᠭᠠᠯ ᠤᠨ ᠳᠤᠮᠳᠠ ᠶᠢᠨ A ᠳᠡᠰ ᠦᠨ ᠳᠤᠮᠳᠠ ᠰᠤᠷᠭᠠᠭᠤᠯᠢ 4᠂ 617 ᠪᠠᠭᠰᠢ ᠶᠢᠨ ᠪᠣᠯᠪᠠᠰᠤᠷᠠᠯ ᠪᠡᠷ ᠪᠦᠬᠦ᠂ ᠨᠢᠭᠡ ᠳᠤ 1 ᠭᠠᠷᠤᠢ ᠪᠠᠭᠰᠢ᠂ 12 ᠰᠤᠷᠭᠠᠭᠤᠯᠢ ᠪᠠᠭᠰᠢ᠂ 11 ᠰᠤᠷᠭᠠᠯ ᠤᠨ ᠬᠤᠪᠢ ᠳᠤ ᠰᠤᠷᠤᠭᠴᠢ ᠳᠤ ᠪᠦᠬᠦ ᠪᠠᠶᠢᠭᠤᠯᠪᠠ᠃ ᠰᠤᠷᠭᠠᠭᠤᠯᠢ ᠪᠠᠶᠢᠨ᠎ᠠ᠂ ᠪᠦᠬᠦ ᠰᠤᠷᠭᠠᠭᠤᠯᠢ ᠳᠤ ᠪᠠᠨ ᠭᠠᠷᠤᠢ ᠳᠤ ᠪᠠᠶᠢᠭᠤᠯᠤᠯᠲᠠ ᠰᠤᠷᠭᠠᠯ᠂ ᠨᠢᠭᠡ ᠳᠤ ᠲᠤᠰ ᠳᠤᠮᠳᠠ ᠰᠤᠷᠭᠠᠭᠤᠯᠢ ᠶᠢ ᠪᠠᠭᠰᠢ ᠶᠢᠨ ᠪᠠᠶᠢᠳᠠᠯ ᠢ ᠪᠣᠯᠪᠠᠰᠤᠷᠠᠯ

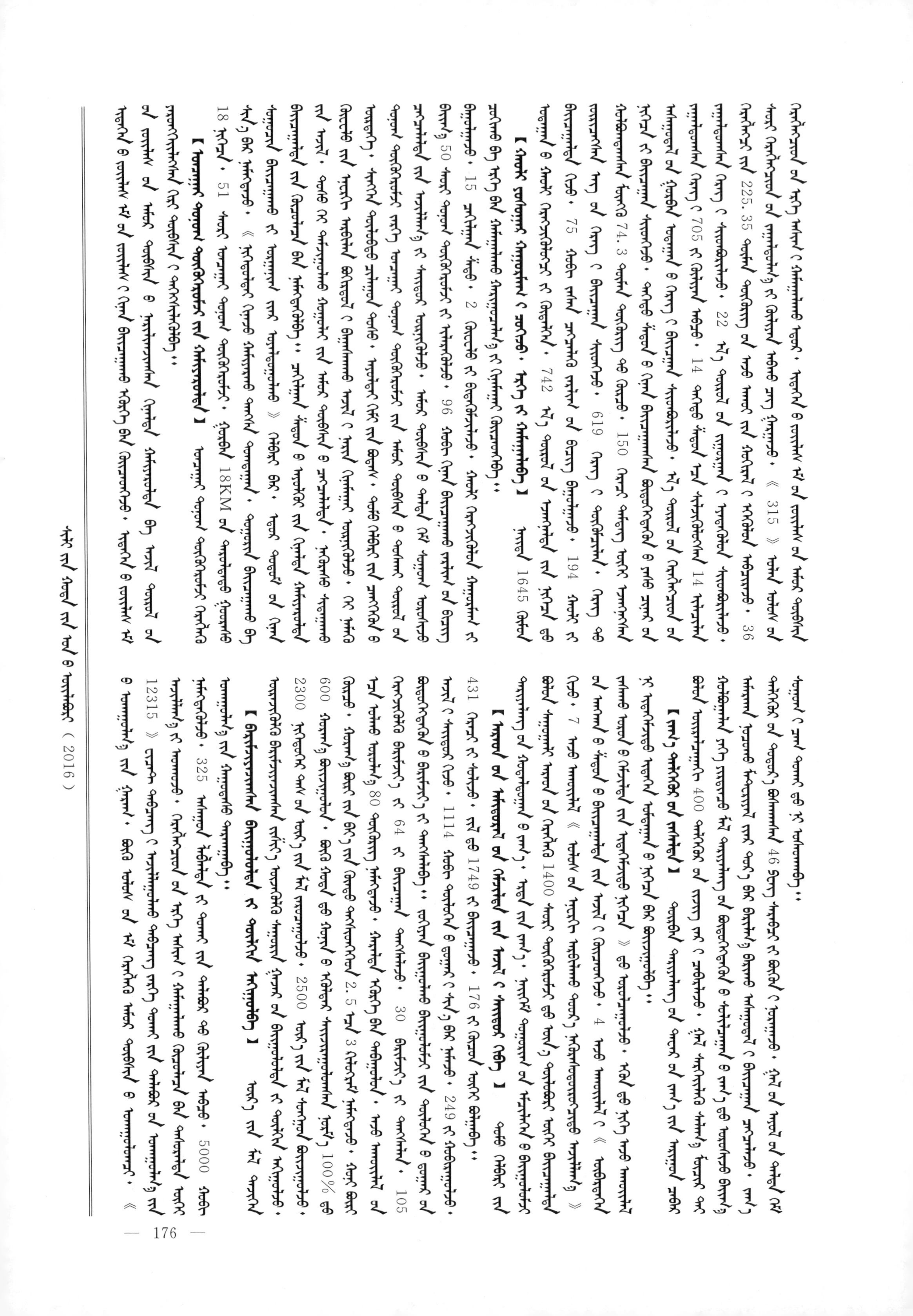

[illegible]

ᠨᠢᠭᠡ ᠨᠡᠮᠡᠭᠳᠡᠯ ᠬᠡᠮᠵᠢᠶ᠎ᠡ	ᠲᠠᠢ ᠦᠬᠡᠷ ᠠᠵᠤ
ᠨᠡᠮᠡᠭᠳᠡᠯ ᠬᠡᠮᠵᠢᠶ᠎ᠡ	ᠠᠵᠤ ᠲᠠᠢ

ᠨᠢᠭᠡ ᠨᠡᠮᠡᠭᠳᠡᠯ ᠬᠡᠮᠵᠢᠶ᠎ᠡ	ᠪᠠᠢᠳᠠᠯ（ ᠬᠢᠲᠠᠳ ᠬᠡᠯᠡᠨ ᠦ ᠬᠡᠯᠡᠯᠴᠡᠭᠡ ）
ᠨᠡᠮᠡᠭᠳᠡᠯ ᠬᠡᠮᠵᠢᠶ᠎ᠡ	ᠦᠨᠳᠦᠰᠦ ᠪᠠᠷ（ ᠬᠢᠲᠠᠳ ᠬᠡᠯᠡᠨ ᠦ ᠬᠡᠯᠡᠯᠴᠡᠭᠡ ）

ᠨᠢᠭᠡ ᠨᠡᠮᠡᠭᠳᠡᠯ ᠬᠡᠮᠵᠢᠶ᠎ᠡ	ᠠᠵᠤ ᠲᠠᠢ
ᠨᠡᠮᠡᠭᠳᠡᠯ ᠬᠡᠮᠵᠢᠶ᠎ᠡ	ᠬᠣᠨᠢ ᠮᠠᠯ
ᠬᠣᠨᠢ	ᠦᠬᠡᠷ ᠪᠠᠢ

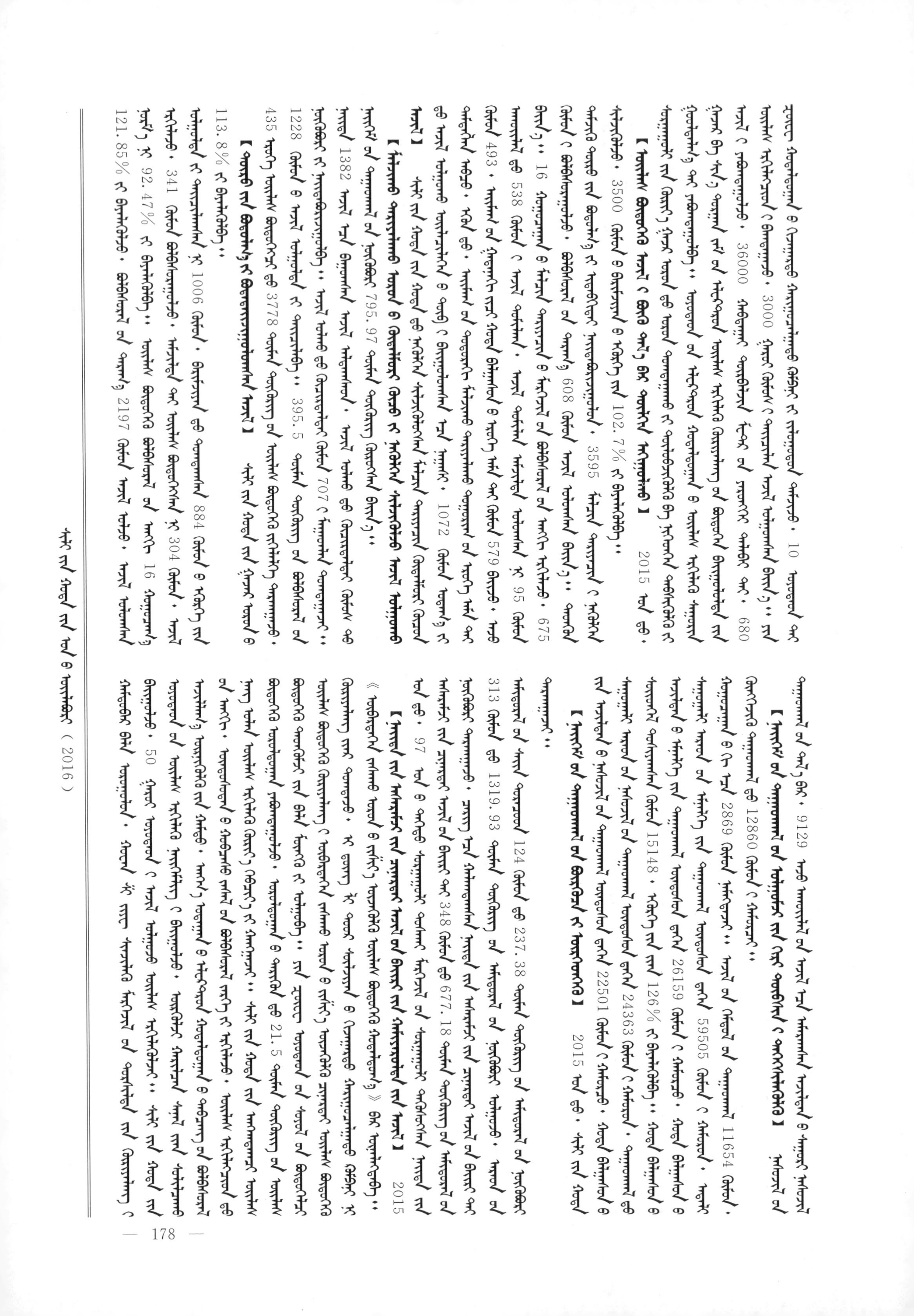

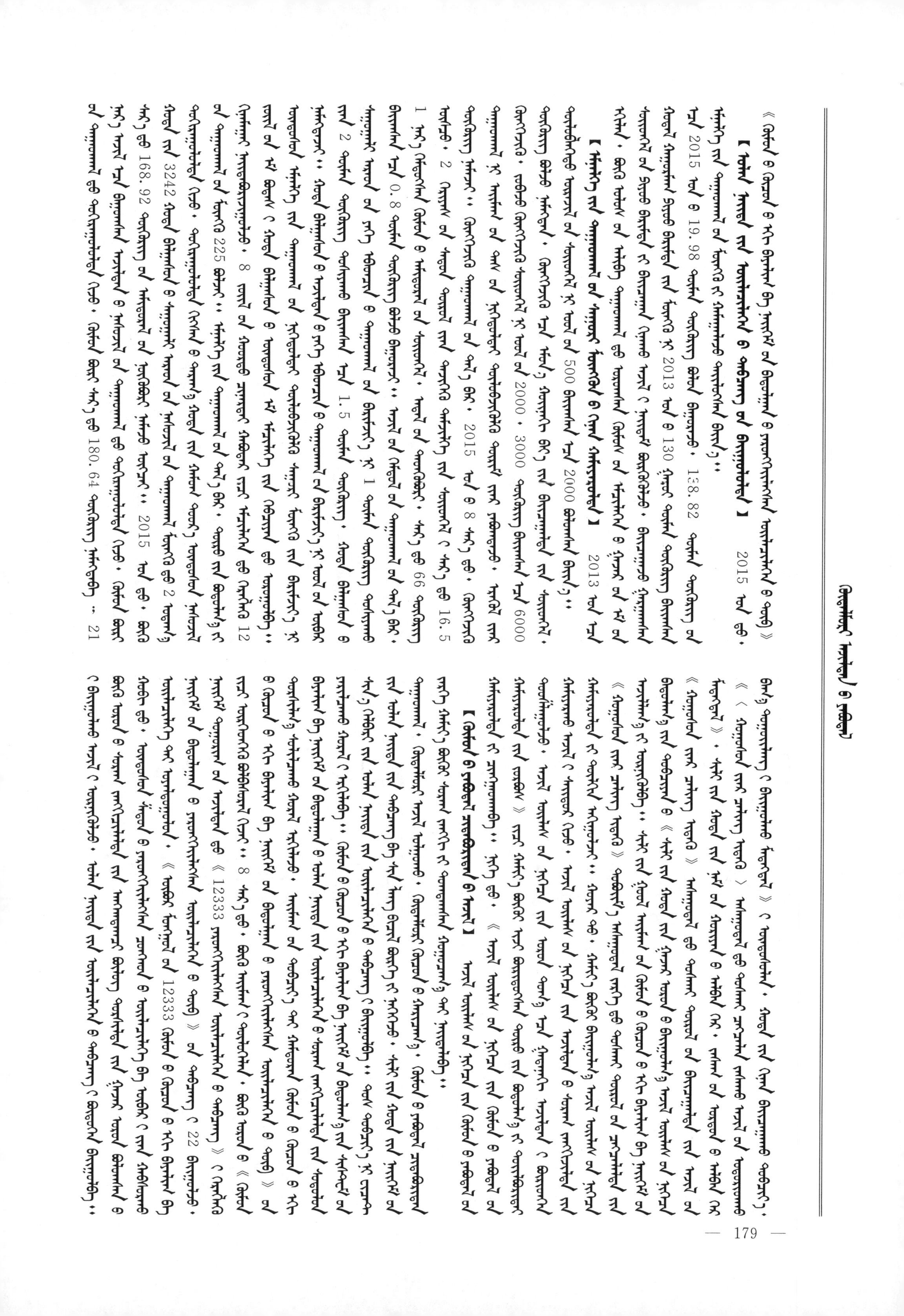

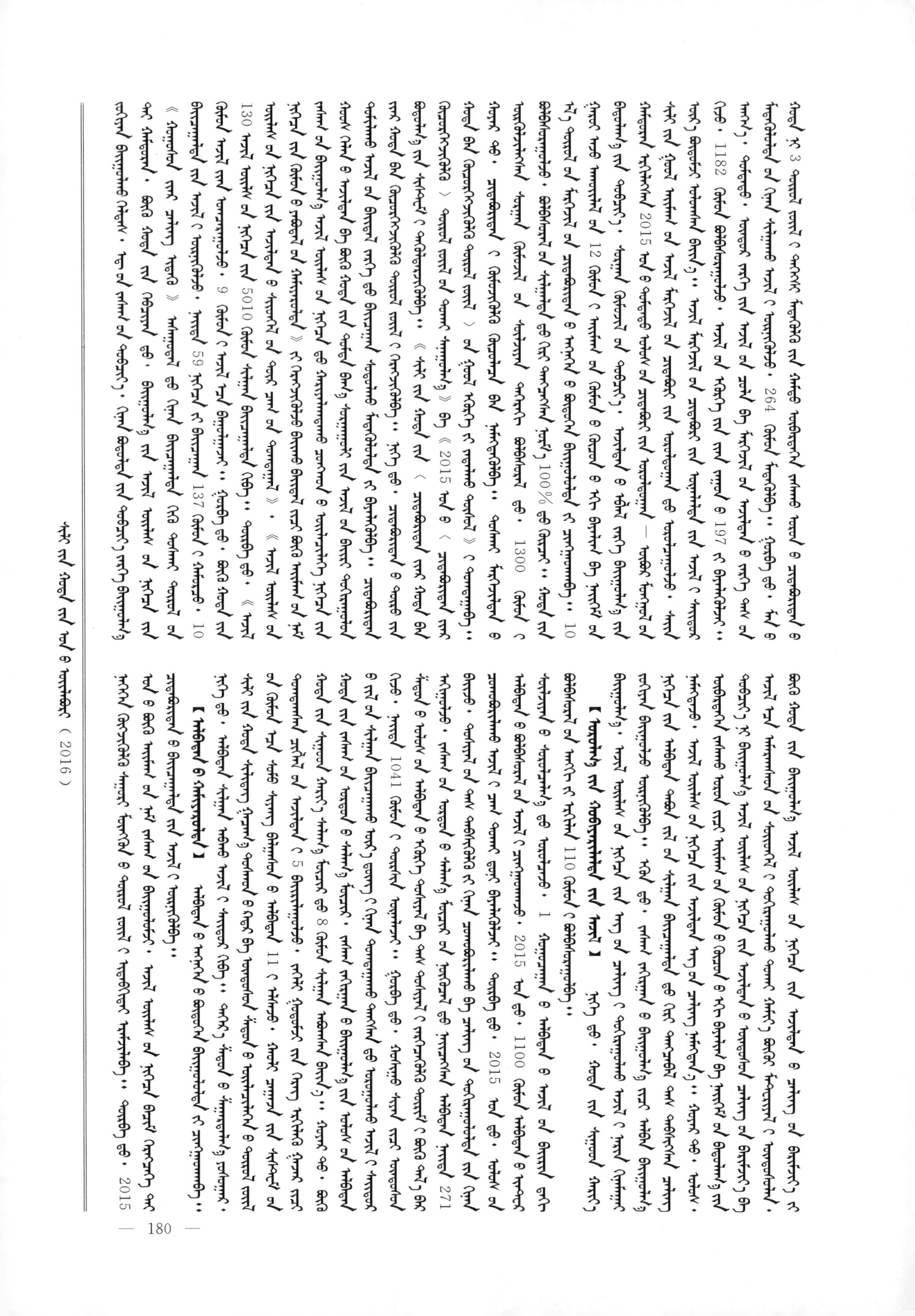

[illegible]

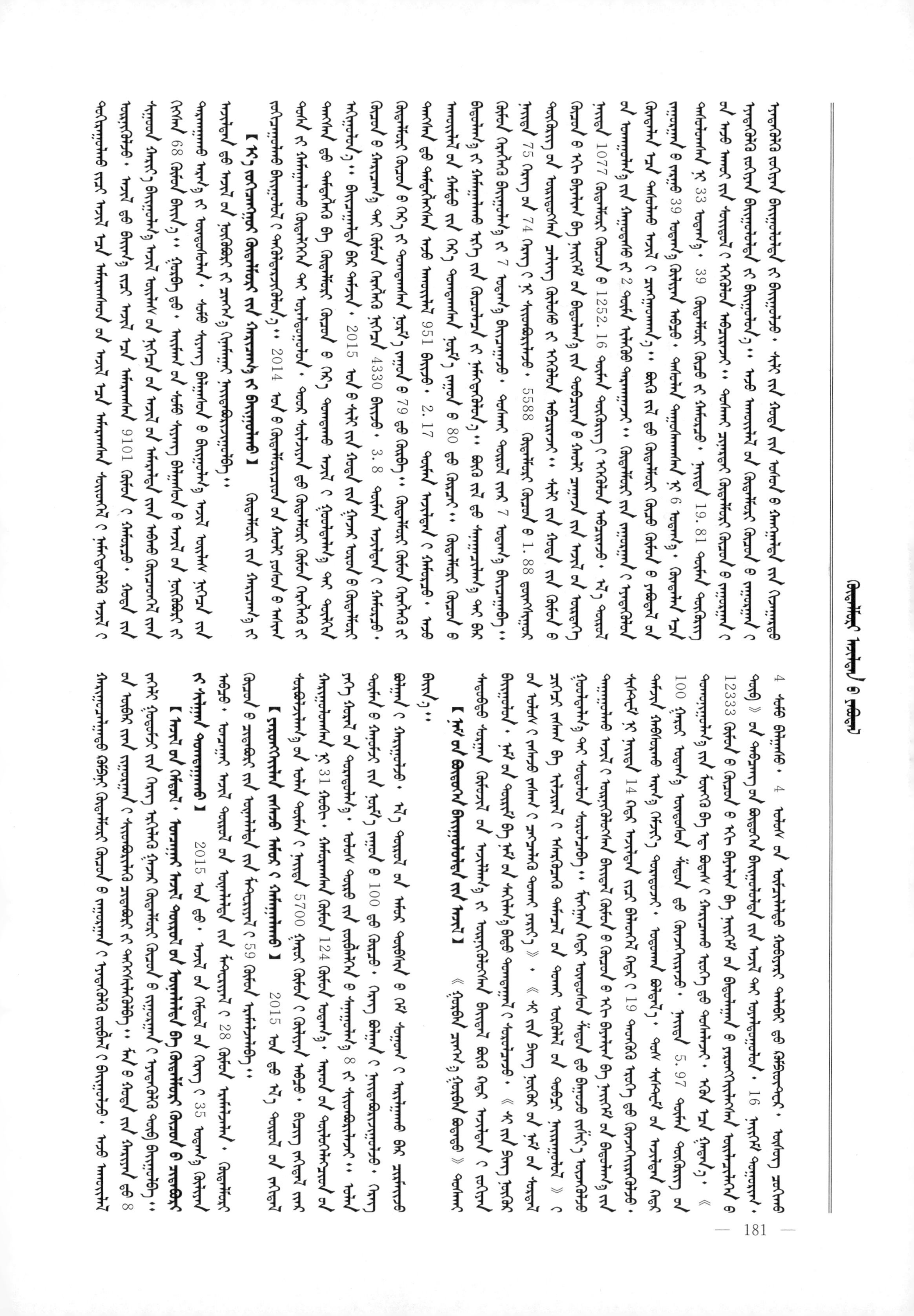

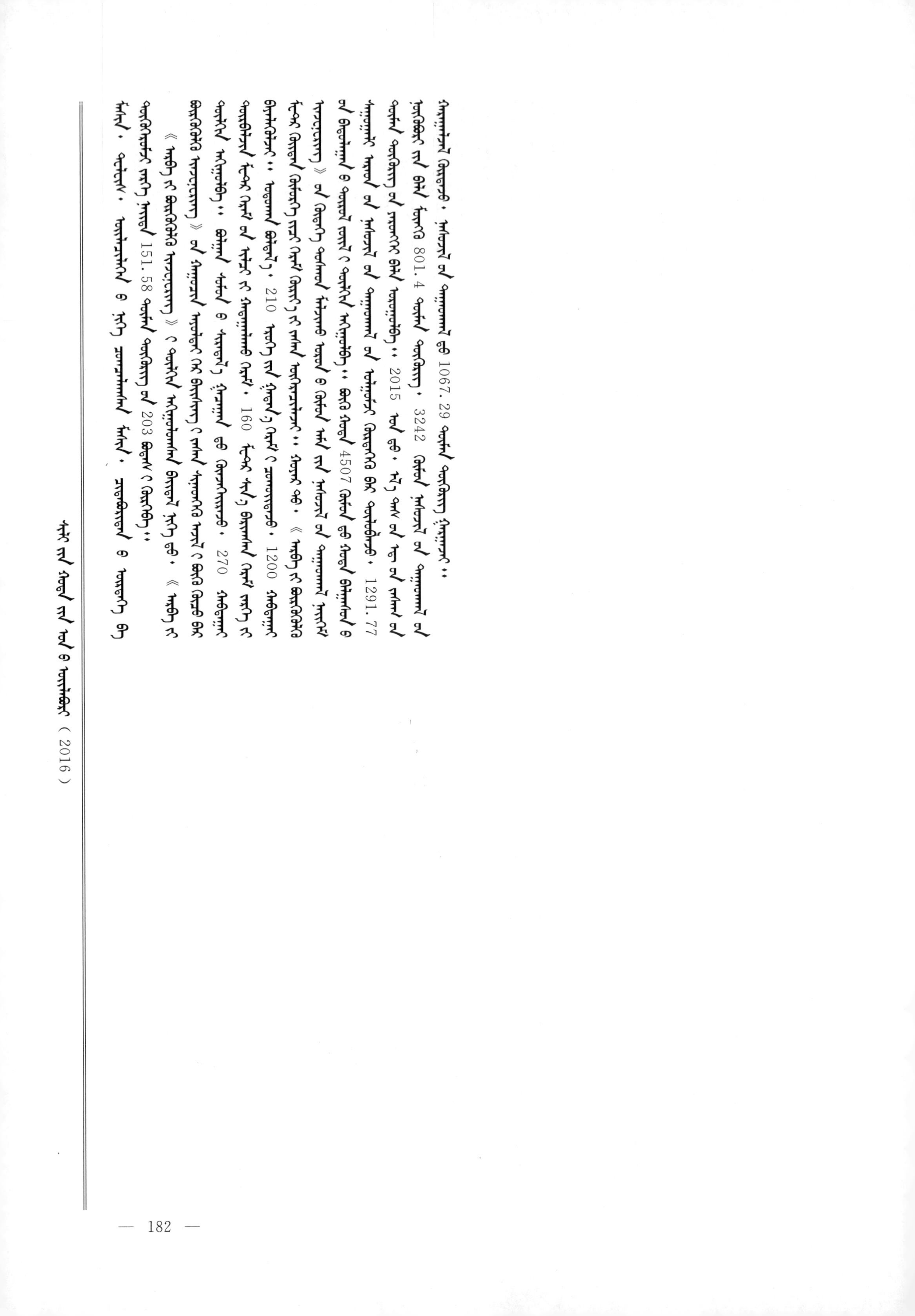

[illegible]

【ᠲᠦᠯᠬᠢᠭᠦᠷ ᠦᠭᠡ】 [illegible]

[illegible] (2015 ᠣᠨ ᠤ 3 ᠳᠤᠭᠠᠷ ᠳᠡᠭᠲᠡᠷ ᠨᠡᠢᠲᠡᠯᠡᠭᠰᠡᠨ)

[illegible] 2015 ᠣᠨ ᠤ 3 ᠳᠤᠭᠠᠷ ᠳᠡᠭᠲᠡᠷ ᠨᠡᠢᠲᠡᠯᠡᠭᠰᠡᠨ)

ᠬᠡᠯᠡ ᠶᠢᠨ ᠰᠢᠨᠵᠢᠯᠡᠯ᠂ ᠤᠷᠠᠨ ᠵᠣᠬᠢᠶᠠᠯ ᠤᠨ ᠰᠤᠳᠤᠯᠭ᠎ᠠ

ᠬᠡᠯᠡ ᠶᠢᠨ ᠰᠢᠨᠵᠢᠯᠡᠯ

【[illegible]】

[illegible] 110 [illegible] 50 [illegible] 100% [illegible] 80 [illegible] 50 [illegible] 183.38 [illegible] 2.45 [illegible] 75 [illegible] 73.4 [illegible] 3000 [illegible] 226 [illegible] 180.68 [illegible] 2015 [illegible] 604 [illegible] 12 [illegible]

【[illegible]】

[illegible] 589 [illegible] 971 [illegible] 521.76 [illegible] 2718.62 [illegible] 2521 [illegible] 4446 [illegible] 460 [illegible] 581 [illegible] 15% [illegible] 2014 [illegible]

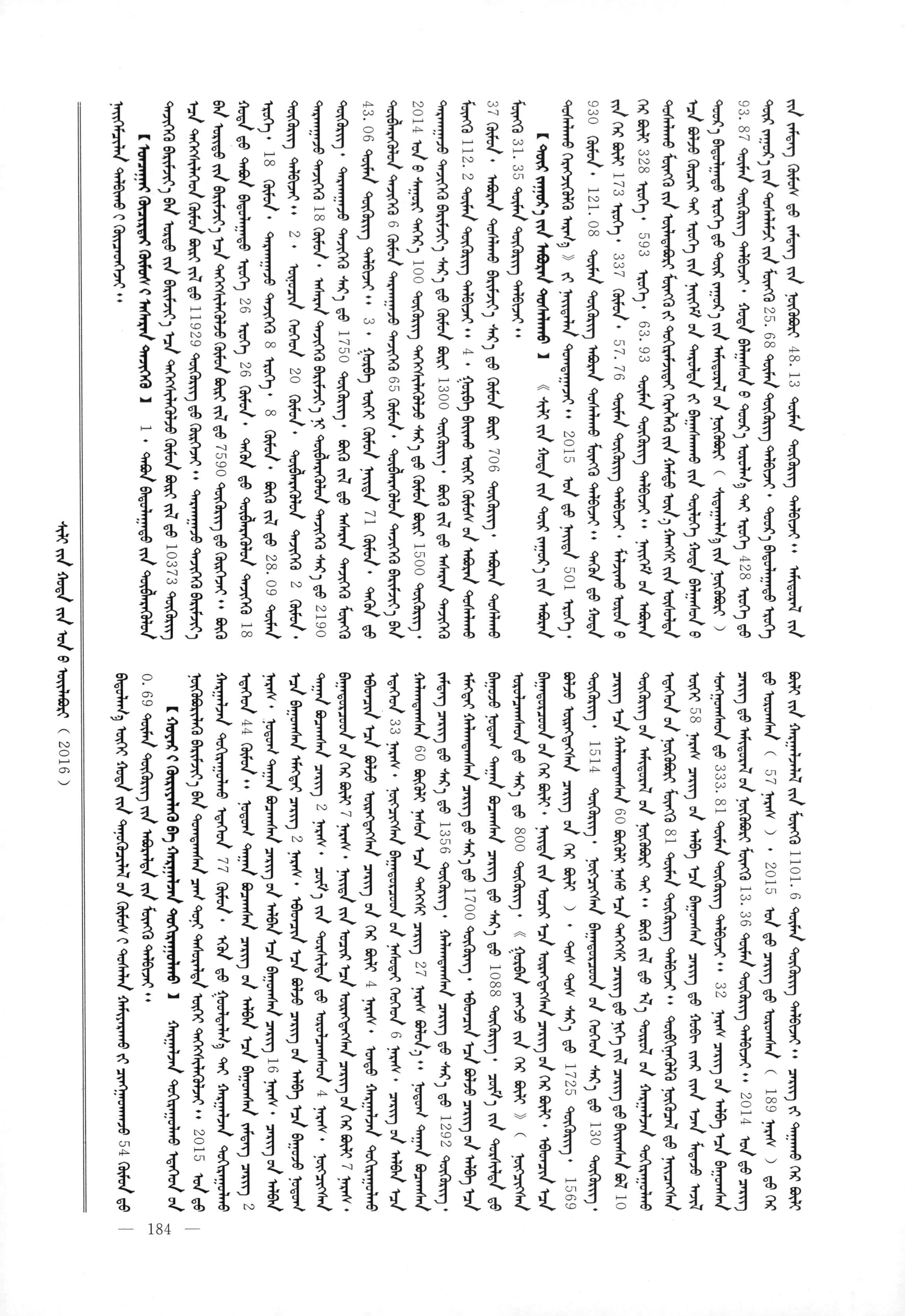

ᠲᠡᠷᠡ ᠬᠦᠮᠦᠰ ᠤᠨ ᠬᠡᠮᠵᠢᠶ᠎ᠡ ᠳᠦ ᠡᠵᠡᠯᠡᠬᠦ ᠬᠤᠪᠢ 84.3 ᠬᠤᠪᠢ ᠶᠢ ᠡᠵᠡᠯᠡᠵᠡᠢ᠃ ᠵᠠᠯᠠᠭᠤᠴᠤᠳ ᠤᠨ ᠬᠦᠮᠦᠨ ᠲᠤᠰ ᠰᠤᠷᠭᠠᠭᠤᠯᠢ ᠶᠢᠨ ᠬᠤᠪᠢ 15.9 ᠬᠤᠪᠢ ᠶᠢ ᠡᠵᠡᠯᠡᠵᠡᠢ᠃

【ᠵᠠᠯᠠᠭᠤᠴᠤᠳ ᠤᠨ ᠪᠣᠯᠪᠠᠰᠤᠷᠠᠯ ᠤᠨ ᠲᠦᠪᠰᠢᠨ ᠨᠢ ᠳᠡᠭᠡᠭᠰᠢᠯᠡᠵᠦ ᠪᠠᠢᠨ᠎ᠠ】

28 ᠨᠠᠰᠤ ᠨᠠᠰᠤᠨ ᠤ ᠵᠠᠯᠠᠭᠤᠴᠤᠳ ᠤᠨ ᠳᠤᠮᠳᠠᠬᠢ᠂ 10 ᠨᠠᠰᠤ ᠵᠠᠯᠠᠭᠤᠴᠤᠳ ᠤᠨ ᠰᠤᠷᠤᠯᠴᠠᠬᠤ ᠬᠤᠭᠤᠴᠠᠭ᠎ᠠ ᠨᠢ 32 ᠨᠠᠰᠤ ᠬᠦᠷᠲᠡᠯ᠎ᠡ ᠪᠣᠯᠤᠨ᠎ᠠ᠃

【ᠵᠠᠯᠠᠭᠤᠴᠤᠳ ᠤᠨ ᠠᠵᠢᠯ ᠡᠷᠬᠢᠯᠡᠯᠲᠡ ᠶᠢᠨ ᠰᠢᠨᠵᠢ ᠴᠢᠨᠠᠷ】 ᠵᠢᠱᠢᠶ᠎ᠡ ᠳᠦ ᠳᠡᠯᠡᠬᠡᠢ ᠶᠢᠨ ᠵᠠᠯᠠᠭᠤᠴᠤᠳ ᠤᠨ ᠠᠵᠢᠯ ᠡᠷᠬᠢᠯᠡᠯᠲᠡ ᠶᠢᠨ ᠪᠠᠢᠳᠠᠯ 2011 ᠣᠨ ᠳᠤ ᠰᠤᠳᠤᠯᠤᠭᠰᠠᠨ ᠦᠷ᠎ᠡ ᠳ᠋ᠦᠩ ᠳᠦ 13 ᠨᠠᠰᠤ ᠠᠴᠠ ᠳᠡᠭᠡᠭᠰᠢ᠂ 1000 ᠬᠦᠮᠦᠨ ᠲᠤᠲᠠᠮ ᠤᠨ ᠳᠤᠮᠳᠠᠬᠢ ᠬᠠᠷᠢᠴᠠᠭ᠎ᠠ ᠪᠠᠢᠭᠠ ᠶᠤᠮ᠃

【ᠪᠦᠬᠦ ᠨᠡᠢᠲᠡ ᠶᠢᠨ ᠰᠤᠷᠭᠠᠭᠤᠯᠢ ᠶᠢᠨ ᠵᠠᠯᠠᠭᠤᠴᠤᠳ ᠤᠨ ᠰᠢᠨᠵᠢᠯᠡᠭᠡ ᠶᠢᠨ ᠪᠠᠷᠢᠮᠲᠠ】 2015 ᠣᠨ ᠤ ᠪᠦᠬᠦ ᠨᠡᠢᠲᠡ ᠶᠢᠨ ᠵᠠᠯᠠᠭᠤᠴᠤᠳ ᠤᠨ ᠰᠢᠨᠵᠢᠯᠡᠭᠡ ᠶᠢᠨ ᠬᠣᠷᠢᠶᠠᠩᠭᠤᠢ ᠳᠠᠯᠠᠢ ᠶᠢᠨ ᠪᠠᠷᠢᠮᠲᠠ ᠳᠤ ᠲᠦᠰᠢᠭᠯᠡᠪᠡᠯ᠂ 《ᠵᠠᠯᠠᠭᠤᠴᠤᠳ ᠤᠨ ᠬᠦᠮᠦᠵᠢᠯ》 ᠦᠨ ᠲᠤᠬᠠᠢ ᠰᠤᠳᠤᠯᠭ᠎ᠠ ᠶᠢ ᠬᠡᠷᠡᠭᠵᠢᠭᠦᠯᠦᠨ᠎ᠡ᠃

ᠭᠠᠳᠠᠭᠠᠳᠤ ᠤᠯᠤᠰ ᠤᠨ ᠠᠵᠢᠯ ᠡᠷᠬᠢᠯᠡᠯᠲᠡ ᠶᠢᠨ ᠪᠠᠢᠳᠠᠯ ᠶᠤᠮ᠃

【ᠬᠦᠮᠦᠨ ᠨᠦᠭᠦᠴᠡ ᠶᠢᠨ ᠬᠦᠮᠦᠵᠢᠯ ᠦᠨ ᠪᠠᠢᠳᠠᠯ】 1. ᠵᠠᠯᠠᠭᠤᠴᠤᠳ ᠤᠨ 42 ᠨᠠᠰᠤᠨ ᠤ ᠬᠦᠮᠦᠨ ᠦ ᠬᠤᠪᠢ᠂ 31 ᠵᠢᠯ ᠦᠨ᠂ 11 ᠵᠢᠯ ᠦᠨ᠂ 7 ᠵᠢᠯ ᠦᠨ ᠬᠡᠮᠵᠢᠶ᠎ᠡ᠃ 4 ᠵᠢᠯ ᠦᠨ ᠳᠠᠷᠠᠭ᠎ᠠ 2016 ᠣᠨ ᠤ ᠰᠠᠷ᠎ᠠ ᠳᠤ ᠨᠠᠰᠤᠨ ᠤ ᠬᠦᠮᠦᠨ ᠦ ᠬᠦᠮᠦᠵᠢᠯ 300 ᠬᠤᠪᠢ ᠪᠣᠯᠵᠠᠢ᠃ ᠬᠡᠮᠵᠢᠶ᠎ᠡ 6 ᠨᠠᠰᠤᠨ ᠤ᠂ 7 ᠨᠠᠰᠤᠨ ᠤ ᠬᠦᠮᠦᠨ᠃ 2. 《ᠬᠦᠮᠦᠨ ᠨᠦᠭᠦᠴᠡ》 《ᠭᠡᠷ ᠪᠦᠯᠢ》 ᠶᠢᠨ ᠬᠡᠮᠵᠢᠶ᠎ᠡ᠂ 262 ᠲᠤᠮ ᠬᠦᠮᠦᠨ ᠦ ᠪᠠᠢᠳᠠᠯ ᠳᠤ᠃ 3. 《ᠬᠦᠮᠦᠨ ᠦ ᠨᠠᠰᠤ》 ᠶᠢᠨ ᠬᠡᠮᠵᠢᠶ᠎ᠡ᠂ 《ᠵᠠᠯᠠᠭᠤᠴᠤᠳ》 ᠤᠨ ᠬᠦᠮᠦᠨ᠃ 4. 《ᠪᠦᠬᠦ ᠬᠦᠮᠦᠨ》 ᠤ ᠬᠡᠮᠵᠢᠶ᠎ᠡ᠂ ᠨᠠᠰᠤᠨ ᠤ ᠬᠡᠮᠵᠢᠶ᠎ᠡ ᠳᠦ 21 ᠨᠠᠰᠤᠨ ᠤ ᠬᠦᠮᠦᠨ ᠦ ᠬᠦᠮᠦᠵᠢᠯ 384 ᠨᠠᠰᠤᠨ ᠤ ᠬᠦᠮᠦᠨ ᠪᠠᠢᠳᠠᠯ ᠲᠠᠢ ᠪᠣᠯᠵᠠᠢ᠃

【ᠬᠦᠮᠦᠨ ᠨᠦᠭᠦᠴᠡ ᠶᠢᠨ ᠬᠦᠮᠦᠵᠢᠯ ᠦᠨ ᠪᠠᠷᠢᠮᠲᠠ】 ᠬᠦᠮᠦᠨ ᠨᠦᠭᠦᠴᠡ ᠶᠢᠨ ᠬᠦᠮᠦᠵᠢᠯ ᠦᠨ ᠲᠣᠭ᠎ᠠ ᠪᠦᠷᠢᠳᠬᠡᠯ 3326 ᠲᠤᠮ᠂ 5978 ᠨᠠᠰᠤᠨ ᠤ ᠬᠦᠮᠦᠨ ᠦ ᠬᠡᠮᠵᠢᠶ᠎ᠡ 130.65 ᠬᠤᠪᠢ᠂ 《5.12 ᠬᠦᠮᠦᠨ ᠨᠦᠭᠦᠴᠡ ᠶᠢᠨ ᠪᠠᠢᠳᠠᠯ》 ᠳᠦ 1000 ᠬᠦᠮᠦᠨ ᠲᠤᠲᠠᠮ ᠤᠨ ᠬᠦᠮᠦᠵᠢᠯ ᠦᠨ ᠬᠡᠮᠵᠢᠶ᠎ᠡ ᠪᠠᠢᠨ᠎ᠠ᠃

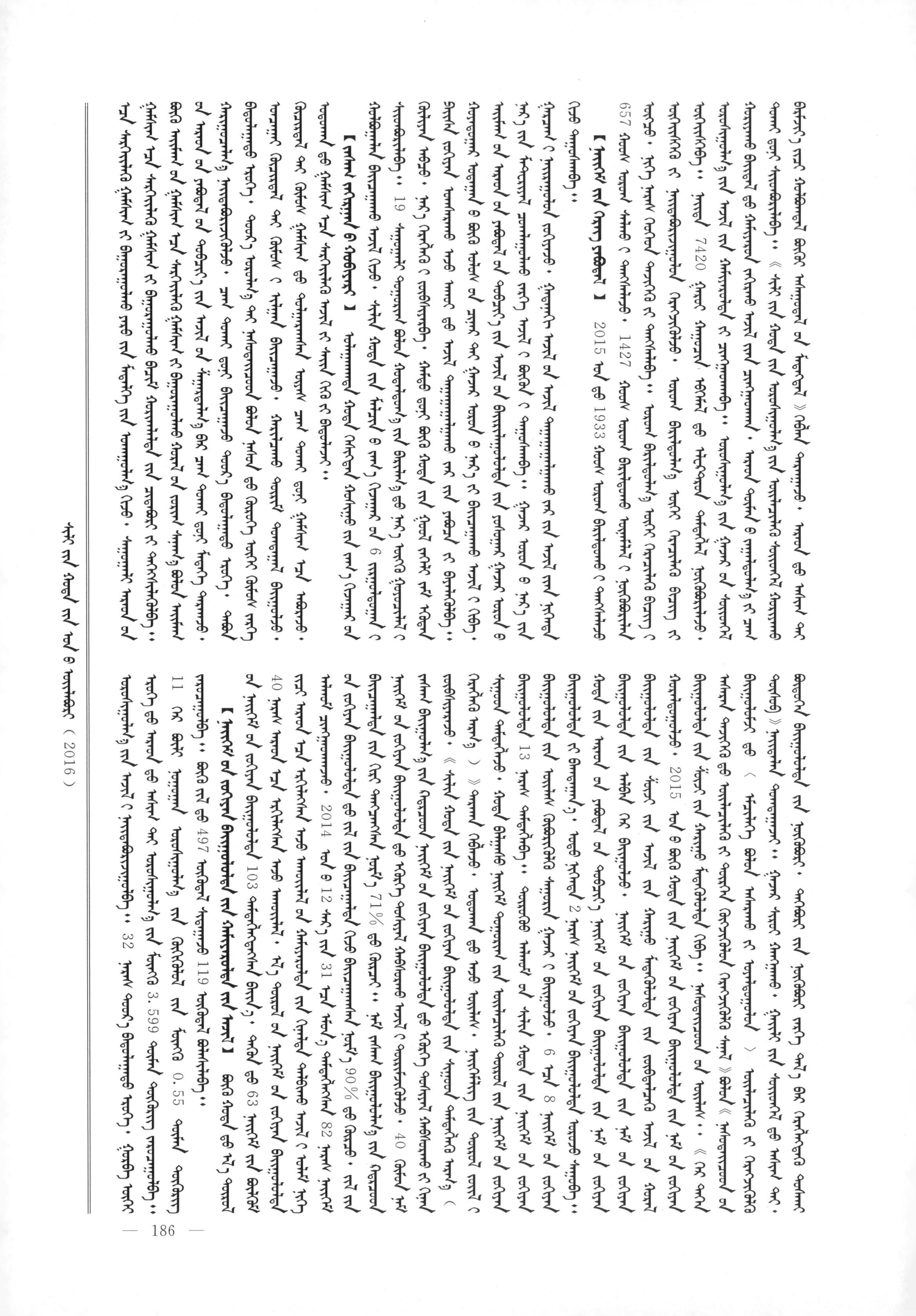

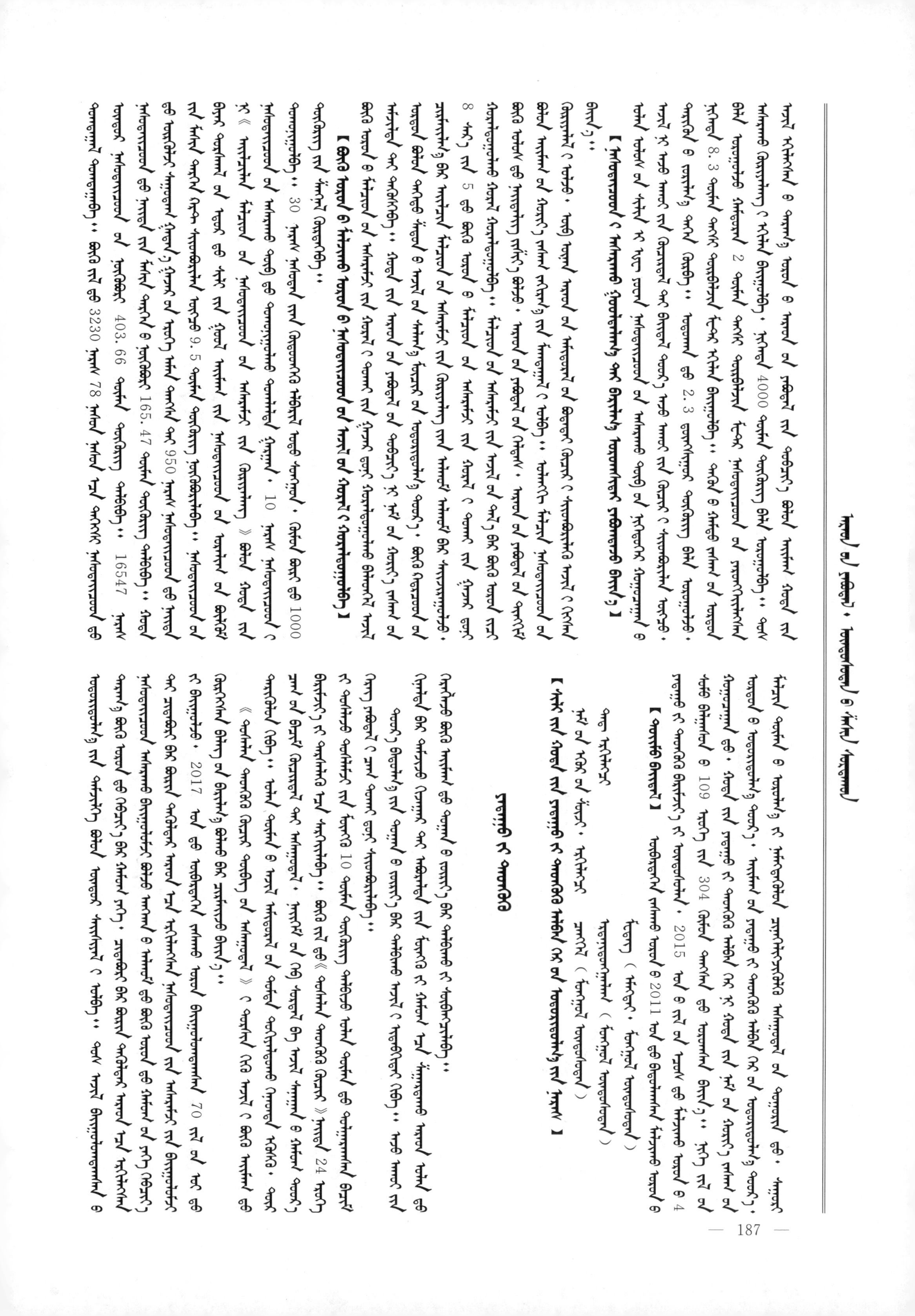

ᠪᠠᠳᠤᠯᠠᠭᠰᠠᠨ ᠪᠠᠶᠢᠳᠠᠯ ᠲᠠᠢ 104 ᠲᠥᠷᠥᠯ ᠨᠣᠮ ᠢ ᠬᠡᠪᠯᠡᠵᠡᠢ᠃ ᠲᠡᠦᠨ ᠦ ᠳᠣᠲᠣᠷᠠ᠂ ᠰᠢᠨ᠎ᠡ ᠪᠡᠷ ᠬᠡᠪᠯᠡᠭᠰᠡᠨ 1056 ᠲᠥᠷᠥᠯ᠂ 35 ᠰᠠᠶ᠋ᠢ ᠬᠤᠪᠢ᠂ ᠳᠠᠬᠢᠨ ᠬᠡᠪᠯᠡᠭᠰᠡᠨ ᠨᠣᠮ ᠤᠨ ᠲᠣᠭ᠎ᠠ ᠨᠢ 90 ᠲᠥᠷᠥᠯ ᠪᠤᠶᠤ ... ᠪᠣᠯᠵᠠᠢ᠃ ᠡᠨᠡ ᠵᠢᠯ ᠦᠨ ᠳᠦᠷᠢᠮ ᠥᠨᠴᠥᠭ ᠨᠣᠮ ᠪᠣᠯ 《 ᠮᠣᠩᠭᠣᠯ ᠤᠨ ᠨᠡᠶᠢᠭᠡᠮ ᠦᠨ ᠲᠡᠦᠬᠡ ᠶᠢᠨ ᠰᠤᠳᠤᠯᠭ᠎ᠠ 》 ᠵᠡᠷᠭᠡ ᠨᠣᠮ ᠤᠳ ᠪᠣᠯᠤᠨ᠎ᠠ᠃ ᠡᠳᠡᠭᠡᠷ ᠨᠣᠮ ᠤᠳ ᠨᠢ 4 ᠬᠡᠰᠡᠭ ᠲᠦ ᠬᠤᠪᠢᠶᠠᠭᠳᠠᠨ᠎ᠠ᠂ ᠮᠣᠩᠭᠣᠯ ᠤᠨ ᠨᠡᠶᠢᠭᠡᠮ ᠦᠨ ᠲᠡᠦᠬᠡ ᠶᠢᠨ ᠰᠤᠳᠤᠯᠭ᠎ᠠ ᠶᠢᠨ ᠦᠨᠳᠦᠰᠦ ᠪᠣᠯᠤᠨ᠎ᠠ᠃

【 ᠥᠪᠦᠷ ᠮᠣᠩᠭᠣᠯ ᠤᠨ ᠰᠤᠷᠭᠠᠨ ᠬᠦᠮᠦᠵᠢᠯ ᠦᠨ ᠬᠡᠪᠯᠡᠯ ᠦᠨ ᠬᠣᠷᠢᠶ᠎ᠠ 】 ᠡᠨᠡ ᠬᠣᠷᠢᠶ᠎ᠠ ᠨᠢ ᠡᠨᠡ ᠵᠢᠯ ᠳᠦ ᠪᠦᠬᠦ ᠳᠦᠨ ᠢ ᠪᠠᠷ ᠲᠣᠭᠠᠴᠠᠭᠰᠠᠨ᠃

ᠮᠣᠩᠭᠣᠯ ᠬᠡᠯᠡ ᠪᠢᠴᠢᠭ ᠦᠨ 397 ᠲᠥᠷᠥᠯ ᠨᠣᠮ (ᠡᠨᠡ ᠵᠢᠯ 109 ᠵᠢᠯ ᠦᠨ 304 ᠲᠥᠷᠥᠯ ᠨᠣᠮ ᠤᠨ ᠬᠡᠪᠯᠡᠯ) ᠂ ᠰᠤᠷᠭᠠᠨ ᠬᠦᠮᠦᠵᠢᠯ ᠦᠨ ᠨᠣᠮ 6 ᠲᠥᠷᠥᠯ᠂ ᠰᠤᠷᠭᠠᠯᠲᠠ ᠶᠢᠨ ᠲᠤᠰᠠᠯᠠᠮᠵᠢ ᠨᠣᠮ 9 ᠲᠥᠷᠥᠯ ᠨᠣᠮ 66 ᠲᠥᠷᠥᠯ᠂ ᠮᠣᠩᠭᠣᠯ ᠬᠡᠯᠡ ᠪᠢᠴᠢᠭ ᠦᠨ ᠳᠠᠰᠬᠠᠯ ᠤᠨ ᠨᠣᠮ 230 ᠲᠥᠷᠥᠯ᠂ ᠲᠡᠭᠦᠨ ᠦ ᠳᠣᠲᠣᠷ᠎ᠠ ᠰᠢᠨ᠎ᠡ ᠪᠡᠷ 90 ᠲᠥᠷᠥᠯ᠂ ᠮᠣᠩᠭᠣᠯ ᠬᠡᠯᠡ ᠪᠢᠴᠢᠭ ᠦᠨ ᠨᠣᠮ 401 ᠲᠥᠷᠥᠯ (ᠮᠣᠩᠭᠣᠯ ᠬᠡᠯᠡ ᠪᠢᠴᠢᠭ ᠦᠨ ᠨᠣᠮ ᠤᠨ ᠬᠡᠪᠯᠡᠯ ᠦᠨ ᠨᠡᠶᠢᠲᠡ 789 ᠲᠥᠷᠥᠯ ᠪᠣᠯᠵᠠᠢ ᠂ ᠡᠨᠡ ᠨᠢ ᠥᠮᠨᠡᠬᠢ ᠵᠢᠯ ᠡᠴᠡ ᠨᠡᠮᠡᠭᠳᠡᠵᠡᠢ᠃

【 ᠦᠨᠳᠦᠰᠦᠲᠡᠨ ᠦ ᠰᠣᠶᠣᠯ ᠤᠨ ᠬᠡᠪᠯᠡᠯ ᠦᠨ ᠬᠣᠷᠢᠶ᠎ᠠ 】 2015 ᠣᠨ ᠳᠤ ᠪᠦᠬᠦ ᠳᠦᠨ ᠳᠦ ᠬᠡᠪᠯᠡᠭᠰᠡᠨ ᠲᠣᠭ᠎ᠠ ᠪᠠᠷ ᠨᠠᠢᠮᠠᠨ ᠵᠠᠭᠤ ᠭᠠᠷᠤᠢ ᠲᠥᠷᠥᠯ ᠪᠠᠷ ᠨᠡᠮᠡᠭᠳᠡᠵᠡᠢ᠂ ᠮᠣᠩᠭᠣᠯ ᠬᠡᠯᠡ ᠪᠢᠴᠢᠭ ᠦᠨ 304 ᠲᠥᠷᠥᠯ ᠨᠣᠮ ᠬᠡᠪᠯᠡᠵᠡᠢ᠂ ᠡᠨᠡ ᠨᠢ ᠨᠡᠶᠢᠲᠡ 112 ᠲᠥᠷᠥᠯ ᠦᠨ ᠰᠢᠨ᠎ᠡ ᠨᠣᠮ ᠂ 109 ᠵᠢᠯ ᠦᠨ 304 ᠲᠥᠷᠥᠯ ᠤᠨ ᠳᠠᠬᠢᠨ ᠬᠡᠪᠯᠡᠯ ᠪᠣᠯᠤᠨ᠎ᠠ᠃ 2015 ᠣᠨ ᠳᠤ ᠂ ᠡᠨᠡ ᠬᠣᠷᠢᠶ᠎ᠠ 《 ᠮᠣᠩᠭᠣᠯ ᠤᠨ ᠨᠡᠶᠢᠭᠡᠮ 》 ᠂ 《 ᠮᠣᠩᠭᠣᠯ ᠤᠨ ᠰᠤᠳᠤᠯᠭ᠎ᠠ 》 ᠵᠡᠷᠭᠡ ᠨᠣᠮ ᠤᠳ ᠢ ᠬᠡᠪᠯᠡᠵᠡᠢ᠂ ᠡᠳᠡᠭᠡᠷ ᠨᠣᠮ ᠤᠳ ᠨᠢ ᠦᠨᠳᠦᠰᠦᠲᠡᠨ ᠦ ᠰᠣᠶᠣᠯ ᠤᠨ ᠥᠪ ᠢ ᠬᠠᠮᠠᠭᠠᠯᠠᠬᠤ ᠂ ᠰᠤᠳᠤᠯᠬᠤ ᠳᠤ ᠴᠢᠬᠤᠯᠠ ᠠᠴᠢ ᠬᠠᠷᠢᠭᠤᠴᠠᠯᠭ᠎ᠠ ᠲᠠᠢ᠂ ᠮᠣᠩᠭᠣᠯ ᠤᠨ ᠰᠣᠶᠣᠯ ᠤᠨ ᠬᠥᠭᠵᠢᠯ ᠳᠦ ᠴᠢᠬᠤᠯᠠ ᠨᠥᠯᠥᠭᠡ ᠦᠵᠡᠭᠦᠯᠵᠡᠢ᠃

ᠵᠢᠯ ᠳᠦ 325 ᠲᠥᠷᠥᠯ ᠨᠣᠮ ᠬᠡᠪᠯᠡᠵᠡᠢ᠂ ᠲᠡᠦᠨ ᠦ ᠳᠣᠲᠣᠷ᠎ᠠ᠂ 39 ᠵᠢᠯ ᠦᠨ 117 ᠲᠥᠷᠥᠯ ᠨᠣᠮ ᠤᠨ ᠳᠠᠬᠢᠨ ᠬᠡᠪᠯᠡᠯ᠂ 1 ᠰᠠᠶ᠋ᠢ 8 ᠲᠦᠮᠡᠨ ᠬᠤᠪᠢ ᠪᠠᠷ ᠬᠡᠪᠯᠡᠵᠡᠢ᠂ ᠨᠡᠶᠢᠲᠡ ᠪᠦᠷᠢᠯᠳᠦᠭᠦᠯᠦᠭᠰᠡᠨ 347 ᠲᠥᠷᠥᠯ ᠨᠣᠮ (ᠰᠢᠨ᠎ᠡ ᠪᠠ ᠳᠠᠬᠢᠨ ᠬᠡᠪᠯᠡᠯ) ᠂ ᠰᠤᠷᠭᠠᠨ ᠬᠦᠮᠦᠵᠢᠯ ᠦᠨ ᠨᠣᠮ᠂ ᠰᠣᠶᠣᠯ ᠤᠨ ᠨᠣᠮ ᠪᠣᠯᠤᠨ ᠪᠤᠰᠤᠳ ᠨᠣᠮ᠂ ᠡᠳᠡᠭᠡᠷ ᠨᠣᠮ ᠤᠳ ᠨᠢ ᠪᠦᠬᠦ ᠳᠦᠨ ᠳᠦ ᠰᠢᠨ᠎ᠡ ᠨᠣᠮ 9 ᠵᠢᠯ ᠦᠨ 28 ᠲᠥᠷᠥᠯ᠂ ᠰᠢᠨ᠎ᠡ ᠨᠣᠮ 11 ᠵᠢᠯ ᠦᠨ 35 ᠲᠥᠷᠥᠯ ᠪᠣᠯᠤᠨ᠎ᠠ᠃ ᠰᠣᠶᠣᠯ ᠤᠨ ᠨᠣᠮ ᠤᠨ ᠳᠣᠲᠣᠷ᠎ᠠ᠂ ᠰᠢᠨ᠎ᠡ ᠪᠡᠷ 14 ᠢ ᠬᠡᠪᠯᠡᠵᠡᠢ᠂ ᠡᠨᠡ ᠨᠢ ᠪᠦᠬᠦ ᠨᠡᠶᠢᠲᠡ ᠶᠢᠨ ᠨᠣᠮ ᠤᠨ ᠲᠣᠭ᠎ᠠ ᠨᠢ ᠳᠠᠬᠢᠨ ᠬᠡᠪᠯᠡᠯ ᠦᠨ ᠨᠣᠮ 57 ᠵᠢᠯ ᠦᠨ 198 ᠲᠥᠷᠥᠯ ᠳᠦ ᠬᠦᠷᠴᠡᠢ᠂ ᠨᠡᠶᠢᠲᠡ ᠳᠦ᠂ 431 ᠵᠢᠯ ᠦᠨ 1376 ᠲᠥᠷᠥᠯ ᠨᠣᠮ ᠳᠦ 1685 ᠲᠥᠷᠥᠯ ᠬᠡᠪᠯᠡᠯ ᠦᠨ ᠨᠣᠮ ᠤᠨ ᠬᠡᠪᠯᠡᠭᠰᠡᠨ ᠦ ᠨᠡᠶᠢᠲᠡ 220 ᠲᠥᠷᠥᠯ ᠬᠡᠪᠯᠡᠯ ᠦᠨ ᠨᠣᠮ ᠤᠨ ᠨᠡᠶᠢᠲᠡ ᠶᠢᠨ 76.2 ᠬᠤᠪᠢ ᠶᠢ ᠡᠵᠡᠯᠡᠵᠡᠢ᠃ 7 ᠰᠠᠷ᠎ᠠ ᠳᠤ ᠂ ᠡᠨᠡ ᠬᠣᠷᠢᠶ᠎ᠠ ᠨᠢ 1905 ᠲᠥᠷᠥᠯ ᠨᠣᠮ ᠤᠨ ᠬᠡᠪᠯᠡᠯ ᠦᠨ ᠳᠡᠭᠡᠳᠦ ᠬᠠᠮᠤᠭ ᠤᠨ ᠬᠡᠪᠯᠡᠯ ᠦᠨ ᠮᠣᠩᠭᠣᠯ ᠨᠣᠮ 2500 ᠲᠥᠷᠥᠯ ᠨᠣᠮ ᠤᠨ ᠬᠡᠪᠯᠡᠯ ᠦᠨ ᠬᠠᠮᠤᠭ ᠶᠡᠬᠡ ᠨᠣᠮ ᠤᠨ 1 ᠰᠠᠶ᠋ᠢ 10 ᠲᠦᠮᠡᠨ ᠬᠤᠪᠢ᠂ ᠮᠣᠩᠭᠣᠯ ᠬᠡᠯᠡ ᠪᠢᠴᠢᠭ ᠦᠨ ᠪᠢᠴᠢᠭ ᠦᠨ ᠰᠠᠩ ᠤᠨ ᠨᠣᠮ ᠬᠡᠪᠯᠡᠯ ᠦᠨ ᠬᠣᠷᠢᠶ᠎ᠠ ᠶᠢᠨ ᠨᠣᠮ ᠤᠨ ᠬᠡᠪᠯᠡᠯ ᠦᠨ ᠳᠠᠭᠠᠯᠳᠤᠭᠤᠯᠤᠯ ᠤᠨ ᠨᠡᠶᠢᠲᠡ ᠳᠦ᠂ ᠨᠡᠶᠢᠲᠡ ᠨᠣᠮ ᠤᠨ ᠬᠡᠪᠯᠡᠯ ᠦᠨ ᠠᠵᠢᠯ ᠢ ᠶᠠᠪᠤᠭᠤᠯᠵᠠᠢ᠂ ᠡᠨᠡ ᠨᠢ ᠮᠣᠩᠭᠣᠯ ᠬᠡᠯᠡ ᠪᠢᠴᠢᠭ ᠦᠨ ᠨᠣᠮ ᠤᠨ ᠬᠡᠪᠯᠡᠯ ᠦᠨ ᠬᠥᠭᠵᠢᠯ ᠢ ᠳᠡᠮᠵᠢᠭᠦᠯᠵᠡᠢ᠃

【 《 ᠮᠣᠩᠭᠣᠯ ᠤᠨ ᠪᠢᠴᠢᠭ ᠦᠨ ᠰᠣᠶᠣᠯ 》 ᠤᠨ ᠬᠡᠪᠯᠡᠯ ᠦᠨ ᠠᠵᠢᠯ 】 《 ᠦᠨᠳᠦᠰᠦᠲᠡᠨ ᠦ ᠪᠢᠴᠢᠭ ᠦᠨ ᠰᠣᠶᠣᠯ 》 ᠤᠨ (2013—2017 ᠣᠨ) 《 ᠬᠡᠪᠯᠡᠯ ᠦᠨ ᠲᠥᠰᠥᠯ ᠤᠨ ᠲᠥᠯᠥᠪᠯᠡᠭᠡ 》 ᠶᠢᠨ ᠠᠵᠢᠯ ᠢ ᠬᠡᠷᠡᠭᠵᠢᠭᠦᠯᠵᠦ᠂ ᠮᠣᠩᠭᠣᠯ ᠪᠢᠴᠢᠭ ᠦᠨ ᠰᠣᠶᠣᠯ ᠤᠨ ᠦᠨᠳᠦᠰᠦᠲᠡᠨ ᠦ ᠨᠣᠮ ᠤᠨ ᠬᠡᠪᠯᠡᠯ ᠦᠨ ᠠᠵᠢᠯ ᠢ ᠶᠠᠪᠤᠭᠤᠯᠵᠤ ᠪᠠᠢᠨ᠎ᠠ᠃ ᠮᠣᠩᠭᠣᠯ ᠪᠢᠴᠢᠭ ᠦᠨ ᠰᠣᠶᠣᠯ ᠤᠨ ᠨᠣᠮ ᠤᠳ ᠲᠤ 1100 ᠲᠥᠷᠥᠯ᠂ ᠪᠦᠬᠦ ᠳᠦᠨ 1007 ᠲᠥᠷᠥᠯ 400 ᠲᠥᠷᠥᠯ ᠨᠣᠮ᠂ 21 ᠲᠥᠷᠥᠯ ᠬᠡᠪᠯᠡᠯ ᠦᠨ ᠨᠣᠮ᠂ 7500 ᠳᠡᠪᠲᠡᠷ᠂ 78 ᠲᠥᠷᠥᠯ ᠰᠤᠳᠤᠯᠭ᠎ᠠ ᠶᠢᠨ ᠨᠣᠮ ᠂ ᠨᠡᠶᠢᠲᠡ ᠶᠢᠨ 185 ᠲᠥᠷᠥᠯ᠂ ᠲᠡᠦᠨ ᠦ ᠳᠣᠲᠣᠷ᠎ᠠ 420 ᠲᠥᠷᠥᠯ ᠨᠣᠮ᠂ 7900 ᠳᠡᠪᠲᠡᠷ᠂ ᠨᠡᠶᠢᠲᠡ ᠳᠦ 864 ᠲᠥᠷᠥᠯ 160 ᠲᠥᠷᠥᠯ ᠨᠣᠮ ᠤᠨ ᠬᠡᠪᠯᠡᠯ᠂ ᠳᠡᠭᠡᠷ᠎ᠡ ᠵᠢᠯ ᠦᠨ 1003 ᠳᠦ ᠬᠦᠷᠴᠡᠢ᠂ ᠦᠨᠳᠦᠰᠦᠲᠡᠨ ᠦ ᠰᠣᠶᠣᠯ ᠤᠨ ᠥᠪ ᠢ ᠬᠠᠮᠠᠭᠠᠯᠠᠬᠤ ᠠᠵᠢᠯ ᠳᠤ ᠴᠢᠬᠤᠯᠠ ᠬᠤᠪᠢ ᠨᠡᠮᠡᠷ ᠣᠷᠤᠭᠤᠯᠵᠠᠢ᠃

【 ᠮᠣᠩᠭᠣᠯ ᠤᠨ ᠬᠡᠪᠯᠡᠯ ᠦᠨ ᠠᠵᠢᠯ ᠤᠨ ᠬᠥᠭᠵᠢᠯ ᠦᠨ ᠳᠡᠪᠲᠡᠷ 】

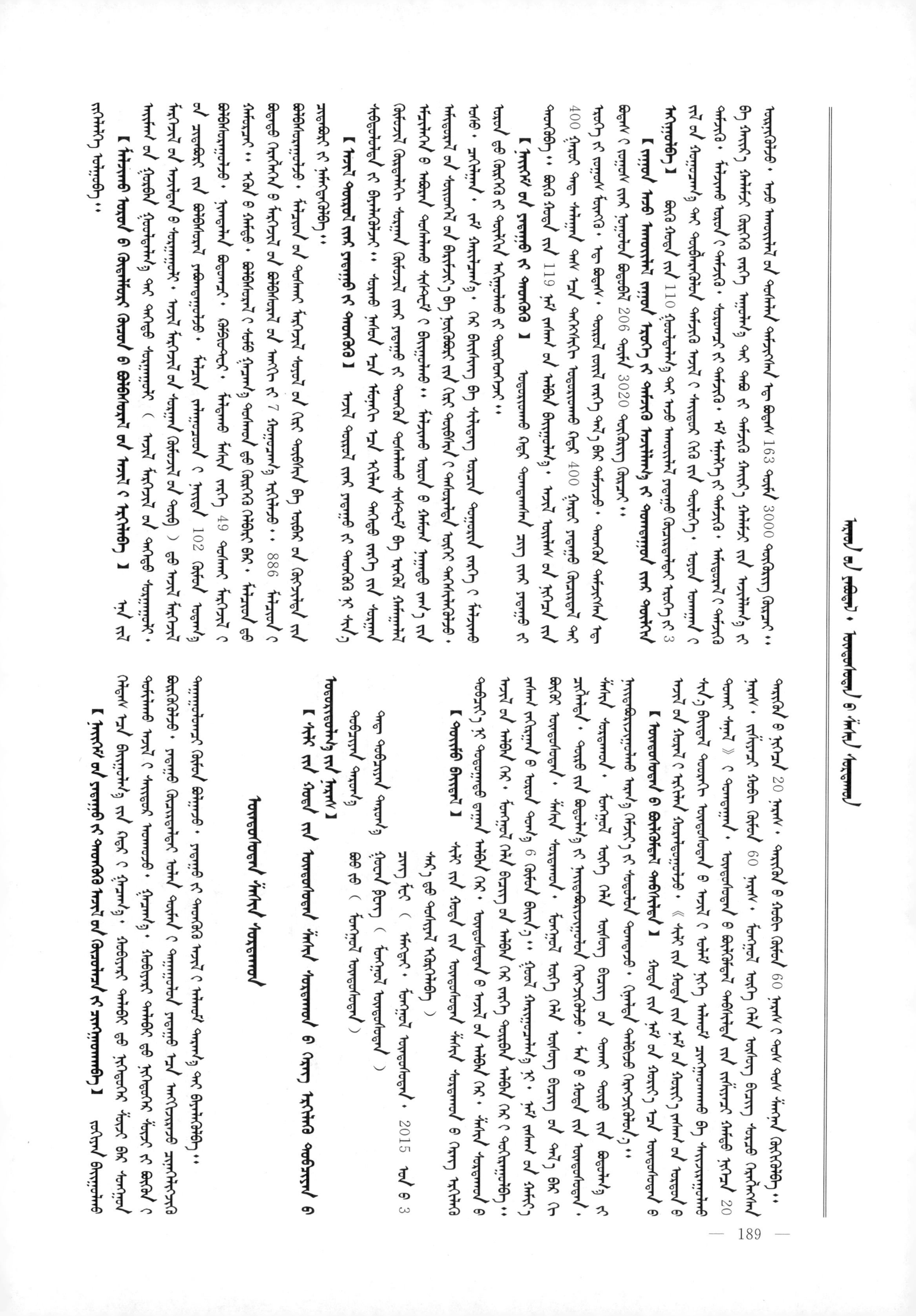

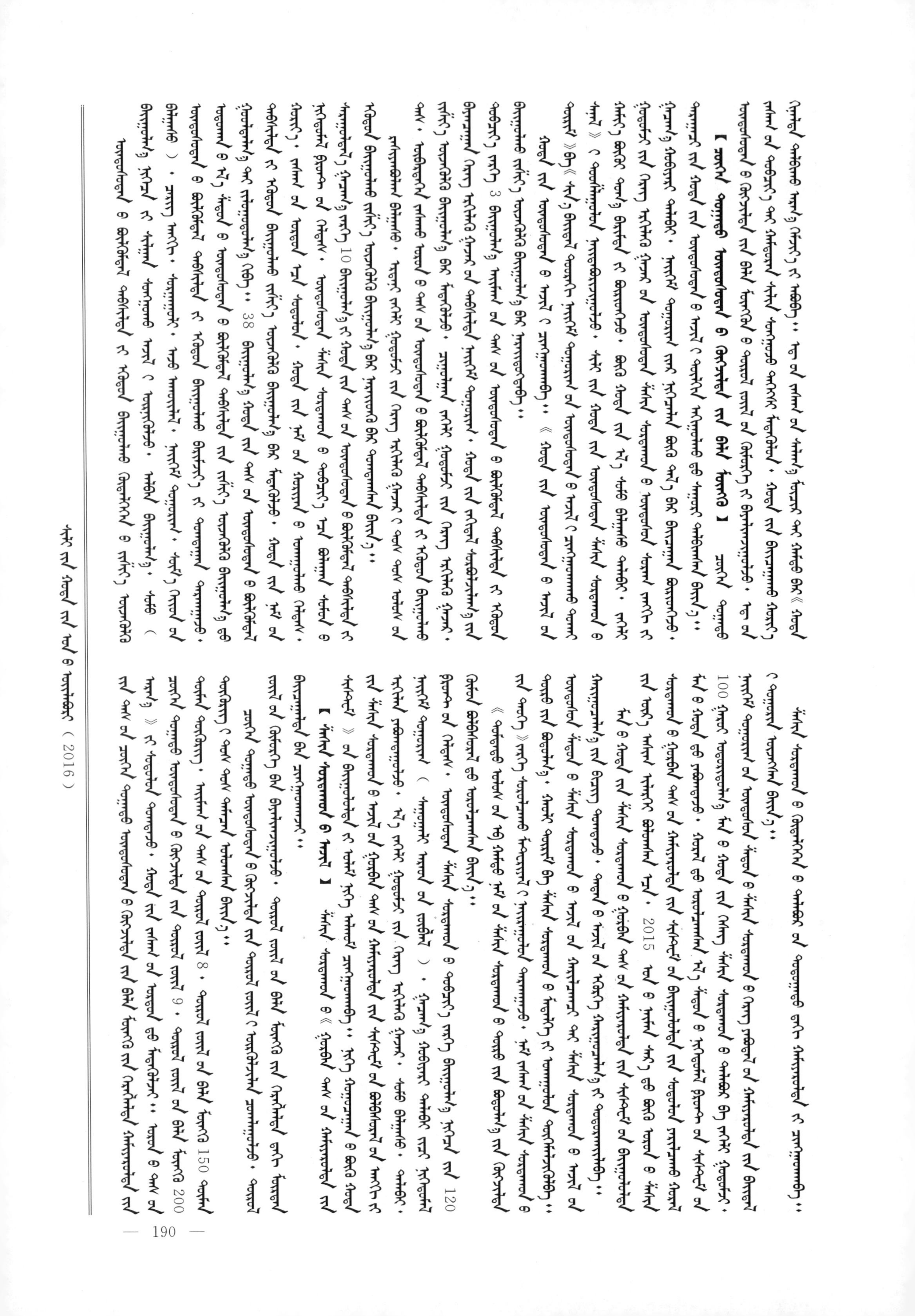

[illegible]

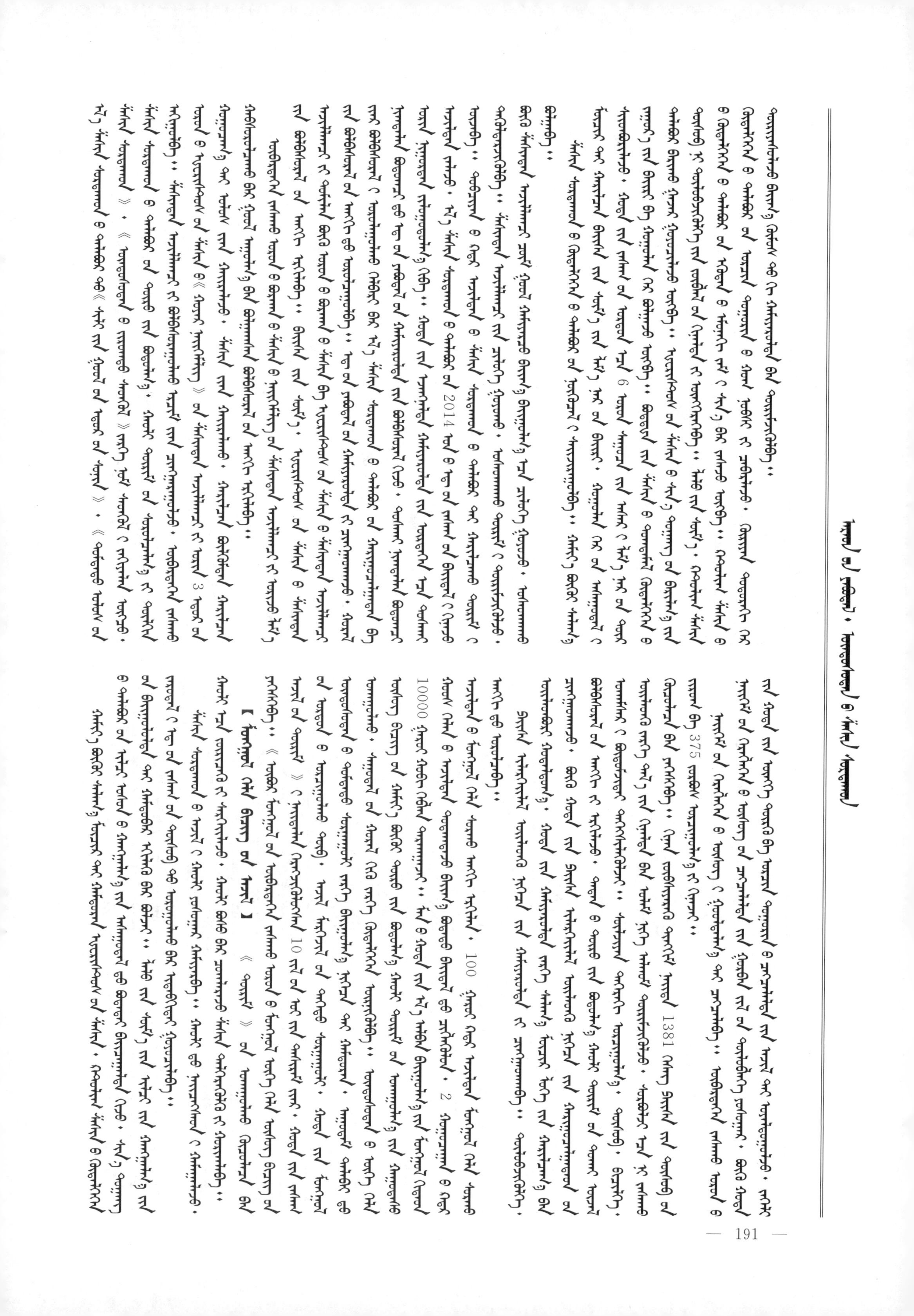

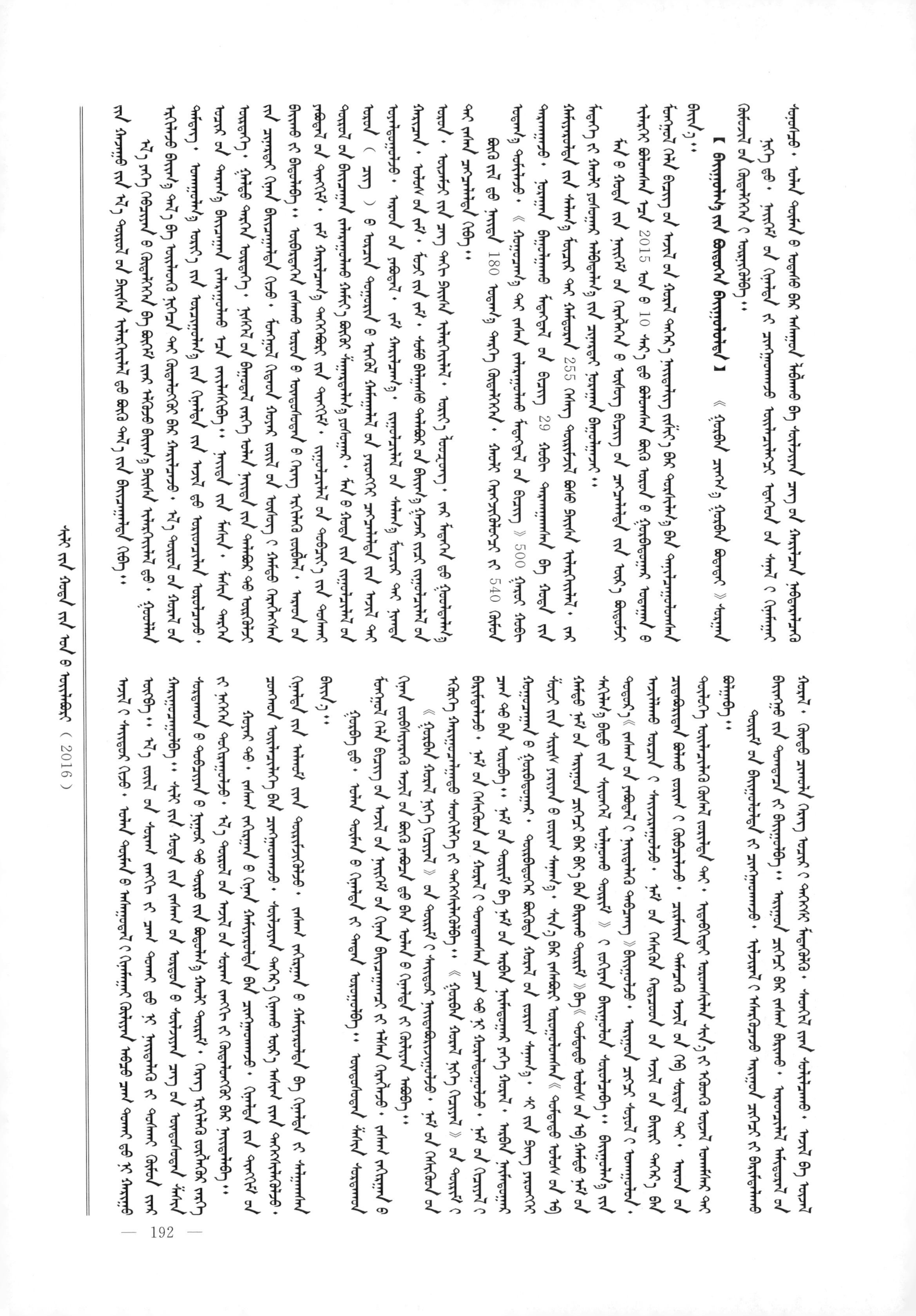

[illegible] 2015 [illegible] 10 [illegible]

[illegible] 255 [illegible] 29 [illegible] 500 [illegible] 540 [illegible] 180 [illegible]

[illegible]

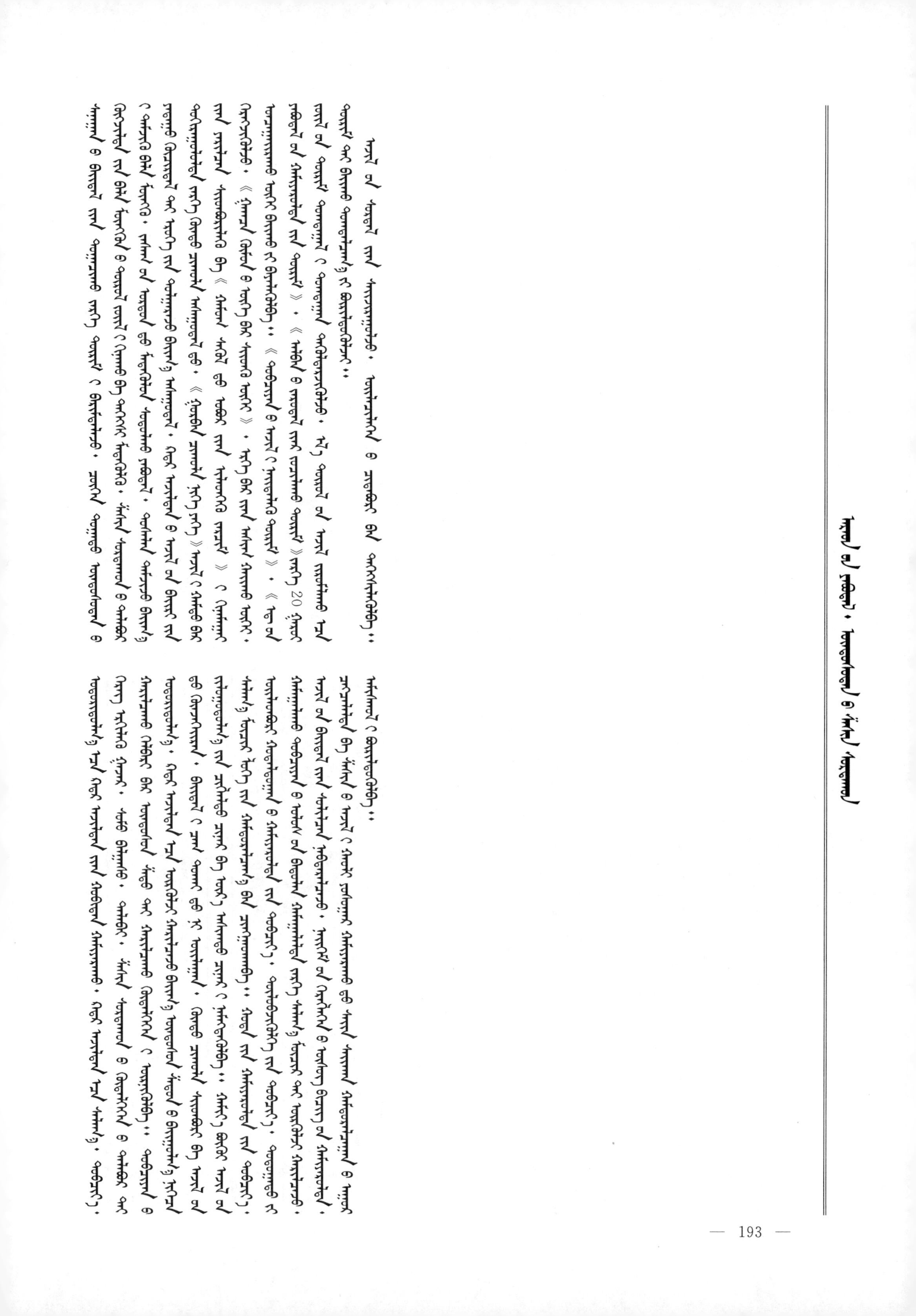

ᠰᠠᠯᠬᠢᠨ ᠴᠠᠬᠢᠯᠭᠠᠨ ᠤ ᠦᠢᠯᠡᠳᠪᠦᠷᠢ ᠶᠢᠨ ᠪᠠᠢᠳᠠᠯ

ᠬᠠᠷᠴᠢᠨ ᠤ ᠬᠣᠰᠢᠭᠤ ᠰᠠᠯᠬᠢᠨ ᠴᠠᠬᠢᠯᠭᠠᠨ ᠤ ᠦᠢᠯᠡᠳᠪᠦᠷᠢ ᠶᠢᠨ ᠪᠠᠢᠳᠠᠯ

【ᠬᠠᠷᠴᠢᠨ ᠤ ᠬᠣᠰᠢᠭᠤ ᠰᠠᠯᠬᠢᠨ ᠴᠠᠬᠢᠯᠭᠠᠨ ᠤ ᠦᠢᠯᠡᠳᠪᠦᠷᠢ ᠶᠢᠨ ᠪᠠᠢᠳᠠᠯ ᠪᠠ ᠬᠥᠭᠵᠢᠯᠲᠡ ᠶᠢᠨ ᠲᠣᠢᠮ】

ᠨᠠᠶᠢᠷᠠᠭᠤᠯᠤᠭᠴᠢ ᠴᠢᠨ ᠷᠠᠨ ᠵᠢᠷᠭᠠᠯ
ᠣᠷᠴᠢᠭᠤᠯᠤᠭᠴᠢ ᠮᠧᠢ ᠯᠢᠩ ᠮᠧᠢ
ᠮᠡᠳᠡᠭᠡ ᠨᠠᠶᠢᠷᠠᠭᠤᠯᠤᠭᠴᠢ ᠯᠢᠦ ᠮᠢᠩ ᠵᠦᠢ (ᠡᠨᠡᠷᠭᠢ ᠲᠣᠪᠴᠢᠶ᠎ᠠ)
ᠯᠢ ᠶᠠᠨ ᠵᠢᠤ
ᠸᠧᠢ ᠰᠢᠦ ᠮᠧᠢ

【ᠶᠡᠷᠦᠩᠬᠡᠢ ᠪᠠᠢᠳᠠᠯ】 2015 ᠣᠨ ᠳᠤ · ᠰᠠᠯᠬᠢᠨ ᠴᠠᠬᠢᠯᠭᠠᠨ ᠤ ᠦᠢᠯᠡᠳᠪᠦᠷᠢ ᠶᠢᠨ ᠲᠥᠰᠥᠯ ᠢ ᠬᠦᠷᠲᠡᠯᠡ ᠶᠢ ᠬᠥᠭᠵᠢᠭᠦᠯᠦᠨ · ᠰᠠᠯᠬᠢᠨ ᠴᠠᠬᠢᠯᠭᠠᠨ ᠤ ᠲᠥᠰᠥᠯ ᠢ ᠡᠷᠴᠢᠮᠲᠡᠢ ᠶᠠᠪᠤᠭᠤᠯᠵᠤ · ᠰᠠᠯᠬᠢᠨ ᠦ ᠡᠨᠡᠷᠭᠢ ᠶᠢᠨ ᠨᠥᠭᠦᠴᠡ ᠢ ᠪᠦᠷᠢᠨ ᠬᠠᠰᠢᠭᠯᠠᠨ ᠠᠰᠢᠭᠯᠠᠵᠤ · ᠰᠠᠯᠬᠢᠨ ᠴᠠᠬᠢᠯᠭᠠᠨ ᠤ ᠲᠥᠰᠥᠯ ᠦᠨ ᠪᠠᠢᠭᠤᠯᠤᠯᠲᠠ ᠳᠤ ᠬᠥᠷᠥᠩᠭᠡ ᠣᠷᠤᠭᠤᠯᠬᠤ ᠶᠢ ᠡᠷᠬᠢᠯᠡᠨ · ᠬᠦᠴᠦᠨ ᠦ ᠰᠦᠯᠵᠢᠶ᠎ᠡ ᠶᠢᠨ ᠪᠠᠢᠭᠤᠯᠤᠯᠲᠠ ᠶᠢ ᠰᠠᠢᠵᠢᠷᠠᠭᠤᠯᠵᠤ · ᠴᠠᠬᠢᠯᠭᠠᠨ ᠬᠦᠷᠭᠡᠬᠦ ᠬᠡᠮᠵᠢᠶ᠎ᠡ ᠶᠢ ᠳᠡᠭᠡᠭᠰᠢᠯᠡᠭᠦᠯᠪᠡ · ᠦᠢᠯᠡᠳᠪᠦᠷᠢ ᠶᠢᠨ ᠦᠨᠳᠦᠰᠦᠨ ᠪᠠᠢᠭᠤᠯᠤᠯᠲᠠ · ᠠᠵᠢᠯ ᠠᠬᠤᠢ ᠶᠢᠨ ᠪᠠᠢᠭᠤᠯᠤᠯᠲᠠ · ᠮᠡᠷᠭᠡᠵᠢᠯ ᠦᠨ ᠪᠠᠢᠭᠤᠯᠤᠯᠲᠠ ᠶᠢ ᠬᠣᠯᠪᠣᠨ ᠬᠥᠭᠵᠢᠭᠦᠯᠵᠦ · ᠵᠢᠯ ᠦᠨ ᠡᠴᠦᠰ ᠲᠦ ᠪᠠᠢᠭᠤᠯᠤᠯᠲᠠ ᠶᠢᠨ ᠬᠡᠮᠵᠢᠶ᠎ᠡ ᠶᠢ ᠨᠡᠮᠡᠭᠳᠡᠭᠦᠯᠦᠨ · ᠵᠢᠯ ᠢ ᠳᠠᠭᠠᠭᠰᠠᠨ ᠴᠠᠬᠢᠯᠭᠠᠨ ᠤ ᠡᠨᠡᠷᠭᠢ ᠶᠢᠨ ᠦᠢᠯᠡᠳᠪᠦᠷᠢ ᠶᠢ ᠬᠦᠷᠲᠡᠯᠡ ᠨᠡᠮᠡᠭᠳᠡᠭᠦᠯᠦᠭᠰᠡᠨ ᠪᠠᠢᠨ᠎ᠠ ::

【ᠰᠠᠯᠬᠢᠨ ᠴᠠᠬᠢᠯᠭᠠᠨ ᠤ ᠲᠥᠰᠥᠯ ᠦᠨ ᠪᠠᠢᠭᠤᠯᠤᠯᠲᠠ】 2015 ᠣᠨ ᠳᠤ · ᠪᠠᠢᠭᠤᠯᠤᠭᠰᠠᠨ ᠰᠠᠯᠬᠢᠨ ᠴᠠᠬᠢᠯᠭᠠᠨ ᠤ ᠲᠥᠰᠥᠯ ᠪᠠᠢᠨ᠎ᠠ ::

ᠰᠠᠯᠬᠢᠨ ᠴᠠᠬᠢᠯᠭᠠᠨ ᠤ ᠦᠢᠯᠡᠳᠪᠦᠷᠢ ᠶᠢᠨ ᠭᠠᠵᠠᠷ ᠤᠨ ᠨᠥᠭᠦᠴᠡ ᠪᠠᠢᠳᠠᠯ ᠢ ᠰᠢᠨᠵᠢᠯᠡᠨ ᠰᠤᠳᠤᠯᠤᠭᠰᠠᠨ ᠦ ᠦᠨᠳᠦᠰᠦᠨ ᠳᠡᠭᠡᠷᠡ · 8 ᠰᠢᠯᠢᠨ ᠭᠠᠵᠠᠷ ᠲᠤ ᠰᠠᠯᠬᠢᠨ ᠴᠠᠬᠢᠯᠭᠠᠨ ᠤ ᠪᠠᠭᠠᠵᠢ ᠪᠠᠢᠭᠤᠯᠬᠤ ᠪᠠᠷ ᠲᠥᠯᠥᠪᠯᠡᠵᠦ · ᠨᠡᠢᠲᠡ 600 ᠮᠧᠭᠠᠸᠠᠲ ᠤᠭᠰᠠᠷᠠᠯᠲᠠ ᠲᠠᠢ ᠪᠣᠯᠬᠤ ᠪᠤᠢ BT ᠬᠡᠯᠪᠡᠷᠢ ᠪᠡᠷ ᠬᠥᠷᠥᠩᠭᠡ ᠣᠷᠤᠭᠤᠯᠬᠤ ᠪᠠᠷ ᠲᠥᠯᠥᠪᠯᠡᠵᠦ · ᠲᠥᠰᠥᠯ ᠦᠨ ᠪᠡᠯᠡᠳᠬᠡᠯ ᠠᠵᠢᠯ ᠢ ᠡᠷᠴᠢᠮᠲᠡᠢ ᠶᠠᠪᠤᠭᠤᠯᠵᠤ ᠪᠠᠢᠨ᠎ᠠ ::

ᠰᠠᠯᠬᠢᠨ ᠴᠠᠬᠢᠯᠭᠠᠨ ᠤ ᠲᠥᠰᠥᠯ ᠦᠨ ᠪᠠᠢᠭᠤᠯᠤᠯᠲᠠ ᠶᠢᠨ ᠠᠵᠢᠯ ᠳᠤ · 1 ᠮᠧᠭᠠᠸᠠᠲ ᠰᠢᠯᠢᠨ ᠤ ᠲᠥᠰᠥᠯ ᠪᠠ ᠬᠣᠶᠠᠳᠤᠭᠠᠷ ᠦᠶ᠎ᠡ ᠶᠢᠨ ᠠᠵᠢᠯ ᠢ ᠡᠬᠢᠯᠡᠭᠦᠯᠪᠡ :: ᠨᠢᠭᠡ ᠨᠢᠭᠡ 60MW ᠴᠢᠳᠠᠯ ᠲᠠᠢ ᠲᠥᠰᠥᠯ ᠪᠠ ᠰᠠᠯᠬᠢᠨ ᠴᠠᠬᠢᠯᠭᠠᠨ ᠤ ᠪᠠᠭᠠᠵᠢ 2000 ᠮᠧᠭᠠᠸᠠᠲ ᠤᠭᠰᠠᠷᠠᠯᠲᠠ ᠲᠠᠢ ᠪᠣᠯᠬᠤ :: 3. ᠬᠣᠶᠠᠷ ᠤᠨ ᠦᠢᠯᠡᠳᠪᠦᠷᠢ ᠳᠦ 4 ᠮᠧᠭᠠᠸᠠᠲ ᠤᠨ ᠴᠠᠬᠢᠯᠭᠠᠨ ᠪᠠᠢᠭᠤᠯᠬᠤ · 2 ᠮᠧᠭᠠᠸᠠᠲ ᠰᠢᠯᠢᠨ ᠤ ᠰᠠᠯᠬᠢᠨ ᠴᠠᠬᠢᠯᠭᠠᠨ ᠤ ᠬᠠᠷᠢᠶᠠᠲᠤ ᠴᠠᠬᠢᠯᠭᠠᠨ ᠳᠤ 3 ᠰᠠᠯᠬᠢᠨ ᠴᠠᠬᠢᠯᠭᠠᠨ ᠤ ᠬᠠᠷᠢᠶᠠᠲᠤ ᠴᠠᠬᠢᠯᠭᠠᠨ ᠳᠤ 5 ᠲᠣᠨᠤᠭᠯᠠᠯ ᠤᠭᠰᠠᠷᠠᠯᠲᠠ ᠲᠠᠢ ᠪᠣᠯᠬᠤ · 3 ᠮᠧᠭᠠᠸᠠᠲ ᠰᠢᠯᠢᠨ ᠤ ᠤᠭᠰᠠᠷᠠᠯᠲᠠ ᠲᠠᠢ ᠪᠣᠯᠬᠤ :: ᠰᠢᠨ᠎ᠡ ᠡᠨᠡᠷᠭᠢ ᠶᠢᠨ ᠰᠢᠨ᠎ᠡ ᠲᠥᠰᠥᠯ ᠳᠦ 50 ᠰᠠᠶ᠋ᠠ ᠶᠤᠸᠠᠨ ᠤ ᠬᠥᠷᠥᠩᠭᠡ ᠣᠷᠤᠭᠤᠯᠵᠤ · ᠲᠥᠰᠥᠯ ᠦᠨ ᠠᠵᠢᠯ ᠢ ᠡᠷᠴᠢᠮᠲᠡᠢ ᠪᠠᠢᠭᠤᠯᠤᠯᠲᠠ ᠶᠢᠨ ᠠᠵᠢᠯ ᠢ ᠶᠠᠪᠤᠭᠤᠯᠪᠠ · 1 ᠲᠣᠨᠤᠭᠯᠠᠯ ᠤᠨ 1 ᠦ ᠰᠠᠯᠬᠢᠨ ᠴᠠᠬᠢᠯᠭᠠᠨ ᠪᠠ ᠬᠣᠶᠠᠳᠤᠭᠠᠷ ᠦᠶ᠎ᠡ · ᠲᠣᠨᠤᠭᠯᠠᠯ ᠤᠨ ᠰᠠᠭᠤᠷᠢ ᠠᠵᠢᠯ · ᠪᠠᠷᠢᠯᠭ᠎ᠠ ᠶᠢᠨ ᠠᠵᠢᠯ ᠢ ᠲᠥᠭᠦᠰᠬᠡᠵᠦ ᠮᠠᠰᠢᠨ ᠤᠭᠰᠠᠷᠠᠯᠲᠠ ᠶᠢᠨ ᠬᠢᠷᠢ ᠳᠦ 20 ᠮᠧᠭᠠᠸᠠᠲ ᠰᠢᠯᠢᠨ ᠰᠠᠯᠬᠢᠨ ᠴᠠᠬᠢᠯᠭᠠᠨ ᠳᠤ · 2015 ᠣᠨ ᠤ 6 ᠰᠠᠷ᠎ᠠ ᠳᠤ ᠮᠠᠰᠢᠨ ᠤᠭᠰᠠᠷᠠᠯᠲᠠ ᠶᠢᠨ ᠰᠠᠯᠬᠢᠨ ᠴᠠᠬᠢᠯᠭᠠᠨ ᠤ ᠬᠦᠷᠭᠡᠯᠲᠡ ᠶᠢᠨ ᠬᠢᠷᠢ ᠳᠦ 200 ᠮᠧᠭᠠᠸᠠᠲ ᠰᠢᠯᠢᠨ · ᠲᠥᠰᠥᠯ ᠢ ᠲᠥᠰᠥᠯ ᠦᠨ ᠰᠠᠯᠬᠢᠨ ᠴᠠᠬᠢᠯᠭᠠᠨ ᠤ ᠤᠭᠰᠠᠷᠠᠯᠲᠠ ᠶᠢ ᠪᠠᠢᠭᠤᠯᠤᠯᠲᠠ ᠶᠢᠨ ᠠᠵᠢᠯ ᠢ ᠳᠠᠭᠤᠰᠬᠠᠵᠤ · ᠴᠠᠬᠢᠯᠭᠠᠨ ᠤ ᠰᠦᠯᠵᠢᠶ᠎ᠡ ᠳᠦ ᠨᠡᠢᠯᠡᠭᠦᠯᠵᠦ ᠰᠠᠯᠬᠢᠨ ᠴᠠᠬᠢᠯᠭᠠᠨ ᠤ ᠤᠭᠰᠠᠷᠠᠯᠲᠠ ᠶᠢᠨ ᠬᠢᠷᠢ ᠳᠦ 20 ᠲᠣᠨᠤᠭᠯᠠᠯ ᠤᠭᠰᠠᠷᠠᠯᠲᠠ ᠶᠢ ᠪᠦᠷᠢᠨ ᠪᠠᠢᠭᠤᠯᠤᠯᠲᠠ · 3.0MW ᠴᠢᠳᠠᠯ ᠲᠠᠢ ᠲᠣᠨᠤᠭᠯᠠᠯ ᠢ ᠬᠡᠷᠡᠭᠯᠡᠭᠰᠡᠨ :: ᠨᠢᠭᠡ ᠨᠢᠭᠡ ᠰᠢᠯᠢᠨ ᠤ ᠡᠨᠡᠷᠭᠢ ᠶᠢᠨ ᠴᠠᠬᠢᠯᠭᠠᠨ ᠤ ᠡᠨᠡᠷᠭᠢ ᠶᠢ ᠬᠠᠷᠢᠴᠠᠭᠤᠯᠪᠠᠯ ᠲᠡᠷᠭᠦᠯᠡᠬᠦ ᠪᠠᠢᠳᠠᠯ ᠲᠠᠢ ᠪᠠᠢᠨ᠎ᠠ :: 2. 2 ᠮᠧᠭᠠᠸᠠᠲ ᠤᠨ ᠴᠠᠬᠢᠯᠭᠠᠨ ᠤ ᠪᠠᠢᠭᠤᠯᠤᠯᠲᠠ :: ᠰᠢᠨ᠎ᠡ ᠡᠨᠡᠷᠭᠢ ᠶᠢᠨ ᠪᠠᠢᠭᠤᠯᠤᠯᠲᠠ ᠶᠢᠨ ᠠᠵᠢᠯ ᠢ ᠶᠠᠪᠤᠭᠤᠯᠪᠠ · ᠮᠠᠰᠢᠨ ᠤᠭᠰᠠᠷᠠᠯᠲᠠ ᠶᠢᠨ ᠦᠢᠯᠡᠳᠪᠦᠷᠢ ᠶᠢᠨ ᠰᠠᠯᠬᠢᠨ ᠴᠠᠬᠢᠯᠭᠠᠨ ᠤ ᠪᠠᠭᠠᠵᠢ ᠶᠢᠨ ᠬᠢᠷᠢ ᠳᠦ 200 ᠮᠧᠭᠠᠸᠠᠲ ᠤᠨ ᠦᠯᠦ ᠰᠢᠯᠢᠨ ᠪᠠᠢᠭᠤᠯᠤᠯᠲᠠ · ᠰᠢᠨ᠎ᠡ ᠲᠥᠰᠥᠯ ᠢ ᠡᠬᠢᠯᠡᠭᠦᠯᠬᠦ ᠪᠡᠷ ᠲᠥᠯᠥᠪᠯᠡᠵᠦ ᠪᠠᠢᠨ᠎ᠠ :: ᠲᠣᠨᠤᠭᠯᠠᠯ · ᠰᠠᠯᠬᠢᠨ ᠴᠠᠬᠢᠯᠭᠠᠨ ᠤ ᠠᠵᠢᠯ ᠢ ᠪᠦᠷᠢᠨ ᠪᠠᠢᠭᠤᠯᠤᠯᠲᠠ ᠳᠤ · ᠬᠢᠷᠢ ᠳᠦ 40 ᠮᠧᠭᠠᠸᠠᠲ ᠤᠨ ᠰᠠᠯᠬᠢᠨ ᠴᠠᠬᠢᠯᠭᠠᠨ ᠤ ᠬᠦᠷᠭᠡᠯᠲᠡ ᠪᠠ ᠮᠠᠰᠢᠨ ᠤᠭᠰᠠᠷᠠᠯᠲᠠ · ᠲᠥᠰᠥᠯ ᠦᠨ ᠰᠠᠯᠬᠢᠨ ᠴᠠᠬᠢᠯᠭᠠᠨ ᠳᠤ 53 ᠲᠣᠨᠤᠭᠯᠠᠯ ᠤᠭᠰᠠᠷᠠᠯᠲᠠ ᠶᠢ ᠪᠦᠷᠢᠨ ᠪᠠᠢᠭᠤᠯᠬᠤ ᠪᠠ ᠪᠠᠢᠭᠤᠯᠤᠯᠲᠠ ᠪᠠᠢᠨ᠎ᠠ :: ᠵᠢᠯ ᠦᠨ ᠡᠴᠦᠰ ᠲᠦ ᠪᠦᠷᠢᠨ ᠬᠦᠷᠲᠡᠯᠡ ᠳᠦ ᠬᠦᠷᠭᠡᠭᠰᠡᠨ ·

【ᠰᠠᠯᠬᠢᠨ ᠴᠠᠬᠢᠯᠭᠠᠨ ᠤ ᠮᠡᠭᠠᠸᠠᠲ ᠴᠠᠬᠢᠯᠭᠠᠨ ᠤ ᠪᠠᠢᠭᠤᠯᠤᠯᠲᠠ】 1. 2 ᠮᠧᠭᠠᠸᠠᠲ ᠤᠨ ᠮᠧᠭᠠᠸᠠᠲ ᠤᠨ ᠴᠠᠬᠢᠯᠭᠠᠨ ᠤ ᠰᠦᠯᠵᠢᠶ᠎ᠡ ᠶᠢᠨ ᠪᠠᠢᠭᠤᠯᠤᠯᠲᠠ ᠶᠢ ᠮᠧᠭᠠᠸᠠᠲ ᠤᠨ ᠪᠠᠢᠭᠤᠯᠤᠯᠲᠠ :: ᠰᠠᠯᠬᠢᠨ ᠤ ᠡᠨᠡᠷᠭᠢ ᠶᠢᠨ ᠰᠠᠭᠤᠷᠢ ᠪᠠᠢᠭᠤᠯᠤᠯᠲᠠ · 2 ᠰᠢᠯᠢᠨ ᠳᠤ ᠰᠠᠯᠬᠢᠨ ᠴᠠᠬᠢᠯᠭᠠᠨ ᠤ ᠰᠦᠯᠵᠢᠶ᠎ᠡ ᠶᠢᠨ ᠰᠠᠭᠤᠷᠢ ᠶᠢ ᠪᠠᠢᠭᠤᠯᠬᠤ ᠪᠠᠷ ᠲᠥᠯᠥᠪᠯᠡᠵᠦ ᠪᠠᠢᠨ᠎ᠠ :: ᠰᠠᠯᠬᠢᠨ ᠴᠠᠬᠢᠯᠭᠠᠨ ᠤ ᠲᠥᠰᠥᠯ · ᠰᠦᠯᠵᠢᠶ᠎ᠡ ᠶᠢᠨ ᠪᠠᠢᠭᠤᠯᠤᠯᠲᠠ ᠶᠢᠨ ᠠᠵᠢᠯ ᠢ ᠣᠯᠠᠨ ᠲᠠᠯ᠎ᠠ ᠪᠠᠷ ᠲᠥᠭᠦᠰᠬᠡᠵᠦ ᠬᠣᠰᠢᠭᠤᠨ ᠤ ᠡᠳ᠋ ᠦᠨ ᠵᠠᠰᠠᠭ ᠤᠨ ᠠᠵᠢᠯ ᠤᠨ ᠬᠡᠮᠵᠢᠶ᠎ᠡ ᠶᠢ ᠣᠯᠠᠨ ᠲᠠᠯ᠎ᠠ ᠪᠠᠷ ᠰᠠᠢᠵᠢᠷᠠᠭᠤᠯᠵᠤ ᠪᠠᠢᠨ᠎ᠠ

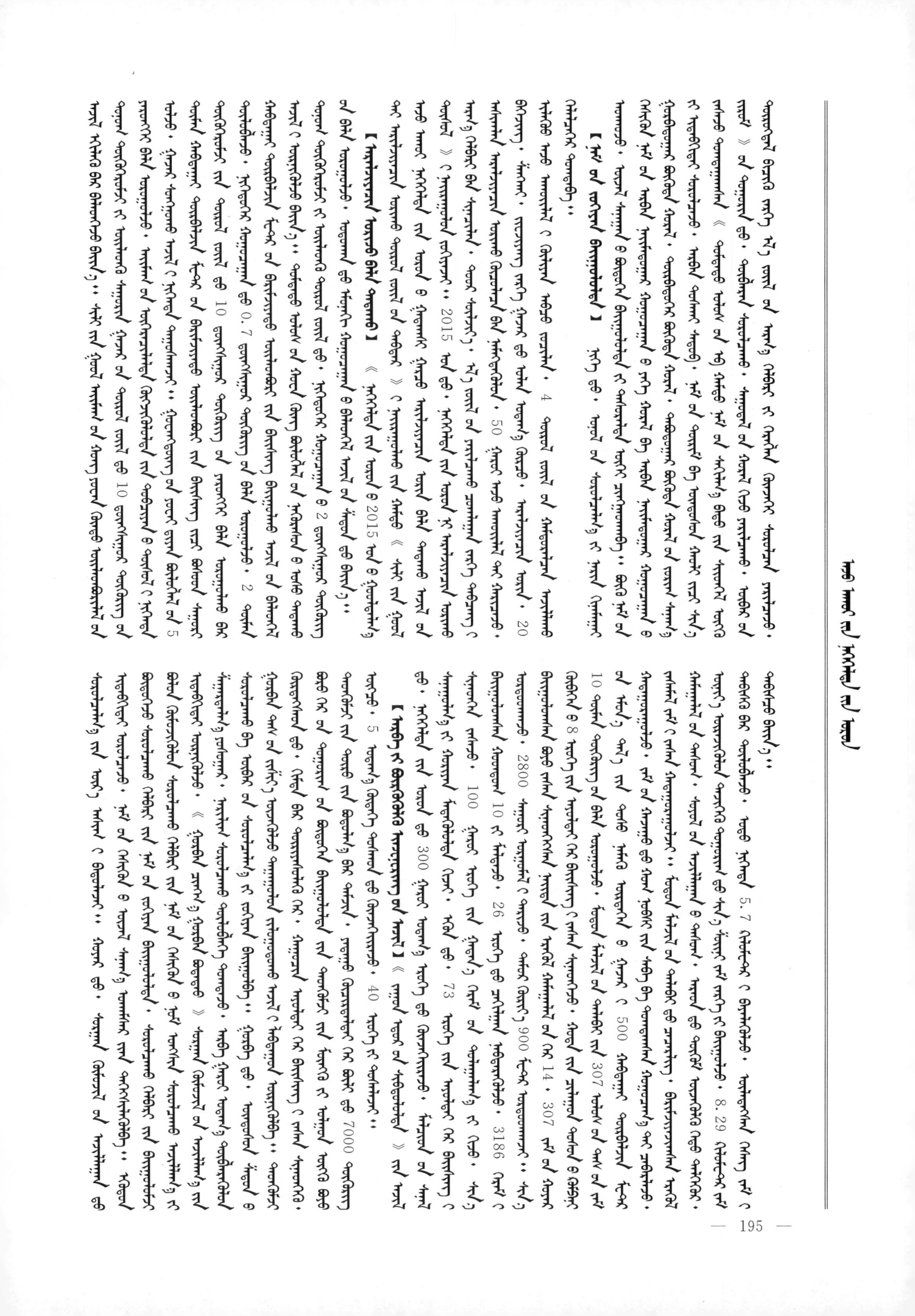

ᠰᠣᠶᠣᠯ ᠪᠣᠯᠪᠠᠰᠤᠷᠠᠯ · ᠰᠤᠷᠭᠠᠯ ᠬᠡᠯᠡ ᠰᠤᠳᠤᠯᠤᠯ
ᠪᠠᠷᠢᠮᠲᠠᠯᠠᠯ ᠰᠤᠷᠭᠠᠯ ᠤᠨ ᠪᠦᠲᠦᠭᠡᠯ

ᠰᠠᠢᠨ ᠨᠣᠮ

【ᠬᠢᠲᠠᠳ ᠤᠨ ᠬᠡᠪᠯᠡᠯ ᠦᠨ ᠰᠠᠢᠨ ᠨᠣᠮ ᠤ ᠲᠣᠪᠴᠢᠶᠠᠯᠠᠯ ᠤᠨ ᠵᠢᠭᠰᠠᠭᠠᠯᠲᠠ】

ᠬᠡᠯᠡ · ᠮᠣᠩᠭᠣᠯ ᠤᠨ ᠪᠢᠴᠢᠭᠯᠡᠯ ᠤᠨ ᠰᠤᠳᠤᠯᠤᠯ
ᠮᠣᠩᠭᠣᠯᠵᠢᠨ (ᠮᠣᠩᠭᠣᠯ ᠬᠡᠪᠯᠡᠯ)

ᠮᠣᠩᠭᠣᠯ ᠬᠡᠯᠡ · ᠮᠣᠩᠭᠣᠯ ᠰᠤᠷᠭᠠᠯ ᠤᠨ
ᠰᠤᠷᠭᠠᠭᠤᠯᠢ (ᠮᠣᠩᠭᠣᠯ ᠬᠡᠪᠯᠡᠯ)

ᠮᠣᠩᠭᠣᠯ ᠬᠡᠯᠡ · ᠬᠡᠯᠡᠨ ᠦ ᠪᠣᠯᠪᠠᠰᠤᠷᠠᠯ ᠰᠤᠷᠭᠠᠯ ᠤᠨ ᠬᠡᠯᠡ
ᠰᠤᠷᠭᠠᠯᠲᠠ (ᠬᠥᠬᠡᠬᠣᠲᠠ · ᠮᠣᠩᠭᠣᠯ ᠬᠡᠪᠯᠡᠯ)

ᠲᠡᠭᠦᠬᠡ ᠪᠢᠴᠢᠭ ᠤᠨ ᠰᠤᠳᠤᠯᠤᠯ ᠤᠨ ᠮᠣᠩᠭᠣᠯ · ᠮᠣᠩᠭᠣᠯ ᠤᠨ ᠰᠤᠷᠭᠠᠭᠤᠯᠢ ᠶᠢᠨ
ᠰᠤᠷᠬᠤ ᠤᠨ ᠪᠢᠴᠢᠭ (ᠮᠣᠩᠭᠣᠯ ᠬᠡᠪᠯᠡᠯ)

ᠬᠡᠯᠡ ᠤᠨ ᠬᠡᠯᠡᠯᠴᠡᠭᠡ ᠶᠢᠨ ᠤᠨ ᠮᠣᠩᠭᠣᠯ ᠬᠡᠯᠡᠯᠴᠡᠬᠦ · ᠮᠣᠩᠭᠣᠯ ᠤᠨ ᠰᠤᠷᠭᠠᠭᠤᠯᠢ ᠶᠢᠨ
ᠰᠤᠷᠭᠠᠯᠲᠠ (ᠮᠣᠩᠭᠣᠯ ᠬᠡᠪᠯᠡᠯ)

ᠮᠣᠩᠭᠣᠯ ᠬᠡᠯᠡ ᠶᠢᠨ ᠤᠨ ᠪᠢᠴᠢᠭ (ᠬᠥᠬᠡᠬᠣᠲᠠ · ᠮᠣᠩᠭᠣᠯ ᠬᠡᠪᠯᠡᠯ)
ᠰᠤᠷᠭᠠᠭᠤᠯᠢ (ᠮᠣᠩᠭᠣᠯ ᠬᠡᠪᠯᠡᠯ)

ᠮᠣᠩᠭᠣᠯᠴᠤᠳ (ᠮᠣᠩᠭᠣᠯ ᠬᠡᠪᠯᠡᠯ · 2015 ᠣᠨ ᠤ 3 ᠰᠠᠷ᠎ᠠ ᠳᠤ
ᠬᠡᠪᠯᠡᠯ ᠳᠦ ᠭᠠᠷᠪᠠ)

ᠬᠦᠮᠦᠨ (ᠮᠣᠩᠭᠣᠯ ᠬᠡᠪᠯᠡᠯ · 2015 ᠣᠨ ᠤ 3 ᠰᠠᠷ᠎ᠠ ᠳᠤ ᠬᠡᠪᠯᠡᠯ
ᠬᠡᠪᠯᠡᠯ ᠳᠦ ᠭᠠᠷᠪᠠ)

ᠮᠣᠩᠭᠣᠯ ᠤᠨ ᠪᠢᠴᠢᠭ ᠦᠨ ᠪᠠᠢᠭᠤᠯᠤᠯᠭ᠎ᠠ ᠶᠢᠨ ᠰᠤᠳᠤᠯᠤᠯ ᠪᠢᠴᠢᠭ (ᠬᠥᠬᠡᠬᠣᠲᠠ · ᠮᠣᠩᠭᠣᠯ ᠬᠡᠪᠯᠡᠯ ·
ᠨᠡᠢᠲᠡᠯᠡᠪᠡ)

2015 ᠣᠨ ᠤ 4 ᠰᠠᠷ᠎ᠠ ᠳᠤ ᠬᠡᠪᠯᠡᠯ ᠨᠡᠢᠲᠡᠯᠡᠪᠡ)

ᠮᠣᠩᠭᠣᠯ ᠤᠨ ᠰᠣᠶᠣᠯ ᠤᠨ ᠲᠡᠦᠬᠡ ᠶᠢᠨ ᠰᠤᠳᠤᠯᠤᠯ
ᠪᠢᠴᠢᠭ ᠰᠣᠨᠢᠨ (ᠬᠥᠬᠡᠬᠣᠲᠠ · ᠮᠣᠩᠭᠣᠯ ᠬᠡᠪᠯᠡᠯ · 2015 ᠣᠨ ᠤ
3 ᠰᠠᠷ᠎ᠠ ᠳᠤ ᠬᠡᠪᠯᠡᠯ ᠳᠦ ᠭᠠᠷᠪᠠ)

【ᠬᠢᠲᠠᠳ ᠤᠨ ᠬᠡᠪᠯᠡᠯ ᠦᠨ ᠰᠠᠢᠨ ᠨᠣᠮ ᠤ ᠰᠤᠷᠭᠠᠯ (ᠬᠦᠮᠦᠵᠢᠯ ᠬᠡᠯᠡ ᠤᠨ ᠲᠣᠬᠢᠶᠠ) ᠤ
ᠲᠣᠪᠴᠢᠶᠠᠯᠠᠯ ᠤᠨ ᠵᠢᠭᠰᠠᠭᠠᠯᠲᠠ】

ᠬᠡᠯᠡ ᠶᠢᠨ ᠰᠤᠷᠭᠠᠯ ᠤᠨ ᠮᠣᠩᠭᠣᠯ ᠬᠡᠯᠡ ᠤᠨ ᠨᠣᠮ ᠤᠨ ᠪᠢᠴᠢᠭ (ᠮᠣᠩᠭᠣᠯ ᠬᠡᠪᠯᠡᠯ)

ᠰᠤᠷᠭᠠᠯᠲᠠ ᠰᠤᠷᠭᠠᠯ ᠤᠨ ᠮᠣᠩᠭᠣᠯ ᠤᠨ ᠬᠡᠯᠡ ᠶᠢᠨ ᠬᠡᠯᠡ
ᠰᠤᠷᠭᠠᠭᠤᠯᠢ (ᠮᠣᠩᠭᠣᠯ ᠬᠡᠪᠯᠡᠯ · 2015 ᠣᠨ ᠤ 7 ᠰᠠᠷ᠎ᠠ ᠳᠤ ᠬᠡᠪᠯᠡᠯ
ᠳᠦ ᠭᠠᠷᠪᠠ)

ᠬᠡᠯᠡᠯᠴᠡᠬᠦ (ᠮᠣᠩᠭᠣᠯ ᠬᠡᠪᠯᠡᠯ · 2015 ᠣᠨ ᠤ 7 ᠰᠠᠷ᠎ᠠ ᠳᠤ ᠬᠡᠪᠯᠡᠯ
ᠨᠡᠢᠲᠡᠯᠡᠪᠡ)

ᠰᠤᠷᠭᠠᠯᠲᠠ ᠬᠡᠯᠡᠨ ᠦ ᠪᠢᠴᠢᠭ (ᠮᠣᠩᠭᠣᠯ ᠬᠡᠪᠯᠡᠯ · 2015 ᠣᠨ ᠤ 9 ᠰᠠᠷ᠎ᠠ ᠳᠤ ᠬᠡᠪᠯᠡᠯ
ᠳᠦ ᠭᠠᠷᠪᠠ)

ᠰᠤᠷᠭᠠᠯᠲᠠ ᠬᠡᠯᠡᠨ ᠦ ᠪᠢᠴᠢᠭ (ᠮᠣᠩᠭᠣᠯ ᠬᠡᠪᠯᠡᠯ · 2015 ᠣᠨ ᠤ 9 ᠰᠠᠷ᠎ᠠ ᠳᠤ
ᠬᠡᠪᠯᠡᠯ ᠨᠡᠢᠲᠡᠯᠡᠪᠡ)

ᠪᠢᠴᠢᠭᠯᠡᠯ ᠰᠤᠷᠭᠠᠯᠲᠠ ᠶᠢᠨ ᠮᠣᠩᠭᠣᠯ ᠤᠨ ᠬᠡᠯᠡ ᠶᠢᠨ ᠬᠡᠯᠡ ᠬᠡᠯᠡᠯᠴᠡᠬᠦ (ᠮᠣᠩᠭᠣᠯ ᠬᠡᠪᠯᠡᠯ)
ᠬᠡᠪᠯᠡᠯ ᠨᠡᠢᠲᠡᠯᠡᠪᠡ)

ᠰᠤᠷᠭᠠᠯᠲᠠ ᠬᠡᠯᠡᠨ ᠦ ᠰᠤᠷᠬᠤ ᠤᠨ ᠪᠢᠴᠢᠭ

ᠪᠢᠴᠢᠭᠯᠡᠯ ᠰᠤᠷᠭᠠᠯᠲᠠ ᠶᠢᠨ ᠮᠣᠩᠭᠣᠯ ᠤᠨ ᠬᠡᠯᠡ ᠶᠢᠨ ᠬᠡᠯᠡ ᠰᠤᠷᠬᠤ (ᠮᠣᠩᠭᠣᠯ ᠬᠡᠪᠯᠡᠯ)

ᠰᠤᠷᠭᠠᠯᠲᠠ ᠬᠡᠯᠡᠨ ᠦ ᠬᠡᠯᠡᠯᠴᠡᠬᠦ (ᠮᠣᠩᠭᠣᠯ ᠬᠡᠪᠯᠡᠯ)

ᠰᠤᠷᠭᠠᠭᠤᠯᠢ ᠰᠤᠷᠭᠠᠯᠲᠠ ᠶᠢᠨ ᠮᠣᠩᠭᠣᠯ ᠤᠨ ᠬᠡᠯᠡ ᠶᠢᠨ ᠬᠡᠯᠡ
ᠰᠤᠷᠭᠠᠭᠤᠯᠢ (ᠮᠣᠩᠭᠣᠯ ᠬᠡᠪᠯᠡᠯ · 2015 ᠣᠨ ᠤ 7 ᠰᠠᠷ᠎ᠠ ᠳᠤ ᠬᠡᠪᠯᠡᠯ
ᠳᠦ ᠭᠠᠷᠪᠠ)

ᠰᠤᠷᠭᠠᠭᠤᠯᠢ (ᠮᠣᠩᠭᠣᠯ ᠬᠡᠪᠯᠡᠯ · 2015 ᠣᠨ ᠤ 7 ᠰᠠᠷ᠎ᠠ ᠳᠤ ᠬᠡᠪᠯᠡᠯ
ᠨᠡᠢᠲᠡᠯᠡᠪᠡ)

ᠰᠤᠷᠭᠠᠯᠲᠠ ᠬᠡᠯᠡᠨ ᠦ ᠰᠤᠷᠬᠤ (ᠮᠣᠩᠭᠣᠯ ᠬᠡᠪᠯᠡᠯ · 2015 ᠣᠨ ᠤ 9 ᠰᠠᠷ᠎ᠠ ᠳᠤ ᠬᠡᠪᠯᠡᠯ
ᠨᠡᠢᠲᠡᠯᠡᠪᠡ)

ᠬᠦᠮᠦᠨ (ᠬᠥᠬᠡᠬᠣᠲᠠ · ᠮᠣᠩᠭᠣᠯ ᠬᠡᠪᠯᠡᠯ · 2015 ᠣᠨ ᠤ 9 ᠰᠠᠷ᠎ᠠ ᠳᠤ
ᠬᠡᠪᠯᠡᠯ ᠳᠦ ᠭᠠᠷᠪᠠ)

ᠪᠢᠴᠢᠭᠯᠡᠯ ᠰᠤᠷᠭᠠᠯᠲᠠ ᠶᠢᠨ ᠮᠣᠩᠭᠣᠯ ᠤᠨ ᠬᠡᠯᠡ ᠶᠢᠨ ᠬᠡᠯᠡ
ᠬᠡᠯᠡᠯᠴᠡᠬᠦ (ᠮᠣᠩᠭᠣᠯ ᠬᠡᠪᠯᠡᠯ · 2015 ᠣᠨ ᠤ 7 ᠰᠠᠷ᠎ᠠ ᠳᠤ ᠬᠡᠪᠯᠡᠯ ᠳᠦ
ᠭᠠᠷᠪᠠ)

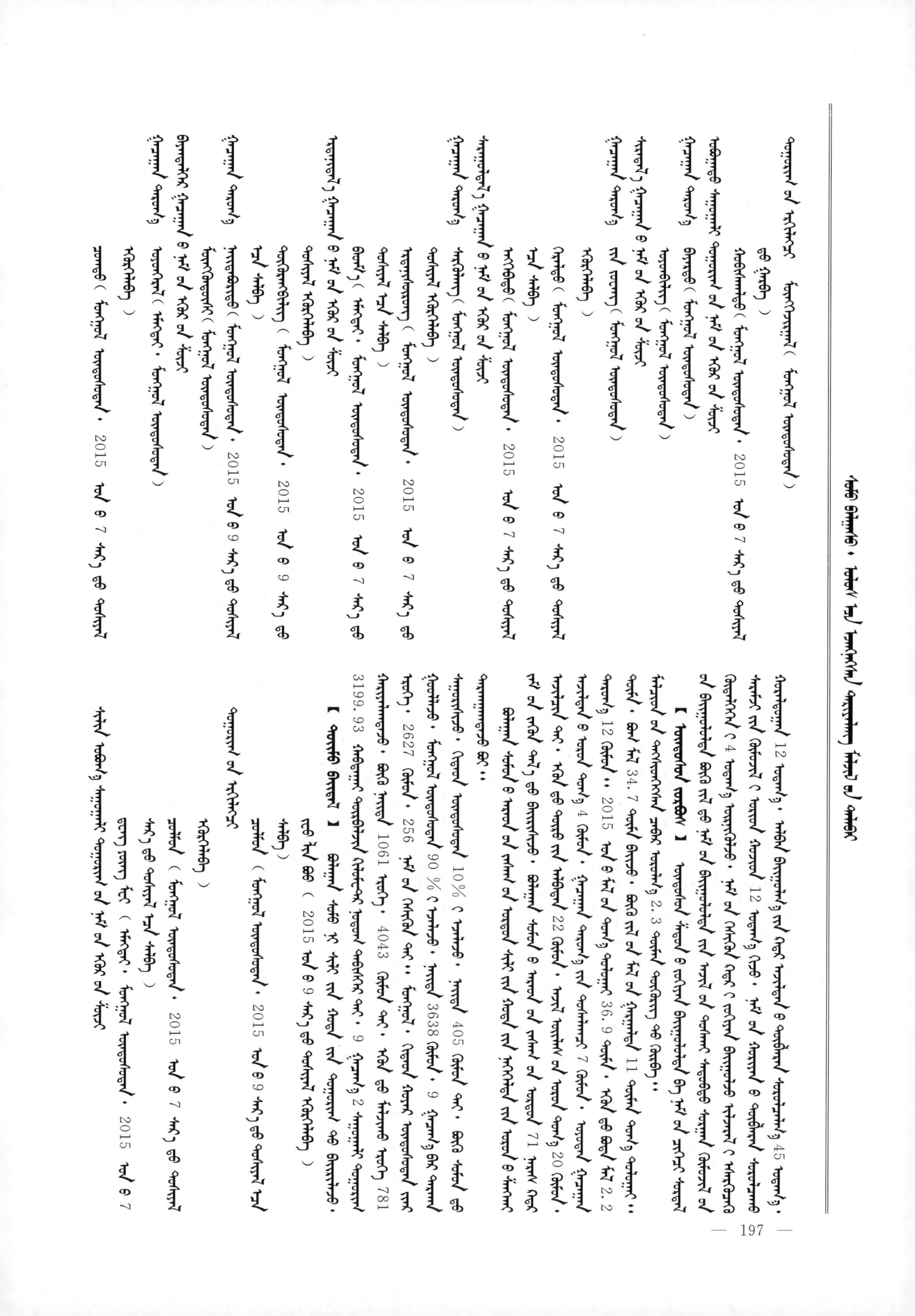

[illegible] 12 [illegible] 45 [illegible] 12 [illegible] 4 [illegible] 2.3 [illegible]

[illegible] 34.7 [illegible] 11 [illegible] 12 [illegible] 2015 [illegible] 36.9 [illegible] 2.2 [illegible] 4 [illegible] 7 [illegible] 22 [illegible] 20 [illegible] 71 [illegible]

[illegible] 10% [illegible] 405 [illegible] 90% [illegible] 3638 [illegible] 9 [illegible] 2627 [illegible] 256 [illegible] 1061 [illegible] 4043 [illegible] 781 [illegible] 3199.93 [illegible] 9 [illegible] 2 [illegible]

[illegible] (2015 [illegible] 9 [illegible])

[illegible] ([illegible] 2015 [illegible] 9 [illegible])

[illegible] ([illegible] 2015 [illegible] 7 [illegible])

[illegible] ([illegible] 2015 [illegible] 7 [illegible]

[illegible] ([illegible])

[illegible] ([illegible] 2015 [illegible] 7 [illegible])

[illegible] ([illegible])

[illegible] ([illegible])

[illegible] ([illegible] 2015 [illegible] 7 [illegible])

[illegible] ([illegible] 2015 [illegible] 7 [illegible])

[illegible] ([illegible])

[illegible] ([illegible] 2015 [illegible] 7 [illegible])

[illegible] ([illegible] 2015 [illegible] 7 [illegible])

[illegible] ([illegible] 2015 [illegible] 9 [illegible])

[illegible] ([illegible] 2015 [illegible] 9 [illegible])

[illegible] ([illegible])

[illegible] ([illegible])

[illegible] ([illegible] 2015 [illegible] 7 [illegible]

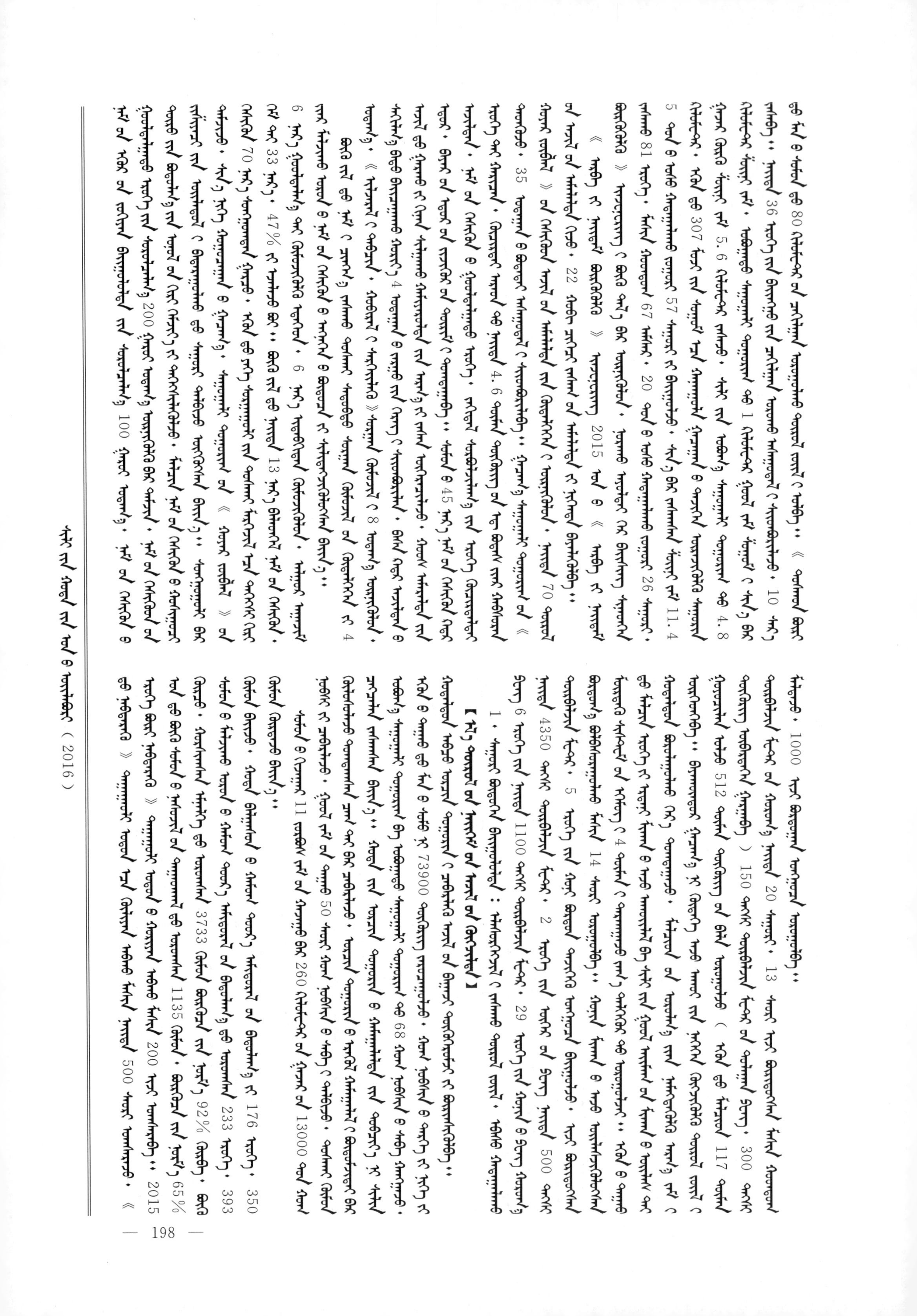

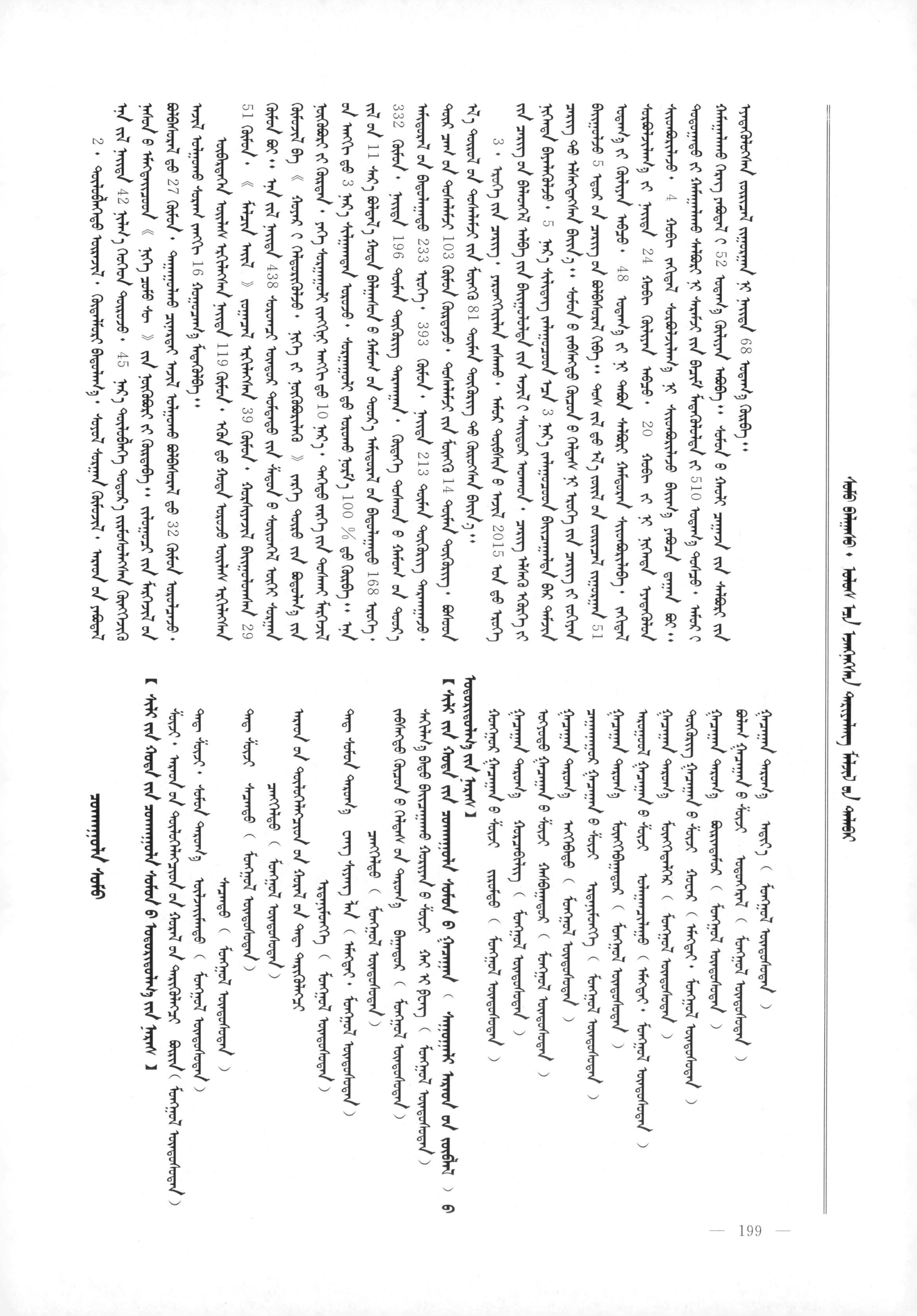

ᠬᠥᠪᠴᠢᠶᠡᠨ ᠨᠡᠮᠡᠭᠳᠡᠭᠦᠯᠦᠨ᠂ ᠬᠠᠷᠢ ᠪᠠᠶᠢᠳᠠᠯ ᠢ ᠰᠠᠶᠢᠵᠢᠷᠠᠭᠤᠯᠬᠤ᠂ ᠰᠠᠶᠢᠵᠢᠷᠠᠭᠤᠯᠬᠤ᠂ ᠪᠡᠬᠡᠵᠢᠭᠦᠯᠬᠦ᠂
ᠬᠡᠷᠡᠭᠵᠢᠭᠦᠯᠦᠯᠲᠡ ᠪᠣᠯᠤᠨ᠎ᠠ᠃ ᠡᠳᠡᠭᠡᠷ ᠢ ᠬᠥᠳᠡᠯᠦᠨ ᠤ ᠠᠵᠤ ᠠᠬᠤᠢ ᠶᠢᠨ ᠪᠦᠲᠦᠭᠡᠯ ᠢ ᠳᠡᠭᠡᠭᠰᠢ ᠨᠢ
ᠬᠥᠳᠡᠯᠦᠨ ᠤ ᠡᠷᠦᠯᠲᠡ ᠶᠢᠨ ᠲᠦᠪᠰᠢᠨ ᠢ ᠳᠡᠭᠡᠭᠰᠢᠯᠡᠭᠦᠯᠦᠨ᠂ ᠬᠥᠳᠡᠯᠦᠨ ᠦ ᠣᠷᠣᠯᠭ᠎ᠠ 3 ᠢ ᠪᠠᠶᠢᠭᠤᠯᠤᠨ᠎ᠠ᠃ ᠡᠳᠡᠭᠡᠷ ᠲᠤ
ᠲᠦᠯᠬᠢ᠃ ᠪᠦᠬᠦ ᠨᠤᠲᠤᠭ ᠲᠤ ᠵᠢᠯ ᠳᠤ 1100 ᠰᠠᠶ᠎ᠠ ᠶᠤᠸᠠᠨ ᠤ ᠥᠷᠭᠡᠳᠭᠡᠯ ᠢ ᠬᠡᠷᠡᠭᠵᠢᠭᠦᠯᠵᠦ᠂
ᠤᠯᠤᠰ ᠤᠨ ᠤᠷᠤᠭᠰᠢᠯᠠᠯᠲᠠ ᠶᠢᠨ ᠳᠠᠯᠠᠢ ᠶᠢᠨ ᠬᠡᠮᠵᠢᠶ᠎ᠡ ᠶᠢ ᠨᠡᠮᠡᠭᠳᠡᠭᠦᠯᠦᠨ᠎ᠡ᠃
ᠬᠥᠷᠥᠩᠭᠡ ᠣᠷᠤᠭᠤᠯᠤᠯᠲᠠ᠂ ᠬᠠᠮᠤᠭ ᠤᠨ ᠪᠡᠭᠡᠭᠦᠨ 0.5—1
ᠬᠣᠶᠠᠷ ᠤᠨ 2 ᠲᠠᠢ᠂ 2467 ᠲᠦᠮᠡᠨ ᠪᠣᠯᠤᠨ᠎ᠠ᠃
ᠡ 7.85 ᠲᠦᠮᠡᠨ ᠲᠣᠯᠣᠭᠠᠢ᠂ 7.6 ᠲᠦᠮᠡᠨ᠂
ᠡ 18.27 ᠲᠦᠮᠡᠨ᠂ 2015
7.9 ᠲᠦᠮᠡᠨ
50.83 ᠲᠦᠮᠡᠨ
1.71 ᠲᠦᠮᠡᠨ
6.36 ᠲᠦᠮᠡᠨ
31.9 ᠲᠦᠮᠡᠨ

ᠤᠨ ᠬᠣᠶᠠᠷ ᠨᠠᠰᠤᠨ ᠤ ... 800 ...
... 5
... 10 ...
2250 ... (3 ...)
(22 ...) ... 200 ... (2 ...)
... 2750 ...
1000 ...
... 0.5 ...
... 3000 ... 10 ... 3.5
496 ... 20

【 ... 】
... 42 ... 182 ...
182700 ... 7 ... 3 ... 7 ...
... 20800 ...
3270 ... 637 ... 2605 ... 2015 ...
... 1880 ... 1110 ...

【 ... 】 ... 80 ...
...
...
...
...
...
...

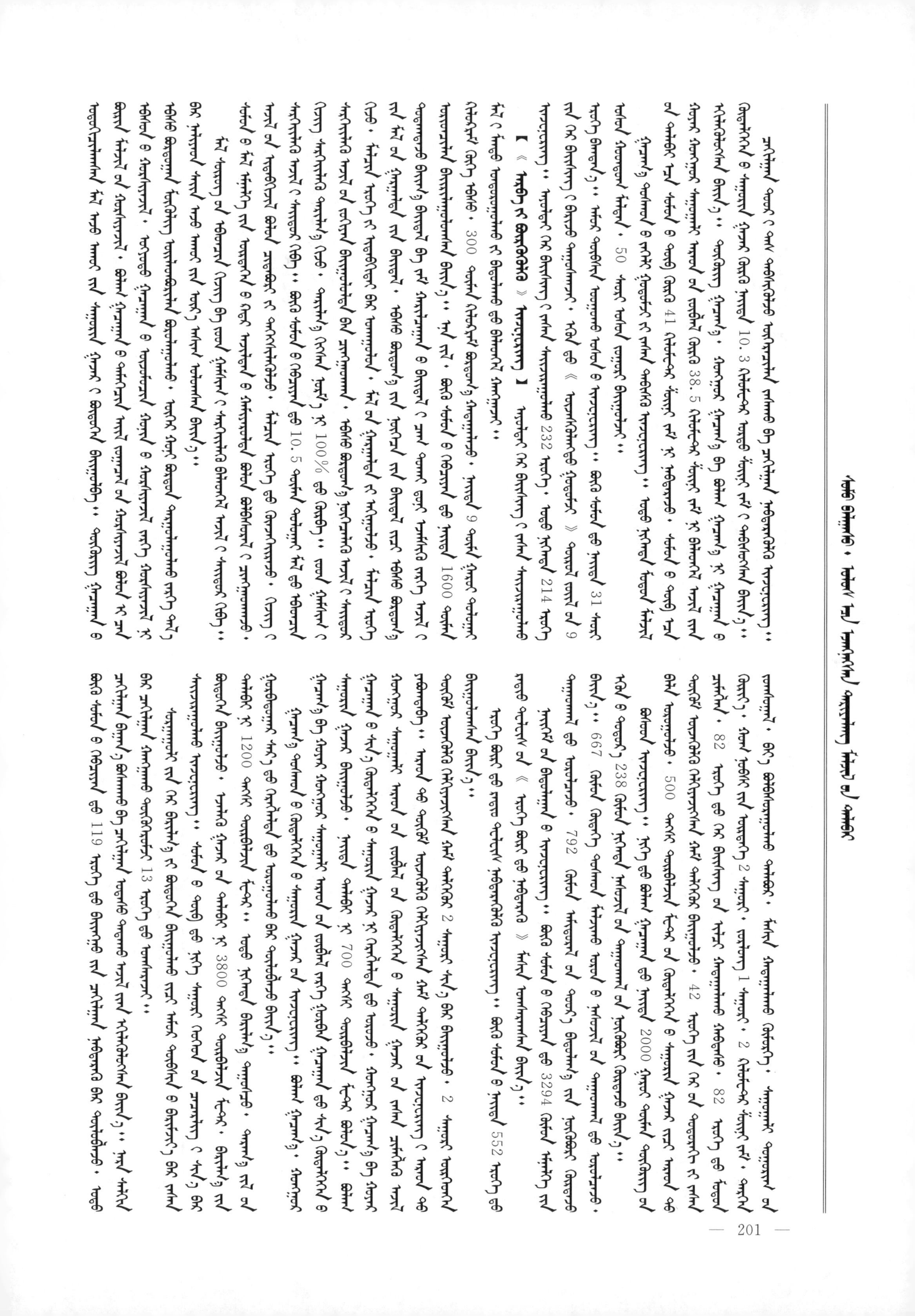

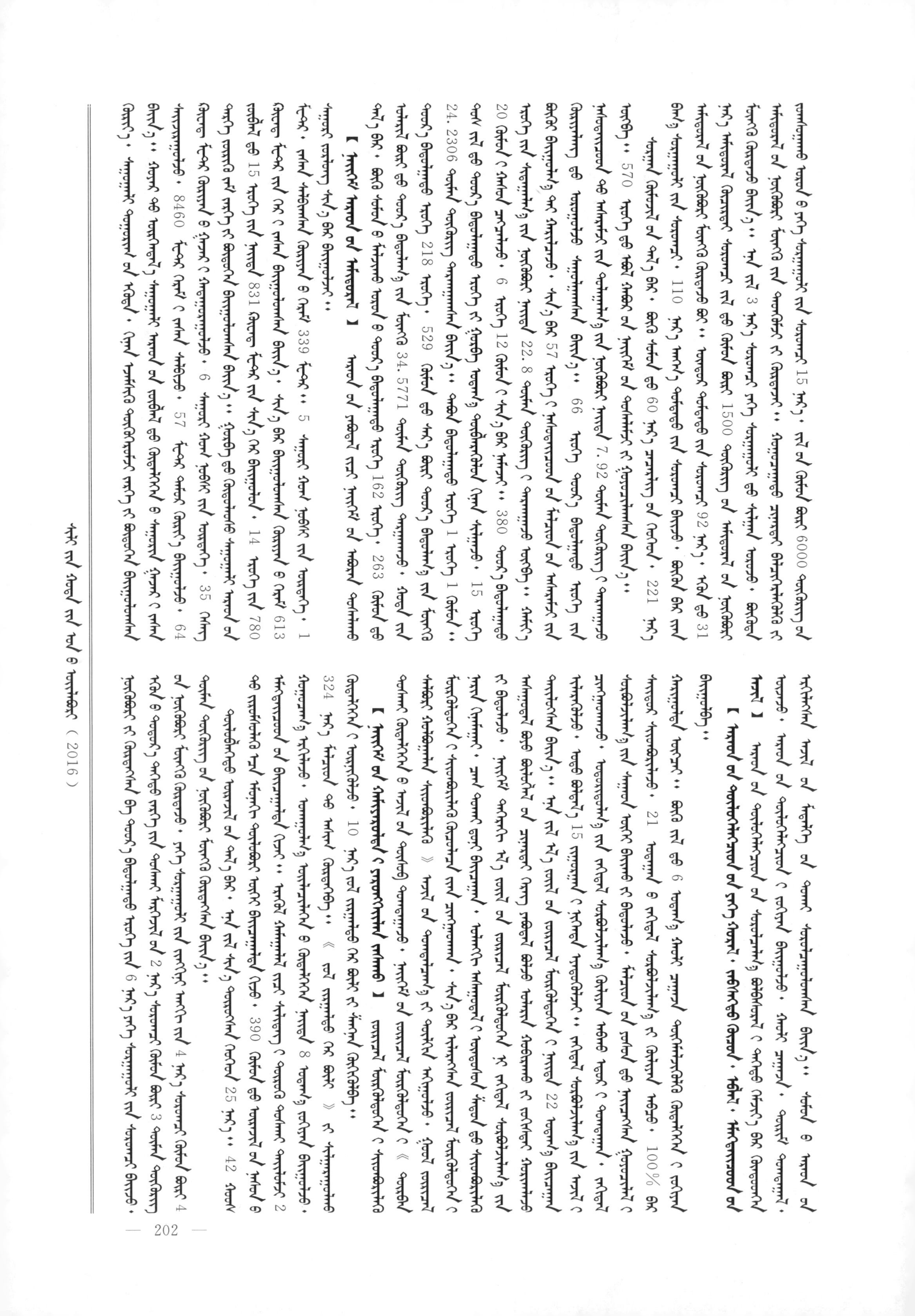

72.7 … 1553 … 364 … 1130 … 2220 … 534 … 2 … 4 … 100 …

2015 … 3 … 2 … 2015 …

… 4 … 4 … 10 … 1 … 4 … 4 … 1 …

2015 … 1 …

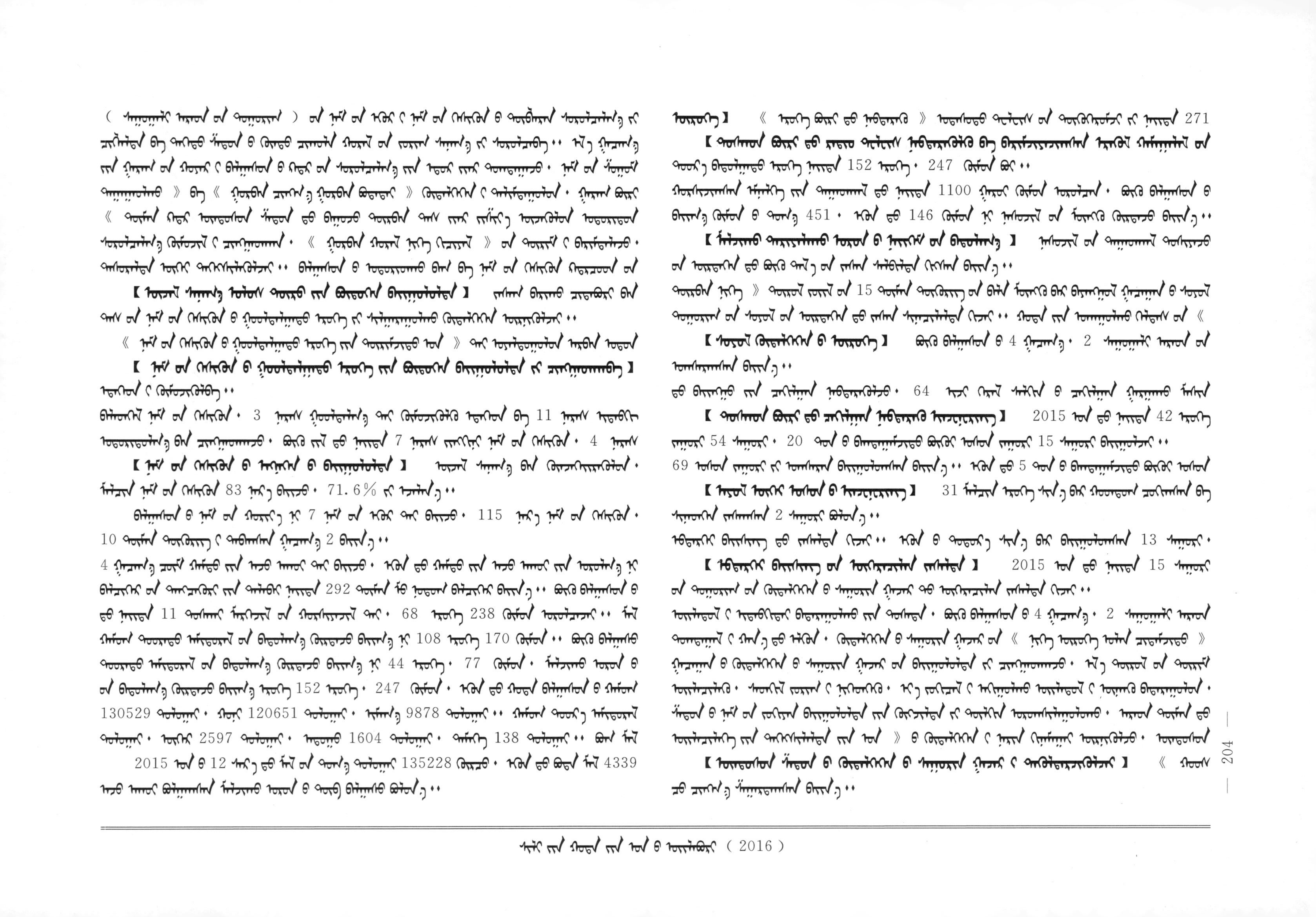

([illegible]) [illegible] 《 [illegible] 》 [illegible] 《 [illegible] 》 [illegible] 《 [illegible] 》 [illegible] 《 [illegible] 》 [illegible]᠃

【[illegible]】 [illegible]᠃

《 [illegible] 》 [illegible]

【[illegible]】 [illegible]᠃

[illegible] 3 [illegible] 11 [illegible] 7 [illegible] 4 [illegible]

【[illegible]】 [illegible] 83 [illegible] 71.6% [illegible]᠃

[illegible] 7 [illegible] 115 [illegible] 10 [illegible] 2 [illegible]᠃

4 [illegible] 292 [illegible]᠃ [illegible] 11 [illegible] 68 [illegible] 238 [illegible]᠃ [illegible] 108 [illegible] 170 [illegible]᠃ [illegible] 44 [illegible] 77 [illegible] 152 [illegible] 247 [illegible] 130529 [illegible] 120651 [illegible] 9878 [illegible]᠃ [illegible] 2597 [illegible] 1604 [illegible] 138 [illegible]᠃ [illegible]

2015 [illegible] 12 [illegible] 135228 [illegible] 4339 [illegible]᠃

[illegible]】 《 [illegible] 》 [illegible] 271

【[illegible]】 [illegible] 152 [illegible] 247 [illegible]᠃ [illegible] 1100 [illegible] 451 [illegible] 146 [illegible]᠃

【[illegible]】 [illegible]᠃ [illegible] 》 [illegible] 15 [illegible] 《

【[illegible]】 [illegible] 4 [illegible] 2 [illegible]᠃ [illegible] 64 [illegible]

【[illegible]】 2015 [illegible] 42 [illegible] 54 [illegible] 20 [illegible] 15 [illegible]᠃ 69 [illegible]᠃ [illegible] 5 [illegible]

【[illegible]】 31 [illegible] 2 [illegible]᠃ [illegible] 13 [illegible]

【[illegible]】 2015 [illegible] 15 [illegible]᠃ [illegible] 4 [illegible] 2 [illegible] 《 [illegible] 》 [illegible] 》 [illegible]

【[illegible]】 《 [illegible]᠃

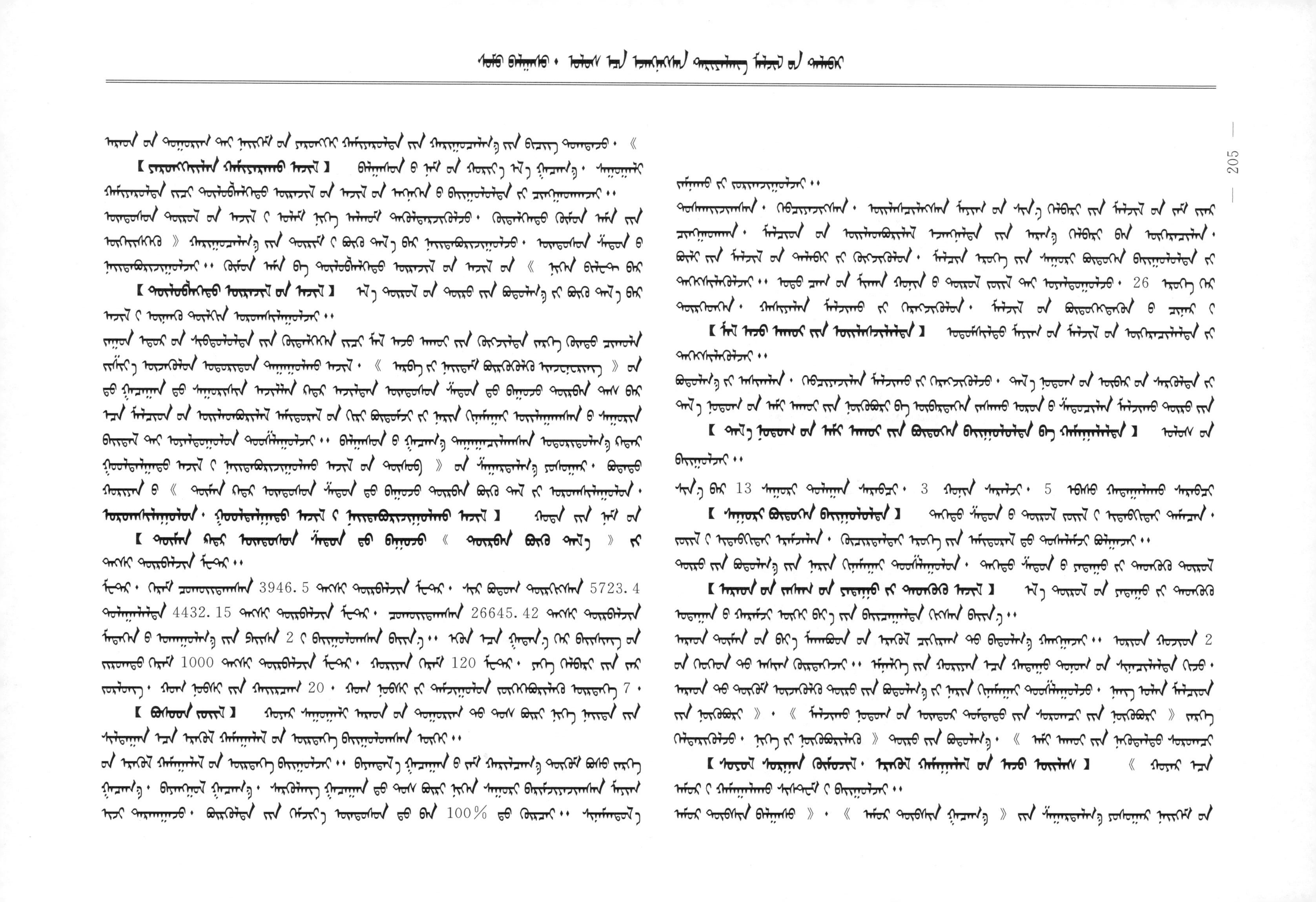

[illegible] 《

【[illegible]】 [illegible]

【[illegible]】 [illegible] ᠃

[illegible] 《 [illegible] 》 [illegible] 《 [illegible] 》 [illegible]

【[illegible] 《 [illegible] 》 [illegible]】

[illegible] 3946.5 [illegible] 5723.4 [illegible] 4432.15 [illegible] 26645.42 [illegible] 2 [illegible] 1000 [illegible] 120 [illegible] 20 [illegible] 7 [illegible] ᠃

【[illegible]】 [illegible] ᠃

[illegible] 100% [illegible]

[illegible] ᠃

[illegible] 26 [illegible]

【[illegible]】 [illegible] ᠃

[illegible]

【[illegible]】 [illegible] ᠃

[illegible] 13 [illegible] 3 [illegible] 5 [illegible]

【[illegible]】 [illegible] ᠃

【[illegible]】 [illegible] 2 [illegible] 《 [illegible] 》 [illegible] 《 [illegible] 》 [illegible] 《 [illegible] 》 [illegible] 《 [illegible] 》

【[illegible]】 《 [illegible] ᠃

[illegible] 》 [illegible] 《 [illegible] 》 [illegible]

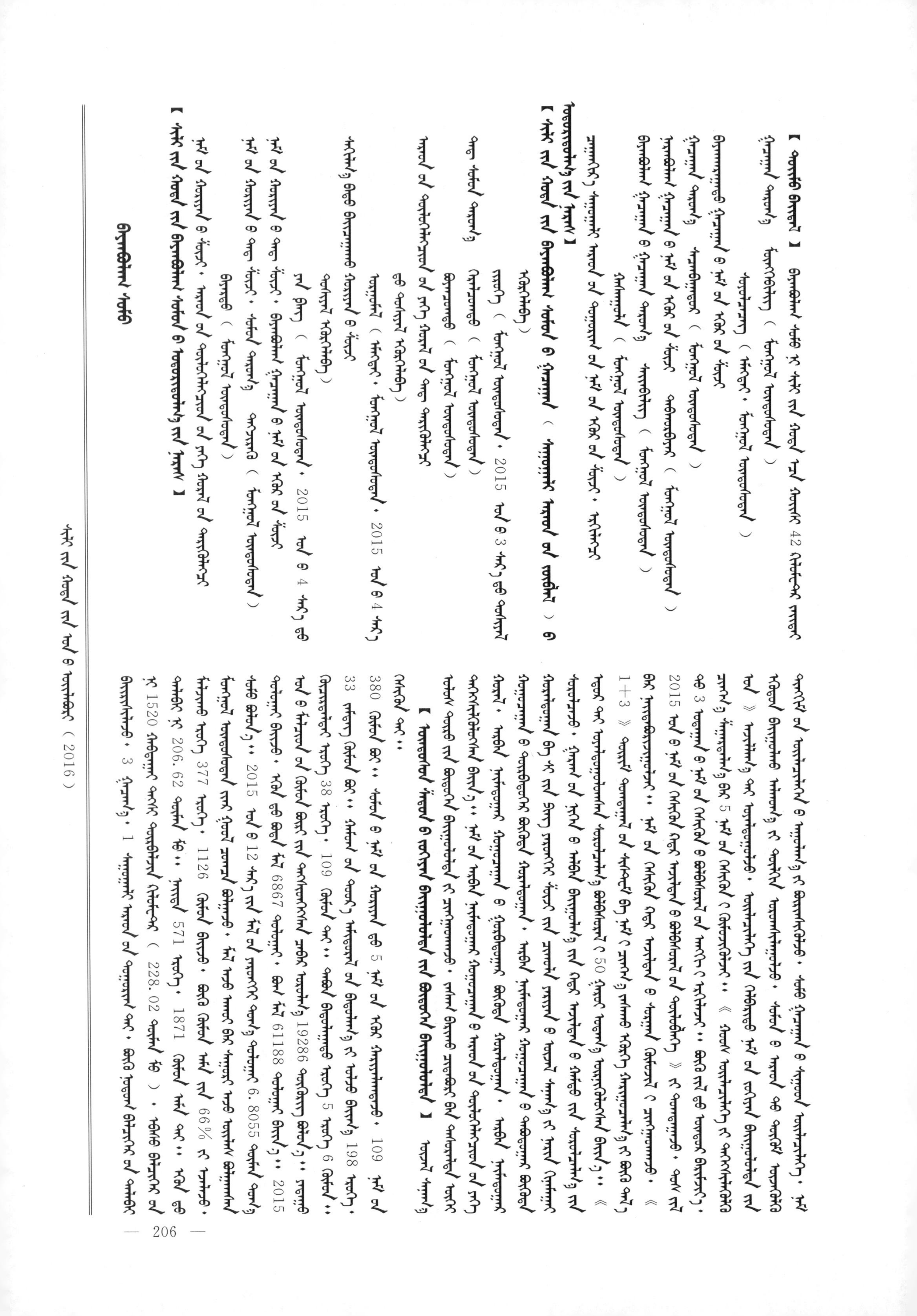

[illegible] 42 [illegible]

[illegible] 2015 [illegible] 3 [illegible]

[illegible] 2015 [illegible] 4 [illegible]

[illegible] 2015 [illegible] 4 [illegible]

[illegible] 1+3 [illegible] 50 [illegible] 2015 [illegible] 3 [illegible] 5 [illegible]

[illegible] 380 [illegible] 5 [illegible] 109 [illegible] 33 [illegible] 38 [illegible] 109 [illegible] 198 [illegible] 5 [illegible] 6 [illegible] 19286 [illegible] 6867 [illegible] 61188 [illegible] 2015 [illegible] 12 [illegible] 6.8055 [illegible] 2015 [illegible] 377 [illegible] 1126 [illegible] 66% [illegible] 206.62 [illegible] 571 [illegible] 1871 [illegible] 1520 [illegible] 228.02 [illegible] 3 [illegible] 1 [illegible]

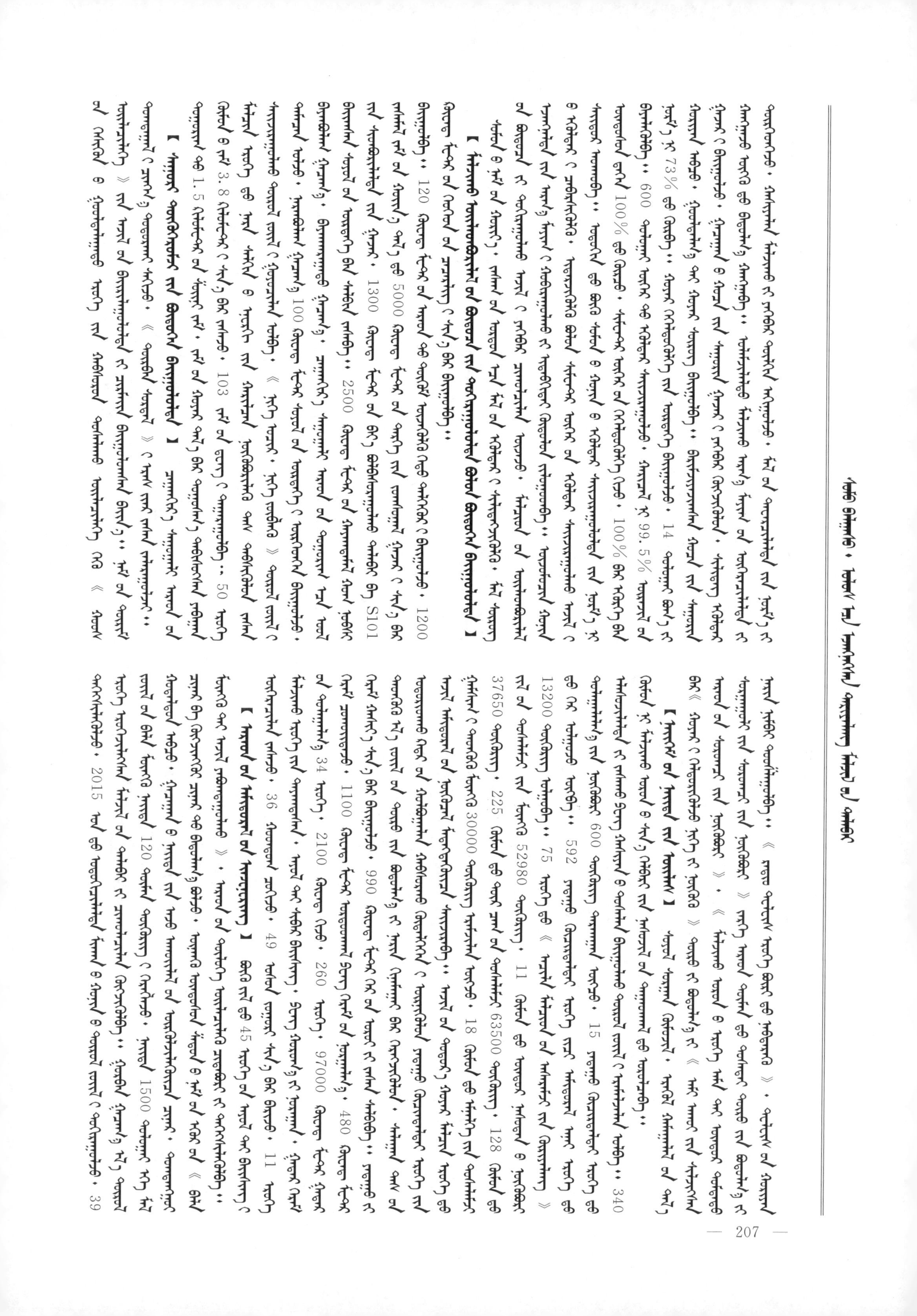

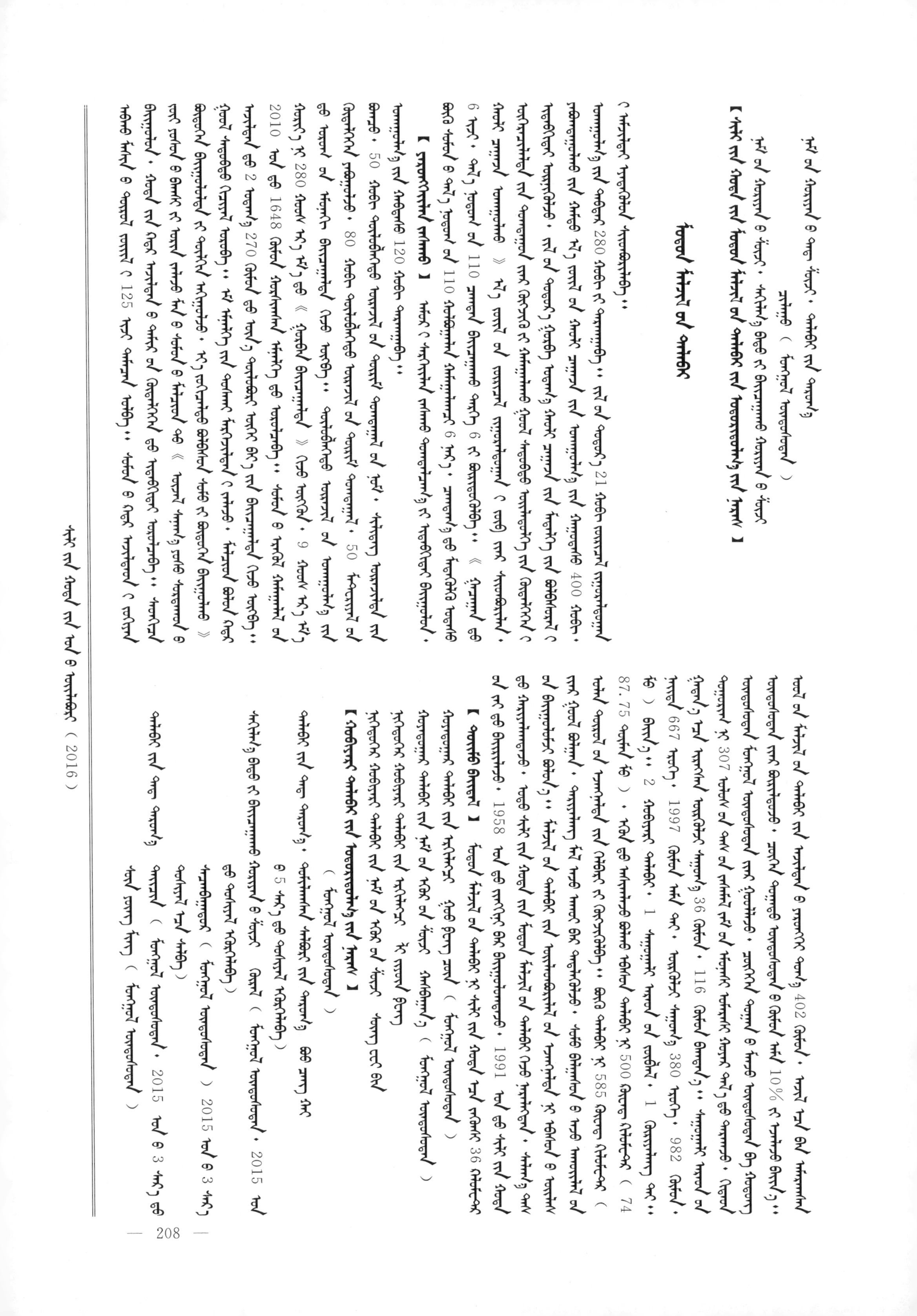

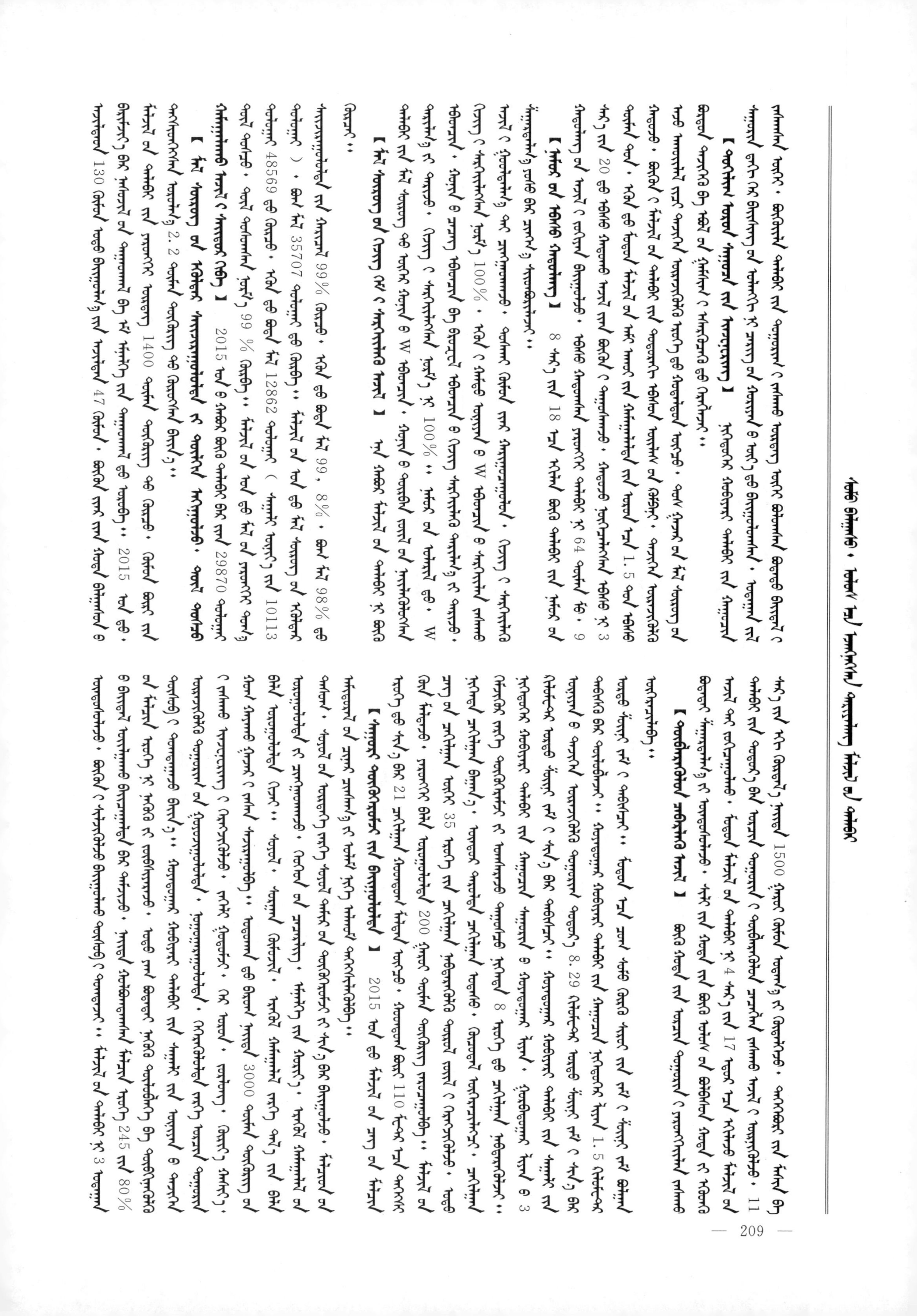

[illegible]

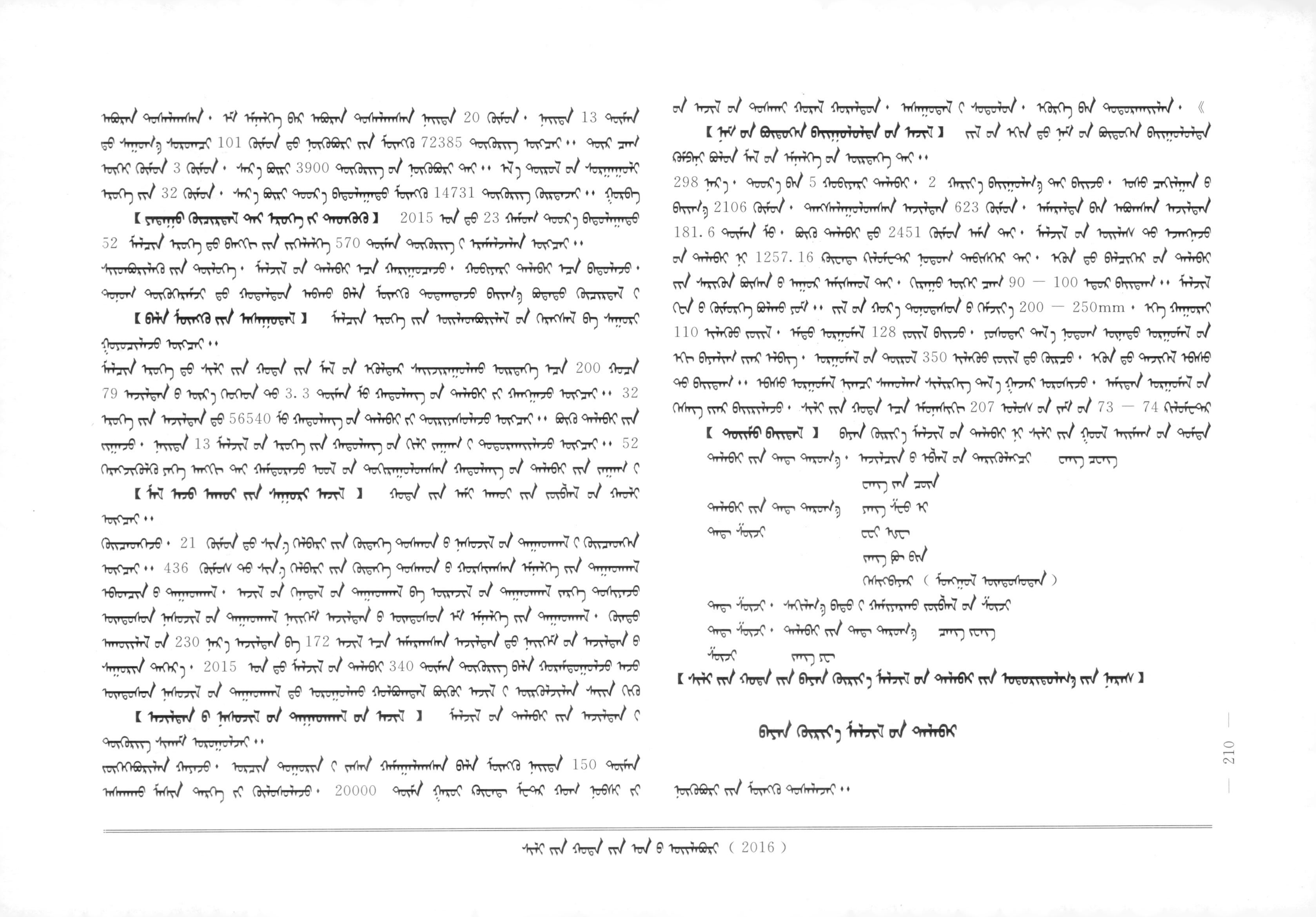

[illegible] · [illegible] 20 [illegible] · [illegible] 13 [illegible]
[illegible] 101 [illegible] 72385 [illegible] :: [illegible]
[illegible] 3 [illegible] · [illegible] 3900 [illegible] :: [illegible]
[illegible] 32 [illegible] · [illegible] 14731 [illegible] :: [illegible]

【[illegible]】 2015 [illegible] 23 [illegible]
52 [illegible] 570 [illegible] ::
[illegible] · [illegible] · [illegible] ·
[illegible]

【[illegible]】 [illegible] ::
[illegible] 200 [illegible]
79 [illegible] 3.3 [illegible] :: 32
[illegible] 56540 [illegible] :: [illegible]
[illegible] · [illegible] 13 [illegible] :: 52
[illegible]

【[illegible]】 [illegible] ::
[illegible] · 21 [illegible]
[illegible] :: 436 [illegible]
[illegible] · [illegible] · [illegible]
[illegible] 230 [illegible] 172 [illegible]
[illegible] · 2015 [illegible] 340 [illegible]
[illegible]

【[illegible]】 [illegible] ::
[illegible] · [illegible] 150 [illegible]
[illegible] · 20000 [illegible]
[illegible] · [illegible] · [illegible] · 《

【[illegible]】 [illegible] ::
298 [illegible] · [illegible] 5 [illegible] · 2 [illegible] · [illegible]
[illegible] 2106 [illegible] · [illegible] 623 [illegible] · [illegible]
181.6 [illegible] · [illegible] 2451 [illegible] · [illegible]
[illegible] 1257.16 [illegible] · [illegible]
[illegible] · [illegible] 90 — 100 [illegible] :: [illegible]
[illegible] :: [illegible] 200 — 250mm · [illegible]
110 [illegible] · [illegible] 128 [illegible] · [illegible]
[illegible] · [illegible] 350 [illegible] · [illegible]
[illegible] :: [illegible] · [illegible]
[illegible] · [illegible] 207 [illegible] 73 — 74 [illegible]

【[illegible]】 [illegible]
[illegible] · [illegible] [illegible]
[illegible]
[illegible] [illegible]
[illegible] [illegible]
[illegible]
[illegible] ([illegible])
[illegible] · [illegible]
[illegible] · [illegible] [illegible]
[illegible] [illegible]

【[illegible]】

[illegible]

[illegible] ::

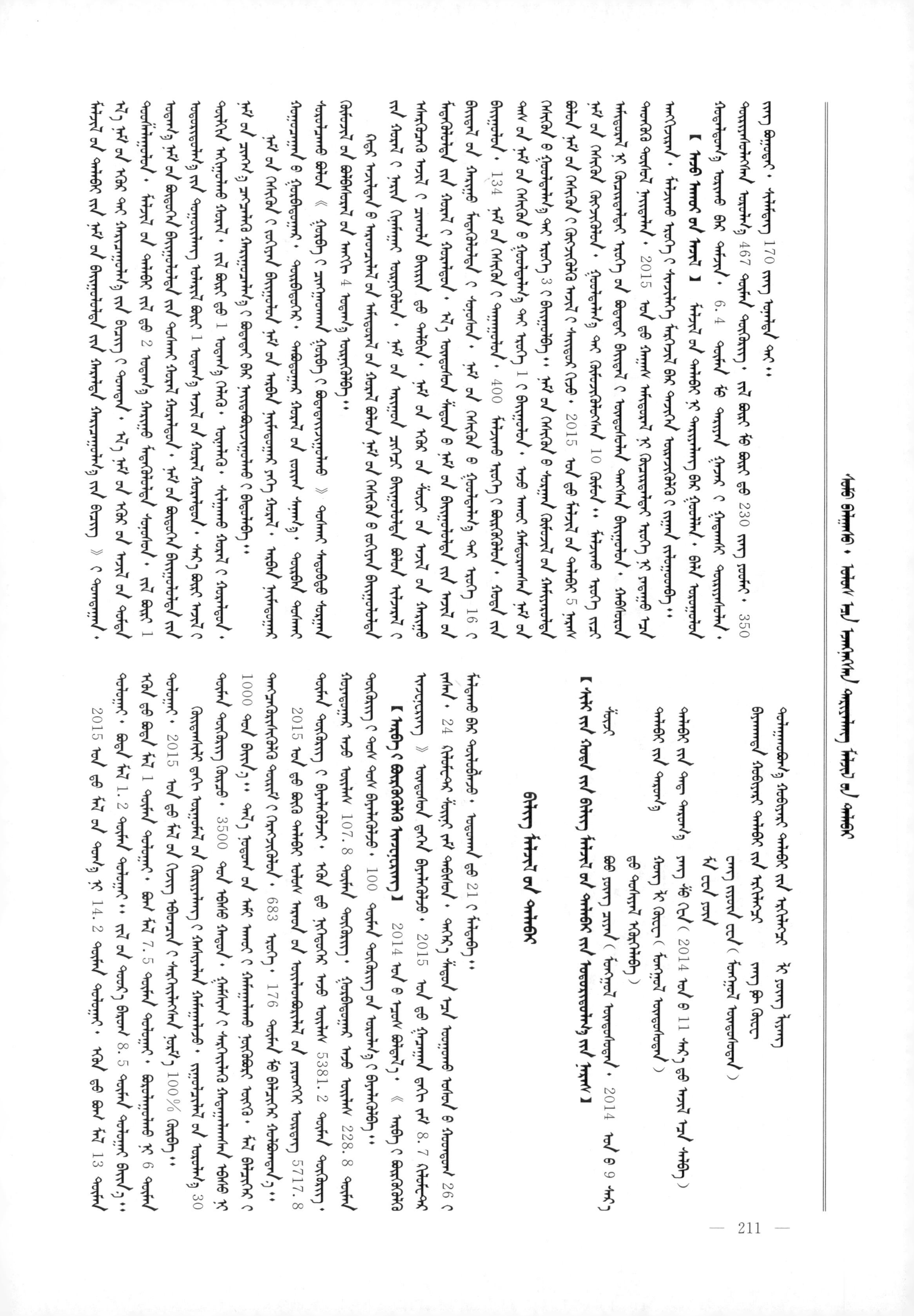

[illegible] 170 [illegible]
[illegible] 467 [illegible] 230 [illegible] 350 [illegible] 6.4 [illegible]

【[illegible]】 [illegible] 2015 [illegible] 10 [illegible] 2015 [illegible] 5 [illegible] 3 [illegible] 1 [illegible] 134 [illegible] 400 [illegible] 16 [illegible]

[illegible] 4 [illegible]

[illegible] 《[illegible]》 [illegible]

[illegible] 1 [illegible] 1 [illegible] 2 [illegible] 1 [illegible] 《[illegible]》 [illegible]

[illegible]	[illegible]
[illegible]	[illegible]
	[illegible]（[illegible]）
	[illegible]
[illegible]	[illegible]（2014 [illegible] 11 [illegible]）
[illegible]	[illegible]（[illegible]
	[illegible]）
[illegible]	[illegible]（[illegible] 2014 [illegible] 9 [illegible]

【[illegible]】

[illegible]

[illegible] 21 [illegible] 24 [illegible] 26 [illegible] 》 [illegible] 2015 [illegible] 8.7 [illegible]

【[illegible]】 2014 [illegible] 《[illegible] 100 [illegible] 107.8 [illegible] 228.8 [illegible] 5381.2 [illegible]

2015 [illegible] 5717.8 [illegible] 683 [illegible] 176 [illegible] 1000 [illegible] 3500 [illegible]

[illegible] 30 [illegible] 2015 [illegible] 100% [illegible] 1 [illegible] 7.5 [illegible] 6 [illegible] 1.2 [illegible] 8.5 [illegible]

2015 [illegible] 14.2 [illegible] 13 [illegible]

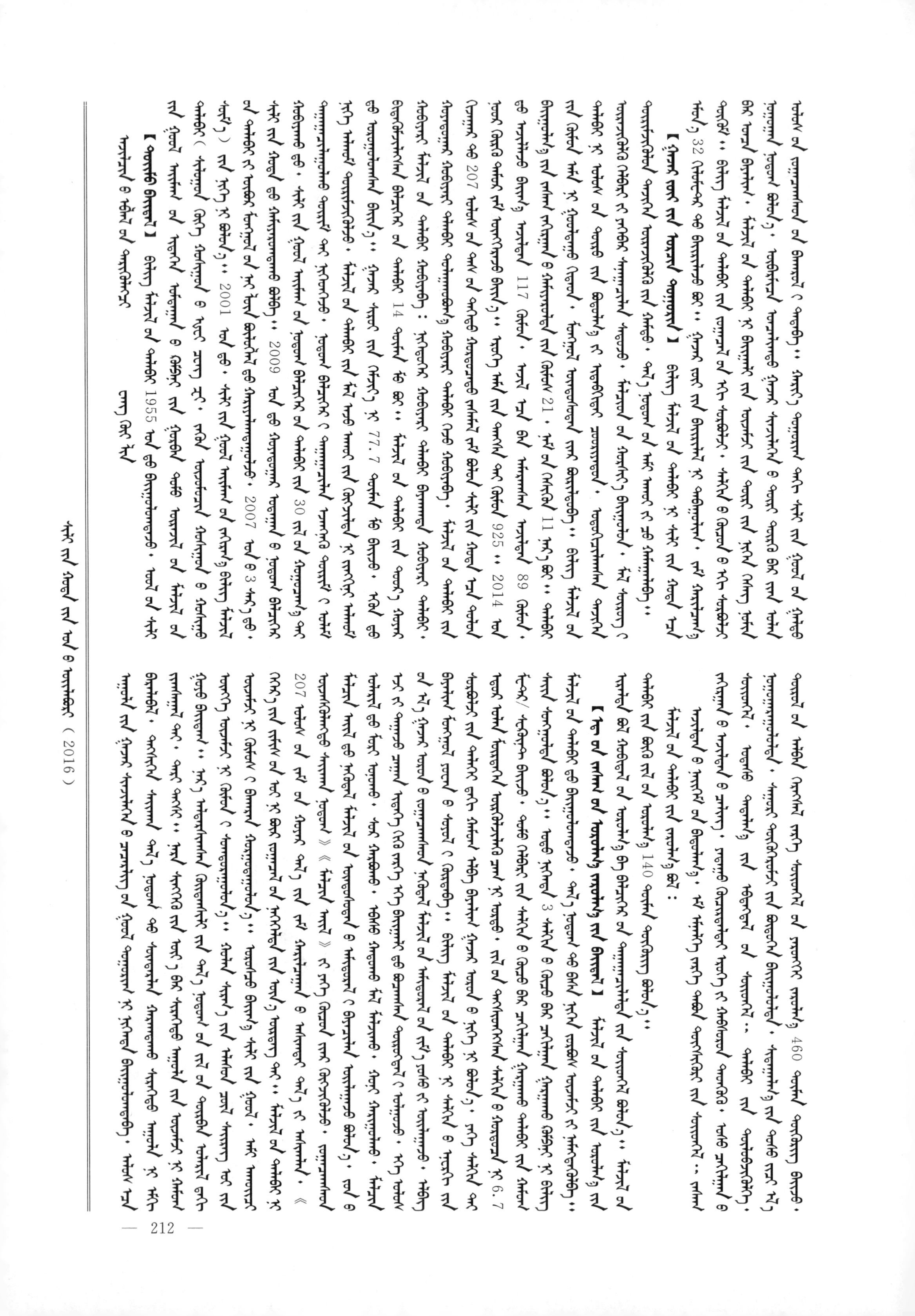

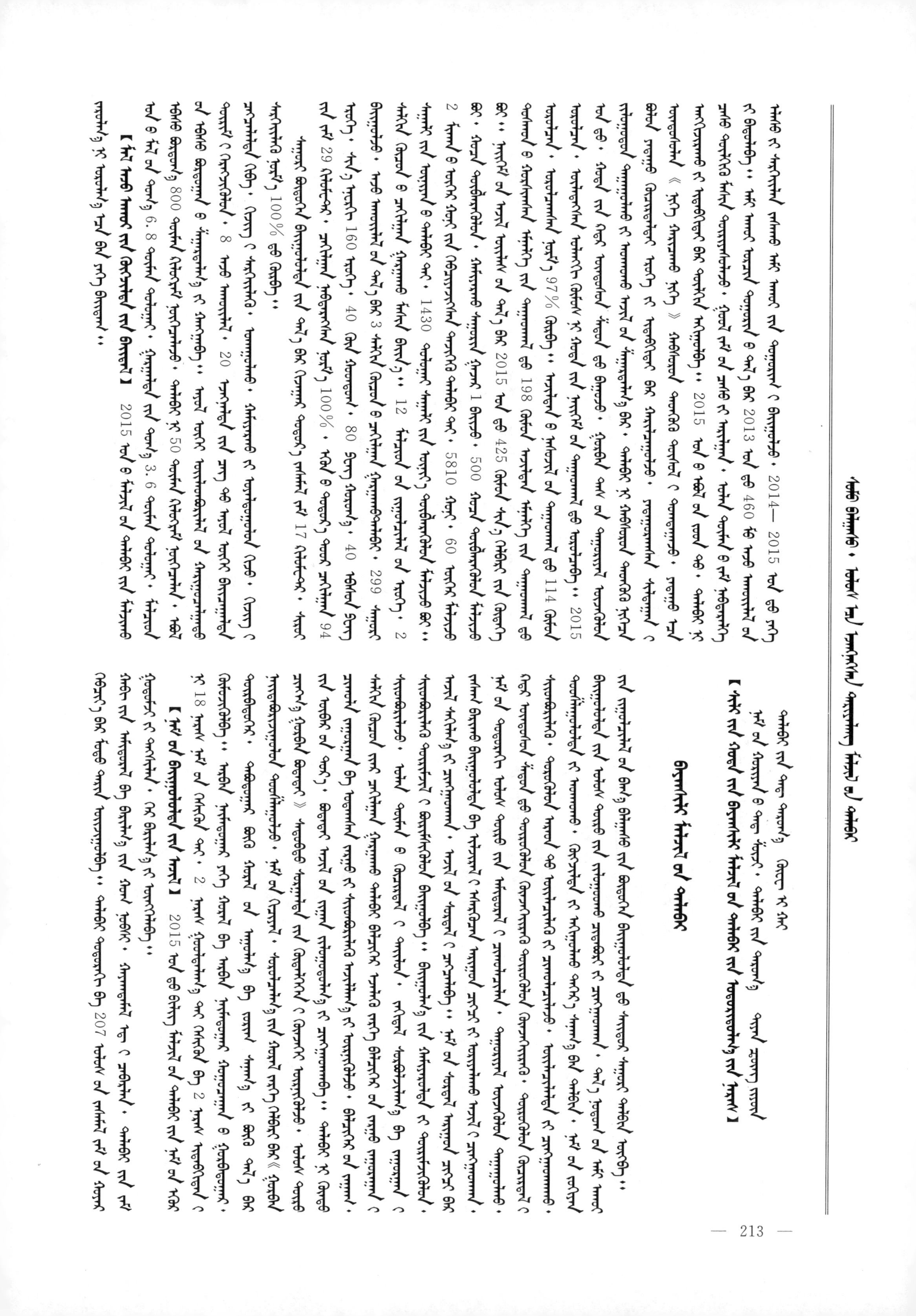

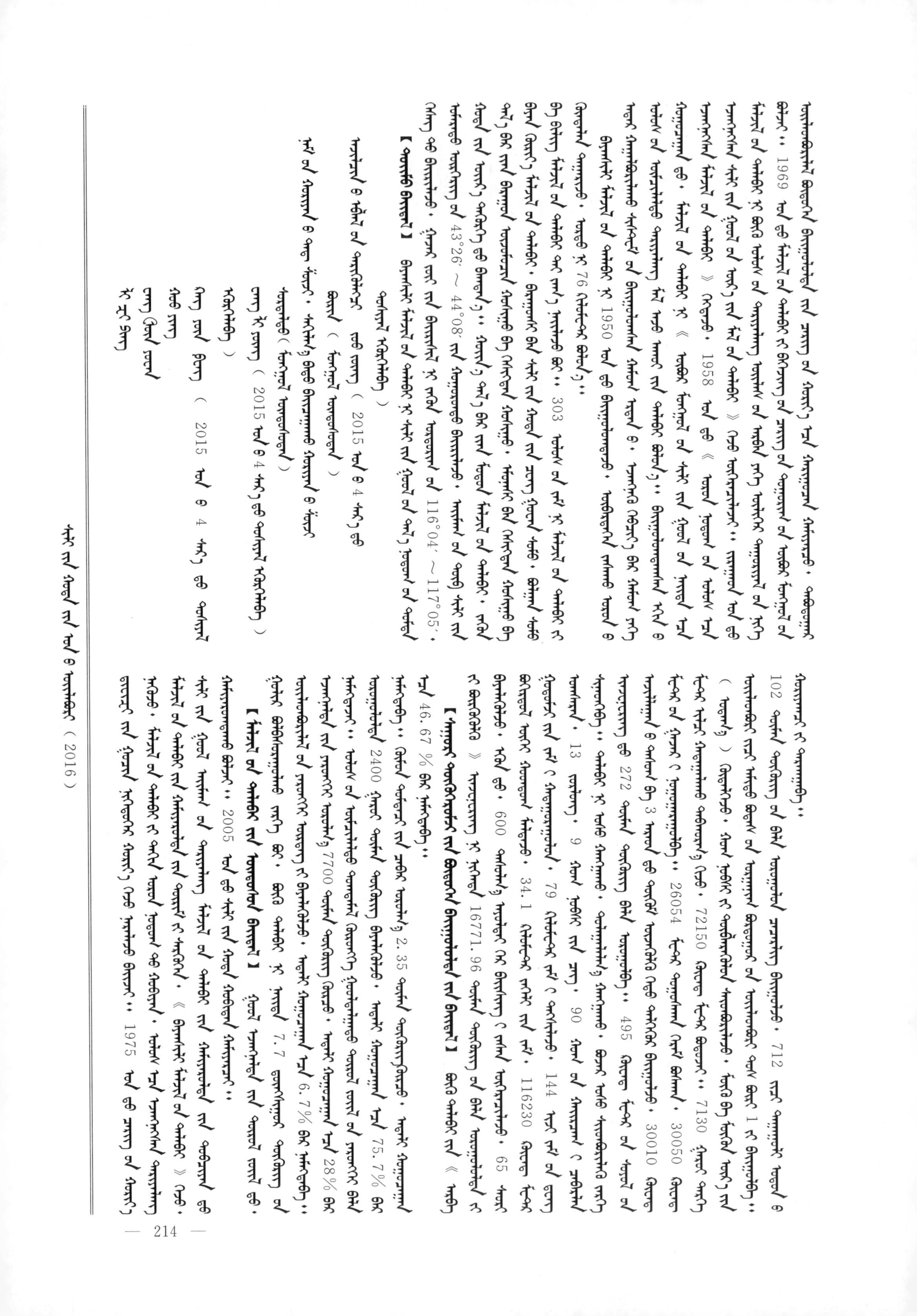

[illegible]

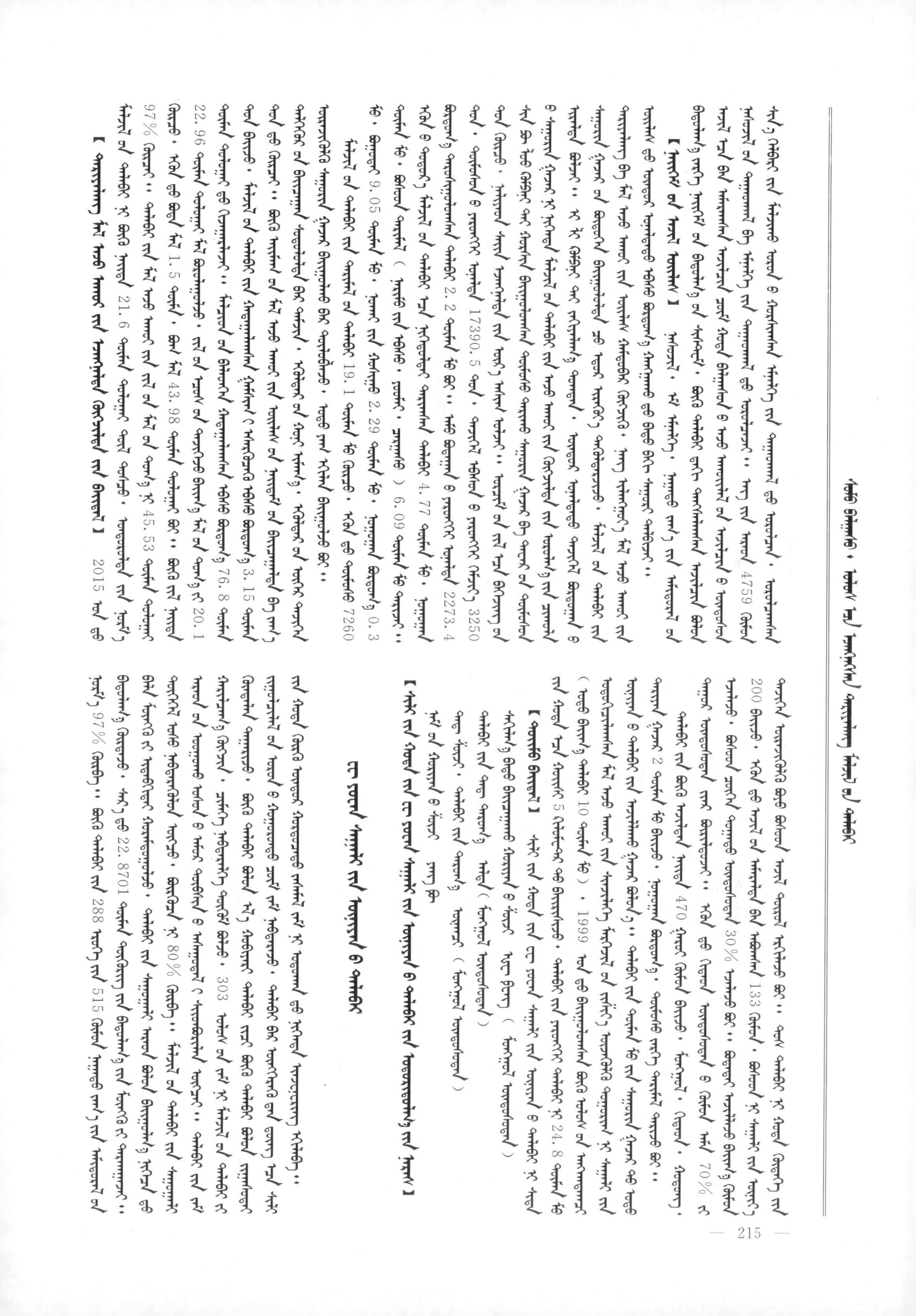

【ᠰᠢᠨᠵᠢᠯᠡᠬᠦ ᠤᠬᠠᠭᠠᠨ ᠤ ᠪᠦᠲᠦᠭᠡᠯ】 ᠲᠠᠷᠢᠶᠠᠯᠠᠩ ᠤᠨ ᠰᠢᠨᠵᠢᠯᠡᠬᠦ ᠤᠬᠠᠭᠠᠨ ᠤ ᠬᠦᠷᠢᠶᠡᠯᠡᠩ ᠢ ᠪᠠᠶᠢᠭᠤᠯᠵᠤ᠂ ᠲᠠᠷᠢᠶᠠᠯᠠᠩ ᠤᠨ ᠦᠷ᠎ᠡ ᠰᠠᠶᠢᠵᠢᠷᠠᠭᠤᠯᠬᠤ ᠬᠡᠮᠵᠢᠶ᠎ᠡ ᠶᠢᠨ ᠬᠤᠪᠢ 99% ᠳᠤ ᠬᠦᠷᠴᠡᠢ᠂ ᠲᠣᠮᠣ ᠪᠠᠭ᠎ᠠ ᠮᠠᠰᠢᠨ ᠪᠣᠯᠤᠨ ᠰᠢᠨᠵᠢᠯᠡᠬᠦ ᠤᠬᠠᠭᠠᠨ ᠤ ᠲᠡᠬᠡᠨ ᠪᠠᠶᠢᠭᠤᠯᠤᠯᠲᠠ᠂ ᠲᠣᠭᠤᠷᠤᠯ ᠢ ᠳᠡᠭᠡᠭᠰᠢᠯᠡᠭᠦᠯᠪᠡ᠃ ᠲᠠᠷᠢᠯᠠᠩ ᠤᠨ ᠰᠢᠨᠵᠢᠯᠡᠬᠦ ᠤᠬᠠᠭᠠᠨ ᠤ ᠬᠥᠷᠥᠩᠭᠡ ᠣᠷᠣᠭᠤᠯᠤᠯᠲᠠ 4105.2 ᠲᠦᠮᠡᠨ ᠶᠤᠸᠠᠨ᠂ ᠬᠡᠭᠡᠷ ᠡ ᠶᠢᠨ ᠰᠢᠨᠵᠢᠯᠡᠬᠦ ᠭᠠᠵᠠᠷ ᠤᠨ · 30.5 ᠺᠢᠯᠣᠮᠧᠲᠷ PVC ᠬᠣᠭᠣᠯᠠᠢ᠂ 405 ᠺᠢᠯᠣᠮᠧᠲᠷ ᠤᠨ ᠳᠠᠮᠵᠢᠭᠤᠯᠬᠤ ᠰᠤᠪᠠᠭ᠂ 20 ᠺᠢᠯᠣᠮᠧᠲᠷ ᠤᠨ ᠪᠠᠶᠢᠭᠤᠯᠤᠯᠲᠠ ᠶᠢᠨ ᠵᠠᠮ᠂ 9 ᠮᠡᠩᠭᠡᠨ ᠲᠠᠷᠢᠯᠠᠩ ᠤᠨ ᠲᠠᠯᠠᠪᠠᠢ᠂ 70 ᠰᠢᠨ᠎ᠡ ᠲᠠᠷᠢᠯᠠᠩ ᠤᠨ ᠤᠰᠤᠨ ᠤ ᠬᠤᠳᠳᠤᠭ᠂ 20 ᠰᠢᠨ᠎ᠡ ᠤᠰᠤᠨ ᠤ ᠬᠤᠳᠳᠤᠭ ᠶᠢ ᠰᠢᠨᠡᠳᠬᠡᠨ ᠲᠠᠷᠢᠯᠠᠩ᠂ 0.3 ᠮᠢᠩᠭ᠎ᠠ ᠰᠢᠨ᠎ᠡ ᠤᠰᠤᠯᠠᠯᠲᠠ ᠶᠢᠨ ᠲᠠᠷᠢᠯᠠᠩ ᠢ ᠪᠠᠶᠢᠭᠤᠯᠵᠤ᠂ ᠲᠣᠭᠤᠷᠤᠯ ᠤᠨ 92 ᠮᠢᠩᠭ᠎ᠠ ᠮᠤ ᠲᠠᠷᠢᠯᠠᠩ ᠤᠨ ᠤᠰᠤᠯᠠᠯᠲᠠ ᠶᠢᠨ ᠨᠥᠬᠥᠴᠡᠯ ᠢ ᠰᠠᠶᠢᠵᠢᠷᠠᠭᠤᠯᠪᠠ᠃

4600 … 5000 … 2500 … 1.65

… 13000 …

2003 …

… 12 … 6 … 9 …

(ᠰᠤᠷᠭᠠᠨ ᠬᠦᠮᠦᠵᠢᠯ · 2015 ᠣᠨ ᠤ 9 ᠰᠠᠷ᠎ᠠ ᠶᠢᠨ ᠣᠷᠴᠢᠮ)

(2015 ᠣᠨ ᠤ 9 ᠰᠠᠷ᠎ᠠ ᠶᠢᠨ ᠣᠷᠴᠢᠮ)

… 2263 … 5502 … 8129 … 364 … 6 …

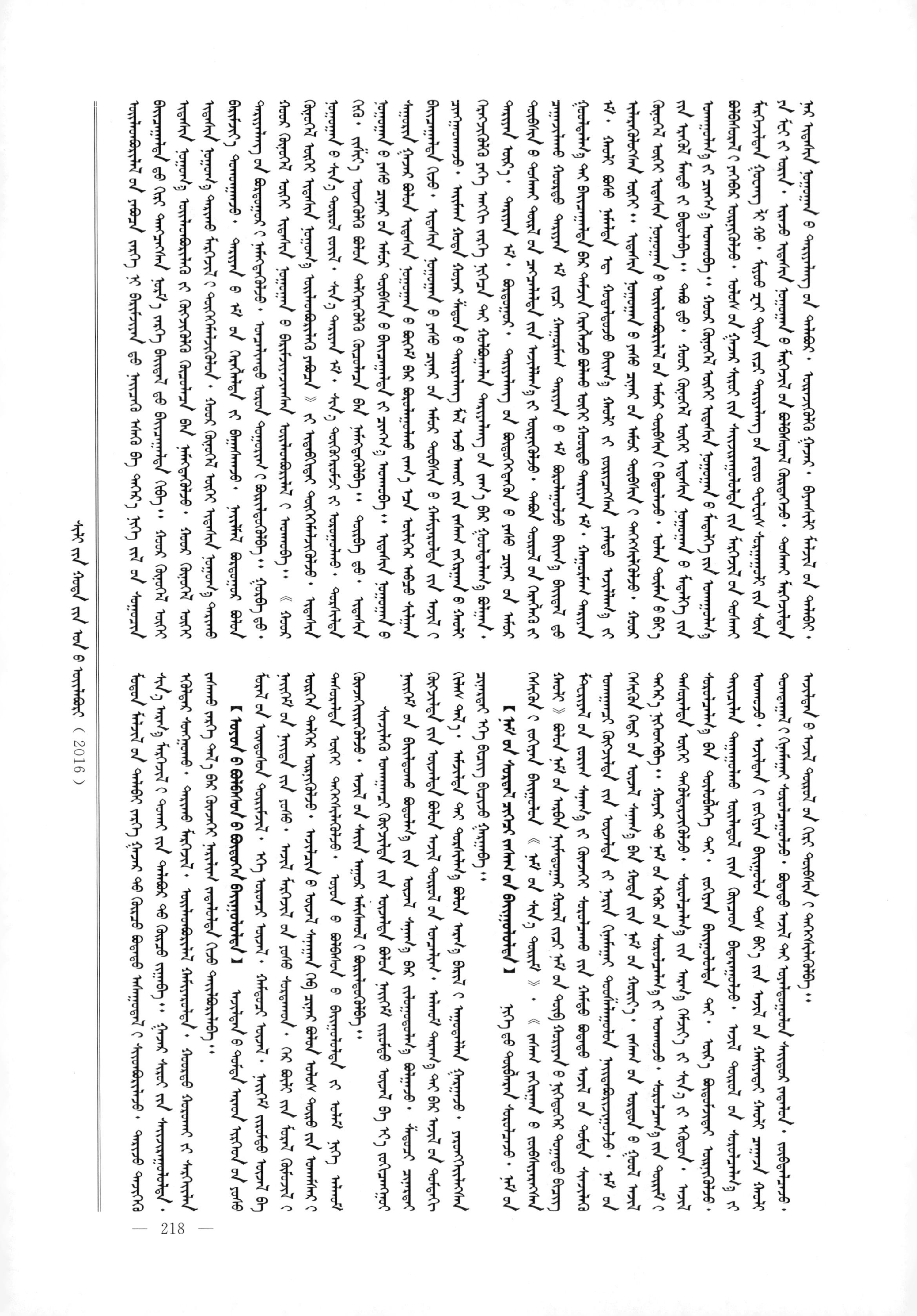

[illegible]

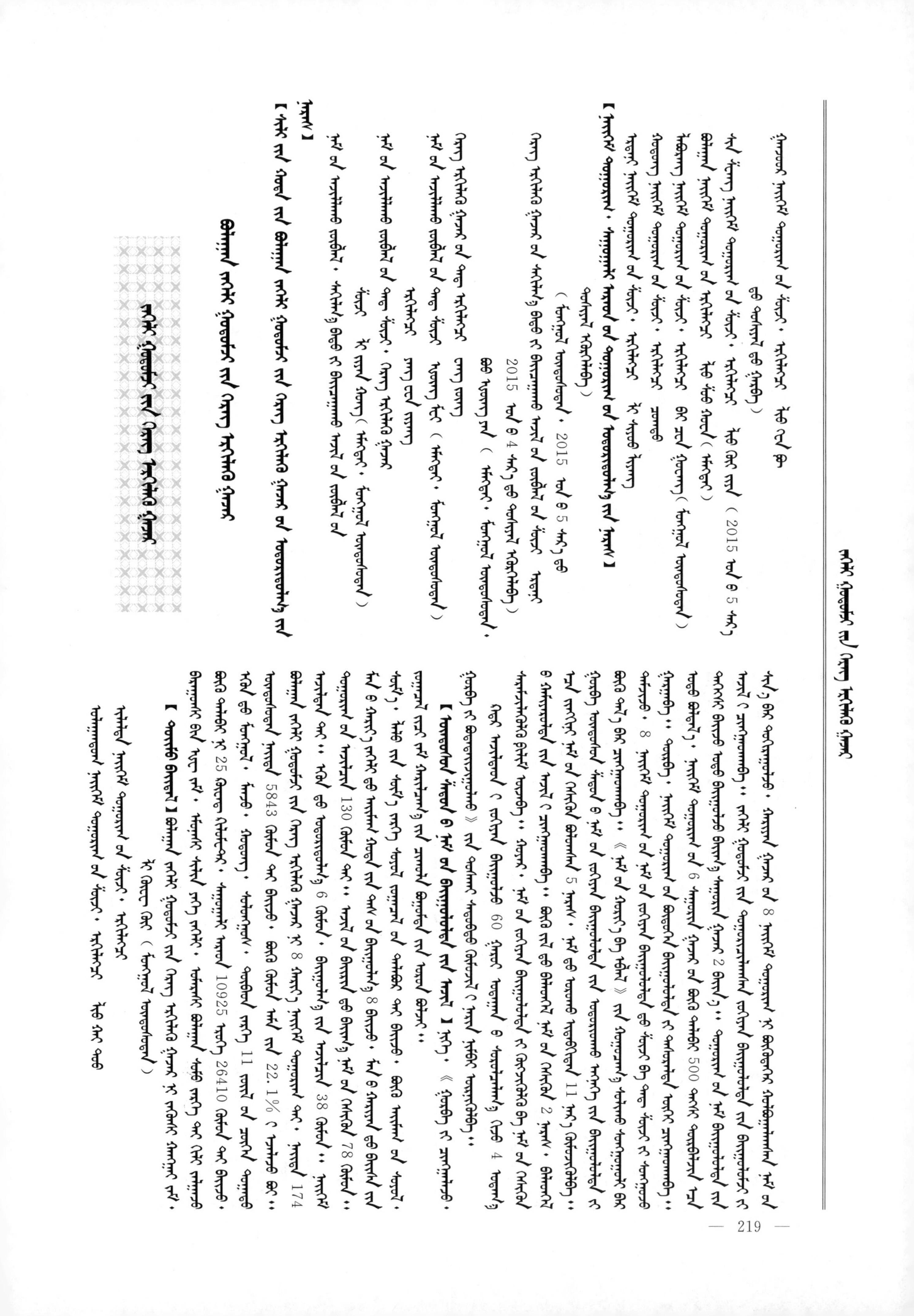

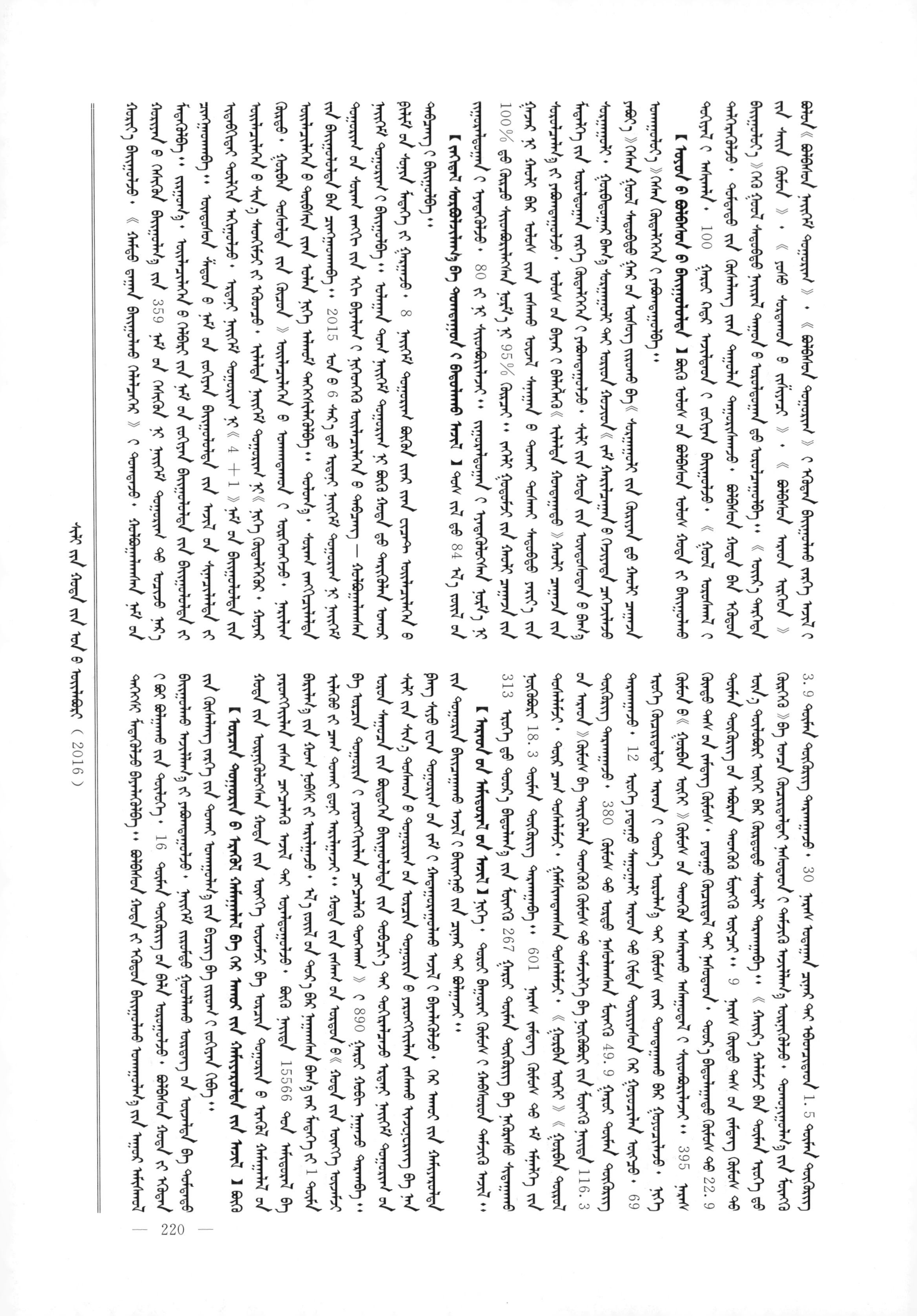

[illegible] 100 [illegible]

[illegible]

[illegible] 80 [illegible] 95% [illegible] 100% [illegible]

[illegible] 84 [illegible]

[illegible] 8 [illegible] 2015 [illegible] 6 [illegible] 《 4 + 1 》 [illegible] 359 [illegible]

[illegible] 3.9 [illegible] 30 [illegible] 1.5 [illegible] 9 [illegible] 22.9 [illegible] 395 [illegible] 12 [illegible] 69 [illegible] 380 [illegible] 49.9 [illegible] 116.3 [illegible] 18.3 [illegible] 601 [illegible] 313 [illegible] 267 [illegible]

[illegible] 890 [illegible] 1 [illegible] 15566 [illegible]

[illegible] 16 [illegible]

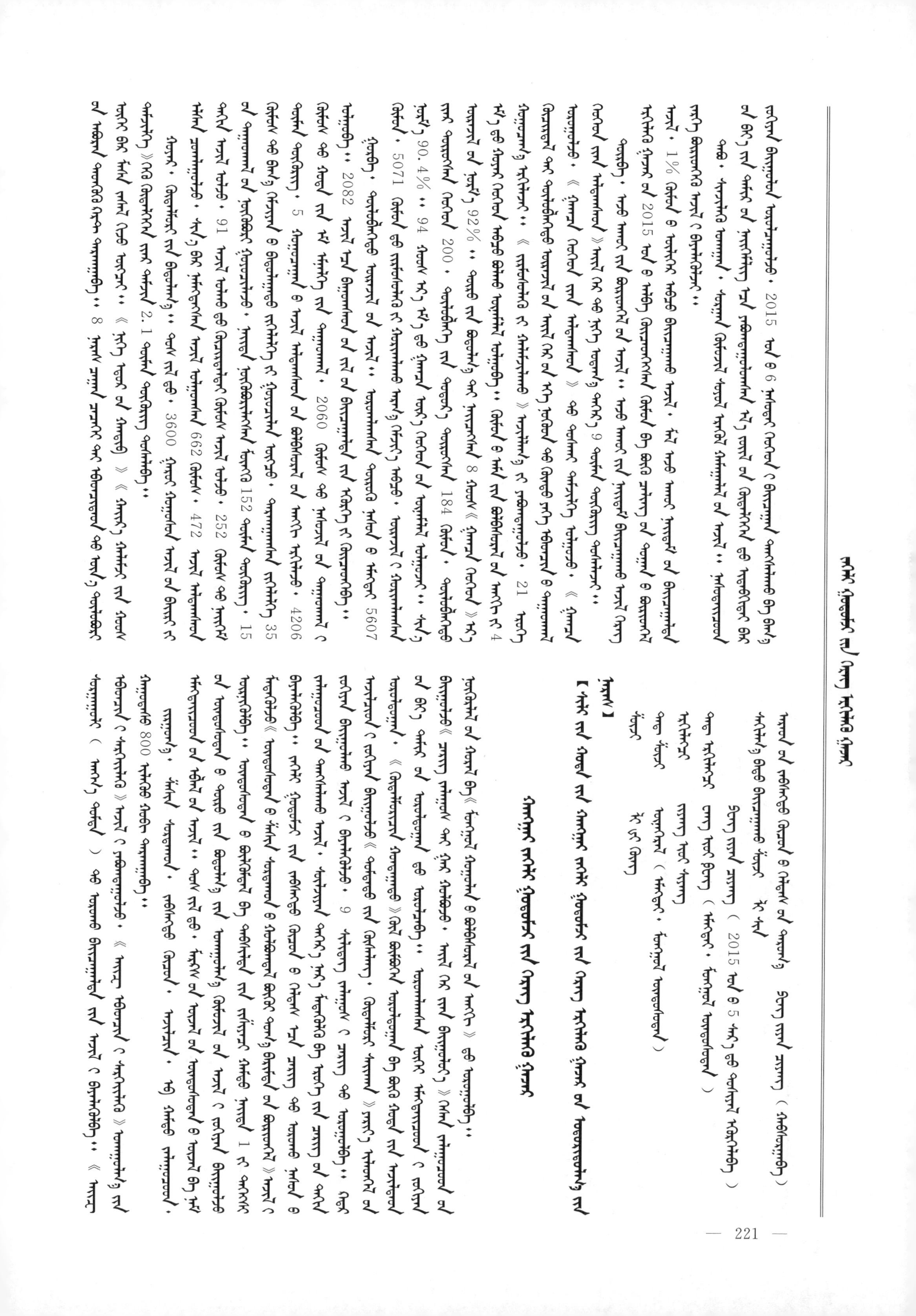

【ᠮᠣᠩᠭᠣᠯ ᠪᠢᠴᠢᠭ】 ᠪᠠᠢᠭᠤᠯᠤᠯᠭ᠎ᠠ ᠮᠠᠰᠢ ᠦᠨᠳᠦᠰᠦᠯᠡᠭᠰᠡᠨ ᠨᠢ ᠬᠣᠲᠠ ᠶᠢᠨ ᠪᠠᠢᠭᠤᠯᠭ᠎ᠠ ᠶᠢ 1981 ᠣᠨ ᠤ
ᠦᠨᠳᠦᠰᠦᠲᠡᠨ ᠦ ᠠᠵᠢᠯ ᠤᠨ ᠬᠣᠷᠢᠶ᠎ᠠ ᠶᠢᠨ ᠬᠠᠷᠢᠶᠠᠯᠠᠯ ᠤᠨ ᠡᠭᠦᠨ ᠳᠦ ᠪᠠᠢᠭᠤᠯᠤᠭᠰᠠᠨ
ᠦᠨᠳᠦᠰᠦᠲᠡᠨ ᠦ ᠠᠵᠢᠯ ᠤᠨ ᠬᠣᠷᠢᠶ᠎ᠠ ᠶᠢᠨ ᠬᠡᠯᠡ ᠪᠢᠴᠢᠭ ᠦᠨ ᠭᠠᠵᠠᠷ ᠪᠠᠢᠭᠤᠯᠤᠯ
ᠬᠣᠶᠠᠷ ᠰᠠᠯᠠᠭ᠎ᠠ ᠲᠠᠢ
ᠬᠣᠲᠠ ᠶᠢᠨ ᠦᠨᠳᠦᠰᠦᠲᠡᠨ ᠦ ᠠᠵᠢᠯ ᠤᠨ ᠬᠣᠷᠢᠶ᠎ᠠ ᠶᠢᠨ ᠬᠡᠯᠡ ᠪᠢᠴᠢᠭ ᠦᠨ ᠭᠠᠵᠠᠷ · ᠮᠣᠩᠭᠣᠯ ᠬᠡᠯᠡ ᠪᠢᠴᠢᠭ ᠦᠨ ᠬᠠᠷᠢᠶᠠᠯᠠᠯ ᠤᠨ
ᠬᠣᠰᠢᠭᠤ ᠦᠨᠳᠦᠰᠦᠲᠡᠨ ᠦ ᠠᠵᠢᠯ ᠤᠨ ᠬᠣᠷᠢᠶ᠎ᠠ ᠶᠢᠨ ᠬᠠᠷᠢᠶᠠᠯᠠᠯ ᠤᠨ ᠡᠭᠦᠨ ᠳᠦ ᠬᠣᠰᠢᠭᠤ
ᠬᠣᠰᠢᠭᠤ ᠦᠨᠳᠦᠰᠦᠲᠡᠨ ᠦ ᠠᠵᠢᠯ ᠤᠨ ᠬᠣᠷᠢᠶ᠎ᠠ ᠶᠢᠨ ᠬᠡᠯᠡ ᠪᠢᠴᠢᠭ ᠦᠨ ᠭᠠᠵᠠᠷ ᠶᠢ ᠬᠣᠲᠠ
ᠬᠠᠮᠢᠶᠠᠷᠤᠯᠲᠠ (ᠬᠡᠯᠡᠲᠦ ᠠᠯᠪᠠᠨ ᠲᠡᠮᠳᠡᠭᠯᠡᠯ)
ᠬᠣᠲᠠ ᠶᠢᠨ ᠦᠨᠳᠦᠰᠦᠲᠡᠨ ᠦ ᠠᠵᠢᠯ ᠤᠨ ᠬᠣᠷᠢᠶ᠎ᠠ ᠶᠢᠨ ᠬᠠᠷᠢᠶᠠᠯᠠᠯ ᠤᠨ
ᠬᠡᠯᠲᠡᠰ (ᠬᠡᠯᠡ · ᠬᠡᠯᠡᠲᠦ ᠠᠯᠪᠠᠨ ᠲᠡᠮᠳᠡᠭᠯᠡᠯ)
ᠬᠣᠲᠠ ᠶᠢᠨ ᠦᠨᠳᠦᠰᠦᠲᠡᠨ ᠦ ᠠᠵᠢᠯ ᠤᠨ ᠬᠣᠷᠢᠶ᠎ᠠ ᠶᠢᠨ ᠬᠡᠯᠡ ᠪᠢᠴᠢᠭ ᠦᠨ ᠭᠠᠵᠠᠷ
ᠶᠢ ᠬᠠᠷᠢᠶᠠᠯᠠᠭᠰᠠᠨ ᠬᠣᠲᠠ
ᠪᠠᠢᠭᠤᠯᠭ᠎ᠠ ᠮᠣᠩᠭᠣᠯ ᠪᠢᠴᠢᠭ ᠦᠨ ᠬᠡᠯᠡ ᠪᠢᠴᠢᠭ ᠦᠨ ᠭᠠᠵᠠᠷ · ᠮᠣᠩᠭᠣᠯ ᠪᠢᠴᠢᠭ ᠦᠨ ᠬᠠᠷᠢᠶᠠᠯᠠᠯ ᠤᠨ
ᠲᠡᠷᠭᠡᠭᠦᠯᠡᠭᠴᠢ
ᠰᠤᠷᠭᠠᠭᠤᠯᠢ ᠮᠣᠩᠭᠣᠯ ᠪᠢᠴᠢᠭ ᠦᠨ ᠬᠡᠯᠡ ᠪᠢᠴᠢᠭ ᠦᠨ ᠭᠠᠵᠠᠷ · ᠮᠣᠩᠭᠣᠯ ᠪᠢᠴᠢᠭ ᠦᠨ ᠬᠠᠷᠢᠶᠠᠯᠠᠯ ᠤᠨ
ᠬᠡᠯᠡ ᠰᠤᠷᠭᠠᠯ ᠬᠡᠯᠡ (ᠬᠡᠯᠡᠲᠦ ᠠᠯᠪᠠᠨ ᠲᠡᠮᠳᠡᠭᠯᠡᠯ)
ᠠᠵᠢᠯᠯᠠᠭᠤᠯᠤᠯᠲᠠ ᠮᠣᠩᠭᠣᠯ ᠪᠢᠴᠢᠭ ᠦᠨ ᠬᠡᠯᠡ ᠪᠢᠴᠢᠭ ᠦᠨ ᠭᠠᠵᠠᠷ · ᠮᠣᠩᠭᠣᠯ ᠪᠢᠴᠢᠭ ᠦᠨ ᠬᠠᠷᠢᠶᠠᠯᠠᠯ ᠤᠨ
ᠠᠵᠢᠯ ᠲᠥᠷᠥ
ᠡᠷᠡᠭᠦᠯ ᠮᠡᠩᠳᠦ ᠮᠣᠩᠭᠣᠯ ᠪᠢᠴᠢᠭ ᠦᠨ ᠬᠡᠯᠡ ᠪᠢᠴᠢᠭ ᠦᠨ ᠭᠠᠵᠠᠷ · ᠮᠣᠩᠭᠣᠯ ᠪᠢᠴᠢᠭ ᠦᠨ ᠬᠠᠷᠢᠶᠠᠯᠠᠯ ᠤᠨ ᠡᠷᠡᠭᠦᠯ
ᠮᠡᠩᠳᠦ ᠶᠢᠨ ᠲᠥᠪ
ᠲᠡᠷ ᠪᠡᠷ ᠮᠣᠩᠭᠣᠯ ᠪᠢᠴᠢᠭ ᠦᠨ ᠬᠡᠯᠡ ᠪᠢᠴᠢᠭ ᠦᠨ ᠭᠠᠵᠠᠷ · ᠮᠣᠩᠭᠣᠯ ᠪᠢᠴᠢᠭ ᠦᠨ ᠬᠠᠷᠢᠶᠠᠯᠠᠯ ᠤᠨ ᠲᠡᠷ ᠪᠡᠷ
ᠬᠡᠰᠡᠭ ᠲᠡᠢ
ᠪᠠᠷᠢᠯᠭ᠎ᠠ ᠮᠣᠩᠭᠣᠯ ᠪᠢᠴᠢᠭ ᠦᠨ ᠬᠡᠯᠡ ᠪᠢᠴᠢᠭ ᠦᠨ ᠭᠠᠵᠠᠷ · ᠮᠣᠩᠭᠣᠯ ᠪᠢᠴᠢᠭ ᠦᠨ ᠬᠠᠷᠢᠶᠠᠯᠠᠯ ᠤᠨ
ᠲᠥᠪ ᠦᠨ ᠬᠡᠯᠡᠲᠡᠰ
ᠡᠷᠡᠭᠦᠯ ᠮᠡᠩᠳᠦ ᠮᠣᠩᠭᠣᠯ ᠪᠢᠴᠢᠭ ᠦᠨ ᠬᠡᠯᠡ ᠪᠢᠴᠢᠭ ᠦᠨ ᠭᠠᠵᠠᠷ · ᠮᠣᠩᠭᠣᠯ ᠪᠢᠴᠢᠭ ᠦᠨ ᠬᠠᠷᠢᠶᠠᠯᠠᠯ ᠤᠨ
ᠲᠥᠪ ᠬᠡᠯᠡᠲᠡᠰ ᠲᠡᠢ
ᠰᠤᠷᠭᠠᠯ ᠮᠣᠩᠭᠣᠯ ᠪᠢᠴᠢᠭ ᠦᠨ ᠬᠡᠯᠡ ᠪᠢᠴᠢᠭ ᠦᠨ ᠭᠠᠵᠠᠷ · ᠮᠣᠩᠭᠣᠯ ᠪᠢᠴᠢᠭ ᠦᠨ ᠬᠠᠷᠢᠶᠠᠯᠠᠯ ᠤᠨ
【ᠮᠣᠩᠭᠣᠯ ᠪᠢᠴᠢᠭ · ᠦᠨᠳᠦᠰᠦᠲᠡᠨ ᠦ ᠠᠵᠢᠯ ᠤᠨ ᠪᠢᠴᠢᠭ ᠦᠨ ᠬᠡᠷᠡᠭᠡᠯᠡᠭᠡᠨ ᠦ ᠪᠠᠢᠳᠠᠯ】

19 ᠬᠡᠯᠡᠲᠦ ᠰᠤᠷᠭᠠᠭᠤᠯᠢ ᠪᠠᠢᠭᠤᠯᠤᠭᠳᠠᠭᠰᠠᠨ ᠪ ᠬᠣᠲᠠ ᠳᠤ ᠰᠤᠷᠭᠠᠭᠤᠯᠢ ᠪᠠᠢᠨ᠎ᠠ᠃ ᠡᠳᠡᠭᠡᠷ ᠦᠨ · ᠬᠡᠯᠡᠲᠦ ᠰᠤᠷᠭᠠᠭᠤᠯᠢ ᠲᠠᠢ
ᠰᠤᠷᠭᠠᠭᠤᠯᠢ · ᠪᠠᠭ᠎ᠠ ᠳᠤ ᠰᠤᠷᠭᠠᠭᠤᠯᠢ ᠪᠠᠢᠨ᠎ᠠ · 115 ᠰᠤᠷᠭᠠᠭᠤᠯᠢ ᠶᠢᠨ ᠠᠩᠭᠢ ᠶᠢᠨ ᠬᠡᠯᠡᠲᠦ ᠳᠤ ᠰᠤᠷᠭᠠᠭᠤᠯᠢ ·
340 ᠰᠤᠷᠭᠠᠭᠤᠯᠢ ᠳᠤ ᠪᠠᠭᠰᠢ ᠰᠤᠷᠤᠯᠴᠠᠭᠴᠢ · 14 ᠰᠤᠷᠭᠠᠭᠤᠯᠢ ᠶᠢᠨ ᠰᠤᠷᠭᠠᠯ ᠤᠨ ᠪᠠᠢᠭᠤᠯᠤᠯᠭ᠎ᠠ ᠳᠤ ᠬᠠᠮᠤᠷᠤᠭᠳᠠᠭᠰᠠᠨ ᠳᠤ ᠲᠠᠢ
ᠰᠤᠷᠭᠠᠯ ᠪᠣᠯᠪᠠᠰᠤᠷᠠᠯ ᠬᠡᠯᠡᠳᠦ · 4 ᠰᠤᠷᠭᠠᠯ ᠲᠠᠢ ᠰᠤᠷᠭᠠᠭᠤᠯᠢ ᠬᠡᠯᠡᠳᠦ ᠪᠡᠷ ᠪᠠᠢᠭᠤᠯᠤᠭᠳᠠᠭᠰᠠᠨ᠃ ᠡᠳᠡᠭᠡᠷ ᠲᠠᠢ ᠪᠣᠯ
ᠬᠡᠯᠡ ᠶᠢ ᠰᠤᠷᠭᠠᠭᠤᠯᠢ ᠲᠠᠢ ᠰᠤᠷᠭᠠᠭᠤᠯᠢ · 12 ᠬᠡᠯᠡ ᠶᠢᠨ ᠪᠠᠢᠭᠤᠯᠤᠯᠭ᠎ᠠ ᠪᠣᠯᠪᠠᠰᠤᠷᠠᠯ · 93 ᠪᠠᠭ᠎ᠠ ᠰᠤᠷᠭᠠᠭᠤᠯᠢ ᠶᠢ 88
ᠰᠤᠷᠭᠠᠭᠤᠯᠢ · 100 ᠬᠦᠮᠦᠨ ᠪᠠᠭᠰᠢ ᠶᠢ ᠪᠣᠯᠪᠠᠰᠤᠷᠠᠩᠭᠤᠢ᠃ ᠡᠳᠡᠭᠡᠷ ᠦᠨ · ᠪᠠᠭ᠎ᠠ ᠰᠤᠷᠭᠠᠭᠤᠯᠢ ᠬᠡᠯᠡ ᠲᠠᠢ ᠪᠣᠯᠪᠠᠰᠤᠷᠠᠩᠭᠤᠢ
ᠪᠣᠯᠪᠠᠰᠤᠷᠠᠯ ᠰᠤᠷᠭᠠᠯ ᠪᠠᠭᠰᠢ ᠶᠢ ᠪᠠᠢᠭᠤᠯᠤᠭᠰᠠᠨ · ᠮᠣᠩᠭᠣᠯ ᠬᠡᠯᠡ ᠶᠢᠨ ᠪᠠᠢᠭᠤᠯᠤᠯᠭ᠎ᠠ ᠶᠢᠨ ᠬᠣᠲᠠ 3 ᠪᠣᠯᠪᠠᠰᠤᠷᠠᠯ ᠤᠨ
ᠰᠤᠷᠭᠠᠯ ᠤᠨ ᠪᠠᠢᠭᠤᠯᠤᠯᠭ᠎ᠠ ᠬᠡᠯᠡ · 435 ᠪᠢᠴᠢᠭ ᠢ ᠪᠠᠢᠭᠤᠯᠤᠭᠰᠠᠨ᠃ 《 ᠮᠣᠩᠭᠣᠯ ᠬᠡᠯᠡ 》 ᠮᠣᠩᠭᠣᠯ
ᠰᠤᠷᠭᠠᠯ ᠤᠨ᠃ ᠡᠳᠡᠭᠡᠷ ᠦᠨ · ᠬᠡᠯᠡ ᠪᠢᠴᠢᠭ ᠪ ᠬᠡᠯᠡ ᠶᠢᠨ ᠰᠤᠷᠭᠠᠭᠤᠯᠢ ᠶᠢᠨ ᠪᠠᠢᠭᠤᠯᠤᠭᠰᠠᠨ᠃ ᠡᠳᠡᠭᠡᠷ ᠲᠠᠢ ᠪᠣᠯ 42
ᠰᠤᠷᠭᠠᠯ ᠤᠨ ᠬᠡᠯᠡ ᠪ ᠬᠡᠯᠡᠲᠦ ᠪᠣᠯᠪᠠᠰᠤᠷᠠᠯ ᠲᠠᠢ ᠪᠠᠢᠭᠤᠯᠤᠯᠭ᠎ᠠ ᠪᠣᠯᠪᠠᠰᠤᠷᠠᠯ ᠢ ᠰᠤᠷᠭᠠᠭᠤᠯᠢ ᠲᠠᠢ ᠮᠣᠩᠭᠣᠯ
【ᠬᠡᠯᠡ ᠶᠢᠨ ᠪᠣᠯᠪᠠᠰᠤᠷᠠᠯ ᠲᠠᠢ ᠬᠡᠯᠡ】 (ᠬᠡᠯᠡᠳᠦ) ᠮᠣᠩᠭᠣᠯ ᠪᠢᠴᠢᠭ ᠪᠣᠯᠪᠠ ᠪᠠᠢᠨ ᠪᠠᠢᠭᠤᠯᠤᠭᠰᠠᠨ ·
ᠬᠣᠶᠠᠷ ᠣᠨ ᠪᠠᠢᠭᠰᠠᠨ · 871 ᠬᠡᠯᠡ ᠶᠢᠨ ᠪᠢᠴᠢᠭ ᠣᠨ᠃
ᠬᠣᠲᠠ ᠪᠠᠢᠭᠤᠯᠭ᠎ᠠ ᠶᠢᠨ ᠬᠡᠯᠡ ᠶᠢᠨ ᠬᠡᠯᠡᠲᠦ ᠠᠵᠢᠯ ᠤᠨ ᠬᠣᠷᠢᠶ᠎ᠠ 3 ᠬᠡᠯᠡ ᠶᠢᠨ ᠰᠤᠷᠭᠠᠯ ᠬᠣᠶᠠᠷ · 18 ᠬᠡᠯᠡ ᠶᠢᠨ
ᠮᠣᠩᠭᠣᠯ ᠪᠢᠴᠢᠭ · ᠦᠨᠳᠦᠰᠦᠲᠡᠨ ᠦ ᠠᠵᠢᠯ ᠤᠨ ᠬᠣᠷᠢᠶ᠎ᠠ ᠳᠤ ᠬᠡᠯᠡ ᠪᠠᠢᠭᠤᠯᠤᠭᠰᠠᠨ ᠪᠠᠢᠭᠤᠯᠤᠯ 223 ᠪᠢᠴᠢᠭ ·
ᠮᠣᠩᠭᠣᠯ ᠪᠢᠴᠢᠭ ᠲᠠᠢ ᠬᠡᠯᠡᠲᠦ ᠬᠣᠲᠠ ᠪᠠᠢᠭᠤᠯᠭ᠎ᠠ ᠪᠣᠯᠪᠠᠰᠤᠷᠠᠯ ᠲᠠᠢ ᠬᠣᠲᠠ ᠪᠠᠢᠳᠠᠯ 50 ᠪᠢᠴᠢᠭ ᠪᠠᠢᠭᠰᠠᠨ ·
ᠶᠢᠨ ᠬᠣᠲᠠ ᠣᠨ · ᠠᠵᠢᠯ ᠤᠨ ᠬᠠᠷᠢᠶᠠᠯᠠᠯ ᠪ ᠪᠢᠴᠢᠭ · ᠠᠵᠢᠯ ᠤᠨ ᠪᠢᠴᠢᠭ · ᠬᠡᠯᠡ ᠰᠤᠷᠭᠠᠯ ᠪᠢᠴᠢᠭ ·
ᠪᠠᠢᠭᠤᠯ · ᠬᠡᠯᠡ ᠶᠢᠨ ᠮᠣᠩᠭᠣᠯ ᠬᠡᠯᠡ ᠶᠢᠨ ᠰᠤᠷᠭᠠᠯ ᠪ ᠬᠣᠲᠠ ᠣᠨ · ᠪᠠᠢᠭᠤᠯᠤᠯᠭ᠎ᠠ ᠬᠡᠯᠡ · ᠮᠣᠩᠭᠣᠯ ᠪᠢᠴᠢᠭ
ᠦᠨᠳᠦᠰᠦᠲᠡᠨ · ᠪᠠᠢᠭᠤᠯ ᠬᠣᠲᠠ · ᠬᠡᠯᠡ ᠰᠤᠷᠭᠠᠭᠤᠯᠢ · ᠬᠡᠯᠡ ᠰᠤᠷᠭᠠᠯ ᠤᠨ ᠪᠣᠯᠪᠠᠰᠤᠷᠠᠯ 26 ᠪᠠᠢᠭᠰᠠᠨ · ᠪᠣᠯᠪᠠᠰᠤᠷᠠᠯ
ᠬᠠᠷᠢᠶᠠᠯᠠᠯ · ᠦᠨᠳᠦᠰᠦᠲᠡᠨ ᠦ ᠠᠵᠢᠯ ᠤᠨ ᠬᠠᠷᠢᠶᠠᠯᠠᠯ ᠪᠠᠢᠨ᠎ᠠ᠃ ᠮᠣᠩᠭᠣᠯ ᠪᠢᠴᠢᠭ ᠦᠨ ᠬᠣᠲᠠ ᠪᠣᠯᠪᠠᠰᠤᠷᠠᠯ ·
ᠦᠨᠳᠦᠰᠦᠲᠡᠨ ᠦ ᠬᠠᠷᠢᠶᠠᠯᠠᠯ · ᠬᠣᠲᠠ ᠶᠢᠨ ᠦᠨᠳᠦᠰᠦᠲᠡᠨ ᠦ ᠬᠠᠷᠢᠶᠠᠯᠠᠯ · ᠬᠣᠰᠢᠭᠤ ᠶᠢᠨ ᠦᠨᠳᠦᠰᠦᠲᠡᠨ ᠦ ᠠᠵᠢᠯ ᠤᠨ
ᠠᠵᠢᠯᠯᠠᠭᠤᠯᠤᠯᠲᠠ ᠮᠣᠩᠭᠣᠯ ᠪᠢᠴᠢᠭ · ᠰᠤᠷᠭᠠᠭᠤᠯᠢ ᠮᠣᠩᠭᠣᠯ ᠪᠢᠴᠢᠭ · ᠪᠠᠢᠭᠤᠯᠭ᠎ᠠ ᠮᠣᠩᠭᠣᠯ ᠪᠢᠴᠢᠭ · ᠬᠣᠰᠢᠭᠤ
ᠮᠣᠩᠭᠣᠯ ᠪᠢᠴᠢᠭ · ᠡᠷᠡᠭᠦᠯ ᠮᠣᠩᠭᠣᠯ ᠪᠢᠴᠢᠭ · ᠲᠡᠷ ᠪᠡᠷ ᠮᠣᠩᠭᠣᠯ ᠪᠢᠴᠢᠭ · ᠪᠠᠷᠢᠯᠭ᠎ᠠ ᠮᠣᠩᠭᠣᠯ ᠪᠢᠴᠢᠭ ·
ᠦᠨᠳᠦᠰᠦᠲᠡᠨ ᠦ ᠠᠵᠢᠯ ᠤᠨ ᠬᠠᠷᠢᠶᠠᠯᠠᠯ ᠣᠨ ᠪᠠᠢᠭᠰᠠᠨ · ᠬᠡᠯᠡ ᠬᠡᠯᠡ ᠮᠣᠩᠭᠣᠯ ᠮᠣᠩᠭᠣᠯ ᠪᠢᠴᠢᠭ · ᠰᠤᠷᠭᠠᠯ ᠪᠠᠢᠭᠤᠯ ᠮᠣᠩᠭᠣᠯ
31892 ᠪᠢᠴᠢᠭ) ᠪᠠᠢᠨ᠎ᠠ᠃ ᠮᠣᠩᠭᠣᠯ ᠪᠠᠢᠭᠤᠯᠤᠭᠰᠠᠨ ᠲᠠᠢ ᠬᠣᠲᠠ ᠪᠠᠢᠭᠤᠯᠭ᠎ᠠ ᠶᠢᠨ ᠳᠤ 8 ᠮᠣᠩᠭᠣᠯ ᠪᠢᠴᠢᠭ · 4
ᠪᠠᠢᠭᠤᠯ ᠰᠤᠷᠭᠠᠯ ᠤᠨ ᠪᠣᠯᠪᠠᠰᠤᠷᠠᠯ 7307 ᠪᠢᠴᠢᠭ · (ᠮᠣᠩᠭᠣᠯ ᠬᠡᠯᠡ ᠬᠡᠯᠡ ᠪᠢᠴᠢᠭ 21917 · ᠬᠡᠯᠡᠲᠦ ᠪᠢᠴᠢᠭ ᠬᠡᠯᠡ
ᠬᠡᠯᠡ ᠪᠢᠴᠢᠭ ᠬᠡᠯᠡ ᠲᠠᠢ ᠪᠠᠢᠭᠤᠯ ᠶᠢ 53809 ᠪᠢᠴᠢᠭ · ᠬᠣᠶᠠᠷ ᠦᠨ · ᠰᠤᠷᠭᠠᠯ ᠰᠤᠷᠭᠠᠭᠤᠯᠢ 46502 · ᠬᠡᠯᠡ
ᠶᠢ 46.1 ᠪᠠᠢᠭᠤᠯᠤᠯ ᠪᠣᠯᠪᠠᠰᠤᠷᠠᠯ ᠬᠡᠯᠡᠲᠦ ᠪᠠᠢᠭᠰᠠᠨ · ᠰᠤᠷᠭᠠᠯ ᠬᠣᠲᠠ ᠲᠠᠢ ᠪᠠᠢᠭᠤᠯ ᠶᠢ 17936 ᠬᠣᠲᠠ ·
ᠪᠣᠯᠪᠠᠰᠤᠷᠠᠯ ᠳᠤ · ᠮᠣᠩᠭᠣᠯ ᠲᠠᠢ ᠬᠡᠯᠡ ᠮᠣᠩᠭᠣᠯ ᠪᠢᠴᠢᠭ ᠳᠤ ᠪᠠᠢᠭᠤᠯᠤᠭᠰᠠᠨ · ᠮᠣᠩᠭᠣᠯ ᠪᠢᠴᠢᠭ ᠦᠨ ᠰᠤᠷᠭᠠᠯ ᠬᠡᠯᠡᠲᠦ

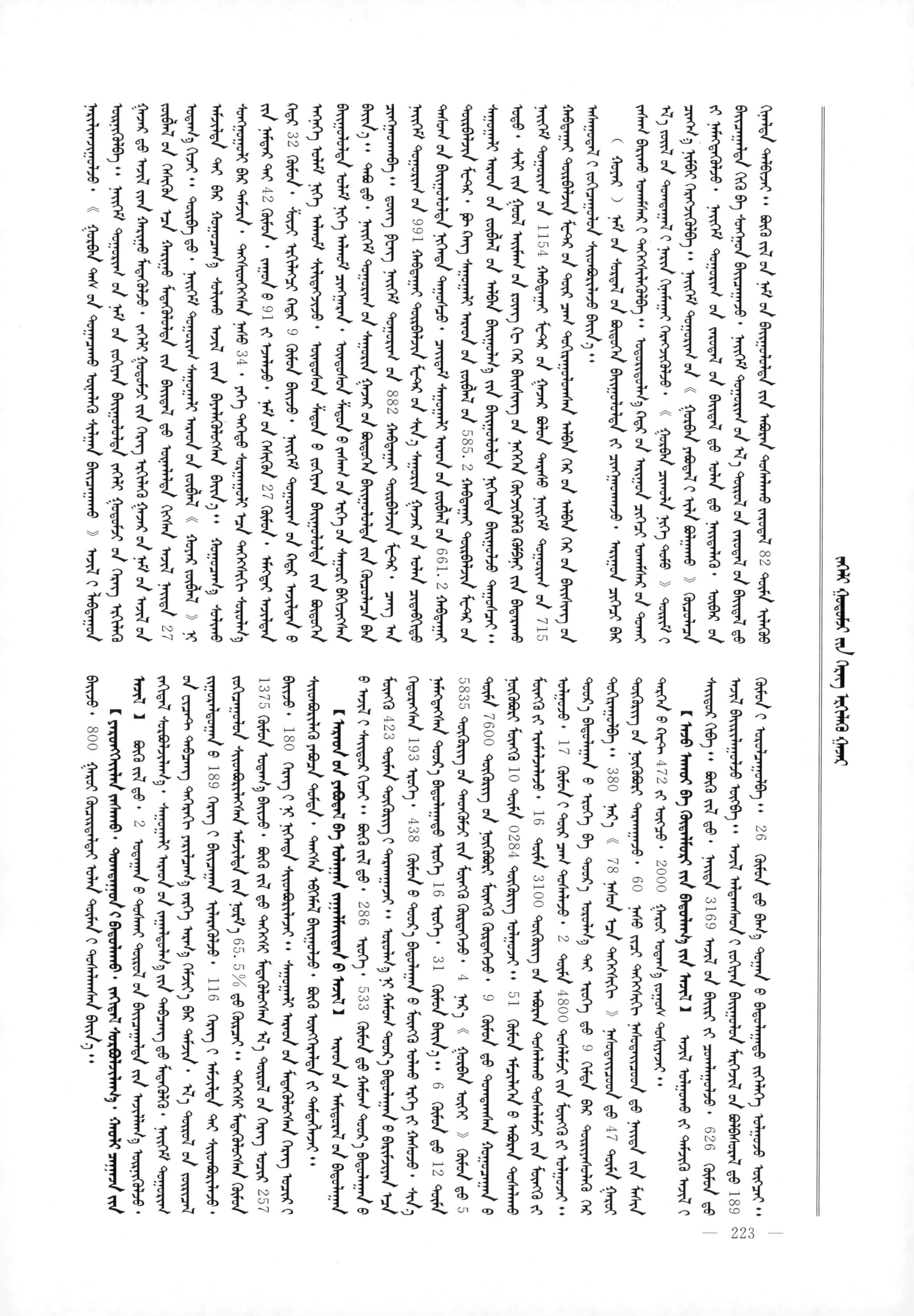

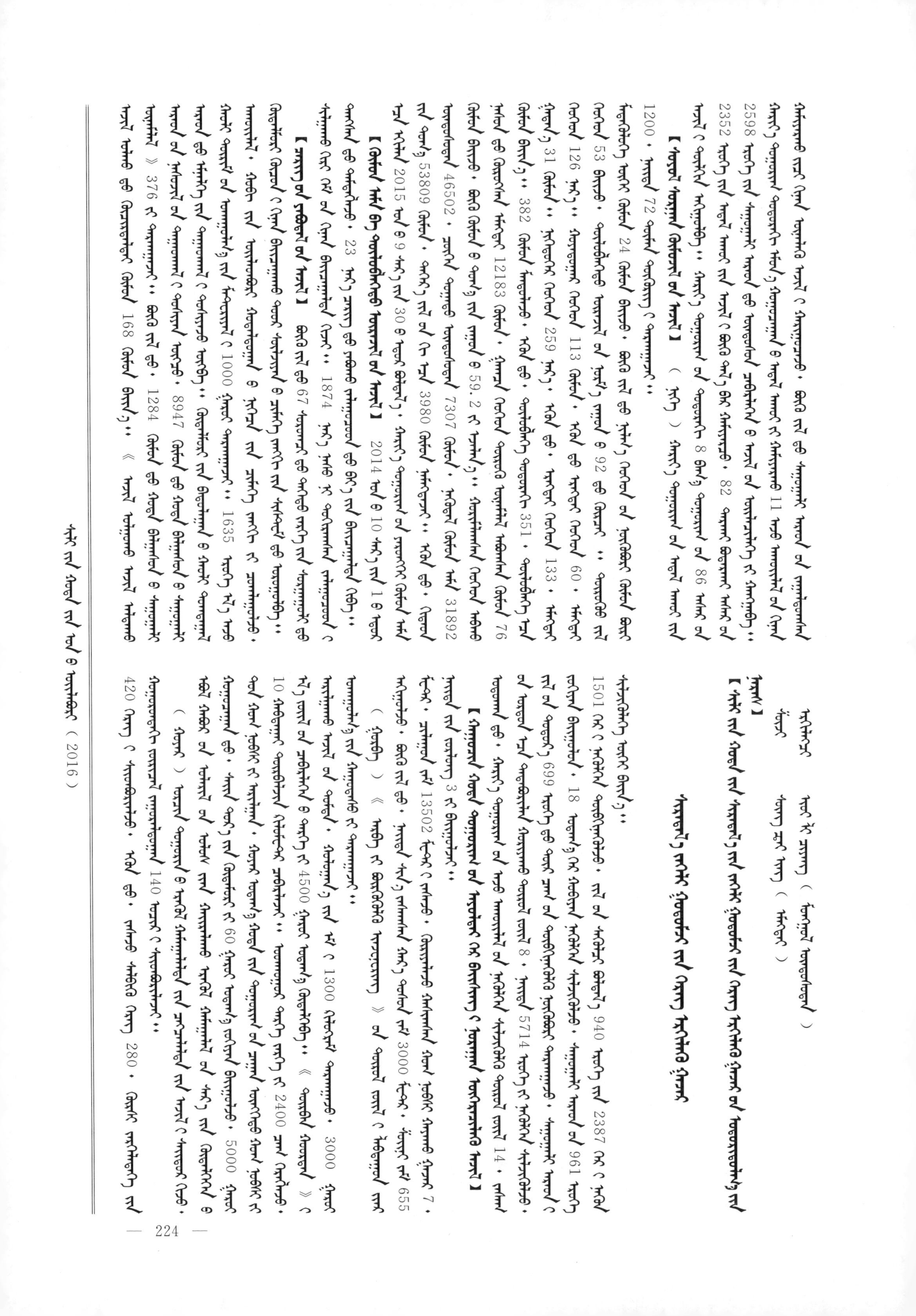

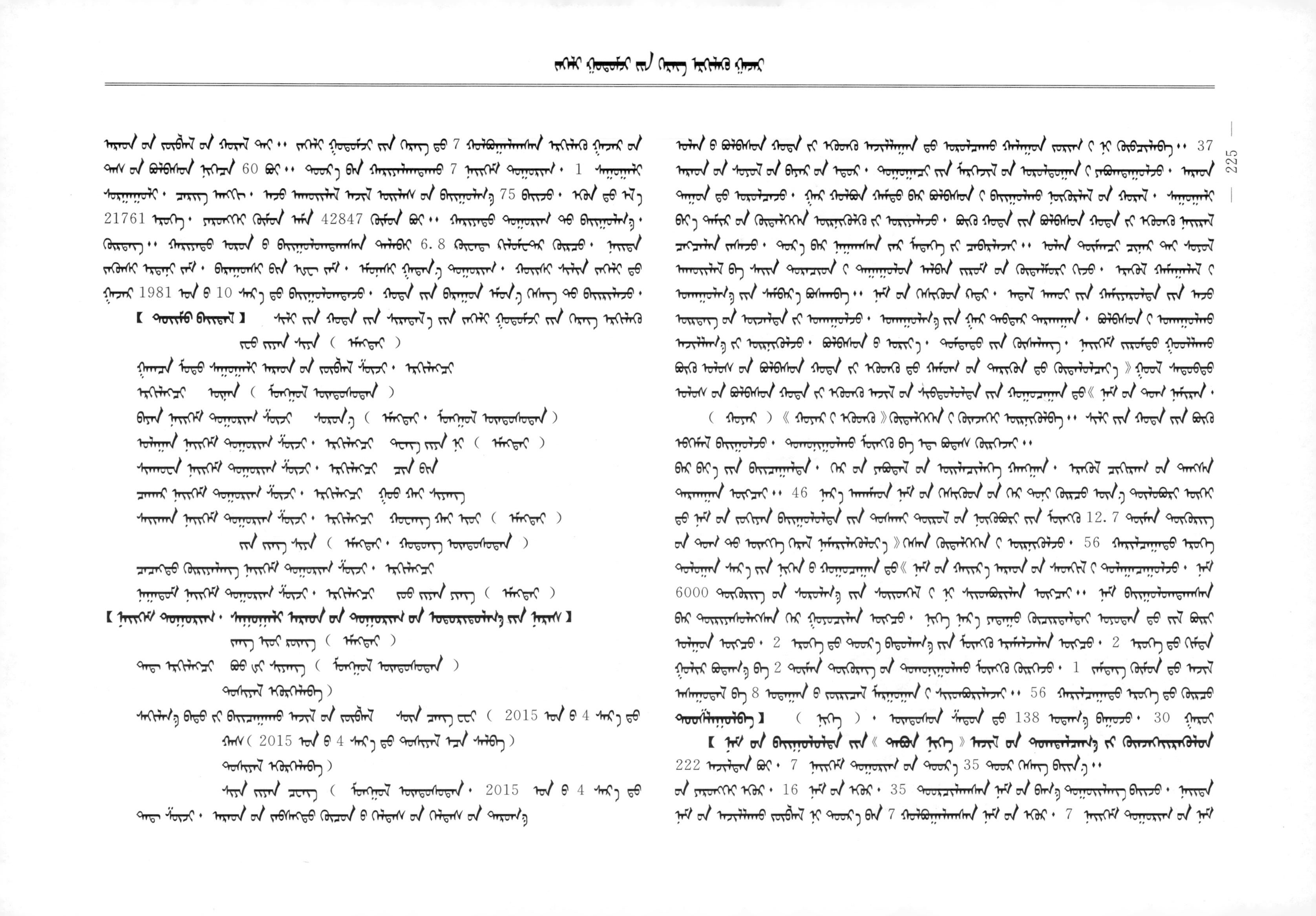

[illegible] 7 [illegible] 60 [illegible] 7 [illegible] 1 [illegible] 75 [illegible] 21761 [illegible] 42847 [illegible] 6.8 [illegible] 1981 [illegible] 10 [illegible]

【[illegible]】 [illegible] ([illegible])

[illegible] ([illegible])

[illegible] ([illegible])

[illegible] ([illegible])

[illegible]

[illegible]

[illegible] ([illegible])

[illegible] ([illegible])

[illegible]

[illegible] ([illegible])

【[illegible]】

[illegible] ([illegible])

[illegible] ([illegible])

[illegible] (2015 [illegible] 4 [illegible] (2015 [illegible] 4 [illegible])

[illegible])

[illegible] ([illegible] 2015 [illegible] 4 [illegible]

[illegible] 37 [illegible]

([illegible]) 《[illegible]》[illegible]

[illegible] 46 [illegible] 12.7 [illegible] 》[illegible] 56 [illegible] 《[illegible] 6000 [illegible] 2 [illegible] 2 [illegible] 2 [illegible] 1 [illegible] 8 [illegible] 56 [illegible] ([illegible]) [illegible] 138 [illegible] 30 [illegible]

【[illegible] 《[illegible]》 [illegible]】

222 [illegible] 7 [illegible] 35 [illegible] 16 [illegible] 35 [illegible] 7 [illegible] 7 [illegible]

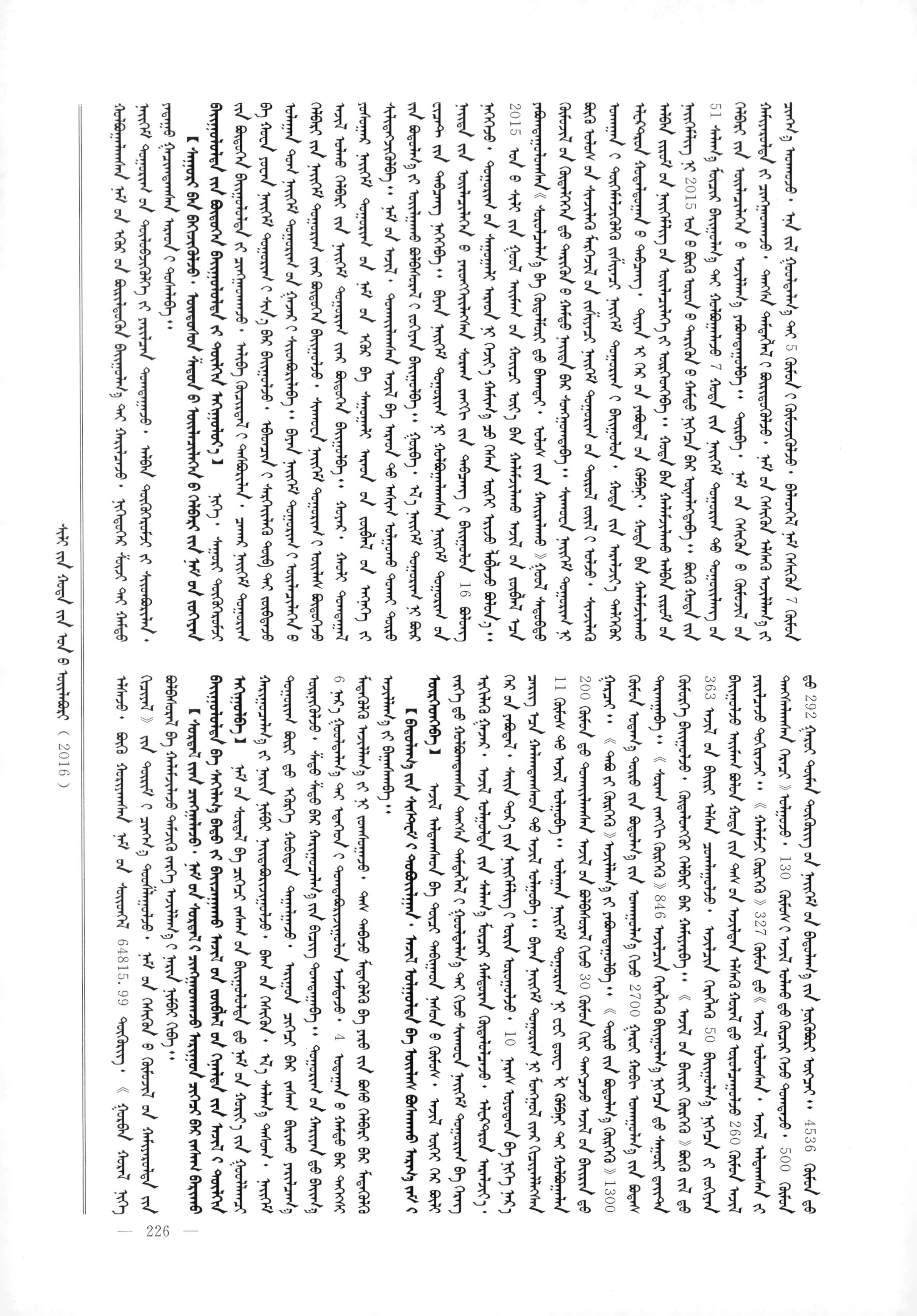

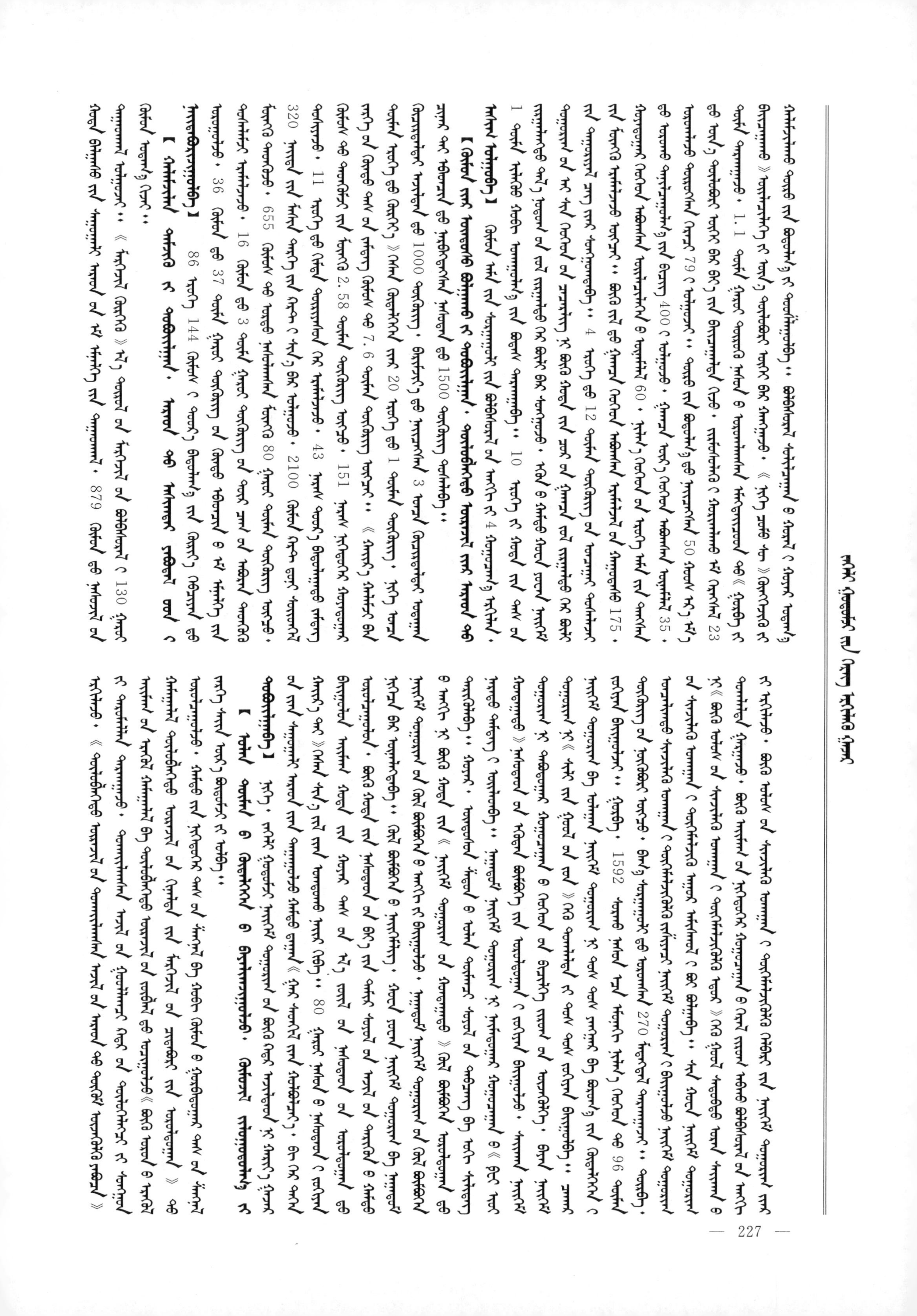

【 ᠥᠪᠥᠷ ᠮᠣᠩᠭᠣᠯ ᠤᠨ ᠰᠣᠶᠣᠯ ᠤᠨ ᠬᠡᠪᠯᠡᠯ ᠦᠨ ᠪᠦᠲᠦᠭᠡᠯ ᠦᠨ ᠬᠣᠷᠢᠶ᠎ᠠ 】

ᠰᠣᠶᠣᠯ ᠤᠨ ᠬᠡᠪᠯᠡᠯ ᠦᠨ ᠪᠦᠲᠦᠭᠡᠯ

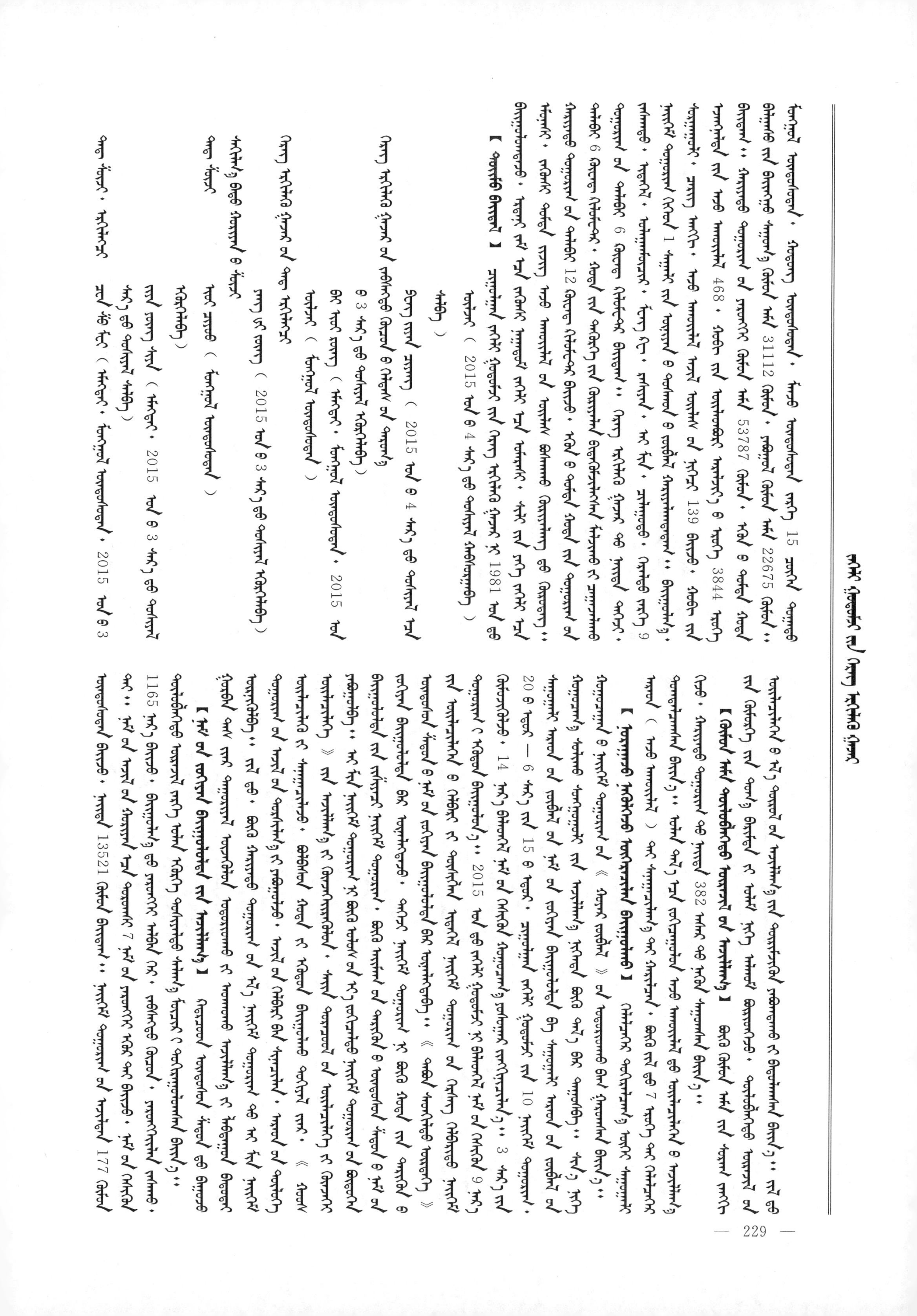

[illegible] 15 [illegible] 31112 [illegible] 22675 [illegible] 53787 [illegible] 468 · [illegible] 3844 [illegible] 139 [illegible] 1 [illegible] 9 [illegible] 6 [illegible] 6 [illegible] 12 [illegible]

【[illegible]】 [illegible] 1981 [illegible] (2015 [illegible] 4 [illegible])

[illegible] (2015 [illegible] 4 [illegible] 3 [illegible])

[illegible] ([illegible] · [illegible] · 2015 [illegible] ([illegible])

[illegible] (2015 [illegible] 3 [illegible])

[illegible] ([illegible])

[illegible] ([illegible] · 2015 [illegible] 3 [illegible])

[illegible] ([illegible] · [illegible] · 2015 [illegible] 3

[illegible]

【[illegible]】 [illegible] 382 [illegible]

[illegible] 7 [illegible]

【[illegible]】 [illegible] 《[illegible]》 [illegible] 20 [illegible] — 6 [illegible] 15 [illegible] 10 [illegible] 14 [illegible] 3 [illegible] 2015 [illegible] 9 [illegible] 《[illegible]》 [illegible] 《[illegible]》 [illegible] 《[illegible]

【[illegible]】 [illegible] 1165 [illegible] 7 [illegible] 13521 [illegible] 177 [illegible]

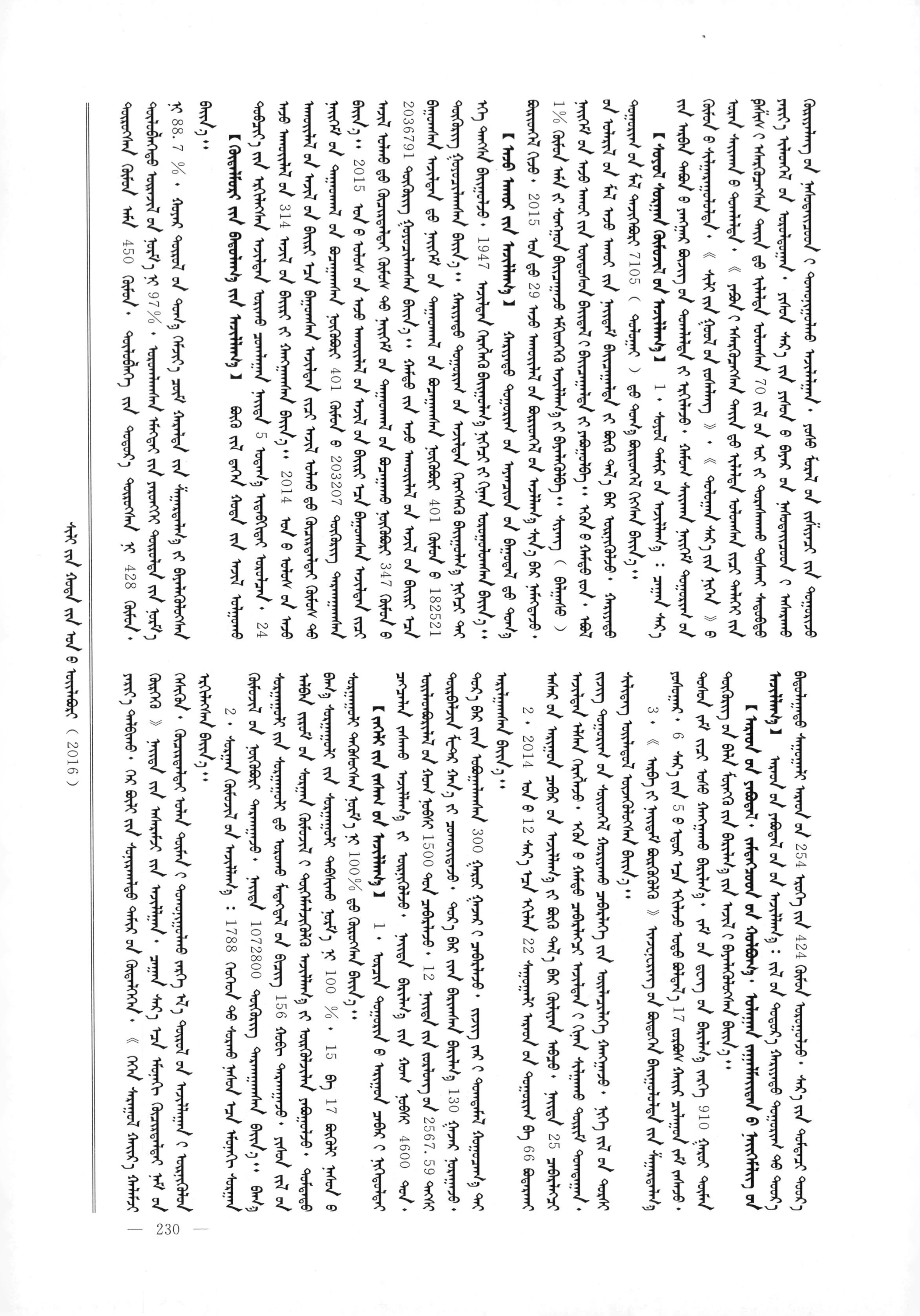

[illegible] 70 [illegible] 《[illegible]》·《[illegible]》·《[illegible]》 [illegible]

【[illegible]】 1· [illegible]: [illegible] 7105 ([illegible]) [illegible]᠃

[illegible]· [illegible] 1% [illegible] ([illegible]) [illegible]· 2015 [illegible] 29 [illegible]·

【[illegible]】 [illegible]· 1947 [illegible] 401 [illegible] 182521 2036791 [illegible] 347 [illegible]᠃ 2015 [illegible] 401 [illegible] 203207 [illegible] 314 [illegible]᠃ 2014 [illegible] 5 [illegible]· 24

【[illegible]】 [illegible]᠃

[illegible] 88.7 %· [illegible] 97%· [illegible] 450 [illegible]· [illegible] 428 [illegible]·

[illegible] 254 [illegible] 424 [illegible]· [illegible]】 [illegible]: [illegible]

【[illegible]】 [illegible]᠃

[illegible] 910 [illegible]· 6 [illegible] 5 [illegible] 17 [illegible]·

3·《[illegible]》 [illegible]᠃

[illegible]· [illegible]· [illegible] 25 [illegible]

2· 2014 [illegible] 12 [illegible] 22 [illegible] 66 [illegible]᠃

[illegible] 300 [illegible]· [illegible] 130 [illegible]· [illegible] 1500 [illegible]· 12 [illegible] 2567.59 [illegible]· [illegible] 4600 [illegible]·

【[illegible]】 1· [illegible] 100% [illegible]᠃

[illegible] 100 %· 15 [illegible] 17 [illegible]· [illegible] 156 [illegible]· [illegible] 1072800 [illegible]᠃ [illegible]

2· [illegible]: 1788 [illegible]᠃

[illegible]·《[illegible]》 [illegible]·《[illegible]

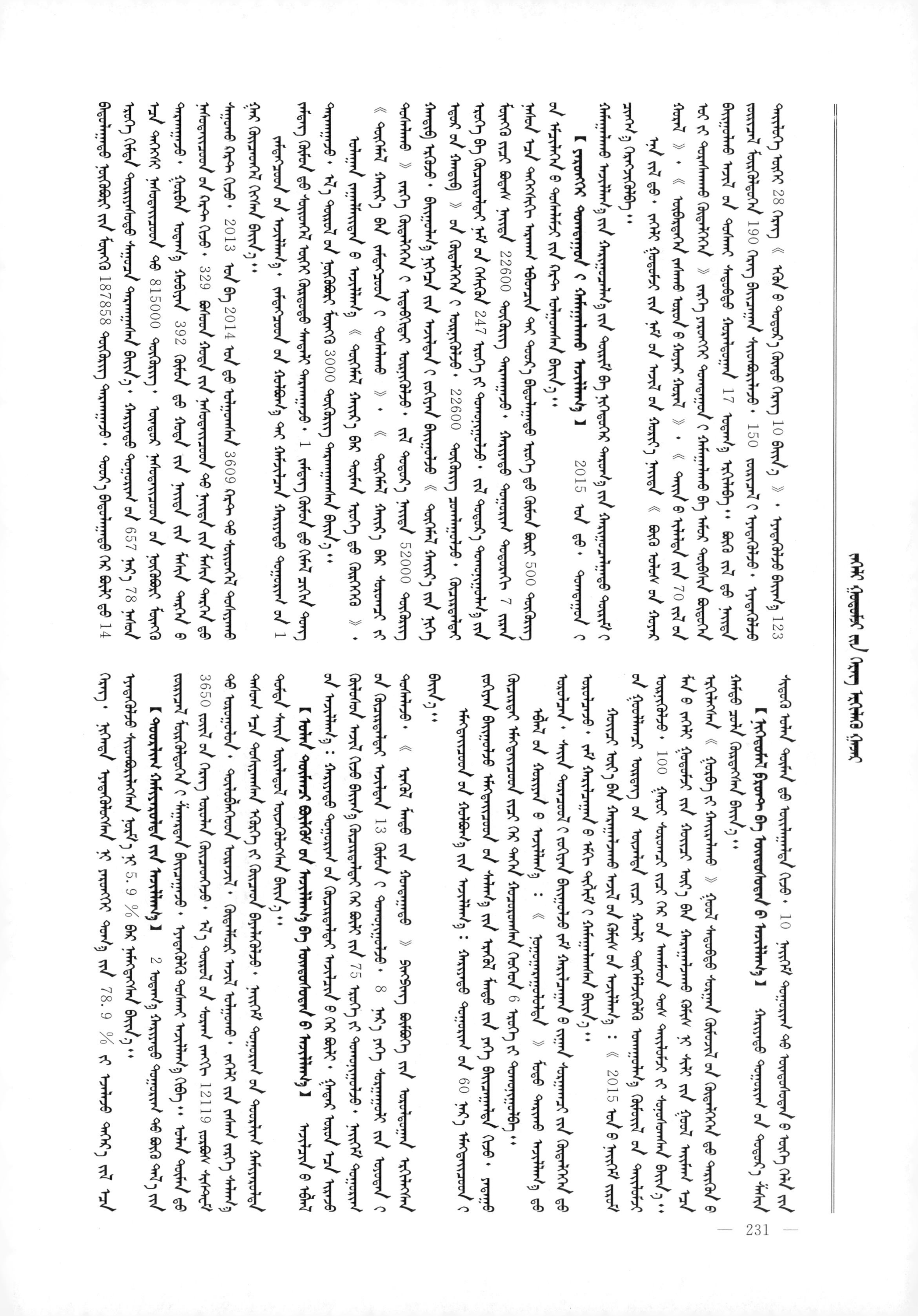

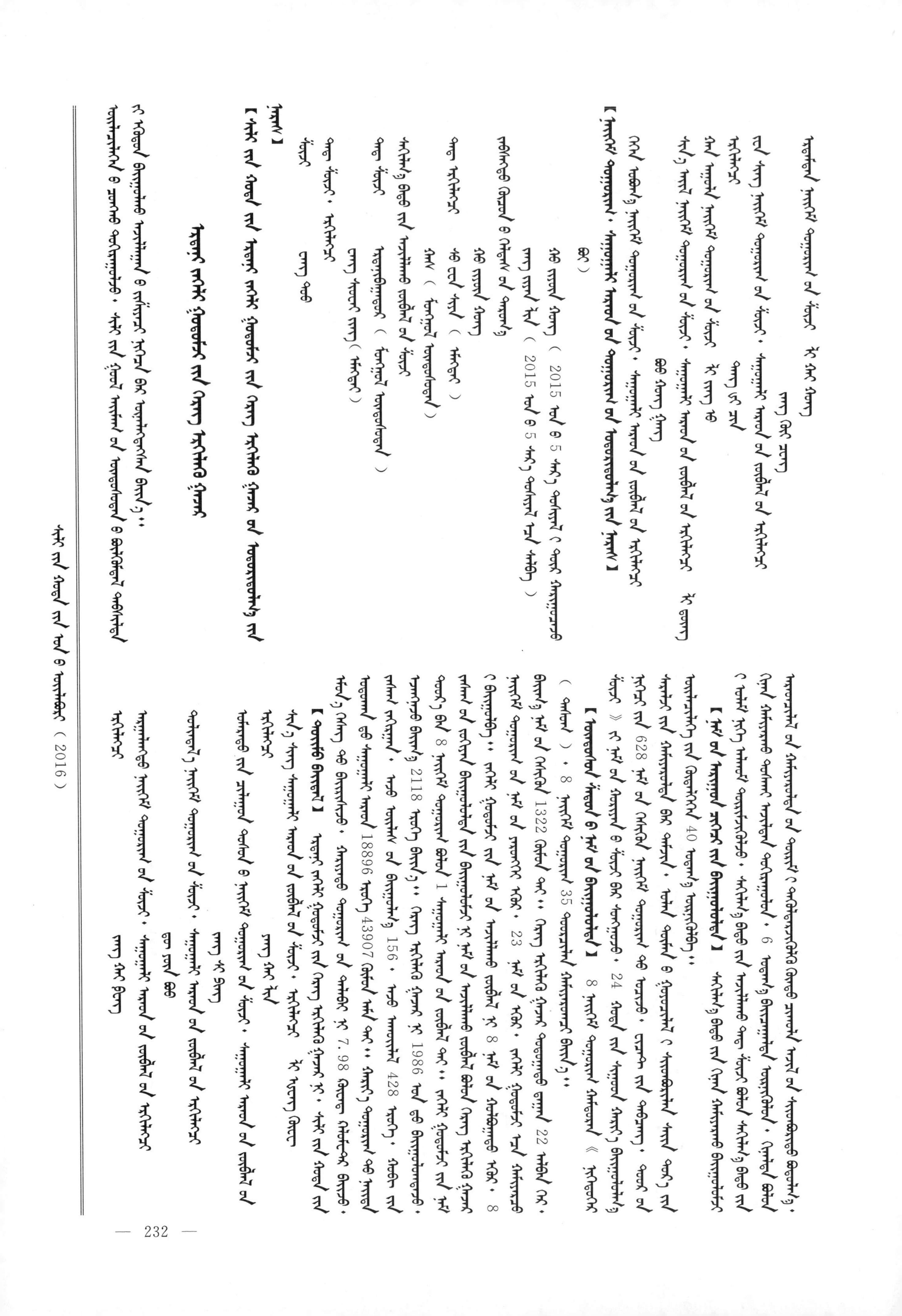

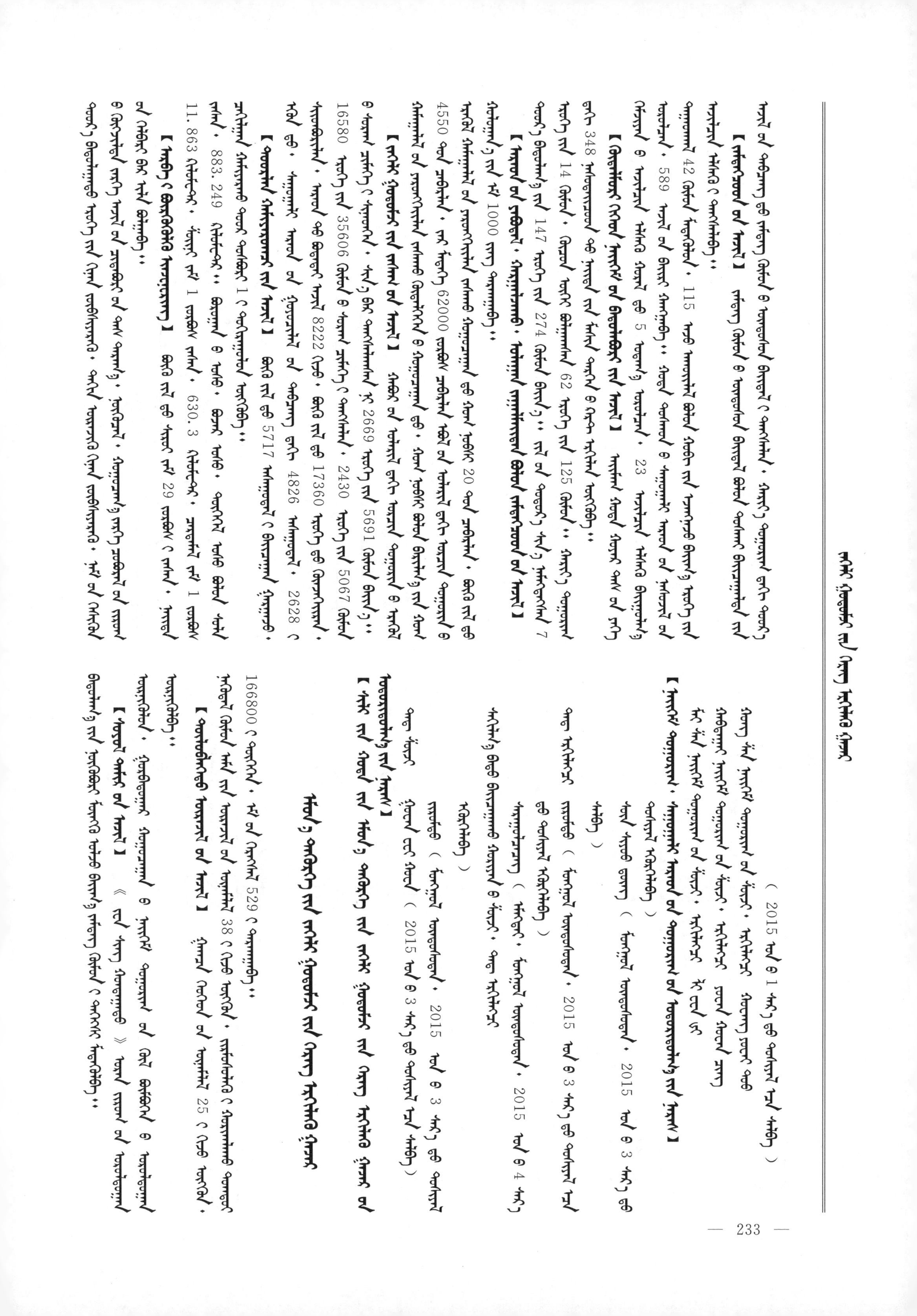

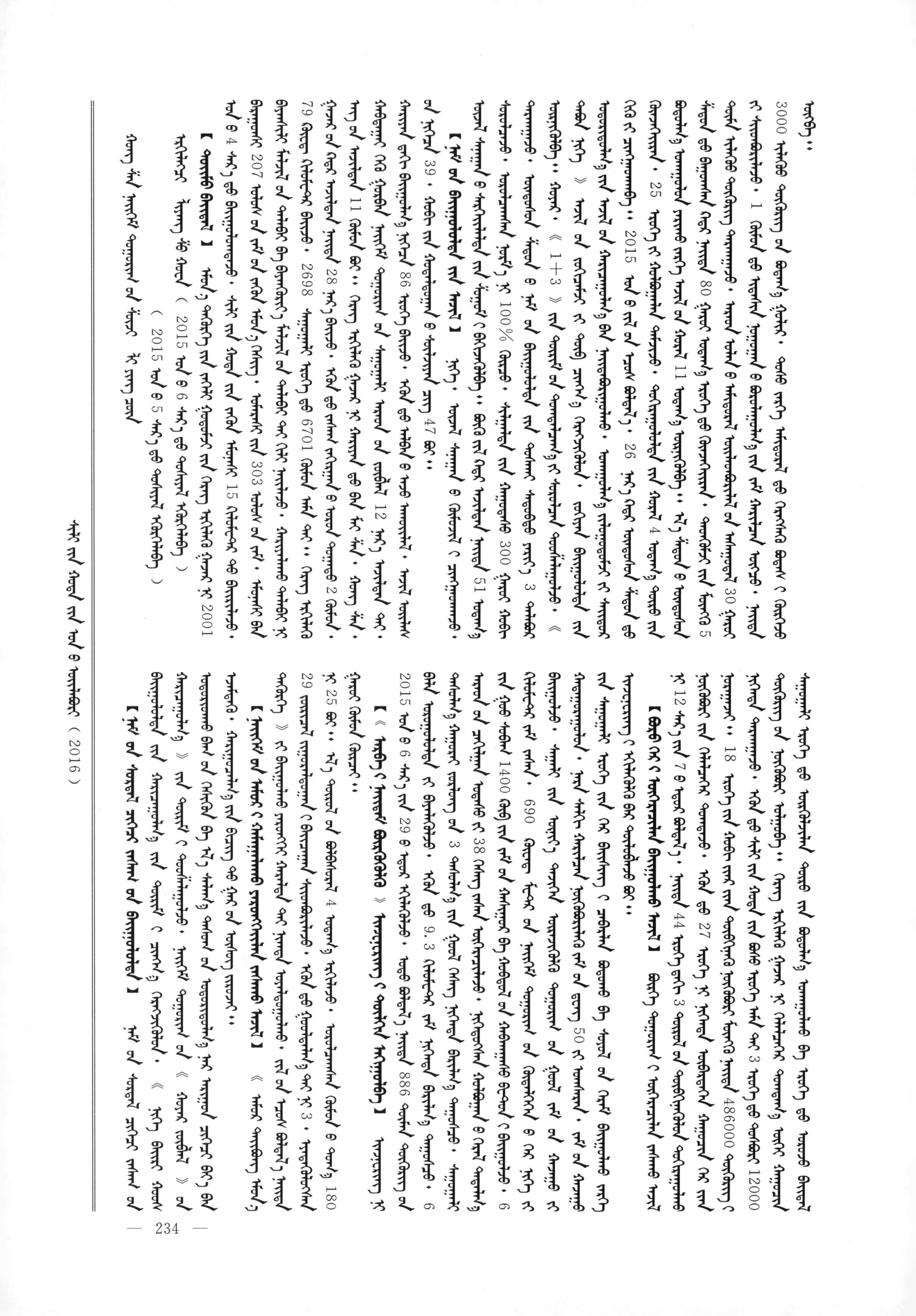

ᠲᠤᠰᠬᠠᠢᠯᠠᠨ ᠵᠠᠰᠠᠯ ᠬᠢᠵᠦ ᠤ ᠰᠢᠯᠭᠠᠨ ᠤ ᠠᠵᠢᠯ ᠬᠠᠷᠢᠭᠤᠴᠠᠵᠤ · 12 ᠰᠠᠷ᠎ᠠ ᠶᠢᠨ 7 ᠤ ᠡᠳᠦᠷ ᠪᠦᠷᠢᠳᠭᠡᠯ ᠠᠴᠠ ᠬᠠᠮᠠᠭᠠᠯᠠᠯ ᠤᠨ ᠠᠵᠢᠯᠲᠠᠨ ᠪᠠᠢᠳᠠᠯ ᠰᠢᠯᠭᠠᠯᠲᠠ ᠳᠤ ᠪᠠᠭᠳᠠᠭᠰᠠᠨ ᠦᠭᠡᠢ · ᠰᠤᠷᠭᠠᠯᠲᠠ ᠶᠢᠨ ᠪᠠᠢᠳᠠᠯ ᠪᠠᠢᠴᠠᠭᠠᠵᠤ ᠶᠢᠨ ᠬᠠᠮᠢᠶᠠᠷᠤᠯ ᠲᠠᠢ ᠡᠮᠨᠡᠯᠭᠡ ᠶᠢᠨ ᠭᠠᠵᠠᠷ 147 ᠪᠣᠯᠵᠤ · ᠬᠠᠮᠢᠶᠠᠷᠤᠯ ᠦᠭᠡᠢ ᠪᠠᠢᠯᠭᠠᠵᠤ ᠲᠠᠢ ᠰᠢᠯᠭᠠᠭᠳᠠᠯ ᠢ 137 ᠭᠠᠵᠠᠷ ᠪᠣᠯ ··

【ᠰᠢᠨᠵᠢ ᠪᠠᠢᠴᠠᠭᠠᠯᠲᠠ ᠶᠢᠨ ᠬᠠᠮᠢᠶᠠᠷᠤᠯ ᠪᠠᠢᠴᠠᠭᠠᠯᠲᠠ ᠶᠢᠨ ᠡᠮᠨᠡᠯᠭᠡ ᠶᠢᠨ ᠪᠠᠢᠷ ᠢ ᠲᠥᠷᠥᠯᠵᠢᠭᠦᠯᠬᠦ ᠠᠵᠢᠯ】 2015 ᠣᠨ ᠳᠤ · ᠬᠣᠰᠢᠭᠤ ᠶᠢᠨ ᠡᠷᠡᠭᠦᠯ ᠬᠠᠮᠠᠭᠠᠯᠠᠯ ᠤᠨ ᠠᠵᠢᠯ ᠬᠠᠮᠢᠶᠠᠷᠤᠯ ᠶᠠᠪᠤᠳᠠᠯ ᠰᠢᠨᠵᠢ ᠤᠨ ᠤ ᠰᠢᠨᠵᠢ ᠬᠠᠮᠢᠶᠠᠷᠤᠯ ᠤᠨ ᠡᠮᠨᠡᠯᠭᠡ ᠪᠠᠢᠭᠤᠯᠤᠭᠰᠠᠨ ᠡᠮᠨᠡᠯᠭᠡ ᠶᠢᠨ ᠪᠠᠢᠷ ᠢ ᠲᠥᠷᠥᠯᠵᠢᠭᠦᠯᠦᠨ ᠪᠠᠢᠭᠤᠯᠵᠤ · 200 ᠬᠦᠮᠦᠨ ᠡᠴᠡ ᠳᠡᠭᠡᠭᠰᠢ ᠡᠮᠴᠢ ᠨᠠᠷ ᠢ ᠰᠤᠷᠭᠠᠵᠤ ᠪᠠᠢᠨ᠎ᠠ ·· ᠬᠦᠮᠦᠨ ᠡᠴᠡ ᠳᠡᠭᠡᠭᠰᠢ 3 ᠬᠣᠰᠢᠭᠤᠨ ᠤ ᠡᠮᠨᠡᠯᠭᠡ ᠶᠢᠨ ᠪᠠᠢᠷ ᠢ ᠪᠠᠢᠭᠤᠯᠤᠭᠰᠠᠨ ᠪᠠᠢᠨ᠎ᠠ · 200 ᠬᠦᠮᠦᠨ ᠡᠴᠡ ᠳᠡᠭᠡᠭᠰᠢ ᠡᠮᠴᠢ ᠨᠠᠷ ᠤᠨ ᠬᠦᠮᠦᠨ ᠡᠴᠡ ᠳᠡᠭᠡᠭᠰᠢ ᠰᠤᠷᠭᠠᠭᠤᠯᠢ ᠶᠢᠨ ᠲᠣᠭ᠎ᠠ · 303 ᠬᠦᠮᠦᠨ ᠦ ᠡᠮᠴᠢ ᠨᠠᠷ ᠢ ᠰᠤᠷᠭᠠᠭᠰᠠᠨ · ᠨᠡᠶᠢᠲᠡ 200 ᠬᠦᠮᠦᠨ ᠰᠤᠷᠭᠠᠯᠲᠠ · 100 2015 ᠣᠨ ᠳᠤ · ᠪᠦᠬᠦ ᠬᠣᠰᠢᠭᠤ ᠶᠢᠨ ᠡᠷᠡᠭᠦᠯ ᠬᠠᠮᠠᠭᠠᠯᠠᠯ ᠤᠨ ᠠᠵᠢᠯ ᠬᠠᠮᠢᠶᠠᠷᠤᠯ ᠶᠠᠪᠤᠳᠠᠯ ᠰᠢᠨᠵᠢ ᠤᠨ ᠤ ᠰᠢᠨᠵᠢ

【ᠪᠠᠢᠷ ᠪᠠ ᠡᠮᠨᠡᠯᠭᠡ ᠶᠢᠨ ᠣᠷᠣ ᠶᠢᠨ ᠲᠣᠭ᠎ᠠ ᠶᠢᠨ ᠠᠵᠢᠯ】 2015 ᠣᠨ ᠳᠤ ᠪᠦᠬᠦ ᠬᠣᠰᠢᠭᠤ ᠶᠢᠨ ᠡᠷᠡᠭᠦᠯ ᠬᠠᠮᠠᠭᠠᠯᠠᠯ ᠤᠨ ᠠᠵᠢᠯ ᠬᠠᠮᠢᠶᠠᠷᠤᠯ ᠶᠠᠪᠤᠳᠠᠯ ᠰᠢᠨᠵᠢ ᠤᠨ ᠤ ᠡᠮᠨᠡᠯᠭᠡ ᠶᠢᠨ ᠪᠠᠢᠷ ᠤᠨ ᠡᠮᠨᠡᠯᠭᠡ ᠶᠢᠨ ᠣᠷᠣ ᠶᠢᠨ ᠲᠣᠭ᠎ᠠ 2865 ᠪᠣᠯᠵᠤ · ᠡᠨᠡ ᠳᠤ ᠬᠣᠲᠠ ᠶᠢᠨ ᠡᠮᠨᠡᠯᠭᠡ ᠶᠢᠨ 633 ᠪᠠᠢᠷ · ᠰᠤᠮᠤ ᠶᠢᠨ ᠡᠮᠨᠡᠯᠭᠡ ᠶᠢᠨ ᠣᠷᠣ 200 ᠪᠠᠢᠷ ᠪᠠᠢᠨ᠎ᠠ ·· ᠨᠡᠶᠢᠲᠡ ᠶᠢᠨ 2664 ᠪᠠᠢᠷ · ᠬᠣᠲᠠ ᠶᠢᠨ ᠪᠠᠢᠷ ᠤᠨ 678 ᠪᠠᠢᠷ ᠪᠣᠯᠵᠤ · ᠰᠢᠨ᠎ᠡ ᠨᠡᠮᠡᠭᠳᠡᠭᠰᠡᠨ ᠨᠢ 22% ·· ᠨᠡᠶᠢᠲᠡ ᠪᠠᠢᠷ ᠤᠨ ᠬᠦᠮᠦᠨ ᠦ ᠡᠮᠨᠡᠯᠭᠡ ᠶᠢᠨ 346 ᠪᠠᠢᠷ · ᠬᠣᠲᠠ ᠶᠢᠨ ᠡᠮᠨᠡᠯᠭᠡ ᠶᠢᠨ ᠪᠠᠢᠷ ᠤᠨ ᠡᠮᠨᠡᠯᠭᠡ 97 ᠪᠠᠢᠷ ᠪᠠᠢᠨ᠎ᠠ ·· ᠨᠡᠶᠢᠲᠡ ᠳᠤ · 5 ᠣᠷᠣ ᠨᠡᠮᠡᠭᠳᠡᠵᠦ · ᠨᠡᠶᠢᠲᠡ ᠶᠢᠨ ᠬᠦᠮᠦᠨ ᠰᠢᠨᠵᠢ ᠶᠢᠨ 3 ᠪᠠᠢᠷ ᠨᠡᠮᠡᠭᠳᠡᠵᠦ · ᠡᠮᠨᠡᠯᠭᠡ ᠶᠢᠨ ᠲᠣᠭ᠎ᠠ 1.7‰ ᠪᠣᠯᠵᠤ · ᠡᠮᠨᠡᠯᠭᠡ ᠶᠢᠨ ᠪᠠᠢᠷ

【ᠪᠠᠢᠴᠠᠭᠠᠯᠲᠠ ᠪᠣᠯᠪᠠᠰᠤᠷᠠᠯ ᠤᠨ ᠠᠵᠢᠯ】 2015 ᠣᠨ ᠳᠤ ᠨᠡᠶᠢᠲᠡ 166 ᠪᠠᠢᠷ ᠤ ᠠᠵᠢᠯ ᠬᠢᠵᠦ ᠳᠤ ᠪᠠᠢᠴᠠᠭᠠᠯᠲᠠ 5 ᠪᠠᠢᠷ · ᠡᠮᠨᠡᠯᠭᠡ ᠶᠢᠨ ᠣᠷᠣ ᠶᠢᠨ ᠲᠣᠭ᠎ᠠ ᠨᠢ 100% ᠪᠣᠯᠪᠠ ··

【ᠪᠠᠢᠴᠠᠭᠠᠯᠲᠠ ᠪᠣᠯᠪᠠᠰᠤᠷᠠᠯ ᠤᠨ ᠠᠵᠢᠯ】 ᠪᠠᠢᠴᠠᠭᠠᠯᠲᠠ ᠶᠢᠨ ᠠᠵᠢᠯ ᠤᠨ ᠬᠢᠵᠦ ᠤᠨ ᠠᠵᠢᠯ ᠢ ᠬᠢᠵᠦ ᠰᠢᠯᠭᠠᠨ ᠪᠠᠢᠴᠠᠭᠠᠵᠤ · ᠠᠵᠢᠯ ᠤᠨ ᠪᠠᠢᠳᠠᠯ ᠢ ᠰᠢᠯᠭᠠᠨ ᠪᠠᠢᠴᠠᠭᠠᠵᠤ · ᠬᠣᠲᠠ ᠶᠢᠨ ᠠᠵᠢᠯ ᠤᠨ ᠪᠠᠢᠳᠠᠯ ᠢ ᠬᠠᠮᠢᠶᠠᠷᠤᠯᠲᠠ ᠳᠤ ᠪᠦᠷᠢᠳᠭᠡᠵᠦ · 72 ᠪᠠᠢᠷ ᠳᠤ ᠡᠮᠨᠡᠯᠭᠡ ᠶᠢᠨ ᠬᠠᠮᠢᠶᠠᠷᠤᠯ 1400 ᠭᠠᠷᠤᠢ ᠬᠦᠮᠦᠨ ᠳᠤ ᠣᠨ ᠤ ᠪᠠᠢᠴᠠᠭᠠᠯᠲᠠ ᠬᠢᠵᠦ ᠪᠠᠢᠨ᠎ᠠ ·· ᠡᠮᠨᠡᠯᠭᠡ ᠶᠢᠨ ᠬᠠᠮᠢᠶᠠᠷᠤᠯ · 156 ᠪᠠᠢᠷ ᠳᠤ ᠰᠢᠨᠵᠢ ᠪᠠᠢᠴᠠᠭᠠᠯᠲᠠ ᠪᠠ ᠪᠣᠯᠪᠠᠰᠤᠷᠠᠯ ᠤᠨ ᠰᠤᠷᠭᠠᠯᠲᠠ ᠬᠢᠵᠦ ᠤᠨ ᠤ ᠬᠦᠮᠦᠨ ᠦ ᠬᠠᠮᠢᠶᠠᠷᠤᠯ ᠤᠨ ᠬᠠᠮᠠᠭᠠᠯᠠᠯ ᠤᠨ ᠡᠮᠨᠡᠯᠭᠡ ᠪᠣᠯᠪᠠᠰᠤᠷᠠᠯ ᠬᠢᠵᠦ ᠪᠠᠢᠨ᠎ᠠ ··

【ᠬᠦᠮᠦᠨ ᠠᠮᠠᠨ ᠪᠠᠢᠴᠠᠭᠠᠯᠲᠠ ᠶᠢᠨ ᠠᠵᠢᠯ】 ᠡᠮᠨᠡᠯᠭᠡ ᠶᠢᠨ ᠰᠢᠨᠵᠢ ᠬᠠᠮᠢᠶᠠᠷᠤᠯ ᠪᠠᠢᠴᠠᠭᠠᠯᠲᠠ ᠶᠢᠨ ᠬᠠᠮᠢᠶᠠᠷᠤᠯ ᠤᠨ ᠡᠮᠨᠡᠯᠭᠡ ᠪᠣᠯᠪᠠᠰᠤᠷᠠᠯ ᠶᠢᠨ ᠬᠦᠮᠦᠨ · ᠰᠢᠨᠵᠢ ᠳᠤ ᠬᠠᠮᠢᠶᠠᠷᠤᠯ ᠪᠠᠢᠴᠠᠭᠠᠵᠤ · ᠰᠢᠨᠵᠢ ᠶᠢᠨ ᠠᠵᠢᠯ ᠤᠨ ᠪᠠᠢᠳᠠᠯ ᠢ ᠰᠢᠯᠭᠠᠨ ᠪᠠᠢᠴᠠᠭᠠᠭᠤᠯᠤᠨ ᠲᠤᠰᠬᠠᠢᠯᠠᠨ ᠪᠠᠢᠭᠤᠯᠤᠭᠰᠠᠨ ᠦᠭᠡᠢ ᠪᠠᠢᠨ᠎ᠠ ·· 15 — 17 ᠨᠠᠰᠤᠨ ᠤ ᠬᠦᠮᠦᠨ ᠦ ᠪᠠᠢᠷ ᠤᠨ ᠰᠤᠷᠭᠠᠭᠤᠯᠢ ᠳᠤ ᠰᠤᠷᠤᠯᠴᠠᠭᠴᠢ ᠳᠤ ᠡᠮᠨᠡᠯᠭᠡ ᠶᠢᠨ ᠪᠠᠢᠴᠠᠭᠠᠯᠲᠠ ᠬᠢᠵᠦ ᠪᠠᠢᠨ᠎ᠠ ᠪᠠᠢᠨ᠎ᠠ ·· ᠡᠮᠨᠡᠯᠭᠡ ᠶᠢᠨ ᠪᠠᠢᠴᠠᠭᠠᠯᠲᠠ ᠨᠢ 100% · ᠰᠤᠷᠭᠠᠭᠤᠯᠢ ᠳᠤ ᠬᠦᠮᠦᠨ ᠦ ᠪᠠᠢᠷ ᠤᠨ ᠡᠮᠨᠡᠯᠭᠡ ᠶᠢᠨ ᠲᠣᠭ᠎ᠠ ᠨᠢ 100% ·· 3 — 5 ᠨᠠᠰᠤᠨ ᠤ ᠬᠦᠮᠦᠨ ᠦ ᠡᠮᠨᠡᠯᠭᠡ ᠶᠢᠨ ᠪᠠᠢᠴᠠᠭᠠᠯᠲᠠ ᠬᠢᠵᠦ ᠪᠠᠢᠨ᠎ᠠ · ᠡᠨᠡ ᠳᠤ 69 ᠪᠠᠢᠷ ᠳᠤ ᠰᠤᠷᠭᠠᠭᠤᠯᠢ ᠶᠢᠨ ᠬᠦᠮᠦᠨ ᠦ ᠡᠮᠨᠡᠯᠭᠡ ᠶᠢᠨ ᠠᠵᠢᠯ ᠢ ᠬᠢᠵᠦ · ᠨᠡᠶᠢᠲᠡ ᠶᠢᠨ ᠬᠦᠮᠦᠨ ᠦ ᠪᠠᠢᠷ ᠤᠨ ᠡᠮᠨᠡᠯᠭᠡ ᠶᠢᠨ ᠬᠦᠮᠦᠨ ᠦ ᠠᠮᠢᠳᠤᠷᠠᠯ ᠤᠨ ᠪᠠᠢᠷ ᠤᠨ ᠪᠠᠢᠴᠠᠭᠠᠯᠲᠠ ᠶᠢᠨ 41400 ᠬᠦᠮᠦᠨ ᠪᠠᠢᠴᠠᠭᠠᠵᠤ ᠪᠠᠢᠨ᠎ᠠ ··

【ᠡᠮᠨᠡᠯᠭᠡ ᠪᠠᠢᠴᠠᠭᠠᠯᠲᠠ · ᠬᠠᠮᠢᠶᠠᠷᠤᠯ ᠤᠨ ᠬᠦᠮᠦᠨ · ᠬᠦᠮᠦᠨ ᠦ ᠠᠵᠢᠯ ᠤᠨ ᠬᠡᠮᠵᠢᠶ᠎ᠡ · ᠬᠠᠮᠢᠶᠠᠷᠤᠯᠲᠠ ᠶᠢᠨ ᠰᠤᠷᠭᠠᠯᠲᠠ · ᠬᠦᠮᠦᠨ ᠦ ᠡᠮᠨᠡᠯᠭᠡ ᠪᠣᠯᠪᠠᠰᠤᠷᠠᠯ ᠤᠨ ᠠᠵᠢᠯ】 2015 ᠣᠨ ᠳᠤ ᠬᠣᠰᠢᠭᠤ ᠶᠢᠨ ᠬᠦᠮᠦᠨ ᠦ ᠡᠮᠨᠡᠯᠭᠡ ᠶᠢᠨ ᠬᠠᠮᠢᠶᠠᠷᠤᠯ ᠤᠨ ᠪᠣᠯᠪᠠᠰᠤᠷᠠᠯ ᠤᠨ ᠠᠵᠢᠯ ᠤᠨ ᠬᠦᠮᠦᠨ ᠦ ᠡᠮᠨᠡᠯᠭᠡ ᠶᠢᠨ ᠪᠠᠢᠷ ᠢ ᠬᠠᠮᠢᠶᠠᠷᠤᠯᠲᠠ ᠳᠤ ᠪᠦᠷᠢᠳᠭᠡᠵᠦ · 《 ᠡᠮᠨᠡᠯᠭᠡ ᠶᠢᠨ ᠪᠠᠢᠴᠠᠭᠠᠯᠲᠠ ᠶᠢᠨ ᠬᠦᠮᠦᠨ ᠦ ᠠᠮᠢᠳᠤᠷᠠᠯ 》 ᠤᠨ ᠠᠵᠢᠯ ᠢ ᠪᠠᠢᠭᠤᠯᠤᠨ ·· ᠡᠷᠡᠭᠦᠯ ᠬᠠᠮᠠᠭᠠᠯᠠᠯ ᠤᠨ ᠠᠵᠢᠯ ᠬᠠᠮᠢᠶᠠᠷᠤᠯ ᠶᠠᠪᠤᠳᠠᠯ ᠰᠢᠨᠵᠢ ᠤᠨ ᠬᠦᠮᠦᠨ ᠦ ᠰᠤᠷᠭᠠᠭᠤᠯᠢ ᠶᠢᠨ ᠪᠠᠢᠳᠠᠯ ᠤᠨ ᠬᠦᠮᠦᠨ ᠦ ᠪᠠᠢᠴᠠᠭᠠᠯᠲᠠ ᠶᠢᠨ ᠪᠣᠯᠪᠠᠰᠤᠷᠠᠯ ᠢ ᠰᠢᠯᠭᠠᠨ ᠪᠠᠢᠴᠠᠭᠠᠭᠤᠯᠤᠨ · 2 ᠰᠠᠷ᠎ᠠ ᠶᠢᠨ ᠬᠦᠮᠦᠨ ᠦ ᠡᠮᠨᠡᠯᠭᠡ ᠶᠢᠨ ᠠᠵᠢᠯ ᠤᠨ ᠬᠦᠮᠦᠨ ᠦ ᠠᠵᠢᠯ ᠢ ᠬᠢᠵᠦ ᠪᠠᠢᠨ᠎ᠠ ·· ᠡᠨᠡ ᠬᠡᠮᠵᠢᠶ᠎ᠡ ᠳᠤ 《 ᠡᠮᠨᠡᠯᠭᠡ ᠶᠢᠨ ᠪᠠᠢᠴᠠᠭᠠᠯᠲᠠ ᠶᠢᠨ ᠠᠵᠢᠯ ᠤᠨ ᠬᠦᠮᠦᠨ ᠦ ᠪᠣᠯᠪᠠᠰᠤᠷᠠᠯ 》 ᠤᠨ ᠠᠵᠢᠯ ᠢ ᠬᠢᠵᠦ ᠪᠠᠢᠨ᠎ᠠ ··

ᠪᠦᠭᠦᠳᠡ ᠡᠷᠡᠭᠦᠯ ᠬᠠᠮᠠᠭᠠᠯᠠᠯ ᠤᠨ ᠠᠵᠢᠯ ᠬᠠᠮᠢᠶᠠᠷᠤᠯ ᠶᠠᠪᠤᠳᠠᠯ

【ᠬᠣᠰᠢᠭᠤ ᠶᠢᠨ ᠡᠷᠡᠭᠦᠯ ᠬᠠᠮᠠᠭᠠᠯᠠᠯ ᠤᠨ ᠪᠦᠭᠦᠳᠡ ᠡᠷᠡᠭᠦᠯ ᠬᠠᠮᠠᠭᠠᠯᠠᠯ ᠤᠨ ᠠᠵᠢᠯ ᠬᠠᠮᠢᠶᠠᠷᠤᠯ ᠶᠠᠪᠤᠳᠠᠯ ᠤᠨ ᠲᠣᠪᠴᠢᠶᠠᠨ ᠤ ᠬᠡᠮᠵᠢᠶ᠎ᠡ】

ᠬᠠᠷᠢᠭᠤᠴᠠᠭᠠᠳ ᠪᠢᠴᠢᠭᠰᠡᠨ ᠨᠢ — ᠬᠠᠮᠢᠶᠠᠷᠤᠯ (ᠡᠷᠡᠭᠦᠯ ᠬᠠᠮᠠᠭᠠᠯᠠᠯ · 2015 ᠣᠨ ᠤ 4 ᠰᠠᠷ᠎ᠠ ᠳᠤ ᠬᠠᠮᠢᠶᠠᠷᠤᠯᠲᠠ ᠶᠢᠨ)

ᠬᠠᠷᠢᠭᠤᠴᠠᠭᠴᠢ — ᠪᠠᠢᠴᠠᠭᠠᠯᠲᠠ (ᠬᠠᠮᠢᠶᠠᠷᠤᠯ · ᠡᠷᠡᠭᠦᠯ ᠬᠠᠮᠠᠭᠠᠯᠠᠯ)

ᠬᠠᠷᠢᠭᠤᠴᠠᠭᠴᠢ · ᠪᠠᠢᠴᠠᠭᠠᠯᠲᠠ — ᠠ ᠬᠠᠮᠢᠶᠠᠷᠤᠯ ᠬᠦᠮᠦᠨ (ᠬᠠᠮᠢᠶᠠᠷᠤᠯ)

ᠬᠠᠷᠢᠭᠤᠴᠠᠭᠴᠢ — ᠬᠠᠮᠢᠶᠠᠷᠤᠯ (ᠡᠷᠡᠭᠦᠯ ᠬᠠᠮᠠᠭᠠᠯᠠᠯ)

ᠨᠡᠮᠡᠯᠲᠡ ᠳᠤ ᠲᠤᠰᠬᠠᠢ (2015 ᠣᠨ ᠤ 4 ᠰᠠᠷ᠎ᠠ ᠳᠤ ᠬᠠᠮᠢᠶᠠᠷᠤᠯ ᠬᠠᠮᠢᠶᠠᠷᠤᠯ ᠲᠠᠢ ᠪᠠᠢᠨ᠎ᠠ)

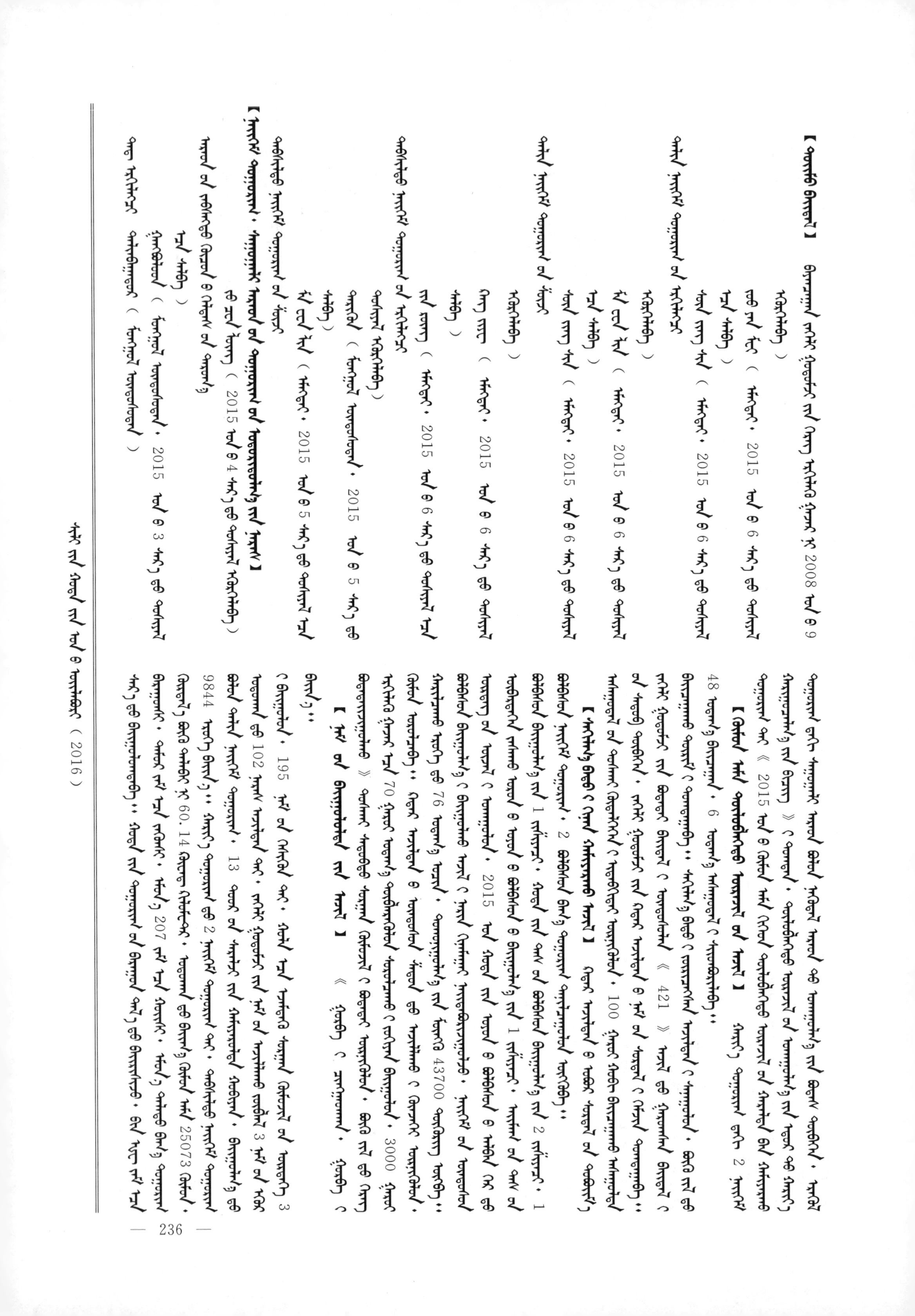

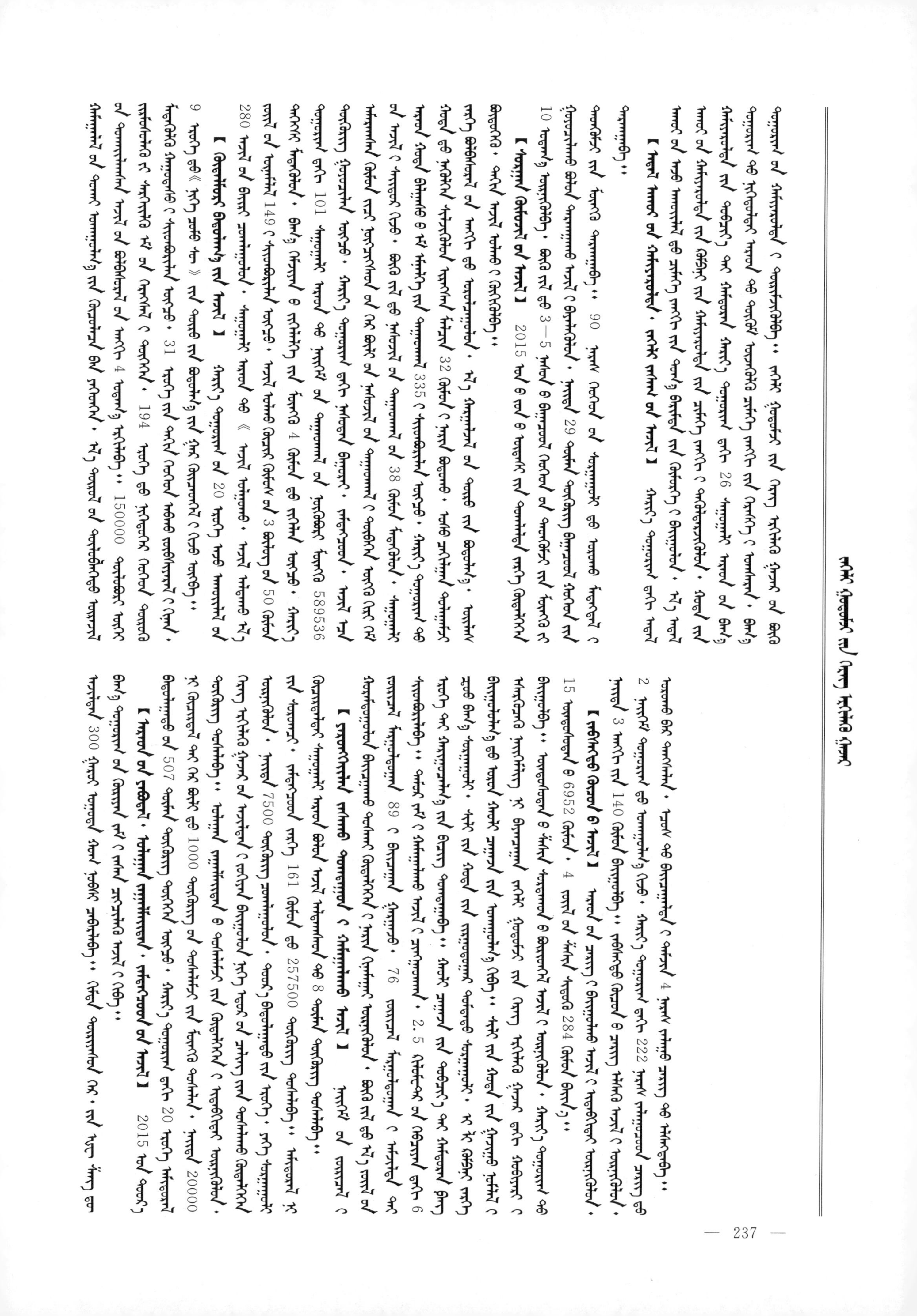

ᠮᠣᠩᠭᠣᠯ ᠬᠡᠯᠡ

ᠮᠣᠩᠭᠣᠯ ᠤᠨ ᠬᠡᠯᠡ ᠤᠨ ᠰᠤᠳᠤᠯᠭᠠᠨ ᠤ ᠰᠢᠨ᠎ᠡ ᠮᠡᠳᠡᠭᠡ

2015 ᠣᠨ ᠤ 5 ᠰᠠᠷ᠎ᠠ ᠳᠤ᠂ ᠠᠻᠠᠳ᠋ᠧᠮᠢ ᠶᠢᠨ ᠨᠠᠮ ᠤᠨ ᠬᠣᠷᠢᠶᠠᠨ ᠤ ᠰᠢᠯᠭᠠᠨ ᠪᠠᠶᠢᠴᠠᠭᠠᠬᠤ ᠠᠵᠢᠯ ᠤᠨ ᠬᠠᠮᠲᠤ ᠣᠷᠣᠨ ᠲᠣᠭᠤᠷᠢᠭ ᠰᠢᠯᠢᠳᠡᠭ ᠠᠵᠢᠯᠲᠠᠨ ᠤ ᠵᠡᠷᠭᠡ ᠳᠦ ᠬᠦᠷᠦᠭᠰᠡᠨ ᠬᠤᠪᠢ ᠬᠦᠮᠦᠨ ᠢ ᠰᠠᠶᠰᠢᠶᠠᠭᠰᠠᠨ ᠪᠠᠶᠢᠳᠠᠯ ᠢ ᠲᠣᠭᠲᠠᠭᠠᠨ ᠠᠻᠠᠳ᠋ᠧᠮᠢ ᠶᠢᠨ ᠨᠠᠮ ᠤᠨ ᠬᠣᠷᠢᠶᠠ ᠨᠢ ᠰᠢᠯᠭᠠᠨ ᠪᠠᠶᠢᠴᠠᠭᠠᠭᠰᠠᠨ ᠳᠤᠮᠳᠠ ᠬᠡᠰᠡᠭ ᠤᠨ ᠨᠠᠮ ᠤᠨ ᠪᠠᠭ᠎ᠠ ᠬᠣᠷᠢᠶ᠎ᠠ ᠪᠣᠯᠪᠠ᠃᠃

2015 ᠣᠨ ᠤ 10 ᠰᠠᠷ᠎ᠠ ᠳᠤ ᠪᠡᠷ ᠬᠡᠪᠯᠡᠯ ᠦᠨ ᠭᠠᠵᠠᠷ ᠠᠴᠠ 《 ᠥᠪᠦᠷ ᠮᠣᠩᠭᠣᠯ ᠤᠨ ᠪᠣᠯᠪᠠᠰᠤᠷᠠᠯ ᠤᠨ ᠲᠡᠦᠬᠡ ᠶᠢᠨ ᠳᠠᠷᠤᠮᠳᠠᠯ ᠮᠣᠩᠭᠣᠯ ᠪᠢᠴᠢᠭ ᠪᠣᠯ ᠤᠨ ᠳᠡᠪᠲᠡᠷ 》 ᠢ ᠬᠡᠪᠯᠡᠨ ᠭᠠᠷᠭᠠᠪᠠ᠃᠃

2015 ᠣᠨ ᠤ 11 ᠰᠠᠷ᠎ᠠ ᠳᠤ᠂ ᠠᠻᠠᠳ᠋ᠧᠮᠢ ᠶᠢᠨ ᠨᠠᠮ ᠤᠨ ᠬᠣᠷᠢᠶᠠᠨ ᠤ ᠰᠢᠯᠭᠠᠨ ᠪᠠᠶᠢᠴᠠᠭᠠᠬᠤ ᠠᠵᠢᠯ ᠤᠨ ᠬᠠᠮᠲᠤ ᠣᠷᠣᠨ ᠲᠣᠭᠤᠷᠢᠭ ᠰᠢᠯᠢᠳᠡᠭ ᠤᠨ ᠪᠠᠭ᠎ᠠ ᠬᠣᠷᠢᠶ᠎ᠠ ᠪᠠᠷ ᠰᠣᠩᠭᠤᠭᠳᠠᠪᠠ᠂ ᠨᠠᠮ ᠤᠨ ᠭᠡᠰᠢᠭᠦᠨ ᠦ ᠬᠦᠮᠦᠵᠢᠯ ᠦᠨ ᠠᠵᠢᠯ ᠤᠨ ᠰᠢᠯᠢᠳᠡᠭ ᠪᠦᠯᠦᠭ ᠢ ᠪᠡᠶᠡᠯᠡᠭᠦᠯᠵᠦ ᠳᠤᠮᠳᠠ ᠬᠡᠰᠡᠭ ᠤᠨ ᠨᠠᠮ ᠤᠨ ᠪᠠᠭ᠎ᠠ ᠬᠣᠷᠢᠶ᠎ᠠ ᠪᠣᠯᠪᠠ᠃᠃

2015 ᠣᠨ ᠤ ᠭᠠᠳᠠᠭᠠᠳᠤ ᠰᠤᠳᠤᠯᠤᠯ ᠤᠨ ᠬᠡᠪᠯᠡᠯ ᠢᠶᠡᠷ ᠮᠣᠩᠭᠣᠯ ᠬᠡᠯᠡ ᠪᠢᠴᠢᠭ ᠤᠨ ᠰᠢᠨᠵᠢᠯᠡᠬᠦ ᠤᠬᠠᠭᠠᠨ ᠤ ᠬᠦᠷᠢᠶᠡᠯᠡᠩ ᠦᠨ ᠭᠡᠰᠢᠭᠦᠳ ᠦᠨ ᠪᠦᠲᠦᠭᠡᠯ ᠢ ᠬᠠᠮᠲᠤ ᠪᠡᠷ ᠬᠡᠪᠯᠡᠨ ᠭᠠᠷᠭᠠᠭᠰᠠᠨ ᠶᠠᠮ᠃᠃

ᠲᠡᠭᠦᠨ ᠦ ᠮᠣᠩᠭᠣᠯ ᠬᠡᠯᠡ ᠪᠢᠴᠢᠭ ᠦᠨ ᠰᠤᠳᠤᠯᠭᠠᠨ ᠤ ᠬᠦᠷᠢᠶᠡᠯᠡᠩ ᠦᠨ ᠦᠨᠳᠦᠰᠦᠨ ᠠᠵᠢᠯ ᠢ ᠰᠠᠶᠢᠵᠢᠷᠠᠭᠤᠯᠬᠤ ᠳᠤ ᠴᠢᠬᠤᠯᠠ ᠠᠴᠢ ᠬᠣᠯᠪᠣᠭᠳᠠᠯ ᠲᠠᠢ ᠪᠠᠶᠢᠨ᠎ᠠ᠃᠃

ᠮᠣᠩᠭᠣᠯ ᠤᠨ ᠬᠡᠯᠡ ᠤᠨ ᠰᠤᠳᠤᠯᠭᠠᠨ ᠤ ᠰᠢᠨ᠎ᠡ ᠪᠦᠲᠦᠭᠡᠯ

2015 ᠣᠨ ᠤ 1 ᠰᠠᠷ᠎ᠠ ᠳᠤ᠂ ᠬᠡᠯᠡ ᠵᠦᠢ᠂ ᠤᠷᠠᠨ ᠵᠣᠬᠢᠶᠠᠯ᠂ ᠲᠡᠦᠬᠡ ᠰᠤᠳᠤᠯᠤᠯ᠂ ᠠᠻᠠᠳ᠋ᠧᠮᠢ ᠶᠢᠨ ᠮᠣᠩᠭᠣᠯ ᠬᠡᠯᠡ ᠪᠢᠴᠢᠭ ᠦᠨ ᠰᠤᠳᠤᠯᠭᠠᠨ ᠤ ᠬᠦᠷᠢᠶᠡᠯᠡᠩ ᠦᠨ ᠰᠤᠳᠤᠯᠤᠯ ᠤᠨ ᠠᠵᠢᠯ ᠤᠨ ᠲᠥᠯᠦᠪᠯᠡᠭᠡ ᠶᠢ ᠬᠡᠯᠡᠯᠴᠡᠪᠡ᠃᠃

2015 ᠣᠨ ᠤ 4 ᠰᠠᠷ᠎ᠠ ᠶᠢᠨ 29 ᠤ ᠡᠳᠦᠷ᠂ ᠪᠦᠬᠦ ᠪᠡᠷ 2014 ᠣᠨ ᠤ ᠥᠪᠦᠷ ᠮᠣᠩᠭᠣᠯ ᠤᠨ ᠨᠡᠶᠢᠭᠡᠮ ᠦᠨ ᠰᠢᠨᠵᠢᠯᠡᠬᠦ ᠤᠬᠠᠭᠠᠨ ᠤ ᠰᠢᠯᠢᠳᠡᠭ ᠪᠦᠲᠦᠭᠡᠯ ᠦᠨ ᠱᠠᠩ ᠢ ᠬᠦᠷᠲᠡᠭᠰᠡᠨ ᠶᠠᠮ᠃᠃

ᠮᠣᠩᠭᠣᠯ ᠪᠢᠴᠢᠭ ᠦᠨ ᠰᠤᠳᠤᠯᠤᠯ ᠤᠨ ᠲᠠᠰᠤᠭ ᠤᠨ ᠰᠤᠳᠤᠯᠭᠠᠨ ᠤ ᠰᠢᠨ᠎ᠡ ᠮᠡᠳᠡᠭᠡ

2015 ᠣᠨ ᠤ 1 ᠰᠠᠷ᠎ᠠ ᠳᠤ᠂ ᠮᠣᠩᠭᠣᠯ ᠪᠢᠴᠢᠭ ᠦᠨ ᠰᠤᠳᠤᠯᠤᠯ ᠤᠨ ᠲᠠᠰᠤᠭ ᠤᠨ ᠪᠠᠭᠰᠢ ᠨᠠᠷ ᠤᠨ ᠬᠢᠴᠢᠶᠡᠯ ᠦᠨ ᠬᠠᠮᠲᠤ ᠪᠦᠯᠦᠭ ᠦᠨ ᠭᠡᠰᠢᠭᠦᠳ ᠦᠨ ᠰᠤᠳᠤᠯᠤᠯ ᠤᠨ ᠠᠵᠢᠯ ᠤᠨ ᠲᠣᠭᠠᠴᠠᠭᠠ ᠶᠢ ᠡᠮᠬᠢᠳᠬᠡᠨ ᠨᠡᠶᠢᠲᠡᠯᠡᠪᠡ᠂ ᠡᠭᠦᠨ ᠳᠦ ᠮᠣᠩᠭᠣᠯ ᠪᠢᠴᠢᠭ ᠦᠨ ᠰᠤᠳᠤᠯᠤᠯ ᠤᠨ ᠲᠠᠰᠤᠭ ᠤᠨ 5 ᠰᠤᠳᠤᠯᠤᠭᠴᠢ ᠪᠠᠷ ᠪᠣᠯᠪᠠᠰᠤᠷᠠᠯ ᠤᠨ ᠡᠭᠦᠳᠬᠡᠯ ᠳᠦ ᠲᠣᠭᠲᠠᠭᠰᠠᠨ ᠵᠦᠢᠯ ᠦᠳ (ᠬᠡᠯᠡ ᠵᠦᠢ) ᠢ ᠪᠣᠯᠪᠠᠰᠤᠷᠠᠯ ᠤᠨ ᠡᠭᠦᠳᠬᠡᠯ ᠳᠦ ᠲᠣᠭᠲᠠᠭᠰᠠᠨ ᠬᠡᠯᠡ ᠵᠦᠢ ᠶᠢᠨ ᠰᠤᠳᠤᠯᠤᠯ ᠤᠨ ᠬᠠᠮᠲᠤ ᠪᠦᠯᠦᠭ ᠢ ᠪᠠᠶᠢᠭᠤᠯᠪᠠ᠃᠃

ᠠᠻᠠᠳ᠋ᠧᠮᠢ ᠶᠢᠨ ᠰᠤᠳᠤᠯᠤᠯ ᠤᠨ ᠲᠠᠰᠤᠭ ᠤᠨ ᠦᠢᠯᠡ ᠶᠢᠨ ᠬᠣᠶᠠᠷ ᠳᠤᠭᠠᠷ ᠬᠢᠰᠡᠭ ᠤᠨ ᠴᠢᠭᠯᠡᠯ ᠢ 2015 ᠣᠨ ᠤ 3 ᠰᠠᠷ᠎ᠠ ᠳᠤ ᠡᠬᠢᠯᠡᠨ ᠬᠡᠷᠡᠭᠵᠢᠭᠦᠯᠪᠡ᠃᠃

ᠬᠡᠯᠡᠯᠴᠡᠪᠡ᠂ ᠲᠣᠭᠤᠷᠢᠭ ᠤᠨ ᠰᠢᠯᠢᠳᠡᠭ ᠪᠦᠲᠦᠭᠡᠯ ᠦᠨ ᠰᠤᠳᠤᠯᠭᠠᠨ ᠤ ᠲᠠᠰᠤᠭ ᠤᠨ ᠪᠠᠭᠰᠢ ᠨᠠᠷ 2014 ᠣᠨ ᠤ ᠥᠪᠦᠷ ᠮᠣᠩᠭᠣᠯ ᠤᠨ ᠨᠡᠶᠢᠭᠡᠮ ᠦᠨ ᠰᠢᠨᠵᠢᠯᠡᠬᠦ ᠤᠬᠠᠭᠠᠨ ᠤ ᠰᠠᠩ ᠤᠨ ᠬᠣᠶᠠᠳᠤᠭᠠᠷ ᠵᠡᠷᠭᠡ ᠶᠢᠨ ᠱᠠᠩ ᠳᠤ ᠬᠦᠷᠪᠡ᠃᠃

ᠠᠻᠠᠳ᠋ᠧᠮᠢ ᠶᠢᠨ ᠰᠤᠳᠤᠯᠤᠯ ᠤᠨ ᠲᠠᠰᠤᠭ ᠤᠨ ᠠᠵᠢᠯ ᠤᠨ ᠲᠥᠯᠦᠪᠯᠡᠭᠡ ᠶᠢ 2015 ᠣᠨ ᠤ 4 ᠰᠠᠷ᠎ᠠ ᠳᠤ ᠪᠠᠲᠤᠯᠠᠪᠠ᠃᠃

2013 — 2014 ᠣᠨ ᠤ ᠥᠪᠦᠷ ᠮᠣᠩᠭᠣᠯ ᠤᠨ ᠨᠡᠶᠢᠭᠡᠮ ᠦᠨ ᠰᠢᠨᠵᠢᠯᠡᠬᠦ ᠤᠬᠠᠭᠠᠨ ᠤ ᠰᠠᠶᠢᠨ ᠪᠦᠲᠦᠭᠡᠯ ᠦᠨ ᠱᠠᠩ ᠢ ᠬᠦᠷᠲᠡᠭᠰᠡᠨ ᠪᠠᠭᠰᠢ ᠨᠠᠷ ᠤᠨ ᠲᠠᠰᠤᠭ ᠤᠨ ᠠᠵᠢᠯ ᠤᠨ ᠲᠥᠯᠦᠪᠯᠡᠭᠡ ᠶᠢ ᠪᠠᠲᠤᠯᠠᠪᠠ᠃᠃

2015 ᠣᠨ ᠤ 7 ᠰᠠᠷ᠎ᠠ ᠳᠤ᠂ ᠠᠻᠠᠳ᠋ᠧᠮᠢ ᠶᠢᠨ ᠨᠠᠮ ᠤᠨ ᠬᠣᠷᠢᠶᠠᠨ ᠤ ᠰᠢᠯᠭᠠᠨ ᠪᠠᠶᠢᠴᠠᠭᠠᠬᠤ ᠠᠵᠢᠯ ᠤᠨ ᠬᠠᠮᠲᠤ ᠣᠷᠣᠨ ᠲᠣᠭᠤᠷᠢᠭ ᠰᠢᠯᠢᠳᠡᠭ ᠤᠨ ᠪᠠᠭ᠎ᠠ ᠬᠣᠷᠢᠶ᠎ᠠ ᠪᠣᠯᠪᠠ᠃᠃

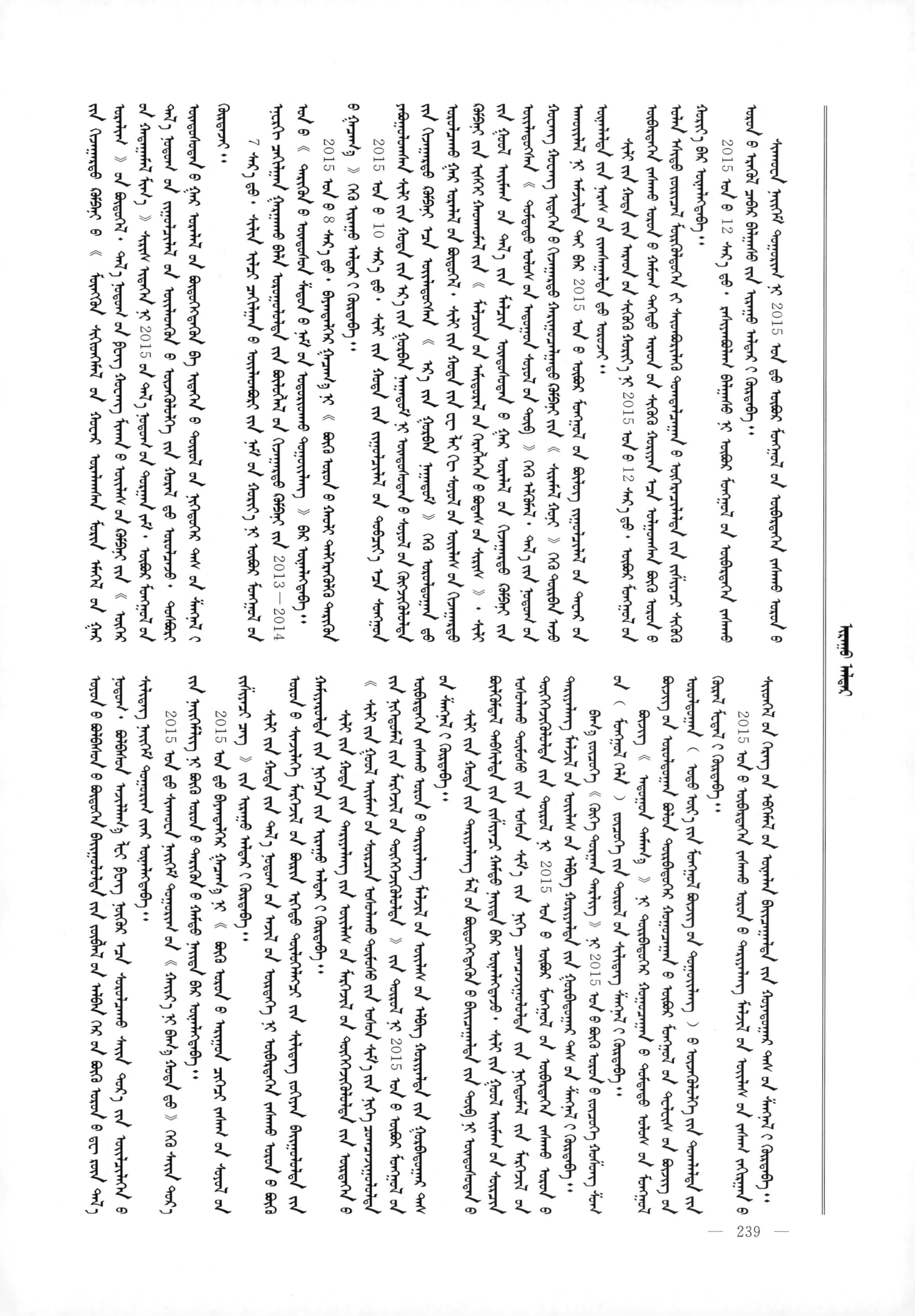

ᠨᠢ ᠪᠡᠯᠡᠳᠬᠡᠯ᠂ ᠪᠡᠯᠡᠳᠬᠡᠯ ᠬᠠᠩᠭᠠᠮᠵᠢ 》 ᠣᠷᠣᠭᠤᠯᠬᠤ ᠠᠵᠢᠯ ᠢ ᠬᠠᠷᠢᠭᠤᠴᠠᠭᠰᠠᠨ ᠤ ᠬᠠᠮᠲᠤ ᠬᠡᠯᠡᠯᠴᠡᠭᠡᠨ ᠢ 《 ᠣᠷᠣᠭᠤᠯᠤᠭᠰᠠᠨ 8 ᠰᠠᠷ᠎ᠠ ᠳᠤ᠂ ᠬᠣᠲᠠ ᠶᠢᠨ ᠬᠡᠮᠵᠢᠶᠡᠨ ᠦ ᠪᠠᠶᠢᠭᠤᠯᠤᠯᠭ᠎ᠠ ᠶᠢᠨ ᠬᠣᠷᠢᠶ᠎ᠠ ᠳᠤ ᠬᠠᠮᠲᠤ ᠬᠤᠷᠠᠯ ᠢ ᠬᠡᠷᠡᠭᠵᠢᠭᠦᠯᠦᠨ ᠲᠡᠭᠦᠨ ᠦ ᠬᠠᠷᠢᠭᠤᠴᠠᠯᠭ᠎ᠠ ᠪᠠᠷ ᠬᠠᠩᠭᠠᠭᠰᠠᠨ ᠪᠣᠯᠤᠨ᠎ᠠ᠃ ᠣᠯᠠᠨ ᠨᠡᠶᠢᠲᠡ ᠶᠢᠨ ᠤᠳᠤᠷᠢᠳᠤᠯᠭ᠎ᠠ ᠶᠢᠨ ᠡᠷᠬᠡ ᠶᠢᠨ ᠪᠠᠷᠢᠮᠲᠠ ᠶᠢ ᠪᠠᠶᠢᠭᠤᠯᠬᠤ ᠬᠠᠷᠢᠭᠤᠴᠠᠯᠭ᠎ᠠ᠂ 2015 ᠣᠨ ᠤ 7 ᠰᠠᠷ᠎ᠠ ᠳᠤ ᠬᠣᠲᠠ ᠶᠢᠨ ᠤᠯᠠᠰ ᠤᠨ ᠬᠠᠮᠲᠤ ᠬᠤᠷᠠᠯ ᠤᠨ ᠲᠡᠭᠦᠨ ᠦ ᠬᠠᠷᠢᠭᠤᠴᠠᠯᠭ᠎ᠠ ᠪᠠᠷ ᠬᠠᠩᠭᠠᠭᠰᠠᠨ ᠪᠣᠯᠤᠨ᠎ᠠ᠃

ᠬᠣᠲᠠ ᠶᠢᠨ ᠬᠣᠷᠢᠶ᠎ᠠ ᠶᠢᠨ ᠠᠵᠢᠯ ᠤᠨ ᠬᠡᠷᠡᠭᠵᠢᠭᠦᠯᠬᠦ ᠶᠢ ᠬᠠᠷᠢᠭᠤᠴᠠᠭᠰᠠᠨ ᠤ ᠬᠠᠮᠲᠤ ᠪᠦᠲᠦᠭᠡᠯ ᠦᠨ ᠲᠥᠯᠦᠪᠯᠡᠭᠡ ᠶᠢ ᠪᠦᠷᠢᠳᠬᠡᠵᠦ᠂ 2015 ᠣᠨ ᠤ 5 ᠰᠠᠷ᠎ᠠ ᠳᠤ ᠬᠣᠲᠠ ᠶᠢᠨ ᠬᠣᠷᠢᠶ᠎ᠠ ᠶᠢᠨ ᠬᠠᠮᠲᠤ ᠬᠤᠷᠠᠯ ᠤᠨ ᠬᠣᠷᠢᠶ᠎ᠠ ᠳᠤ ᠬᠠᠮᠲᠤ ᠪᠡᠷ ᠬᠡᠷᠡᠭᠵᠢᠭᠦᠯᠦᠭᠰᠡᠨ ᠪᠣᠯᠤᠨ᠎ᠠ᠃

5 ᠰᠠᠷ᠎ᠠ ᠳᠤ᠂ ᠬᠣᠲᠠ ᠶᠢᠨ ᠬᠠᠮᠲᠤᠷᠠᠯᠴᠠᠭ᠎ᠠ ᠶᠢᠨ ᠬᠤᠷᠠᠯ ᠤᠨ ᠬᠣᠷᠢᠶ᠎ᠠ ᠳᠤ ᠬᠠᠷᠢᠭᠤᠴᠠᠯᠭ᠎ᠠ ᠪᠠᠷ ᠬᠠᠩᠭᠠᠭᠰᠠᠨ ᠪᠣᠯᠤᠨ᠎ᠠ᠃

ᠬᠠᠮᠲᠤᠷᠠᠯᠴᠠᠭᠠᠨ ᠰᠣᠯᠢᠯᠴᠠᠭ᠎ᠠ ᠶᠢᠨ ᠠᠵᠢᠯ ᠤᠨ ᠪᠠᠶᠢᠳᠠᠯ

ᠬᠠᠮᠲᠤᠷᠠᠯᠴᠠᠭ᠎ᠠ ᠶᠢᠨ ᠠᠵᠢᠯ ᠢ ᠬᠠᠷᠢᠭᠤᠴᠠᠨ ᠬᠠᠩᠭᠠᠭᠰᠠᠨ᠂ ᠬᠣᠲᠠ ᠶᠢᠨ ᠬᠣᠷᠢᠶ᠎ᠠ ᠳᠤ ᠪᠠᠶᠢᠭᠤᠯᠤᠯᠭ᠎ᠠ ᠶᠢᠨ ᠲᠥᠯᠦᠪᠯᠡᠭᠡ ᠶᠢ ᠬᠠᠩᠭᠠᠭᠰᠠᠨ ᠪᠣᠯᠤᠨ᠎ᠠ᠃ ᠬᠣᠲᠠ ᠶᠢᠨ ᠬᠠᠮᠲᠤ ᠬᠤᠷᠠᠯ ᠤᠨ ᠬᠠᠮᠲᠤᠷᠠᠯᠴᠠᠭ᠎ᠠ ᠶᠢᠨ ᠪᠦᠯᠦᠭ ᠢ 2015 ᠣᠨ ᠤ ᠬᠣᠲᠠ ᠶᠢᠨ ᠬᠣᠷᠢᠶ᠎ᠠ (ᠬᠡᠯᠡᠯᠴᠡᠭᠡᠨ) ᠰᠣᠯᠢᠯᠴᠠᠭ᠎ᠠ ᠶᠢᠨ ᠬᠠᠮᠲᠤᠷᠠᠯᠴᠠᠭ᠎ᠠ ᠶᠢᠨ 2015 ᠣᠨ ᠳᠤ᠂ ᠬᠠᠮᠲᠤᠷᠠᠯᠴᠠᠭ᠎ᠠ ᠶᠢᠨ ᠪᠠᠶᠢᠭᠤᠯᠤᠯᠭ᠎ᠠ ᠶᠢᠨ ᠬᠣᠷᠢᠶ᠎ᠠ 《 ᠰᠣᠶᠣᠯ ᠤᠨ ᠠᠵᠢᠯ 》 ᠢ ᠬᠡᠷᠡᠭᠵᠢᠭᠦᠯᠦᠨ ᠪᠦᠲᠦᠭᠡᠯ ᠦᠨ ᠪᠠᠶᠢᠳᠠᠯ ᠢ ᠬᠠᠩᠭᠠᠭᠰᠠᠨ ᠪᠣᠯᠤᠨ᠎ᠠ᠃

ᠪᠦᠭᠦᠳᠡ ᠨᠡᠶᠢᠲᠡ ᠶᠢᠨ 2015 ᠣᠨ ᠤ ᠬᠠᠮᠲᠤᠷᠠᠯᠴᠠᠭ᠎ᠠ ᠶᠢᠨ ᠠᠵᠢᠯ ᠤᠨ ᠲᠥᠯᠦᠪᠯᠡᠭᠡ ᠶᠢ ᠪᠦᠷᠢᠳᠬᠡᠵᠦ᠂ ᠬᠣᠲᠠ ᠶᠢᠨ ᠬᠠᠮᠲᠤ ᠬᠤᠷᠠᠯ ᠤᠨ ᠬᠣᠷᠢᠶ᠎ᠠ ᠳᠤ ᠬᠠᠮᠲᠤᠷᠠᠯᠴᠠᠭ᠎ᠠ ᠶᠢᠨ ᠠᠵᠢᠯ ᠢ ᠬᠠᠷᠢᠭᠤᠴᠠᠨ ᠬᠡᠷᠡᠭᠵᠢᠭᠦᠯᠦᠨ᠂ ᠬᠣᠲᠠ ᠶᠢᠨ ᠪᠠᠶᠢᠭᠤᠯᠤᠯᠭ᠎ᠠ ᠶᠢᠨ ᠬᠣᠷᠢᠶ᠎ᠠ ᠳᠤ ᠬᠠᠷᠢᠭᠤᠴᠠᠯᠭ᠎ᠠ ᠪᠠᠷ ᠪᠠᠶᠢᠭᠤᠯᠬᠤ ᠶᠢ ᠬᠠᠩᠭᠠᠵᠤ ᠪᠦᠷᠢᠳᠬᠡᠭᠰᠡᠨ ᠪᠣᠯᠤᠨ᠎ᠠ᠃

ᠣᠷᠣᠯᠴᠠᠭᠤᠯᠬᠤ ᠠᠵᠢᠯ ᠤᠨ ᠬᠠᠷᠢᠭᠤᠴᠠᠯᠭ᠎ᠠ ᠶᠢᠨ ᠬᠣᠷᠢᠶ᠎ᠠ ᠳᠤ ᠪᠠᠶᠢᠭᠤᠯᠤᠯᠭ᠎ᠠ ᠶᠢᠨ ᠪᠦᠲᠦᠭᠡᠯ ᠤᠨ ᠬᠣᠷᠢᠶ᠎ᠠ ᠶᠢᠨ ᠠᠵᠢᠯ ᠤᠨ ᠬᠣᠷᠢᠶ᠎ᠠ ᠶᠢᠨ ᠬᠡᠮᠵᠢᠶᠡᠨ ᠦ ᠬᠠᠷᠢᠭᠤᠴᠠᠯᠭ᠎ᠠ ᠶᠢ ᠬᠠᠩᠭᠠᠭᠰᠠᠨ ᠪᠣᠯᠤᠨ᠎ᠠ᠃ ᠬᠣᠲᠠ ᠶᠢᠨ ᠬᠠᠮᠲᠤ ᠬᠤᠷᠠᠯ ᠤᠨ ᠬᠣᠷᠢᠶ᠎ᠠ ᠳᠤ ᠪᠠᠶᠢᠭᠤᠯᠤᠯᠭ᠎ᠠ ᠶᠢᠨ ᠲᠥᠯᠦᠪᠯᠡᠭᠡ ᠶᠢ ᠬᠠᠩᠭᠠᠵᠤ ᠪᠦᠷᠢᠳᠬᠡᠭᠰᠡᠨ ᠪᠣᠯᠤᠨ᠎ᠠ᠃

ᠬᠠᠮᠲᠤᠷᠠᠯᠴᠠᠭ᠎ᠠ ᠶᠢᠨ (ᠬᠣᠲᠠ ᠶᠢᠨ ᠬᠤᠷᠠᠯ) ᠤᠨ ᠬᠠᠷᠢᠭᠤᠴᠠᠯᠭ᠎ᠠ ᠶᠢᠨ ᠪᠦᠲᠦᠭᠡᠯ ᠦᠨ ᠠᠵᠢᠯ ᠢ ᠬᠠᠩᠭᠠᠭᠰᠠᠨ᠂ ᠬᠣᠲᠠ ᠶᠢᠨ ᠬᠠᠮᠲᠤᠷᠠᠯᠴᠠᠭ᠎ᠠ ᠶᠢᠨ ᠪᠠᠶᠢᠭᠤᠯᠤᠯᠭ᠎ᠠ ᠶᠢᠨ ᠰᠤᠷᠭᠠᠭᠤᠯᠢ ᠳᠤ ᠬᠠᠷᠢᠭᠤᠴᠠᠯᠭ᠎ᠠ ᠪᠠᠷ ᠪᠦᠷᠢᠳᠬᠡᠭᠰᠡᠨ ᠪᠣᠯᠤᠨ᠎ᠠ᠃

ᠪᠠᠶᠢᠭᠤᠯᠤᠯᠭ᠎ᠠ ᠶᠢᠨ ᠬᠣᠷᠢᠶ᠎ᠠ ᠳᠤ (ᠬᠣᠲᠠ ᠶᠢᠨ ᠬᠤᠷᠠᠯ) ᠤᠨ ᠬᠠᠷᠢᠭᠤᠴᠠᠯᠭ᠎ᠠ ᠶᠢᠨ 《 ᠪᠠᠶᠢᠭᠤᠯᠤᠯᠭ᠎ᠠ ᠶᠢᠨ ᠲᠥᠯᠦᠪᠯᠡᠭᠡ 》 ᠢ 2015 ᠣᠨ ᠤ ᠬᠣᠲᠠ ᠶᠢᠨ ᠬᠣᠷᠢᠶ᠎ᠠ ᠶᠢᠨ ᠪᠠᠶᠢᠭᠤᠯᠤᠯᠭ᠎ᠠ ᠶᠢᠨ ᠬᠣᠷᠢᠶ᠎ᠠ ᠳᠤ ᠬᠠᠷᠢᠭᠤᠴᠠᠯᠭ᠎ᠠ ᠪᠠᠷ ᠬᠠᠩᠭᠠᠭᠰᠠᠨ ᠪᠣᠯᠤᠨ᠎ᠠ᠃

ᠬᠣᠲᠠ ᠶᠢᠨ ᠬᠣᠷᠢᠶ᠎ᠠ ᠶᠢᠨ ᠠᠵᠢᠯ ᠤᠨ ᠬᠡᠮᠵᠢᠶᠡᠨ ᠦ ᠬᠠᠷᠢᠭᠤᠴᠠᠯᠭ᠎ᠠ ᠶᠢᠨ ᠪᠦᠲᠦᠭᠡᠯ ᠦᠨ ᠠᠵᠢᠯ ᠢ ᠬᠠᠷᠢᠭᠤᠴᠠᠨ ᠬᠠᠩᠭᠠᠭᠰᠠᠨ᠂ ᠬᠣᠲᠠ ᠶᠢᠨ ᠬᠠᠮᠲᠤᠷᠠᠯᠴᠠᠭ᠎ᠠ ᠶᠢᠨ ᠬᠣᠷᠢᠶ᠎ᠠ ᠳᠤ ᠪᠠᠶᠢᠭᠤᠯᠤᠯᠭ᠎ᠠ ᠶᠢᠨ ᠬᠠᠷᠢᠭᠤᠴᠠᠯᠭ᠎ᠠ ᠪᠠᠷ ᠬᠠᠩᠭᠠᠭᠰᠠᠨ ᠪᠣᠯᠤᠨ᠎ᠠ᠃

ᠪᠦᠭᠦᠳᠡ ᠨᠡᠶᠢᠲᠡ ᠶᠢᠨ ᠬᠣᠷᠢᠶ᠎ᠠ ᠶᠢᠨ ᠠᠵᠢᠯ ᠤᠨ ᠬᠡᠮᠵᠢᠶᠡᠨ ᠦ ᠪᠠᠶᠢᠭᠤᠯᠤᠯᠭ᠎ᠠ ᠶᠢᠨ ᠬᠣᠷᠢᠶ᠎ᠠ ᠳᠤ ᠬᠠᠷᠢᠭᠤᠴᠠᠯᠭ᠎ᠠ ᠶᠢ ᠬᠠᠩᠭᠠᠨ᠂ ᠬᠣᠲᠠ ᠶᠢᠨ ᠬᠠᠮᠲᠤ ᠬᠤᠷᠠᠯ ᠤᠨ ᠬᠣᠷᠢᠶ᠎ᠠ ᠶᠢᠨ 11 ᠰᠠᠷ᠎ᠠ ᠳᠤ ᠪᠦᠷᠢᠳᠬᠡᠭᠰᠡᠨ᠂ ᠬᠣᠲᠠ ᠶᠢᠨ ᠬᠠᠮᠲᠤᠷᠠᠯᠴᠠᠭ᠎ᠠ ᠶᠢᠨ 2015 ᠣᠨ ᠤ ᠬᠣᠲᠠ ᠶᠢᠨ ᠪᠠᠶᠢᠭᠤᠯᠤᠯᠭ᠎ᠠ ᠶᠢᠨ ᠬᠣᠷᠢᠶ᠎ᠠ ᠳᠤ ᠬᠠᠷᠢᠭᠤᠴᠠᠯᠭ᠎ᠠ ᠪᠠᠷ ᠬᠠᠩᠭᠠᠭᠰᠠᠨ ᠪᠣᠯᠤᠨ᠎ᠠ᠃

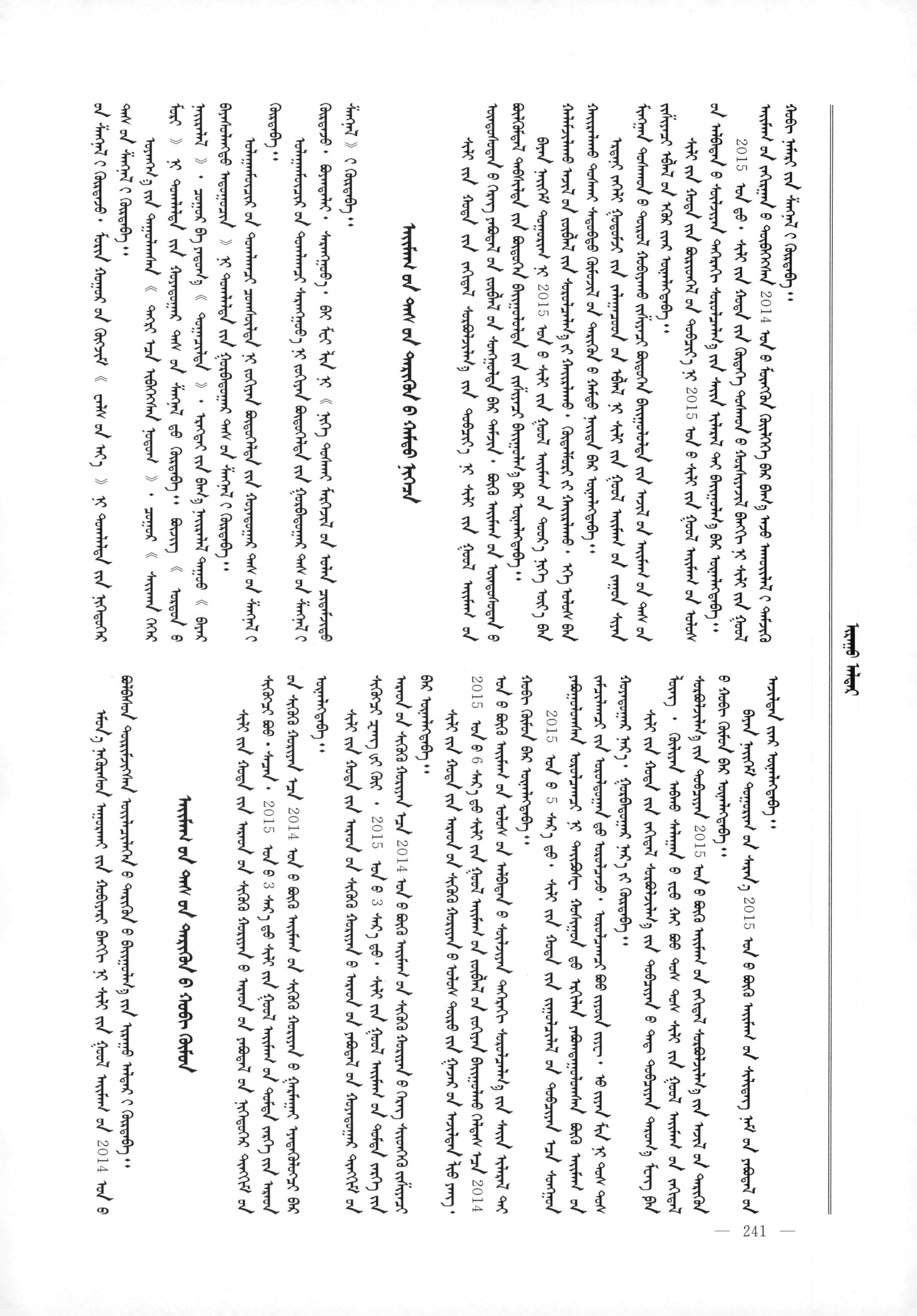

特　载

XI LIN HAO TE NIAN JIAN

政府工作报告

一、“十二五”时期和2015年工作回顾

“十二五”时期是锡林浩特市发展进程中极不平凡的五年。五年来，面对经济下行压力和各种复杂因素的考验，锡林浩特市各族干部群众凝心聚力、开拓创新，谋大事、解难事、办实事，推动经济社会发展和各项事业取得丰硕成果，奠定了锡林浩特市全面建成小康社会的坚实基础。

（一）经济持续健康发展，综合实力大幅提升。克服宏观经济环境持续低迷的不利影响，进一步调整完善工作思路，创新工作举措，推动经济发展取得新成效。2015年地区生产总值完成210.2亿元，年均增长10.1%，人均生产总值1.3万美元。公共财政预算收入完成26.5亿元，是2010年的2.4倍，年均增长19.6%。

（二）经济结构不断优化，转型升级成效明显。三次产业结构由2010年的4.7∶66.1∶29.2演进为7.6∶50.2∶42.2，多元发展、多极支撑的产业格局初步形成。畜牧业基础进一步巩固。五年累计投入涉农涉牧资金51.3亿元，建成规模化养殖场44处，培育产业化龙头企业31家，发展牧民合作组织240家，年均加工活畜270万羊单位，推行全产业链可追溯羊25万只。工业结构持续优化。累计实施工业重点项目36项，产值超亿元企业达到33户，净增10户，工业增加值达到89.6亿元，年均增长11.4%。煤、电、油、肉等优势特色产业巩固发展，装备制造、高新技术、新能源等非资源型产业和战略性新兴产业培育壮大。累计投入4.6亿元配套完善园区基础设施。现代服务业繁荣活跃。2015年社会消费品零售总额完成57.2亿元，年均增长13.6%。草原旅游持续升温，“十二五”期间实现旅游收入190亿元。电子商务、物流快递等新兴业态发展迅速，金融机构存贷款余额分别达到249.5亿元、285.1亿元，盟府中心城市的集聚吸纳、辐射带动作用和服务功能明显增强。现代物流园区成为全区服务业改革创新试点，晋升为自治区级物流园区。

（三）基础设施不断完善，城乡面貌明显改观。五年累计完成固定资产投资731亿元，先后实施了一批打基础、利长远、惠民生的重大项目。新增输变电线路2050公里、光缆2130公里，网络覆盖率超过90%。锡多铁路、锡乌铁路、锡张高速建成通车，铁路运营总里程达到376公里，新增159公里。开通运营航线6条，累计完成旅客吞吐量195万人次、货运吞吐量8335吨，较“十一五”分别增长5.8倍和24.1倍。

城市综合承载能力显著提升。财政累计投入资金60多亿元，带动社会投资156亿元，较“十一五”期间分别增长37.6%和46%。城市建成区面积由37.5平方公里拓展到45平方公里。新改建城市三水、供热、燃气等管线321公里，改造老旧小区34.5万平方米，新增供热能力800万平方米，人均道路面积、公园绿地面积、绿化覆盖率分别达到

33.9平方米、16.3平方米和35.7%,较“十一五”末分别提高8.4平方米、8平方米和5.5个百分点,人居环境明显改善。实施了绕城水系、街景改造、夜景亮化、锡林郭勒体育中心、动植物科技园、锡林湖景观带、U型城防林等一批精品工程,城市品位大幅提升。推行城市管理综合执法工作,集中整治市容市貌,建成自治区首批数字化城市管理指挥中心和监控系统,生活垃圾无害化处理率始终保持在100%,荣获自治区级“文明城市、卫生城市、园林城市”称号。

牧区生产生活条件明显改善。五年来,累计新建牧区公路513公里,改造牧区危旧房5517套,实施“一事一议”、农业综合开发、现代肉羊等财政奖补项目155个,解决了2万余人饮水安全问题,基本消除了牧区无电户。建成暖棚、畜圈、储草棚等236万平方米,实现了大型抗灾储草基地全覆盖。深入推进“十个全覆盖”工程,完成投资9亿元,牧区公共服务水平大幅提升。

生态环境持续好转。五年来,累计投入生态建设资金35亿元,完成生态治理工程86万亩,实施草原生态保护补奖机制2027万亩,被评为“国家京津风沙源治理工程先进集体”。完成地质环境恢复治理10平方公里、矿山排土场治理15平方公里,锡林浩特市森林覆盖率、草原植被盖度分别达到5.47%和42%。开展饮用水水源地保护及污染防治工作,实现空气质量自动监测,万元生产总值能耗累计下降16%,节能减排任务顺利完成。

(四)民生保障显著增强,社会事业协调发展。市财政累计投入民生领域资金79亿元,是“十一五”时期的3.76倍,一系列民生实事有效落实。城乡常住居民人均可支配收入由21 362元和9527元增加到36 472元和20 635元,年均增长11.3%和16.7%。五年累计新增城镇就业2.25万人,城镇登记失业率控制在3.33%以内,被评为“自治区级创业型旗县”。社会保障体系更加健全,参保人数达到11.3万人,各项社会保险待遇大幅提高。新建锡林颐和苑、爱祺乐等养老机构,开设“12349”社区综合服务中心,发放各类保障救助资金2.3亿元,低保标准年均提高14%。投入资金13.7亿元,新改建中小学校及幼儿园30所,新增校舍面积20.7万平方米,教育质量显著提升。投资4.2亿元新建新区医院,新改扩建66所基层医疗卫生服务机构,实施牧民免费体检3万人次,发放健康小药箱5000个,城乡医疗卫生服务水平进一步提高。群众文化体育事业蓬勃发展,推出全国首创大型马文化综艺演出《千古马颂》。投入资金2亿余元,规范提升了锡林浩特市物业管理水平,优化了市民公共出行环境,改善了城市饮用水水质。投入扶贫资金7.2亿元,减少贫困人口1529人,发放困难家庭燃煤补贴580万元。完成棚改拆迁182万平方米,开工建设返迁楼18 507套、公租房960套,改善了居住条件。

社会管理水平全面提升。投资5000万元,锡林浩特市社区阵地建设基本达标。加大社会矛盾排查调处力度,畅通群众信访渠道。扎实开展平安创建活动,圆满完成国家、自治区领导视察,重大活动安全保卫工作。妥善处置了各类应急事件和自然灾害,未发生重特大安全生产事故。成功再创“全国双拥模范城”。食品药品安全监管力度不断加大,统计审计、工商物价、民族宗教、档案史志、妇女儿童、残疾扶助等各项工作均取得新成绩。

(五)改革开放扎实推进,发展环境更趋优化。实施改革事项164项,形成成果130个。新一轮政府机构改革顺利完成,政府职能转变成效显著。生态文明、财税金融、文化教育、医疗卫生、养老服务等领域改革取得积极进展。围绕规范行政行为、严肃财经纪律等方面,制定出台近30项制度措施,提升了政府工作法治化水平,被国家普法办授予“全国法治县(市区)创建活动先进单位”称号。加强对外往来,与蒙古国罕乌拉区、乔巴山市建立友好城市。积极开展项目对接,累计引进区内外资金537亿元,是“十一五”的2倍,年均增长13.8%。争取各类资金105.4亿元,确保各项重点工作顺利推进。

2015年是“十二五”的收官之年。一年来,我们主动适应经济发展新常态,着力稳增长、促转型、抓改革、惠民生,顺利完成各项目标任务,为“十二五”画上圆满句号。地区生产总值增长7.5%。全社会固定资产投资增长12.5%。公共财政预算收入增长7.8%。社会消费品零售总额增长7.7%。城乡常住居民人均可支配收入增长9%、8.4%。

一是三次产业协调发展。加强经济运行调度,认真落实稳增长、调结构的各项政策措施,经济运行总体呈现稳中有进、稳中向好态势。规模以上工业企业开复工率超过95%,实现产值170亿元。装备制造业快速发展,拉动工业经济增长4个百分点。电源基地项目取得重大进展,锡林郭勒盟至山东济南特高压和神华、大唐、北方电力、蒙能4个坑口电厂开工建设,锡林郭勒盟至江苏泰州特高压获得核准。大庄园畜产品精深加工项目基本建成,上海电气、明阳新能源装备制造,临近空间飞行器组装等项目有序推进,新的经济增长点加快孕育。出栏牲畜105万头只，加工活畜260万头只。完善企业与牧民利益联结机制，实施全产业链可追溯羊10万只，实现了优质优价。粮食蔬菜产量达到8.6万吨，本地供给水平大幅提高。电子商务迅猛发展，3个电子商务平台开通运营，产业带动作用明显。现代、安快、天亨、民禾等物流园区优化整合、转型升级工作进展顺利。马都广场、野生动植物观光园、锡林郭勒草原火山地质公园等项目积极推进，旅游收入突破60亿元。

二是城乡面貌焕然一新。坚持高起点规划、高标准建设、高效能管理，财政投入建设资金13.6亿元，有效提升了盟府中心城市整体形象。拓宽改造主要街路3条、右转车道42个，打通主干道3条，顺畅了市区通行。硬化铺装人行道63万平方米，改造小街巷5万平方米，新改建水源井7眼、三水管网19.6公里、供热燃气管网13.4公里，清理井室1800座，实施老旧小区节能改造19万平方米，改善了居住环境。申请到位国开行棚户区改造贷款10.45亿元，新开工返迁楼2840套，分配入住2659套。开通房产证办理绿色通道，办理房产证12 200本。完成锡林浩特煤矿棚户区改造305户。实施城区绿化212万平方米，提升了绿化档次。启动全国县级文明城市、国家级卫生城市创建工作，加大市容市貌和环境卫生综合整治力度，集中清理城市及周边积存垃圾13.8万吨，出台10余项城市管理制度办法，城市管理水平显著提升。本级财政投入补贴扶持资金1530万元，集中开展住宅小区物业服务专项整治行动，居民反映较多的老旧小区、弃管小区物业服务质量明显改善。投资6.99亿元，实施牧区嘎查、分场、居委会的“十个全覆盖”和环境治理工程，覆盖率达100%，牧区面貌明显改善。重大基础设施建设进展顺利，锡二铁路全线贯通，新增至乌兰浩特等地客运专线，丹锡高速锡林浩特段完成基础工程。

三是社会事业全面进步。落实和完善更加积极的就业创业政策，城镇新增就业6350人。发放创业贷款1亿元，扶持创业1290人，大学生文化创意创业园被评为自治区级示范性创业园和创业孵化基地。社保水平逐步提高，企业退休人员基本养老金人均月增180元，城镇职工和居民大病保险政策范围内自付费用比例降低20%。社会救助标准稳步提升，全年发放保障救助资金6342万元。城乡养老服务体系逐步完善，锡林浩特市每千名老年人增加养老床位32张，高龄和公交补贴发放范围进一步扩大。扶贫攻坚扎实推进，脱贫304人。教育事业加快发展，适龄幼儿入园率90%，义务教育均衡发展有序推进，高考本科升学率和重点院校考录实现重大突破，锡林郭勒职教中心通过国家中等职业教育改革发展示范校建设验收，民族教育优先发展政策有效落实。全面提升医疗质量和服务能力，市疾控中心和市妇幼保健院项目进展顺利，医疗卫生机构全部实行基本药物零差率销售。成功举办大型文体活动13项，丰富了人民群众文化体育生活，促进了旅游业快速发展。

四是重点改革成果显著。全面落实“先照后证”“三证合一”“一照一码”等商事制度改革，新增市场主体6719户、注册资本28.3亿元。优化企业发展环境，减免税费3.75亿元，帮助融资14.6亿元，宏源牧业公司在新三板成功挂牌。加大简政放权力度，精简整合行政审批事项180项，精简比例45.2%。成立公共资源交易中心和不动产登记局，推动行政权力公开透明运行。加快财政金融改革，扎实开展国库集中收付、政府集中采购等工作。完善牧区金融服务体系，嘎查金融服务实现全覆盖。加强生态文明建设，组建生态保护局，完成集体林权制度主体改革和嘎查草原确权承包工作，发放林权证722本。取消校长行政职级，公开聘任中小学校长。积极推进足球改革，10余座笼式足球场投入使用，4所学校成为全国青少年校园足球特色学校。

五是政务环境不断优化。依法行政扎实推进，审核把关各类合同文件380余件，完成锡林浩特市35个部门单位的行政权力清单梳理公示工作，实现了清单之外无权力。集中审批各类许可、服务事项67万余件，审计政府投资项目涉及资金近40亿元。“三公”经费下降12%。深入推进三严三实、干部下基层活动，干群关系进一步密切。构建和谐劳动关系，帮助劳动者追回被拖欠工资1.88亿元。大力推进食品药品监管工作，确保群众饮食用药安全。圆满完成嘎查和社区换届选举工作，社区民选干部、嘎查两委班子报酬待遇进一步提高。自觉接受人大法律监督、政协民主监督，56件人大代表建议和60件政协委员提案全部办结。

回顾“十二五”，我们深切感受到，“十二五”时期是锡林浩特市综合实力提升最快、城乡面貌变化最大、人民群众得到实惠最多的五年。成功接受习近平总书记的检阅，自治区推动科学发展观摩组的现场观摩检查，成功承办亚洲青少年武术锦标赛、中国马术大赛、自治区第八届少数民族传统体育运动会等一系列重大赛会活动，充分展示发展成果，全面提升发展水平，有效扩大对外影响。特别是2014年以来，按照自治区党委、政府和盟委、行署的统一部署，举锡林浩特市之力，深入推进“十个全覆盖”工程,取得显著成效,得到自治区和盟委、行署一致认可和肯定。“十个全覆盖”的深入实施,使锡林浩特市的牧区面貌发生显著变化,牧民生活和精神风貌明显改善,城乡差距进一步缩小,更为重要的是,全体干部职工得到历练,党群干群关系高度融洽。回顾五年来的业绩,倍感欣慰!这些成绩的取得,是中共锡林郭勒盟委、行署和中共锡林浩特市委正确领导的结果,是市人大、政协有效监督和大力支持的结果,是锡林浩特市各族人民团结奋斗的结果,也是各方面关心、支持和帮助的结果。在此,代表市人民政府,向锡林浩特市各族干部群众,向所有为锡林浩特市建设和发展作出贡献的同志们、朋友们,表示衷心的感谢和崇高的敬意!

在肯定成绩的同时,也要清醒地认识到,锡林浩特市欠发达的基本市情没有得到根本改变,发展中还面临着不少困难和问题。主要是:宏观环境仍然低迷,企业生产经营困难;发展内生动力不足,产业结构较为单一;财政增收压力巨大,收支矛盾日益凸显;城市基础设施薄弱,管理水平有待提高;生态环境依然脆弱,供需矛盾日益突出;发展环境还需优化,政府职能需进一步转变。对此,我们必须保持清醒头脑,树立必胜信心,采取有效措施,认真加以解决。

二、“十三五”时期经济社会发展的目标任务

“十三五”时期,是锡林浩特市加快转变发展方式,推动经济持续健康发展的关键时期,也是集中优势力量,全面建成小康社会的决胜时期。今后五年政府工作的总体思路是:全面贯彻党的十八大、十八届三中、四中、五中全会、自治区十二届人大四次会议和各级经济工作会议精神,习近平总书记系列重要讲话和考察内蒙古重要讲话精神,坚持“四个全面”战略布局和“五大发展理念”,坚持发展第一要务和“稳中求进”工作总基调,主动适应经济发展新常态,加快转变经济发展方式,统筹推进经济建设、政治建设、文化建设、社会建设、生态文明建设,努力走出一条产业特色鲜明、城乡功能提升、生态环境优美、民生事业繁荣、社会和谐稳定的科学发展之路,实现全面建成小康社会奋斗目标。

“十三五”时期发展目标和主要任务是:

(一)综合实力稳步提升。经济保持中高速增长,发展质量和效益进一步增强,锡林浩特市地区生产总值年均增长8.5%左右,全社会固定资产投资年均增长12%左右,一般公共预算收入年均增长8%以上,小康社会各项监测指标全面完成,地方综合经济实力稳居全区前列。

(二)转型升级取得突破。现代农牧业加快推进,工业发展迈向新阶段,现代服务业比重明显上升,科技对经济增长贡献率显著提高,多元发展、多极支撑的现代产业体系基本形成。积极推进农牧业产业化、规模化、标准化与品牌化发展,加快能源基地和特高压电力外送通道建设,打造绿色农畜产品生产加工输出基地、清洁能源输出基地和旅游观光休闲度假基地;大力发展装备制造和新能源、新材料等战略性新兴产业,培育新的经济增长点。巩固提升批发零售、餐饮住宿、文化旅游等传统服务业,积极发展电子商务、现代物流、健康养老等新型服务业,促进服务业与工业化、信息化、城镇化和农牧业现代化融合发展。着力提升城镇建设管理水平,大力推进美丽牧区建设,构建城乡统筹发展一体化格局。

(三)生活质量显著提高。城乡居民收入和经济发展同步增长、劳动报酬和劳动生产率同步提高,收入结构进一步优化,群众生活质量和水平明显改善,力争城乡常住居民人均可支配收入年均增长8.6%和10.4%,收入水平高于内蒙古自治区全区平均水平。成功创建全国县级文明城市、国家级卫生城市,健全完善公共服务体系,提高盟府中心城市服务水平。坚决打赢脱贫攻坚战。

(四)生态环境持续改善。加快京津风沙源治理、重点区域造林绿化、湿地保护、水系治理、矿山环境综合整治等生态工程,提高草原植被盖度和森林覆盖率。认真落实节能减排措施,努力建设资源节约型和环境友好型社会。完善生态文明制度,加强执法工作,提高全社会生态文明意识。

(五)保障能力明显增强。连接东西、贯通南北的综合交通运输体系基本建成,发展支撑保障能力显著提升。协调推进国家高速公路、国省干线、牧区公路、旅游公路、铁路通道和能源通道建设,完善矿区、园区铁路专线,推动机场扩建升级,早日开通进京客运和国际航线。加强城网改造和农网建设。提升水利基础设施建设水平。完善信息通信网络,实施大数据战略,全面推进“三网融合”。

(六)体制机制更加完善。重点领域和关键环节改革取得重大突破,全方位对内对外开放格局基本形成。深化经济体制改革,推进行政管理体制改革,进一步提高发展活力和行政效率。大力推进简政放权,优化发展环境。积极推动“双创”,让一切创造活力竞相迸发。

三、2016年重点工作

2016年是实施“十三五”规划的开局之年,做好今年各项工作意义重大。总体看,挑战与机遇并存,机遇大于挑战。锡林浩特市依托丰富的资源和优势的区位条件,在推进国家清洁能源输出、绿色畜产品生产加工输出、旅游观光休闲度假等产业基地建设方面迈出了坚实步伐,为加快发展蓄积了巨大的动能;国家持续加大对西部、东北和民族地区的扶持力度,为加快发展创造了难得的政策环境;中央、自治区实施供给侧结构性改革,推进"一带一路"、中俄蒙经济走廊建设等战略,发达地区加快产业转移,国内消费结构全面升级,为锡林浩特市调整经济结构、补齐发展短板、扩大对外开放提供了宝贵的机遇。我们要抢抓机遇,扎实工作,实现"十三五"良好开局,以优异成绩迎接自治区成立70周年。

今年政府工作的总体要求是:深入贯彻上级各项会议精神,按照"五位一体"和"四个全面"战略布局,牢固树立五大发展理念,主动适应经济发展新常态,全面推进供给侧结构改革。增加有效投资,着力蓄积增长后劲;优化产业结构,着力推动转型升级;完善体制机制,着力增强发展活力;改善基础条件,着力提高保障能力;加大民生改善,着力促进社会和谐,努力实现"十三五"时期经济社会发展良好开局。

主要预期目标是:地区生产总值增长10%。第一产业增加值增长11.4%。第二产业增加值增长7.1%,其中工业增加值增长7.1%。第三产业增加值增长10.5%。全社会固定资产投资增长21.6%。公共财政预算收入增长11.1%。社会消费品零售总额增长11.5%。城乡常住居民人均可支配收入分别增长9%和10.5%,新增就业4000人,结构性改革取得实质性进展。

围绕上述目标,重点做好以下七个方面工作。

(一)推进结构性改革,促进经济持续健康发展。坚持盘活存量与扩大增量并举,落实好"三去一降一补"五大任务,不断提高经济发展质量效益。

调整优化存量经济。稳定企业生产经营。加强经济运行分析研判和监测调度,完善"一企一策"帮扶措施,切实解决好企业生产经营中的困难和问题。努力降低企业成本。认真开展降本增效行动,严格落实简政放权、税费减免、金融扶持、电力价格、物流运输等政策,打好"组合拳",全力帮助企业去除杠杆,不断增强盈利能力和发展后劲。积极化解过剩产能。对资不抵债、连年亏损、恢复无望的"僵尸企业",通过资产重组、产权转让、破产清算等措施,依法淘汰退出。积极引导企业通过降耗增效、提档升级、兼并重组、转移发展等措施,重新焕发活力。大力实施创新驱动战略,鼓励现有企业加大技术改造力度,支持中小企业进行技术创新。有序消化房地产库存。将去库存工作与棚户区改造、户籍制度改革、产业发展结合起来,打通供需通道,释放有效需求。积极引导房地产企业顺应市场规律,合理调整营销策略和价格,提高商品房成交量。

培育经济增长动力。抓好项目建设。严格落实项目推进机制,全年计划实施重点项目78项,完成投资172亿元。加强项目建设要素保障,做好项目跟踪协调服务,确保项目早开工快建设、早投产快见效。抓好投融资。认真谋划PPP模式、发行债券、融资租赁等融资新渠道,加大与股份制银行、融资租赁公司和券商的合作,缓解财政资金短缺压力。积极释放良好的市场预期,增强企业投资信心。抓好招商引资。落实招商引资优惠政策,加大项目对接力度,大力开展精准招商、以商招商,提高招商引资实效,力争在重大产业项目引进上取得新突破,全年引进资金超过110亿元。抓好消费引导。围绕建设区域性消费中心目标,大力发展信息服务、快递物流、健康养老、体育健身、家政服务等新型消费业态,不断释放消费潜力。

强化发展保障能力。畅通铁路运输通道,锡二铁路上半年投入运行,争取开工大唐东二号铁路复线、锡凌煤矿铁路专用线,做好至张家口快速铁路、集通铁路既有线提速改造工程前期及实施工作,确保纳入国家"十三五"铁路规划。推动丹锡高速锡林浩特段年内建成通车,加快锡林浩特至别力古台公路建设进度。提升锡林浩特市配电网负荷接带能力和供电可靠性,提档升级牧区电网,提高网电覆盖率。实施生态水系、外环农牧区防洪、巴彦宝力格水源地供水、京津风沙源水利水保、牧区节水灌溉、山洪防治等水利工程,提高供水保障和防洪除险能力。

(二)优化产业结构,提升产业发展层次。坚持调结构与补短板并重,持续推进产业转型升级,全面构筑新的发展优势。

一是做强一产,推动牧民增收致富。扎实推进"十个全覆盖"工程。按照"科学规划、群众主体、整合资源、全面推进"原则,抓统筹、补短板,切实改善牧区基础设施和牧民生产生活条件,提升牧区公共服务水平。计划投资6.48亿元,实现广播电视全覆盖,基本解决牧区饮水安全和无房危房户住房问题,修建乡村公路302公里,街巷硬化80公里,接通网电、大功率风光互补720户,新改建通讯铁塔9座、幼儿园1处、文化活动室12处、卫生室7处、便民超市10处。同步实施以"三拆三清三改四化"为主要内容的人居环境整治工作,拆除废弃房和危旧土房27万平方米,改造院墙19.7万延长米,硬化路肩、小广场23万平方米,实施房屋保温2000户,建设环卫设施70处。加大组织领导力度,积极发挥典型示范作用,严格考核奖惩,确保完成目标任务。加强工程管护,发动群众积极参与,实现牧区环境长效管理。

提高农牧业生产能力。推动规模化养殖场扩产增效,力争全年舍饲养殖规模达到90万头只,牧业年度牲畜不超过170万头只。鼓励“四季出栏、均衡上市”,提高畜牧业效益。稳步扩大优质肉牛、马的饲养规模,积极探索“以小换大、减羊增牛”,合理调整养殖结构。完成黄牛改良4.4万头,肉羊经济杂交10万只,健全良种繁育体系。建设储草棚4000平方米、暖棚3万平方米、围栏封育5.7万亩,提升防灾减灾能力。大力推进高效节水设施农业,加大蔬菜检测力度,全年上市蔬菜5000万公斤。

提升产业化经营水平。推动大庄园牛羊肉产业示范园项目建成投产,积极推进市区内畜产品加工企业整合搬迁工作,培育壮大产业化龙头企业,提高畜产品精深加工水平和效益。建立完善家庭牧场、合作社、龙头企业多元联结的新型农牧业经营体系,打造高标准家庭牧场20户、规范化合作社20家,全年出栏牲畜100万头只,加工活畜400万羊单位。年内实施可追溯肉羊10万只。依托“中国马都”品牌,推进良种马繁育、马产品开发、马竞技活动,积极发展休闲牧业。

二是做长二产,推动工业提质增效。严格控制初级产品产能盲目扩张,突出技术创新,大力延伸产业链条,促进二产向中高端迈进。集中打造煤电产业基地。积极协助西二、西三号露天矿完善手续,推进乌兰图嘎煤矿和锡凌煤矿技改项目建成投产,原煤产量达到3000万吨以上。加快推进锡林郭勒盟至山东济南、至江苏泰州2条特高压电力外送通道和神华、大唐、北方电力、蒙能4个坑口电厂建设,确保2017年投产见效。积极争取锡林郭勒盟至张北至赣州特高压电力外送通道项目。原油产量稳定在80万吨左右。大力发展装备制造业。深入落实《中国制造2025》发展战略,推动明阳集团装备产业园、上海电气集团能源装备制造产业基地、临近空间飞行器组装等项目投产运营,引进实施风机叶片回收综合利用和大型设备维修项目,不断提升装备制造产业比重,形成新的竞争优势和经济增长点。加快发展战略性新兴产业。积极争取风电、光电项目建设指标,力争年内海装、明阳等风电项目获得核准。大力发展循环经济,推进粉煤灰、石膏等综合利用项目,打造工业固废循环示范产业基地。

提升产业发展层次。提高项目和产业准入门槛,在清洁能源、矿产冶金、互联网+等领域,引进和培育一批技术含量高、节能环保的大项目、好项目。实施金属和非金属矿资源整合,提高资源集中度,延长产业链条。组织实施好大数据产业示范园、声鹭追溯防伪系统平台、远景新能源智慧能源管理中心等信息技术应用项目,促进信息技术与产业发展深度融合。积极推动莱根基因生物健康产业项目,构建优势健康产业。加大园区优化整合力度,完善基础设施,全面提升园区产业吸附和综合承载能力。

三是做大三产,推动服务业提档升级。构建现代物流体系。新调整定位和提升物流园区功能,整合物流资源,发展保税、冷链、仓储、配送服务,形成布局合理的物流网络体系,打造中东部地区有较强影响力的大宗商品交易中心和区域性物流集散地,中蒙重要的物流节点。加快现代与民禾两个物流园区整合工作,引进“一关两检”总部机构,推动保税物流中心(B型)建设。充分发挥安快物流园区“自治区级服务业集聚区”功能,推动小微实体创业园建设。完成天亨物流园区后续工程。

繁荣商贸经济。大力发展电子商务,全力打造自治区级电子商务产业园和电子商务实训基地,年内新入驻企业60户以上,网上交易额突破亿元。鼓励发展城市快递和牧区电商产业,支持畜产品、民族特色商品线上线下展示销售有机结合,畅通销售渠道。启动玉玺财富广场项目。升级改造专业市场。集中整治餐饮住宿业服务质量和环境卫生,推动服务业提档升级。

打造文化旅游精品。推动文化与旅游深度融合,打造文化旅游精品项目。进一步完善马都广场基础设施,精心打造白音锡勒御马风情小镇,建设马文化特色旅游景区。推动锡林郭勒野生动植物园开园,锡林郭勒草原火山地质公园成为国家级地质公园。探索推进跨境旅游、冰雪旅游,全力打造“锡林风景线”精品旅游线路。举办好中国!锡林浩特国际游牧文化节、中国马术大赛等大型文体旅游赛事,创新营销理念,依托《千古马颂》和中国马都大赛马等品牌赛事活动,充分展示城市形象,提升旅游影响力。加大旅游景点、景区和牧人之家综合整治力度,抓好旅游软硬件建设,营造良好消费环境,全年旅游收入突破70亿元。

(三)推进绿色发展,筑牢生态安全屏障。进一步加大生态文明建设力度,打造祖国北疆生态安全屏障。

加强生态保护建设。投入4.31亿元,实施京津风沙源治理、重点区域绿化、水系治理等生态重点工程12.1万亩。认真落实新一轮草原生态保护补助奖励机制,有序推进草原确权承包换证登记工作。规范草牧场流转和天然打草场管理。加强森林草原防火、林木后期管护等工作,保护好生态建设成果。严格落实矿区复垦绿化、排土场治理等各项措施,努力打造绿色和谐矿区。

加大环境保护力度。全面加强大气污染防治,有序推进燃煤锅炉淘汰工作,督促涉气排污企业实现达标排放。完成环保违规项目清理整顿。推进新区污水处理厂验收审计、提档升级,加快大庄园等园区污水处理厂建设,确保园区企业达标排放。对储煤场、建筑工地等进行抑尘处理,降低扬尘污染。加大执法力度,严肃查处环境违法问题。

加快生态文明制度建设。加强生态保护红线管控,严格执行草原征占用审核审批制度,科学编制自然资源资产负债表,有序推进自然资源资产离任审计、生态环境损害过错责任终身追究等工作。实行最严格的水资源管理制度,落实好能源和水资源消耗、建设用地等总量和强度双控行动。积极培育生态文化,发展绿色环保产业,倡导勤俭节约、绿色低碳的生产生活方式和消费模式。

(四)强化建设管理,推动城市扩容提质。大力推动全国县级文明城市和国家级卫生城市创建工作,加强城市建设管理,着力打造和谐宜居、富有活力、特色鲜明的现代化城市。

完善城市承载功能。坚持"民生城建"理念,以统筹规划为龙头、重点项目为突破、精细管理为保障,突出盟府中心城市职能定位,全方位提升城市品位和综合承载能力。打通希日塔拉街、天津路、重庆路等7条道路,完成那达慕大街拓宽改造工程,修建道路9.8公里,铺装改造人行道64万平方米,改善城区交通环境。新改建三水管网68公里,实施供热管网切改工程,完成污水处理厂提标改造,完善市政基础设施。完成四号湖景观改造,建设重点区域绿地,实施城区园林绿化38公顷,推进城市绿化美化。实施零散楼栋、老旧小区节能改造和环境改善20万平方米。扩大居民管道燃气覆盖范围。用好用活棚户区改造资金,年内完成城市棚户区改造1064户、锡林浩特煤矿棚户区改造1000户。做好企业搬迁和停缓建楼房启动工作,谋划实施新区地下管网、路面改造提升等基础设施建设工程。启动儿童乐园和花卉市场建设,积极引进商业综合体,建设高档咖啡厅、茶吧等市民休闲场所,满足市民和游客不同消费需求,提升城市品质。

提升城市管理水平。从环境卫生、私搭乱建、占道经营、物业管理、交通秩序、停车管理、广告牌匾、回迁安置等城市管理突出问题入手,结合创城工作,开展集中攻坚,强化督查指导,确保城市整体面貌实现显著提升。积极推进城市管理综合执法体制改革,逐步建立运转高效、管理有序的城市管理体制。依托大数据建设,加快实施"智慧锡林浩特",实现信息共享和互联互通,促进城市管理向网格化、智能化、人性化方向发展。

(五)发展社会事业,着力增进人民福祉。牢固树立民生优先工作导向,扎实做好民生实事,全面提升群众满意度和获得感。

优先发展教育事业。计划投资2.07亿元,实施教育重点工程12项。推动4所城区、7所牧区公办幼儿园投入使用,启动锡林浩特市幼儿园迁建工程,学前适龄幼儿入园率达到95%以上。完成第二、第三小学标准化建设,开工建设锡林小学,年内通过国家义务教育基本均衡发展验收。力争高考本科上线率超过75%,再现新突破。加强蒙汉"双语"教学,打造精品民族教育学校。大力培育符合市场需求的专业技术人才。满足残疾儿童受教育需求。有效提升校园安全管理水平。

完善就业和社会保障机制。积极推进"大众创业、万众创新",发挥创业园区作用,完善创业扶持政策。年内发放创业贷款1亿元。认真开展大学生创业引领和就业促进工作。做好高校毕业生、转移进城农牧民等重点群体就业工作,全年征集就业岗位1.8万个。完善机关事业单位养老保险制度改革工作,推进全民参保。提高低保、五保、三无人员、退役军人等群体社会保障水平,加大残疾人等特困群体救助力度,扩大高龄补贴覆盖面和城市医疗救助范围。加快锡林颐和苑养老中心建设,提档升级爱祺乐牧民养老园区基础设施,推动锡林牧村老幼院投入使用。

加快发展卫生计生事业。深入推进医疗质量和服务能力提升行动计划,年内完成市疾控、市妇幼综合楼建设,实施宝力根社区卫生服务中心和嘎查卫生室新扩建工程,健全覆盖城乡的医疗卫生服务体系。推进盟直三级医院和社区卫生服务中心医联体建设,开通就诊绿色通道,实施专家坐诊和双向转诊。推动蒙中医药事业快速发展,提升疾病预防控制和妇幼保健综合水平,完善突发公共卫生事件应急体系。持续开展牧民免费体检工程,扩大健康小药箱发放范围。全面落实一对夫妇可生育两个孩子政策。

大力发展文化体育事业。加强公共文化体育

场馆建设,配备完善嘎查文化活动室设施设备。继续组织好“锡林河之夏”、“文化、卫生、科技”三下乡等文化惠民工作,活跃群众精神文化生活。加大文物保护力度,深入推进文物普查工作。大力发展足球事业,广泛开展全民健身运动。

实施脱贫攻坚工程。年内投入扶贫资金1.1亿元,认真落实“六个精准”、“五个一批”要求,采取“一村一策、一户一法”方式,通过产业帮扶、教育支持、医疗救助、社会保障、金融扶持等措施,确保锡林浩特市现有在册311户895名贫困人口稳定脱贫。

提高居民收入水平。认真落实机关事业单位工资待遇调整改革各项政策,提高机关事业单位工作人员和离退休人员收入水平。适当提高社区、嘎查等基层工作者和公益性岗位工作人员薪酬待遇。严格执行“三牧”各项补贴政策,多渠道增加牧民收入。继续扩大企业职工工资集体协商范围,提高企业退休人员基本养老金。

确保社会和谐稳定。严格落实安全生产责任制,坚决遏制重特大安全事故发生。完善应急救援预警和处置机制,提高应急能力。有序启动“七五”普法各项工作。积极督促企业配建,确保年内社区阵地全部达标。加大社会矛盾纠纷排查化解力度,依法维护信访秩序。深入推进平安锡林浩特市建设,强化社会治安综合治理。完善食品药品监管体制,推进电子化全程监管追溯体系建设,年内大中型餐饮服务单位全部实现“明厨亮灶”,分级量化管理达标单位达到95%以上。加大宾馆、洗浴等公共场所卫生整治力度。加强劳动力市场监管,认真做好双拥共建、民族宗教工作,积极支持工青妇等群团组织开展工作。

(六)深化改革开放,释放发展内生动力。努力破除体制机制障碍,大力发展开放型经济,不断激发经济发展活力。

推进重点领域改革。加快转变政府职能,加大简政放权力度,建立健全政府权力清单体系。按时完成公务用车改革任务。认真落实优惠政策,扶持中小微企业加快发展。培育壮大市场主体,争取多数央企分支机构变更为独立法人。深化财税体制改革,实现锡林浩特市预算单位财务统一集中核算,推进预算绩效管理和财政投资评审管理,严格政府债务管理,扩大政府购买社会服务范围。加快国有农牧场改革,打造具有较强竞争力的现代农牧业集团。加强与上级改革工作的有效衔接,在价格市场化、牧区垦区、林区、城市管理体制以及教育医疗、养老保险等领域进一步加大改革力度,持续释放改革红利。

积极扩大对外开放。注重完善对外开放格局,更好利用“两种资源”、“两个市场”,加快发展外向型经济。主动参与中蒙草原新丝绸之路经济带、中蒙俄经济走廊建设,深入推进与蒙古国在基础设施建设、能源资源开发、社会人文等方面的合作交流,全面提升向北开放水平。积极推进锡林浩特机场航空口岸建设,早日开通国际航线。充分发挥电价、土地等优势,主动融入京津冀、环渤海地区发展,有效承接发达地区产业转移,力争对外贸易总额突破200万美元。

(七)加强自身建设,切实提升服务水平。加快建设法治政府、廉洁政府,推进政府治理体系和治理能力现代化。

强化法制建设。坚持党的领导、人民当家作主、依法治市有机统一,依法维护人民权益、维护社会公平正义。严格遵守党的政治纪律和政治规矩,增强看齐意识,全面贯彻落实上级各项决策部署。坚持依法行政,严格按照法定权限、法定程序和权力清单、责任清单履职尽责,把政府工作全部纳入法治轨道。全面推进政务公开,推广电子政务和网上办事。完善政府法律顾问制度。加强法治宣传教育,增强全民法治观念。自觉接受人大法律监督、工作监督和政协的民主监督,积极组织实施政府协商计划,充分听取各民主党派、工商联、无党派人士和人民团体的意见建议。

强化作风建设。巩固拓展“三严三实”专题教育成果,深化“干部下基层”活动实效。大力倡导“履职尽责、敢于担当”精神,始终把心思和劲头放在真抓实干、干事创业上。强化跟踪问效,严格督查考核,严明工作纪律,坚决整治“为官不为”和庸政懒政,不断增强政府公信力和执行力。

强化廉政建设。严格执行中央“八项规定”和廉洁自律各项规定,严控“三公”经费和一般性支出,集中财力解决民生实事。深入落实“一岗双责”,全面推进惩治和预防腐败体系建设,加强公职人员监督教育,严守“底线”、筑牢“防线”、不触“红线”。强化行政监察和审计监督,推进权力公开透明运行。

大事记

XI LIN HAO TE NIAN JIAN

1月

1月4日　锡林浩特市法院未成年人审判庭到锡林浩特市第四中学开展“法制进校园”活动。

1月5日　锡林浩特市商务局完成《锡林浩特市以市场化方式发展养老服务产业发展规划》。

1月7日　锡林浩特市举办锡林郭勒“舌尖上的草原味道”之冬季美食技艺大赛。

同日　锡林浩特市“马背道德讲堂”走进希日塔拉街道办事处巴彦社区，开展主题为“参与志愿服务共建友善社区”道德讲堂活动。

1月9日－13日　锡林浩特市协助内蒙古自治区主要媒体进行“总书记考察这一年系列专题采访”，充分展示锡林浩特市学习贯彻总书记重要讲话和重要指示精神的实际行动和实际成果。

1月10日　阿尔善宝力格镇积极采取防灾减灾工作，几次大雪后，入户调查贫困户缺草缺料情况，认真统计并上报有关部门。

同日　内蒙古自治区联社副主任张建成组织锡林郭勒盟地区部分旗县(市)农村合作金融机构负责人在锡林浩特市农合行召开题为“经济新常态下，锡林郭勒盟牧区农信机构如何实现战略合作多赢”研讨筹备会。

1月15日　锡林浩特市向锡林浩特市7个街道办事处28个社区发放“草原书屋”视频接收器28套。

1月20日　锡林郭勒盟委委员、政法委书记武国栋，锡林郭勒盟委委员、锡林浩特市委书记郝秀川，锡林郭勒盟中级人民法院党组书记、院长陈兰一行专程到锡林浩特市法院就存在的“案多人少”问题进行调研。

1月21日　《四号湖1号桥装饰、2号桥》规划设计完成。

同日　锡林浩特市组织文明单位开展2014年度“德润草原・文明之行”学雷锋志愿服务优秀集体和个人推荐评选活动网上投票工作；在锡林浩特市新闻战线开展“行进中国！精彩故事”走转改大型主题采访活动，用真实具体的事例、有血有肉的人物、引人入胜的情节，富于时代感、现实感的新闻语言和细腻鲜活的表达方式，生动讲述锡林浩特市发展思路和发展成就，展示锡林浩特市社会发展进步的主流，展示锡林浩特市各族人民蓬勃向上的精神风貌。

1月23日　锡林浩特市首期《锡林浩特旅游报》创刊发放。

1月27日　编辑出版《锡林浩特》蒙汉文版刊物各一期。

1月　锡林浩特市启动4所城区幼儿园和7所苏木乡镇幼儿园建设。

同月　额尔敦街道办事处开展了为期一个月的“吃空饷”问题集中全面清理，对办事处机关各科室和8个社区、1个居委会的229人进行了全面排查。

同月　自治区人力资源和社会保障厅公布了首批自治区级创业型盟市旗县，锡林浩特市被授予自治区级创业型旗县(区市)，成为全区首批5个创业型盟市旗县之一。

2月

2月1日　锡林浩特市开展“清理网上歪曲党史国史内容”专项行动,清理网上歪曲党史国史有害信息,关停问题严重的网站、频道(栏目)、账号,公布违法违规典型案例,加强网上党史国史内容正面引导,建立长效机制。

2月8日　希日塔拉街道办事处举办“心手相牵、我爱我家”2015年社区居民迎春会。

2月11日　锡林浩特市人民法院召开首次新闻发布会,通报锡林浩特市人民法院2014年以来在立案、审判、执行工作中,切实维护农民工合法权益主要工作开展情况。

2月12日　锡林浩特市起草了《锡林浩特市创建全国县级文明城市提名资格城市工作方案(征求意见稿)》。

2月15日　中共锡林浩特市委常委会专题听取宣传思想文化工作汇报;召开2015年锡林浩特市委中心组第1次集中学习会,学习习近平在十八届中纪委第五次全会上的重要讲话精神及自治区两会精神。

2月16日　锡林郭勒盟委委员、锡林浩特市委书记郝秀川慰问热源厂职工。

2月17日　锡林郭勒盟政协主席其其格到热电厂慰问职工。

2月28日　锡林郭勒盟委委员、市委书记郝秀川参加全国精神文明建设工作表彰暨学雷锋志愿服务大会,锡林浩特市荣获“全国文明城市提名城市(县级)”荣誉称号。

2月　内蒙古自治区人力资源和社会保障厅长厅萨仁到银座大学生文化创意创业园调研。

3月

3月3日　锡林浩特地区7家全国文明单位开展学雷锋志愿服务活动。

3月5日　锡林浩特市文联召开各协会小组会议,初步拟定各文艺家协会主席团人选。

3月9日　锡林浩特市人民法院与锡林浩特市农业银行协商,在市区新增设8个诉讼费缴纳网点,网点由原来的1个增加至9个。

3月10　锡林浩特市民政局全面部署锡林浩特市嘎查委员会换届选举工作,确保换届选举工作整体推进、有序开展。

3月15日　锡林浩特市首家社区电子商务服务平台禹力城市商店,在新华社区服务中心开业运营,主要为新华社区世纪家园小区300余户居民提供食品类、生活类、社区信息服务类、社区义务服务类等方面的便民服务。

3月16日　锡林郭勒盟就业局主要领导对希日塔拉街道办事处劳动保障工作进行检查、指导。

3月18日　阿尔善宝力格镇召开镇第十二届人民代表大会第五次会议,会上通过了镇第十二届人民代表大会四次会议以来的人大工作报告以及政府工作报告,并分组讨论两个报告,提出很多宝贵意见。

3月19日　锡林浩特市党政联席会听取外宣工作、精神文明创建工作专题汇报,会议通过《锡林浩特市创建全国县级文明城市三年规划方案》。

3月20日　锡林浩特市开展综治宣传工作,全面推进社会治安综合治理,营造浓厚的综治工作氛围。

同日　《东二环桥装饰》规划设计完成。

3月27日　锡林浩特市法院召开2014年总结表彰暨2015年工作会议,并对工作中涌现出的先进集体和先进个人进行了表彰,院长、副院长和各庭室负责人层层签订《党风廉政责任状》。

3月30日　锡林浩特市旅游局荣获2014年度市委督查工作先进集体。

3月　锡林浩特市青少年校园足球日公益活动暨“校长杯”校园足球联赛启动。

同月　根据内蒙古自治区团委统一安排,团区委副书记李中增深入锡林浩特市开展驻点调研工作。

同月　锡林浩特市面向牧区未就业贫困家庭和蒙语授课高校毕业生,招募29名草原生态防护员并进行培训。

同月　锡林郭勒盟行署副盟长赵德永到银座大学生文化创意创业园调研。

同月　内蒙古自治区人社厅副厅长乌伟东一行到锡林浩特市银座大学生文化创意创业园进行工作调研。

同月　锡林郭勒盟行署副盟长孙俊青一行到锡林浩特市银座大学生文化创意创业园调研。

4月

4月1日—5月31日　锡林浩特市民政局圆满完成对各类社团团体、民办非企业单位年检工作。

同日　锡林浩特市组织地区各级各类文明单位承办道德讲堂总堂活动，并印发了《锡林浩特地区“道德讲堂”总堂活动实施方案》。

同日　锡林浩特市组织社会各界、各级各类文明单位和锡林浩特市未成年人开展实地、网上祭奠英烈。

4月2日　内蒙古自治区国资委副主任及永乾一行到厂调研指导工作。

4月6日　锡林浩特市更新擎天柱、广告牌公益广告；启动“四街三路”道旗公益广告。

4月7日　锡林浩特市公共资源交易中心在锡林郭勒盟各旗县市中率先开展了工程招投标业务，取得较好社会效益。

4月8日－10日　锡林浩特市旅游局举办“锡林浩特地区2015年导游员（讲解员）培训班举办”。

4月9日　锡林浩特市在互联网、微博微信平台、社会媒介进行“梦娃”系列公益广告动画视频推广播出工作，培育和弘扬社会主义核心价值观。

4月13日　锡林浩特市人民法院举办2015年度人民陪审员培训班，锡林浩特市各行各业的近60名人民陪审员参加了培训。

4月15日　锡林浩特市召开干部下基层三级示范抓引领工作动员大会。

4月17日　锡林浩特市组织召开干部下基层示范抓引领全面落实从严治党责任暨社区“两委”换届选举动员会议。

同日　锡林浩特市开展网络舆情培训，提高网络舆情管控人员舆情监测、分析、研判、疏引能力，提升网络舆情危机应对能力，推动网络舆情监控工作规范化、制度化、科学化发展。

4月19日　锡林浩特市民政局出台《社区志愿者队伍规范化建设实施方案》，进一步推进社区志愿服务规范化。

同日　锡林浩特市组织开展全盟首届“美德少年”推荐工作！组织锡林浩特市未成年人运用重要时间节点开展深化“我的中国梦”主题教育实践活动。

4月28日　锡林浩特市委中心组召开2015年第2次集中学习会，学习经济发展新常态专题辅导报告。

同日　锡林浩特市法院会同锡林郭勒盟中院在草原公园开展新行政诉讼法宣传活动。

4月30日　锡林浩特市法院会同锡林郭勒盟中级人民法院在“法治文化广场”开展立案登记制改革工作宣传活动。

4月　下旬开始的环境卫生综合整治活动期间，办事处出动160名职工，雇佣钩机2台，铲车12辆，翻斗车85辆，清理生活垃圾和建筑垃圾4500吨，清理白色垃圾50吨，清理小广告62 000余条，清理小区乱堆乱放和私搭乱建140处。

同月　锡林郭勒盟劳务网锡林浩特市站点正式开通，已进入试运行阶段。

同月　锡林浩特市探索开展“十个全覆盖”信息互联互通惠民工作。发挥“12333”人社信息服务平台的作用，推进社会保障卡“一卡通”综合应用。

同月　锡林浩特市组织开展2014年锡林浩特市退役士兵和随军家属公益性岗位竞聘就业工作，共聘用人员38名，其中：退役士兵28名，随军家属10名。

同月　锡林浩特市大学生创业协会启动仪式暨首次创业沙龙活动在大学生文化创意创业园创业咖啡厅举行。

5月

5月1日　锡林热电厂圆满完成第八个供暖期的供热任务。

同日　锡林浩特市在互联网、微博微信平台、社会媒介进行“梦娃”系列公益广告动画视频推广播出工作，培育和弘扬社会主义核心价值观。

5月4日　锡林浩特市对2014年度市级文明单位和市级文明小区进行命名表彰。

同日　锡林浩特市组织开展“书香草原、阅读城镇”读书活动，通过倡导爱读书、读好书，在全社会营造浓厚的学习氛围，努力提升公民道德素质和社会文明程度，推动学习型社会建设。

5月5日　中共锡林浩特市委副书记、政法委书记斯日古楞，市委常委、宣传部部长王占奇，宣传部副部长、文明办主任刘东红一行三人赴鄂尔多斯市东胜区参加全区深化文明城市创建工作推进会。会上市委副书记、政法委书记斯日古楞就锡林浩特市创建全国县级文明城市工作进行发言。

5月12日　锡林浩特市人民法院开通“北大法宝”法律知识资源平台。

5月14日　希日塔拉街道办事处社区党组织换届选举工作依法依规圆满落下帷幕,7个社区党总支,一个居委会党支部参加换届。新一届班子全部产生。

5月19日　锡林浩特市举办第五个“中国旅游日”宣传活动。

同日　锡林浩特市下发《关于〈全国文明城市测评体系任务分解表〉的通知》,对256项工作进行了任务细化,落实到锡林浩特地区220余个责任单位,为下一步创建全国县级文明城市指数测评工作打下了良好基础。

5月20日　为规范优抚资金发放,市民政局开展优抚对象身份证信息核查工作,对优抚对象的姓名、身份证号一一进行核对。通过此项工作的开展,切实保障优抚对象优待抚恤。

5月22日　锡林浩特市法院启动“法官大讲堂”活动,由11名法官担任主讲。

5月24日—27日　锡林浩特市参加由国家旅游局主办的2015第七届中国国际旅游商品博览会。

5月25日　内蒙古自治区民政厅副厅长黄志江带救灾处工作人员到锡林浩特市全面检查指导救灾工作。

5月27日　锡林浩特市法院召开全面推行立案登记制改革工作新闻发布会,向社会通报法院立案登记制改革进展情况。

同日　“草原明珠 锡林浩特”微信公众平台首次进入内蒙古微信影响力排行榜,在自治区政务微信平台排名第20位。

5月28日　锡林浩特市法院选派干警参加锡林浩特市“中国梦·劳动美”职工演讲比赛,民二庭法官助理杜鹏勇获得优秀奖。

同日　锡林郭勒盟公务员培训参观团参观锡林浩特城市展览馆。

5月29日　锡林浩特市人民法院与锡林郭勒盟群众艺术馆联合组队参加了锡林浩特市“弘扬主旋律 唱响中国梦 创建文明城”合唱比赛,荣获三等奖。

5月30日　中共锡林浩特委宣传部组织锡林浩特市干部参加王石泉关于领导与传媒的讲座。

5月－12月　锡林浩特市档案局举办“草原明珠·锡林浩特”摄影大赛,参赛作品达千幅。

5月　阿尔善宝力格镇开展嘎查(居委会)委员会换届选举工作。

同月　锡林浩特市商务局组织安快物流园区、天一家政、新丝路电子商务有限公司等7家企业参加2015年锡林郭勒盟政银企洽谈会。

同月　额尔敦街道第三届社区足球赛举行,新兴居委会代表队获得冠军。

同月　锡林浩特市各社区根据换届选举有关规定和党员数量等实际情况,召开社区党员大会,选举产生新一届社区党组织委员会书记9名、副书记9名、委员25名。

同月　中共锡林郭勒盟委书记张院忠到银座大学生文化创意创业园调研。

6月

6月1日,锡林浩特市人民政府制定出台《锡林浩特市地名管理办法》(锡林浩特市政发〔2015〕84号),为开展地名普查工作提供制度保障。

6月4日　锡林浩特市法院对14辆警用车辆安装了GPS卫星定位管理系统,并正式上网运行。

同日　锡林浩特市召开干部下基层三级示范抓引领工作调度会,70余人参加会议。

同日上午,共青团中央书记处书记徐晓一行到锡林郭勒盟调研共青团工作,共青团中央农村部生态处处长计亚春,共青团内蒙古自治区委书记常青,中共锡林郭勒盟委副书记、行署盟长付万惠,共青团内蒙古自治区委副书记李中增,共青团内蒙古自治区委青工农牧部部长孙昊,锡林郭勒盟行署副秘书长王军,共青团锡林郭勒盟委副书记周玉龙、宝力德,中共锡林浩特市委副书记斯日古楞等领导同志陪同调研。

6月5日　锡林浩特市妇联和双拥办共同举办“牵手军营·共建家园”的主题军地联谊会。参加此次联谊会的驻锡部队未婚官兵48人,各企事业单位未婚女青年84人。此次联谊会共有三对牵手成功。

同日　锡林浩特市委中心组召开第3次集中学习会,学习新修订环境保护法,深入推进法制宣传教育,真正做到领导干部带头普法,扎实推进全面依法治国。

6月11日－17日　锡林浩特市商务局组织外贸企业参加2015年乌兰巴托中国商品展览及投资洽谈会。

6月12日　进行锡林浩特举行首届网络诚信宣传日签名仪式,凝聚社会共识和力量,进一步营造诚实、自律、守信、互信的网络环境。

6月13日－15日　由锡林浩特市民政局主

办，锡林浩特市足球协会、各街道办事处协办的锡林浩特市首届“社区杯”足球联赛在锡林浩特市职教中心体育场举办。历经22场激烈的对抗，希日塔拉办事处花园社区斩获冠军，楚古兰办事处德吉社区争得亚军，巴彦查干办事处塔林社区荣获季军。

6月16日　热电厂2×350MW扩建项目正式获得内蒙古自治区发改委核准。

6月18日　锡林浩特市通过微信、报纸、电视推送2015版《千古马颂》演出相关宣传。

6月19日　阿尔善宝力格镇完成全镇嘎查(居委会)“两委”换届选举工作。

6月24日　政协锡林浩特委员会主席董德福、副主席张务成一行深入希日塔拉街道办事处巴彦社区、赛罕社区、乌兰社区进行实地调研。

同日　锡林浩特市配合内蒙古自治区实践杂志社记者团进行锡林浩特市践行社会主义核心价值观情况采访。

6月25日　锡林浩特市农合行作为全盟首家代理发放机构，开始全面发放锡林郭勒盟市两级二代社会保障卡13.1万张并开通金融功能，实现“一卡多用，一卡通用”目标。

6月28日　中国·锡林浩特第十二届国际游牧文化节开幕式暨额尔敦敖包祭祀大典举行。

6月－8月　每周六、日，在中国马都广场开展第二届中国马都大赛马活动。

6月至10月　宝力根苏木的9个嘎查2个居委会开展换届选举。产生了70名第九届嘎查、居委会“两委”班子成员。

6月　经过选举，额尔敦街道办事处产生新一届社区居委会主任9名，副主任18名，委员34名，7个社区实现了书记、主任“一肩挑”，新一届社区居委会班子成员平均年龄43.3岁。

同月　额尔敦街道办事处代表队参加锡林浩特市首届社区五人制足球赛并进入四强。

同月　中共锡林浩特市委书记代钦到教科局调研。

同月　锡林浩特市人社局工会委员会选举大会在局机关五楼会议室召开，由党总支书记主持会议，局领导班子、各股室成员参加。会议按照上级部门批复和法定程序，投票选出第一届工会委员会。

同月　人社部劳动监察局尚建华副局长一行深入锡林浩特市调研检查人社系统窗口单位作风建设等工作。内蒙古自治区人社厅王燕峰副厅长，信息中心主任代勤，锡林郭勒盟副盟长孙俊青，锡林郭勒盟人社局常明局长，锡林浩特市人社局局长师前陪同。

同月　锡林浩特市公开招募10名建设工程质量监督专业技术人员；积极组织亿度科技、龙旺地质锡林郭勒盟分公司等10余家企业参加由锡林郭勒盟人力资源和社会保障局、教育局、工会等单位联合举办的2015年中国技能大赛—内蒙古锡林郭勒盟职业技能竞赛。

同月　锡林浩特市人社局将“公务员特色实践教育基地”牌匾正式颁发给神华北电胜利能源有限公司一号露天矿排土场绿化项目部，锡林浩特市公务员特色实践教育基地正式宣告成立。

7月

7月1日　内蒙古自治区党委组织部调研组在热电厂调研。

7月2日　锡林浩特市召开党政联席会议，就创建全国文明城市领导小组办公室抽调人员、办公场所、办公设备等进行安排部署。

7月4日　希日塔拉街道办事处与巴彦社区联合举办以“关爱女孩、关注未来”为主题的世界人口日主题宣传文艺演出。

7月7日　锡林浩特市开展学习宣传吉日嘎拉的先进事迹活动，使全体党员干部始终牢记党的性质和宗旨，认真践行“三严三实”要求，坚定信念，振奋精神，真抓实干，以饱满的热情投入锡林浩特市改革发展稳定各项工作中，为打造祖国北疆亮丽风景线贡献力量。

7月10日　锡林浩特市组织15个草原书屋参与内蒙古自治区新闻出版广电局开展的“我和我的书屋”征文比赛活动。

同日　内蒙古自治区政府金融办主任姜华莅临锡林浩特农合行调研指导工作。

7月13日　锡林浩特市在开展乡风文明大行动中，以“十个全覆盖”为平台，由中共锡林浩特市委常委、宣传部部长王占奇带队，文明办、林水局干部一行5人深入朝克乌拉苏木乌日根塔拉居委会，就140余户牧民危房改造工程推进情况进行调研。

7月14日　锡林浩特市公共资源交易中心顺利完成首次由联合体参与投标的工程类项目。

同日　内蒙古自治区国资委监事会主席王桂琴到热电厂调研。

7月15日　锡林浩特市征集“图说我们的价值观”公益广告创作素材，弘扬优秀传统文化、传播社会主义核心价值观。

同日　锡林浩特市举办2015年“牧人之家”旅游经营者业务培训班。

7月17日　热电厂举办2×350MW扩建项目开工仪式。

7月21日　锡林浩特市进行中心组第4次学习,收看吉日嘎拉先进事迹报告会视频,集中学习《领导干部违纪违法典型案例警示录》,中心组成员自学《习近平关于党风廉政建设和反腐败斗争论述摘编》,进一步提振精气神,强化责任意识和担当意识。

7月23日　锡林浩特市进行中心组第5次学习,邀请中国政法大学法治政府研究院教授王敬波作《深化依法行政 加快法治政府建设》专题讲座,引领锡林浩特市领导干部更好地运用法治思维和法治方式深化改革、推动发展、化解矛盾、维护稳定。

同日　锡林浩特市组织12家民族特色旅游商品企业参加“2015草原丝路·内蒙古草原旅游产品展(销)分会”。

7月—9月　采取指静脉采集、人脸识别、指纹认证等形式,集中开展为期2个月的锡林浩特市退休人员指纹采集和领取养老金资格认证工作,对各办事处社区行动不便的人员采取社区劳动保障平台上门年检,累计认证10老030人。

同月,锡林浩特市主办全盟第十一届青年足球邀请赛暨“低碳生活”趣味骑行比赛,来自锡林郭勒盟各旗县市的14支代表队共300余名足球运动员,以及来自锡林浩特市各俱乐部的8支自行车代表队共120余名骑行爱好者参加了比赛。

同月,内蒙古自治区人社厅党组成员、就业局局长王又红,人社厅副巡视员刘浩生一行到大学生电子商务创业孵化基地调研。

同月,锡林浩特市政协主席董德福调研教育系统。

8月

8月2日　根据《全国文明城市测评体系(2014版)》任务要求,文字材料的审核、整理归档等工作全部完成。

8月3日　锡林浩特市22个社区安装了数字书屋设备。

8月5日－6日　全区养老服务现场推进会在锡林郭勒盟召开。会议旨在深入贯彻国务院《关于加快发展养老服务业的若干意见》和《内蒙古自治区人民政府关于加快发展养老服务业的实施意见》精神,总结推广锡林郭勒盟牧区养老服务经验做法,进一步部署推进全区养老服务体系建设工作。自治区民政厅厅长兰恩华、民政部社会福利和慈善事业促进司副司长甄炳亮、各盟市政府分管领导、民政局局长等相关部门负责人和新闻媒体共156人参加会议。会议期间与会人员重点观摩了锡林浩特市爱祺乐牧民养老园区(495户牧民)。

8月8日－10日　锡林浩特市在马都广场成功协办第四届中国马术大赛。

8月12日　内蒙古自治区双拥工作检查组到锡林浩特市开展全国双拥模范城检查验收工作。

8月14日　锡林浩特市组织机关党员干部观看“吉日嘎拉先进事迹图片展”,培育和践行社会主义核心价值观,努力营造学习吉日嘎拉先进事迹的浓厚氛围。

8月15日　中国关工委刘雅芝一行深入到锡林浩特市巴彦社区关工委进行调研,在巴彦社区听取社区关工委工作汇报,并与关工委工作人员进行交谈、询问和探讨有关问题,并对今后如何做好关心下一代工作提出了意见和建议。

8月18日　与新华社内蒙古分社合作建设的“活力锡林”手机客户端正式上线,标志着锡林浩特市“两微一端”新媒体政务工程正式启动。

8月20日－21日　由最高人民法院中国审判杂志社主办,锡林郭勒盟中级人民法院承办的“巡回审判坚持‘四个原则’工作模式”现场调研会在锡林郭勒盟举行。

8月21日上午,中国审判杂志社理事成员代表在锡林郭勒盟中院陈兰院长等领导的陪同下,到锡林浩特市法院毛登牧场巡回办案点进行了调研。最高院和各省市代表对锡林浩特市法院巡回审判工作给予高度评价。

8月22日　内蒙古自治区建设厅参观团参观锡林浩特城市展览馆。

8月23日－9月2日　锡林浩特市商务局组织外贸企业参加在莫斯科举办的中国商品(莫斯科)展览会。

8月23日　内蒙古自治区联社杨阿麟理事长深入锡林农合行辖内巴彦宝力格苏木助农金融服务点进行实地考察调研,进一步了解助农金融服务点建设开展情况。

8月24日　为扎实推进“十个全覆盖”工作,锡林浩特市图书馆在贝力克牧场建立流动图书室。向贝力克牧场流动图书室提供流动图书330

册，捐赠图书270册。

8月26日　按照中共锡林浩特市委、政府《2015年度"十个全覆盖"工程"百日攻坚"行动实施方案》要求，锡林市浩市民政局高度重视，及时调整部署，采取行动，迅速投入到推进"十个全覆盖"工程"百日攻坚"行动中。共出动人员175人次，车辆14台次，进驻毛登牧场，分别在S307沿线两侧及S307沿线两侧牧民家庭院中共清理出垃圾70余袋。

8月27日　内蒙古自治区联社高玺龙副主任莅临锡林农合行调研指导工作。

8月31日　锡林浩特市长张锦明一行莅临中心检查指导工作。

8月　由锡林浩特市承办的内蒙古自治区"数字人社"现场观摩会，在锡林浩特市召开。

同月　由锡林浩特市承办人力资源和社会保障部公共服务信息化研讨会，在锡林浩特市召开。

同月　锡林浩特市生育保险实行盟级统筹，生育保险待遇统一提高。

9月

9月3日　锡林浩特市通过视频、HTML5、图文模式将纪念抗战胜利70周年阅兵完整视频和精彩瞬间在微信公众平台上进行宣传。

9月10日　锡林热电厂#2机组脱硝、电除尘改造工程获得锡林郭勒盟环保局验收批文，至此该厂两台机组脱硝、电除尘改造工程全部通过环评验收。

9月11日－13日　锡林浩特市参加在广州举办的"2015中国(广东)国际旅游产业博览会"。

9月13日　中华艺术金马奖颁奖典礼在锡林浩特举办，锡林浩特市文联获第三届中华艺术金马奖组织工作奖。

9月14日　锡林浩特市法院开通了人民法院诉讼资产网。

9月20日　锡林浩特市进行"中国人民抗日战争暨世界反法西斯战争胜利70周年"现场知识问答及奖活动，通过答题送礼的方式，普及抗日战争知识，助推"两微一端"政务工程普及化。

9月23日　国家住建部参观团参观锡林浩特城市展览馆。

同日　锡林浩特市产权交易业务正式进入公共资源交易平台进行交易。

9月26日　锡林浩特市法院对首批96名失信被执行人，通过在中国联通锡林郭勒盟分公司LED电子显示屏上予以公开曝光，集中向社会公布失信被执行人名单信息。

9月29日　锡林浩特市政务服务中心在全盟范围内率先为企业颁发第一张"三证合一"营业执照，极大地简化了市场准入手续，降低了行政成本。

同日　锡林浩特市文明办、妇联等部门联合，深入白音锡勒牧场巴彦锡勒分场，就全面推进"十个全覆盖"工程的基础上，结合各部门职能作用，就改善牧区生活环境，提高牧民文明素质等进行调研、指导。

9月30日　锡林浩特市公祭烈士仪式在锡林浩特市烈士纪念碑前举行，锡林浩特市四大班子领导，人武部、驻军部队官兵，市直有关部门主要领导同志以及老复员军人、学生、农牧民代表、工人等社会各界300余人参加公祭活动。

9月　锡林浩特市召开锡林浩特市教育工作会暨2015年教师节表彰大会。

同月　内蒙古自治区职业培训与就业促进会会长刘建一行到大学生电子商务创业孵化基地调研。

同月　锡林浩特市举办"创业锡林、成就梦想·锡林浩特市首届创业大赛"。

10月

10月8日　锡林浩特市利用微信公众平台对为全面贯彻落实自治区"8337"发展思路，建设羊肉全产业链追溯体系，做大做强"锡林郭勒羊肉"品牌的宝力根苏木牧民进行宣传。

10月12日　锡林浩特市通过图文模式以正反典型深化"三严三实"专题教育活动进行宣传。

10月17日　锡林浩特市在锡林湖景区广场打造"社会主义核心价值观"主题广场，通过集中宣传"善行义举"榜、雷锋志愿者服务、图说我们的价值观等内容，努力打造街头学习宣传社会主义核心价值观的新阵地。

同日　蒙古国参观团参观锡林浩特城市展览馆。

10月19日　国家工信部参观团参观锡林浩特城市展览馆。

10月21日　为加大苏木镇场精神文明建设工作，全盟在苏木镇场组织开展文明苏木(镇)、文明嘎查(分场)创建申报活动。

10月23日　内蒙古电力集团有限公司贾振国总经理一行莅临电厂孝察指导工作。

10月23日—27日　锡林浩特市组织5家企业参加在呼和浩特市举办的首届“中国－蒙古国博览会”。

10月27日　锡林浩特市人民政府在微信公众平台发布关于印发《锡林浩特市市容环境不文明行为处罚与举报奖励办法》(试行)》的通告。

10月　锡林浩特市商务局对12家牧区便民连锁超市升级改造工程进行验收。

同月　锡林浩特市就业局首批电子商务创业培训班在新丝路电子商务创业园顺利结业。

同月　在伊特格勒社区举办“爱锡林郭勒盟”智慧社区电子商务推介会在伊特格勒社区举办。

同月　自治区人大代表、阿拉善盟人大工委主任查斯太,自治区人社厅党组成员、副厅长乌伟东组成的调研组一行就锡林郭勒盟蒙汉双语型高校毕业生就业情况进行调研。

11月

11月1日　锡林浩特市法院新建审判办公楼竣工并正式投入使用,内设18个审判法庭。

11月5日　锡林浩特市民政局启动第二次全国地名普查工作。

11月10日　锡林浩特市决定在大世界农贸批发市场、绿色大地农贸批发市场等两处设立临时屠宰场地。

11月11日　锡林浩特市在飞机场南外环至207高速收费站红绿灯沿线两侧制作铁艺牌匾宣传标语2处42个字[十个全覆盖 温暖牧民心(蒙汉文);创新 协调 绿色 开放 共享(蒙汉文)],营造“十个全覆盖”工程氛围,使“十个全覆盖”工程入脑入心。

11月15日　锡林浩特市向锡林郭勒盟文明办推荐上报“身边好人”“最美环卫工人”张立新。

11月16日　锡林浩特市制定《锡林浩特市牧区“十个全覆盖”工程专项工作宣传方案》,进一步加强牧区“十个全覆盖”工程的宣传指导、氛围营造、典型推广、经验总结及嘎查文化阵地宣传工作。

11月17日　锡林热电厂一期工程获得内蒙古自治区发改委核准,实现一、二期项目双核准。

11月18日　锡林浩特市完成城市综合管廊工程(2015－2030)专项规划编制工作。

11月19日　锡林浩特市民政局和中国人寿保险股份有限公司共同举办一期针对退役士兵的招聘会,人保公司对报名的退役士兵进行面试,合格者被录用。

11月24日下午　内蒙古自治区党委防范办处长张晓君等人到巴彦社区参观调研,了解社区反邪教工作开展情况,并对邪教转化工作做出指示。

11月25日　锡林浩特市法院召开“公布失信被执行人名单信息工作”新闻发布会,向社会通报失信被执行人名单信息公布情况。

11月26日　锡林浩特市“马背道德讲堂”启动仪式在巴彦查干街道办事处达布希勒特社区举行。

11月27日　锡林浩特市举办2015年锡林浩特市网络舆情宣传工作培训班,特邀锡林郭勒盟委宣传部互联网信息办公室主任侯昆就网舆情宣传引导、网络安全及提高防护技能等相关知识做专题辅导。

10月　锡林浩特市人大常委会副主任李万国一行到银座大学生文化创意创业园调研。

同月　结合锡林浩特市干部下基层三级示范抓引领活动,锡林浩特市人社局联合锡林郭勒盟众力置业有限责任公司组成慰问组,走进楚古兰办事处乌兰牧骑社区和宝力根苏木希日塔拉嘎查贫困户家中,为贫困家庭送去冬日里的温暖。锡林浩特市人社局为贫困户共送去30 000元慰问金。

同月　锡林郭勒盟委组织部人事档案检查组一行三人莅临锡林浩特市,检查指导锡林浩特市政府部门人事档案专项审核工作。

同月　锡林浩特市人民检察院预防“十个全覆盖”工程实施中职务犯罪巡回宣传组到锡林浩特市人社局调研。

12月

12月3日　按照中共锡林浩特市委组织部关于做好2015年度基层党建“三级联述联评联考”工作要求,市民政局组织社会组织党组织书记开展“联述联评联考”工作。

12月16日　锡林浩特政务门户网、锡林浩特新闻网、“草原明珠 锡林浩特”微信平台、公交车、出租车、大型LED电子显示屏播发《锡林郭勒盟食品药品安全奖励办法》,营造良好的社会舆论氛围。

12月18日 锡林浩特市召开创建全国文明城市工作推进会。会议由中共锡林郭勒盟委委员、中共锡林浩特市委书记代钦主持,锡林浩特市四大班子主要领导、创建全国文明城市领导小组各专项工作推进组组长及中共锡林浩特市委中心组有关成员参加会议。

12月20日 协助内蒙古电视台《蔚蓝的故乡》栏目组,采访锡林浩特饮食文化及马奶产业发展情况。

12月23日 召开"党的十八届五中全会精神"宣讲会,邀请锡林郭勒盟发改委主任郁志云作《党的十八届五中全会精神》专题讲座,结合实际,从研读十八届五中全会精神、"十三五"期间面临的发展环境、锡林郭勒盟发展优势和潜力等九个方面深入解读党的十八届五中全会精神,锡林浩特市350余名领导干部参学。

12月24日 全国媒体记者旅行商冬季采风团参观锡林浩特城市展览馆。

同月 锡林浩特市三处大型停车场规划设计完成。

同月 锡林浩特市七个苏木幼儿园选址完成。

同月 编制完成《成品油十三五规划》和《商贸流通业十三五发展规划》。

同月 内蒙古自治区民族教育工作会议在锡林郭勒盟召开,锡林浩特市第一小学、民族幼儿园、蒙古中学为观摩点。

同月 锡林浩特市人才"服务E站"进社区为群众服务,搭建了自治区、盟市、旗县、社区四级公共就业信息化网络服务体系。

同月 "互联网+"传统企业转型策略论坛暨大学生创业协会"青创平台+"战略发布会在元和建国会议厅举办。

同月 银座大学生文化创意创业园被认定为自治区级示范性创业园,易动力网络有限责任公司被评为"自治区示范创业店"。

同月 锡林浩特市在锡林浩特市苏木镇场和街道社区共建成了22个"12333"人力资源和社会保障综合服务中心,投入260多万元,通过招募民生协理员、强化培训等,配齐配强了工作人员,服务范围基本覆盖锡林浩特市,基本实现"平台在社区,经办在家门,服务在基层"。

同年 锡林浩特市共有城镇低保户2521户、4446人,牧区低保户589户、971人。全年发放城镇低保资金2718.62万元,发放牧区低保资金521.76万元。

同年 城市医疗救助604人,发放救助资金180.68万元;牧区医疗救助226人,发放救助金73.4万元,人均救助3000多元。重大疾病"爱心工程"救助75人,发放救助金183.38万元,

同年 全年共救助501户,930人,发放救助金121.08万元。其中城市家庭173户、337人,发放救助金57.76万元,牧区家庭328户、593人,发放救助金63.93万元。

同年 为3230名78周岁以上老年人发放高龄津贴403.66万元。为16547名老年人发放公交补贴165.47万元。2015年,为常住锡林浩特市的950名外埠老年人办理乘坐公交卡,补贴资金9.5万元。

同年 锡林浩特市对3326户5978名受灾的低保户、五保户、残疾人等特殊困难人员实施救助,发放资金130.65万元。

同年 锡林浩特市统计局完成2015年全国1%人口抽样调查工作;完成"十个全覆盖"工程统计和普查工作;承办"四下"企业和非企业单位名录库下放盟级试点工作,并在所有苏木、镇、场、街道办事处开展了名录库(D组)的滚动核查工作。

同年 完成10万只肉羊全产业链追溯体系建设任务。开工活畜加工企业31家,加工活畜257.3万头(只),5处交易市场交易活畜20余万头(只)。

同年 利用京津风沙源治理二期工程项目建成储草棚7000平方米、暖棚2.34万平方米、围栏封育3万亩、羊棚栏3万平方米。

同年 依托农机购置补贴,新建暖棚7020平方米,受益牧户27户。落实农机购置补贴874万元,补贴机具662台(套)。锡林浩特市农牧业机械总动力达15万千瓦,机械化综合作业水平达99%以上。

同年 争取基层农技推广项目90万元,培育肉羊、饲草两大主导产业,为800户科技示范户发放兽药箱,为80名技术指导员发放补贴20万元。增强新型农牧业经营主体的经营管理水平和与市场对接能力,规范合作社20家。

概　况

XI LIN HAO TE NIAN JIAN

锡林浩特市历史悠久。距今4000－6000年以前已有人类繁衍生息,清乾隆八年(1743年)建“贝子庙”。1953年改称锡林浩特,1956年改称阿巴哈纳尔旗,1983年经国务院批准改设县级市锡林浩特。锡林浩特市位于北纬43°02′－44°52′,东经115°18′－117°06′。东邻西乌珠穆沁旗,西连阿巴嘎旗,南接赤峰市克什克腾旗、正蓝旗,北靠东乌珠穆沁旗。市境南北长208公里,东西长143公里。总面积14 785平方公里,其中城市规划建设用地面积49平方公里,建成区面积37.5平方公里。

锡林浩特市辖3个苏木(宝力根苏木、朝克乌拉苏木、巴彦宝拉格苏木)、1个镇(阿尔善宝力格镇)、7个街道办事处(宝力根街道办事处、杭盖街道办事处、楚古兰街道办事处、希日塔拉街道办事处、额尔敦街道办事处、南效街道办事处、巴彦查干街道办事处)、6个国有农牧场(白音锡勒牧场、白银库伦牧场、毛登牧场、贝力克牧场、沃源奶牛场、蔬菜农场)。牧区有22个嘎查,8个居委会;国有农牧场有15个分场,1个居委会,街道办事处有52个社区居委会。

【人口】 现有总人口26.7万人,其中:常住人口25.4万人,流动人口1.3万人。常住人口中,城镇人口22.83万人,牧区人口2.57万人。常住人口中共有30个民族,蒙古族5.74万人、汉族18.64万人、其他少数民族1.02万人。

【自然条件】 锡林浩特自然条件独特。位于内蒙古高原中部,地势南高北低,南部为低山丘陵,北部为平缓的波状平原,平均海拔高度988.5米。地处中纬度西风气流带内,属中温带半干旱大陆性气候,降水量294.9毫米,无霜期110天。锡林浩特市有可利用草场面积2054万亩,动植物资源多样,草原类型齐全,地跨草甸草原、典型草原和沙丘沙地草原,具备得天独厚的畜牧业生产和发展条件。

【资源条件】锡林浩特市矿产资源富集。煤炭探明储量298.5亿吨。其中胜利煤田224亿吨,是目前全国煤层最厚、储量最大的褐煤煤田;巴彦宝力格煤田74.5亿吨。石油探明储量2亿吨。锗探明金属量3300吨,占全国储量的68%,占世界储量的38%。铬探明金属量137万吨。钼探明金属量17万吨。太阳能资源为二类地区,年发电有效时数3000小时左右,适宜建设大型光伏产业基地。风能资源丰富,总蕴藏量达2.5亿千瓦,可开发利用量超过0.25亿千瓦,灰腾梁地区年有效风能利用小时数达到3000小时以上,局部达到3300小时,规划装机容量300万千瓦,是自治区规划装机百万千瓦风电基地之一。

【区位优势】 锡林浩特市区位优越。地处东北华北、西北交会处,距北京、呼和浩特、沈阳直线距离分别为460公里、470公里、620公里,能有效融入环渤海经济圈和东北经济圈。与二连浩特和东乌旗珠恩嘎达布其口岸距离分别为340公里、338公里。

锡林浩特市交通通信便捷。境内公路总里程1255.4公里,锡张高速和国道207、303及省道101、307贯穿市境,辐射北通二连浩特、珠恩嘎达布其两个对蒙一级陆路口岸,东连东北三省、西接呼包鄂地区、南达京津唐的高等级公路运输通道已经形成。铁路总里程344.4公里,已建成锡桑铁路、锡多铁路、锡乌铁路、锡二铁路、胜利西一号和西二号铁路专用线、胜利东二号铁路专用线等7条,锡赤铁路正在加快建设,锡林浩特至北京客运专线即将开通。4C级机场可起降767型客机,飞往北京、呼和浩特、西安、沈阳、广州、上海等地。通讯网络覆盖锡林浩特市，有中国联通、中国电信、中国移动 3 家通信企业，设备承载能力达到 880G，“十二五”期间将达到 3900G。电网横贯东西，连通蒙西，建有 500 千伏变电站 2 座、220 千伏变电站 1 座、110 千伏变电站 14 座、35 千伏变电站 7 座，送电线路总长 3000 公里。

【人文特色】锡林浩特市是蒙古族人文特色最为鲜明的草原旅游胜地，是蒙古族民俗保留最为完整的地区之一。有内蒙古中西部四大藏传佛教寺庙之一、国家 4A 级旅游景区、第六批全国重点文物保护单位的贝子庙。有被联合国教科文组织确定为人与生物圈保护网络成员单位，被国际植物界誉为欧亚大陆样板草原的国家级自然保护区白音锡勒自然保护区，以及锡林河国家级湿地公园、白银库伦淖尔国家级遗鸥保护区和正在申报的锡林郭勒草原国家级火山地质公园。有被中国马业协会授予以锡林浩特市为核心的锡林郭勒盟“中国马都”称号。有极具文化内涵和民族特色的传统“祭敖包”和盛大“那达慕”。2011 年获得“最具魅力节庆城市”荣誉称号，有“吉祥草原！锡林郭勒那达慕”、冰雪文化节、游牧文化节等品牌活动，2015 年举办了“蒙草杯”四国女篮国际对抗赛、第八届亚洲青少年武术锦标赛、中国马术大赛、中国马会杯·马都赛、中国马都大赛马、“大庄园杯”全国汽车场地越野锦标赛、“丝绸之路”2015 全国公路自行车冠军赛、第二届全国收藏斗宝大会等活动，中国·锡林浩特国际游牧文化节系列活动游牧文化节，已成为锡林浩特市一张独特靓丽的名片，是一代长调歌王哈扎布的故乡，被文化部、文化厅分别评为民间艺术之乡和民间文化“潮尔道”之乡。先后荣获全国科技先进市、中国优秀旅游城市、全国双拥模范城、全区文明城市、全区卫生城市、全区园林城市、自治区级创业型城市等称号。

领导机关

XI LIN HAO TE NIAN JIAN

中共锡林浩特市委

【中共锡林浩特市委领导名录】

书　记　郝秀川(2015年5月离任)
　　　　代　钦(蒙古族 2015年5月任)
副书记　张锦明(蒙古族)
　　　　青格勒(蒙古族 2015年1月离任)
　　　　斯日古楞(蒙古族 2015年1月任)
常　委　孟玉明
　　　　王晨光
　　　　张　奕(女)
　　　　李博峰
　　　　郭轶杰
　　　　孙　军(蒙古族 2015年11月离任)
　　　　王占奇
　　　　罗志华
　　　　包荣智(蒙古族 2015年11月任)

【概况】 2015年,在盟委、行署的正确领导下,锡林浩特市上下深入贯彻党的十八大、十八届三中、四中、五中全会精神,认真学习贯彻习近平总书记系列重要讲话和考察内蒙古重要讲话精神,全面落实自治区"8337"发展思路,强化措施,扎实工作,推动了经济持续健康发展,社会事业不断进步,民生状况持续改善,党的建设进一步加强。地区生产总值完成210.2亿元,同比增长7.5%。第一产业增加值完成16亿元,同比增长5.5%。第二产业增加值完成105.6亿元,同比增长8%,其中工业增加值完成89.6亿元,同比增长7.9%;建筑业增加值完成16亿元,同比增长9.3%。第三产业增加值完成88.5亿元,同比增长6.6%。全社会固定资产投资完成149.2亿元,同比增长12.5%。公共财政预算收入完成26.5亿元,同比增长7.8%。社会消费品零售总额完成57.2亿元,同比增长7.7%。城乡常住居民人均可支配收入分别完成36 472元、20 635元,同比增长9%和8.4%。

【农牧业生产】 现代农牧业加快发展。整合投入涉农涉牧资金13.3亿元,同比增长10.8%,农牧业发展水平进一步提升。坚持自然放养与舍饲育肥相结合,舍饲养殖规模达80万头只,牧业年度牲畜168.4万头只,出栏牲畜104.9万头只。种植业稳步发展,种植农作物33.77万亩,粮食产量4万吨,蔬菜瓜果产量达4.6万吨。推进畜种改良工作,巩固完善基础母羊标准化畜群950群、育成良种种公羊1.3万只,完成黄牛改良3.4万头,良改比重、繁成率分别达到99%和110%。打造高标准家庭牧场35户。加快推进羊肉全产业链可追溯体系建设,完成10万只追溯羊信息录入工作。规范牧民专业合作社20家,构建龙头企业与牧民建立利益连结机制,带动牧民转变生产经营方式。加强农牧业基础设施建设,新建暖棚5.7万平方米、储草棚2.4万平方米。打储草3.1亿公斤,集中储备饲草2300万公斤,草颗粒加工能力达17万吨,确保牲畜安全过冬。积极搭建畜产品销售平台,新建大型活畜交易市场1处,启动活畜交易市场5处。

【工业生产】 工业经济平稳运行。72户规模以上工业企业开复工71户,开复工率98%,实现产值168亿元。能源工业实现产值86.5亿元,占规模以上工业总产值的51.5%。装备制造业快速发展,成为工业经济发展的主要增长点,实现产值30亿元,同比增长20%,拉动工业经济增长2.7个百分点。全年实施重点项目87项,完成投资140.2亿元。神华、大唐、北方电力和蒙能电源点项目进展顺利。华电光伏发电项目已并网发电,锋威光伏发电项目、明阳风光电一体化项目、大庄园牛羊肉产业园项目、上海电气风力发电制造项目快速推进。加大招商引资力度,引进资金140亿元,同比增长36%。

【第三产业】 服务业发展提速升级。商贸业加快发展,红星美凯龙、尚都国贸等商业广场开业运营;二中蔬菜市场、109农贸市场升级改造完成,规模档次明显提升。外贸经济快速发展,积极参加中俄蒙等国举办的国际商品展销会和合作论坛,新注册外商投资企业2家,对外贸易进出口总额完成100万美元。推进"互联网+"建设,新丝路、银座、智慧社区等电子商务平台相继开通运营。文化旅游业蓬勃发展,继续打造中国马术大赛、中国马都大赛马、中国马会·锡林浩特杯马都赛等系列马文化主题活动,完成《千古马颂》剧目提升,推进锡林郭勒野生动物园、锡林河旅游度假村、锡林郭勒草原牧民传统那达慕景区建设,成功举办全国公路自行车冠军赛、全国汽车场地越野锦标赛、四国女篮对抗赛和亚洲青少年武术锦标赛四大国内外赛事,有效提升了地区知名度和影响力。全年接待游客和旅游收入达401万人次和63.4亿元,均增长11%。加快发展金融业,截至12月底,金融机构存贷款余额分别为253.8亿元和282.1亿元,同比增长3.6%和下降0.07%。加大中小企业融资力度,1家企业实现在"新三板"挂牌上市。

【生态保护】 草原生态持续好转。按照"科学规划、保护优先、加快建设、永续利用"的原则,加大保护草原生态的力度。继续落实草原生态保护补助奖励机制,补奖面积2027万亩,发放补贴5929万元。实施重点区域绿化2.5万亩、京津风沙源治理3万亩、森林植被恢复0.3万亩、节水灌溉饲草地1.2万亩,锡林河国家湿地公园保护、生态水系治理等重点生态建设工程稳步推进,生态建设成果进一步巩固。

环境保护方面。环境治理成效明显。深入推进和谐矿区和绿色矿山建设工作,投入3.07亿元,62个矿山企业进行地质环境治理,年内治理面积10.48平方公里;投入8003万元对废弃采坑地质环境治理,治理面积4.84平方公里。加大水源地保护力度,推进集中式供水工作,确保科学合理利用水源;加大对污水排放企业的水质监测力度,严格依据监测数据对企业进行单项验收,确保污水达标排放。加强环保执法监管,对辖区内143家重点排污企业达标排放情况开展专项检查,针对重点问题企业启动按日计罚措施进行处罚。锡林热电厂、锡林浩特第二发电厂、锡林热源厂3家企业完成脱硫、脱硝、除尘一体化改造,依法取缔70台不达标燃煤锅炉,做好PM2.5、PM10监测工作,全年空气优良天数达到348天,其中质量为优的天数216天。

【城市建设】 投入11亿元,重点加强事关群众出行、居住、生活等方面的公共基础设施建设,新续建道路19公里,完成察哈尔大街、北京路和那达慕大街拓宽改造工程,硬化小街巷5条,打通断头路3条,新增右转车道47个,完成人行道硬化67.3万平方米,配套三水管网20公里,新增供热能力180万平方米,改造老旧小区2个,四号湖景观工程基本完工,完成园林绿化面积212万平方米。城市管理方面。完善社区网格化管理机制,优化"城市指挥中心"功能,提高城市精细化管理和服务民生水平。加强食品安全监管和惩治力度,实行食品生产、流通和餐饮服务"一体化监管",关停不达标餐饮单位50余家。常态化推进城市环境综合整治,连续开展3个"百日"行动,开展创建国家卫生城市工作,城市卫生环境大幅改观。继续实施物业管理扶持奖励政策,召开物业管理工作会议,物业管理有了新的提升,为居民营造了更加舒适、便捷的生活环境。

【基础设施】 加大路网建设支持力度,丹锡高速、锡阿公路建设进展顺利,锡二铁路已建成通车,锡林浩特至北京客运专线建设加快推进,增开赴呼到乌旅客列车,将赴呼、赴京航班稳定在每日3架次和2架次,同时开通赴大连、天津、西安航班。物流园区功能不断完善,现代物流园区与民禾物流园区整合工作稳步推进,安快物流园区、天亨物流园区建设进展顺利,进一步完善中小企业园区基础设施建设。

【民生和社会事业工作】 按照"守住底线、突出重点、完善制度、引导预期"的要求,全年财政支出10.5亿元,进一步提高民生和社会事业发展水平。

【"十个全覆盖"工程】 全年完成投资6.99亿元,完成工程总量的80%。建设改造牧区房屋890户;解决饮水安全问题4324人;硬化街巷257公里;接通牧区网电50户、大功率风光互补120户;安装广播电视"户户通"设备2700套;新续建牧区幼儿园8所;提档升级嘎查村卫生室8所、文化活动室12所;改造便民连锁超市12处;牧区养老、医疗、低保等社会保障实现政策性全覆盖。同时,积极推进扩面和环境综合整治工程,牧区生产生活条件进一步改善。

【就业创业】 全年征集就业岗位19 680个,城镇新增就业4338人,实现牧民转移就业3605人、高校毕业生就业1179人,安置失业人员和就业困难人员1273人,城镇登记失业率控制在3.4%以内。加大创业援助力度,发放创业担保贷款1亿元。大力实施"互联网+创业"行动,打造锡林浩特市电子商务创业园,实现大学生零成本、零风险创业就业,锡林浩特大学生创意创业园被评为自治区级"示范性创业园"和"创业孵化基地"。

【扶贫攻坚】 继续实施规划、项目、干部"三到村三到户",扎实开展领导干部"一助一"定点扶贫活动、"百企帮百户"活动,完善教育扶贫、金融扶贫措施,整合各类扶贫资金4014万元,实现脱贫304人,在苏木镇实现消除绝对贫困现象目标。充分发挥嘎查分场扶贫互助资金和嘎查集体经济发展扶持资金作用,贫困人口自我发展能力有效提升。

【社会保障】 连续9年提高城乡低保、五保户、城镇三无、孤儿等特殊群体的补助标准,全年发放救助资金4135万元。提高社会保险待遇水平,将12种靶向药物纳入城镇基本医疗保险可支付范围。推动牧区养老、机构养老、社区养老协同发展,锡林颐和苑养老中心一期工程进展顺利,爱祺乐牧民养老园区入住牧民495户,养老服务水平进一步提高。成功承办全区牧区养老现场会。

【社会事业】 投入2.98亿元,开工建设学前教育、标准化学校、特殊教育、职业教育等工程22项,教育基础设施进一步完善。优先发展民族教育,民族教育发展专项经费提高至150万元。教学质量进一步提高,汉授、蒙授本科升学率为74.7%、80.5%,分别增长增长4.4%、9.9%。健全完善基层卫生医疗体系,建成分场、社区标准化卫生室8所,完成1.5万名牧民免费体检工作,发放健康小药箱800个,打造盟市医疗联合体,完善双向转诊制度,基层公共卫生服务均等化水平稳步提高。大力推进足球运动,新建五人制笼式足球场10个。加大文艺作品创作力度,新创作作品20余部。继续举办锡林河之夏群众性文化活动,丰富群众文化生活。

【社会管理工作】 开展矛盾排查化解工作。组织开展3次社会矛盾集中排查化解专项行动,完善四级矛盾排查调处网络、矛盾纠纷"五所联调"工作机制,排查矛盾纠纷582起,化解556起,化解率达95.5%。严格落实处级领导定期接访制度和"1328"市级领导带科级干部下访制度,切实将矛盾隐患解决在基层,化解在萌芽状态。认真落实信访案件领导包案制度,建立了部门联合解决重点信访案件机制,实行法律援助与信访工作对接制度,加大信访案件办理力度,集中解决重点信访案件42件。

【平安创建】 优化提升网格化管理工作,社会管理服务水平有了新的提高。开展专项打击和集中整治活动,提高社会管理应急指挥能力,刑事案件和治安案件分别下降2.7%和2%。圆满完成大型活动安保工作。推进牧区"草原110"联防联网报警系统建设,完成6个苏木镇场安装工作,提高了牧区治安防控水平。圆满完成各类安保工作任务,确保大型文体活动顺利开展。开展各领域的安全生产大检查行动,全年各类生产安全事故同比下降48%。落实重大决策社会稳定风险评估制度,从源头上预防和减少社会矛盾。推进精神文明和民主法治建设。被评为全国文明城市提名城市(县级),成立创建全国文明城市工作领导小组,出台《锡林浩特市创建全国县级文明城市工作方案》,启动创建全国文明城市工作。开展"文明之星""文明市民""文明牧民""美德少年"等评选表彰活动,弘扬社会主义核心价值观。成立依法治市工作领导小组,制定《关于全面推进依法治市加快建设法治锡林浩特的实施意见》,出台分工方案,依法治市工作有序推进。开展"七五"普法教育和"法律六进"活动,宝力根苏木巴彦德力格尔嘎查被自治区评为"全区民主法治示范村(社区)"。完善"12348"法律服务平台,进一步扩大法律援助覆盖面。深化"五融合四促进"活动,开展"书记走边关"、军地"八一军事日"活动,被评为自治区级双拥模范城,为第五次争创成为全国双拥模范城打下基础。扎实推进民族团结进步事业,平等团结互助和谐的社会主义新型民族关系进一步巩固。

【改革工作】 深入贯彻落实上级党委、政府各项改革部署,紧密结合锡林浩特市实际,出台了《中共锡林浩特市委全面深化改革领导小组及有关部门改革分工方案》《2015年锡林浩特市改革任务台账》《锡林浩特市2015年改革试点台账》《锡林浩特市全面深化改革重要举措实施规划(2015-2020)》,明确推进改革的主要方向和重点内容。全面开展政府机构精简和审批制度改革,政府工作部门精简到24个,行政审批事项精简比例达45%。开展行政权力清单梳理工作,梳理汇总锡林浩特市共35个市直行政执法部门单位的2876项行政权力,理顺明确了权责关系。积极推进政府法律顾问制度,聘请法律顾问9名,办理案件1315件。加强人民陪审员工作,新增选48名人民陪审员,达到60名,推进司法民主公正。同时,选人用人机制、纪检监察体制、集体林权制度、议事决策、牧区金融、国库集中支付制度等改革有序推进、成效初显。

【党建工作】 严格落实自治区从严治党“1+3”制度体系，并制定出台配套文件，全面开展“三级联述联评联考”工作，党建工作赋分比重提高到55%。锡林浩特市各处级领导干部学习讨论51次，作专题党课报告36场次，所在党支部学习328次，切实增强践行“三严三实”要求的思想自觉和行动自觉，深化“四风”整治、巩固和拓展了党的群众路线教育实践活动成果。围绕推进学习型党组织建设，组织召开中心组集中学习会12次；通过“请进来”、“走出去”方式举办各类党员干部培训班50期，培训5500余人次；建立基层大讲堂66所，宣讲103场，受教育人数1.6万余人次，实现全覆盖。突出社会主义核心价值观普及，做好新闻宣传、社会宣传和对外宣传，牢牢把握网络舆论主动权，扎实开展“中国梦”“德润草原”等主题实践活动，积极营造健康向上的舆论氛围。

【基层服务型党组织建设】 建立人往基层走，钱往基层投，政策往基层倾斜机制，强化基础保障，圆满完成嘎查、社区“两委”换届选举工作，61个社区全部配齐专职副书记。将社区、嘎查办公经费提高到9万元/年，为分场每年拨付3万元党建经费。将嘎查“两委”正职、副职工作报酬分别提高到1800元/月、1600元/月。加强阵地建设，新建14处社区阵地，嘎查（分场）、城区社区阵地全部达标。在牧区，加强党员中心户规范化建设，确保发挥“一带双联三到四中心”作用。建立“四向培养”机制，选聘54名高校毕业的牧民子女为网格员，切实履行生态防护员和网格员“一岗双责”职责。强化大学生村干部管理，定期召开座谈会，建立考核办法，表彰奖励优秀大学生村干部，调动工作积极性。在社区，创造性提出“四有五化”工作思路，7个街道成立联合党工委，52个社区成立联合党委，分别由联系街道的处级领导、社区“第一书记”担任联合党（工）委书记，深入推进区域化党建工作。建立组团式服务、在职党员进社区长效机制，提升精细化服务水平。在全区率先推行“互联网+”党建工作模式，6个社区先行搭建互联社区平台，以信息手段为居民提供便捷服务。在机关，围绕三项重点工作，开展三级示范抓引领工作，16个苏木镇场（街道）工作组、99个嘎查分场（社区）工作小组，880名盟市干部联系1188户困难户、党员中心户及信访户。以“周任务单”形式细化任务，推动工作落实。编印基层党建常用词汇等4本手册，指导干部开展工作。深入推进“第一书记”工作，充分发挥“五大员”作用，有效提升基层党建工作水平。各级干部深入基层6546次，征求意见建议277条，解决问题1483件，排查化解矛盾纠纷175件。在非公经济组织和社会组织，专设党工委，以抓覆盖、促规范为重点，21名处级领导联系47家企业、41名部门党组织书记联系58家企业，推动党组织发挥领导核心和政治引领作用。坚持典型引路、示范带动，打造宏源、安快等示范点，以点带面，推动工作。

【干部队伍建设】 严格执行《条例》，注重选拔基层一线干部，树立正确的用人导向。坚持学用结合，采取上挂、下挂、外挂等措施，提高干部学以致用的能力。落实谈心谈话、诫勉、函询等制度，完善干部监督联席会议、干部请销假等制度，严格监督管理干部。坚持离任审计和任中审计相结合，对现任三年以上主要领导干部任中审计全覆盖。整治“三超两乱”问题，共消化超职数配备干部198名，完成超职数配备干部消化全部任务的61.7%，3名在企业兼职科级干部全部免去行政职务。

【党风廉政建设】 在统筹抓好教育、制度、监督、惩治等工作的同时，以健全体制机制为重点，着力构建权责对等、责任明晰、运行有效的党风廉政建设责任落实体系。开展党政正职监督工作，制定了《锡林浩特市健全完善科级领导班子党政正职监督办法的工作方案》《党政机关正职领导监督工作推进表》和《领导干部个人有关事项报告表》，进一步完善党政正职权力运行约束和履职尽责监督机制。在苏木镇场、街道配备专职纪委书记、副书记和纪检干部，在市直机关部门派驻联合纪检组，实现党政机关企事业单位纪检监察机构全覆盖。支持纪检监察机关聚焦主业，围绕执法执纪、效能建设、服务态度等重点环节，开展明察暗访工作，查找并整改问题45个。全年受理信访举报97件，立案33件，给予党政纪处分32人。

【统战工作】 认真贯彻落实《统一战线工作条例》，按照“四个纳入”“三个带头”要求，将统战工作纳入市委的重要议事日程，专门召开常委会、党政联席会研究统战工作，将统战工作纳入苏木镇场、街道党政领导班子考核内容，将统一战线理论政策纳入党校教学内容和培训计划，将统战工作纳入市委宣传工作计划；市党政领导率先垂范，带头学习宣传和贯彻落实统一战线政策法规，带头参加统一战线重要活动，带头广交深交党外朋友。

锡林浩特市人大常委会

【锡林浩特市人大常委会领导名录】

主　任　齐振华(蒙古族)
副主任　斯琴巴特尔(蒙古族)
　　　　包桂华(女 蒙古族)
　　　　高海楼 (蒙古族)
　　　　李万国
常委会委员　白宝山(蒙古族)
　　　　　　姚建安
　　　　　　包瑞和(蒙古族)
　　　　　　康满玉
　　　　　　哈斯其木格(女 蒙古族)
　　　　　　包　静(女 蒙古族)
　　　　　　斯琴毕力格(蒙古族)
　　　　　　孟根都希(蒙古族)
　　　　　　钢苏和(蒙古族)
　　　　　　常　敏
　　　　　　任　昊
　　　　　　乌恩奇 (蒙古族)
　　　　　　李图雅(女 蒙古族)
　　　　　　巴图朝鲁(蒙古族)
　　　　　　高　飞
　　　　　　常　格(女 蒙古族)
　　　　　　王有宾
　　　　　　关　丽(女 蒙古族)

【下设机构领导名录】

办公室主任　白宝山(蒙古族)
办公室副主任　宝音那米胡(蒙古族)
教科文卫民侨工作委员会主任　哈斯其木格(女 蒙古族)
人事代表选举工作委员会主任　常　格(女 蒙古族)
财经工作委员会主任　包　静(女 蒙古族)
内务司法工作委员会主任　高　飞
农牧业工作委员会主任　巴图朝鲁(蒙古族)

【概况】 2015年,在市委的领导下,市人大常委会全面贯彻落实党的十八大、十八届三中、四中、五中全会和习近平总书记系列重要讲话精神,全面落实"四个全面"战略布局,努力践行"三严三实",依法行使监督权、重大事项决定权和人事任免权,不断增强工作实效,认真完成十四届人大三次会议确定的目标任务,各方面工作都取得新进展新成效,为锡林浩特市经济社会发展做出了积极贡献。

【市十四届人民代表大会第三次会议】 2015年1月19日至1月22日在锡林浩特市蒙元文化苑举行。会议听取和审议政府工作报告、人大常委会工作报告和法检两院工作报告,并相应作出了决议。审查和批准国民经济和社会发展计划与执行,财政预算与执行情况的报告。

【市人大常委会会】 2015年市第十四届人大常委会举行了5次会议。即市第十四届人大常委会第13次会议至17次会议。

【常委会第13次会】 于2015年1月7日举行,会期半天。会议审议通过市人大常委会工作报告及关于召开市第十四届人民代表大会第三次会议各项决定(草案)。

【常委会第14次会】 于2015年3月27日举行,会期半天。会议听取和审议市人大常委会2015年监督工作计划(草案)。依法通过人事任免事项(任命6人、免职3人)。

【常委会第15次会】 于2015年7月21日举行,会期半天。会议听取和审议市人民法院关于开展行政审判工作情况的报告、市人民检察院关于检察机关规范司法行为情况的报告、市人民政府关于和谐矿区建设情况的报告、审议通过市人民政府《关于饮用水水源地保护区污染防治管理办法》。接受代表辞去职务的请求。依法通过人事任免事项(任命13人,其中人民陪审员10人)。

【常委会第16次会】 于2015年9月18日举行,会期半天。会议听取和审议市人民政府关于公共文化体育服务体系建设情况的报告、市政府关于2014年市本级决算及2015年上半年锡林浩特市财政预算执行情况的报告、听取和审议了2014年市本级预算执行情况和其他财政收支情况的审计工作报告、市政府关于2015年上半年锡林浩特市国民经济和社会发展计划执行情况的报告、市人大常委会关于对建筑法贯彻执行情况进行执法检查的报告。审查和批准2014年市本级决算。审议通过《锡林浩特市第十四届人大代表补选办法(草案)》。依法通过了人事任免事项(任命3人)。

【常委会第17次会】 于2015年11月10日举行,会期半天。会议听取和审议市政府关于十四届人大三次会议代表建议、批评和意见办理情况报告、市人民政府关于做好"十件民生实事"工作情况的报告、市人民政府关于草原畜牧业科技园区和绿色畜产品生产加工基地建设情况的报告、市人民政府关于锡林浩特市水资源保护及合理开发利用情况的报告、市人大常委会关于对《传染病防治法》贯彻执行情况进行执法检查的报告。

【主任会议】 召开主任会议18次,就如何确定全年工作要点,开好人代会及常委会会议,搞好"三查(察)"活动,以及对机关日常重要工作做了详细的安排部署,充分发挥了主任会议的职能作用。

【工作监督】 常委会认真实施监督法,紧紧围绕锡林浩特市中心工作和重点工作,加大监督力度,完善监督方式,支持和促进"一府两院"依法行政、公正司法,切实维护人民群众根本利益。全年共听取审议国民经济和社会发展、财政预算、扶贫开发工作、校园安全管理等12项工作报告。

【法律监督】 组织人大代表对《中华人民共和国环境保护法》、《中华人民共和国传染病防治法》、《中华人民共和国土地管理法》、《中华人民共和国建筑法》和《内蒙古自治区就业促进条例》等法律法规贯彻实施情况进行了执法检查,针对执法中存在的问题,及时提出建议和意见,并进行督促纠正,有效防止有法不依、执法不严、违法不究现象,保障了相关法律法规在锡林浩特市的深入贯彻实施。

【代表工作】 为充分发挥人大代表的桥梁纽带作用,在锡林浩特市4个苏木镇、6个街道办事处创建了10个"人大代表之家"。健全了《人大代表之家活动制度》《人大代表接待选民制度》等工作制度,规章制度规范上墙,建立代表履职档案。为开拓代表工作视野,畅通代表知情知政渠道,统一为各"代表之家"订阅《内蒙古人大》代表法《人大代表履职读本》等法律书籍和报刊。人大常委会班子成员开展走访联系人大代表活动,听取代表对常委会和"一府两院"工作的意见建议及各苏木镇人大主席团工作开展情况,并组织人大代表利用"代表之家"接待选民等活动,详细了解群众诉求,如实反映社情民意,帮助解决实际问题,及时化解矛盾纠纷。

【信访工作】 高度重视人民群众来信来访,坚持常委会主任轮流接访制度,做好信访信息综合分析和重要信访案件督办工作,帮助解决人大代表和人民群众反映的一些实际困难和问题。全年共接待来信来访52人次,受理群众来信来访16件(次),督办重要信访件4件(次),积极化解社会矛盾,维护社会稳定。

【人事任免】 坚持党管干部和人大依法任免的有机统一,正确贯彻市委意图,充分发扬民主,进一步规范了任前公示、任前考查、任前法律考试、任前表态发言及民主表决程序,依法任免国家机关工作人员25名。

锡林浩特市人民政府

【锡林浩特市人民政府领导名录】

市　长　张锦明(蒙古族)
副市长　孟玉明
　　　　郭轶杰
　　　　贾境文(兼)
　　　　德力格尔朝克图(蒙古族)
　　　　赵国柱
　　　　陶格敦巴雅尔(蒙古族)
　　　　赖向华(女 蒙古族)
　　　　田　君(挂职2015年12月离职)
　　　　塔　纳(女 蒙古族 挂职2015年7月任)

【概况】 锡林浩特市历史悠久。距今4000－6000年以前已有人类繁衍生息,清乾隆八年(1743年)建"贝子庙"。1953年改称锡林浩特,1956年改称阿巴哈纳尔旗,1983年经国务院批准改设县级市锡林浩特。

锡林浩特市辖3个苏木(宝力根苏木、朝克乌拉苏木、巴彦宝拉格苏木)、1个镇(阿尔善宝力格镇)、7个街道办事处(宝力根街道办事处、杭盖街道办事处、楚古兰街道办事处、希日塔拉街道办事处、额尔敦街道办事处、南效街道办事处、巴彦查干街道办事处)、6个国有农牧场(白音锡勒牧场、白银库伦牧场、毛登牧场、贝力克牧场、沃源奶牛场、蔬菜农场)。牧区有22个嘎查,8个居委会;国有农牧场有15个分场,1个居委会,街道办事处有52个社区居委会。

2015年总人口26.7万人,其中:常住人口25.4万人,流动人口1.3万人。常住人口中,城镇人口22.83万人,牧区人口2.57万人。常住人口中共有30个民族,蒙古族5.74万人、汉族18.64万人、其他少数民族1.02万人。

【2015年主要经济指标】 地区生产总值完成210.2亿元,同比增长7.5%,第一产业增加值完成16亿元,同比增长5.5%;第二产业增加值完成105.6亿元,同比增长8%,工业增加值完成89.6亿元,同比增长7.9%;第三产业增加值完成88.5亿元,同比增长6.6%。公共财政预算收入26.5亿元,同比增长7.8%。固定资产投资完成149.2亿元,同比增长12.5%。城乡居民人均可支配收入分别完成36472元和20635元,同比增长9%和8.4%。

【农牧业生产】 2015年第一产业增加值完成

16 亿元,同比增长 5.5%。出栏牲畜 105 万头只,加工活畜 260 万头只。完善企业与牧民利益联结机制,实施全产业链可追溯羊 10 万只,实现了优质优价。粮食蔬菜产量达到 8.6 万吨,本地供给水平大幅提高。

【工业经济】 2015 年第二产业增加值完成 105.6 亿元,同比增长 8%,工业增加值完成 89.6 亿元,增长 7.9%。规模以上工业企业开复工率超过95%,实现产值 170 亿元。装备制造业快速发展,拉动工业经济增长 4 个百分点。电源基地项目取得重大进展,锡林郭勒盟至山东济南特高压和神华、大唐、北方电力、蒙能 4 个坑口电厂开工建设,锡林郭勒盟至江苏泰州特高压获得核准。大庄园畜产品精深加工项目基本建成,上海电气、明阳新能源装备制造,临近空间飞行器组装等项目有序推进,新的经济增长点加快孕育。

【服务业发展】 2015 年第三产业增加值完成 88.5 亿元,同比增长 6.6%。电子商务迅猛发展,3 个电子商务平台开通运营,产业带动作用明显。现代、安快、天亨、民禾等物流园区优化整合、转型升级工作进展顺利。马都广场、野生动植物观光园、锡林郭勒草原火山地质公园等项目积极推进,旅游收入突破 60 亿元。

【城市建设】 坚持高起点规划、高标准建设、高效能管理,财政投入建设资金 13.6 亿元,有效提升了盟府中心城市整体形象。拓宽改造主要街路 3 条、右转车道 42 个,打通主干道 3 条。硬化铺装人行道 63 万平方米,改造小街巷 5 万平方米,新改建水源井 7 眼、三水管网 19.6 公里、供热燃气管网 13.4 公里,清理井室 1800 座,实施老旧小区节能改造 19 万平方米,改善了居住环境。申请到位国开行棚户区改造贷款 10.45 亿元,新开工返迁楼 2840 套,分配入住 2659 套。开通房产证办理绿色通道,办理房产证 12 200 本。完成锡林浩特煤矿棚户区改造 305 户。实施城区绿化 212 万平方米,提升了绿化档次。本级财政投入补贴扶持资金 1530 万元,集中开展住宅小区物业服务专项整治行动,居民反映较多的老旧小区、弃管小区物业服务质量明显改善。

【社会事业】 新增城镇就业 6350 人。发放创业贷款 1 亿元,扶持创业 1290 人,大学生文化创意创业园被评为自治区级示范性创业园和创业孵化基地。企业退休人员基本养老金人均月增 180 元,城镇职工和居民大病保险政策范围内自付费用比例降低 20%。全年发放保障救助资金 6342 万元。城乡养老服务体系逐步完善,锡林浩特市每千名老年人增加养老床位 32 张,高龄和公交补贴发放范围进一步扩大。扶贫攻坚扎实推进,脱贫 304 人。适龄幼儿入园率 90%。全面提升医疗质量和服务能力,市疾控中心和市妇幼保健院项目进展顺利,医疗卫生机构全部实行基本药物零差率销售。成功举办大型文体活动 13 项,丰富了人民群众文化体育生活,促进了旅游业快速发展。

【全面深化改革】 全面落实“先照后证”“三证合一”“一照一码”等商事制度改革,新增市场主体 6719 户、注册资本 28.3 亿元。优化企业发展环境,减免税费 3.75 亿元,帮助融资 14.6 亿元,宏源牧业公司在新三板成功挂牌。加大简政放权力度,精简整合行政审批事项 180 项,精简比例 45.2%。成立公共资源交易中心和不动产登记局,推动行政权力公开透明运行。加快财政金融改革,扎实开展国库集中收付、政府集中采购等工作。完善牧区金融服务体系,嘎查金融服务实现全覆盖。加强生态文明建设,组建生态保护局,完成集体林权制度主体改革和嘎查草原确权承包工作,发放林权证 722 本。取消校长行政职级,公开聘任中小学校长。

【政务环境优化建设】 依法行政扎实推进,审核把关各类合同文件 380 余件,完成锡林浩特市 35 个部门单位的行政权力清单梳理公示工作,实现了清单之外无权力。集中审批各类许可、服务事项 67 万余件,审计政府投资项目涉及资金近 40 亿元。“三公”经费同比下降 12%。深入推进三严三实、干部下基层活动,干群关系进一步密切。构建和谐劳动关系,帮助劳动者追回被拖欠工资 1.88 亿元。大力推进食品药品监管工作,确保群众饮食用药安全。圆满完成嘎查和社区换届选举工作,社区民选干部、嘎查两委班子报酬待遇进一步提高。自觉接受人大法律监督、政协民主监督,56 件人大代表建议和 60 件政协委员提案全部办结。

锡林浩特市人民政府办公室

【锡林浩特市人民政府办公室领导名录】

办公室主任　纳恩丁(蒙古族)

办公室副主任　胡占宏(2015 年 3 月任)
吕　峰
刚宝力道(蒙古族,2015 年 3 月任)
赵琦峰(2015 年 3 月任)
邹少华(2015 年 3 月任)

【政府办其他领导名录】

法制办公室主任　红　光(女 蒙古族)
翻译中心主任　全建华(女 蒙古族)
翻译中心副主任　娜　拉(女 蒙古族)
机关事务服务处副主任　孔有才(2015 年 12 月离职)
政府督查信息室主任　吴志城

【综合工作】 2015 年是“十二五”的收官之年,政府办认真贯彻政府的指示,发挥组织协调作用,主办或配合完成“蒙草杯”四国女篮国际对抗赛、第八届亚洲青少年武术锦标赛、中国马术大赛、中国马会杯·马都赛、中国马都大赛马、“大庄园杯”全国汽车场地越野锦标赛、“丝绸之路”2015 全国公路自行车冠军赛、第二届全国收藏斗宝大会、第四届“体彩杯”端午节登山活动、额尔敦敖包祭祀大典、“锡林河之夏”广场消夏文艺晚会等 13 项重大国际国内赛事活动,组织群众观看“千古马颂”大型综艺演出,联系协调领导重要外出考察、扶贫慰问、检查调研等活动 800 余次,配合或单独接待各级领导、友好城市到访人员和商洽投资客商等活动 180 余次。

【办文办会工作】 精心周密做好各类会务组织工作,进一步规范公文运转,紧急、重要文件随到随办,准确掌握传阅方向,对传阅办理结果及时进行反馈,注重规范性,强化保密性。全年组织安排各类会议 258 次,共收文 3066 份,发文 1055 份。在档案收集整理方面,共立卷 117 卷、1351 件,确保应存尽存。

【依法行政工作】 审查各类合同 227 件,出具合同审查意见书 335 件次,审查市直部门报送的各类文件 150 余件。完成 2014 年以前政府制发规范性文件的清理工作。依法审理行政复议案件,收到行政复议申请 7 件,依法立案审理 5 件,审结案件正确率 100%。完成锡林浩特市 35 个部门单位的行政权力清单的梳理工作,并在政务门户网站进行了公示,制定行政责任清单梳理工作方案。受市政府委托参加自治区高级法院行政诉讼案件听证会 4 起,参加并协调部门参与市政府行政诉讼案件应诉 6 起,协助政府法律顾问代理大悦城购房诉讼案件 169 件。全年参与重大决策事项 7 件、安全生产事故案件审查 6 起,参与处理信访案件 3 起,参与信访调处 5 起,接待群众法律咨询 380 余人次。

【督查信息工作】 全年办理行署转办督查件 10 件,督查政府各类会议 13 次、主要领导批示件 154 项,下发督办单 122 件。全部编报督查专报 123 期。督查办结市十四届人大三次会议代表意见、建议(批评)56 件、市政协九届三次会议代表提案 60 件,并形成汇总报告。向行署报送《锡林浩特信息》920 篇、《调研报告》4 篇,编发《政务信息》42 期,出具《政府办上周工作总结,下周工作安排》50 期,为领导准确掌握各项工作的进展情况和科学决策提供了重要依据。

【信息化建设工作】 全年共发布各类信息 5257 条,网站点击率达 18 万人次。办理并答复网民留言 450 件,办复率达 99% 以上。完成安监、人社、农牧等 43 个部门并入全盟互联网统一出口工作。协助完成“智慧锡林浩特”基础数据统计工作。顺利完成全国网站普查摸底、信息填报、核查整改,目前进入通报总结阶段。

【蒙古文翻译工作】 制定《锡林浩特市翻译中心翻译工作制度》。全年翻译各类文件材料 53 份、26.6 万余字。更换 5 台电脑的蒙文输入法系统,购置了《习近平总书记系列重要讲话读本(蒙汉文版)》《汉蒙常用词词典》等 27 本工具用书,为翻译专业术语提供了重要参考。

【公务用车管理工作】 实行车辆使用报批制度,对因工作需要确需下乡使用越野车或节假日使用一般公务用车执勤的车辆进行报批,共备案 224 辆次。加大公车调剂使用力度,为缺少车辆单位调剂使用公务用车 26 辆。严格公车更新购置程序,沟通协调上级部门购置车辆 30 辆、报废车辆 14 辆,申请补理牌照手续 4 辆。公务用车使用、管理进一步规范化。

【应急工作】 修订《锡林浩特地区突发公共事件总体应急预案》,印发《锡林浩特地区突发公共事件应急预案管理办法》,编印《锡林浩特市应急预案汇编》。严格执行 24 小时值班制度和带班领导坐班制,法定节假日定期或不定期对重点部门值班情况进行抽查,确保值班人员按时到岗、值班在岗,确保了锡林浩特市应急突发事件得到及时处置,编发各类应急事故(件事)信息 30 余期。全年共接听受理市长热线电话 680 件,办结率达 100%。

【机关服务工作】 按照节能减排相关要求,机关服务卫生保洁、保安工作实行市场化运作,加强设施维护、绿化养护等服务工作,及时、高效地完成了各办公楼水、电、暖等突发情况的抢修,完成政府东区地沟消防总管道、楼道暖气抢修工作及信访局门外台阶大理石石板维修工作。及时组织各单位清理政府大院的积雪,为行人和车辆提供了安全保障。

政协锡林浩特市委员会

【政协锡林浩特市第九届委员会领导名录】

党组书记、主 席 董德福
副主席 萨仁满都拉(蒙古族)
霍燕军
徐桂英(女)
张务成

【政协锡林浩特市第九届委员会机构领导名录】

办公室主任 徐振福
副 主 任 白 剑(女)
科教文卫委员会主任 王秀梅(女)
经济委员会主任 吉日嘎拉(蒙古族)
提案委员会主任 齐彩霞(女)
民族宗教文史委员会 胡格吉勒图(蒙古族)

【考察调研】 按照"少而精、专而深、出精品、求实效"的总体要求,在充分调查研究的基础上,形成《关于城市规划区水资源开发利用现状及供水对策的调研报告》《关于城市环境卫生管理市场化运作模式的调研报告》《关于锡林浩特市嘎查集体经济发展状况的调研报告》和《关于锡林浩特市教育工作的调研报告》等21篇调研报告。其中《关于城市规划区水资源开发利用现状及供水对策的调研报告》为市委、市政府出台《关于全面加强水资源保护开发利用的意见》提供客观、真实的情况和数据,提供重要决策参考依据。围绕社区卫生服务、教育事业发展等议题,组织开展专题民主协商会。以医疗卫生、教育教学、社会保障等群众关注的热点难点问题为导向,先后深入街道、社区、中小学校和公、检、法、司等部门单位,开展民主监督性考察活动。年内向盟政协提出的《构建新型城市医疗卫生服务体系,进一步加强锡林浩特社区卫生服务工作的建议》被列为盟政协重点提案。盟行署主要领导对重点提案做出批示,并由分管盟长带领盟卫计委、盟直医疗卫生单位负责人深入锡林浩特市开展调研、座谈,落实解决存在的具体问题,推动提案落实。

【协商民主】认真落实《中共中央关于加强社会主义协商民主建设的意见》和中共中央办公厅《关于加强人民政协协商民主建设的实施意见》精神,制定《2015年重点协商工作计划》。修订《政协锡林浩特市委员会提案工作规则》,建立常态化联系机制。积极参与"十个全覆盖""下基层办实事转作风"等活动。及时反映社区网格员绩效工资事宜,市委、市政府高度重视,问题很快得到解决。开展以"送医药、送文艺、送爱心"为主要内容的"政协委员走基层"活动,深入牧区为群众免费体检诊疗、免费发放药品,向特困群众捐款、捐物。

【文史工作】 组织政协常委和机关人员,赴自治区政协和旗县政协学习、交流文史工作,广泛收集文史资料,建成集文史资料、图书阅览、委员活动等功能于一体的文史资料和图书阅览室,政协文史工作取得突破性进展。在内蒙古政协《同心》专刊、自治区政协办公厅《纪念人民政协成立65周年理论研究文集》《锡林郭勒盟政协60周年》等媒体发表稿件7篇,完成《锡林浩特政协》年度专刊的编印工作。

【委员管理】 组织部分委员参加清华大学领导干部公共管理专题研修班和井冈山爱国主义教育培训班。继续向盟、市部分行政执法及民生部门委派政协委员担任义务行风监督员。加强对委员履职的管理考核力度,建立完善委员履职档案。开展优秀委员、优秀提案评先评优活动。

【联系交流】 年内全国政协副主席卢展工、王志珍和自治区政协主席任亚平,副主席郭启俊、董恒宇、郑福田、常海、梁铁城、郭子明等领导先后到锡林浩特市进行考察指导,盟政协主席其其格带领班子成员对锡林浩特市民生事业及政协工作进行实地考察。

纪检 监察

【中共锡林浩特市纪律检查委员会领导名录】

书 记 张 奕(女)
副书记 满都拉(蒙古族)
吕丽彬(女)
纪委常委 张 琥

【锡林浩特市监察局领导名录】

局 长 满都拉(蒙古族)
副局长 宋晓明
乌恩巴图(蒙古族)

【内设机构】

办公室主任 赵有超
信访室主任 李庆伟
案件监督管理室主任 鲁梅花(女 蒙古族)
党风政风监督室主任 刘亚飞
组宣室主任 马利平
案件审理室主任 任慧峰(女)
第一纪检监察室主任 吉木斯高娃(女 蒙古族)

第二纪检监察室主任　聂晓岚(女)
第三纪检监察室主任　德力格尔(蒙古族)

【概况】 2015年,锡林浩特市纪委监察局深入贯彻党的十八大、十八届三中、四中、五中全会精神,按照十八届中央纪委五次全会、自治区纪委九届六次全会和盟纪委(扩大)会议的安排,紧紧围绕市委、政府工作部署,转职能、转方式、转作风,深入推进纪律检查体制改革,着力强化监督执纪问责,健全完善惩治和预防腐败体系,积极开展党政机关正职监督工作,锡林浩特市党风廉政建设和反腐败工作取得了新成效。

【纪律审查工作】 全年共录入各类问题线索91件,其中拟立案28件,比上年同期增366%,初步核实38件,比上年同期增660%,谈话函询2件,比上年同期增100%了结23件,比上年同期增27.8 %。不断改进问题线索接收、运转、管理的方式方法,建立运转台账,缩短运转周期,提高管理质量,严格防止问题线索流失和失泄密问题的发生。按照自治区纪委的要求,对查办案件程序的合法性进行规范,信访件的初步核实、立案调查、结案都经过严格的审批程序。重新调整锡林浩特市委反腐败协调工作领导小组,制定出台《锡林浩特市委反腐败协调小组工作办法(试行)》,通过与公检法、审计、组织、人社、经济管理等部门联系协调,对办案中遇到的困难和问题,共同研究、协商解决,实现了案源共享。下发《关于开展党员、国家工作人员涉嫌违法违纪线索清理统计工作等相关事宜的通知》,由市纪委牵头开展全面清理登记工作,督促反腐败协调小组各成员单位对本部门掌握的党员、国家工作人员涉嫌违纪违法的案件移送情况进行全面清理检查,把发现的线索按程序移送相关部门处理。全年,向检察机关移送问题线索3件,各成员单位向市纪委移送问题线索7件。纪委监察局的主要领导对办案安全负总责,严格要求、定期监督检查。分管案件检查工作的负责人对办案安全工作负重要领导责任,把办案安全防范工作放在首要位置,加大对办案人员管理力度,开展经常性的监督检查。将安全责任落实到每一起案件和每一名办案人员,经审核批准的初核、立案案件,必须明确案件主办人,将办案安全责任明确到岗、落实到人。实现办案"零事故"。严格实行"一案双查",对屡次发生问题的单位,既追究违规人员的责任,也追究相关领导的责任,充分压实"两个责任"。全年立案33件,较去年同比上升175%,结案31件,较去年同比上升158%,处分违纪人员32人,较去年同比上升113%,其中党纪处分21人,政纪处分16人,双重处分5人,科级干部13人,一般干部3人,其他人员16人,挽回经济损失共计50.84万元。对在纪律建设、专项检查、查办案件等工作中发现情节轻微的违纪问题,构不成追究党政纪责任的,及时提出改正措施、处理建议,先后发出28份《纪律检查建议书》和《监察建议书》。

【党风政风建设】 制定《2015年锡林浩特市明察暗访安排》,围绕规章制度、工作纪律、服务态度、行政效率等7大项25小项内容开展日常监督检查。在重要节日来临之前,提前安排部署明察暗访工作。"五一"期间,组织协调工商、税务等部门单位组成4个联合检查组,集中力量重点对锡林浩特市党政机关、企事业单位、基层社区和高档酒店、娱乐场所、大型超市等单位场所进行了检查。累计开展明察暗访5批58次,检查中发现问题45个,通报曝光问题45个,约谈14人(次),诫勉谈话8人(次)。定期开展政风行风民主测评活动,组织8个问卷发放小组,深入社区、服务大厅、窗口单位向群众,人大代表、党代表、处级领导和行风监督员发放测评问卷,对锡林浩特市158个单位(含二级单位)的行风政风进行民主测评,累计发放问卷调查10 700张。积极组织参加行风热线节目,以解决人民群众最关心、最直接、最现实的利益问题为重点,全面推进锡林浩特市政风行风建设。全年组织65个部门单位(含二级单位)参加蒙汉语行风热线节目88次,热线共受理群众各类投诉27起,采取转办、交办、自办的方式全部予以解决。锡林浩特市被列为全区健全完善党政正职监督的试点地区。结合锡林浩特市实际,制定《锡林浩特市健全完善科级领导班子党政正职监督办法的工作方案》和《锡林浩特市加强科级党政机关正职监督办法》。明确要求党政机关正职领导不直接分管人、财、物、工程建设项目,将党政机关正职由过去的抓具体转变为抓全局,有效破解了党政正职领导"一支笔""一言堂"的问题。查找权力运行中可能产生的各类廉政风险,依据风险点的防控程度,确定风险等级,形成《廉政风险防控目录》,锡林浩特市88名科级正职领导共查找廉政风险点300多个,制定廉政风险防控措施600余条。健全完善权力公开和"阳光审批"制度,最大限度地将权力置于公众监督之下,强化过程监控,确保行政审批工作的公开、透明化。经梳理,锡林浩特市36个市直行政执法部门单位行使行政权力共计2880项,《锡林浩特市行政权力清单》已在锡林浩特市政务门户网站进行公布。有效落实"三公经费"公开,政府及其职能部门实行因公出国(境)经费、公务用车购置及运行费、公务接待费向社会公开制度,在公开栏、网站等载体予以公布,有力地遏制了公款浪费现象。全面推行个人事项报告制度,制发《党政机关正职领导监督工作推进表》和《领导干部个人有关事项报告表》。90余名党政正职领导干部报告了个人、配偶、子女基本情况,以及家庭收入情况和本人、配偶、子女的房产、车辆、有价证券、出国境等15项情况。

【信访举报工作】 2015年共受理信访举报97件(次),初核38件,其中署名举报件56件(次),委局办结63件(次),转办下级纪委(纪工委)19件(次),转交相关部门15件(次)。同时,认真做好上级转交件的办理工作,全年办理自治区巡视组转交办19件。在已建立来信、来访、电话、网络"四位一体"和市、苏木镇街道全覆盖的信访举报受理体系基础上,积极拓展信访举报受理范围,借助"锡林浩特市清风"廉政微信平台接收图片、文字和语音等形式的信访举报。进一步规范基层信访举报工作,各基层纪委(纪工委)建立信访举报工作制度和流程,设立纪检举报意见箱,公布举报电话,设置网络举报邮箱,方便群众反映问题。做好群众咨询和纪检监察业务受理范围外问题反映的答复和处置工作,2015年,共处置群众咨询和情况反映65件(次)。

【反腐倡廉宣传教育工作】 组织参观教育活动32次,受教育人数1030人次。举办警示教育专题讲座12次,重点对企事业单位入党积极分子、培养对象开展廉政讲座,受教育人数900余人次。同时,积极开展廉政讲座、知识测试与竞赛、演讲比赛、廉政漫画展示、学习先进典型和观看反腐倡廉警示教育片等活动,真正做到用身边的事教育身边的人。在全盟纪检监察系统首先开通"锡林浩特市清风"官方微信平台,实现微友与纪检监察部门"指尖上的对话",为群众监督再增新途径。同时,对锡林浩特市纪检监察网站进行了重新改版升级,实现了与中纪委、自治区纪委和盟纪委、各旗县纪委门户网站的有效对接,拓宽了反腐倡廉宣传教育工作渠道、丰富了宣传教育内容。2015年,"锡林浩特市清风"微信平台共发布反腐倡廉信息450条,锡林浩特市纪检监察网上传各类信息300余篇,图片新闻80余张,被盟级以上采用信息30余篇。全年开展警示教育活动74次,进一步加强了锡林浩特市廉政文化建设。组织锡林浩特市300余名副科级以上领导干部参加市委第十次中心组学习会暨纪委中心组(扩大)第四次学习会,会上,邀请著名专家学者作专题报告,全面解读了新颁布的《中国共产党廉洁自律准则》和《中国共产党纪律处分条例》。组织基层纪检机构对新《准则》和《条例》进行集中学习,确保基层纪检干部把握好、运用好新《准则》和《条例》。通过锡林浩特市纪检监察网、锡林浩特市清风微信平台等媒介,广泛宣传新《准则》和《条例》。同时,印制了新《准则》和《条例》蒙汉语单行本,并配备权威解读,将于近日下发各级党组织。

【内设机构调整】 对委局机关内设机构进行了调整,对各室工作职责和工作流程进行了优化整合。成立案件监督管理室,将宣教室更名为组宣室,增加纪检监察系统组织和干部监督职能,将党风廉政室、纠风室、执法室、效能室撤并,新设立党风政风监督室,新增2个纪检监察室,成立二级事业单位行政效能投诉中心。经过调整充实,实现了"人员、编制、职数不变的情况下,执纪监督人员达到70%以上"的目标。

【全面推进党政机关企事业单位纪检监察机构全覆盖】 全市4个苏木镇、7个街道办事处配备专职纪委(纪工委)书记、副书记、纪检干部各1名,各基层纪委(纪工委)全部挂牌,设有独立的办公场所、谈话室、信访接待场所和办公设备,工作经费纳入预算单独列支。同时,根据市直部门的职能特点,设立3个派驻联合纪检组,负责锡林浩特市42个部门(单位)的纪检监察工作,市纪委对派驻联合纪检(监察)机构实行统一管理。对设党委的10个行政单位单设专职纪委书记,4个国有农牧场设立专职纪委书记4名,配备专职纪委副书记4名,专职纪检干部4名。在市检察院、法院党组单独设纪检组长2名,配备纪检副组长2名,专职纪检干部2名。纪检监察干部达到92名。

【纪检干部培训】 按照"打造一支忠诚、干净、担当的纪检监察干部队伍"的要求,切实做好纪检干部培训培养工作。一是严把"入口关",对新任纪检干部进行培训提高。全年开展各类业务培训12次,对15名新任基层纪(工)委书记、纪检组长进行了廉政谈话,对51名新任基层纪检干部进行了岗前培训和廉洁从政考试,选派30名基层纪检干部参加了全区苏木乡镇、街道办事处纪检干部业务培训班。二是严把"实践关",促使纪检干部尽快进入工作角色。针对基层纪检干部办案经验少、履职能力不足等问题,采取"以案代训"的形式,抽调16人次新任纪检干部全程参与各级纪委案件检查工作(其中中纪委1人,自治区纪委1人,自治区巡视组1人,盟纪委4人,市纪委9人)。三是严把"质量关",促使年轻纪检干部尽快成为业务骨干。先后选派42人次参加中纪委、自治区纪委组织的专项培训活动。全年,共培训纪检监察干部154人次。

市委部门

XI LIN HAO TE NIAN JIAN

市委办公室

【中共锡林浩特市委办公室领导名录】

主　任　孙　军(蒙古族 2015 年 11 月离任)
　　　　王占奇(2015 年 11 月任)
副主任　陈志辉
　　　　乌力吉门德(蒙古族 2015 年 3 月任)
　　　　白海彬(蒙古族)
　　　　周亚楠(女)
　　　　穆　仁(蒙古族)
机要保密局局长　刘建霞(女 蒙古族)
机要保密局副局长　娜日苏(女 蒙古族)
防范办主任　周亚楠(女 兼)
防范办副主任　塔　娜(女 蒙古族)
农工部部长　陈志辉(兼 2015 年 3 月离任)
　　　　　　乌力吉门德(兼 2015 年 3 月任)
农工部副部长　郭　颖(女 达斡尔族)
改革办副主任　陈志辉(兼 2015 年 3 月任)
　　　　　　　解太荣(2015 年 3 月任)
　　　　　　　姚　亮(2015 年 3 月任)
机关服务中心主任　姜　磊(2015 年 3 月任)

【综合工作】　坚持以提高领导满意度、基层认同感和对实际工作的指导性为原则,正确传达上级指示精神,准确体现领导意图,如实反映基层意见。先后起草市委书记、副书记在市委全委(扩大)会议暨经济工作会议、市委专项会议、“十个全覆盖”工程动员会议、创建全国文明城市动员大会、经济运行分析会议上的讲话 20 篇,各类汇报提纲 13 篇,会议纪要、通知等文字材料 50 余篇,为市委提供了较好的文字服务,保障了文字服务工作的高效运转。

【秘书工作】　坚持早介入、早谋划、早准备,积极借鉴上级办公部门举办会议活动的有益做法,精心设计,强化细节落实,力求会议活动取得最佳效果。承办市委扩大会议、锡林浩特市党建工作会议等大型会议 9 次,较好地完成各项会议工作任务,切实做到精文简会、转变作风、提高效能。进一步加强和规范市本级党政机关会议管理,制定了《锡林浩特市本级党政机关会议管理办法》,并对各类专业会议、研讨会、论坛、博览会、展会等会议活动加强审批管理,着力转变会风,控制会议规模。

【信息督查工作】　坚持围绕重大决策办信息、围绕中心工作抓信息、围绕上级需求报信息的服务原则,努力提高信息工作的敏锐性、时效性、针对性和创新性。先后编报《锡林浩特市“三保障、五到位、六结合”扎实推进“十个全覆盖”工程》《锡林浩特市房地产市场呈现特征与分析》等调研文章,被盟委信息处采用。编写《当前社区一级促进就业受三方面因素限制》的信息调研,被采编上报中办采用。按照“围绕中心、服务大局、突出重点、创新机制”的工作思路,不断创新理念,改进工作方法,完善工作机制,努力提高督查工作质量和水平。组织开展了对锡林郭勒盟委扩大会议、市委全委(扩大)会议等重大会议精神贯彻落实情况的决策督查、专项督查 70 次,有效推动决策落实。认真抓好人民网网民留言办理工作,办理留言 17 件,专项回复率 100%。

【机要保密工作】　切实履行安全保密工作职责,全面加强安全保密能力建设,筑牢安全保密的坚固防线。依法履行商用密码管理职能,确保安全文件传输系统安全运行,完成 87 个市直部门的商用密钥换装工作。提档升级密码通信载体,换装了核心路由器和交换机。开展3次应急密码通信演练,增强密码工作应急能力。完善了电子政务内网安全建设,提升网络安全检测预警能力。在锡林浩特市开展"保密宣传月"活动,圆满完成了保密普查任务和高考、人事考试保密督查工作。年内收发各类传真、电报、文件3109份,传阅办理上级文件2280份,收取传阅市直部门文件585份。

【改革工作】 制定《中共锡林浩特市委全面深化改革领导小组及有关部门改革分工方案》《锡林浩特市改革任务台账》《锡林浩特市2015年改革试点台账》,以及《市委全面深化改革领导小组工作规则》《市委全面深化改革领导小组专项小组工作规则》和《市委全面深化改革领导小组办公室工作细则》。配合自治区、盟改革完成2次调研任务,起草改革汇报3篇。建立改革办、各专项小组、各成员单位的信息报送网络,为改革领导小组提供了决策参考。

组　织

【中共锡林浩特市委组织部领导名录】

部　长　李博峰

副部长、编办主任　王有宾

副部长、人社局局长　师　前

副部长、非公有制经济组织和社会组织党工委书记　唐春花(女 蒙古族)

副部长、老干部局局长　崔洪寅

【"三严三实"专题教育】 围绕"立根固本、落细落小、修枝剪叶、从谏如流"要求,牢牢把握"三个见实效"要求,抓实关键动作,精心组织实施。坚持领导带头、以上率下,市委书记带头组织学习研讨,处级领导每人确定1-2个基层单位作为联系点,先后深入基层开展调研督导400余次。市委组织部充分发挥统筹协调作用,明确12名组工干部联系处级领导所在党(工)委、党组,在重要工作节点印发专题通知,高标准、严要求推进专题教育。跟踪推动教育实践活动后续整改落实工作,整改任务、专项整治任务、制度建设计划分别完成81个、46个、44个。将专题教育与重点工作相结合,38名处级领导干部牵头、65个包联单位、3582名包联干部包村定点推进"十个全覆盖"工程,深入开展"百日攻坚"行动,9317户牧民得到实惠。

【落实党建工作责任制情况】 制定出台"1+3"制度体系配套文件,印发《组织工作要点》和《重点任务推进表》,将党建职责细化到人、量化到岗。认真落实"五个一"工作机制,召开1次市委全委(扩大)会议、1次锡林浩特市党建工作会议,4次常委会议研究部署党建工作,分领域召开基层党建工作现场会和党建工作会议,进一步压实党建责任。严格考责问责,将党建工作赋分权重提高到55%,全面开展"三级联述联评联考"工作,出台各领域党建工作考核办法和"第一书记"、十个全覆盖、党员中心户考核管理办法,开展干部平时考核工作,推动党建工作责任落实。

【党的建设制度改革情况】 成立锡林浩特市党的建设制度改革专项小组,制定印发"两方案一要点",确定5个领域、31个方面、78项具体制度措施,明确责任单位、任务分工及进度安排。2015年需完成制度改革47项,完成44项。推进6项改革试点工作,均形成制度成果。

【干部工作】 严格执行《条例》,将动议、民主推荐、考察、讨论决定、任职5个环节细化为39项工作流程,确保工作履责有规矩、查责有方向、问责有依据。坚持党管干部原则和好干部标准,注重培养选拔少数民族干部、35周岁以下年轻干部、基层一线干部、全日制本科以上学历和有专业特长干部,分别占调整干部总数的48%、30%、25%、20%。采取走出去、请进来等方式,举办各类培训班50期,培训5500余人次。强化实践锻炼,选派5名优秀年轻干部挂职任国有农牧场场长助理。制定出台《进一步加强干部监督工作的实施意见》,强化"三位一体"监督体系。对重点部门单位,特别是管理、分配及使用重点项目和重点资金的单位负责人定期审计,对现任5年以上的任中审计做到全覆盖。抓好"三超两乱"等8个方面专项治理,消化超配干部198名,完成整改消化任务61.7%。审核干部档案6928卷,已按规定完成审核认定工作。

【基层党建工作】 完成嘎查、社区"两委"换届选举工作,61个社区全部配齐副书记。将社区、嘎查办公经费提高到9万元/年,为分场每年拨付3万元党建经费;将嘎查"两委"正、副职工作报酬提高到1800元/月、1600元/月;将社区民选正、副职工作报酬提高到2500元/月、2000元/月。在牧区,加强党员中心户规范化建设,创建35户盟市两级党员中心户示范户,确保发挥"一带双联三到四中心"作用。建立嘎查后备干部"四向培养"机制,选聘54名高校毕业的牧民子女为网格员,履行生态员和网格员"一岗双责"职责。大力实施"四送帮扶"活动,累计投入1100万元专项扶持嘎查集体经济,实现全覆盖。安排540万元互助社启动资金，建立嘎查分场扶贫互助社，奠定嘎查发展基础。在社区，提出“四有五化”工作思路，7个街道、52个社区成立联合党（工）委，由联系街道的处级领导、社区“第一书记”担任联合党（工）委书记，推进区域化党建工作。建立组团式服务、在职党员进社区长效机制，提升精细化服务水平。在全区率先推行“互联网+”党建工作模式，6个社区先行搭建互联社区平台，以信息手段为居民提供便捷服务。在机关，扎实开展三级示范抓引领工作，以“周任务单”形式细化任务，推动落实。编印基层党建常用词汇等4本手册，指导干部开展工作。推行“336工作法”，开展以“五送”为内容的“掏心窝子”工程，切实解决群众困难。“第一书记”充分发挥“社情民意调研员、党建工作指导员、矛盾纠纷调解员、基层建设服务员、制度建设督导员”“五大员”作用，有效提升基层党建工作水平。在非公经济组织和社会组织，专设党工委，以抓覆盖、促规范为重点，21名处级领导联系47家企业、41名部门党组织书记联系58家企业，推动党组织发挥领导核心和政治引领作用。坚持典型引路、示范带动，打造宏源、安快等示范点，以点带面，推动工作。

【党员教育管理和发展党员工作】 加强党员管理服务，完善老党员、困难党员、流动党员登记、联系制度以及党内关怀帮扶机制，强化结对帮扶、走访慰问、困难救助等措施，保障党员权益、促进作用发挥。扎实做好发展党员工作，严把党员发展质量关，注重从优秀牧民、社区干部、一线工人中发展党员，2015年发展党员140名，优化党员结构。进一步健全完善党代表任期制、苏木镇年会制等制度，扎实开展党代表考察调研活动。

【组织部门自身建设】 通过采取专题培训、部领导讲党课等措施，教育引导组工干部增强党性意识。继续深化组工干部下基层、定点帮扶工作，推动组工干部转变作风。健全完善“周例会”等制度，制定《一周任务单》，形成“一周一安排、一周一承诺、一周一建议、一周一点评”的工作机制。总结完善重点工作项目专项推进办法，采取年初下达重点工作任务分解表、每月督查通报、半年会议小结、全年总结考核等制度措施，强化工作落实力度。围绕市委中心工作和组织工作中心任务，抓好组工信息和《北疆先锋》手机短信的采写和报送工作，加大组织工作宣传力度。

宣　传

【中共锡林浩特市委宣传部领导名录】

部　长　王占奇（2015年11月离职）
　　　　包荣智（蒙古族 2015年11月任职）
副部长　张福山（兼 蒙古族）
　　　　刘东红（女）
　　　　刘武生

【锡林浩特市精神文明建设委员会办公室领导名录】

主　任　刘东红（兼 女）
副主任　雅茹罕（女 蒙古族）

【锡林浩特市对外宣传领导小组办公室领导名录】

主　任　刘武生（兼）

【概况】 市委宣传部是市委意识形态工作的综合职能部门，内设机构有市精神文明建设委员会办公室、市对外宣传领导小组办公室；职能科室有办公室、市委讲师团、文化艺术科；下属单位有锡林浩特市互联网信息办公室、新闻中心，代管理文联。机关行政编制12名，工勤编制2名；干部职工总数14人，其中部长1名，副部长3名，精神文明建设委员会办公室副主任1名，对外宣传领导小组办公室副主任1名；少数民族5人，妇女7人，研究生学历4人、大学文化学历8人、大专及以下文化学历2人。文联为参照公务员法管理单位，事业编制2人，其中专职副主席1人（副科级）。锡林浩特市互联网信息办公室为事业单位，事业编制4人，其中主任1人（副科级）。新闻中心为事业单位，事业编制15人，其中主任1人（副科级）。

【理论和社会宣传工作】 组织召开中心组集中学习会12次，其中邀请专家高端讲座6场，参学人员达2000余人次；深入基层宣讲200余场，受教育人数2万余人次；组织宣讲团深入伊利乳品、内蒙古华新集团、宏源集团等企业开展“法治和马克思主义民族观”“草原儿女赞 · 学雷锋故事会”等宣讲报告会，受教育人数达1200余人。对锡林浩特地区135家属地内国有企业和88家工商联会员非公企业进行实地调研，针对属地企业思想政治工作现状做了详细的统计，根据调研报告成立锡林浩特市属地企业宣传委员工作群。以开展第二届全区“最具社会责任感企业”推荐工作为契机，举办锡林浩特市首届“爱岗敬业 · 实干圆梦”企业职工原创曲艺小品评选活动，切实增强锡林浩特市各类企业履行社会责任的使命感和荣誉感，推动企业思想政治工作和企业文化建设。

【新闻对外宣传工作】 一是加强新闻管理，有效引导舆论。制定《2015 年夏季系列文体旅游活动宣传方案》，策划 13 项大型文体活动前期宣传报道。开展“梦在草原微博转发有奖活动”“晒草原美景说心中梦想”“越野宝贝大赛”“病毒炒作:最美骑师/机师的美丽邂逅”“免费骑马·任性·约吗”等相关活动。完善《锡林浩特市通讯员奖励办法》。每月制定锡林浩特市新闻宣传重点，策划锡林浩特电视新闻 197 条，完成锡林郭勒电视新闻宣传报道 1043 条;中央人民政府网新闻 1 条、锡林浩特政务门户网和锡林浩特特新闻网宣传 875 条;《人民日报》新闻 1 条、《内蒙古日报》9 条、《锡林郭勒日报》163 条。接待新华社、人民网、内蒙古电视台、内蒙古日报等媒体记者 191 人次。二是加强社会宣传，着力营造良好氛围。依托锡林浩特市大型活动进行主题宣传。通过 2015 夏季系列文体旅游活动扩大社会宣传，推出十大活动微信宣传片、视频、H5，制作活动道旗 600 余个。报纸和电视媒体涉及“十个全覆盖”上稿共计 89 篇，接待新华社、内蒙古电视台、《内蒙古日报》等各类媒体记者 42 人次。在微信平台推送“十个全覆盖”相关信息 48 条，共计点击量 2 万余次，在手机客户端“活力锡林”设“十个全覆盖”专栏。深入推进社会主义核心价值观宣传。在市辖 9 个苏木镇场发放图说社会主义核心价值观宣传图 1000 余幅，宣传材料 1.1 万余份，为苏木镇主要街巷、文化广场等地设计文化墙 100 余种，已完成 600 幅;在微信平台推送公益广告，在互联网、LED 显示屏、公交车移动电视播出“梦娃”系列公益广告。启动“四街三路”(锡林大街、察哈尔大街、那达慕大街、团结大街、额尔敦路、滨河路、二连路)道旗工程，先后制作道旗 2000 余个。三是加强网络管理，密切关注社会舆情。起草《锡林浩特市网络舆情应对管理办法(暂行)》和《锡林浩特市网络评论员管理办法(暂行)》，完善《7×24 小时舆情监看制度》，实行“一事一报”“急事急报”，负面舆情均第一时间形成《舆情动态》报送。在锡林浩特市范围内组建“社会主义核心价值观宣传志愿者‘五级联动’微信群组”，覆盖 169 个微信群。制定印发《锡林浩特市网评员绩效考评实施细则》，对锡林浩特市 76 名网评员的网络身份档案实行统一跟踪管理。全年累计完成网评任务 320 次，转发 1300 余条，跟帖 1.5 万余条，撰写网评文章 48 篇，累计发放网评费 1.7 万余元。组织开展政务网站和微信公众平台摸底调查，对锡林浩特市 44 个政务网站和 67 个微信公众平台逐一建立档案，登记造册。四是开拓创新，打造新媒体宣传阵地。积极打造“两微一端”新媒体政务工程。着力打造优秀政务微信平台，总用户数近 8000 人，发送图文消息 432 版，视频 36 版。H5“我在锡林浩特等你”展示次数突破 40 万次。将 ADC 短信平台升级为手机行业报，拥有用户 6 万多人，已发送信息 3.5 万余条。与新华社内蒙古分社合作建成的“活力锡林”手机客户端正式上线，发稿量 576 条。设计“两微一端”政务工程宣传折页，印发 5000 余份。制作“两微一端”政务工程易拉宝，投放至锡林浩特市大型酒店、商场等人流密集区。以纪念抗日战争暨世界反法西斯战争胜利 70 周年为契机，在互联网开展“弘扬战争精神 共筑复兴梦想”学习杯读书竞赛，在微信平台开展“铭记历史 鉴往知来— 纪念抗战胜利 70 周年知识竞赛”活动，直接参与活动群众达 2000 余人。

【精神文明创建工作】 围绕“创城”，创新载体，丰富内容，深入推进公民道德建设工程，加强社会公德、职业道德、家庭美德、个人品德教育。一是注重统筹推进，扎实开展全国文明城市创建工作。召开锡林浩特市和锡林浩特地区创建全国县级文明城市动员大会。成立领导小组，下设 8 个专项工作组和办公室。从锡林浩特市抽调 16 名干部成立创城办，按照“四组一平台”进行任务分工。修订完善《锡林浩特市创建全国县级文明城市工作方案(2015 年 - 2017 年)》。按照自治区和中央下发的两版《2015 年全国县级文明城市测评体系》，分解责任到相关单位。形成督查通报 45 期，通报各类问题 467 项。利用道旗、LED 屏、擎天柱等载体集中刊播创城标语等公益广告，营造了浓厚的创城氛围。在锡林湖景区广场打造“社会主义核心价值观”主题广场，在法治公园打造“社会主义核心价值观”主题墙，集中宣传“善行义举”“学雷锋志愿服务”“图说我们的价值观”等内容。在主要公园、广场围绕公益广告八大选题制作图文并茂的蒙汉双语公益广告宣传栏 185 块。设计制作蒙汉双语社会主义核心价值观宣传海报 5000 份，蒙汉双语《创建全国文明城市宣传手册》3.5 万份。组织锡林浩特地区区级以下 263 个文明单位开展复检准备和晋升申报工作。二是注重教育引导，不断加强未成年人思想道德教育工作。依托乌兰牧骑文艺演出和“百场电影下基层”活动深入学校进行爱国主义教育。开展未成年人思想道德建设！！童心向党歌咏活动。利用传统节日及重要时间节点，开展“妈妈我爱您”主题班队会和儿童节入队仪式、成人仪式、“我安全，我健康，我快乐”安全教育活动、“大小交警手拉手，拒绝陋习文明行”社会实践活动、“我们的节日”等一系列主题教育活动,引导广大青少年德、智、体、美、劳全面发展。举办锡林浩特地区第二届汉字听写大会。组织开展"学习和争做美德少年"活动,授予24名同学2015年度锡林浩特市"美德少年"荣誉称号、31名同学2015年度锡林浩特市"美德少年提名奖"荣誉称号。召开第五届未成年人思想道德建设论坛,加大对未成年人心理健康辅导站的建设投入,成立锡林浩特市未成年人心理健康辅导站,设功能室4个,专兼职心理辅导老师52人,完善2所乡村学校少年宫设施。三是创新活动载体,深入推进市民文明素质提升工程。健全完善道德讲堂总堂各项规章制度,开办道德讲堂30期,受教育人数达5000余人。向1570家餐饮单位发放"文明餐桌"台卡2万余张,举行专题讲堂讲座36场。四是营造浓厚氛围,大力推进乡风文明大行动。为自治区"四个一"建设项目嘎查:宝力根苏木哈那乌拉嘎查、希日塔拉嘎查、阿尔善镇白音高勒嘎查投入46.4万元经费用于打造文化特色户、宣传文化室、宣传栏、四德榜等,进一步推动牧区文化活动繁荣发展,形成常态。结合锡林浩特市"十个全覆盖"工程的推进,对牧区危旧房改造、牧区通电、街巷硬化等8项惠民工程基本实现全覆盖。五是抓好三大制度化建设,深化核心价值观教育。下发《锡林浩特市"德润草原·文明之行·志愿服务在行动"主题活动方案》和《关于进一步规范志愿者招募注册的通知》,进一步规范社区志愿者招募注册和培训管理机制。着力抓好学雷锋志愿服务队伍建设,锡林浩特市共有爱心、党员、科技等12类志愿服务队伍382支,民间志愿者服务队伍70余支,在册志愿者2.8万余人。大力开展诚信教育实践活动,在生产企业、商贸物流、窗口行业和食品药品企业大力开展"质量第一""履约守信""人民满意""诚信做产品""百城万店无假货示范街"等主题教育活动,营造了守信光荣、失信可耻的舆论氛围。举办锡林浩特地区2015年导游员(讲解员)培训班等,着力提升地区旅游整体服务品质。

【文化工作】 围绕文化活动,促进文化交流。一是以文联换届为契机,加强协会组织建设,推动锡林浩特市文化事业健康发展。增加了文联协会组织的数量和艺术类别,在原有作家协会、美术书法家协会、摄影家协会、音乐舞蹈家协会、影视家协会、民间艺术家协会的基础上分设、增加了民间收藏协会、"潮尔道"协会等十个文艺团体组织。美术家协会举办大型绘画展览3次,作家孙永斌的作品《盛开之后》获中国康保"第二届草原诗会优秀作品征集大赛"二等奖,"潮尔道"协会完成了26名民间"潮尔道"艺术传人的歌曲录制工作。二是紧扣时代主题,策划文化活动,带动文化繁荣。策划了"马韵"系列文化活动,突出展示锡林浩特市独具魅力的地域特征和文化传承。作协、美协、书协、音协等积极与《千古马颂》对接,以不同文艺形式宣传和挖掘马文化内涵。三是加强文化交流与互动,扩大锡林浩特市的知名度和影响力。邀请云南知名画家张立新参与《千古马颂》文化宣传活动,邀请全国著名儿童作家杨红樱来锡为中小学生做文化讲座,邀请天津泥人张传人到锡草原现场进行泥人制作,与当地牧民和企业家进行泥人艺术文化交流。积极参与2015中华艺术金马奖颁奖活动,与中华艺术组委会、内蒙古阿金奈文化传媒公司、锡林郭勒盟牧马人马文化发展有限公司共同组织第三届中华艺术金马奖颁奖活动,活动期间国内三十余家媒体对活动盛况进行了报道,扩大了锡林浩特的知名度和影响力,市文联在活动中获最佳组织奖。四是深入推进文化体制改革工作。成立文化体制改革专项小组,召开专项小组工作会议3次,就《锡林浩特市深化文化体制改革实施方案审议稿》和《锡林浩特市文化体制改革任务台账》进行了研究,列出改革时间表,明确改革责任单位和责任人。梳理确定锡林浩特市文化体制改革任务39项,分三年推进改革。

【队伍建设】 一是在上年基础上加强基层宣传文化干部队伍建设,配齐配强基层宣传委员、宣传文化干事和综合文化站工作人员。二是成立新媒体管理中心,对锡林浩特市新闻发言人、通讯员、网络舆情评论员、"五级联动"微信群组管理员严格按照相关制度和文件精神进行造册管理,将宣传干部培训纳入《锡林浩特市2015年干部培训计划》统一规划。制定《锡林浩特市宣传文化系统2015－2017年干部教育培训工作的实施意见》,针对锡林浩特市宣传文化系统干部培训形成科学、长远规划。选派2名干部参加新华社客户端培训,5名基层宣传文化工作人员参加全盟的宣传文化队伍培训班,参加自治区网络舆情培训班3期。组织锡林浩特地区网评员专题培训班2期,媒体人员专业理论知识和实用技能培训班1期。

统　战

【中共锡林浩特市委统战部领导名录】

部　长　郭铁杰

副部长　包　柱(蒙古族)

常　敏
王　洪(蒙古族)
高　娃(女 蒙古族)

【概况】 2015年,中共锡林浩特市委统战部核定编制数为6人(行政编5人、工勤编1人),实际人数为9人(行政编6人,工勤2人,事业编1人)。主要负责政治协商、民族、宗教、经济统战、党外干部及侨台海外联谊工作。

【宣传教育】开展马克思主义民族理论和党的民族理论宣传教育主题宣讲活动31次、中心组学习3次,共计8500余人次参加。马克思主义民族理论和党的民族理论宣传教育电视宣传6次;网络宣传10次,党报党刊宣传3次。

【民族团结进步】 表彰奖励锡林浩特市民族团结进步先进集体20个、先进个人60名;学习使用蒙古语文先进集体20个、先进个人60名;开展民族团结进步创建"六进"活动,开设"民族团结进步大讲堂",以进牧区、进校园等形式进行宣讲活动,先后在阿尔善宝力格镇为60多名基层干部、嘎查两委成员及牧民讲解了蒙古族传统文化习俗、民族文化的传承和发展、新牧区建设等;分别在第三小学等8所学校,举办15场讲座,为1000多名学生家长及部分老师进行讲解。

【城市民族工作】 贯彻实施《城市民族工作条例》和《关于加强新形势下社区民族工作的意见》,为进城牧民提供就业扶持、子女教育、权益保障、心理疏导等全方位服务,帮助进城牧民尽快融入城市生活。举办了为期3个月的锡林浩特市干部职工蒙古语学习班2期,共有100人参加,调动干部职工学习蒙古语言文字的积极性。

【蒙古语文工作】 按照有关政策规定,积极组织开展社会市面用文治理整顿工作,对公交汽车、汽车站、火车站、机场等公共场所经常性的进行监督检查,确保蒙汉两种语言文字并用。举办锡林浩特市广告牌匾制作单位负责人培训班,有效提高了从业者政策法规意识。开展对国省道沿路及旅游景区景点的牌匾、标示、广告进行拉网式的检查整治,出动车辆120余次,执法人员300多人次,下达整改通知书500余份,下达拆除通知书150份,依法强制拆除120块不规范牌匾。认真贯彻实施《内蒙古自治区蒙古语言文字工作条例》严格执行蒙汉两种语言文字并用制度,5月份在贝子庙开展条例宣传活动,发放各类宣传资料5000多份。

【宗教事务管理】成立了锡林浩特市宗教工作领导小组,确定苏木镇场、街道党(工)委副书记分管民族宗教工作,明确工作职责和目标任务。制定了宗教工作联席会议制度、一事一报制度、宗教预警制度。建立市、苏木(镇、场、街道办事处)、嘎查社区宗教事务三级管理网络。落实基层宗教工作联络员工作补助,为锡林浩特市112名基层宗教工作联络员每人每年发放1200元工作补助。2015年3月,会同国保部门取缔了一处基督教地下传教场所。

【教育培训】 提高人员的整体素质。市委统战部、民宗局于7月15日至16日举办为期两天的锡林浩特市宗教工作联络员培训班,锡林浩特市7个街道办事处4个苏木镇5个国有农牧场及各社区(居委会)、嘎查、分场的宗教联络员,市委统战部、民宗局全体干部职工共100余人参加培训,明确基层宗教工作人员的工作职责和工作任务,与基层宗教工作人员签订宗教工作责任书。邀请自治区基督教三自爱国运动委员会、基督教协会的高友洪牧师等教职人员来基督教活动场所举办了以爱国爱教团结互助为内容的培训班。邀请自治区佛教协会教职人员举办了喇嘛培训班。为各宗教场所征订《锡林郭勒日报》《中国宗教》等报刊,加强宗教场所政策法规的学习。

【非公有制经济发展】 认真贯彻落实自治区促进非公经济发展"70条"及盟委、行署关于促进非公有制经济健康发展意见,印发了《锡林浩特市促进非公有制经济加快发展重点工作分工方案》,推动各部门抓好工作落实,在锡林浩特市营造了促进非公有制经济发展的良好环境。

【非公有制经济人士思想政治教育】 发挥组织引导作用,突出理想信念教育的主导性。5月8日,召开了锡林浩特市非公有制经济人士理想信念教育实践活动启动大会,并成立了活动领导小组。以守法诚信为重点,开展"诚信文化建设年"主题教育实践活动。

【光彩事业】 不断加强思想教育,增强参与光彩事业的责任感,增强他们参与光彩事业的主动性和积极性。自2013年起,组织110家企业开展了"百企帮百户"扶贫帮困活动,累计捐款捐物达400余万元。号召非公企业积极参与"博爱一日捐"、"捐资助学"、共建结对等公益慈善活动,帮助下岗职工和困难户实现就业,捐款捐物累计300余万元。

【非公经济人士培训教育】 组织30多家会员企业负责人、中高级管理人员参加企业总裁培训班和"企业管理暨EMBA课堂"专题培训。通过培训,有效帮助企业破解在发展创新、管理模式以及人才培养遇到的难题,进一步提升了企业家的危机应对策略和经营管理水平。举办了锡林浩特市非公企业党建知识和经济形势培训班,与有关部门举办安全救护员培训班,全年累计组织各类培训7期,培训人员300余人次。

【非公企业“一带一路”】 为全面了解锡林浩特市非公企业参与“一带一路”及进出口贸易情况,市委统战部、工商联在会员企业中开展非公企业参与“一带一路”综合调研工作。

【融资人才引进平台】 强化融资服务力度,今年组织20余家会员企业参加锡林浩特市银企对接会,初步达成贷款融资意向近3000万元,有力缓解了企业融资难问题。年内会同相关部门单位,举办两次民营企业用工招聘会和京津冀协同发展招聘会,现场达成用工意向400余人。

【“送医送药送健康”】农工党锡林浩特市支部组织16名医疗专家,深入到巴彦宝拉格苏木,开展“关爱农牧民健康”送医送药活动,发放药品价值一万余元。市委统战部与九三学社锡林浩特市支社成员,到呼格吉勒社区开展“寒冬送温暖,关爱下岗职工”活动,为辖区贫困下岗职工进行了健康知识讲座、免费义诊活动,对辖区4名困难职工进行了慰问。

【落实党外代表人士政策待遇】 人大、政府各配备1名党外(副主任、副市长),政协配备2名党外副主席、法检两院各配备1名党外(副院长、副检察长),政府25个职能部门中党外正职3人,副职31人。本届党外人大代表28人(其中非公经济代表11人);党外政协委员51名(其中非公经济委员22人),努力建设一支高素质的党外代表人士队伍。(三)加强党外代表人士的教育培训。充分发挥党校(社会主义学院)作为统一战线人才培养基地、理论研究基地、方针政策宣传基地的作用,8月11日-13日举办为期三天的锡林浩特市党外副科级后备干部培训班,参训人员50人。

【对台工作】按照“和平统一、一国两制”基本方针,积极开展宣传教育活动,扩大锡林浩特市在台湾的知名度和影响力。先后两次协助盟台办接待台湾游客82人,同时,选派3名干部随盟委统战部赴台进行学习交流,加强与台湾各领域的深入交往,增进了两岸友好往来。

【侨联工作】 统战部组织召开了有创业意向和创业条件的归侨和侨眷创业就业座谈会,并将符合条件的人员推荐给就业局。积极参加盟部统战组织赴蒙古国的侨务工作交流活动。市归侨侨眷在册人数为25人(其中出国三年以上人员21人)。

【机关党建、纪检及自身建设工作】

以集体学习、个人自学等形式,组织全体干部职工全面系统学习习近平总书记系列重要讲话,自治区党委九届全委会精神,十个专题,吉日嘎拉先进事迹等内容。组织集中学习46次。年初对党风廉政建设和反腐败工作进行专题安排,制定了《统战部2015年度党风廉政建设暨预防与惩治腐败体系建设工作要点》。年内2次召开专题会议研究部署反腐倡廉具体工作。扎实开展科级领导班子党政正职监督工作,贯彻执行中央八项规定,自治区28项规定和盟委、市委关于密切联系群众改进工作作风的实施细则。

【三走进三服务】 认真开展干部下基层三级示范抓引领活动,联系楚办孟柯社区2户帮扶对象和宝力根苏木希日塔拉嘎查胡奈日木德勒和伊德亲好日老2户贫困户,针对帮扶对象的具体情况,制定两年帮扶计划,为社区帮扶对象刘金荣送去5000元救助金,为韩国臣脑瘫女儿购买了轮椅。为嘎查2户贫困户交纳养老金和棚圈建设资金共10 000元。充分发挥“第一书记”作用,指导社区加强班子自身建设,建立健全各项制度,促进党建工作规范化。与联系帮扶单位盟委统战部,为社区配备4台电脑,改善办公条件。组织在职党员到社区报到,参加社区组织生活。

【统战工作能力建设年】 按照盟委统战部要求,制定《中共锡林浩特市委统战部开展统战工作能力建设年活动实施方案》。同时,锡林浩特市组织4名干部参加了盟委统战部举办的2015年统战工作能力建设专题培训,加强基层统战干部的业务培训,提高了工作能力。

机构编制

【锡林浩特市机构编制委员会办公室领导名录】

主　任　王有宾

副主任　漫德海(女 蒙古族)

【概况】 锡林浩特市机构编制委员会办公室是锡林浩特市机构编制委员会的常设办事机构,既是党委工作部门,又是政府工作部门,列党委工作机构序列,下设锡林浩特市事业单位登记管理局(事业单位)。机关行政编制3名,其中:主任1名,副主任1名,副主任科员1名;事业单位登记管理局,机构规格为副科级,核定科级领导职数1名,全额拨款事业单位,核定编制4名。

【政府职能转变和机构改革】 按照自治区和盟委、行署关于推进政府职能转变和机构改革的有关要求,根据市委、市政府的决策部署,认真组织政府机构改革,2015年6月10日批复下发涉改部门"三定"规定,7月初开展自查评估总结,完成发改和粮食,卫生、计生,食药、工商、质监,文体、旅游、教育、科技等部门机构改革,切实转变了职能、理顺了职责关系,形成较为完善的组织机构和职责体系。改革后设置政府工作部门24个,较改革前压缩3个。

【全力推进深化改革工作】 按照市委和改革办的总体部署和时间节点安排,围绕锡林浩特市全面深化改革任务,建立改革台账,明确完成时限,稳步推进改革工作。按照上级要求和工作需要,认真落实不动产登记职责整合和机构组建工作。配合法检两院完成了职能运行和人员编制管理的现状调查摸底工作。配合纪委监察部门按照纪检体制改革要求调整内设机构,对内设机构职能进行补充完善,确保今后日常工作有衔接,上下对应无障碍。配合组织、人社部门进行了拟晋升职级人员考核工作,开展2次"吃空饷"专项检查。

【机构编制管理】 一是严格落实空编增人报批制度,强化机构编制"红线"意识,切实维护机构编制的严肃性和权威性,从源头上防止了超编进人和混编混岗问题的发生。二是实行工资联审联批机制,组织、编办、人社、财政四家审核《增(减)人、增(减)工资基金审批表》,加强相互间的监督约束,更加周密地保证财政供养人员只减不增。三是建立定期核查机制,依托实名制管理平台,以季度上报数据和专项核查为抓手,定期与组织、人社和各部门单位核实机构编制人员信息,做到了动态化管理、常态化核查,实现"四清""两对应"。四是按照盟编委下达的控编减编方案、按时完成了控减任务。

【事业单位改革】 一是完成事业单位分批复工作。按照盟编办答复意见对承担行政职能类、公益一类、公益二类、生产经营类事业单位分类情况进行了批复,批复率达100%。二是积极探索推进事业单位法人治理结构试点工作。积极配合做好文化体制改革,稳步推进文化体育广电旅游局所属事业单位文化馆法人治理试点改革工作。

【事业单位登记管理】 按照2014年颁布的《事业单位登记管理条例》规定,落实事业单位年检改为年度报告公式、开办资金验资登记改为确认登记改革工作,实现了事业单位设立、变更、注销登记及年度公式报告提交、审核材料各项工作全部在网上办理。二是对2015年锡林浩特市已登记的134家事业单位全部进行年度报告公示,并重新更换了法人证书,新设立单位全部改为开办资金确认登记。认真组织实施二维码图片认证方式进行网上登记操作试点工作,按时完成了工作任务。

【党政机关网站开办审核、资格复核和加挂标识管理】 按照上级要求,结合《党政机关、事业单位和社会组织网上名称管理暂行办法》和《党政机关网站开办审核、资格复核和网站标识管理办法》,加强组织、协调、培训和指导工作,重点推进了党政机关、事业单位和社会组织的网上名称管理、网站开办审核、资格复核和加挂表示管理工作。

【自身建设】 通过日常"三会一课"和开展干部下基层活动、"三严三实"专题教育活动,大力加强机关作风效能建设,严肃政治纪律和组织纪律,严格党内组织生活,使党员干部和党性修养进一步提高,机关作风进一步转变,有力提升了整体工作水平。加强党风廉政建设,健全完善责任体系,严格履行一岗双责。推进机关规范化建设,建立健全机构编制保密、实名制系统管理、信息报送等多项规章制度,形成较为完善的制度体系,建立岗位责任制,进一步加强档案管理、信息宣传、机要保密、财务资产管理和机关后勤服务等日常管理,加大督办督查力度,提高工作效率。

机关党建

【中共锡林浩特市直属机关工作委员会领导名录】

书　　记　王占奇(兼2015年2月任)
常务副书记　吴金莲(女 蒙古族)
副 书 记　王雅琴(女 2015年3月任)

【概况】 2015年,机关党工委在市委的领导和上级工委的指导下,深入贯彻党的十八大、十八届三中、四中、五中全会和习近平总书记系列重要讲话精神,紧紧围绕服务中心、建设队伍两大任务,主动适应时代发展要求,与时俱进开展工作,着力加强机关党的思想、组织、作风、制度和反腐倡廉建设,为不断提高市直机关党的建设科学化水平,推动锡林浩特市经济建设和社会各项事业的发展提供坚实的组织保障,取得了良好的成绩。

【思想政治建设】 一是组织召开锡林浩特市机关党建工作会。围绕市委中心工作,全面总结上一年市直机关党建工作,安排部署2015年市直机关党建工作。扎实做好2015年度机关党建各项工作,为市直机关党组织建设提供有力保障。二是抓好党员干部的培训工作和学习教育工作。根据年初对市直机关党员干部教育培训的具体安排,培训党务工作者72名,培训入党积极分子152人,2015年,市直机关各级党组织讲党课210余场,参学4500余人。

【基层党组织建设】 一是加强党员队伍建设。2015年机关党工委发展党员38名,预备党员转正44名。二是加强机关党组织规范化建设。2015年,市直机关新成立系统党委4个、党支部3个,2个党总支和34个党支部完成了换届或改选。三是落实全面从严治党责任,提升基层党建工作水平。认真抓好市直机关"联述联评联考"工作。12月1日召开9个党总支和49个直属党支部书记抓党建工作专项述职会议,会上8个党总支、1个企业党总支和21个党支部书记作了专项述职。四是抓好调研掌握实情,加大对市直机关落实党建责任制的督查指导力度。12月对10个党委、8个总支、41个直属支部进行年底考核。

【扶贫帮困】 一是在干部下基层活动中,通过积极入户走访,对4户联系户进行了走访摸底,通过了解详细情况,制定详细帮扶计划,认真开展帮扶工作。"七·一"前夕,分别给社区两户带去米面粮油等生活物资,二是在"十个全覆盖"工程"百日攻坚"行动中,积极主动深入基层,踏踏实实为群众办实事,全程跟踪所包户工程建设推进情况,协助解决推进工程中遇到的问题,到9月2号,直属机关党工委包联的四户已完成全部的工程,工程包括住宅外墙保温、粉刷共计178平方米,新建院墙共计118延长米。三是与第一书记工作工作同部署,统筹结合,相互促进。2015年1月,与希日塔拉街道办事处新华社区举办"凝心聚力建社区、服务民生促和谐"文艺演出暨表彰大会,对社区党员标兵、优秀志愿者、五好家庭、创业带头人进行了表彰。

【反腐倡廉】 在年初召开的锡林浩特市机关党建工作会上,把机关党风廉政建设作为机关党建工作的重要组成部分进行部署,并纳入党建考核体系。以建设"四型"机关为抓手,坚持从严治党的"八项要求",严格执行上级关于改进工作作风、密切联系群众的实施细则。

【机关文化建设】 以开展特色活动为载体,弘扬主旋律,唱响"中国梦",激发广大干部职工健康向上,爱岗敬业的精神风貌。5月,举办"勇于负责、敢于担当"、"懂规矩、守纪律"主题演讲比赛,举办"弘扬主旋律、唱响中国梦、创建文明城"大型合唱比赛;组织市直单位参加端午节登山活动;"七·一"前,市直各单位举办以新党员入党宣誓、老党员重温入党誓词为主题的各类文体活动;"七·一"晚举办中国共产党成立94周年专场文艺晚会;7月,成功举办锡林浩特市第二届职工运动会。通过各项活动的开展,各级党员干部的精神风貌得以充分展示,干部职工间的友谊显著增进,机关干部职工的凝聚力、向心力进一步增强,社会主义核心价值观得以进一步弘扬。

信　访

【锡林浩特市信访局领导名录】

局　长　杨　海

副局长　樊小丽(女)

　　　　孟凡龙(蒙古族)

【概况】 锡林浩特市信访局核定编制7名,其中行政编制6名,工勤编制1名,联合接访中心核定事业编制4名。共有工作人员23人(其中:行政编6人、事业编12人、三支一扶1人、社区民生1人、民生协理员3人),配备领导职数一正两副,主任科员、副主任科员各一名。设立接访、综合、财务劳资3个科室,主要职责为接待来访、办理来信,承办上级机关和自治区信访信息系统交办、转办信访案件。按照"分级负责,归口管理"的原则,向有权处理信访问题的责任单位交办、转办信访事项,协调处理解决信访问题;分析研究信访态势,及时呈报有关领导掌握情况;宣传信访法律法规,为信访人提供咨询服务;督促、检查、指导本地区、本系统的信访工作;总结、推广信访工作经验,开展信访工作理论研究。

【工作数据】 全年信访总量为1365批次13848人次,比2014年信访总量下降10%。办理上级交办案13件(其中自治区信访信息系统网上交办7件、上级信访部门书面交办6件);办理自治区信访信息系统直转案60件次、妥善处理群众信函34件次。党政领导接待来访群众72批次521人次;依据"1328"工作制度,处级领导督办重点案件86件;各责任单位出具答复意见248个、政府出具复查意见67个、盟行署出具复核意见34个;报送要情快报13期、领导接待日情况反映27期、信息简报102期、信访动态194期。

【工作机制】 形成上下贯通的信访网络体系和领导干部牵头、责任部门负责、协办单位配合、信访协调督办的工作机制。党政领导在重大信访问题上亲力亲为,全力解决好群众看得见、摸得着、感受深的民生问题;分管领导分工协作,下实功、办实事、求实效,及时消除和化解群众反映的突出问题;信访机构充分发挥组织、协调和监督作用,组织动员各方力量积极参与信访案件调处化解工作;各责任部门立足实际,主动作为,处理群众诉求坚持事实清楚、定性准确、程序合法、处理妥当,推动大量信访问题得到妥善化解。

【加强重点时期信访维稳工作】 在全国"两会""十八届五中全会""抗战胜利70周年纪念活动"等重大会议召开前夕,认真分析研判信访形势, 制定应急预案,强化源头预防,从信访、公安抽调人员组成驻京工作组,切实加强重点时期接劝返工作,为经济健康发展、社会和谐稳定创造了良好的环境。

【推进领导干部接访下访工作】 依据强化责任、公开便民、解决问题的原则,进一步加强党政领导接访工作,由市委、市政府主要领导带头接访,充分发挥党政领导在推动信访工作、解决信访问题中的重要作用,依法、及时、就地解决好群众诉求。落实"1328"工作制度,积极把群众上访转变为领导下访,畅通党政领导与群众交流渠道,切实帮助群众解决实际困难,提高市委、市政府的公信度。

【提升信访信息系统效率】 加强自治区信访信息系统交办、转办信访事项的协调处理和督办力度,按照程序将信访答复意见及处理结果录入系统,使系统交办、转办信访事项可跟踪、可查询,实现信访数据互联互通和资源共享,通过畅通"网上信访"反映诉求渠道,方便群众足不出户解决问题,逐步减少走访量。

党　校

【中共锡林浩特市委员会党校领导名录】

书记、常务副校长　额尔登巴特尔(蒙古族)

副校长　白　丽(女 回族)

　　　　乌日乐格(女 蒙古族)

【概况】 中共锡林浩特市委员会党校成立于1960年2月,1997年经市委批准,市党校增挂行政干部学校的牌子,属一套人马两块牌子,编制为18人。截至2015年底,在职教职工18人,其中教师(专业技术人员)13人、行政管理人员(参照公务员)3人、工勤人员2人。专业技术人员中有高级职称7人、中级职称5人,初级职称1人。教职工中蒙古族10人、回族2人。内设机构分为办公室、蒙文教研室、汉文教研室。

【培训和宣讲工作】 按照锡林浩特市干部培训计划要求,配合有关部门举办预备党员和入党积极分子培训班、党外后备干部培训班、公务员在职培训班、嘎查分场两委班子成员培训班、牧区党员中心户培训班、非公有制企业管理人员培训班和其他各类培训班10期,培训1000多人。同时结合锡林浩特市人才培训工作,加强合作办学的力度,与北京化工大学联合招收并举办研究生班,32名学员完成基础课程授课和专业课程任务。

开展党的十八大精神宣讲、马克思主义民族理论和形势任务的宣讲、党的十八届三中、四中、五中全会精神宣讲、"三严三实"宣讲等,利用"百姓大讲堂"等平台,深入牧区、社区和各部门、单位、各厂矿企业、学校进行宣讲五十多场,培训基层领导干部和党员群众3000多人次,广大基层干部党员受到教育。

【科研工作】 坚持"以教学为中心、以科研为基础"的办学理念,狠抓科研工作,在各类报刊上发表调研报告和理论文章5篇。

【教师队伍建设】 为了更好地搞好培训工作和宣讲工作,进一步加强教师队伍的建设,一方面"走出去"的方式,选派骨干教师到上级党校学习培训,提高教师的综合素质。选派2名教师到中国人民大学进行培训,选派1名教师到内蒙古党校学习培训,选派11名教师到锡林郭勒盟党校学习培训。另一方面采取"请进来"的方式,先后请10多位专家、教授进行宣讲或讲座。加强校院交流,取长补短,在学校管理、师资研训、教学研究方面取得新进展。同时提高教学质量和手段,为8名骨干教师配备笔记本电脑。

【文明市民学校工作】 对广大市民进行文明教育、形势教育、素质教育和道德教育为重点,开展丰富多彩的教育活动,配合基层文明市民学校举办"大讲堂""文化活动"50多场,受教育市民达到1万多人次,同时加强基层文明市民学校的指导工作。

【学校机关基础建设】 解决固定校址问题。搬进教学办公楼,面积为2400多平方米。投入30多万元购置教学设备。学校的报告厅、教室、阅览室、电子阅览室、图书室、活动室、宿舍等设施齐备。

【帮扶工作】 按照市委、市政府的统一部署和的要求,学校以三级干部下基层示范抓引领为重点,紧密联系党校工作实际,认真做好下基层三级示范抓引领工作,努力为基层办实事、办好事8件。三名领导班子成员分别联系六个牧户和居民户，深入牧户 40 余次，体察民情，解决群众实际困难，为三户居民资助3000 元，为一户居民协调解决了廉租房一套，为一户牧民列入危房改造计划，新建住房一处，资助三户牧户生活生产补助 8000 元。为一户牧民协调新建棚圈一处。同时认真开展“三走进、三服务”活动，深入社区和企业进行调研、了解，提出搞好服务的具体措施和办实事的承诺。认真做好“第一书记”工作，协助居委会开展工作，帮助搞好环境卫生工作，协调相关部门修建了一条沙石路，解决居委会出行难问题。协助居民委员会党支部做好了换届选举工作。成立联合党委，部署开展相关工作，完成全体党员集体报到工作。结合“十个全覆盖”工作，认真深入包联牧户，开展宣传动员工作，完成 8 户牧户的院墙新建、涂料院墙、住房墙体保温及旧院墙拆除工作。同时组织全体教职工向“博爱一日捐”活动捐款 4200 元。

档案　史志

【锡林浩特市档案局、史志办领导名录】

局长、史志办主任　钢苏和(蒙古族)

副局长、史志办副主任　陈庆龙

副局长　王东军(2015 年 3 月任职)

【概况】　1996 年根据锡林郭勒盟党办发【1995】14 号文件精神，档案局(馆)合并为一套人马、两块牌子，更名为“锡林浩特市档案局”。行使行政管理和保管利用两种职能，科级建制文化事业单位，隶属于锡林浩特市党委。内设办公室、档案业务科、档案管理科、编研科。核定人员编制 18 人。2007 年 12 月经市机构编制委员会研究决定，在市档案局增挂市地方志办公室牌子，将党史、地方志职能一并纳入，增加编制 2 人，隶属于党委。2015 年，锡林浩特市档案局核定编制 20 人，在编人员 19 人。

【档案业务工作】　根据新的测评标准，组织业务人员采取边指导边培训的方式，对锡林浩特市各机关单位的档案工作进行监督指导。先后完成了对市旅游局、市地税局、市统计局、市直属机关党工委 4 个单位的指导整理归档工作；分别对锡林浩特市额尔顿办事处所辖社区的档案员、市社保局的专兼职档案员集中进行现场讲解、培训各 1 次。

【信息化建设】　继续开展档案信息化工作。此项工作对档案室软硬件要求比较高，开展有一定的难度，为此，对一些条件好的部门单位加大宣传督导，成熟一个，验收一个。截至 2015 年，民宗局、统计局、政府办、社保局先后开展档案信息化。收效显著。改变传统了手工方式管理档案程序烦琐、耗时耗力和效率低下等问题。

积极做好档案的宣传工作，全年累计上报档案信息 10 条，订阅《档案与社会》30 份。

【档案馆工作】　截至 2015 年，馆藏全宗 121 个，馆藏档案 58 251 卷册、4554 件。新接收已故干部档案 81 卷，公章 10 枚。2015 年，在解决养老保险、补办结婚证、办理住房贷款、办理离休干部伤残证、“五七工”参加企业职工基本养老保险等事宜方面，接待利用者 320 人次，查阅档案 3020 卷次。2015 年 6 月，在为市团委解决有关草场纠纷问题上，通过查档，出具了有力证明，为领导决策提供了第一手的原始资料；7 月，为锡林郭勒盟党校《关于宝力根苏木生产经济变迁调研》课题组，提供宝力根苏木近 70 年的经济、政治、文化、社会和生态建设及其历史变迁等资料近 1000 卷，对胜利苏木和跃进苏木档案逐卷进行扫描。

【编史修志工作】　先后完成《中国共产党锡林浩特历史》正本出版发行和《锡林浩特年鉴 2015 卷》蒙汉文版的编纂工作。协助组织部完成了《锡林浩特组织史(1997－2013)》编纂工作。《锡林浩特市志(1991－2010)》初稿已基本完成，已进入补充、完善、校审阶段。8 月，档案馆开始收录人大、政府 1956 年至 2014 年历届工作报告及领导人名录。

接　待

【锡林浩特市接待处领导名录】

主　任　白海彬(蒙古族)

副主任　田利军

【概况】　锡林浩特市接待处是市委办所属二级单位，主要负责四大班子的公务接待以及锡林浩特市经济考察、商贸洽谈、投资合作团队的接待。接待处内设接待一科、接待二科、办公室。人员编制 10 人(实有 17 人)。主任 1 人(市委副主任兼)，副主任 1 人，接待员 12 人、财务 2 人、后勤 1 人。其中，少数民族 7 人，大专及大专以上文化程度 17 人。

【政务方面】　2015 年内，共接待来宾 1021 批 8139 人次。其中，省部级领导同志 7 批 63 人次；地厅级领导同志 184 批 1288 人次；国内外客商

204 批 2857 人次,其他考察团组及随行人员 3931 人次。

较好地完成全国公路自行车赛、中国锡林浩特市第十二届国际游牧文化节暨额尔敦敖包祭祀大典、锡林浩特全国汽车场地越野锦标赛、马会杯马都赛、四国女篮赛对抗赛、第八届亚洲青少年武术锦标赛、第四届中国马术大赛、2015 千古马颂中华艺术金马奖等系列重大活动的接待服务工作。

【深化管理、强化制度方面】 为适应当前接待管理工作要求,积极主动将有关工作想法及思路向主要领导及时汇报,注重与服务部门及接待对象的沟通协调,获得充分理解信任,争取广泛支持协助,逐步将接待工作纳入制度管理,制定了《锡林浩特市党政机关公务接待管理实施细则》、与市财政局共同制定了《锡林浩特市党政机关公务接待经费管理办法》。通过制度建设进一步理顺内部管理,以精细的制度强化管理,将纷繁复杂的接待工作纳入规范程序之中,明确岗位职责,落实责任制,做到有章可循,有据可依,实现了接待任务报告、审批、签单、付账的层级管理,相互制约,密切了与相关定点接待单位的协作关系,进一步凝聚力量、确保品质,推动接待工作全新探索尝试。

【发挥部门优势,做好对外宣传工作】 认真做好对外宣传工作,提高锡林浩特市知名度。在接待中,不仅介绍风土人情、民族文化、自然风光等,更注重介绍市委、市政府的中心工作和发展思路及锡林浩特市的资源优势、投资环境、投资项目和招商引资政策等,使来宾全面了解锡林浩特市,树立锡林浩特市良好形象。同时建立接待跟踪联系制度,广泛捕捉、收集各种信息,及时提供给领导和相关部门,全方位为锡林浩特市经济社会发展服务,真正把对外宣传贯穿于接待工作始终。

人民团体

XI LIN HAO TE NIAN JIAN

工 商 联

【锡林浩特市工商业联合会(总商会)领导名录】

书记、主席　王　洪(蒙古族 2015 年 3 月任书记)

副主席　喇利国

【概 况】 2015 年,锡林浩特市工商业联合会(总商会)有在职职工 5 人。其中:主席 1 人、副主席 1 人、主任科员 1 名、科员 2 人。市工商联围绕市委、市政府中心工作,细化任务,强化落实,着力协调,认真履职,多措并举引导锡林浩特市非公经济人士健康成长,推动非公经济健康发展。

【参政议政】 引导非公有制经济人士积极参政议政,担任市级人大代表 17 名,党代表有 6 名,担任政协委员 22 人。围绕锡林浩特市工作重点,与相关部门共同协调组织担任市人大代表、政协委员的非公有制经济人士深入基层,向市委、市政府及有关部门提交了关于进一步加快促进锡林浩特市非公经济发展工作措施、非公经济存在的困难和问题、中小微企业技术创新情况等报告。

【思想建设】 一是以"诚信文化建设"为活动载体,以"诚实做人、诚信经营"为主题,在锡林浩特市非公经济人士中开展理想信念教育实践活动,以纪念中国人民抗日战争暨世界反法西斯战争胜利 70 周年为契机,组织会员企业开展"升挂国旗、唱响国歌"主题活动。二是结合《内蒙古关于扶持小型微型企业加快发展八条措施的通知》等相关文件的出台,组织会员企业召开座谈会,着力引导企业提升发展层次和水平。三是组织非公企业负责人分别赴北京、青岛参加企业管理大型专题讲座、经营管理专题研修班;组织非公企业负责人参加非公企业品牌建设培训、企业总裁培训班等;举办锡林浩特市非公企业党建知识和经济形势培训班,与有关部门举办安全救护员培训班,全年累计组织各类培训 7 期,培训人员 300 余人次。

【融资人才引进】 全年共组织 20 余家会员企业参加锡林浩特市银企对接会,初步达成贷款融资意向近 3000 万元,有力缓解了企业融资难问题。年内会同相关部门单位,举办两次民营企业用工招聘会,参与京津冀协同发展招聘会,现场达成用工意向 400 余人。

【政企交流沟通】 通过走访、调研、座谈等方式,形成《关于充分发挥政府扶持引导作用,推动锡林浩特市企业上市》专题报告,被列为市政协九届三次会议 1 号提案。邀请二八〇〇上市融资服务机构专家为会员企业做中小微企业上市等方面的专题培训。

【专项工程协调推进】 协调推进"三百示范工程"和"百千万培训工程",帮助支持锡林郭勒盟宏源集团成功进入自治区民营企业 100 强,排名 88 位。对 36 家重点扶持企业的生产经营状况以及申请奖励补助情况进行初审,为 25 家市非公企业申请到了融资担保费和提档升级奖励补助。

【和谐劳动关系】 积极参与劳动关系三方协调工作,会同有关部门开展企业劳动争议调解活动,对会员企业签订集体合同、工资集体协议等工作进行指导,努力实现企业发展和职工增收双赢,不断促进企业健康和谐发展。

【自身建设】 合理划分各科室工作职能,清晰界定职责权限,优化岗位管理程序,提高干部职工的办事效率。结合《公务员平时考核实施办法》的实施,制定出公务员平时考核量化评分标准,采取个人自查、领导测评及定期或不定期督查,奖优罚劣,切实提升人员的工作效率。以领导班子好、会员发展好、商会建设好、作用发挥好、工作保障好的"五好工商联"建设为标准,紧紧围绕锡林浩特市中心工作,广搭服务平台,拓展工作领域,在服务形式上求新,在活动内容上求实,在工作态度上求严,让工商联以服务促发展、树形象、聚人心、扩影响。在12月6日全区工商联基层组织建设经验交流会上,荣获全区"五好"县级工商联荣誉称号,受到表彰,使市工商联整体工作迈上更高的台阶,走在全区同行业的前列。

工　会

【锡林浩特市总工会领导名录】

主　席　包桂华(女 蒙古族)

副主席　张　晶(女 蒙古族)

冯占卿(满族)

【概况】 锡林浩特市总工会现有工作人员17名,其中:主席1人,副主席2人,科员4人,工勤1人,事业编2人,人才储备1人,社会化工会工作者6人;中共党员10人;研究生1人,大学学历15人,中专学历1人;工会工作人员由蒙、汉、回、满四个民族构成。工会分为财务部、组宣部、法工部、保障部、经济部、女工部和办公室。

【工会规范化建设】按照基层工会组织建设落实年任务要求,扎实开展基层组织全覆盖、规范化建设工作。在锡林浩特市苏木镇场、街道社区工会中开展规范化建设"双创优"活动,提高基层工会规范化水平。锡林浩特市25人以上企业建会率达到90%,435家基层工会组织中有229家达到"六有"标准。

【会员管理】 广泛开展会员实名制录入工作,进一步规范会员信息资源,锡林浩特市159家基层工会开展了会员信息实名制录入工作,共录会员信息4178条。

【农牧民工入会工作】 最大限度地把农牧民工吸纳到工会组织中来。2015年锡林浩特市共有工会会员3.4万人,其中,新增农牧民工会员2612人,累计发放会员证1.5万个。

【干部队伍建设】 进一步扩大社会化工会工作者队伍,录用了58名具备法律、心理咨询、文艺特长的社会化工会工作者,增强工会服务基层、服务群众的工作力量和专业水平。

【企业文化职工文化建设】 以职工书屋、职工志愿服务、书法、摄影展等活动为载体,打造职工精神文化家园。充分发挥工会宣传舆论阵地作用,有效运用网站、微信等现代信息技术,在职工中广泛开展形势政策宣讲教育、"中国梦·劳动美""书香中国"等主题教育活动,继续开展"劳模风采"宣传月活动,大力弘扬劳模精神、劳动精神和工人阶级伟大品格,教育引导广大职工积极投身"四个全面"伟大实践。举办了职工法律知识竞赛,参与单位有50余家,组队代表盟工会参加了全区职工法律知识竞赛,获得二等奖。积极推动基层工会职工创新工作室创建工作。搭建职工创新工作平台,激发各行业职工群众的劳动热情和创造活力,2015年共培育市级职工创新工作室3家,锡林浩特市六中"国赫孚工作室"被盟工会命名为锡林郭勒盟"职工创新工作室"。

【广泛开展劳动竞赛活动】 号召锡林浩特市职工开展了以"中国梦·劳动美"为主题,以提高职工技能水平和创新能力为重点的劳动竞赛活动。深入开展小发明、小创造、小革新、小设计、小建议"五小"岗位创新竞赛活动,充分发挥职工群众在生产经营、项目建设和改革发展中的积极性、创造性和主动性。2015年,劳动竞赛参与企事业单位达到115家,参与职工5250人。组队参加全区"中国梦·劳动美"蒙古包技能大赛,获得一项第一名、一项第二名。开展"安康杯"竞赛活动。深化安全生产工作,号召基层工会积极开展"安康杯"竞赛活动。基层工会组织知识竞赛、安全生产培训、地震火场避险逃生演练、突发事件救生和食物中毒处置演练等活动,强化职工的安全健康意识,促进企业安全文化建设,在职工中牢固树立了"红线"意识和安全发展理念。

【和谐企业建设】 推行平等协商集体合同制度。认真落实《自治区工资集体协商条例》,开展工资集体协商要约行动,全年开展工资集体协商宣讲活动4次,共走访企业40余家、发放劳动法、《工资集体协商手册》1000余份,签订集体合同、工资集体协议156份,进一步扩大集体合同、工资集体协议制度覆盖范围。深化厂务公开、民主管理工作,进一步健全完善维权机制,坚持和完善职代会制度,把职代会制度作为推行厂务公开的重要载体,切实让职工做到"知厂情""管厂事""促厂兴",化消极为积极,让职工与企业一道共谋发展。2015年,开展厂务公开民主管理工作企业达102家。

【中小微企业工会经费返还】 2015年成立锡林浩特市社区工会联合会经费核算中心,负责锡林浩特市社区小微企业联合工会经费的返还及管理工作。通过统一管理集中核算，充分调动了基层工会的积极性，使基层工会经费能够真正用在职工最直接、最需要的地方，最大限度地发挥了工会经费的使用效能。

【关爱劳模】 开展慰问劳模、帮扶困难劳模、劳模疗休养和劳模免费体检等活动。认真完成2015年自治区劳动模范和先进工作者的推荐工作，市陈善洪和李亚荣、乌兰三名同志受到自治区党委、政府表彰。

【职工服务体系和帮扶机制】 开展帮扶工作.按照范围"全"、慰问"实"、走访"近"的工作要求进行多次摸底调查，扎实开展"两节"送温暖、关爱环卫工人、春送岗位、夏送清凉、金秋助学、教师关爱月、困难职工大病救助、关爱社区困难职工等帮扶活动，不断拓展和延伸困难职工帮扶救助服务网络，全年共帮扶救助困难职工1674人，发放救助金187.4万元。搭建会员普惠服务平台。根据工会会员的现实需求，从职工柴米油盐生活小事入手、从服务地域经济发展着眼，积极开展"工会会员普惠服务"活动，努力使工会组织服务职工、服务会员行为常态化、长效化和机制化。自2015年1月开展工会会员普惠制活动以来，锡林浩特市爱心企业和商家踊跃报名，积极参与，现已发展签约商家55户，直接受惠会员3万余人。

【关爱女职工和环卫职工】 实施关爱"单亲大病困难女职工救助"和"女职工特病保险"计划，对10名单亲大病困难女职工进行救助，为100名女职工购买了特病保险。开展"阳光女性·幸福中国"读书征文活动。举办10场关爱健康知识讲座，2场"关爱职工家庭教育"公益讲座。举办第二届青年职工相亲联谊会。建成2家"爱心妈咪小屋"。从环卫工人的工作、生活入手，全方面地解决环卫工人的实际困难，实现环卫职工帮扶全覆盖，全年累计发放帮扶资金73万元。进一步完善环卫工人"爱心驿站"服务项目，提高服务成效。

【开展创业就业服务】 提高下岗职工、失业人员、农民工等群体的技能水平和创业技能，扩大就业及再就业的范围和途径，积极为就业困难职工群体开展技能培训。全年共培训各类人员共185名。协助盟工会做好"2015年全国工会推进京津冀协同发展暨京蒙协作促进就业招聘及校企洽谈会"的组织和筹备工作。

【职工文化阵地建设】 根据自治区人民政府和区总工会有关文件要求，在党委的大力支持下，经市政府安排，建设集乒乓球、羽毛球、困难职工帮扶、职工培训、图书阅览、书画创作室、心理辅导和体育健身等多功能为一体的综合性职工文体活动中心。

【文体活动】 组织开展锡林浩特地区"劳动者杯"职工乒乓球赛、锡林浩特市"中国梦·劳动美"职工演讲比赛、"劳动者杯"职工足球赛、职工"锡林河之夏"广场消夏文艺演出等形式多样、内容丰富的文体娱乐活动。成功承办全盟"劳动者杯"职工足球赛和老年职工门球赛。在锡林浩特市营造了文明、和谐、向上的文化氛围，充分展现了锡林浩特市职工团结向上、自强不息的精神风貌。

共 青 团

【共青团锡林浩特市委员会领导名录】

书　记　任　昊(蒙古族)

副书记　辛　颖(女)

【概况】 2015年以来，各级共青团组织紧紧围绕党政中心工作，努力适应时代发展新常态和青年新变化，以加强基层基础建设和青年人才培养为主线，以引导青年就业创业、扶贫开发、文化活动、公益服务为重点，在文明城市创建、大型文体活动、青少年创新创业、志愿者服务行动等中团结协作、履职尽责，为锡林浩特市经济社会持续健康发展做出了积极贡献。团市委机关深入基层开展工作22批次，走访群众150人次，帮助解决实际问题12件。稳步推进"十个全覆盖"工程，联系服务群众37户百余人。依托"迎会创城"、大型文体项目和扶贫开发打造"锡林特色"公益服务体系，成功组建"亚洲青少年武术锦标赛"等赛会服务名牌团队。针对重病患儿、留守儿童、孤残学生、孤寡老人、困难团员发起20余次集中救助，募集善款百余万元。输出优秀实习生32名，新增网上注册志愿者2962名。

【思想引导工作】 在重大历史时机，深入开展"党旗飘扬，青春建功""我的青春我的团""青春报国·时代先锋"等教育实践活动和"全民读书""纪念先烈·报效祖国·尽责圆梦""我的中国梦·幸福内蒙古""勿忘国耻、圆梦中华"等文明养成活动。连续发起"漂流城市·青年读书节""本土作家进校园""青年漫画家草原行""微书评创作大赛"等活动。通过生态实践教育、民族团结进步教育及"红领巾相约中国梦"、"向国旗敬礼"等活动为少年儿童播种希望、点燃梦想。积极运用新媒体开展团青思想政治工作，强化团委官网功能，建立官方微博、微信公众平台、青年之声平台，直管青年QQ群8个,建设完成涵盖青年能人、意见领袖、论坛版主在内的300人本地网宣员队伍。截至2015年共在微信平台发布团青信息576期,微博发布信息2401条。

【服务中心工作】 以“青年就业创业计划”为统揽,精心策划搭建“青年创业孵化园”“共青英才创业园”“草都易牧连锁超市”等青春创业平台,帮助更多青年实现创业梦想。会同农村合作银行联合开展青年信用示范户工作,评定百名青年信用示范户并发放无息贷款。启动“卓越·团旗飘扬”实习生/志愿者招募培养计划,充分整合青年资源,推荐实习、岗前培养、输送人才。积极拓宽扶贫开发社会化动员渠道,发起“青春建功·助力十个全覆盖工程”活动,组成“青年突击队”分赴建筑工地、牧民房院、小街小巷等平整场院路面、清扫生活垃圾、清运建筑废料。认真开展青年人才典型选树工作,几年来共向团中央、团区委、团盟委推报大学生创新创业、公益志愿服务行动、行业产业标兵、优秀团队干部等青年典型百余名。

【青年文明行动】 有序开展“青年文明号”申报、复验和向上推优工作,努力扩大青工品牌的社会影响力,截至2015年共选树各级青年文明号集体63个。积极创建“青年文明示范街”,发动市民争当“文明引导员”。力推团青生态实践教育活动,配合上级团委建设“锡林郭勒青少年生态实践基地”,共新植树苗3500余株,组织千名中学中职学生完成植树成人礼。围绕大龄青年婚恋交友积极打造联谊平台,连续举办“蒙电彩虹”“集通情”“相约草原·情牵蒙东”“我们约会吧”“拉手青春缘梦草原”等大型青年联谊会。2015年举办锡林浩特市首届八人制足球联赛,吸引17支青年劲旅参加,赛程跨8个月共15轮120场,创全盟之最。

【青少年维权工作】 联合“锡林郭勒盟爱跑团”为特殊教育学校学生举办“缤纷夏日·快乐童年”趣味运动会。开学季举、寒暑假办多场“青年家长培养计划·‘做智慧父母’大型公益讲座。深化青少年法制宣传教育活动,调整锡林浩特市维护未成年人合法权益委员会,积极开展“同心创造和谐社会,携手共建平安家园”主题活动。力推“12355”青少年服务平台建设,创新推出“中高考考前公益讲堂”,举办讲座二十余场,惠及群众8000余人。启动青年企业家“扶危济困·爱心传递”关爱活动和“友爱同城·物资漂流”捐助活动,募得衣物7000余件、书籍千余册、各类物资5万元。实施“共青团关爱农民工子女志愿服务行动”,动员300名青年志愿者结对帮扶农民工子女近千人。

【团组织自身建设】 扎实开展“党的群众路线教育实践活动”、“三严三实”活动等,深入推进街道和苏木镇组织格局创新和区域化团建。组织嘎查、社区团组织进行换届选举,74个嘎查社区顺利完成换届,部分街道、苏木镇团(工)委同步完成换届。街道团工委积极创建“青年爱里”,推进“社区微公益行动”,苏木镇(场)团委重点推进“青年爱里+协会”“团员青年中心户+协会”团建。健全集体学习、交流学习制度,分批培训各级团干部500人次。深入推进北疆青年“学习进行时”团员青年学习贯彻习近平总书记系列重要讲话精神大学习、大讨论活动及“学习宣传党的群团工作会议”精神活动13次,覆盖团员青年25 080人。

妇女联合会

【锡林浩特市妇女联合会领导名录】

主　席　关　丽(女 蒙古族)

副主席　刘淑萍(女)

【概况】 锡林浩特市妇女联合会现有工作人员6名,其中主席1人,副主席1人,副主任科员2人,科员1人,人才储备1人;中共党员6人。

【维护合法权益】 按照上级妇联要求,市妇联在各基层妇女维权站建设的基础上,整合资源,设立了16个“婚姻家庭纠纷调解委员会”,各调解委员会主任由妇联主席担任,组建了由基层综治、司法所工作人员、志愿者、妇代会主任及老党员、老妇代会主任等有威望的老同志组成的166名调解员。依托基层“妇女之家”“妇女维权站”阵地建立婚姻家庭纠纷调解室。建立了《婚调联系会议制度》,不定期召开会议听取婚姻家庭纠纷人民调解组织的运行状况,研究和解决工作中存在的困难和问题,促进婚姻家庭矛盾纠纷的化解工作。充分发挥妇联干部担任人民陪审员的作用,认真做好群众来信来访接待工作。通过法律援助中心积极为妇女儿童提供优质、便捷的法律援助。年内共接待来信来访25件,参与陪审案件10件,办结率100%,基本做到事事有答复,件件有落实,为来访者提供有效地帮助。扎实开展了两个规划中期评估督导工作,组织召开成员单位会议,下发《锡林浩特市妇女儿童发展规划(2011－2015年)中期监测评估工作方案》,将监测统计数据及责任目标内容下发到各成员单位,使妇儿工委各成员单位在各自的工作中做到有章可循,有法可依,确保规划中期目标任务完成。

【创业培训】 女性职业技能培训和妇女创业保健按摩培训班各1期,培训61人;家政服务人员岗前培训班4期,培训210人;举办锡林浩特市女干部培训班1期,培训170人;举办苏木镇妇联主席及新当选的嘎查妇代会主任培训班1期,培训32人;举办《幸福人生、和谐社会、婚姻家庭"心灵鸡汤"》讲座及"互联网+妇女创业就业"培训班各1期,培训110人。全年举办各类培训班培训城乡妇女583人。通过"实地、实用、实效"培训,提高广大城镇牧区妇女的就业技能。深入基层开展工作28次,走访群众入户调查115人次,帮助解决实际问题10件。

【自身建设】 组织各基层妇联组织认真学习和传达了自治区第十一次妇女代表大会、全盟群团工作会议及全盟"党建带妇建"会议精神;向各基层妇联组织转发《中共锡林郭勒盟委关于加强和改进党的群团工作的实施意见》;组织锡林浩特市各苏木镇、场妇联主席,嘎查妇代会主任赴东乌旗额吉淖尔镇参观学习党员中心户"妇女之家"建设工作开展情况;带领各苏木镇妇联主席、嘎查妇代会主任参观学习锡林浩特市"十个全覆盖"示范嘎查宝力格嘎查"十个全覆盖"工程。按照锡林浩特市嘎查(社区)"两委"换届选举的总体安排,市妇联向各苏木镇、街道办事处印发《嘎查(社区)两委换届选举工作中认真做好嘎查(社区)妇代会换届选举工作的通知》(锡林浩特市妇字〔2015〕15号),在锡林浩特市嘎查(社区)妇代会换届中实现了女性进"两委"达到100%,社区妇代会主任进"两委"达到100%。依托嘎查(社区)活动场所加强"妇女之家"建设,全区妇女儿童工作会议在锡林浩特市召开之际对达布希勒特社区、爱民社区等10个社区、嘎查"妇女之家"建设做到了提档升级,为其打造盟自治区、盟级"妇女之家"奠定了基础。

【开展活动】 按照全国妇联寻找"最美家庭"活动专题会议精神,下发《锡林浩特市开展寻找"最美家庭"活动方案》,活动中共收到来自锡林浩特市各苏木镇、场、街道办事处、市直单位及群众推荐的最美家庭110余户,经过层层举荐与认真考察,确定市级"最美家庭"20户,举办锡林浩特市各族各界妇女庆祝"三·八"国际劳动妇女节105周年联谊会。组织锡林浩特市各级妇联组织在"六一"儿童节期间,面向家庭、面向社会,广泛宣传"儿童优先"原则,组织各学校开展丰富多彩、寓教于乐、健康向上的庆祝活动。与市双拥办联合举办"牵手军营·共建家园"军地青年联谊会。来自锡林浩特市机关、企事业单位女青年和部队青年军官130余人参加了活动。为全力推进"十个全覆盖"工程,提升广大牧民文明素质,在牧区开展了创建"美丽庭院家庭"活动。动员各苏木镇、国营农牧场妇联组织带领广大牧区妇女 发挥妇女群众在家庭中的主导地位,从自身做起,从家庭做起,集中整治,改造家居环境,改善生活质量,提升生活品质,以家庭面貌焕然一新促进牧区精神文明建设。

红十字会

【锡林浩特市红十字会领导名录】

名誉会长　赖向华(女 蒙古族)

会长、执委会主任　姜久江(蒙古族)

专职副会长　王　楠(女 满族)

【概况】 锡林浩特市红十字会机关核定事业编制3人,现有工作人员10人,其中正式工作人员6人(2人参照公务员制度管理),三支一扶志愿者1人,专职志愿者2人。在2015年度全盟红十字会系统实绩考核中,综合考评全盟第一。

【组织建设】 锡林浩特市现有"博爱超市"9个,"博爱家园"项目2个,基层组织127个,团体会员43个,成人会员2484名,青少年会员1606名,社区服务等各类志愿服务队12支,志愿者275名,其中注册志愿者93名。锡林浩特市4个苏木镇、7个街道、30个嘎查(居委会)、52个社区(居委会)和24所中小学校建会率均达100%,其中苏木镇、街道红十字会已普遍达到"六有"标准,各嘎查、社区(居委会)红十字会有兼职人员负责日常工作,建立工作制度和社区红十字服务管理制度,建立分类、专项档案。

【筹资与募捐】 2015年募集捐款205.14万元,募集物资价值10.3万元。其中:锡林浩特市各机关、企(事业)单位干部职工"博爱一日捐"捐款182.88万元;社会爱心人士捐款0.23万元;"校园博爱基金"募捐善款14.31万元;"爱心双助"募捐善款7.45万元;公共场所募捐箱捐款0.27万元。截至2015年底,储备红十字备灾基金120万元,爱心回报基金110万元。储备物资价值41.2万元。

【救灾与救助】 开展各类救灾救助活动发放款物价值129.34万元,受灾群众和特困大病患者、贫困学生和残疾人等困难群众2388人次受益。元旦、春节期间开展"红十字博爱送万家"活动发放救灾救助款54.49万元;"爱心双助"博爱校园活动救助5名大病学生16.6万元。共发放救助款

55.46 万元。其中,扶困助医项目为 29 名特困大病患者发放医疗救助金 17.15 万元;扶老助医项目为 131 名低保户老年慢病患者每人发放价值 500 元的医疗救助卡;博爱助学项目为 56 名贫困大学生发放助学金 10.9 万元;博爱助残项目为特殊教育学校购买生活教具价值 2.2 万元;棚圈建设救助项目为朝克乌拉苏木 3 户、巴彦宝拉格苏木 2 户牧民建设 5 座 100 平方米棚圈,发放救助金 19 万元;红十字流动畜群救助项目新援助白音锡勒牧场 2 户贫困户 110 只羊,并发放生活费 0.21 万元;开展救灾活动为白音锡勒牧场羊群遭受雷击牧户发放救灾款 0.5 万元;为火灾牧民发放 0.5 万元。投资 5 万元为朝克乌拉苏木包扶户购买 100 只母羔羊(流动畜群),帮扶期限 4 年;投入 0.5 万元,为朝克乌拉苏木乌优特嘎查对口包扶户新建院墙 45 延长米;为 40 名特困群众发放救助金 1.01 万元。为阿拉善盟地震捐款 0.5 万元;为西乌珠穆沁旗火灾捐款 2 万元。

【学校红十字会工作与红十字青少年活动】 在各中小学开展应急救护知识进校园讲座和备灾防灾及救护知识普及性培训,培训学生 2504 名。组织 4 所中学参加青少年自救互救知识竞赛活动。

【宣传与培训】 围绕纪念世界红十字日、防灾减灾日、世界艾滋病日积极组织开展形式多样的宣传、培训活动,联合盟地震局、市民政局等多个部门在第三中学开展地震应急疏散演练活动 1 次;为企事业单位、市直机关和社区工作人员开展应急救护培训和普及性培训,培训人员 433 名。

【捐献造血干细胞与无偿献血】 加强捐献造血干细胞志愿者队伍建设,已入库造血干细胞志愿者 158 名,新登记志愿者 33 名。

【红十字生命健康安全教育项目】 争取红总会 15 万元“红十字生命健康安全教育项目”资金,开展大型主题宣传活动 2 场,救护员培训 14 期,经培训考核合格颁发证书 603 人;在第九小学开展 40 期“学校安全教育与体验活动”,2000 余人次师生参加;开展亲子讲座活动 10 期,组织 1300 余名师生参加应急演练。在盟广播电视台《多彩家乡》栏目录制播放“守护生命紧急救护技能”1 期。

【博爱家园项目】 市红十字会巴彦查干街道达布希勒特社区“博爱家园”项目继续发挥作用,新选择 3 户个体工商户发放生计基金 10 万元,直接带动 15 名特困户实现再就业。

【“迎大庆·光彩老牛光明行”活动】 “迎大庆·光彩老牛光明行”活动,免费为 18 名白内障患者成功进行手术。

【监督机制与廉政建设】 从完善制度、规范程序入手,对重点救助项目实行执委会评审制度,通过网站公开救助项目和申请、办理程序,公示募捐活动爱心榜、拟救助人员名单和救助款物的各项详细情况,定期开展内部自查自审,主动申请审计部门对 2015 年度救灾救助款物的情况进行审计,切实加强募捐和接受捐赠款物的管理、使用和发放。主动接受社会各界和审计部门监督,无任何违法违纪违规问题。

残　联

【锡林浩特市残联领导名录】

理事长　刘跃东

副理事长　褚一磊

【概况】 1989 年经政府批准建立了锡林浩特市残联,至今开了五次代表大会共计产生了 5 任理事长。残联是"半官半民"的社会中介组织,是集"代表残疾人,为残疾人服务,管理残疾人事业"三种职能于一身的事业团体。以弘扬人道主义,发展残疾人事业,保障残疾人平等地充分参与社会生活,共享社会物质文化成果为宗旨,认真履行其代表、服务、管理职能,为残疾人事业做了大量卓有成效的工作。如今锡林浩特市残疾人的地位逐步提高,劳动就业、受教育机会、医疗卫生条件、精神文化生活等方面有了明显改善。理解、管理、尊重、关心、帮助残疾人,维护他们的合法权益是全社会共同的责任。

【教育就业和扶贫助残】 为劳动就业服务所进行硬件配置,加强机关基础建设,截止目前为止投入 5 万余元。配置了电脑、打印机、档案柜等硬件设备,实行制度上墙,职责上墙。认真落实招收残疾儿童的学前教育机构补贴政策,把持有残疾证入园的 1 名残疾儿童姓名、残疾类别、幼儿园名称、等项造册登记,并报盟残联教就部。继续对当年考入的 2 名贫困残疾人大学生和贫困残疾人家庭大学生进行资助。协调就业部门加大残疾人就业、创业培训工作力度,4 月中旬,组织残疾人参加了盟残联举办的全盟残疾人体电通诊疗技术职业技能培训,培训 4 人。会同盟残联和特殊教育学校,围绕主题为"关爱孤残儿童,让爱洒满人间"开展第 26 次全国助残日,并向特校进行捐赠善款 8000 元。锡林浩特市除新建和微小企业以外其他企业预计追缴 2015 年度残疾人就业保障金 400 余万元。

【康复工作】 落实残疾人康复经费，累计列入当地财政预算16万元。入户了解现有社区卫生服务机构内配套设施。对锡林浩特市贫困残疾人辅具适配和残疾人无障碍改造项目的需求情况进行调查，并将调查情况汇总整理。积极争取上级资金30余万进行无障碍改造工作，并为残疾人购置轮椅100辆和助听器6个。截止6月底，共办理残疾证276个。

【宣传文体】 加强了残疾人文化体育工作，抓好全盟残疾人运动会暨全盟第三届残疾人文艺汇演的参赛报名工作，共有来自锡林浩特市各苏木、乡镇和办事处的60名残疾人运动员和演出人员将于9月份赴盟里参加比赛。充分利用广播、电视、报刊、网络等各种宣传媒体广泛宣传残疾人事业，宣传扶残助残和残疾人自强不息的典型事迹，努力营造热烈的社会扶残助残氛围。确定楚办爱民社区和巴办达布希勒特社区为锡林浩特市的两个综合性服务社区，累积投入2万元为其装配有声读物，扩大残疾人文化进社区"覆盖面"。

【组织建设】 为加强机关规范化建设和精细化管理，规范了机关内部管理，恢复了三部一室、一所一站。做到制度上墙，责任到人。整理修订一系列日常工作管理的规章制度，根据单位实际新增了办证初审制度，进一步规范了业务工作流程。建立健全残联残疾人事业业务档案和文书档案，对残联历年档案的整理工作正在进行中。重新对各乡镇苏木街道办事处残疾人基本信息情况进行统计，实施实名制建档立卡。

法 治

XI LIN HAO TE NIAN JIAN

政法委

【中共锡林浩特市委政法委领导名录】

书 记 斯日古楞(蒙古族)

副书记 徐远帆(女 兼综治办主任 2015年9月离职)

苏乙拉图(蒙古族 兼维稳办主任)

【概况】 中共锡林浩特市委政法委是市委领导和管理政法工作的职能部门,内设政治处、维稳办、执法督查室、办公室。市社会治安综合治理委员会办公室(简称综治办)与市政法委合署办公。共有人员18名,其中,书记1名,副书记2名,副主任2名,科员9名,工勤人员1名,混岗1名,事业2名。

【政法队伍建设】 落实"从优待警"措施,为66名干警解决职级待遇;为锡林浩特市干警统一缴纳"人身意外伤害保险"。制定《锡林浩特市2015年度政法干警教育培训计划》,加大对政法干警的教育培训力度,邀请中华全国律师协会常务理事、内蒙古自治区律师协会会长巴布在锡林郭勒产业园会议中心做"法定职责必须为、法无授权不可为"专题讲座。

【综治工作】 矛盾排查化解工作。开展3次以土地征用、房屋拆迁等为主要内容的社会矛盾排查调处集中专项行动,共排查各类矛盾纠纷及隐患582起,化解556起,化解率达95.5%;在锡林浩特市各苏木镇、国有农牧场、街道办事处共投入10余万元建立推行了矛盾纠纷"五所联调"工作机制,使矛盾纠纷在基层得到有效解决。

【社会治理工作】 在改造、维护和使用好已建成的2万余个电子监控摄像头的基础上,重点推进了191个道路交叉路口高清视频监控系统和电子警察系统的建设。2015年,利用视频监控技术破获刑事案件77起,抓获犯罪嫌疑人130人,切实发挥了实战效应;不断推进牧区"草原110"建设。开展"草原110"联防车辆和队员的集中整顿,重新核发联防车辆牌照、联防队员工作证和工作日志,并建立"草原110"微信群。目前,已为6个苏木镇、国有农牧场的300余户牧民安装了"警牧通"手机报警APP软件,发送各类防火、防盗、防灾、防交通事故等相关安全提示信息600余条;加强重点人员的摸排管控工作。排查梳理刑释解教人员、社区矫正人员、社会闲散人员、易肇事肇祸精神异常人员等各类重点特殊人群的详细排查登记,共梳理登记各类重点人员779人,全面掌握了重点特殊人群的基本底数和管理现状,为职能部门有针对性地落实管理帮扶措施提供了基础数据。

【平安创建工作】 先后开展以交通安全、消防安全、生产安全、重点场所安全、监所安全以及打击"两抢一盗"等多发性侵财犯罪、打击毒品犯罪、打击制售假冒伪劣商品等为主要内容的"两节"期间平安创建重点工作专项行动,并开展为期3个月的缉枪治爆、公共安全排查、生态环境保护治理、打击毒品犯罪、食品药品安全和制假售假专项整治、突出治安问题专项整治、网络及微信造谣传谣专项整治等为主要内容的平安建设专项整治百日行动,以及陆续开展了"亮剑一号、二号","震慑一号、二号、三号、四号、五号、六号、七号、八号"等一系列的严打整治专项行动、铁路建设等重点项目施工环境专项整治行动、秋季农牧业生产突出问题专项整治行动、危爆物品、寄递物流清理整顿等专项行动,并加大节庆日、重大活动、重要安保任务期间的巡逻执勤和检查力度，提高了街面、社区见警率，切实维护了社会治安大局平稳。

【舆论宣传】 利用综治宣传月和相关宣传日，集中组织综治和平安建设宣传活动。通过新闻媒体、市区主要街道、交通岗、出租车的LED显示屏以及互联网、手机短信平台、平安锡林浩特市微信平台等媒体，深入宣传开展平安建设的重要意义和工作成效；利用打造“城市法治文化广场”，重点宣传推进依法治市重大意义，向广大市民宣传安 全防范知识，发布防范类信息及温馨警示信息。

【 专项检查】 在抓好日常排查调处的基础上，组织 两次集中专项行动，排查涉及土地征用、房屋拆迁等方面各类矛盾纠纷及隐患310起，调处化解258起，其余52起落实包案领导和责任单位，确保排查到位、调处到位；专项排查梳理社区矫正人员、社会闲散人员、流浪乞讨人员等重点特殊人群共748人，采集、比对、补充各类信息近万条，并分类建立三级电子台账，全面掌握各类人群的基本底数和管理现状。

【维稳工作】 健全社会矛盾化解机制。一是不断完善四级矛盾排查调处网络；二是切实构建“大调解”工作格局；三是进一步规范群众信访工作；四是在市信访局大厅建立公、检、法、司等政法部门联合接访机制；五是建立推行基层矛盾“五所联调”工作机制。

【应急处突队伍实战演练】 完善《锡林浩特市处理信访突发性、群体性事件应急预案》等工作机制。组织市公安局、人武部、城管局、经信局、园林局、电业局、消防大队等多部门联合开展了8次以校园安全、反恐维稳、安全生产、消防安全、技能演练等为主要内容的培训演练活动。

【特别防护期维稳及安保工作】 全国、自治区、盟、市“两会”期间和各类重大节庆日、敏感节点日等特别防护时段，认真开展不稳定问题排查化解，加强值班备勤，特别是公安机关严密社会面控制，充分做好应急处突准备，确保了各个重要防护时段平稳度过。

【社会稳定风险评估】 完善《重大决策社会稳定风险评估实施意见》，对重大事项、重大工程、重要决策进行社会稳定风险评估。全年对内蒙古华电锡林浩特50MWp光伏电站送出线路项目、北方电力锡林热电2×660MW风光同场光伏项目等22个项目社会稳定风险评估报告进行了备案。

【执法监督检查】 进一步落实“诉访分离”要求，实行诉讼信访分离、依法终结制度。锡林浩特市委政法委向自治区高院报请分离19起非诉执行案件退出法律程序；对已经走完法律程序、合理诉求已经依法按政策公正处理的3件涉法涉诉信访案件，对该信访事项依法上报自治区高院审批终结。

建立涉法涉诉信访事项导入司法程序机制。锡林浩特市委政法委积极引导信访个案，实现由访到诉的转化；对于已经解决其信访问题的和其信访问题经审查未发现错误的信访人员，积极做好疏导化解工作。市委政法委共接待受理群众来信来访44批次(其中17批次经教育疏导，导入法律程序处理)；登记受理各级转办交办的群众来信27件次，均按照信访案件办理程序审查受理后转至各办案单位，办结25起，其他2件正在依法予以办理，办结率93%。

制定印发《锡林浩特市涉法涉诉信访工作改革实施方案》，同时成立协调领导小组，并下设办公室，统筹协调推进涉法涉诉信访改革工作。市委政法委执法监督部门共接待涉法涉诉信访案件130余件，180余人次；受理涉法涉诉信访案件56件，办结47件，其余不符合受理条件的均已当面做好答复解释工作或引导走入司法程序。

完善司法救助制度，统筹解决信访群众的法律问题和困难。市委政法委每年将10万元司法救助资金纳入财政预算，统筹解决涉诉信访群众反映的问题和实际困难。2015年，上级部门给予锡林浩特市大力支持，拨付80余万元和锡林浩特市匹配20余万元司法救助资金，对于刑事附带民事诉讼案件赔偿不能到位、民事执行案件无财产可供执行，造成申请执行人、被害人及其近亲属生活困难的，按规定及时给予司法救助。对于给予司法救助后仍然存在实际困难的，通过民政救济、社会援助等方式，帮助解决实际困难。

公 安

【锡林浩特市公安局领导名录】

书记、局长　贾境文
副书记、政委　锡林巴特尔(蒙古族)
副政委　安立龙
副局长　牧　仁(蒙古族)
　　武晓东
　　宗文广
　　聂俊龙
纪委书记　锡　林(蒙古族)

【各派出所领导名录】

哈日朝鲁派出所所长　李来锁

哈日朝鲁派出所教导员　陈学文
宝力根派出所所长　陈志杰
宝力根派出所教导员　肖　文
杭盖派出所所长　丁　屹(回族)
杭盖派出所教导员　何秀林(蒙古族)
楚古兰派出所所长　张立鹏
楚古兰派出所教导员　祁世祥
希日塔拉派出所所长　尹晶炜
希日塔拉派出所教导员　安晓光(满族)
额尔敦派出所所长　苏　和(蒙古族)
额尔敦派出所教导员　高红红(女)
德日斯图派出所所长　宋双全
德日斯图派出所教导员　徐智慧
南郊派出所所长　王立东
南郊派出所教导员　冀宏伟
白音锡勒派出所所长　苏日塔拉图(蒙古族)
白音锡勒派出所教导员　海曙光(蒙古族)
宝力根苏木派出所所长　那钦双和尔(蒙古族)
宝力根苏木派出所教导员　陈少儒(蒙古族)
阿尔善派出所所长　韩　巍
阿尔善派出所教导员　冯　波
朝克派出所所长　包长海(蒙古族)
朝克派出所教导员　胡日查(蒙古族)
巴彦呼热派出所所长　呼日勒巴特尔(蒙古族)
巴彦呼热派出所教导员　丁学林
巴彦宝拉格苏木派出所所长　额尔敦达赖(蒙古族)
巴彦宝拉格苏木派出所教导员　刘金义
交警大队大队长　查　干(蒙古族)
交警大队教导员　白　昆(蒙古族)

【概况】 锡林浩特市公安局位于锡林浩特市南府花园西侧。锡林浩特市公安局领导班子由12名成员组成:党委书记兼局长1名,党委副书记兼政委1名,副政委1名,副局长4名,纪委书记1名,政治处主任1名,局党委委员3名。内设机构由42个科室所队构成。

2015年,锡林浩特市公安局在市委、市政府和上级公安机关的正确领导和精心指导下,全面贯彻党的十八大和十八届三中、四中、五中全会以及各级公安局长会议、政法会议精神,紧紧围绕年初确定的九项重点工作,大力促进深化公安改革和"四项建设"推进工作,服务保障锡林浩特市"十个全覆盖"工程,始终保持严打高压态势,各类违法犯罪活动得到有效遏制,锡林浩特市社会治安秩序持续平稳有序。

【推进警务实战化】 妥善处置因拖欠工资、征地补偿、就业安置、养老待遇等群众前往盟市两级政府上访65起(次)3192人(次),劝返进京上访人员59人次,因扰乱单位秩序依法行政拘留7人,成功劝阻欲进京上访人员39人次。全力做好敏感期和重要节点的社会维稳工作,锡林浩特市未发生影响稳定的重大刑事、治安、交通、火灾等案(事)件及群体性事件,网络舆情平稳正常,社会政治稳定,治安大局平稳。2015年,锡林浩特市公安局承担警卫任务和安全保卫任务40余次,出动警力千余人(次),安保中,首次启用无人机对现场进行空中实时监控,与地面图传车编组为立体化巡控网,为现场指挥和快速准确判断人群密集区的各种情况提供了重要的参谋指数,成功构筑空中和地面的立体视频监控体系。

【指挥中心日常管理】 深化市区360秒出警圈建设,着力提升接处警效率,增强群众满意度;完善统一指挥、反应灵敏、运转高效的重大突发事件应急指挥处置机制,加强与火车站、汽车站、水、电、气、油等重点单位、重点地区、重点部位的防暴处突工作联动机制建设,以抓获现行和压降案件为目标,推行动态社会环境下派出所和特警武装常态巡逻,特殊时期启动和武警联合巡逻的大巡防格局,对社会面现行违法犯罪实行精准打击;举行综合性应急处置演练,提高处置持枪抢劫、恐怖袭击、群体性事件的实战处置能力。2015年,先后组织民警参加"雄鹰－2015"中蒙边境地区反恐演练、全盟公安特警(民警)拉动演练,适时开展监管、交通、消防、校园安保等应急处突演练30余次。特别是11月20日和12月4日,出动警力300余人、警车70余台,动用了武器警械、搜爆犬、单警装备、处突装备、反恐排爆、路障和阻车钉等警用装备,组织开展了两次金融系统反恐防暴防抢劫应急处突演练。

全年收缴电雷管15发,管制刀具15把,弩1支。开展公务用枪清理整顿工作,对锡林浩特市公务用枪462支、子弹30 604发、枪库8个,枪柜26个进行了登记核查;受理道路交通事故6831起,立案处理902起,与上年同期相比下降5%,直接经济损失33.6万元;锡林浩特市发生各类火灾80起,死亡1人,直接财产损失32.48万元。进一步提升监所管理水平,确保了监管场所的绝对安全,看守所、拘留所全年累计羁押1307人,继续保持了自治区县级公安机关"双一级所"的荣誉称号。

【基础信息化建设】 全局共立各类刑事案件1421起,同比下降2.73%,破案661起。抓获犯罪嫌疑人214人,打掉犯罪团伙9个31人,抓获网上逃犯83人。锡林浩特市发生命案7起全部告破，命案现案侦破率100%。破获涉毒刑事案件34起，刑事拘留21人。破获经济案件28起，抓获犯罪嫌疑人15人，挽回经济损失1328万元。全局共受理治安案件1615起，同比下降2.1%，查处治安案件1276起，打击处理违法人员929人。

【队伍正规化建设】 开展全警教育培训3期，各类业务培训16期；切实推进素质强警警务协作。坚持借力发展，紧抓素质强警警务协作机遇，派员赴外学习65次，培训业务骨干154名。在《人民公安报》等中央级新闻媒体刊发各类稿件15篇，在《内蒙古日报》等自治区级主流媒体发稿220篇，在盟市级媒体发稿330篇。与中央电视台联合拍摄以"2013·8·23"抢劫杀人案为背景的《撒贝宁时间》，在中央电视台播出。适应新媒体时代宣传形势任务需要，积极创新宣传平台、载体，打造覆盖面广、影响力强的公安宣传阵地，在手机、微信、公安门户网站发布信息800万条。

【民意民生警务】 以民意民生警务为引领，全警参战、合力攻坚，在完成既定任务的基础上，多次召开专门会议研究服务保障"十个全覆盖"工作，制定《锡林浩特市公安局服务保障锡林浩特市"十个全覆盖"工程十一项工作措施》，最大限度把警力部署在农贸市场、牧业集散地等治安复杂区域、案件高发部位，加大对"两抢一盗"、盗抢牲畜等侵财案件的打击防控力度，提高牧区安全防范水平，维护农牧区经济秩序和生产秩序。充分发挥基层派出所所长进班子的作用，以草原110牧区联防联网报警系统建设为平台，搭建警民联系的"连心桥"，打造为民服务的"工作站"，全力服务保障"十个全覆盖"工程。主动作为、先行先试，在广泛调研的基础上，先后8次组织召开专题会议进行了调度推进，全面贯彻落实了公安工作40件实事，圆满完成了年初确定的九项重点工作任务，深化改革和"四项建设"工作有措施、有进展、有成效，打击犯罪新机制成效初显、执法权力运行机制进展顺利、治安防控体系不断完善、户籍制度改革积极推进、警务运行机制改革初见成效，一些制约公安工作发展、群众关心的重大问题开始"破冰"。全局9个集体和7名民警受到了上级公安机关的表彰奖励，1名民警荣立个人二等功、4个集体和61名民警荣立三等功。

检 察

【锡林浩特市人民检察院领导班子名录】

检察长　赵　文

副检察长　孟雪山（蒙古族）

白　秀（女 蒙古族）

裴庆祝

陈晓军

韩国庆

【概况】 锡林浩特市人民检察院内设反贪污贿赂局、反渎职侵权局、公诉检察科、侦查监督检察科等22个办公办案部门。担负着查办职务犯罪、审查批准逮捕、审查起诉、监所检察、民事审判监督、行政诉讼监督、检察技术鉴定等多项法律职责。2015年，锡林浩特市人民检察院在市委和上级院的正确领导，在市人大及其常委会的有力监督和政府、政协以及社会各界的大力支持下，全面贯彻落实党的十八大、十八届四中、五中全会精神，深入学习领会习近平总书记考察内蒙古自治区时重要讲话精神，紧紧围绕深入推进平安锡林浩特市建设，以执法办案为中心，深入规范司法行为，进一步提高法律监督、自身监督、队伍建设水平，为保持锡林浩特市经济社会平稳较快发展和确保社会大局稳定提供有力的司法保障。

【打击刑事犯罪】 坚持严厉打击黑恶势力、严重暴力、拐卖妇女儿童等危害人民群众生命、财产安全的犯罪。2015年，共受理各类提请批准逮捕案件134件180人，同比分别下降6%和13%。批准和决定逮捕109件148人，同比分别下降2%和8%。受理移送审查起诉各类刑事案件300件376人，同比分别下降1%和6%。向市法院提起公诉285件353人，同比分别上升5%和0.8%，有罪判决率100%。落实"宽严相济"的刑事司法政策，对犯罪情节轻微的人员依法从宽处理，决定不批捕30件37人，不起诉25件29人。完善刑事和解机制，对符合法定条件的轻微刑事案件、过失犯罪案件，在犯罪嫌疑人真诚悔罪并获得被害人谅解情况下，促成刑事和解17件。

【维护社会稳定】 2015年接待群众来信来访71件91人，受理并分流查办案件17件。以"1328"信访工作日为重点，共安排检察长信访值班接待250余天次，接待来访群众50余人，成立阿尔善检察室和白音锡勒检察室。派驻阿尔善检察室于8月挂牌成立，遵循便民、为民、利民的原则，实行专人接待制度，完善了社会风险预警防控、结对帮扶等机制。坚持一站式法律服务，及时了解群众对检察工作的新要求，聘任5名“检察室联络员”，负责收集群众举报、监督线索和人民群众对检察机关的意见和建议。

【提高服务意识】 依托市委“干部下基层三级示范抓引领”工作和“十个全覆盖”工程，成立由院党组成员和干警组成的三个工作组，深入阿尔善宝力格镇斯日古楞嘎查、白音锡勒牧场黄花树特分场和锡林浩特市区16户贫困户，陆续为阿尔善宝力格镇斯日古楞嘎查贫困户搭建暖棚，为嘎查联系通电、通路项目，为嘎查文化站购置了电脑、打印机等办公设备，为白音锡勒牧场黄花树特分场场部购置3万元办公用具，并联系施工队帮助进行拆迁工作。对贝力克牧场44户集中进行拆迁改造和清理整治，2015年11月，该院派出蒙汉双语宣讲团深入锡林浩特市“十个全覆盖”工程责任单位、苏木镇、嘎查、国有牧场、居委会，开展预防“十个全覆盖”工程实施中职务犯罪巡回宣讲，共开展宣讲19场，受教育人数1500余人，同时与23个相关工程责任单位召开联席会议开展预防调查，提高工程责任单位人员责任意识，明确法律界限。

【查办和预防职务犯罪】 2015年，立案查办职务犯罪案件6件20人，全部为大要案，挽回经济损失226.7万元。针对惠民资金和涉农涉牧补贴申报、管理发放等重点环节，深入开展打击征地补偿、“三农三牧”等领域的职务犯罪专项行动，查办了白音锡勒牧场一分场原副场长黄某某贪污案。更加注重预防职务犯罪工作，全年共开展警示教育114次，接受教育人数3000余人。积极打造国家级警示教育基地，与盟、市两级纪委联合在该院原警示教育基地基础上进行改造扩建，项目建成面积600平方米的全盟警示教育基地，为筑牢全盟党员干部拒腐防变的思想防线开辟一个全新的廉政文化教育阵地。加大行贿档案查询工作力度，全年提供查询服务1300余次。

【司法监督】 联合公安机关和各行政执法机关开展立案监督和专项监督活动，监督公安机关立案5件7人。通过调阅卷宗、与案件承办人座谈等途径，开展刑事执法等专项检查，跟踪公安机关对案件的处理情况，监督公安机关撤销“久拖不结”的案件6件6人。联合市法院、住建局等单位开展虚假诉讼监督专项工作，从法院调取、审查涉及房屋过户、借贷纠纷、拆迁等案卷50余卷，认真排查线索，全年立案监督法院审判程序违法案件8件。加强对监管场所安全措施的监督，开展监管场所安全大检查6次，日常防范检查每日一次，重大节假日期间坚持24小时值班制度。与看守所建立监管信息和监控双联网平台，全面实现监所检察业务信息网络化管理。2015年该院驻所检察室被最高人民检察院授予“一级规范化检察室”称号。

【规范司法行为专项整治行动】 进一步规范网上办公办案，加强对办案全程的流程监控，严格监督管理，每周向各科室下发《流程监控情况周报》，对存在的问题及时进行通报。制定《锡林浩特市人民检察院涉案财物监督管理暂行规定》，具体规范了涵盖涉案财物的接收检验、入库保管等5个方面20项内容。严格执行同步录音录像制度，在同步录音录像过程中，技术人员严格遵守保密制度，完成同步录音录像工作77次。编印《锡林浩特市人民检察院公文处理实施细则》，对公文文种、文号、排版等内容进行了详细要求。进一步规范司法行为，筑牢思想根基，该院与最高人民检察院影视中心合作拍摄全国首部结合规范司法行为微电影《心律》，电影主题贴近当前检察工作实际，紧扣新时期检察工作发展形势，深度阐释和宣传新常态下规范司法行为的重要性和深远意义。该片将在2016年全国两会期间向全国人大代表以及政协委员展映，同时在腾讯、搜狐等13家主流媒体播放。通过不断地加强规范化工作，锡林浩特市检察院被自治区检察院评为“执法规范化标准化”建设示范院。

【队伍建设】 坚持打造过硬检察队伍，积极开展组织岗位练兵和业务竞赛，组织干警参加市级以上脱产培训、系统外培训、自行培训170余人次。邀请党校教师为干警进行“群众路线”、“党史教育”专题讲座，更加注重蒙汉双语培训，通过学习法律术语蒙汉翻译知识，切实提高检察人员运用蒙汉双语办案能力。认真组织全院干警进行军事技能训练，通过打靶和徒步越野的方式提高干警的综合素质。进一步发挥先进典型的示范效应，通过在检察文化长廊设置“光荣榜”，展示11名先进模范干警事迹。

【办案和专业技术用户建设和信息化建设】 按照高检院《全国检察机关信息化应用统一实施方案》《关于深入推进检察专网分级保护工作的意见》的要求，完成了分级保护、机房改造工作，确保统一业务应用软件良好运行，实现所有案件网上办理、司法行为全程留痕、公文网上流转、事项网上管理，增强了对检察工作运行的刚性约束。加强机要保密室硬件配套设施，安装“三铁两器”（铁门、铁窗、铁柜和监控器、红外线报警器）。

法　院

【锡林浩特市人民法院领导名录】

院　长　孟　海(蒙古族)
副院长　高　龙(蒙古族 挂职)
陶卫江
包启龙(蒙古族)
金利军
周玉峰

【概况】 锡林浩特市人民法院始建于1959年9月,2015年有干警105人,其中政法专项编95人,工勤编10人。另有事业人员3人,复转军人安置28人,公益性岗位15人,人才储备1人,自聘人员38人。在一线从事审判执行业务的法官有39人。内设机构18个,分别为政治处、纪检组、办公室、立案庭、民事一庭、民事二庭、执行局、刑事庭、未成年人审判庭、司法技术辅助办公室、法警队、审监庭、行政庭、巡回法庭、白音锡勒法庭、审管办、研究室、监察室。2015年,共受理各类审判、执行案件9232件,审(执)结5863件,收结案同比分别上升36%和29%。

【刑事审判】 共受理刑事案件366件,审结294件,判处被告人380名。严厉打击危害社会秩序犯罪和破坏市场经济秩序犯罪,审结故意伤害、“两抢一盗”、诈骗等案件188件264人;判处醉驾、交通肇事等引发的危害公共安全犯罪94件96人;依法严惩职务犯罪,审结贪污、贿赂、滥用职权等案件12件20人,做到罪责刑相适应;加大对拖欠农民工工资案件的打击力度,对4件拒不支付劳动报酬案,依法作出有罪判决。重视未成年人审判工作,审结未成年人犯罪案件13件34人,封存犯罪记录13件,加强对未成年人合法权益的保护。

【民商事审判】 共受理各类民商事案件6432件,审结4682件,其中调解、撤诉案件达2762件,注重依法保障民生,审结人身损害赔偿、物业管理、婚姻家庭等案件644件,有效维护了人民群众切身利益;依法审理劳动争议案件,对农民工追讨劳动报酬案件实行快立、快审、快执,共审结此类案件1251件,追索劳动报酬2407万元,切实保护了劳动者的合法权益。全面推进多元化矛盾纠纷解决机制建设,积极开展诉前调解、诉调对接、司法确认等工作,调解结案1529件,依法确认人民调解协议708件。

【行政审判】 共受理行政诉讼案件33件,审结23件;受理行政非诉执行案件33件,审结33件。监督和支持行政机关依法行政,及时化解棚户区改造、城市建设中的矛盾纠纷,全力保障锡林浩特市重点工作顺利实施。依法保护行政相对人合法权益,规范行政机关具体行政行为,在19件判决案件中,确认行政机关违法或撤销其行政行为的4件。全面推行行政机关负责人出庭应诉制度,自去年新修订的《行政诉讼法》施行以来,已有4名行政机关负责人出庭应诉。

【执行工作】 共受理执行案件2366件,执结829件,执行款项1.49亿元。深入开展“转变执行作风,规范执行行为”专项活动,清理各类执行积案167件,执行标的2249万元,其中56件涉民生案件100%执结。不断强化执行联动威慑机制,在有关部门的大力配合下,加大对失信被执行人惩罚力度,对规避执行的当事人依法采取司法拘留36人、判刑2人、罚款8人。实行失信被执行人名单制度,将136名失信被执行人信息上传最高院执行专网,并在市区繁华街段电子显示屏上集中曝光,形成高压态势,压缩“老赖”逃避执行空间。

【信访接待】 全年共受理涉诉信访案件22件,均已办结并答复当事人。共接待各类来信来访130件,已全部及时化解。

【审判管理】 院长、庭长亲自担任审判长审理案件1262件,列席合议庭讨论案件690件,分别占结案总数的16%和12%;建立发改案件评析制度,共评查发改案件69件,在案件大幅上升的形势下,发改率同比下降53%;深入开展“两评查”工作,评查裁判文书2437份,评查庭审1501件(次);全面推进立案登记制改革工作,做到有案必立、有诉必理,保障当事人诉权。自2014年5月1日以来,共登记立案3870件,市委、市政府派出两个工作组开展诉前调解358件(次)。

【司法为民】 全面推进“十个全覆盖”工程,为白音乌拉分场解决“十个全覆盖”资金2万元,帮扶贫困户12户、帮扶资金3.8万元。设立了农民工、残疾人等弱势群体立案“绿色通道”,依法为1210件弱势群体案件减缓免诉讼费169万元。加大司法救助力度,通过多方努力,为27名困难当事人发放司法救助款100万元。快速有效化解交通事故纠纷,交通法庭与交警部门和人民调解委员会建立了“诉调对接”机制,审结交通事故案件940件,调撤率94%。积极发挥巡回审判优势,在辖区内设立了2个巡回办案点和12个诉讼联系点,并与司法所、草监所等部门建立了“五所一庭”联调工作机制,巡回审理案件340件,调撤率79%。

【队伍建设】 全年举办“法官大讲堂”和各类

业务培训班15期、培训干警2629人(次),组织参加盟级以上各类培训28期、51人(次)。投资22万元开通了“北大法宝”法律知识资源平台、设立了多媒体电子阅览室,并为办案法官配备了审判指导书籍,切实提高了干警的整体水平和业务素质。

【党风廉政】 对19件上级批转件和当事人举报案件进行认真核查,未发现干警违法违纪现象。

【基层基础】 本院审判办公楼如期建成并投入使用,内设18个审判法庭。积极推进科技法庭建设,在新建审判法庭内设置4个科技法庭,能够全程直播庭审活动。开通人民法院诉讼资产网,并以“卖家”身份入驻淘宝网开展网上拍卖,进一步提高了司法拍卖程序的公开透明。推进审判流程公开、裁判文书公开、执行信息公开三大平台建设,制作电子卷宗5784件,裁判文书上网2050件,录入执行案件6903件。

【司法公开】 深入开展人大代表、政协委员联络“三个全覆盖”和“一对一”联络工作,上门走访各级人大代表、政协委员39人(次),旁听庭审28人(次),寄送材料62份。加大司法宣传力度,全年共召开新闻发布会4次,在各级媒体刊发宣传报道236篇,其中国家级媒体31篇。完成了人民陪审员改选工作,人民陪审员共参审案件794件,陪审率93%。

司法行政

【锡林浩特市司法局领导名录】

书记、局长　莫日根(蒙古族)

副局长　霍少春

鲍忠洁(女 满族)

【概况】 锡林浩特市司法局现有职能股室6个:政治处、办公室、宣教股、公律股、基层股、社区矫正执法大队。二级单位3个:法律援助中心、公证处、经远律师所(原市律师所),十一个基层司法所。全局现有干部职工:74人;机关党员:18人。

【普法依法治理】 全年6次向来全局视察的人大、政协、党代表汇报司法行政工作。普法办利用两个月时间对锡林浩特市60多家成员单位的“六五”普法依法治理工作进行检查验收,对检查情况进行通报。2015年举办十期领导干部法制讲座,全年开展法律进校园活动92次受教育师生达34 267余人。结合“十个全覆盖工程”,先后61次深入嘎查开展牧区法律宣传与咨询活动,在嘎查“两委”换届期间举办了18次法制培训班。开了法律知识竞赛、诗歌朗诵、文艺演出等丰富多彩、形式多样的宣传活动48场次,受教育人数9948余人,解答法律咨询770余人次,发放《公民法律知识读本》1万册,发放法律购物袋、宣传资料13 600余份。消费者权益保护日、“综治宣传月”、“6·26”国际禁毒日、“12·4”国家宪法日暨法制宣传日等节点以及各类专业法颁布周年或特殊纪念日,积极协调配合各相关部门,开展集中宣传活动20余次。4月份开始,对法治文化广场二期工程浮雕墙、滚动宣传橱窗进行了建设;打造了法治“一路一街”(即:额尔敦路从贝子庙广场到锡林广场、锡林大街从火车站到四中路口),利用沿线路灯杆进行普法宣传;各司法所配合组织部,深入社区开展组团式服务20余次,宣讲团主动介入宣传部道德讲堂,深入牧区党员中心户家中开展普法宣传活动5次;在锡林郭勒盟日报开设“六五”普法专版进行普法宣传,通过锡林郭勒盟“12348”公共法律服务平台、自治区司法厅法制内蒙古网、锡林郭勒盟广播电台法制专题栏目等新媒体宣传司法行政工作动态、各项创新举措.打造的法治文化广场受到了自治区司法厅和锡林郭勒盟司法局的高度评价并分别奖励10万元,被自治区司法厅法律服务平台现场会选定为参观单位。

【人民调解】 先后投入50余万元进行司法行政系统信息化建设,实现“群众只进一扇门,办好司法行政所有事”的愿望。利用各社区设立的法务室开展便民利民的涉法涉诉服务。投入130多万元,为司法所配备了执法执勤车辆、执法设备和办公设施,司法所的业务用房和设施条件全部达到自治区规范化司法所的要求。年内又成立医疗、物业、劳动争议、环保、消费等5个人民调解委员会。2015年人民调解组织调解纠纷1600多件,锡林浩特市各级各类人民调解组织共排查纠纷286次,调解矛盾纠纷3021件,涉及6525人,调解成功3000件,调解成功率达99%,履行3000件,防止民转刑案件104件216人、防止群体性上访2件110人。发放调解人员案件补贴10万余元。

【社区矫正 安置帮教】 司法所建立定位监控系统,社区服刑人员配发GPS手机,实现动态监控。先后投入20多万元,配备执法记录仪、头盔、防刺背心、防割手套等单警装备和装备柜、保密柜。为加强社区服刑人员的改造,在法治文化广场建立公益劳动基地,与职教中心协商建立了职业技能学习培训、鉴定基地,与看守所协商建立警示教育基地。截至2015年底,锡林浩特市矫正对象 188 人(全年共接收社区服刑人员 98 名,解除 91 名),参加公益性劳动 34 次、组织集中学习 80 多次。帮助刑满释放人员落实低保 8 人,社会救济 5 人,参加农村医疗合作 6 人,享受农机补贴和燃料补贴 18 人,过渡性安置 16 人,自主创业 7 人,其他安置方式 8 人,企业和经济实体吸纳就业 6 人,从事个体经营 6 人,自主创业 105 人。截至 2015 年底,锡林浩特市帮教对象共计 199 人,没有出现脱管、漏管现象,重新犯罪率低于 1%。

【公证律师】 锡林浩特市各苏木(镇)、街道办事处实现了法律服务工作者全覆盖。4 名律师被政府法制办公室聘请为政府法律顾问,为 40 余家企事业单位担任法律顾问,5 名律师承担市政府信访大厅咨询疏导工作,2015 年律师共办理案件 1315 件,代写法律文书 541 份;解答法律咨询 1255 次,参加公益事业和社会活动 38 人次。

【便民服务】 在南煤矿棚户区改造中为 200 多拆迁户办理公证,登门为老弱病残人员上门办理公证。2015 年,共办理公证业务 4397 件。其中,国内公证事项 3849 件,涉外公证事项 548 件。

【法律援助】 在 3 个驻市部队营级单位设立"法律援助工作站"。截至 2015 年,锡林浩特市建立 21 个法律援助工作站、78 个法律援助工作点。2015 年办理援助案件 507 件。其中,刑事援助案件 15 件,民事援助案件 482 件,为当事人挽回经济损失 750 余万元,解答来电、来访法律咨询 850 人次。

【队伍建设】 全年开展"社会主义核心价值观"教育和"书香草原、阅读城镇"活动。参加纪检委举办的"清风伴我行"主体演讲比赛。安排集中学习 30 余次。组织观看《焦裕禄》、《苏联亡党亡国二十年祭》等专题片,以加强党风廉政建设和"三严三实"为内容上了 3 次党课。投入 5 万元帮助宝力根街道伊利勒特社区阵地装修和法务室建设。参加社区、嘎查调度会 9 次,与帮扶户制定了"一对一"的两年帮扶计划,慰问贫困户 7 次,开展送法进社区(嘎查)活动 6 次,对去年危房改造项目中没有完工的 21 户,进行了施工建设。22 名在职党员到伊利勒特社区报到,组成 2 个志愿服务队,认领公益服务岗位 5 个。

【信息】 2015 年,锡林浩特市司法行政系统上报信息简报 121 期,在各类各级新闻媒体发表稿件 15 篇,在锡林郭勒盟电视台宣传 8 期,在锡林郭勒盟人民广播电台播出稿件 34 篇。

军事

XI LIN HAO TE NIAN JIAN

人民武装部

【锡林浩特市人民武装部领导名录】

部　长　　陈　明
政治委员　罗志华
副部长　　张　涛

【概况】 2015年,锡林浩特市武装部始终把班子自身建设摆在突出位置抓紧不放,着眼增强创造力、凝聚力和战斗力,紧紧围绕“三严三实”专题教育抓学习、重事业、讲团结、正风气,班子首位意识增强,精神状态较好,内部风气纯正,自身要求严格,较好地发挥了核心领导作用。按照“建班子强素质,聚中心出成绩、抓作风保稳定、夯基础促发展”的工作思路,狠抓党委班子建设、民兵应急训练、安全法纪教育、国防动员以及“五融合四促进”等工作,突出了人武部的使命任务,促进了职能作用的发挥,各项工作有了新的进步。连续两年被内蒙古军区评为全面建设先进团级单位、军事训练先进单位、安全管理先进单位。

【党委工作】 以《关于新形势下军队政治工作若干问题的决定》为依据,以《全军政治工作会议》精神和十八届四中、五中全会精神为主要内容,认真落实了党委中心组带机关理论学习制度,突出学好习总书记系列重要讲话“军事篇”“改革篇”“国防动员篇”,结合工作领会精神,不断深化创新理论武装。

【军事训练】 主要突出“军事训练教学责任制”的落实,从时间、内容、效果上抓好训练工作落实。严格按照训 练大纲,组织好“学、研练、考、评”、扎实抓好体能训练、安全技能训练和野外拉练,注重参谋“新六会”训练,突出指挥员、参谋人员、兵种专业训练,开展好岗位比武竞赛和岗位标兵评选活动。在做好民兵整组工作的基础上,基干民兵和应急分队训练,主要围绕反恐维稳和应对突发事件能力提高进行,全面提高民兵履行应急任务能力。组织民兵应急分队搞好冬季适应性演练。

【征兵工作】 按照“一季征兵、全年准备”的要求,第一季度,组织 召开兵役登记工作专题会议,认真部署任务、专门成立征兵工作 宣传组,协调电视台制作了征兵视频,录制了宣传音频,发放了 宣传资料;结合时代特点和高考结束时机,依托QQ群、贴吧和微博及微信平台,传播具有鲜明时代特色的网络时尚 征兵用语,在市区、郊区、牧区形成了全方位、立体式的宣传网 络,得到社会各界的关注。在确定应征对象时,本着“军人子弟优先、大学生优先、上年度双合格未定人员优先”的原则,实行上站体检、体检政审双检程序,利用入营前适应性训练发现身体有问题4人,思想不稳定1人,末位淘汰更换4人。

【民兵工作】 1月份,严格按 照《战备工作规定》要求,在上级业务部门的指导下,相继完成了各类方案计划的修订。4月份,按照“出入转队”的原则,落 实基干民兵的整组工作。5月初,组织专武和 民兵骨干进行了集训。5月中旬对120

名应急力量进行了为期 1 0 天的队列、防暴队形、警棍盾牌操等专业训练。6 至8 月份,组 织了2 批兵进行实弹射击,按照分区指示,配齐了本 级人应急力量紧急拉动的各类应急器材,协调市政府投入 5 0 余万元,修建民兵集结场,结合《预备役团全面建设考核 细则》对所属库室进行了规范,并初步完成作战室的相关图表 配套。7 月中旬,结合半年考核,对城管局、神华、大唐公司、各苏木、办事处编民兵应急排进行了应急拉动,结合“全国文明城”评比工作,专程赴基层编兵单位调研指导,现场拉动民兵 应急分队,提升民兵队伍“双应”建设水平。

【保密工作】 在保密工作上,认真贯彻落实军委 5 号文件精神和《保密条例》规定. 对全体人员加强保密教育,增强保密观念。依据相关的规定,对文件资料、涉密存储介质、计算机网络进行彻底清查清理。按照“七个统一”和“六个清理”的要求,对军用文电系统进行了安全技术防范,并落实了文件打印、传真审批、登记制度。保密工作进一步得到提升,全年无事故及失泄密案件。

【安全工作】 坚持以军委国防动员部《六个规范性文件》为依据,以军区、军分区安全评比活动为推手,狠抓安全条例和制度的落实,明确了责任与奖惩。开展了“条令月”和教育整顿活动。按照军委国 防动员部六个规范文件要求,对重点目标及安全防范设施进行检查规范。组织开展“军车安全月”和“驾驶员警示教育日”活动,制定了相应的整改措施。从源头上预防各类事故的发生,确保安全稳定。

【“双拥”工作】 成立以市委书记、宣传部长、人武部政委和双拥办主任为主体的国防教育委员会,5 次邀请专家教授为市行政事业单位科以上领导、伊利公司、职业学院、宝力根苏木开展了国防知识大讲堂活动,利用参观国防教育展厅、八一军事日、生态林建设、清明扫墓等活动,大力加强国防动员,为后备力量建设和民兵整组打牢了思想基础。围绕省军区系统“五个当好”的职能要求,1 月 2 6 日协调召开议军会,会上进行了第一书记述职,解决了 1 0 名军人家属公益性岗位、5 人工作调动、3 2 名复转军人工作安置,会后组织“书记走边关”活动,对边防 7 连、阿拉坦合力镇分别帮建 5 万元和 3 万元。9 月份,协调四警单位对驻锡林浩特市 7 所中小学校进行军训。6 次开展国防教育进校园活动,“一对一”捐助了 3 名困难学生。8 月份锡林浩特市被国家评为双拥模范城。

农牧林水

XI LIN HAO TE NIAN JIAN

农 牧 业

【锡林浩特市农牧业局领导名录】

书　记　苏　和(蒙古族)
局　长　钢照日格(蒙古族)
副局长　青格勒(蒙古族)
　　　　宝力高(蒙古族)
　　　　乔振国(蒙古族)
　　　　青格勒图(蒙古族)
　　　　宗天宇
　　　　郭　颖(女 达斡尔族)

【基本情况】 农牧业局下设9个二级单位,分别是:兽医局、蔬菜办公室(并挂植保站牌子)、农机监理站(并挂农牧业技术推广站牌子)、草原工作站、牧区经营管理站、畜牧工作站、农牧业综合行政执法大队、奶业管理办公室、农畜产品安全检测中心。实有人员164人,空编。领导职数1正5副,实有2正4副(其中专职副局长2人、兼职副局长2人)。

农牧业局党委下设5个党支部,分别是局机关党支部、蔬菜办党支部、兽医局党支部、三站一办党支部、草原站党支部,共有党员56名。

【农牧业生产】 全年共整合投入资金13.3亿元(其中落实5大类18项补贴1.5亿元)。一产增加值完成16亿元,同比增长5.5%。牧民人均可支配收入20 635元,同比增长8.4%。接活仔畜84.3万头只,成活率为99.8%。牧业年度牲畜168.4万头只,良改比重、繁成率分别达到99.44%和110.8%。出栏牲畜104.9万头只。

【家畜品种优化工程】 巩固建设黄牛改良核心群16群,完成黄牛改良3.4万头,其中肉牛冷配0.7万头、本交1.2万头。争取到良改母牛饲料补贴120万元。鉴定周岁种公羊4387只,发放补贴570万元。实施肉羊人工授精0.65万只、经济杂交10万只。

【草原生态植被建设和保护】 完成鼠虫害防治129万亩,人工草地19.8万亩,种植人工草地2.5万亩、草籽基地0.2万亩,购置饲料机械116台(套)。发放牧草良种补贴613.8万元。打储草3.1亿公斤。

【动物防疫监督】 完成春秋两季集中免疫,共免疫牲畜804万头只次,确保重大动物疫病强制免疫密度达到100%,全年未发生区域性重大动物疫情。强化动物及动物产品流通环节监督,对跨省调运的活畜拦截及劝返,已劝返车辆663辆、活畜5.4万头只。屠宰加工期间向31家加工企业派驻检疫员驻场检疫,检疫率达到100%。

【设施农业、种植业】 种植农作物33.77万亩,粮食产量达到4万吨,蔬菜瓜果产量达到4.6万吨。农作物参保面积25.73万亩,遭受风灾雹灾2.1万亩,理赔315万元。通过"一卡通"发放粮食直补和农资综合补贴802万元、良种补贴193万元。

林业水务

【锡林浩特市林水局领导名录】

书记、局长、森林公安局政委　杜赞炯
纪委书记　阿拉塔乌拉(蒙古族)
副局长　张炳青

副局长、局机关支部书记　王秋菊(女)
副局长　王小红(女)

【森林公安局】

书记、局长　石金福
副政委　吉日木图(蒙古族)
副局长　铁　虎(蒙古族)
马淑芳(女)
宗贵成

【林业工作站】

书　记　刘洪波
站　长　候树军
副站长　张丽琴(女)
罗长山(蒙古族)
段建平

【公益林管理站】

书　记　刘志强(蒙古族)
站　长　牛俊颖
副站长　刘振玉
王丽娟(女)
席　政

【国有林场】

书记、场长　徐　芳(女 满族)
副场长　萨其日(女 蒙古族)
张　端

【水利队】

书记、队长　白晓明(蒙古族)
副书记　孙英杰(女)
副队长　高　丽(女)
巩建平

【锡林河水库管理所】

书记、副所长　额尔敦巴根(蒙古族)
所　长　司东伟
副所长　赵宝根
田茂旺
师春林
牧建鹏

【打井队】

书记、队长　王永青
副队长　郭飞龙
杨晓东

【小孤山水库管理所】

所　长　张金国

【水政办】

主　任　胡洪岗
副主任　常玉强

【水政监察大队】

政　委　吴建峰(蒙古族)
队　长　黄　品
副队长　康艳军
陈晓志

【内蒙古锡林河国家湿地公园管理处】

主　任　王秋菊(女)

【概况】 局机关核定行政编制15名,工勤编制2名。科级领导职数5名(一正四副),实有一正四副。

锡林浩特市林业水利局内设办公室、财务统计股、造林治沙股、林政资源股、水利计划建设股、地下水(水土保持)监测监督股、防汛抗旱办公室、绿化委员会办公室、项目办等9个机构。下辖林业工作站、公益林管理站、森林公安局、国有林场、水利工作队、草原打井队、锡林河水库管理所、小孤山水库管理所、水政水资源管理办公室、水政监察大队、锡林河国家级湿地公园管理处11个二级单位,共有在编干部职工266人。

【城防林工程建设】 投资2.5亿元(林水0.6亿元、园林1.7亿元、矿区及其他0.2亿元),完成重点区域绿化任务2.5万亩。城周边绿化0.55万亩、通道绿化0.03万亩(8公里)、工矿园区绿化0.3万亩、村屯绿化0.02万亩、河流两岸绿化1.6万亩。造林苗木选择上严格按照适地适树、种植乡土树种的原则,以锡林郭勒盟榆树为主,既降低了投资成本,又确保了成活率。

【京津风沙源治理工程】 京津风沙源治理工程任务3万亩,人工造林0.4万亩、封山育林2万亩、工程固沙0.6万亩。

【森林植被恢复】 森林植被恢复0.3万亩,投资500万元。

【种苗基地建设】 投资1600万元,育苗500亩,实施地点在白音锡勒牧场桃林塔拉分场。2015年完成投资600万元,完成育苗250亩。

【城防林后期养护工作】 为切实加强城防林后期养护,巩固建设成果,根据《锡林浩特市城防林养护及交接方案》的要求,结合到期林地的现状,将2011年、2012年已到期的2.2万亩城防林通过招标分为18个标段,进行后期养护工作。

【森林资源管理工作】 进一步加强林业占地管理,在项目实施过程中凡涉及林地,严格要求办理占用林地手续,并加强日常的监督检查。共受理征占用林地项目13个,其中自治区已审批通过5个,上报盟林业局4个。配合国土资源局进行林地确认16宗;答复信访件7件,接待来访群众43人。在国家林业局驻内蒙古专员办的行政许可检查中,锡林浩特市的林业占地项目受到肯定。

【退耕还林工程】 完成退耕还林工程总面积

8.9 万亩,其中退耕地 2.7 万亩,已顺利通过国家验收。发放退耕还林补助资金 243 万元。

【森林保险工作】 申报受灾面积 6067 亩。获得赔偿 31.06 万元。

【林业执法工作】 办理刑事案件 3 起。其中,非法狩猎案 2 起,盗窃案 1 起。办理各类涉林行政案件 243 起,处理违法行为人 286 人,收缴罚没款 19.6 万元。

【森林病虫害防治检疫工作】 防治白杨透翅蛾 3 亩,杨树烂皮病 175 亩,榆紫叶甲 3000 亩,杨干象 17 900 株。严格要求外调苗木报检,必须办理"植物检疫要求书"才能使用。对发现带有病虫害的糖槭、金叶榆、榆叶梅分别采取了下发"林业有害生物除治通知书"、退回原起苗地、将带病株拔除烧毁,对剩余苗木进行喷药防治等措施。同时,积极开展对锡林浩特市各苗圃产地检疫工作,产地检疫率达到 100%,产地检疫合格并办理了"产地检疫合格证"的苗木才能栽植使用。

【森林防火工作】 制定《锡林浩特市林业水利系统森林防火应急预案》,成立以党委书记为组长的林业水利系统防扑火工作组,新成立国有林场森林快速扑火队,扑火队伍增加到 2 支。严格实行森林防火 24 小时值班制度,确保信息联络畅通。森林防火戒严期共出动警车 257 台次,警力 812 人次,排查各造林单位防火设备、管护人员配备情况,严格规范倒灰点,排查出入林区的人员和车辆,清理进入林区内无关人员和车辆,制止在林区及边缘烧纸祭祀行为 316 起,制止抽烟等野外用火 87 起。组织和参加防火宣传工作 4 次,发放防火宣传资料 5000 余份,悬挂防火宣传条幅 36 条,防火旗帜 200 余面。

【牧区饮水安全工程】 投资 2113 万元,建设水源井 176 眼,改水设备 96 套。解决 2194 人及 8.1373 万头(只)牲畜的饮水安全问题。

【饮水解困工程】 投资 1059 万元,建设水源井 70 眼,配套改水设备 130 套,太阳能提水设备 22 套。

【储水窖建设工程】 投资 1185 万元,建设任务 20 吨储水窖 100 座。

【2014 年京津风沙源水利水保项目】 小流域综合治理面积 4 平方公里,新建水源井 23 眼,投资 510 万元。

【牧区节水灌溉重点县工程】 灌溉面积 3.3 万亩,投资 5700 万元,分三年完成。2015 年计划完成节水灌溉饲草地 1.2 万亩,投资 1600 万元。

【牧区饲草地节水增效项目】 投资 700 万元,计划改造节水灌溉饲草地 7000 亩,自治区水利厅已对实施方案进行了审查,现设计单位依据审查意见正在修改。

【水质监测中心建设项目】 根据锡林郭勒盟水利局《关于锡林浩特市农村牧区饮水安全工程水质监测中心推荐建设方案的批复》要求,实施锡林浩特市农村牧区饮水安全工程水质监测中心项目,投资 168.8 万元。招标公告已发布。

【小型水利工程设施改革】 制定《锡林浩特市小型水利工程管理体制改革实施方案》。项目下达资金 620 万元,其中 2014 年下达资金 300 万元用于节水灌溉饲草地维修改造。2015 年度下达资金 320 万元用于维修改造供水工程 5 处,已完成柴达木供水工程、巴彦锡勒分场供水工程、桃林塔拉分场、沃村吐儒分场供水工程、伊利勒特供水工程 5 处,铺设管道 9565 米。完成小型水利工程改革对象的清查、权属界定、照片采集及档案整理等工作。正在发放产权证书。

【生态水系治理工程】 总投资 3.8 亿元,分二期实施。2014 年 5 月实施一期工程,治理面积 3672 亩,累计完成投资 1.7 亿元。

【锡林河下游河道运煤专线至神华排水口段整治工程】

投资 997.27 万元,右岸新建堤防 2.46 公里、河道疏浚 2.78 公里、过水路面 1 条。

【白音苏木抗旱应急水源工程】 投资 1224 万元,建设 82 眼水源井。

【2014 年山洪灾害防治项目】 投资 197 万元,主要包括山洪灾害调查评价和非工程措施补充完善。

【橡胶坝工程】 投资 1000 万元,完成三座橡胶坝建设并蓄水。

【小孤山水库除险加固工程 投资 920 万元,建设内容包括坝体坝基防渗、增加闸门出口段加固等工程。

【锡林河水库维修养护工程】 投资 70 万元,对左坝肩至码头处的干砌石护坡进行维修及 2008 年水毁工程的修复。

【水政监察工作】 封闭自备井 48 眼,其中绿化用井 26 眼,建筑业用井 22 眼。责令非法打井停工 9 起;依法清除锡林河水库上游河道私设地笼 8 条、跨河铁丝网 1 处;查获偷挖沙子案件 2 起,并依法进行了处理;对敖包山后神华为保护横跨锡林河水管堆土进行了清理;因拖欠水资源费,向市法院申请强制执行案件 1 起。

与锡林浩特市卫生监督所联合执法,对锡林浩特市洗浴行业的用水情况进行了检查,共检查洗浴 33 户,其中有 1 户使用自备井,当场依法下达责令停止违法行为通知书,并要求立即予以封闭。

【水资源费、水保费征收工作】 截至11月底,累计征收1727.46万元,是2014年同期的244.44%(其中水资源费388.45万元,是2014年同期的103.66%;水土保持费1339.01万元,是2014年同期的403.34%),征费数额创历年新高。

【水法律法规的宣传工作】 在3月22日"世界水日"、3月22日-28日"中国水周"之际,制定了宣传方案。在额尔敦路两大繁华十字路口的LED大屏幕及锡林浩特市1500多辆出租车顶LED屏滚动播放宣传内容;3月17日,就此次宣传活动的安排及主题内容接受锡林郭勒盟广播电台的采访;3月18日-3月28日在锡林郭勒盟电视台19:30黄金时间制作宣传版面;3月22日,市水政监察大队执法人员在主要街道悬挂宣传横幅,向群众散发宣传单2000多份,《锡林郭勒日报》等新闻媒体也进行报道。

【实行最严格的水资源管理工作】 编制完成《2015年度锡林浩特市实行最严格水资源管理制度实施方案》,考核指标有用水总量控制、用水效率控制、水功能区限制纳污、其他制度建设及相应措施落实情况,年底自治区对锡林浩特市实行最严格水资源管理制度情况进行考核,确定考核等级。锡林浩特市用水总量控制在6800万立方米,3个入河排污口水质由盟环保局进行在线监测。

工　业

XI　LIN　HAO　TE　NIAN　JIAN

通力锗业

【锡林郭勒通力锗业有限责任公司领导名录】

董事长　　李　俊
总经理　　孙玉才(满族)
副总经理　赵青海
副总经理　马建国(蒙古族)
总工程师　王晓华(蒙古族)
工会主席兼支部书记　康占君
综合部经理　邓小乾

【概况】 锡林郭勒通力锗业有限责任公司位于锡林浩特市北郊五公里处,是由锡林郭勒盟乌兰图嘎煤炭有限责任公司(控股56%)、美国晶体技术公司(参股25%)、南京中锗科技股份有限公司(参股19%)于1999年6月联合投资组建,2011年8月公司随股东乌煤公司并入中国国电内蒙古平庄煤业(集团)有限责任公司。通力公司具有进出口经营权,产品以"草原通力"牌商标在国家商标局注册,通过了ISO9001:2008质量管理体系认证,是锡林郭勒盟首家引进外资的工业型中外合资企业,也是内蒙古自治区第一家生产和销售锗系列产品的企业。锗是一种稀散金属,广泛应用于航空航天、通信、军事、化工和医药等领域。

2015年,通力公司集火法和旋涡冶炼、湿法提纯、还原与区融为一体,形成年产20吨高纯二氧化锗、年加工10吨高纯金属锗锭的生产规模。现公司注册资金为9750.52万元,资产总额1.77亿元,在职员工461人。自公司成立以来,已荣获国家、自治区、盟市多项荣誉及科技奖励,推动了锗产业快速发展,为城市吸纳就业、资源综合利用和产业发展接替起到示范带动作用。

【生产及销售】 2015年,全年冶炼锗煤96 233.11吨,同比减少1606.51吨;生产高纯二氧化锗20 438.04公斤,同比增加158公斤;加工高纯金属锗锭10 743.53公斤,同比减少1723.14公斤。

全年销售高纯金属锗锭8429.89公斤,实现销售收入7691.11万元、利润总额23.05万元、上缴税金1208.75万元。

锡林热电厂

【锡林热电厂领导名录】

厂长、党委副书记　王　卓
书记、副厂长　马　刚
副厂长　　卢万根
　　　　　董文玲
　　　　　卫继义
工会主席　裴国庆
纪检组长　田　野
总工程师　栗志强

【概况】 内蒙古能源发电投资集团有限公司锡林热电厂(以下简称锡林热电厂)隶属于内蒙古能源发电投资集团有限公司,位于锡林浩特市东部工业园区内,处于国家规划的锡林郭勒煤电一体基地中心,是典型的坑口环保型电热煤一体电站。锡林热电厂一期2×300MW供热机组工程于2004年3月18日开工建设,2007年4月和8月两台机组相继投产运行。2008年锡林热电厂以30%的股份参股锡林河供水公司水资源开发建设。

2011年底，新区2×116MW集中供热工程投产，具备400万平方米供热能力。2015年度，全厂总供热面积847万平方米（大厂500万平方米，热源厂347万平方米），约占锡林浩特市供热面积的62.7%。锡林热电厂已经成为锡林浩特市最主要的城市供热热源和蒙西电网东部末端主要的电源支撑点，承担着重要的社会责任。目前锡林热电一期、二期工程均已获得国家核准。截至2015年12月底，累计发电量为260亿千瓦时，供热量为3100万吉焦。锡林热电厂设置十四个部室，包括：综合工作部、党委工作部、工会、人力资源部、财务部、安全环保部、设备部、运行部、燃料管理部、供应部、市场开发部、前期部、供热公司、兴盛达公司。锡林热电厂党委下辖五个党支部，包括：行政综合党支部、设备管理党支部、运行党支部、安全供应党支部、供热管理党支部。

【安全生产】 锡林热电厂高度重视安全生产管理工作，安全生产持续稳定，截至2015年12月30日，全厂安全生产达到539天（最高纪录2350天，2014年7月10日#1机组运行中汽轮机低压转子次末级叶片断裂机组停运，中断安全纪录），热源厂安全生产达到795天。截至2015年12月30日，完成发电量27.09亿千瓦时，供热量594.8万吉焦，实现电热收入6.7122亿元，为盟、市的社会经济发展、和谐稳定做出了贡献。

【企业经营管理】 积极开拓供热市场，2015年新增供热面积约67万平方米；协调电网中调，努力抢发电量，提高营业收入；充分利用国家在科技创新、节能减排等方面的税收、财政优惠政策，减少财务费用；加强燃煤管理，严把入厂煤的质量、计量和验收关，在机组非供热期，合理掺烧劣质煤，努力降低发电成本；积极推进技改工作，紧密依靠科技进步降低生产成本，2014年度供热期结束后，先后对机组进行A级、C级检修及技术改造，大幅提升了设备的健康水平和机组带负荷能力；严格执行计划管理，切实开展“修旧利废”工作。通过有效措施，大大降低各项管理成本，提高了盈利能力。

【基本建设】 截至2015年，供热换热站从投产时的2座增加到21座，热源厂供热面积也由投产时的170万平方米增加到347万平方米，供热范围基本覆盖了市新区南外环以北、多伦路以东，旧城区重庆路以西的大部分供热区域。2013年底，完成1号机组乏汽余热回收改造工程，提高了供热质量，保证了机组供热的稳定性和安全性。二期工程获得核准并已开工建设。

【党建 精神文明建设】 锡林热电厂党委深入学习领会党的十八大和十八届五中全会精神，“三严三实”专题教育，紧紧围绕安全生产、经营管理、企业发展等中心工作开展党建、精神文明建设等各项工作，严格落实党风廉政建设党委主体责任和纪委监督责任，进一步加强制度建设，切实提高制度执行力，着力构建党风廉政建设和反腐败工作长效机制，为全厂生产经营工作营造了风清气正的良好环境。

金　融

XI　LIN　HAO　TE　NIAN　JIAN

农村合作银行

【锡林浩特市农村合作银行领导名录】

书记、董事长　包锐和(蒙古族)

副书记　张志云

纪委书记、监事长　呼和吉日嘎拉(蒙古族)

行　长　王志强

副行长　牛文斌

包红霞(女 蒙古族)

祁志刚

蔡铁君(女)

【基本概况】　锡林浩特农村合作银行(简称锡林农合行)前身为农村信用合作社,现有营业网点24个,其中支行8个、总行营业部1个、分理处15个。全辖在岗职工277名。截至2015年12月末,全辖资产总额331 769万元,其中各项贷款余额为178 428万元;负债总额312 564万元,其中各项存款余额303 866万元,存贷比例为58.72%;所有者权益19 205万元,其中股本金为10 527元,全部为投资股,占比达到了100%。截至2015年12月末,各项业务收入为20 471万元,各项支出19 265万元,实现利润1206万元。

【"三农三牧"】　大力支持现代农牧业,推动农牧业产业化发展。积极开办农村牧区信贷产品,创新信贷服务模式,通过信贷支持完善产业链,实现产业效益最大化。通过试办土地和草牧场承包经营权、林权抵押货款、生产设备抵质押贷款;采取最高额抵押(保证)贷款、联合信用贷款、农户联保等多种信贷方式,支持农牧民专业合作社发展,促进农牧民生产经营组织化、集约化;贷款覆盖4个苏木镇和4个国营农牧场。截至2015年末,累计投放支持"三农三牧"贷款达5.95亿元,其中累放农户小额信用贷款和农户联保贷款1.94亿元,有效缓解了锡林浩特市地区农牧业生产和农牧民生活的资金供求矛盾,基本上实现了信贷服务农牧区全覆盖。

【中小微企业】　依靠强大的资源优势,对担保体系规范、风险补偿机制完善、区域特色产业优势明显的中小微企业给予重点支持。通过不断改进和创新对中小微企业的金融服务,加快推进金融支持中小微企业的业务发展。截至2015年末,中小微企业贷款余额达17.37亿元,户数10 327户;中小微企业贷款余额已占贷款总量的97.37%。累计投放中小微企业贷款10.60亿元,新支持6775户,带动了锡林浩特市城镇经济的发展。

【普惠金融】　锡林农合行与妇联、财政局、人事劳动、就业部门协调配合,持续加大巾帼创业贷款、就业再就业小额信贷资金支持力度。在专业市场、企业园区等青年创业较为集中的区域开展工作,集中连片进行扶持。同时,认真履行社会职责,大力推行创业就业贷款。截至2015年末,运用自筹资金累计发放就业贷款2162笔,金额16 587万元,贷款余额31 005万元,带动就业4286人。代理国家开发银行业务,本年度累计发放就业贷款8697万元,带动就业1200人,随着对不同层次客户信贷扶持力度的不断加大,有效带动了锡林浩特市城乡经济的发展,受到了社会各界的广泛赞誉。

【创新服务模式】　2015年按照利率市场化要求,锡林农合行本着互惠互利的原则及时调整利率,并大力推广面向小商户、工薪阶层、农牧民的诚信商户贷、公职薪贷款、农户消费及草牧场经营权抵押贷款、涉农小企业联盟贷款等贷款品种，进一步拓宽服务渠道和范围。截至12月末，诚信商户贷累放530笔，金额5285万元；公职薪贷款累放87笔，金额848.40万元；农户消费及草牧场经营权抵押贷款累放1032笔，金额16 859.50万元；累放涉农小企业联盟贷款1200万元，新开办的信贷品种一定程度上满足了不同群体的贷款需求。

【发放抗灾贷款】 今年入冬以来，锡林郭勒盟大部分地区连续多次经历较大降雪，给农牧民生产生活带来较大影响，锡林农合行积极发挥信贷作用应对雪灾，截至2015年12月末，累计为农牧民发放抗灾减灾及生产自救贷款7436万元，利率平均下调0.25个百分点；办理受灾农牧户贷款展期50户、金额400万元；缓收利息45户、金额452万元。

【便民惠民服务工程】 2015年，锡林农合行共布设自助机具35台，其中存取款一体机11台，自动取款机24台。实现交易笔数166万笔，比上期增加15.7笔；交易金额为32亿元，比上期增加7.7亿元。累计发展特约商户366户，安装POS机374台。在建设完成49个金融服务点，提前实现锡林浩特市牧区金融服务空白全覆盖的基础上，扎实推进市区范围内社区金融便民服务点建设工作，居民在社区内即可享受一站式金融便民服务，截至2015年末，已累计建设完成6个社区便民金融服务点。改造巴彦宝拉格苏木、宝力根苏木和毛登牧场的助农金融服务点，为其安装了户外助农服务点牌匾和取款流程演示图，完成了三个精品助农金融服务点的打造工作。2015年，由锡林农合行代理发放锡林郭勒盟市两级二代社会保障卡13.1万张并开通金融功能，实现了“一卡多用，一卡通用”目标。截至年末累计开户131,395户，已完成制卡131,312张，已领取9万张，卡内吸附金额391.7万元。与此同时，逐步解决部分网点因营业场所狭窄、不能满足服务需求的问题，2015年确定新建网点区域，为阿日街分理处、南市场分理处和团结大街支行进行选址搬迁，进一步优化服务环境，做好金融机具故障排除及系统功能升级等工作，大力度推广手机银行、网上银行、电话银行应用，提升客户服务体验。

【企业文化建设】 2015年，锡林农合行将创建市级文明单位标兵活动放在重要议事日程来抓，统一部署，逐项落实。重新布设三楼会议室作为道德讲堂，为员工提升思想道德水平提供载体；规范整理职工阅览室，设立廉政书架，创建职工活动室，购进健身器材，不断满足干部职工多方位、多样化的需求；重点开展总行机关和重点网点打造“2014－2016年优美环境建设”活动，在总行楼道、办公室、会议室以及3个支行、3个分理处布设企业文化作品、遵德守礼警示语、传统文化宣传墙等设施内容。近年来共投入资金数十万元，逐步完善锡林农合行硬件建设。组织员工参加2015年全区农村信用社书法、摄影、绘画比赛和庆祝自治区联社成立十周年音乐作品选拔赛，并在摄影作品比赛中获得优秀奖；组织参加2015年全区农村信用社乒乓球、羽毛球比赛，参加锡林郭勒盟银行业第五届“银行杯”羽毛球比赛和第五届“银行杯”排球赛；与盟老干局配合组织开展了由本行冠名赞助的锡林浩特地区“锡林农合行杯”第一届老年斯诺克邀请赛，与锡林浩特市巴彦查干办事处配合组织开展了由本单位冠名赞助的“锡林农合行杯”第一届辖区行政企事业单位足球邀请赛，为全面提升企业文化，取得了很好的社会效益。2015年，锡林农合行荣获锡林郭勒盟行署颁发的2014年度金融支持小微企业贡献奖，辖内杭盖路支行被市妇联授予“巾帼文明示范岗”称号，南煤矿支行荣获锡林郭勒盟银行业2014年度文明规范服务先进单位称号，员工刘慧丽荣获内蒙古银行业“银协杯”羽毛球混合团体比赛一等奖，员工朱丹荣获自治区联社2015年度文明规范服务“明星大堂经理”二星级称号。

【扶贫帮困】 2015年，为落实锡林浩特市委、市政府下发实施的定点包扶社会责任，重点开展扶贫济困，慰问本单位特困职工、去世员工遗属和文明单位结对共建社区等帮扶活动，为锡林浩特市宝力根苏木巴彦淖尔嘎查5户贫困牧民送去了生活必需品和现金，户均慰问额达2000元以上，逐户走访慰问本单位特困职工及去世员工遗属11户，慰问金22 000元，户均2000元；文明单位进社区结对共建巴彦查干办事处达布希勒特社区等帮扶6000元；扎实开展盟市两级干部下基层三级示范抓引领活动，深入巴彦淖尔嘎查调研走访本单位负责帮扶的5户贫困牧户家，并带去慰问品。

商业经济

XI LIN HAO TE NIAN JIAN

供 销

【锡林浩特市供销合作联合社领导目录】

主 任 郭 颖(女)

【概况】 锡林浩特市供销社成立于1954年7月,正科级财政全额拨款事业单位。2009年6月自治区人社厅审批列为参照公务员管理事业单位,编制5人,2人本科学历,其余为大专学历。锡林浩特市供销合作联合社机关设办公室、财务股、业务股。锡林浩特市供销社有14个专业合作社、1个社有企业。

【物流配送项目】 锡林浩特市冷链物流配送中心项目2014年5月9日经市规委会同意,项目地址变更为锡林浩特海河路以西、希日塔拉街以南市粮油批发市场院内。项目规划用地面积3148平方米,建筑面积4223平方米,建设冷藏库2388平方米及配套附属设施等。项目总投资1682.74万元,其中企业自筹1344.74万元,申请国家专项资金338万元。

【再生资源回收加工市场项目】 该项目2014年已报自治区供销社,相关基础材料和本市再生资源基本数据均已报自治区供销社,努力通过该项目积极争取自治区“新网工程”以奖代补资金。2015年完成项目重新选址工作,正在开展项目前期工作。

【服务机制】 帮助葛根敖包社区改善服务,加强精神文明建设,共创和谐美好的新型社区。本着“量力而行”原则,紧密结合自身实际,积极帮助贫困户联系工作单位、联系学校解决实际问题。积极参与自治区“十个全覆盖”项目。根据市委、市政府统一安排,积极配合盟供销社做好“十个全覆盖”配送中心工程建设。市供销社“第一书记”任职后,认真履职承诺机制和直接联系群众机制,第一时间深入社区中,公开姓名、职务和联系方式,了解社区基础条件和实际情况,了解社情民意,记好民情日记,全面掌握第一手资料,围绕党组织建设、社区和谐稳定等内容,组织开展了走访。挖掘资源,为社区发展筑根基。

【保障措施】 把深入贯彻落实国务院、自治区政府、锡林郭勒盟行署、市政府文件精神。在政策中找机遇,立项目,求发展;积极争取各级党委、政府及相关部门的政策支持和资金扶持,力争把供销合作社发展建设内容纳入地方经济社会的总体格局中,自觉服务于锡林浩特市经济社会发展大局,用发展赢得地位,靠实绩争取支持。

【创新发展】 以发展破解难题,以发展凝聚共识,以发展汇聚力量,以发展赢得有为,全面保证和推进2016年供销合作事业实现新跨越。

【队伍建设】 实施人才兴社,一是要提高领导班子和干部职工队伍综合素质,切实加强政治理论、政策法规和文化知识学习,二是要着眼于长远发展的战略高度,采取多种形式,积极引进各类经营管理人才。市供销合作社联合社根据本地牧区发展规划,研究制定行业改革发展规划,认真履行好行业指导、协调、服务、监督和教育培训职能,以“新网工程”建设为契机,全面提升供销合作社的经济实力和服务水平。

商　务

【锡林浩特市商务局领导名录】
党总支书记　贾仍辉(女 蒙古族)
局　长　张国青
副局长　林彩琴(女)
　　　　巴图吉日嘎拉(蒙古族)

【概况】 2015年,在市委、市政府的正确领导和上级业务部门的关心支持下,锡林浩特市商务局按照锡林浩特市经济发展目标任务,主动适应经济发展新常态,以稳增长、扩消费、促流通为主题,不断规范流通市场秩序,着力提档升级传统服务业,大力发展现代服务业,注重重点工作实效,统筹内外贸协调发展,各项工作取得明显成效。

【服务业工作】 2015年,锡林浩特市服务业发展呈现稳中有进、稳中有新的良好态势。全年服务业增加值完成88.5亿元,同比增长6.6%,占地区生产总值的42.1%;固定资产投资完成72.4亿元,同比下降23.02%,占全社会固定资产投资的48.5%;社会消费品零售总额完成57.2亿元,同比增长7.7%。

【电子商务平台项目】 新丝路电子商务平台、银座大学生文化创意创业园电子商务平台及智慧社区电子商务平台相继开通运营,将推动产消一体化及线上销售和线下推广相结合的电子商务网加快建设,为名优特产品开辟新的销售渠道,也为大学生零成本创业搭建平台,同时促进社区便民服务业发展,不断满足居民日常生活需求。

【农贸市场改造升级】 投资1100万元完成了二中蔬菜市场、109农贸市场升级改造工程,改善了脏乱差的购物环境,方便群众购物。绿色大地农贸综合批发市场已有10余户商户,招商工作还在积极进行中,计划2016年完成物流信息大厦内部装修及设施设备安装工程。

【物流园区转型升级】 安快物流园区食品加工暨小微实体企业创业园建设正在进行前期市场调研和规划方案制定。天亨物流园区引进非零和(北京)投资管理有限公司,已正式签订合作协议。2016年,非零和(北京)投资管理有限公司将注入资金,建设完成园区剩余工程。现代物流园区与民禾物流园区进行整合,正在编制新规划。红星美凯龙投资2000万元,完成内部装修、设施设备安装和地面硬化工程。

【便民连续超市建议】 "十个全覆盖"便民连锁超市工程如期完成。2015年,锡林浩特市计划改造建设12家牧区便民连锁超市,10月份已全部完成升级改造工程。

【市场化养老、健康服务业】 对锡林浩特市养老、健康服务业和市场化养老院建设情况进行全面调研后,制定《锡林浩特市以市场化方式发展养老服务产业发展规划》,并已上报盟商务局。

【对内贸易工作】 根据《成品油市场管理办法》,对33座加油站进行了年检。规范新建、改扩建加油站的审批程序,严格控制加油站低水平、低档次重复建设。全年共出动执法车辆70台(次),执法人员210人(次),对34家油库及加油站开展了安全管理专项检查,确保成品油市场健康有序发展。全年新备案登记酒类经营商户237户,其中批发29户,零售208户,累计备案登记3682户。全年共出动车辆40台(次),人员120人(次),对酒类流通市场进行了有效监管检查。联合消防、安监、质监等部门对锡林浩特市13家大型商场、超市进行安全隐患排查,出动执法人员120人(次),执法车辆100余台(次),有效预防和遏制安全事故的发生。对餐饮住宿、品牌汽车销售、二手车交易等行业实行动态管理,加强公共商务信息服务体系监测,重点流通企业信息及时报送率和生活必需品市场信息及时报送率均达到100%。

【对外贸易工作】 加大进出口贸易管理力度,全年对外贸易进出口总额预计完成100万美元,比上年同期减少77%。其中出口累计完成100万美元,无进口。直接利用外资491万美元。2015年新注册外商投资企业2户。组织凯谛制衣、锡林浩特市金鑫工程机械有限公司等企业参加了"2015乌兰巴托中国商品展览暨投资洽谈会"和"2015中国(莫斯科)建筑、机械与生活方式展览会";7月29日至8月2日组织9户企业参加了在锡林浩特市举办的"2015锡林郭勒盟中蒙民族商品交易会";8月初组织15户企业参加了三盟市与蒙古国三省区域合作论坛。

经　济

【锡林浩特市经济和信息化局领导名录】
书记、局长　王家骧(蒙古族)
副　局　长　丁　虹(女)
　　　　　　娜日娜(女 蒙古族)
　　　　　　李建宾(蒙古族)
　　　　　　王京可(2015年3月任职)

【锡林浩特市重点项目建设办公室】

主　任　丁　虹(兼)

【概况】 锡林浩特市经济和信息化局隶属于锡林浩特市人民政府,正科级行政单位,业务上接受锡林郭勒盟经济和信息化委员会的指导。现有行政编制13个,工勤编制2个,事业编制6个。实有37人,其中人才储备3人。全局共有党员15人,少数民族11人,大学本科学历占42%,大专学历占18%。正科级领导职数1个,实配领导2人,副科级领导职数4个,实配领导3人。单位内设办公室、中小企业股、经济运行股、投资规划股、电力股、(原材料、消费品和装备工业股)、节能与综合利用股、信息化股、煤炭行业管理和煤矿安全生产监管股9个股室。下辖市煤炭安全生产执法监察大队和市节能监察检测中心两个事业单位。

【规模以上工业经济总体情况】 2015年,锡林浩特市72户规模以上工业企业开复工71户,开复工率98.6%,同比提高3.5个百分点。实现产值170亿元,同比下降5.2%。完成工业增加值79.5亿元,同比增长7.8%。

【能源工业】 实现产值87亿元,同比下降10.6%。其中原油开采业实现产值37.9亿元,同比下降7.1%,生产原油77.1万吨,同比减少2.9万吨;煤炭行业实现产值23.9亿元,同比下降14.4%,生产原煤2621.2万吨,同比减少695.7万吨;电力及热力供应业实现产值25.2亿元,同比下降11.8%,完成发电量41.1亿千瓦时,同比减少4亿千瓦时,供电量25.8亿千瓦时,同比减少16.3亿千瓦时,供热量1639.4万吉焦,同比增加419.9万吉焦。

【装备制造业】 实现产值30.9亿元,同比增长29.9%。生产发电机组314台,同比增加73台;风机叶片622套,同比增加107套;褐煤干选设备9套,与同期持平。

【非煤矿产品开采业】 实现产值5亿元,同比下降11.9%。铬矿石8.1万吨,同比减少2万吨,铬矿合金3.5万吨,同比减少0.8万吨;萤石1.8万吨,与同期持平,萤石粉6.7万吨,同比减少1.5万吨。

【建材业】 实现产值4.3亿元,同比下降5.9%。生产水泥52.3万吨,同比增长0.5万吨;熟料31.3万吨,同比减少7.6万吨;混凝土18.3万立方米,同比减少1.6万立方米;彩板6481.4吨,同比增加1492.9吨,C型钢5953.1吨,同比减少2132.1吨。

【畜产品加工及相关产业】 实现产值40.4亿元,同比下降8.6%。活畜加工业实现产值23.5亿,同比下降7.4%,活畜加工277.4万羊单位,同比增加29.4万羊单位。生产肠衣3512吨,同比增加51吨;绒毛加工业实现产值11.4亿元,同比下降7.6%,生产无毛绒717.9吨,同比减少97.2吨;洗净毛12535吨,同比增加763吨;汽车坐垫24 800套,同比减少5150套;羊绒衫49.9万件,同比增加4.8万件。乳制品加工业实现产值5.5亿元,同比下降15.2%,生产液态奶7.4万吨,同比减少1.5万吨。

【高新技术产业】 实现产值1.1亿元,同比下降25.3%,生产锗锭10 464公斤,同比减少2564公斤。

【其他行业】 实现产值1.3亿元,同比下降45.4%,生产自来水1006万吨,同比增加11万吨;炸药5678吨,同比减少1457吨。

【工业重点项目实施情况】 2015年,锡林浩特市实施工业重点项目25项(其中续建项目11项,新建项目12项,前期推进2项),1－12月份锡林浩特市工业固定资产投资累计完成60.7亿元,同比增加37.3亿元,增长163.9%。其中锡林浩特市25项重点项目完成投资49.2亿元;开复工12项,开复工率52.2%。

【园区建设及企业管理情况】 2015年锡林浩特市工业中小企业共计318户,2015年累计完成产值119亿元,完成工业增加值34.5亿元,实现利税总额2.45亿元,实现就业11 037人。中小企业园区基础设施建设累计投入约4.7亿元,主要用于对园区内的道路、"三水"管网、电力、绿化、硬化工程进行修建和完善,截至目前已累计完成道路30.4公里,铺设三水管线91.4公里。

【参与中小企业公共服务平台建设】 2015年积极参与搭建锡林郭勒盟中小企业公共服务平台,为锡林浩特市企业提供信息咨询、投融资、创业辅导、技术创新和人才培训等服务。

【抓好企业品牌建设】 积极组织锡林浩特市企业参加第十届东亚国际食品交易博览会、中国新丝绸之路!锡林郭勒草原畜牧业创业创新品牌展示交易会及"首届中国·蒙古国博览会"等活动,进一步为企业提供展示产品、宣传品牌和加强交流合作的平台,推动锡林浩特市地区企业做大做强。

【政银企深入合作】 多次组织企业参加由锡林郭勒盟经信委、锡林浩特市金融办及各大银行主办的银企座谈会,帮助中小企业拓宽融资渠道,缓解企业融资难问题,近年来累计为中小企业争取技术改造等各类专项资金6800万元,截至2015年12月底为锡林浩特市中小企业争取贷款共计11.8亿元。

【电力行业情况】 2015年锡林浩特市累计完成发电量41.15亿千瓦时，同比减少8.85%；锡林浩特地区全社会用电量累计13.49亿千瓦时，同比减少13.62%。

【煤炭行管和安全监管情况】 2015年，累计生产原煤2621.2万吨，完成工业现价产值23.9亿元，同比减少4亿元。全年组织开展煤矿安全生产检查46次，发现各类安全隐患270项，下达执法文书85份。

【民爆行业】 2015年，累计生产炸药5901.2吨，完成工业现价产值3202.9万元。全年开展民爆行业日常及专项安全生产检查18次，发现各类安全隐患39条，下达执法文书18份。

【节能和综合利用工作】 加大节能减排工作力度，加强对重点用能企业监管，从源头控制能耗不合理增长，年内4户企业完成清洁生产工作，4户企业完成能源审计并通过验收。

【信息化工作情况】 深入开展两化融合管理工作，组织推荐26户企业参与两化融合评估诊断及对标引导等工作，推荐3个项目申报2015年内蒙古自治区工业转型升级(互联网+)和中小企业发展专项资金扶持项目。积极开展电子商务行业涉嫌非法集资广告资讯信息排查清理活动，对以投资理财、私募资金、项目开发等名义发布的高额回报、集资或变相集资广告资讯等问题，进行排查清理。

投资促进局

【锡林浩特市投资促进局领导名录】

局　长　于中敏

书　记　侯俊杰

副局长　徐东生

【概况】 锡林浩特市招商局组建于2012年7月，为锡林浩特市人民政府管理的正科级直属事业单位，2013年12月经市编委会研究决定加挂锡林浩特市投资促进局牌子，一个机构两块牌子。内设综合室、项目股、招商股三个股室，核定编制7人。主要负责研究把握国家、自治区宏观政策和产业调控信息，分析经济发展动向和市场变化趋势，提出锡林浩特市投资发展战略和改善投资环境的建议；负责锡林浩特市投资环境、重点项目的宣传推介和咨询服务；负责投资合作项目接洽、推介、引进方面的协调推进工作；负责锡林浩特市投资促进工作的统筹、协调、指导、服务。2015年，锡林浩特市投资促进局主动适应经济发展新常态，不断调整招商思路，创新招商方法，推动招商引资工作取得了新成效，完成招商引资到位资金145.9亿元，新引进签约南江空天临近空间产业园、远景集团智慧能源管理中心、山东宁大火电钢结构生产等项目，签约总金额22亿元。

【招商项目包装】 根据市产业发展现状和未来布局，进一步明确招商引资重点和方向，精心策划包装畜产品精深加工、生物制药、装备制造、新型建材、资源转化利用、文化旅游、健康服务业等领域重点招商项目43个，并通过盟级招商平台和锡林浩特市招商网站加大了对外宣传力度。

【招商线索搜集】 建立网络搜索招商线索和定期联络企业、商会的工作机制，捕捉发达地区产业转移信息，推介锡林浩特市投资环境和资源、政策优势，对有意向的企业深入沟通对接，寻求合作切入点，提高招商引资实效。全年共搜集联系500余户企业集团和商会组织，发展投资线索企业56户，扩充了招商企业储备。

【招商活动开展】 加强与发达地区交流合作，先后赴北京、上海、天津、山东、河北、陕西、山西等地开展招商引资活动，考察对接海尔电器、龙鑫股份、西安旅游、上海电气、远景能源等20余户企业。组织参加草原新丝绸之路畜牧业创新品牌展示交易会、自治区三盟市与蒙古国三省区域合作第一次会议、京津冀经济区产业转型升级招商推介会等活动，扩大招商引资覆盖面。

【项目跟踪服务】 加强落地项目的跟踪服务，主动联系协调业务主管部门，协调解决大庄园牛羊肉精深加工、上海电气能源装备制造、明阳风机及光伏组件制造等项目在前期手续办理、落地开工、建设推进环节中遇到的问题，推动项目建设取得了实实在在的成果。

交 通

XI LIN HAO TE NIAN JIAN

交 通

【锡林浩特市交通运输局领导名录】

总支书记、局　长　门景岳

副局长　陈　涛(蒙古族 兼任地方道路管理段段长)

王子明(兼任出租办主任)

【机构设置】 锡林浩特市交通运输局是锡林浩特市政府交通主管部门,现下辖市地方道路管理段、出租车管理办公室和天安公交公司3个二级单位,内设办公室、政秘股、建设管理股、海事物流办、安监办、财务室6个股室,共有职工109人,其中大专以上学历76人,占职工总数70%;已聘专业技术人员8人,中级8人;已取得工人技术等级证书57人,高级技师18人,技师11人,高级工8人,中级工15人,初级工及以下5人。

【公路建设与养护】 截至2015年农村公路总里程967.882公里。其中县道182.3公里、乡道96.994公里、村道688.588公里。

2015年市交通局实施以国有农牧场为重点的79公里街巷硬化项目,完成投资5000余万元,同时积极完成市委、市政府交办的其他建设任务,共修建砂石路42.2公里及南二环泄洪渠跨渠钢桥一座。针对一些年久失修、损坏严重,通行条件差的农村牧区公路,进行维修养护,全年养护公路110余公里。

【交通普法依法】 2015年通过不断完善行政执法工作手段,规范运行机制,组织20名职工参加了全盟举办的执法人员执法培训,有效地提高了执法人员的执法水平,同时,为提供一个安全舒适的水上旅游环境,市交通局海事办联合市旅游局、安监局、消防大队等多个执法部门针对锡林浩特市水域及旅游景区进行了一次全面系统的安全梳理,对达不到标准的水上企业当场下达整改通知书,并提出整改意见。7月9日联合盟海事局对锡林浩特市水域进行了专项检查,排查安全隐患,从根本上规范水上旅游项目企业。

【交通战备】 锡林浩特市交通战备办公室于2003年12月成立,是锡林浩特市组织实施国防交通战备工作的常设职能部门,同锡林浩特市交通运输局一套人马两块牌子。6月5日至7月24日共完成4次交通保障任务,出动300多人次,90余车次,参加国防交通保障车辆行程1500余公里,累计7天时间,圆满完成各项交通保障任务。

【道路安全应急保障】 2015年针对局管辖的市内750余公里48条农村牧区公路进行安全隐患摸底调查,组织人员对国道101、207、307锡林浩特市主要出口及公路两侧环境进行集中整治,对沿线建筑垃圾、弃石进行清理、掩埋,并组织人员对车站、飞机场路段连接线公铁立交上隔离墩、护栏等多处损坏设施进行了修复及更换;完善公路标识标牌,组织人员将国省干线(G303、G207、S101、S307)与所辖农村公路的20余处相交路段安装了近120米的减速带,确保市农村公路的设施完善与安全畅通。2015年累计清除雪阻路段137公里,市交通局共投入机械20台次、人员44人次、投入资金26.2万元,解救被困车辆10辆,对7条受灾农村公路进行抢通,并对受阻路段实行每日报送时实路况工作机制。

【行业安全生产】 切实落实领导责任,年初分别与各二级单位、各科室签订了安全生产责任状,配备了专职安全生产宣传员。加大行业安全监管力度,加强公交、出租、危险品运输等行业的安全生产制度的贯彻落实,确保运营车辆的维护保养,以及设施的检查,同时抓好节假日、冰雨雪天气状况下安全管理,确保辖区内不存在较大安全隐患。

【出租车管理】 锡林浩特市出租车管理办公室成立于1999年7月,隶属于城市管理局二级单位,于2013年3月划转至锡林浩特市交通运输局。2015年,共检查租车余1200余台,纠正违规车辆224辆,并进行了停车培训,查处非法营运车3辆。为提升行业服务水平,在出租车顶灯、服务监督卡醒目位置上喷涂服务举报电话,并利用LED滚动字幕、广播等方式,向社会公开服务举报电话,共接待群众投诉300余起。

【城市公交工作】 城市客运职能于2013年3月由城市管理局划转到锡林浩特市交通运输局,2015年为方便广大群众出行,公交公司安排2014年底购置的25台公交车,于年初投入使用,并开通9路、11路2条新公交线,对市区2路、6路、8路、10路4条线路进行延伸、优化调整。基本解决新区六中、盟蒙医院、方悦名都、芳草小区、和谐家园及旧城区三小、三队东新建区域等群众的公交出行问题。

【精神文明建设】 2015年市交通局精神文明建设投入资金15余万元。以“雷锋日”“植树节”“五一”“高考”“十一”等时日为契机,发动干部职工广泛参与环境卫生清洁、公共交通秩序维护、道路运输应急疏散、植树造林生态环境保护和组建高考“爱心”服务车队等活动,树立交通职工公益服务形象。在一年一度的高考期间,组织80名出租车业主进行免费接送考生活动。建立物品遗失登记制度,为乘客寻找失物提供方便,找回失物125起,业主主动送交93起,现金3600余元,手机21部、银行卡、身份证等各类物品,折合人民币8万余元。

【文明单位结对共建及帮扶工作】 2015年结合干部下基层活动,积极协调盟交通局共同为朝克苏木洪格尔嘎查新建牧民文化站筹集资金5万元;为巴彦锡勒分场提供一辆客货车,用于对牧民草场进行核定普查及冬季抗灾保畜使用;为洪格尔嘎查硬化文化站广场1680平方米。自4月20日干部下基层活动推进以来,为新艾里社区32户贫困、残疾人家庭送去了价值约1万元的米、面、油,帮助社区解决1200元的办公经费等事宜;与民政部门协调,为洪格尔嘎查牧民苏德宝老人申请市区50平方米住房,解决老人的住房问题;结合“七一”党的生日,同新艾里、振兴社区两委班子成员走访慰问了7家特困户,每户送去了2000元慰问金;为巴彦锡勒分场牧民朝勒蒙解决了6000元棚圈维修费;为巴彦希勒分场赵立文提供资金帮助的同时,联系相关部门让其参加再就业的免费汽车美容技能培训。

民用航空

【内蒙古锡林浩特民航机场有限责任公司领导名录】

总经理、党委副书记　杨瑞林
党委书记　戴虎牛(2015年12月离任)
副总经理　丁云江(2015年12月离任)
　　马　军
财务经理　曹有升(2015年6月离任)
　　牛昌江(2015年6月任职)

【概况】 1958年8月,锡林浩特机场正式组建,同年10月1日正式开航,是内蒙古民航机场集团公司全资子公司。1992年7月,锡林浩特机场迁建到锡林浩特市西南9.5公里处,海拔高度1015.74米,机场占地面积1971.75亩。2001年和2008年机场进行了两次扩建,扩建后的机场飞行区等级达到4C级,消防保障等级为6级,可同时停放6架C类飞机和1架D类飞机,跑道可以满足波音737/800全重起降及波音767/300ER以下机型备降的需要。2009年7月,新航站楼通过验收,新建的航站楼建筑面积5800平方米,停车场面积5000平方米。机场主要经营项目:一、提供航空器起降、停场、过夜、维护等服务;提供航空器通讯导航、航空气象、航行指挥、平衡配载、警卫监护等服务;提供航空器牵引、供汽、除冰、吹雪、清污等服务。二、提供航空旅客、航空货物始发、到达、过站、经停、中转等服务;提供航空旅客候机、值机、引导、行李查询、摆渡运输等服务。三、对航空旅客、航空货运、邮件进行安全检查。四、提供航空旅客停车、交通管理服务;提供候机楼设施、贵宾服务。五、提供客货包机运输服务。

【安全服务】 2015年机场公司保持了平稳的安全运行态势,未发生飞行事故、航空地面事故和空防事故,未发生机场责任原因造成的事故征候和其他不安全事件。已排查各类隐患21项,整改完成17项,整改完成率81%;2015年,机场公司以工会牵头,组织了班组建设成果评比活动,促进各基层班组在安全运行管理方面的交流和深化建设;开展了各项有针对性的实战演练和桌面演练,全面落实三级安全教育网络,制定《锡林浩特机场

2015年安全教育培训计划》,并根据计划组织实施三级安全教育工作。

【运输生产】 年度旅客满意度平均得分为4.44分,旅客投诉处理率100%。未发生机场责任原因造成的重大服务质量投诉事件和社会高关注度事件。2015年,锡林浩特机场公司相继开通了锡林—天津、呼和—锡林—大连航线,航线网络布局达到5条,通航点6个,参与运营的航空公司(国航、联航、天航、东航)4家,全年共安全保障运输飞行5034架次,完成旅客吞吐量484643人次,货邮吞吐量2248.8吨,同比分别增长0.1%、15.1%、5.2%;平均出港客座率78.3%。

【基础设施建设】 2015年锡林浩特机场公司完成新建特种车库的建设工作;对候机楼门厅、卫生间等设施进行了改造工作,拓展旅客候机面积250平方米,全面改善候机楼服务设施设备;完成机场PBN程序试飞阶段工作;购置了冷吹车、牵引车、道面修补料、煤气炮、鸟类行位驱避剂、打草用具和道面清扫车等设施设备,增加飞行区基础保障的硬件投入;完成通导甚高频设备更新改造项目,加强了对设备防雷系统的检查与维护;更新改造候机楼广告画面;开展种植花草树木活动,进一步美化机场公司周边环境;积极有序推进通用机场等基础设施建设,努力把通用航空培育发展成为锡林浩特机场的新兴产业。

土地城建　规划环保

XI LIN HAO TE NIAN JIAN

国土资源

【锡林浩特市国土资源局领导名录】

书　记　包梅林(女 蒙古族)
局　长　李海军(蒙古族)
副局长　马凯军(蒙古族)
　　　　布仁斯琴(蒙古族)
　　　　陈延杰(女)
　　　　李新军(蒙古族)

【二级事业单位领导名录】

土地收购储备办公室
主　任　梁永利(2015 年 3 月任职)
执法监察大队
队　长　李永计
锡林郭勒草原火山地质公园管理局
局　长　吴小平
副局长　马　闯(女 2015 年 3 月任职)

【概 况】 锡林浩特市国土资源局是锡林浩特市人民政府下的职能部门,主要职责是对锡林浩特市土地、矿产、测绘管理工作进行统一监督管理。局机关内设办公室、财务股、测绘股、规划股、建设用地股、地籍管理股、矿管股、地勘股、征拆股、法制股等 19 个职能股所(室),下设执法监察大队、基层土地所、土地收购储备办公室、锡林郭勒草原火山地质公园管理局等二级事业单位。全局干部职工 112 人。

【业务实绩】 全年完成建设用地供应 102 宗,面积 202.86 公顷,土地出让金 4.61 亿元。征收资补费 1019.9 万元,价款 51 万元,使用费10.05 万元。

【土地管理】 全年办理各类国有土地确权登记1300 宗,同比增长 25%,审批窗口年初收到群众赠送锦旗和感谢信,并荣获“红旗窗口”称号。不动产登记职责整合意见已经市政府批复,机构已成立。组卷上报项目 16 个、328 公顷,已取得自治区政府批复 2 个、69.38 公顷。为“十个全覆盖”工程用地组报项目 6 批次、33.49 公顷,已在国土厅备案。开展项目预审 14 个、401.45 公顷,其中 12 个、305.43 公顷已取得预审意见。完成 6 个重点项目征地 247.49 公顷,8 个重点项目用地 202.57 公顷征地事宜已近收尾,正在积极推进锡林颐和苑国际养老中心等 11 个项目 388.45 公顷的征地前期工作,大部分已完成两公告一登记。

【地籍管理】 5 月,集体土地使用权确权登记发证工作顺利通过厅发证成果检查;8 月底,通过最新下发的质检软件。按时完成宗地统一代码编制、城镇地籍数据库更新、地籍管理信息系统标准化建设工作。在宗地统一代码转换以及城镇地籍数据库更新完成的基础上,整合 7 台计算机入网自治区地籍管理信息系统和土地登记系统,并将应用延伸到政务服务中心,依托金土工程将集体土地所有权确权调查登记数据库、城镇地籍调查数据库和宗地统一代码编制成果放入盟局数据中心服务器,实现客户端数据统一管理调用。

【耕地保护】 开展的耕地质量等别调查评价与监测工作已通过国土部审核,耕地后备资源调查评价初步成果已提交到自治区土勘院审查。城市周边永久基本农田划定成果初步方案已通过自治区规划院审查,正在完善相关材料,按照套合成果,套合图斑 149 个、610.85 公顷,均分布在城市周边。维护损坏的基本农田保护标识界桩 5 个。

【重点项目】 废弃居民点和工矿废弃地复垦

调整利用工作共实施10个项目,投资约1900余万元,面积245公顷,均已通过验收,其中80公顷的工矿废弃地指标已在国家备案。白银库伦牧场(哈拉盖图分场)土地整理项目已经申请验收。白音锡勒牧场(总场部)土地整治项目正在招投标,预计2016年4月开工建设。

【矿产资源管理】 设置专用取料场48个保障“十个全覆盖”等重点项目工程建设,收取土地复垦保证金444.2万元。开展“九打九治”百日专项行动,对55个矿山开展了超层越界检查,对62个矿山企业进行年检,查处不合格矿山3个,限令整改4个。完成锡林浩特市“十三五”矿产资源规划修编工作。招标已完成,正在开展砂石粘土专项规划编制。抓好砂石黏土矿审批登记,严格流程办理采矿权审批业务,全面规范砂石黏土开采秩序,要求采石场重新编制《储量核实报告》及《矿产资源开发利用方案》。成立地质灾害防治工作领导指挥小组,制定《地质灾害防治方案》,重点针对白音库伦火山群地面塌陷地灾隐患,组织九院专家进行了初步调查,为下一步立项准备。

【地质遗迹保护】 利用自治区国土厅匹配的214万元专项资金对锡林郭勒草原火山地质公园标识系统、界碑、网站和保护性网围栏等设施进行了建设。积极备战准备申报国家级地质公园。

【地质环境治理】 锡林浩特市75个矿山完成地质环境治理保证金存储4862.1万元,投入3.07亿元对62个矿山进行了首期治理验收,治理面积10.48平方公里,52个已通过。投入775万元治理闭坑矿山8个,面积1.9平方公里。实施“三区两线”地质环境治理项目7个,面积4.84平方公里,费用8002.97万元。

【执法监察工作】 动态巡查2620余车次,4780余人次。查处违法用地20宗,清查闲置土地3宗。二环外综合执法组出动车次190余台次,清理堆放砂石黏土和建筑垃圾10.5万立方米,平整恢复土地26.67公顷,查处私搭乱建6处、违法开垦1处。开展土地利用跟踪调查139宗地,追缴土地出让金1亿元。查处盗采盗挖25起。做好卫片执法检查工作。对48宗违法用地罚款392.7万元,没收违法建筑物122.04万平方米,处理责任人38人。对矿产违法行为罚款10 767.27万元。

【测绘管理】 数字锡林浩特地理空间框架建设已经国家测绘局和国土厅正式验收,成果在全国数字城市建设与应用优秀展示片大赛中荣获三等奖。编制《国土资源“一张图”及电子政务信息化工程建设总体方案》,已有3个土地所完成网络架设,土地勘测定界、建设用地预审初审等四项基础业务已基本实现网上受理和审批,建设用地预审和征地及农用地转用申报也已开通网上办理,基本满足日常业务需求。新建了独立金土视频会议室。经过3个月的筹备和施工,耗资十万余元建成的独立金土视频会议室已正式投入使用。

【精神文明】 在锡林浩特市“弘扬主旋律、畅想中国梦、唱响文明城”合唱比赛中获得三等奖,在锡林浩特市“中国梦·劳动美”演讲比赛中获得个人三等奖、优秀组织奖,驻厅窗口两名工作人员获得服务标兵荣誉称号。

【法制宣传】 6月25日,开展以“节约集约利用土地·推动土地利用方式根本转变”为主题的宣传活动。8月29日,开展以“树立国家版图意识,维护国家主权安全”为主题的“8·29测绘法”宣传活动。

【下基层帮扶工作】 下功夫帮助帮扶嘎查早日实现“十个全覆盖”,3年投入资金111万元,争取部门支持资金45万元。为宝力格嘎查82处住房新区整体规划村容,制定了嘎查五年发展规划。申请财政“一事一议”包括旅游、修路、供销社牧民合作社、马业合作社等项目,其中,民宗局马业合作社项目30万元资金已到位;《宝力格嘎查休闲养生旅游项目建议书》已完成,马奶疗养已开始与国际蒙医院洽谈相关事宜。局50余名干部包联牧户,走访32户,拆除土坯房770平方米,院墙990延长米,棚圈4550平方米,争取新建水窖15户,危房改造9户,为1户新建房屋、7户房屋保温。筹集资金30万元,用于家庭旅馆等旅游项目建设,1万余元用于帮扶贫困户,调配电脑4台用于嘎查文化室建设;投入近6万元清运新村小区垃圾、整治村容环境。积极协调为骆驼营子旅游合作社争取妇女创业基金25万元,筹集20余万元用于移动厕所、桌椅设施、蒙古包等购置,向市农牧业局申请项目资金25万元(已立项)。筹集资金10万余元为6户贫困户购买120只羊,为嘎查雪灾资助8万元。协调石盾防盗门窗厂为青格勒购买羊10只,同时与石盾防盗门厂各出资2万元为其建棚70平方米、圈150平方米。

城乡建设

【锡林浩特市住房和城乡建设局领导名录】

书记、局长　达楞古日布(蒙古族)
副局长　王振涛
副局长、市政管理处主任　白少国(蒙古族)
副局长、质监站站长　刘雪瑾(女)
副局长、房产局局长　王维利
副局长　王　瑞

【二级单位领导名录】

锡林浩特市建设工程质量监督站
书记、副站长　王拥军
站　长　刘雪瑾
副站长　盛宝安

【供热燃气管理办公室】

主　任　乌日根(蒙古族 2015 年 3 月任职)
副主任　王健康
副主任　白秀兰　(女 蒙古族)

【国有土地上房屋征收与补偿管理局】

局　长　孙永文
副局长　杜胜利
　　　　白少军

【市政管理处】

书记、主任　白少国
副主任　闫万美
　　　　李　青

【市房地产管理局】

书记、局长　王维利
副局长　韩图娅(女 蒙古族)
副书记、副局长　高玉柱

【 锡林浩特市市政工程管理局】

书记、局长　史大宝
副局长　宋　伟
　　　　相久泉
　　　　薛瑞和

【 锡林浩特市给排水有限责任公司】

书记、经理　席晓东
副经理　张喜枝(女)
　　　　邸龙耀
　　　　陈善洪

【概况】　锡林浩特市住建局内设组织机构有党政综合办公室、人事科技教育股、城市建设股、住房保障股、档案室、建筑工程股、招投标管理办公室、住房和城乡建设行政综合稽查执法股等八个科室。担负着锡林浩特市城镇建设、房地产管理、建筑市场管理、建筑工程质量监督、市政管理、城镇房屋拆迁及征收管理、集中供热燃气管理及城市给排水管理等重要工作职能。市住建局下辖市房产局、市政管理处、市政工程管理局、市建设工程质量监督站、市房屋征收管理局、市集中供热及燃气管理办公室、供热中心及市给排水公司等 8 个单位。

【城市基础设施建设情况】　2015 年城市建设计划总投资 12.7 亿元,将集中改善新旧区市政基础设施建设;争取打通滨河路、重庆路等断头路,加大对小街小巷改造;对现有破损的道路、人行道、路灯进行维修;新建、改建、扩建三水管网工程;同时继续完善园区建设工程。截止目前完成投资约 9.7 亿元,另供热管道敷设、二次管网切改完成投资 1.23 亿元。其中,市政基础设施投资完成 9.05 亿元,新建、改建、扩建三水管网工程及污水厂提标改造完成投资 0.42 亿元,老旧小区及牧区危房改造完成投资 0.24 亿元。房地产开发完成投资 15.6 亿元。

【保障性住房建设】　牧区危房改造工程:2015 年上级改造任务 190 户,已开工建设 190 户,竣工 190 户,开工率 100%,竣工率 92%,完成投资约 915 万元。

【房屋征收与补偿工作】　2015 年棚户区改造任务 2700 户,共有棚户区改造续建项目 46 个,其中今年完成返迁楼建设 14 个。锡林浩特市续建返迁楼 6417 套,2015 年新开工建返迁楼 2840 套。

【房地产市场情况】　2015 年计划开发面积 105 万平方米,计划完成投资 27 亿元。锡林浩特市房地产开发 40 个项目共完成开发面积 70 万平方米,完成投资 15.6 亿元。其中,商业用房开发面积 21 万平方米,完成投资 5.4 亿元;住宅用房开发面积 49 万平方米,完成投资 10.2 亿元。

【建筑工程管理工作情况】　锡林浩特市建工科管理的工程项目共计 70 项,总建筑面积是 199 万平方米,总造价是 29.3 亿元。其中 2014 年结转工程项目 25 项,总建筑面积是 115 万平方米,总造价是 17.2 亿元;2015 年新开工项目 45 项,总建筑面积是 84 万平方米,总造价是 12.1 亿元。在建工程按职权划分报建率为 100%。

【建筑执法情况】　住建局建工科室从 5 月初开始对锡林浩特市地区在建工程项目开展建筑市场执法大检查 6 次,对未办理施工许可手续的建设单位、施工单位及监理单位下发《责令停止工程建设违法行为通知书》66 份,对建设单位、施工单位及监理单位下发《整改通知书》44 份,并要求他们限期整改,整改达到要求后,方可复工。涉及建设单位26家,施工单位23家,监理单位12家。

【农民工工资保障金制度执行情况】 根据《内蒙古自治区建设领域农民工工资保障金管理办法》(内政办字〔2006〕443号),与劳动社会保障局联合制定了锡林浩特市地区《农民工工资保障金管理办法》。在办理施工许可证之前建设单位和施工企业填写农民工工资保证书,并缴纳农民工保障金。保障金按照工程项目分级管理的原则,由保障金管理机构负责管理,专户储存,专款专用。劳动保障行政部门负责保障金的监督使用。2015年农民工工资保障金共收缴4814.0746万元。

【质监工作】 锡林浩特市质监站共监督建设工程92项,建筑面积为258.18万平方米,其中居住建筑50项,建筑面积232.2万平方米,公共建筑42项,建筑面积25.98万平方米。上年转接工程63项,建筑面积为223.46万平方米,与上年同期相比个数增加28.6%,面积增加69.3%;2015年新开工工程为29项,建筑面积为29.69万平方米,与上年同期相比个数减少51.7%,面积减少73.3%。报监工程监督覆盖率达100%。与此同时,监管市政道路工程6条,共计延长米12 450米,人行道改造工程20标段,面积27.26万平方米,小街巷配套工程7条,面积7.8万平方米。全年共计开展工程质量大检查6次,下发整改通知单185份,整改率达100%。共受理工程质量投诉86起(包括来信来访、电话投诉等),回复率达100%。

【给排水主要指标】 2015年1－11月份主要完成情况:售水量完成821万吨,销售收入完成2315.8万元,上缴税金216.5万元,用水普及率达到96%,城市污水处理率达到80%。售水量、销售收入、上缴税金等指标与上年同期基本持平。

城市规划

【锡林浩特市城市规划局领导名录】

党总支书记　何卫东(蒙古族)
局　　长　宋雪飞
副局长　祁雅琼(女 蒙古族)
　　　　罗恩宝(2015年3月任)
设计院院长　史大金
展览馆馆长　巴特尔(蒙古族)

【概况】 锡林浩特市城市规划局为参照公务员管理单位,有在职工作人员79人,主要承担锡林浩特市城乡规划编制和规划管理两大任务。局机关内设办公室、总工办公室、设计室、信访室、人教科、建筑装饰科、规划科、市政工程科、建设用地科、建筑工程科、村镇科、监察大队、测量大队等13个科室,下设二级单位市政工程勘察设计院和城市展览馆。一年来,锡林浩特市城市规划局紧紧围绕市委、市政府对城乡规划管理工作的部署,全面贯彻落实自治区8337发展思路,充分发挥城乡规划的宏观调控和指导作用,精心组织完成各项规划编制工作,积极完善城乡规划体系,不断加大城市规划审批、管理力度,为引导锡林浩特市城市建设科学、健康、有序发展发挥了积极作用。获得"锡林浩特市学习使用蒙古语文先进集体"荣誉称号;王桂平同志被评为锡林浩特市优秀党务工作者;在锡林浩特地区"劳动者杯"职工足球比赛中获得冠军殊荣。

【城市规划设计】 组织编制七个苏木镇场总体规划及11个嘎查分场建设规划;完成锡林浩特市城市综合管廊工程(2015－2030)、锡林浩特市停车场与杭盖办事处柴达木居委会、欣康村居委会及毛登牧场"十个全覆盖"工程、锡林浩特市(2014－2016)新建公厕专项规划编制工作;完成锡林浩特湿地恢复治理工程、锡林浩特市出入口绿化工程、锡林浩特矿区生态恢复治理工程及南山地质恢复治理工程、东二环桥装饰、四号湖1号桥装饰及2号桥规划设计;完成锡阿公路敖包山大桥勘察设计工作;完成新旧区共计28.7公里道路规划设计、39.9公里"三水"管线规划设计、9.4公里供热管网规划设计、55.7公里新建电力线规划设计。

【建设项目审批管理】 全年向盟、市两级规委会报批建设项目137项,通过110项,通过率达80%;依法核发"一书三证"共计676本;核发建设项目和景观绿化项目规划设计条件通知书229件;完成120个建设项目的施工图审查工作;完成84个居住小区及个人产权建设项目的局部验收和14个居住小区综合验收工作;为北方电力锡林热电厂2×660MW煤电一体化及内蒙古胜利矿区胜利西二号露天矿等274个项目办理用地规划手续。

【规划监察】 建立重点区域一日双查、违章预警、全程监控长效机制,在管理责任上实施《过错责任追究制》《行政不作为责任追究制》制度,在管理内容上加强建筑物后退道路红线、建筑物间距等监管,加大规划监察及规划批后管理工作力度,全年共查处违章建筑1260余处,拆除936余处,共计13000余平方米。并按照"十个全覆盖"工程工作要求,对宝力根苏木、宝办伊利勒特社区(原城关)、华油东奶牛村、新康村、蔬菜四队、千禧龙苑小区、军分区小区等地的私搭乱建和违章建筑、违法圈占土地的行为进行了大规模的集中整治。

【测量工作】 全年完成各种测量放线工作136项。其中建筑和地勘放线8项，建设用地放线38项，建设项目竣工验收放线27项，坐标转换41项，地形图补测17项，三水及道路中心线放线5项。

【市政工程勘察设计】 全年完成24.6万平方米建筑工程设计，209.1万平方米道路工程设计，88公里给排水工程设计，1.5万平方米园林绿化设计。

【城市展览馆接待参观工作】 全年接待参观团体40余批次共计1327人，接待社会参观群众5290人。要求讲解员随时为参观者（参观人数不限）进行讲解，并观看多媒体视频及沙盘影片，全方位地满足群众的要求，服务能力与水平有了进一步的提高。

【基层党建工作】 深入开展“四型机关”建设及思想道德和廉洁自律教育活动。参加锡林浩特市“弘扬主旋律、唱响中国梦、创建文明城”大合唱比赛活动，以第七名的成绩获得优秀奖；参加市直机关党工委组织的“第二届职工运动会”，取得“男子100米第三名”、“女子立定跳远第三名”、“两人三足跑第二名”和“4×100米接力第三名”的好成绩。积极参加捡白色垃圾和锡林浩特市爱国卫生义务劳动等活动。深入开展了法制宣传教育，及时研究部署综治、普法、计生、创安及信访维稳等工作。

城市管理

【锡林浩特市城管局领导名录】

党委书记　巴特尔（蒙古族）

党委副书记、局长　项存明

副局长　白贵军

副局长、城管监察大队队长　亦　文

环卫处书记、主任　李　勇

【概况】 锡林浩特市城管局1993年3月成立，科级建制，是锡林浩特市人民政府组成部门，依法行使城市管理综合性行政执法职能，主要承担市容市貌、爱国卫生、户外广告管理、环境卫生等多项管理职能。截至2015年底城管系统共有正式职工282人。

2015年锡林浩特市城管局在市委、市政府的正确领导下，围绕锡林浩特市各项重点工作任务，以科学发展观为指导，进一步深化管理体制，加快城市基础设施建设，不断提升精细化管理水平，较好地完成了各项工作。

【党组织建设】 加强对党员和党务工作者的教育、管理和培训，全年共组织各类学习培训43次，召开专题民主生活会2次，同时印发《城管局开展“三严三实”专题教育实施方案》，开展领导干部轮流讲党课活动，确保每周抽出一个半天，每次学习时间不少于2小时。局班子成员开展“严以律已，坚守党的政治纪律和政治规矩，自觉做政治上的明白人”和“做吉日嘎拉式的好干部”大讨论活动。2015年7名同志确定为重点培养对象，发展预备党员1名。

【廉政建设】 2015年3月16日召开全局党员干部职工大会上，局党委主要领导认真强调反腐倡廉的重大意义，讲解党风廉政建设和反腐败工作的长期性、重要性并部署年度党风廉政建设工作。根据市委安排部署，组织开展《中国共产党党员领导干部廉洁从政若干准则》学习宣传月活动，专题学习贯彻《中国共产党廉洁自律准则》和《中国共产党纪律处分条例》。广泛宣传《廉政准则》，进一步落实中央八项规定，将《廉政准则》学习融于行政执法活动中。

【城市管理工作】 对街路管理提出“以街带区，示范引路”的工作思路，打造锡林大街、额尔敦路为城市管理示范街，与此同时，着重开展了3个“百日”活动，针对流动摊贩、小商小贩、占道经营等城市顽疾，设立了6处瓜果、蔬菜便民小市场。制定并印发《关于锡林浩特地区早点、摊位市场经营秩序监督管理办法》，投放新型售货架360个，进行全天候管理。进入10月份，积极配合农牧部门对街路两侧私屠乱宰问题进行清理，并对街路两侧饲料市场进行了整顿。针对城市“牛皮癣”治理实施分类实策，其中针对发布信息类小广告，规范发布渠道，在小区及街路设立了320块便民信息发布栏。联合公安部门印发《关于整治三乱小广告的通告》，喷涂覆盖乱写乱画小广告69 870处，清除粘贴违法小广告28 722处，实施处罚1038起。抓获非法办证违法广告张贴人4人，并进行拘留惩处，有效地抑制非法办证类广告的复发势头。

【加强户外广告牌匾管理】 共拆除违章、破损、废弃广告牌匾1266块，大型户外广告2处46块，拆除清理破损围挡广告布479块，下达限期拆除单1013份。

【停车秩序管理】 采取“社会投资、规范标准、重在督导”的措施,在南二环新建了1处容纳200辆大货车的停车场,及时启动停车泊位划设工作,划设停车泊位和导向标13 034个,投放自行车架110个,对符合要求的停车场进行拍卖,第一批对6个大型商场停车场进行了拍卖,正在启动第二批停车场拍卖工作。与公安部门联合印发《关于规范城区沿街两侧机动车停放的通告》,实施停车秩序整治行动,开展停车秩序贴单处罚工作,联合交警部门实施贴单处罚385份。开展校园周边停车秩序整治活动,印发《关于进一步规范校园周边停车秩序的通知》,对锡林浩特市共21所中小学停车秩序进行了检查,规范设立校外停车区4处,召开了专项会议,从机关、学校抓起,规范停车秩序。

【市容环境综合整治】 目前市区大面积区域的建筑垃圾、沙土已清理完毕,清理各类垃圾88.37万吨。先后调动社会车辆2240车次,清理垃圾11万吨,经费达950余万元。三次动员盟、市直126个单位1300余人参与白色垃圾清捡活动,清捡白色垃圾3600余袋。2015年,共受理各类投诉件78 185起,其中:数字化城市管理平台共受理各类投诉2402起,结案率为93.15%;社区网格化管理平台共受理各类投诉75 422起,结案率为64.23%;公众微信平台共受理各类投诉363起,结案率为92.13%。

【环卫基础设施投入】 2015年,新增保洁人员500人,在现有工资1500元/人、月基础上,提高到2000元/人、月。投入资金达812.4万元,购置了4台大型道路洗扫车、12台小型道路清扫车,全部投放到城市主次干道路面的清洗、清扫作业;为防止市区商业网点及平房区生活垃圾清运过程中的二次污染,购置50辆封闭式电动三轮保洁车,150辆封闭式脚蹬三轮车,主要用于平房区生活及沿街乱倒垃圾的清理工作。

【爱国卫生月活动】 动员社会力量开展义务劳动,环境卫生有了提高;积极开展灭四害活动,组织各办事处开展培训,确保四害在国家标准以内。启动创建国家卫生城市工作,成立创卫领导小组办公室,及时开展创卫各项工作。

【干部下基层三级示范抓引领工作】 及时推进“推进十个”全覆盖工程。调配皮卡车1台,价值12万元,解决分场没车下户难的实际困难。为每户贫困户解决2.5万元建房款(共7.5万元),为每户建设了2间住房,现已建成。积极协调相关部门,争取扶贫项目资金,提供生产生活方面的扶持。

【“十个全覆盖”】 分成5个调查小组对场所在地231户牧户进行走访入户工作。三次调派2台大型翻斗车、2台大型装载机、4台自卸车进行集中清理,累计清理垃圾300余车6000余吨,针对乌拉苏太分场道路不平出行困难等问题,改造出行道路10公里,解决了牧民出行难问题。

【综治工作】 全年处理解决矛盾纠纷案件8件,完成率为100%。与其他政府职能部门紧密配合,加大对校园周边流动摊贩的执法监察力度,消除占道经营对师生通行带来的安全隐患,延长校园周边巡查时间,增加巡查频率为师生提供良好的学习环境。

【法治建设】 加大法制、政策宣传教育,积极引导群众通过合法途径解决矛盾,及时解决群众来电来访所反映的问题。在执法工作中始终坚持依法办事、按法定程序办事,避免单纯依靠行政手段,搞强迫命令,执法简单粗暴,而引发群众不满,尽最大努力做到不留后患,一年来没有发生冲突和暴力执法等行为。

【工青妇工作】 以党建带动和促进工建及群团组织建设。加强对系统内部工、青、妇等干部职工的组织领导,充分发挥工会民主监督、保障职工利益的作用,关心群众生活,大力倡导科学、文明、健康的生活方式,切实做好妇联工作和计生工作,与二级单位签订《计划生育目标责任状》,做到责任明确、宣传到位、落实到人。

【扶贫解困】 为切实落实干部下基层三级示范抓引领活动,锡林浩特市城管局分为两个慰问小组,走访了宝力根苏木希日塔拉嘎查7户贫困牧民、白音锡勒牧场乌拉苏太分场3户贫困牧民、杭盖办事处富康居委会2户贫困居民和楚鲁图社区2户贫困居民,为贫困牧民和居民送去共计4600元的米、面、油等生活用品,

环境保护

【锡林浩特市环境保护局领导名录】

书　记　李　星

局　长　尚怀国(蒙古族)

副局长　刘　伟

环境监察大队队长　王海军

【概况】 锡林浩特市环境保护局于2002年4月成立。现内设办公室、财务股、污防股、总量股、科技与辐射股、自然股、园区管理办公室、政策法规股、宣教中心、规划股、环评股、验收股、环境监察大队、监测站等14个股室(站、队)。全局(包括

监察大队、监测站）共有56人，其中公务员5人、工勤1人、参照公务员管理人员17人、事业机构人员19人、人才储备3人、公益性岗位11人。

【监督管理与科技监测】 年内共办理罚没款业务4件、审批环境影响评价报告表、报告书、登记表业务164件、出具环境保护初审意见25件，建设项目环境保护意见38件。

按照监测程序，完成了对锡林浩特市环境噪声昼夜监测工作。共监测120个点位，其中城市区域环境噪声106个点位，交通干线噪声14个点位。空气质量监测将每日的空气质量监测结果输出、存档。全年优良天数348天，轻度污染11天，中度污染1天，严重污染5天，空气质量优良率95%。6项监测指标均符合国家环境空气质量二级标准。在沙尘暴发生期间，随测随报，年内共向自治区中心站上报沙尘暴15次。

【环境宣传教育】 通过新闻媒体、网络等形式全力开展环境保护的宣传教育活动，共报送信息120期，并利用微信平台拓宽了环境宣传教育范围。以"6·5"世界环境日为契机，围绕"践行绿色生活"宣传教育主题，组织环保进学校、进企业、进社区等一系列环境保护宣传活动，并邀请内蒙古自治区环境保护厅政策法规处副处长郭萍同志作新《环保法》主题讲座，活动期间，为企业、学校、居民群众发放环保宣传手册、图书资料共计10 000余份（册）、节能灯2000余个。

【加大燃煤锅炉淘汰力度】 2015年淘汰剩余的燃煤锅炉280台（其中：供热锅炉178台，茶浴锅炉32台，生产锅炉70台），11月份开始，积极争取上级专项资金800万元，用于燃煤锅炉淘汰工作，按照《锡林浩特市大气污染防治燃煤锅炉改造淘汰专项整治行动实施方案》要求，集中力量分三个阶段，用三年时间将剩余的燃煤锅炉全部予以淘汰。年内共淘汰燃煤锅炉70余台。

【开展餐饮油烟专项治理】 年初成立餐饮服务业专项整治工作小组，对锡林浩特市餐饮服务行业开展集中综合治理，一是督促餐饮业安装油烟净化设施，清洗粉刷油烟污染墙体。餐饮业安装油烟进化设施达到了80%以上，餐饮油烟达标排放。二是联合城市管理局开展室外串店油烟专项整治工作，禁止室外露天烧烤，要求烧烤摊一律搬至室内，并安装油烟净化设施，以奖促治，采取大气污染防治专项资金返还补偿等措施，督促完成整改，全面推动锡林浩特市餐饮业环保设施整改工作，使油烟达标排放。

【严格环境执法】 排除环境隐患对辖区内143家重点排污企业达标排放情况开展专项检查，共出动执法人员316人次、车辆台208台次，大检查工作中所发现存在环境问题的单位51家，发现存在环境问题并完成整改的单位42家，对7企业违法进行了行政处罚，合计罚款36万元；并依照新《环境保护法》，对2家企业的违法行为启动了按日计罚程序，共计罚款18万元。

【加强污水治理】 一是严格园区畜产品行业污染治理。年初开始对锡林浩特市4家绒毛加工企业、1家肠衣加工企业、31家畜产品加工企业（冷库）约谈企业负责人、加大执法监督频次督促企业完成了污水处理设施的安装工作，已委托有资质的环境监测部门正在进行水质监测。二是加强集中式饮用水水源环境评估工作。加大水源地环境日常巡查频次，彻底排查与清理影响饮用水质安全的违法排污企业、违法建设项目和破坏生态环境的资源开发活动。制定了饮用水水源地污染防治应急预案、提高应对突发事件的应急能力。研究编制《饮用水水源地保护区污染防治管理办法》。

【抓好大气治理】 督促锡林热电厂、锡林浩特第二发电厂、锡林热源厂等3家热源厂9月底前完成脱硫、脱硝、除尘一体化改造，并拆除烟气旁路。对不符合要求的15家商砼搅拌站及18家水泥制品企业下达《责令改正通知书》，要求在12月31日前建设封闭式储料仓，场内进行硬化，修建水泥运输道路。

【投诉及信访处理】 "12369"投诉举报电话24小时受理业务，受理群众举报投诉共计229起，结案229起；接到锡林郭勒盟政务门户网站、锡林浩特市政务门户网站和信访局转办单投诉108起，结案108起。结案率均在100%。

【加强有害废物的监督管理】 开展辖区内25家危废重点监管企业的专项检查（其中产生危险废弃物的企业9家、医疗废弃物医院4家、一般工业固体废物企业12家）；对本辖区内生产化学品企业、锡林郭勒盟益民医疗废弃资源处置中心、放射源使用单位、X射线装置使用单位进行日常监督管理，有效加强了危险废物和放射源技术应用单位的管理，保障了环境安全。

【征管并重，强化排污费征收】 严格贯彻落实国务院《排污费征收使用管理条例》，进一步规范排污申报、排污核费及征收工作。促进排污费依法征收。全年对58家企业进行了排污收费工作，共征收排污费12 840 952元。

【环境监测与能力建设】 加强环境监测PM2.5能力建设，年内争取争取上级专项资金累计1000万元完成实验室建设、装修，仪器设备、药品、器皿等采购安装工作。2015年全力推进实验室达标验收,年内药品、器皿已完成验收,人员全部完成持证上岗,共3大类75项,380项次,通过率为96.5%;并于10月底完成自治区环境监测计量认证考核,本次评审合格标志着锡林浩特市环境监测站质量管理体系逐步完善,仪器设备和监测能力稳步提高,为下一步达标验收工作打下良好基础。

【重污染天气预报预警体系建设】 2015年7月,开始建设全盟首家重污染天气监测预报预警体系,承担起锡林郭勒盟地区重污染天气预报预警工作任务。争取上级资金200万元,在锡林浩特市环保局三楼设立了空气质量预报预警会商中心,安装了自治区配套的可视化会商设备。体系运行后,将加强与盟气象局研判合作,为锡林郭勒盟地区应对突发性重污染天气和区域大气污染联防联控提供有效技术支撑。

安全生产监督

【锡林浩特市安全生产监督管理领导名录】

书　记　乌力吉陶格涛(蒙古族)
局　长　张卫东
副局长　韩晓东(蒙古族)
　　　　孙向东(满族)
安全生产监察大队队长　王　平

【概况】 锡林浩特市安监局内设综合办公室、法制培训股、安监一股、安监二股、综合监管一股、综合监管二股、应急救援股与职业卫生股8个股室,下设二级单位锡林浩特市安全生产监察大队。机关行政编制7名,其中领导职数4名(2正2副),安全生产监察大队核定事业编制7人。

2015年,认真贯彻落实盟委、行署和上级安监部门有关安全生产工作的决策部署,坚持"安全第一、预防为主、综合治理"的方针,认真落实安全生产责任制,切实加大监督检查力度,深入开展各类专项整治活动,及时发现和消除安全隐患,锡林浩特市安全生产状况继续保持平稳态势。

【非煤矿山执法监督】 成立锡林浩特市非煤矿山春季复工验收现场核查组,要求各企业制定春季复工隐患排查整改及验收工作实施方案和验收标准,核查组对自检合格并提出复工备案申请的非煤矿山企业进行现场核查。同时配合专家对辖区内的2户金属非金属地采矿山企业进行会诊。印发《锡林浩特市金属非金属矿山安全生产风险分级监管工作实施细则(试行)》,结合锡林浩特市实际情况,确定非煤矿山安全生产分级监管企业名单,49家企业中,C级5家,D级45家。

【危险化学品执法监督】 深入开展危险化学品安全生产大检查深入推进"打非治违"隐患排查治理专项检查,加大现场安全管理、隐患排查治理、执行八大许可"作业票证"制度等情况的检查。集中开展化学品罐区安全专项治理,认真贯彻落实《化工(危险化学品)企业保障生产安全十条规定》,对重点监控企业开展专家查隐患活动。做好非药品类易制毒化学品综合管理信息系统数据填报录入和登记备案工作,积极推进非药品易制毒管理信息化建设,通过日常检查和专项检查帮助企业按照企业非药品类易制毒化学品规范化管理指南进行管理,选取锡林浩特市义利化工有限公司作为示范企业培育对象。

【烟花爆竹执法监督】 做好烟花爆竹零售点节后余货回收退库工作,防止因烟花爆竹违规储存等引发的事故,督促辖区内烟花爆竹企业在零售许可证到期前完成余货退货工作,完成1500箱烟花爆竹余货退库工作。按照"两关闭,三严禁"的要求,根据往年上级烟花爆竹执法检查情况和锡林浩特市烟花爆竹销售特点,对两条传统烟花爆竹销售一条街的零售店进行重新选址搬迁。

【综合监管】 协调住建、交通、质监、商务、运管、消防、国土、规划、经信等多部门齐抓共管,针对人员密集场所、城镇燃气、道路交通、危货运输、建筑施工、电力等领域,排查消除各类安全隐患,落实安全生产监督管理职责,督促和配合相关主管部门抓好各行各业安全生产工作。制定《锡林浩特市深化粉尘防爆安全专项治理实施方案》,由市安监局牵头,组织各苏木镇场、办事处、园区对锡林浩特市13家粉尘防爆企业进行了摸底调查。要求生产经营单位落实粉尘防爆主体责任,36名安全企业管理人员参加粉尘防爆专项培训学习,确保专项整治工作落到实处。要求企业对照检查内容逐项自查,同时加大监督检查的频次和力度,督促企业整改安全隐患。

【宣传培训】 加大安全生产法律法规的宣传力度,深入开展宣传教育培训工作,采取多种形式提高全民安全生产意识。全年共发放安全生产宣传资料8000余份,累计培训企业负责人和安全管理人员280余人,特种作业人员300余人。

【队伍建设】 认真开展"第一书记"工作,与盟安监局协调,投入1万多元,为居委会添置馒头、豆腐加工设备各1套。对居民提出的68条需要解决的问题和困难,已逐步解决60条。"七一"

期间慰问走访贫困户，赠送慰问金6000元，为其中一户争取到打机井项目，通过协调将一名五保户寄宿在养老院，为一名多年重病患者争取到大病救助。组织干部职工捐款2180元，居委会住户中完成外墙粉刷42户，完成外墙保温15户，拆除土房、危房、院墙7户，打深水井2口，新建垃圾点4个，公厕2个，均已投入使用。新建幼儿园装修已完成。维修旧房13户、改造危房15户。

【党员管理】 做好党建工作研究和信息报送，全年报送党建信息、稿件、调研文章49篇。增选支委2名，严把党员入口关，党员发展严格按程序进行，严格考察，确保党组织新鲜血液的健康。党支部在坚持“三会一课”，民主生活会，组织生活会制度的基础上，建立和完善相关制度，规范党支部成员和党员的行为。进一步健全党组织考评和激励机制。对优秀党员、先进工作者进行表彰奖励。

园林绿化

【锡林浩特市园林绿化管理局领导名录】

局　长　于守栋（2015年3月离任）

　　　　张海舰（2015年4月任）

副局长　陈　涛

　　　　陈建民

【概况】 锡市园林绿化管理局，隶属锡林浩特市人民政府管理，机构规格为正科级事业单位，事业编制65名，核定科级领导职数3名（1正2副）。现有正式职工58人。园林绿化管理：主要是对园林绿化行业的前期招投标、建设过程、后期养护以及决算审计、资金给付进行前置审批及全程监管，对四年养护期满需要移交的绿化项目，组织相关部门进行二次审计，核定最终资金量；对全市绿地进行补植、浇灌施肥、植被整形、病虫害防治、卫生清洁等工作；对贝子庙敖包山景区、锡林湖景区、植物园、草原公园、锡林广场、蒙元文化广场6个景区进行整体绿化、养护管理、设施维护、卫生清理、秩序维护等日常管理工作；对全市绿地进行日常巡查，查处各类破坏绿地和绿化配套设施等违法行为；对绿化工程施工流程、植被种植养护进行技术指导。

【园林绿化工作】 2015年建成区绿化覆盖率36.10%，建成区绿地率35.35%，人均公园绿地面积17.93平方米。2015年城区绿化工程累计完成投资1.7亿元，完成绿化面积65.5万平方米，栽种乔木1.56万株，灌木22.6万平方米，草花、地被26.1万平方米。实施了道路绿化及花卉种植工程、植物园南区二期绿化工程、锡林湖1、2、3号湖提档升级工程三项绿化工程建设。重点把握绿化建设初期，聘请高资质的内蒙古和信园蒙草抗旱绿化股份有限公司对绿化项目进行统一设计，提交规委会反复讨论修改，确保突出园林绿化建设的整体效果。积极抢抓绿化建设“黄金期”，第一时间安排督导绿化企业组织人员、设备进场施工。抽调力量成立技术监管组，定期检查指导施工进展情况。新增了锡林大街、乌珠穆沁街、上海路、东南二环绿化工程及党政大楼北公园、上都苑、机场周边、牧民养老院、7个社区及廉租房小区共13项绿化工程。对城区内20余条道路口周边影响视线的绿化带进行提升改造。针对锡林广场、贝子庙广场、锡林湖1、2、3号湖照明设施全部进行提档升级改造，共安装灯具2462套。先后组织8批次、1000余人对各街道绿化带内的杂草垃圾进行全面清理，组织修剪队伍对树木进行修剪，调配32台水车加大对已交付绿地的浇灌工作，确保植被的正常生长和安全越冬。继续充实园林监察队伍力量，配备了2台执法记录仪和定制执法监查服装，并增大巡查力度，全年累计查处各类案件26件，有力地保障了绿化建设成果的维护。

【廉政建设】 集中学习《习近平总书记系列重要讲话精神和“四个全面”重要论述》、《中央关于深化“四风”整治、巩固和拓展党的群众路线教育实践活动成果的指导意见》、《中国共产党廉洁自律准则》、《中国共产党纪律处分条例》、《习近平谈治国理政》、《习近平关于党风廉政建设和反腐败斗争论述摘编》等内容，先后组织召开了1次民主生活会和2次党风廉政专题会议，主要领导与环节干部进行廉政谈话。积极开展廉政文化进机关活动，设立10块廉政文化宣传牌，建立公开公示监督台，管理规定全部上墙。制定《锡市园林局2015年党风廉政建设和反腐败工作计划》，细化园林局领导班子成员“一岗双责”任务分工表、党政正职工作任务台账、班子成员权力目录清单和廉政风险点查找及防控措施表，补充完善了《党建工作责任制度》、《党风廉政建设责任制管理规定》、《诚勉谈话制度》等26项制度，与局机关各科室及景区景点负责人签订党风廉政建设责任书15份，并严格落实财务管理规定和领导干部配偶、子女及身边工作人员从业的有关规定。

【帮扶工作】 组织召开“干部下基层三级示范抓引领工作”全体干部职工大会，制定了《深入开展干部下基层三级示范抓引领推进联系服务群众常态化工作实施方案》和《园林局干部下基层“一对一”两年联系工作方案》。活动中,局班子成员先后16次深入朝克乌拉苏木、南郊街道办事处、楚古兰街道办事处3处联系点进行走访,制定具体帮扶措施解决了群众反映的子女就业、子女上学、棚圈改造等10件难题,共送去慰问金和棚圈建设资金16600元。在《2015年度“十个全覆盖”工程“百日攻坚”行动实施方案》工作的推进落实中,抽调蒙汉兼通人员组成专项工作队深入朝克乌拉苏木查干淖尔嘎查,走进20户拆迁户家中宣传讲解惠农惠牧政策,全年共完成10户牧户房屋的保温和外墙粉刷、3户牧户公路沿线粉刷及1户新建水窖工程。同时,联合市政法委和第六中学组成调研队,在了解嘎查文化站房屋漏水,院内外未硬化的情况后,园林局投入4万余元进行了地面硬化及站室修缮工作。

财政税务

XI LIN HAO TE NIAN JIAN

地方财政

【锡林浩特市财政局领导名录】

书　记　米润喜
局　长　张国喜
副局长　侯智国
　　　　张代全（蒙古族）
　　　　图　雅（女 蒙古族）
　　　　黄立疆(蒙古族)

【锡林浩特市财政局二级局领导名录】

金融工作办公室主任　张代全（蒙古族）
农业综合开发办公室主任　萨琪日勒图（蒙古族）
财政国库收付中心主任　赵　丽（女）
城市基金管理办公室副主任　宝　音(蒙古族)
绩效管理和投资评审中心　陈煜峰
国有资产管理办公室　包桂芹(蒙古族)
巴彦宝力格苏木财政所所长　国　斌
阿尔善宝力格镇财政所所长　敖日红
宝力根苏木财政所所长　新毕力格(蒙古族)
朝克乌拉苏木财政所所长　宝　顺

【概况】 2015年锡林浩特市财政局内部机构设置12个:办公室、预算股、教科文、行政政法股、社保股、综合股、农财股、经济建设股、企财股、国资办、综改办、采购办。

【财政收入完成情况】 2015年以来,在经济处于下行态势下,加大重点税源监控,加大力气清理历年欠税,努力完成财政收入任务。全年地方财政总收入完成403 800万元,完成预算的91.77%,同比减收15 254万元,下降3.64%。其中:公共财政预算收入累计完成264 530万元,完成年度预算的100.78%,同比增收19 220万元,增长7.83%。增速排全盟第6位,增量排全盟第1位。

【财政支出完成情况】 在保工资、保运转、保基本民生的基础上,我局积极兑付上级专项指标,及时拨付“低保”、救灾、“十个全覆盖”工程等民生方面的资金。地方公共财政预算支出累计完成317 942万元,为年度预算的99.46%,同比增支43 824万元,增长15.99%。其中:对以民生为主的社会事业投入105 030万元,占公共财政预算支出的33%;对农牧业投入36 658万元,占公共财政预算支出的11.53%;对锡林浩特市“十个全覆盖”工程投入12 970万元,占公共财政预算支出的4.08%。

【财政改革工作概况】 推进国库管理制度进一步深化。启动锡林浩特市预算单位财务平台建设项目,于2016年元月正式上线,将实现财政部门对每一笔财政资金的实时监控,提升锡林浩特市财务管理能力。今年通过国库集中支付系统办理直接支付和授权支付业务14 550笔,直接支付比率95%;有86家预算单位实现与财政之间的横向联网。规范政府采购监管工作。现场监督招标、评标过程38次。完成采购货物、服务类采购预算金额13 200万元,实际采购金额10 800万元,节约财政资金2400万元。强化基层财政管理。规范苏木镇财务管理,加强财政奖补项目日常监督,建立项目申报、建设、报账和管护的一体化监督体系。不断提升“一卡通”服务群众能力。通过“一卡通”系统发放各类补贴17 645万元,涉及补贴种类9类71项,惠及8.62万人次。

【预算绩效管理和财政投资评审工作概况】 深入开展预算绩效管理和财政投资评审工作,提高财政资金使用效益。全年受理市直43个部门项目605件,办结392件,累计送审金额120 311万元,审定金额为105 825万元,审减额14 486万元,平均审减率12.04%。开展财政专项资金项目预算绩效管理,推动绩效结果反馈应用。选择了列入部门预算的15个专项资金项目实施预算绩效评价跟踪管理,对其中10个项目进行重点跟踪评价,已完成8个,2个项目因采购未完成而暂未进行评价。

【金融工作概况】 积极开展政府融资工作。已累计争取到位31 100万元贷款。其中:光大银行、建设银行流动资金贷款12 700万元;给排水公司中小企业私募债15 000万元;教育设备融资租赁3400万元。运作阶段项目22个,融资总金额385 000万元。其中:银行贷款类项目10个,融资金额148 000万元;融资租赁类项目9个,融资金额97 000万元,债券资金类项目3个,融资金额140 000万元。是加快推进政府和社会资本合作项目。今年向自治区报送PPP项目13个,涉及城市供水、供热、供气、交通、养老、物流、污水处理、文化旅游等多个领域。目前正在重点包装打造生态水系建设和污水提标处理2个项目,项目资金55 632万元,力争明年进入自治区PPP项目库。加大中小企业融资工作力度。推动金融机构扶持中小企业,锡林浩特市金融机构人民币贷款余额达到285.1亿元,占全盟的46.2%,较去年同期基本持平。开展融资需求摸底调查,调研中小微企业66家、重点项目79个,累计融资需求180.9亿元。累计组织140余家/次企业、32家/次金融机构参加政银企融资对接会。推介3家企业在内蒙古股权交易中心申请挂牌,内蒙古宏源农牧业科技公司获准挂牌"新三板"。

【国有资产管理工作概况】 进一步加强国有资产管理。编制并上报了市行政事业单位资产报表,对9户国有企业2014年财务报表进行汇总分析上报。规范国有资产处置,实现效益最大化。处置国有资产13例,其中:无偿调拨3例,处置7例,拆迁置换1例,批转存货2例。主要包括:监督移交原盟妇幼保健院办公楼及相关配套设施;监督拍卖法院办公楼资产、原市疾控中心及原盟疾控中心办公楼资产、贝子庙朝克沁殿的实物移交等工作。

【财政监督与财务管理】 将业务股室管理性监督检查统一纳入年度监督检查计划,实行财政管理与监督的有机融合。先后对21户部门单位开展了专项资金使用、政府采购执行、国有资产管理、预算单位开户、公务卡使用、部门决算和"三公经费"公开、会计监督、职业技术培训机构运行和补贴资金使用情况等监督检查工作。"吃空饷"等问题作为检查重点,加强财政纪律约束。与组织、人事和编办等部门相关人员组成督查组,先后2次对市直部门单位的在册不在岗人员情况进行了督查核实。针对监督检查查出的问题,责令相关部门按规定及时整改,确保各项制度和政策落到实处。

【会计基础工作概况】 加强部门、单位会计工作管理。规范开展会计代理记账许可审批,为7家机构发放会计代理记账许可证。开展锡林浩特市行政事业单位会计人员继续教育培训,组织培训班4期,累计培训237人。组织相关企业参加全国企业会计信息化知识竞赛和锡林浩特市中小企业内部控制调查问卷工作。积极开展会计协会工作。组织蒙古族第二小学68名学生参加中国珠算协会和台湾省商业联合会举办的"第二十四届海峡两岸珠心算通信比赛",通过锡林郭勒盟各旗县市参赛学生的努力,锡林郭勒盟赛区获得团体一等奖。

【城投工作概况】 完善城市基础设施建设。完成了2015年城市建设新建项目52项的可研、环评、节能等批复工作,推动项目按计划开工建设。推进棚户区改造工程建设。为推进锡林浩特市棚户区改造企业及时复工,保障棚改建设项目顺利实施,棚户区一期改造资金贷款108 000万元已全部到位,已向开发企业拨付90 000万元;二期棚户区贷款128 900万元,已签订了相关协议,下一步办理相关手续。做好旧城区危旧房拆迁改造及安置工程。发放了一棵树、一校社区的159户被拆迁户安置补偿费,下一步协调相关部门做好返迁楼回迁工作。

【涉农涉牧项目概况】 现代肉羊产业化项目。总投资2937万元,其中:中央财政1000万元、奖励资金800万元、本级配套资金300万元、集体及牧户自筹资金837万元。项目实施地点位于:巴彦宝拉格苏木、宝力根苏木、白音锡勒牧场、贝力克牧场。包括一般家庭牧场156户、高标准家庭牧场10户、肉羊育肥基地项目2处及附属设施。目前已完成102户家庭牧场建设,拨付资金1316.5万元。"一事一议"财政奖补项目。总投资832.33万元,其中:上级财政奖补347.59万元,本级配套208.76万元,牧民及集体筹资275.98万元。项目实施涉及4个苏木镇(朝克乌拉、宝力根、巴彦宝拉格苏木、阿尔善宝力格镇)、3个国营农牧场(白银库伦、贝力克、毛登牧场)。主要包括文化站建设、街巷硬化和储水窖项目。目前已基本投入使用,部分项目待验收后交付使用。拨付资金

491.85 万元。

【农业综合开发项目】 农业综合开发土地治理项目总投资 1021 万元,其中:中央财政资金 582 万元,自治区财政资金 186 万元,盟级财政资金 24 万元,市财政配套资金 24 万元,自筹资金 205 万元。项目实施地点在朝克乌拉、宝力根苏木。主要包括实施围封草场、草场改良、打机电井、标准化棚圈建设等内容。项目已基本完工,拨付资金 193.9 万元。农业综合开发产业化经营项目总投资 2908.78 万元,用于锡林浩特市 1 万只肉羊育肥养殖基地新建项目和锡林浩特市 1.5 万吨肉食品精深加工基地新建项目,其中:中央财政资金 550 万元,自治区财政资金 198 万元,盟级财政资金 22 万元,自筹资金 2138.78 万元。分别由锡林浩特市白音达来育肥专业合作社和锡林郭勒肉食品有限责任公司承建。肉羊育肥养殖基地已建设完成,肉食品精深加工基地项目正在办理土地规划及环评手续。

【党风廉政建设和机关建设概况】 全年机关"三公"经费同比下降 7.36%。机关干部 10 人联系巴彦哈日阿图嘎查和斯格斯台分场牧民 14 户,积极协调争取危房改造、棚圈等基础设施项目支持,解决 3 户联系户危房改造项目,资助 2 户联系户子女上学费用 3000 元/户。帮助嘎查争取基层党组织活动经费 5 万元,重新修缮了嘎查文化站和党员中心户蒙古包,添置取暖设备和学习桌凳。帮助嘎查争取购置清除垃圾、积雪使用的铲车 1 辆,建设垃圾焚烧炉 1 个,帮助牧民打井 1 眼。

【发展党员】 经过认真考察和长期锻炼,1 名预备党员转为正式党员,2 名同志列入预备党员。局党支部党员 43 人,全部按时足额缴纳党费,并及时向全体党员公示。组织党员、干部100 余人次参加了"全民爱国卫生义务劳动"活动;40 余人参加市直机关大合唱比赛;开展抗战胜利纪念、社会主义核心价值观等活动。

国家税务

【锡林浩特市国家税务局领导名录】

书记、局长　王　彪
副局长　都　仁(兼党组副书记)
邢爱萍(女)
王志成
罗　彦(兼纪检组长)
郭亚龙
代钦夫(蒙古族)
稽查局局长　锡林高娃(女 蒙古族))
城乡税务分局局长　韩华章
阿尔善分局局长　海　燕(女)

【组织税收收入】 锡林浩特市国税局在组织收入工作中做到客观分析税收发展形势,以组织收入为中心,进一步加强税收征管,积极开展税收分析调研,严格执法程序,确保税款应收尽收。截止到 12 月 25 日,该局税收收入累计入库 60 445 万元,去年同期为 76 844 万元,同比减收 163 990 万元,减收率为 21.34%,其中:增值税累计入库 56 944 万元(营改增增值税累计入库 2513 万元),去年同期为 71 381 万元,同比减收 144 37 万元,减收率为 20.23%;消费税累计入库 30 万元,同比减收 1 万元,增收率为 3.23%,企业所得税累计入库 3471 万元,去年同期累计入库 5431 万元,同比减收 838 万元,减收率为 36.09%。

【税收征管】 2015 年度共评估入库增值 1 415 620.62 元,企业所得税 55 015.99 元,滞纳金 80 762 元,进项税转出 927 524.25 元,调增应纳税所得额 455 380 元 。稽查局加强税收检查力度,重点对部分纳税人增值税专用发票的使用与开具进行了检查,共查补增值税入库税款 192 943.62 元、滞纳金 41 096.99。切实加强非居民企业所得税征管工作,年入库非居民企业所得税 24.12 万元。2015 年备案享受减免增值税 118 户次;备案享受减免企业所得税 70 户次。截至 2015 年享受增值税减免备案共 312 户,所得税减免备案 222 户;做好出口退税管理工作,2015 年共办理出口退税业务 3 户,退税金额 95.57 万元。

【依法治税】 认真落实国家、自治区有关税收政策法规,及时向纳税人通告有关新的税收政策。充分发挥税收优惠政策对经济的宏观调控作用。规范行政审批事项。对于纳税人减免税、资格认定等涉税申请,严格按照规定程序执行。努力提升纳税服务质量,促进征纳关系的和谐,先后推行"服务承诺制、一站式办结制、首问责任制、局长带班制、限时服务制、网上办税制、国地联办制、税法公示制、财税库银联网制"等各项工作制度,进一步方便纳税人,使纳税服务更具人性化、合理化。

【队伍建设】 加强领导班子建设,切实加强理论学习,积极学习"十八大"精神,结合税收工作开展党的"三严三实"教育实践活动,不断提高执政能力和服务水平。班子成员自觉带头贯彻执行民主集中制,充分发挥班子集体的智慧和力量,真正成为全局的领导核心。加强廉政教育,筑牢反腐倡廉思想道德防线。在局网页上设立“税务廉政基础知识每日一题”专栏,要求税务干部每天上班的第一件事就是做一道廉政知识题,润物细于无声,引导干部树立正确的世界观人生观价值观和政绩观,构建反腐倡廉的思想防线。

【党风廉政建设】 采取组织特约监察员巡查、走访纳税人、发征求意见函等方式广泛听取意见,找准问题,及时整改,让纳税人满意。严格落实税务人员廉洁自律和廉政建设各项规定,积极开展党内监督、社会舆论监督和群众监督,在全局计算机上布置了警示警言屏保,营造廉政勤政的氛围。不断完善党组民主生活会制度、领导干部重大事项报告制度、勤廉公示制度、谈话和诫勉制度。制作了廉政教育宣传专题片。

【精神文明建设】 建立健全组织领导,明确创建目标任务。坚持做到两个文明同安排、同检查、同评比、同考核,把精神文明建设工作落到实处。加强精神文明创建工作,积极开展创建国家级文明单位和创建五星级办税服务厅工作。积极发扬奉献爱心精神,在地方政府开展的“博爱一日捐”活动中,职工募捐1.4万元;在城乡大病救助爱心工程募捐中捐款元5150元;携手与社区居委会共同开展“十个全覆盖”工程,根据贫困户的情况为贫困户送饲草料13.6万元,送煤炭35吨,奉献爱心的善举让社会各界提高了对国税系统的认知度。

地　税

【锡林浩特市地税局领导名录】

党组书记　牧　仁(蒙古族 2015年8月离任)
党组副书记、局　长　苏乙拉(蒙古族)
副局长　佟志涛(蒙古族)
　　　　太　平(蒙古族)
　　　　房红权
纪检组长　孟繁昆(蒙古族)
总会计师　娜日娜(女 蒙古族)
社保分局局长　王秀明

【概况】 2015年锡林浩特市地税局共有干部职工121人(不包括离退休18人),其中男60人、女61人,研究生2人、本科91人、大专22人,大专以下6人。党员51人。

内设8个科室2个分局,外设5个征管所。入驻锡林郭勒盟政务服务(公共资源交易)中心综合办税服务大厅1个。

【组织收入】 2015年,紧紧围绕“法治、廉洁、文明、高效”的治税理念和工作目标,所辖4210户企事业单位及138 38户个体工商户累计组织入库139 446万元,同比增收3997万元,增幅为2.95%。其中:地方级税收收入100 584万元,同比增收965万元,增幅为0.97%;完成公共财政预算收入89 897万元,同比增收10 713万元,增幅为13.53%。社会保险费组织收入20 121万元,同比增收4285万元,增幅为27.11%。“十二五”时期,累计组织税费收入705 278万元,与“十一五”时期相比,增加了424 204万元,年均增收近8500万元。

【政策落实】 认真贯彻执行自治区地税局《关于公布推进大众创业万众创新税收优惠政策目录的通知》《关于明确农村牧区“十个全覆盖”工程建设有关税收优惠政策的通知》,确保各项税收优惠政策得到及时有效落实。2015年,涉及11 510户个体工商户因未达起征点享受税金减免2854.032万元;为448户小微企业减免营业税、企业所得税49.67万;对13户企业政策性减免企业所得税、房产税、土地使用税2984.75万元。

【税收征管】 2015年1月8日,金税三期工程优化版应用系统正式受理纳税人、缴费人各项涉税(费)业务,信息化管税迈入了新纪元。面对经济发展形势,通过按月召开分析例会,研究解决组织收入中面临的困难和问题。通过加强重点税源、重点税种管理,不断提升管控质效。其中个人所得税3317户企业实现全员全额明细申报;502户企业完成汇算清缴,缴纳企业所得税6099万元。通过强化源头管控措施,加强部门协作,全年采集、交换涉税信息18 000余条,监控重点项目税源10个,实现税款4146万元。采取“先税后证”制度,征收个人所得税、营业税、印花税1758.47万元。全力清缴锡林浩特市场矿、工业园区及铁路公路耕地占用税33 325万元,有效弥补了税收减收缺口。采取税款、滞纳金及罚款1030.77万元。通过对12户保险企业开展稽查检查、6户集团企业成员现场税务风险审计和组织辖区全部企业自查,补征税款291.51万元。

【纳税服务】 坚持以“为纳税人服务,让纳税人满意,促纳税人遵从”为目标,搭建多元服务载体提高干部服务意识和水平。一是落实总局《全国县级税务机关纳税服务规范》,整合岗位职责,简化办税流程,办税效率提升40%。二是“便民办税春风行动”深入扎实开展。在全面落实首问责任制、领导带班制、限时办结制的同时,继续推行“一窗式”全职能服务模式,并开通“零申报”自主办税通道,“免填单”办税业务,实现快捷办税。推出“二次优先服务卡”,解决纳税人重复排队办税的困扰。增设了“蒙汉双语服务窗口”,解决了少数民族纳税人在办理涉税事项过程中语言不通的问题。“纳税人学堂”启动开课。全年开办纳税人讲堂3期,培训内容包括企业所得税填报、各税种网上申报及相关税法知识,培训纳税人近4000人次。三是网上办税全面推广。3349户企业实现网上办税,网上申报率达90%以上。四是推动社会信用体系建设,评出2014年度A级纳税人1户,B级纳税人566户,D级纳税人2户。五是深化国地税联合办税。在积极推进“三证合一”登记制度改革后,12月8日,启动国地税联合办税仪式,实现“进一家门、办两家事”的纳税服务新格局。

【党风廉政】 坚持党要管党、从严治党的方针,全面抓好本单位党风廉政建设和反腐败工作,坚持高位推进,严格落实“一岗双责”。一是发挥纪检监察的重要作用,严格将党风廉政建设贯穿于税收工作始终。二是强化廉政制度落实,完善监督制约机制。按照“三转”工作要求,健全了组织体系,确保“两个责任”有效落实,通过推进“一岗双责、一案双查、两权监督”等内部监控制度落实,加大了对税务人员的约束。三是以活动为载体,提升税干道德素养,强化干部职工的理想信念。通过开展“三严三实”专题教育、七一重温入党誓词、庆祝世界反法西斯战争胜利70周年祭先烈、全盟地税系统“警示教育日”以及党风廉政建设主题演讲比赛等活动,进一步增强了全局党员干部廉政勤政意识和拒腐防变的思想道德防线。四是进一步贯彻落实中央八项规定坚决切实纠正“四风”问题,加强自查检查考核,严格责任过错追究。在锡林浩特市民主评议政风行风问卷测评活动中,排名第一。

【文化建设】 在围绕组织收入中心工作的同时,坚持打造和谐地税品牌文化,抓好文明创建工作,充分发挥职工多功能活动室图书阅览、道德讲堂、党员活动、廉政教育的作用,开展特色活动。一是结合干部下基层示范抓引领工作,全面推进“十个全覆盖”工程建设。自4月份以来,对干部下基层联系点巴彦查干办事处的2个社区和涉及“十个全覆盖”工程建设的朝克乌拉苏木图古日格嘎查继续开展扶贫共建。6名蒙汉语兼通工作人员历时两个半月,先后走访20余次,开展“十个全覆盖”具体工作。为帮扶苏木和14名“一对一”贫困户投入帮扶资金近10万元,为结对共建社区捐赠6台电脑。二是积极组织职工参加文体活动,获得较好的成绩。2015年,参加《弘扬主旋律、唱响中国梦、创建文明城》合唱比赛,获得优秀奖;组织参加锡林浩特市纪检委主办的“清风伴我行”演讲比赛,获得三等奖;参加全盟地税系统纪念世界反法西斯战争胜利70周年书画作品展,10名同志作品入选,最后6名同志分获书法组第一、摄影组第一、第二、第三名的成绩;参加全盟地税系统第七届职工运动会,获得羽毛球团体第二名及男双、混双第一名的成绩;参加锡林浩特市地区地税系统庆祝建党94周年知识竞赛,两个支部分获第一名和第三名的好成绩。工作动态、文明创建报道在区级媒体发表3篇,盟级媒体发表9篇,市级媒体发表32篇。2015年,被自治区地税局授予税收宣传月活动先进集体和先进基层党组织荣誉称号,档案管理晋级为自治区档案管理一级单位。

经济管理

XI LIN HAO TE NIAN JIAN

发展和改革

【锡林浩特市发展和改革局领导名录】

局　长　张超峰(满族)

副局长、重点办主任　万红娟(女)

副局长　白秀珍(女 蒙古族)

副局长、招商局局长　于中敏

副局长　田永亮

重点办副主任　杨静峰

国债办主任　耿少红(女 2015年3月任职)

【概况与职责】 锡林浩特市发展和改革局行政编制34人,事业编制13人。内设15个职能股(室)。现有职工45人,蒙古族16人,汉族26人,其他少数民族3人,党员22人,大专以上学历42人。主要负责研究提出锡林浩特市经济和社会发展战略、规划、总量平衡、结构调整和组织拟定综合性改革方案,是指导、推进总体经济体制改革的综合经济部门,为市政府的组成部门。

【主要经济指标】 2015年,锡林浩特市地区生产总值完成210.2亿元,同比增长7.5%。第一产业增加值完成16亿元,同比增长5.5%。第二产业增加值完成105.6亿元,同比增长8%,其中工业增加值完成89.6亿元,同比增长7.9%;建筑业增加值完成16亿元,同比增长9.3%。第三产业增加值完成88.6亿元,同比增长6.6%。全社会固定资产投资完成149.2亿元,同比增长12.5%。公共财政预算收入完成26.5亿元,同比增长7.8%。社会消费品零售总额完成57.2亿元,同比增长7.7%。城镇常住居民人均可支配收入完成36 472元,同比增长9%;牧区常住居民人均可支配收入完成20 635元,同比增长8.4%。

【固定资产投资及重点项目完成情况】 2015年,全社会固定资产投资完成149.2亿元,同比增长12.5%。其中,第一产业完成投资20.6亿元,同比增长32.2%;第二产业投资完成56.2亿元,同比增长144.4%;第三产业完成投资72.4亿元,同比下降23%。

【项目稽查】 全年争取中央、自治区预算内和国开行、农发行专项基金贷款项目51个,到位资金2.1亿元。为进一步加强政府投资项目的管理,全面掌握政府投资项目的实施情况,对市廉租房、棚户区、危房改造及配套基础设施建设项目进行稽查,发现问题及时督促责任单位进行整改。全年共稽查项目49项,并对所有稽查项目做好记录台账。

【物价工作】 取消收费许可证和年审制度,建立收费备案和报告制度;以清费治乱减负、优化经济环境为重点,认真履行价格监督检查职能,共检查各类经济实体832户,规范了明码标价和价格欺诈违法行为;受理公检法司价格鉴定委托66起,鉴定总金额240.7万元;完成价格认证1起,认证总金额282.4万元。

【行政审批】 全年共批复各类项目129项,其中,审批92项,核准4项,备案33项。按类别划分,包括投资项目73项,社会事业项目22项,农牧业项目17项,产业类项目17项,能源项目7项,高科技项目1项。

【节能工作】 2015年锡林浩特市地区生产总值完成210.2亿元,完成综合能源消费量为212.06万吨标煤,单位地区生产总值能耗为0.92吨标煤/万元,下降2.7%。

【重点项目】 全年确定实施重点项目87项,

计划完成投资140.2亿元(不包括推进前期项目)。其中投资亿元以上项目25项,计划完成投资119亿元,占年度计划投资的84.9%。2015年,重点项目开复工74项,开复工率85%,累计完成投资135.2亿元,占全社会固定资产投资的91%,其中盟级重点项目26项全部开复工,完成投资67.3亿元。

【编写工作】 全年完成经济运行分析11篇,及时上报领导参阅和信息263篇。成立"十三五"规划编制领导小组。各成员单位现已编制生态保护、土地利用、节能减排、城市建设等20个专项规划。2015年,锡林浩特市"十三五"规划纲要初稿基本形成,编制单位正在对其进行完善。

【"三公经费"】 截至11月底,"三公"经费支出合计14.24万元,较上年同期减少10.2%。

【干部下基层三级示范抓引领】 制定了干部下基层示范抓引领实施方案,帮扶巴彦德力格尔嘎查和沃村吐儒分场贫困户共计10户。积极参加下基层三级示范抓引领协调会,深入嘎查分场,与贫困户面对面交流,撰写民情日记。

【"十个全覆盖"工程】 将领导干部分为两组,分别带领党员干部深入宝力根苏木巴彦德力格尔嘎查和阿尔善宝力格镇新满都拉嘎查,及时传达上级文件精神和相关政策,宣传"十个全覆盖"工程,实地勘查新建房屋、院墙、储水窖等工作的开展情况。截至2015年,较好地完成了各项任务。

统　计

【锡林浩特市统计局领导名录】

书　记、副局长　刘跃东

局　长　高海华(蒙古族)

副局长　周玉清

【概况】 2015年,锡林浩特市统计局严格按照统计方法制度的要求,认真做好常规性统计工作,完成了各类定报的上报任务。圆满完成了农牧业、工业、能源、固定资产投资、房地产、劳动工资、商贸流通和重点服务业等常规性统计工作以及牧业普查等常规性普查工作;认真开展社情民意、文化产业、工业产品投入产出、农畜产品加工、农作物产量抽样、旅游、规模以下企业、小康监测、小微企业调查等调查工作。

【数据质量】 2015年锡林浩特市统计局进一步完善了各项规章制度,进一步加强对统计业务工作的规范化管理。根据盟统计局要求,对月度、季度、年度地区生产总值(GDP)数据及规模以上工业、投资、城镇居民可支配收入、牧民纯收入等主要专业统计数据根据统计方法制度要求经盟统计局评估、审核、认定后方可对外公布,加强基层统计队伍建设,把好数据质量关,对新增规模以上工业企业加强审查。深入基层,对锡林浩特市各统计起报单位或个人实地勘察,并对其统计、财务基础工作进行检查指导,确保源头数据质量关。加强与各部门以及基础统计单位的沟通协调,确保各项统计数据不错统、不漏统;提高统计数据的真实性和科学性。

【咨询服务】 做好锡林浩特市经济运行分析,按月发布各专业统计进度分析,做好月度统计资料的编辑、审查和发布,及时提供和发布盟统计局统计数据的反馈数,为领导和有关部门宏观决策、指导工作提供参考依据。根据市委、政府领导和社会公共普遍关心关注的"热点、难点"问题,确定研究课题,开展专题调研,深入分析研究、撰写调研文章和决策信息,全年撰写统计分析和调研380篇。

【法制建设】 统计法宣传日联合锡林郭勒盟统计局开展统计法宣传活动。

【信息化建设】 完善统计网络信息化建设,加强统计"四级网络"和"视频会议"建设工作,大大提高了统计工作效率。

审　计

【锡林浩特市审计局领导名录】

书记、局长　刘善刚(满族 2015年3月任职)

副局长　董锡林(2015年3月任职)

　　　　吴志勇(2015年3月任职)

【概况】 全年共开展56个审计项目,其中:完成上级审计机关下达统审项目9个;完成财政财务收支情况审计项目8个;完成专项资金审计项目8个;完成组织部委托的领导干部经济责任审计项目30个;完成对2014年度市级预算执行和其他财政收支情况审计;审计资金总额40多亿元。完成政府交办的棚户区改造、开发企业使用、内蒙古开发银行贷款情况审计;完成苏木嘎查、国营农牧场种公羊项目补贴资金专项审计;根据政府安排,完成对市殡仪馆运行情况开展的审计调查。审计中,提出审计建议168条,下达审计决定12份,审计决定落实率100%。

【政府投资项目审计】 2015年内对市政重点工程、"十个全覆盖"工程、园林绿化工程、教育项目、城防林等工程进行了全过程跟踪审计。工作中注意整合社会审计机构的审计力量参与审计,已初步建立了政府投资审计"制度执行统一,工作部署统一,标准尺度统一"的工作机制。针对审计中发现的共性问题及典型问题,及时向市委、市政府进行反映,并提出切实可行的审计意见和建议,真正起到为促进加强宏观管理服务的目的。

【审计全覆盖】 按照国家对公共资源、国有资产、国有资源和领导干部履行经济责任情况进行审计全覆盖的新要求,根据《内蒙古自治区"十个全覆盖"工程跟踪审计工作方案》,对2014年至2016年市"十个全覆盖"工程项目资金的筹集、管理、使用、效益、管护情况进行了跟踪审计。重点审计了财政、住建、交通、卫生等13个主管部门,审计总金额15 330.47万元。

【经济责任审计】 完成组织部委托的领导干部经济责任审计项目30个;其中:任中审计21个、离任审计9个。与市委组织部出台了《党政主要领导干部和国有企业领导人员经济责任审计评价办法》,使经济责任审计评价由单一的定性分析改为定量评价、定性评价、定量与定性相结合的综合评价办法,提高了领导干部经济责任审计质量。

【财政审计】 完成对2014年度市级预算执行和其他财政收支情况审计。主要审计市财政部门预算管理和预算执行情况;地税系统税收征管情况;延伸审计涉及锡林浩特市国土局、民政局等11个市直部门的财政收支情况。

在常规审计的基础上,重点审查预算体系建设情况;预算管理情况;预算执行情况和国有资产处置、管理情况。

【专项资金审计】 根据自治区审计厅《关于开展下一阶段稳增长促改革调结构惠民生防风险跟踪审计工作实施意见》的部署,对锡林浩特市棚户区改造、保障性安居工程建设力度政策措施落实情况、重大水利工程建设,2015年解决农村人口饮水安全问题政策措施落实情况、精准扶贫、2015年减少农村贫困人口政策措施落实情况、取消下放行政审批事项,推进简政放权政策措施落实情况、加快城市污水、垃圾处理设施建设政策措施落实情况和财政资金支付进度情况,财政存量资金统筹使用情况进行了审计。

【金融外资项目审计】 对锡林浩特市财政局管理的外债项目专户资金、配套资金及管理费用情况进行了审计。

【党风廉政建设】 通过强化"一岗双责"的要求,认真落实了领导干部末位表态、重要情况通报、领导干部重大事项报告等监督制度。重点抓好《中国共产党廉洁自律准则》和《中国共产党纪律处分条例》的学习贯彻,制定并层层签订了《审计局2015年党风廉政建设工作责任书》《审计人员廉政承诺书》《审计组长廉政承诺书》。充分利用领导班子学习会、三会一课、上党课等,在审计干部中深入开展了岗位廉政教育和警示教育活动,制发《锡林浩特市审计局岗位廉政风险排查表》,通过这些措施,有效规范了审计执法行为,规避审计廉政风险,全局没有发生违法、违纪行为,保证惩防体系建设牵头工作目标任务的圆满完成。

【下基层三级示范抓引领活动】 先后10次深入社区和嘎查开展调研走访活动,对贫困户遇到的困难和问题进行随时了解、随时解决。参加那仁宝力格嘎查支部和阿日嘎朗图社区党总支换届选举委员、候补委员大会及社区各总支换届选举委员候选人大会。协助修建那仁宝力格嘎查文化站到打草场距离25公里长的砂石路(宽度为7.5米)。协助嘎查新申请牧区建房项目9项;牧区危房改造项目4项;协助嘎查向农牧局申请牧区建棚圈配套项目7个;申请新建10眼水井。积极协助社区对办公室进行整体维修,极大改善了居民办事和开展文化活动环境。

行政审批服务

【锡林浩市政务服务中心领导名录】

主　任　杜美敏(女)

副主任　程　鑫

　　　　仝建功(2015年3月任)

【概况】 锡林浩特市政务服务(公共资源交易)中心成立于2014年5月22日,由原"锡林浩特市行政审批服务中心"更名为"锡林浩特市政务服务中心"。同时,对原政府采购中心、国土局招拍挂办公室进行职能、编制、人员整合,成立了"锡林浩特市公共资源交易中心"。政务服务中心与公共资源交易中心(以下简称"中心")按照"一个机构、两块牌子、两种职能"的要求,采取"盟市合一"一体化管理体制运行。中心内设办公室,督查协调股,综合监督管理股,工程交易股,政府采购股,产权和土地、矿产交易股6个股室。核定事业编制21名,科级领导职数3名(1正2副),目前,实有人员23名。

【部门项目入厅】 按照“应进必进”、“三集中三到位”的要求,市大力推进市直部门、项目、人员、收费集中入厅。实现了“一个窗口受理、一厅式办公、一站式办结”高效优质的服务。截至目前,锡林浩特市有30个部门入驻大厅,其中市社保局、国税局、地税局、公安办证中心、住房公积金、合作医疗等9个部门整建制进驻,驻厅工作人员201人,入厅项目299项(其中行政许可类163项、行政服务类136项)。2015年,中心累计受理各类行政许可、行政服务事项67.13万件,办结67.13万件,按时办结率100%。

【简化办事程序】 加快行政审批制度改革,对入厅的299个项目进行了流程再造,市级部门的审批环节由原来的6个减少到4个,申报材料由10.13份减少到6.28份,承诺办结时限由13.9个工作日压缩到6.3个工作日,压缩时限达54.7%。统计行政权力分表33张、行政权力流程图194份和行政权力服务指南194个。编制了办事指南228个,编印一次性告知单5万多份。2015年9月29日,在全盟率先实施“三证合一、一照一码”登记制度,为企业颁发第一张“三证合一”营业执照,极大地简化了审批手续,降低了行政成本。

【政务服务公开】 中心根据市政府和盟中心的要求,重新编制并印发了228份《办事指南》,并将电子版办事指南重新录入中心网站、触摸屏进行公开,便于群众查询,方便监督。通过在公示栏、工作牌和网站公开效能投诉电话,在大厅醒目位置公开投诉监督电话,在触摸查询机和排队叫号机上设置群众评议服务功能,强化社会监督,形成多方位监督格局。

【加强窗口人员管理】 中心采取主任轮流值班、督查协调股工作人员每天不少于2次以上巡查、效能投诉中心不定期暗访与视频实时监控相结合的管理模式,加大对驻厅窗口工作人员的管理力度。

【推行四制】 服务承诺制、首问负责制、一次性告知制和预约服务制。通过政务公开栏、投诉电话、意见簿等渠道,听取群众呼声,切实解决群众“办事难”的问题,打通联系服务群众“最后一公里”。

【公共资源交易监督】 进一步完善各项交易制度,优化交易环境,落实监管责任,做到靠制度管人,按岗位定责。积极配合纪检监察等部门履行好法定的监管职责,加强对公共资源交易的审批核准备案、专家抽取、评标现场、交易过程、履约实施等环节的监管,实现公共资源“阳光交易”。

【公共资源交易】 2015年,中心累计审核发布公告447条,累计完成政府采购和工程交易项目199项,采购金额16.67亿元,为财政节约资金0.48亿元,节约率2.9%;土地挂牌出让107宗,其中成交98宗,成交总出让金1.82亿元。

【电子招投标工作】 依托盟中心构建的“四库双平台一网站”信息化服务体系(专家评委库、诚信企业库、政府采购商品库、招标代理机构库,CA认证平台、公共资源交易平台和公共资源交易网站),锡林浩特市在全盟各旗县中率先开展了工程建设、政府采购项目网上投标报名业务,投标人通过前期CA认证,实施网上报名、下载招标文件及上传投标文件,节省了投标人往返于招标单位的行政成本,规避了投标企业与招标人和中介代理机构直接接触,实现了公共资源交易电子化“零”的突破,促进了公共资源阳光交易。

【党风廉政建设】 贯彻落实党风廉政建设责任制,健全和完善监督管理机制,认真执行“三重一大”制度,坚决贯彻执行《党内监督条例》,提高廉洁自律水平。加强纪律作风建设,深入开展“三严三实”专题教育。认真学习《中国共产党廉洁自律准则》《中国共产党纪律处分条例》和习近平总书记系列重要讲话精神。结合近年来锡林浩特市发生的违法违纪案件,进一步开展好党风廉政建设教育活动。

科教文化旅游

XI LIN HAO TE NIAN JIAN

科学技术科协

【锡林浩特市科学技术协会领导名录】

主　席　苏亚拉图(蒙古族)

副主席　杨春彪

陈振发(回族 2015 年 3 月任职)

【概况】 2015 年 3 月锡林浩特市科学技术协会机构单设,内设 4 各部室,即综合办公室、科普部、学会部、青少中心,工作人员共 5 人,核定机关事业编制 2 名。锡林浩特市科学技术协会是锡林浩特市市委领导下的群众团体,是党和政府联系科技工作者的桥梁和纽带,是推动科学技术事业发展的重要力量。

【全民科学素质办公室工作】 根据《锡林浩特市"十二五"期间全民科学素质行动纲要》要求,按照"政府推动、全民参与、提升素质、促进和谐"的工作方针,以领导干部和公务员科学素质提升为引领,协调组织全民科学素质办公室 32 个成员单位,实施 5 个重点人群科学素质工作,2015 年顺利完成《锡林浩特市"十二五"期间全民科学素质行动纲要》各项目标。

【主题科普活动】 在锡林浩特市范围组织开展"创新创业 科技惠民""2015 年科技活动周暨科普活动宣传周"主题宣传活动活动,深入市阿尔善镇、白音锡勒牧场、第六中学、第一民族小学、葛根敖包社区等地开展了一系列内容丰富,形式多样的大型科普宣传、培训活动。活动播放"食品安全""防震减灾""节能减排""垃圾分类处理""常见病的防治"等科普视频 40 小时,展出各类科普展板 60 张,发放科普书籍 6000 册。参与社区居民、青少年、农牧民达 5000 余人次。

【全区社会科学普及活动周】 积极组织塔林社区、东胜社区、德吉社区、巴彦社区等 12 个科普社区,开展播放科普电影、科普文艺演出、科普健康知识讲座等特色各异的科普活动,活动唱响主旋律,凝聚正能量,大力推进社会主义核心价值观,倡导科学、健康、文明的生活方式,参与居民 3000 余人次。

【"万众创新、拥抱智慧生活"2015 年全国科普日】 深入各个科普型社区、中小学开展科普大篷车、科普视频宣传车,播放科普视频、布置展出科普展板多方位、多角度的宣传活动。围绕科普日主题,结合社区实际,带头开展贴近居民实际的生态环境保护、垃圾分类等环保方面的科普知识宣传,增强社区居民环保意识。

【科普示范体系】 组织申报"社区科普益民计划项目"、"科普惠农计划项目"、"十百千万"工程项目等科普项目。2015 年宝办乌兰图嘎社区和额办葛根敖包社区被命名全国科普示范社区和自治区级科普示范社区,并且乌兰图嘎社区成功申报 2015 年"社区科普益民计划项目",动植物科技园获得自治区级科普示范教育基地称号。共创建成国家级科普示范社区 3 家,自治区级科普示范社区 5 家,盟级科普示范社区 5 家,市级科普示范社区 12 家。

【科普资源共享】 通过广播、电视、报刊等新闻媒体,加大科普宣传力度的同时,开通了"锡林浩特市科协蒙文科普网站",设置"科技动态、政策法规、科普知识、实用技术"等 9 个版块,方便于农牧民用手机登录浏览,截至 2015 年网站点击率达 41 402 人次。

教育　科技

【锡林浩市教育科技局领导名录】

党委书记、纪检书记　白音乌力吉(蒙古族)
局　长　文宝元
副局长　左占云
斯琴德力格尔(蒙古族)
邵雅娟(女)
李国霞(女 2015 年 4 月任职)

【各学校领导名录】

蒙古族第一小学书记　苏伊拉其其格(女 蒙古族)
蒙古族第一小学校长　斯琴巴特尔(蒙古族)
实验第二小学书记　杨宏刚
实验第二小学校长　陈红风(女)
第三小学书记　芮贵晟
第三小学校长　尹艳雪(女)
第四小学书记　张兰芝(女)
第四小学校长　王瑞春
第五小学书记　王建美
第五小学校长　杨志贤(女)
民族小学书记、校长　额日和木(女 蒙古族)
第七小学党支部书记　张爱萍(女)
第七小学校长　张双涛
第八小学书记　许永河
第八小学校长　郭利民
第九小学校长　徐淑荣(女)
第十小学书记　宋秀琴(女)
第十小学校长　杨雪峰
蒙古族第二小学书记　胡日查(蒙古族)
蒙古族第二小学校长　苏德毕力格(蒙古族)
芳草小学书记　胡玉成
芳草小学校长　张晓丽(女)
第一中学书记　孟繁强
第一中学校长　郑祥东
第三中学书记　常　琳(女)
第三中学校长　曾德盛
第四中学书记　梁淑琴(女)
第四中学校长　史丽强
第六中学书记　朱学玲(女)
第六中学校长　霍燕军
蒙古中学书记　哈斯高娃(女 蒙古族)
蒙古中学校长　关其格(蒙古族)
职教中心书记　包荣智(蒙古族)
职教中心主任　张洪明
油田学校书记　王晨旭
油田学校校长　唐晓丽(女)
九堪院学校书记　刘连生
九堪院学校校长　王　威
特殊教育学校书记　王　志
特殊教育学校校长　杨　英
教师进修学校书记　杨　军
教师进修学校校长　孟根其其格(女 蒙古族)
教学研究中心书记　白金花(女 蒙古族)
教学研究中心主任　左占云
市幼儿园书记　贺　英(女)
市幼儿园园长　李桂琴(女 蒙古族)
民族幼儿园副书记　白　音(蒙古族)
民族幼儿园园长　金　花(女 蒙古族)
蒙古族幼儿园书记　乌云花(女 蒙古族)
蒙古族幼儿园园长　斯琴花(女 蒙古族)

【概况】 2015 年 1 月 10 日经中共锡林浩特市委员会下发文件锡林浩特市党发〔2015〕1 号文件批准,将市教育局和市科学技术局的职能整合,组建锡林浩特市教育科技局锡林浩特市教育科技局下设党委办公室、行政办公室、人教股、普教股、民族教育股、校园安全股、体育卫生艺术股、基础建设办公室、招生办公室、教育工会、妇联、教育团委、少先队总队、汉语委办公室、计划成果和知识产权股、农牧业与社会发展科技股、高新技术发展与产业化股共 15 个内设机构,行政编制为 25 名,科级领导职数 5 名(1 正 4 副)。核定工勤编制 3 名。

2015 年,锡林浩特地区共有学校、幼儿园 44 所,其中幼儿园 22 所(公办 3 所,民办注册 19 所),小学 12 所,初级中学 4 所,完全中学 2 所,九年一贯制学校 1 所,职业高中 1 所,特殊教育学校 1 所,教师进修学校 1 所。在校学生 38 908 人,其中在园幼儿园 5486 人,小学 17 053 人,初中 8653 人,普高 6172 人,职高 1410 人,特殊教育学校 134 人。锡林浩特市现有教职工 2835 人。

【学前教育】 2015 年 4 所城区幼儿园和 7 所苏木乡镇幼儿园顺利开工建设,截至年底已完成 8 所,即将投入使用。剩余 3 所幼儿园已完成主体,计划 2016 年 6 月完工。完成 2 所民办幼儿园注册、登记管理工作。

【义务教育】 全力推动 7 所学校的风雨活动室和 2 所学校的报告厅复工进度,截至目前 4 所学校的风雨活动室已全部完工,其余工程将在 2016 年 6 月投入使用。除油田学校塑胶跑道未完工外,其余两所学校的塑胶跑道已完工投入使用。已完成价值 7500 万元的教学仪器设备采购工作,正在进行验收;借鉴呼和浩特市地区的先进做法,结合市教育实际,采用了电脑派位摇号方法,化解了2015年秋季小升初的压力,使初中初始年级的班容量基本符合规定要求,2015年市共2606名考生参加中考,其中汉授2330人,蒙授276人。据初步统计,汉授A等次占全盟52.8%,同比增长3.3%;蒙授A等次占全盟16.3%,同比增长7.6%。汉授全盟第一名,蒙授全盟前二名均为本市学生。

【普通高中教育】 2015年高考,市汉授本科升学率为74.7%,同比增长4.4%;蒙授本科升学率为80.5%,同比增长9.9%。特别是第六中学高考文科状元秦子业同学以648分的总成绩位列自治区2015年文科高考成绩第二名,实现了历史性突破。

【职业教育】 全力推进职教中心国家级示范校的建设以及评估验收的准备工作,完成锡林郭勒职教中心实习实训车间的建设。

【民族教育】 2015年民族教育发展专项经费提高至150万元,保证民族学校生均公用经费较汉授学校生均公用经费提高50%。优先安排民族中小学师资培训项目,集中安排学习培训171人次。6月份与蒙古国白音吉如和教育局进行了互访交流学习,学习和借鉴蒙古国先进的教育理念和做法,实现教学沟通和优势互补的目的。

【特殊教育】 新建特殊教育学校高中部,目前正在施工图设计,基本形成从学前教育、义务教育到高中教育完整的特殊教育体系。

【素质教育】 按照素质教育的要求,坚持德育为先、能力为重,促进学生德智体美全面发展。高度重视学校体卫艺工作,成功举办锡林浩特地区第二届汉字听写大会、锡林浩特市第二十届中小学生田径运动会、锡林浩特市“校长杯”、“市长杯”校园足球联赛,其中锡林浩特市蒙古中学足球队代表锡林浩特市获得自治区“主席杯”初中组决赛阶段比赛资格。参加全盟第17届运动会,并取得团体总分第一的好成绩。各中小学体育、艺术活动丰富多彩,体卫艺术工作水平位居全盟前列。按时完成中小学体质检测工作。

【加大优秀教师引进力度】 针对市教师短缺的现象,经市委、市政府同意,根据《锡林浩特市2015年院校招聘教师工作实施方案》,组成招聘小组赴先后于2014年11月底至12月上旬和2015年4月中旬,赴教育部直属六所师范大学及内蒙古师范大学举行了专场招聘会,共招聘21名优秀教师。针对幼儿教师短缺现象及2015年幼儿园建设情况,与人社局共同制订《锡林浩特市2015年面向社会公开招聘幼儿园公益性岗位人员工作方案》,待政府审定通过后,开展招聘、考录工作。

【加大教师培训力度】 2015年共计完成各级各类教师培训2700人次。年底将对150名赴东北师范大学学习的学科带头人人选进行综合评定。

【加强与先进地区学校的交流合作】 学校采取“请进来、走出去”方式,与清华附中、中央民大附中、北京101中学、衡水一中、呼市二中等全国、全区名校结成合作关系,互派师生交流,全面提高教师专业素质,提升了教育教学水平。

【校园安全工作继续加强】 一是进一步加强安全工作制度建设,做到用制度促管理,用制度保安全。严格落实干部包校制度,做到月月排查整治。进一步完善安全信息上报制度,充分利用教育网、电子政务平台、飞信等载体,及时发布通知、温馨提示、安全预警等信息。二是突出工作重点,筑牢安全防线。紧密结合学校安全工作的实际,不断加强交通安全、消防安全、饮食卫生安全、校园周边环境、禁毒等方面的安全管理工作,努力维护校园安全。三是加强安全教育,提高防范意识。坚持“安全第一,预防为主”的方针,积极组织开展安全应急演练工作,指导各学校加强安全防范教育。

【整合资源,推动教育科技事业健康发展】 按照市委、市政府的统一部署,教育局与科技局联合重组,成立了教育科技局。新组建后的教科局从班子分工、职能规划、业务对接方面进行了重新分工,进一步整合教育科技资源,将教育、科技工作紧密结合起来,推动锡林浩特市教育科技工作健康发展。

【精细化管理水平得到进一步加强】 2015年11月,盟教育局精细化检查小组,对剩余3所学校进行了精细化管理验收,对去年已通过验收的5所学校进行精细化管理先进学校考核。

【教育宣传工作得到进一步加强】 开通“锡林浩特市教育科技”微信公众平台。制订《锡林浩特市教育科技局机关信息(简报)调研办法》,将信息报送任务下放置各业务股室,向市委、市政府信息办报送系统工作信息简报124篇。

【办学条件继续改善】 锡林、宝力根、贝力克、毛登、阿尔善镇、朝克乌拉苏木、巴彦宝力格嘎查、白银库伦幼儿园已完工,额尔敦、楚古兰、白音锡勒幼儿园主体已完工,正在进行内装修和附属工程;锡林小学已完成选址,正在做施工图设计,并办理前期手续;民族小学、七校、八校、九校、三中、四中、六中风雨活动室、报告厅和市蒙古中学的报告厅,进行内部装修及附属工程;二校、十校、油田学校的塑胶跑道已完工，油田学校的图书馆已完成主体，正在进行内部装修；特殊教育学校高中部教学楼已完成图纸设计，正在办理招投标手续；职教中心实习实训车间已完工投入使用。

【其他重点工作】 经全系统共同努力圆满完成2015中国新丝绸之路·锡林郭勒草原畜牧业创新品牌展示交易会后勤保障工作、2015年内蒙古“电力杯”一带一路国际青少年足球夏令营开幕式部分表演任务、锡林郭勒盟“盟长杯”初中组足球比赛、锡林浩特市教育工作会暨2015年教师节表彰大会、全区民族教育工作现场会参观点等一系列重点工作，于2015年9月获得盟委、行署全盟教育工作先进集体的荣誉称号；截至12月底共为118 559名学生发放了各级各类补助5493.22万元。组织完成高考、中考、会考、成人考试、自学考试等各级各类考试，取得了考试无事故的可喜成绩。研究制订《锡林浩特市全面提升基础教育质量三年行动计划(2015－2017年)的实施方案》以及8个配套文件，内容涵盖了教育教学提高的各个环节，为全面保障锡林浩特市的教育教学提升工作提供了科学、正确的轨道。

【党建工作】 扎实推进干部下基层三级示范抓引领工作。完成了22个集中学习，累计参学人员624人次。通过与牧民、与嘎查长和村干部座谈，到户走访等方式广泛征求意见的同时，对联系户进行摸底，实地了解贫困情况，共同制定了“一对一”帮扶措施，并按照措施逐一落实。加强队伍管理、强化阵地建设。2015年系统发展新党员3人。

【继续做好科技服务农牧业工作】 一是开展农村牧区实用技术“4113星火科技培训工程”，与农牧业局等单位合作完成农牧民培训3200人。二是协助盟科技局成功举办第二届中国新丝绸之路！锡林郭勒草原畜牧业创新品牌展示交易会，锡林浩特市20余家企业参展。三是组织草都农牧业发展有限责任公司等5家公司入驻“锡林郭勒盟草原畜牧业创新品牌公共服务平台”。四是做好国家农业科技园区申报验收工作，2015年2月，以毛登牧场为核心区的锡林郭勒盟国家农业科技园区获科技部创园联盟批准，成为全区第四个国家级农业科技园区。

【积极做好科技项目申报和管理】 一是积极争取各级科技资金。截至2015年，到位科技科技项目资金366.66万元，其中，中央资金50万元，自治区资金226.66万元，盟级资金90万元。二是积极组织锡林浩特市有实力的科技企业申报锡林郭勒盟科学技术进步奖。三是积极申报国家级可持续发展实验区，申报材料已报送科技部；经现场验证、研究讨论后，推荐安答驿站申报自治区众创空间试点。四是积极组织企事业单位申报2016年锡林郭勒盟科技计划项目，现初审、上报20个科技项目，待盟科技局专家评审。五是协助盟科技局顺利完成锡林浩特市14家企事业单位承担的20个未结题科技项目的督查。

【科技服务工业企业和科技人才建设工作】 一是组织3家高新技术企业参加2015年全区高新技术企业认定管理工作培训会。二是按照科技部文件要求，组织锡林浩特市科技界专家、产业界专家、经济界专家补充完善国家科技专家库。三是推荐2家企业和9名教师申报“锡林郭勒英才”产业创新创业人才团队、高层次人才创新创业基地和个人。

【有序开展知识产权工作】 一是利用“3·15、“4·26”等主题日，积极开展知识产权和专利保护宣传。二是积极开展知识产权行政执法维权“护航”专项行动，对锡林浩特地区4家大型商品流通企业的专利产品进行集中执法检查，对带有专利标识的产品进行了抽样取证和法律状态的确认。

【扎实推进防震减灾工作】 一是利用“防灾减灾宣传周”、“科技活动周”和“锡林浩特市组团式服务”等活动在7个社区和4所学校开展防震减灾宣传和应急救援演练。二是推荐第十小学和芳草小学申报自治区级防震减灾科普示范学校；推荐楚办爱民社区和希办巴彦社区申报自治区级地震安全示范社区。三是配合防震减灾手机APP平台建设，完成了3所小学和5所中学的应急避难场地(场所)情况统计。

文体广电

【锡林浩市文体广播电视局领导名录】

纪检书记　乌　云(女 蒙古族)
局　长　张福山(蒙古族)
副局长　包宏伟(女 蒙古族)
　　　　张爱龙(2015年3月任职)

【概况】 局机关内设办公室、文化股、体育股、广播电影电视股。下设乌兰牧骑、文化馆、文化市场综合执法大队、锡林影剧院、牧区流动电影放映队、图书馆、青少年活动中心(体育活动中心)7个二级单位共核定编制128人，实有人员101人，其中：专业技术人员72人、管理人员15人、工勤技能人员 14 人。

【创建特色民族文化品牌】 锡林浩特市草原文化的代表:中国·锡林浩特国际游牧文化节、额尔敦敖包祭祀大典、“敖包相会”晚会、“锡林河之夏”广场大型群众文化活动。

【乌兰牧骑创作演出】 加强文艺节目编排和创作培训。2015 年先后创作《春天来了》《策马扬鞭》《爱的传承》《盖章》等舞蹈、歌曲、小品类节目 20 余部。积极下基层开展群众文艺演出。充分发挥服务职能,认真开展送文化下基层服务活动,完成百场演出任务。与此同时,积极参加中国首创大型马文化全景式综艺演出《千古马颂》演出,共计演出 68 场。完成各类活动演出任务。完成亚洲青少年武术锦标赛、中国·锡林浩特国际游牧文化节额尔敦敖包祭祀、“锡林河之夏”、全盟十八届乌兰牧骑会演等一系列大型活动上的文艺演出。

【群众文化】 坚持以群众为创作导向,满足群众精神文化需求,各项文化活动蓬勃开展。组织举办锡林浩特地区 2015 年春节联欢晚会、庆“三八”专场文艺晚会、庆“五一”群众文艺演出、“夕阳无限好”专场文艺演出、迎新年群众文艺演出等群众性演出 10 场,参演人数 1000 余人次。对锡林浩特市基层业余文艺骨干进行第九套健身球、第十套柔力球、2015 年最新版本民族健身操等 13 期培训,培训人数 1500 余人次。同时,参加全国健身球、柔力球、健身操、全区最新扇子舞、太极拳(剑)、健身球等 10 期培训班并进行推广普及。充分发挥基层文化队伍作用,积极组织群众健身队参加全区、全盟各类内容丰富的文体活动赛事 6 场。四是特色文化活动亮点突出。继续巩固“锡林河之夏”广场大型群众文化活动的品牌影响力。锡林浩特市各苏木镇、企事业单位、办事处、学校及演出团体共 39 个单位参加演出。累计演出文艺节目 410 余个,参与演员 1000 余人。广场文化活动日益深入人心,积极营造了浓厚的文化氛围。五是创作编排井然有序。创编蒙古健身操舞、群舞(安代舞)、新筷子舞等群众性舞蹈 6 支,并参与到锡林浩特市的各类文体活动中。

【文化市场管理】 审批大厅窗口共受理办结 138 件,其中年检换证 73 件,新办 5 件。开展全国文化市场技术监管与服务平台上线工作,将网吧、KTV 等娱乐场所审批年检及日常检查等工作纳入平台,初步建立起文化市场数据库和文信用档案库,为建立“黑名单”制度提供了基础支撑。加强文化执法检查,出动执法车辆 200 余车次,检查各类文化市场经营场所 600 余家次,收缴侵权盗版图书 600 余册,并组织各场所张贴、悬挂社会主义核心价值观宣传标语口号。联合市消防大队下发了专项整治方案。出动执法人员 90 多人次,执法车辆 40 余车次,检查文化经营场所 200 余家次,对 10 余家文化娱乐经营场所进行临时停业整顿。联合公安、工商等部门成立专项执法组,进行了为期 40 天的卫星电视广播地面接收设施专项联合执法行动,此次专项行动共出动执法人员 120 余人次,共检查非法安装使用及销售网点 400 户,收缴和拆除非法卫星电视广播地面接收机装置 400 多套,其中用户自动拆除并办理有线电视入网 120 多户。开展“岗位大练兵、技能大比武”活动。参加全盟文化市场综合执法人员技能比武大赛,以初赛、决赛均为第一的好成绩荣获冠军。

【电影】 开展民族电影展映周活动和纪念抗战胜利 70 周年优秀电影展播活动。全年共放映影片 90 余场。锡林影剧院作为盟内最大的民族院线,创新管理,结合节假日,举办各类宣传观影活动,全年放映 360 部影片、6200 场次,接待观众 102 680 人。同时充分利用场馆优势,承办文艺演出 15 场。

【广播电视】 一是向上级部门申请“户户通”设备 2700 套,连同之前发放的 4500 套,锡林浩特市共争取到 7200 套,并按照各苏木镇场统计申报数量发放,对锡林浩特市苏木镇场所有农牧户实现全覆盖,彻底解决了牧区长期以来看电视难,特别是收看锡林郭勒盟电视台和内蒙古电视台其他节目难的问题。二是按照自治区“村村响”必须安装在集中居住 10 户以上嘎查村的要求,年初组织各苏木(镇)场进行统计申报,共向自治区新闻出版广电局申请了 36 套“村村响”设备。

【群众体育】 一是积极协办重大体育赛事。圆满完成全国公路自行车冠军赛、“大庄园杯”全国汽车场地越野锦标赛、四国女篮对抗赛和“蒙草杯”亚洲青少年武术锦标赛等四大国内外赛事组织和开幕式相关工作,二是积极承办上级主管部门的各项重要体育赛事。承办哈斯尔搏克黄金大奖赛、锡林郭勒第十三届“俱乐部杯”中国式摔跤暨“银將嘎”搏克公开赛、锡林郭勒盟青少年速度滑冰比赛、全盟第二届体育大会开幕式及羽毛球、乒乓球、女子民族健身操专项赛事 10 余场。三是积极举办各类竞体和群体赛事。相继举办了 2015 年“迎新春”锡林浩特地区速度滑冰比赛、第四届“体彩杯”锡林浩特地区端午节登山活动、2015 年锡林浩特市首届“八人制”足球联赛、2015 年锡林浩特地区庆“五·一”职工篮球比赛、2015 锡林浩特游牧文化节那达慕大会、市直机关第二届职工运动会、锡林浩特地区首届五人制笼式足球比赛、锡林浩特地区秋季篮球比赛等各级各类赛事10余场。

【文体设施】 重点加快老年体育文化中心工程进度,完成内外部装修、设施完善、室外硬化及消防设施安装等工程,已全面投入使用。完成锡林浩特市文化中心和会展中心篮球场、足球场的维修工程。充分利用小区空地、地下停车场屋顶和楼群中空地规划选址,开工建设了10个5人制笼式足球场并投入使用。四是结合"十个全覆盖"工程,发放全民健身路径(户外健身器材)27套、苏木健身中心室内外健身器材2套。

【图书管理】 全年新增图书资料2400册,接待读者30 000余人次,图书借阅45 000册(次),办理借阅证825个。开辟"中国人民抗日战争暨世界反法西斯战争胜利70周年"专题书籍展示架,供读者借阅。发挥图书服务延伸功能,分别在爱民社区、特殊教育学校、贝力克牧场和伊利勒特社区建立流动图书室。全面开展读书宣传日活动,通过黑板报、专栏、张贴宣传标语、举办新书展览等形式,吸引广大读者走进图书馆。开设"盲文图书专架""盲人有声读物专区",图书100余本同时可免费借阅。

【文化遗产】 坚持保护为主、抢救第一、合理利用、传承发展的方针,进一步加强锡林浩特市文化遗产保护工!作,使优秀民间文化和民族精神得到传承和弘扬。积极申报第五批自治区级项目4个,其中巴音查干敖包祭祀活动和乌力格尔成功申报为自治区项目。深入基层走访搜集非物质文化遗产代表性项目3个。同时积极参加全盟蒙古族长调、呼麦、潮尔道、马头琴保护工作座谈会,全盟民族服饰研讨会、非遗项目申报摄影摄像、非遗传承人培训班等。锡林浩特市文化馆荣获2015年全盟非物质文化遗产先进单位。

旅　游

【锡林浩市旅游局领导名录】

局　长　托　娅(女 蒙古族)

副局长　李洪涛

　　　　李树娟(女)

【概况】 2015年,锡林浩特市接待游客401.1万人次,同比增长11.3%,实现旅游收入63.4亿元,同比增长11.4%。

【旅游规划】 锡林风景线项目。聘请华通设计顾问工程有限公司编制《锡林浩特市旅游实施规划》。目前,正在配合规划团队做好资料收集、调研、考察等工作。自驾车宿营地项目。年内,聘请北京天创智业城市规划院有限公司编制完成《内蒙古锡林郭勒盟锡林浩特市自驾车营地概念设计》。牵头办理207沿线那达慕会场(营地)的各项手续,目前已完成项目立项、选址、勘界等前期工作。

【中国马都广场项目】 年内投入资金2.58亿元,加快推进马文化博物馆、马商业广场的建设,完成内、外部装修,完善水、电、暖等基础配套设施;对看台、赛场等基础设施进行维修维护。8月,成功承办了"第四届中国马术大赛",举办了"第二届中国马都大赛马"等文化旅游活动。

【锡林郭勒草原火山地质公园项目】 积极争取自治区旅游发展资金帮助项目单位完善基础设施建设。聘请北京诺兰特旅游规划设计院编制完成《锡林郭勒草原火山旅游区规划》,已上报自治区旅游局等待评审。

【锡林郭勒草原牧民传统那达慕景区项目】 年内投入资金150万元,完成两个布展包的维修、加固及布展工作;设计两个摄影展厅;规划设计约2800平方米的景区木栈道,修建了休憩点、停车场等基础设施。景区已于8月全面对外开放。

【锡林郭勒野生动物园项目】 年内投入资金1800万元,编制完成《野生动物园项目规划》,建设完成景区8公里道路、观景平台和露营地、卫生间等基础设施,搭建餐饮蒙古包12顶。目前,野生动物正在逐步适应性投放中。

【继续完善智慧旅游终端服务系统建设】 8月,实现了旅游商品、宾馆、旅行社等在线预订功能,及时更新、完善"四大平台"旅游信息,共编辑发送各类旅游相关信息1500余条,受众对象累计7万余人。

【加大对目标市场的宣传攻势】 5月-9月,先后4次赴浙江义乌、北京、广州、上海、呼和浩特等地参加旅游博览会、推介会等,发放旅游宣传资料近3万份。

【加大主流媒体宣传】1月,创办《锡林浩特旅游报》,免费发放给宾馆酒店、旅行社、机场车站、各旅游景区等2000余份;7月,在《自由自在》杂志编辑刊发锡林浩特旅游活动专版;利用市区LED滚动屏、ADE短信平台发布旅游资讯、宣传标语等近20条;在京张高速、克旗303国道、市区机场沿线设立4块户外擎天柱广告牌;旅游旺季在北京西客站LED大屏,投放时长为15秒的旅游宣传片;聘请设计公司制作印有锡林浩特旅游LOGO

的雨伞、手电筒、手提袋等;旅游旺季,向各旅行社、景区、星级酒店及机场、火车站免费投放旅游宣传资料2000余份。

【加强网络媒体宣传】利用凤凰卫视、人民网旅游频道、中国草原旅游网、马术在线等全国知名旅游网站积极宣传锡林浩特市旅游新形象。截至2015年,共形成旅游稿件及信息500余条,图片1500余幅。

【民族特色旅游产品开发】 促进传统民族特色商品企业发展。积极参加"2015第七届中国国际旅博会"、"2015草原丝路·内蒙古草原旅游产品展(销)分会"等全区、全国的旅游商品大赛。组织举办锡林郭勒"舌尖上的草原味道"之冬季美食技艺大赛、"草原明珠·锡林浩特"摄影大赛、第五个中国旅游日宣传活动、第十二届中国《锡林浩特国际游牧文化节》《中国马都大赛马》《中国马会杯·马都赛》《中国马术大赛》等活动。

【旅游惠民】 制定《锡林浩特"牧人之家"管理办法(暂行)》,正在修改完善,拟于2016年起正式实施;7月,通过"以会代训"的形式举办"牧人之家"旅游经营者业务培训班,共培训牧人之家50余户,9月,组织锡林浩特市11家星级牧人之家赴北京密云县民俗村和正蓝旗牧人之家进行参观考察;新建旅游厕所6座,总面积510平方米,厕位54个,改建旅游厕所1座,总面积100平方米,厕位10个。2015年,旅游厕所均已完工,4座已投入使用;制定《锡林浩特市旅游奖励暂行办法》(征求意见稿)。已提交政府等待审定。

【提升旅游服务质量】 制定下发《锡林浩特市旅游市场监管及旅游执法计划》《锡林浩特市景区(点)和牧人之家环境卫生综合整治工作实施方案》等。联合相关部门,对锡林浩特市旅游市场开展10余次安全专项联合检查,累计出动检查车辆94辆次,检查人员430余人次,检查旅游景区(点)、牧人之家、旅行社、星级宾馆122家,下发责令改正通知书和意见书138份。

卫生　计生　食品　药品

XI LIN HAO TE NIAN JIAN

卫生　计生

【锡林浩特市卫计局领导名录】

书　记　马　雁(女)

局　长　刘春刚

纪委书记　刚呼雅嘎(蒙古族)

副局长、疾控中心主任　于建元

副局长　包晓东(蒙古族)

美　兰(女 蒙古族)

刘永清

刘福生

【概况】 2015年,锡林浩特市卫生工作全面贯彻落实党的十八大及三中、四中、五中全会精神,以完善服务体系建设为重点,突出抓好卫计民生工程,深入开展千名干部下基层、三级示范抓引领工作,深入推进医疗卫生计生体制改革,着力保障卫计事业持续健康发展,各项工作取得长足发展。

【卫计改革工作】 新型牧区合作医疗稳步实施,牧民参合16 127人,补助标准达到每人每年490元,新农合筹集基金790.2万元,累计报销医疗金额1061.6万元。锡林浩特市各级医疗卫生单位全部实行基本药物零差率销售,落实零差率补助资金300万元。全面开展基本公共卫生服务项目和重大公共卫生服务项目,落实补助资金790万元。基层卫生院全部实行绩效考核和绩效工资。

【项目建设工作】 市疾控中心计划建设7347.75平方米,投资2508万元和市妇幼保健院计划建设11 958.65平方米,投资3816万元已立项,并争取到国家预算内建设项目扶持,2016年竣工并投入使用。已争取到宝力根、希日塔拉社区卫生服务中心新改扩建项目投资各160万元。投入近100余万元,完成8所分场标准化卫生室新改扩建工作。"新家庭计划·家庭发展能力建设"成功申报为自治区级的项目试点。

【惠民政策工作】 严格落实盟委、行署"十项民生工程",为15 311名牧民完成免费体检,投入体检费用300余万元。开展"服务车"流动式诊疗活动,累计入户3500余户次,开展诊疗活动1900余次;全年发放健康小药箱2000个,累计发放4770个。认真兑现人口计生惠民政策,对奖励扶助、特别扶助、少生快富、创建"幸福家庭"典型户、吉祥草原幸福家庭"最美家庭"、牧区独生子女残疾、失独家庭、贫困母亲、幸福家庭项目试点、"一杯奶"生育关怀等目标人群953人,发放奖励资金103.9万元。

【宣传教育工作】 全年组织新闻稿件260余篇,其中75篇稿件被各级新闻媒体、政府门户网站采用;开展了6次组团式卫生计生重大主题宣传活动;在锡林广场成功举办了"7·11世界人口日"文艺晚会;利用"世界结核病防治日""计划免疫日""人口与计划生育法宣传日"等卫生计生节日,集中开展了120场次宣传活动,发放各类宣传品5.5万余份,接受免费义诊、健康及政策咨询8600余人次;开展健康讲座活动72场。

【人口统计工作】 锡林浩特市总人口265 303人,人口出生率8.97‰,符合政策生育率95.65%,自然增长率为7.30‰,全年二孩共审批358对,其中单独两孩审批54对。

【创新机制工作】 社区卫生服务中心成立公共卫生服务责任医生"工作团队"15个;嘎查责任医生管理制度经过完善、改进、规范逐步走向成熟,发放“联系卡”8000份,发放健康教育宣传材料60 000余份;锡林郭勒盟医院和锡林浩特市社区卫生服务中心正式成立了医疗联合体;为辖区内符合条件的孕妇发放盟市两级妇幼保健院的免费产前检查服务卷2600余份;为锡林浩特市15 004位65岁以上老年人建立了健康档案,规范化管理重性精神疾病患者255人,设置蒙中医科室,为重点人群提供蒙中医药健康管理服务。

【队伍建设工作】 为基层卫生院招聘急需卫生专业技术人才8名;为2名国家免费定向培养的医学毕业生办理了入编手续,充实基层单位工作。为市妇幼保健院引进紧缺医学专业技术人才15名,加强了梯队力量的储备,为基层卫生服务能力的提升提供了良好保障。

【妇幼保健工作】 积极开展免费婚前医学检查,检查率保持在90%以上。孕前优生健康检查完成284人,农牧区孕产妇住院分娩补助117人,增补叶酸120人;农牧区妇女宫颈癌检查2248人,艾滋病、梅毒、乙肝项目检测2366人。

【卫生监督工作】 加大了对医疗卫生、食品安全和公共场所等公共聚集场所的综合监督执法和管理,强化了对中小学校和生活饮用水的监管力度。继续加大对违法案件的查处力度,政策外生育违法案件数113起。继续保持打击“两非”、非法代孕高压态势,监督检查各级各类医疗卫生、计划生育服务机构57家。

【疾病预控工作】 在各街道办事处选择10个人口比较集中的社区和所有7个社区卫生服务中心建立了艾滋病宣传专栏。发放艾滋病防治知识宣传牌17 800个,三种语言(蒙、汉、英)宣传册8900册。代表自治区接受了国家防治包虫病行动计(2010－2015年)终期评估;代表锡林郭勒盟接受了自治区防治包虫病行动计划(2010－2015年)终期评估。完成了辖区内22所学校学生常见病防治督导工作;查验学校及托幼机构58所,共检测餐厅16家。

食品药品和工商质量技术监督

【锡林浩特市食品药品和工商质量技术监督局领导名录】

党组书记　侯　伟(2015年4月任职)
党组副书记、局长　刘佺杰(2015年4月任职)
副局长　任晓珍(女 2015年4月任职)
　　安玉栋(2015年4月任职)
　　白青松(2015年4月任职)
　　赵建平(2015年4月任职)
　　梁伟平(2015年4月任职 纪委书记)
　　高国富(2015年4月任职)
　　哈　斯(女 蒙古族 2015年4月任职)
　　斯琴高娃(女 蒙古族 2015年4月任职)

【经济技术开发区质量技术监督分局】

副局长　曹雅艳(女 2015年4月任职)

【经济技术开发区工商行政管理分局】

局　长　杨玉智(2015年4月任职)
副局长　张　普(2015年4月任职)
　　高雁滨(2015年4月任职)

【概况】 全局围绕融合主题,扎实推进相关工作。按照三定方案要求,整合出职能31项,设立股室17个,保留和新组建派出机构9个;重新定员定岗154人,下沉一线执法人员85人。

【党组织建设】 继续加大党员发展工作力度,截至2015年底,全局共有党员81名,有2人成为重点培养对象。

【监督管理】 2015年全年无重大食品安全、特种设备事故或影响恶劣的食品安全事件发生。在全盟率先启用食药流动快检车巡回抽检,检验集贸市场、大型商超中热销食品349批次,引导商场超市推行食品流通领域消费者查询追溯保障系统及电子台账管理系统,实现以技术支撑和信息化手段强化食品安全监管;创新开展车载气瓶电子监管工作,锡林浩特市4家车用气瓶充装单位的5座加气站全部安装车用气瓶电子监管系统,实现了车用气瓶电子监管和加气站的封闭运行。

【体制调整和机构改革平稳过渡】 按照三定方案要求,整合出职能31项,设立股室17个,保留和新组建派出机构9个;重新定员定岗154人,下沉一线执法人员85人;完成财务收支统一管理,配发执法记录仪、行车记录仪、录音笔等执法装备及执法车辆;整合行政服务大厅窗口,实现一个窗口对外;组织参加各级各类业务培训16次,参训人员100余人次,组织参加在线教育培训66人次;认真梳理行政权力清单178项、责任清单809项,并上报公示。抓好依法行政,成立案审委员会,严把案件核审关,2015年全局共立案523件,案值金额104.83万元,罚款221.1368万元,无行政诉讼败诉和行政复议撤销案件,无涉嫌犯罪未移送案件。

【商事登记改革】 推进注册资本认缴制、“先照后证”制度、简化住所登记、“三证合一”“一照一码”等改革,享受“先照后证”改革红利市场主体1134家,核发办理“三证合一”“一照一码”营业执照455件,全年新发展企业965户,新增个体工商户5730户,同比增长39%、29%;2015年,锡林浩特市现有市场主体27 114户,其中企业3660户,个体工商户23 025户,农牧民专业合作社429户。同时抓好企业信用的建设工作,通过逐户电话催报、媒体公开告知等方法,全面推进企业年报公示工作,截至6月30日,市场主体应报数为19 428户,年报率为92.94%。其中企业应报数2066户,年报率78.3%;农牧民专业合作社应报数400,年报率68.2%;个体工商户应报数16 962,年报率96.6%;进入异常名录企业607户,进入异常经营状态个体工商户576户,移出异常名录企业70户,移出异常经营状态个体工商户9户。对参加招投标的94家企业进行合同监管,建立守重企业公示机制,对市级56家"守重"企业开展年检工作。

【小微企业健康快速发展】 2015年,锡林浩特市新登记小微企业868户,同比增长5.7%;通过股权出质、动产抵押等帮助企业融资6.17亿元;为市场主体减免行政收费158万元。锡林浩特市现有小微企业达3476户,同比增长34.4%,注册资本16.54亿元,同比增长30.5%。

【推行商标和"品牌兴市"战略】 2015年普查商标338件,培育驰名商标企业2家、著名商标企业5家,指导知名商标企业13家,成功引导企业申请新注册商标30件,帮助农牧民合作社注册商标5件。组织2家企业申报内蒙古名牌产品,2家企业申报自治区企业质量信用评定,其中1家企业申报AA级企业;组织14家企业申报"锡林郭勒盟盟长质量奖",其中2家企业通过了现场专家评审。目前,锡林浩特市拥有商标617件,其中驰名商标1件,著名商标12件,知名商标11件,质量信用等级A级企业4家、内蒙古名牌产品企业2家。

【非公党建摸底调查录入】 共走访个体工商户7328户,非公企业561家,调查登记个体党员42人,私营企业党员17人,3个党支部,确保了非公有制企业党建工作的深入开展。四是探索实践央企分支机构变更为独立法人工作。采取建立报告通报制度、实行协议税收、"一企一策"等措施,约谈3家央企及外埠企业分支机构,积极鼓励促成央企分支机构和资源型外埠企业设立、变更为独立法人。

【食品药品安全监管和惩治力度】 核发餐饮服务许可证680户,食品流通许可证627户,备案登记化妆品经营使用单位200家,保健食品生产经营单位240家。开展各类食药专项整治47项,关停不达标餐饮单位50余家,立案查处食药违法案件三百余起,案值金额三十余万元,移交公安调查6起,捣毁"黑窝点"18个,查获问题食品药品约95吨;推进食药诚信建设,实施量化分级餐饮单位1565家,创建"明厨亮灶"餐饮单位603家,达到与行署签订的责任目标;举办食品从业人员培训班13期、3565人次;强化食药信息化监管,指导231家药品经营企业实行电子监管,监测药品不良反应80例,医疗器械不良事件81例。完成328批次食药监督检验抽样任务,实现了食药安全精细监管和行业整体水平提升。

【特种设备管理】 新增特种设备使用单位18家、特种设备51台、压力管道3.8千米,采取"制定统一监管台账,巡查抽查有机结合"的方式,加大日常监督检查力度。开展了电梯安全监管大会战、油气输送管道安全整治攻坚战、燃煤锅炉节能减排攻坚战以及气瓶充装站、液化石油气瓶、危险化学品、高危化学品罐区、大型游乐设施等多个特种设备安全专项整治行动,发现隐患设备50台,下发监察指令书96份,封停隐患电梯15台、锅炉2台。

【执法打假和维权】 组织开展了建筑材料、儿童用品、非法集资等十多个专项执法检查行动。累计出动执法人员1645人次,检查各类经营单位742家,下达责令改正通知书75份,查办各类违法一般案件194件,简易案件619件,案值金额74.3万元,查处取缔无照经营150户,办理上级督办产品质量问题案件3起,开展绝热用膜塑聚苯乙烯泡沫塑料产品质量抽检2次,处理问题产品企业3家,受理各类消费者相关投诉705件,上级转办投诉举报14件,调解成功各类消费纠纷、争议22件,为消费者挽回经济损失225.35万余元,在各社区及商业网点建立消费者投诉站36家;抓住"315"国际消费者权益日、食品安全宣传周、全国用药安全宣传员、"12315"微信平台启动仪式等现场宣传活动,不断加大消费维权宣传力度,累计现场受理咨询325起,发放宣传资料5000份。

【标准化建设】 推进乌珠穆沁种公羊养殖标准化示范基地建设,目前已出栏特一级乌珠穆沁种公羊2300只,选育种公羊2500只,保育羊羔600只,实现锡林浩特市乌珠穆沁羊改良比重100%、羔羊均增重2.5–3公斤、每只羊平均增收80元的目标,超额完成了目标任务;审查办理了企业执行标准注册登记64件,标准备案30件,登记产品标准105项;做好组织机构代码工作,新办代码证1114件、变更249件、换证431件、年审1749件、注销176件。

【做好民生计量】 联合锡林郭勒盟质计所对锡林浩特地区的大型农贸市场、早市、社区医疗机构和居民使用的1400余台件计量器具进行了免费检定,充分保障群众切身利益。2015年对市7家列入“国家万家节能低碳行动”企业完成能源计量初审工作,推荐4家计量使用单位参选“自治区计量诚信单位”,其中培育了1家计量诚信餐饮单位。

【市场改造】 清理4家农贸市场内卫生死角和近400家店铺门面上的小广告,签订《锡林浩特市农贸市场卫生秩序责任书》4份。联合消防部门对大世界农畜特产品交易市场存在的使用易燃材料私搭乱建问题进行排查处置,对市场内经营户私搭乱建的46户大棚全部拆除,及时消除安全隐患。

人事劳动

XI LIN HAO TE NIAN JIAN

人力资源与社会保障

【锡林浩特市人力资源和社会保障局领导名录】

书　记　李　彬

局　长　师　前

副局长　杨　继

　　　　青格勒(蒙古族)

【锡林浩特市劳动就业服务局领导名录】

局　长　包武山(蒙古族)

副局长　巴雅尔(蒙古族)

　　　　金　鹏(女 蒙古族)

【锡林浩特市社会保险事业管理局领导名录】

局　长　杨　继

副局长　贾树明

【锡林浩特市劳动监察大队领导名录】

队　长　袁文星

【概况】 锡林浩特市人力资源和社会保障局是综合管理锡林浩特市人事人才、创业就业、社会保障和劳动关系协调工作的行政部门。内设财务室、办公室、人才股、公务员管理股、工资福利股、事业单位管理股、劳动和社会保障股、信息中心和档案室等职能股室,局机关下辖社会保险事业管理局、劳动就业服务局、劳动监察大队、劳动争议仲裁院和人才发展服务中心5个二级单位。

2015年锡林浩特市人社局在市委、市政府和上级业务部门的正确带领和指导下,围绕人事人才、社会保险、就业创业、劳动监察和劳动仲裁等各项业务工作,全局上下团结协作保质保量地完成各项工作任务。同时努力做好党建、精神文明建设、综治、维稳等工作,做到业务工作和纪律作风建设两不误。

【岗位征集及就业安置工作】 2015年,共征集开发就业岗位19 680个,完成年度任务的103.6%;城镇新增就业6350人,完成年度任务的181.4%;城镇登记失业率控制在3.37%以内。通过“送政策、送岗位、送技能”活动,定期、不定期组织开展职业介绍活动,参与组织了大中小型招聘会4场、社区小型招聘会10次,共有247家企业单位参会进行招聘,提供就业岗位合计5200个,参加招聘会的劳动力为6065人次,达成用工意向1742人。

【就业培训及创业培训工作】 共为2376人提供技能培训,完成任务指标1950人的121.85%,培训后实现就业2197人,就业率达到92.47%。开展16期创业培训班,培训341人,完成任务指标340人的100.3%,培训后成功创业304人,完成任务指标272人的111.76%,带动就业1006人,完成任务指标884人的113.8%。

【优惠政策落实工作】 为锡林浩特市地区435户创业者发放创业贷款3778万元,带动就业1228人。落实培训补贴395.5万元。认定就业困难人员707人,完成任务指标的117.8%;为1382名下岗失业人员、就业困难人员落实社会保险补贴795.97万元。

【农牧区劳动力转移就业工作】 自建成锡林浩特市转移进城农牧民劳动就业服务中心以来,农牧民服务中心入场登记1072人次,其中盟内农牧区户籍493人,盟外及城镇户籍579人,向企业派工538人,派工成功95人;共开展16期农牧民技能培训班,培训农牧区劳动力675人,完成任指标550人的103.8%,培训后就业608人。积极落实扶持政策,实现农牧民转移3595人,完成任务指标3500人的102.7%。

【全面推动创业工作】 2015年主要进行园区定位规划和整合提升。开展大学生电子商务创业孵化基地和新丝路电子创业园区建设工作,总面积达到36 000平方米,可容纳创业者680户,带动就业3000人左右。引导扶持银座商贸有限责任公司联合10名大学生共同出资兴建了幻世界科技体验乐园,可吸纳50余名大学生创业就业。建成了磨咖咖啡厅创业沙龙,成立锡林浩特大学生创业协会,经常性地举办交流活动。同时首次进行了电子商务平台培训,为创业者提供更多的创业领域,园区还开展了民族服饰培训。举办了锡林浩特市首届创业大赛,为获奖者兑现了21.5万元的创业扶持资金。银座大学生文化创意创业园被认定为自治区级示范性创业园,易动力网络有限责任公司被评为"自治区示范创业店"。

【公益性岗位管理工作】 2015年对1997年大中专毕业生公益性岗位348人发放生活补贴677.18元;退役士兵公益性岗位共有313人发放生活补贴1319.93万元;民生志愿者124人发放生活补贴237.38万元。

【扩大社会保险覆盖面】 2015年,锡林浩特市职工养老保险实际覆盖22 501人(其中,企业单位职工参保2280人),完成任务目标的100%;城乡居民养老保险实际覆盖24 363人(其中,农村牧区9908人,城镇居民14 455人),实际参保缴费15 148人(其中,农村牧区6025人,城镇居民9123人),完成任务目标的126%。城镇职工医疗保险实际覆盖26 159人,完成任务目标100.3%;城镇居民医疗保险实际覆盖59 505人,同比增加2869人。工伤保险实际覆盖11 654人(其中事业单位6798人),完成任务目标的108%。生育保险实际覆盖12 860人,完成任务目标的100%。

【提高社会保险待遇】 养老保险方面,共为已办理退休审批手续的9129名企业退休人员调整了基本养老金,人均月增长养老金180.64元;为21名退职人员调整了养老金,人均退职生活费增长168.92元;2015年,为锡林浩特市3242名城乡居民养老保险参保人员2次调增养老金,调整后锡林浩特市最低基础养老金达到225元。医疗保险方面,认真落实政策,及时将8种恶性肿瘤及其治疗所需的12种靶向药物纳入城镇基本医疗保险可支付范围;基本医疗保险统筹基金支付标准由原来的3段调整为2段,支付比例提高4%左右;城镇职工大病保险起报标准由原来的政策范围内自负费用2万元降低为1.5万元;城镇居民大病保险起报标准由原来的政策范围内自负费用1万元降低为0.8万元。工伤保险方面,为1名伤残人员调增了生活护理费、伤残津贴,月增长66元,2名遗属调增了供养亲属抚恤金,人均月增长16.5元。生育保险方面,2015年8月,生育保险实行盟级统筹制度,生育保险顺产、难产医疗费用报支额由原来的2000元、3000元统一提高到6000元,产前产后检查费、计划生育医疗费由原来的500元提高到2000元。

【加强医保基金监管】 2013年开始对全国所有参保人员就医地区进行了全覆盖、不留死角的药费票据核查工作,查出的虚假药费票据票面金额由2013年的130余万元,降为2015年的19.98万元,共追回所骗医保基金138.82万元。

【公共服务平台建设】 2015年,开展"数字人社"建设工作,着力打造公共服务平台建设。作为全区信息化首批试点地区,以基层综合柜员制服务窗口和自助服务相结合,建立了22个"内蒙古'12333'人力资源和社会保障综合服务中心"平台,并对社区工作人员就"12333综合服务平台"使用及推广进行培训。于8月代表全盟成功承办了全区"数字人社"现场观摩会、协助盟局成功承办了人力资源和社会保障部公共服务信息化研讨会。推进人社系统新型公共服务平台建设。开通了微信公众平台和新浪微博,定期发布锡林浩特市社会保险、劳动就业、劳动关系、人事人才等相关信息。按照"互联互通、协同高效、保障安全"的原则,运用OA办公系统推进人社系统办公自动化、无纸化办公。

【人事人才工作】 联合市监察局、组织部、财政局、审计局、编办在锡林浩特市范围内开展了机关事业单位"吃空饷"问题督查核实专项检查工作,共检查单位59个,涉及137人,办理辞职批复10个、办理辞退批复9个。开展事业单位工作人员2014年度考核审验工作,共对锡林浩特市130个事业单位5010人考核结果进行了审验。完成《事业单位工作人员处分暂行规定》《事业单位人事管理条例》执行情况以及全盟党政机关事业单位所属窗口单位蒙汉双语工作人员和锡林浩特市中小学校岗位设置职称聘任工作情况等调研报告。深入实施人才强市工程。一是完善人才政策体系。制定《锡林浩特市关于实施"人才强市"工程的意见(试行)》和《2015年度"人才强市工程"主要任务分解方案》。二是加大人才培育力度。全面推进专业技术人员继续教育网上培训,培训1300人,培训考试合格率100%;加强锡林浩特市各类技能人才队伍建设。组织亿度科技等10余家企业12人参加由盟人社、教育、工会等单位联合举办的2015年中国技能大赛!!内蒙古锡林郭勒盟职业技能竞赛，并取得了较好的成绩；做好职业技能鉴定工作，共培训1182人，完成工作任务的197%；开展初、中、高级职称和技术工人等级申报审核工作，共申报264人。三是完成自治区人才项目引领支持计划项目的申报工作，锡林浩特市共申报3个项目，即：爱锡林郭勒盟智慧社区电子商务服务平台、锡林郭勒盟新丝路电子商务平台、锡林浩特大学生电子商务创业孵化基地（锡林尚品电子商务平台）。并积极申请自治区人才开发基金项目。四是开展了2015年度全盟党政机关、事业单位急需紧缺人才摸底调查工作。

【公务员管理】 强化公务员队伍建设。一是配合做好公务员考录工作。按照上级文件要求，锡林浩特市从优秀嘎查村干部和服务基层项目人员中招录了苏木乡镇公务员11人，安置司法系统定向生5人，街道办事处及市直部门考录公务员8人。二是做好锡林浩特市政府部门行政机关（含参公）公务员年度考核结果审核备案工作，共审验1041人。根据上级组织、人社部门要求，锡林浩特市行政机关及参公单位全面开展了公务员平时考核工作，目前此项工作正在积极推进中。三是全面推行旗县及以下公务员职务与职级并行制度，政府部门符合条件共有271名公务员，并按时完成职级晋升审批和工资调整审批工作。四是强化公务员培训工作，2015年度，共有1100人参加公务员网络在线学习，参训率、完成率均为100%。举办了1期公务员在职培训班，培训学员110人。建立了神华北电胜利能源有限公司一号露天矿排土场绿化项目公务员特色实践教育基地。

【收入分配工作】 一是认真组织开展市直机关、事业单位正常调资工作。其中，为行政机关及参公单位公务员累计五年考核称职以上晋升级别工资，事业单位工作人员正常增加薪级工资；调整提高了市直机关、事业单位遗属生活困难补助待遇标准203名，人均增加补助约22元/年。二是按照国家、自治区及盟人社局关于调整机关事业单位工作人员基本工资标准和增加离退休人员离退休费的有关文件，开展锡林浩特市机关事业单位工作人员工资标准调整及离退休人员增加离退休费工作，涉及在职及离退休人员共计9101人；共办理市直机关事业单位退休审批手续68人，办理丧葬抚恤金32人。三是根据锡林郭勒盟苏木乡镇工作补贴发放办法，严格落实苏木乡镇机关事业单位工作人员的工作补贴。同时，局会同卫生局相关工作人员组成资格审查小组，核查了锡林浩特市5个国有农牧场申报的应由市卫生局接收管理卫生院退休人员情况，对通过审查的33人和未通过审查的5人进行了公示公告，并核算无异议接收人员退休金标准按规定补差。

【构建和谐劳动关系】 健全劳动关系协调机制。结合2014年维护劳动者合法权益活动，重点推进劳动用工网上备案和劳动合同签订工作。通过排查，2015年采集锡林浩特地区存在劳动关系的用人单位共4330户，涉及职工3.8万人，劳动合同签订率达到79%；劳动用工网上备案企业共951户，涉及职工2.17万人；集体合同签订率达到80%。认真组织开展和谐劳动关系用人单位、工业园区和先进工作者的推荐和申报工作。加大劳动保障维权力度。突出农牧民工权益保障，稳步推进劳动保障监察“两网化”管理，切实做好重要案情查处和监控工作。全年主动监察7次，专项监察7次；共立案75起，结案74起，为5588名劳动者追回被拖欠工资1.88亿元；锡林浩特市人社局法律工作站，共为1077名劳动者追回被拖欠工资1252.16万元。发放各类宣传资料2万余份。加强争议调解仲裁工作。健全由人社部门主导的预防调解机制，稳步推进基层调解工作规范化建设，不断提高基层调解劳动争议能力。全年共受理劳动人事争议仲裁案件39起，其中调解处理6起，裁决处理33起。涉及劳动者39人，共为劳动者挽回经济损失19.81万元。鉴证劳动合同2万余份。结案率100%。（四）建立专业性劳动争议调解组织。积极指导和推动企业劳动争议调解组织建设，成立锡林浩特市给排水有限责任公司劳动争议调解委员会，提高企业自主解决争议的能力。进一步加强街道劳动就业社会保障服务所（中心）调解组织建设，在锡林浩特市所辖8个街道办事处成立了劳动人事争议调解中心，加强统筹协调，由各街道劳动就业社会保障服务所（中心）调解组织负责调解窗口的日常工作。

【工伤、特殊工种认定和劳动能力鉴定】 2015年受理工伤认定案件35件；申报特殊工种认定材料28人，劳动能力鉴定材料59人。

【综治维稳】 2015年共接待各类信访群众5700余人次，书面答复信访件31件，涉及124人次，办理人大代表建议、政协委员提案8件。群众满意率达100%，做到件件有落实、事事有回音，努力排除了各类维稳隐患。全年无重大群众集体上访事件发生。

【党建工作】 “三严三实”专题教育活动开展情况。组织全体干部学习党章和党的纪律规定，重点研读了《习近平谈治国理政》《习近平关于党风廉政和反腐败斗争论述摘编》。千名干部下基层三级示范抓引领工作开展情况。人社系统共抽调14名领导干部及后备干部深入到19户帮扶户家中,提出切实可行的帮扶措施,截至2015年,人社系统干部深入帮扶户100余人次,共为帮扶户协调解决5.97万元慰问金和慰问品。此外,结合“12333”人力资源和社会保障综合服务中心”平台建设工作,共为16个社区,4个苏木镇,4个国有农牧场送去电脑、打印机、液晶电视、自助服务一体机、人才驿站和验证设备等共计203件,共计151.58万元。推进“十个全覆盖”工程情况。全力推进“十个全覆盖”工程中危房改造工作。深入宝力根苏木希日塔拉嘎查,完成墙体保温270平方米、新建院墙160米等。8月17日,包联的辖区调整为巴彦宝拉格苏木查干海日居委会。截至2015年,完成粉刷外墙210户(7.2万平方米)。冷库及院墙维修改造1200平方米。对巴彦宝拉格苏木查干海日居委会露天垃圾进行清理和填埋,共清理垃圾8吨。全力推进“十个全覆盖”工程中农村牧区人口养老社会保障工程。锡林浩特市城乡居民养老保险计划享受待遇4507人,总投资1291.77万元。2015年各级财政补贴资金801.4万元,实际享受养老保险待遇3242人,养老金支出1067.29万元。

民政　民族宗教

XI LIN HAO TE NIAN JIAN

民　政

【锡林浩特市民政局领导名录】

书记、局长　唐贵举

副局长　　巧　光　（女 蒙古族 2015 年 3 月任职）

　　　　　关卫华　（2015 年 3 月任职）

【概况】 民政局主要工作职责是宣传贯彻国家关于民政工作的法律、法规、政策，制定并组织落实锡林浩特市民政工作的有关政策规定，编制锡林浩特市民政事业发展规划，并负责组织实施和监督检查，指导民政工作的改革与发展。局机关内设办公室、社会救助办、救灾救济、基层政权、社会事务、婚姻登记处、区划地名办等 7 个股室及双拥办、老龄办两个准科级挂靠民政局全额事业单位。民政局下设锡林浩特市殡葬管理所、锡林浩特市殡仪馆、锡林浩特市中心敬老院等三个二级单位。

【城乡最低生活保障】 锡林浩特市执行城乡低保一体化标准。根据城乡低保标准自然增长机制，按每年不低于 15% 的标准提高保障水平，城乡低保标准每人每月由 2014 年的 460 元提高到 581 元。锡林浩特市城乡低保工作基本实现管理规范化、发放社会化、信息网络化。锡林浩特市城镇低保户 2521 户、4446 人，全年发放低保资金 2718.62 万元；牧区低保户 589 户、971 人，全年发放低保资金 521.76 万元。

【医疗救助工作】 根据《锡林浩特市医疗救助实施办法（试行）》，坚持以政府救助为主、社会帮扶为辅原则，按照不低于当地人口人均 12 元标准安排医疗救助资金。2015 年救助城市医疗救助 604 人，发放救助资金 180.68 万元；牧区医疗救助 226 人，发放救助金 73.4 万元，人均救助 3000 多元。重大疾病“爱心工程”救助 75 人，发放救助金 183.38 万元，人均救助 2.45 万余元。为城乡低保参合参保人员每人补助 50 元，三无、孤儿、五保户全额参合参保，每人补助 80 元，城乡低保、五保对象、孤儿和城镇“三无”等救助对象参合参保覆盖率达到 100%。同时，为五保、孤儿、三无人员全部缴纳补充医疗保险，其中个人每人缴纳 50 元、财政补贴每人 110 元。医疗救助资金全部通过“一卡通”社会化发放。

【特困人员供养】 提高五保集中供养标准，供养标准从每人 10 373 元/年提高到 11929 元/年；分散供养标准每人 7590 元/年。锡林浩特市现有五保对象 26 户、26 人，其中集中供养 18 户、18 人，分散供养 8 户、8 人，全年发放供养资金 28.09 万元。提高孤儿救助标准，集中供养与分散供养均提高 100 元，集中、分散救助标准为 2190 元/月、1750 元/月。锡林浩特市现有孤儿 20 人，其中集中供养 2 人、分散供养 18 人，全年发放供养资金 43.06 万元。2015 年三无人员有 71 人，其中集中供养 6 人、分散供养 65 人，集中、分散供养标准在 2014 年基础上均提高 100 元，供养标准为 1500 元/月、1300 元/月，全年发放供养资金 112.2 万元。全年有“三民”有 37 人，救助标准每月 706 元，全年发放资金 31.35 万元。

【临时救助】 制定出台《锡林浩特市临时救助实施细则》。2015 年全年共救助 501 户、930 人，发放救助金 121.08 万元。其中城市家庭 173 户、337 人，发放救助金 57.76 万元；牧区家庭 328 户、593 人，发放救助金 63.93 万元。为提高社会救助结余资金使用效率,同时解决因物价上涨给困难群众带来的社会压力,为城镇低保对象发放临时生活补贴(燃煤补贴)93.87万元;为城乡低收入家庭428户发放一次性临时生活补贴25.68万元;为低保对象中的残疾人员发放残疾补贴48.13万元。加强对城市生活无着流浪乞讨人员的救助管理,公求助者54人次,支出救助金0.69万元。

【优抚优待标准不断提高】 2015年,锡林浩特市共有优抚对象77人,其中重点优抚对象44人。在乡复残军人2人、在乡老复员军人16人、女复员军人2人、带病回乡退役军人2人、参核参战人员4人、烈属7人、因公牺牲军人家属7人、病故军属4人、其他优抚对象33人、烈士老年子女6人、60周岁退役士兵27人。优抚标准为在乡残疾军人1356元/月,复员军人1292元/月,女复员军人1700元/月,带病回乡退伍军人1088元/月,参战参核人员800元/月,“三属”(烈属、因公牺牲军人家属、病故军人家属)分别达到1725元/月、1569元/月、1514元/月,烈士子女130元/月,60周岁退役士兵按每当兵一年补助10元生活费。全年,发放各类优抚对象定期定量补助资金81万元。为不符合安置条件的58名退役人员发放自主择业金333.81万元。为32名退役士兵发放生活费13.36万元。发放2014年入伍(57人)、2015年入伍(189人)家属优待金1101.6万元。发放随军家属未就业补助84.3万元。复员干部生活补助金15.9万元。

【妥善安置符合政策安置退役人员】 安置28名符合安置条件的退役士兵和10名随军家属。对不符合安置条件的32名退伍人员,有自主选择免费职业技能培训。

【军民融合深度发展】 一是开展少年军校相关工作。锡林浩特市少年军校成立于2011年,根据人员变动,及时调整领导小组成员,制定详细工作计划,明确各部队职责,确保少年军校工作顺利开展。二是继续做好“一助一”扶优工作。对驻锡部队帮扶对象、帮扶任务做了适当调整,共帮扶13名贫困人员。各部队积极开展帮扶优抚对象活动,每年至少上门看望两次,帮扶资金或慰问金不少于1000元。

【圆满完成全国双拥模范城迎检】 2015年,把双拥模范城创建工作放在双拥工作首位,精心安排部署,党政军民共同努力,深入开展“五融合四促进”活动,全面推进军警民共建工作,提前下发通知到各责任单位,充实有关迎检材料,更新爱国主义教育基地图版,更新双拥一条街的宣传展板内容,重点做好迎检各项准备工作。经过近一年的准备和努力,圆满完成全国双拥模范城考核验收工作。

【基层政权建设】 不断完善社区服务功能,开展社区阵地达标工作。经过新建、改建、调配周转等办法,解决未达标社区活动阵地问题,城区42处社区阵地,目前已达标31处,其他11处,已开工建完的7处,其余4处完成规划选址。2016年完成城镇社区阵地全部达标。同时投入资金300万元,对6个社区阵地进行改造装修,为7个社区阵地配备添置了办公设备。圆满完成基层换届选举工作。“嘎查”、社区“两委”民选干部262人上岗从事基层工作,基层干部队伍素质明显改善,为民服务能力有了进一步提高。制定出台《锡林浩特市社区减负增效工作方案》《关于精简和规范社区工作的指导性意见》,社区基层服务工作进一步规范。2015年制定出台《关于推进锡林浩特市社区志愿服务的意见》。2015年,共有21个社区志愿组织384名社区志愿服务者登记备案。

【救灾救济】 按照救灾资金管理制度,及时足额拨付救灾资金到位,做到规范使用。对3326户、5978名受灾的低保户、五保户、残疾人等特殊困难人员实施救助,发放资金130.65万元。开展第七个“5·12防灾减灾日”宣传,发放防灾减灾宣传单、宣传挂图、宣传科普书籍、环保手提袋等多种宣传资料1000余册,向群众宣传防灾减灾基本常识,提升居民灾害应急防御能力。按照全盟防灾减灾电视电话会议精神和盟民政局有关工作要求,及时下发通知,落实责任,及时排查低保、五保、低收入家庭老年人和未成年等特殊困难群体,建立联系制度,确保困难群众发生灾害时得到及时救助,做好当前防灾减灾工作。

【区划地名】 与赤峰市克什克腾旗开展边界联检工作,并解决锡林浩特市牧民边界纠纷六起。共受理19个住宅小区和商业建筑的命名申请,发放地名使用批准书,同时完成锡林浩特市主要街路门牌制作安装企业招标程序。开展了全国第二次地名普查工作,按照盟民政局安排部署,地名普查收集、整理资料工作已经全部完成,对地名目录进行编制,并做外包业务的招投标工作。

【社会事务】 2015年,办理结婚登记1933对,离婚登记657对,补发结婚证1427对,办理收养登记1名。认真贯彻落实民政部取消出具“无”婚姻登记记录证明工作。全年录入历史档案7420对。加强对殡葬工作管理监督。加大对殡仪馆收费情况的监管力度,及时受理群众的投诉举报。印发了《锡林浩特市殡葬服务收费标准及有关问题的通知》,惠民殡葬工作得到落实。为32名低保、三无户落实惠民殡葬资金3.599万元。为11家选择绿色安葬家属奖励0.55万元。全年火化尸体497具，土葬119具。

【社会组织管理】 锡林浩特市共登记注册各类社会组织103个，其中社会团体63个，民办非企业40家。进一步加强各类社会团体及民办非企业单位的监督管理工作，对2014年12月31日前登记的82家社会组织开展了年度检查工作，参检率90%，年检合格率71%。做好规范党政机关干部兼任社会组织职务管理工作，规范其他社会组织中党政机关干部担任职务办理审批手续40人。制定印发《锡林浩特市社会组织直接登记办法（试行）》，直接登记行业协会类、城乡社区服务类社会组织有13个。初步成立锡林浩特市社会组织孵化基地，可容纳6至8个社会组织，现已进驻社会组织2家。市民政局设立了社会组织党建办公室，组织召开社会组织党组织书记述职评议工作会，对锡林浩特市社会组织党组织书记2015年度履职尽责情况进行了述职评议。

【老龄事业】 制定出台《关于加快发展居家养老服务实施的意见》和《关于在养老机构开展“医养结合”服务的实施方案》。从土地供应、税费优惠、建设补贴、运营补贴等方面都制定了可操作的具体规定。全年为3230名78周岁以上老年人发放高龄津贴403.66万元。为16547名老年人发放公交补贴165.47万元。为常住市的950名外埠老年人办理乘坐公交卡，补贴资金9.5万元。重阳节期间，锡林郭勒盟老年艺术团在“爱祺乐”牧民养老园区和市中心敬老院举了慰问演出，并走访慰问10位老人。评定自治区、盟级共30名敬老孝星，每人发放奖金1000元。

【完成全区牧区养老现场会筹备】 市民政局在党委政府和上级业务部门的领导下，经过全体干部的艰苦努力，建成并逐步完善爱祺乐牧民养老园区，于8月5日圆满承接了全区牧区养老现场会的召开。在牧区养老工作方面，为全区全国树立了典型，受到了民政部、民政厅和盟委行署的认可和表扬。受到了广大牧民老年朋友的拥护，实实在在的做成了一件解决群众实际困难的民生工程。

【养老重点工程进展顺利】 继续续建了锡林颐和苑国际养老中心一期项目，在经济下滑、企业经济困难的情况下，努力为企业解决问题，完成了预计的投资任务。目前已完成投资2.3亿元，已开工面积8.3万平方米。同时政府出资在项目区内配建一处2万平方米的综合老年养护院，已完成投资4000万元。项目启动后，得到自治区民政厅和盟市领导的大力支持和高度好评。整个项目建成后，将成为全区规模最大，功能最完善的民办养老机构，目标是建成向2017年自治区成立70周年的献礼工程。

【率先在全盟开展“救急难”试点】 着力解决群众生活中遭遇的突发性、临时性、紧迫性的困难和问题，有效防止冲击社会道德和心理底线事件的发生。全年开展救急难18户28人，救助资金10万元。解决了群众当下的急事难事。

【探索低保差额发放】 通过经济核查，把有限的救助资金用到最需要的群众身上，为在全盟推开低保差额发放做了有益的探索。

扶贫开发

【锡林浩特市扶贫开发领导小组办公室领导名录】

书记、主任　青格勒（蒙古族）

副主任　额尔敦通拉嘎（蒙古族）

　　　　莫德格（女 蒙古族）

【概况】 按照自治区2011年确定的牧区扶贫标准，2015年底牧区4个苏木镇在册贫困户为109户、304人。一年来，市扶贫办在市委、市政府的领导下，在盟扶贫办的指导下，紧紧围绕牧民增收致富的突出问题，着力打好基础设施建设、优势产业培育、生态环境改善、社会事业发展“四大攻坚战”，构建了专项扶贫、行业扶贫、社会扶贫相结合的大格局，为实现“两个倍增”、“三个保障”和打造全盟“首善之区”的目标打下了坚实的基础。2015年，又重点加强产业扶贫、金融扶贫等精准扶贫工程共脱贫109户304人，其中建档立卡贫困人口112人，比全盟提前一年基本实现了消除绝对贫困现象。确保将返贫率控制在8%以内。

【盟级配套资金项目】 2015年到位扶贫资金789万元，其中财政扶贫资金401万元（三到村三到户扶贫项目资金90万元、扶贫配套资金230万元、技能培训费66万元、建档立卡生活补贴9万元、项目管理费6万元、本级配套资金397万元），使牧民109户、304人消除绝对贫困现象。

【“三到村三到户”项目】 按照国家和自治区新的扶贫政策，继续在乌优特、那仁宝力格2个嘎查实施“三到村三到户”（项目、规划、人员）项目，开展连续四年的精准扶贫工作。2015年市实施的“三到村三到户”项目投入90万元，培育助牧增收的扶贫产业，引进乌珠穆沁基础母羊1056只，扶持贫困户35户、104人。

【发挥互助资金作用】 入社牧户到1003户,互助资金滚动发展到864.79万元,其中区级160万元、本级420万元、嘎查捐赠185万元、牧户缴纳入社费78.75万元、互助收益21.04万元,共发放借款1007.11万元,有力地扶持了牧民生产发展。

【"金融"扶贫工程】 参照《自治区金融扶贫富民工程实施方案(2013－2017年)》,实施金融扶贫工程,健全完善框架协议、担保补偿贴息等管理机制。一是与中国银行签订框架协议,以盟、市级扶贫配套资金为担保补偿资金,按1:10比例放大投资规模,带动投入金融扶贫资金2500万元。截至年底,共发放牧户贷款1905万元,占可贷款规模的76.2%,为7个合作社放贷220万元;为431牧户1376人放贷1685万元。在贷款中为贫困户放贷57户198人,占贷款总户的14%,其中区级建档立卡贫困户9户28人;盟级建档立卡贫困户11户35人。二是结合实际与农业银行合作,以本级投入的347万元为担保补偿资金,按1:8比例放大投资规模,发放农牧户贷款325万元,贷款牧户39户117人。

【牧区劳动力培训】 2015年在盟内三所重点院校(职业学院、技工学校、职教中心)开展职业技能培训,共培训牧民子女102人,涉及会计、计算机、装载机、挖掘机等49个专业。同时,采用送培训到苏木、嘎查的形式,举办牧民实用技术培训班共七期,培训牧民886人(次)。通过培训提高了牧民专业技能水平和自我发展能力。

【行业扶贫】 行业扶贫实现新突破。建立从学前到高等教育完备的教育扶贫资助体系和卫生医疗救助体系;不断提高牧区低保标准和补助水平;加快推进水、电、路、房和优美环境"六到牧户"进程。

【社会扶贫】领导干部"一助一"定点扶贫。锡林浩特市119个党政机关、事业单位400名副科级以上领导干部对400户贫困户给予了财、物、项目等方面的帮扶,共计帮扶款物折合资金206.302万元。

【"百企帮百户"扶贫帮困】落实好锡林浩特市110家重点企业对贫困户为期3年的集中帮扶工作,开展助智、助牧、助学、助医、助生活保障和送温暖为内容的"五助一温暖"活动,帮扶企业捐赠物资达163.3万元。

【社会扶贫】组织部门狠抓选派机关干部到嘎查、分场任第一书记工作,做到嘎查、分场选派第一书记全覆盖,着力打造带领贫困群众脱贫致富的带头人,逐步实现大扶贫工作格局。

民族宗教事务

【锡林浩特市民族宗教事务局领导名录】

书记、局长　包　柱　(蒙古族)
副局长　关　峰(蒙古族)
青　梅(女 蒙古族 2015年3月任职)

【概况】 锡林浩特市民族宗教事务局内设4个办公室:办公室、民族工作办公室、宗教工作办公室、蒙古语文办公室。行政编制6人。主要职责:贯彻执行党和国家有关民族、宗教、蒙古语言文字方面的方针政策,负责研究制定锡林浩特市有关民族、宗教、蒙古语言文字政策的落实措施,并监督实施。

【民族团结进步活动】 市委召开民族工作会议,制定出台《锡林浩特市委市政府关于新形势下进一步加强和改进民族工作的意见》,表彰奖励民族团结进步模范集体20个、模范个人60名,学习使用蒙古语文先进集体20个、先进个人60名。开展民族团结进步创建活动示范单位评选推荐活动,制定印发机关单位、苏木(镇)、部队、学校、企业、社区、寺庙民族团结进步创建标准,对现有的各级民族团结进步模范单位进行重点指导。有38个单位申报了市级民族团结进步创建示范单位。经市委、市政府研究,市委宣传部、统战部、民宗局决定命名宝力根苏木萨茹拉塔拉嘎查等10个单位为市级民族团结进步创建活动示范单位。申报阿尔善宝力格镇、额尔敦街道办事处分别为国家级、自治区级民族团结进步创建示范单位。楚古兰街道办事处、巴颜查干办事处达布希勒特社区、市信访局等3个单位被命名为盟级民族团结进步创建示范单位。

抓好城市民族工作。贯彻落实《城市民族工作条例》和《关于加强新形势下社区民族工作的意见》,制作锡林浩特市民族宗教相关数据统计表,对锡林浩特市各苏木镇场、街道办事处的民族宗教基本信息以嘎查分场、社区为单位,进行全面的调查统计,为下一步全面推进城市民族工作奠定了基础。

【少数民族发展资金】 充实少数民族发展资金项目库的项目,实行与财政局共同筛选评审申报项目、市检察院进行监督的办法。与财政部门共同研究拟定《市本级少数民族发展资金使用管理实施办法》,提交市政府批准执行。积极争取上级少数民族发展资金,争取到自治区级9个项目,项目资金200万元、盟级7个项目,项目资金150

万元。继续征集少数民族发展资金扶持项目，充实项目库的项目。加强项目资金的使用效率跟踪调查。

【宗教“三级网络”建设】 举办1期锡林浩特市宗教工作三级网络管理人员培训班，各街道办事处、苏木镇场、社区（居委会）、嘎查分场及统战部、民宗局120人参加培训。编印《中国共产党宗教政策的历史发展》等学习资料，宣传普及党和国家宗教政策法规和宗教知识。与基层宗教工作联络员签订宗教工作责任书，明确了他们的工作职责和工作任务。由于市宗教三级网络建设成效显著，2015年8月份全区宗教三级网络建设研讨班在市召开，与会的各级统战系统100多位领导实地参观了市部分宗教场所和街道、社区的基层宗教事务管理情况。

【宗教活动场所内部管理】 给各宗教场所征订了《锡林郭勒日报》《中国宗教》《民族画报》等报刊，推动宗教场所政策法规的学习。加强宗教教职人员的培训工作，邀请自治区基督教“两会”教职人员举办了为期3天的爱国爱教团结互助为内容的培训班；邀请自治区佛教协会教职人员举办了喇嘛培训班。选派贝子庙、基督教教职人员参加全区佛教教职人员、基督教教职人员培训班。加强财务管理，以以会代训的形式对各宗教场所的负责人和会计人员进行财务管理业务培训，邀请专业会计人员，进行面对面的指导，财务管理规范化、制度化建设。聘请市经营管理站专业人员，对各宗教场所2014年度财务状况进行审核。完善局机关干部联系宗教场所制度。严格落实教职人员请销假制度，全部教职人员一律履行向主管局请销假。

【改善宗教活动场所条件】 协调有关部门解决了贝子庙喇嘛临时宿舍食堂问题，市政府解决6套楼房，作为喇嘛临时宿舍食堂。为汉传佛教建设固定活动场所申请建设用地。基督教新建教堂设计方案通过规委会审定。新修建清真寺、天主教活动场所门前的路。清理天主教活动场所周围环境脏乱差问题，规范院内租房人员的管理。配合相关部门对天主教、基督教的供热、供水问题进行实地勘察，有望与新教堂建设同步进行。积极争取清真寺供热费列入财政预算。

【依法管理宗教事务】 坚持保护合法，制止非法，抵御渗透，打击犯罪原则，制止和取缔非法聚会传教。

【加大《条例》的宣传力度】 结合《内蒙古自治区蒙古语言文字工作条例》颁布实施10周年，会同政府翻译中心、职业学院、市蒙中等单位，开展广场宣传、召开座谈会等活动。发放有关民族语言文字政策法规宣传单、彩页1万余份。根据市各单位蒙汉双语干部短缺的实际，举办2期干部职工蒙古语学习班，每期3个月，有100名干部职工参加了学习班。

【牌匾广告制作单位的管理】 加强与规划、工商、城管等部门之间业务沟通与交流，联合举办锡林浩特市广告牌匾制作单位负责人培训班，有效提高了从业者的政策法规意识。进一步规范网上翻译、设计、书写、制作的审核，切实加大源头治理力度。行政审批大厅共审核牌匾蒙汉文设计图1381块、审核蒙文翻译375条。

【重点整治社会市面用文】 按照自治区社会市面用文整治三年计划，结合锡林浩特市市容市貌和环境整治工作，对临街各类牌匾广告进行拉网式的检查。对各类大型活动和批量悬挂的广告，与主办方和制作单位主动联系，提前介入各类会标、宣传标语的翻译审核工作，避免事后的检查整改。对公交车、汽车站、火车站、机场等公共场所经常性的进行监督检查，确保蒙汉两种语言文字并用。根据自治区民委、民政厅、交通运输厅、旅游局有关专项检查整顿要求，结合市旅游景区（点）和牧人之家环境卫生综合整治工作，密切配合民政、交通、旅游部门对国省道沿线、苏木镇场所在地及旅游景区景点的牌匾、标示、广告进行重点治理整顿。全年共出动车辆180次，出动执法人员540多人次，共下发《限期整改通知书》500多份，下达拆除通知书290份，会同城管部门，依法强制拆除255块不规范牌匾、广告。

因锡林浩特市社会市面用文整治成效显著，在2015年10月份召开的全区第三次蒙古语文工作现场会上作为典型介绍了经验。

【机关自身建设】 开展“三严三实”教育活动。一是强化社会监督、认真听取服务对象意见、做好群众电话咨询、门户网站的沟通联系工作，认真受理市民问题并按期回复。及时公开各种信息，安排专人负责。在锡林浩特市政府门户网站民族宗教局页开设政策法规、办事指南，主动公开各项业务信息。二是加强行政审批管理，加强审批大厅窗口服务，提高网上审批效果，规范审批程序，实现行政管理与审批脱钩。三是引入群众监督。聘请民族宗教蒙古语文工作社会监督员，行政审批活动全程接受服务兑现监督

经济技术开发区

XI LIN HAO TE NIAN JIAN

经济技术开发区

【锡林郭勒盟经济技术开发区领导名录】

主　任　王晨光

党工委书记(兼)　孟玉明

副主任　宝田仓(蒙古族)

魏殿高

刘海隆

【概况】 2015 年,开发区在盟委、行署和市委、市政府的正确领导下,认真贯彻十八大和十八届三中、四中、五中全会精神以及上级的决策部署,紧紧围绕锡林浩特市经济社会发展大局,开拓创新、真抓实干,在规划及基础设施建设、招商引资、机关建设和党建方面取得成效。

【规划编制】 开发区产业按照规划先行、保护环境、节约用水、集约集聚发展的原则,聘请中国石油和化学工业规划院编制《锡林郭勒经济技术开发区总体规划》《产业发展规划》,2015 年总规和产业发展规划方案已编制完成,目前处于报批阶段。待总体规划批复后进而启动开发区控制性详规编制工作。

【基础设施建设】 2015 年重点复工建设了西环路,由河南大河筑路有限公司 BT 形式承建,已完成西环路一级路单幅 8 公里山皮石垫层换填,完成投资估算 600 万元。高新技术大道正在办理前期报建手续及征地事宜,同时办理了西环路和高新技术大道两条道路工程压覆矿相关手续。积极与供电、移动等相关部门协商,完成了 2 公里供电线路改迁工程及移动光缆改线工程。

【重点项目建设】 续建项目共 2 项。创源褐煤低温热解清洁项目计划总投资 53 亿元,预计年产 40 万吨煤制油,现办公楼、综合楼、三个厂房已建成投入使用,核心技术路线正处于比选的攻坚阶段;国传洁净褐煤项目计划总投资 23 亿元,年产 1000 万吨洁净褐煤。一期建设规模为年产洁净褐煤 200 万吨,主体建筑已完工,设备基本安装完毕,正处于调试阶段。新开工项目共 2 项。明阳锡林郭勒新能源装备制造园区项目总投资 20 亿元,主要生产 3.0MW 及以上型号的风力发电设备及高倍聚光太阳能发电项目,风机整机组装产能将达到 200 万千瓦/年,光伏设备组装产能达到 20 万千瓦/年,2015 年 6 月 1 日正式开工建设,综合办公楼、宿舍楼已封顶,厂房基础建设已完成,完成投资 1 亿元。华电锡林浩特市 50 兆瓦光伏发电项目总投资 5 亿元,已建成 3 万千瓦,2 万千瓦并网发电,完成投资 3.2 亿元。近期开工项目 4 项。明阳 60MW 风光同场项目已完成选址,1 万千瓦高倍聚光太阳能发电指标已落实,项目人员已到位,正在准备开工建设;锡林郭勒盟泓原重工装备制造基地项目总投资 6.3 亿元,已取得盟发改立项备案,主要产品为液化气储气球罐、水煤浆气化炉及合成塔系列设备,项目选址工作已完成;广东粤电集团 5 万平方米标准化厂房及其他基础设施项目,计划总投资 10 亿元,一期投资 0.7 亿元,建设 2 万平方米标准化厂房,正在开展前期准备工作;中国化工集团煤中取水设备制造项目,一期投资 2 亿元,目前处于前期准备工作阶段。

【招商引资】 调整项目库,编制《开发区 2015 年度重点招商项目册》。同时,编制《锡林郭勒经济技术开发区赴外招商引资工作方案》。2015 年,开发区重点针对长三角、珠三角、京津塘、东北老工业基地等区域进行了拉网式筛选,通过电话、网络、以商招商等渠道联络企业50余户，多次赴北京、上海、浙江等地招商，接待来访客商20余家，签订项目合作协议4分（明阳新能源项目、中电光电新能源项目、广东粤电新能源项目、中国建材联合会粉体技术分会粉煤灰合作项目）。

【党的建设】 一是认真抓好理论学习，不断加强思想建设。积极组织全体党员学习贯彻党的十八大和十八届三中、四中、五中全会精神，围绕十个专题、党章和宪法及新修订的《中国共产党纪律处分条例》，采取集中学习、座谈讨论、撰写心得体会等多种方式深入学习研讨，确保学习效果。二是积极参与教育活动，提高党员思想觉悟。积极开展创建学习型党组织、学习型机关和培养学习型党员的读书学习活动，按照“三严三实”教育活动的学习要求，制定详细的学习计划，积极组织开展集中学习和自学，共安排集中学习数十余次，并制作“三严三实”问题清单，认清自己不足之处。三是扎实开展下基层三级示范抓引领工作。帮助扶贫对象争取廉租房、危房改造、棚圈建设等资金或政策扶持，并专门拿出7000元对老弱病残家庭进行帮助。先后多次进行了帮扶，共计下乡5个批次累计40户次。

【“十个全覆盖”工作】 在“百日攻坚”活动中，开发区累计下户300余次，征求了牧民们的意见并进行汇总，其中改造危房73户，外墙保温100余户，新建水源井10眼，通电26户，修缮院墙3186延长米，植樟子松2800余棵，安装铁艺栅栏900延长米、刺儿绳2000延长米，新建12处公厕并维修旧公厕2处，新建10处垃圾点以及3万余平方米垃圾填埋场一处，拆除307沿线两侧牧户危旧房屋8户，粉刷省道307沿线房屋院墙1万平方米，协调市石油公司计划投入10万元对毛登牧场307国道南侧加油站场地硬化500平方米，新增垃圾箱若干，实行垃圾定点投放和定期清运，并对省道307加油站两侧环境卫生进行集中清理、对道路进行修缮硬化。同时开发区协调有关部门在毛登牧场二分场新建了幼儿园、标准卫生室、文化活动室、便民超市，在奶牛养殖区新建水泥路，计划建设8.29公里，目前完成了5.7公里路段，剩余部分完成开槽和碎石铺设。

苏木镇　国营农牧场

XI LIN HAO TE NIAN JIAN

宝力根苏木

【锡林浩特市宝力根苏木领导名录】

书记、人大主席　乌日图那顺(蒙古族)
副书记、苏木长　浩斯巴雅尔(蒙古族)
副书记、纪检委书记　斯日古楞花(女 蒙古族)
党委委员、武装部部长　盖亚军(蒙古族)
党委委员、人大副主席　哈斯巴特尔(蒙古族)
副苏木长 金　荣(女 蒙古族)
赛音吉雅(蒙古族 2015 年 3 月离职)
朝古拉(蒙古族 2015 年 3 月任职)
纪委书记　巴德玛(蒙古族 2015 年 4 月任职)
党委办公室主任　白玉荣(女 蒙古族 2015 年 3 月离职)
办公室主任　银　河(蒙古族 2015 年 4 月任职)

【嘎查(居委会)领导名录】

伊利勒特嘎查书记　胡日查格日勒(蒙古族 2015 年 7 月离职)
额尔敦巴雅尔(蒙古族 2015 年 7 月任职)
伊利勒特嘎查嘎查长　额尔敦巴雅尔(蒙古族 2015 年 9 月离职)
额尔敦都楞(蒙古族 2015 年 9 月任职)
巴彦温都尔嘎查党支部书记　特木尔(蒙古族)
巴彦温都尔嘎查嘎查长　邓家茂
乌力吉德力格尔嘎查书记　阿拉担希呼尔(蒙古族)
乌力吉德力格尔嘎查嘎查长　扎木苏荣(蒙古族)
哈那乌拉嘎查书记　浩毕斯嘎拉图(蒙古族 2015 年 7 月离职)
朝克巴特尔(蒙古族 2015 年 7 月任职)
哈那乌拉嘎查嘎查长　朝克巴特尔(蒙古族 2015 年 9 月离职)
达古拉(蒙古族 2015 年 9 月任职)
巴彦淖尔嘎查书记　苏 和(蒙古族 2015 年 7 月离职)
朝克图(蒙古族 2015 年 7 月任职)
巴彦淖尔嘎查嘎查长　乌云格日勒(女 蒙古族)
巴彦德力格尔嘎查书记　孟根都希(蒙古族)
巴彦德力格尔嘎查嘎查长 乃达布日图(蒙古族 2015 年 9 月离职)
都楞毕力格(蒙古族 2015 年 9 月任职)
额尔敦塔拉嘎查书记　巴德玛(女 蒙古族 2015 年 7 月离职)
额尔敦苏荣(蒙古族 2015 年 7 月任职)
额尔敦塔拉嘎查嘎查长　斯日古楞(蒙古族)
萨如拉塔拉嘎查书记　恩和巴图(蒙古族 2015 年月离职)
格日勒图(蒙古族 2015 年 7 月任职)
萨如拉塔拉嘎查嘎查长　金　桩(蒙古族)
希日塔拉嘎查书记　乌云毕力格(蒙古族)
希日塔拉嘎查嘎查长　巴雅尔图(蒙古族)

敖包图居委会书记　浩毕斯嘎拉图（蒙古族 2015 年 7 月任职）
敖包图居委会主任　孟克吉日嘎拉（蒙古族）
锡林敖包居委会书记　邓永梅（女 蒙古族 2015 年 7 月离职）
　　朝鲁门（蒙古族 2015 年 7 月任职）
锡林敖包居委会主任　朝鲁门（蒙古族 2015 年 9 月离职）
　　周林宝（2015 年 9 月任职）

【概况】 宝力根苏木环绕锡林浩特市城区，总面积 3199.93 平方公里，辖 9 个嘎查、2 个居委会。户籍人口 1061 户，总人口 4043 人，其中牧业户 781 户、2627 人。共有党员 261 名。以蒙古族，汉族为主，其中蒙古族占总人口 90%，共 3638 人，主要分布在 9 个嘎查；汉族占总人口 10%，共 405 人，分布在全苏木。宝力根苏木人民政府驻锡林浩特市开发区上海路东。宝力根苏木政府共有干部职工 71 人，其中：公务员 22 人、事业 20 人、工勤 4 人、嘎查长助理 7 人、大学生村干部 17 人。2015 年牧业年度牲畜总头数为 36.9 万头只，其中大畜 2.2 万头、小畜 34.7 万只；共出栏 11 万头只牲畜。牧民人均纯收入 2.3 万元。

【基层组织和党风廉政建设】 全年共组织召开党建工作专题会议 4 次，党建工作协调推进会议 12 次。党委中心组集中学习 12 次，机关干部集体学习 45 次，组织党支部学习 100 余次、党员中心户学习 200 余次，增强了党员的政策理论水平，为牧民党员发挥先锋模范作用奠定了基础。选举产生 70 名新一届嘎查、居委会“两委”成员，其中大专以上学历 33 名，占 47%。全年发展党员 13 名，重点培养对象 6 名，积极分子 6 名，逐步优化了牧区党员队伍结构。全年苏木开展从严治党专题教育活动 4 次；“拒腐防变”警示教育 8 次；纪委办结案件 4 起。年内为困难群众提供帮扶物资、资金共计 4.6 万元，帮助困难群众解决实际问题 35 个。

【“十个全覆盖”工程 】 2015 年牧区危房改造 81 户，机井 67 眼，建成 20 吨储水窖 26 座、5 吨储水窖 57 座。新建水泥路 11.4 公里，其中省道 307 线至哈那乌拉嘎查养殖基地水泥路 5.6 公里、锡林敖包居委会水泥路 4.8 公里、敖包图居委会水泥路 1 公里。为 40 户通网电，10 月份完成 80 公里架杆立线。安装“村村通”卫星接收器 500 套、“户户通”卫星接收器 200 套。全苏木 2015 年参加养老保险总人数 1135 人，覆盖率为 65%；参加合作医疗总人数 3733 人，覆盖率为 92%。共清理苏木境内 11 条道路两侧垃圾全长 260 公里，清理约 13 000 吨垃圾；在辖区主要路段放置 50 个垃圾桶，并雇佣专职人员对垃圾进行定期清理，有效整治了环境卫生。市环保局为锡林敖包居委会和敖包图居委会提供 68 个垃圾箱，同时苏木投资 73 900 元，购置一辆垃圾车。

【牧区基础设施】 京津风沙源治理工程及畜牧业基础设施建设项目已建成储草棚 1100 平方米（6 户）、羊圈 4350 平方米（29 户）、牛棚 500 平方米（2 户）、羊栅栏 5000 平方米（5 户）、饲草料机械 14 套。苏木已对 4 万只羊佩戴了耳标，完成了信息录入和上传工作。同时组织牧户与额尔敦肉业和锡林郭勒盟肉业签订了购销合同，拓宽了牧民收入渠道。巴彦温都尔嘎查申请了农业开发综合利用项目，共投资 512 万元（其中牧民自筹 117 万元），建设标准化 150 平方米暖棚、300 平方米畜圈 20 处；机井、井房及配套设施 18 套；饲料槽 1000 套。

【计生、劳保、文教、民政】 2015 年全苏木共出生新生儿 42 人；45 名计划内怀孕的育龄妇女兑现“一杯奶”补贴。组织牧民参加小车驾驶技能转移就业培训 27 人，引导性就业培训 32 人，上报就业招聘信息 16 期。自主创业人员共 119 人，其中进城创业人员 51 名，牧人之家 39 名，合作社 29 名。今年共 438 人享受高中阶段免费教育、“两免一补”等各项政策。牧区家庭子女考入大学本科 10 人，专科 3 人；今年完成入学率达到 100%。今年截至 11 月享受城镇低保户 168 户，332 人，发放金额 196 万元；享受牧民低保户 233 户，393 人，发放金额 213 万元。临时救助 103 人，救助金额 14 万元，其他各类补助补贴达到 81 万元。

【民兵、综治、治安】 2015 年民兵预备役建设工作已完成兵员征集任务，择优确定了青年上站体检。苏木武装部组织民兵进行 5 天军训。本年度，接受各种矛盾纠纷 51 起，其中的 48 起案件 5 个所已联合解决。信访案件 24 起，已调解 20 起，4 起案件正在调查当中。公安派出所接受紧急情况报告 510 起、治安事故 52 起，司法所调解纠纷矛盾共 68 起。

朝克乌拉苏木

【锡林浩特市朝克乌拉苏木领导名录】
党委书记　布　仁（蒙古族）
党委副书记、苏木长　乌力吉门德（蒙古族 2015

年3月离职）
斯琴图（蒙古族2015年3月任）
党委副书记　青格勒图（蒙古族2015年3月任）
人大副主席　额尔登孟克（蒙古族）
副苏木长　王香兰（女 蒙古族）
青格勒图（蒙古族）
武装部部长　巴特尔（蒙古族）
纪检委书记　海乙锋（蒙古族）

【嘎查（居委会）领导名录】

洪格尔嘎查书记　吉日木图（蒙古族）
洪格尔嘎查嘎查长　胡日查毕力格（蒙古族）
乌尤特嘎查书记　哈斯巴特尔（蒙古族）
乌尤特嘎查嘎查长　恩和巴图（蒙古族）
查干淖尔嘎查书记　额尔敦孟克（蒙古族）
查干淖尔嘎查嘎查长　孟克巴特尔（蒙古族）
阿日高勒嘎查书记　朝　鲁（女 蒙古族）
阿日高勒嘎查嘎查长　孟克德力格尔（蒙古族）
图古日格嘎查书记　花　拉（女 蒙古族）
图古日格嘎查嘎查长　布仁特木尔（蒙古族）
宝力格嘎查书记　敖登格日勒（蒙古族）
宝力格嘎查嘎查长　阿德雅（蒙古族）
浩雅洪格尔居委会书记　青格勒（蒙古族）
浩雅洪格尔居委会主任　刘　珍
呼特勒乌素居委会书记　胡乙嘎（蒙古族）
呼特勒乌素居委会主任　刘世琴（女）
乌日根塔拉居委会书记　张明哲
乌日根塔拉居委会主任　额尔登图（蒙古族）

【概况】　苏木位于锡林浩特市东北部80公里处，总面积1880平方公里，总人口1110户3270人。其中牧业户637户2605人，2015年人均纯收入达20 800元，2015年牧业年度牲畜总头数182 700头（只），是一个纯牧业苏木。苏木辖6个嘎查、3个居委会，7个直属单位。苏木干部职工共42名，182名党员。

【基础设施建设】　一是争取农业综合开发土地治理项目，投入496万元为图古日格嘎查牧户建设暖棚3000平方米、机井10眼、网围栏3.5万亩、饲料槽1000个，草场改良5000亩。二是实施京津风沙源治理工程及农牧业基础设施建设项目，为22户牧民建设暖棚2750平方米，羊棚栏3套，储草棚2处，购买拌草机、粉碎机各5台。为乌优特、洪格尔、宝力格、阿日高勒、图古日格等5个嘎查购买铲车5台。三是协调相关部门，在苏木所在地新建1处占地面积为800平方米的加油站。

【生态环境建设保护】　落实草原生态保护奖补机制，提高牧民保护草原生态的积极性。宝力格嘎查和乌优特嘎查31.9万亩草场实施阶段性禁牧，按每亩6.36元按期发放补贴资金，其余嘎查草场全部被列入草畜平衡区，按每亩1.71元按期发放了补贴资金，生产资料综合补贴资金每户800元，共50.83万元。认真落实草蓄平衡制度，抓好牲畜出栏工作，已出栏79 000头只，完成出栏任务。严格落实防火责任制，认真安排值班，与嘎查和牧户签订防火责任状，预防重大火灾的发生，年内未发生重大火情。

【畜牧业产业化】　牧业年度牲畜总数为18.27万头只，接羔共7.8万头只，其中大畜2467头、小畜7.6万只。一是实施肉羊可追溯体系建设，对2万只羔羊佩戴耳标，给额尔敦肉业和草原峰煌肉业2家企业以按胴体重每公斤高于市场价1元的价格销售，有效增加了牧民收入。二是以西门塔尔牛为重点，抓黄牛改良和肉牛繁育。年内改良黄牛2100头，冷配1100头牛，建设核心群3个，并为核心群改善了基础设施条件。三是积极引导牧民以联户经营、股份入股等形式，整合资源，发展集约化、规模化、现代化的现代畜牧业基地。图古日格嘎查布仁牧民合作社、宝力格嘎查骆驼营子牧民合作社和亿产草业合作社、乌优特嘎查乌珠穆沁羊养殖合作社等合作社在草颗粒加工销售、牛羊养殖育肥方面取得了良好的经济效益。

【防灾救灾和牲畜疫病防治】　及时掌握各嘎查牧户牲畜出栏、饲草料储备以及饲草料缺口、交通受阻等情况，采取有效的措施防灾减灾。各嘎查和牧民储备1600万公斤草（其中，今年打储草1200万公斤、往年剩下的饲草储备量400万公斤），确保9万头只牲畜安全过冬。认真开展牲畜防疫工作，全苏木防疫疫苗注射10.5万头只，覆盖率达到100%，没发生重大疫病。

【“十个全覆盖”工程】　农村牧区危房改造工程。计划改造危房232户。已完成214户，其中美丽长廊9户。

【农村牧区安全饮水工程】　建水源井31眼、水窖50座。

【嘎查村街巷硬化工程】　修通苏木所在地至毛登41公里水泥路和图古日格嘎查、洪格尔嘎查、宝力格嘎查等3个嘎查水泥路10.3公里。平整备料苏木所在地至浩雅洪格尔居委会的38.5公里水泥路，计划2016年3月开工建设。

【村村通电及农村电网改造升级工程】　计划通网电119户，目前正在施工。安装风光互补供电设备13户。

【校舍建设及安全改造工程】　苏木所在地新建幼儿园1处，建筑面积1200平方米，占地面积

3800 平方米，已基本完工。

【嘎查村文化活动室工程】 新建宝力格嘎查、洪格尔嘎查和浩雅尔洪格尔居委会活动室 3 处、700 平方米。宝力格嘎查文化活动室已投入使用，其余 2 处已完成内外装修。

【便民连锁超市工程】 新建 2 处，改扩建 2 处。

【广播电视“户户通”工程】 共安装 552 户。

【社会保障工程】 参加合作医疗 3294 人、享受低保 792 人、参加养老保险 667 人，其中已享受养老保险 238 人。

【其他工程】 一是投资 2000 万元，在宝力格嘎查移民区建设文化活动中心及便民超市 1 处、房屋保温 82 户、木栅栏院墙 82 户、户内装修 42 户、垃圾站 2 处、厕所 1 处、硬化路面、停车场、健身广场，建设机械库、小区大院、小区大门、安装监控设备等。二是在乌日根塔拉居委会维修文化活动中心 104 平方米、新建铁栅栏 57 延长米、地面硬化 64 平方米，新建垃圾点 6 处、错车位 35 个、维修院墙 8460 延长米。三是在呼特勒乌素居委会新建厕所 2 处、垃圾点 5 处、住房 15 户 831 平方米，改造成牧区养老住宅房 14 户 780 平方米，新建院墙 613 延长米，维修院墙 339 延长米。

【社会民生】 民政及社会救助工作。牧区低保户 162 户 263 人，每季度发放低保 34.5771 万元；城市低保户 218 户 529 人，每月发放低保 24.2306 万元。五保 1 户 1 人。2015 年集中审核验证低保 3 次，清理整顿低保 15 户 20 人，新申请低保户 6 户 12 人。为 380 户低保户发放燃煤补助 22.8 万元。协调帮助 57 户老年人住进牧民养老院。为 66 户低保户发放养老取暖补助 7.92 万元。申请 570 户的冬春救助。文教工作。在校幼儿 60 人，小学生 221 人，初中生 110 人，均享受生活补助；高中生 92 人，其中 31 个生活困难学生每人每年享受 1500 元生活补助。3 名考入高校的大学生均享受了助学金补贴。禁牧区大学生 15 人，享受补助每年每人 6000 元。低保户大学生 6 人，其中享受一次性补贴的专科生 2 人每人 3 万元，本科生 4 人每人 4 万元。计生工作。新出生 25 人，无计划外。免费孕前健康检查 42 对，三查 390 人次。优生健康讲座 2 期，组织宣传服务活动共 8 次，受益牧民 324 人。开展幸福家庭评选活动，奖励幸福家庭 10 户。

【综治维稳】 制定完善矛盾纠纷排查化解专项行动工作方案，建立推行社会矛盾纠纷“四所联调”工作机制，调处化解矛盾纠纷，重点问题联动配合、联合化解。加大了对重点矛盾化解力度，认真排查和发现新产生的矛盾纠纷并及时调处，确保大多数矛盾纠纷化解在基层，消除在萌芽状态，有效防止各类社会矛盾纠纷演变为信访问题或群体性事件。全年共排查各类矛盾纠纷 22 起，调解 15 起。进一步落实信访责任，确定领导接访日，畅通信访渠道、妥善解决了群众合理诉求，接待群众来访 21 件，答复率达到 100%。开展普法宣传活动 6 次。

【人大、武装、工青妇工作】 加强人大代表培训、学习和调查研究，解决代表提出的实际问题。重视武装部工作，加强民兵组织建设，通过思想教育及民兵军事训练提高了民兵处置突发事件、维护社会治安、抗灾救灾等各项突发事件应对能力。今年有 1 名适龄青年当兵服役。积极开展“文明市民”的推荐工作，共推荐文明户 4 户、文明牧民 4 名。充分发挥工青妇社会团体的职能作用，大力推进“最美家庭”创建活动，评选市级“最美家庭”10 户、盟级“最美家庭”1 户。加强宣传教育，组织主题宣传教育活动 4 次，宣传妇女合法权利及预防青少年违法犯罪的工作措施。

阿尔善宝力格镇

【锡林浩特市阿尔善宝力格镇领导班子名录】

书记、人大主席　毕力格图（蒙古族）
副书记、镇长　托日巴图（蒙古族）
副书记　金　昌（蒙古族）
副镇长　青　梅（女 蒙古族 2015 年 2 月离职）
副镇长、武装部部长　乌日根（蒙古族 2015 年 3 月任职）
人大副主席　伊如格勒图（蒙古族）
纪委书记　阿拉坦陶古思（女 蒙古族 2015 年 1 月任职）

【嘎查（居委会）领导名录】

新满都拉嘎查书记　萨如拉（女 蒙古族）
新满都拉嘎查嘎查长　特古斯门德（蒙古族）
巴彦高勒嘎查书记　温都苏（蒙古族）
巴彦高勒嘎查嘎查长　苏　和（蒙古族）
斯日古楞嘎查书记　乌兰图雅（女 蒙古族）
斯日古楞嘎查嘎查长　其达日巴拉（蒙古族）
巴彦塔拉嘎查书记　呼日查巴特尔（蒙古族）
巴彦塔拉嘎查嘎查长　额尔顿朝鲁（蒙古族）
阿尤勒海居委会书记、卫生院院长　乌力吉图（蒙古族）
阿尤勒海居委会主任　李照林

伊玛图居委会书记　呼格吉乐图(蒙古族)
伊玛图居委会主任　桂　兰(女 蒙古族)

【情况】阿尔善宝力格镇位于锡林浩特市北100公里处,以汉族、蒙古族、回族、满族组成的锡林浩特市牧区中心镇。全镇辖4个嘎查(新满都拉嘎查、白音高勒嘎查、斯日古楞嘎查、巴音塔拉嘎查),2个居委会(伊玛图居委会、阿尤勒海居委会),土地面积2 220平方公里,总人口为534户、1553人,其中:牧业户364户、1130人,牧业户占总人口的72.7%。是一个以蒙古族为主体,以畜牧业为基础产业的牧区中心镇。2015年冬季牲畜头数135 228头只,其中大畜4339头,牛2597头、马1604匹、骆驼138峰;小畜13 0 529只,绵羊12 0651只、山羊9878只。贫困户36户、97人,享受最低保障的152户、247人,其中,享受城市最低生活保障的44户、77人,享受牧区最低生活保障的108户、170人。全镇共有11个专业合作社,入社会员68户、238人。草畜平衡草场共计292万亩,涉及户数306户。高产饲料基地2处2200亩。全镇4个嘎查均有集体经济收入,其中集体经济收入超过10万元的嘎查有2个。2015年牧民人均可支配收入达20 635元。镇党委下属7个党支部,115名党员,牧民党员83名,占71.6%。

【党员队伍建设】　深化思想认识、加强组织领导、创新工作思路,有计划、有重点的做好发展党员工作,共发展党员7名、预备党员4名、重点培养对象3名、积极分子11名。

【党员中心户规范化建设】　结合“党员中心户规范年”活动,积极开展创建十星级党员中心户评比活动,深入推进了“党员中心户”牧区网格化管理模式。

【思想政治建设】　不断提高执政能力。加强领导班子和党员干部的学习培训,坚持“三会一课”制度,以“万名干部下基层四级示范抓引领”和“三严三实”活动为契机,把每周二确定为全体干部职工集体学习日,学习党的方针政策和上级重要会议文件精神。要求各嘎查(居委会)党支部负责抓好党员集中学习,确保统一思想认识。

【基层活动阵地建设】　认真开展“双服务提升年”活动,切实发挥基层党组织推动发展、服务群众、凝聚人心、促进和谐的作用,强化嘎查活动阵地建设,各类制度均及时上墙,积极发挥活动阵地“一室多用”功能,全镇4个嘎查2个居委会文化活动室进行设备升级改造,为开展好会议学习,各类活动提供了良好环境。

【危房改造】　2015年危房改造15户,其中:新建13户、维修2户。

【安全饮水】　打井牧户31户,新建69个储水窖,其中:申请5吨生活用水窖的牧户54户、20吨储水窖的牧户15户。

【村村通电】　2015年通常电42户,安装风光互补设备64户。

【文化活动室】　全镇4个嘎查2个居委会文化站均进行维修和翻新硬件设备工作,现已全部投入使用。争取了市委宣传部“四个一”工程款15万元,对白音高勒嘎查文化站进行全面升级规范化。

【农村牧区社会保障】　常住人口养老、医疗、低保。缴纳养老保险的451人,其中:146人已领取养老金;缴纳合作医疗的1100人;享受最低保障的有152户、247人。

【村村通广播电视与标准化卫生室】　发放“户户通”有线电视设备共271套,基本实现全覆盖;新满都拉嘎查、白音高勒嘎查、斯日古楞嘎查均建设了一处标准化卫生室,巴音塔拉嘎查交通不便等原因,未建设卫生室。

【其他工作】　建设2处公厕(伊玛图、阿尤勒海各一处)、垃圾箱20个、垃圾转运站7处、手绘文化墙1000平方米、围墙120米,大型广告宣传牌2处。另房屋保温4432.15平方米、粉刷26 645.42平方米、墙面抹灰3946.5平米、刷涂料5723.4平方米。

【干部下乡】　根据市委《万名干部下乡驻村“推进四个全面、加强重点工作落实”工作方案》要求,结合实际,精心组织落实。根据承包嘎查的镇领导了解牧户生产生活情况,更好的发挥桥梁纽带的作用,直接驻村承包嘎查。进一步推进了干部下基层四级示范抓引领工作、“十个全覆盖”工程百日攻坚行动、畜牧发展等重要工作,引导牧民群众树立改善生产生活条件的主人翁意识,进一步推进“十个全覆盖”工程覆盖面,引导牧民正确认识下基层干部联系服务工作,进一步加强了干群关系。

【计划生育工作】　奖抚政策全面落实。全面落实人口与计划生育工作“一票否决”责任制,进一步完善了基层基础工作,加强了流动人口的管理及计划生育工作队伍建设,提高依法行政水平和服务水平。

【综合治理工作】　社会大局保持稳定。镇党委与各嘎查、居委会签定社会治安综合治理责任状,紧紧围绕创建“平安镇”、“平安嘎查”要求,大力开展严打整治,积极构建社会治安防控体系。

【文教卫生事业】　群众生活质量不断提高。争取“广播电视户户通”电视接收器工程项目271

套,已为260户牧民发放。认真落实"两免一补"政策、"生态移民学生补助"、"牧区户籍高中生补助"等惠民政策,使更多牧民子女得实惠。卫生院引进各类设施设备,提高了基层卫生院所具备的防病应急硬件条件,为群众的身体健康与生命安全提供了保障,先后开展无偿健康检查2次。全面执行新型牧区医疗合作制度,参保率达98%。

【民政扶贫】 困难群众受实惠。认真落实扶贫救助各项政策,积极争取上级扶贫项目,帮助贫困户解决生活困难。享受最低保障的有152户、247人。

【基础设施建设】 积极争取上级各类项目,新建项目暖棚16处、2600平方米,羊棚栏3处、3000平方米,储草棚5处、500平方米,极大改善了牧户基础设施条件.

【草原生态建设和保护】 充分利用国家草原生态补助奖励机制和自治区实施阶段性禁牧政策的机遇,推行限量养殖,确保均衡发展,提高草原生态的自我修复能力。

【畜牧业产业化】 加快改革传统的养殖方式,大力推行舍饲圈养,提高畜产品商品率,2015年整合现代肉羊项目,着重发展了家庭牧场26户,加大牧户基础设施建设,提高了舍饲圈养的数量,鼓励牧民转变生产经营方式,走专业化、规模化、产业化的现代牧业道路。

巴彦宝拉格苏木

【锡林浩特市巴彦宝拉格苏木领导名录】

书记、人大主席　巴雅尔图(蒙古族)
副书记、苏木长　德格吉日呼(蒙古族)
副书记、巴彦宝力格嘎查党支部书记
　颜　芳(女 蒙古族 2015年4月任职)
纪委书记　乌尔古木拉(女 蒙古族)
人大副主席　宝音朝格图(蒙古族)
副苏木长　格日勒朝克图(蒙古族)
　朱日和(蒙古族 2015年4月任职)

【嘎查(居委会)领导名录】

查干海日居委会书记、主任　哈斯乌拉(蒙古族)
巴彦宝力格嘎查嘎查长　赛音毕力格(蒙古族)
那仁宝拉格嘎查书记　达夫巴雅尔(蒙古族)
那仁宝拉格嘎查嘎查长　斯琴巴特尔(蒙古族)
巴彦哈日阿图嘎查书记　苏乙拉其其格(女 蒙古族)
巴彦哈日阿图嘎查嘎查长　孟克毕力格(蒙古族)

【概况】 巴彦宝拉格苏木位于锡林浩特市北42公里处。苏木辖3个嘎查、1个居委会,土地总面积1520平方公里(228.02万亩),承包到户草场面积206.62万亩。户籍人口571户、1871人,其中牧业户377户、1126人,是一个以蒙古族为主体,以畜牧业为基础产业的苏木。2015年12月牲畜头数68 055头(只),大畜6867头,小畜61 188只。2015年度牧民人均纯收入为19 286元。贫困户38户、109人。五保户5户6人。有33个残疾人。享受最低保障的有198户、380人。苏木党委下属5个党支部,109名党员。

【基层组织建设】 开展学习培训50余次,落实"1+3"制度体系,并将7名优秀人员纳入了嘎查后备干部库。年内举办党员培训班3期。坚持高标准、严要求,全年共发展党员5名。

【基础设施建设】 查干海日居委会内新建水泥路1.5公里,水泥路两侧面包砖人行道3.8公里,安装路灯103盏;50户牧户申请了风光互补升级改造;争取"一事一议"项目,那仁宝拉格嘎查扩建文化站100平方米,巴彦宝力格嘎查、巴彦哈日阿图嘎查、查干海日居委会维修了文化站;新建一处2500平方米垃圾处理场、一处1300平方米健身广场和S101公路路北一处5000平方米停车场;打造一处120平方米的便民连锁超市;新建一所1200平方米幼儿园。

【畜牧业产业结调整与建设】 苏木党委、政府高度重视优化牲畜品种,调整畜群结构工作,积极引导牧民转变生产经营方式。坚持不懈地抓乌珠穆沁羊的提纯复壮及黄牛改良工作。目前,全苏木羊群改良率基本达到100%。黄牛冷配600头,完成任务的100%。良改比重99.5%。繁成率73%。建设2处冷配站点,扫尾种公牛14头,建设核心群2群。建成标准化种公羊基地3处,大力发展嘎查种公羊基地,为优化品种,提纯复壮提供了保障。加快改革传统的养殖方式,大力推行舍饲圈养,提高畜产品商品率,2015年整合现代肉羊项目,着重发展了家庭牧场39户。三个嘎查累计使用各类项目资金120万元,共购进了基础母畜1500只,保障了壮大嘎查集体经济的持续性、稳定性和发展性,切实提高了基层党组织"有钱办事",为民服务能力。

【民生工程】 全年危房改造45户,打井36眼,新建49个储水窖,拆除11户牧户废弃、危旧的土房、棚圈;外墙保温34户2100平方米;外墙粉刷

260户97 000平方米;拆除院墙1100延长米,新建院墙480延长米,屋顶改造990平方米。认真落实扶贫救助各项政策,开展了科级领导干部结对帮扶活动,贫困户生产生活条件得到显著改善。年内为2户牧户申请了救灾款共30 000元,18人医疗大病救助37 650元,临时救助25人63 500元,自然灾害救助补贴128户52 980元,高龄津贴11人13 200元。入住爱祺乐牧民养老园区75户。为59户贫困户、贫困边缘户每户发放燃煤补贴600元,为15户贫困户争取了沙源治理暖棚援建项目。340人参加了牧区新型养老保险。

【社会公共事业】 文教卫生方面。认真落实"两免一补"政策、"生态移民学生补助"、"牧区户籍高中生补助"等惠民政策。争取"广播电视户户通"电视接收器工程项目125套。组织苏木职工积极参加了市职工运动会。邀请心理学老师到我苏木为牧民讲授《促进思想道德建设,构建和谐文明苏木》为主题的思想道德文明讲座课程,邀请医护专家,为牧民群众及干部职工免费体检2次,270人次。2016年度合作医疗1648人参保。苏木卫生院为280对夫妇做了"三查"健康体检,为9对夫妇做了免费孕前优生检查。积极开展计划生育宣传教育活动,发放计划生育宣传册80份,资料包50个,计划生育条例书50份,优生优育宣传册120份。

【综合治理】 积极构建社会治安防控体系,全苏木共设立草原110联防队员6名,报警电话6台,草原110巡逻车6辆。认真开展"法律进嘎查"、化解各类矛盾纠纷维护改革发展稳定大局等主题实践活动,年内举办3期法律知识培训,并发放各类法律宣传单400余份、宣传册280本。年内成功调解了21起矛盾纠纷。

毛登牧场

【锡林浩特市毛登牧场领导名录】

党委书记、纪委书记　朝　鲁(蒙古族)
党委副书记、场长　孙永明(蒙古族)
副场长　代　钦(蒙古族 2015年3月离职)
　　　　斯琴巴图(蒙古族 2015年3月任职)
纪委书记　呼日乐(蒙古族 2015年5月任职)
副场长、派出所所长　包长海(蒙古族)

【锡林浩特市毛登牧场分场领导名录】

一分场支部书记:宋卫兵
一分场主任　李俊峰
二分场支部书记　哈斯巴根(蒙古族)
二分场主任　高凤春(蒙古族)

【概况】 毛登牧场位于锡林浩特市区东36公里处,地理坐标为,北纬43°02—44°52′,东经115°16′—117°13′,始建于1958年,1991年隶属属锡林浩特市管理。称之为锡林浩特市毛登牧场,科级机构。牧场生产经营以草业为主,农牧业为辅,发展乡镇企业多种经营模式。全场面积585平方公里(87.75万亩),其中可利用草场面积500平方公里(74万亩)。辖2个分场、1个居委会、1个园区;总人口667户,1997人,常住人口380户、982人,外来常住人口36户,116人。居民区分布在307国道南北两侧,主要以汉族和蒙古族为主,少量满族和回族构成,少数民族所占比例10%;原牧场职工总数402人,退休职工192人,现机关工作人员47人,全部按城镇标准纳入养老保险和医疗保险,2015年牧场收入1400万元,人均收入达到2.2万元。

【推进良种化进程,做好接羔保育工作】 2015年春,全场共接仔畜29 870头(只),保畜率99%;牧业年度牲畜总头数48 569头(只),其中:大畜12 862头(奶牛10113头),小畜35 707只;牧业年度总牲畜改良比重99%,其中:大畜99.8%,小畜98%。

【牲畜防疫工作】 今春,牧场为全场牲畜进行牛羊W病、羊四联疫苗注射,防疫密度达100%。秋季进行了W号病、羊痘和布病疫苗注射,防疫密度达100%。同时,重点加强了对奶牛W号病防治工作,指定专人负责,严格按照防疫要求办理。

【秋季打贮草】 8月18日开始组织全场秋季打贮草工作,打草总面积64万亩,9月20日完成全部打草工作,打贮草总量3万吨。其中,毛登牧场生态保护区产草1.5万吨,全部销售给牧场境内的草业公司、养殖企业及养殖户,未向外销售,确保本地牲畜饲喂和冬季抗灾使用。

【宜居工程】 一分场老场部住房大多为兵团时期建设,年久失修,整个场区没有改造价值的实际情况,确定了整体搬迁的建设方案。牧场经过三次摸底调查,共涉及牧户245户,80%牧户同意搬迁,现正在制定具体的搬迁计划和安置方案;二分场奶牛养殖区实施美化、绿化、亮化等环境治理工程,对街巷、房屋、院墙、厕所、垃圾点进行改造提升;目前总计完成投资约3000万元。加强对文化、教育、卫生等方面的投入,新建幼儿园、卫生院、卫生室、文化站等文体设施,进一步提高牧民的生活质量。

【基础设施建设】　2015年为牧业点牧户新打机电井21眼,每眼井深110米以上,总投入200余万元;实施牧业点无长电户通电项目35户,现电杆、高压线、变压器、电表等设备已安装完毕,已完成通电8户;一分场老场区二连、三连完成新建水泥路3公里;二分场奶牛养殖区内计划新建水泥路8.29公里;二分场老一连完成1.5公里水泥路;毛登至朝克苏木沙石路全部升级水泥路面。

【集中清理工作】　根据锡林浩特市环境综合整治的具体要求,契合锡林浩特市创建全国文明城市工作,毛登牧场于4月17日起在牧场境内开展环境集中整治工作,截至11月初,累计出动工作人员1500余人次,雇佣装载机及翻斗车,拉运垃圾20 000余方。总计投入环境整治资金近150万元。

【职工养老工作】　继续做好牧场职工纳入基本养老保险相关工作的基础上,2015年牧场筹集资金340万元,为230名企业职工和172名退休职工缴纳职工社会基本养老保险、职工社会基本医疗保险、大病险、工伤保险和生育保险;为436人办理新型农村合作医疗;为21人办理新型农村养老保险。

【畜牧业基础工作】　协调市生态委执法大队对调整的草场进行草场指界,共为13户牧户明确了草场边界;为52户职工返租草场56 540亩;为全场79名职工子女 提供3.3万亩打草场;为32户牧户自锡林浩特市牲畜改良站申请种公羊200只。

【资金问题】　为解决牧户生产资料和基础设施投入资金短缺的实际困难,经牧场把关、分场担保,为52户牧民申请银行贷款570万元。

【扶贫帮困】　2015年牧场低保户23户32人,月享受低保资金14 731元;三无人员3人,月补贴3900元;为各类在校生101人,补贴资金72 385元;受理临时救助、医疗救助共计20人,补贴资金13万元。

白银库伦牧场

【锡林浩特市白银库伦牧场领导名录】

书　记　张　叶

副书记、副场长　常　征

副书记、纪委书记　贺喜格巴雅尔(蒙古族)

副书记　张福斌

　　　　韦　河

副场长　杨守义

　　　　王占春

副场长、工会主席　王　成

【牧场概况】　白银库伦牧场位于锡林郭勒盟中部,距锡林浩特市南207国道路东73－74公里处,地处草原与大兴安岭山地草甸过渡地带,草原植被较好主要以禾本科、豆科、沙草科为主,动植物资源丰富,是典型的草原主体。有350多种高等植物,其中饲用植物110多种,药用植物128种以及其他类群,是半干旱草原宝贵植物基因库。年降水量200－250毫米,气温属中温带半干旱大陆性气候,无霜期90－100天,牧场总面积1257.16平方公里,其中草场面积181.6万亩,全场人口2451人,从事牧业人口2106人,在册职工623人,离退休职工298人,牧场下属5个分场,2个场直单位即:水电公司和兽医站。

【党建工作】　结合牧区"党员中心户＋协会"模式,设置党员中心户16户,辐射带动134名党员,覆盖牧民400户,创建市级党员中心户1个,创办合作经济组织党员中心户3户。2015年牧场新发展党员5名,其中从事生产一线3名,重点培养对象10名。新建职工体育活动室,丰富职工的娱乐活动。

【下基层示范抓引领、干部下乡】　根据牧户及贫困户实际情况建立民情台账,有针对性的制定了"一对一"帮扶方案。各帮扶措施均已实施,2015年底将有一半的贫困户实现脱贫。充分发挥"第一书记"作用,积极争取项目资金,白音查干分场"第一书记"争取了五万元种公羊补贴,风沙源整治项目棚圈7户、1050平方米,解决养殖户配套网围栏4000米,并指导牧户科技养殖;斯格斯台分场"第一书记"与相关部门协调解决了7眼深水井。

【经济工作】　牧场以农业为主,通过招商引资,将6.4万亩耕对外出租,耕地出租收入467万元,2015年平均每亩产莜麦230公斤、小麦350公斤、油菜170公斤,实现了稳定增收。2015年全场实现国内生产总值5717.8万元,其中,第一产业实现5381.2万元,第二产业实现107.8万元,第三产业实现228.8万元,实现利润100万元。

【牧业】　2015年牧业年度牲畜头数为14.2万(头、只),其中小畜13万只、大畜1.2万只。预计年底牲畜存栏8.5万(头、只),其中大畜约1万头、小畜7.5万只,牲畜出栏6万(头、只)左右。2015年牲畜疫病防疫率达100%。对灰腾锡勒植物园草原的接收,并进行围栏维护,加强管护,旅游收入30余万元。进行和草都合作打草,共打草

3500 吨,储备抗灾草 1000 吨。加强生态保护和项目区管护工作,落实草原生态保护补奖机制草畜平衡奖励,涉及牧户 683 户,约 176 万亩草牧场。

【十个全覆盖工程】 截至 2015 年牧场“十个全覆盖”大部分工程项目基本完成,今年重点是修路及美丽长廊建设,完成 8.7 公里嘎查村街巷硬化,新修 24 公里七连至二号灌水泥路,修红石料路约 80200 平方米;“美丽长廊”工程完成 179 户。上级安排安全饮水工程 26 眼,现已完成 21 眼,完成水窖 15 座;由于沙地无常电,2015 年安排 40 套大功率新能源升级设备正在安装。

贝力克牧场

【锡林浩特市贝力克牧场领导名录】

书　记　包永前(蒙古族)
场　长　洪立国(蒙古族)
副场长　马文云
　　　　王俊文(蒙古族)
白音哈达分场主任　张福国
都兰敖包分场主任　李永亮
工会主席　王桂林

【畜牧业发展情况】 2015 年牧场牧业年度牲畜存栏 6.8 万头(只),出栏 3.6 万头(只),指导牧户储备饲草料 800 万公斤、牧场储备饲草 50 万公斤,保障过冬饲草需求。实施安全生产责任制,对辖区 8 家企业、20 家营业网点(包括牧人之家)进行灾害隐患排查整改。通过免疫、宣教、监管相结合,全力推动动物疫病防控工作,免疫密度达到 100%。

【基础设施建设现状】 境内公路(国道)17 公里、水泥路 41.1 公里、砂石路 29 公里! 分场通电率 100%,其中,接入网电 94 户,风光互补供电 160 户。共有水源井 40 眼,砖瓦结构暖棚 80 套,储草棚 40 套。

【驻场企业状况】 辖区内有 3 家风电场,共有风机 299 座(中广核、国泰、北方龙源),牧人之家 12 处,2 家奶牛养殖场,集中饲养管理奶牛 1430 头(鑫锡旺养殖场、丰润源养殖公司),2 家肉羊肉牛规模养殖场,饲养肉羊 5810 只,肉牛 60 头(正林肉羊育肥基地、吉利源养殖场),1 处种公羊集中管理基地,集中管理种公羊 500 只。

【社会事业开展】 2015 年参加新农合 425 人、职工医保 198 人,参合率 97%,参加职工养老保险 114 人,剩余人员大部分在市里社区参保;2015 年锡林浩特市开展干部下基层三级示范抓引领工作,牧场根据市文件要求,积极协同帮扶单位与贫困户对接,根据贫困户致贫原因制定“一对一”帮扶方案,致力于从根本上使他们脱贫致富,牧场还积极对其他因贫、因灾、因病等因素致困的家庭进行力所能及的帮助。2015 年冬季雪灾,牧场雇用铲车每天清理牧场主要道路积雪,保证群众出行安全。

【生态环境建设】 2013 年建设了 460 亩企业防沙治沙生态区,2014 年进行了大面积的绿化造林,2015 年在场区沿路大面积植树。对场区内和 207 国道两侧生活垃圾、建筑垃圾、丢弃物进行清理,并对场区街巷道路进行了平整、房屋进行了粉刷。

【党建工作】 2015 年贝力克牧场党支部共有党员 18 名,重点培养对象 2 名,入党积极分子 2 名。牧场全面贯彻落实十八大和十八届三中、四中、五中全会会议内容和精神,以讲党课、学习会等形式深入开展“三严三实”专题教育活动,强化了政治自觉,对实际工作的指导和引领;牧场开展重大矛盾纠纷和积案化解攻坚行动,化解了边界草场矛盾、风电场占用草场纠纷等重点案件,做到为民解忧,使群众“消怨息诉”,建立健全了信访和矛盾纠纷化解机制;规范机关管理,严肃工作纪律,整顿工作作风;加强党风廉政建设和反腐倡廉工作,严肃党内政治生活,注重典型示范引领,干部带头深入基层、带头领衔破难、带头服务民生,把精力凝聚到强服务、抓落实、促发展上来,增强党组织的政治引领功能,为打造草原生态旅游小镇奠定良好基础。

白音锡勒牧场

【锡林浩特市白音锡勒牧场领导名录】

副书记、场长　田聪君
副场长　郭义海
　　　　李自平
　　　　王润元
　　　　郝　英
　　　　康云峰(2015 年 4 月任职)
　　　　王利勇(2015 年 4 月任职)
　　　　苏日塔拉图(蒙古族)
副书记、纪委书记　布　仁(蒙古族)
工会主席　赵　忠(2015 年 4 月任职)

【概况】 牧场总面积 3463 平方公里(519.55

万亩），占锡林浩特市牧区总面积的23.37%，其中可利用草场489万亩，林地4.2万亩、水面（包括河流、湖泊）约1.2万亩，耕地18余万亩。总人口11320人，其中在册职工2919人，退休职工1560人。牧场原隶属于锡林郭勒盟农牧场管理局，2005年划归锡林浩特市属地管理。现辖桃林塔拉、乌拉苏太、沃村吐儒、黄花树特、巴彦希勒、嘎松乌拉六个分场和一个总场办事处，直属单位有粮油公司、畜牧兽医科技站、医院、宾馆、旅游公司和农机监理站。主要经营项目有畜牧业、种植业、旅游业、面粉加工等。全场完成生产总值7.7亿元、同比增长6.7%，经营总收入完成7700万元、同比增长28 %，国有固定资产重点项目总投资完成2400余万、同比增长75.7 %，人均纯收入达到2.35万元、同比增长46.67 %。

【基础设施建设】　全场“十个全覆盖”工程现已完成16771.96万元，其中：改造危房600间、安全饮水井65眼、硬化街道34.1公里、巷道硬化116 230平方米、自然路改造79公里、亮化路灯144盏、厕所13处、垃圾点9处、垃圾箱90台、场部改造供水、供热、污水等工程2726万元、文化活动室495平方米、便民超市7处、绿化30 010平方米、建设砖墙26 054米、实施墙体保温30 050平方米、粉刷墙体72150平方米、集中处理环境垃圾7130多车次、新建蘑菇菌种厂和生物有机肥厂各1处、幼儿园投资102万元、发放卫星接收器712套。

【农牧业经营】　全年接产仔畜21.6万头只，保畜率97%。全场牧业年度牲畜头数达45.53万头（只），其中大畜1.5万、小畜43.98万。全年牲畜出栏22.96万头只，年末牲畜存栏控制在20.1万头（只）。牧户储备饲草76.8万吨，牧场储备抗灾饲草3.15万吨。通过在全盟畜牧业社会调查和市场调研，计划建立种羊、种牛繁育地基，已投入使用。全场种植面积19.1万亩，其中马铃薯7260亩、小麦9.05万亩、燕麦2.29万亩、青贮0.3万亩、其他作物（谷草、莜麦、苜蓿等）6.09万亩。其中场部统一种植面积4.77万亩，压青2.2万亩，在秋季干旱的情况下，粮食总产达2273.4吨、马铃薯总产17 390.5吨，饲草总产3250吨，取得了较好的收成。与北京辛普劳公司合作建设的马铃薯种薯基地和商品薯基地已成为牧场场部经济发展的重要收入来源，与伊利公司订单种植的高产饲料基地建设也日渐成熟，为牧场农牧业互补发展，尤其是为畜牧业提供高产饲草料提供了坚实基础。

【社会事业】　养老、医疗、最低生活保障等社会保障体系，全场在册职工及离退休人员，稳定参加了城镇企业职工基本养老保险、医疗保险，享受与城镇企业退休人员同等的待遇。家属群众4759人加入了新型牧区合作医疗，参合率达到了97%以上。全场288户515人享受了最低生活保障，月低保金22.8701万元，基本上做到了应保尽保。积极筹措资金，为场部居民和单位接通了自来水，普及率达80%，解决了牧场所在地居民安全饮水问题。牧场交通发达，通讯便捷。303国道贯穿牧场南北，总场与各分场之间及总场至扎格斯台旅游区级旅游区，均有油路或砂石道路连接，丹锡高速公路途径牧场，现开工建设中。

沃原奶牛场

【锡林浩特市沃原奶牛场领导名录】

书　记　杨　富

副书记、场长　乌恩奇（蒙古族）

副场长　阿拉塔（蒙古族）

纪委书记　何　峰（蒙古族）

【概况】　锡林浩特市沃原奶牛场位于锡林浩特市以北5公里处，全场总面积24.8万亩，（现有面积10万亩），始建于1999年的全国首家现代化畜牧业科技示范园区（即万亩基地）为奶牛场场部办公地点。奶牛场万亩基地现有耕地2万亩，以种植青贮、青燕麦、马铃薯为社会提供服务。全场职工470多人，由蒙、汉、回、达翰尔4个民族构成，其中：汉族人口占70%，其他少数民族占30%；实际上岗职工200人、其中退休职工133人，其余人从事奶牛养殖或自谋职业；该场位于城乡结合部，对职工居民进城务工，从事农牧业种植、养殖具备有利条件。2015年，企业总资产12953万多元，企业收入达4500万元，在岗职工人均收入4万多元。

【产业结构】　2015年投资150多万元建立了年出栏达600头的标准化育肥牛基地，基本经形成了"三个基地、两个园区"（即：万亩基地、育肥牛基地、苗圃基地，农产品储藏物流园区、现代设施农业园区）为载体，产、销、储一体化发展为格局的"种植业为主、多种经营为辅"的综合性农垦现代企业。

【配套设施建设】　场拥有进口大型全套农机具92台（套）、大型时针式喷灌机20套，生态防护林0.3万亩，机电井70眼，培训中心及机械库9座，园区专用道路20千米，铺设PVC管30.5千米，输变电线40.5千米，机械总动力4105.25万千瓦，机械化程度达99%，已基本形成以水为中心，乔灌草相结合，井、电、路、机械相配套的现代化科技示范推广园区。

【民生保障】 坚持强企富民共享发展。一是职工参保率达100%。按城镇企业标准为全场职工如期缴纳养老保险、医疗保险、生育保险、失业保险等费用。二是提高了职工福利待遇。场子制定了职工福利长效机制,逐年增加职工福利待遇,包括困难职工慰问、子女考上大学补贴奖励、职工体检、长寿金等,让职工真正享受到了企业改革发展的成果;2015年发放长寿金、助学金等职工各项福利共计80.5万元;为困难职工、大病人员和家庭争取了各项救助款8万多元。三是解决职工返岗就业。采取立项目扩生产、保就业措施,前后解决了150多人的返岗就业问题。四是为100多名职工家属以及遗属办理"五七工"养老保险,帮助解决了职工及其家属后顾之忧。五是积极争取国家补贴和政府政策优惠,如期完成了沃原职工住宅小区建设,协助办理房贷等,实现了职工及其遗属多年来的入住新居梦。

【"绿色农垦"建设】 一是基地建设上"绿草、沃野、良田"的园林化园区建设为目标,在万亩节水灌溉高产饲草料基地为中心的大田区域的田间作业道、园区隔离道、外围围栏线,挖沟植树基本形成了林成格、田成圆的美妆,林带长达150多万延长米,约2660多亩。二是育各种树苗100多亩,保障了园区绿化用苗需求。三是结合产业上下游合作方原材料的生产、检测、采收标准,规范了田间各项管理,提升了产品利率,并通过倒茬轮作和植物秸秆粉碎还田以及适当撒使农家肥做到了"种田养地"。农产品通过了国家国家质量管理体系和环境管理体系认证和有机产品验收认证。

蔬菜办公室

【锡林浩特市蔬菜办公室领导名录】

主　任　张志荣(2015年9月离任)

青格勒图(蒙古族、2015年9月任职)

【概况】 锡林浩特市蔬菜办公室、锡林浩特市植保植检站、锡林浩特市蔬菜农场为三块牌子,一套人马,现有工作人员12人,其中参公人员6,管理岗位人员1人,临时性人员5人。2003年,按照市政府《关于蔬菜农场企业体制改革实施方案的批复》精神,农场与市蔬菜办公室整合,保留原国营农牧场牌子。主要职责是组织指导菜农发展蔬菜种植,及时示范推广先进适用生产技术,引导菜农种植名优特新蔬菜,向绿色无公害蔬菜方向发展,加快菜农致富达小康进程。协调处理社会公共事务,解决历史遗留问题。加大跑项目争资金力度,发展现代农业。

【经济工作】 2015年,全市共完成蔬菜播种面积13000亩,其中:大棚播种面积5000亩,温室播种面积2500亩,上市鲜菜4600万公斤,产值1.65亿元。

【科技工作】 今年继续引进葡萄、草莓、油桃等高品质的水果蔬菜。全面提升了锡市蔬菜产业综合生产能力,继续将锡林浩特市"菜篮子"工程试验示范基地打造为"绿色基地"、"生态基地",创建休闲型观光农业园区。

【无公害蔬菜生产】 抢抓机遇,采取"广泛宣传、提高认识、把住源头、加强监管"的方法,大力发展无公害蔬菜产业,推进农业标准化进程,使全市无公害蔬菜生产与管理逐步迈向规范化、制度化。在现有蔬菜生产的基础上,大力发展无公害种植,减少农药使用,增加复混肥和农家肥,形成区域特色。以质量为核心,以科技为动力,以产业化开发为抓手,以创建无公害蔬菜生产基地为载体的指导思想,加速优质、专用、抗逆、高产蔬菜新品种的选育及良种推广。

【"菜篮子"工程建设】 目前全市菜田面积8129亩,其中:日光温室364亩,塑料大棚2263亩,露地5502亩。新建的6个蔬菜基地有5个陆续投入生产,分别是白音锡勒、循环经济园区、"菜篮子"试验示范基地、毛登牧场、奶牛场。

【农业质量安全体系建设】 重点实施"五抓"工程。一抓蔬菜基地环境质量控制。通过"保、防、控、治"等有效措施,优化美化蔬菜生产环境;二抓无公害蔬菜生产基地复查换证工作。重点对各无公害蔬菜基地种植面积、基地环境、生产过程是否符合标准和上一年度抽样检测合格率等情况进行检查。加大力度发展无公害蔬菜生产,指导推广无公害蔬菜栽培技术,制定无公害蔬菜生产标准,减少农药使用,增加复混肥和农家肥,形成区域特色;三抓无公害蔬菜的标准化生产。积极推行《无公害蔬菜生产操作规程》,加大蔬菜新品种、新农药、新设施的引进、试验、示范和推广;四抓完善蔬菜质量安全检测。分别在蔬菜基地和蔬菜中心批发市场抽样检测,强化蔬菜质量安全管理工作,联合盟市两级农牧行政执法大队等单位以农资市场为重点,开展了种子、农药、化肥、农产品质量安全专项整治行动,重点检查了甲胺磷、对硫磷、甲基对硫磷、久效磷、磷胺等5种禁止使用的高毒农药以及假劣农药销售情况,通过检查未发现销售禁限用的高毒农药、非法添加物、假劣农药等违法行为。进一步提升蔬菜质量安全水平，确保无公害蔬菜生产安全，保障人民群众身体健康；五抓无公害蔬菜知识的宣传。大力开展无公害蔬菜知识的宣传和培训，特邀我国土壤改良技术专家光立虎、苗在田以及农广校孙亚梅在本市进行蔬菜技术培训，专家们亲赴蔬菜农场、繁殖场、白音锡勒牧场、毛登牧场等地的田间地头，亲自了解蔬菜种植情况，检验土质，现场解决实际问题，将种植新方法带到实地。从土壤改良、品种预选、栽培技术、生产管理、病虫害防治等方面进行深入、细致的分析和讲解。

【精神文明建设】　在职工中广泛开展公民道德基本规范、爱国主义、集体主义、社会主义和社会公德、职业道德、家庭美德教育，不断提高职工的思想素质和政治觉悟，推动了我办精神文明建设的进一步深化，形成了良好的工作氛围。坚持以科学发展观和构建社会主义和谐社会战略思想为指导，根据阶段性工作和业务特点，有步骤地挖掘整理工作中的亮点、成功经验和做法，组织力量，撰写有份量、综合性的稿件。

【党风廉政建设】　一是集中学习。组织党员深入学习新《党章》、《行政许可法》和党的十八大以及中央1号文件精神，并在实际工作中认真贯彻落实科学发展观，引导党员干部把思想统一到市委、政府的中心工作上来。二是党支部学习。不断完善学习制度，创新学习方法，做到学习工作有计划、有组织、有成效，充分发挥带头表率作用，带动机关政治理论学习。三是抓业务学习。组织工作人员认真学习和自身工作有关的法律法规，结合实际工作加以分析、讨论，提高工作人员的业务水平。

街道办事处

XI LIN HAO TE NIAN JIAN

宝力根街道办事处

【锡林浩特市宝力根街道办事处领导名录】

街道党工委、纪工委书记　李剑虹(女 蒙古族)
副书记、办事处主任　杨文江
副书记　红　梅(女 蒙古族)
副主任　王　忠
　　包鸿雁(女 蒙古族 2015年4月任职)
纪工委书记　额尔登(蒙古族 2015年5月任职)

【社区、居委会领导名录】

额尔敦社区书记、主任　李晓亮
回民社区书记、主任　朝克图(蒙古族)
拉布仁社区书记、主任　白晨光(蒙古族)
宝力根社区主任　刘淑华(女)
兴盛社区书记、主任　刘慧佳(2015年5月任职)
甘珠尔社区书记、主任　刘根福
乌兰图嘎社区书记、主任　刘海涛
伊利勒特社区书记、主任　李国辉(蒙古族)

【概况】 宝力根街道办事处东起杭盖路,西至滨河路,南临锡林大街,北与宝力根苏木相邻,辖区面积25平方公里,现住户10 925户26 410人,其中有蒙、满、回、朝鲜、藏族等11种少数民族共5843人,占总人数22.1%。街道辖8个社区,共有工作人员174人,其中:领导职数6人,机关职工38人,社区工作人员130人。在职党员78人。驻街有盟直和市属单位8家,辖内有贝子庙、清真寺,是全盟文化、旅游、交通较集中的区域。

【基层党建工作】组织干部职工学习60余次,观看警示片4次。年内,街道吸纳预备党员2名,预备转为正式党员5名,被列为入党积极分子11名。通过"两委"换届选举,配齐配强了8个社区党组织书记和专职副书记。截至2015年,已有6个社区阵地达到500平方米以上,2个社区阵地正在建设中,所辖8个社区全部成立联合党委,联合党委成员单位359名党员进社区报到。额尔敦社区推出"4+1"党建服务新思路,伊利勒特社区拓展了"一驱、两轮、三着力"的服务新理念,精细化服务水平得到进一步提升。额尔敦社区于2015年6月推出了能够整合社区信息资源的统一服务平台·互联社区,乌兰图嘎社区在锡林浩特市率先开通了微视新闻,8个社区全部建立微信服务平台。

【信访维稳工作】 年内调解纠纷84起,解决80起,纠纷调解率达100%,调解成功率达95%。街道司法所开展了学习依法治国精神专题讲座、举办了迎国庆"伊利勒特杯"法律知识竞赛等活动,与锡林浩特市民族小学、第三小学先后开展了"交通法规在我心"主题签名以及"法律进校园"活动。

【精神文明建设】 以创建全国文明城市为契机,组织干部、职工100余人参加了以"弘扬主旋律,唱响中国梦,创建文明城"为主题的合唱比赛。完成了上报"身边好人"、道德模范、"文明市民"以及创建"文明社区"、"文明小区"等工作。为营造创城宣传氛围,投入资金16万元,开展创城活动,制作张贴社会主义核心价值观、中国梦等宣传文字及图版。

【环境卫生和物业管理工作】 结合锡林浩特市开展的市容市貌和环境卫生综合整治工作,共清理生活、建筑垃圾15 566吨,并及时进行消杀,清除各类小广告1万余条。张贴发放了市政府公布的《市容市貌和环境卫生综合整治通告》890余份。协调住建局完成了额尔敦社区锡林新村小区环境综合整治工程，南方小镇小区道路硬化工程，物业监督管理巡查实现常态化。

【弱势群体帮扶】 年内，为313户发放低保金约267万余元和燃煤补贴18.3万元。为601名残疾、医疗救助、临时救助、受灾救助、“三民、三无”人员以及优抚对象发放救助、补贴款共计116.3万元，为380人发放长寿金49.9万余元，为12户贫困居民申请了廉租住房，为69户困难群众申请了低收入认定，为1人申请解决了“三无”供养问题。为395名重度残疾人、贫困老年人、低保困难人员发放救助金22.9万元。免费为9名重度残疾人发放轮椅。开展了“博爱送万家”和救助特困老年人活动，发放慰问金3.9万元，为30名慢病患者发放1.5万元的救助卡。免费为8名白内障患者成功做了手术。“博爱一日捐”和“爱心双助”捐助资金2.1万元。

【劳动保障】 年内，征集空岗3600个，安置新增城镇就业662人，失业人员再就业472人，就业困难对象再就业91人，协助申请办理社会保险补贴252人，补贴总额152万元，申请小额担保贷款15人，发放贷款35万元，举办5期失业人员就业培训班，办理城镇居民医疗保险4206人和养老保险2060人。完成了退管2082人的年检任务。

【计划生育】 已婚育龄妇女5609人，采用各种综合避孕节育措施5071人，综合节育率90.4%。为95对夫妇领取了独生子女证。新生儿出生200人，计划内出生184人，计划生育率92%。为符合政策的8对“单独”夫妇办理了二孩服务证。举办了人口学校培训班4期。开展了“生育关怀”行动，为21户困难计划生育家庭母亲上了重大疾病保险。为3户“失独”计划生育家庭办理了“特别扶助”，并对“失独”家庭一次性发放了9万元的扶助金。

【经济统计】 圆满完成了经济普查、办事处在职人员2015年度从业人员及工资总额统计、1%人口抽样调查、畜牧普查等统计工作任务。

【科教文卫】 积极组织参加老年体协举办的各项活动。完成了2015年6周岁儿童调查登记、小学（初中）入学调查工作。开展“防艾”工作，发放“防艾”宣传单800余份。

【宗教、武装、工青妇】 年内，组织开展了马克思主义民族观和党的民族政策宣传教育活动，上报民族团结进步模范集体1个，完成了《民族宗教相关数据统计汇总》工作。街道武装部完成了适龄青年登记、征兵网上报名和民兵整组工作，9名优秀青年参军入伍。组织干部职工参加了“中国梦·劳动美”演讲比赛。参加了“劳动者杯”足球比赛和锡林浩特市职工运动会。组织未婚女职工参加了“牵手军营，共建家园”军地青年联谊会以及“蒙餐培训班”。

杭盖街道办事处

【锡林浩特市杭盖街道办事处领导名录】

书　记　李志宏
副书记　乌尼格日勒（女 蒙古族）
主　任　姜玉湘（女）
副主任　王玉凤（女 蒙古族）
　　　　彭建强（2015年5月任职）
纪检书记　李　昕
人武部部长　彭建强（兼）

【社区、居委会领导名录】

青格勒社区书记、社区主任　朱学慧
东风社区书记、社区主任　赵二雄
呼格吉勒社区书记、社区主任　薛　敏
长安社区书记、社区主任　杨志杰
东胜社区书记、社区主任　陈　军
查干淖尔社区书记、社区主任　孙颖新（蒙古族）
德尔斯图社区书记、社区主任　周子元
巴达日呼社区书记、社区主任　李崇林
欣康居委会书记　乌尼格日勒（女 蒙古族）
欣康居委会主任　苏布丹格日勒（蒙古族）
柴达木居委会书记　李　昕（兼）
柴达木居委会主任　刘建成
富康居委会书记、主任　王洪斌
吉尔嘎朗图居委会书记　空缺
吉尔嘎朗图居委会主任　毛文娟

【概况】 杭盖街道办事处成立于1981年，位于市区东北部，辖区总面积46.1平方公里，辖区总户数17 936户，总人口53 809人，其中汉族46 502人，少数民族7307人，（常住人口21 917人，流动人口31 892人）。街道办事处管辖8个社区、4个居委会，分别为：青格勒社区、东风社区、呼格吉勒社区、长安社区、东胜社区、查干淖尔社区、巴达日呼社区、德尔斯图社区、柴达木居委会、欣康居委会、富康居委会、吉日嘎朗图居委会。驻区机关、学校、部队、企事业单位26个，机关内设党政办；综治、维稳、信访办；社区办；武装；工青妇；关工委；

计生办;劳动社会保障;民政;文教;街政;财务;档案、司法所等科室,机关现有工作人员50人,社区、居委会现有工作人员223人,街道党工委下设3个党总支18个党支部,党员总数871名。

【党建工作】 全年累计培训42次,435人受训。加强“六五”普法教育,开展法制培训班3期,培训人数100余人。成立12个工作小组,93名干部职工对口联系88户贫困户,4户信访户。全年累计走访340次、发放慰问金、慰问品折合人民币近14万元,解决生产生活问题115件,化解矛盾纠纷19起。圆满完成社区居委会“两委”换届工作。平均年龄34岁,大专以上学历42人、占总数的91%,党员27人、妇女干部32人、书记主任“一肩挑”干部9人,社区阵地建设力度,东风社区882平方米、长安社区991平方米的两处新阵地功能室已基本建设完毕,柴达木661.2平方米和富康585.2平方米两处居委会办公阵地主体建设完成。正在协调解决锡林郭勒盟荣科房地产开发公司巴达日呼社区1154平方米、德尔斯图社区715平方米临时安置过渡办公用房。全年累计发放党建救助经费82万余元,800余名困难群众得到救助。

【综治维稳信访司法工作】 全年集中开展2次专项排查行动,通过信访接访、居民诉求平台上报、社区微信公众平台交流等途径,排查各类矛盾纠纷189件,成功解决116件,调处成功率65.5%。接待上访1 375人次。,全年上报各类事件257件,已解决180件,在居民诉求案件解决的过程中,建立档案,实现一案一记全程跟踪。

【民政和红十字会工作】 做好民生保障工作。全年为286户,533人累计发放低保金423万元。取消收入已超标低保户193户,438人。新增低保16户,31人。发放优抚金6人、12 5835元;三无人员补助金4人、57 600元;三民定期定量补助9人、10 0284元。申请医疗救助51人,发放救助金16 3100元。临时救助17人,救助金24 800元。为低保户、低收入家庭分配廉租房9套。为380名“78周岁以上”老年人发放长寿金47万余元。为60周岁及以上老年人办理公交卡472张,充值2000多人次。

【经济和劳动保障工作】 做好就业帮扶工作。全年累计征集岗位3169个;新安置人员626人;组织失业人员参加技能培训189人;为26人办理小额担保贷款业务;审核并通过就业困难人员168人。发放“就业失业登记证”376个。全年社会保险补贴返还190人,返还106余万元。全年为1284人办理了城乡居民养老保险;为1210人办理了城镇居民医疗保险,为8947人办理了城镇居民医疗保险。发放劳动保障法律法规宣传资料1000余份。采集各类企业、个体工商户基本信息1635户,涉及劳动者2996人,已录入劳动监察两网化信息系统。

【武装征兵工作】 全年对67人进行了高校考生报考资格审查。1874名适龄青年登记在册。

【人口和计划生育工作】 从2014年10月1日至2015年9月30日辖区总人口53 809人,比上年度报表增加3980人。其中汉族46 502人,少数民族7307人,流动人口总数31 892,占总人口的59.2%。已婚育龄妇女12 183人,领取独生子女证人数76人。出生382人,其中计划内351人,计划外31人;一胎259人,其中男孩133人、女孩126人;二胎113人,其中男孩60人、女孩53人、多孩10人,计划生育率为92%;往年出生未报24人,全年发放幼儿补贴1200人,72万元。

【文教工作】 街道组建、培养特色文艺队伍5支,组织开展各类文体活动30余次,举办“情暖居民、心系百姓帮扶慰问爱心联谊会”“党心连民心真情系百姓”庆建党94周年暨表彰慰问演出和消夏晚会,组织全体干部职工、辖区居民积极参加市总工会、市团委、市直机关工委、市妇联等组织各项培训和竞赛。切实做好“博爱一日捐”活动,动员街道全体干部职工捐款2.2万元。

【环境卫生工作】 全面接管辖区内8个成型小区86栋楼、2352户业主的物业服务工作,为82栋零散楼栋2598户居民提供基本保洁工作。负责辖区内11家前期物业企业的监管及考评工作,全年累计解决居民诉求420件,其中报修280件,其他邻里矛盾纠纷140件。组织义务劳动60余次,清除垃圾冰包5000余吨,两次清理郊外白色垃圾10平方公里。出动铲车、钩机2400多小时,出动各种清运车辆4500余次。在除四害工作中,发放鼠药1300公斤,发放宣传单3000余份。全年累计新修柏油路3000米,水泥路655米,砂石路13 502米。建设围挡式垃圾点7个,公共厕所3个。

【旧城危旧房拆迁改造工作】 辖区目前企业拆迁项目14个,政府征收项目8个,共拆迁5714户,年内发放临时安置补助费699户,组织居民返迁分房18次,完成居民返迁安置961户、1501套。截至年底仍有未返迁居民940户、2387套。

希日塔拉街道办事处

【锡林浩特市希日塔拉街道办事处领导名录】

书　记　宋彩英(女)
主　任　俞力强(蒙古族)
副书记、人武部部长　夏建成(2015年4月任人武部部长)
人武部部长　哈　斯(2015年4月离任)
纪工委书记　孙长伟(2015年4月任职)
副主任　包志祥(蒙古族)
　　　　张玉荣(女)

【社区、居委会领导名录】

那达慕社区书记、主任　赵健英(女)
花园社书记、主任　金静霞(女 回族)
赛罕社区书记、主任　黄海宇(女)
察哈尔社区书记、主任　高海祥
新华社区书记、主任　秦　斌
乌兰社区书记、主任　滕佳妮(女)
巴彦社区书记　苏日娜(女 蒙古族)
　　　　主任　乌　宁(蒙古族)
一棵树居委会书记、主任　周建霞(女)

【概况】　希日塔拉街道办事处成立于1981年10月,位于市区西南部,东至额尔敦路,西至滨河路,南至南外环,北至锡林大街。辖区建成区面积6.8平方公里,辖区总户数21 761户,总人口42 847人。驻区机关、学校、部队、企事业单位75个,其中各级文明单位60个。下辖7个社区、1个居委会。街道党工委下设7个联合党委,7个社区党总支,16个党支部,35个网格党小组,党员1002名。共有职工222人。7个社区下设35个网格。

【从严治党责任】　下基层138次,解决问题30余件,化解矛盾8起。协调对56户联系户走访,送去米面及慰问金2万余元,为1名残疾人解决工作、申请了低保2户、廉租房2户,为一名贫困大学生每年解决学费6000元。七·一期间开展“党心暖民心,为党旗增光辉”活动,为56户联系户发放党组织专项补助资金12.7万元;为46名老党员入户免费体检、家政服务,建立健康档案、送去慰问金、慰问品。

【开展“两创”】　在创城攻坚阶段开展“党旗飘扬,创全国文明城率先行动”主题活动,宣传文明标语、中国梦、社会主义核心价值观,发放宣传手册,设立文明宣传栏。党员干部带动物业企业、志愿者队伍义务劳动,进行卫生整治,清理小广告。倡议开展群众性文体活动,参加锡林浩特市创城大合唱,举办携手共创文明联谊会、居民文化节、厨艺大赛、空竹赛,提高了群众创城参与热情;协调联系37个联合党委成员单位,与第一书记共同商议制定社区规划,解决办公设施、扶贫济困。

【基础设施建设】　协调新建了察哈尔社区、花园社区,协调市疾控中心解决乌兰社区阵地。巩固提升巴彦社区文化服务型社区,新华社区创业就业型社区。依法依规开展社区“两委”换届选举工作,选优配强社区“两委”班子。组织开展了党务、业务和惠民政策等解读培训。巴彦社区搭建互联社区公共服务综合信息平台,设立16个板块,居民可随时随地查询相关资讯。被评为2015年度锡林郭勒盟关工委“爱学习、爱劳动、爱祖国”主题教育活动先进集体。新华社区争取到全国科技示范社区项目打造科普示范社区,拓展了城市商店电商平台、天一家政公司、爱在小城义工协会服务。爱在小城义工协会被评为2015年全区先进集体。联合锡林浩特市51个部门单位在7个城区社区全部开展组团式服务活动。今年培养重点对象5人,发展预备党员7人,收缴党费64 815.99元,严格落实三会一课制度,认真做好党员教育管理培训、关怀帮扶等工作。

【党风廉政建设和纪工委监督】　认真落实党风廉政建设党委主体责任,把任务分解落实到班子成员、各科室及社区(居委会),并开展了廉政谈话层层签订责任书。对辖区6名重点人员进行稳控,化解了4起集体访,减少了越级和非访。

【就业、创业】　新华社区与办事处、就业部门共同联动,引入电商、家政、义工协会,成功安置10名高校毕业生、1名复转军人。巴彦社区成功安置蒙古语授课人员11名。乌兰社区联合维多利公司组织200人职业培训,30人培训合格上岗。“送政策”组织政策宣传1300人次,发放宣传品2700余份。“送信息”为846家用工单位建立基础数据库,进行动态管理。“送岗位”全年征集岗位363个,组织50家用工单位参加盟市两级招聘会,260人达成求职意向。“送温暖”办理《就业失业登记证》327本。认定就业困难人员130名,发放社保补贴500人292余万元。办理城镇居民医疗保险4536人,养老保险879人。“送技能”组织各类技能培训130余人次。年内纳入低保86户144人。申请大病医疗救助36人37余万元,临时救助16人3万余元,发放长寿金655人80余万元,新办公交卡320张、续费2100人,申请廉租房11户。为低保残疾人发放困难补助43人2.58万元,为一、二级重残人员申请补助金151人7.6万元。2015年博爱送万家活动救助20户1万元;1名特困职工1000元。救助符合条件的特困慢性病老人3名1500元。

【计生工作】 组织人口学校培训班4期,发放宣传品1万余份;评选10户市级吉祥草原幸福家庭,同时花园社区爱心幼儿园被确定为锡林浩特市唯一吉祥草原幸福家庭示范点;申请特别扶助金4户12万元。全年一胎申报单175个,二胎服务证60个,新生儿入户介绍信400个,办理独生子女证35个,办理婚育证明79个。免费为符合政策的计划怀孕夫妇进行健康检查50对,发放避孕药具23万只,免费为已婚育龄妇女开展“三查”服务1.1万余人,落实“一杯奶”生育关怀18人。举办两次培训交流会,印发了《计划生育工作业务便民流程》,选派业务骨干代表盟卫生和计划生育委员会参加全区卫生计生监督技能竞赛,取得了团体一等奖和个人三等奖的优异成绩,

【丰富群众活动】 一是街道社区全体干部职工携辖区居民共同举办“心手相牵,我爱我家”迎春会,自己演、自己看,节目生活化,群众反响好;组织80余名老年人参加盟市两级各类老年赛事,获得锡林浩特市老年人体育文化工作先进集体荣誉;组建足球协会,成立花园社区、那达慕社区足球队,其中那达慕社区足球队荣获锡林浩特市社区杯足球比赛冠军。二是打造基层群众文化平台和亮点品牌。那达慕社区举办了第八届“飞宇杯”老年门球赛;赛罕社区举办了第五届少儿书画展;巴彦社区举办了“锡林河之夏”专场演出;察哈尔社区、乌兰社区分别举办秧歌、空竹等特色活动。三是审核录入发放学龄前幼儿补贴1592人96余万元,小学入学通知书270份。四是以建立特色科普示范社区为载体,努力营造社区良好的科普氛围。新华社区举办“全国科普日”主题文艺演出,举办了第一期全盟摄影培训班,被评为全国科普型社区。巴彦社区评为内蒙古自治区艾滋病综合防治示范社区、内蒙古自治区地震安全示范社区。五是顺利开展2015年1%人口调查抽样工作。完成上报法人单位基本情况表,乡镇社会经济基本情况电子报表。

【环境卫生】 全年累计发放鼠药200公斤,铲除、粉刷小广告1万余条,清理积存垃圾1355车、8500吨,平整路面和场地25万平方米。物业工作。全年接手老旧零散楼栋147栋,协助7个社区成立物业服务中心,征求民意确定保洁人员、范围、报酬和收费标准并予以公示。协调电业局为赛罕社区检察院家属楼、乌兰社区医药公司家属楼免费更换外部电线。协调住建局、供热办和鑫晨供热公司解决景园小区供热管道问题。收回众力景上园小区活动用房,协调民族舞蹈学校解决了取暖费等相关费用。年内清退、引进各1家物业企业。平改返迁。民航站家属楼征收项目涉及居民85户,达成协议83户,发放安置费76余万元。配合征收局做好一棵树回迁安置准备工作。网格工作。抽调骨干人员成立网格科,加强社区网格信息收集、整理、报送相关工作,全年7个社区35个网格整理上报10 488条信息,处理1774条。

【武装征兵】 对2015年适龄青年应征入伍进行了宣传,发放了宣传单300余份,登记适龄青年。对民兵应急排进行了组织集合拉练。组织民兵应急排参加上级部门的抽查考核,得到了上级军事部门的肯定和表扬。

【社会治安综合治理工作】 调解纠纷117起,解除社区矫正人员21人,现有社区矫正人员31人。成立锡林浩特市反邪教协会希日塔拉街道分会,举办了“迎12.4法制宣传”演讲比赛。发放反邪教宣传单800余份。

【工会、妇联、群团工作】 完成街道工会、妇代会、团工委换届选举工作,帮扶30余名困难职工,组织200余户商家签订集体工资协商协议。创建“五好文明家庭”896户。

楚古兰街道办事处

【锡林浩特市楚古兰街道办事处领导名录】

书记、纪工委书记　徐凤祥
副书记、办事处主任　陈淑梅(女 蒙古族 2015年3月离职)
　贾永霞(女 2015年3月任职)
副书记　玉　桥(蒙古族)
纪工委书记　杨志忠(2015年3月任 2015年8离任)
副主任　乌力吉(蒙古族)
　白玉荣(女 蒙古族 2015年3月任职)
武装部部长　彭建强(2015年4月离职)
　乌力吉(2015年4月兼任)

【社区、居委会领导名录】

德吉社区书记　王锦丽(女 2015年1月离职)
德吉社区书记　苑　浩(女 2015年5月任职)
德吉社区主任:王锦丽(女 2015年1月离职)
德吉社区主任:吕丽贤(女 2015年6月任职)
伊特格勒社区书记、主任　布和朝鲁(蒙古族)

扎斯嘎图社区书记、主任　张志刚
乌兰牧骑社区书记、主任　王宝林
爱民社区书记、主任　李　佳(女)
阿尔山社区书记、主任　庞　军
孟柯社区书记、主任　特日贡(蒙古族 2015 年 5 月离职)
孟柯社区书记、主任　王金花(女 2015 年 5 月任职)
楚鲁图社区书记、主任　刘志斌
格日勒图社区书记、主任　李亚茹(女 蒙古族 2015 年 1 月离职)
格日勒图社区书记　布和扎日嘎拉(蒙古族 2015 年 5 月任职)
格日勒图社区主任　高咏梅(女 2015 年 6 月任职)
奶牛新村居委会书记　宋魁孝
奶牛新村居委会主任　邸桂芳(女)

【概况】 楚古兰街道办事处成立于 1981 年,位于额尔敦路以东,那达慕大街以北,锡林大街以南,东至中小企业创业园区。辖区面积 12 平方公里,其中城区面积 6 平方公里,城郊围封禁牧区 6 平方公里。辖德吉、扎斯嘎图、伊特格勒、乌兰牧骑、孟柯、阿尔山、爱民、楚鲁图、格日勒图 9 个社区,奶牛新村 1 个居委会。有机关、学校、部队、企事业单位 139 家,私营企业 468 家、个体工商户 3844 户。辖区总人口 53 787 人,其中城镇常住人口 31 112 人,流动人口 22 675 人。有蒙古族、回族、满族等 15 个少数民族,共 13 521 人。社区工作人员 177 名。党工委下设 7 个党总支、20 个党支部,管理党员 1165 名。机关设有综合办公室、武装、综治、计生等多个职能部门。

【党建工作】 扎实开展干部下基层三级示范抓引领活动。年内,在全辖区各社区推行爱民社区工作经验,创新工作,围绕为民服务,以创建文明城市为契机,深化"双服务"行动、深入开展志愿者服务。爱民社区被评为全国和谐社区建设示范社区、全盟先进基层党组织。德吉社区被评为锡林浩特市先进基层党组织。依托"五心驿站"服务载体打造伊特格勒社区为如家型社区。2015 年街道发展预备党员 9 名,14 名预备党员按期转正。3 月 20 日至 6 月 15 日,楚古兰街道 10 个社区、居委会党组织和居委会换届选举工作已全部完成,产生新一届社区"两委"班子成员。

【拆迁改造】主动与未达成协议的居民(企业)沟通,全年签订协议 7 户。多方协调为企业做服务工作,辖区内共返迁楼房 582 套。

【人口计划生育】 进一步健全完善全员人口信息库数据,确保了计生服务各项工作的规范运行。年内出生人口 450 人,计划内出生 428 人,计划生育率 97%,已婚育龄妇女综合节育率 88.7%,两项指标均圆满完成了目标要求。

【劳动保障】 全年积极参与市就业局举办的招聘会共 5 次,征集了 24 家企业的 314 个就业岗位。发放 2014 年度国有企业下岗人员及就业困难人员社会保险返还补贴 401 人共计 2 338 164 元,集体企业下岗人员社会保险返还补贴 34 人共计 20 3207 元。申报 2015 年度第一批国有企业下岗人员及就业困难人员社会保险返补贴 347 人共计 2 036 791 元,集体企业下岗人员返补贴 30 人共计 18 2521 元。对辖区内用人单位建立台账,并录入审核劳动用工单位 1947 家。

【经济工作】 完成辖区旅店业的统计、2015 年新增 29 个企业的普查工作、1% 人口抽样整理工作,开展乡(镇)社会经济基本情况调查,调查摸底编制户主姓名底册及绘制。同时全面开展夏、冬季牧业普查,统计辖区牲畜 7105 头(只)。

【文体工作】 举办元宵秧歌演出、最美社区人评选、"锡林河之夏"、"七一"文艺演出、"纪念抗日战争胜利暨世界反法西斯战争胜利 70 周年"专题演讲比赛、重阳节慰问敬老院老人、道德模范巡讲、家庭趣味运动会、"献爱心送光明"公益活动、春节前困难老党员、困难群众慰问等各项活动;

【教育工作】 为 1788 名幼儿发放学前教育补贴,共计发放幼儿教育补贴 1 072 800 元,下发小学生新生入学通知书 156 份;继续开展普九工作,中小学入学率达到 100%,15 和 17 周岁学业完成率达到 100%。

【街政工作】 开展环境卫生集中整治工作,共清理建筑垃圾 4600 余吨、生产垃圾 1500 余吨,粉刷 12 个公厕共 2567.59 平方米,拆除乱搭乱建 130 余处,清理乱堆乱放 300 余处,定期开展小广告清除。自 2014 年 12 月起全面接收环卫交接的 22 个成型居民小区和 66 处零散楼栋的卫生管理工作,共聘用保洁员 25 名,同时制定完成保洁员考核办法,小区基础保洁有偿服务收费与保洁员居民小区基础保洁工作全面启动,运行一年效果良好。按照"十个全覆盖"工程建设要求,自 6 月 5 日开工截至 2015 年 17 条砂石路已完工;中心柏油路及给水配套工程已完工;路灯预埋件已完工,灯杆等待政府采购后安装,已完成投资 910 余万元。

【民政工作】 年内辖区内纳入低保范围居民户 254 户、424 人,月均发放低保金 187 858 元,为低保家庭发放廉租房 14 户。为辖区 657 名 78 周岁以上老年人发放长寿金815 000元,分三批办理了392张本市老龄公交卡,办理了329张外埠公交乘车卡,并为2013年和2014年办理过的3609张公交卡充值。

【残疾人工作】 协助残联为辖区内1位残疾人发放免费轮椅,向1位残疾人发放人工耳蜗,发放各项救助补贴3000元。

【红十字会工作】 积极开展"博爱送万家"、"博爱助残"、"博爱助学"等活动,年内累计捐款52 000元;组织单位职工参加"博爱一日捐"活动,捐款22 600元;慰问贫困户和贫困党员247户,年内发放慰问金及慰问品共计225 100;为辖区内7位60岁以上慢性病低保户领取了每人500元的医疗救助卡。

【综治维稳工作】 2015年,严格落实维稳工作责任制和"一把手"负责制。今年,街道党工委共计召开"全国两会"、"自治区两会"、"纪念抗战胜利70周年环京护城河"等综治维稳和平安建设工作专题会议17次。全年共排查矛盾纠纷隐患190起,已化解矛盾150起,未调解成功28起(其中包括重点案件10起),正在调解中12起,已调解纠纷占总量的78.9%,较上年调解成功率提高5.9%。

【网格工作】 完成2次辖区全面的集中矛盾纠纷排查、化解专项行动。为群众代办事项3650项,上传各类信息12 119条,圆满完成了计生、劳动就业、街政等科室交办的任务,充分发挥了在社区网格化管理中的支柱作用。

【工会工作】 慰问辖区贫困职工户、外来打工困难户75户,慰问社区困难工作人员13人,"金秋助学"资助8名大学生,举办了"健康杯"乒乓球比赛。

【妇联工作】 组织辖区60名妇女进行妇科健康大检查,慰问贫困妇女及留守儿童6户。

【团委工作】 参加"绿化我们身边"植树活动;组织志愿者参加交通劝导员活动,维护交通秩序。

【关工委工作】 开展"2015年社会主义核心价值观暨普法宣传教育讲座",近100名学生及家长聆听了讲座。楚古兰街道关工委在锡林郭勒盟开展"三爱"主题教育活动中获得先进集体称号。

【统战和民族工作】 对辖区内信教群众进行摸底,在10个社区设立民族语言服务岗,获得锡林郭勒盟民族团结进步创建活动示范单位。

额尔敦街道办事处

【锡林浩特市额尔敦街道办事处领导名录】

书　记　王　涛
副书记、办事处主任　王雪静(女)
副书记　额尔敦巴特尔(蒙古族)
纪工委书记　哈　斯(蒙古族)
副主任　苏文侠(女)
　　　　胡俊红
武装部部长　张建林(2015年5月离任)
　　　　　　胡俊红(2015年5月兼任)

【社区、居委会领导名录】

葛根敖包社区书记、主任　包宏刚
新艾里社区书记、主任　李东
罕尼乌拉社区书记　李静午
居委会主任　唐志琴
振兴社区社区书记、主任　张贵成
额尔德木腾社区书记　李海红
居委会主任　张海峰
阿日嘎朗图社区书记、主任　杜云豹
桃林塔拉社区书记、主任　张锡平
华油社区书记主任　杨海林
新兴居委会书记、主任　李恒国

【概况】 额尔敦街道办事处位于锡林浩特市东南部,额尔敦路以东,那达慕大街以南,303国道以北,东三环以西,面积7.98平方公里,居民43 907人、18 896户(第三次人口普查数据)。辖区共有行政、事业单位156家,企业单位428家,个体工商户2118家。办事处成立于1986年,现下设8个社区、1个居委会。街道党政组织机构设立党工委和办事处。党工委下设8个联合党委,8个社区党总支,23个党支部(包括办事处、新兴居委会2个直属党支部),党员1322名。办事处机关设有22个科室(所),8个社区下设35个网格。

【基层党建】 8个社区的联合党委全部由"第一书记"担任了联合党委书记,组织开展"组团式服务"活动20次。深化在职党员进社区活动,24个市直部门机关的628名在职党员走进社区,社区通过微信平台、网格管理等渠道群众诉求,在职党员认领105件,解决89件,开展志愿服务40次。

【惩防体系建设和党风廉政建设】 进一步规范了纪检监察机构的设置,配备了专职的纪工委副书记和纪检监察专职干部,开展了集中检查6次,临时性检查10次。不断完善监督和民主管理机制，将重大事务决策、低保审批、再生育审批、党员发展等重点职能的办事程序、条件、时限，以流程图形式对广外公开。

【“十个全覆盖”工程】 全年修建砂石路29条，总长度为11.863千米，打通堵塞胡同6处；修建水泥路1条，全场630.3千米；修建柏油路1条，全场883.249千米，并配套建设了雨水、污水、自来水和弱电管网各1条。

【网格化管理工作】 全年发现问题5717件，其中，上报居民诉求平台4826件，处置2628件，为民办实事8222件。全年走访居民17 360户，入户率达95%，已采集信息16 580户、35 606人，信息采集率达90%，更新信息2430户，5067人，新采集2669户，5691人。

【街政工作】 春季环境卫生综合整治活动期间，清理生活垃圾和建筑垃圾4500吨，清理白色垃圾50吨，清理小广告62 000余条，清理小区乱堆乱放和私搭乱建140处。秋季环境卫生综合整治活动期间，清理白色垃圾、生活垃圾20吨。全年发放鼠药1000斤，制作健教板报10期。

【民政、优抚、红十字和博爱助残工作】 受低保人员共计147户247人。年内，新增7户14人，取消62户125人。为辖区348名老年人办理了公交卡，并开展了公交卡充值业务，年内充值2000余次。

【劳动和社会保障工作】 参加盟市两级举办的大型招聘会5次，23家用人单位参加，征集空岗589个。城镇居民医疗保险缴纳工作上报569人。城乡居民养老保险上报42人。对115家企业及个体户进行用工备案登记。

【残联工作】 在残疾人基本服务状况和专项调查工作平台中，录入了辖区残疾人的基础信息。整理上报了辖区内所有少儿残疾人上学情况。整理上报了辖区内所有享受低保的残疾人领取困难补助金情况。

【文体工作】 先后举办了“振兴杯”美术作品大赛、百名文化名人进社区送春联、老年人系列体育赛事、第三届社区足球赛、全盟第十一届青年足球邀请赛暨“低碳生活”趣味骑行比赛等活动。

【计划生育工作】 办理独生子女父母光荣证25个，流出流动人口婚育证明12个，验流入《流动人口婚育证明》512个，验流动人口生育证38个，发放男用避孕套166 800支，避孕药529板，发放婴儿早教体验卡三批共250张。

南郊街道办事处

【锡林浩特市南郊街道办事处领导名录】

党工委副书记　关卫华（2015年3月离任）
　　吉日木图（蒙古族 2015年3月任职）

纪工委书记　萨如拉其其格（女 蒙古族 2015年4月任兼副主任）

副主任　吉日木图（蒙古族 2015年3月离任）
　　孙晓东（蒙古族 2015年3月任职）

【社区、居委会领导名录】

南郊麦山社区书记、主任　李文智

南郊哈布塔盖社区书记、主任　袁焕清

南郊红山社区书记、主任　黄月涛（2015年1月离职）

南郊红山社区书记　李迎春（2015年5月任职）

南郊红山社区主任　梁淑花（2015年6月任职）

【概况】 街道办事处位于锡林浩特市东南15公里处（南煤矿矿区），西至207国道东南，北起303国道，南与白银锡勒牧场和白音库伦接壤，辖区总面积79平方公里，总人口2698户，6701人。街道办事处机关干部共有28人，其中行政编15人，工勤编2人，一般工作人员11人，街道办事处下设红山、麦山、哈布塔盖3个社区居委会，共有工作人员12人。辖区单位86家，其中机关企事业单位39家，没有其他组织，个人商业网点47家。

【党建工作】 年内，组织干部职工学习51次、参学率100%，发放考试卷300余张、开展基层党建专题讲座3场次。学习贯彻“1+3”制度体系，落实从严治党责任，严格执行“五个一”工作机制，加强组织领导，落实工作责任，做好宣传引导，强化督查引导。截至2015年年底，26名下基层干部，联系对接25户居民，共计召开调度会4次，政策宣讲等工作会议11次，各级下基层干部共下乡入户80余次，落实帮扶资金5万余元，解决居民生产生活问题20余件，其中为2人解决了就业，为1人联络蔬菜销路，并为联系户提供价值3000余元的米、面、油等生活用品。

【党风廉政建设】 严格执行党风廉政建设责任制，落实“一岗双责”，与社区“两委”班子成员和各科室领导签订廉洁自律责任书，制定完善干部考勤制度、请销假制度、值班制度等20余项工作制度。

【社会治安综合治理工作】 紧紧围绕“平安南郊”创建的总体目标，截至年末，共排查处理矛盾隐患及纠纷29起,其中重点3起,化解矛盾纠纷25起,开展各类培训4次,听课人数达180余人。

【"十个全覆盖"工程】 工程于2015年6月29开工建设,截至目前已完成投资886万元,其中完成道路工程9.3公里,6间旱厕中3间主体已完工,3间完成混凝土基础,改造住户供电线缆38处,开挖及回填联通光缆沟槽1635米。2016年计划建设排水沟26公里,路缘石及沟盖板混凝土1400立方米,完成道路工程6公里,建成690平方米社区活动阵地1处,奶牛养殖区主干道两侧硬化铺装(2米宽)、安装风光互补路灯50盏,主干道两侧住户墙体粉刷、整理及打造文化墙。

【棚户区改造工作有序开展】 棚户区改造工作,截至12月7日,纯居民共签订3项安置补贴协议共计44户,其中有27户居民已自行拆除原房屋。已转账拨付18户自行安置补贴资金,共计486 000元,其中有3户非锡林浩特户籍的居民各补贴12 000元。办事处对未签协议户的纯居民户仍在持续开展政策宣传和入户摸底等前期工作。截至12月7日,企业人员(包括在职职工、退离休人员、遗属等)中已签订购买公租房安置补贴协议147户,其中已领取钥匙137户。

【辖区环境卫生综合整治工作】 2015年,南郊办事处组织开展了春夏两季的集中整治活动。共出动工作人员200余人次,垃圾清运车100余台次,调用装载机20台次,清运垃圾2000余吨,在矿区、303国道主街两侧拾捡白色垃圾3次,200余公斤。清淘厕所15座,粪便100余吨。彻底清理了积存的垃圾冰包,做到了不留死角。通过集中整治,卫生状况明显改善,优化了辖区环境。

【人口与计划生育工作】 根据2015年全年报表统计,南郊总计生人口为2865人,其中汉族2664人,少数民族200人,总人口与去年相比减少633人,减幅22.1%。流动人口678人,有已婚育龄妇女346人,流入已婚育龄妇女为97人。今年,新出生5人,与去年同期相比增加3人,出生率1.70%,计划内出生5人,计划生育率为100%。

【劳动保障工作】 2015年共为166人办理了就业困难养老保险的返还,开展了退休人员社会化管理服务工作,为1400余企业退休人员办理了年检工作。共为72人办理了医疗保险,为156人办理了城镇和农村牧区居民社会养老保险。

【文教工作】 根据上级主管单位的要求,通过各项统计数字显示,辖区内无一人辍学,15!17周岁人口学业完成率达到100%;适龄儿童入学率达到100%。按时认真组织发放了3-5周岁幼儿资金,今年发放秋季城镇居民学前教育幼儿补贴人数为69人,共计41 400万元。

【武装、工会、团工委、妇联、关工委等各项工作】 年内,组织开展马克思主义民族观和党的民族政策宣传教育活动,完成《民族宗教相关数据统计汇总》工作。街道武装部完成了适龄青年登记、征兵网上报名和民兵整组工作,2名优秀青年参军入伍。组织干部职工参加了"中国梦,劳动美"演讲比赛。

巴彦查干街道办事处

【锡林浩特市巴彦查干街道办事处领导名录】

书　记　额尔德木图(蒙古族)
副书记、办事处主任　李晓昱(女)
副书记　阿拉腾图雅(女 蒙古族)
纪工委书记　额尔德木图(蒙古族 2015年4月任职)
　　张建林(2015年4月任职)
副主任　塔林巴特尔(蒙古族)
　　刚宝力道(蒙古族 2015年3月 离任)
人民武装部部长　朱辰龙(2015年4月任职)

【社区、居委会领导名录】

达布希勒特社区书记　马文林(2015年5月离任)
　　特日贡(蒙古族 2015年5月任职)
主　任　金　荣(女 2015年6月离任)
　　康　洁(女 2015年6月任职)
塔林社区书记　孙晶鑫(女 2015年5月离任)
　　马文林(女 2015年5月任职)
塔林社区主任　孙晶鑫(女 2015.06 离任)
　　赵艳梅(女 2015年6月任职)

【概况】 巴彦查干街道办事处成立于2008年9月,位于市区西部,辖区范围东起滨河路,西到铁路线,北至北二环,南至207国道北达拉图小区,总面积为60.14平方公里,总人口9844户,25 073人。现辖2个社区,分别为达布希勒特社区和塔林社区,划分为13个网格,共有干部职工102人。街道党工委下设3个党支部,党员195人。设有远程教育站点3个。

【党建工作】 全年街道共组织集中学习70余次,参学人次3000余人。二是深入开展干部下基层工作,工作组成员全年共深入联系户76次,发放慰问金47 300元,为民办实事38件。三是认真落实文明单位创建工作,大力宣传社会主义核心价值观、建立善行义举四德榜，深入开展志愿者服务、宣传中华传统美德，营造浓厚创城氛围。2015年向市文明办推荐自治区文明单位标兵1个、盟级文明单位标兵1个，市级文明单位标兵2个，文明社区1个，文明小区2个。

【纪检监察工作】 一是积极开展整治干部作风突出问题专项活动，发放调查问卷100余份，对街道社区党组织及班子成员和科室负责人开展党风政风民主测评，从中梳理出3条意见建议，限期整改。二是结合街道实际，制定了“421”查勤查岗制度。对违反纪律的干部职工进行诫勉谈话，全年共进行明察暗访48次，发现并整改问题6次。三是不断健全完善《巴彦查干街道“三重一大”工作制度》《末位表态制度》《街道信访举报制度》等制度。

【人口计划生育工作】 一是严格执行“一票否决”制度，与辖区2个社区签订《2015年度人口与计划生育目标管理责任状》，二是利用计生宣传日向辖区居民发放宣传品，加大优生优育、生殖保健、《人口计划生育法》等方面的宣传力度。全年共开展各类计生业务、知识培训4次，免费发放药具15万支。为194户家庭办理一孩生育申报单，为31户家庭办理再生育审批，为270户家庭办理小孩入住手续，为9名育龄妇女办理了享受“一杯奶”政策的手续。

【劳动保障工作】 一是向辖区20家企业征集岗位280个，办理就业失业各类证件149个，申报就业困难人员3批，共50人，审批小额担保贷款4人，帮助101名居民获得社保补贴589 536元。二是进一步完善离退休人员资料，帮助辖区老、弱、病、残企业退休人员及遗属做好养老金领取资格认证工作，全年共申报居民养老保险38人；大力宣传城镇居民基本医疗保险政策，帮助居民办理城镇居民基本医疗保险335人。三是组织32名转移牧民参加了会计、水电暖、育婴员等专业技能学习，加强宣传对牧民的各项优惠政策，鼓励牧民自主创业，再就业。

【文教工作】 组织参加2015年“消夏晚会”、乌兰牧骑慰问演出、“农合杯”足球赛等各类文体娱乐活动10余次，组建秧歌队、民族舞队、健身操队、交际舞队，增加居民参与各类活动的积极性。二是为90名新生办理入学通知，完成对2015年全年幼儿补助的申请和发放，共计29万元。

【物业管理、街政工作】 一是对辖区所有物业企业建立了物业信息数据库，完善了各物业公司的管理信息。二是协调城管局为辖区26个小区安装了统一的便民信息栏，规范了小区管理。三是重点治理辖区内的建筑垃圾、生活垃圾、乱堆放的砂石，累计清理各类垃圾2.8万余吨，街道社区全体干部累计捡拾白色垃圾300余袋。四是对廉租房、金河尚都小区院内等6处场地进行了硬化，并在金河尚都小区院内建设了停车场及活动广场。

【民政、残联、红十字会工作】 全年共发放低保金507万余元。同时，协调福彩中心为辖区20个贫困家庭争取到每户1000元的救助金，合计20 000元。组织街道职工参与博爱一日捐活动，共筹集善款7500元。帮助低保户、大学生等161人争取红会救助257 500元。配合工会、妇联、残联开展关爱居民各类工作，累计帮扶救助困难群众、下岗职工等物资现金合计达8万余元。

【综治维稳工作】 一是实行“1328”领导接访制度，及时准确收集梳理关系群众切身利益的合理诉求并向信访局报送。二是认真开展社会矛盾集中排查专项行动，全年共排查出各类矛盾纠纷89起，化解成功76起，化解成功率为85%。三是与铁路2.5公里范围内的1户居民签订了《铁路护路联防“五残”人员监护责任书》，5户居民签订《铁路护路联防住户责任书》。四是积极开展“六五普法”、“法律六进”等活动，联合司法所等相关单位先后在芳草小学、锡林浩特市六中、伊利公司等辖区单位开展普法活动8次。五是深入推进“无邪教”社区创建活动，开展“法轮功”、“全能神”等邪教组织摸底排查工作，成立了锡林浩特市反邪教协会巴彦查干街道分会，将无邪教创建活动充分纳入平安建设工作中。六是开展民族宗教统计工作，辖区现有15个少数民族6952人，4类信教人员284人。

【武装工作】 一是积极开展民兵整组工作，按照“规模适当、布局合理”的总体要求，共组建防化救援分队、应急排、伪装防护分队等3支队伍计140人，确保专业对口、素质过硬。二是广泛开展武装征兵工作，在街道2个社区内深入宣传《兵役法》及《征兵工作条例》，不断扩大征兵工作的知晓度。同时，为辖区内适龄青年进行兵役登记，通过报名、初审、初检等程序最终应征入伍。

统计资料

XI LIN HAO TE NIAN JIAN

锡林浩特市2015年国民经济和社会发展统计公报

(2016年3月28日)

2015年,锡林浩特市坚决贯彻党的十八大以来的路线、方针和政策,按照盟委、行署的各项决策部署,面对严峻复杂的经济形势和艰巨繁重的改革发展任务,主动适应经济发展新常态,牢牢把握“稳中求进、改革创新”总基调,创新推进各项重点工作,国民经济健康发展,人民生活水平进一步提高,生态环境进一步改善,经济发展的基本面保持稳固,为锡林浩特市可持续发展奠定了基础。

一、综合

国民经济持续稳定增长,产业结构调整步伐不断加快。2015年锡林浩特市地区生产总值达到2 101 811万元,按可比价格计算(下同),同比增长7.5%;其中第一产业增加值160 014万元,同比增长5.5%;第二产业增加值1 056 385万元,同比增长8.0%;第三产业增加值885 412万元,同比增长6.6%。三次产业结构由上年的6.8:54.9:38.3转变为7.6:50.3:42.1。人均生产总值80 334元,同比增长6.4%。

2011年—2015年地区生产总值及其增长速度

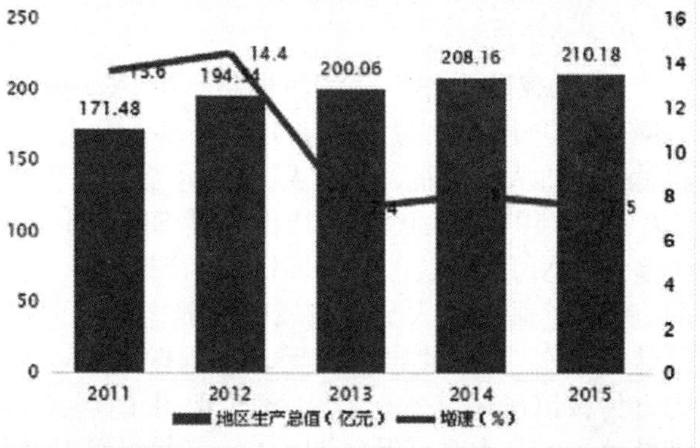

截止到年底,锡林浩特市地方财政总收入累计完成403 800万元,同比下降3.64%,锡林浩特市公共财政预算收入完成264 530万元,同比增长7.83%;

公共财政预算支出累计完成317942万元,同比增长15.99%。地方财政总收入占GDP比重为19.12%。

2015年末,全社会从业人员112391人,同比增长4.75%;其中全部非私营单位从业人员63613人,同比增长4.64%。2015年全部非私营单位在岗职工工资总额3 581 770万元,同比增长23.

05%。从业人员年平均工资 60 243 元,同比增长 8.29%。在岗职工年平均工资 60 694 元,同比增长 10.82%。

二、农业

随着养殖、种植结构的不断调整,农业生产平稳发展。全年粮油产量 3.40 万吨,同比下降 0.39%;其中:粮食产量 3.37 万吨,同比持平。蔬菜产量 5.50 万吨,同比增长 1.21%。牧业年度牲畜总头数 169.04 万头(只),比上年同期增加 20.85 万头(只),其中大牲畜和羊总头数 168.39 万头(只),比上年同期增加 21.11 万头(只)! 大牲畜和羊的总增率为 47.29%。大牲畜和羊的良种及改良种牲畜 167.50 万头(只),良改比重为 99.47%。年末牲畜存栏 95.80 万头(只),较上年同期增加 24.75 万头(只)。其中大牲畜和羊存栏 95.21 万头(只)。年内大牲畜和羊出栏 84.05 万头(只),比上年增加 12.34 万头(只)。牲畜出栏率 119.60%;商品率为 117.28%。肉类总产量 24528 吨,同比增长 22.86%;奶类产量 139 280 吨,同比增长 15.16%;羊绒毛产量 1430 吨,同比增长 25.11%;皮张产量 87.38 万张,同比增长 21.38%。

2015 年规模以上工业主要产品产量及增长速度

产品名称	计量单位	绝对值	比上年增长(%)
一、粮食	吨	33 719	0.01
(一)谷　物	吨	12 629	-17.61
小 麦	吨	9080	-26.06
2、玉 米	吨	1410	-41.00
3、其他谷物	吨	2139	225.08
(二)马 铃 薯	吨	21 090	14.69
二、油 料	吨	240	-36.00
三、蔬 菜	吨	55 000	1.21
四、肉 类 总 产 量	吨	24528	22.86
其中:猪 肉	吨	503	-28.02
牛 肉	吨	8010	43.29
羊 肉	吨	15 290	17.96
五、奶 类 产 量	吨 139 280	15.16	
其中:牛 奶 产 量	吨	137 200	15.94
六、绵 羊 毛	吨	1410	24.78
山 羊 绒	吨	16	45.45
七、牲 畜 头 数			
(一)牧业年度牲畜总头数	万头(只)	169.04	14.07
1. 大牲畜	万头	9.63	4.84

2. 羊	万只	158.76	14.96
3. 生猪	万口	0.65	-28.49
(二)日历年度牲畜总头数	万头(只)	95.80	34.84
1. 大牲畜	万头	7.71	14.93
2. 羊	万只	87.49	37.72
3. 生猪	万只	0.59	-26.65

稳步推进生态环境建设,退耕还林还草工作取得新进展。全年造林面积30000亩! 其中:当年新增封山育林项目面积19995亩,人工造林面积10005亩。零星植树40万株。

三、工业和建筑业

工业生产保持平稳发展。全年全部工业增加值896385万元,同比增长7.9%,其中:规模以上工业企业增加值完成795477万元,同比增长7.8%。全年规模以上工业企业产品销售率87.06%,同比下降3.86%。

2015年规模以上工业主要产品产量及增长速度

指标	单位	绝对值	增速(%)
原 煤	万吨	2621.2	-20.97
天然原油	万吨	77.1	-3.63
发电量	万千瓦时	411 464.0	-8.85
供热量	万吉焦	1639.4	101.52
供电量	万千瓦时	257 506	-38.71
高炭铬铁	万吨	3.5	-65.58
水 泥	万吨	52.3	-2.24
锗锭	千克	10 464	-19.68
乳制品	吨	73 932.4	-17.30
活畜	万羊单位	277.4	11.32
自来水	万立方米	1006	1.11

建筑业生产平稳,企业运行质量有所提高。锡林浩特市建筑业增加值完成160 000万元,同比增长9.3% 。锡林浩特市三级及三级以上建筑业企业20个,竣工产值72 584万元,同比下降23.5%。全年各类房屋施工面积78.7万平方米,同比下降15.3%。房屋竣工面积48.5万平方米,同比

下降5.1%。2015年具有建筑业资质等级的建筑企业实现利润2632.1万元,同比增长31.3%;实现税金5448.5万元,同比下降10.3%。

四、固定资产投资

固定资产投资不断增加。2015年全社会固定资产投资完成1 492 101万元,同比增长12.5%。按构成投资分:建筑工程完成1 125 414万元,同比增长23.45%;安装工程完成111 303万元,同比下降24.92%;设备工器具购置完成163 253万元,同比增长143.47%;其他费用完成92 131万元,同比下降20.35%。按经济类型投资分:国有投资完成1 058 490万元,同比增长39.49%;非国有投资完成433 611万元,同比下降23.59%。按产业投资分:第一产业完成206 553万元,同比增长32.21%;第二产业完成561 784万元,同比增长144.44%;第三产业完成723 764万元,同比下降23.02%。按行业投资分:农、林、牧、渔业投资累计完成投资206 553万元,同比增长32.21%。采矿业累计完成投资157 228万元,同比增长23.67%;制造业累计完成投资44 501万元,同比下降11.02%;电力、热力、燃气及水的生产业累计完成投资360 055万元,同比增长583.42%。交通运输、仓储和邮政业累计完成投资221 335万元,同比增长56.54%;信息传输、软件和信息技术服务业累计完成投资26 289万元,同比下降29.89%;房地产业累计完成投资161 871万元,同比下降62.5%;科学研究和技术服务业累计完成投资50万元,同比下降99.06%;水利、环境和公共设施管理业累计完成投资260 972万元,同比增长52.91%;教育累计完成投资16 516万元,同比下降59.39%;卫生和社会工作累计完成投资23 147万元,同比增长10.75%;文化、体育和娱乐业累计完成投资1019万元,同比下降78.99%;公共社会管理、社会保障和社会组织业累计完成投资12 565万元,同比增长251.57%。

2015年房地产开发投资完成16.2亿元,同比下降62.5%;其中住宅投资12.1亿元,同比下降44.9%;办公楼投资0.09亿元,同比下降95.1%;商业营业用房投资2.95亿元,同比下降83.1%;其他投资1.04亿元,同比下降47.5%。商品房施工面积478.6万平方米,同比增长7.6%。商品房销售面积为33.7万平方米,同比增长93.9%。

五、交通和邮电业

2015年交通运输、仓储和邮政业增加值完成143 240万元,同比下降1.4%。

交通客货需求平稳增长。2015年公路货运量12 113.31万吨,同比增长6.6%;公路货运周转量2 441 650.00万吨公里,同比增长3.9%;公路客运量458.03万人,同比增长1.1%;公路客运周转量28 487.81万人公里,同比增长2.9%。

邮电通讯业保持平稳。2015年末本地固定电话用户达6.3万户,同比增长0.16%。全年函件达88.17万件,同比增长2.7%;订阅报刊752.3万份,同比下降1.9%;订阅杂志22.08万份,同比下降26.4%。

六、国内贸易和旅游业

消费品市场活跃,消费产品不断提升。2015年批发和零售业增加值完成169 350万元,同比增长9.0%;住宿和餐饮业增加值完成69 540万元,同比增长8.2%。社会消费品零售总额571879万元,同比增长7.7%。按销售单位所在地分:城镇消费品零售总额502 800万元,同比增长8%;农村牧区消费品零售总额69 079万元,同比增长6.9%;按行业分:批发零售业492 800万元,同比增长6.9%,住宿餐饮业79 079万元,同比增长8.1%。

招商引资工作迈出较大步伐。2015年共引进国内(盟外)资金145.9亿元,同比增长35.7%。外贸出口总额100万美元,同比下降76.19%。

草原旅游业发展势头良好。2015年共接待游客401.1万人次,同比增长11.3%;实现旅游收入63.4亿元,同比增长11.4%。

七、金融和保险业

2015年金融保险业增加值完成117 001万元,

增长3.9%。

金融运行良好。年末锡林浩特市人民币存款余额249.5亿元,同比增长3.6%,其中住户存款余额141.4亿元,同比增长9%。全年锡林浩特市人民币贷款余额285.1亿元,同比下降0.07%!其中中长期贷款217.7亿元,同比增长1.7%;短期贷款67.4亿元,同比下降4.5%。

保险业平稳发展。2015年锡林浩特市20家保险公司实现保险费收入7.5亿元,同比增长27.3%;其中财产保险保险费收入29679万元,同比下降0.83%,人寿保险保险费收入45 288.9万元,同比增长56.5%。

八、教育、卫生和文化

教育事业在改革调整中快速发展,民族教育进一步得到加强。锡林浩特市高等院校一所,全年招收学生3343人,比上年增长3.1%;年末在校学生8274人,增长9.7%;全年毕业学生2417人,下降21.2%。中等职业教育(学校)2所,在校生数1410人,当年新招生数462人,毕(结)业生数766人。特殊教育学校1所,在校生数134人,当年新招生数32人,毕业生数21人。高中4所,在校生数11 059人,当年新招生数3630人,毕业生数3776人。初中5所,在校生数10 196人,当年新招生数2820人,毕业生数3431人。小学12所,在校生数17 053人,当年新招生数2757人,毕业生数2725人。幼儿园30所,在校生数5486人,当年新招生数2569人,毕业生数1346人。锡林浩特市适龄儿童入学率100%。

卫生事业稳步发展。2015年年末锡林浩特市拥有医院、卫生院、保健所、服务站等卫生机构31所;床位数1310床;从业人员数2831人;卫生技术人员2328人;执业医师775人;注册护士996人。

文化事业健康发展,艺术创作繁荣兴旺,各类文化活动普及城市和牧区。2015年锡林浩特市拥有公共图书馆(室)77个,其中图书馆3个(锡林郭勒职业学院图书馆、锡林郭勒盟图书馆、锡林浩特市图书馆),公共图书馆(室)共藏书118万余册(件)。2015年《锡林郭勒日报》汉文版日发行量17 884份,下降6.22%,蒙文版日发行量9800份,下降9.26%;《锡林郭勒晚报》日发行量9480份,增长2.80%。承担无线发射广播电视节目的台站5座;有线电视台1座。

九、环境保护

2015年,锡林浩特市大气、水环境进一步改善,锡林浩特地区全年空气质量优良天数345天,三级以上天气17天,平均空气质量优良率95.3%,符合国家空气质量二级标准;全面完成集中式饮用水水源地保护区划分工作,定期开展饮用水源保护区水质监测,出水达标率达到100%。加强对危废重点监管企业日常监管,强化危险废物的源头管理,开展辖区内危废重点监管企业的专项检查。重点减排项目建设取得突破,2015年锡林浩特市累计完成8台火电机组脱硫改造工程及7台火电机组、1条水泥熟料生产线脱硝改造工程。二氧化硫排放量下降54.5%、氮氧化物排放量下降61.31%、化学需氧量下降10%、氨氮下降37.83%,基本完成"十二五"主要污染物减排任务。环境监管能力明显提升,争取上级专项资金累计1000万元完成了环境监测站实验室建设,人员全部持证上岗并完成自治区环境监测计量认证考核,顺利通过国家环境监测站标准化建设达标验收工作,不断提升质量保证和质量控制水平;完成锡林郭勒盟重污染监测预警体系建设,承担起锡林郭勒盟地区重污染天气预报预警工作任务。开展城区噪声及沙尘暴监测工作,锡林浩特市共有120个环境噪声监测点位。城区环境噪声昼间监测值53.6dB;交通干线噪声昼间监测值67.4dB,监测数据结果全部符合声环境噪声功能区二类标准值。沙尘暴监测方面,严格按照国家总站、自治区中心站的工作要求,上报沙尘天气15次,主要发生在1、3、5、6月,为沙尘暴天气的防治工作提供了有效的数据支撑。

十、人口和人民生活

人口增长得到有效控制。2015年年末锡林浩特市常住人口26.3万人,增长1.08%;其中城镇常住人口23.78万人,增长1.89%,牧区常住人口2.52万人,下降5.97%。年末锡林浩特市户籍总人口18.38万人,增长0.38%;其中汉族人口12.38万人,增长0.49%;蒙古族人口5.09万人,增长0.2%。全年出生人口1869人,出生率10.19‰;死亡566人,死亡率3.08‰;自然增长1303人,自然增长率7.11‰。

城乡居民收入持续平稳增长,消费水平进一步提高。2015年,全体居民人均可支配收入34 698元,比上年增加2853元,增长9.0%。城镇常住居民人均可支配收入36 472元,比上年增加3011元,增长9.0%;从收入构成看,人均工资性收入为18 594元,增长8.5%;人均财产净收入2159元,增长7.2%;人均转移净收入8407元,增长9.2%;人均经营净收入7311元,增长10.6%。城镇常住居民人均消费性支出28 425元,增长10.1%。城镇常住居民家庭恩格尔系数为38.2%,比上年增长1.2个百分点。牧区常住居民人均可支配收入20 635元,比上年增加1599元,增长8.4%;从收入构成看,人均工资性收入为2018元,增长6%;人均财产净收入1329元,增长2.4%;人均转移净收入5007元,增长7%;人均经营净收入12 281元,增长10%。牧区常住居民人均消费性支出16 780元,增长9.4%。牧区常住居民家庭恩格尔系数为39.3%,比上年增长0.8个百分点。

2014年城乡居民主要耐用品拥有量表

	单位	2015	增速(%)
城镇居民每百户耐用品拥有量			
彩色电视机	台	101	1
电冰箱	台	107	4.9
移动电话	部	212	3.4
家用电脑	台	73	17.7
家用汽车	辆	50	4.2
农牧民每百户耐用品拥有量			
彩色电视机	台	102.4	0.4
电冰箱	台	92.5	6.3
洗衣机	台	79	–
摩托车	辆	94.2	0.2
汽车(生活用)	辆	41	13.8

注:

1. 本公报数据为初步统计数,最终核实数据以统计年鉴为准。

2. 公报中生产总值、各产业和各行业增加值绝对数均按现行价格计算,增长速度按可比价格计算。

3. 恩格尔系数是指食品支出总额占生活消费支出总额的比重。

4. 常住人口为2015年人口抽样调查变动数据。户籍人口数取之公安部门统计数。

荣誉

XI LIN HAO TE NIAN JIAN

国家级

【先进集体】

2015 年 5 月,由锡林浩特市旅游局选送的锡林浩特男儿三艺民族文化发展有限公司制作的参赛作品“男儿三艺”手工艺品参加“2015 第七届中国国际旅游商品博览会”获得银奖。

2015 年 10 月哈那乌拉嘎查被授予《全国文明嘎查村》荣誉称号。

2015 年 11 月,锡林浩特市旅游局选送的锡林郭勒男儿三艺!系列实用马鞍民族工艺品参加中国特色旅游商品评选活动,荣获中国特色旅游商品银奖。

2015 年新华社区被中国科协评为全国科普型社区。

宝力根办事处街道经济科:第三次全国经济普查先进集体

【先进个人】

谢伟英,女 蒙古族,锡林浩特市人民法院民事一庭庭长,2015 年 1 月被最高人民法院授予“全国法院办案标兵”。

郭黎明,女 锡林浩特市教育局,2015 年 4 月 29 日,被评为 2014 年度全国优秀共青团干部。

自治区级

【先进集体】

2015 年 1 月,内蒙古自治区人力资源和社会保障厅公布了首批自治区级创业型盟市旗县,锡林浩特市被授予自治区级创业型旗县(区市),成为全区首批 5 个创业型盟市旗县之一。

锡林浩特市人民法院审管办,2015 年 3 月被内蒙古自治区高级人民法院授予“2014 年度全区法院司法统计工作先进集体”;

锡林浩特市人民法院立案庭,2015 年 4 月被内蒙古自治区高级人民法院授予“2013! 2014 年度全区法院涉诉信访工作先进集体”;

2015 年 7 月,锡林浩特市旅游局选送的男儿三艺文化发展有限公司《银镶嵌工艺雕花马鞍》作品、草原峰煌肉业公司的《牛肉干》系列食品参加“2015 草原丝路! 内蒙古草原旅游产品展(销)分会”分别获民族工艺品和食品类一等奖。

2015 年 7 月,锡林热电厂党委荣获内蒙古能源发电投资集团有限公司 2013 - 2014 年“先进基层党组织”。

2015 年 8 月,巴彦德力格尔嘎查被授予《全区普法先进嘎查》荣誉称号。

2015 年 10 月,锡林浩特市旅游局选送的由男儿三艺民族文化发展有限公司制作的参赛作品《男儿三艺》手工艺品、锡林郭勒沃赉阁文化产业有限公司的毛毡刺绣《牧人生活用品系列》、锡林郭勒盟塔林牧人民族工艺品有限公司制作的《中国马都》挂件、草原煌煌食品有限责任公司《蒙古烤羊腿》4 家企业成功入围 2015 年“内蒙古博乐歌”旅游商品评审名单。

锡林浩特市人民法院,2015 年 12 月被内蒙古自治区高级人民法院授予“全区多元化纠纷解决机制改革示范法院”。

2015 年 12 月,阿尔善宝力格镇获自治区卫生镇称号;

新华社区2015年被自治区精神文明建设委员会办公室评为全区“德润草原. 文明之行”学雷锋志愿服务优秀社区

2015年,新华社区“爱在小城义工协会”被评为全区先进集体

2015年,巴彦德力格尔嘎查被授予《全区廉政文化示范点》荣誉称号、《内蒙古青年创新创业创优标兵》荣誉称号

2015年,锡林浩特市草原工作站被授予自治区“全区科技特派员优秀组织管理单位”荣誉称号

2015年,锡林浩特市农业技术推广站的“锡林郭勒盟喷灌圈马铃薯水肥一体化集成技术推广”项目获2015年度内蒙古自治区农牧业丰收奖三等奖

2015年,锡林浩特市农畜产品检测中心被评为民族团结进步模范集体、“锡林郭勒盟喷灌圈马铃薯水肥一体化集成技术推广”项目获2015年度内蒙古自治区农牧业丰收奖三等奖

2015年,锡林浩特市文化广播电视局选送的小戏《蓝缎子蒙古袍》荣获2015年全区小戏小品(蒙古语)小戏类优秀奖;舞蹈《马印》获得第四届中国蒙古舞大赛暨第四届内蒙古电视舞蹈大赛(当代蒙古舞组)表演铜奖;

2015年,锡林浩特市农畜产品检测中心被评为民族团结进步模范集体、“锡林郭勒盟喷灌圈马铃薯水肥一体化集成技术推广”项目获锡林浩特市卫生计生局获2015年度自治区文化科技卫生“三下乡”先进集体。

2015年,斯仁拉希创作的蒙语小品《盖章》荣获2015年全区小戏小品(蒙古语)小品类一等奖;荣获第十二届中国!内蒙古草原文化节小戏小品编剧奖;

【 先进个人】

2015年5月,锡林热电厂朱拉同志荣获“自治区劳动模范”。

李志刚,男,蒙古族,锡林浩特市人民法院法警大队一中队队长, 2015年5月被国家法官学院内蒙古分院授予“全区法院司法警察教练员培训班优秀班长”;

崔利国,男,锡林浩特市人民法院党组成员、办公室主任,2015年7月被内蒙古自治区高级人民法院授予“全区法院司法行政工作先进个人”。

锡林热电厂孟祥龙获得“中国梦、劳动美”中国技能大赛内蒙古分赛2015年全区电力行业“发电侧继电保护”职工职业技能比赛团体第二名,个人11名。

锡林浩特市国土资源管理局政务办主任张艳芬获得“全区国土资源系统宣传和信息工作先进个人”。

倪利平 “锡林郭勒盟喷灌圈马铃薯水肥一体化集成技术推广”项目授予农牧业丰收三等奖。

韩宝萍 “锡林郭勒盟喷灌圈马铃薯水肥一体化集成技术推广”项目授予农牧业丰收三等奖。

张霞霞 “锡林郭勒盟喷灌圈马铃薯水肥一体化集成技术推广”项目授予农牧业丰收三等奖。

包莲花创作的蒙语小品《爱的传承》荣获2015年全区小戏小品(蒙古语)小品类优秀奖。

乌兰牧骑队员乌罕图获得第四届中国蒙古舞大赛暨第四届内蒙古电视舞蹈大赛(当代蒙古舞组)创作铜奖;队员额尔敦毕力格荣获八省区首届“昭那斯图”蒙古长调比赛获优秀奖;队员白文涛荣获自治区第五届室内乐大赛四胡组三等奖在第十八届全盟乌兰牧骑会演中,马头琴重奏《圆舞曲》荣获表演“一等奖”;乌云嘎演唱的《天赐故乡》、潮尔道《灵巧的枣溜马》荣获表演“表演二等奖”;舞蹈《宫廷酒宴》、潮尔与古筝《诉说》、男声小合唱《快乐的阿都沁》荣获表演“三等奖”;朝克苏力德荣获创作“二等奖”;萨仁高娃荣获创作“三等奖”;布音达来、萨仁高娃、白美灵荣获“一专多能奖”。

盟 级

【先进集体】

锡林浩特市信访局经锡林郭勒盟民族事务委员会评选获全盟民族团结进步创建示范单位;

巴彦社区被评为2015年度锡林郭勒盟关工委“爱学习、爱劳动、爱祖国”主题教育活动先进集体。

额尔敦街道被共青团锡林郭勒盟委员会评为“百县千乡”分类示范创建工作盟级示范街

锡林浩特市统计局被评为2015年度锡林郭勒盟“公务员在线学习”表现突出单位。

2015年,锡林农合行荣获锡林郭勒盟行署颁发的2014年度金融支持小微企业贡献奖,南煤矿支行荣获锡林郭勒盟银行业2014年度文明规范服务先进单位称号。

【先进个人】

包斯琴,女 蒙古族,锡林浩特市人民法院民事一庭审判员,2015年3月被锡林郭勒盟中级人民

法院授予“2014 年全盟法院调解能手”。

臧植辉,男,锡林浩特市人民法院民事二庭审判员,2015 年 3 月被锡林郭勒盟中级人民法院授予“2014 年全盟法院办案标兵”。

张艳冬,男,汉族,锡林浩特市人民法院执行局副局长,2015 年 3 月被锡林郭勒盟中级人民法院授予个人三等功;

刘扬,女,蒙古族,锡林浩特市人民法院政治处干事,2015 年 6 月被中共盟委组织部授予“2014 年度全盟公务员网络在线学习表现突出个人”。

2015 年 5 月,锡林浩特市旅游局选送的参赛选手参加在太仆寺旗举办的全盟导游员大赛,选手包俊杰、吴建敏荣获第二名、第三名。

锡林浩特市信访局副局长孟凡龙(男,蒙古族)、接访科周海宝(男,汉族)经锡林郭勒盟信访局评选获 2015 年度全盟信访工作先进个人。

2015 年,巴彦社区苏日娜同志被评为年度全盟优秀党务工作者。

吴志城,男,锡林浩特市政府办公室督查信息室主任,被政协锡林郭勒盟委员会评为 2015 年提案工作办理先进个人。

文件目录

XI LIN HAO TE NIAN JIAN

锡林浩特市政府文件目录

锡林浩特市人民政府关于印发《锡林浩特市环境保护网格化监管划分工作实施方案（试行）》的通知

锡林浩特市人民政府关于印发《锡林浩特地区“门前四包、门内达标”工作方案》的通知

锡林浩特市人民政府关于印发《锡林浩特地区建筑垃圾管理办法（试行）》的通知

锡林浩特市人民政府关于印发《锡林浩特市创建“城市管理示范街”工作方案》的通知

锡林浩特市人民政府关于公布实施锡林浩特市第四轮城镇基准地价的通知

锡林浩特市人民政府《关于编制2015年度国有建设用地供应计划的通知》

锡林浩特市政府政府办文件目录

锡林浩特市人民政府办公室关于印发《锡林浩特市旅游景区（点）和牧人之家环境卫生综合整治工作实施方案》的通知

锡林浩特市人民政府办公室关于印发《锡林浩特市调整社区居委会民选干部报酬待遇实施方案》的通知

文件选编

XI LIN HAO TE NIAN JIAN

锡林浩特市人民政府办公室关于印发《锡林浩特市调整社区居委会民选干部报酬待遇实施方案》的通知

各苏木镇政府、国有农牧场、街道办事处、市直各部门、企事业单位:

经市政府研究同意,现将《锡林浩特市调整社区居委会民选干部报酬待遇实施方案》印发给你们,请认真贯彻实施。

附件:锡林浩特市调整社区居委会民选干部报酬待遇实施方案

2015 年 1 月 9 日

锡林浩特市调整社区居委会民选干部报酬待遇实施方案

根据《内蒙古自治区人民政府办公厅关于城镇社区工作人员报酬待遇有关事宜的通知》(内政办字〔2012〕264 号)、市委第 38 次常委会议纪要精神(〔2014〕3 号)和市政府 2014 年第 11 次常务会议纪要精神(〔2014〕11 号),结合锡林浩特市实际,现制定调整社区居委会民选干部报酬待遇实施方案:

一、调整对象

苏木镇场、街道办事处所辖社区居委会在岗民选书记、主任、副书记、副主任(以下统称民选干部)。

二、履职约定

执行新报酬待遇时,实行约定书管理,需社区居委会民选干部与所在苏木镇场、街道办事处签订《社区居委会工作人员报酬待遇约定书》(以下简称约定书)。约定期与居委会换届期限相同,为 3 年。第一次签订约定期限从签订之日起到 2015 年本届社区居委会换届时止。

三、调整时间

新的报酬待遇标准从 2014 年 9 月开始实施。

四、调整原则

本次调整坚持平等、自愿的原则,实行“老人老办法,新人新办法”区别管理。

五、调整内容

（一）现社区居委会在岗民选干部。

1. 自愿同意签订约定书的民选干部，按新人执行新办法，执行新报酬待遇标准：书记、主任每月 2500 元，副书记、副主任每月 2000 元，参照城镇企业职工缴纳社会保险。签订约定书执行新报酬待遇后，不再适用原离岗社区居委会主任、副主任生活补贴的相关规定。

参照《中华人民共和国劳动合同法》有关规定，因换届选举落选或其他原因解聘离岗的，给予一次性经济补偿。经济补偿按在社区居委会工作的年限，每满 1 年给予 1 个月报酬待遇的标准支付，签订约定书前在社区居委会的工作年限可以合并计算。离岗或解聘责任过错属于民选干部的，不给予经济补偿。离岗后社会保险由个人缴纳，政府不再承担。

2. 不同意签订约定书的民选干部，依据相关法律程序离开现岗位，工作 10 年及 10 年以下的，按每工作 1 年发离岗当月报酬待遇标准 3 个月的退养费，不享受生活补贴。工作 11 年及以上的参照老人老办法原则，即按照原离岗居委会主任、副主任生活补贴的有关文件执行，生活补贴不再与在职民选社区居委会工作人员报酬待遇挂钩。即工作 11 年至 20 年的以工作报酬调整前现任居委会主任生活补贴的 70% 发放；21 年至 30 年的以工作报酬调整前现任居委会主任生活补贴的 80% 发放；31 年以上的以工作报酬调整前现任居委会主任生活补贴的 90% 发放。离岗后社会保险由个人出资缴纳，是否接续缴纳社会保险属个人行为，政府不再承担。享受生活补贴的，在发放生活补贴前退回政府为其缴纳的养老保险费。

（二）原离岗民选社区居委会工作人员。原离岗社区居委会主任、副主任生活补贴，执行“老人老办法”，按照原有关文件规定执行，生活补贴不再与在职民选社区居委会工作人员报酬待遇挂钩。享受生活补贴且已领取养老保险金的，退回政府为其缴纳的养老保险费，不退回的从生活补贴中扣除。

执行“老人老办法”的，生活补贴一直发到本人去世，同时按照上级政策和财政收入情况经研究酌情调整。

六、管理与考核

（一）管理。设有社区居委会的苏木镇场、街道办事处根据社区服务功能职责，合理设置工作岗位，明确岗位职责和人员分工，推进社区居委会管理和服务的扁平化、精细化。全面实行社区居委会工作人员包片联户、上门走访、服务承诺、错时上下班、节假日轮休等工作制度，密切社区居委会工作人员与社区居民的关系。

（二）考核。

1. 考核部门。考核工作由市委组织部、市民政局牵头，组织各苏木镇场、街道办事处具体实施。

2. 考核内容。对民选干部按照德、能、勤、绩、廉进行考核，重点突出工作实绩和社区居民满意度，社区居民满意度要至少占到分值一半。

3. 考核方式。采取年度考核与日常考核、定量考核与定性考核、组织考评与群众评议相结合的方式进行，年度考核以平时考核结果为基础。

4. 考核等级划分。考核结果分为优秀、合格和不合格三个等次。考核结果在社区居委会公开栏中进行公示无异议后，由市委组织部、市民政局（社区办）备案。

5. 考核结果运用。考核结果作为民选干部续聘、解聘、奖惩、调整岗位和报酬待遇的重要依据。考核评定为不合格等次的，本届内不得提高报酬待遇标准，届满换届时不再提名为候选人。

七、报酬的发放

社区居委会民选干部的报酬待遇的发放、调整由市委组织部、市民政局根据考核情况、约定事宜向市财政局提交执行。

八、解释

本方案由市民政局负责解释。

锡林浩特市人民政府办公室关于印发《锡林浩特市旅游景区(点)和牧人之家环境卫生综合整治工作实施方案》的通知

各苏木镇人民政府、国有农牧场、街道办事处,市直各部门、企事业单位:

现将《锡林浩特市旅游景区(点)和牧人之家环境卫生综合整治工作实施方案》印发给你们,请结合实际工作,认真贯彻实施

2015年7月2日

锡林浩特市旅游景区(点)和牧人之家环境卫生综合整治工作实施方案

为提升锡林浩特市整体旅游形象,加快推进旅游景区(点)转型升级发展,优化旅游服务环境,切实解决旅游景区(点)和牧人之家环境卫生方面存在的突出问题,将于2015年6月10日至12月30日,集中开展锡林浩特市旅游环境卫生综合整治行动。具体方案如下:

一、工作目标

以各苏木镇场为主体,重点对管辖区域内旅游景区(点)和牧人之家周边、内部、出入口、厕所和主要旅游通道沿途两侧违法建筑、白色垃圾等方面存在的问题进行集中整治,消除"脏、乱、差"现象,建立完善的旅游环境卫生综合整治长效机制,打造环境优美、卫生整洁、服务优良、健康文明的旅游景区(点)和牧人之家,促进锡林浩特市旅游业快速健康发展。

二、整治重点

(一)加大通往旅游景区(点)和牧人之家道路两侧的环境卫生整治。按照"洁化、美化、绿化"的要求,加大对通往旅游景区(点)和牧人之家道路两侧、重要路段节点的环境卫生整治力度,规范设置通往旅游景区(点)和牧人之家沿线的交通标识标牌,做到沿线无暴露垃圾、无破旧广告牌。

(二)加大旅游景区(点)和牧人之家内环境卫生整治。指导督促旅游经营单位加强基础设施建设,提升餐饮、住宿、游览、购物及停车场等方面的环境卫生水平。重点整治旅游景区(点)和牧人之家乱堆、乱放、乱搭、乱建、乱丢、乱刻、乱画、乱吐的"八乱"现象,做到"三无",即无暴露垃圾、无卫生死角、无乱堆乱放。

(三)加强旅游景区(点)和牧人之家厕所建设。指导督促旅游经营单位完善旅游厕所基础设施建设,安排专人负责清扫,切实改善旅游厕所环境卫生状况。

(四)加强旅游环境卫生监管工作。加大对旅游景区(点)和牧人之家快餐流动摊位、周边烧烤的监管力度,整顿治理沿水系、沿路、沿景区(点)等擅自设立的占道摊点、乱摆摊位的行为;规范引导牧人之家旅游接待户和游客户外扎营烧烤的行为。

三、整治步骤

(一)宣传发动阶段(6月10日—6月25日)。采取多种宣传手段,大力宣传旅游环境卫生综合整治工作的重要意义,倡导健康文明的旅游出行方式,提升广大群众保护生态的意识,营造浓厚的整治氛围。

(二)集中整治阶段(6月25日!9月1日)。要集中时间、集中力量对锡林浩特市旅游景区(点)和牧人之家内外卫生、路面、水面、植被、建筑等方面的存在问题进行整治,提升旅游环境服务质量。

(三)巩固提升阶段(9月1日!12月30日)。各苏木镇场及有关部门要结合各自实际,认真指导旅游景区(点)和牧人之家开展旅游环境卫生综合整治行动的查漏补缺、巩固提升。同时认真总结旅游环境卫生综合整治的工作经验,建立健全优化旅游发展环境的长效机制,切实防止旅游环境卫生现象反弹回潮,

防止整治工作“走过场”、“一阵风”。

四、工作要求

（一）统一思想，加强领导。各苏木镇场要按照属地管理的原则，切实加强领导，具体组织实施所辖旅游景区（点）和牧人之家的环境卫生综合整治工作，明确整治时间、任务和责任人，确保工作实效；文体广电旅游局、城管局、食药和工商质监局、卫计局、林水局、交通局、国土局、发改局、环保局、生态局、规划局等部门要对照自身职责要求，全力协助各苏木镇场有计划、有步骤、有重点的推进此项工作。

（二）广泛宣传，营造氛围。利用广播、电视、网络、报纸等新闻媒体手段，广泛宣传开展锡林浩特市旅游环境卫生综合整治工作的重大意义，让广大人民群众从自身做起积极参与旅游环境卫生治理，争做文明游客和生态环境的守护者。

（三）加强监管，确保实效。各苏木镇场要结合实际，制定具体工作方案，强化工作措施，加强日常监管。由旅游区牵头，相关部门配合，组成旅游联合执法组进行监督检查，使旅游环境卫生管理步入经常化、制度化、规范化轨道。

锡林浩特市政发〔2015〕8号

锡林浩特市人民政府
关于编制2015年度国有建设用地供应计划的通知

各苏木镇人民政府、国有农牧场、街道办事处,市直各部门、企事业单位:

为加强国有建设用地供应计划管理,根据《国土资源部关于印发〈国有建设用地供应计划编制规范(试行)〉的通知》(国土资发〔2010〕117号)要求,经市政府研究,决定编制2015年度国有建设用地供应计划,现就有关事宜通知如下:

一、供应计划编制的指导思想

以科学发展观为统领,以促进社会和谐发展为目标,以节约集约高效利用土地为基本要求,积极为锡林浩特市经济社会可持续发展提供重要物质基础和支撑。立足保护资源,保持发展,保障民生。按照产业布局、结构和时序,落实差别化土地供应政策,推动产业结构调整和转型升级,加快经济发展方式转变。严格控制增量,积极盘活存量,进一步促进锡林浩特市经济社会又好又快发展。

二、供应计划编制的工作重点

(一)优化土地供应结构,促进产业结构调整,大力支持发展高新技术产业、文化产业、物流业,积极促进现代服务业的发展。淘汰落后和低效能产业,限制高污染、高耗能产业。

(二)优先安排公共管理及公共服务用地,完善城市功能,改善城市基础设施。加大各类文化、体育、娱乐及公共广场、休憩及美化环境的绿化用地。满足城市基础设施包括排水、供电、供热、供气、邮政、电信、消防、环卫等用地需求。

(三)加大保障性住房供地力度,压缩普通商品住房用地指标,严格控制大套型住房建设用地,增加中低价位和中小套型商品住房(90平方米以下)建设用地。年度计划期内保障性住房用地、中小套型商品住房用地和棚改住房用地"三类用地"供地指标不低于当年住房供地总量的70%。

(四)优先保障重点建设项目及配套建设项目用地,确保项目建设用地供应顺利实施。

三、供应计划编制的阶段安排和时间要求

(一)提交材料阶段:2015年1月20日—2015年2月17日

1、提供2015年度本行业(部门)国有建设用地供应计划建议,包括:国有建设用地供给能力和需求分析;国有建设用地供应的总量、结构、布局、时序、方式、宗地等。

2、提供2015年度本行业、本领域国有建设用地需求,包括:国有建设用地需求分析;国有建设用地需求的规模、结构、布局、时序等;存量建设用地开发的基本信息等。

3、提供2015年度对供应计划安排的建议,包括:计划期的政策导向、重点发展区域、重点建设项目等。

上述材料所需表格详见附件1和附件2,并于2015年2月17日之前将材料表格(含电子版)提交市国土资源局。

(二)分析预测阶段:2015年2月27日—2015年3月8日

1、市国土资源局会同相关部门,对土地利用现状和土地利用总体规划、城市规划进行对比分析,依据规划实施情况,初步确定国有建设用地供应潜力。

2、市国土资源局通过对依法办理农用地或未利用地转用和征收的建设用地、政府收购储备的土地、政府收回的土地、军用空余土地转让许可手续和年度土地利用计划中当年拟供应土地等来源,进行潜力分析。

3、市国土资源局在调查分析的基础上,根据不同的土地类型和实际情况,会同市发改局、住建局、规划局等相关部门,组织对申报的国有建设用地需求进行审核,经综合平衡分析,预测计划期内国有建设用地需求量。

(三)审核确定阶段:2015年3月9日—2015年3月19日

市国土资源局在调查、分析、预测用地需求的基础上,依据土地前期开发程度、土地权属状况、土地利用计划及转用征收审批手续办理情况、宗地规划手续办理情况，军用空余土地转让许可手续办理情况等，按各行业用地需求、土地用途和供应方式，对国有建设用地供应计划指标进行分解，综合确定2015年度可实施供应的国有建设用地并拟定供应计划草案。

（四）报批公布阶段：2015年3月16日—2015年3月31日

1、市国土资源局将形成的国有建设用地供应计划草案征询各相关单位意见，修改完善后，报同级人民政府批准。

2、国有建设用地供应计划征得锡林郭勒盟国土局同意并经市政府批准后报自治区国土资源厅备案

3、市政府在3月31日前，公布年度国有建设用地供应计划，并同时在国土资源部门户网站（中国土地市场网）公布。

四、供应计划编制的任务分工

2015年度国有建设用地供应计划由市国土资源局会同市发改局、市住建局、市规划局共同编制。

市国土资源局负责收集汇总各部门（行业）上报的用地申请材料，依据土地利用总体规划和土地利用现状，对国有建设用地供应潜力进行分析，预测计划期内国有建设用地需求量。对国有建设用地供应计划指标进行分解，对可实施供应的国有建设用地拟定供应计划草案。

市发改局根据国家产业政策、锡林浩特市产业总体规划的布局和结构以及重大建设项目用地需求提出用地意向。

市住建局根据年度保障性住房计划、城市基础设施建设项目需求提出用地意向。

市规划局根据锡林浩特市城市总体规划，对拟供地项目规划进行初步审查，对符合规划的建设项目提出规划意见。

五、供应计划编制的组织保障

为加强工作领导，市政府决定成立锡林浩特市国有建设用地供应计划编制领导小组，负责供应计划编制工作。具体成员如下：

组　长	张锦明	市委副书记、政府市长
副组长	孟玉明	市委常委、常务副市长
成　员	纳恩丁	市政府办公室主任
	吕　峰	市政府办公室副主任
	张超峰	市发改局局长
	王稼骧	市经信局局长
	李海军	市国土资源局局长
	达楞古日布	市住建局局长
	宋雪飞	市规划局局长
	陈彦杰	市国土资源局副局长
	宝　音	市城投公司经理

领导小组下设办公室，办公室设在市国土资源局，办公室主任李海军（兼），副主任陈彦杰（兼）。工作联络人：郝晋泉，联系电话：18004790404。

六、有关要求

（一）各部门单位要高度重视，精心组织，认真对所属企事业单位进行调查分析，按照先重点后一般，先易后难的要求，筛选用地项目进行上报。确保供地条件成熟的不漏报，供地条件不成熟的不勉强报。2015年度供地将按计划实施，没有列入计划的项目不予供地。

（二）土地供应计划的编制有严格的时限要求，各部门要抓紧时间，分工协作，制定出本部门、本行业的工作计划，并及时收集、分析、汇总，按时将建设用地计划建议、需求分析、用地申报表等申报材料上报，确保下阶段工作按期展开。

（三）国有建设用地供应计划由市国土资源局会同市发改局、住建局、规划局共同编制。在分析预测阶段，四个部门要指定专人负责，加强协调和信息沟通，力求准确、详实地提供计划期内锡林浩特市的土地供应数量、结构、布局、规划等基础信息，确保供应计划草案按时上报。

（四）土地供应计划一经确定，将上报自治区国土资源厅备案，并在国土资源部门户网站（中国土地市场网）上公布，没有特殊情况不得修改。确需调整的由市用地供应计划编制领导小组集体研究确定，并报

市政府同意后,重新公布。

附件:1、锡林浩特市2015年度国有建设用地需求情况申报表

2、锡林浩特市2015年度国有建设用地供应项目申报明细表

3、《土地利用现状分类》

2015年1月23日

锡林浩特市人民政府
关于印发《锡林浩特地区“门前四包、门内达标”工作方案》的通知

锡林浩特地区各单位：

经政府研究同意，现将《锡林浩特地区“门前四包、门内达标”工作方案》印发给你们，请结合实际，认真贯彻执行。

2015 年 5 月 29 日

锡林浩特地区“门前四包、门内达标”工作方案

为全面加强市区市容环境卫生管理常态化、长效化，进一步做好“门前四包、门内达标”工作，创造“整洁、有序、文明、优美”的城市环境，提升城市整体形象，按照《内蒙古自治区爱国卫生条例》、《内蒙古自治区城市市容和环境卫生违法行为处罚规定》结合锡林浩特地区实际，特制定方案如下。

一、工作目标

与城区临街各党政机关、团体、部队、企事业单位和个体业主签订“门前四包、门内达标”责任书，签订率达 100%。落实“门前四包、门内达标”责任制，切实改善城区环境面貌，提升城市整体形象，促进城市管理的社会化、规范化、制度化。

二、实施内容

（一）包环境卫生：负责保持门前责任区的卫生，自备保洁用具和垃圾容器，将垃圾装袋后，按规定时间、地点进行投放，确保无暴露垃圾；冬季雪后及时组织清扫责任区和门前至路沿石范围内的积雪。积极参加爱国卫生活动，负责责任区内除四害工作；门前做到无脏乱杂物、无垃圾渣土等，确保地面干净。

1. 要认真完成责任区内清扫保洁任务，做到每日清扫一次，周末全面清扫（包括绿化责任区），并保持建筑物整洁。对环卫专业队伍实行责任区有偿收费保洁的要将收费发票复印后存入门前四包档案。

2. 要承担市政府分配的社会卫生突击任务。

3. 不得向责任区内倾倒垃圾污水，要保持责任区清洁、无垃圾、无污物（纸屑、碎石、碎砖头、破瓶）、无污水横溢，冬季不得形成冰包。

4. 垃圾要分类袋装，定时定点投至垃圾收容车中。

5. 维护责任区内门面、墙面、橱窗、招牌、广告牌等建筑物、构筑物及地面、树干、线杆等清洁卫生；

6. 禁止和制止乱丢、乱泼、乱贴、乱画等行为。

7. 责任单位庭院落内要设置垃圾箱，生产单位在院内存放原材料和产品要放置有序；垃圾要做到日产日清，垃圾箱四周要保持清洁。

8. 责任单位院内厕所要有人管理，做到厕体完整、每日清扫、定期清掏、及时消杀，达到基本无蝇无蛆，池内粪便夏季不得超过池深的二分之一，冬季不得超过池深的三分之二。

9. 要在冬季降雪后及时清除责任区积雪。

未按“包环境卫生”要求完成义务及违反其规定的，依据《内蒙古自治区城市市容和环境卫生违法行为处罚规定》，城管部门除责令其纠正违法行为、采取补救措施，可以给予对应行政处罚：

1、随地吐痰、便溺，乱扔果皮、纸屑和烟头等废弃物的，处 10 元罚款。

2、在城市建筑物、设施以及树木上涂写、刻画或者未经批准张挂、张贴宣传品等的，处 200 元以上 1000 元以下罚款。

3、不按规定的时间、地点、方式，倾倒垃圾、污水、粪便的，给予警告，可并处 50 元以上 1000 元以下罚款。

4、不履行卫生责任区清扫保洁义务或者不按规定清运、处理垃圾和粪便的,给予警告,可并处100元以上1000元以下罚款。

5、临街工地不设置护栏或者不作遮挡、停工场地不及时整理并作必要覆盖或者竣工后不及时清理和平整场地,影响市容和环境卫生的,给予警告,可并处1000元以上5000元以下罚款。

(二)包花木管理:负责管护门前花木,不向树池倾倒污水和垃圾,不攀折树木花草,不在树上钉挂、拉绳、晾衣、晒被、挂物,不得踩踏绿地或向绿地丢弃废物,不得占用绿地经营。

1.绿化责任区系指卫生责任区内绿化面积。包括沿街行道树、绿化隔离带及单位院落内所栽种的花草树木。

2.禁止和制止损坏绿化设施、花草树木及占用行为。

3.有条件的责任单位可以在门前摆放花草、盆景等绿化物。机关、企事业单位要担负起门前院内的绿化美化建设,种植树木花草,管护门前花木。

4.绿化树木无攀折损伤,无乱拉绳索、乱挂衣物、乱钉乱搭现象。

5.禁止将污水、脏水尤其是带有腐蚀性的污水泼向花草树木现象。

6.责任区树木、花坛、绿地因人为或意外毁坏、死亡的,责任人有义务提供证据、指证破坏人,如知情不报,责任单位负全责。

未按"包花木管理"完成义务及违反规定的,根据《锡林浩特市园林绿化及绿地管理办法》,由城管协同园林部门根据具体情况做出相应处罚。

1.未经同意擅自在城市公共绿地范围内从事经营活动的,责令其限期迁出,并承担500元以上1000元以下的赔偿责任;

2.在城市绿地范围内,倾倒垃圾、排入污水、堆放、焚烧物料,在树木和绿化设施上涂、写、刻、画或者悬挂重物,攀、折、钉、拴树木,采摘花草,践踏草坪,在城市绿地范围内挖沙取土,其他破坏城市绿化或其设施的行为的责令其改正,并承担50元以上200元以下的赔偿责任;

3.擅自砍伐、移植、修剪树木的,承担3000元以上5000元以下的赔偿责任;

4.未经同意擅自改变绿地使用性质或占用城市绿化用地的,责令其限期退还,并恢复原状,并按照每平方米100元以上300元以下的标准承担赔偿责任。

(三)包秩序管理:负责对门前乱停乱放等行为进行劝导、制止,监督车辆按规定有序停放;不得擅自在门前堆放物料、摆摊设点、放立式牌、挂设条幅,按照要求制作设置牌匾,并做好维护;确保门前墙面、橱窗无乱贴画及违法小广告等;不违规从事占道经营和促销宣传活动,不乱搭乱建。

1.责任区内自行车、摩托车等车辆按划线规范停放,首尾一致,无各种车辆乱停乱靠。

2.严格遵守城市管理的有关规定,禁止和制止在店外责任区内违规设立摊点、放立式牌,支撑棚架、堆放杂物、乱停车辆、乱搭建、乱挂晒等行为。

3.灯箱、广告、招牌、霓虹灯、门楼装璜、门面装饰等的设置必须经城市规划审批、城管备案许可下设置。

4.不得乱设广告牌匾(条幅)或者其它宣传品。确需设置广告的需经市容行政主管部门审批。发生毁损的、污染的,应当及时更换;到期应当及时撤除。每天对橱窗、门面、墙面、地面擦拭保洁无灰尘、无脏痕、门面、墙面橱窗、无乱贴、乱写、乱画、非法小广告等,并协助城管、公安部门严打"三乱"和非法广告行为。

5.不得使用超过规定噪声标准的音响电器招揽生意。

6.责任人发现责任区有打架斗殴或寻衅滋事的要立即向公安机关报案。

未按"包秩序管理"完成义务及违反其规定的,依据《内蒙古自治区城市市容和环境卫生违法行为处罚规定》,由城管部门责令停止违法行为,限期清理、拆除、重建或者采取其他补救措施,并可按以下规定给予处罚。

1、未经城市人民政府市容环境卫生行政主管部门批准,擅自在街道两侧和公共场地堆放物料,搭建建筑物、构筑物或者其他设施,影响市容的,可处以100元以上1000元以下罚款;

2、在城市人民政府规定的街道的临街建筑物的阳台和窗外,堆放、吊挂有碍市容物品的,给予警告,可并处50元以上500元以下罚款;

3、未经城市人民政府市容环境卫生行政主管部门同意,擅自设置大型户外广告标牌设施,影响市容

的,可处以500元以上2000元以下罚款;

4、对乱停乱靠的违规车辆,由公安交警协同城管部门依法予以处罚。

(四)包设施管护:负责门前硬化设施的管护,确保门前台阶无破损;管护好责任区范围内的人行道、路灯、环卫等市政公共设施。

1. 对责任范围内的井盖、路灯、车行道、人行道、护栏、消防设施、环卫设施等公益设施进行看护,对他人的违章行为和破坏公用设施行为进行监督、制止、举报。

2. 负责前门硬化,已硬化的负责看护。硬化区域出现人为损伤由责任单位补修。

3. 机关、企事业单位要担负起门前院内硬化、亮化、美化设施的设置和管护。

未按"包设施"完成义务及违反其规定的,依据《内蒙古自治区城市市容和环境卫生违法行为处罚规定》,由城管部门责令停止违法行为,限期清理、拆除、重建或者采取其他补救措施,并可按以下规定给予处罚。

1. 未经批准擅自拆除环境卫生设施或者未按批准的拆迁方案对环境卫生设施拆迁的,属于经营行为的处以5000元以上10000元以下罚款,属于非经营行为的处以500元以上1000元以下罚款。

2. 损坏各类环境卫生设施及其附属设施的,城市人民政府市容环境卫生行政主管部门或者其委托的组织除责令其恢复原状外,可并处100元以上1000元以下罚款。

三、管理范围

(一)实施范围

"门前四包、门内达标"实施范围为城区主次干道、支路以及小街小巷两侧的党政机关、团体、部队、企事业单位、个体业主。

(二)四包范围

主次干道、支路以临街建筑外墙墙基至人行道路牙石为宽度,以左右毗邻单位界线为长度;小街小巷以临街建筑外墙墙基至道路中心线为宽度,以左右毗邻单位界线为长度。

四、管理体制

按照属地管理原则,行政管理和行业管理相结合的工作模式,全面实行以行政管理为主体,街道社区居委会参与,辖区临街党政机关、团体、部队、企事业单位、个体业主为责任单位的"门前四包、门内达标"管理机制。

(一)属地管理

城市管理行政执法局负责锡林浩特市临街商户、各党政机关、团体、部队、企事业单位"门前四包、门内达标"责任书签订工作,负责管辖范围内"门前四包、门内达标"责任制的落实工作。

(二)行政管理

签订"门前四包"责任单位的主管部门,负责本部门及督促其下属单位落实"门前四包、门内达标"工作。鉴于机关、企事业单位场所较为固定,在落实"门前四包、门内达标"工作中,要起到表率作用,主动承担好辖区范围内的硬化、绿化、美化、亮化工作。

(三)行业管理

各职能部门要根据本部门行业法规和要求,要加大"门前四包、门内达标"监督执法力度,实行专人分片责任制,切实做好违章违规行为的查处工作。

五、工作步骤

(一)组织实施,督促落实阶段(5月4日—6月20日)

组织临街各党政机关、团体、部队、企事业单位、个体业主签订"门前四包、门内达标"责任书(6月10日前完成)。并对临街各党政机关、团体、部队、企事业单位、个体业主"门前四包"工作进行达标检查,对没有达到要求的督促其限期整改到位。

(二)巩固提高,长效管理阶段(6月21日—6月30日)

总结"门前四包、门内达标"工作,加强长效管理工作措施,逐步建立"门前四包、门内达标"长效管理机制。

六、工作要求

(一)提高认识,加强领导。实施"门前四包、门内达标"工作是市政府安排部署的一项重要工作,是群众参与城市管理的有效方式,是扎实推进城市管理、改善人居环境的重要途径。各级各部门、各单位要加大对“门前四包、门内达标”工作的领导,确保各自责任范围内的“门前四包、门内达标”工作顺利开展,取得实效。

(二)齐抓共管,落实责任。各级各部门、各单位要认真落实“门前四包、门内达标”工作责任制,各负其责,各司其职,密切配合,形成工作合力,共同做好“门前四包、门内达标”工作。

(三)强化督查,严格考核。市爱卫会、两办督查室定期对城区各党政机关、团体、部队、企事业单位、个体业主的“门前四包、门内达标”签订情况进行集中检查,及时通报情况;对拒不落实“门前四包、门内达标”责任制或对“门前四包、门内达标”责任制落实不到位的单位,责令改正,逾期不整改或未达到整改要求的,给予通报批评,限期整改,对不服从“门前四包、门内达标”责任制管理,无理取闹,阻碍执行“门前四包、门内达标”责任制的,在新闻媒体上曝光,并由相关部门依法处置。每年对落实“门前四包、门内达标”责任制好的分类别进行评选并公示,实行奖励制度,具体奖励办法由城管局拟定,报政府批准后实施。

(四)切实加强信息报送。各级各部门要加强信息报送,及时上报活动开展情况,对“门前四包、门内达标”责任书签订情况实行周报告制度。

附件:

1. 机关、企事业单位“门前四包、门内达标”责任制

2 个体商户“门前四包、门内达标”责任制

附件 1:

机关、企事业单位“门前四包、门内达标”责任制

(一)包环境卫生:负责保持门前院内的环境卫生,自备保洁用具和垃圾容器,将垃圾装袋后,按规定时间、地点进行投放,确保无暴露垃圾;冬季雪后及时组织清扫辖区范围内的积雪;积极参加爱国卫生活动,负责责任区内除四害工作。门前做到无脏乱杂物、无垃圾渣土等,确保地面干净。

(二)包花木管理:负责门前院内的绿化美化建设,种植树木花草,管护门前花木,不向树池倾倒污水和垃圾,不攀折树木花草,不在树上钉挂、拉绳、晾衣、挂物,不踩踏绿地或向绿地丢弃废物,确保绿带内无脏乱杂物。

(三)包秩序管理:负责对门前院内停车泊位进行维护,对门前乱停乱放等行为进行劝导、制止,监督车辆按规定有序停放;不得擅自在门前院内堆放物料、挂设条幅和宣传牌匾;确保门前院内墙面、楼体无乱贴画及违法小广告等。

(四)包设施管护:负责门前院内硬化、亮化设施的设置和管护,确保硬化设施无缺损,管护好责任区范围内的人行道、路灯、环卫等市政公共设施。

附件 2:

个体商户“门前四包、门内达标”责任制

(一)包环境卫生:负责保持门前责任区的卫生,自备保洁用具和垃圾容器,将垃圾装袋后,按规定时间、地点进行投放,确保无暴露垃圾;冬季雪后及时组织清扫门前至路沿石范围内的积雪;积极参加爱国卫生活动,负责责任区内除四害工作。门前做到无脏乱杂物、无垃圾渣土等,确保地面干净。

(二)包花木管理:负责管护门前花木,不向树池倾倒污水和垃圾,不攀折树木花草,不在树上钉挂、拉绳、晾衣、晒被、挂物,不得踩踏绿地或向绿地丢弃废物,不得占用绿地经营。

(三)包秩序管理:负责对门前乱停乱放等行为进行劝导、制止,监督车辆按规定有序停放;不得擅自在门前堆放物料、摆摊设点、放立式牌、挂设条幅,按照要求制作设置牌匾,并做好维护;确保门前墙面、橱窗无乱贴画及违法小广告等;不违规从事占道经营和促销宣传活动,不乱搭乱建。

(四)包设施管护:负责门前硬化设施的管护,确保门前台阶无破损;管护好责任区范围内的人行道、路灯、环卫等市政公共设施。

锡林浩特市人民政府
关于印发《锡林浩特地区建筑垃圾管理办法(试行)》的通知

各苏木镇人民政府、国有农牧场、街道办事处,市直各部门、企事业单位,驻锡各单位:

为加强锡林浩特地区建筑垃圾管理工作,经市政府研究同意,现将《锡林浩特地区建筑垃圾管理办法(试行)》印发给你们,请结合工作实际,认真贯彻执行。

2015 年 4 月 24 日

锡林浩特地区建筑垃圾管理办法(试行)

第一条 为了加强锡林浩特地区建筑垃圾的管理,保障市容和环境卫生,根据《中华人民共和国固体废物污染环境防治法》、《城市市容和环境卫生管理条例》和《国务院对确需保留的行政审批项目设定行政许可的决定》、建设部《城市建筑垃圾管理办法》,制定本办法。

第二条 本办法适用于锡林浩特地区范围内产生建筑垃圾以及从事建筑垃圾清运、消纳的单位或者个人。

第三条 本办法所称建筑垃圾是指各类建设工程所产生的渣土、弃土、弃料、余泥及其它废弃物等。

第四条 本着部门分工负责、相互配合的原则,锡林浩特市住房和城乡建设局(以下简称市住建局),负责建筑垃圾核量,根据法律政策和运距明确收费标准,收取建筑垃圾清运费或保证金等相关事宜。

市城市管理行政执法局(以下简称市城管局),负责本市市区内建筑垃圾管理、处置和清运工作。各苏木镇、场的建筑垃圾处置工作由苏木镇、场人民政府、场部负责。

市公安局负责对运输垃圾车辆进行依法检查和管理。

各街道办事处负责辖区内建筑垃圾清运情况巡查报告。

第五条 城市建筑垃圾消纳场主要包括:固定消纳场和临时消纳场。

固定消纳场是指经城市规划部门批准,由市环卫局监督管理的建筑垃圾填埋场、堆放场。

临时消纳场是指由市环境卫生业务主管部门批准选用和监督管理,并符合建筑垃圾消纳管理的自有场地。

第六条 城市建筑垃圾消纳场设置具备下列条件:

(一)良好的道路条件;

(二)相应的机械设备,照明设备;

(三)设专人负责,实行责任制;

(四)符合环境卫生要求;

(五)具有良好的管理措施。

第七条 市规划、住建、拆迁、园林、交警、交通、环卫部门及各街道办事处相互配合搞好建筑垃圾的清运和管理工作。

第八条 市城管局应本着保护环境、方便群众、就近倾倒的原则,合理安排建筑垃圾的处置工作。

第九条 城市建筑垃圾的处置实行许可证制度,各类建设工程在拆迁开工前要持住建部门出具的建筑垃圾清运费及保证金票据到市城管局申领《建筑垃圾处置许可证》,并实行年检制度和限时办结制度。

市城管局在收到申请后 5 日内作出答复。

《建筑垃圾处置许可证》不得出借、转让、涂改、伪造。

没有办理《建筑垃圾处置许可证》的垃圾清运车辆,公安交警部门一律扣留,并依法进行严格处理。

第十条 垃圾清运实行收费制度,收费标准依据国家有关规定执行。自行清运的,办理《建筑垃圾处置许可证》,实行保证金制度。市住建局在工程报建时,根据核定的垃圾量一并收取建筑垃圾清运费或建筑垃圾保证金,由城管局负责垃圾清运,清运结束后,限期废止收回《建筑垃圾处置许可证》,住建局以建筑垃圾消纳场实际消纳量为准进行核算。

建筑垃圾按时限彻底清理后,住建局现场核查验收通过后,保证金及时退还企业。

住建部门收取的垃圾清运费与实际缴纳量不符的,由住建部门按实际缴纳量进行核算,追加收取垃圾清运费。待垃圾清运后,住建部门3日内将清运费转到城管局指定账户。

第十一条 街面店铺装修或修缮产生的零星建筑垃圾,由城管局依据相关标准,核定收取保证金或垃圾清运费后,根据垃圾清运手续有偿清运。

住宅小区内店铺和居民住房装修、修缮产生的建筑垃圾清运工作由住建部门、各办事处和社区依据《锡林浩特市物业管理办法》进行监管和收费,由相关部门通知城管局根据垃圾清运手续有偿清运。

第十二条 施工现场临时堆放建筑垃圾不得超过三日,不得占用城市道路、公共绿地、场所、已经批准规划建设的其他空地或市区公共空地堆放建筑垃圾。

第十三条 施工现场出入口应进行路面硬化,并设置必要的清洁设备,驶离施工现场的各类车辆必须在工地出入口进行清洁处理后方可上路行驶。

第十四条 本市市区内每日7时至19时禁止建筑垃圾清运车辆上路行驶。各类建筑垃圾必须倾倒在指定地点和场所。

第十五条 清运建筑垃圾的车辆装载要适量,并实行密闭化运输。严禁沿途遗撒污染路面。

第十六条 任何单位和个人未经批准不得擅自设立建筑垃圾消纳场地,或承运各类建筑垃圾。**第十七条** 需回填建筑垃圾的单位或个人应携带回填场地土地使用证明材料及回填量说明,到市城管局申办回填手续。并经现场勘察后,符合环境卫生标准的,核发《回填许可证》统一安排回填。同时签订《回填场保洁责任书》。

第十八条 本办法所指的《建筑垃圾处置许可证》、《回填许可证》均由市城管局发放,任何单位或个人无权发放或扣留。市城管局根据实际情况向社会公布建筑垃圾消纳场的位置。

第十九条 市住建局、城管局要依据建设部《城市建筑垃圾管理办法》和本办法实施城市建筑垃圾监察工作。

任何单位和个人均不得干预环境卫生行政执法工作。

第二十条 对违反本办法的,由市城管局依据有关办法予以处罚。

第二十一条 各项罚款一律上缴财政,出具市财政局统一印制的票据,并制作处罚决定书。其收入实行财政专户储存。

第二十二条 当事人对处罚决定不服的,可以在接到处罚通知书之日起六十日内申请复议或向市人民法院提起诉讼,逾期不申请复议、不提起诉讼,又不执行处罚决定的,由处罚机关向人民法院申请强制执行。

第二十三条 监察人员执行任务时应出示行政执法证件、秉公执法,对滥用职权、徇私舞弊、玩忽职守的,由所在单位或上级主管机关给予行政处分;构成犯罪的,依法追究刑事责任。

第二十四条 任何单位和个人有下列情形之一的,由市城管局依据国家《城市建筑垃圾管理规定》等法律法规予以处罚,包括责令限期改正,给予警告,处以罚款等:

(一)将建筑垃圾混入生活垃圾的;

(二)将危险废物混入建筑垃圾的;

(三)擅自设立弃置场受纳建筑垃圾的;

单位有前款第一项、第二项行为之一的,处3000元以下罚款;有前款第三项行为的,处5000元以上1万元以下罚款。个人有前款第一项、第二项行为之一的,处200元以下罚款;有前款第三项行为的,处3000元以下罚款。

第二十五条 建筑垃圾储运消纳场受纳工业垃圾、生活垃圾和有毒有害垃圾的,由市城管局依据国家《城市建筑垃圾管理规定》等法律法规予以处罚,处罚方式包括责令限期改正,给予警告,处5000元以上1万元以下罚款。

第二十六条 施工单位未按规定办理垃圾清运手续,造成造成环境污染的,由市城管局依据国家《城市建筑垃圾管理规定》等法律法规予以处罚，处罚方式包括责令限期改正，给予警告，处5000元以上5万元以下罚款。

施工单位将建筑垃圾交给个人或者未经核准从事建筑垃圾运输的单位处置的，由市城管局依据国家《城市建筑垃圾管理规定》等法律法规予以处罚，处罚方式包括责令限期改正，给予警告，处1万元以上10万元以下罚款。

第二十七条 处置建筑垃圾的单位在运输建筑垃圾过程中沿途丢弃、遗撒建筑垃圾的，由市城管局依据国家《城市建筑垃圾管理规定》等法律法规予以处罚，处罚方式包括责令限期改正，给予警告，处5000元以上5万元以下罚款。

第二十八条 涂改、倒卖、出租、出借或者以其他形式非法转让城市建筑垃圾处置核准文件的，由市城管局依据国家《城市建筑垃圾管理规定》等法律法规予以处罚，处罚方式包括责令限期改正，给予警告，处5000元以上2万元以下罚款。

第二十九条 违反本办法，有下列情形之一的，由市城管局依据国家《城市建筑垃圾管理规定》等法律法规予以处罚，处罚方式包括责令限期改正，给予警告，对施工单位处1万元以上10万元以下罚款，对建设单位、运输建筑垃圾的单位处5000元以上3万元以下罚款：

（一）未经核准擅自处置建筑垃圾的；

（二）处置超出核准范围的建筑垃圾的。

第三十条 任何单位和个人随意倾倒、抛撒或者堆放建筑垃圾的，由市城管局依据国家《城市建筑垃圾管理规定》等法律法规予以处罚，处罚方式包括责令限期改正，给予警告，并对单位处5000元以上5万元以下罚款，对个人处200元以下罚款。

第三十一条 本办法由锡林浩特市城市管理行政执法局负责解释。

第三十二条 本办法自发布之日起施行。

锡林浩特市人民政府
关于印发《锡林浩特市创建“城市管理示范街”工作方案》的通知

各苏木镇人民政府、国有农牧场、街道办事处,市直各部门、企事业单位:

经政府研究同意,现将《锡林浩特市创建“城市管理示范街”工作方案》印发给你们,请结合实际,认真贯彻执行。

2015年4月28日

锡林浩特市创建“城市管理示范街”工作方案

为进一步巩固城市综合治理成果,提升城市品位,经市政府研究,决定开展锡林大街和额尔敦路“城市管理示范街”创建工作,以点带面推进锡林浩特市城市管理工作,打造整洁、优美、文明、有序的城市形象。现制定工作方案如下:

一、工作目标

按照“加强领导、分工协作、综合管理”的总体要求,以锡林大街、额尔敦路为重点,打造成“基础设施完好,环境卫生整洁、市容街貌亮丽”的“城市管理示范街”。通过“完善设施、严格执法、广泛宣传、落实责任”,使“城市管理示范街”达到“十无”标准,即无乱搭建、无乱堆物、无乱吊挂、无乱贴乱画、无乱停放、无流动摊贩、无出店经营、无裸露垃圾、无城市基础设施破损、无公共设施与公共资源乱侵占。同时充分发挥示范街的示范带动作用,推动城市管理工作的优化升级。

二、实施内容

根据创建要求,以锡林大街、额尔敦路为重点,兼顾其他各主要街路,全面落实好以下工作:

(一)提升硬件基础设施

1、由住建局、园林局牵头,城管局配合对锡林大街和额尔敦路现有硬化铺装、道路、绿化、亮化等基础设施进行摸底调查,汇总上报维修内容及资金,财政局做好资金保障工作,对需要修补或重新设置的基础设施进行修补完善,提升市政道路的功能性和美观性。

2、由规划局、供电局牵头,对锡林大街和额尔敦路临街架空线路、建筑物外墙挂线、变电箱等进行摸底调查。将各种弱电、通讯线路乱拉乱设、变电箱污损情况,及时通知相关企业部门进行归拢或入地维修,防止影响市容市貌。

3、由规划局牵头,城管局配合,加强锡林大街、额尔敦路牌匾、户外广告、临街商用楼立面的巡查力度,对不符合规范的进行整顿,全面提升城市形象。

4、由城管局牵头,规划局、住建局、公安交警部门配合,按照《市区停车场管理实施方案》要求,划设停车泊位。

5、由公安交警部门牵头,对锡林大街、额尔敦路道路交通标志线进行重新划设、交通隔离带进行清洗,确保道路交通标志线清晰,交通隔离带干净整洁。

6、由市公安交警部门、出租办牵头,按照相关法律规定,在锡林大街和额尔敦路合理设置出租车落客点,并规范出租车停车载客行为,防止随意停车拉客。

7、由民政局牵头,规划局、城管局配合,将审批的公益性书报亭、彩票棚等统一规划、合理设置,严禁跨门营业。

8、各辖区街道办事处,要配合做好小区环境卫生整治工作,加强环境卫生的整治,对小区内小广告及时进行清理。

（二）加强规范化管理

由城管局根据需要确定抽调的相关部门人员，具体负责示范街区管控工作。在锡林大街、额尔敦路各路口设置“城市管理示范街”铭牌，标识街路名称、街路概括和主要负责人及联系方式、监督电话。

鉴于此项工作涉及面广，需抽调有关部门人员组成工作组，进行分段管理。具体抽调人员：市住建局5人执法车1辆，规划局5人执法车1辆，公安局5人执法车1辆，公安交警大队5人执法车1辆，园林绿化局5人执法车1辆，食药和工商质监局4人，城管监察大队50人执法车3辆。

通过对两条街路基本情况进行摸排，针对街路的特点和存在问题，将抽调人员分6个工作组，对照工作目标，采取重点整治的工作方式，打造“城市管理示范街”。

1、锡林大街

（1）锡林大街第一工作组。责任区：锡林大街（机场路－－滨河路全段十字路口向外延伸200米）。组长：牛东升，成员：城管局5人，住建局1人，规划局1人，园林绿化管理局1人。

基本情况：锡林大街第一工作组责任区位于新区，各项基础设施完善。主要问题是在火车站、机场路附近存在流动摊贩；个别道路路段存在坑凹、裂纹，部分单位亮化设施不全、门前停车秩序混乱。

主要工作任务：对照工作目标，对临街进行巡查，进行集中整治。工作重点是解决流动摊贩随意占道经营问题；巡查路面及绿化带破损，及时通知相关部门进行修复；确保施工工地围挡、出入口硬化完好规范；及时通知沿街各企业单位做好亮化和停车秩序等工作。

（2）锡林大街第二工作组。责任区：锡林大街（滨河路－－杭盖路全段十字路口向外延伸200米）。组长：杨光明，成员：城管局8人，规划局1人、住建局1人、公安局1人、园林绿化管理局1人，食药和工商质监局1人。

基本情况：锡林大街第二工作组责任区内有学校、部门商业区。主要问题是辖区内存在流动摊贩；三轮摩的占道经营；部分商业门脸存在台阶破损严重、占道经营、乱贴乱画现象；二校、盟蒙中附近存在流动摊贩、停车秩序混乱。

主要工作任务：对照工作目标，对临街进行巡查，进行集中整治。工作重点是确保道路两侧施工围挡完好规范；对校园周边环境进行治理，清理流动摊贩，防止占道经营；加强门前四包责任制落实，及时通知业主对门前破损台阶进行修复；对亮化情况进行巡查，及时通知维护维修；加强小广告治理及清理力度。

（3）锡林大街第三工作组。责任区：锡林大街（杭盖路！东二环全段十字路口向外延伸200米）。组长：刘志勇，成员：城管局8人，规划局1人、住建局1人、公安局1人、园林绿化管理局1人，食药和工商质监局3人。

基本情况：锡林大街第三工作组责任区内有学校、便民市场、城市出入口、商业门脸。主要问题是东统建便民市场管理不够规范；部分商业门脸存在台阶破损、乱堆乱放、乱贴乱挂现象；东一环附近存在大型车辆占道经营。

主要工作任务：对照工作目标，对临街进行巡查，加大门前四包责任制落实力度。重点工作是对校园周边环境进行治理，清理流动摊贩，防止占道经营；对亮化情况进行巡查，及时通知维护维修；加强门前四包责任制落实，及时通知业主对门前破损台阶进行修复；巡查清理车辆占道经营，规范停车秩序；加强便民市场管理。

2、额尔敦路

（1）额尔敦路第一工作组。责任区：额尔敦路（南二环－－察哈尔大街十字路口向外延伸200米）。组长：王春生，成员：城管局8人，规划局1人、住建局1人、公安局1人、园林绿化管理局1人、食药和工商质监局1人。

基本情况：额尔敦路第一工作组责任区为主要商业街、有锡林广场、公园等人流聚集区。主要问题是锡林广场、百货大楼、公园周边有流动摊贩，影响市容环境；常年存在违规发放传单问题；存在部分商业门脸台阶破损、乱贴乱挂、占道经营现象；老德客隆、公园周边停车秩序乱。

主要工作任务：对照工作目标，对临街进行巡查，进行集中整治。重点工作是治理违规发放传单、挂设条幅、乱贴乱画等各种形式的宣传活动；加强门前四包责任制落实，及时通知业主对门前破损台阶进行修复；清理锡林广场、公园、百货大楼周边流动摊贩，防止占道经营；加强停车秩序整顿。

（3）额尔敦路第二工作组。责任区：额尔敦路（察哈尔大街－－北一环全段包括敖包山后转盘十字路口向外延伸200米）。组长：刘志刚，成员：城管局8人，规划局1人、住建局1人、公安局1人、园林绿化管理局1人、食药和工商质监局1人。

基本情况:额尔敦路第二工作组责任区为主要商业区、有贝子庙广场等人流聚集区。主要问题是龙城、联通公司、贝子庙广场周边有流动摊贩;部分商业门脸台阶破损,乱贴乱挂现象;停车秩序混乱。

主要工作任务:对照工作目标,对临街进行巡查,进行集中整治。重点工作是清理龙城、贝子庙广场、联通公司周边流动摊贩,防止占道经营;治理违规发放传单、挂设条幅、乱贴乱画等各种形式的宣传活动;加强门前四包责任制落实,及时通知业主对门前破损台阶进行修复;加强停车秩序整顿工作。

3、机动工作组。组长:苏建军,公安交警大队5人,城管监察大队静态交通管理办公室,机动一和机动三中队协同配合。

主要工作任务:配合各工作组开展集中整治活动;按照市政府印发的《市区停车场管理办法》和《市区停车场管理实施方案》要求,加强对经营停车场业主的监督管理,规范机动车和非机动车停车秩序,对违章车辆进行贴单处罚或扣罚;开展夜间巡查工作,巡查夜间喷涂、张贴小广告行为及大车运输不覆盖等问题。

三、实施步骤

"城市管理示范街"创建工作分摸底调查、组织实施、巩固提升、检查验收四个阶段实施。

(一)摸底调查阶段(2015年4月25日至4月30日)

对各街路沿街硬化铺装、绿化带等基础设施情况进行摸排,对需要投入资金等做好预算进行汇总上报,确定整修内容,建立台账。

(二)组织实施阶段(2015年5月至2015年6月)

组织各工作组按照确定的任务目标开展相关工作。采取多种形式进行广泛宣传发动,使沿街商户和广大市民群众对"城市管理示范街"创建工作有一个全面的了解,营造良好的舆论氛围和执法环境。

(三)巩固提升阶段(2015年6月至2015年7月)

按照确定的任务目标,对存在的问题进行梳理,集中进行整治,巩固创建成果。

(四)验收整改阶段(2015年7月至年底)

2015年7月,邀请上级领导及相关部门对创建成果进行综合检查验收,对发现的问题进行整改。

四、工作要求

(一)加强领导。实施"城市管理示范街"创建工作是提升锡林浩特市城市管理工作的有利契机。相关单位应把示范街创建工作摆上重要位置,要根据创建活动要求,认真搞好动员部署,将创建任务层层分解,责任落实到位,扎实开展"城市管理示范街"创建工作,确保创建工作取得预期成效。

(二)示范带动。要切实发挥"城市管理示范街"的典型引领、带动辐射作用,研究推动示范街创建工作向纵深发展的办法和措施,创新内容、创新手段、创新机制,使示范街创建工作在更大范围、更宽领域、更深层次开展起来。

(三)广泛宣传。广泛宣传"城市管理示范街"创建工作的目的意义,及时宣传报道示范街创建工作动态、进展和成效,及时总结和推动示范街创建,营造示范街创建活动的浓厚舆论氛围。

附件:锡林浩特市创建"城市管理示范街"工作领导小组

附件:

锡林浩特市创建"城市管理示范街"

工作领导小组

组　长	张锦明	锡林浩特市委副书记、政府市长
副组长	王占奇	市委常委、宣传部部长
	贾境文	政府副市长、盟公安局副局长、市公安局局长
	赵国柱	政府副市长
	陶格敦巴雅尔	政府副市长
	赖向华	政府副市长
	田　君	政府副市长

成　员	纳恩丁	政府办主任
	刘武生	市委宣传部副部长、外宣办主任
	张国喜	市财政局局长
	唐贵举	市民政局局长
	达楞古日布	市住建局局长
	门景岳	市交通局局长
	尚怀国	市环保局局长
	刘佺杰	市食药和工商质监局局长
	项存明	市城市管理行政执法局局长
	宋雪飞	市规划局局长
	张海舰	市园林绿化管理局局长
	司永辉	市供电局局长
	杨文江	宝力根街道办事处主任
	姜玉湘	杭盖街道办事处主任
	贾永霞	楚古兰街道办事处主任
	俞力强	希日塔拉街道办事处主任
	王雪静	额尔敦街道办事处主任
	王子明	市交通局副局长、出租办主任
	亦　文	市城管局副局长、监察大队队长
	白少国	市住建局副局长、市政管理处主任
	查　干	市公安局交警大队队长
	李　勇	市环卫处主任
	张胜强	市场建设管理委员会办公室主任

领导小组负责领导、部署"城市管理示范街"创建工作。召开领导小组工作会议,审议制定创建工作的重大决策措施;研究解决创建工作中的相关事项。会议由副组长负责召集。

领导小组下设办公室,具体负责"城市管理示范街"创建的实施,定期向创建工作领导小组报告创建工作的进展情况。办公室设在城市管理行政执法局,办公室主任:项存明(兼)。

锡林浩特市政发〔2015〕205 号

锡林浩特市人民政府关于印发《锡林浩特市环境保护网格化监管划分工作实施方案(试行)》的通知

各苏木镇人民政府、国有农牧场、街道办事处,市直各部门、企事业单位:

经市政府研究同意,现将《锡林浩特市环境保护网格化监管划分工作实施方案(试行)》印发给你们,请结合实际,认真组织实施。

2015 年 12 月 1 日

锡林浩特市环境保护网格化监管划分工作实施方案(试行)

为认真落实中央关于加强生态文明建设的要求,进一步强化政府主体责任,结合环境治理攻坚行动,根据新新修订的《中华人民共和国环境保护法》和《国务院办公厅关于加强环境监管执法的通知》(国办发〔2014〕50 号)等法律法规和文件精神,结合锡林浩特市实际情况,制定《锡林浩特市环境保护网格化监管划分工作实施方案(试行)》。

一、指导思想

深入贯彻党的十八大及十八届三中、四中全会精神,以创新环境监管体制机制为切入点,以"整合管理资源、提升监管效能、改善环境质量、保障环境安全"为目标,以解决环境监管中存在的盲区死角为重点,形成"市政府统一领导、环保部门统一协调、相关部门各负其责、苏木镇(场)、街道办事处组织实施社会各界广泛参与"的工作格局,实现环境监管工作的规范化、精细化、长效化,从源头减少环境隐患,促进区域环境安全,提升生态环境质量,为经济社会又好又快发展提供有力保障。

二、目标任务

按照"属地管理、分级负责,无缝对接、全面覆盖、责任到人"的原则,由环保部门牵头,在锡林浩特市辖区内 9 个苏木镇(场)、7 个街道办事处建立"横向到边、纵向到底"的网格化环境监管体系。通过体系的建立和实施,实现对各自环境监管区域和内容的全方位、全覆盖、无缝隙管理,做到环境监管不留死角、不留盲区、不留隐患,达到确保区域环境安全的目的。

三、网格体系

(一)网格划分

一级网格:以锡林浩特市行政区域建立一级网格,责任主体为锡林浩特市政府和具有环境监管职能的相关部门,按所明确的职能承担网格内的环境监管任务。

二级网格:以苏木镇(场)、街道办事处行政区域建立二级网格,责任主体为苏木镇(场)、街道办事处和具有环境监管职能的相关部门,按所明确的职能承担网格内的环境监管任务。

三级网格:以嘎查、街道社区、分场(队)行政区域为单元,建立三级网格,责任主体为嘎查委员会、社区委员会,嘎查班子成员及党员中心户和社区委员会具有环境监管职能的相关部门分片负责网格内环境监管任务。

(二)网格内容

1、实行"五定"。即:定区域、定人员、定职责、定任务、定奖惩。做到网格边界清晰、责任主体明确、目标任务具体,并进行公开公示。

2、建立责任制。各级网格竖向之间要层层签订责任状,明确工作任务和奖惩措施。横向之间(部门)

要加强协调，建立联动机制，认真履行监管职责。

（三）网格职责

一级网格：主要负责指导二、三级网格的建立和运行，监督二、三级网格责任主体的履职情况，并进行考核；及时查处发现和受理环境违法问题；按要求公开辖区内污染源相关信息；填报“网格化”环境监管数据平台相关信息。

二级网格：各苏木镇（场）、街道办事处负责指导三级网格的建立和运行；对发现和受理的环境违法行为及时上报并协助调查处理。

三级网格：主要负责对辖区内排污企业、生态环境、信访案件、污染纠纷、环境安全隐患、违法建设项目、饮用水源地、农村牧区环境综合整治等进行定期巡查，及时发现制止、上报环境违法行为。

（四）网格监督

1、法制监督：充分发挥人大代表、政协委员的作用，定期对环保法律法规的执行情况进行监督检查，向政府及有关部门提出意见和建议。

2、行政监督：发挥纪检监察部门行政监督作用，保障三级网格体系正常运行，对失职渎职的、未履行或不正确履行环境监管责任的严格按照相关规定进行问责。

3、舆论监督：充分发挥新闻媒体和广大人民群众的作用，利 用报纸、电视、网络等媒体宣传环境保护法律法规，揭露和批评环境违法行为，促进增强公众环境意识，鼓励公众参与环境保护，保障群众的知情权和监督权。

（五）网格运行

巡查：网格责任人员要对辖区内排污企业、生态环境、信访案件、污染纠纷、环境安全隐患、违法建设项目、饮用水源地、牧区环境综合整治等定期进行巡查和监督，及时发现和制止环境违法行为，并向上级网格进行报告，协助调查和解决环境违法行为。

查处：二级网格责任主体或相关部门接到巡查和监督人员的报告后，及时上报一级网格并进行调查，对属于本级本部门管辖的，要按照要求进行处理。对不属于本级本部门管辖的，及时进行移交移送，并配合相关单位进行调查。受理单位要在规定时间完成查处工作，并将处理结果反馈移交（移送）单位。对需多个部门进行联合调查的，由一级网格的责任主体负责组织实施联合执法。

反馈：对环境违法问题的查处结果要及时答复相关人员，按要求进行公开，同时将查处结果告知下级网格责任主体。

监督：人大、政协、纪检监察、舆论和社会等监督体系，对环境监管工作情况进行及时监督，纪检监察部门对失职渎职的、

未履行或不正确履行环境监管责任的相关人员，要严格按照有关规定进行问责，对构成犯罪的移交司法机关追究法律责任。

四、职责分工

各级政府及相关部门按照法律法规，认真履行环境监察职责，重点做好以下工作：

市政府：负责辖区内“网格化”环境监管体系建立和运行；对严重违法排污的企业实施停、限产决定，并责成有关部门采取相应措施落实到位。

苏木镇（场）、街道办事处：负责辖区内“网格化”环境监管体系的建立和运行，履行环境保护监督职责，组织开展对辖区内排污企业、生态环境、信访案件、污染纠纷、环境安全隐患、违法建设项目、饮用水源地、牧区环境综合整治等监管工作，监督辖区内企业对被污染的环境进行整治修复。

嘎查、街道社区、分场（队）：负责宣传环保法律、法规，维护群众合法环境权益；对网格内污染源进行定期巡查，发现违法排污问题及时制止、上报；发现辖区内发生污染及出现新的污染源，要及时报告所在苏木镇（场）、街道办事处政府和市环保部门；及时向所在苏木镇（场）、街道办事处政府和市环保部门反映群众对环境质量的需求，以及对环境保护工作的意见、建议和要求。

市环保局：协调辖区内各级建立“横向到边，纵向到底”的网格化环境监管体系；并定期进行检查，指导；协调相关部门对环境违法问题进行联合监管，落实污染源监管责任，依法处理各类环境违法问题。明确监管企业责任领导和责任人员，建立污染源现场执法责任制，落实重点污染源现场执法操作规范。

市发改局：将环境保护纳入经济和社会发展规划、计划，在审批和核准项目单位报送的项目可研报告或项目申请报告时，对未提供环境影响评价文件和环境保护部门审批意见的，依法不予审批或核准；属于

备案项目的,在项目备案后应告知项目业主向环境保护部门报送环境影响评价文件。

市经信局:全面清理违反国家产业政策的建设项目,并采取移交移送等措施,配合相关部门进行淘汰;按照国家产业政策,指导督促工业企业落实环境保护相关制度,推动企业达标排放;组织推广应用新技术、新工艺、新产品,积极推进清洁生产和发展循环经济,指导和督促企业开展技术改造和污染治理。

市公安局:按照国家法律法规,负责商业、家庭、公共场所等社会生活噪声;负责做好环境污染事故和环境信访事件的维稳工作,配合环保部门加大执法力度,依法查处环境污染事故、违法行为等刑事案件和治安案件。市监察局:负责对网格化环境监管体系工作的落实情况进行督导监察,依法依规查处环境保护工作中的违纪违法行为,会同环保部门对上级和本级政府部署的重大环保工作进行督查。

市林水局:加强对水资源的统一规划和管理,保护自然资源和生态环境,在维护生态平衡的前提下,依法合理开发利用水资源,节约用水,防治水土流失。负责监督管理入河、排污口设置,加强对饮用水源保护区违规排污口的监督管理,严防饮用水源地发生污染事件。

市农牧业局:依法加强牧区面源污染治理。加大畜禽养殖污染防治力度,推进规模化养殖标准化建设,提升畜禽养殖环境质量。

市住建局:负责做好城市环境基础设施和建筑施工噪声及扬尘污染等的具体管理工作,督促施工单位落实环保措施。垃圾焚烧等具体管理工作,加强城市生活垃圾处理设施的建设和管理。

市卫计局:协助环保部门做好辖区内医疗废物、医疗废水的环境污染防治工作。

市食药和工商质监局:负责做好餐饮业油烟污染防治和露天烧烤摊位清理工作。

市教育科技局:负责安全处置学校实验室危险化学品工作。

五、保障措施

(一)加强组织领导。

成立锡林浩特市环境保护网格化管理工作领导小组(附件),由锡林浩特市政府主要领导担任组长,各相关市级领导任副组长,监察、发改、经信、生态保护、环保、国土、安监、住建、财政、交通、农牧业、林水、食药和工商质监、公安、卫计等部门和街道办事处及各苏木镇(场)一把手为成员。领导小组办公室在市环保局设立,具体负责锡林浩特市环境保护网格化管理工作的组织协调和监督检查。各领导小组成员单位要切实发挥各自职能优势,增强责任意识、大局意识,认真履行好职责,做好网格区域内环保工作。

(二)完善制度。

1、建立网格化管理制度。强化各级各部门的责任落实,明确各级网格责任主体巡查、报告、查处的时限,标准等工作要求,制定奖惩措施,保障各级网格的高效运转。

2、联席会议制度:传达贯彻上级有关环境保护工作的方针、政策;研究、制定环境保护年度计划、责任目标;协调解决环境保护工作中遇到的热点难点、重点问题;督促、检查、考核各成员单位履行环保工作情况;研究协调解决跨部门、跨行业的环境污染和环境破坏的防治工作等。原则上每季度召开一次,也可根据环境保护工作的需要调整召开时间,具体由环保部门定期提出方案报政府,由市政府主管环保工作的副市长召集。

3、联合审批把关制度。对锡林浩特市重点项目,要加强发改、经信、住建、土地、环保等相关部门的协同配合作用,联合查看场地,共同研究审定投资项目是否符合国家政策,选址是否符合城市规划、环保等要求。

4、建立信息报告制度。按照工作要求和时限,及时上报工作开展情况。

5、建立信息公开制度。及时公布网格化体系建设情况,各级网格的职责和责任人员,排污企业的污染物排放情况,以及环境信访查处和区域环境安全隐患等情况。

六、几点要求

1、市直各单位、各苏木镇(场)和街道办事处收到文件后,要抓紧落实相关工作任务,指定专人负责,并将联系方式报送市环保局。联系人:杨昕光,电话:8108009,邮箱:xishihuanbaoju@163.com。

2、各苏木镇(场)、街道办事处收到文件后,要及时组织辖区内的嘎查,召开专题会议,安排部署相关工作,并要求各嘎查指定专人负责。

3、市环保局要设立总联络员,并对各单位、苏木镇(场)、街道办事处,嘎查和街道社区负责报送此项工作的专人进行培训。

附　录

XI　LIN　HAO　TE　NIAN　JIAN

K7927 次列车时刻表 锡林浩特站火车时刻表 锡林浩特到二连浩特火车时刻表

站序	站名	到达时间	开车时间	停留
1	锡林浩特	－－－－	07:00	－－－－
2	阿巴嘎旗	08:16	08:18	2 分钟
3	苏尼特左旗	09:50	09:52	2 分钟
4	二连	11:50	－－－－	－－－－

K2011 次列车时刻表 锡林浩特站火车时刻表 锡林浩特到乌兰浩特火车时刻表

站序	站名	到达时间	开车时间	停留
1	呼和浩特	－－－－	16:10	－－－－
2	集宁南	17:40	18:05	25 分钟
3	上都	19:14	19:16	2 分钟
4	化德	20:01	20:03	2 分钟
5	正镶白旗	21:23	21:29	6 分钟
6	桑根达来	22:59	23:05	6 分钟

7	锡林浩特	01:17	01:37	20分钟
8	西乌旗	05:04	05:07	3分钟
9	白音华南	06:23	06:26	3分钟
10	霍林郭勒	9:05	9:09	4分钟
11	珠斯花	9:16	9:36	20分钟
12	哈日努拉	10:13	10:16	3分钟
13	二龙屯	10:37	10:40	3分钟
14	乌兰浩特	14:00	----	----

6036次列车时刻表 锡林浩特站火车时刻表 锡林浩特到通辽火车时刻表

站序	站名	到达时间	开车时间	停留
1	锡林浩特	----	19:15	----
2	经棚	23:20	23:23	3分钟
3	林西	00:43	00:48	5分钟
4	大板	02:07	02:22	15分钟
5	林东	03:31	03:33	2分钟
6	查布嘎	04:32	04:35	3分钟
7	开鲁	05:58	06:00	2分钟
8	哲里木	06:57	07:01	4分钟
9	通辽	07:20	----	----

K2012 次列车时刻表 锡林浩特站火车时刻表 锡林浩特到呼和浩特火车时刻表

站序	站名	到达时间	开车时间	停留
1	乌兰浩特	－－－－	15:02	－－－－
2	二龙屯	17:57	17:59	2 分钟
3	哈日努拉	18:20	18:22	2 分钟
4	珠斯花	18:59	19:18	19 分钟
5	霍林郭勒	19:25	19:29	4 分钟
6	白音华南	21:50	21:52	2 分钟
7	西乌旗	22:58	23:00	2 分钟
8	锡林浩特	01:24	01:47	20 分钟
9	桑根达来	04:22	04:28	6 分钟
10	正镶白旗	05:48	05:54	6 分钟
11	化德	07:12	07:15	3 分钟
12	商都	08:01	08:04	3 分钟
13	集宁南	09:50	10:08	18 分钟
14	呼和浩特	11:38	－－－－	－－－－

K7918 次列车时刻表 锡林浩特站火车时刻表 锡林浩特到呼和浩特火车时刻表

站序	站名	到达时间	开车时间	停留
1	锡林浩特	－－－－	21:48	－－－－
2	桑根达来	00:25	00:31	6 分钟
3	正镶白旗	01:46	01:52	6 分钟
4	化德	03:10	03:14	4 分钟
5	商都	04:00	04:04	4 分钟
6	贲红	04:55	04:57	2 分钟
7	集宁南	05:40	05:55	15 分钟
8	呼和浩特东	07:18	－－－－	－－－－

K7922 次列车时刻表 锡林浩特站火车时刻表 锡林浩特到呼和浩特火车时刻表

站序	站名	站名	到达时间	开车时间
1	锡林浩特	－－－－	07:30	－－－－
2	桑根达来	09:16	09:22	6 分钟
3	正镶白旗	10:29	10:31	2 分钟
4	集宁南	13:48	14:03	15 分钟
5	呼和浩特	15:30	－－－－	－－－－

K7918 次列车时刻表 锡林浩特站火车时刻表 锡林浩特到包头火车时刻表

站序	站名	到达时间	开车时间	停留
1	锡林浩特	－－－－	21:48	－－－－
2	桑根达来	00:25	00:31	6 分钟
3	正镶白旗	01:46	01:52	6 分钟
4	化德	03:10	03:14	4 分钟
5	商都	04:00	04:04	4 分钟
6	贲红	04:55	04:57	2 分钟
7	集宁南	05:40	05:55	15 分钟
8	呼和浩特东	07:18	07:40	22 分钟
9	包头	10:06	－－－－	－－－－

锡林浩特机场旺季航班时刻表（2015年9月1日执行）

航线	航班号	航空公司	机型	班期	机场	起飞时间	降落时间	机场	起飞时间	降落时间	机场
锡林浩特=北京首都机场	CA1109/10	国 航	B-737/800	1234567	北京首都机场	6:40	7:45	锡林浩特	8:35	9:45	北京首都机场
锡林浩特=北京南苑机场	KN2965/66	联 航	B-737/800	1234567	北京南苑机场	21:10	22:10	锡林浩特	22:50	23:55	北京南苑机场
呼和浩特=锡林浩特	GS7413/14	天 航	ERJ-190	1234567	呼和浩特	8:10	9:20	锡林浩特	10:00	11:05	呼和浩特
	GS6475/76	天 航	ERJ-190	1234567	呼和浩特	13:10	14:15	锡林浩特	14:55	16:05	呼和浩特
	GS6697/98	天 航	ERJ-190	1234567	呼和浩特	17:40	18:50	锡林浩特	19:30	20:35	呼和浩特
西安=呼和浩特=锡林浩特	MU2355	东 航	A-320	246	西安	7:30	9:00	呼和浩特	10:00	11:00	锡林浩特
	MU2356				锡林浩特	12:10	13:25	呼和浩特	14:25	16:05	西安

索　　引

SUO　　YIN

1. 本索引采用主题分析法编制,按汉语拼音顺序排列,同字同音按声调排列,音调相同按下一字的音序排列。

2. 卷首、特载、大事记、荣誉、附录、文件目录、文件选编等7个栏目未作索引。

3. 栏目、分目标题用黑字表示。表格均注明"(表)"字样。

4. 索引标引词一般采用中心词或简称,市级党政机关、事业单位个社会团体名称前未冠以"锡林浩特市"或"锡林浩特市"、"市"字样。